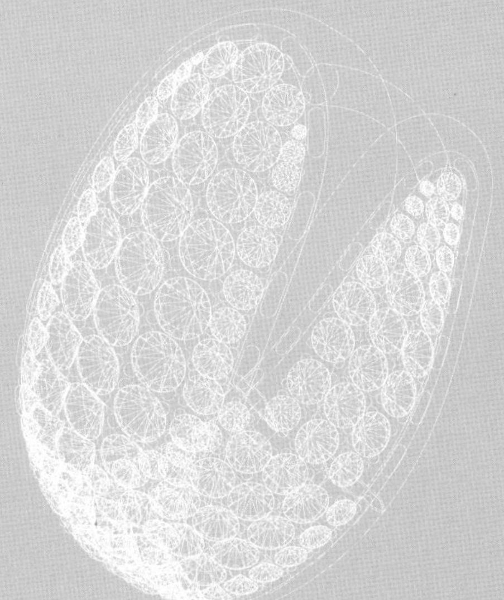

Rhino3D 4.0 Bible for Jewelry Designers

Rhino3D®

NURBS modeling for Windows

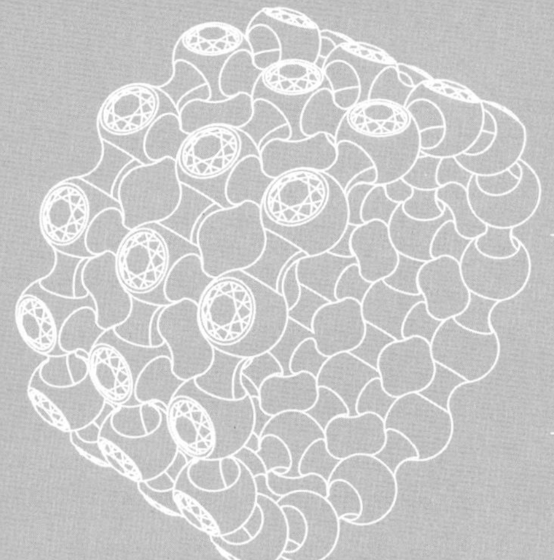

Rhino3D®

NURBS modeling for Windows

Rhino3D 4.0 Bible for Jewelry Designers
Rhino3D®
NURBS modeling for Windows

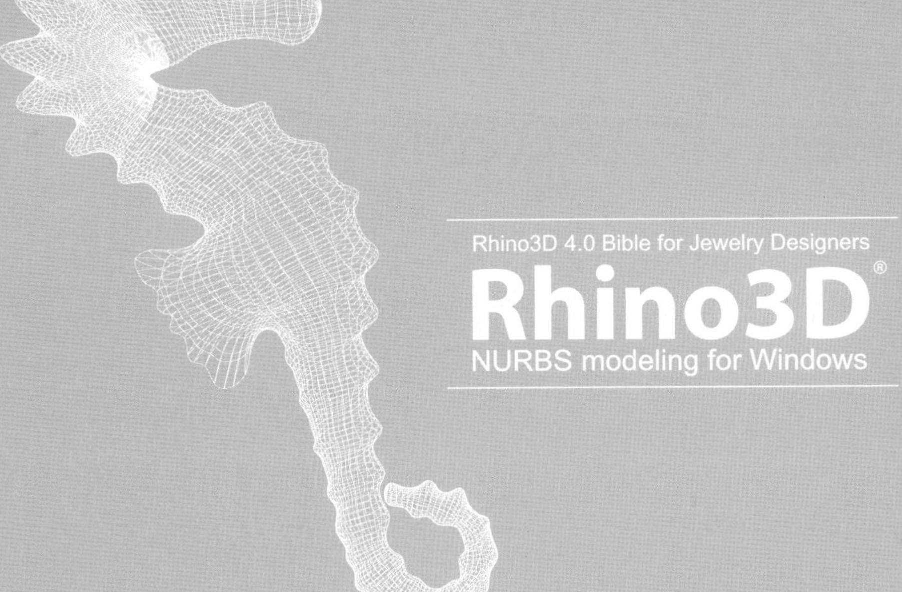

Rhino3D 4.0 Bible for Jewelry Designers

Rhino3D®

NURBS modeling for Windows

주얼리 디자이너를 위한
Rhino3D® 4.0 바이블
NURBS modeling for Windows

■ 저자 최성권

- 홍익대학교 산업미술대학원 석사(제품, 운송디자인 전공)
- (주) LG Industrial Systems 디자인연구소 연구원(디자인전략기획)
- 홍익대, 단국대, 성신여대, 서일대, 국립공주대 강사 역임
- 현 한국 산업인력공단 국가고시 산업디자인 분야 출제 및 자문위원
- 현 미국 Robert McNeel Associates 인증(RATP)
- 현 라이노3D 공식교육센터 툴스랩(Toolslab.co.kr) 대표

주얼리 디자이너를 위한

Rhino3D® 4.0 바이블
NURBS modeling for Windows

초판 인쇄일 | 2007년 9월 17일

초판 발행일 | 2007년 9월 21일

초판 7쇄 발행일 | 2015년 3월 2일

지은이 | 최성권

발행인 | 박정모

등록번호 | 제9-295호

발행처 | 도서출판 혜지원

주소 | (413-120) 경기도 파주시 회동길 445-4(문발동 638)

전화 | 031)955-9221~5   팩스 | 031)955-9220

홈페이지 | www.hyejiwon.co.kr

ISBN | 978-89-8379-522-9

정가 | 28,000원

기획 | 강준구

편집 · 디자인 | 김경미

표지 디자인 | 김경미

영업마케팅 | 김남권, 황대일, 서지영

주얼리 디자이너를 위한

Rhino3D® 4.0 바이블

NURBS modeling for Windows

혜지견

머리말

R h i n o 3 D 4 . 0 바 이 블 R h i n o 3 D 4 . 0 바 이 블

현재 해외는 물론 국내 유수의 대학과 기업 및 학원에서는 라이노3D를 활용한 주얼리 디자인을 필수로 배워야 할 과목으로 인식하고 있습니다. 이는 모델링 활용이 대부분 렌더링과 목업(Mock-Up)수준에 그치는 제품 디자인 분야와는 달리 제대로된 모델링만 된다면 쾌속조형(Rapid Prototyping)이나 CNC(수치제어-밀링장비)와 같은 첨단 장비로 언제든지 복잡하고 반복적인 정밀도를 요구하는 실물 원본 제작을 누구나 쉽게 할 수 있기 때문입니다. 또한 소규모의 영세 기업이 많은 주얼리 분야에서 컴퓨터를 통한 혁신적인 형상 제작과 제작 시간 단축은 기업의 새로운 경쟁력이 되기도 합니다.

이러한 라이노3D를 활용하는 저변이 크게 확대되어 가는 가운데 드디어 2007년 또 하나의 『주얼리 디자이너를 위한 Rhino3D 4.0 바이블』이라는 지침서를 세상에 내놓게 되어 매우 기쁩니다. 이 책은 서적명이 말해 주듯 주얼리 분야만을 집중적으로 다루었습니다.

본서를 대략 살펴보면 5개의 파트로 이루어져 있는데 첫 번째는 라이노3D(Rhino3D) 설치하기 및 기본용어와 RP활용, 두 번째와 세 번째 파트는 총 36개의 주얼리 기본 및 응용 모델링 예제파트이며, 네 번째 파트는 주얼리 실사 렌더링을 위한 플라밍고(Flamingo)학습, 마지막으로 라이노3D 전용 주얼리 플러그인인 테크젬(TechGems4.1)완역 및 응용법 해설까지 주얼리 디자인에 필요한 필수적인 핵심사항만을 선별 정리하였습니다.

특히 본 서는 한국에서 처음으로 나오는 전문 주얼리 분야를 다룬 Rhino3D 4.0 최신 응용 서적으로 종전의 출판된 많은 서적들이 다루지 않았던 초, 중급 이상 사용자들이 꼭 알아야 할 모델링 테크닉도 함께 다루고 있기에 독자님에겐 유용하리라 생각합니다. 하지만 '구슬이 서말이어도 꿰어야 보배' 라는 말처럼 본 서의 반복 탐독과 함께 독자님들의 인내심을 부탁드립니다.

끝으로 이 책을 구입하여 보시게 될 독자님들께 감사드리오며, 여러모로 부족하지만 개인적으로 상당한 데이터 분석과 열정을 다해 집필한 책이오니 아무쪼록 작업에 조금이나마 도움이 되는 생산적인 지침서가 되길 희망합니다.

R h i n o 3 D 4 . 0 바 이 블 R h i n o 3 D 4 . 0 바 이 블

감사의 글

Rhino3D 4.0 바이블 Rhino 3 D 4.0 바이블

먼저 본서를 집필할 수 있도록 맑은 정신과 지혜를 주신 하나님께 감사드리며 하늘에 계신 아버님과 열심히 살아가는 나의 가족들, 다 큰 조카들, 현명하고 이쁜 따님을 보내주신 장인, 장모님, 여러 가족분들, 사랑하는 아내 희선에게 감사드립니다.

그리고 이제 하늘 나라에서 편히 지내고 있는 국내 최초의『주얼리/제품 디자이너를 위한 Rhino3D』공동 집필자 최재명 선생님과 그 가족분들에게도 감사드립니다. 최재명 선생님이 늘 좋은 책을 만들라고 당부했었는데 부족하더라도 너그러히 봐주길 바랍니다.

또한 저를 아는 학문적 은사이신 홍익대학교산업미술대학원, 한양대학교산업미술경영대학원, 국민대학교주얼리센터, 서울산업대학교 공업디자인과, 성신여자대학교 금속공예학과, 서일대학교 산업디자인과, 인덕대학교 금속공예과, 국립 공주대학교 공업디자인과(RP시제품 개발실), 장안대학교 금속공예과, 단국대학교 패션·산업디자인학과, 전주대학교 영상학과 교수님과 국내 RP장비 보급의 주역인 SNC 코리아(Prototyping.co.kr), 한국기술(ktech21.com), 세중정보기술(www.sjit.co.kr), 한국아카이브(www.hankooka.com), 셉택(www.ceptech.co.kr), 시스옵엔지니어(www.sysopt.co.kr), 프로토텍(www.prototech.co.kr) 관계자님들, 국내 라이노3D 보급과 교육에 밑거름이 되주신 마루인터내셔널(www.maru.co.kr) 이시용 이사님, 캐달로그코리아(www.cadalog.co.kr) 윤원정 대표님께도 모두 감사드립니다.

끝으로 이 책의 완성도를 높이는 데 한결같은 마음으로 도와주신 SNC KOREA 서찬경 과장님, 인덕대 주얼리학교기업 IJ 주얼리 강신의 대표님, 종로 한복판 CAD-House의 김태식 대표, ROTC 반지 제작 전문가이신 류충식 대표님, 툴스랩의 든든한 후원 멤버이신 한국 폴리텍대학 장용익 교수님, 서울정수기능대학 최병두 교수님, 총무 김현철님, 조명작가 최은원님과 특별히 본 서가 세상에 빛을 볼 수 있도록 많은 도움을 주신 도서출판 혜지원의 박정모 사장님, 강준구 편집기획 부장님, 디자이너 김경미님께도 감사의 마음을 전합니다.

2007.9. 홍대앞 연구실에서…

저자 최 성 권

Rhino3D 4.0 바이블 Rhino 3 D 4.0 바이블

홈페이지 : www.toolslab.co.kr
E-mail : toolslab@hanmail.net

이 책의 구성

Part 01_ 라이노 3D의 소개와 활용방법, 관련정보 사이트, 프로그램 설치 및 환경 설정, 라이노 3D 기본 용어 알기로 구성되었습니다.

Part 02_ 초보자들도 쉽게 따라하며 주얼리 모델링의 기본 및 응용을 학습할 수 있는 총 15개의 따라하기 모델이 준비되어 있습니다.

Part 03_ 중급, 고급자들도 꼭 알아야 할 주얼리 응용모델링 핵심 방법을 총 19개 모델을 통해 학습할 수 있습니다.

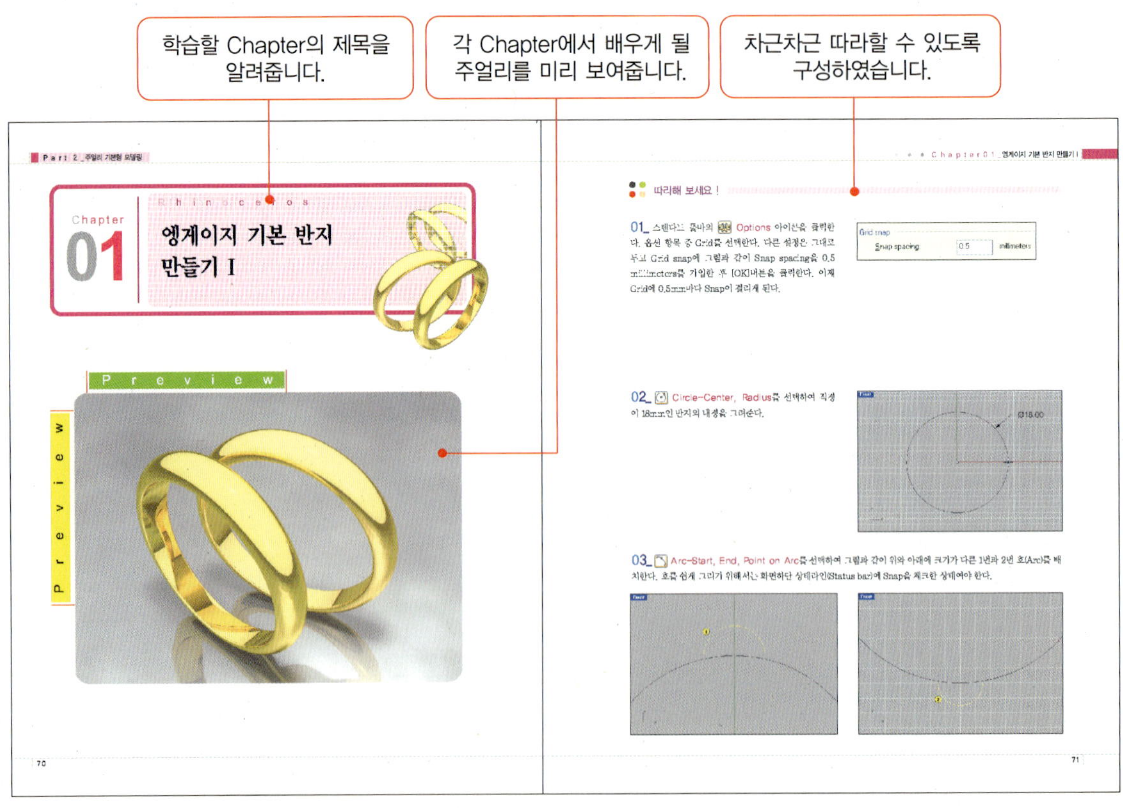

Part 04_ 플라밍고 렌더링을 통한 기본기 학습과 주얼리 렌더링의 효과를 극대화시키는 핵심 렌더링 테크닉 학습법을 담았습니다.

Part 05_ 라이노 3D 전용 주얼리 플러그인인 TechGems 4.1(4.2) 최신버전의 사용법과 응용법을 완벽하게 학습할 수 있습니다.

본문의 이해를 돕기 위한 참고사항입니다.

테크젬의 아이콘을 알기쉽게 보여줍니다.

각각의 아이콘을 차례대로 설명합니다.

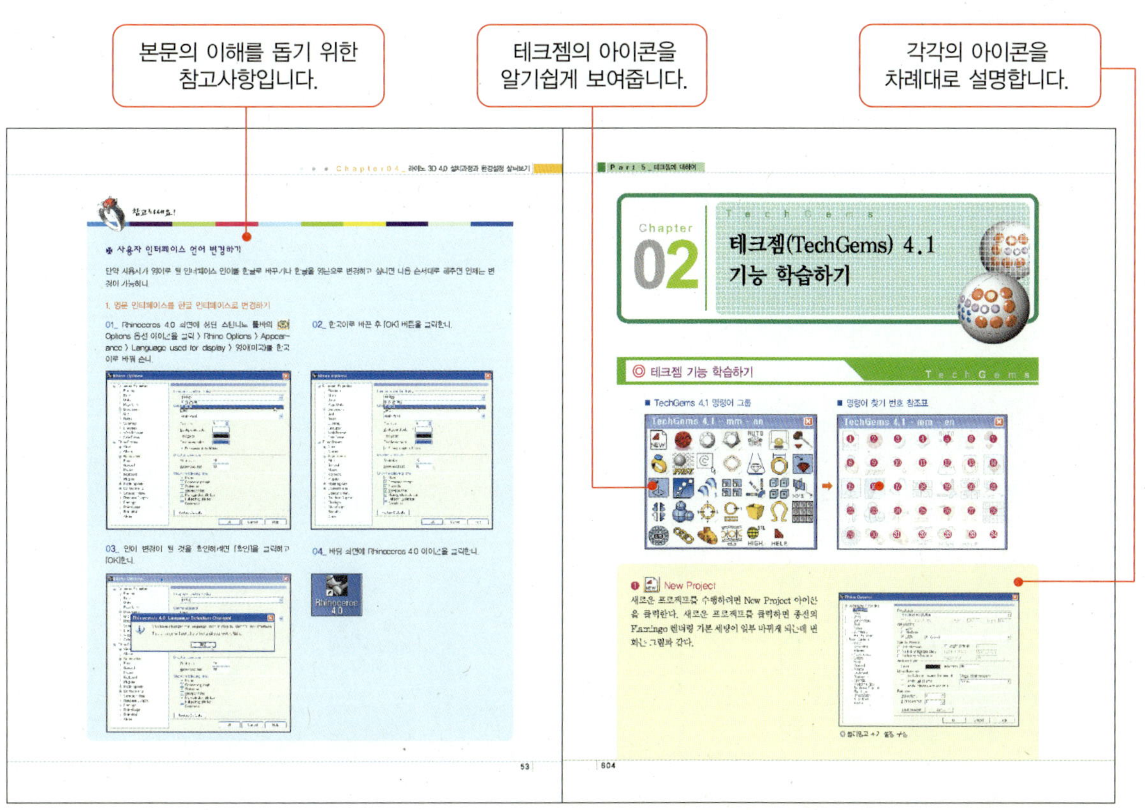

부록 CD의 구성

부록 CD 내에 파일을 올바르게 사용하기 위해서는 부록 CD를 CD-Rom 드라이브에 삽입하면 다음 그림과 같이 자동으로 폴더가 열립니다. 하지만 자동으로 인식되지 않을 경우 [내 컴퓨터]에서 CD-Rom 드라이브를 더블클릭하여 해당 예제 파일들을 열 수 있습니다.

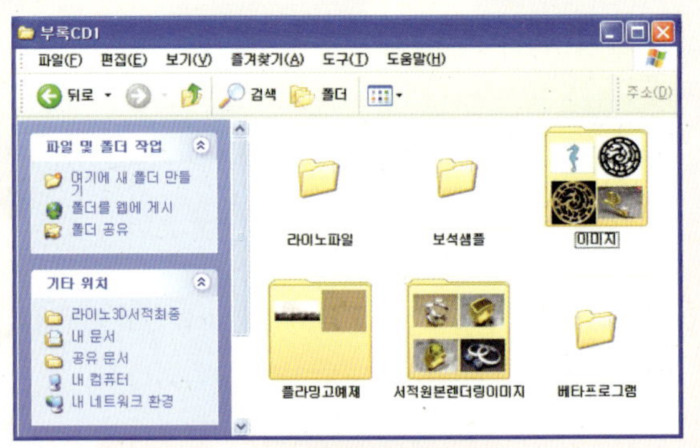

CD 1

 라이노 파일

라이노파일 폴더 안에는 초기 모델링 작업시 필요한 커브, 모델, 메쉬 데이터들이 수록되어 있습니다.

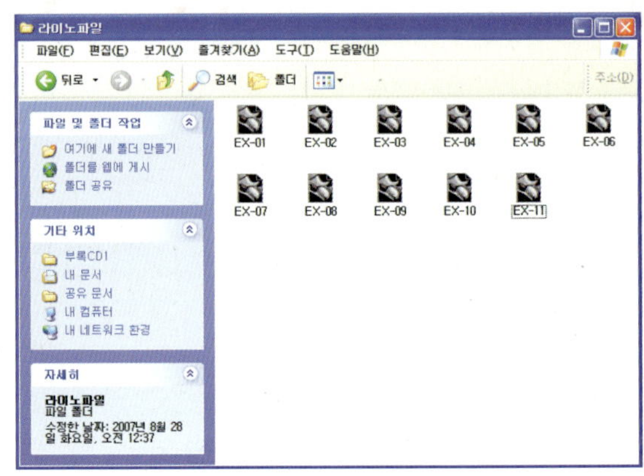

보석 샘플

보석샘플 폴더 안에는 보석 세팅시 필요한 크기, 종류별 보석 샘플들이 수록되어 있습니다. 특히 본서에서 다루고 있는 라이노3D 전용 주얼리 플러그인인 TechGems 4.1(4.2)를 가지고 있지 않는 독자님들을 위하여 준비된 것입니다.

 이미지

이미지 폴더 안에는 작업시 필요한 배경이미지가 수록되어 있습니다.

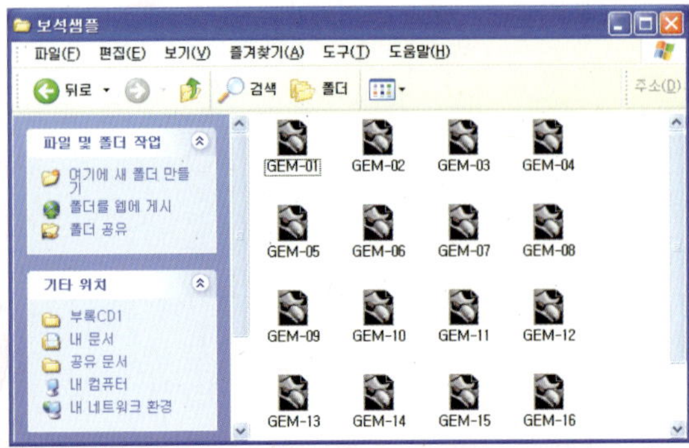

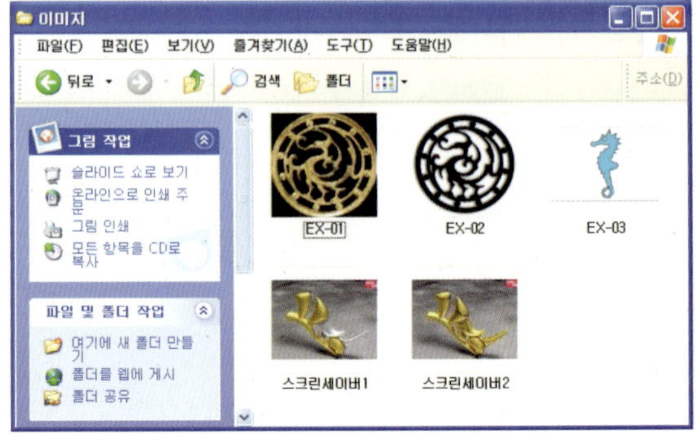

본 서의 학습에 도움을 드리고자 제공되는 부록 CD에는 총 2장의 CD가 제공됩니다.

📁 플라밍고 예제

플라밍고예제 폴더 안에는 플라밍고 학습을 위한 예제
파일과 이미지, 최종 렌더링 결과 이미지 등이 수록되어
있습니다.

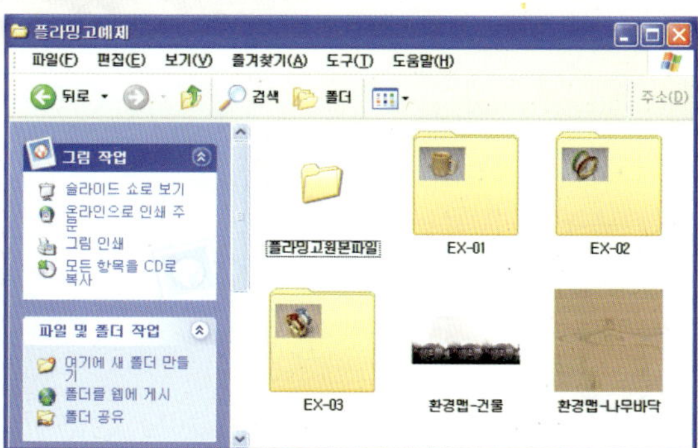

📁 서적원본 렌더링 이미지

서적원본렌더링이미지 폴더 안에는 서적에 제시된 모든
객체의 플라밍고 렌더링 이미지가 수록되어 있습니다.

📁 베타 프로그램

베타프로그램 안에는 라이노3D(한.영) 베타와 라이노
3D 4.0에서 작동되는 플라밍고 1.1 베타 렌더링 플러그
인이 수록되어 있습니다.

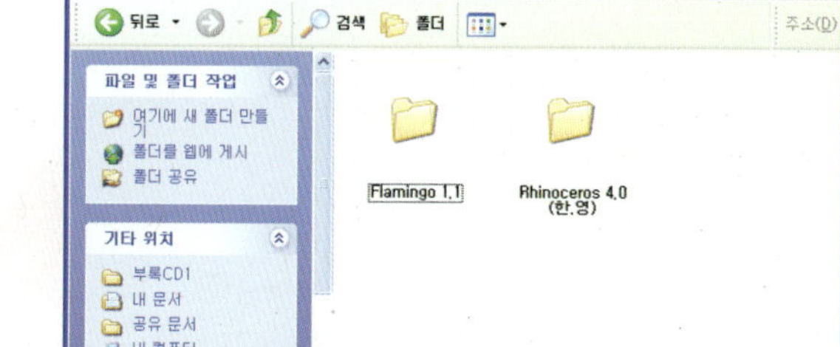

CD 2

챕터별 주얼리 기본형모델링, 주얼리 응용형모델링 등
라이노 3D로 작업된 원본 파일이 모두 수록되어 있습
니다.

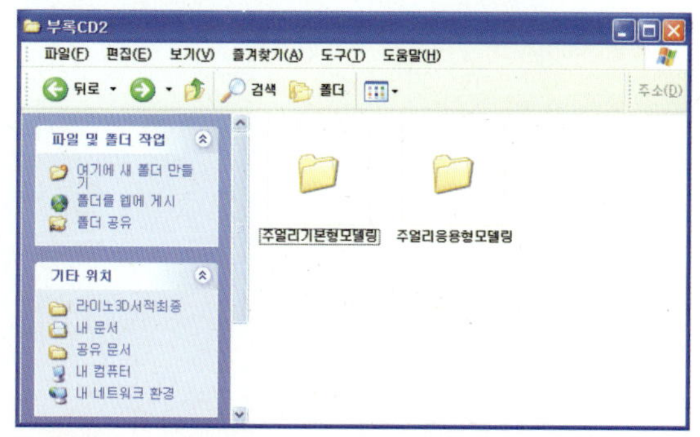

목 차

Part 1 라이노(Rhino) 3D에 대하여 · 16

Part 2 · 주얼리 기본형 모델링 · 68

목 차

R h i n o 3 D 4.0 바 이 블 R h i n o 3 D 4.0 바 이 블

Part 4 플라밍고로 렌더링하기 · 534

목차

Part 5 테크젬(TechGems)에 대하여 · 594

Part · 1
_라이노(Rhino) 3D에 대하여

Chapter 01

라이노 3D 소개 및 특징 살펴보기

01 라이노3D 소개

라이노3D는 1992년 미국 Robert McNeel & Associates사에서 개발한 Windows 기반의 3D NURBS Modeling 전문 소프트웨어이다. NURBS(Non-Uniform Rational B-Spline)란 '정형화 되지 않은 함수의 곡선' 이라는 뜻으로 Curve, Surface, Solid 등 3차원 Geometry를 수학적으로 정확하게 정의, 표현하는 가장 진보된 방식의 모델링 소프트웨어이다. 참고로 Rhino(Rhinoceros)라는 명칭은 개발 당시 Project 명이 동물원을 뜻하는 ZOO였으며 그 속에서 '코뿔소' 라는 뜻의 '라이노' 라는 명칭이 프로그램명이 된 것이다.

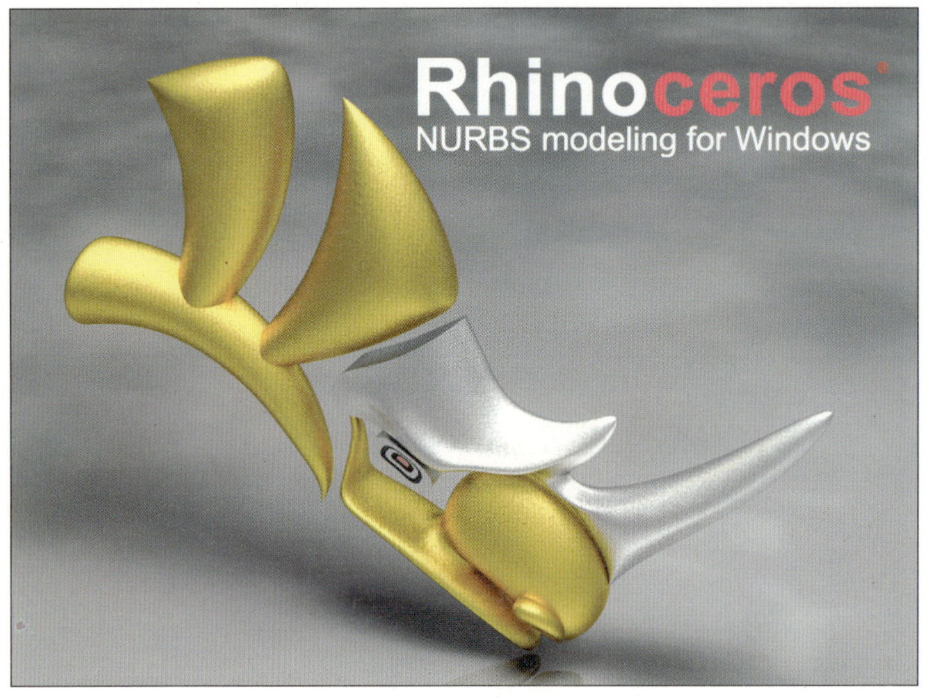

국내의 경우 1996년 하반기부터 인터넷 Beta를 통해 서서히 알려지기 시작했으며, 초기에는 애니메이터와 제품 디자이너들의 관심을 불러일으켰다. 하지만 애니메이터들에겐 3D MAX나 MAYA와 같이 폴리곤 방식에 서브디비전(Subdivision) 모델링 기술 활용이 보다 효율적이라는 것을 인식하면서 라이노3D의 사용자가 줄게 되었다. 대신 라이노3D는 고품질의 서페이스(Surface)와 치수 정밀도를 고도로 요구하는 산업디자인, 주얼리디자인, 건축디자인, 신발디자인, 자동차, 선박, 항공기, 신속조형 RP(Rapid Prototyping)제작 및 엔지니어링, 금형 등 광범위한 응용 분야에 많은 사용자층이 생기게 되었다.

2007년 3월, 현재의 라이노3D 최신 버전 4.0이 정식 출시되었으며, 라이노3D V4.0은 약 800개가 넘는 툴 탑재와 함께 이제까지의 라이노3D 개발 역사상 가장 방대한 기능과 혁신적인 툴, 개발 리소스를 가지는 매우 의미있는 버전이다.

02 라이노3D 특징 살펴보기

◉ 사용하고 배우기 쉬운 사용자 인터페이스

라이노3D는 배우고 쉽고 다루기 쉬운 3D 모델링 전문 프로그램이다. Text 명령을 입력하는 것은 물론 직관적인 이미지의 아이콘 명령, 스마트 트래킹(SmartTracking), 향상된 디스플레이 기능, 마우스를 통한 쉬운 객체 제어 등 어떤 명령도 쉽게 적용, 제어할 수 있다.

◉ 고품질의 서피스 생성과 정확한 모델링

G2(Geometric Continuity) 이상의 면과 커브의 연속성(Continuity)을 유지하면서 서페이스(Surface)의 흐름을 유연하게 제어할 수 있는 G-Infinity 알고리즘, 객체의 형태를 유지하면서 커브, 서페이스, 솔리드, 메쉬 객체를 자유롭게 변형하는 UDT(Universal Deformation Technology) 자유변형기술, 향상된 Boolean연산, RP 제작 및 3D SCAN 데이터인 STL(Stereolithograpy) 및 Mesh Deta 편집과 수정 용이, 강력한 다중 Blend 기능, 가변 Filleting 기술, 다중 디스플레이 모드 등의 유기적인 조합을 통해 모델링의 유연성과 편리성을 극대화시켜 준다.

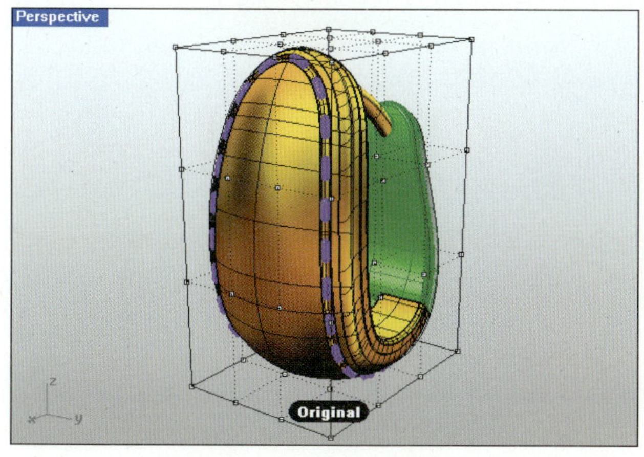

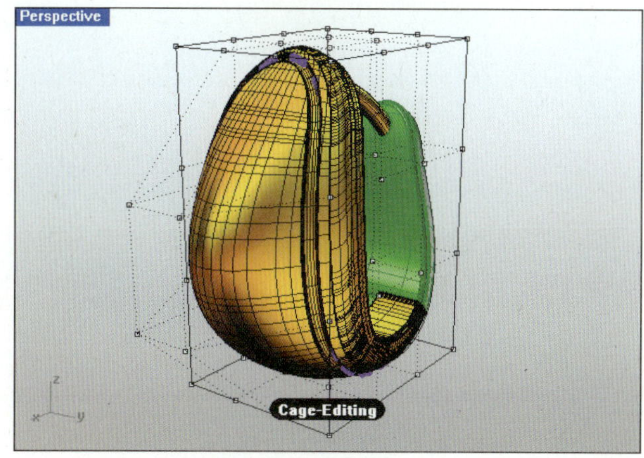

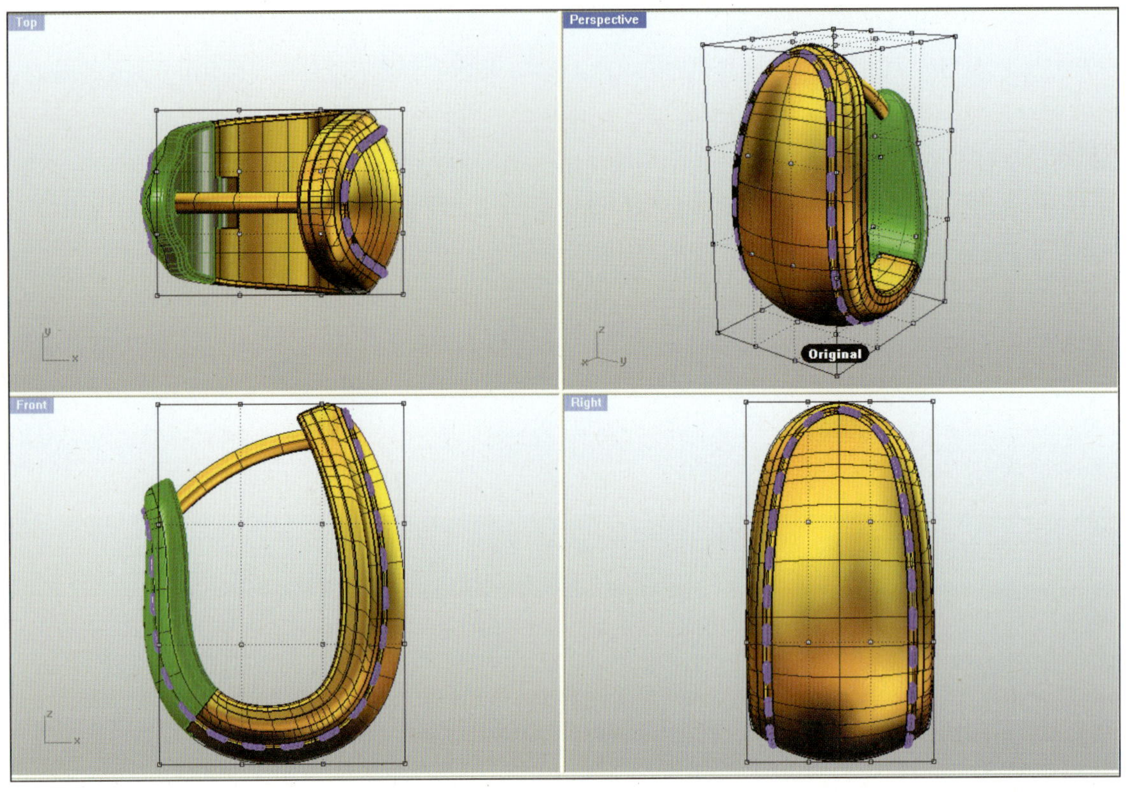

◉ 경제적인 소프트웨어 가격

라이노3D는 초기 버전 출시부터 경제적인 가격정책을 지향해 왔는데 이것은 모델링 전문 소프트웨어라는 일관된 정책수행과 맥락을 같이 한다. 이것 저것 과도한 기능수행의 비대하고 비싼 프로그램이 아닌 아주 가벼우면서도 강력한 전문 모델링 기능에 충실 한다는 전략이 경제적인 요인의 성공을 가져왔다. 특히 부가적인 기능이 필요하면 각각의 분야에 걸맞은 서브 파트 플러그인(Plug-in)들을 탑재하여 사용하면 되기에 소비자들은 자신이 필요한 기능만을 자유롭게 추가할 수 있어 보다 유연한 확장성까지 가지고 있다. 아마도 가격대비 성능비에서도 현존하는 최고의 모델링 프로그램 중에 하나로 손색이 없다. 이러한 경제성과 모델링의 편의성은 기업과 교육기관의 환영을 받는 데 충분했으며, 그 어떤 프로그램과 비교하여 이렇게 빠른 속도로 전세계의 파워 유저층이 생겨 난 것은 결코 우연이 아님을 알 수 있다. 현재 라이노3D는 전세계 약 70여 개국 11개국 언어로 판매되고 있다.

◉ 뛰어난 파일 호환성

라이노3D를 사용하여 모델링된 데이터 파일의 경우 SAVE 파일 형식은 약 35개, Import 가능 파일 형식은 28개로 현존하는 거의 모든 CAD 데이터와 호환이 가능하다. 이러한 파일 상호간의 다양한 호환성은 라이노3D로 모델링된 데이터를 어떤 프로그램으로 넘기거나 불러들여 2차적인 변형 또는 가공이 가능하다는 것으로 보다 광범위한 작업의 확장성을 보장한다.

```
Rhino 4 3D Models (*.3dm)
Rhino 3 3D Models (*.3dm)
Rhino 2 3D Models (*.3dm)
IGES (*.igs; *.iges)
STEP (*.stp; *.step)
ACIS (*.sat)
VDA (*.vda)
Parasolid (*.x_t)
AutoCAD drawing file - (*.dwg)
AutoCAD drawing exchange file - (*.dxf)
3D Studio (*.3ds)
Adobe Illustrator (*.ai)
Wavefront (*.obj)
POV-Ray Mesh (*.pov)
Raw Triangles (*.raw)
RenderMan (*.rib)
Stereolithography (*.stl)
Moray UDO (*.udo)
VRML (*.wrl; *.vrml)
Windows Metafile (*.wmf)
DirectX (*.x)
Object Properties (*.csv)
Points File (*.txt)
SLC (*.slc)
ZCorp (*.zpr)
GHS Geometry file (*.gf)
GHS Part Maker file (*.pm)
WAMIT (*.gdf)
MotionBuilder (*.fbx)
XGL (*.xgl)
Cult3D (*.cd)
LightWave (*.lwo)
KML Google Earth (*.kml)
PLY - Polygon File Format (*.ply)
```

⬆ Export 가능 파일 형식(Format)

```
Rhino 3D Models (*.3dm)
Rhino Worksession (*.rws)
IGES (*.igs; *.iges)
STEP (*.stp; *.step)
VDA (*.vda)
AutoCAD drawing file (*.dwg)
AutoCAD drawing exchange file (*.dxf)
MicroStation files (*.dgn)
SolidWorks (*.sldprt; *.sldasm)
MotionBuilder (*.fbx)
PDF Files (*.pdf; *.ai, *.eps)
Points File (*.asc; *.csv; *.txt; *.xyz; *.cgo_ascii;
3D Studio (*.3ds)
LightWave (*.lwo)
Stereolithography (*.stl)
WaveFront OBJ (*.obj)
Raw Triangles (*.raw)
GHS Geometry (*.gf; *.gft)
WAMIT (*.gdf)
Recon M and PTS Files (*.m, *.pts)
PLY - Polygon File Format (*.ply)
SLC (*.slc)
ZCorp (*.zpr)
DirectX (*.x)
SketchUp (*.skp)
AutoCAD hatch pattern file (*.pat)
VRML (*.vrml, *.wrl)
All (*.3dm; *.3dx; *.rws; *.igs; *.iges; *.stp; *.step; *.v
```

⬆ Import 가능 파일 형식(Format)

◉ 다양한 플러그인(Plug-in) 지원

라이노3D는 모델링 전문 소프트웨어이기에 애니메이션이나 사실적인 컬러 렌더링과 같은 모델링 외의 작업을 위해서는 분야별 전문적으로 개발된 플러그인(Plug-in)을 구비하여 사용하면 된다. 현재 수 많은 종류의 라이노3D용 플러그인들이 개발·판매되고 있다. 대표적인 플러그인으로는 실사렌더링에 플라밍고(Flamingo), 브이레이(V-Ray), 맥스웰(Maxwell), 브라질(Brazil) 등이 대표적이며, 스케치렌더링엔 펭귄(Penguin), 애니메이션은 봉고(Bongo), 선박 분야는 라이노 마린(Rhino Marin), 주얼리 분야 테크젬(TechGems)과 매트릭스(Matrix 3D), 신발 분야 라이노슈(RhinoShoe) 등 업종과 적용 분야가 다양하다.

⬆ TechGems(보석삽입), Flamingo(렌더링) 작업이미지

⬆ Penguin 작업 이미지 - Jakob Normand 작

◉ 손으로 만질 수 있는 실물 출력 파일 생성

라이노3D로 만들어진 가상의 3차원 모델링 데이터는 수치제어 CNC(Computer Numeric Control) 가공장비는 물론 신속 조형 장비인 RP(Rapid Prototyping) 장비를 통해 손으로 만질 수 있는 실물로 출력이 가능하다. 출력된 RP모델들은 실리콘이나 고무 몰드를 이용하여 대량 복제 생산이 가능하며, 완전연소가 가능한 RP 재료의 경우는 다이렉트 캐스팅(직접 주물 제작 – Direct Casting)이 가능하여 원하는 귀금속으로 가공이 가능해진다. 특히 RP 장비를 활용한 귀금속 분야는 손으로 도저히 불가능한 어떠한 형상도 제작이 가능하기에 향후 디자인 형상 연구 및 제품화에 일대 혁신을 불러일으킬 것이다.

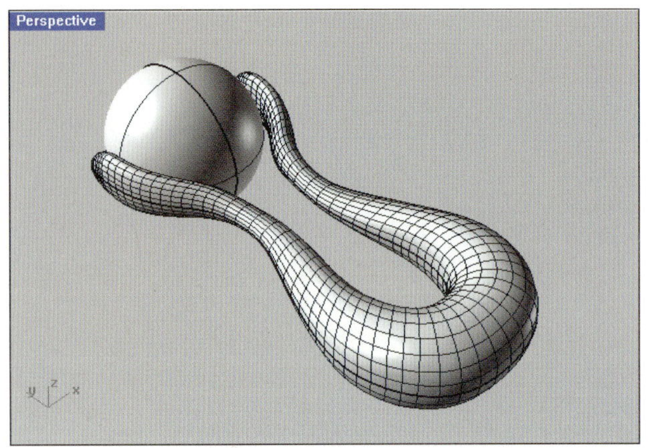

❂ 라이노3D에서 모델링 된 딸랑이 모습

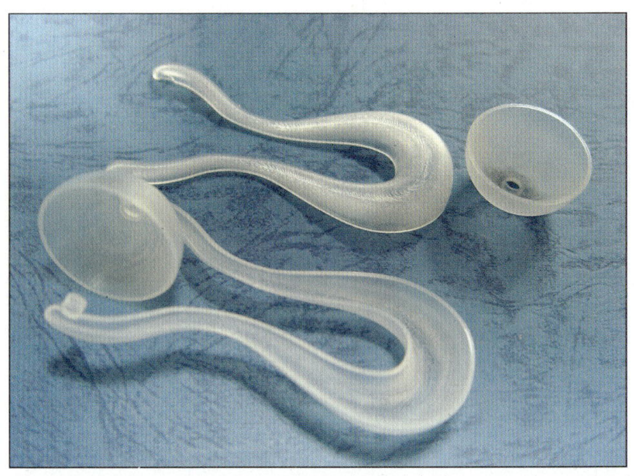

❂ RP장비로 제작된 결과물의 속파기된 모습(사용장비–일본 CMET사 RM-3000)

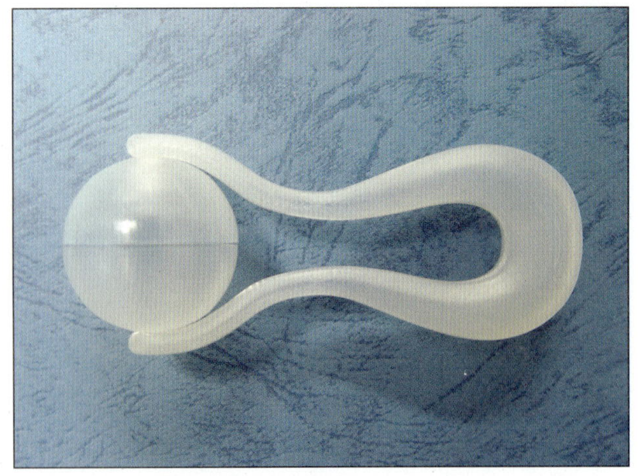

❂ RP장비로 제작 된 결과물 조립된 모습

❂ 주조(CASTING) 과정을 통한 실물 완성 모습

〈상기 작품의 저작자 : 윤 지영 작, Rattle, 925 silver, 2006년, 한양대디자인대학원〉

Chapter 02

라이노 3D의 활용

01 쾌속조형(RP)을 활용한 주얼리 제작 순서

1. 라이노3D에서 반지 모델링

아이디어 스케치와 렌더링을 통하여 최종 선택된 반지(Ring)를 Rhino 3D로 정교하게 모델링하는 단계로 전체적인 형태를 잡아주고 반지의 살두께와 속파기, 보석 세팅을 위한 난집과 홈을 파주는 과정들이 포함된다.

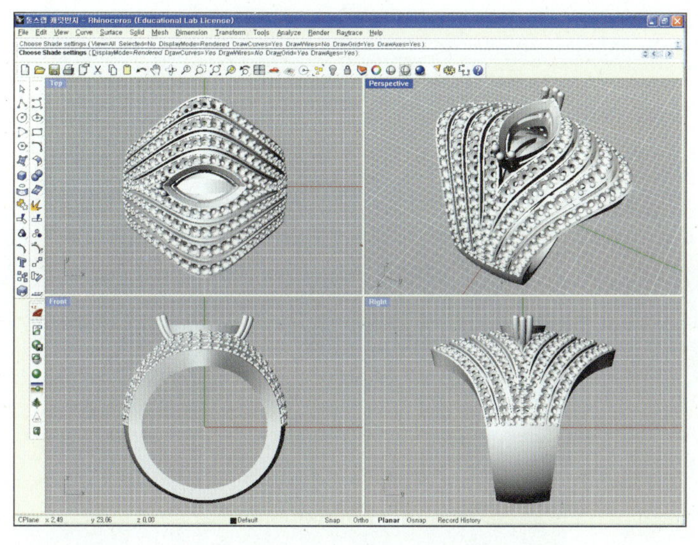

2. 테크젬(TechGems4.1)을 통한 홈파기와 보석 세팅

라이노3D 자체로도 난발 및 난집의 배열과 제작은 가능하지만 테크젬(Plug-in)을 활용하면 보다 효과적이다. 특히 다양한 종류의 보석과 홈을 파기 위한 드릴(Drill) 기능은 매우 유용하다. 이러한 보석들은 고유의 색상과 굴절률 값을 가지고 있으며, 플라밍고(렌더링 Plug-in) 렌더링시 보다 사실적인 보석 느낌을 주게 된다.

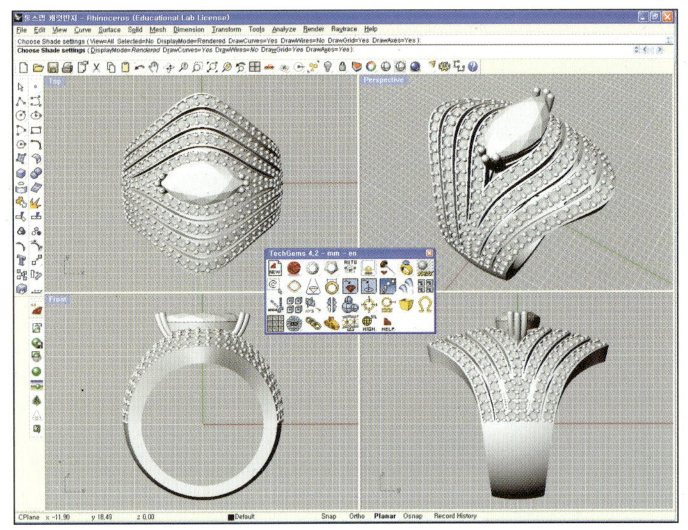

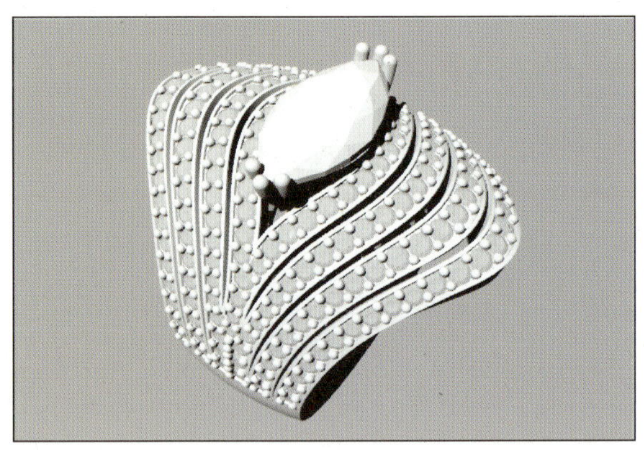

3. RP 제작을 위한 STL 파일 변환과 오류 체크

Rhino3D로 모델링 된 가상의3D 모델을 손으로 만질 수 있는 3차원의 객체로 출력하기 위해서는 라이노3D NURBS 파일을 Mesh 구조의 STL(Stereolithograpy) 파일로 변환시켜 주어야 한다. Mesh 데이터는 작은 삼각형의 면들이 모여 근사치 면들로 연산하여 전체 모델 형상을 정의하게 된다. 이때 보석은 STL변환을 하지 않으며 지워준다. 이러한 STL 데이터 변환에서는 출력 모델의 해상도에 관련된 Mesh 설정이 이루어지게 된다. 또한 RP 제작을 위한 데이터들은 완전한 솔리드(Solid) 상태여야 하기에 면과 면 사이에 틈이 존재해서는 안된다. 이러한 오류 체크 항목의 자세한 사항은 본문 내용 중 'RP출력을 위한 STL 파일 변환과 오류 수정(chapter 18)' 부분을 참조 바란다.

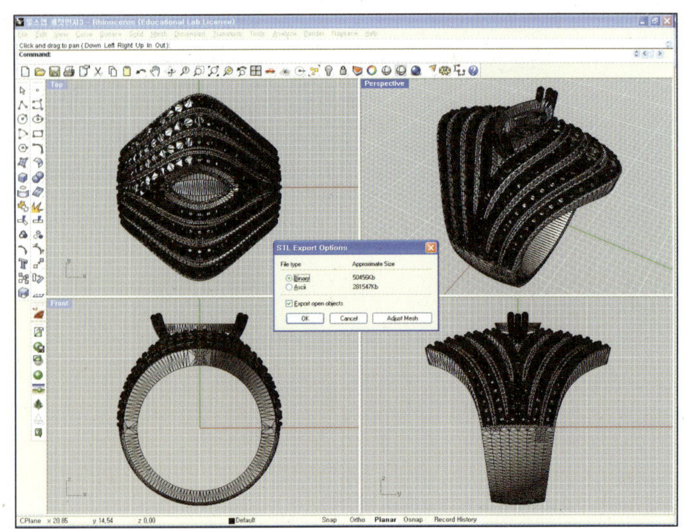

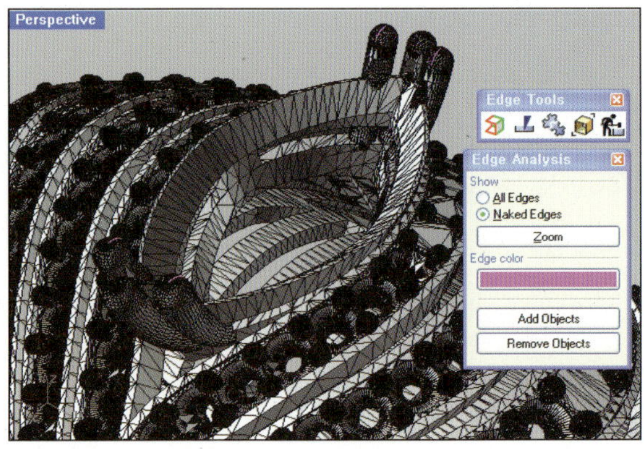

4. RP 장비 전용 소프트웨어로 STL 파일 오류검사와 지지대 구성

독일 EnvisionTec 사의 Perfactory RP 장비는 STL 데이터에 대한 보다 효율적인 오류검사, 수정 및 지지대(Support)의 경제적인 배치, 레이어별 슬라이싱 처리 등 독자적인 소프트웨어(Masics Envisiontec)를 장비와 함께 제공한다. 특히 Rhino3D에서 손보지 못한 파일 오류들을 수정하는 데 매우 편리하다. 물론 라이노3D에서 정상적인 결과를 얻었다면 오류는 없는 상태이다. 다만 지지대(Support)를 대주는 작업을 수행한다.

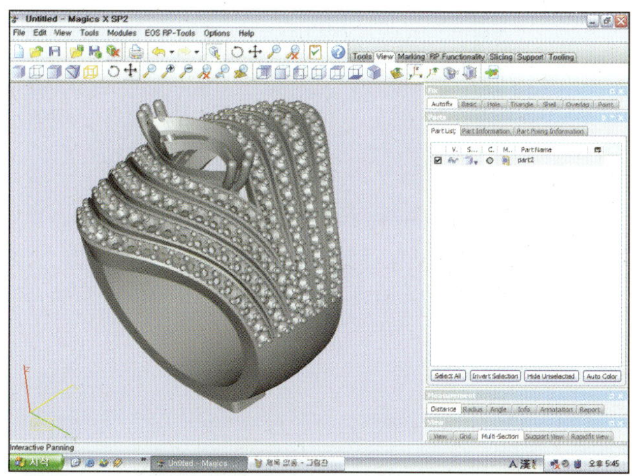

● Masics 소프트웨어로 STL 파일을 불러온 상태

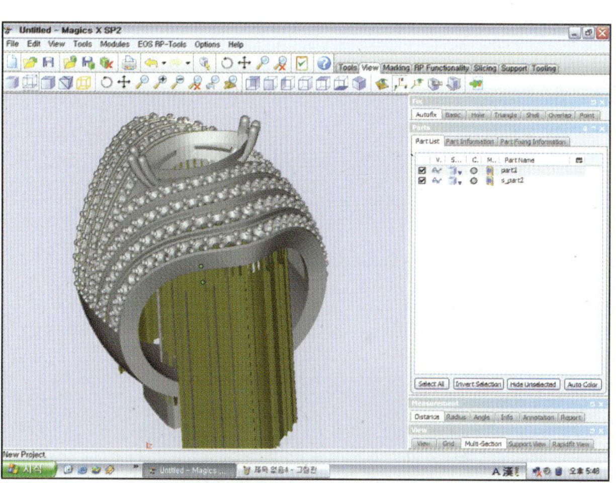

● 지환부에 지지대(Support)를 구성한 모습

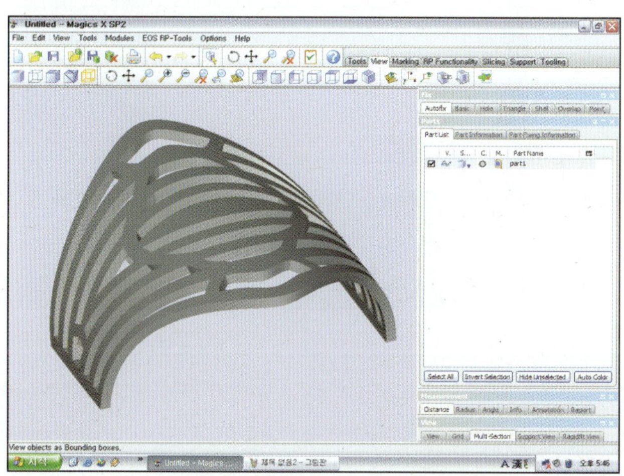

● Masics 소프트웨어로 STL 파일을 불러온 상태

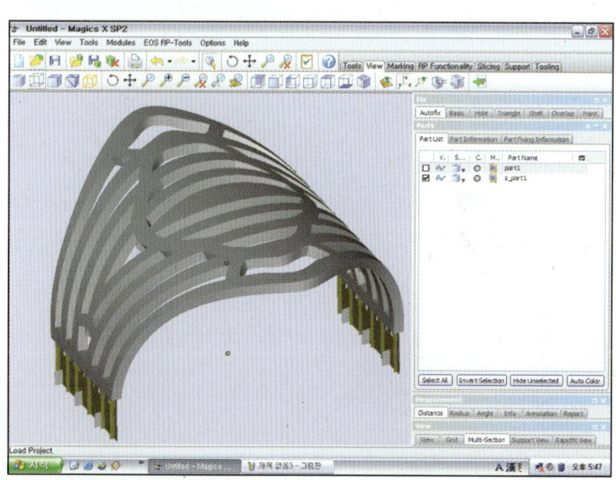

● 안장식에 지지대(Support)를 구성한 모습

5. RP 장비에 제작 데이터 전송을 위한 Job File 제작

오류 검증과 지지대, 물줄기 등의 모든 작업이 완료 되었다면 이제 RP 장비로 데이터를 전송하여 가공하는 과정이 남았다. RP장비로 전송을 위한 Perfactory Start-Center(Perfactory RP 2.0) 프로그램을 켜고 Job File을 제작한다. 여기서는 실제 기계적인 가공과 관련한 설정을 해주는 과정으로 이해하면 된다. 작업물의 배치와 갯수 설정, 슬라이싱 정밀도, Job File 제작 등이 포함된다. 특히 Job File은 작업의 모든 과정을 자동으로 기억시켜 나중에 생길 수 있는 문제점을 찾거나 수정하는 모니터링이 가능하다.

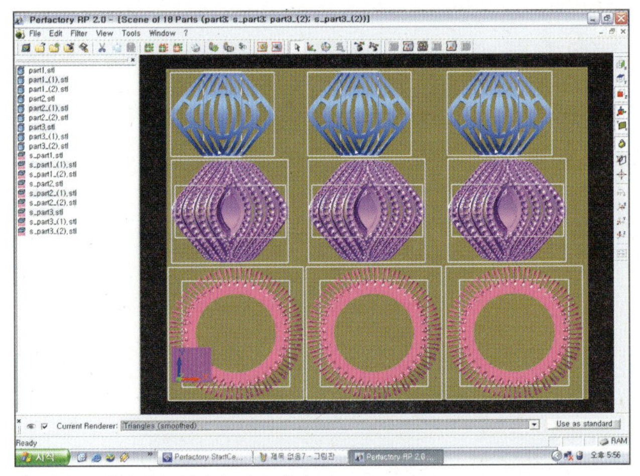

◎ 제작 모델의 개수 설정과 자리 배치모습

이제 제작을 위해 RP 장비로 데이터를 전송한다. 물론 전송 전에 RP장비는 가공을 위한 준비가 되어 있어야 한다.

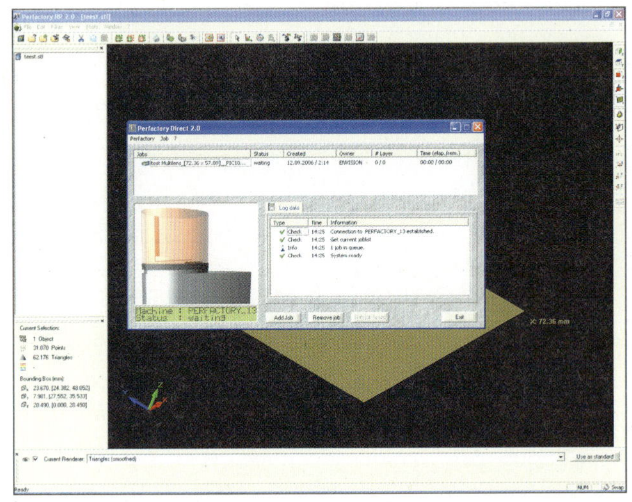

6. Perfactory RP 장비로 모델 제작

RP장비에서 실제 작업이 이루어지기 전에 우선 장비에 광경화성수지(Photopolymer)를 충진해 준다. 충진은 자동, 수동으로 가능하며, 그림에서처럼 바닥에서 약 3mm 정도의 액상이 채워지면 작업이 가능하다. 현재 사용 재료는 Perfactory PIC100으로 엷은 Lemon Yellow 색상을 가진 액상 재료이다. 화학적 명칭은 Acrylate라 부르며 인체에 무독하다. 주얼리나 치과 치아 원본 제작시 완전연소가 가능해 석고 주물 원본으로 사용되며 제작된 파트 또한 강도면에서 기존 WAX 재료에 비해 단단하기에 만지는 데 별도의 큰 주의를 요하지 않는다.

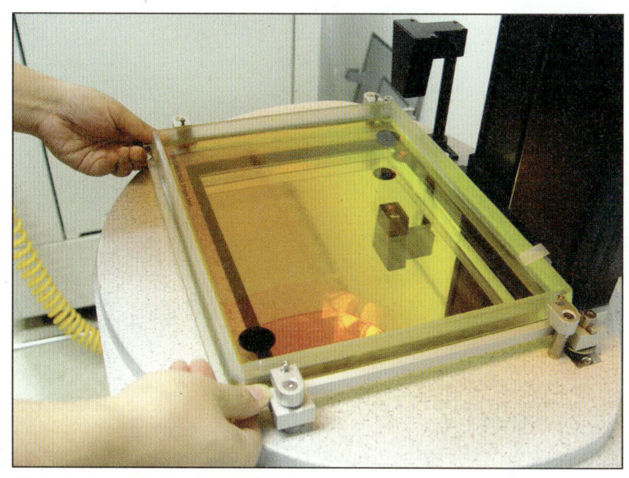

● Perfactory PIC100 재료 충진 모습

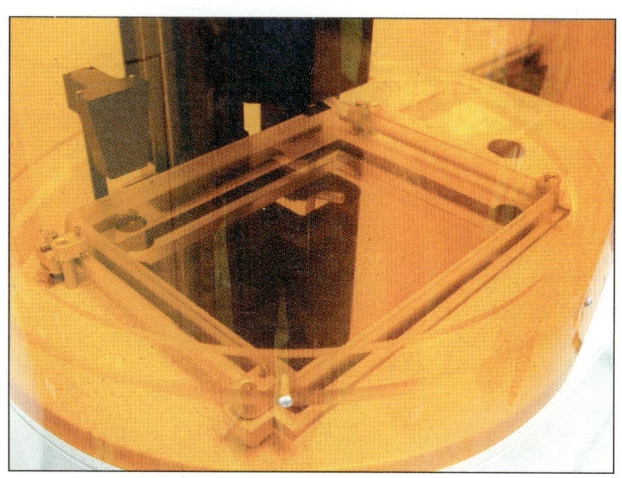

● 작업을 위해 커버를 내린 모습

앤비전텍의 Perfactory RP 시스템은 미국 텍사스 인스트루먼트사(TI:Texas Instruments)에서 개발한 첨단 디지털 광처리 프로세스 기술(DLP:Digital Light Processing)을 사용 모델을 만들게 된다. 이것은 3D CAD의 슬라이싱 데이터를 그림파일(Bitmap)로 전환하여 소프트웨어 상에서 Digital Mask를 생성 DLP칩에서 고해상도의 프로젝션 광으로 쏘아 마스크 투영(Digital Mask Projection)에 의한 액상의 광경화성 수지를 한층 한층 경화시켜 적층하는 원리이다. 특히 마스크 투과된 광이 전체 수지층을 한번에 경화시키므로 어떠한 형상과 수량에 상관없이 모델 조형이 가능하다. 특히 아래 그림처럼 모델이 조형판에 거꾸로 매달린 상태로 만들어 진다는 것이 특징적이다.

● DLP 프로젝션에 의한 제작 모습

● 모델의 80%가 조형된 상태의 모습

◑ 모델이 모두 조형된 상태의 모습

조형판을 본체에서 분리한 후 그림과 같이 조형물을 유연성을 가진 나이프나 해라를 이용하여 떼어낸다.

◑ 조형판을 분리한 상태의 모습

◑ 조형판에서 RP조형 원본 떼어내기

모델 재로인 액상 잔류물을 세척해 주기 위하여 초음파 세척을 해준다. 알코올을 넣어 세척해 주면 된다.

◑ 알코올에 담긴 반지와 초음파 세척 모습

에어건을 통해 RP파트에 남아있는 액체성분들을 모두 제
거해 준다. 이때 에어건의 공기 표출압력을 적정히 조정
하여 원본이 손상되지 않도록 주의한다.

세부 잔류 액상재료 제거

EnvisionTec 사의 전용 UV 건조기를 통해 파트를 확실
하게 건조, 경화시켜 준다.

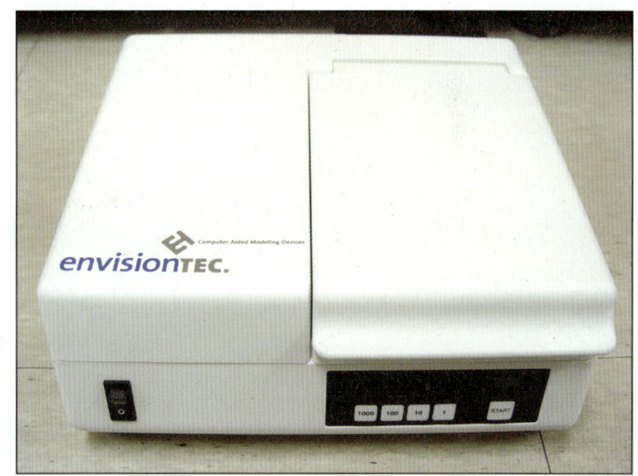

자동 UV 경화기 모습/경화시간 디지털 설정

우측의 그림은 최종 완성된 RP 원본을 보여 주는데, 표면
조도와 정밀도가 매우 뛰어남을 확인할 수 있다. 이것은
Direct Casting을 위한 최상의 결과이다.

UV 경화기로 경화된 최종 RP 원본 모습

7. 주형 제작(Investment Moulding)과 주조(Casting) 작업

가공이 완료된 WAX master 모델에 지지대(Support)를 제거한 후 탕도(Sprue)를 만들어 준다. 탕도는 매몰 주형시 쇳물 통로가 된다. 다음 탕구 베이스에 탕도와 WAX master를 부착 트리구조를 만들어 준다. 진공탈포 및 매몰재(Invwet-ment)를 채운 플라스크(Flask) 작업까지 모두 마무리 되었다면 고온의 소성로에서 왁스를 탈납시켜 준다. 주형 제작을 완료한다. 다음 왁스 소성이 마무리 되면 그림과 같이 은을 녹여 주물 틀(플라스크 내 매몰재)에 은을 녹여 부어준다. 이제 트리구조(Treeing method)의 탕도를 따라 은이 침투하여 반지 주물이 만들어진다. 응고가 완료되고 플라스크 열이 적정 선으로 내려가면 플라스크를 꺼내어 반지 원본 주물을 세척해준다. 주조 작업이 마무리 되었다.

🔄 은을 녹여 탕도에 부어 넣는 모습

🔄 플라스크 석고 주형 안으로 매몰이 완료된 상태

🔄 플라스크를 꺼내어 상온에서 일정 시간 식힘

🔄 플라스크를 식힌 후 석고를 분리시키는 모습

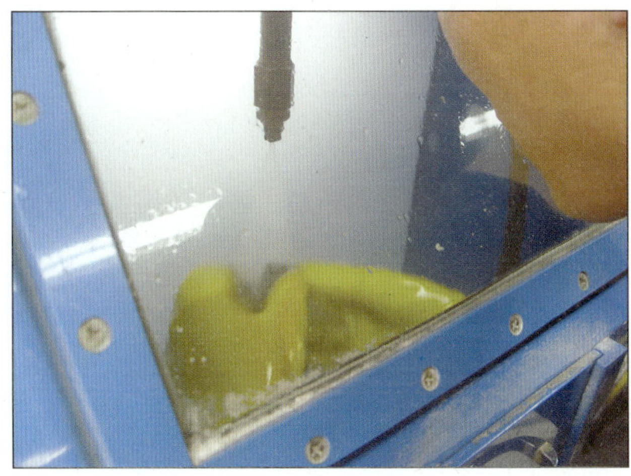

◎ 주조에 붙은 석고 분말을 제거하는 모습

8. 주조(Casting) 후 주물의 마무리 가공

불필요한 물줄기(탕구)들을 잘라주고 제작을 위한 원본만을 얻는다. 물줄기의 절단(Sprue Cutting)은 실톱이나 팬치로
절단하고 수량이 많은 경우 고속 절단기를 사용한다.

9. 표면 손보기 〉 광택내기(Polishing), 스트리핑(Stripping), 세척

주물 표면을 살펴보면 거친 부분이 많이 보이게 되는데 이러한 부분은 반드시 표면 연마 및 광택내기 등의 과정을 거치게
된다. 특히 화학약품인 청산가리(KCN)나 시안화나트륨(NaCN)으로 금속 표면을 순간적으로 강하게 세척하고 과산화수
소로 표면에 산화피막을 형성시켜 반지에 광택을 내게 된다.

⊙ 산세척 후 초음파 세척모습

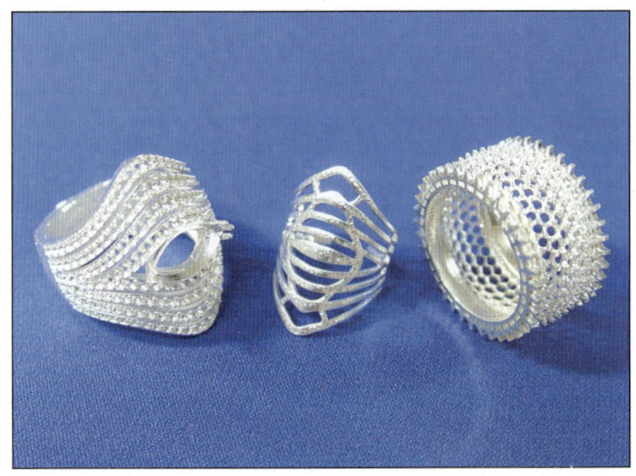

⊙ 세척 후 주물 최종 결과물 모습

10. 보석 세공(Gems Setting)과 최종 실물 반지의 완성

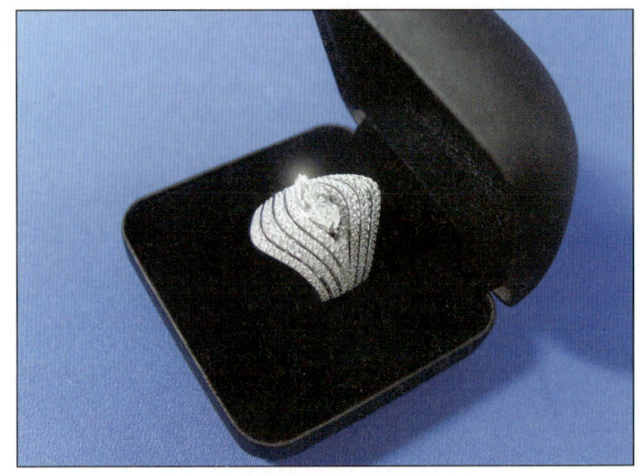

〈상기 작품의 작품 지원 : RP 제작 – SNC Korea(독일 perfactory 장비 사용),
모델링 지원 – 캐드하우스 김태식 대표
주물/세팅 지원 – 인덕대학 학교기업 IJ주얼리〉

02 소형 고속 조각기(CNC)를 활용한 브로치 제작 순서 Rhinoceros

라이노3D로 모델링된 브로치(Brooch) 3D 모델을 소형 고속 정밀조각기인 CNC(Computer Numeric Control)를 활용 제작하는 과정을 살펴본다. 흔히 NC 또는 CNC라면 매우 거대한 크기를 생각할 수 있지만 주얼리 분야의 경우 다루어지는 모델의 크기에 맞게 중, 소형의 정밀 조각기들이 사용되고 있다. CNC의 가장 큰 특징이라면 CAD(Computer Aided Design) 파일을 사용한다는 것은 RP(Rapid Prototyping) 공정과 같지만, CNC의 경우 조각 날이나 드릴(Drill)을 사용하여 직접 재료를 깎아 모델을 만들어가는 방법으로 앞서 제시된 쾌속조형인 RP(Rapid Prototyping) 공정처럼 재료를 한 층 한층 적층하여 모델을 만들어가는 과정과는 완전히 다른 차이를 보여준다.

CNC 평삭(Milling) 가공모습 – 재료)ABS

CNC 로타리(Rotary) 가공모습 – 재료)WAX

다만 CNC의 경우 언더 컷(Under Cut)이나 복잡한 3차원 겹침 구조(Cross Frame)의 기하형상은 공구간섭으로 제작이 불가하다. 물론 모델의 형상에 따라 CNC로도 다축(5축)공정이나 별도의 지그를 만들어주면 양면가공은 물론 공구간섭을 피하는 한도 내에서 3차원 객체를 제작할 수 있다. 이러한 장비들은 현재 금형설계 및 가공 분야에서 사용되는 대형장비들이 대표적이다.

1. 라이노3D로 브로치의 전체형상 모델링

아이디어 스케치와 렌더링을 통하여 최종 선택된 브로치(Brooch)를 Rhino3D로 정교하게 모델링하는 단계로 전체적인 면을 잡아 주고, 브로치의 살두께와 속파기, 보석 세팅을 위한 홈파기(Drilling) 등이 진행되는 단계이다.

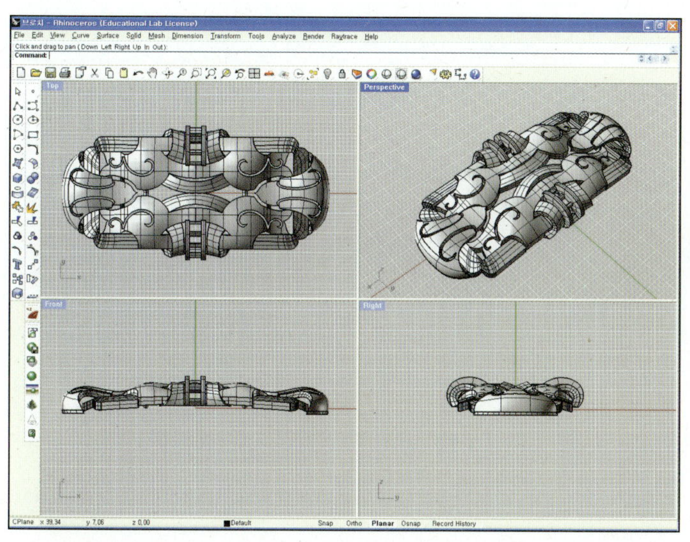

2. 테크젬(TechGems4.2)을 통한 보석의 세팅과 난집 배열 및 홈파기(Drilling)

테크젬(TechGems)은 라이노3D를 위한 주얼리 디자인 전용 플러그인(Plug-in)으로 전 세계적으로 가장 많이 사용되고 있다. 현재 버전은 TechGems4.1(4.2)이며 자세한 사항은 후반부 TechGems4.1(4.2) 최신 매뉴얼을 참고 바란다. 테크젬은 예전 3.0 버전까지 보석 라이브러리를 제외한 대부분의 기능이 라이노3D에서 가능했지만, 4.0 이상부터는 보다 확장된 툴을 제공하기에 전문적으로 주얼리 디자인을 하려면 사용해 보는 것이 편리하다.

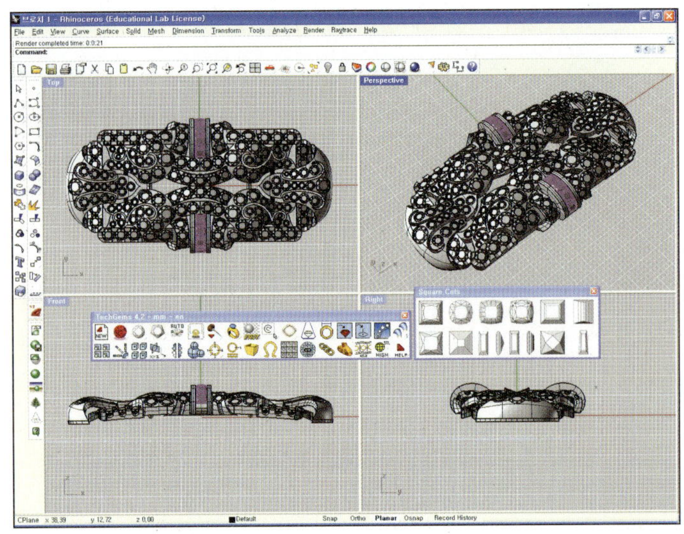

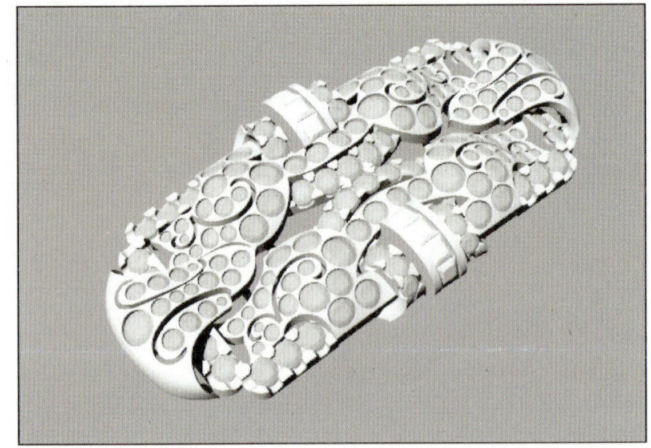

○ 보석이 세팅된 모습

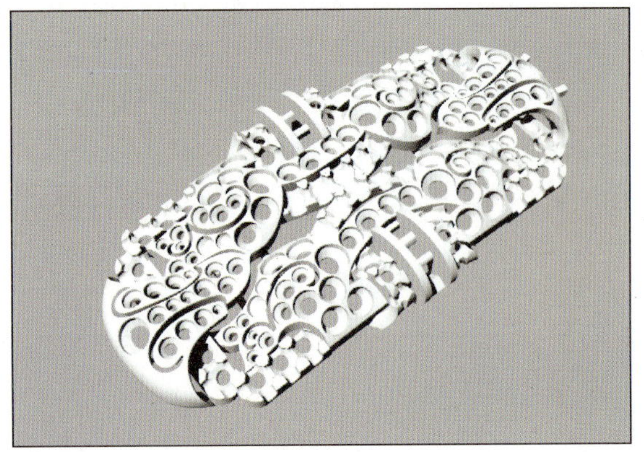

○ 보석이 제외된 후 파인 홈의 모습

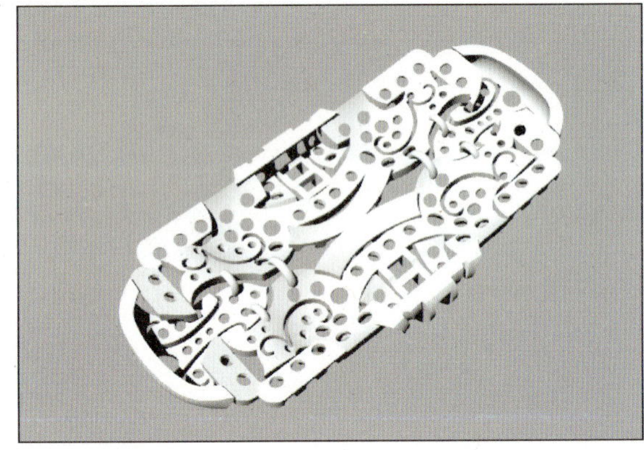

○ 객체의 뒷면 바닥 모습

3. CNC 가공을 위한 지지 박스(Support Box)와 연결 지지대 모델링

지지 박스의 제작은 사용재료인 WAX 덩어리를 CNC로 가공시에 재료를 고정하기 위한 지지대겸 가공 깊이와 범위가 된다. 참고로 기계가 가공할 수 있는 범위를 벗어나지 않도록 하되 최소의 가공영역으로 지지대를 구성하여야 손실되는 재료 낭비를 최소화 시킬 수 있다. 여기서는 양면 가공을 할 것이다.

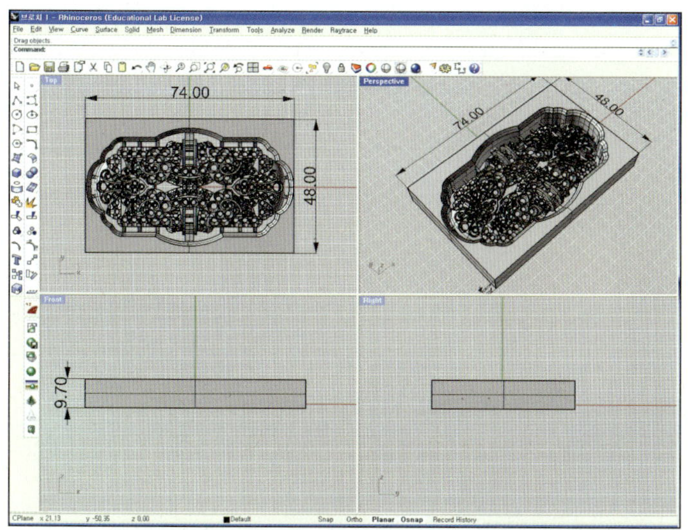

● 지지대 작업 모습

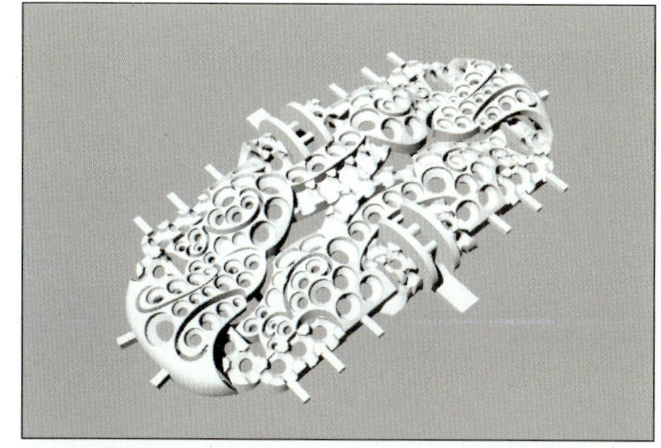

● 1차 지지대가 제작된 모습

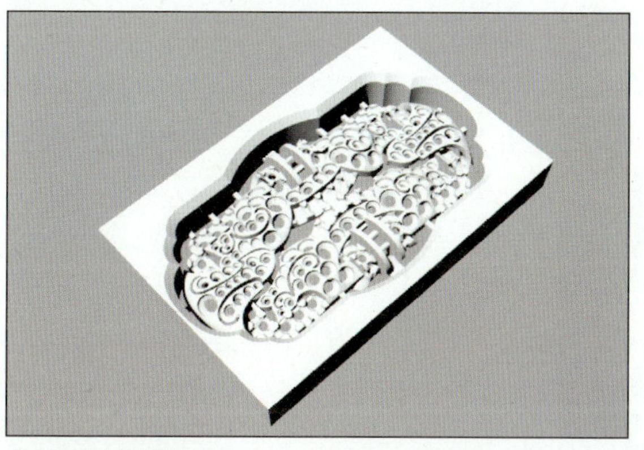

● 2차 지지대 윗면 모습

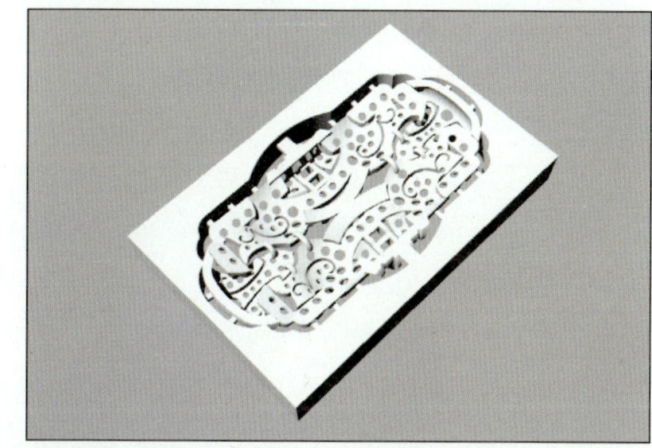

● 2차 지지대 안쪽 바닥면 모습

4. STL(Stereorithograpy) 파일 변환과 에러 체크

지지대까지 모두 완성 되었다면 실물 제작을 위하여 파일 변환을 해 주어야 한다. CNC 장비로 3차원 객체를 제작할 때는 파일 확장자를 .stl로 변환하여 넘기게 되는데 RP로 제작할 때보다 손쉽다. 그것은 객체가 RP 제작용 .stl 파일처럼 완전한 솔리드(갈라진 틈이 존재하면 안 됨)가 아니어도 된다는 점이다. 즉 에러 체크시 갈라진 틈이 존재하거나 면이 떨어져 있어도 가공 된다는 점 때문이다. STL 파일로 저장하는 것은 RP 제작을 위한 방법과 같다. STL 파일로의 변환은 NURBS 데이터를 가공을 위한 Polygon Mesh 데이터 파일로 변환시키는 것을 의미한다. Mesh 데이터는 작은 삼각형의 면들이 모여 근사치 면들로 연산하여 전체형상을 정의하게 된다. 만약 Mesh 설정을 너무 정밀한 값에 두면 데이터가 매우 커지게 된다.

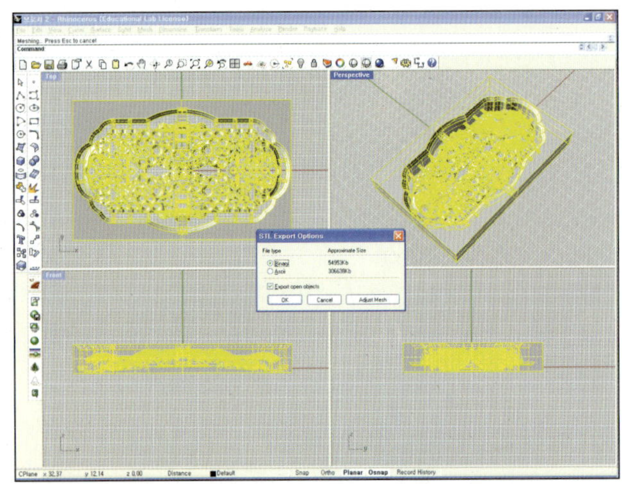

◑ STL 파일 변환 모습

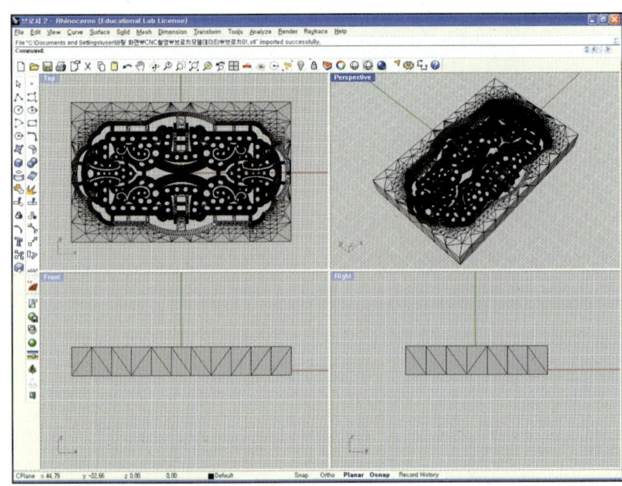

◑ STL 파일로 변환된 모습

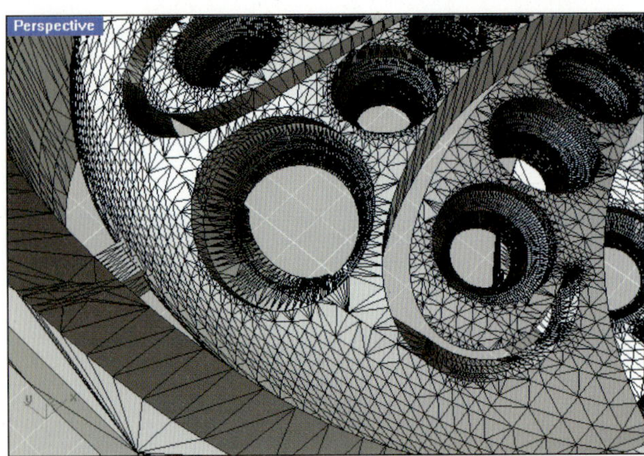

◑ STL 파일 부분 확대된 모습

5. STL 파일을 CNC 구동 소프트웨어로 불러오기

CNC 장비로 모델을 제작하기 위해서는 CNC 구동 소프트웨어로 STL 파일을 불러오면 된다. 본 샘플 제작에서는 Roland 사의 JX-10 장비와 함께 제공되는 MODELA Player4를 사용하였다. 소프트웨어를 통하여 공구 및 가공 방법 결정, 가공 경로(Tool Path)를 자동으로 생성하여 쉽게 CNC 밀링 장비로 데이터를 전송할 수 있다.

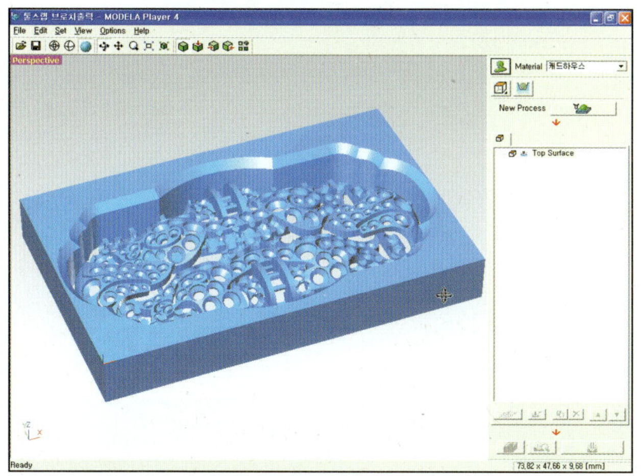

○ STL 데이터를 Import한 모습

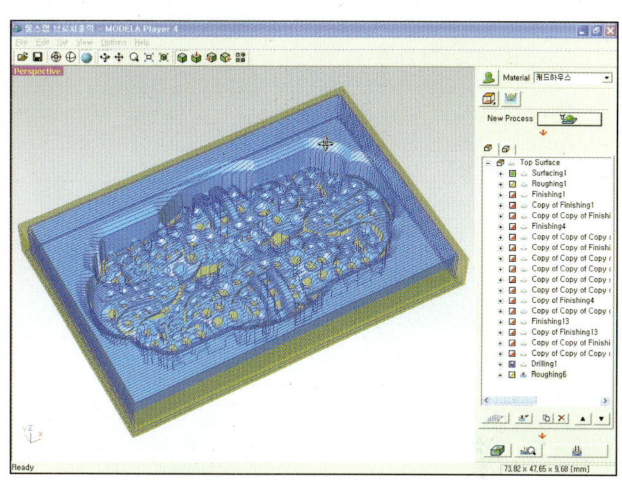

○ 가공 경로(Tool Path)를 생성해준 모습

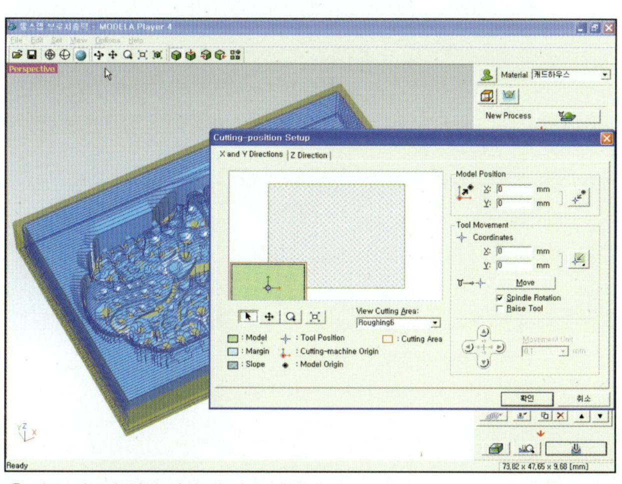

○ 가공 정도와 영역 설정 및 가공 데이터 전송

6. CNC 밀링 가공 진행

◑ CNC 밀링 작업 모습 〉 WAX 재료 절삭

◑ 윗면 가공이 완료된 모습

◑ 배면 가공이 완료된 상태

◑ 가공이 완료된 WAX master 모델 모습

7. 주형 제작(Investment Moulding)과 주조(Casting) 작업

가공이 완료된 WAX master 모델에 탕도(Sprue)를 만들어 준다. 탕도는 매몰 주형시 쇳물 통로가 된다. 다음 탕구 베이스에 탕도와 WAX master를 부착 트리구조를 만들어 준다. 진공탈포 및 매몰재를 채운 플라스크(Flask) 작업까지 모두 마무리 되었다면 고온의 소성로에서 왁스를 탈납시켜 준다. 주형 제작을 완료한다. 다음 왁스 소성이 마무리 되면 그림과 같이 은을 녹여 주물 틀(플라스크 내 매몰재)에 은을 녹여 부어준다. 이제 트리구조(Treeing method)의 탕도를 따라 은이 침투하여 브로치 주물이 만들어 진다. 응고가 완료되고 플라스크 열이 적정선으로 내려가면 플라스크를 꺼내어 브로치 원본 주물을 세척해준다. 주조 작업이 마무리 되었다.

❍ 은을 녹여 탕도에 부어 넣는 모습

❍ 플라스크를 식힌 후 석고를 분리시키는 모습

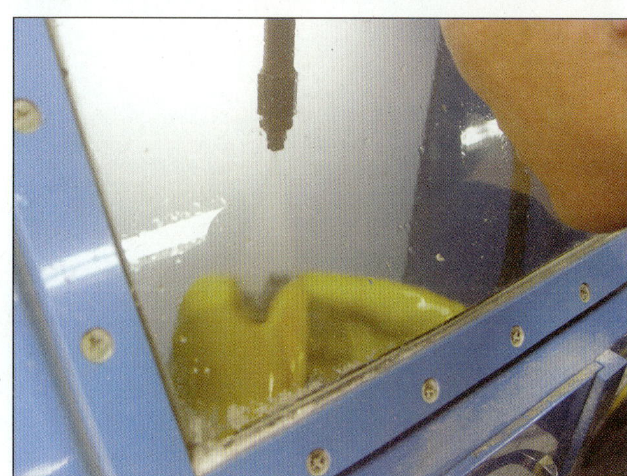

❍ 주조에 붙은 석고 분말을 제거하는 모습

8. 주조(Casting) 후 주물의 마무리 가공

불필요한 물줄기(탕구)들을 잘라주고 제작을 위한 원본만을 얻는다. 물줄기의 절단(Sprue Cutting)은 실톱이나 팬치로
절단하고 수량이 많은 경우 고속 절단기를 사용한다.

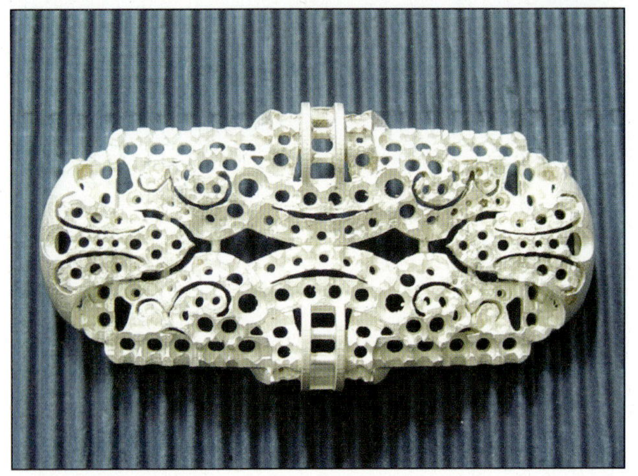

9. 표면 손보기 〉 광택내기(Polishing), 스트리핑(Stripping), 세척

주물 표면을 살펴보면 거친 부분이 많이 보이게 되는데 이러한 부분은 반드시 표면 연마 및 광택내기 등의 과정을 거치게 된다. 특히 화학약품인 청산가리(KCN)나 시안화나트륨(NaCN)으로 금속 표면을 순간적으로 강하게 세척하고 과산화수소로 표면에 산화피막을 형성시켜 브로치에 광택을 나게 된다. 그 외에 표면을 보다 매끄럽게 만들기 위한 방법은 다양하지만 대표적인 과정은 아래와 같다.

◐ 자력에 의한 금속 마찰로 표면 연마

◐ 연마제를 발라가며 폴리싱(Polishing)하는 모습

◐ 폴리싱 후 세제류에 의한 초음파 세척

◐ 황산용액을 알콜램프로 가열하여 브로치 산세척

10. 고무주형 제작

고무 주형을 제작하는 목적은 같은 디자인의 브로치를 대량 양산하는 경우 고무형 제작을 하게 된다. 고무 주형 제작과정은 생략한다. 특히 경화된 고무주형을 주형용 칼을 사용하여 절개시 숙련된 기술이 요구되어 진다.

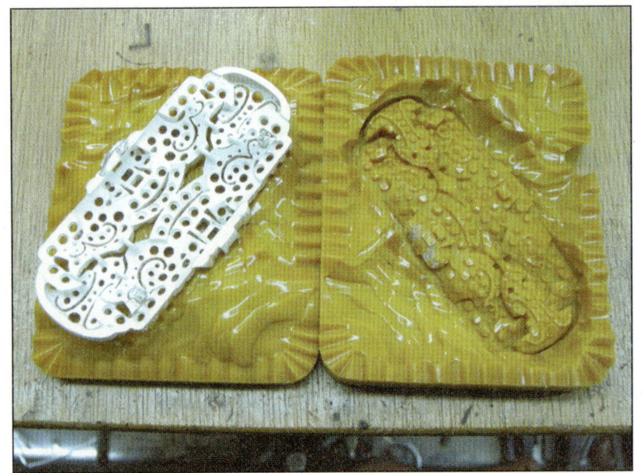
◑ 고무주형 제작이 완료된 상태 – 배면

◑ 고무주형 제작이 완료된 상태 – 윗면

11. 보석 세공(Gems Setting)

브로치의 마지막 공정으로 세공과 보석 세팅은 숙련된 기술을 필요로 하는 과정 중에 하나이다.

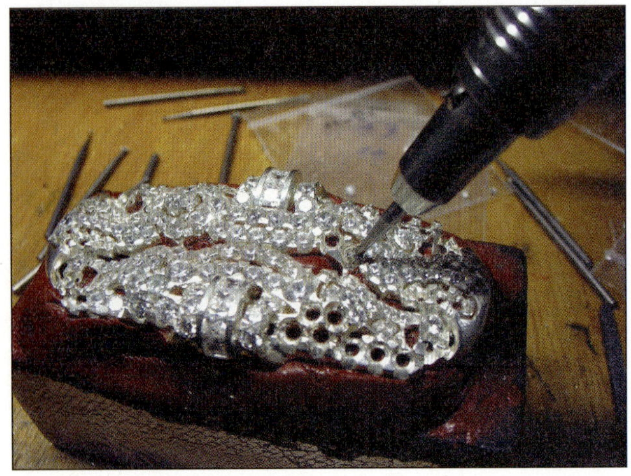
◑ 핸드피스(Hand Grinder) 작업 모습

◑ 사각 보석 세팅 모습

◎ 사각 보석 세팅 모습

◎ 보석 세팅이 모두 완료된 모습

◎ 브로치 뒷 장식 제작

12. 최종 브로치(Brooch)의 완성

◎ 브로치 앞면 보석 세팅이 완료된 모습

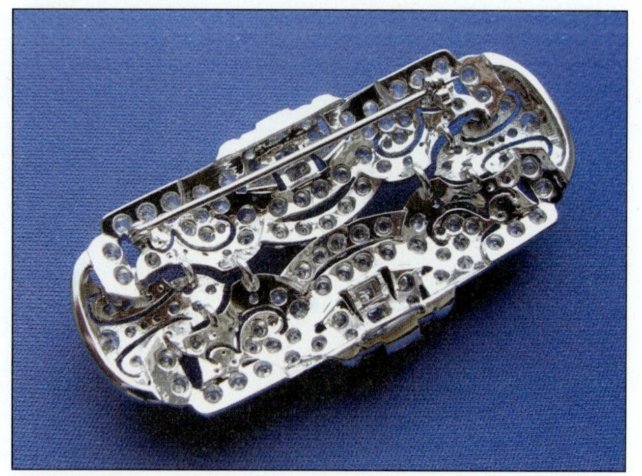

◎ 브로치 뒷장식이 완성된 모습

〈상기 작품의 제작 지원 : 캐드하우스 김태식 대표〉

Chapter 03

라이노 3D 관련 사이트 살펴보기

01 http://www.toolslab.co.kr

툴스랩(toolslab)은 저자가 운영하는 국내 유일의 제품, 주얼리 모델링 분야 라이노3D 공식교육센터로 2002년 10월 미국 Robert McNeel & Associates로 부터 랩 라이센스를 맺고 한국을 대표하는 라이노3D 공식 교육센터로 설립되어, 현재까지 수 많은 인재 배출과 기업 및 학교 교육 등을 활발히 하고 있다. 툴스랩은 라이노3D 전문 교육 뿐만 아니라 RP(Rapid Prototyping) 전문 교육 및 주얼리, 제품 분야 디지털 디자인 관련 툴을 연구하여 새로운 디자인 테크놀로지를 소개하고 현업에 적용 할 수 있도록 적극적인 활동을 하고 있다. 툴스랩이 교육한 대표적인 기업으로는 모토로라, LG전자, LG생활건강, 현대중공업, 팬텍 & 큐리텔, 모닝글로리, 카사미아가구디자인연구소, 부산신발진흥센터, 골든듀, PJ주얼리, 잼브로스, 홍익대, 서울대, 연세대, 국민대, 성신여대, 단국대 등 업종과 분야가 다양하다. 또한 **2004년에는 최초의 『주얼리디자이너을 위한 라이노3D』**를 출간하여 국·내외에 많은 호평을 받았으며, 2006~2007 현재까지 분야별 전문잡지에 라이노3D 활용에 대한 연재 활동을 하고 있다. 향후 툴스랩은 독자님들께 보답하고자 보다 전문화된 교육 시스템을 개발하고 매년 최선의 연구 결과를 서적과 다양한 미디어로 출판할 계획이다.

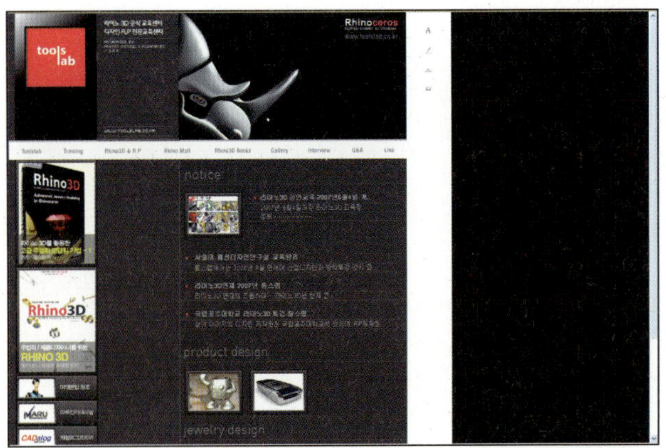

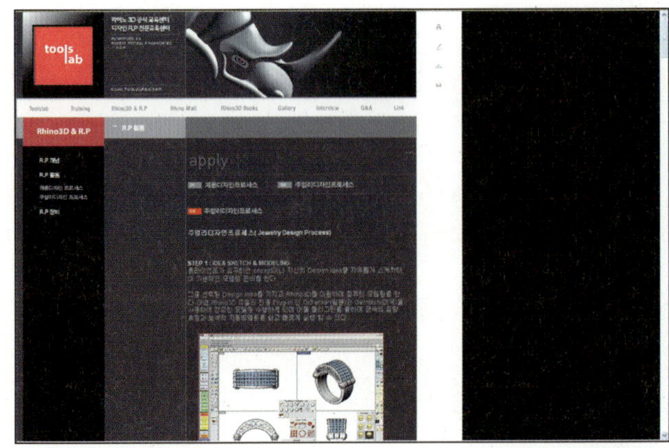

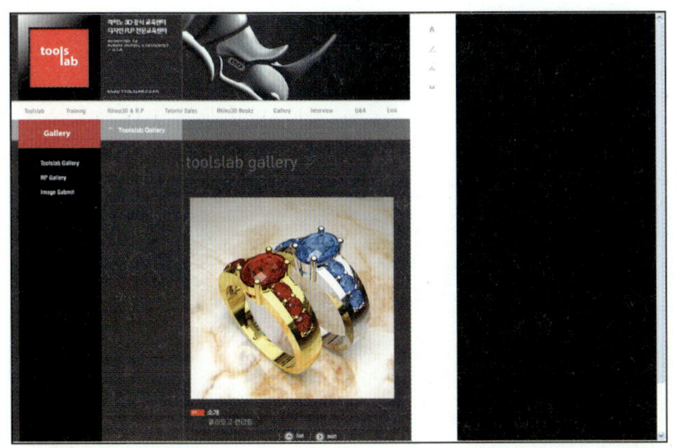 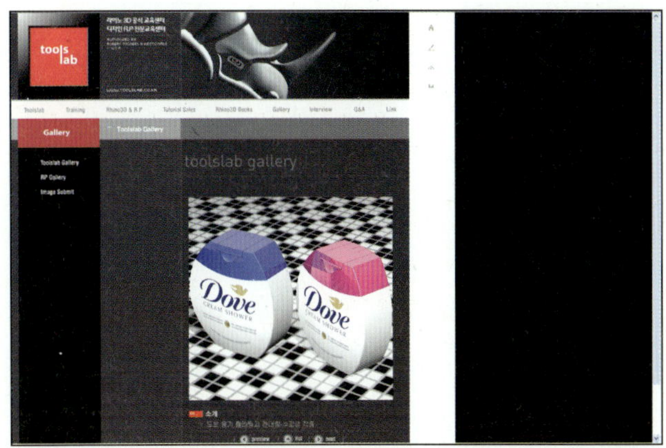

02 http://www.rhino3d.com

라이노3D 소프트웨어 제작사인 미국 로버트 맥닐사(Rovert McNeel Associates) 공식 홈페이지로 라이노3D에 관한 가장 방대한 자료와 전세계 네트워크를 연결해 주고 있다. 현재 공식 홈페이지는 영문은 물론 한글로 지원하기에 Language를 선택 약 10개 언어로 볼 수 있도록 서비스한다. 주요 내용으로는 분야별 갤러리와 최신 라이노3D 관련 최신 정보, 투토리얼, 각종 관련 플러그인(Plug-in), 서적, 전 세계 라이노3D 공식 교육센터와 교육 일정 등을 상세히 소개하고 있어 라이노3D 입문자나 전문가에 이르기까지 최신의 정보를 얻을 수 있다.

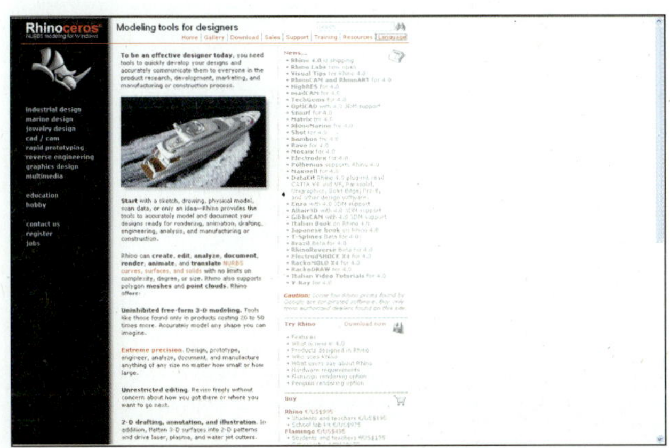

◉ 영문지원 홈페이지 모습

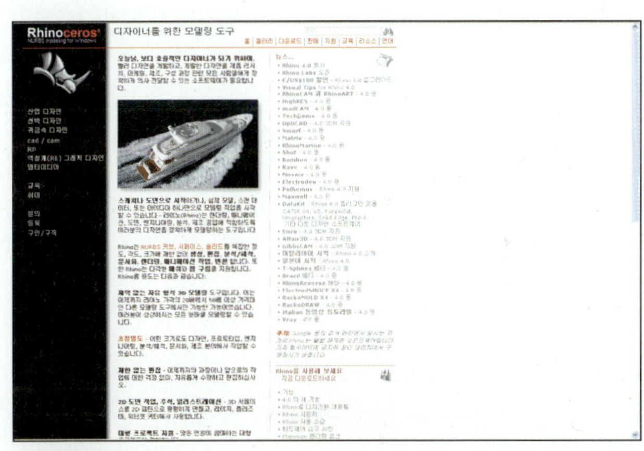

◉ 한글지원 홈페이지 모습

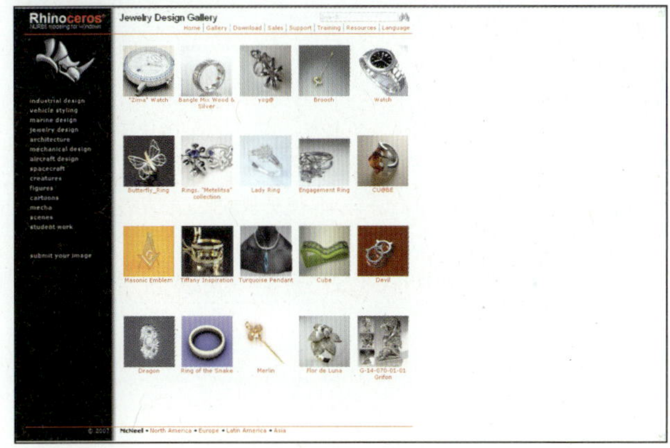

03 http://www.techjewel.com

테크주얼(techjewel)은 라이노3D 용 주얼리 플러그인(Plug-in)인 테크젬(TechGems4.1) 공식 홈페이지로 유럽의 스페인에 본사를 두고 초기 TechGems1.0부터 TechGems4.2 버전까지 매우 유용한 주얼리 전용 플러그인으로 전세계에서 많은 사용자를 확보하고 있다. 필자의 경우도 2004년 국내에 TechGems3.0 버전을 매뉴얼 서적으로 최초로 소개한 바 있으며, 본서에서도 최신 버전을 매뉴얼화 하였다. 특히 공식 홈페이지에는 다양한 갤러리와 최신 버전에 대한 소개, 명령어 사용법을 동영상으로 쉽게 설명해 놓아 주얼리 디자이너들에게 매우 유용하다.

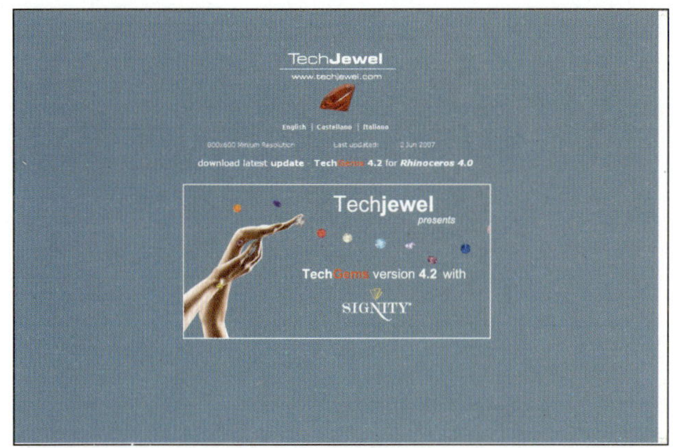
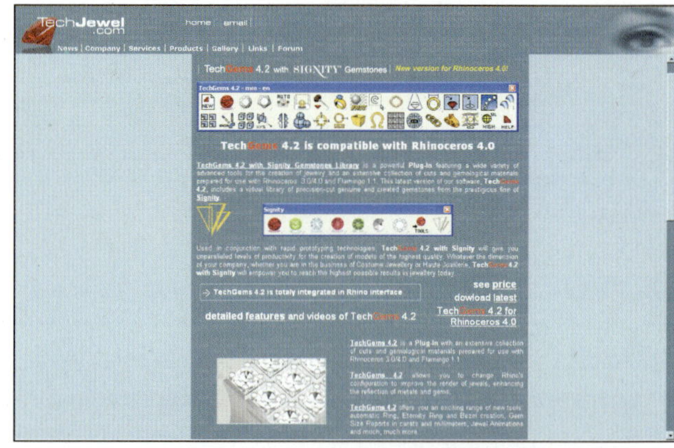

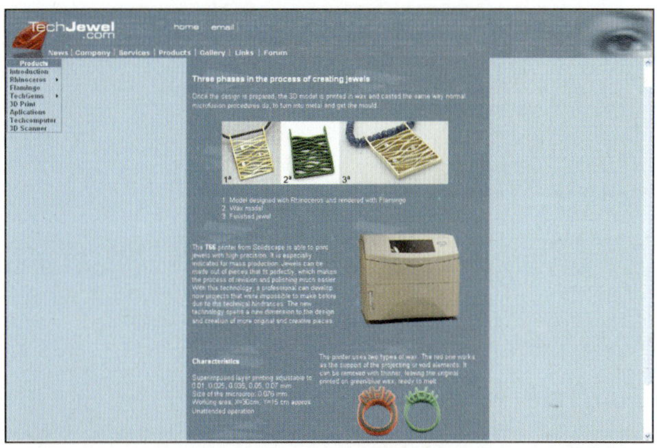
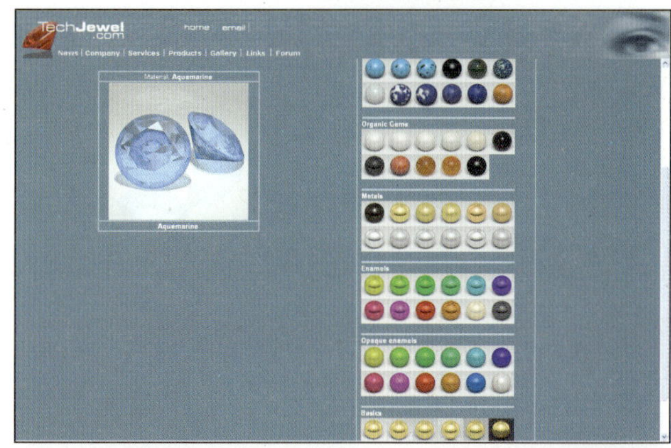

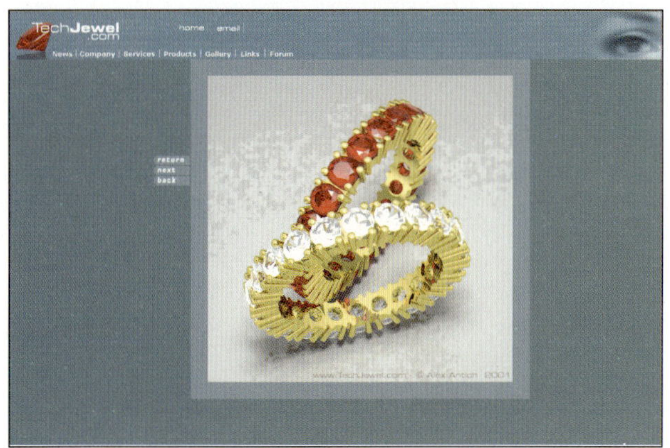
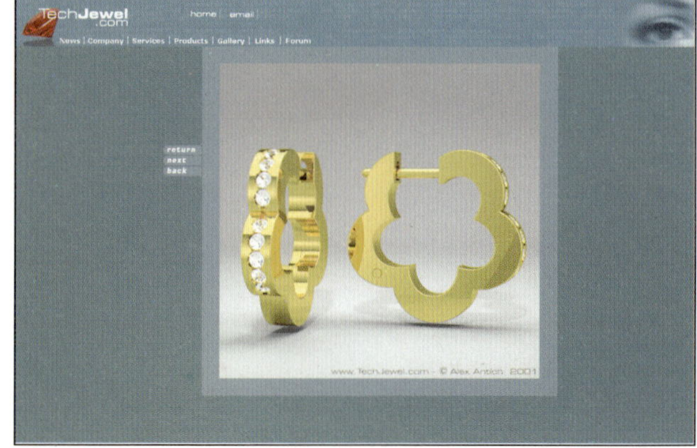

04 http://www.flamingo3d.com

라이노3D 전용 렌더링 플러그인(Plug-in)인 플라밍고(Flamingo) 공식 홈페이지로 플라밍고에 관한 최신 정보와 갤러리를 볼 수 있다.

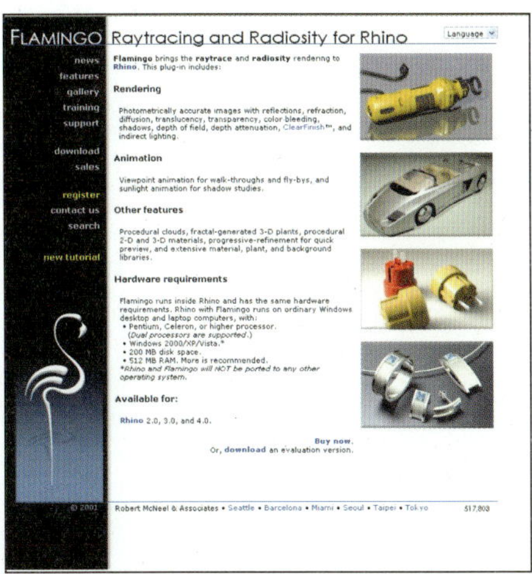

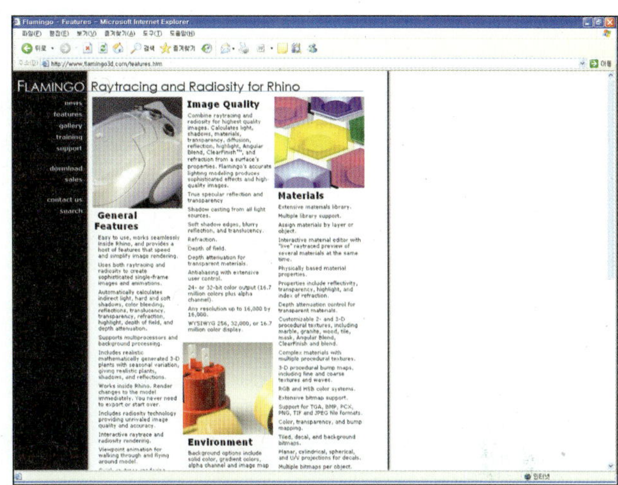

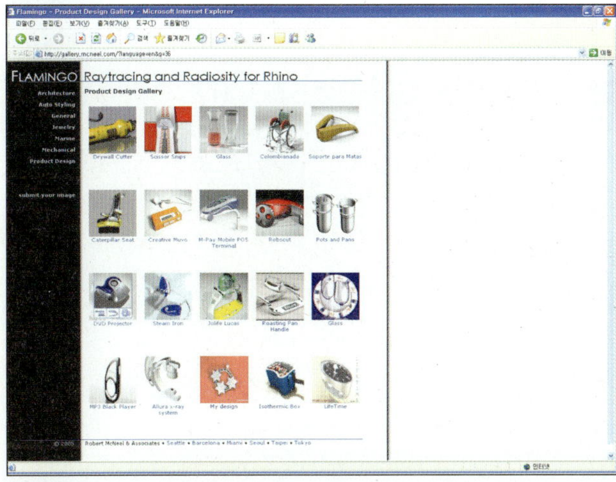

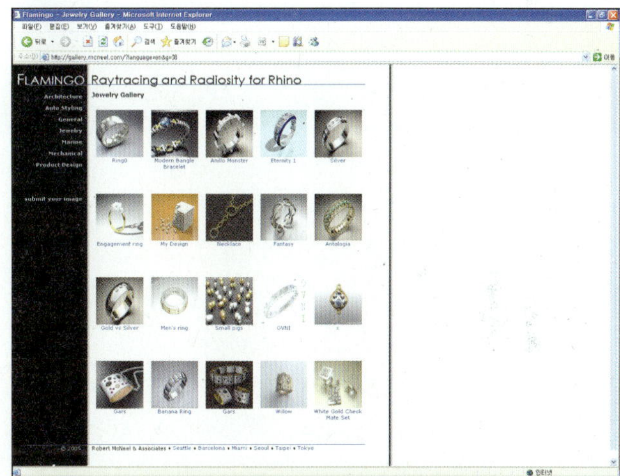

Chapter 04

라이노 3D 4.0 설치과정과 환경설정 살펴보기

01 라이노3D 4.0 설치과정 살펴보기

따라해 보세요 !

01_ Rhinoceros 4.0 CD1을 실행시킨다. 오른쪽과 같은 화면이 보이면 [Rhinoceros 4.0 설치]를 클릭한다.

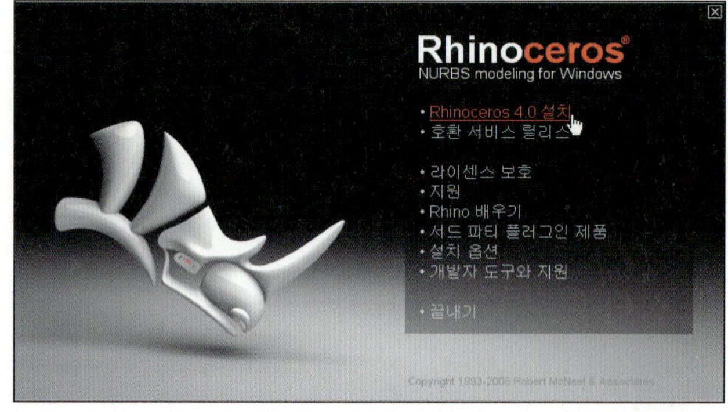

02_ Rhinoceros 4.0 설치 마법사 시작화면이 나타나면 [다음[N]] 버튼을 클릭한다.

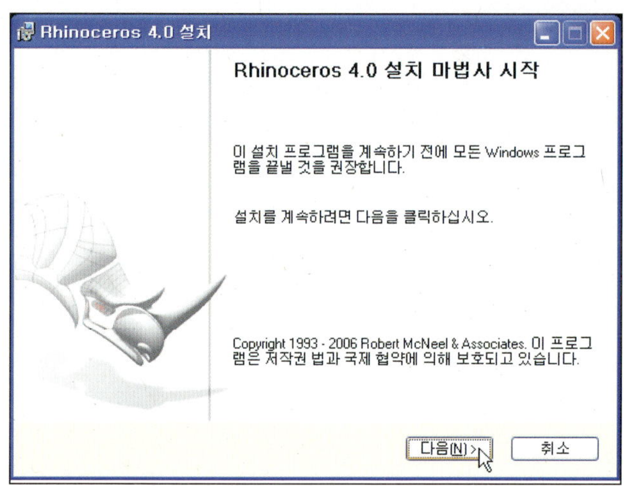

03_ 사용권 계약에 관한 내용을 읽어 보고 동의하면 [동의] 버튼을 클릭한다.

04_ 사용자 정보창에 전체이름과 조직을 입력한다. 다음 프로그램 CD와 같이 동봉된 소책자에 붙어 있는 제품 CD 키를 정확하게 입력해 준다. CD 키는 타인에게 양도하거나 분실 되지 않도록 각별히 주의한다. 입력이 끝났으면 [다음[N]] 버튼을 클릭한다.

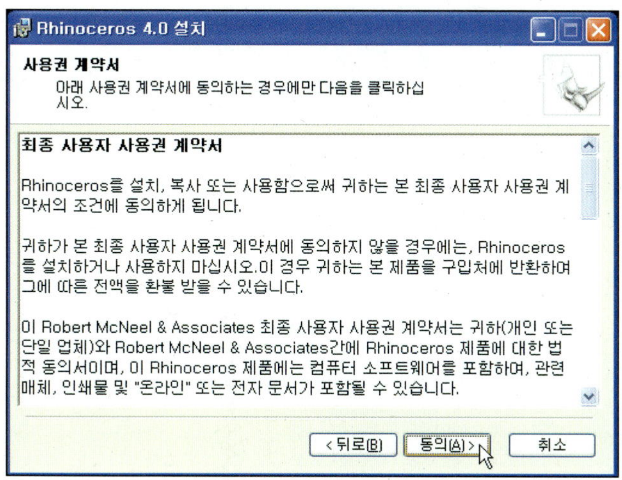

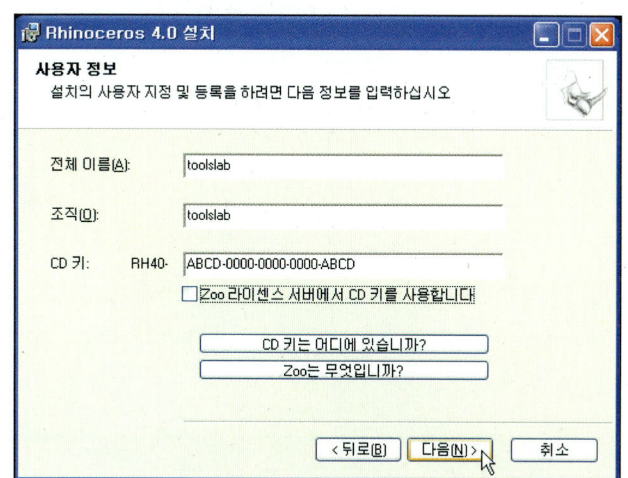

05_ 프로그램이 설치될 위치를 사용자가 별도로 지정하는 곳으로 다른 폴더에 설치시에만 찾아보기 아이콘을 클릭하고, 그렇지 않다면 바로 [다음[N]]을 클릭한다. 이렇게 되면 자동으로 C드라이브〉Program File로 인스톨된다.

06_ 설치방식 선택하기는 설치를 원하는 언어를 선택하는 것으로 사용자가 '일반[T]' 에 체크하여 설치하면 한국어(Korean)만이 설치된다. 이렇게 되면 한글 인터페이스만을 사용할 수 있게 된다.

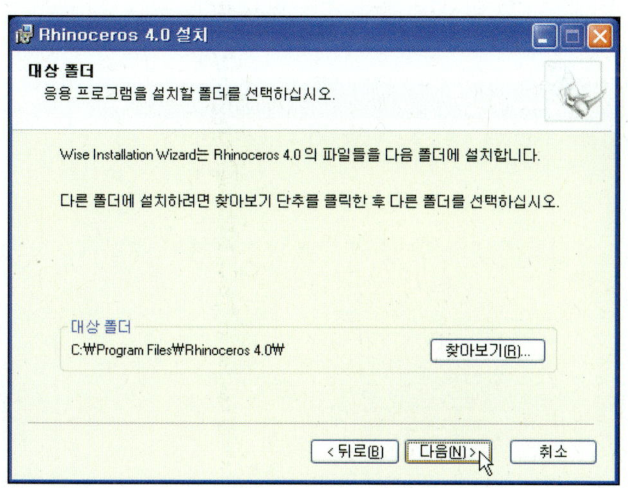

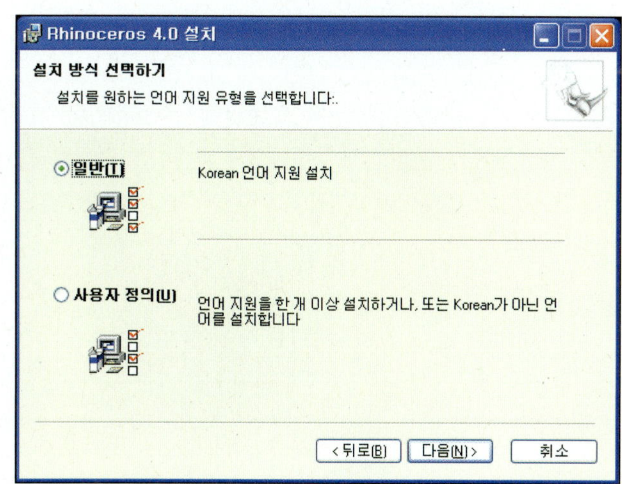

07_ 하지만 '사용자 정의[U]'에 체크하게 되면 한글과 영문을 포함 다른 언어를 동시에 사용 할 수 있다. 여기서는 사용자 정의를 체크하고 [다음[N]] 버튼을 클릭한다.

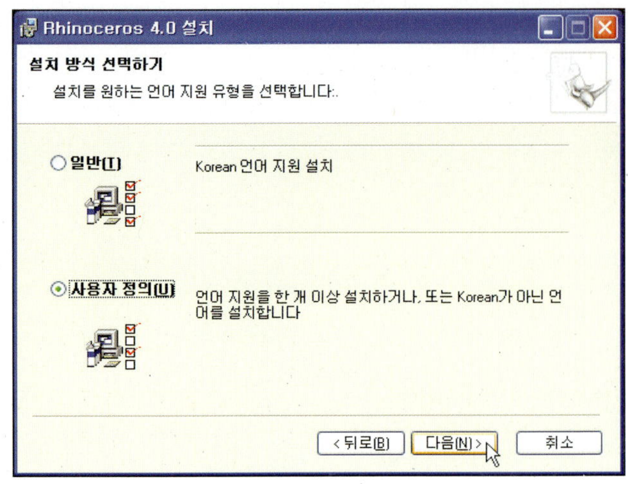

08_ 기능 선택창이 뜨면 ×표시된 곳을 마우스 오른쪽 버튼으로 클릭하면 왼쪽 그림과 같이 보조 문구 창이 뜨는데 모든 기능이 로컬 하드 드라이브에 설치를 클릭해 준다. 오른쪽 그림과 같이 영어 지원 파일이 하드 드라이브 모양으로 바뀐 것을 볼 수 있다. 이렇게 되면 하단 한글을 포함 영문을 인터페이스 언어로 번갈아가며 사용할 수 있게 된다.

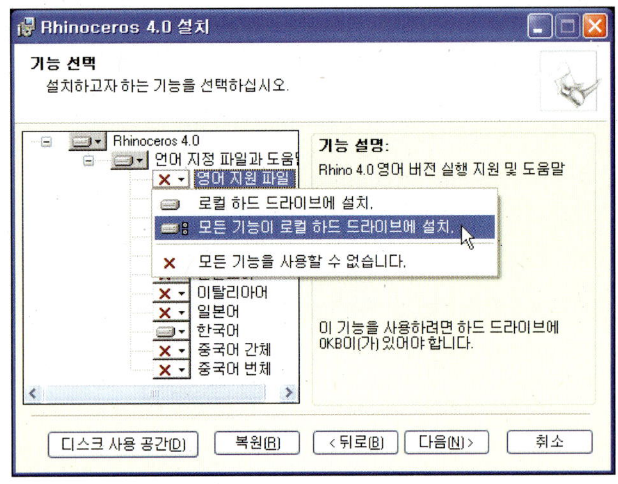

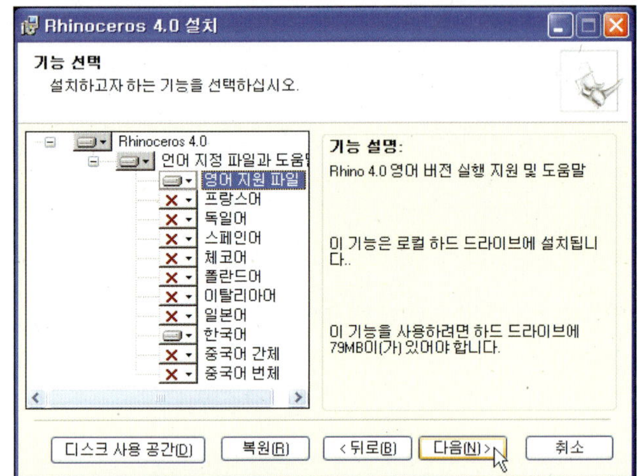

09_ Rhinoceros 4.0 설치 준비가 완료 되었다면 [다음[N]] 버튼을 클릭한다.

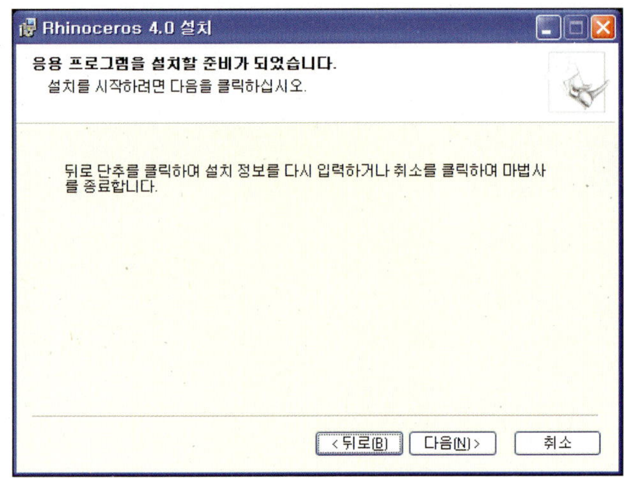

10_ 잠시 시스템 업데이트 중 창이 뜨면 잠시 기다려 준다.

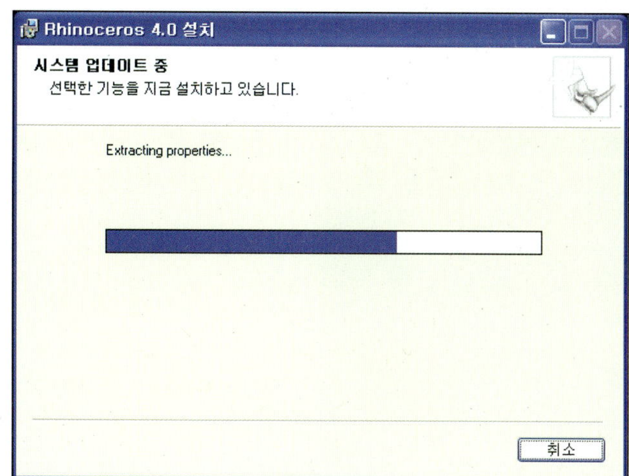

11_ Rhinoceros 4.0 설치가 시작된다. 잠시 기다려 준다.

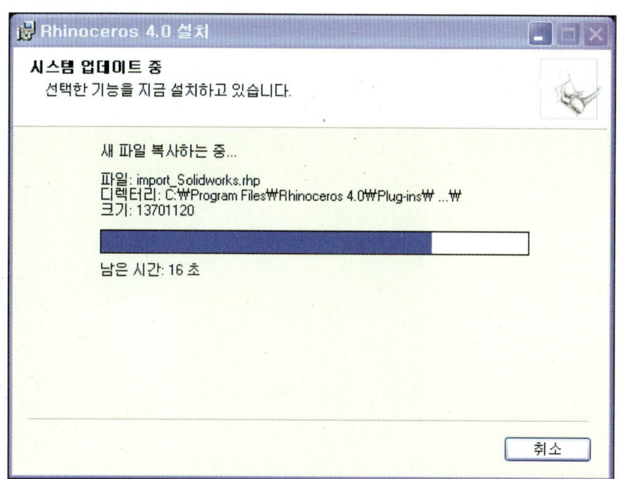

12_ Rhinoceros 4.0이 성공적으로 설치되었다. 설치를 종료하려면 [마침[F]]버튼을 클릭한다.

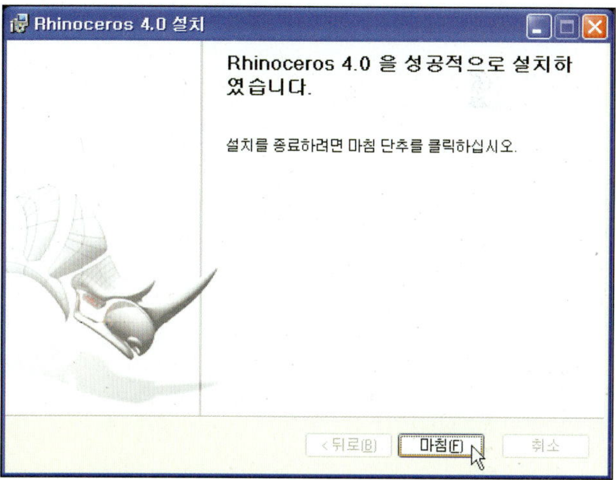

13_ 설치가 완료되면 사용자의 컴퓨터 바탕화면에 왼쪽 그림과 같이 코뿔소 이미지 아이콘이 뜬다. 동시에 오른쪽 그림과 같은 화면이 나타나는데 [끝내기]를 클릭하여 설치를 종료한다.

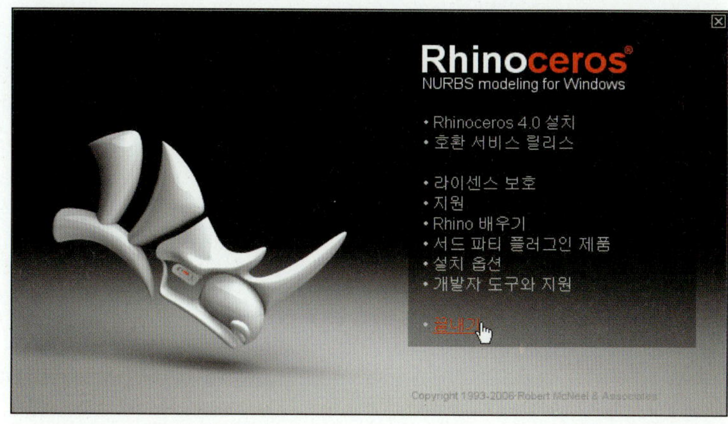

14_ 바탕 화면에 Rhinoceros 4.0 아이콘을 더블 클릭한다. Rhinoceros 시작화면이 나타나는데 시작화면에는 라이노 3D 버전 정보와 라이센스, 프로그램 고유 Serial Number와 사용자 가능수 등이 순간적으로 나타났다 사라진다.

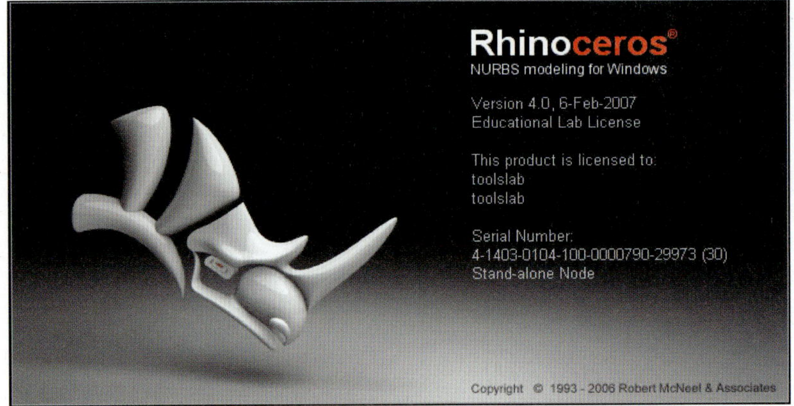

15_ 곧이어 그림과 같이 시작할 객체의 크기와 단위를 선택해 주고 [Open] 버튼을 클릭한다.

16_ 동시에 Rhinoceros 4.0 화면이 보이게 된다. 이제 작업을 수행하면 된다.

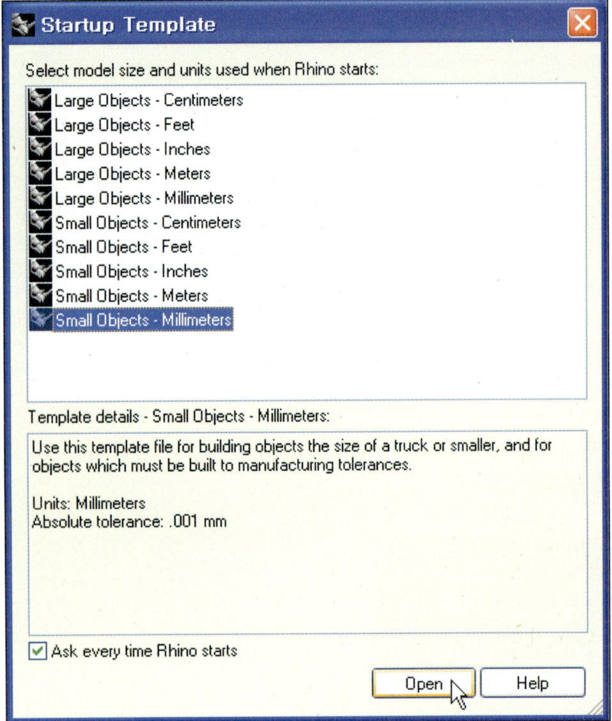

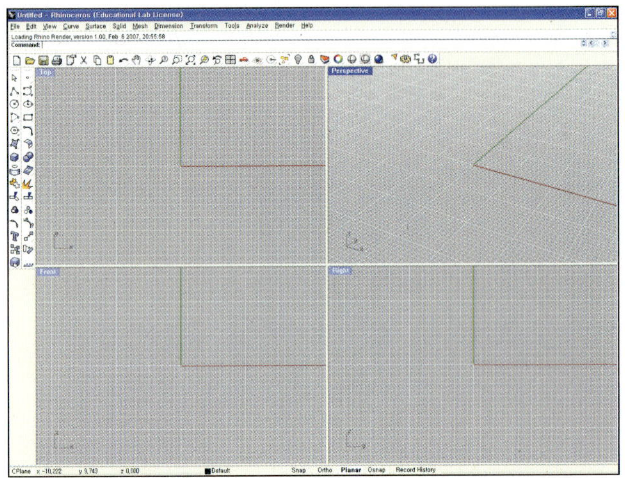

참고하세요!

✖ 사용자 인터페이스 언어 변경하기

만약 사용자가 영어로 된 인터페이스 언어를 한글로 바꾸거나 한글을 영문으로 변경하고 싶다면 다음 순서대로 해주면 언제든 변경이 가능하다.

1. 영문 인터페이스를 한글 인터페이스로 변경하기

01_ Rhinoceros 4.0 화면에 상단 스텐다드 툴바의 Options 옵션 아이콘을 클릭 〉 Rhino Options 〉 Appearance 〉 Language used for display 〉 영어(미국)를 한국어로 바꿔준다.

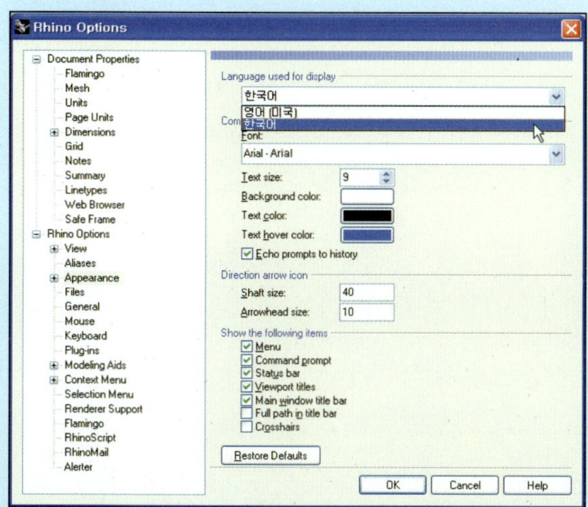

02_ 한국어로 바꾼 후 [OK] 버튼을 클릭한다.

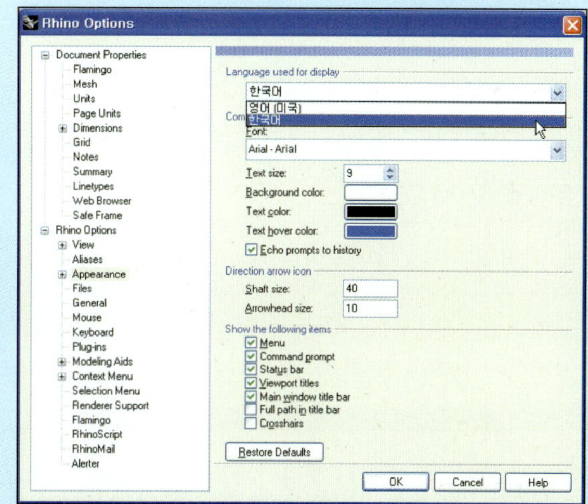

03_ 언어 변경이 된 것을 확인하려면 [확인]을 클릭하고 [OK]한다.

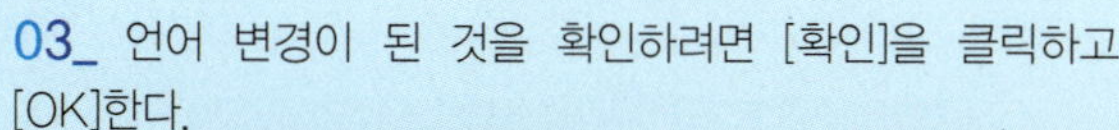
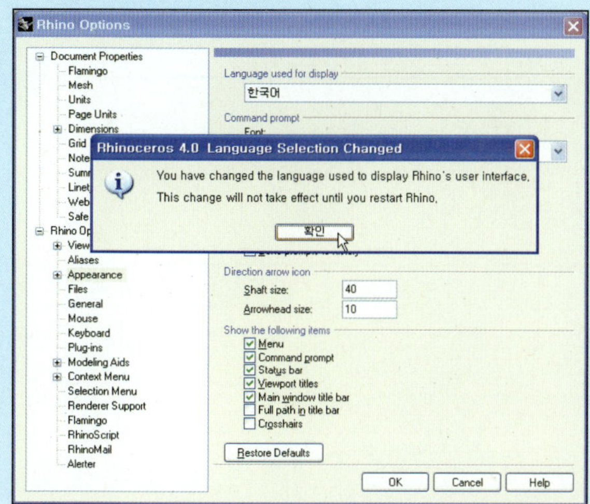

04_ 바탕 화면에 Rhinoceros 4.0 아이콘을 클릭한다.

05_ 영문 인터페이스에서 한글 인터페이스로 바뀌었음을 확인할 수 있다.

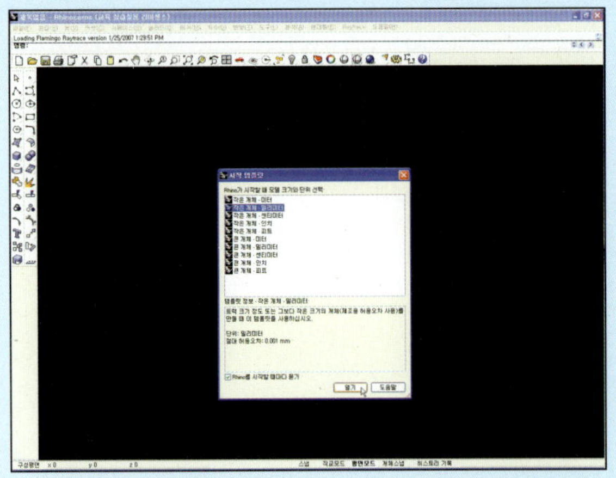

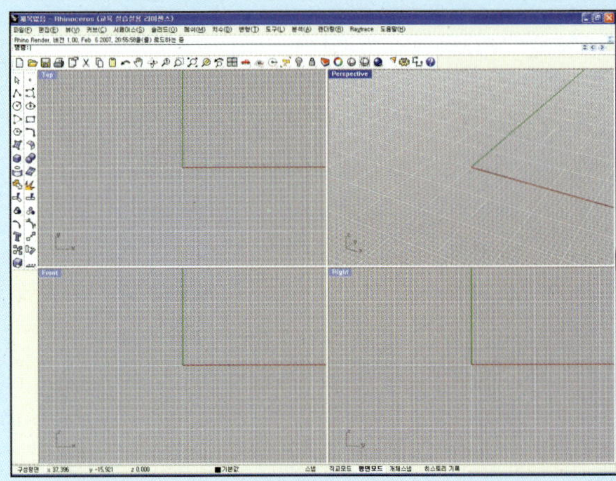

2. 한글 인터페이스를 영문 인터페이스로 변경하기

01_ Rhinoceros 4.0 화면에 상단 스텐다드 툴바의 **Options** 옵션 아이콘 클릭 〉 Rhino 옵션 〉 화면표시 〉 표시언어 〉 한국어를 영어(미국)로 바꿔 준다. [확인] 버튼을 클릭한다.

02_ 변경된 언어의 적용 여부를 확인하려면 다시 시작해야 하기에 [확인] 버튼을 클릭한다.

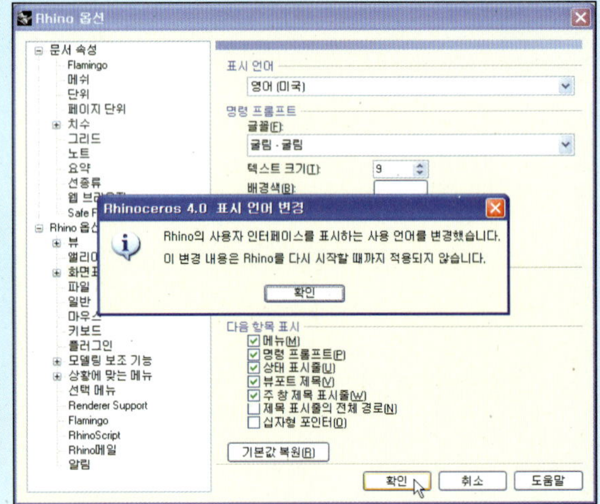

03_ 바탕 화면에 Rhinoceros 4.0 아이콘을 클릭한다. 객체 크기와 단위를 선택하고 [Open] 버튼을 클릭한다.

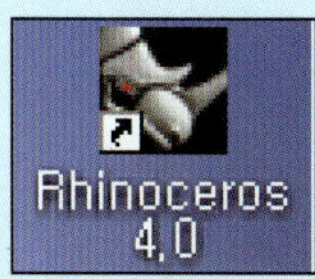

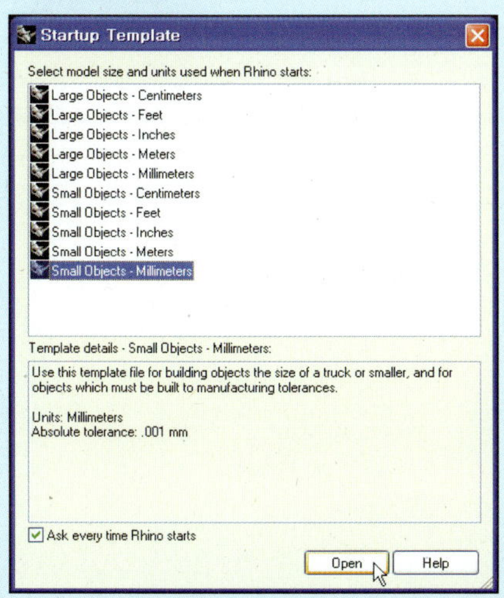

04_ 이제 한글 인터페이스가 영문 인터페이스로 바뀐 것을 확인할 수 있다.

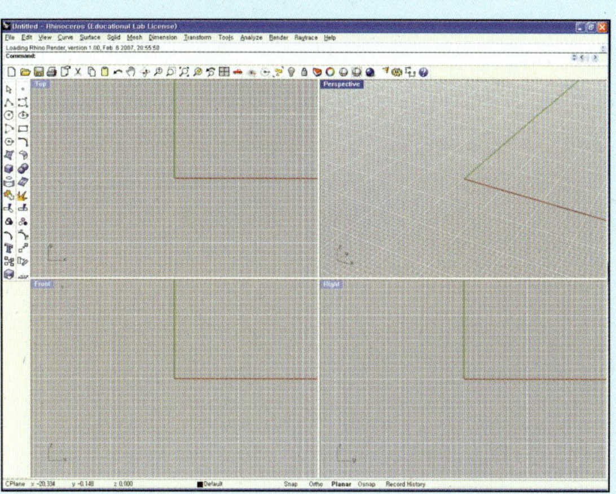

02 라이노3D 4.0 환경 설정하기

여기서는 전체 항목은 배제하고 처음 라이노3D를 설치한 후 우선적으로 설정해야 할 부분만을 점검한다. 나머지는 그대로 디폴트 상태로 작업해도 큰 문제가 없다.

따라해 보세요 !

01_ 우선 설정할 것은 라이노3D 화면을 켜고 스텐다드 툴바에서 Options 아이콘을 클릭한다.

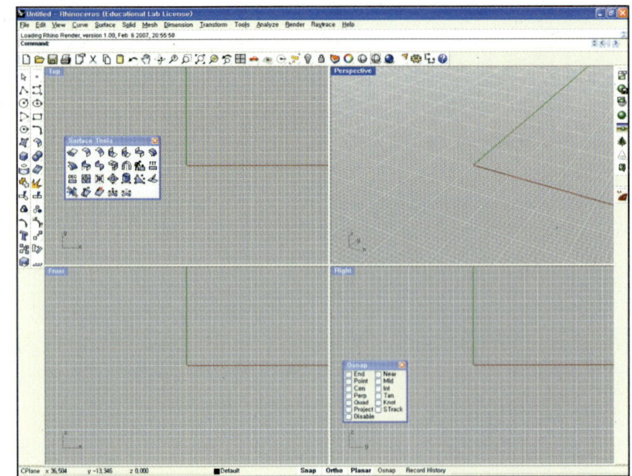

02_ Rhino Options > File로 접근한다. 다음 Autosave 항목에 체크하고 시간은 20분으로 설정한다. 이것은 작업 중 시스템이 다운되거나 프로그램이 구동을 멈추는 순간 등 문제가 발생시 작업 중이던 데이터를 자동으로 저장시켜 파일을 보호해 준다. 이렇게 하면 20분 전까지 작업된 데이터들을 보호할 수 있다. 설정 시간을 너무 짧게 둘 필요는 없다.

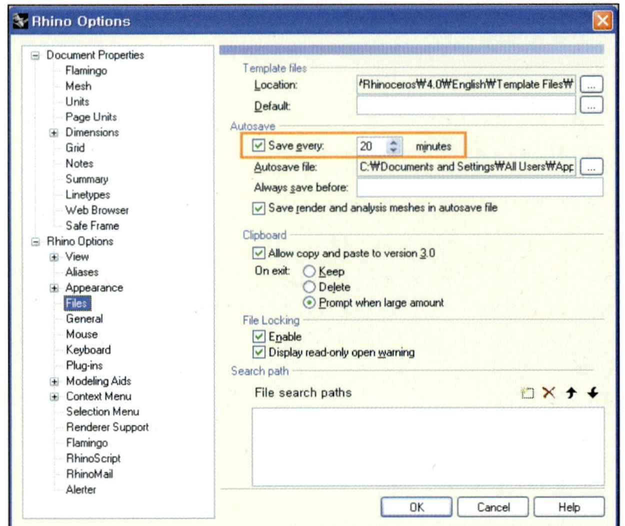

03_ 다음 General로 접근하여 Undo 항목을 100에 설정한다. 할당된 기본 메모리는 그대로 둬도 무방하다. 100이란 작업 도중 100번 명령 전이나 현재로 되돌릴 수 있다는 것으로 이해하면 된다. 만약 이 부분을 설정하지 않고 작업 하면 Undo 수가 적어 낭패를 볼 수 있기 때문이다. 반드시 미리 설정하고 작업한다. 참고로, Undo시 단축키는 Ctrl + Z , Ctrl + Y 이다.

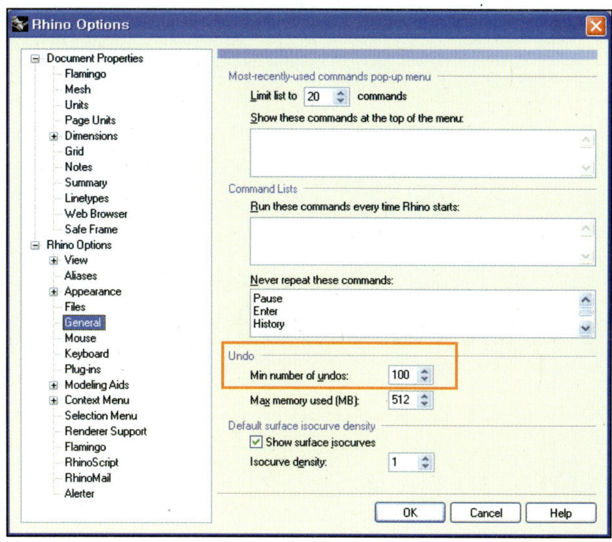

★ 라이노3D 작업 화면 변경하기

기존의 라이노3D 작업 화면을 변경해 보자. 취향에 따라 적정한 컬러를 선택해주면 된다.

01_ 스텐다드 툴바에서 Options 아이콘 클릭 〉 Rhino Options 〉 Appearance 〉 Advanced Settings 〉 Wireframe으로 접근한다. Viewport Setting을 Gradient 2 Colors에 맞추고, Top Color과 Bottom Color를 원하는 색상으로 변경한다. 기타 설정은 그대로 둔다. 현재 Wireframe 상태의 세팅을 진행한 것이다.

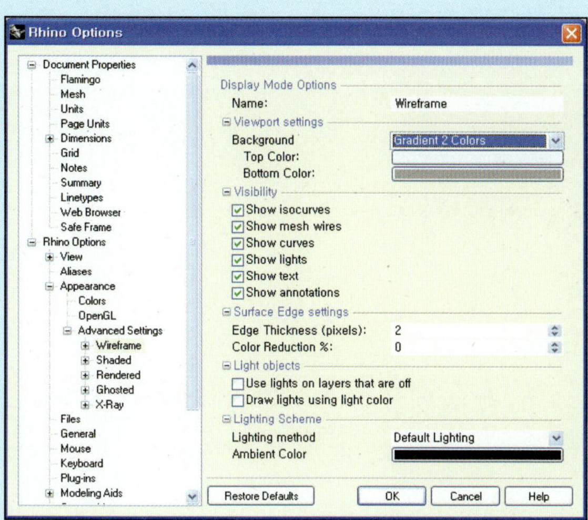

02_ 연속해서 Rhino Options 〉 Appearance 〉 Advanced Settings 〉 Shaded로 접근한다. Viewport Setting을 Gradient 2 Colors에 맞추고, Top Color과 Bottom Color를 앞서 설정한 같은 색상으로 변경한다. 기타 설정은 그대로 둔다. 현재 Shaded 상태의 세팅을 진행한 것이다.

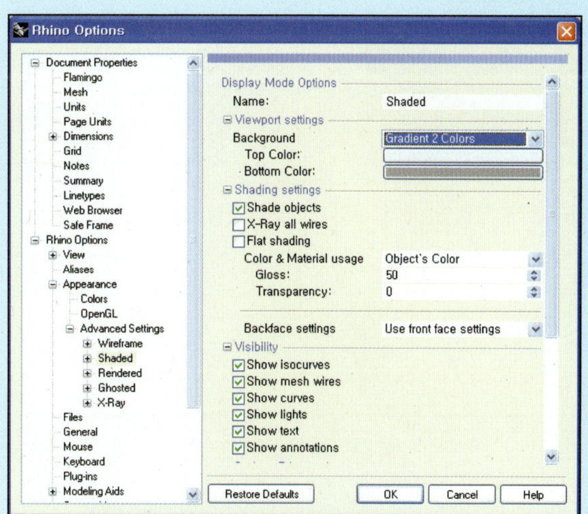

03_ 연속해서 Rhino Options 〉 Appearance 〉 Advanced Settings 〉 Rendered로 접근한다. Shading settings 〉 Shade objects 〉 Rendering Material에 맞추고, Backface settings는 Use front face setting에 설정한다. 나머지는 그대로 두고 [OK]한다. 현재 Rendered 상태의 세팅을 진행한 것이다.

04_ 작업 화면이 그림과 같이 변경된 것을 볼 수 있다. Viewport 컬러는 앞서 선택한 컬러에 따라 다르게 보일 것이다. 너무 튀거나 보색은 사용하지 않는 것이 좋으며 최대한 옅은 미색 중에 결정하는 것이 바람직하다.

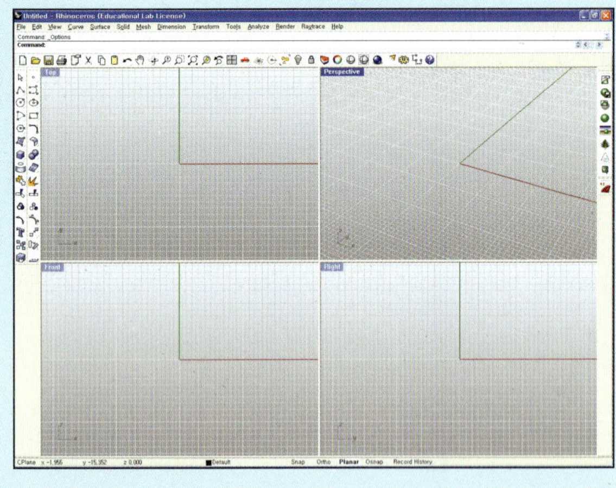

✖ 라이노3D 디지털 매뉴얼 및 도움말 보기

라이노3D 프로그램을 열고 전자 매뉴얼(한글, 영문 지원)을 보고 싶거나, 명령어 사용법을 동영상으로 즉시 볼러면 해당 명령어 아이콘을 클릭 후 F1 키를 누르면 도움말이 자세히 뜬다. 아니면 스텐다드 툴바에 ❓ **Help Topics** 아이콘을 클릭하면 된다. 초보자나 라이노3D V4.0을 처음 학습하는 유저들께는 매우 유용한 전자 매뉴얼이다.

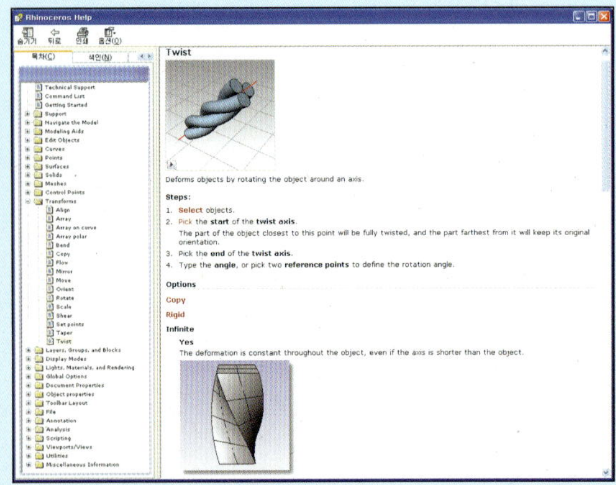

◐ F1 으로 불러낸 전바 매뉴얼 모습

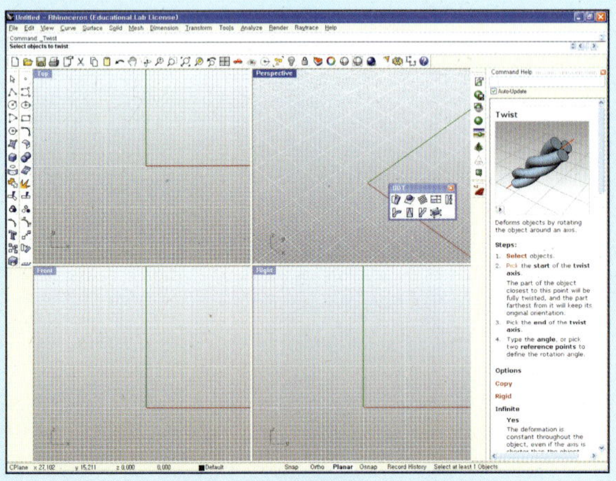

◎ Help Topics 아이콘으로 불러낸 매뉴얼 모습

Chapter 05

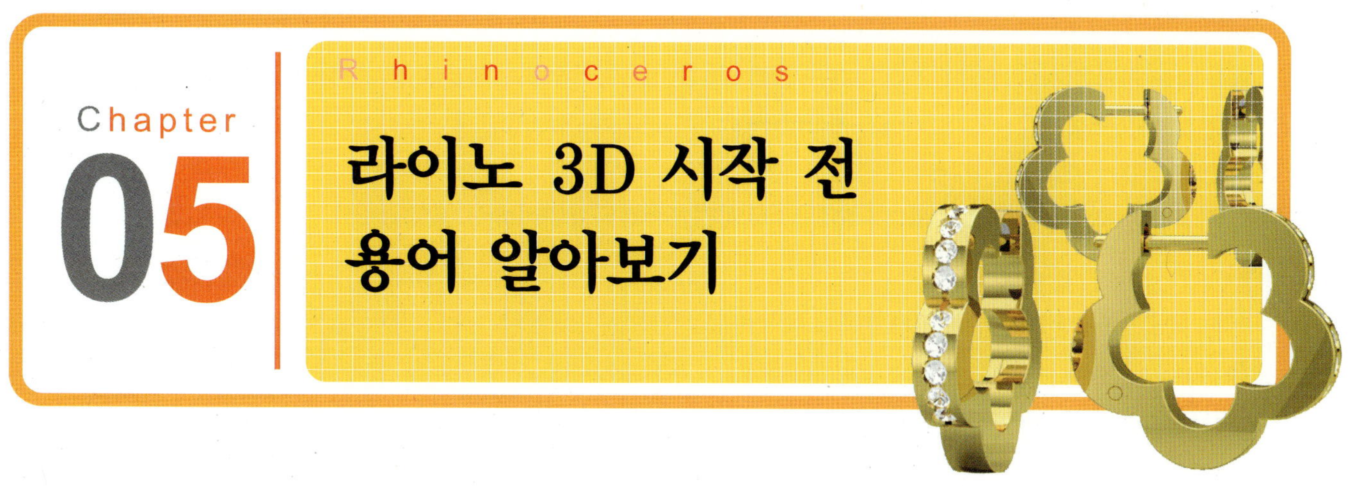

라이노 3D 시작 전 용어 알아보기

라이노3D를 처음 접하게 되면 모든 용어들이 생소하기에 미리 용어에 대한 기본적인 개념을 가지고 학습에 임하는 것이 도움을 준다. 특히 자주 언급되는 기본 용어는 필수적으로 숙지해 두자.

01 사용자 인터페이스 화면 구성 알아보기

라이노3D 4.0의 작업 화면(Rhino3D V4.0 User Interface)을 보면 크게 Text에 의한 명령어 입력공간과 아이콘에 의한 명령어 실행 인터페이스를 보여 준다. 전체 뷰포트(Viewport)는 Top, Front, Right, Perspective View로 구성되며, 인터페이스의 세부 구성을 보면 다음과 같다.

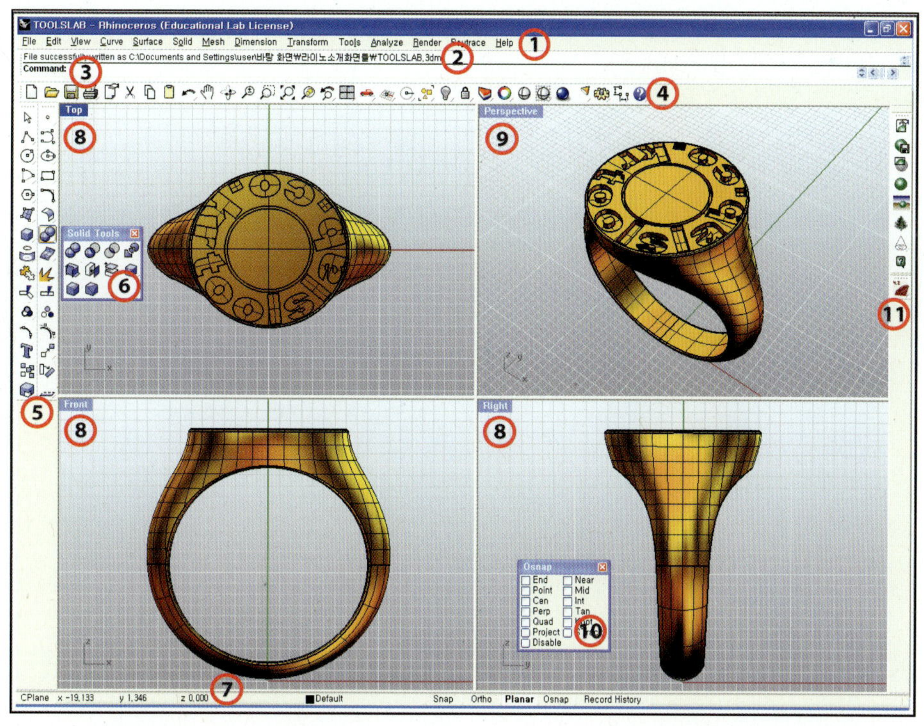

❶ 메뉴 바(Full down menu bar)

메뉴 바는 아이콘 명령어와는 달리 Text된 명령어를 풀다운 방식으로 내려 사용할 수 있으며, 각종 명령과 도움말을 지원한다.

❷ 명령 사용 내역창(Command area)

각종 명령 수행시 일련의 진행 과정을 Text의 형태로 보여주는 공간이다.

❸ 명령 프롬프트(Command prompt)

각종 명령어를 Text의 형태로 입력하는 공간이다.

❹ 스텐다드 툴바(Standard toolbar)

메인 툴바를 보조하여 모든 작업 환경과 조건을 제어하는 툴이 아이콘 형태로 모여 있는 곳이다.

❺ 메인 툴바(Main toolbar 1, 2)

3차원의 모델을 실질적으로 모델링 하기 위한 직접적인 툴이 아이콘 형태로 모여 있는 곳으로 메뉴 바(Full down menu bar)에는 Text 상태로 동일 명령군이 준비되어 있다.

❻ 플로팅 툴바(Floting toolbar)

메인 툴바나 스텐다드 툴바의 하위 메뉴를 뷰포트 상에 빼놓은 메뉴 툴바로 아이콘 중 오른쪽 하단 모서리 부분에 흰색 삼각형 부분을 클릭하면 나타난다.

❼ 상태 표시줄(Status bar)

좌표표시줄(Coordinate display), 작업 레이어(Layer), 그리드 스냅(Grid snap), 오브젝트 스냅(Osnap), 레코드 히스토리(Recors History) 등의 상태를 보여주거나 제어 하는 곳이다.

❽ 뷰포트(Viewport)

평면작업을 위한 Top, Front, Right View와 3차원 객체의 회전을 위한 Perspective View로 구성된다.

❾ 입체 뷰포트(Perspective viewport))

3차원의 Object를 와이어 프레임 또는 Shade 상태로 확인하고 회전(Rotate)제어 하는 곳이다.

❿ 오브젝트 스냅 (Osnap dialog box)

2D 또는 3D 오브젝트에 대하여 스냅을 지정하거나 제어하는 곳이다.

⓫ 기타 Plug-in 도킹 툴바(Docking toolbar)

렌더링을 위한 플라밍고(Flamingo)나 주얼리 모델링 지원을 위한 테크젬(TechGems)과 같은 플러그인(Plug-in)을 불러오면 툴바 어디든 도킹 배열이 가능하다.

02 라이노3D 지오메트리의 유형 알아보기

라이노3D로 모델을 만들 때 지오메트리 유형(Geometry Types)은 크게 5가지로 구분할 수 있다. 이러한 지오메트리의 적절한 조합과 변형으로 어떠한 3차원 객체도 모델링할 수 있다.

1. 포인트(Points)

흔히 점 개체로 불리며 가장 작은 단위의 지오메트리 유형이다. 점은 좌표의 어느 곳, 공간 또는 선에 접한 점, 중심을 표시하는 점으로 사용될 수 있다.

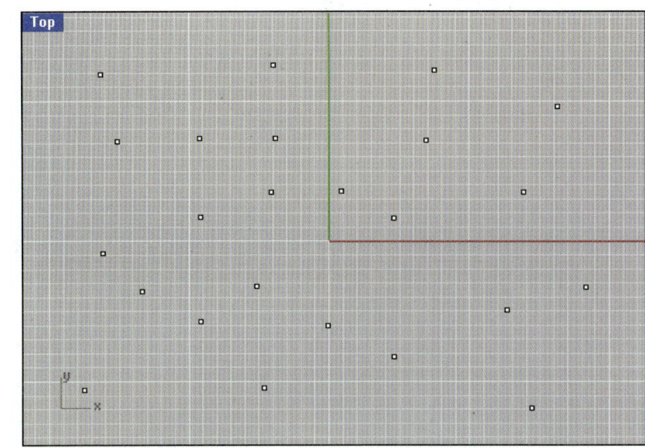

2. 커브(NURBS Curves)

커브는 하나의 선을 말한다. 커브는 직선 또는 곡선의 형태를 가지며, 여러 개의 커브가 서로 결합된 형태로도 만들어 진다. 또한 커브는 닫힌 형태와 일부가 열린 형태의 폴리커브(Polycurve)를 만들 수 있다. 커브는 만들어진 면(Surface)의 품질을 결정하는데 도 결정적인 역할을 한다.

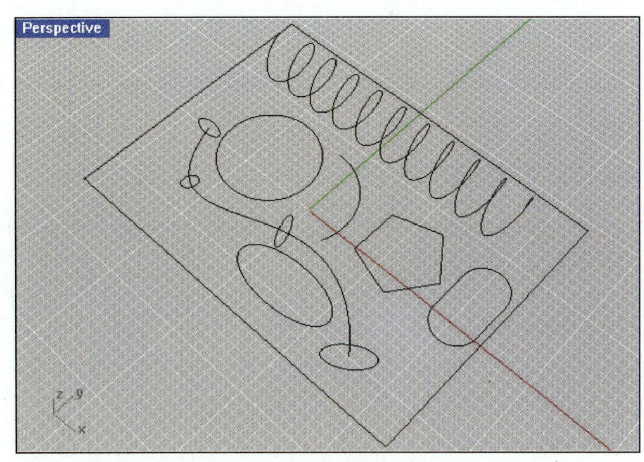

3. 서페이스(Surfaces)

서페이스(Surface) 즉, 면은 늘어나는 고무판과 같다. 라이노3D에서 모든 서페이스는 NURBS Surfaces이다. NURBS 수학은 평면이나 원통 등의 간단한 형상에서 free-form 형태의 어떤 면도 만들 수 있다. 라이노3D에서 서페이스(Surface)는 크게 두 가지로 구분되는데 단일면으로 이루어진 싱글서페이스와 1개 이상의 면과 면이 붙어있는 폴리서페이스가 그것이다.

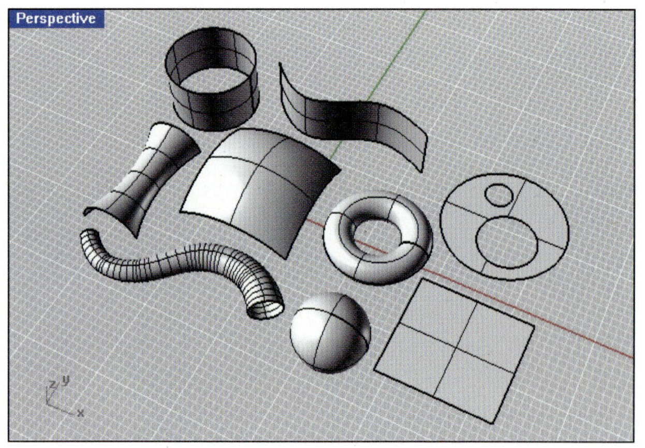

❶ 단일면 또는 싱글서페이스(Singlesurface)

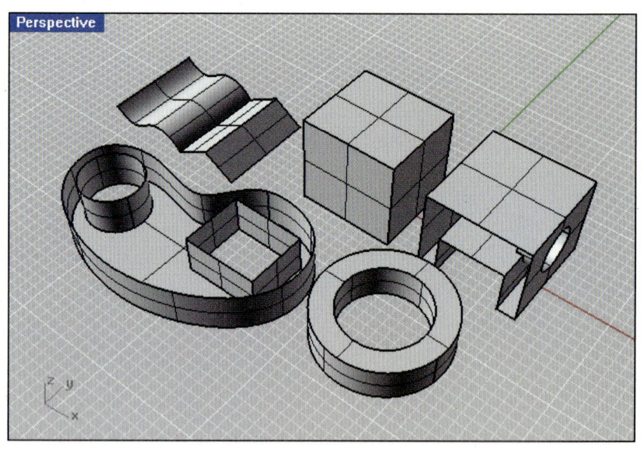

❶ 다중면 또는 폴리서페이스(Polysurface)

4. 솔리드(Solid)

라이노3D에서 솔리드(Solid)란 크게 두 가지로 구분된다. 첫째, 하나의 서페이스(Single Surface)로 이루어진 솔리드와 여러 개의 면과 면이 연결된 폴리서페이스(Polysurface)이다. 구(Sphere), 토러스(Torus), 타원체(Ellipsoid) 같은 경우 단일 서페이스 객체들이다. 이러한 단일 서페이스는 제어점(CP=Control Point)을 활성화, 제어점을 당기거나 이동시켜 면의 변형이 가능하다. 반면 폴리서페이스(Polysurface)는 제어점이 나타나지 않으며 편집을 하려면 폭파시켜 편집한 후 다시 결합해야 한다. 사각박스나 실린더, 삼각뿔 등이 폴리서페이스이다. 단, UDT(Universal Deformation Technology) 변형툴을 사용하면 솔리드 상태의 폴리서페이스일지라도 언제든 변형이 가능하다.

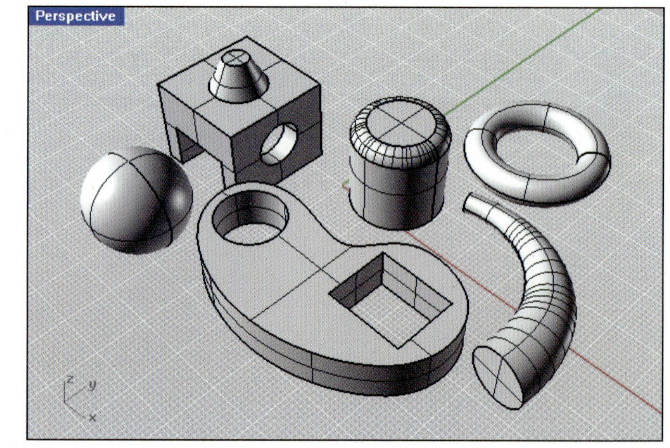

5. 다각형 메쉬(Polygon Mesh Objects)

다각형 메쉬는 다각형의 작은 조각면들로 이루어진 결합체를 말한다. 메쉬 구조는 렌더링을 해야 할 때나 STL로 저장하여 RP 제작을 할 때에도 그림과 같은 메쉬 구조로 변환 저장되어야 3차원 실물을 제작해 볼 수 있게 된다. 라이노3D 4.0버전 부터는 기본적인 메쉬 형태(Mesh Sphere, Mesh Torus..)와 메쉬 2차 편집이 가능한 Mesh Tools가 탑재되어 Mesh Trim, Mesh Split, Mesh Offset, Mesh Boolean .. 등이 가능해 보다 광범위한 작업영역을 확보해 준다. 하지만 라이노3D는 다각형 메쉬 모델러는 아니다.

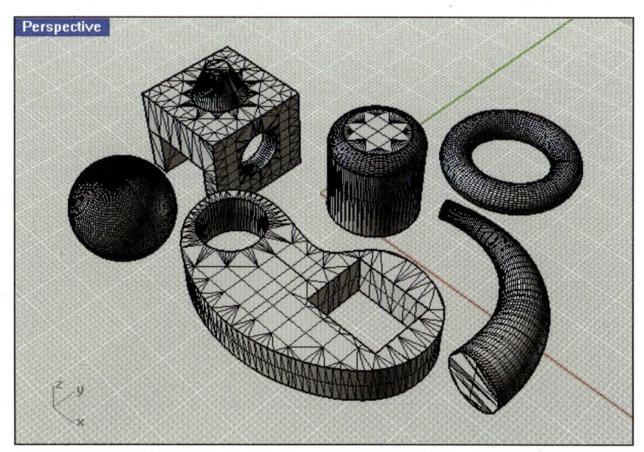

참고하세요!

✖ 넙스(NURBS)란?

라이노3D에서 만들어지는 모든 객체를 정의하는 수학적 방정식을 말하는데 NURBS(Non-Uniform Rational B-Spline)란 정형화 되지 않은 함수의 곡선이라는 뜻으로 Curve, Surface, Solid 등 3차원 Geometry를 수학적으로 정확하게 정의, 표현하는 가장 진보된 방식의 모델링 방식이다. 또한 NURBS는 일종의 Spline의 제어점(CP-Control Point 또는 CV-Control Verttices) 또는 Knot을 유사하게 지나는 곡선으로 Spline에 기초한 모델링 방식으로 이해하면 된다.

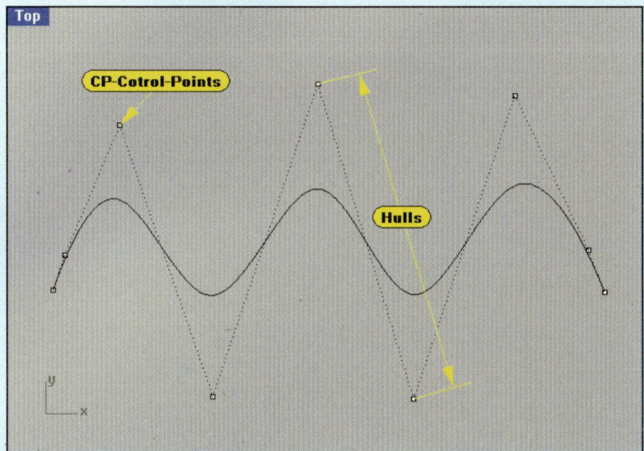

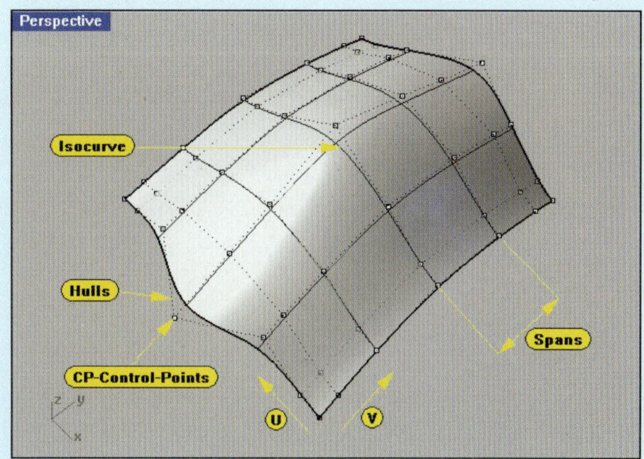

✿ 차수(Degree)란?

NURBS 커브는 차수(Degree), 제어점(Control Points), 매듭점(Knots), 커브 평가 후 매개 변수값 입력으로 정의된다. 이때 차수(Degree)는 양의 정수로 나타낸다. 차수(Degree) 1은 line, Polyline 등이 포함되며, 차수 2는 Circle, Ellipse, Arc , 차수 3~5는 프리폼(Freeform) 형상을 정의하게 된다. 라이노3D에서 라이노에서는 차수1에서 32까지의 NURBS를 사용할 수 있다. NURBS에서 차수(Degree)를 증가시킬 수 있으나 너무 증가시키면 Curve는 부드러워지나 Curve의 편집이 어려워진다. 면의 경우 차수를 증감시키려면 🔘 Change Surface Degree 명령을 사용한다. 그림은 🔘 Change Degree 명령으로 직선에 차수를 각각 2-3-5를 부여한 결과를 보여주며 제어점(CP)의 생성과 제어점 하나를 움직였을 때 영향 범위를 참조한다.

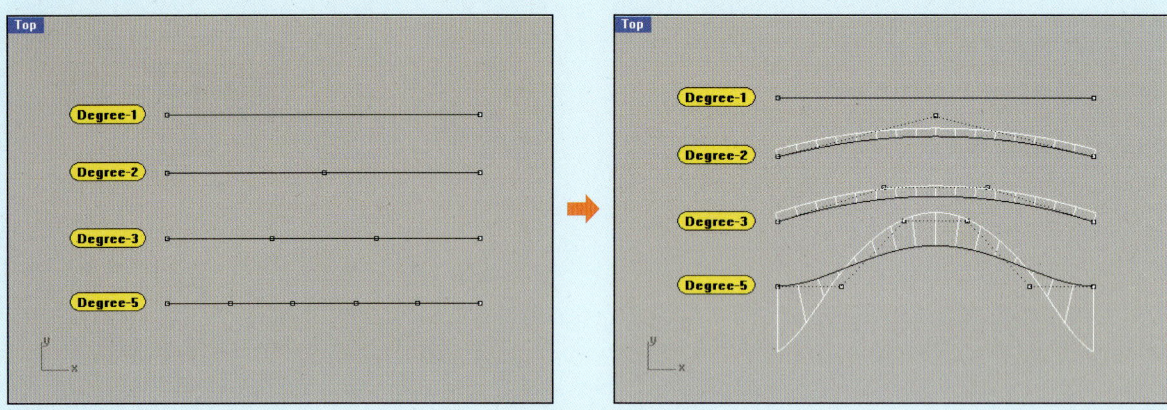

✿ 제어점(CP:Control Points)이란?

제어점(CP)은 라이노3D 작업시 커브 편집을 위해 가장 많이 사용된다. 제어점은 커브를 제어할 때 사용되는 Hull의 분기점에 존재하는 Point 군을 말하며 제어점(CP)을 움직여 커브의 형태를 바로 잡거나 편집한다. 이때 Edit Point와 비교되는데 Edit Point는 제어점(CP)과는 다르게 편집된다. 제어점(CP)의 경우 포인트를 위로 움직이면 그림과 같이 좌 우측의 커브들이 동시에 예측한대로 한쪽 방향으로 편집되지만 Edit Point 명령으로 포인트를 위로 움직이면 주변에 영향 받는 커브가 위 아래로 물결치듯이 동시에 움직이게 된다. 제어점을 수학적으로 알아보면 제어점(Control Point)의 수는 차수 Degree+1개가 되는 포인트의 목록이다. 모든 CP들은 Weight(무게-보통1)수를 가지며 Weight 또한 양의 정수이다. 커브의 제어점(Control Point)의 무게(Weight)가 모두 같은 경우 이 경우를 Non-Rational이라 부르며 그렇지 않은 경우 Rational이라 부른다. 대부분의 NURBS 커브들은 Non-Rational이며 소수의 NURBS 커브, 원, 타원들만 Rational이다. 물론 이러한 Weight는 변경할 수 있다.

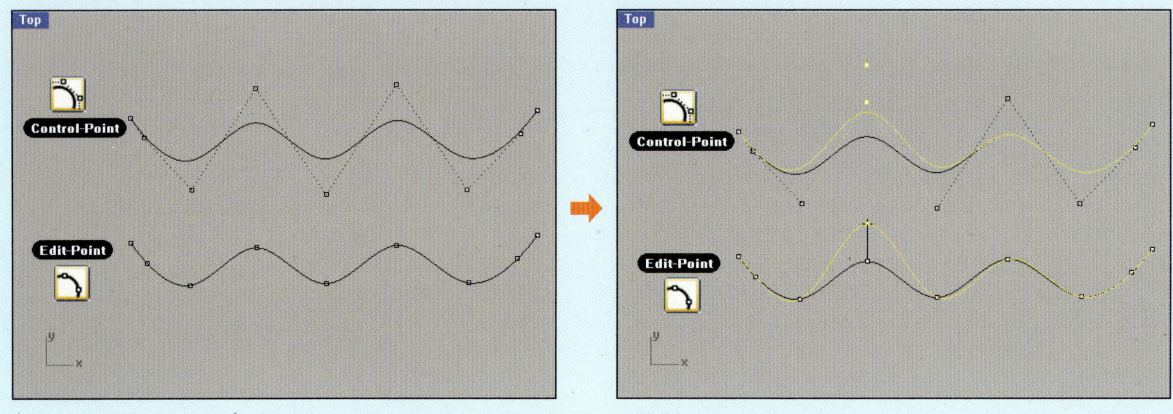

✖ 매듭점(Knot)이란?

매듭점(Knot)은 차수 Degree+N−1이 되는 수의 목록이며 N
은 제어점(CP)의 개수이다. 결국 제어점(CP)은 매듭점(Knot)
에 의해 추가되거나 감소되며 매듭점(Knot) 또한 제어점(CP)
를 추가하거나 감소시킬 때 사용된다. 즉 매듭점(Knot)을 추
가하면 제어점(CP)도 추가되며 매듭점(Knot)을 삭제하면 제
어점(CP)도 삭제되게 된다. 단 제어점(CP)과 매듭점(Knot)은
일대일의 관계가 아니라는 점에 유의한다. 그림은 커브의 매
듭점(Knot)을 시각적으로 보여주고 있다.

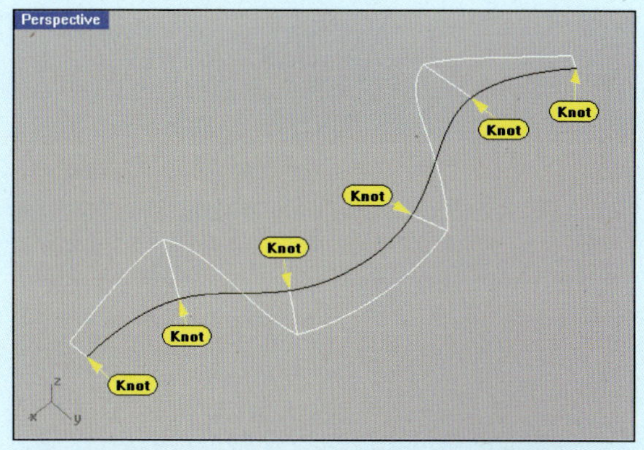

동일 커브를 면으로 만들어 매듭점(Knot)을 체크해 보면 그림
과 같이 Isocurve 생성 위치와 일치함을 알 수 있다.
하지만 매듭점(Knot)이 중복되면 중복점의 NURBS면은 덜
부드럽게 만들어 질 수 있다. 극단적인 경우 Knot 리스트 사
이의 Full Multiplicity Knot은 NURBS 커브상에 날카로운 킹
크(Kink)를 형성할 수 있다.

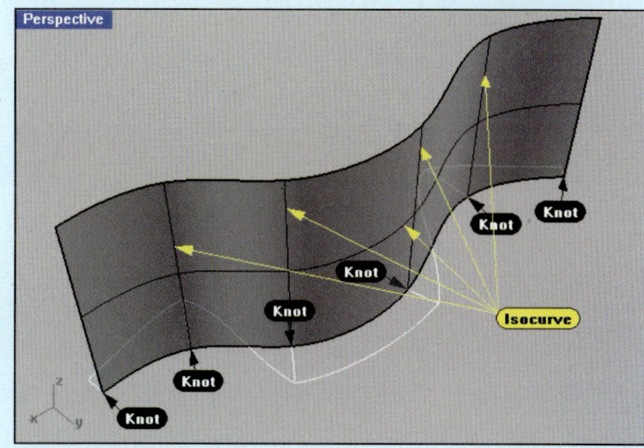

✖ 킹크(Kink)란?

두 개의 커브가 결합되었으나 결합점에서 서로 다른 Tan-
gent(법선일치 방향) 방향을 가지고 있다면 그 지점의 포인트
를 당길 경우 꼬임이 생기게 되는데 이것을 킹크(Kink)라 한
다. 킹크가 있는 커브로 생성된 면의 경우 단일 서페이스
(Single−surface)가 아닌 폴리서페이스(Polysurface)가 만들
어지는 원인이 된다. 물론 이러한 킹크는 🏃 Rebuild나
🏃 Rebuild Curves NonUniform, Fair 등의 명령으
로 제거할 수 있다. 단 Periodic이라 불리는 특별한 커브는
Endpoint가 결합된 Seam(이음새)에 킹크를 갖지 않는다. 그
래서 부드럽게 변형이 가능하다. Kink는 흔한 모델링 에러 중
의 하나로 킹크의 원인 중의 하나는 두 개의 커브를 연결시킬
때 생긴다.

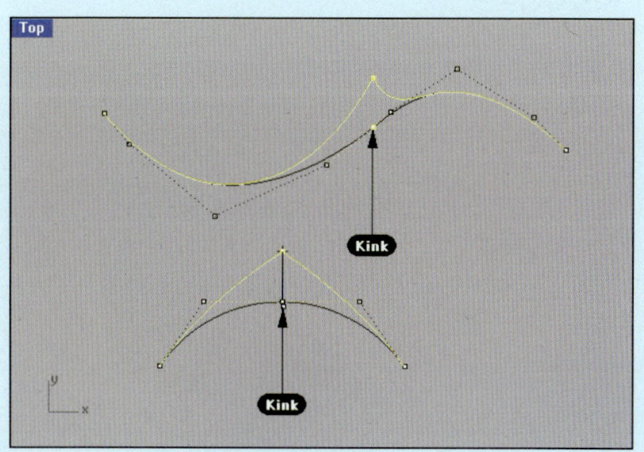

✖ 연속성(Continuity)이란?

라이노에서 연속성(Continuity)이라는 말을 자주 접하게 되는데 연속성이란 선(Curve)이나 면(Surface)이 서로 접할 때 그 선과 선의 또는 면과 면의 연결 상태가 매끄러운지 그렇지 못한지를 평가하는 말이다. 연속성은 다른 말로 Geometric Continuty의 약자를 따서 G0, G1, G2 등의 등급으로 표현한다.

1. G0=위치의 일치(Position)

위치상의 연속성 : 경계선을 공유하는 두 Curve 또는 Surface의 위치를 기준으로 서로 위치상으로 맞닿아만 있는 경우로 대부분 접점부위 각이 존재하는 커브이거나 면을 말한다.

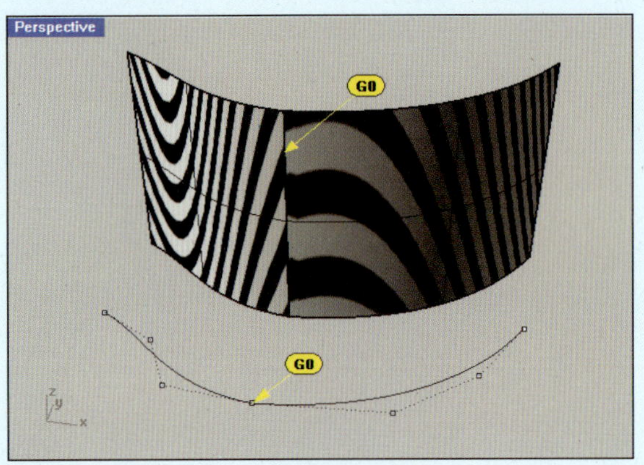

2. G1=법선의 일치(Tangency)

마주하는 Curve 또는 Surface의 경계 부위에 Normal 평균값이 방향 및 크기에 있어서 정확히 일치하여 각이 없을 때 두 커브나 면에 G1의 연속성을 가진다고 말한다. 클릭된 CP(노랑색 포인트)를 보면 일직선을 유지하는 특징을 가진다.

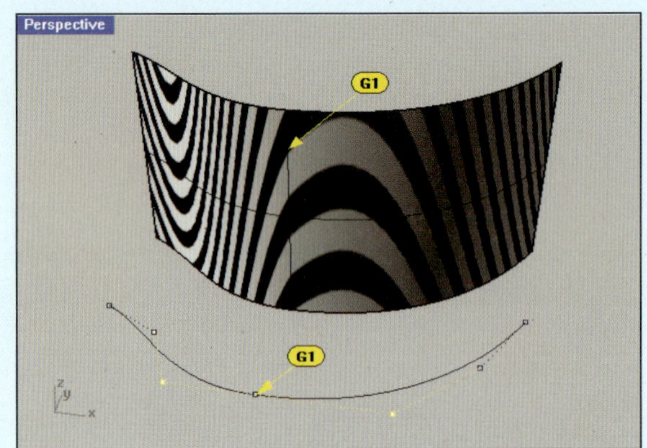

3. G2=곡률의 일치(Curvature)

곡률의 연속성 : 두 개의 Curve 또는 Surface가 서로 만나는 곳에서 같은 곡률값을 가지고 있을 때 경계를 공유하는 두 개의 커브나 면은 서로 G2 연속성이 있다고 한다. 전체적으로 곡률 변화가 크다.

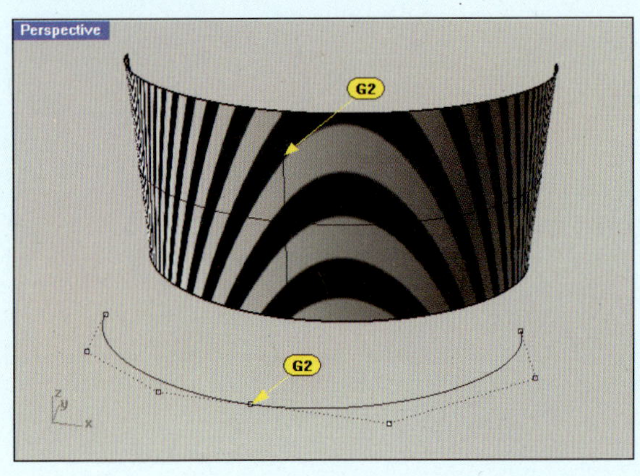

※ 연속성이 필요한 이유

NURBS에서 만일 한 개의 제어점을 움직이면 몇 개의 곡선. 세크먼트만 영향을 받고 나머지는 변하지 않는다. B-스플라인 곡선 세그먼트의 연속성은 기저함수의 차수의 함수이다.
그러므로 설계자가 차수를 선택하는 기준의 최대 요소는 연속성이다. 유연성이 중요한 요소인 자유곡선의 설계와 같은 응용분야에서는 3차 B-스플라인이 보장하는 곡률연속, 즉 G2 연속이 선호 된다. 쉽게 말하면 유체 역학과 공기 역학 등 정밀해석을 요구하는 선박이나 비행기 동체, 자동차 같은 모델링에는 연속성이 특히 요구 되는 곳이다. 쉽게 생각하면 유선형 제품, 프레스물, 고광택 반사체나 도료 도포처럼 매끄러운 면을 요구시 G2의 연속성의 흐름은 필수적이다.

✵ 이음새(Seam)란?

그림과 같이 면과 면이 서로 제자리에 마주하는 이름새 부분을 심(Seam)이라 한다. 이러한 심은 필요에 따라 위치를 옮길 수 있다. **Adjust Closed Surface Seam** 명령은 면의 Seam을, **Adjust Closed Curve Seam**은 커브의 Seam을 위치 이동할 때 사용된다. 참고로, seam 부위에 객체를 투영하면 투영된 객체가 두 부분으로 나뉘게 된다.

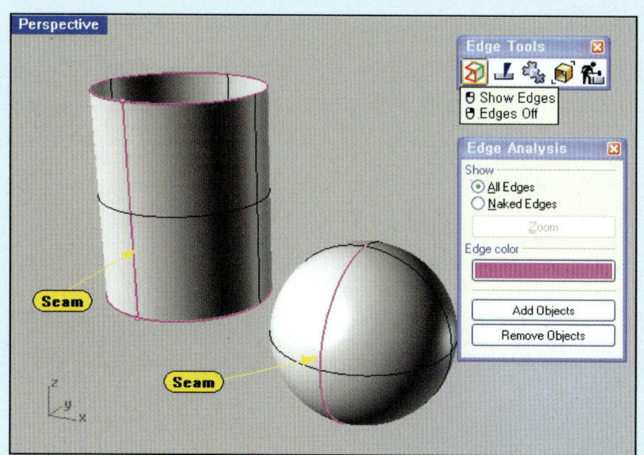

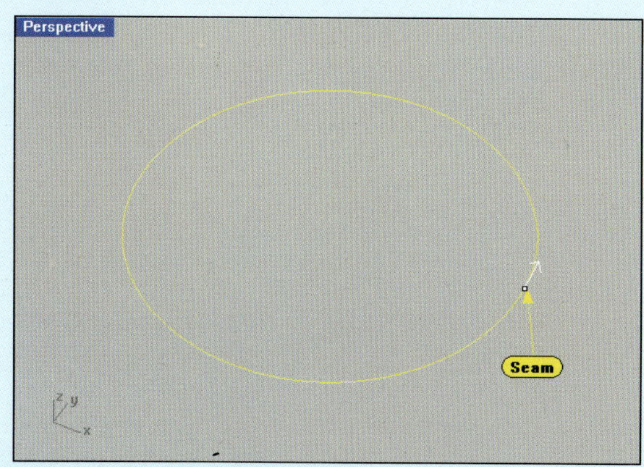

✵ 아이소커브(Isocurve)와 와이어프레임(Wireframe), 엣지커브(Edge-curve)란?

참고로 Isocurve는 Surface Isoparametric Curves를 줄여 Isocurve 또는 아이소팜(Isoparm)이라고 부른다. 아이소커브는 쉐이딩시 면의 윤곽을 시각적으로 구분하는 용도이며 그 외의 기능은 특별히 없다. 와이어프레임은 면이 아닌 커브가 모여 어떤 프레임구조의 형상으로 보일 때를 말한다. 엣지커브는 잘라낸 면의 끝단(Edge Curve)이나 면 또는 솔리드의 끝단(Edge)을 말한다.

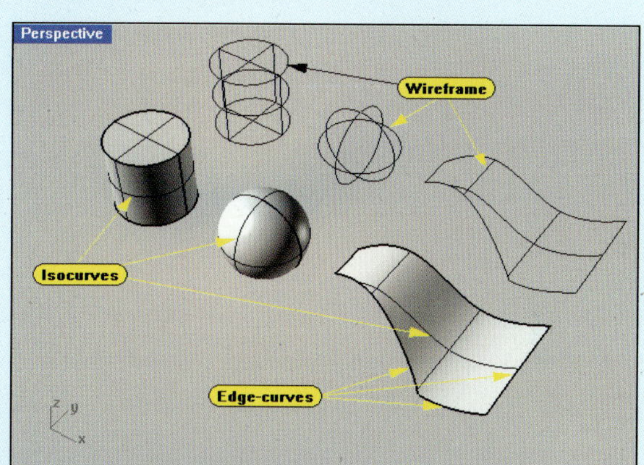

✵ 방향지시(Direction)란?

법선방향(Normal Direction)은 면에 법선 곡률 방향으로 수직으로 방향을 나타내는 흰색의 화살표가 나타난다. 면의 경우는 Surface Direction, 커브의 경우는 Curve Direction이라 한다. 우선 화살표를 보이게 하려면 객체를 클릭하고 **Analyze Direction** 명령을 사용한다. 화살표 방향은 Flip(F)으로 바꾸며, 싱글서페이스나 폴리서페이스의 경우 어떻게 선을 그려 시작 했느냐에 따라 방향이 달라질 수 있다. 이러한 면의 방향은 **Offset Surface** 명령시에 면이 옵셋될 방향을 결정할 때나, 면에 어떤 객체를 배열시 안쪽 또는 바깥쪽으로 객체를 붙일지를 결정할 때도 사용된다.

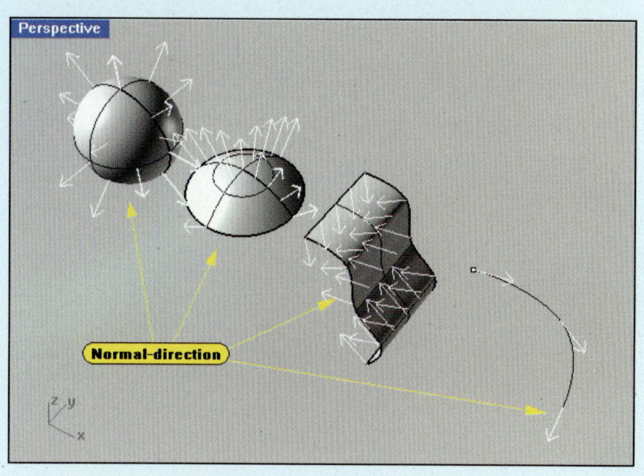

Part · 2
_주얼리 기본형 모델링

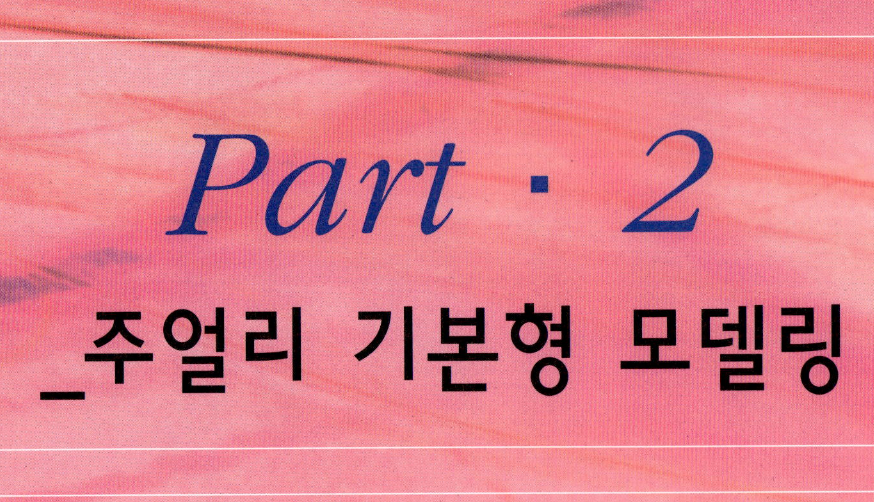

Chapter

01

Rhinoceros

엥게이지 기본 반지 만들기 Ⅰ

Preview

01_ 스텐다드 툴바의 　 Options 아이콘을 클릭한다. 옵션 항목 중 Grid를 선택한다. 다른 설정은 그대로 두고 Grid snap에 그림과 같이 Snap spacing을 0.5 millimeters를 기입한 후 [OK] 버튼을 클릭한다. 이제 Grid에 0.5mm마다 Snap이 걸리게 된다.

02_ 　 Circle-Center, Radius를 선택하여 직경이 18mm인 반지의 내경을 그려준다.

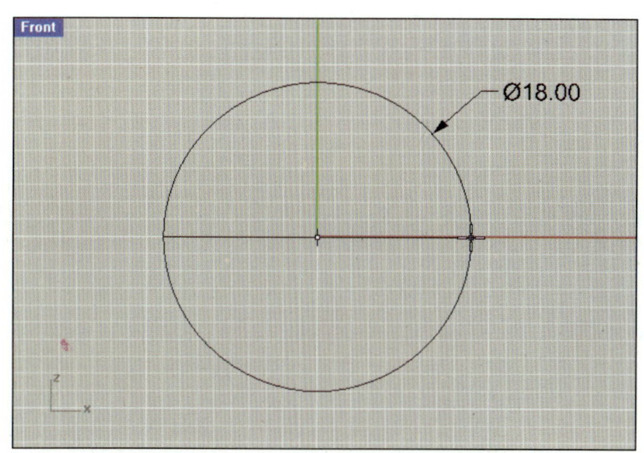

03_ 　 Arc-Start, End, Point on Arc를 선택하여 그림과 같이 위와 아래에 크기가 다른 1번과 2번 호(Arc)를 배치한다. 호를 쉽게 그리기 위해서는 화면하단 상태라인(Status bar)에 Snap을 체크한 상태여야 한다.

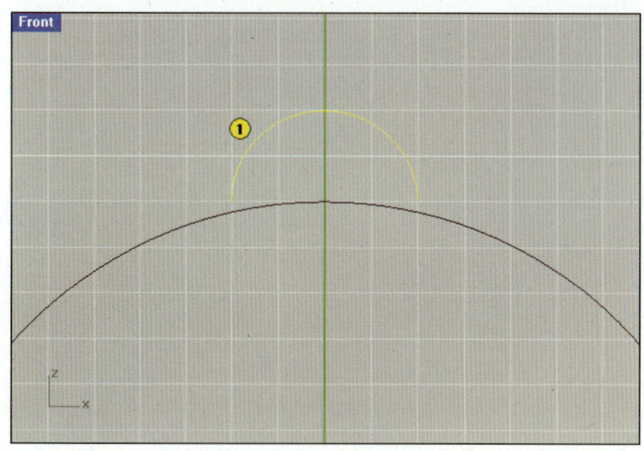

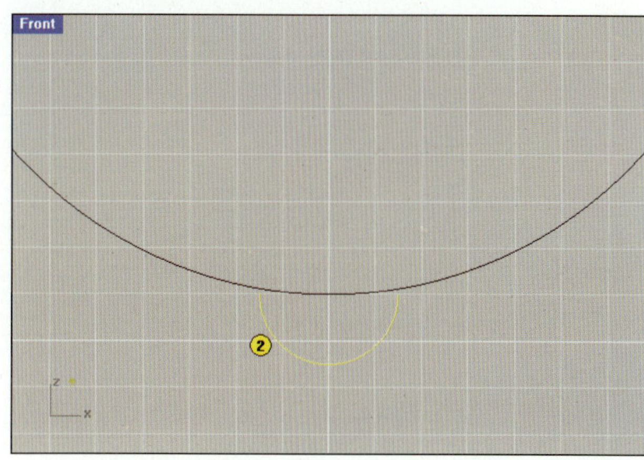

04_ Line으로 1번과 2번 호(Arc)의 하단에 수평라인을 그려준다. 이때 Osnap에 End가 체크된 상태여야 한다.

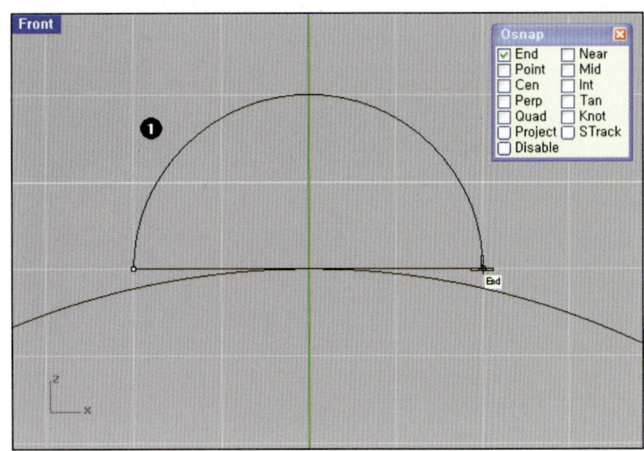
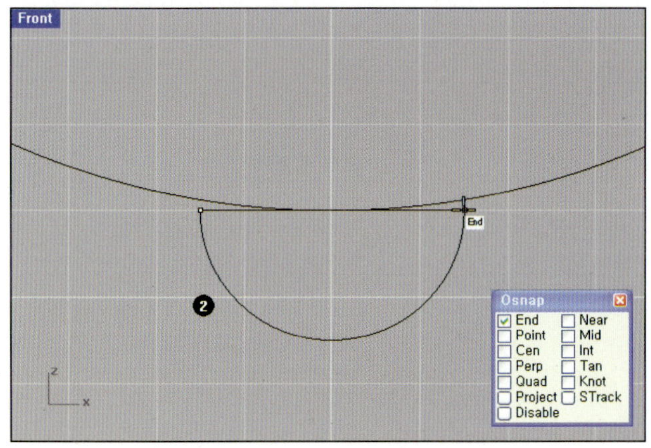

05_ Join 명령을 이용, 떨어져 있는 1번과 2번 객체들을 모두 붙여준다.

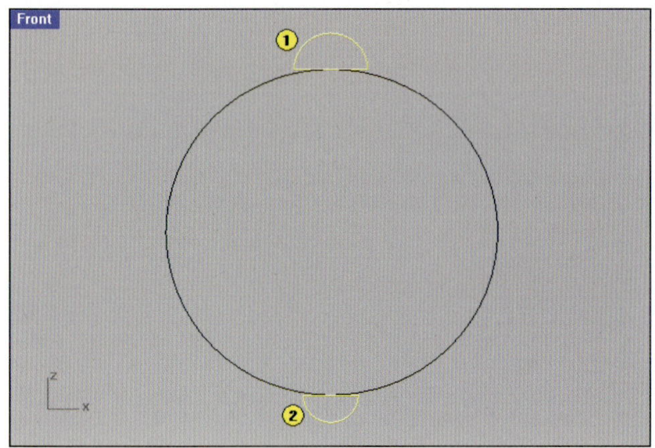

06_ Remap to CPlane 아이콘을 클릭 후 반드시 Front View에서 1번과 2번 단면 객체를 모두 선택 후 Front View의 바탕을 마우스 오른쪽으로 클릭한다. 연이어 Right View를 왼쪽 마우스 버튼으로 바탕을 클릭해 주면 1번과 2번 단면 방향이 바뀌게 된다.

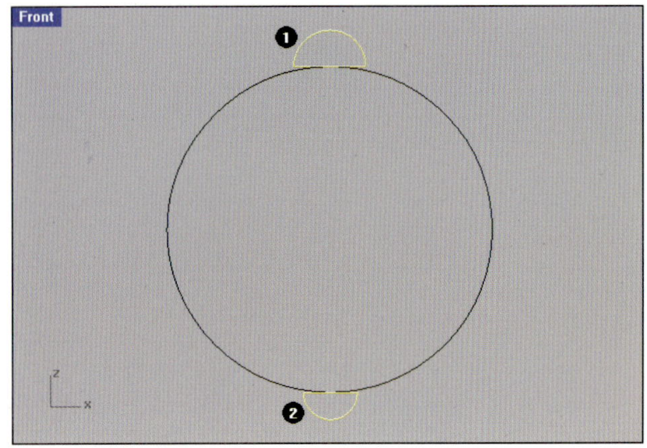
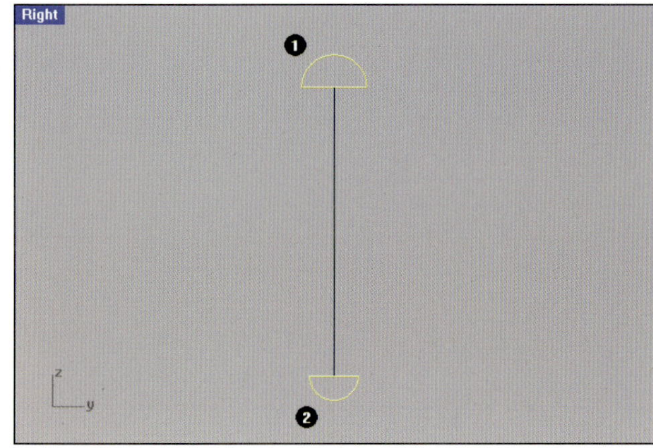

07_ 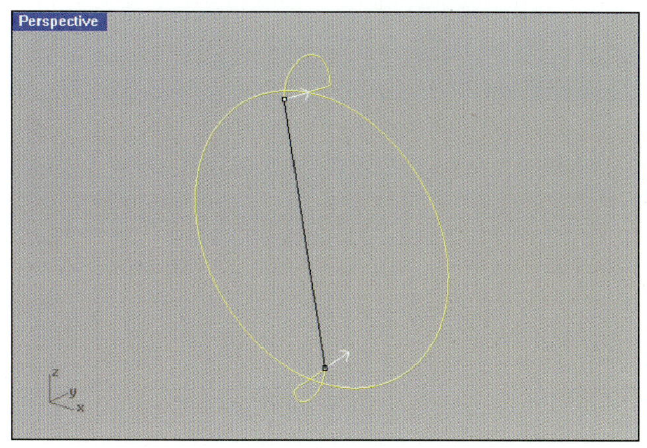 Sweep 1 Rail 아이콘을 클릭 후 그림과 같이 준비된 객체를 순서대로 클릭해 주고 Enter 해 준다. 원을 우선 선택하고 단면들을 순차적으로 선택해 주면 된다. 하지만 명령어 실행 도중 그림과 같이 화살표 방향과 포인트 정렬 위치 가 어긋나 있게 되면 좋지 않은 결과를 얻게 된다.

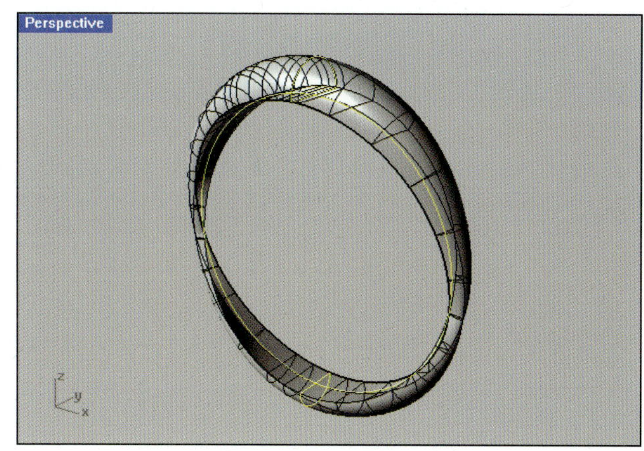

08_ Sweep 1 Rail 명령을 이용하여 그림과 같이 번호 순서대로 클릭 후 커맨드 창에
Adjust curve seams (Flip Automatic Natural): 옵 션 이 뜨는데 이때 화살표의 방향이 바뀌었으면, Flip(F)으로 화살표 방향을 바꿔준다. 또한 화살표의 시작점 위치가 정렬이 되지 않았다면 Automatic이나 Natural을 클릭해 그림과 같이 End점에 정렬시켜 준다.

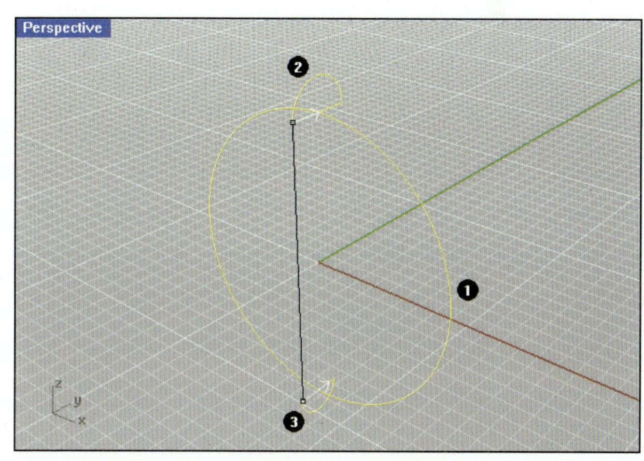

09_ 다음 Sweep 1 Rail Options 대화창이 뜨면 Closed sweep과 Do not simplify에 체크한 후 [OK] 한다.

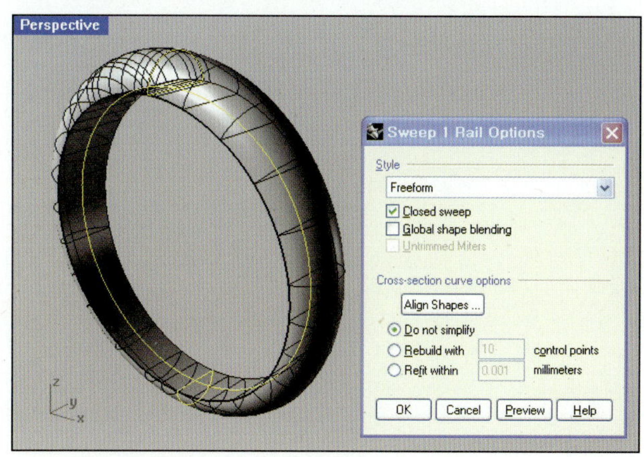

10_ Sweep 1 Rail에 의한 서로 다른 2개의 단면을 가진 기본 반지가 만들어졌다.

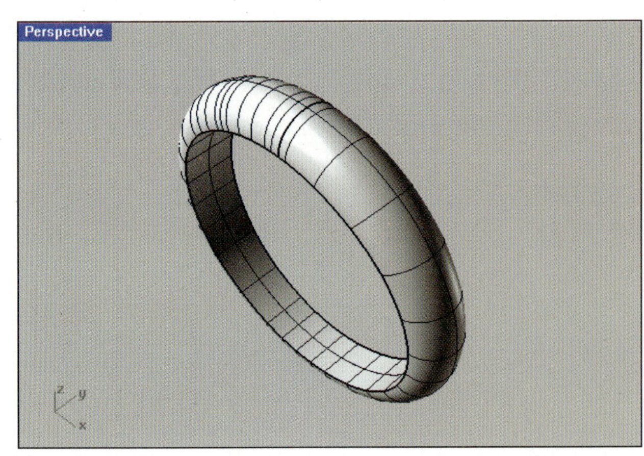

11_ 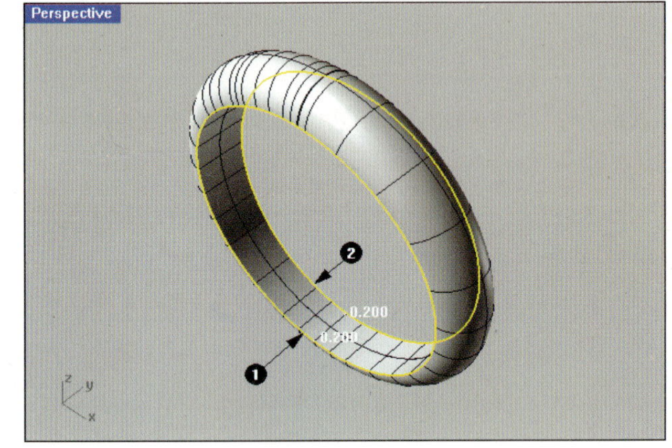 Variable Radius Fillet 아이콘을 클릭한다. 커맨드 창에 Current Radius값 0.2를 기입한 후 Enter 한다. 그림과 같이 1번과 2번 부위를 순차적으로 선택하고 Enter 한다. 물론 명령어 진행 중 커맨드 창에 Select fillet handle to edit(AddHandle)을 요구하면 무시하고 Enter 해 주면 된다. 이것은 가변 Radius 처리가 아닌 동일 Radius의 값을 모델에 부여하기 위함이다. 혹 가변 Radius를 주고자 한다면 Select fillet handle to edit에서 추가핸들(AddHandle)을 클릭하여 원하는 가변 Raduis를 원하는 위치에 부여할 수 있다.

12_ 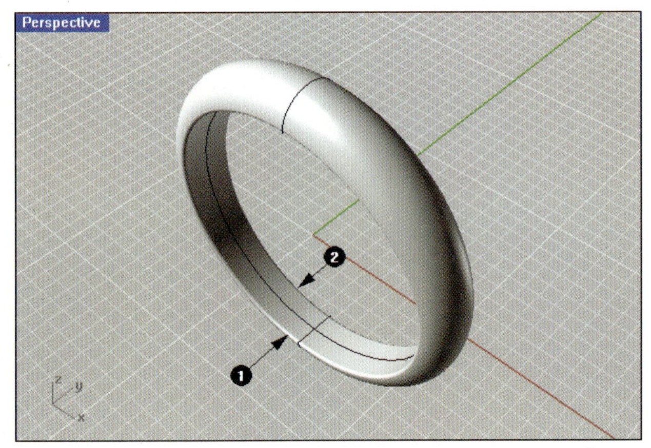 Shade 명령으로 쉐이딩 해보면 그림과 같이 1번과 2번의 모서리에 동일한 반지름(Radius) 0.2mm의 Fillet 처리가 되었음을 확인할 수 있다. 이렇게 하여 가장 기본적인 구조의 반지가 완성되었다.

13_ `Ctrl` + `Z` 으로 한단계 뒤로 원위치 한다. 이번엔 가변 반지름(Variable Radius Fillet)을 적용해 본다. Variable Radius Fillet 아이콘을 클릭한다. 커맨드 창에 Select edges to fillet(CurrentRadius=0.0): 0.2를 입력하고 `Enter` 하면, Select edges to fillet (Current Radius=0.2): 창에 현재의 적용할 반지름 값이 0.2mm 임을 보여 준다. 이제 반지의 상단부 1번과 2번 모서리를 클릭해 준다.

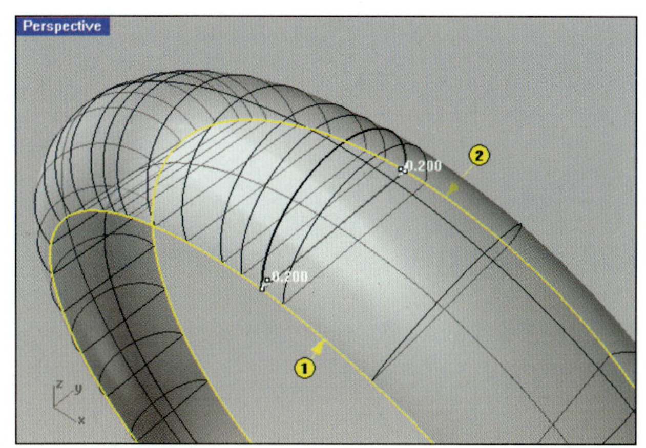

14_ 연속해서 커맨드 창에 Select fillet handle to edit(AddHandle CopyHandle SetAll LinkHandles =No RailType=RollingBall Preview) : 이 뜨면 AddHandle 옵션을 클릭 〉 2개의 별도 핸들을 그림과 같이 Osnap에 Quad를 체크하고 하단부에 추가 후 `Enter` 한다.

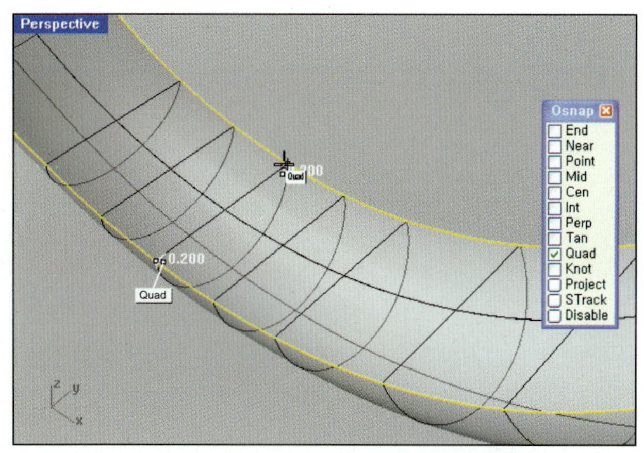

15_ 다시 커맨드 창에 Select fillet handle to edit(AddHandle CopyHandle SetAll LinkHandles= No RailType=RollingBall Preview) : 이 뜨면 반지의 상단부로 핸들바 포인트를 클릭 하고 Select new fillet radius〈0.2〉:0.5를 입력 후 `Enter` 〉 같은 방법으로 뒤쪽도 0.5를 입력 후 `Enter` 한다. 다시 한번 `Enter` 하면 가변필렛이 적용된다.

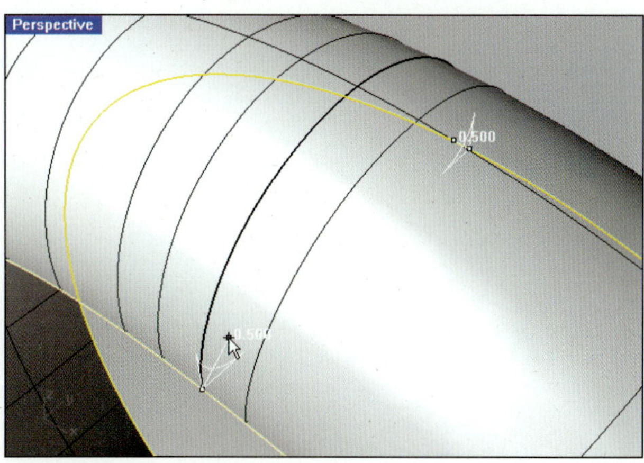

16_ 1번(Radius=0.2)과 2번(Radius=0.5)에 가변 Fillet
이 적용된 모습이다.

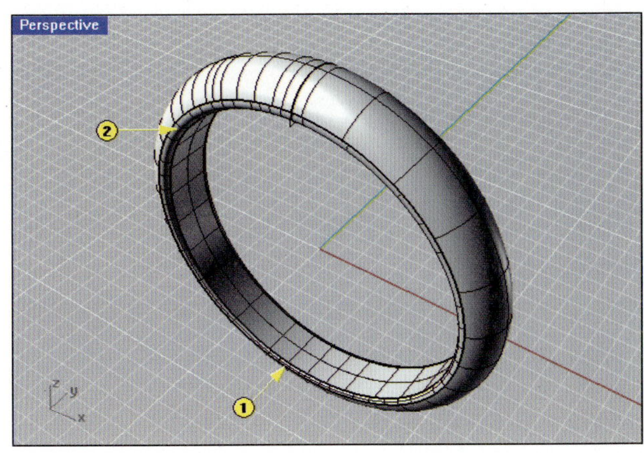

17_ Shade를 통해 결과를 확인해 본다.

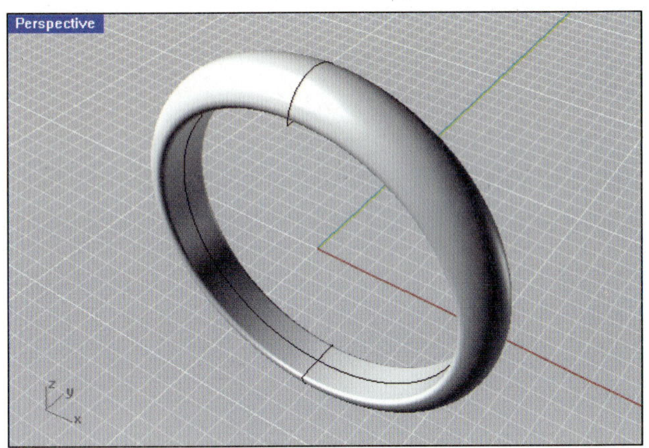

Rhinoceros

Chapter 02 엥게이지 기본 반지 만들기 II

Preview

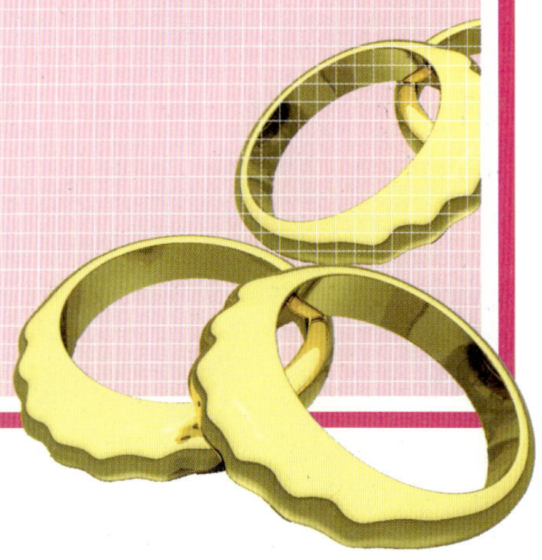

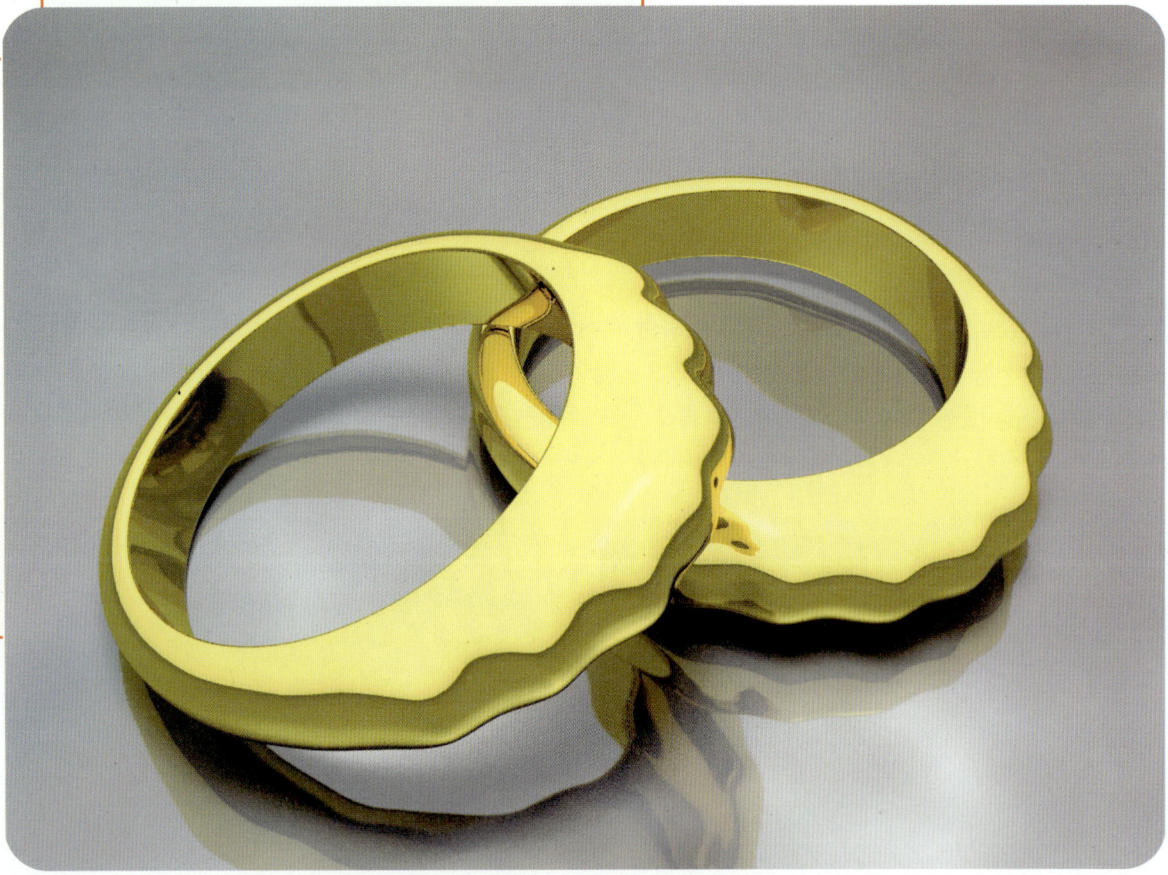

따라해 보세요 !

01_ Circle:Center, Radius를 선택하여 직경이 18mm인 반지의 내경을 그려준다.

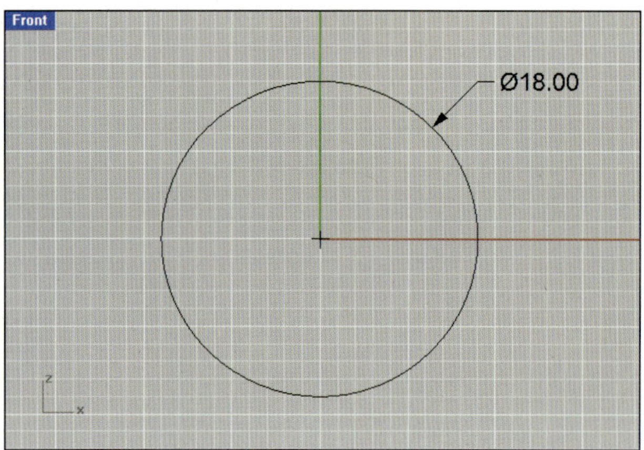

02_ Offset Curve 명령을 사용, 내경의 원(Circle)을 선택하고 바깥쪽으로 2mm 옵셋한다. 옵셋한 결과 반지의 외경은 지름(Diameter) 22mm가 된다.

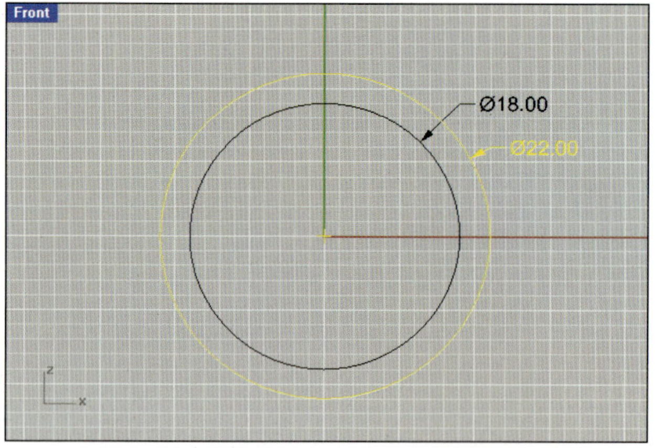

03_ Control Points On 명령으로 2번 원의 제어점 CP(Control Point) 개수를 살펴보면 원의 사분점에 꼬임(Kink)이 존재하여 편집을 위해 이 부분의 CP를 당기게 되면 각이 생기거나 또는 원하는 형상대로 변형이 불가하게 된다. 이것은 차수(Degree) 2인 객체의 일반적인 정의이다. 결국 자유로운 커브의 변형을 위해서는 선의 속성을 변경시켜 주어야 한다.

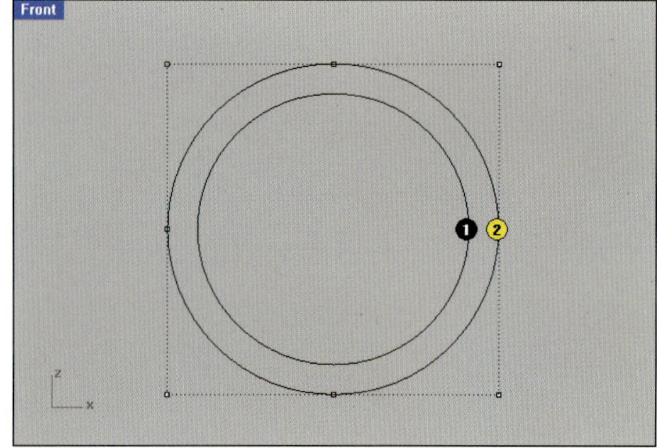

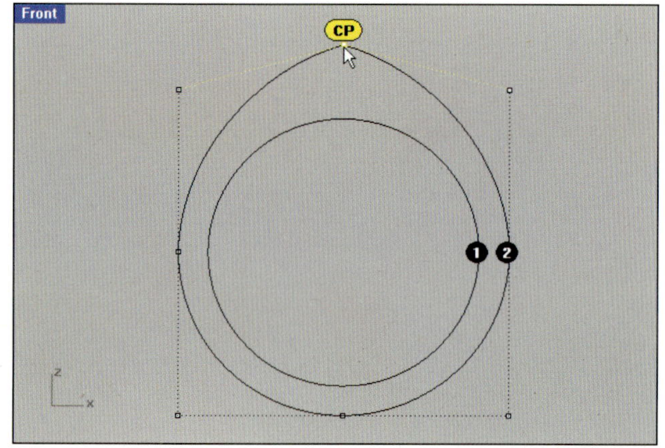

04_ Rebuild 명령으로 2번 원의 속성을 CP(Control Point) 편집이 가능한 상태로 바꾸어 주도록 한다. 우선 2번 객체를 클릭상태에서 Rebuild 아이콘을 클릭 〉 Rebuild Curve 대화상자가 뜨면 포인트 개수 (Point Count)는 40을 차수(Degree)는 3을 기입 〉 [OK] 한다.

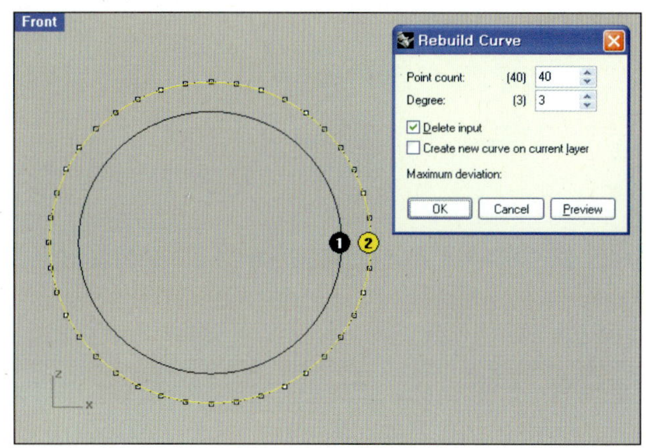

05_ Control Points On 명령으로 2번 원의 제어 점 CP(Control Point)를 보이게 한 후 그림과 같은 위치 와 개수의 제어점 CP(Control Point)들을 선택한다.

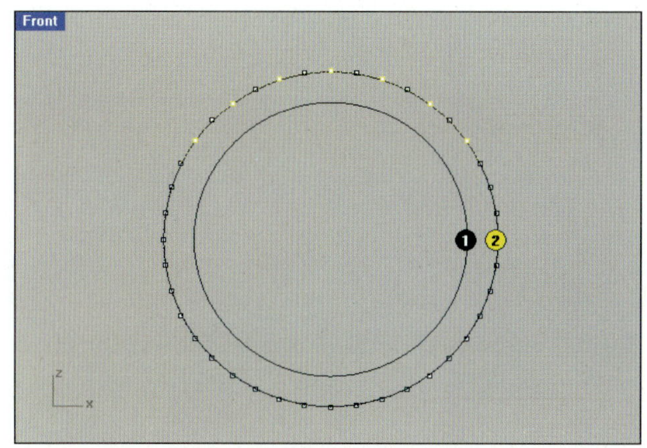

06_ Scale 2-D 명령으로 Osnap에 중심(Cen)을 체크한 상태에서 원의 중심에서 바깥방향으로 드래그하 여 확대시켜 준다. 이때 Grid snap은 모두 해제된 상태 로 Shift 키만 가지고 확대시켜야 부드럽게 스케일 할 수 있다.

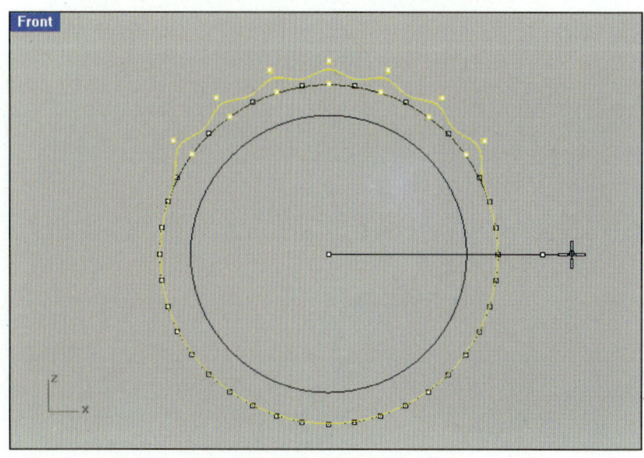

07_ 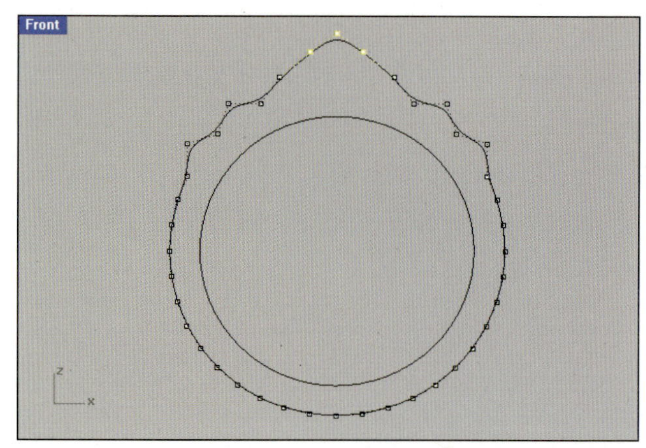 Move 툴을 활용 그림과 같이 위로 드래그 하여 반지의 형상을 만들어 간다. 물론 Grid Snap은 해제한 상태에서 Shift 키만 가지고 부드럽게 통제한다.

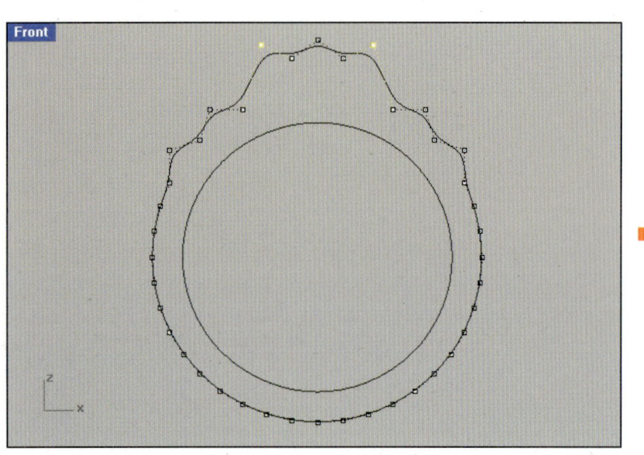

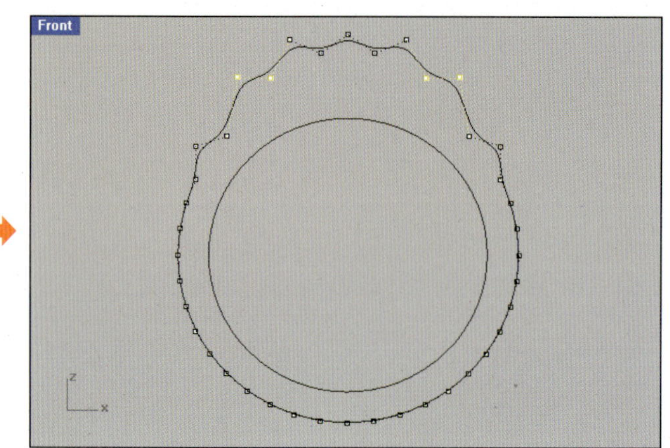

08_ Scale 1-D 명령을 활용, 이 부분은 원의 중심을 중심으로 좌, 우측 방향으로 스케일해 준다. 물론 Osnap에 중심(Cen)을 체크한 상태에서 원의 중심을 잡아 준다.

09_ 2번 객체를 전체적인 비례를 보면 내경에서 제일 윗부분 까지의 참조 치수는 5mm 정도이다. 이제 반지의 정면도(Front View)에서 본 2개의 외형선이 완료되었다.

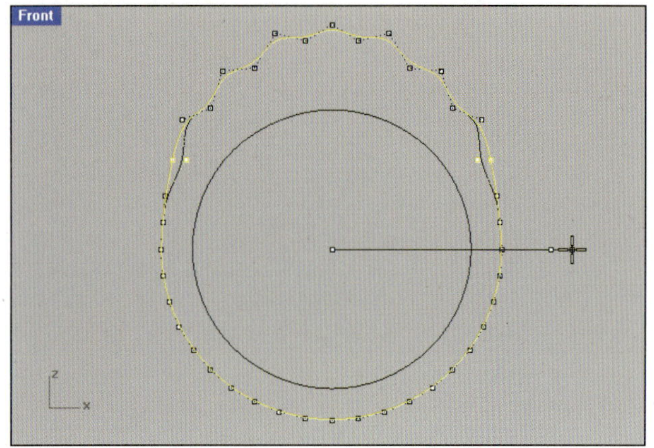

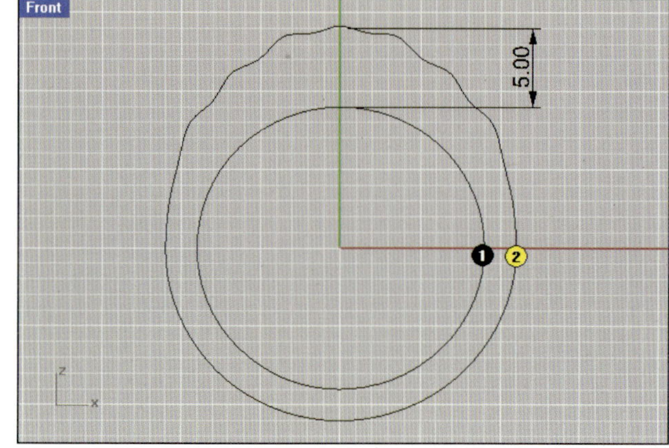

10_ Line:from Midpoint로 그림과 같이 Osnap에 Quad를 체크 한 상태에서 2.75mm(반지름)의 수평선이 되도록 그려준다.

11_ Osnap에 quad를 체크한 상태에서 그림과 같이 정점부에 Single Point를 찍어준다.

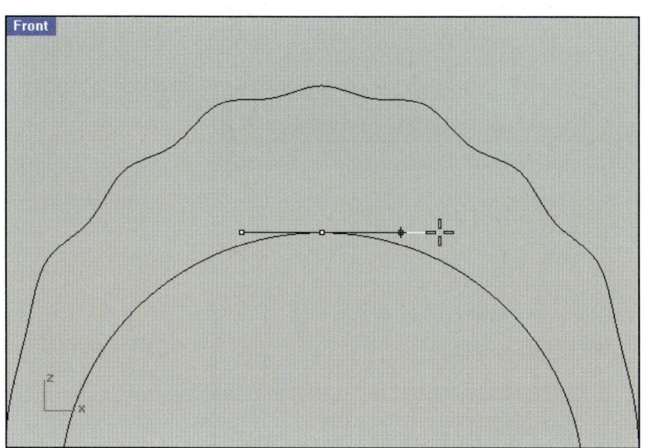

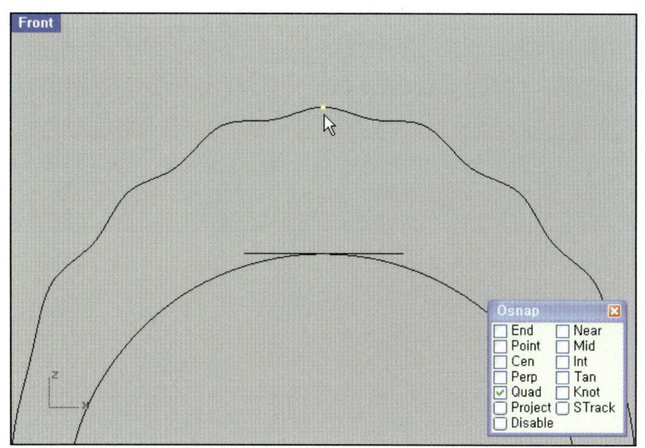

12_ Curve:Interpolate Points 선택하여 정점의 포인트를 기준으로 그림과 같이 그려준다. 최대한 제어점(CP)을 줄여 그려준다.

13_ Mirror 명령으로 그림과 같이 객체의 End나 Mid를 중심으로 대칭 복사(Mirror Copy)해 준다.

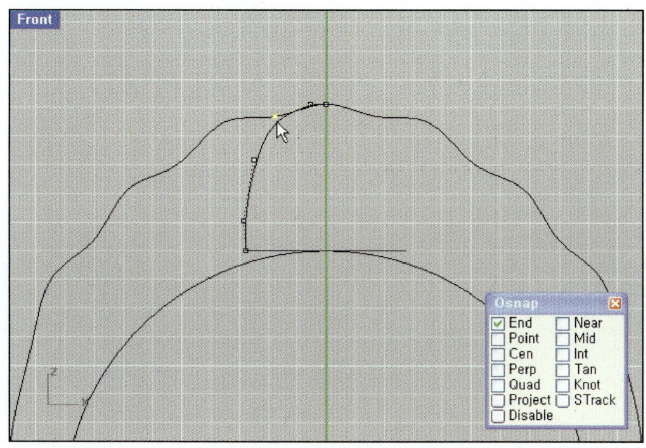

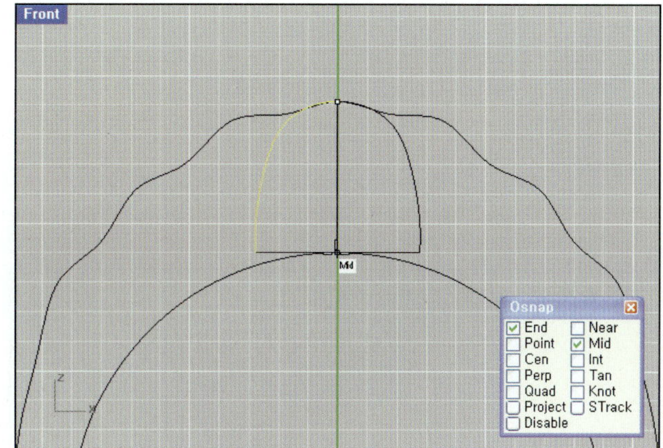

14_ 각자 그려진 1번과 2번 객체는 Mirror 후 정점부(꼭지점부분)를 확인해 보면 곡률이 맞지 않아 현재 미세한 각이 있는 상태이다. 연결성(Continuity)으로 보면 G0(끝점 위치만이 일치된 상태) 상태이다. 보다 좋은 연결성을 확보하기 위하여 〰 Match Curve 명령을 활용하여 그림과 같이 객체를 번호 순서대로 클릭하여 곡률을 일치시켜 준다. 명령어 실행 중 Match Curve 옵션 대화상자가 뜨면 연속성 Continuity=Curvature, Preserve other end=Position, 기타 Average curves 체크, Merge에 체크 〉 [OK] 한다.

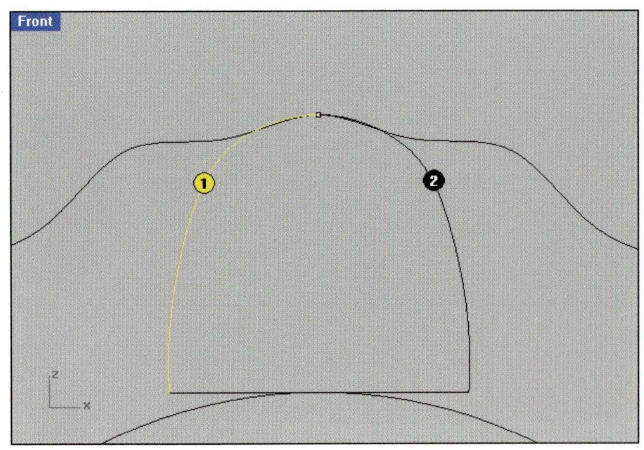

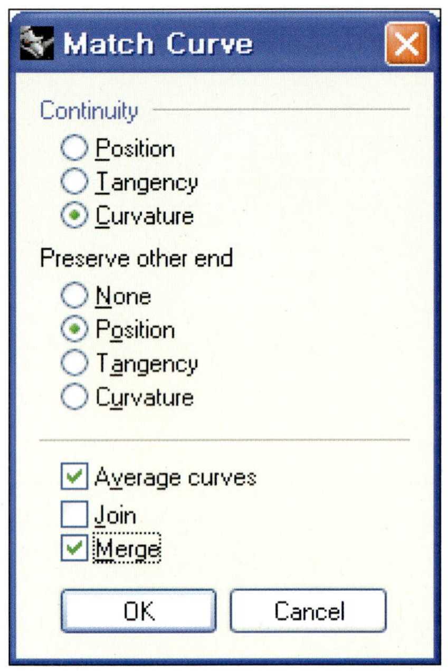

15_ 🧩 Join 명령으로 Merge된 1번 객체와 2번 객체를 붙여준다.

16_ 위와 같은 방법으로 아래 단면도 연속해서 작업한다. ✏ Line:from Midpoint로 그림과 같이 Osnap에 Quad를 체크한 상태에서 2mm(총 4mm)의 수평선이 되도록 그려준다.

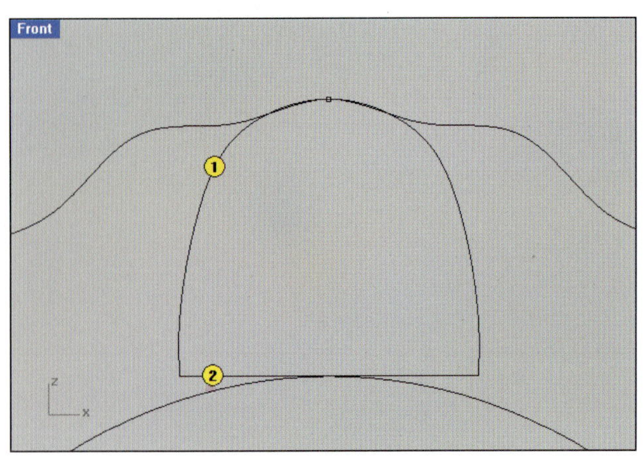

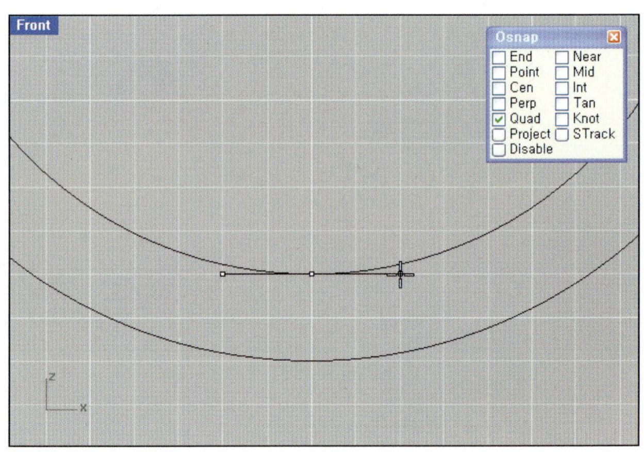

17_ Curve:Interpolate Points 명령으로 정점의
포인트를 기준으로 그림과 같이 그려준다. 최대한 제어점
(CP)을 줄여 그려준다.

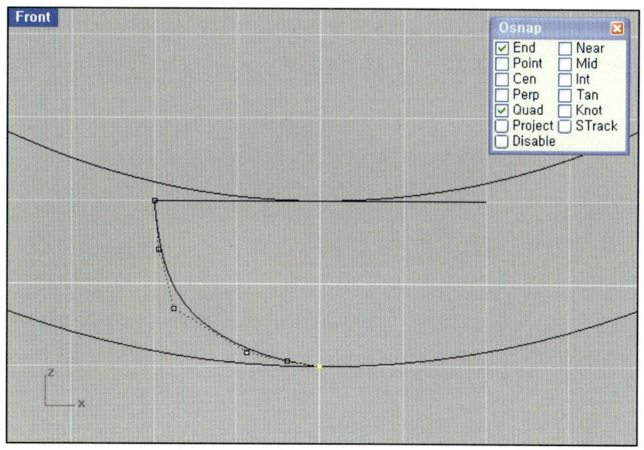

18_ Match Curve 명령을 활용하여 그림과 같이 객체를 번호 순서대로 클릭하여 곡률을 일치시켜 준다. 명령어
실행 중 Match Curve 옵션 대화상자가 뜨면 연속성 Continuity = Curvature, Preserve other end=Position, 기타
Average curves 체크, Merge에 체크하고 [OK] 한다.

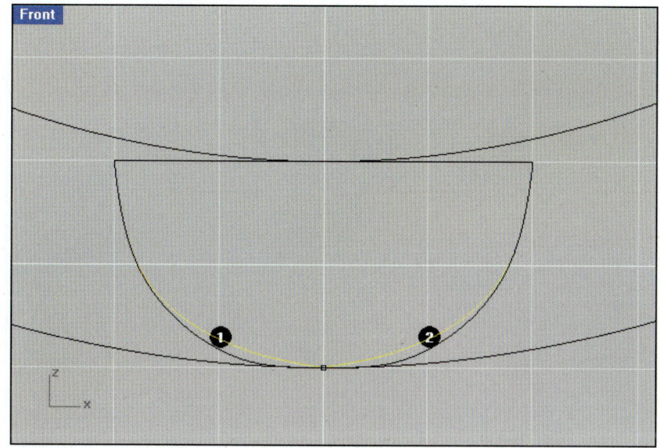

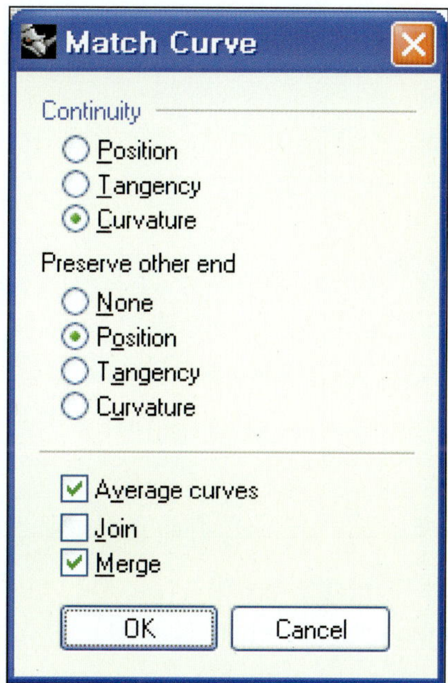

19_ Join 명령으로 Merge된 1번 객체와 2번 객체를 붙여준다.

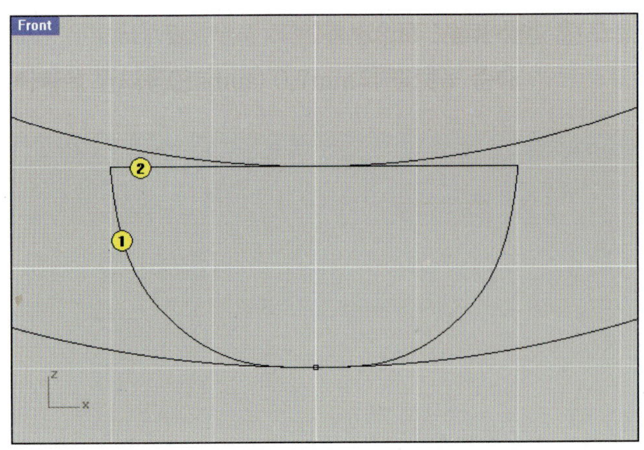

20_ Remap to CPlane 아이콘을 클릭 후 반드시 Front View에서 1번과 2번 단면 객체를 모두 선택 후 Front View의 바탕을 마우스 오른쪽으로 클릭, 연이어 Right View를 왼쪽 마우스 버튼으로 바탕 클릭해 주면 1번과 2번 단면 방향이 바뀌게 된다.

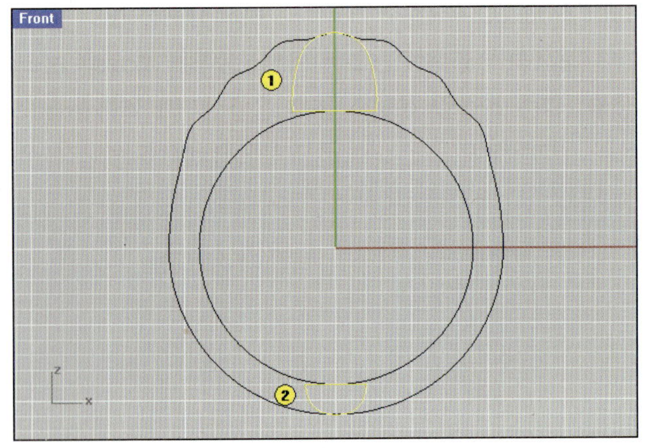
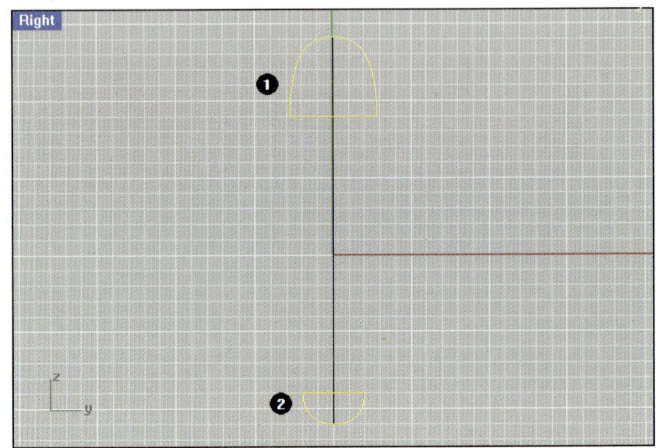

21_ Sweep 2 Rails 아이콘을 클릭 후 그림과 같이 번호 순서 대로 클릭 후 커맨드 창에
Adjust curve seams (Flip Automatic Natural): 와 같은 옵션이 뜨는데 이때 화살표의 방향이 바뀌었으면 Flip으로, 화살표의 시작점 위치가 정렬되지 않았다면 Automatic이나 Natural을 클릭해 그림과 같이 바르게 정렬해 준다.

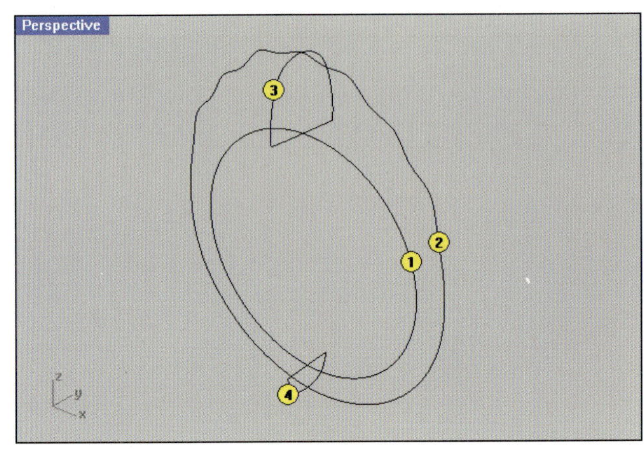

만약 화살표 방향이나 위치의 정렬이 어긋나 있게 되면 좋지 않은 결과를 얻게 된다. 다음 Sweep 2 Rail Options 대화창이 뜨면 Closed sweep과 Do not simplify에 체크한 후 [OK] 한다.

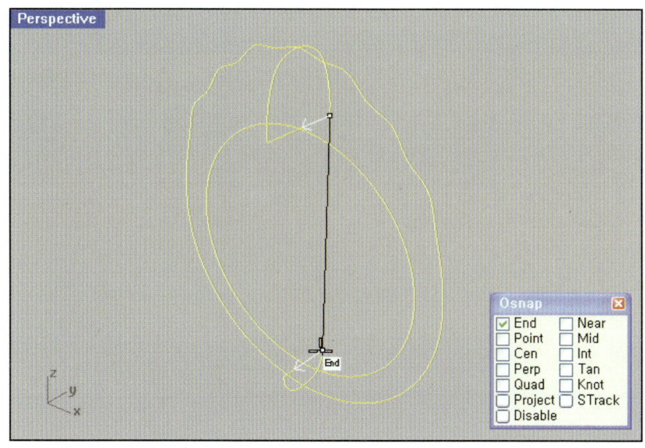

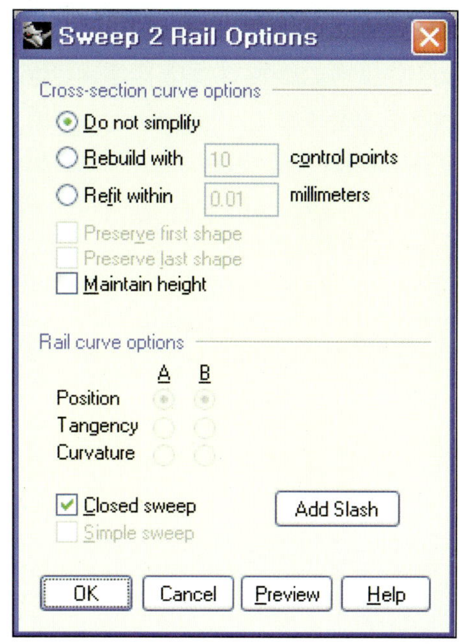

22_ Sweep 2 Rails 결과 생성된 객체의 모습 중 Right View를 보면 화살표 지점의 형상이 왠지 어색함을 볼 수 있다. 만약 문제가 원하는 형상이 아니라면 옵션 설정을 바꿔줄 필요가 있다. Ctrl + Z 으로 Sweep 2 Rails 명령 전 상태로 되돌아간다.

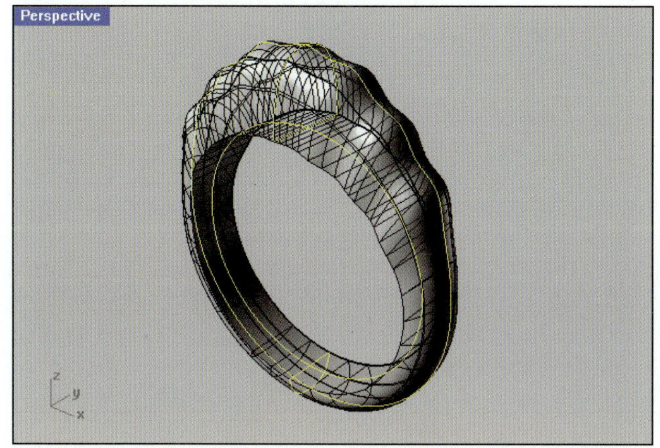

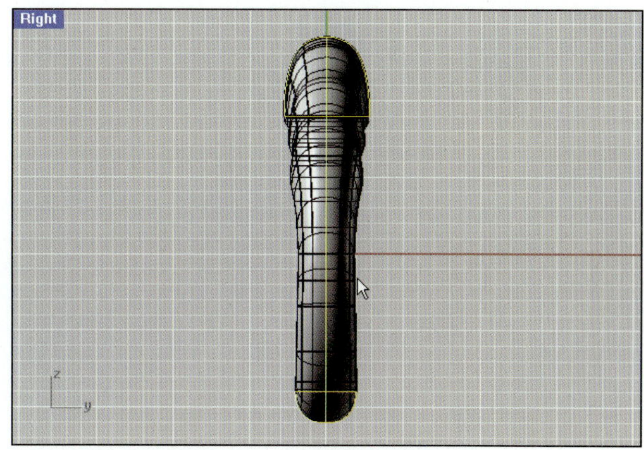

23_ 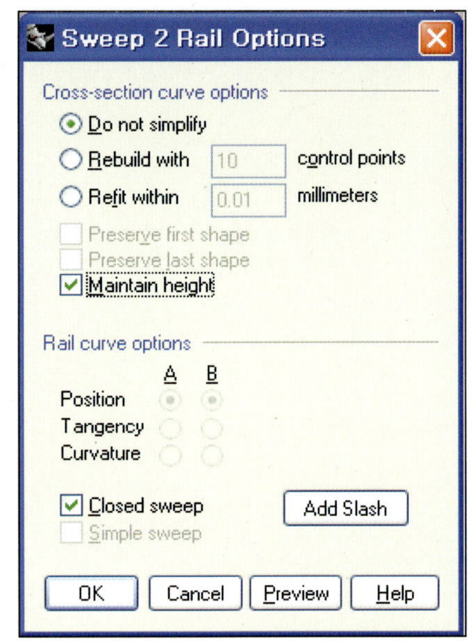 Sweep 2 Rails를 앞선 순서대로 다시 진행 후 옵션창(Sweep 2 Rail Options)이 뜨면 그림과 같이 Maintain height에 체크하여 단면이 만들어지는 높이를 일정하게 유지하도록 해준다.

24_ 화살표가 지시하는 부분을 살펴보면 종전의 Right View와 다른 결과를 얻었다. 이 옵션은 원하는 형상에 따라 선택적으로 사용하면 된다.

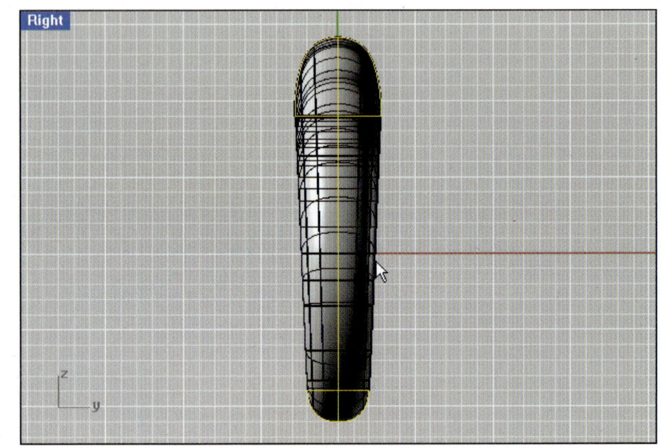

25_ Shade를 통해 완성된 반지를 확인해 본다.

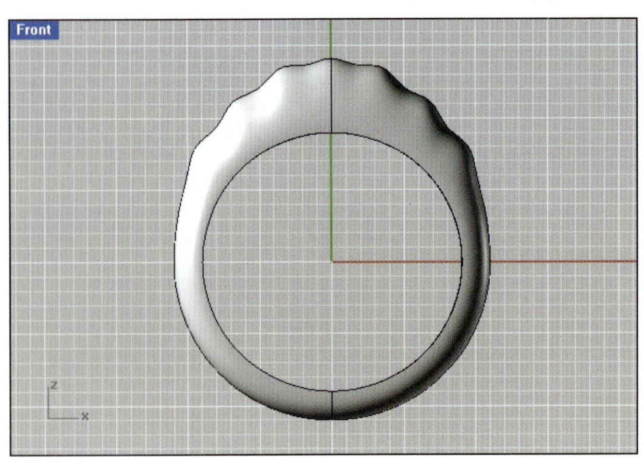

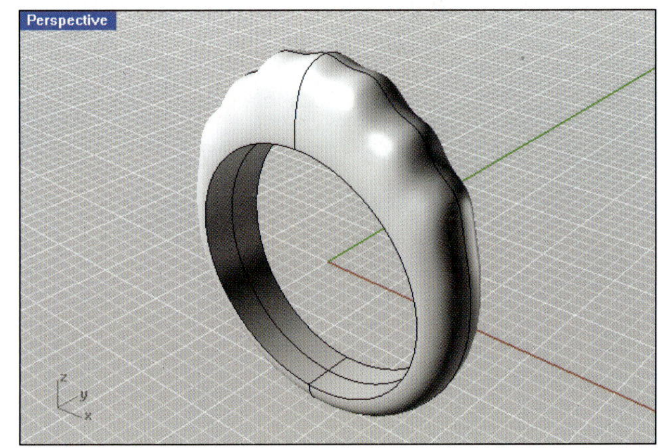

Rhinoceros

Chapter 03

고마루 기본 반지 만들기

Preview

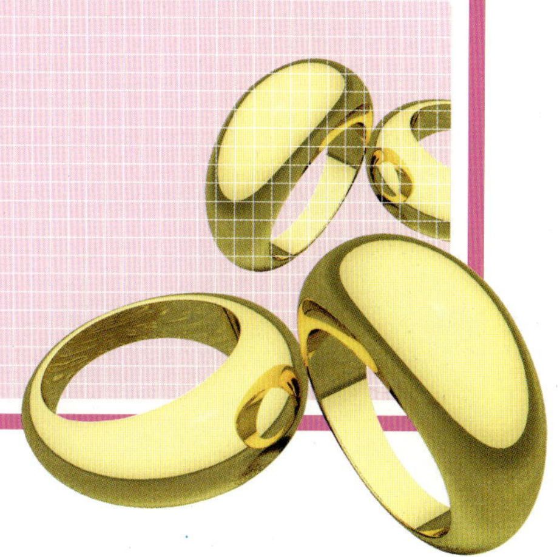

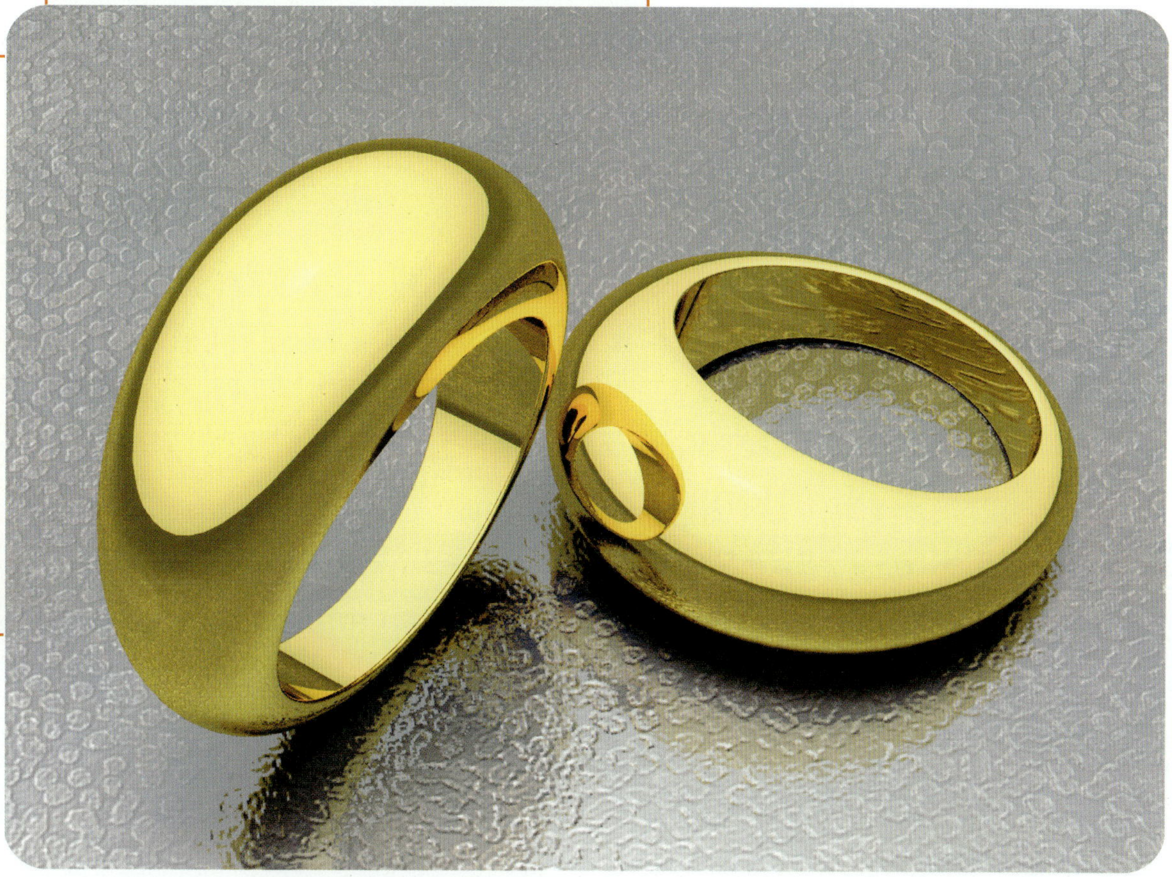

Preview

따라해 보세요 !

01_ Circle:Center, Radius를 선택하여 직경이 18mm인 반지의 내경을 그려준다.

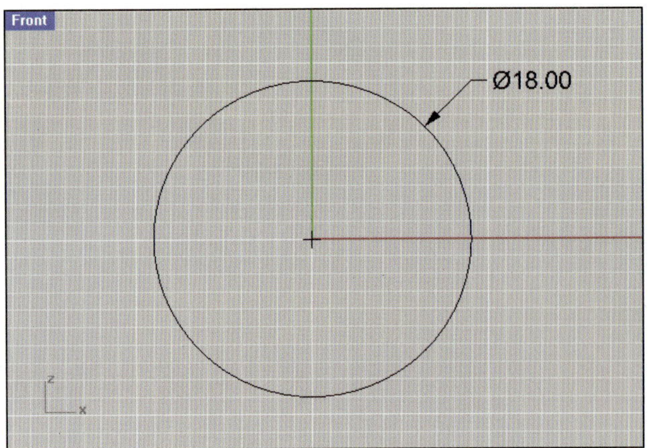

02_ Offset Curve 명령을 사용, 내경의 원(Circle)을 선택하고 바깥쪽으로 3mm 옵셋한다. 옵셋한 결과 반지의 외경은 지름(Diameter) 24mm가 된다.

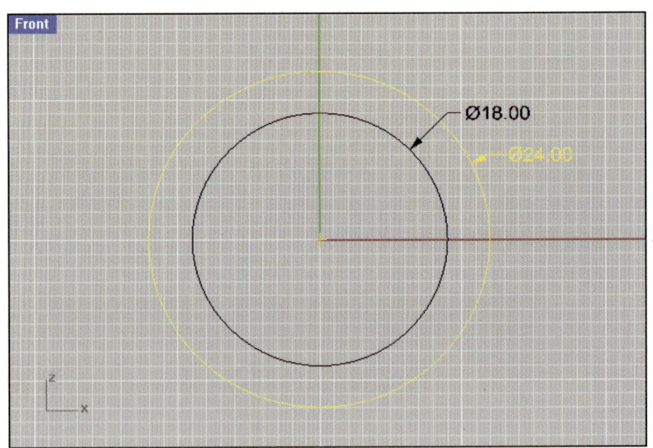

03_ Osnap에 Quad에 체크해 준다. 다음 1번 객체의 하단 Quad점을 선택한 상태에서 Move 아이콘을 클릭, 윗쪽으로 1mm 이동시켜 준다. 이동 거리를 치수로 타이핑해주면 편리하다. 물론 Grid Snap에 Snap이 체크된 상태로 이동해도 무방하다.

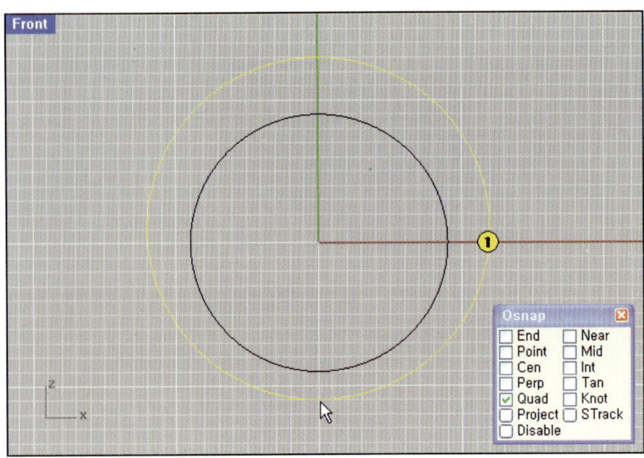

04_ 1번 객체를 선택한 상태에서 Control Points On 아이콘을 클릭하면, 객체에 제어점(CP:Control Point)이 활성화 된다. 그림과 같이 상단부의 제어점(CP)들만 선택하여 윗쪽으로 2mm 이동시켜 준다. 이동 방법은 바로 전과 동일하다.

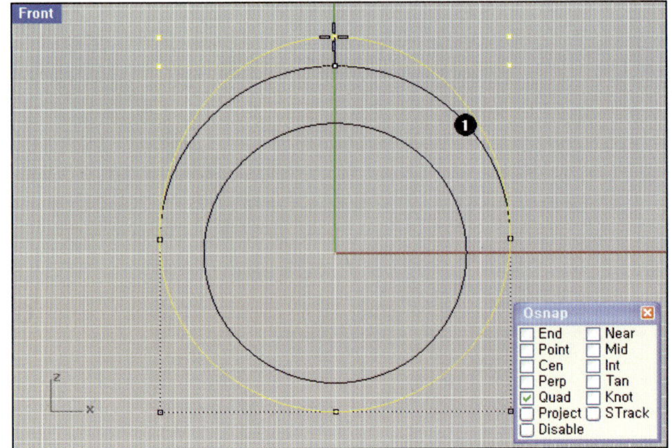

05_ 고마루 반지의 외형선이 완료된 모습이다.

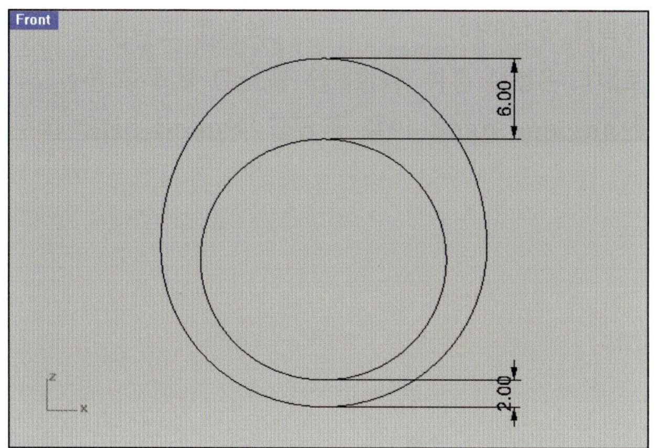

06_ Multiple Points를 이용하여 그림과 같이 객체의 Quad점에 4개의 Point를 배치한다.

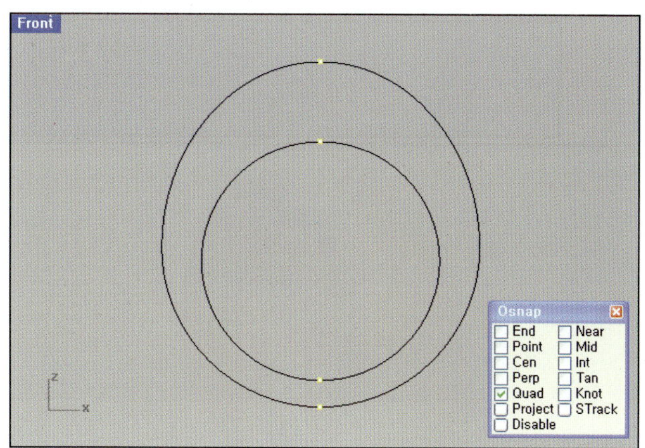

07_ Line:from Midpoint 명령을 사용하여 이미 준비된 Point를 기준으로 1번(총 10mm)과 2번(총 4mm) 수평선을 그려준다. 물론 Osnap에 Point를 체크한 상태로 작업한다.

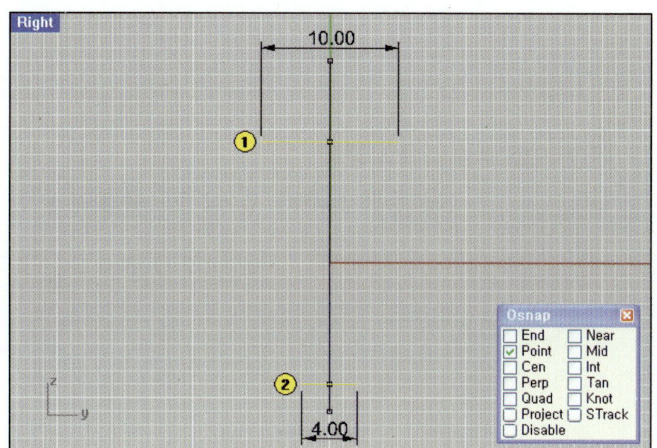

08_ Osnap에 End를 체크한 상태에서 Arc: Start, End, Point on Arc로 1번과 2번 호(Arc)를 그려준다.

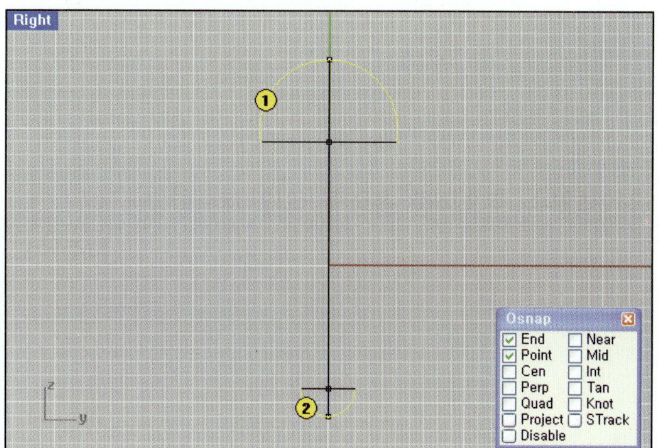

09_ 동일한 방법으로 Arc:Start, End, Point on Arc 명령으로 1번과 2번 좌, 우측 호(Arc)를 그려준다.

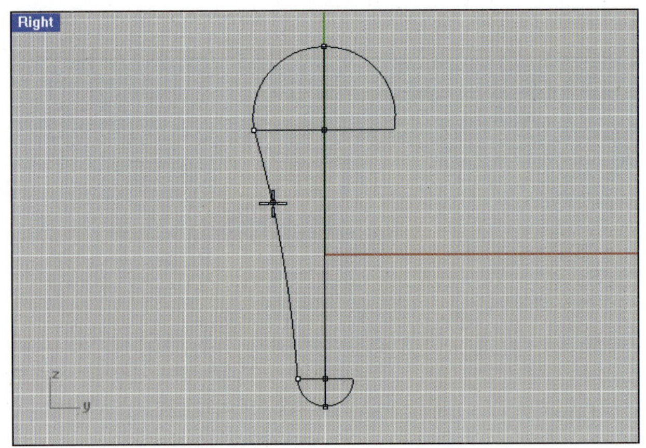
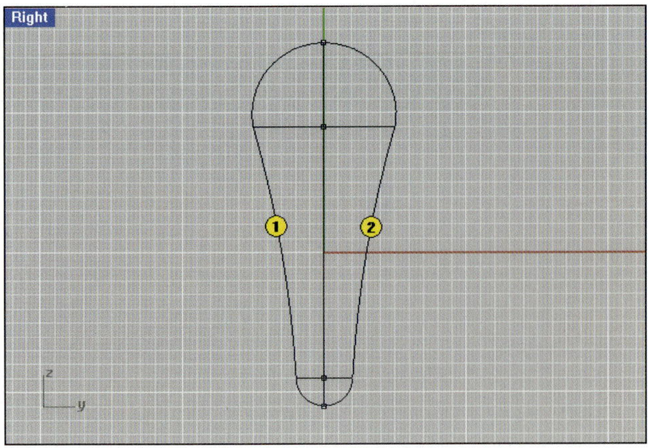

10_ Sweep 2 Rails 아이콘을 클릭 후, 그림이 보여주는 번호 순서대로 선택해 준다. Sweep 2 Rail Options 대화창이 뜨면 그림과 같이 설정한 후 [OK] 한다.

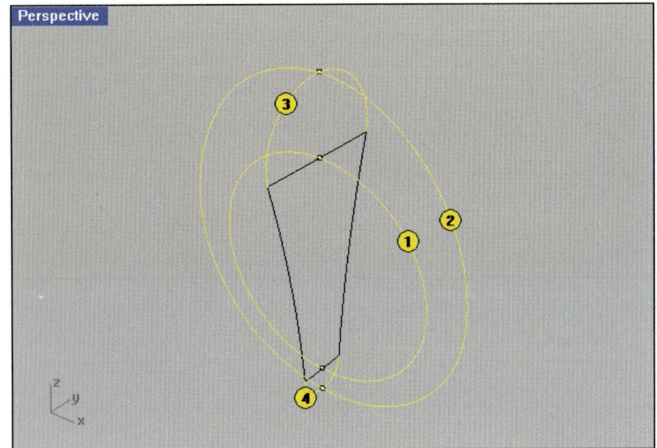
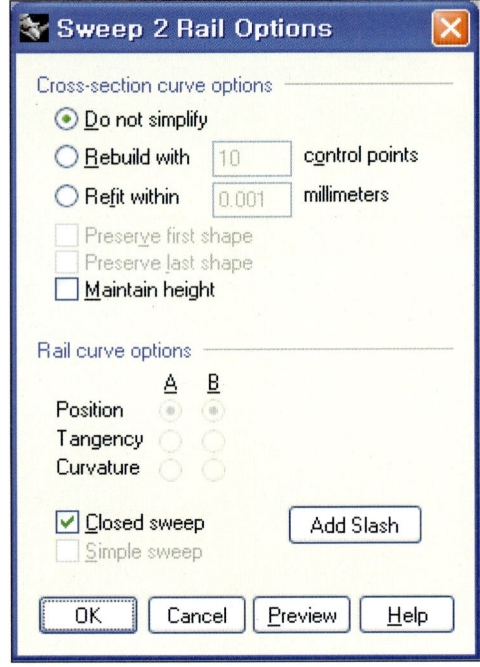

11_ 생성된 객체를 자세히 살펴보면 Perspective View에서는 잘 구분이 않되지만 Right View에서 생성된 면과 비교해 보면 1번과 2번 커브(Curve)를 만족하는 면이 생성되지 못했음을 알 수 있다. 생성된 면을 지워준다.

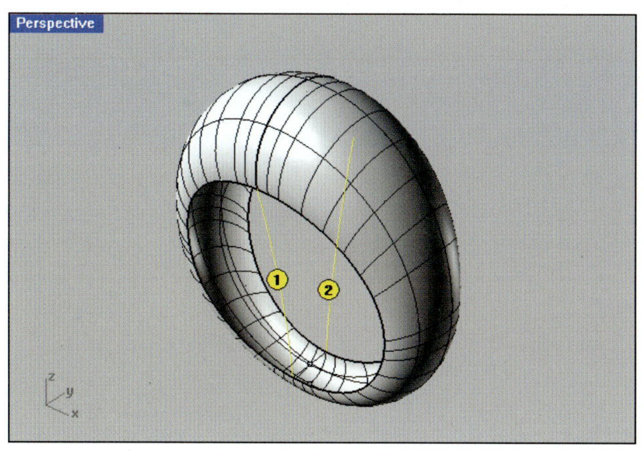

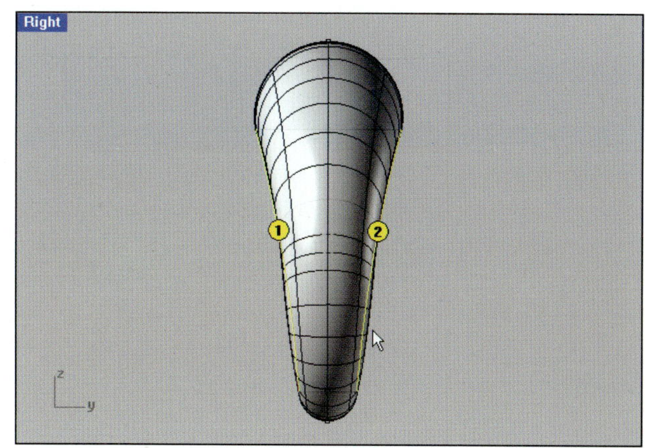

12_ 정확한 작업을 위해서 Curve from 2 Views 아이콘을 클릭한 후 1번과 2번 객체를 순차적으로 선택해 준다.

13_ 명령 실행과 동시에 휘어진 측면 호(Arc)의 모양대로 반듯했던 원(Circle)이 호와 같은 곡률로 휘어진 것(3번 객체)을 볼 수 있다.

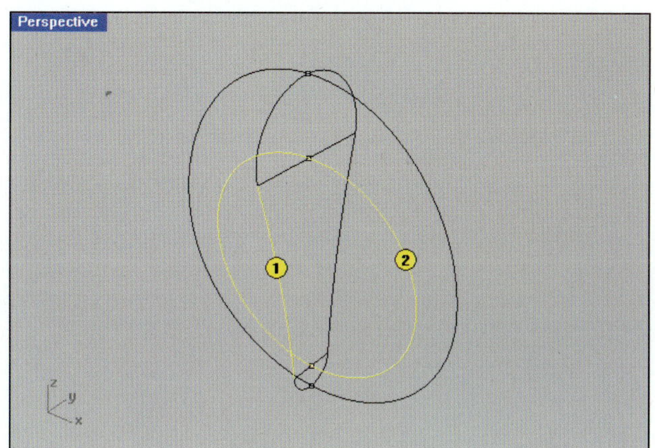

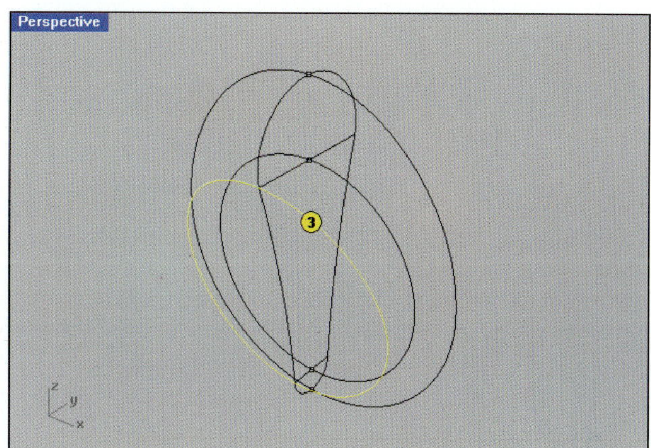

14_ 동일한 방법으로 Curve from 2 Views 아이콘을 클릭한 후 1번과 2번 객체를 순차적으로 선택해 준다.

15_ 명령 실행과 동시에 휘어진 호(Arc)의 모양대로 반듯했던 원(Circle)이 호와 같은 곡률로 휘어진 것(4번 객체)을 볼 수 있다.

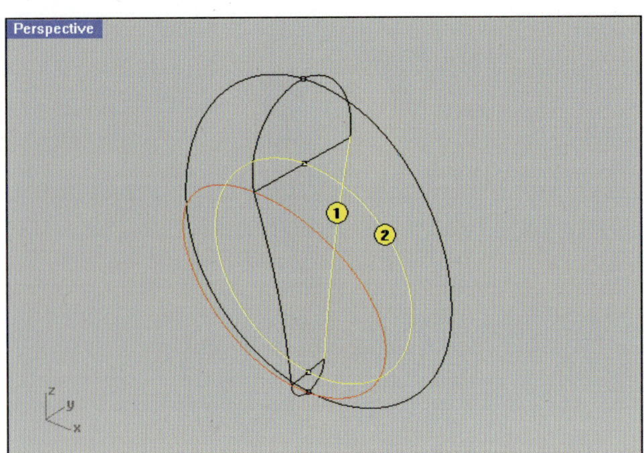

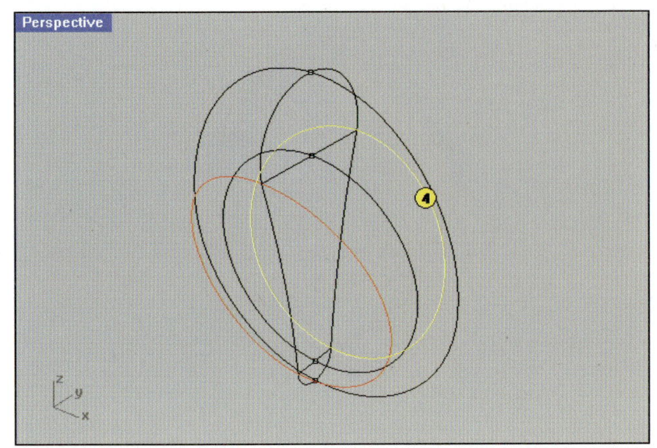

16_ Right View에서 확인해 본 3번과 4번 객체의 모습이다.

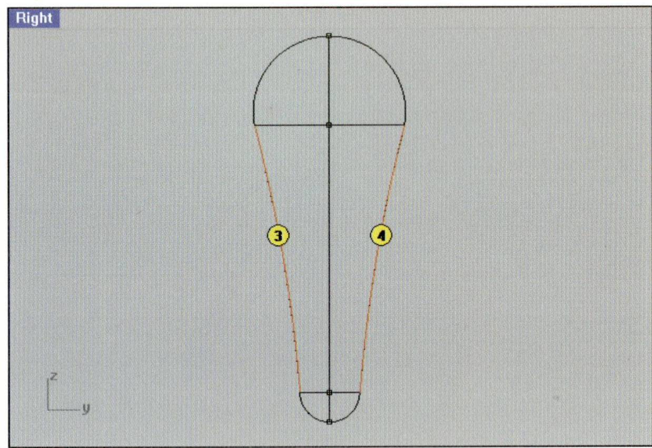

17_ Sweep 2 Rails를 명령으로 그림과 같은 번호 순서(3-4-5-6)대로 클릭하여 제대로 된 반지의 면을 만들어 준다.

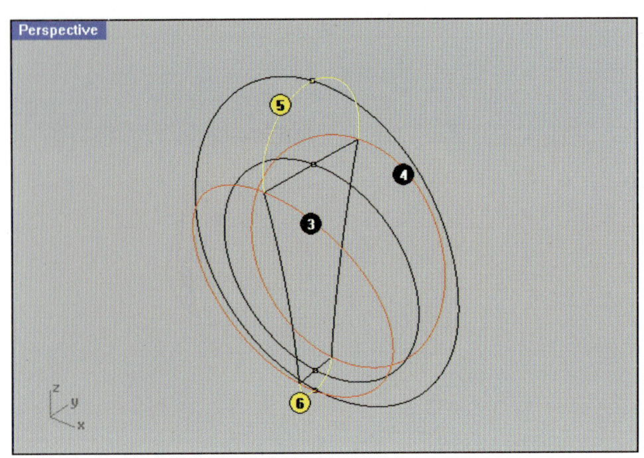

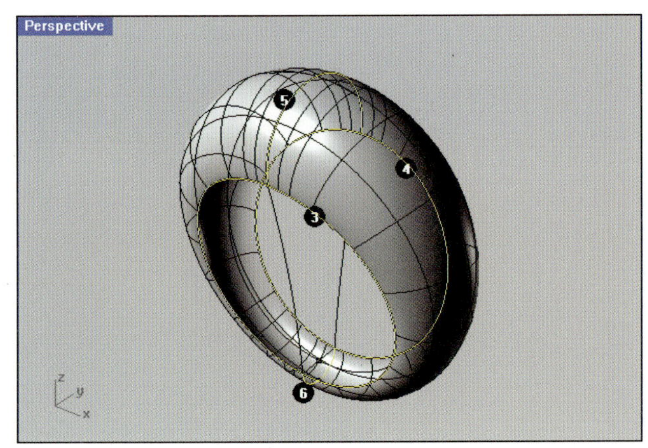

18_ Sweep 2 Rails 명령 실행 중 옵션창(Sweep 2 Rail Options)이 뜨면 아래와 같이 Closed sweep에 체크하고 [OK] 한다.

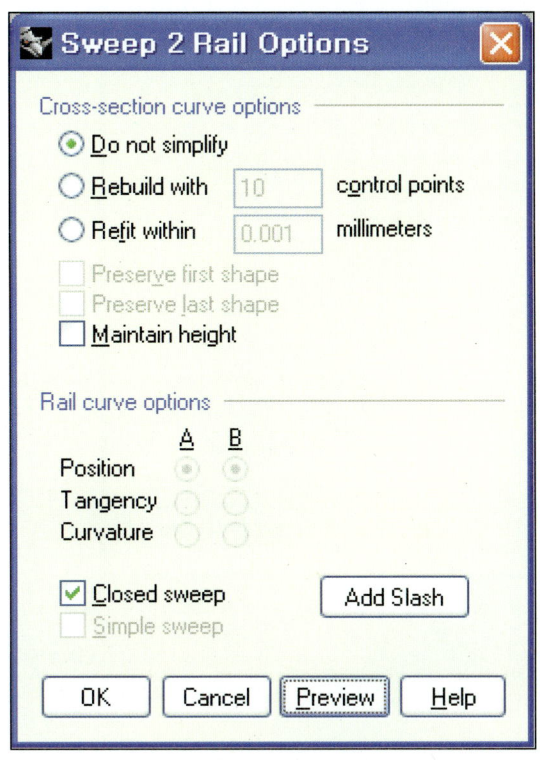

19_ 완료된 최종 결과를 보면 Right View에서 3번과 4번 커브에 만족하는 휘어진 곡률의 면이 제대로 만들어졌음을 볼 수 있다.

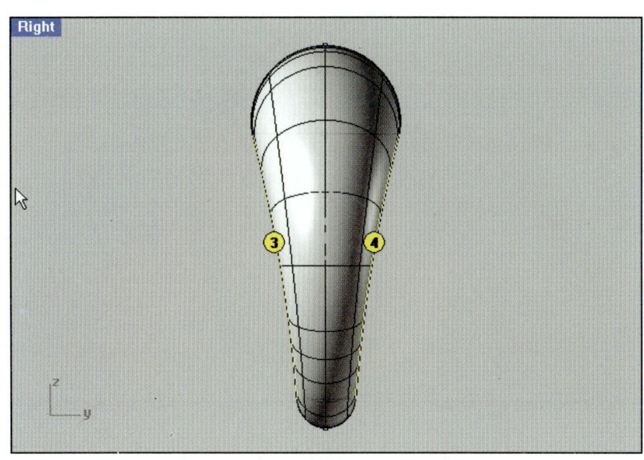

20_ Loft 아이콘을 클릭하고 그림과 같이 생성된 면의 안쪽 Surface Edge와 맞은편 Surface Edge를 동시 클릭하고 Enter 한다.

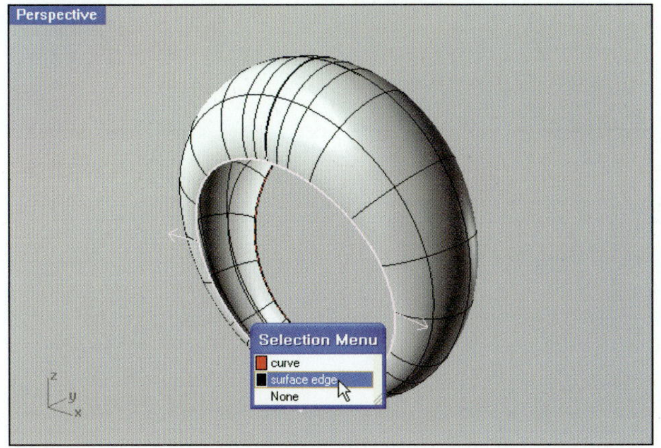

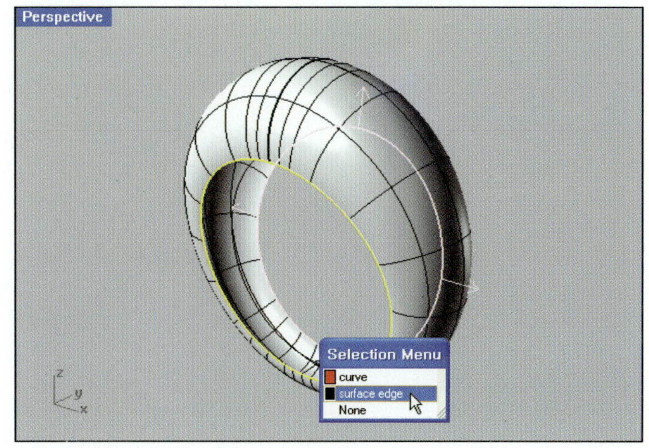

21_ 명령어 도중 Loft Options 창이 뜨면 Style=Normal , Refit within 0.01에 체크하고 [OK] 한다. 물론 화살표 방향이 서로 엇갈려 있거나 정렬이 되지 않다면 Adjust curve seams(Flip, Automatic, Natural): 옵션을 사용하여 정렬시켜 준다.

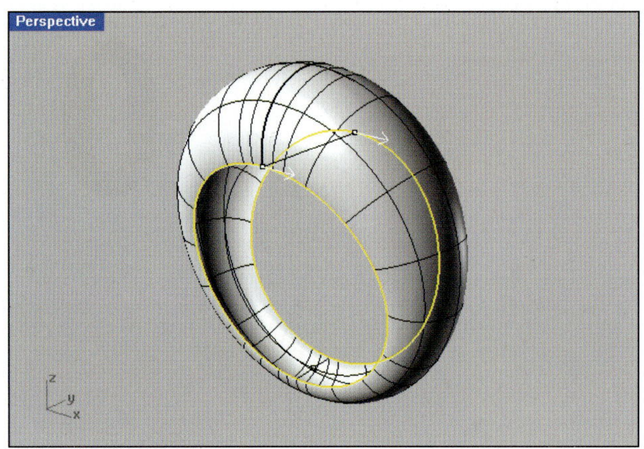

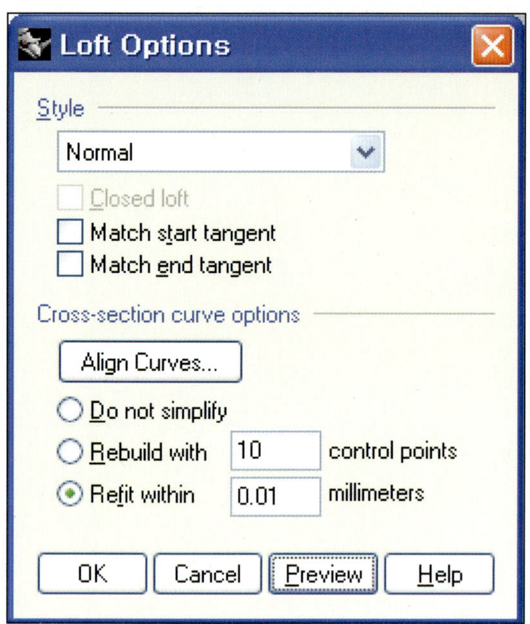

22_ Loft 명령으로 생성된 면의 결과이다. 내부 면의 아이소커브(Isocurve)가 매우 깨끗하다. 하지만 앞선 Curve from 2 Views 명령으로 생성된 휘어진 원을 선택하게 되면 객체에 Point 수가 많아 Loft 명령으로 생성된 면의 아이소커브(Isocurve)는 매우 복잡해질 수 있거나, 아이소커브가 서로 정렬되지 않아 아이소커브가 왜곡되어 나타날 수 있다.

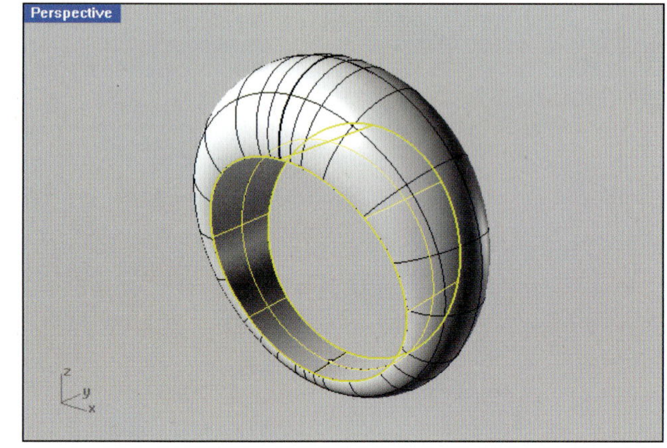

23_ Fillet Surface 아이콘을 클릭하고 1번과 2번이 지시하는 면을 선택한다. 이 때 Fillet Surfcae의 반지름 값은 Radius=0.2를 부여한다.

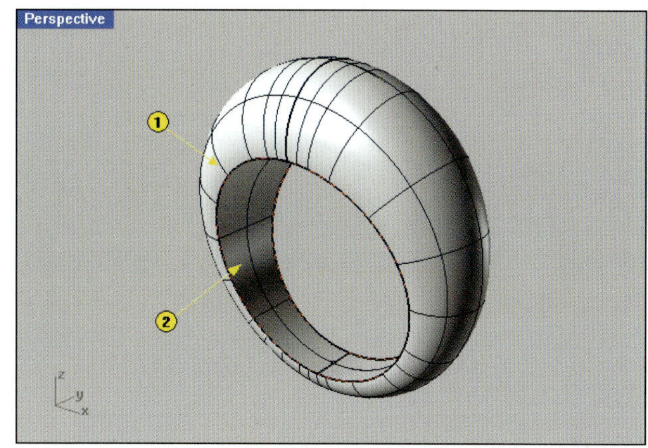

Fillet이 부드럽게 처린된 것을 확인할 수 있다.

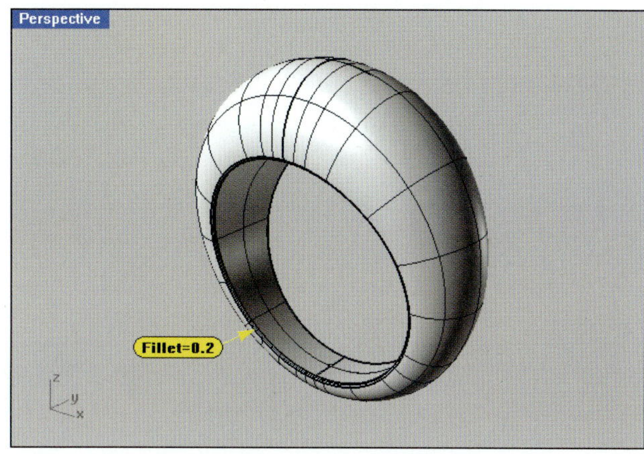

24_ Join 명령으로 객체를 모두 선택하여 붙여준 후 Shade를 통해 완성된 고마루 반지를 확인해 본다.

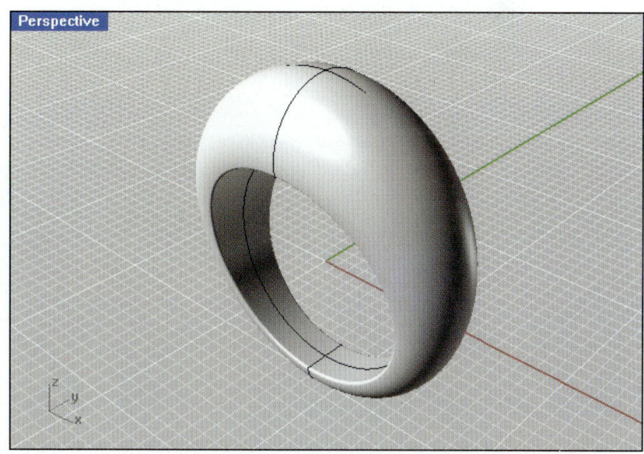

Chapter

04

고마루 기본 변형 반지 만들기

Preview

따라해 보세요 !

01_ Circle:Center, Radius를 선택하여 직경이 18mm인 반지의 내경을 그려준다.

02_ Offset Curve 명령을 사용, 내경의 원(Circle)을 선택하고 바깥쪽으로 3mm 옵셋한다. 옵셋한 결과 반지의 외경은 지름(Diameter) 24mm가 된다.

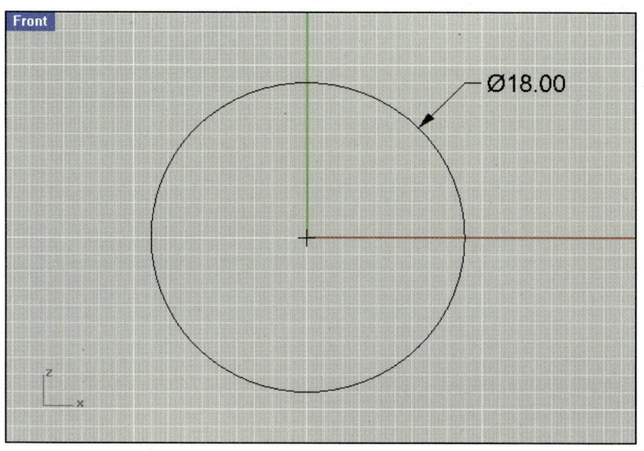

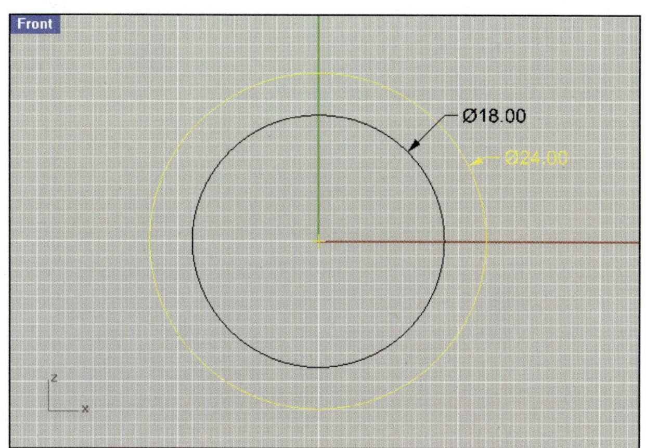

03_ Osnap에 Quad를 체크해 준다. 다음 1번 객체의 하단 Quad점을 선택한 상태에서 Move 아이콘을 클릭하고 윗쪽으로 1mm 이동시켜 준다. 물론 Grid Snap에 Snap이 체크된 상태로 이동해도 무방하다.

04_ 1번 객체를 클릭한 상태에서 Control Points On 아이콘을 클릭하면 객체에 제어점(CP:Control Point)이 활성화 된다. 그림과 같이 상단부의 제어점(CP)들만 선택하여 윗쪽으로 2mm 이동시켜 준다. 이동 방법은 바로 전과 동일하다.

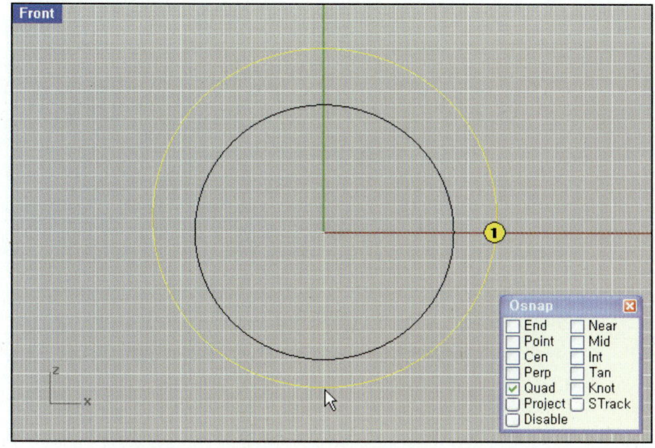

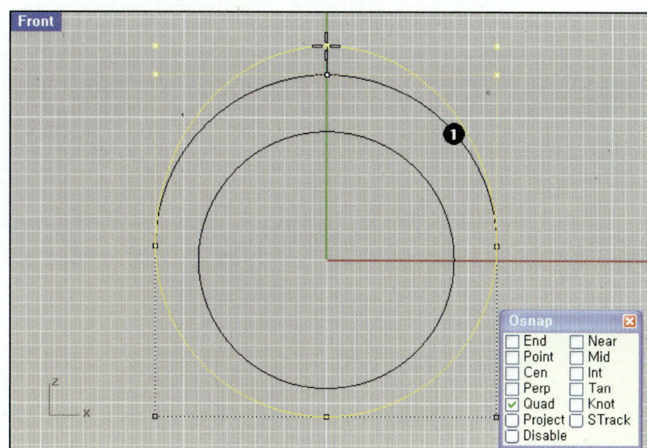

05_ 고마루 반지의 외형선이 완료된 모습이다.

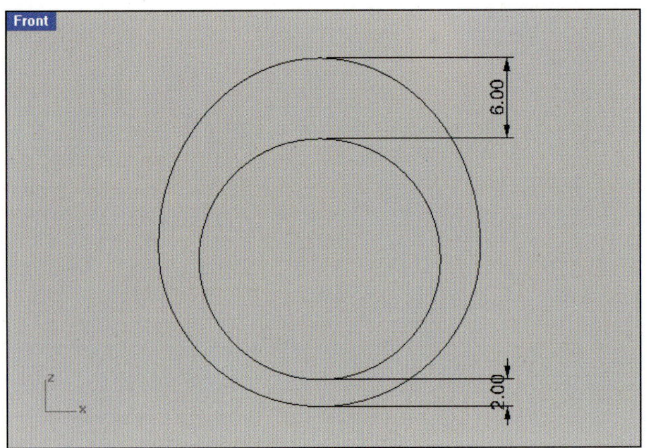

06_ 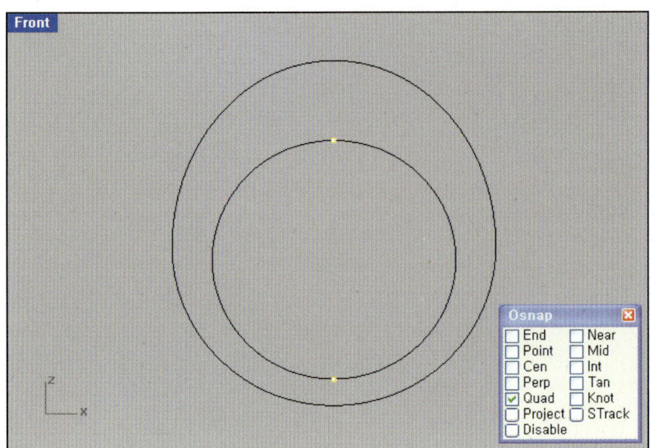 Multiple Points를 이용하여 그림과 같이 객체의 Quad점에 2개의 Point를 배치한다.

07_ Line:from Midpoint 명령을 사용하여 이미 준비된 Point를 기준으로 1번(총 10mm)과 2번(총 4mm) 수평선을 그려준다. 물론 Osnap에 Point를 체크한 상태로 작업한다.

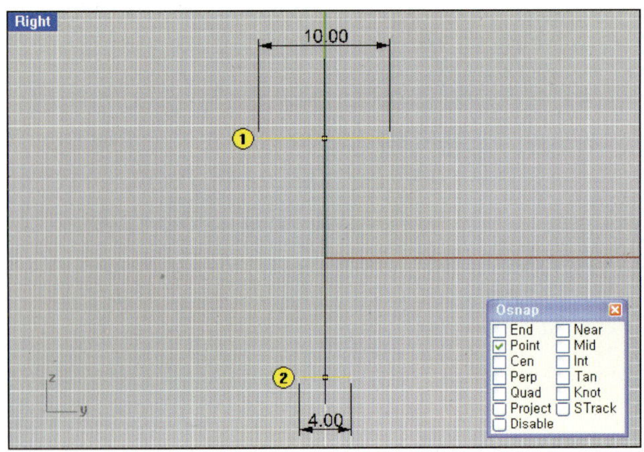

08_ Osnap에 End를 체크한 상태에서 Line 명령으로 1번과 2번 측면 선(Line)을 그려준다.

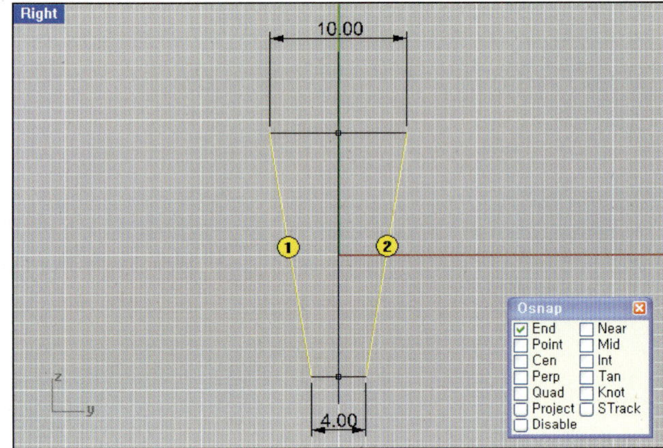

09_ Curve from 2 Views 아이콘을 클릭한 후 1번과 2번 객체를 순차적으로 선택해 준다.

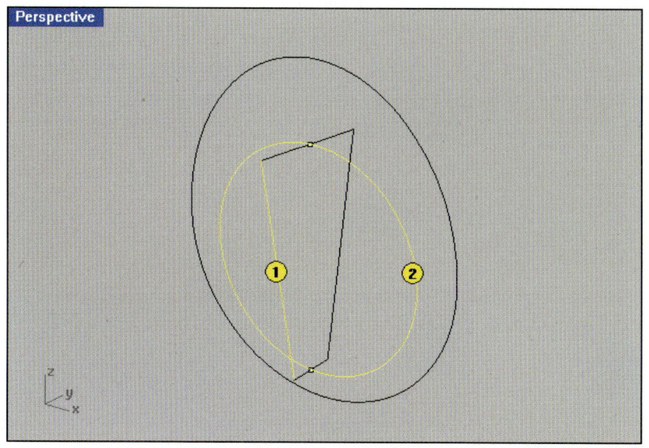

10_ 명령 실행과 동시에 경사진 직선의 모양대로 반듯했던 원(Circle)이 직선의 기울기 만큼 경사지는 결과를 얻을 수 있다. 동일한 방법으로 Curve from 2 Views 아이콘을 클릭한 후 1번과 2번 객체를 순차적으로 선택해 준다.

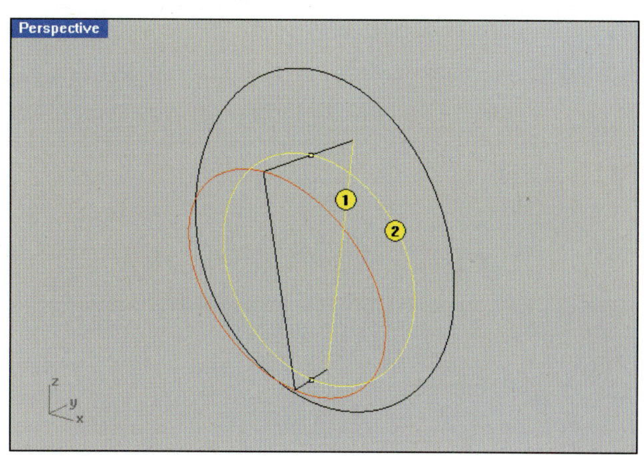

11_ 명령 실행과 동시에 직선의 모양대로 반듯했던 원(Circle)이 직선의 기울기 만큼 경사지는 결과(4번 객체)를 얻을 수 있다.

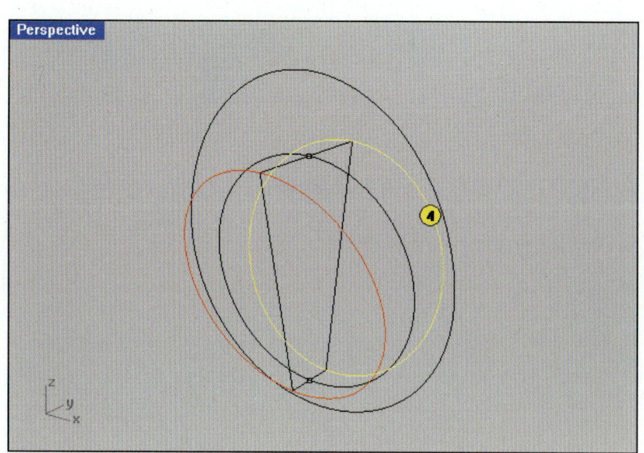

12_ Hide Objects 명령으로 해당 객체(Yellow color)를 숨겨준다.

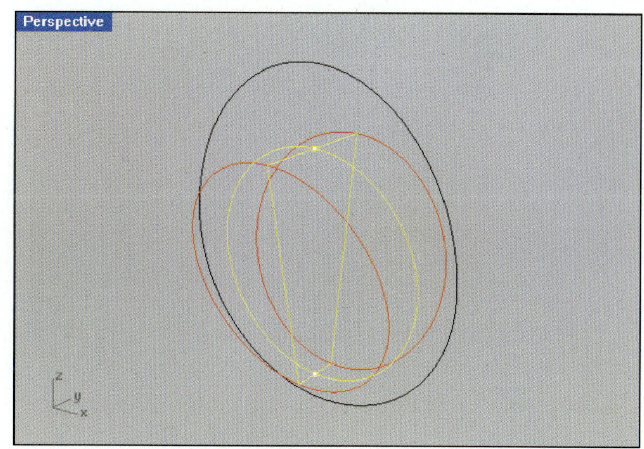

13_ Osnap에 Quad를 체크한 상태에서 ⊞ Cutting Plane을 클릭 후 1, 2, 3번 객체를 모두 선택한다.

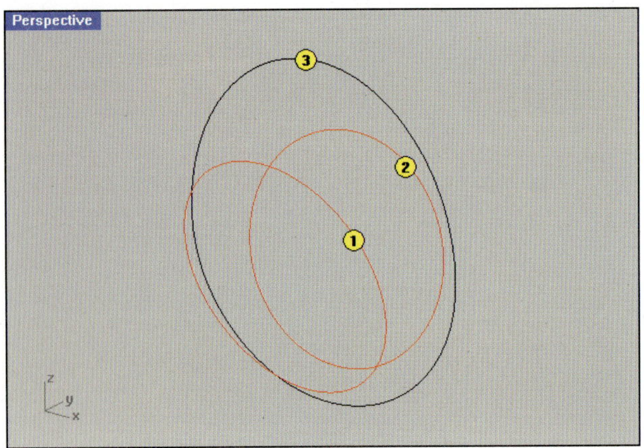

14_ Front View에서 그림과 같이 Quad 점을 기준으로 수직선을 그어준다.

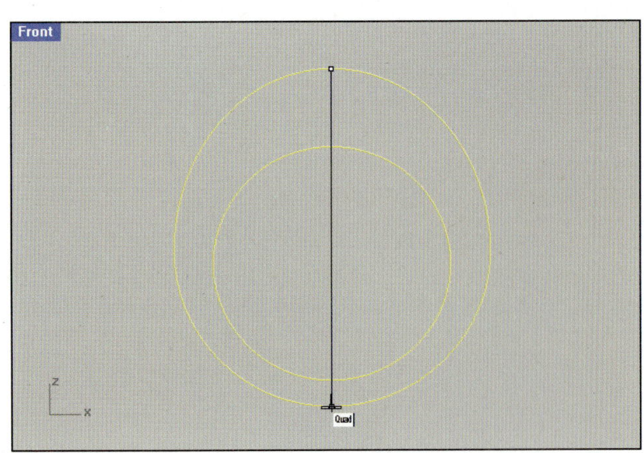

15_ 같은 방법으로 Quad 점을 기준으로 수평 방향으로 선을 그어준다.

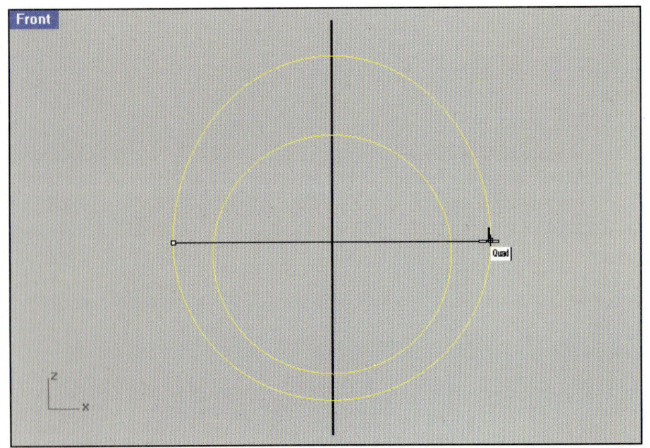

16_ 그림과 같이 3개의 커브 객체를 통과하는 커팅면 (Cutting Plane)이 자동으로 생성된다.

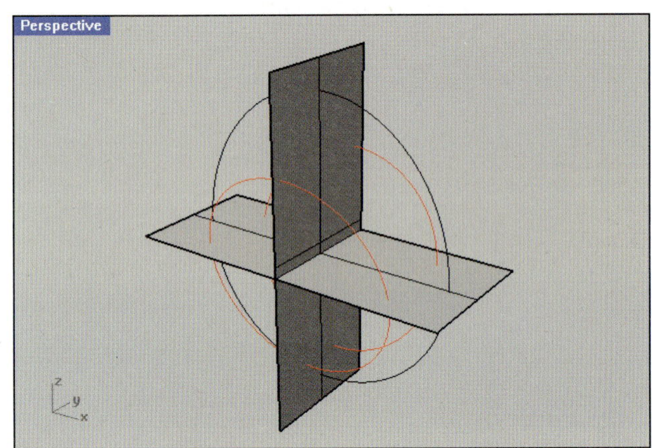

17_ 생성된 객체들(선과 면)을 모두 선택한 후 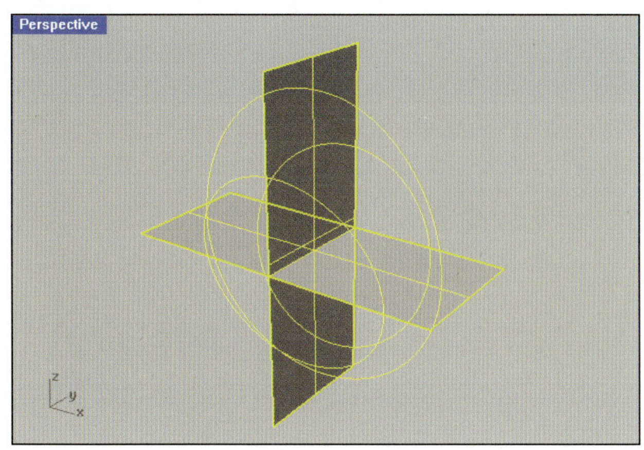 Object Intersection을 클릭해 주면 면과 면이 교차하는 1번 부분에는 선이 추출되고, 선과 면이 교차하는 2번 부분에는 점(Point)들이 추출되게 된다. 이 점들은 선이나 호를 그리는 기준점들이 된다.

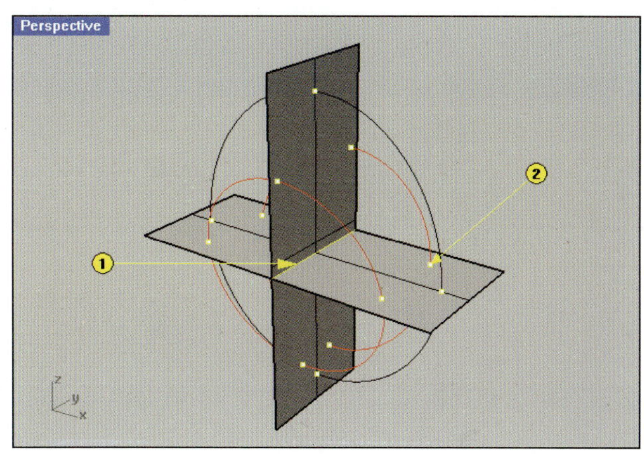

18_ 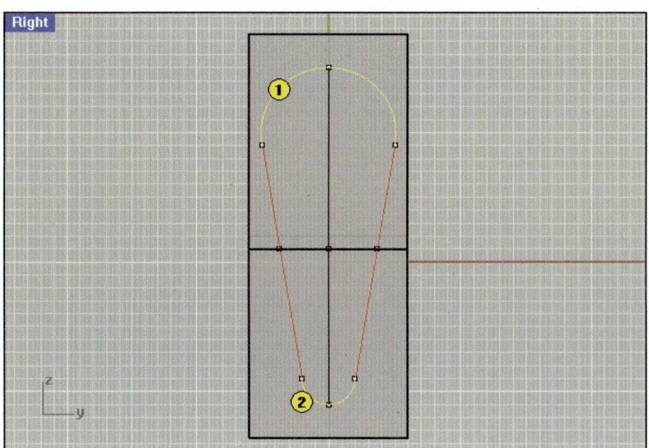 Arc:Start, End, Point on Arc 명령으로 Osnap에 End를 체크한 상태에서 1번과 2번 호(Arc)를 그려준다.

19_ 동일한 방법으로 Top View에서 보이는 것처럼 3번과 4번 호(Arc)를 그려준다.

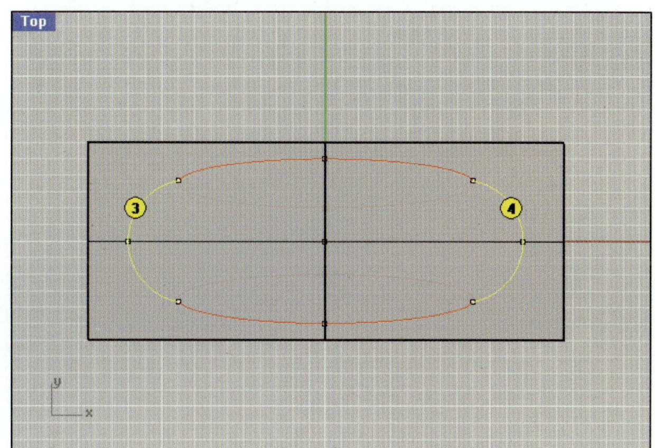

20_ Perspective view에서 본 1~4번 까지의 호(Arc)의 모습이다.

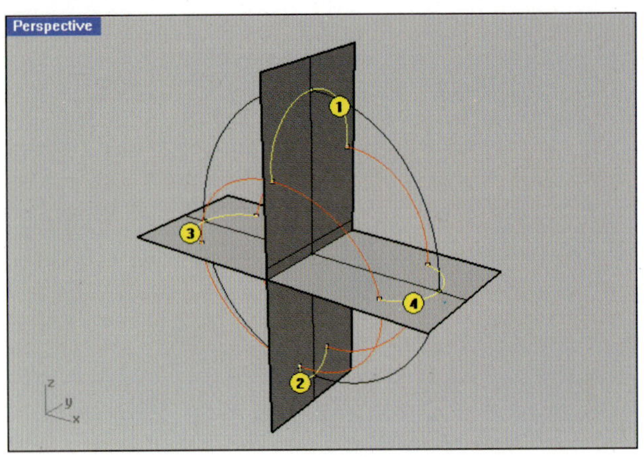

21_ 불필요한 면과 함께 Select Points 명령으로 모든 숨어 있는 Point를 선택하여 지워준다.

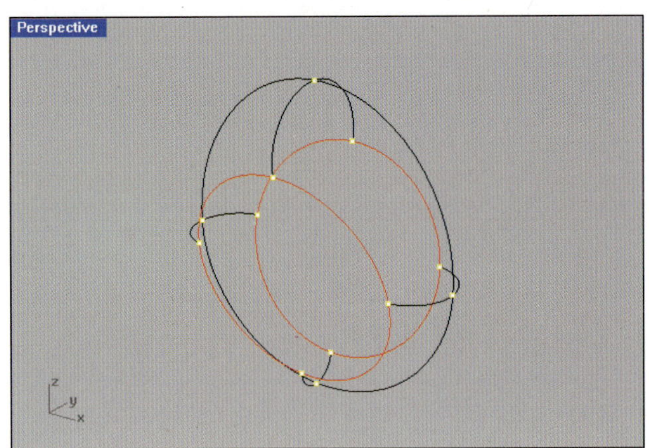

22_ Sweep 2 Rails 아이콘을 클릭 〉 A와 B라인을 선택하고 연이어 1, 2, 3, 4번 객체를 순차적으로 선택한다. 명령어 실행 중 Sweep 2 Rail Options 대화창이 뜨면 Do not simplify와 Closed sweep에 체크하고 [OK] 한다.

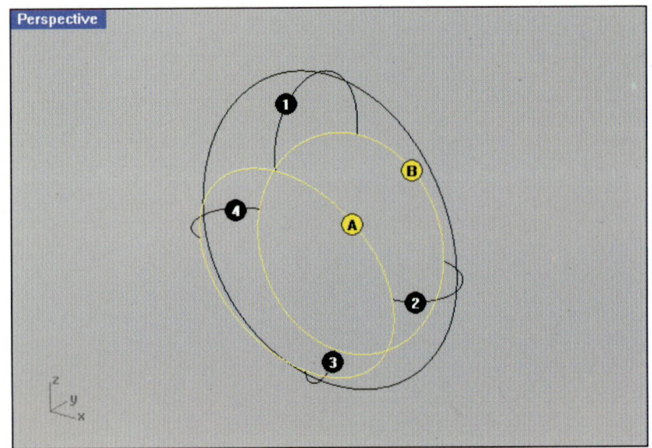

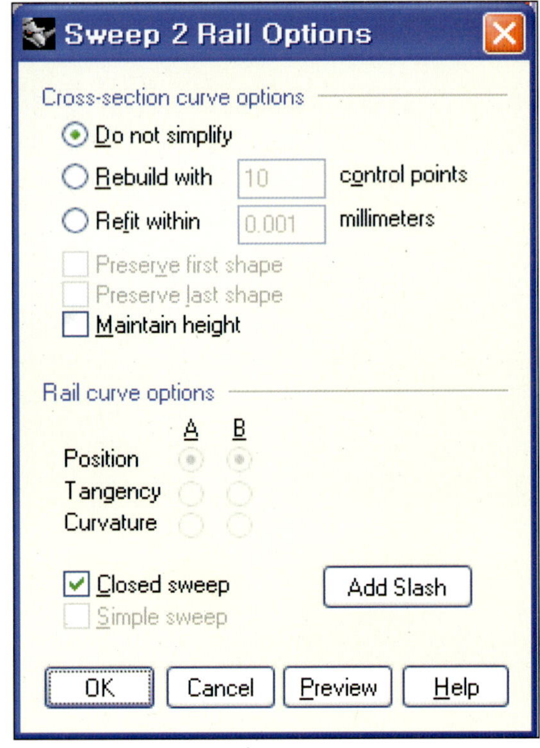

23_ 만들어진 객체의 면을 자세히 살펴보면 1번 이음새(Seam)와 2, 3번에 아주 미세한 각이 존재하게 된다. 특히 2, 3번의 미세한 각은 반지의 지환 자체를 하나의 면(Single Surface)이 아닌 폴리서페이스(Polysurface)로 정의하게 된다. 이렇게 되면 면(Surface) 1번과 2번 부분은 면의 연속성(Continuity)도 떨어지고, 특히 변형을 위해 제어점(Control Point)를 보려 하면 제어점(CP)이 나타나지 않게 되어 변형이 불가하게 되는 문제에 직면하게 된다. 초보자들이 가끔 당황스러워 하는 부분이지만 해결책은 다양하면서도 간단하다.

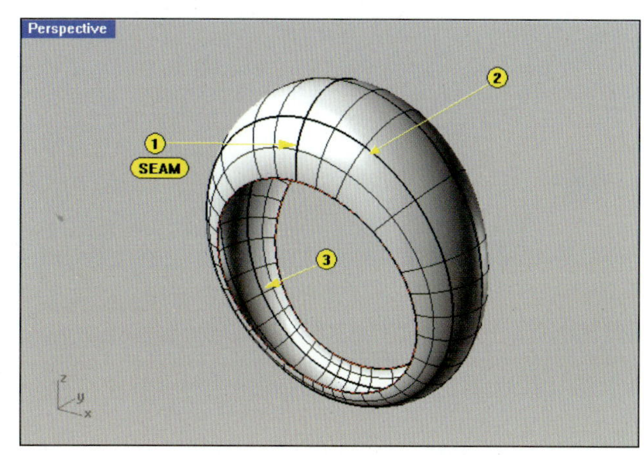

24_ 특히 Polysurface 면을 Explode(폭파)시키게 되면 그림과 같이 1번 이음새(Seam)를 하나씩 가진 각자의 단일면(Single Surface)으로 분해되게 된다.

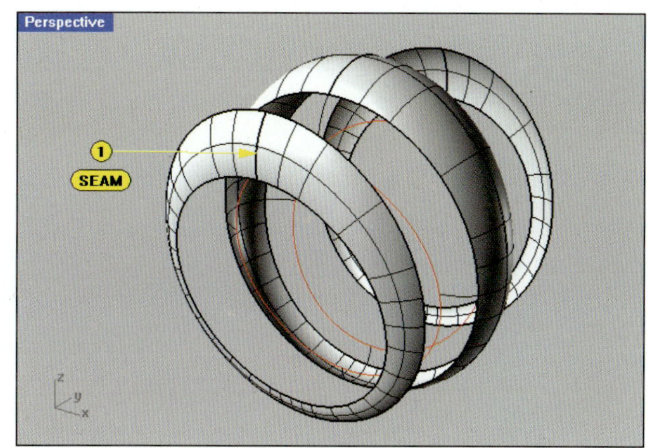

25_ 이러한 원인은 그림과 같이 호(Arc)가 가진 차수(Degee=2)와 Knot의 정의 때문이다. 특히 Sweep 2 Rails 시 레일에 놓인 호(Arc)의 Knot 수가 서로 다를 수 있는데 이때 Knot이 중복되거나 불일치하여 나타나는 전형적인 원인이다.

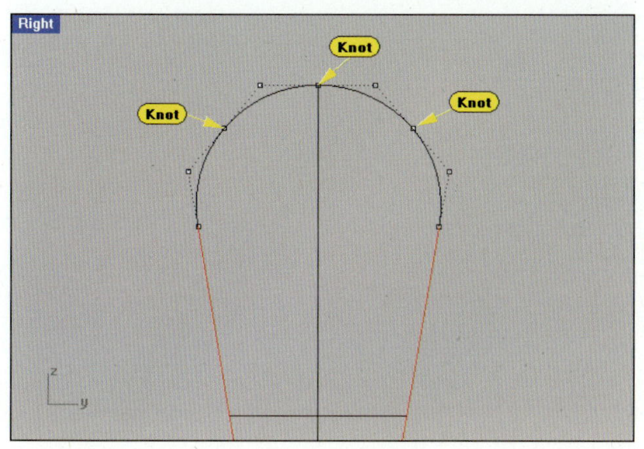

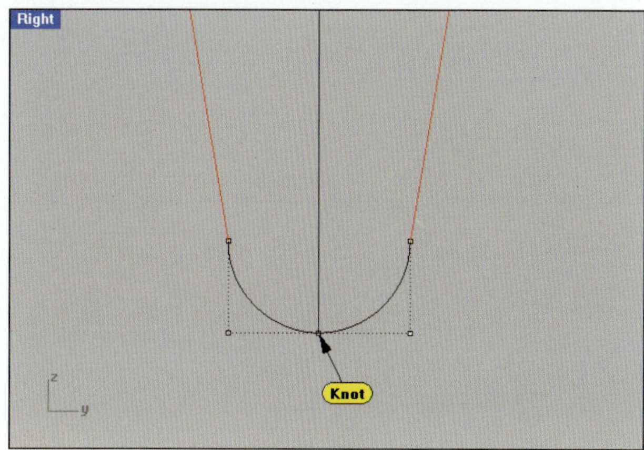

26_ 이러한 Arc의 상태를 다른 말로 하자면 Non-Uniform 상태로 볼 수 있는데 Non-Uniform 상태인 호(Arc)를 Rebuild시켜 주면 단일 커브를 얻을 수 있다. 그 방법은 다음과 같다. 우선 1번 커브를 선택하고 **Rebuild Curves NonUniform** 아이콘을 클릭 〉 옵션창이 뜨면 Adjust curve.Press Enter when done(RequestedTolerance=0.01 MaxPointCount=30 Quarters=No Deleteinput=Yes ResetPoints): 와 같이 설정하고 **Enter** 한다.

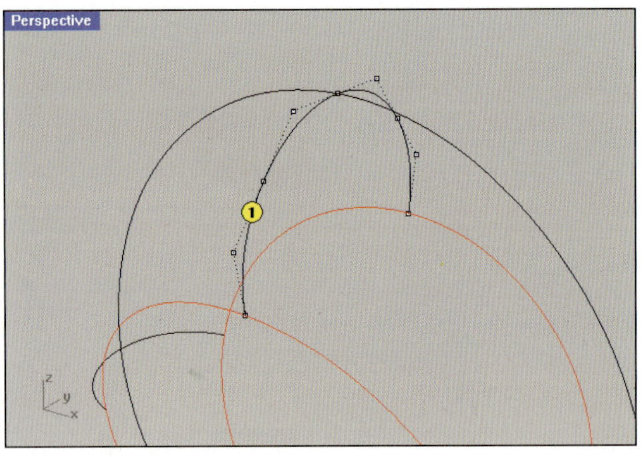

○ Non-Uniform 상태의 1번 커브 모습

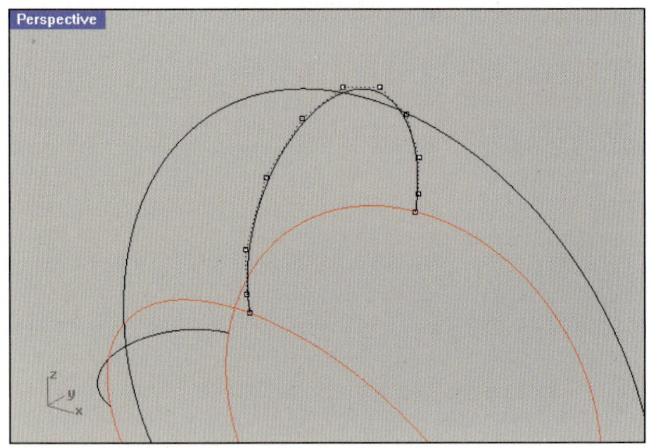

○ Rebuild Curves NonUniform 상태로 변화된 상태

27_ **Rebuild Curves NonUniform** 아이콘을 클릭하여 나머지 지환 하단부의 3개 호(Arc)를 한번에 Rebuild를 시켜준다. 설정은 위의 것과 동일하게 설정한다.

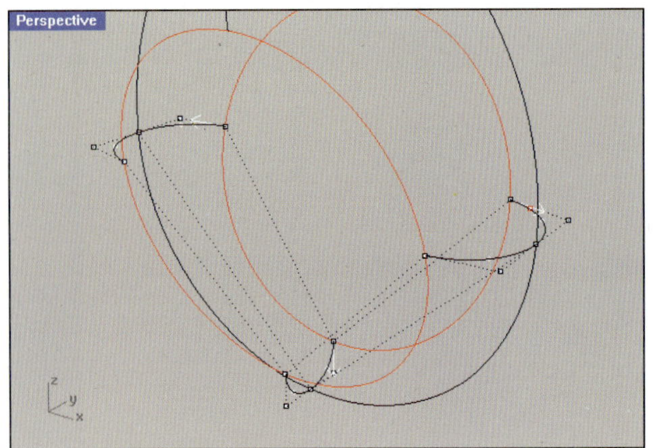

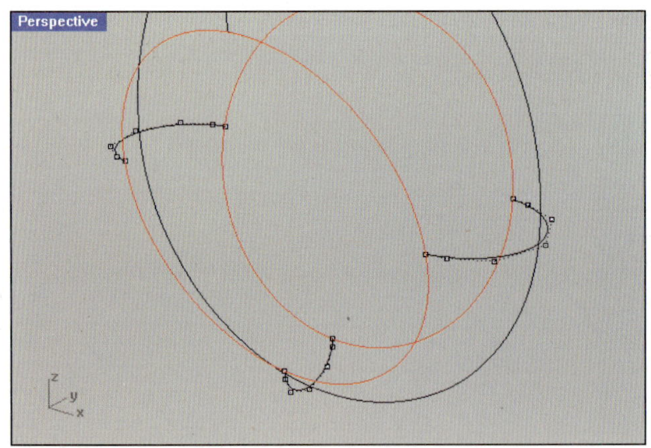

○ Rebuild Curves NonUniform 상태로 변화된 상태

28_ 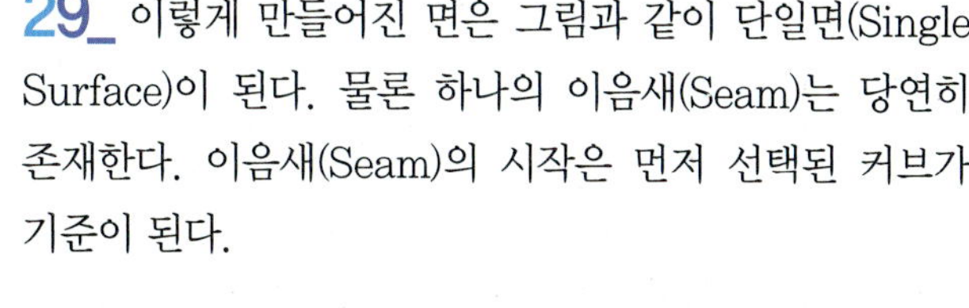 Sweep 2 Rails 아이콘을 클릭 〉 A와 B라인을 선택하고 연이어 1, 2, 3, 4번 객체를 순차적으로 선택한다. 명령어 실행 중 Sweep 2 Rail Options 대화창이 뜨면 Do not simplify와 Closed sweep에 체크 후 [OK] 한다.

29_ 이렇게 만들어진 면은 그림과 같이 단일면(Single Surface)이 된다. 물론 하나의 이음새(Seam)는 당연히 존재한다. 이음새(Seam)의 시작은 먼저 선택된 커브가 기준이 된다.

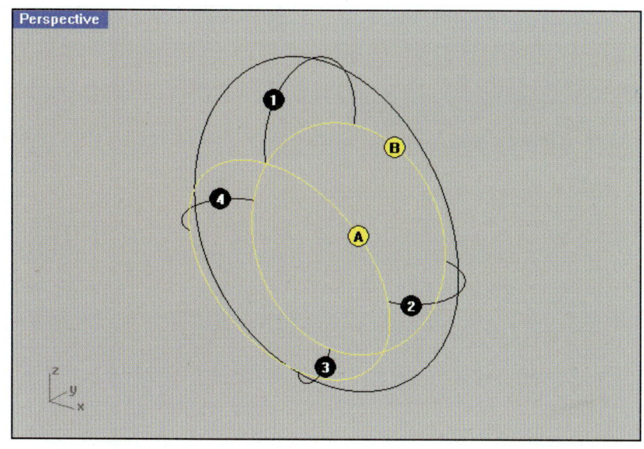

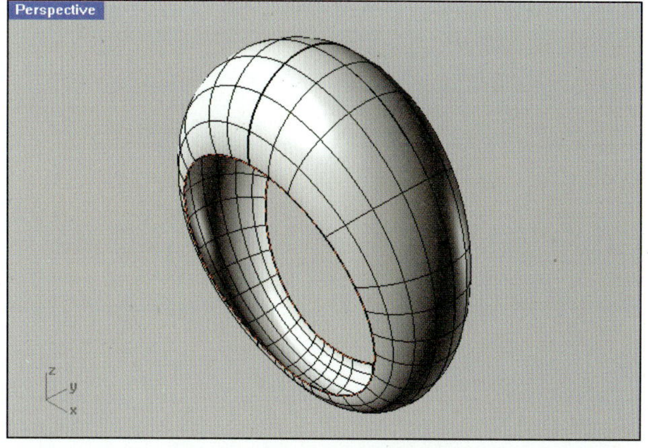

30_ 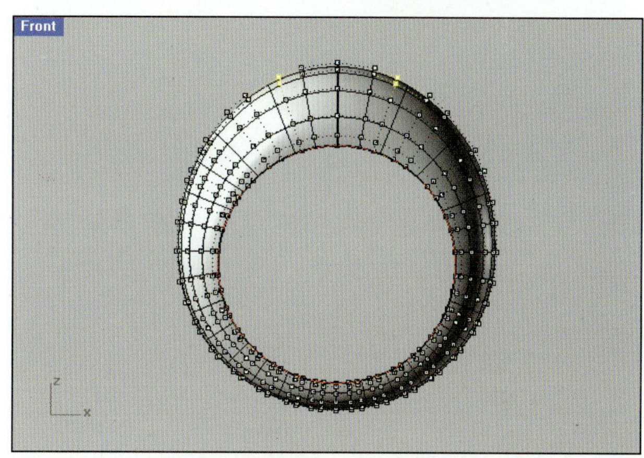 Control Points On 아이콘을 클릭하고 편집을 위한 제어점 CP(Control Point)을 보이게 한다. 그림과 같이 해당 부위 CP만을 선택한다.

31_ 선택된 CP를 Move 명령으로 그림과 같이 해당뷰(Front View)의 바탕을 클릭하고 위로 드래그하여 CP를 균형있게 편집해 준다.

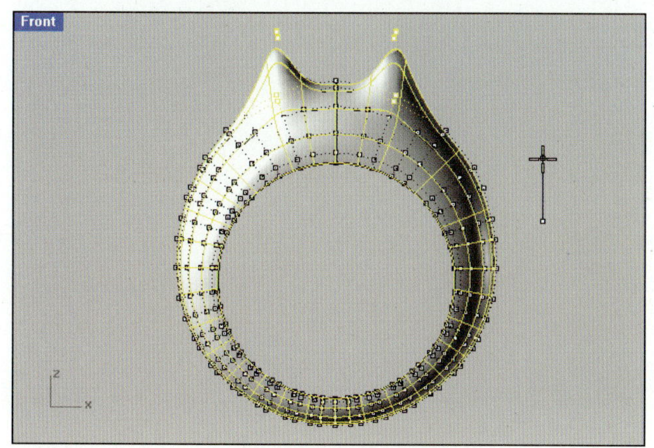

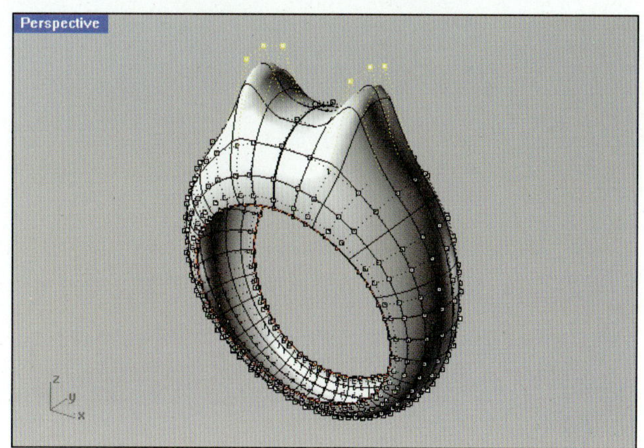

32_ 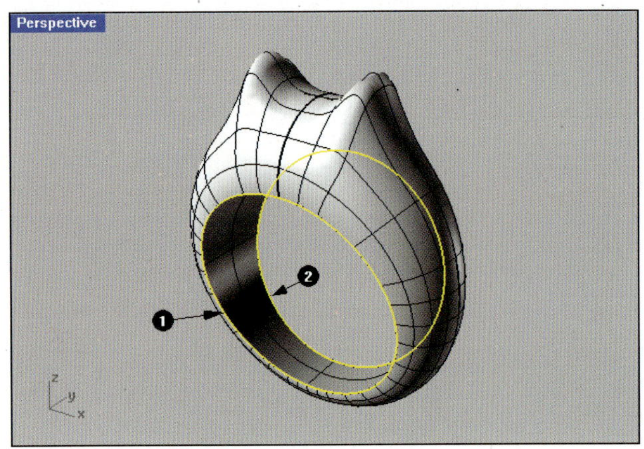 Loft 명령으로 그림과 같이 1번과 2번 surface edge를 선택, 반지의 안쪽 면을 완성한다. Loft Options 대화창이 뜨면 그림과 같이 설정하고 [OK] 한다.

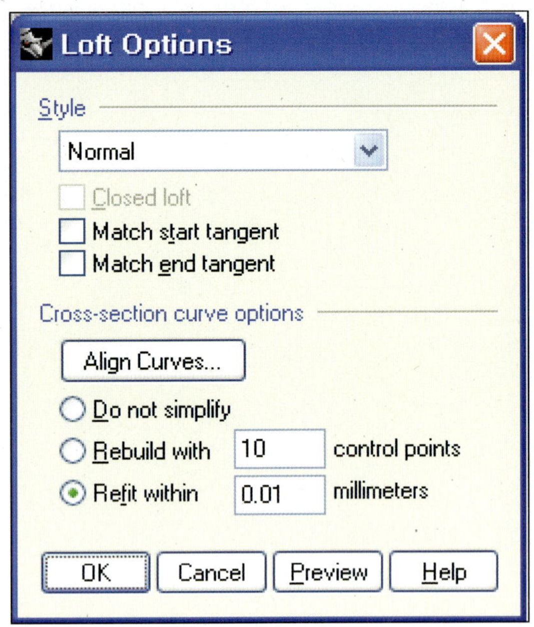

33_ 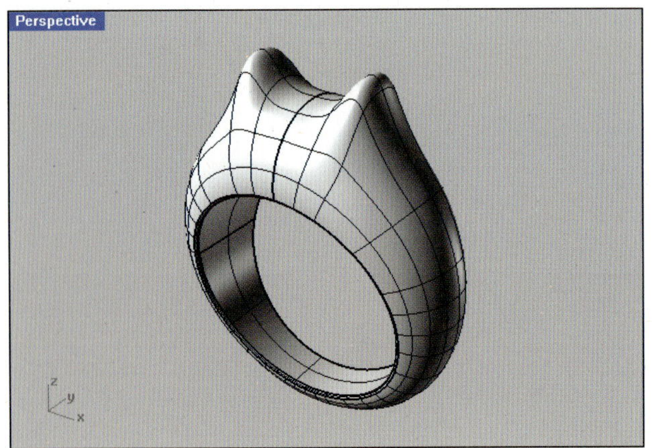 Fillet Surface 명령으로 면과 면을 선택, Radius Fillet=0.2를 부여한다.

34_ 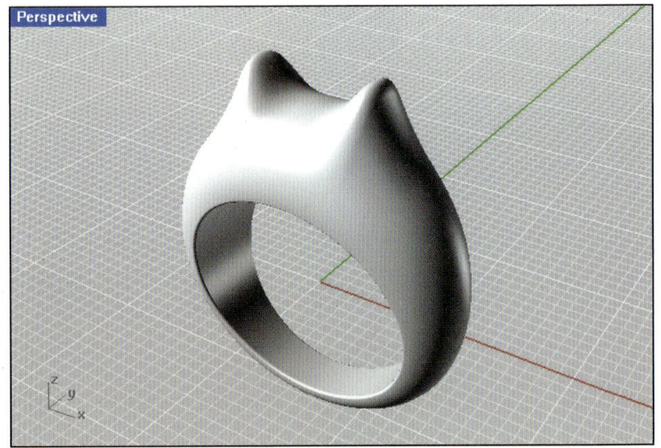 Shade를 통해 변형된 고마루형 반지를 확인해 본다.

35_ 다음 방법은 네트워크 명령에 의한 또 하나의 제작 방법이다. **예제 CD > 라이노파일 > EX-01**을 불러온다.
Surface from Network of Curves 명령을 클릭, A와 B 커브를 우선 선택하고 1~5번까지 단면을 순차적으로 선택 >
Surface From Curv…옵션 대화창이 뜨면 Tolerance=0.01, Edge matching=Position에 체크 후 [OK] 한다.

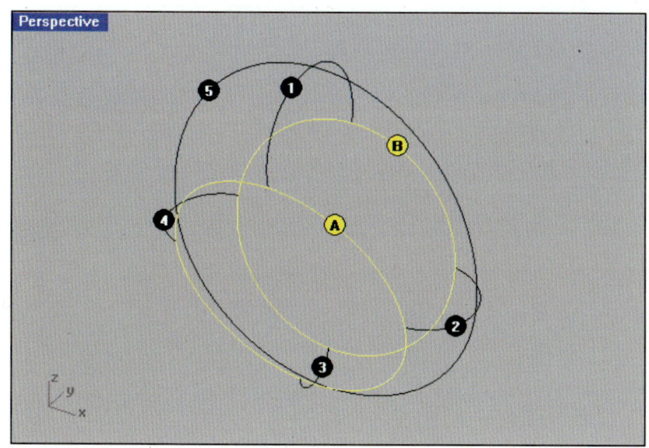

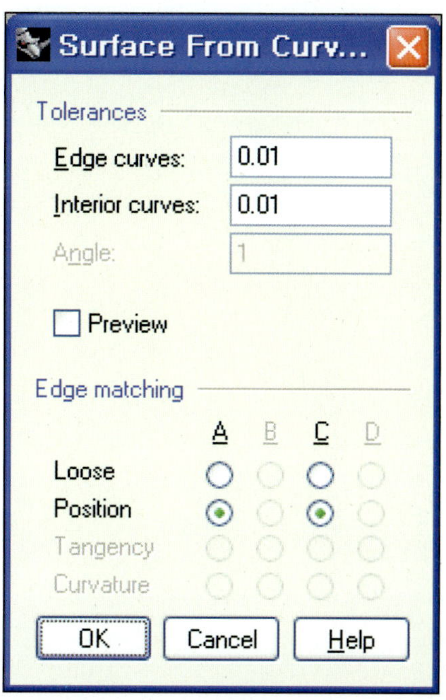

36_ 네트워크 명령으로 단일면(Single Surface)이 만들
어졌다.

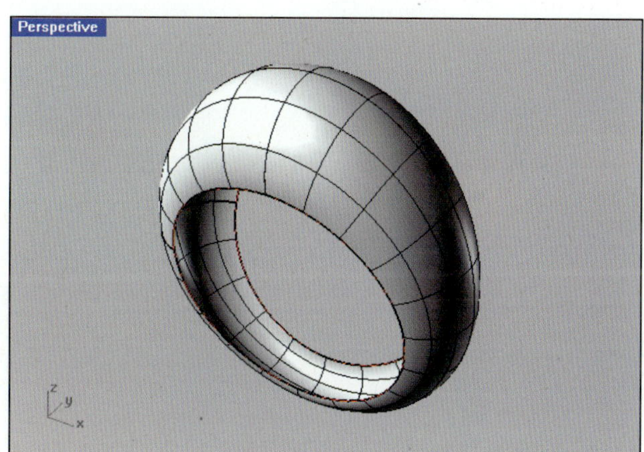

37_ Control Points On 아이콘을 클릭하고 편집을 위한 제어점 CP(Control Point)를 보이게 한다. 그림과 같이 해당 부위 CP만을 선택한다. 특히 주목할 부분은 Surface from Network of Curves로 만들어진 면의 제어점 (CP)을 면의 아이소커브와 정확하게 위치가 일치하여 편집시 정확성을 확보해 준다.

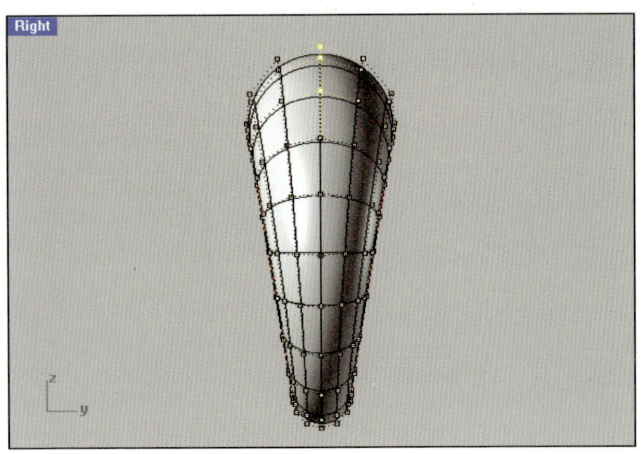
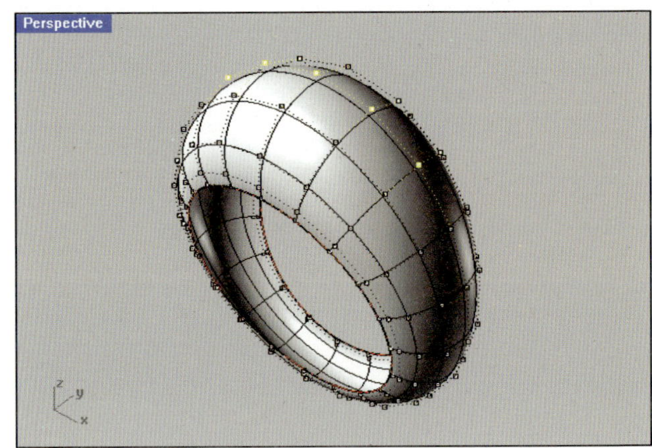

38_ 선택된 CP를 Move 명령으로 그림과 같이 해당 뷰(Front View)의 바탕을 클릭하고 아래로 드래그하여 CP를 균형있게 편집해 준다.

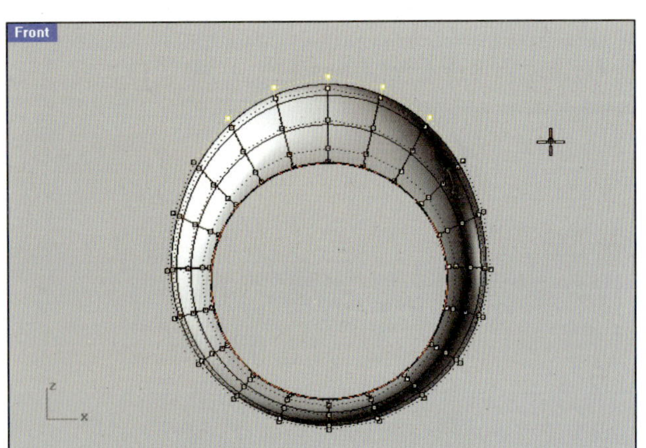
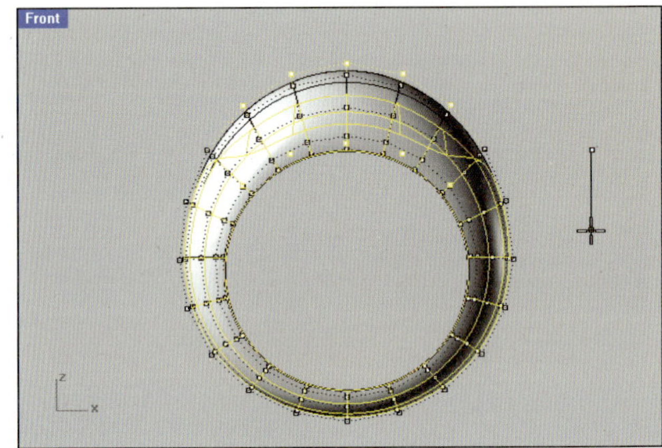

39_ 좌, 우측의 1개의 CP만을 별도로 선택하여 아래로 조금 내려 준다.

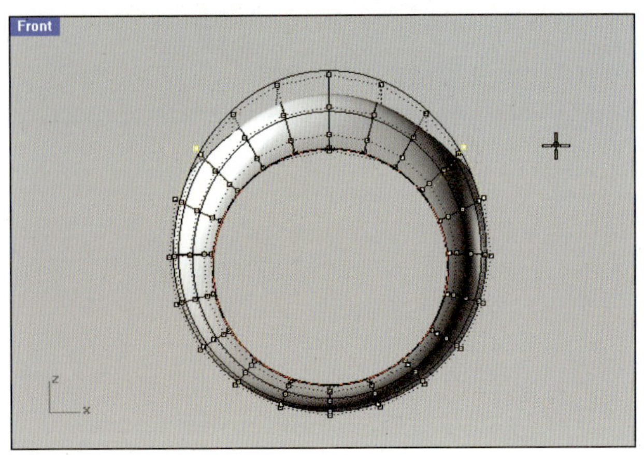
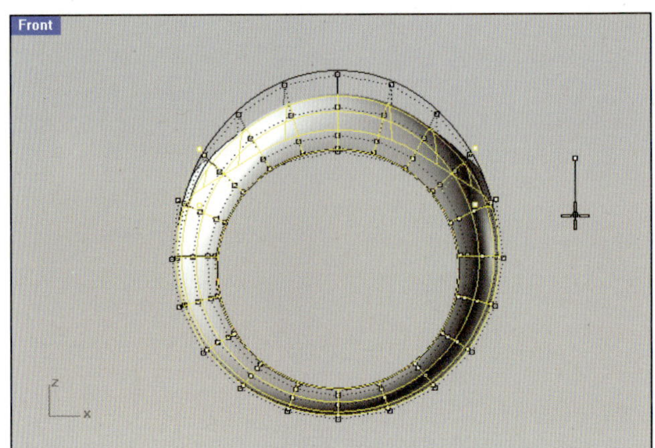

40_ CP편집된 고마루 반지의 Right View 모습이다.

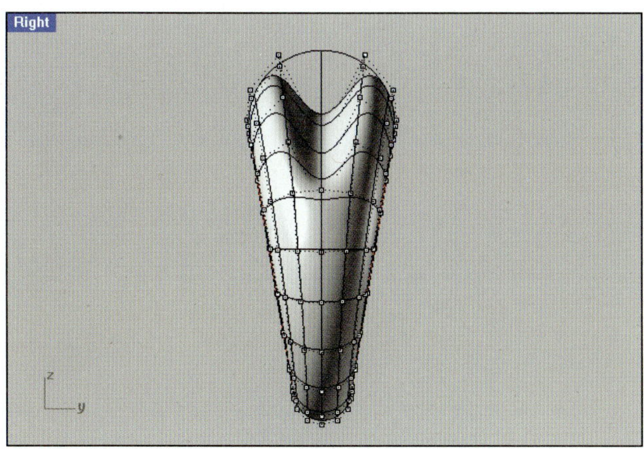

41_ CP편집된 고마루 반지의 Perspective View 모습이다.

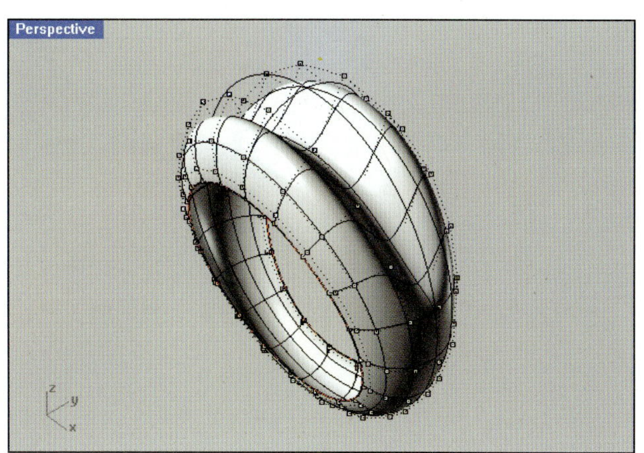

42_ Loft 명령으로 반지의 안쪽면을 완성하고, Fillet Surface 명령으로 면과 면을 선택하여 0.2 필렛을 부여하여 마무리한다.

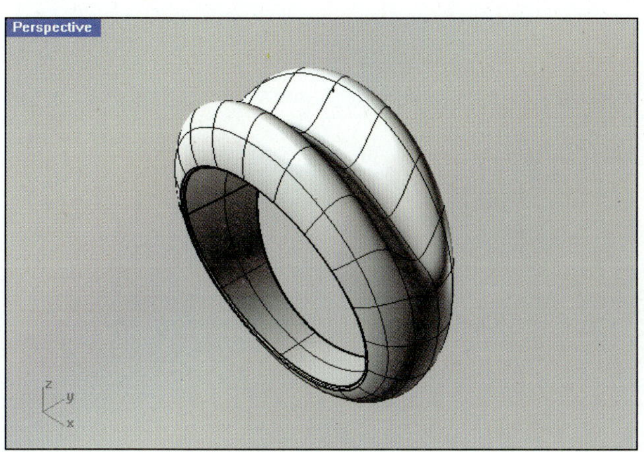

43_ Shade를 통해 변형된 고마루형 반지를 확인해 본다.

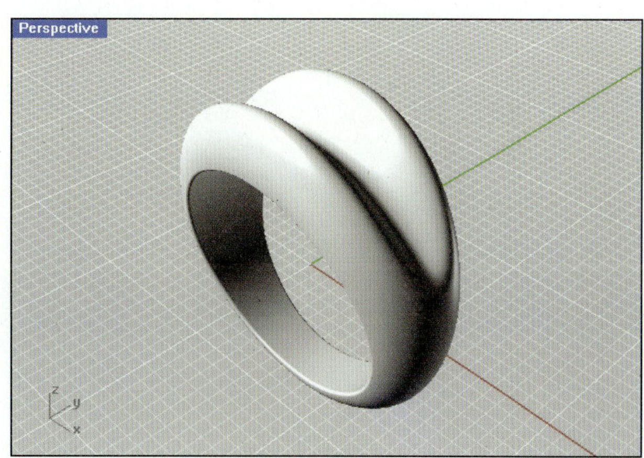

Chapter 05

Rhinoceros

고마루 기본 응용 반지 만들기

Preview

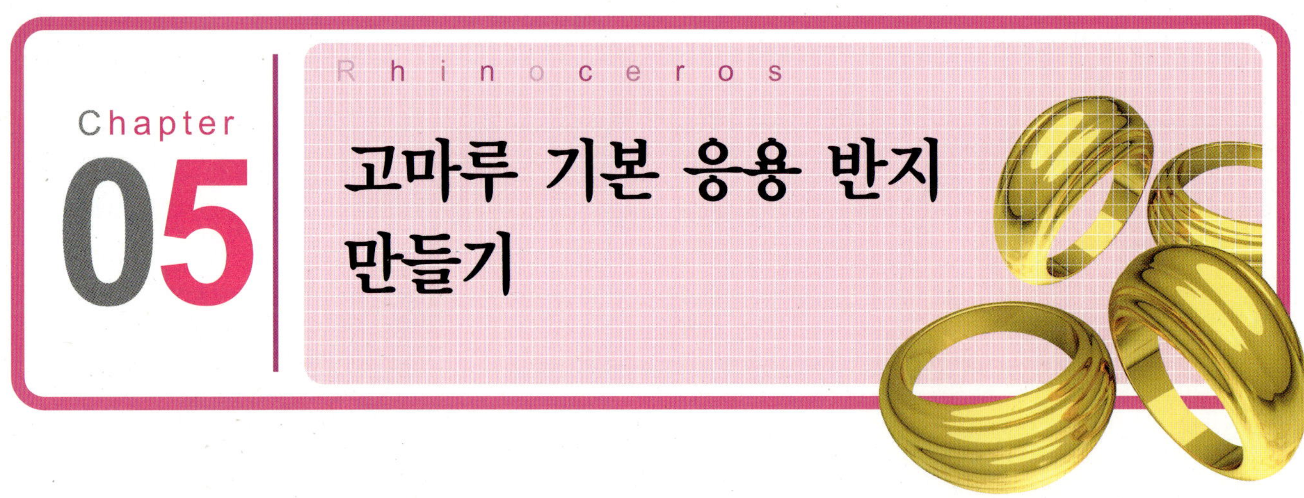

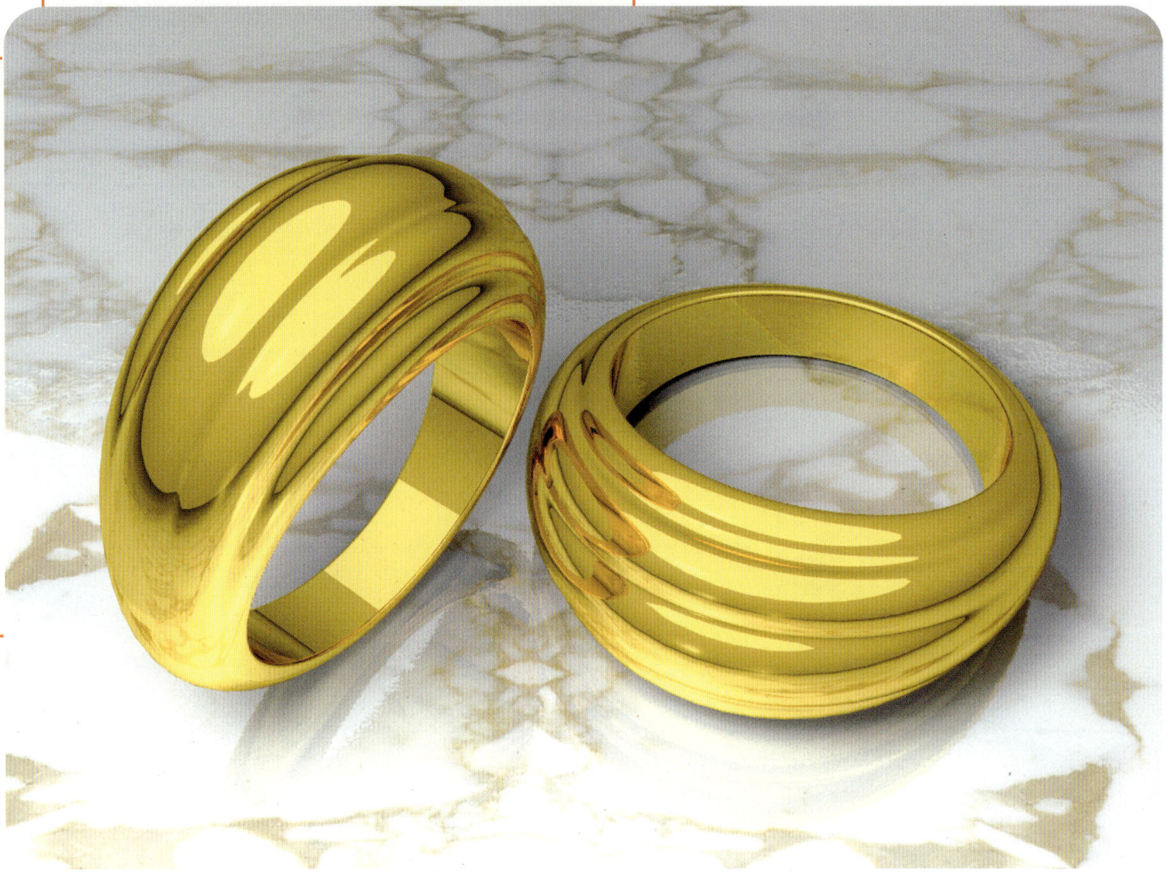

Preview

 **따라해 보세요 !**

01_ 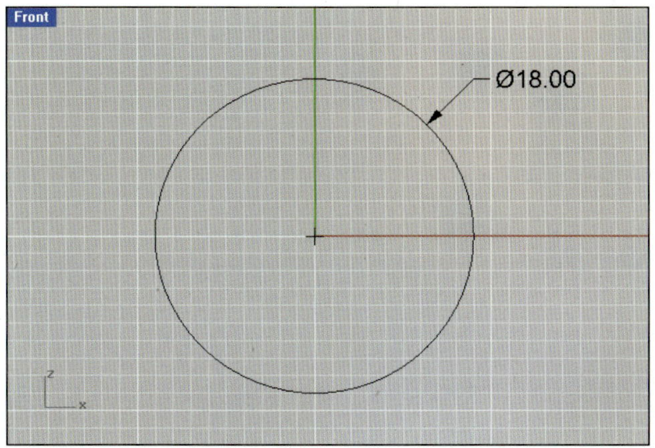 Circle:Center, Radius를 선택하여 직경이 18mm인 반지의 내경을 그려준다.

02_ Offset Curve 명령을 사용, 내경의 원(Circle)을 선택하고 바깥쪽으로 3mm 옵셋한다. 옵셋한 결과 반지의 외경은 지름(Diameter) 24mm가 된다.

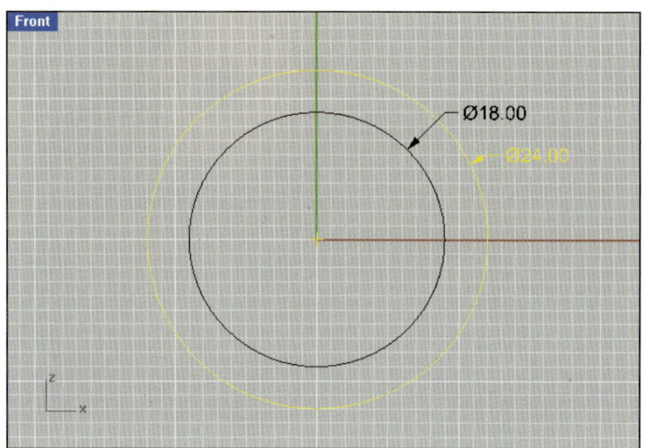

03_ Osnap에 Quad에 체크해 준다. 다음 1번 객체의 하단 Quad점을 선택한 상태에서 Move 아이콘을 클릭, 윗쪽으로 1mm 이동시켜 준다. 물론 Grid Snap에 Snap이 체크된 상태로 이동해도 무방하다.

04_ 1번 객체를 클릭하고 Control Points On 아이콘을 클릭하면 객체에 제어점(CP:Control Point)이 활성화 된다. 그림과 같이 상단부의 제어점(CP)들만 선택하여 윗쪽으로 2mm 이동시켜 준다. 이동 방법은 바로 전과 동일하다.

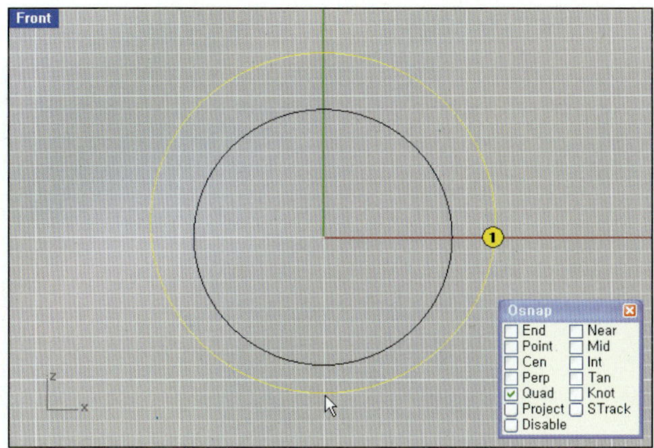
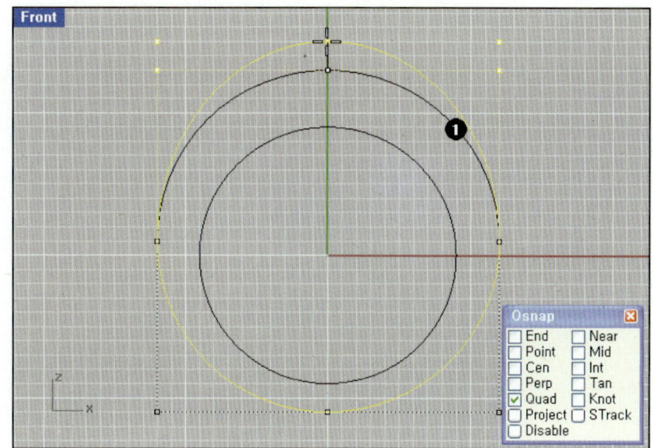

05_ 고마루형 반지의 외형선이 완료된 모습이다.

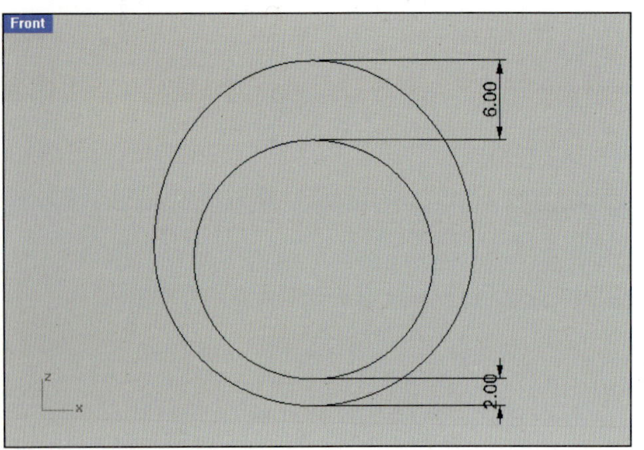

06_ 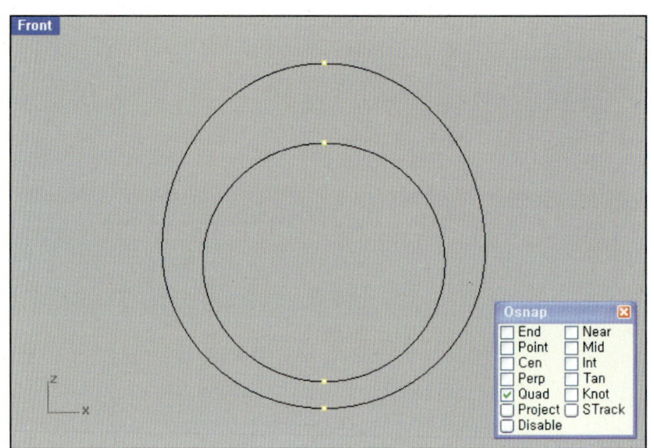 Multiple Points를 이용하여 그림과 같이 객체의 Quad 점에 4개의 Point를 배치한다.

07_ Line:from Midpoint 명령을 사용하여 이미 준비된 Point를 기준으로 1번(총 10mm)과 2번(총 4mm) 수평선을 그려준다. 물론 Osnap에 Point를 체크한 상태로 작업한다.

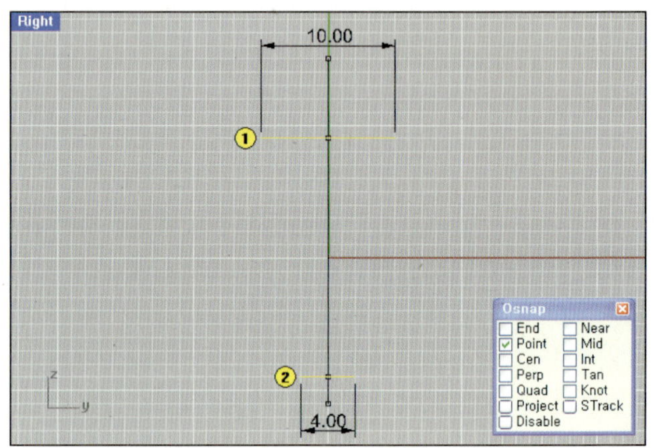

08_ Osnap에 End를 체크한 상태에서 Arc: Start, End, Point on Arc 명령으로 1번과 2번 호(Arc)를 그려준다.

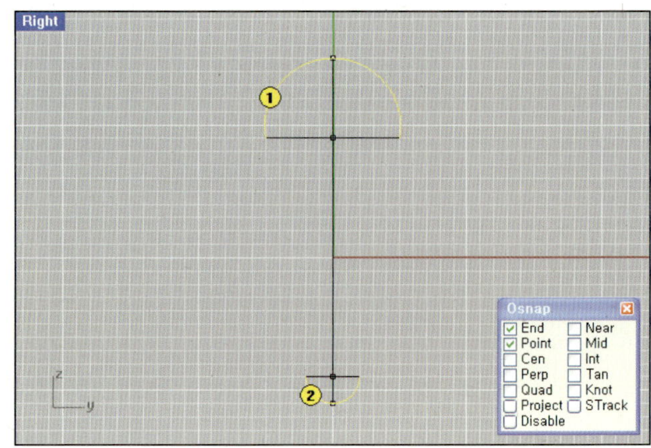

09_ 연이어 Osnap에 End를 체크한 상태에서 Arc:Start, End, Point on Arc 명령으로 측면 1번과 2번 호 (Arc)를 그려준다.

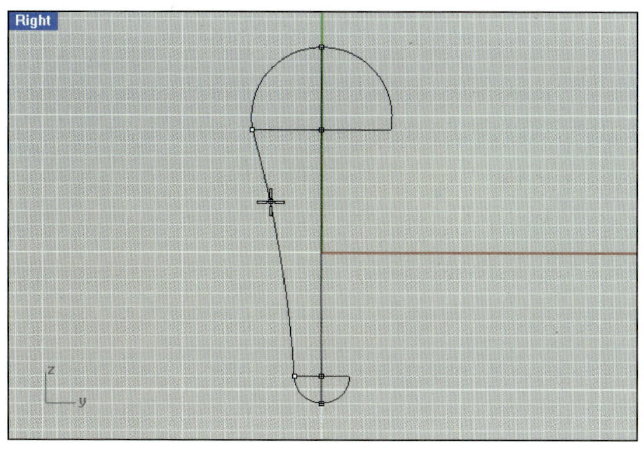

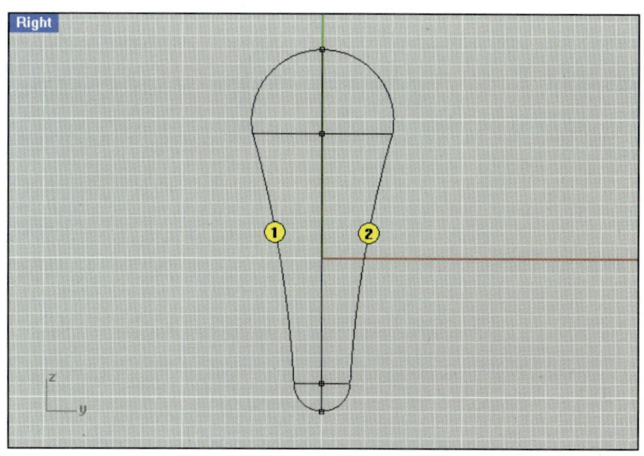

10_ Curve from 2 Views 아이콘을 클릭한 후 1 번과 2번 객체를 순차적으로 선택해 준다.

11_ 명령 실행과 동시에 휘어진 호(Arc)의 모양대로 반듯 했던 원(Circle)이 호와 같은 곡률로 휘어진 것(3번 객체) 을 볼 수 있다.

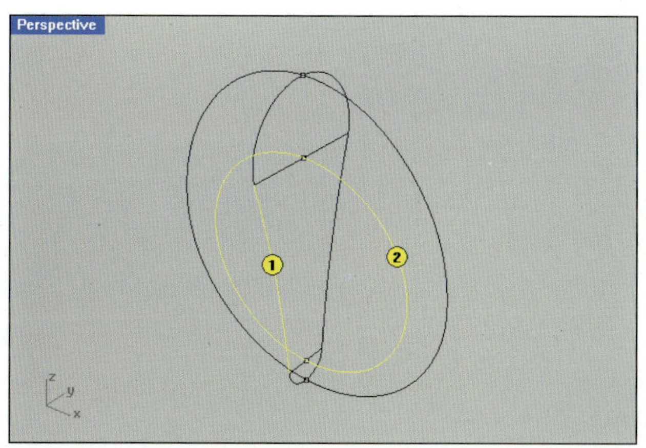

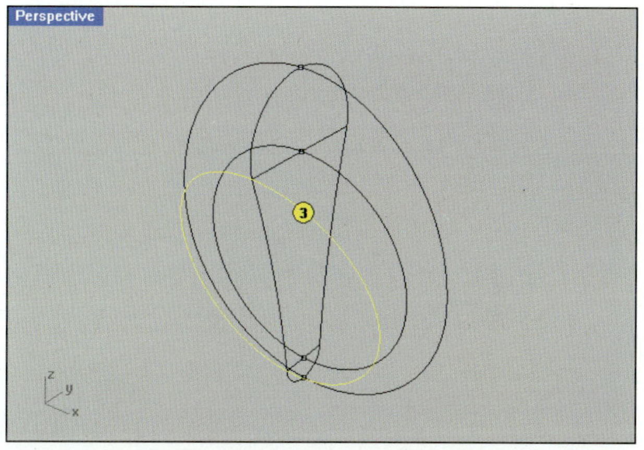

12_ 동일한 방법으로 Curve from 2 Views 아이 콘을 클릭한 후 1번과 2번 객체를 순차적으로 선택해 준다.

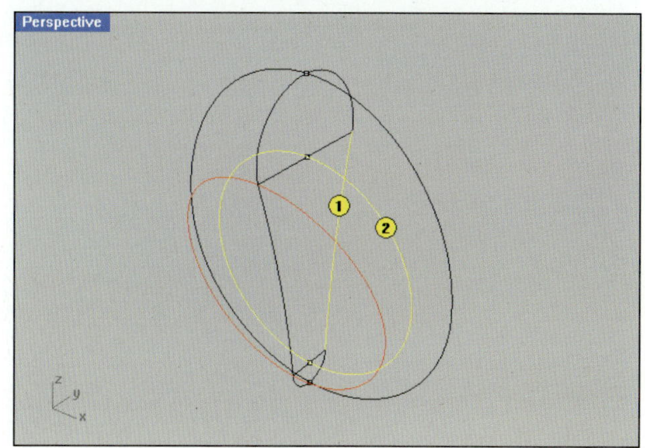

13_ 명령 실행과 동시에 휘어진 호(Arc)의 모양대로 반 듯했던 원(Circle)이 호와 같은 곡률로 휘어진 것(4번 객 체)을 볼 수 있다.

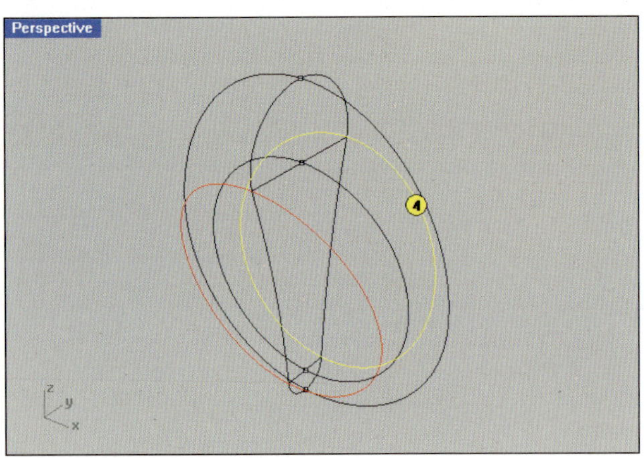

14_ Right View에서 확인해 본 3번과 4번 객체의 모습 이다.

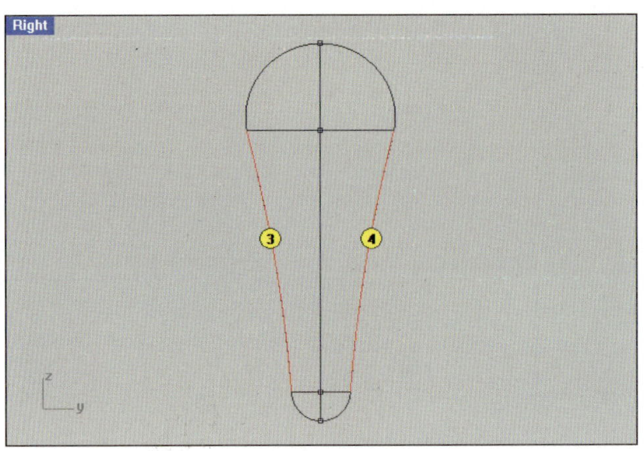

15_ Hide Objects 명령으로 A 커브를 숨겨준다. 단면 드로잉시 시야를 확보하기 위함이다.

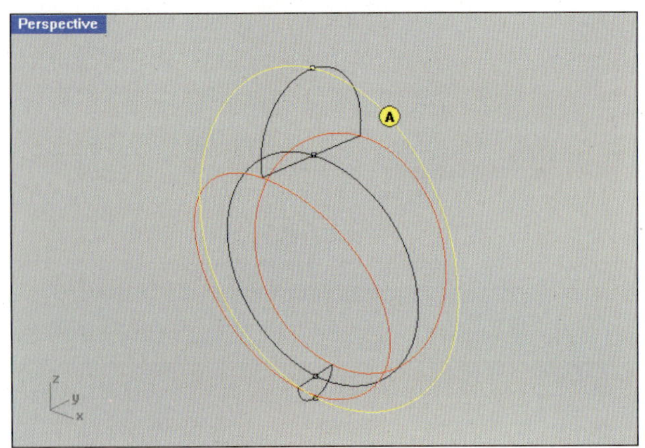

16_ Line 명령으로 Osnap에 Point와 int를 체크 후 수직 라인을 그려준다.

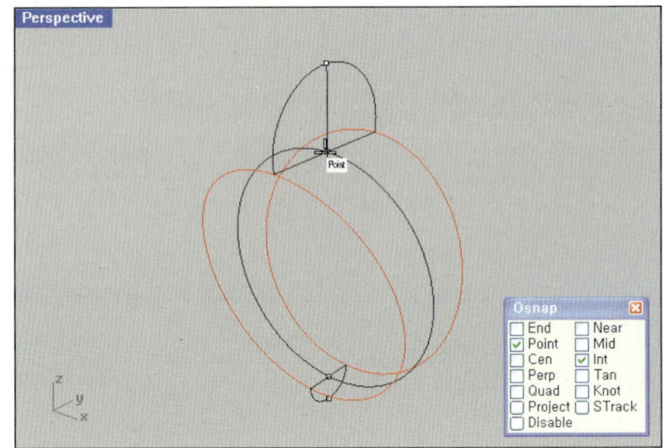

17_ Osnap에 Point와 Near를 체크한 상태에서 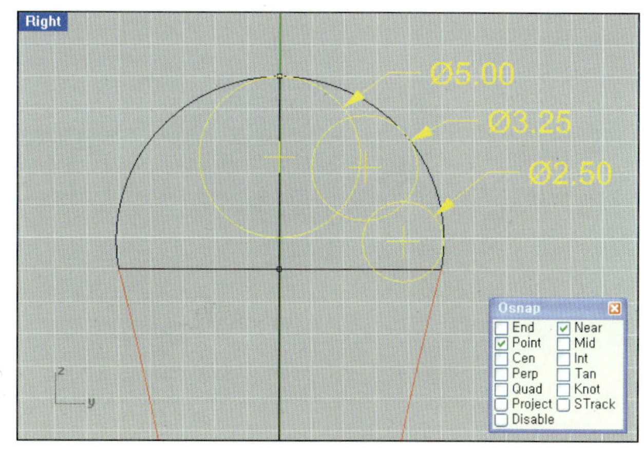 Circle:Diameter 명령으로 원호에 최대한 근접하게 지름(Diameter) 5mm, 3.25mm, 2.50mm 순으로 원(Circle)들을 그려준다. 특히 가장 큰 5mm 원은 종전에 그린 수직 라인에 정확하게 일치하도록 그려준다.

18_ 그림과 같이 노란색으로 선택된 부분을 Trim 명령을 이용 1번부터 6번까지 번호 위치를 클릭하여 모두 잘라 없애준다.

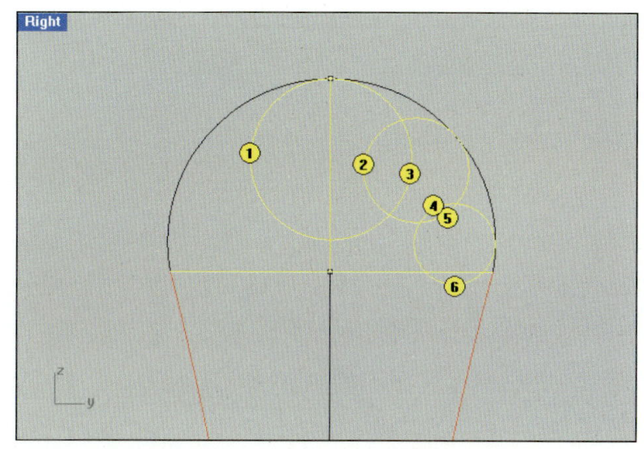

19_ 트림(Trim) 후 1번과 2번 잔유물도 모두 지워(Delete) 준다.

20_ Control Points On으로 해당 호(Arc)에 제어점을 보이게 한 후 Osnap에 End를 체크한 상태에서 그림과 같이 빨강색 커브 끝점으로 이동 End에 일치시켜준다.

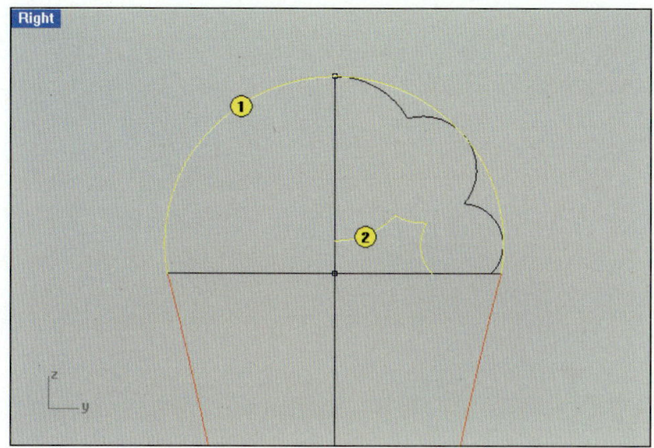

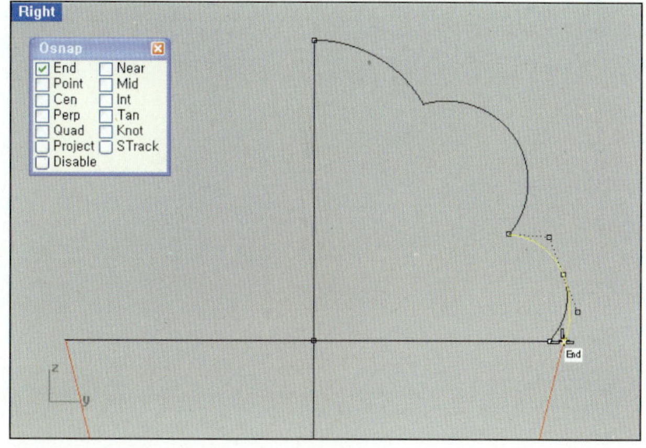

21_ Fillet Curves 명령으로 1번과 2번 호(Arc) 사이에 반지름(Radius) 0.5mm의 필렛을 준다.

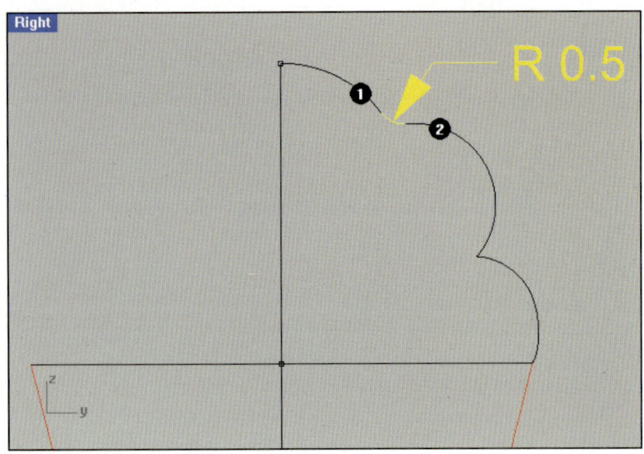

22_ Fillet Curves 명령으로 1번과 2번 호(Arc) 사이에 반지름(Radius) 0.7mm의 필렛을 준다.

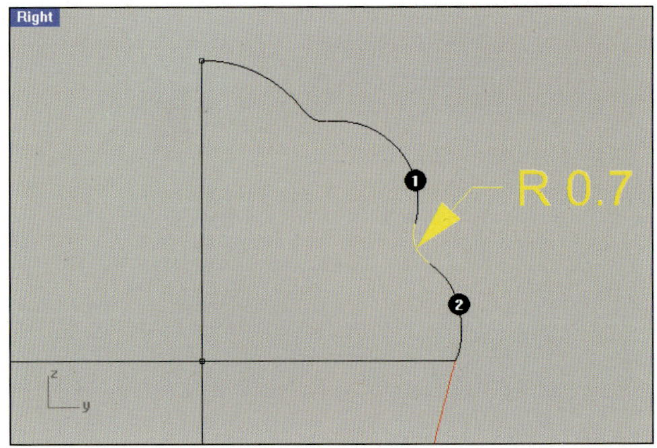

23_ 2번 객체를 모두 Join 시킨 후 Osnap에 End 또는 Near를 체크한 상태에서 2번 객체를 좌측으로 Mirror시켜 1번과 같은 대칭 객체를 만들어 준다. 대칭 복사된 1번과 2번 객체를 모두 Join 시켜준다.

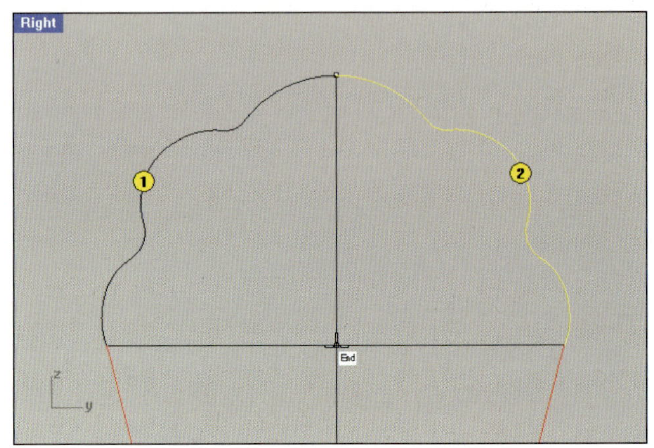

24_ Show Selected Objects 아이콘을 클릭하여 종전에 숨겨 두었던 객체 A를 선택하여 보이게 한다.

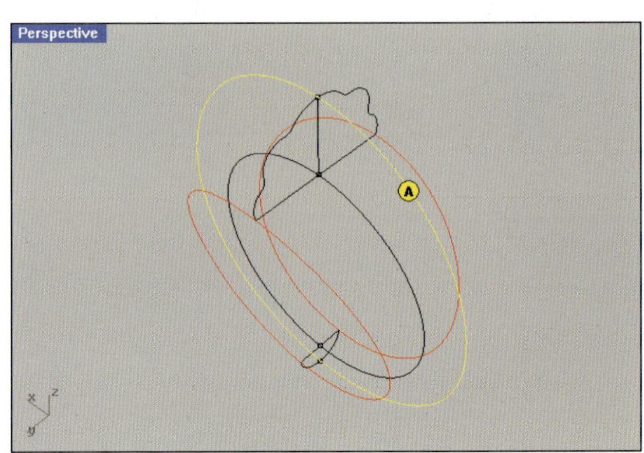

25_ Front View에서 그림과 같이 반지의 외형이 되는 3개의 외곽라인을 모두 선택 한 상태에서 Cutting Plane 아이콘을 클릭 〉 A에서 B방향으로 원의 Quad점을 가로지르는 바탕을 클릭해 주면 입체뷰(Perspective View)에서 커팅면(Cutting Plane)이 만들어진다.

26_ 만들어진 수평 커팅면(Cutting Plane/번호 1)과 반지의 외형 커브(번호 2~5)를 모두 선택한 상태에서 Object Intersection 아이콘을 클릭하면 그림과 같이 선과 면의 교차점에 포인트(Point)가 자동으로 생성된다.

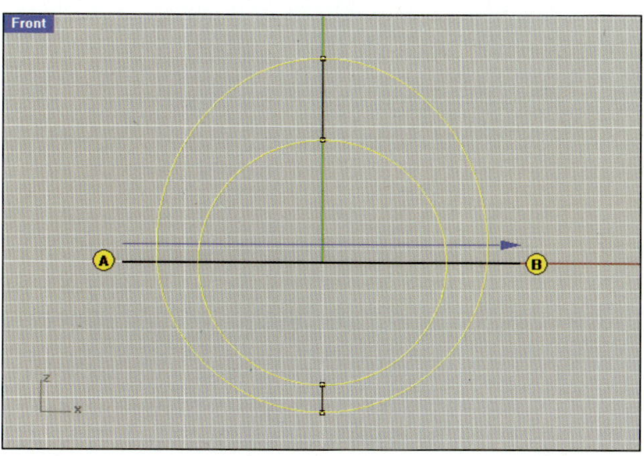

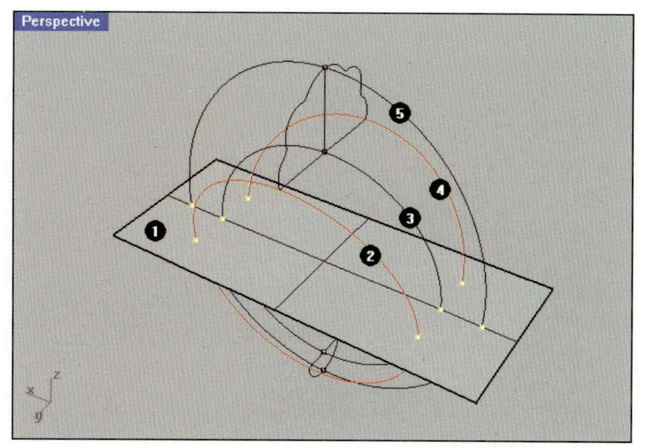

27_ 생성된 포인트를 기준으로 Osnap에 Point를 체크한 상태에서 Arc:Start, End, Point on Arc 아이콘을 이용하여 그림과 같이 호(Arc)를 그려준다. 이것은 반지의 단면이자 외형의 모양이 될 부분이다.

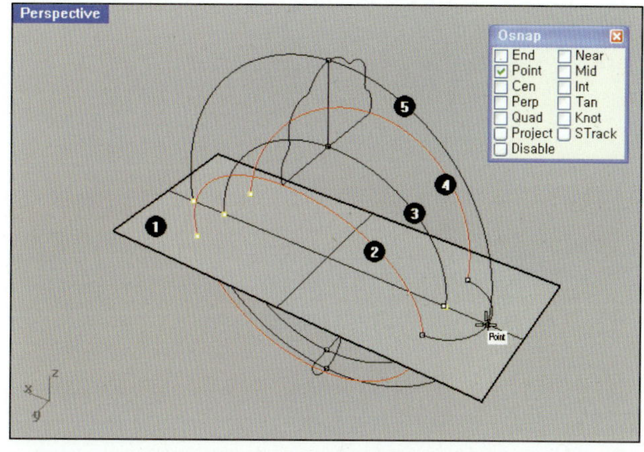

28_ 동일한 방법으로 다음 부분도 호(Arc)를 그려준다.

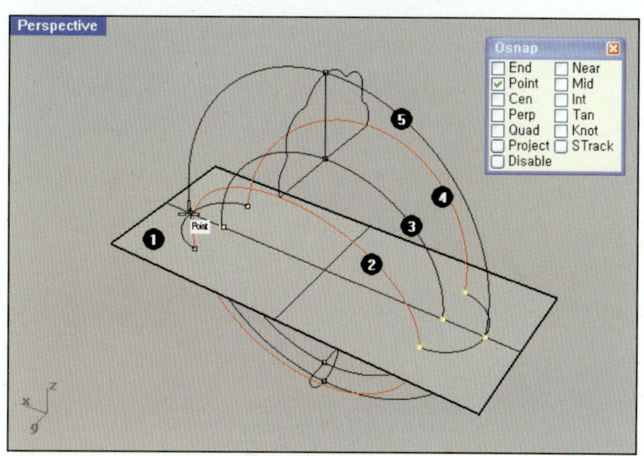

29_ 💡 Hide Objects 명령으로 노랗게 선택된 모든 객체(포인트 포함)를 숨겨준다.

30_ 1번 ~ 7번까지 번호 순서대로 모든 객체들을 선택하고 🖌 Surface from Network of Curves 아이콘을 클릭한다.

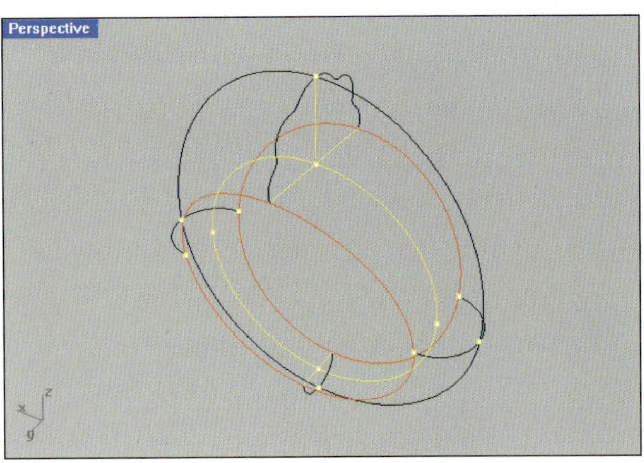
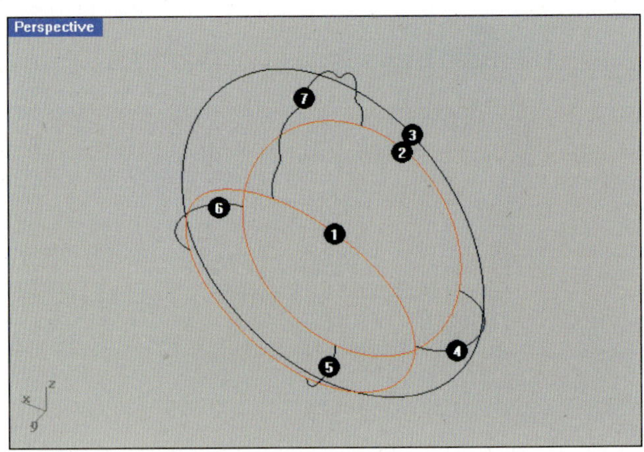

31_ 클릭과 동시에 A와 C가 Position임을 보여주며, Surface from Network 옵션창이 뜨면 그림과 같이 Tolerance(허용오차)에 Edge Curves=0.001, Interior curves=0.01에 설정하고 [OK] 한다. 클릭 순서는 Edge curve가 우선이다.

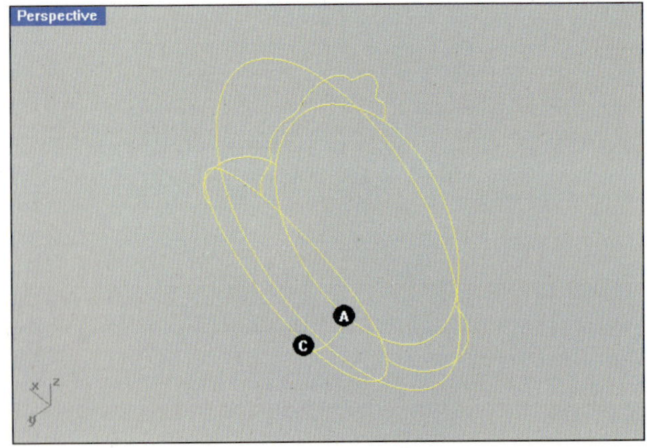
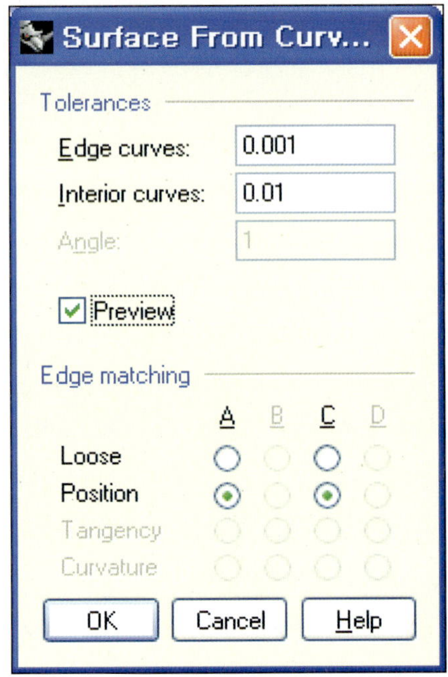

32_ 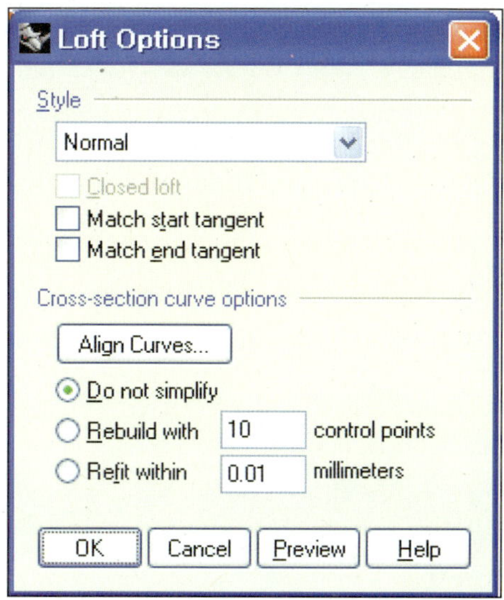 Surface from Network of Curves 명령으로 만들어진 면 상태이다. 네트워크에 의한 면은 Chapter 4의 고마루 기본 변형 반지처럼 매우 변형성이 유연하다. 이렇게 만들어진 반지에 내경면을 만들기 위하여 Loft 명령을 사용하여 A와 B 부분(surface edge)을 선택하여 안쪽면을 완성한다. Loft Options 창이 뜨면 Style=Normal, Do not simplify에 체크 후 [OK] 한다.

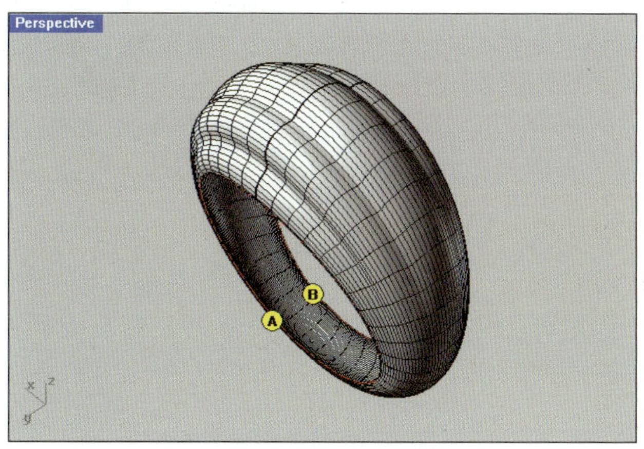

33_ 1번 객체와 2번 객체가 만나는 모서리에 Fillet Surface(Radius=0.2mm)를 준다.

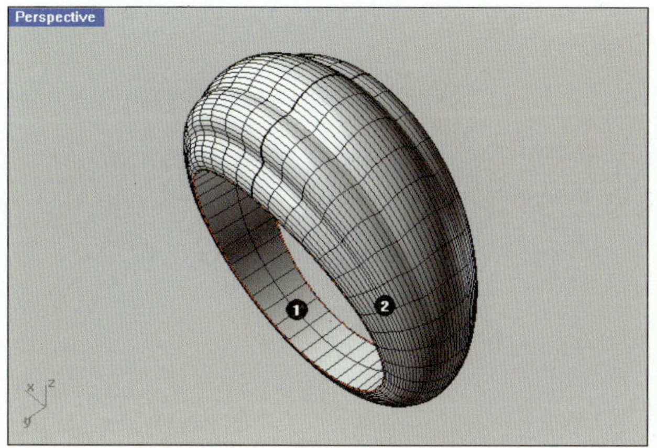

34_ Join 명령으로 객체를 모두 선택, 붙여준 후 Shade를 통해 완성된 반지를 확인해 본다. 단면에 변화에 따라서 다양한 형태의 반지 외형을 만들 수 있다.

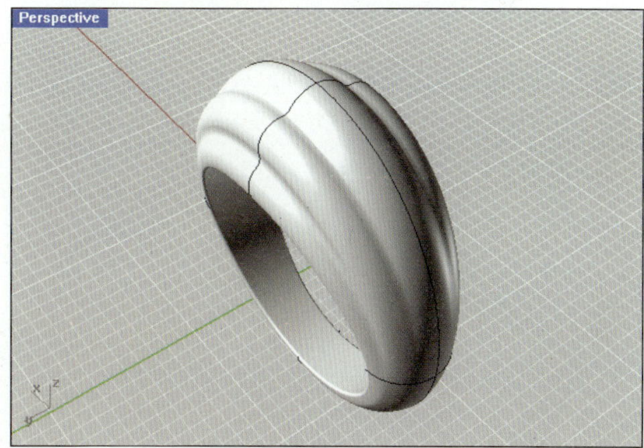

Rhinoceros

Chapter 06

사방 반지 만들기

Preview

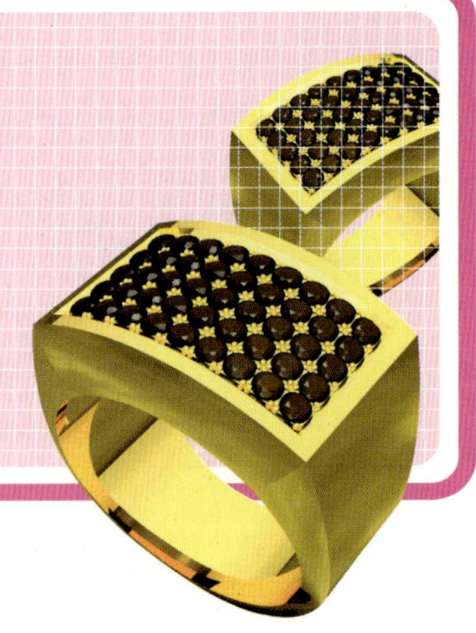

Preview

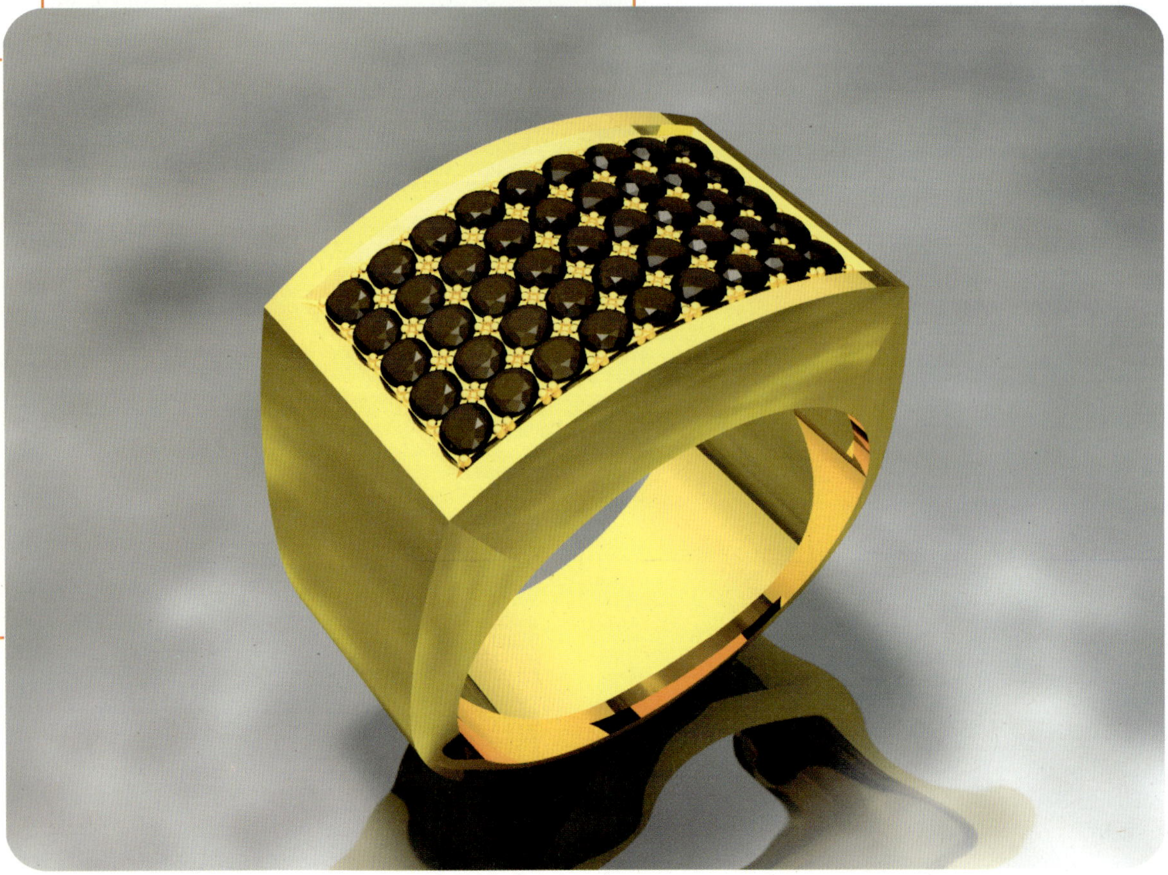

따라해 보세요 !

01_ 스텐다드 툴바의 Options 아이콘을 클릭한다. 옵션 항목 중 Grid를 선택한다. 다른 설정은 그대로 두고 Grid Snap에 그림과 같이 Snap spacing에 0.5millimeters를 기입한 후 [OK] 버튼을 클릭한다. 이제 Grid에 0.5mm마다 Snap이 걸리게 된다.

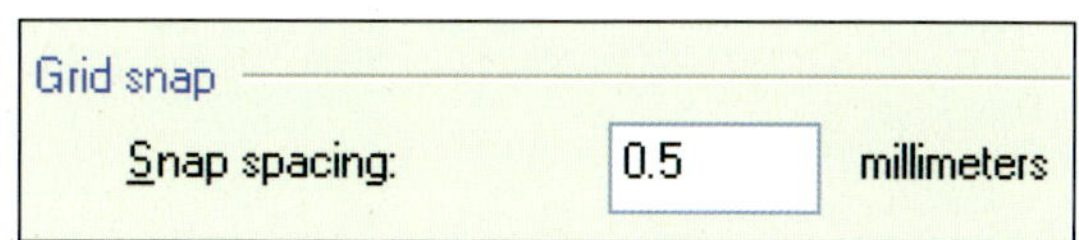

02_ Circle:Center, Radius를 선택하여 직경이 18mm인 반지의 내경을 그려준다.

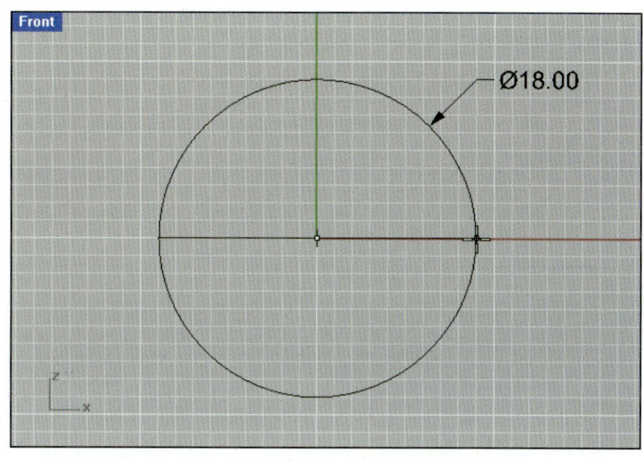

03_ Offset Curve 명령으로 그림과 같이 반지 내경을 바깥쪽으로 2mm Offset 해준다.

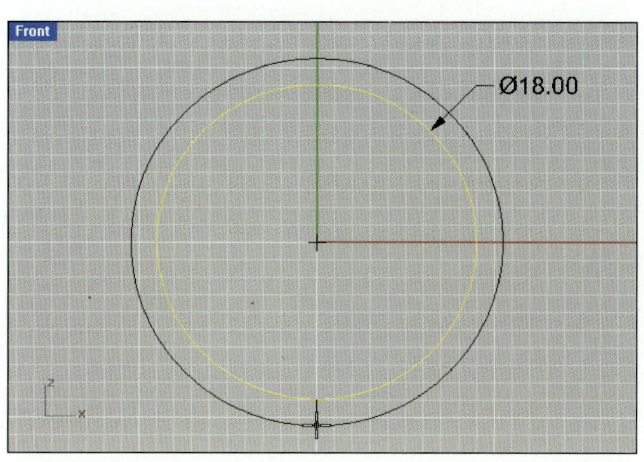

04_ Osnap에 Cen을 체크한 상태에서 Line:from Midpoint 명령으로 원의 중심을 중심으로 수평라인을 그어준다.

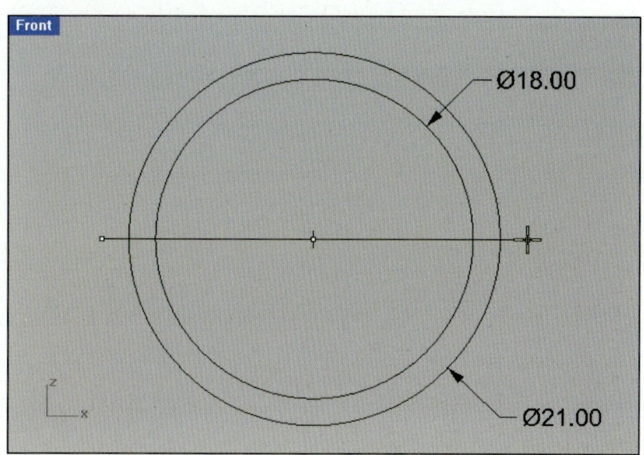

05_ 원 A를 B 수평라인으로 Split 해준다.

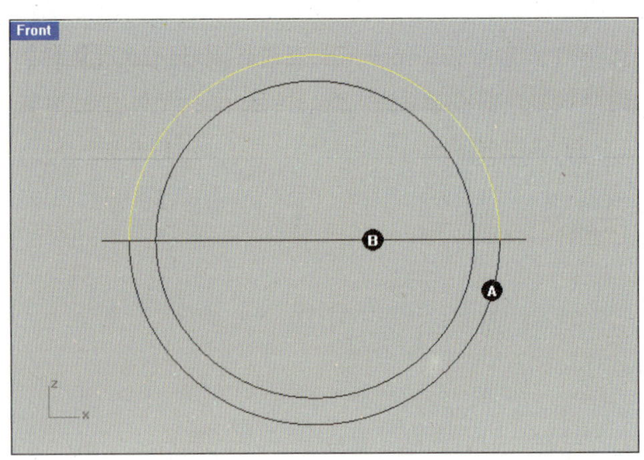

06_ 선택된 객체 A와 B를 지워준다.

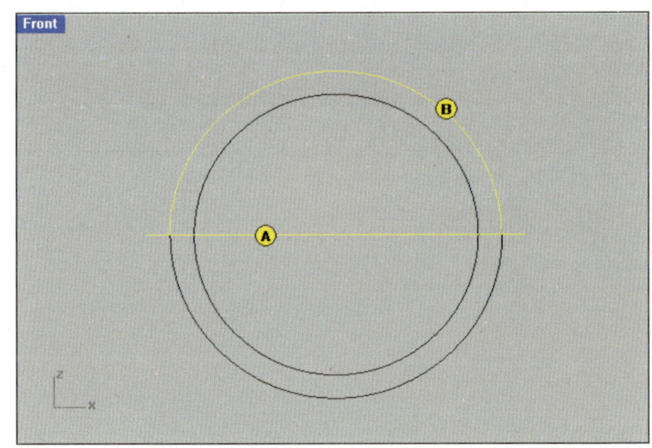

07_ Arc:Start, End, Point on Arc 명령으로 Grid Snap에 Snap만을 체크한 상태에서 호(Arc) A를 그려준다. 내경 사분점(Quad) 12시 방향에서 호까지의 높이는 4mm이다.

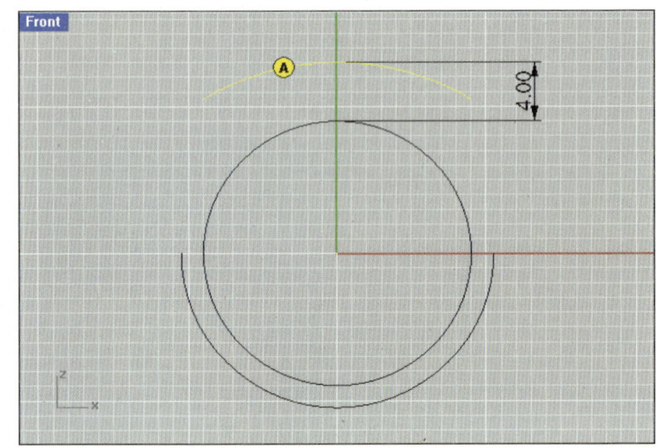

08_ Osnap에 End를 체크한 상태에서 Extend by Arc to Point 명령으로 A에서 시작하여 B에서 끝나는 호의 연장선을 그어준다.

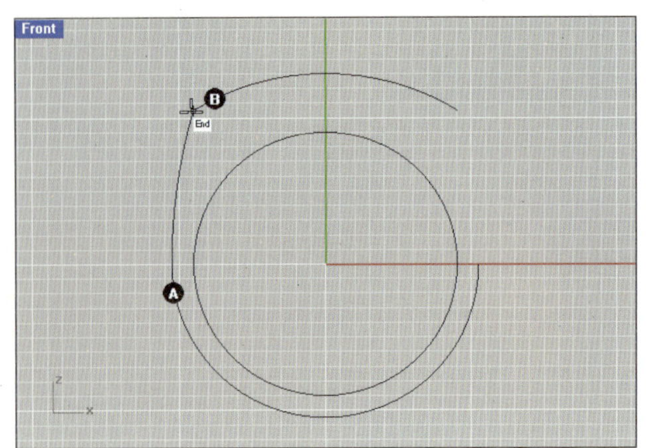

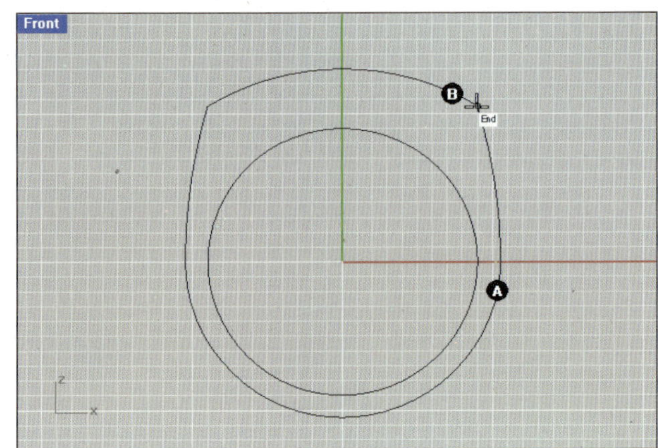

09_ Point 명령으로 각 객체의 Quad 점에 Point를 찍어준다. 이것은 Right View에서 작업의 효율성을 높이기 위한 기준점들이다.

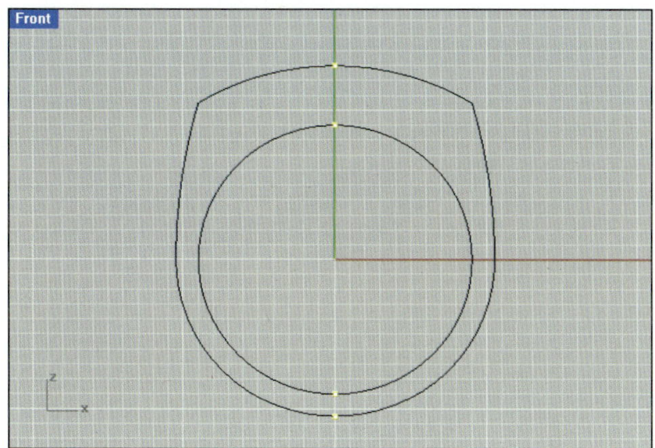

11_ Line 명령으로 수평라인의 끝점을 연결하는 1번과 2번 직선을 그어준다.

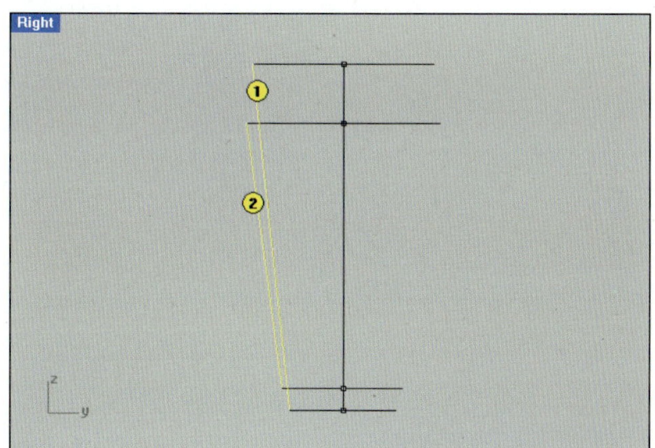

13_ 명령 실행 결과 1번과 2번의 경사진 객체가 만들어졌다.

10_ Right View에서 Line:from Midpoint 명령으로 Point를 기준으로 하는 4개의 수평 라인을 그려준다. 제일 상단부가 12mm, 12.8mm, 8mm, 7mm 순이다.

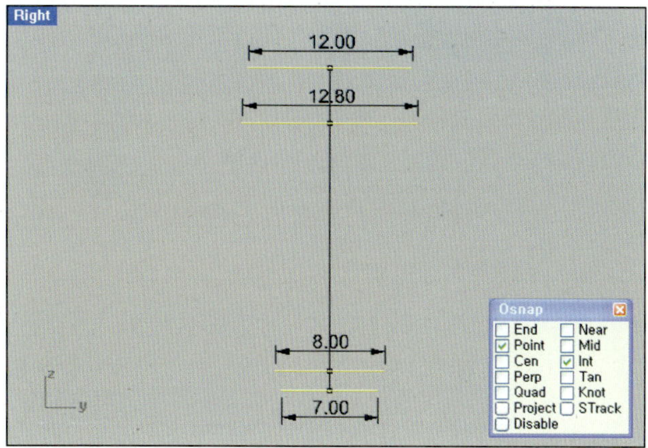

12_ Curve from 2 Views 아이콘을 누르고 객체 A와 객체 B를 각각 선택해 준다.

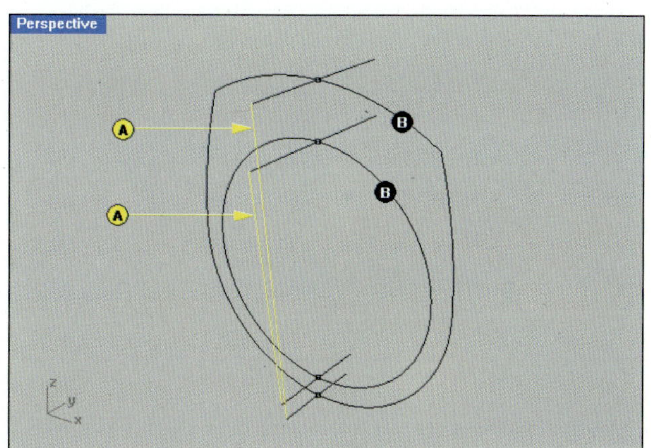

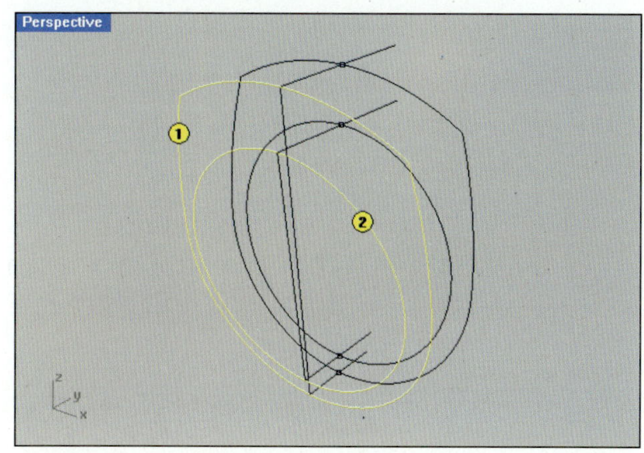

14_ Right View에서 Osnap에 End를 체크해 준 상태에서 Arc:Start, End, Point on Arc 명령으로 호(Arc) A와 호(Arc) B를 그려준다. 이것은 반지의 표면에 약간의 볼륨을 만들어 주기 위함이다.

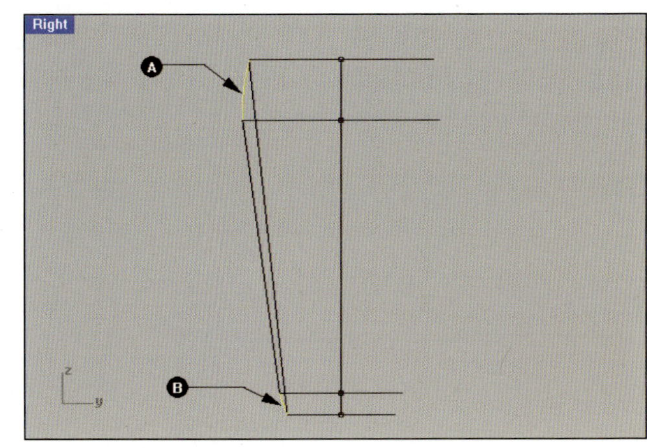

15_ A, B객체와 1, 2번 객체를 선택한다.

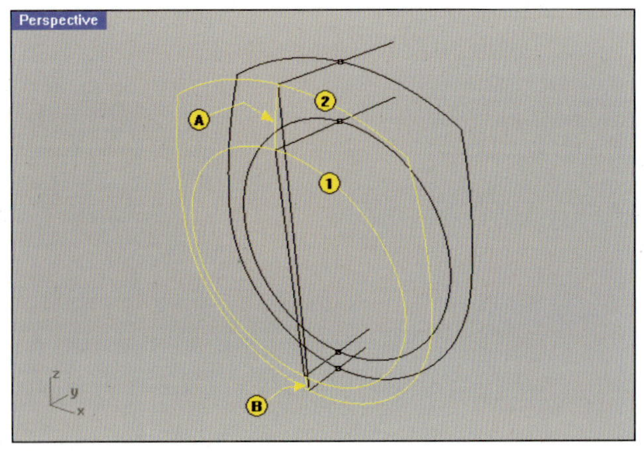

16_ Mirror 명령으로 그림과 같이 우측에 대칭 복사해 준다. 대칭 기준은 Point를 잡아주고 실행해 준다.

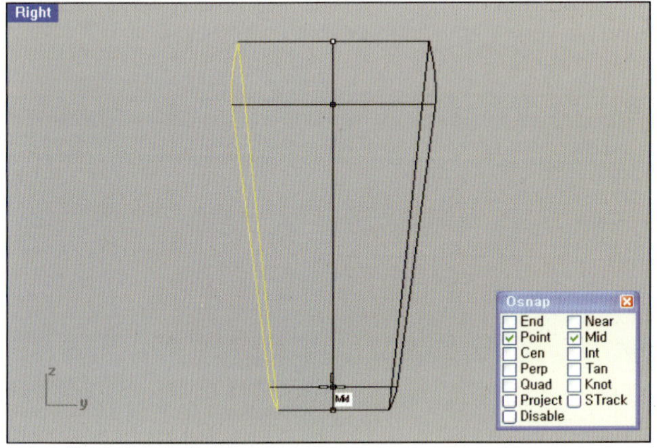

17_ 1, 2, 3, 4번 객체를 선택한 상태에서 Invert Selection and Hide Objects 아이콘을 클릭해 주면 선택된 것을 제외한 모든 객체들을 숨길 수 있다. 물론 뒤쪽 것도 남겨둔다.

이 상태에서 Sweep 2 Rails 명령으로 번호 순서대로 클릭하여 면을 만들어 준다.

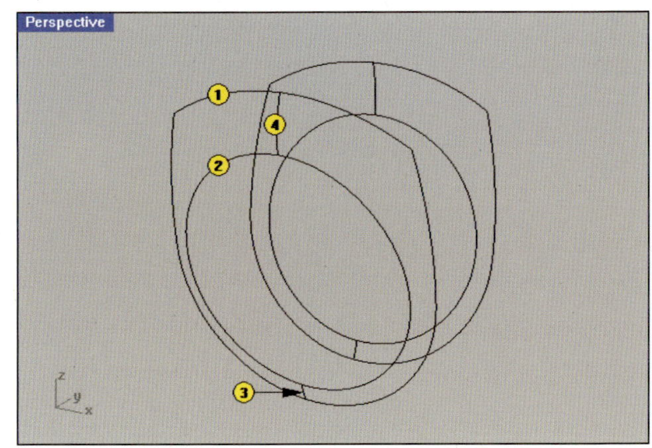

2 Sweep 2 Rails 명령어 실행 중 Sweep 2 Rails Options 창이 뜨면 그림과 같이 설정하고 [Add Slash] 버튼을 클릭한다.

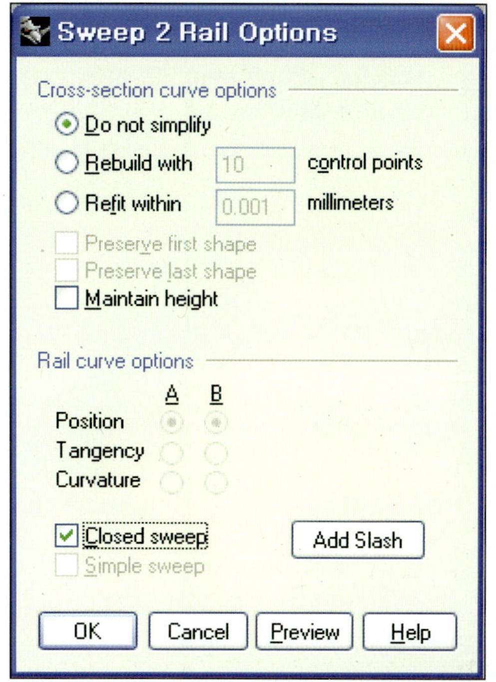

Add Slash 옵션은 초기에 생성된 객체면의 아이소커브가 지나치게 휘어지거나 왜곡되어 꼬일 때 이러한 아이소커브를 정렬하는 기능을 가진다.

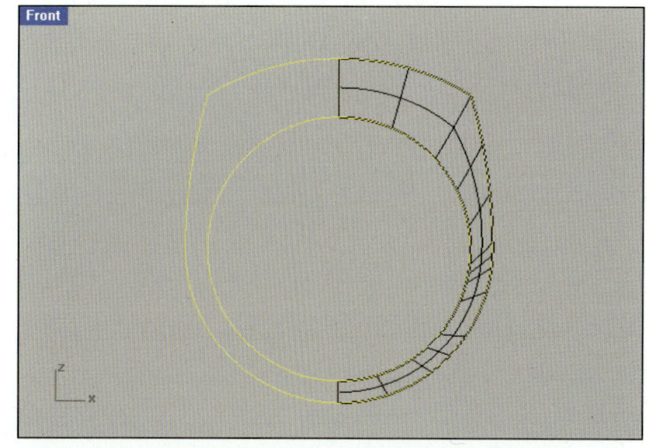

정렬방법은 그림과 같이 정렬 방향으로 그어주면 아이소커브가 그 방향으로 펴지거나 정렬되어 보다 신뢰성 있는 유연한 면을 얻을 수 있다. 물론 심한 웨이브 형상일 때 더욱 효과적이다.

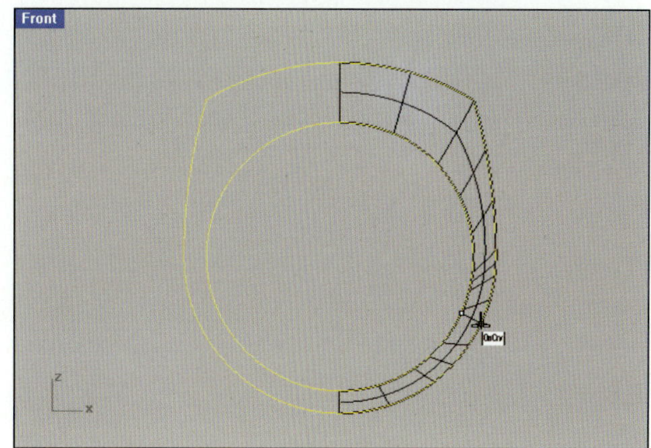

다음 [Add Slash] 버튼을 다시 클릭하고 왼쪽면도 정렬해 준다.

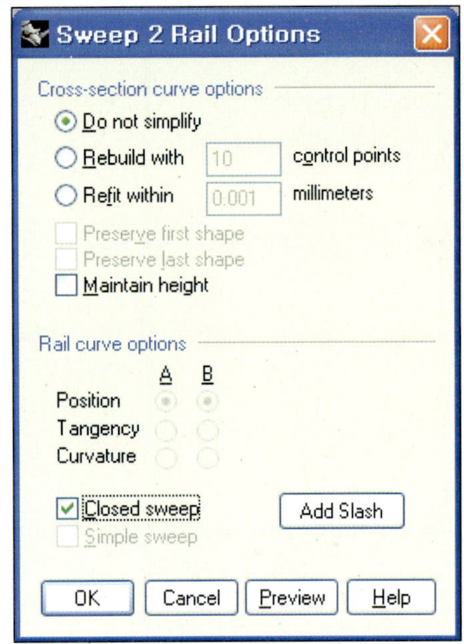
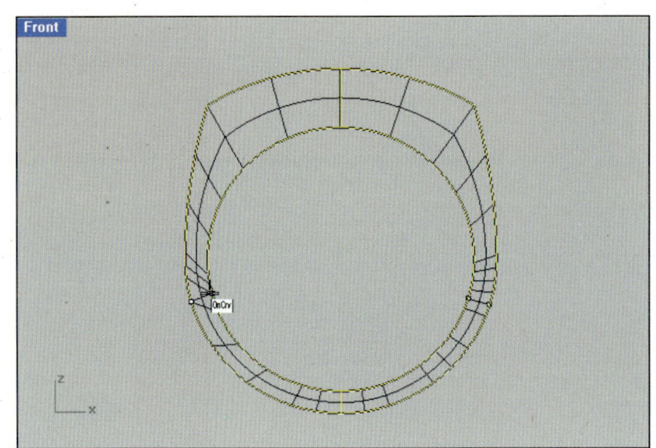

18_ Sweep 2 Rails의 Add Slash 옵션 사용으로 A와 B부분의 아이소커브(Isocurve)가 정렬된 상태이다.

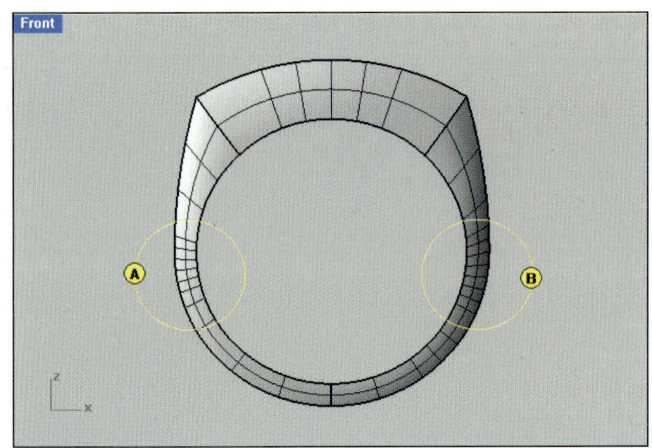

19_ Show Selected Objects 아이콘을 눌러 숨겨둔 중심 포인트만 선택 화면에 보이게 한다. 포인트를 기준으로 Right View에서 종전에 생성된 면을 Mirror 해준다.

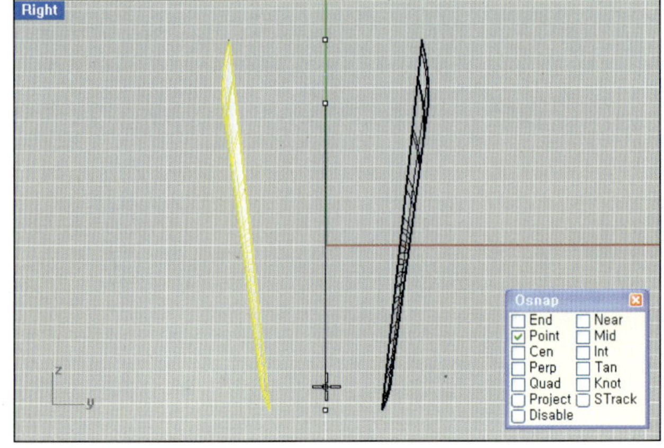

20_ 우선 1번과 2번 면을 선택하고 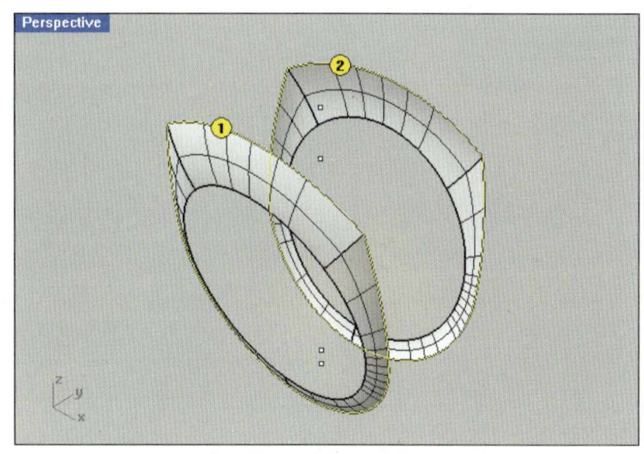 Duplicate Border 아이콘을 클릭하면 면의 외곽 커브들이 연결된 상태로 추출되는데 추출된 커브를 선택 〉 Loft 명령을 실행하여 반지의 외곽면을 만들어 준다.

Loft 명령 실행 중 Loft Options 창이 뜨면 Style=Normal, Refit within=0.01에 맞추고 [OK] 한다. 만약 라인 추출 없이 면을 만들고자 한다면 반드시 면의 Edge를 클릭하여 각각 Loft 해준다.

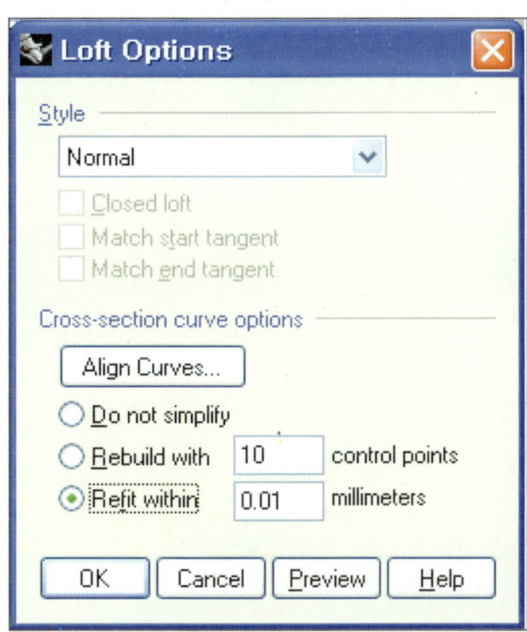

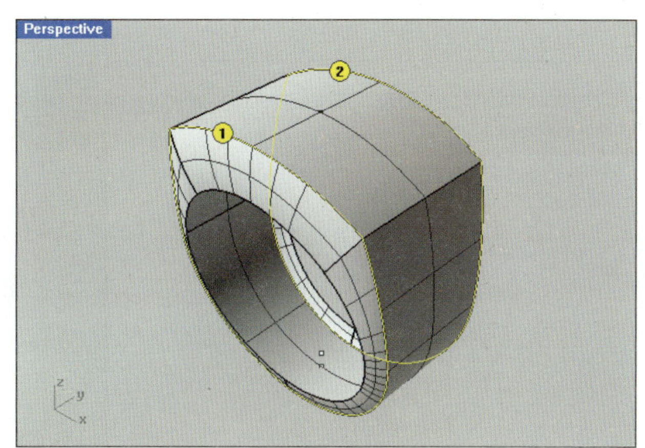

21_ 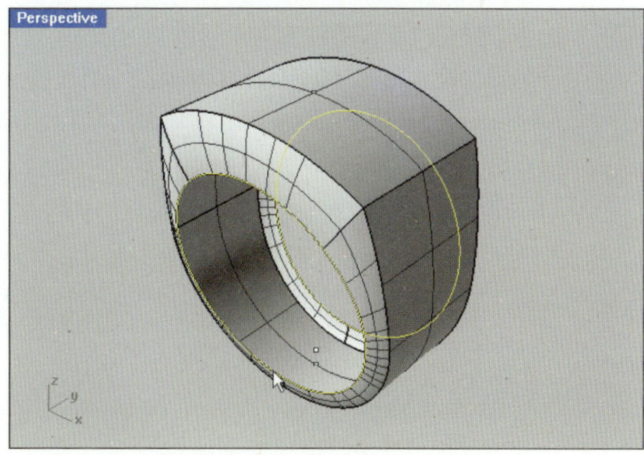 Duplicate Edge 명령을 선택하여 화살표가 지시하고 있는 면의 Edge Curve를 각각 선택, 라인을 추출한 뒤 서로 독립되어 추출된 각각의 객체들을 그림과 같이 Join 명령으로 서로 붙여준다.

22_ 3번 직선 라인을 그려 준 후 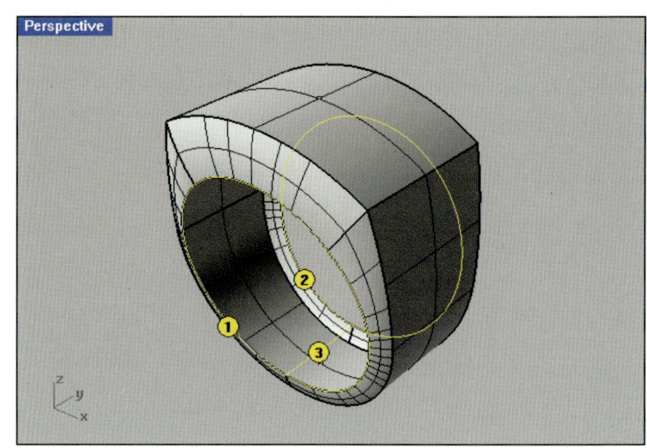 Sweep 2 Rails 명령으로 번호 순서대로 클릭하여 반지의 내경면을 만들어 준다.

명령 실행 중 Sweep 2 Rails Options 창이 뜨면 그림과 같이 설정하고 [OK] 한다.

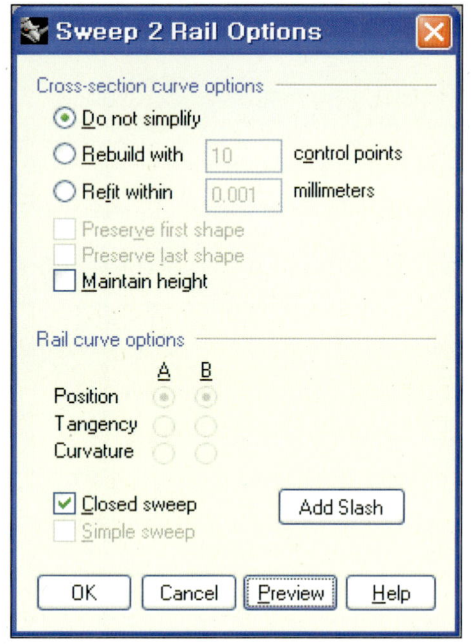

23_ 반지의 내경면이 완성되었다.

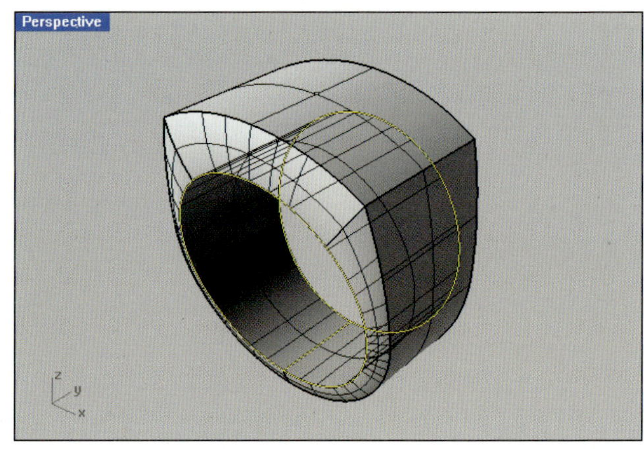

24_ 이제 반지의 내경면을 포함하여 반지의 외형면을 모두 선택한 후 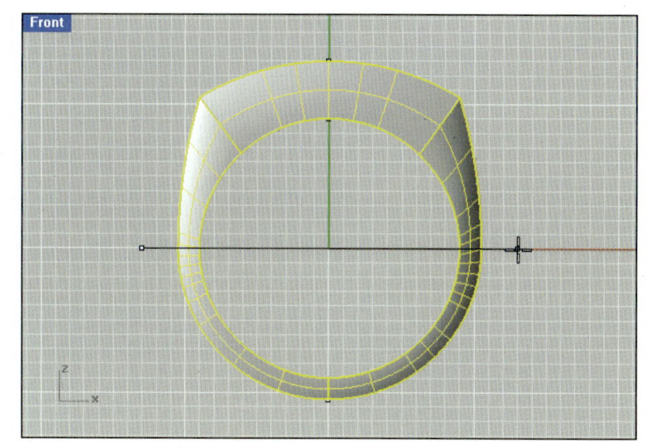 Cutting Plane 명령으로 그림과 같이 수평으로 그어 커팅면(Cutting Plane)을 만들어 준다. 이때 Grid Snap에 Snap을 체크한 상태로 그어 주면 편리하다.

25_ Split 아이콘을 클릭 〉 2번 내경면 클릭 〉 오른쪽 마우스 바탕 클릭 〉 1번 커팅면 클릭 〉 오른쪽 마우스 바탕 클릭하면 그림과 같이 내경면이 잘리게 된다.

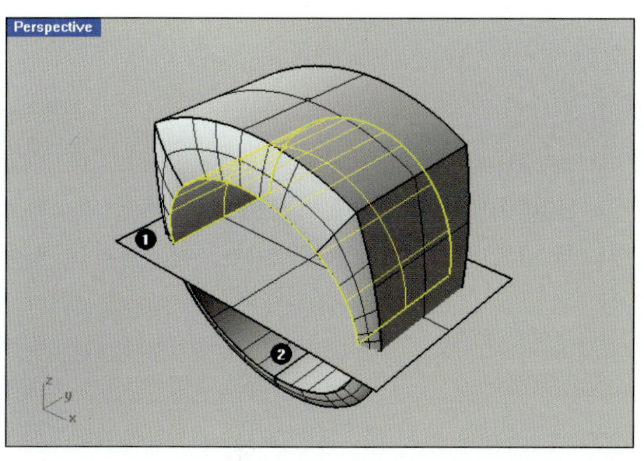

26_ 이렇게 잘린 내경면의 윗부분만을 보이게 한 후 Control Points On시켜 보면 면은 잘렸으나 차후 복원을 위한 제어점(CP)들이 그대로 남아 있음을 보게 된다.

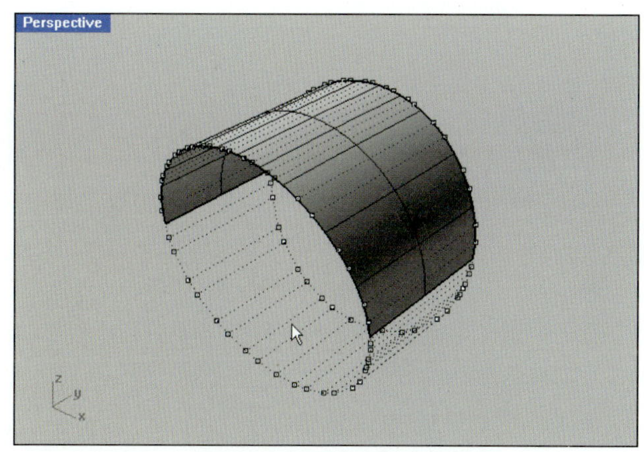

27_ 이러한 불필요한 CP들은 차후 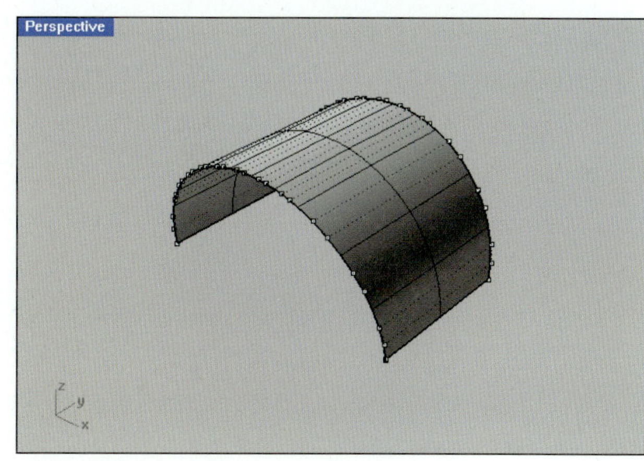 Create UV Curves 명령을 통한 면적 영역 추출시 불필요한 영역까지 추출되는 문제를 야기한다. 그래서 이 부분을 Shrink Trimmed Surface 명령으로 완전히 없애주거나 축소시켜 주어야 한다. 사용법은 객체를 선택하고 Shrink Trimmed Surface 아이콘을 클릭해 주면 그림과 같이 CP들이 축소되는 것을 확인할 수 있다.

28_ 이렇게 정리된 면에 Create UV Curves 명령을 적용하여 그림과 같이 면적에 대한 라인을 추출한다. 참고로 UV 라인은 언제나 축의 0,0,0점에서 생성된다.

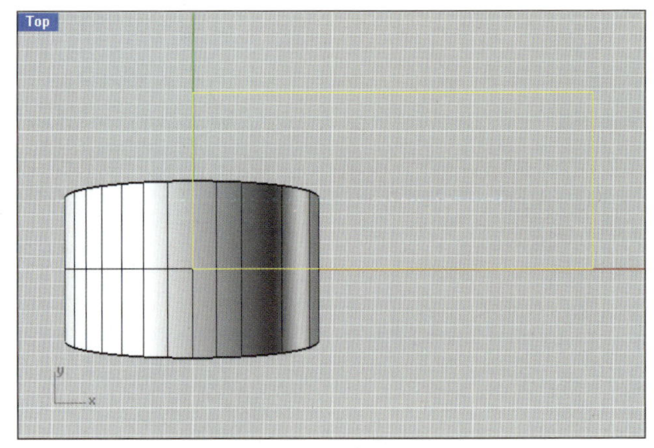

29_ 추출된 직사각형 라인객체를 Offset Curve 명령으로 안쪽으로 1mm 옵셋해 준다.

30_ 1번 라인들을 다시 반지의 면에 입사시키기 위해서는 Create UV Curves 아이콘을 오른쪽 마우스 버튼으로 클릭 〉 1번 객체들 선택 〉 오른쪽 마우스 버튼으로 바탕클릭 〉 2번 면을 선택해 주면 자동으로 입사 적용된다.

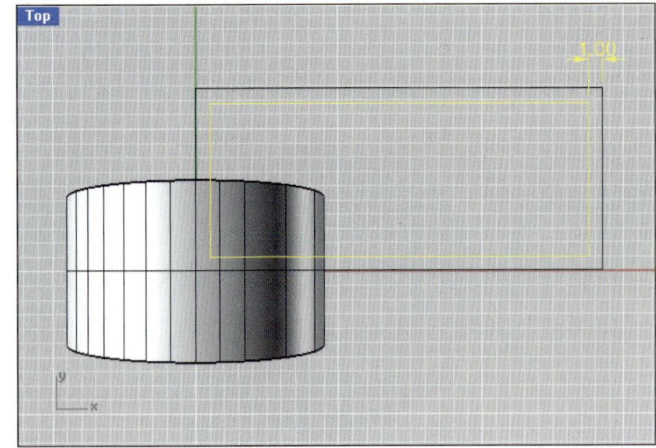

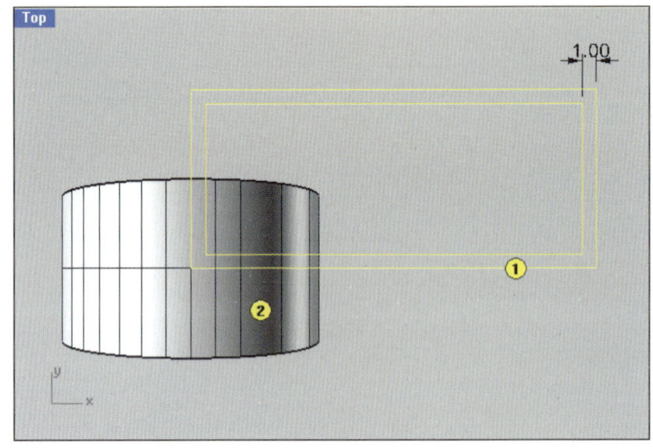

31_ 안쪽으로 1mm옵셋된 라인객체가 반지의 내경면에 입사된 모습이다.

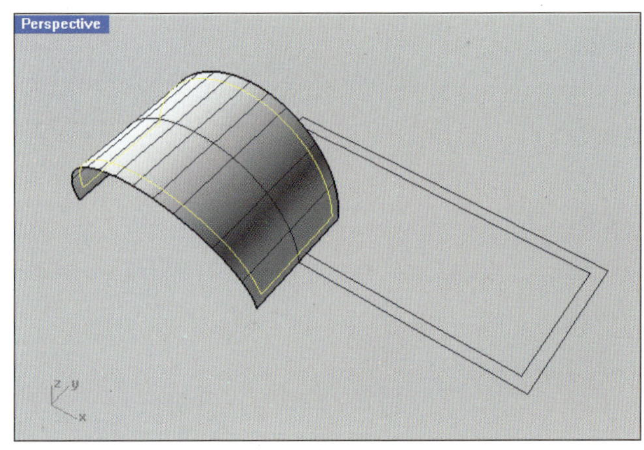

32_ Split 아이콘을 클릭 후 A면을 우선 선택하고 B 라인객체를 선택하여 면을 잘라준다. 단일면(Single Surface)은 선으로 자를 수 있다.

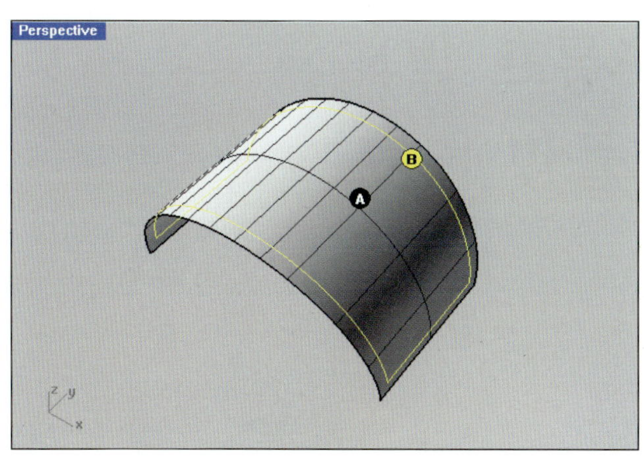

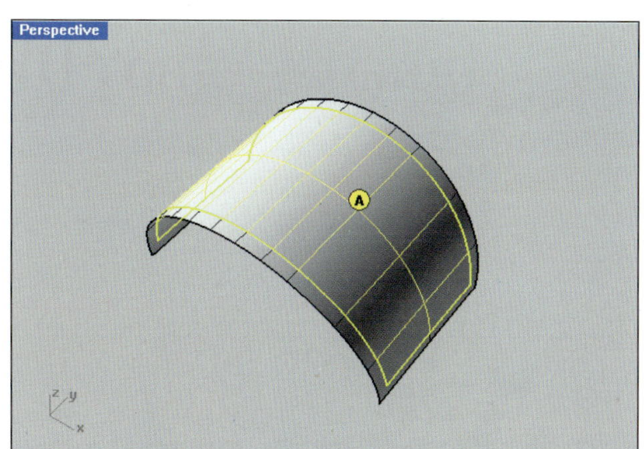

33_ 잘라진 안쪽 면을 지워주고 Osnap에 End를 체크한 상태에서 그림과 같이 모서리에 4개의 점(Point)을 배치한다.

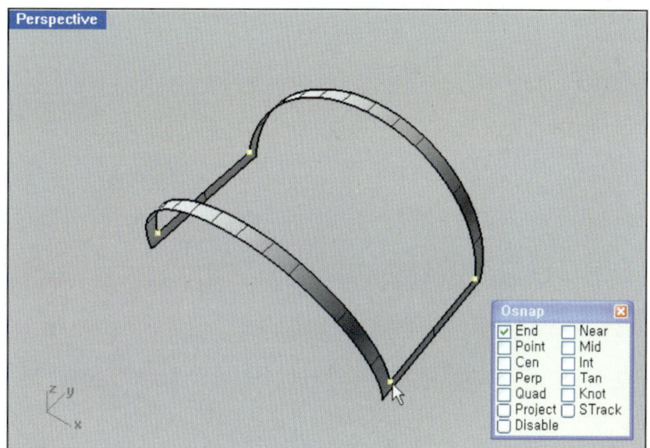

34_ 입체뷰(Perspective View)에서 점의 위치를 확인해 본다.

35_ 종전에 찍어 둔 포인트(Point)를 기준으로 Arc:Start, End, Point on Arc 명령을 사용 1번과 2번 호(Arc)를 그려준다. 물론 호는 Mirror시켜 주면 된다. 이 것은 반지의 속파기(Hollow) 모양 드로잉이 된다.

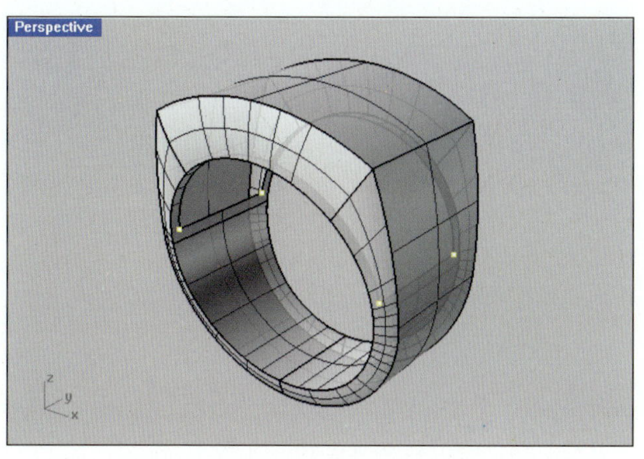

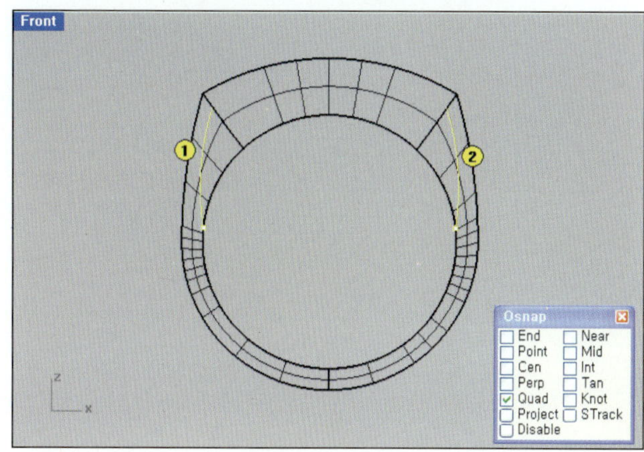

36_ Arc:Start, End, Point on Arc 명령으로 3번 호(Arc)를 그려준다. 물론 1, 2, 3번 라인들은 서로 Join해 준다.

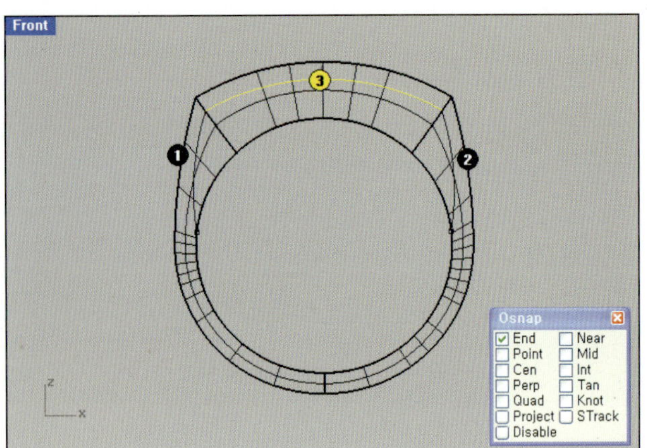

37_ 이렇게 만들어진 객체를 Right View에서 본 모습이다.

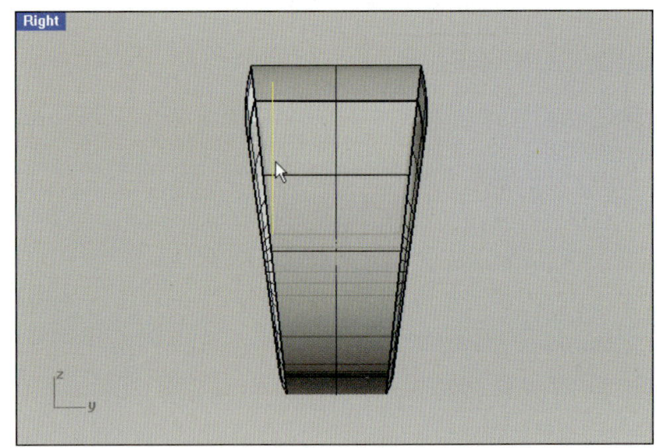

38_ 그림과 같이 Right View에서 Rotate 2-D 명령으로 종전의 라인객체를 왼쪽 방향으로 6도 기울여 준다. 물론 Osnap에 End를 체크한 상태로 작업해 준다.

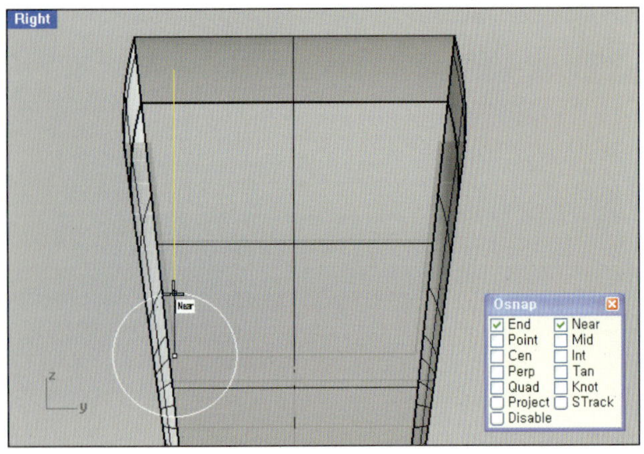

39_ 6도 기울어진 라인객체를 다시 대칭 축을 중심으로 우측으로 Mirror 해준다. Osnap에 Mid를 체크한 상태로 작업해 준다.

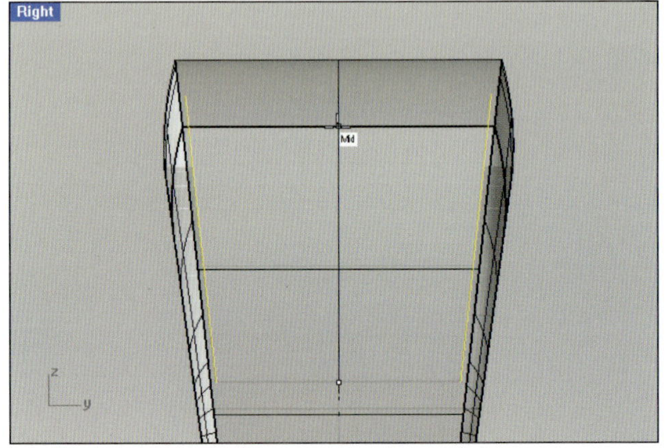

40_ 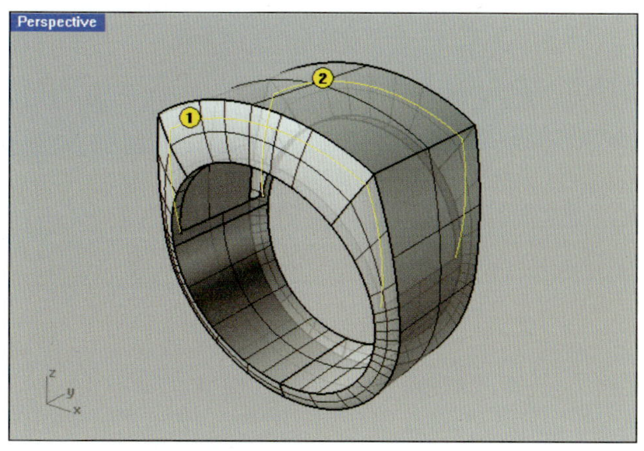 Sweep 2 Rails 아이콘을 클릭 〉 종전에 만들어둔 1 , 2번 객체를 우선 선택하고 3, 4번은 반드시 면의 Edge
를 선택하여 Sweep 2 Rails 면을 만들어 준다.

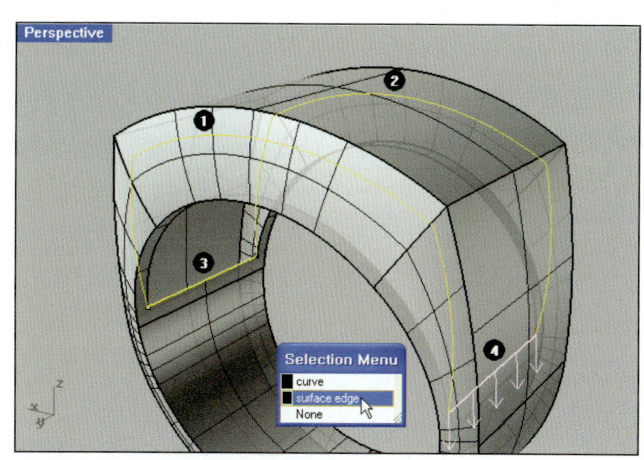

명령어 실행 중 Sweep 2 Rails Options 대화창이 뜨면
그림과 같이 설정한다.

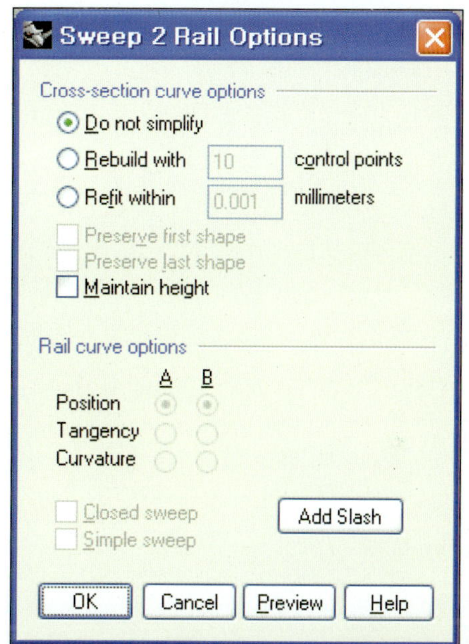

반지 안쪽에 속파기 면이 완성된 모습이다.

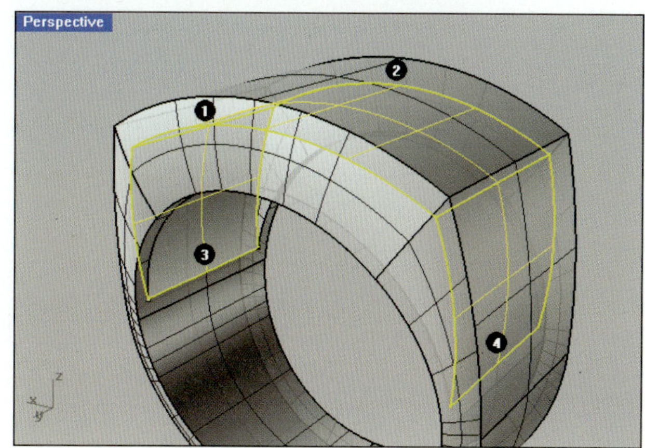

41_ Surface from 2, 3 or 4 Edge Curves 아이콘을 클릭 〉 그림과 같이 메꿔줄 면의 Edge만을 반드시 선택하여 안쪽면을 메워준다.

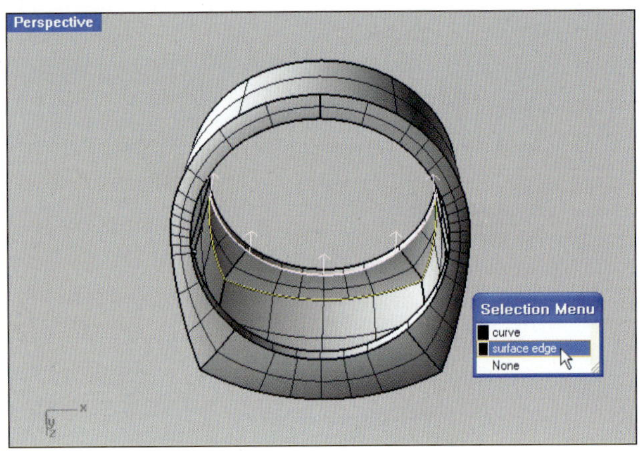

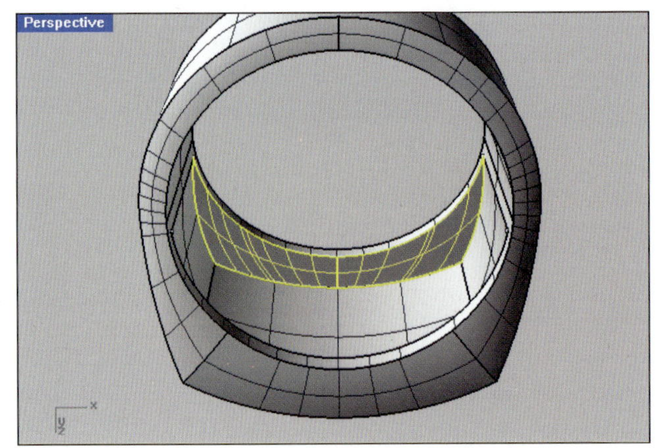

42_ 지금까지 UV 패턴 적용을 통한 기본적인 속파기 (Hollow)까지 마무리하였다. 이렇게 만들어진 모든 면들은 Join 해준다.

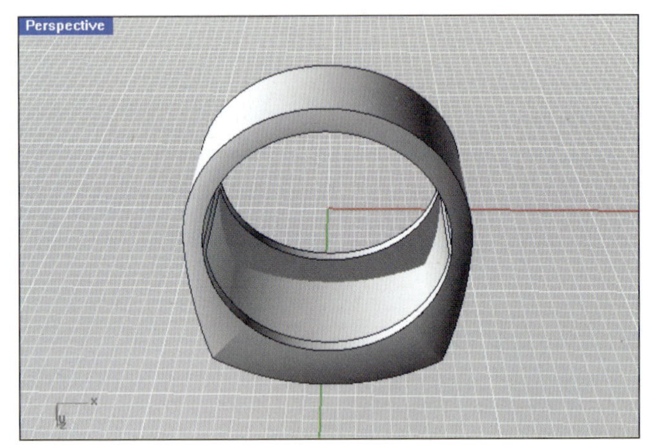

43_ Shade를 통해 최종 완성된 사방 반지를 확인해 본다.

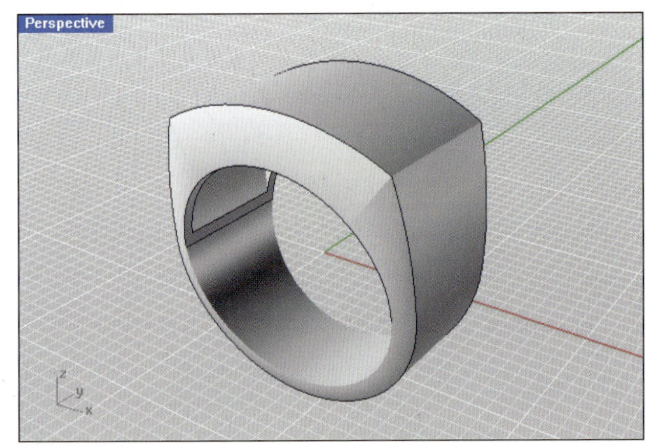

Chapter 07

육각반지 만들기

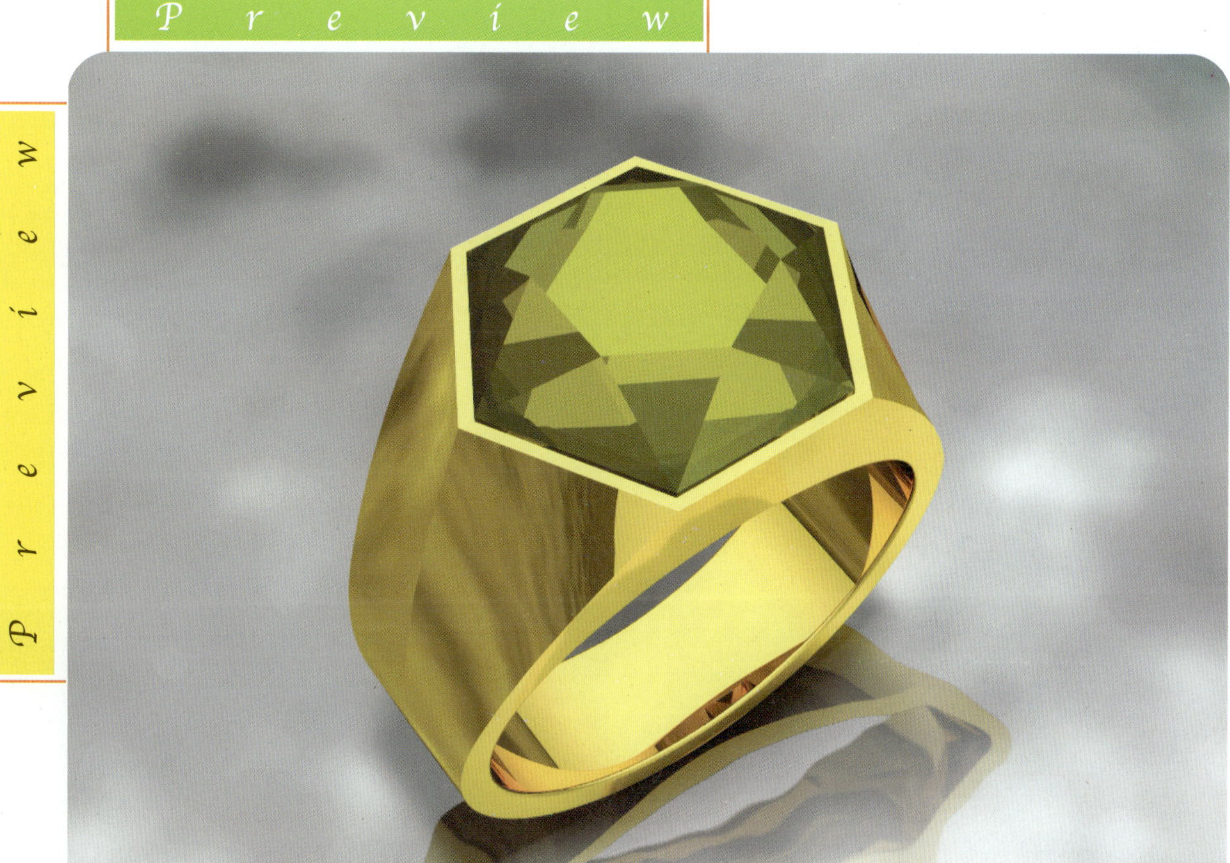

따라해 보세요 !

01_ Circle:Center, Radius를 선택하여 직경이 18mm인 반지의 내경과 직경이 21mm인 반지 외경을 그려준다. Grid Snap에 Snap이 체크된 상태로 작업한다.

02_ Polygon:Center, Radius 아이콘을 클릭 〉 Number of sides=6 〉 Enter 〉 Center of inscribed polygon = 다각형이 위치할 지점 클릭 〉 Corner of polygon=5(mm)기입 〉 Enter 〉 우측 3시 방향 클릭 〉 완료하여 그림과 같이 다각형을 완성한다.

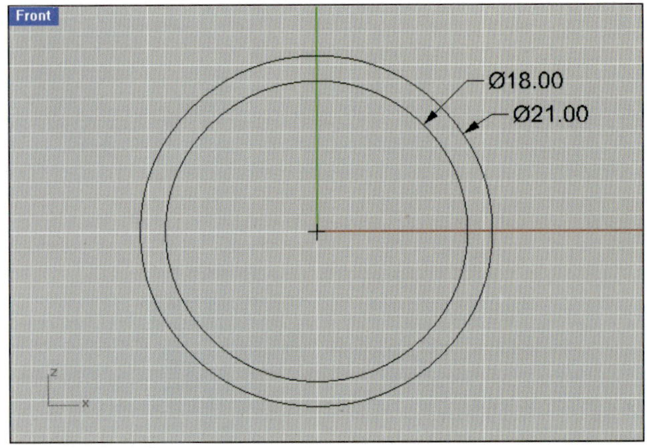

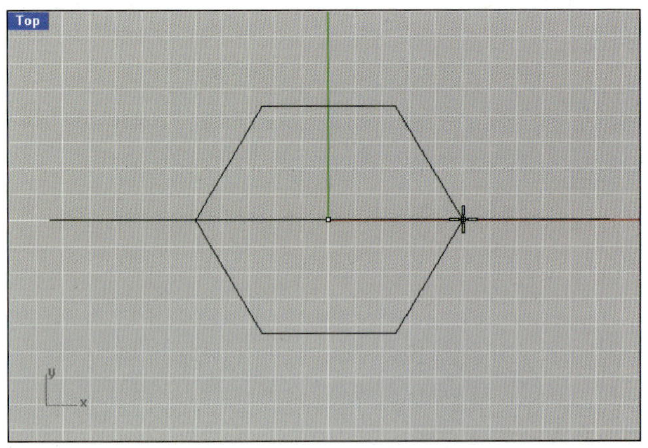

03_ Move 아이콘을 클릭하고 6각형 객체를 윗쪽으로 14mm이동시켜 준다. 물론 Grid Snap에 Snap 체크된 상태로 이동해도 무방하다.

04_ Arc:Start, End, Point on Arc 명령으로 6각형 객체의 End와 반지 외경에 Near에 접하는 호(Arc)를 그려준다. 물론 Osnap의 Tan(Tangency)에 체크하여 작업해도 된다.

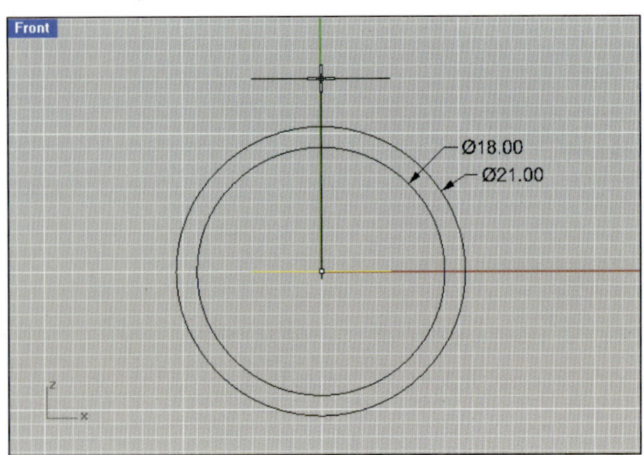

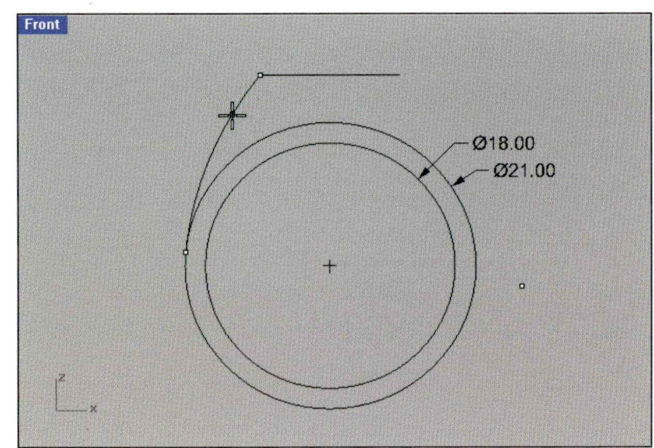

05_ Mirror 명령으로 Osnap에 Quad를 체크한 상태에서 그림과 같이 종전의 호(Arc)를 대칭 복사해 준다.

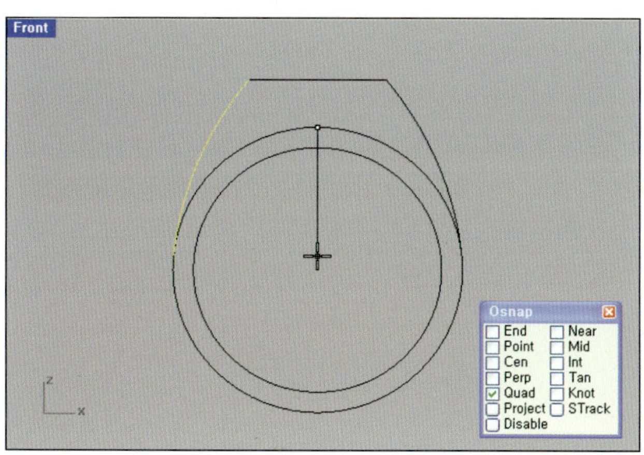

06_ 그림과 같이 객체를 모두 선택하고 Trim 명령으로 1번 부분을 클릭 제거해 준다.

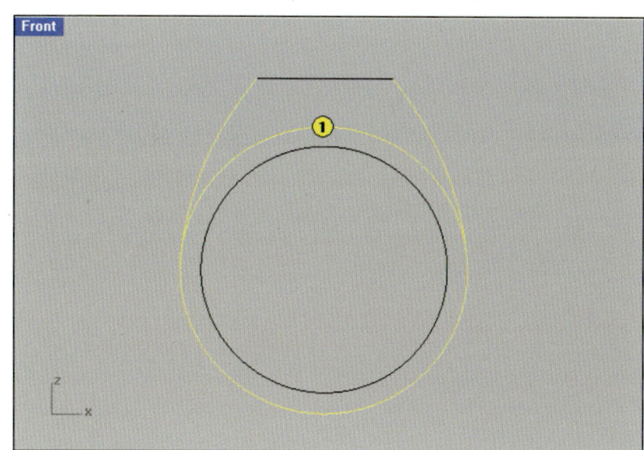

07_ 1번과 2번 부위를 Zoom Window 명령으로 드래그 부분 확대하여 Trim 명령으로 확대된 1번 라인을 제거해 준다.

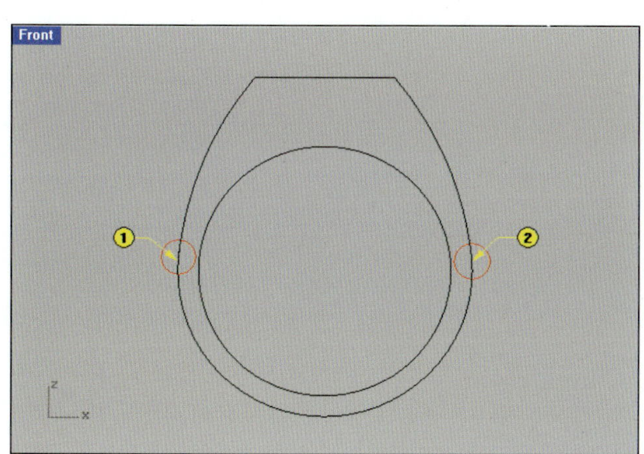

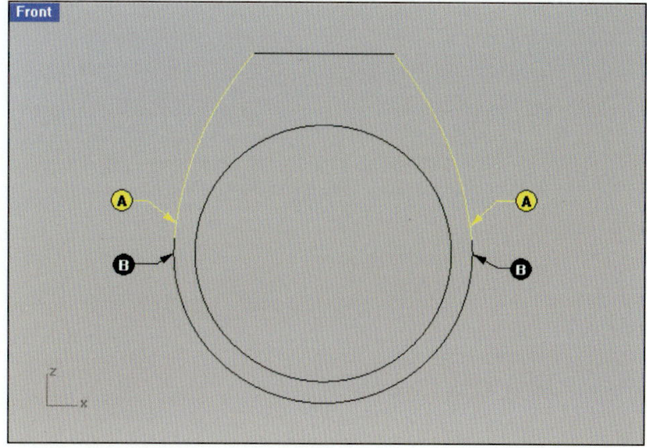

08_ 연이어 Match Curve로 명령으로 그림 왼쪽의 A와 B부분, 그림 오른쪽 A와 B부분을 각각 선택, 명령 수행하여 Match 시켜준다.

Match Curve 명령어 실행 중 나타나는 Match Curve 대화창에는 Continuity(연속성)=Tangency(G1)에 체크, Preserve other end=Position(커브 끝 위치의 일치=G0)에 체크, Average curve(두 객체의 평균 커브 생성)에 체크를 해제한 후 [OK] 한다. 참고로, Average curve에 체크를 해제하면 우선 선택된 객체의 곡률변화가 이루어지며 나중에 선택된 커브는 변화하지 않는다. 즉, 어느 하나의 커브에 변형을 주지 않으면서 곡률을 Match시킬 때 유용하다.

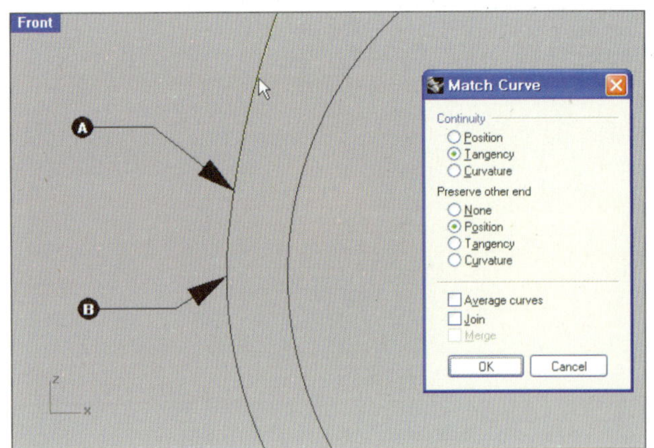

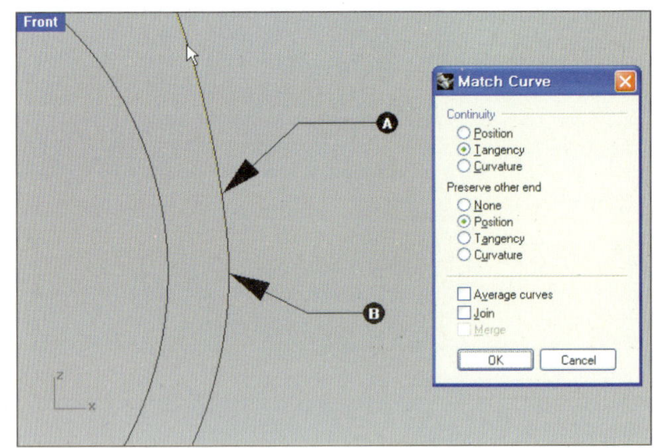

09_ Analyze 아이콘 그룹으로 들어가 Geometric Continuity of 2 Curves 아이콘을 누르고 Match된 A와 B 라인을 클릭 〉 Enter 하면 Command 창에 그림과 같이 곡률 연속성이 G1(Curves are G1) 상태임을 보여준다. 참고로, G0=위치의 일치로 서로 접한 라인객체의 곡률변화가 없이 각을 유지한 상태를 말한다. G1=은 법선의 일치로 서로 접한 라인객체의 곡률이 Tangency를 유지한 상태를 말한다. 즉 선과 선이 접한 부분에 각이 없다는 말이다. G2=는 서로 접한 라인객체의 곡률이 일치 한다는 것으로 가장 유연한 상태의 연결상태를 보이지만 곡률 변화가 G1보다 크다는 것이 특징이다.

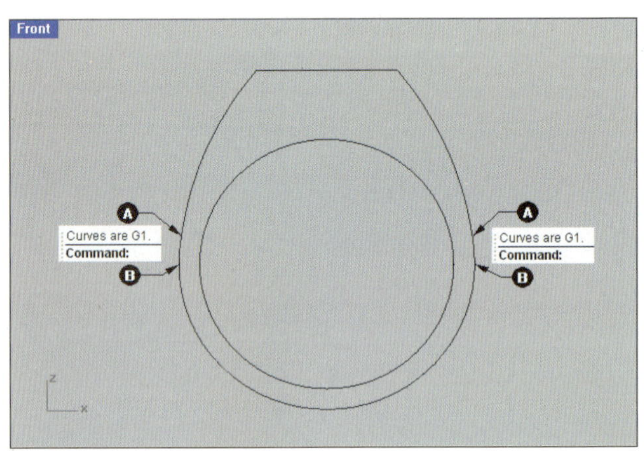

10_ 또한 Match된 객체의 하단 외경에 Dimemnsion 〉 Diameter Dimension을 클릭하여 체크해 보면 지름 21mm가 그대로 유지되어 있음을 확인해 볼 수 있다.

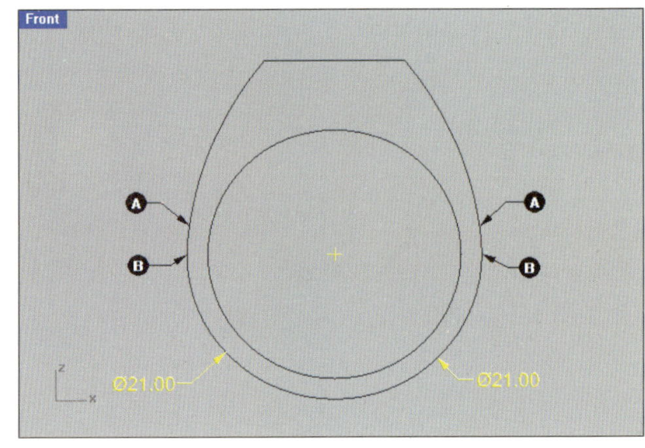

11_ 이제 Match된 각각의 커브들을 모두 Join시켜준다.

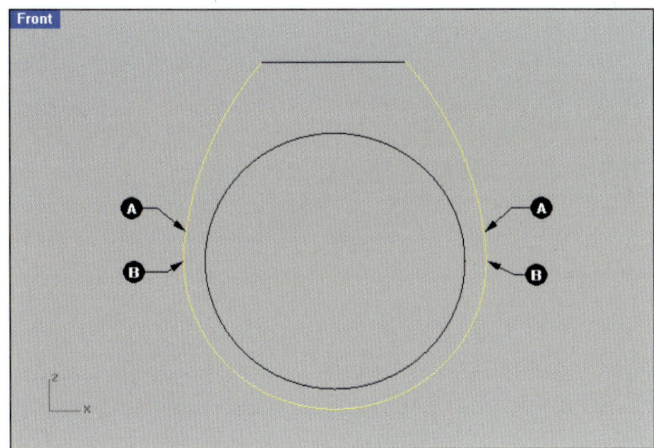

12_ Osnap에 중심(cen)을 체크한 상태에서 Circle:Center, Radius 명령으로 지름 21mm의 원을 그려준다.

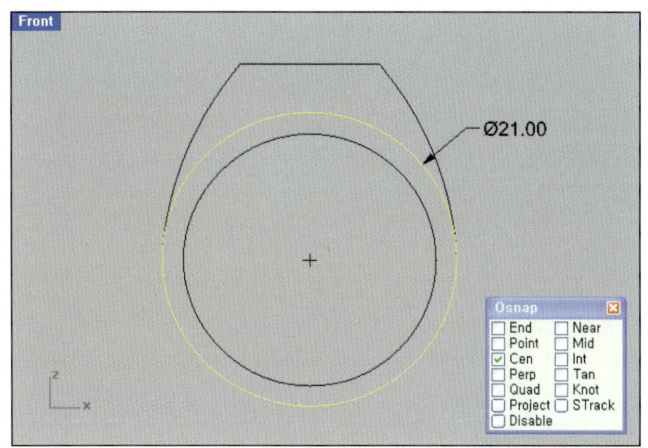

13_ Line 명령으로 육각형의 End에 접한 1번과 2번 라인을 그려준다.

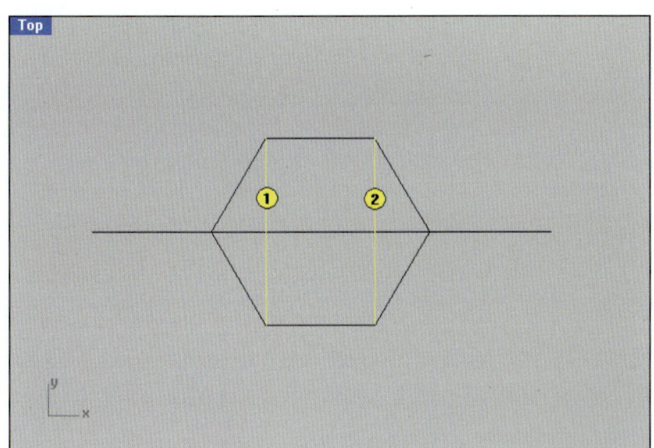

14_ Osnap에 가운데(Mid)를 체크한 상태에서 종전에 그려준 라인 객체에 2개의 Point를 찍어준다.

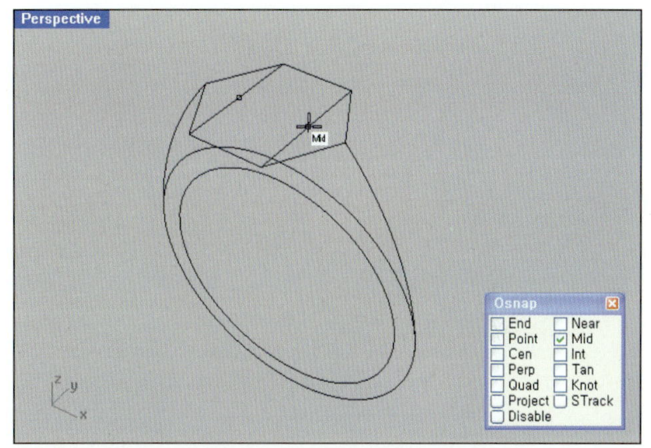

15_ Hide Objects 명령을 사용하여 1번 라인객체를 숨겨준다. 이것은 작업의 혼동을 피하기 위함이다.

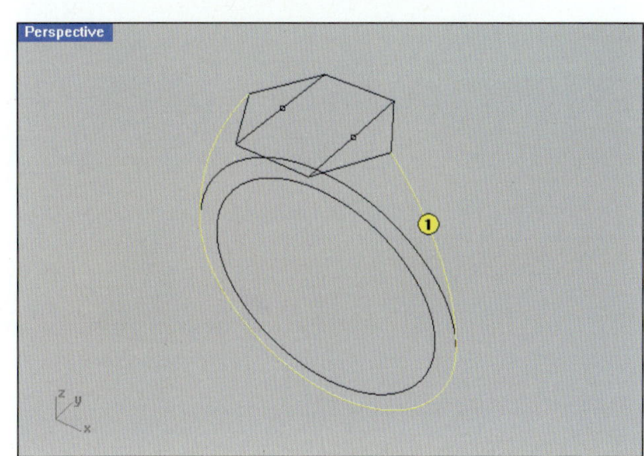

16_ Arc:Start, End, Point on Arc 명령으로 육각형 라인 가운데 Point와 반지 외경에 Near에 접하는 호(Arc)를 그려준다. 물론 Osnap의 Tan(Tangency)에 체크하여 작업해도 된다.

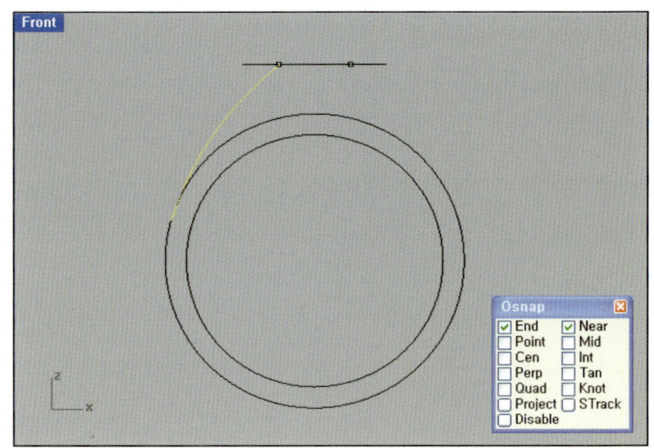

17_ Mirror 명령으로 Osnap에 Quad를 체크한 상태에서 그림과 같이 종전의 호(Arc)를 대칭 복사해 준다.

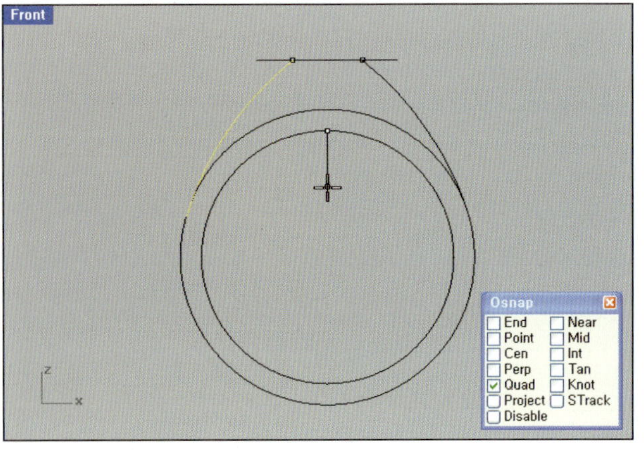

18_ 그림과 같이 객체를 모두 선택하고 Trim 명령으로 1번 부분을 클릭 제거해 준다.

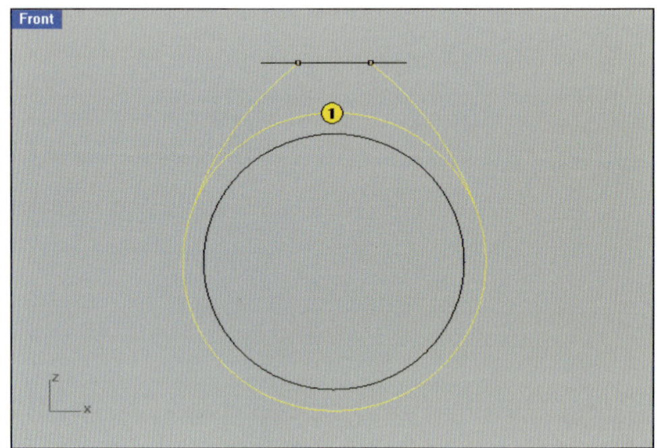

19_ A와 B 부위를 Zoom Window 명령으로 드래 그 부분 확대하여 Trim 명령으로 세부 트림하고 앞선 방법대로 Match Curve 시켜준다.

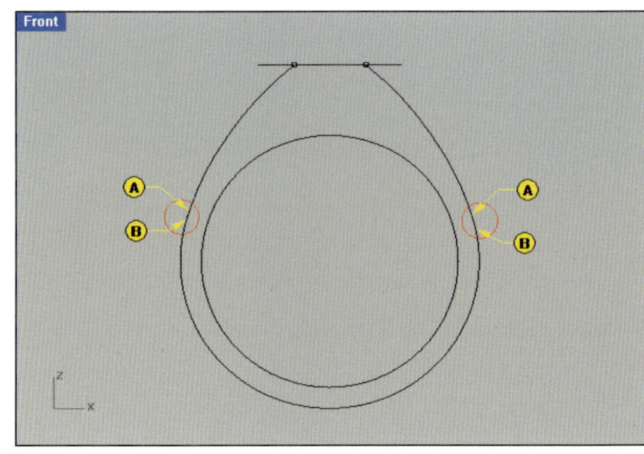

Match Curve 명령어 실행 중 나타나는 Match Curve 대화창에는 Continuity(연속성)=Tangency(G1)에 체크 〉 Preserve other end=Position(커브 끝 위치의 일치=G0)에 /Average curve(두 객체의 평균 커브 생성)에 체크 해제 〉 [OK] 한다.

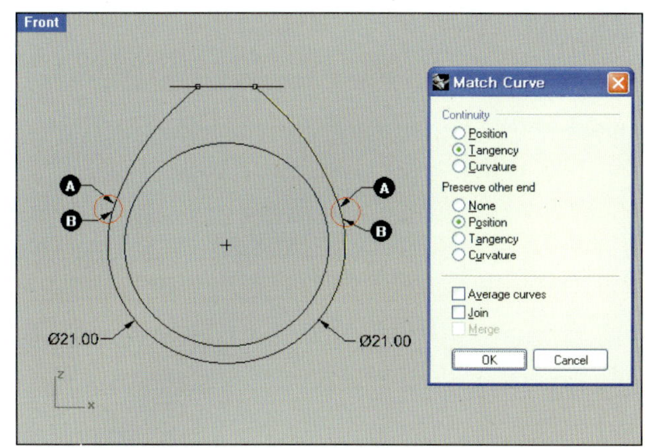

20_ Match Curve된 객체들을 모두 Join 해주고 선택된 객체를 그림과 같이 Move 명령으로 육각형의 앞쪽 끝점으로 이동시켜 준다. Osnap에 End를 체크해 준 상태로 작업한다.

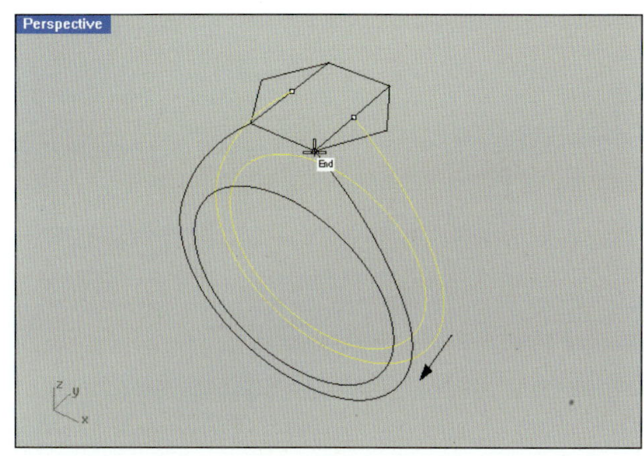

21_ Show Selected Objects 명령으로 숨겨둔 1번 객체를 클릭하여 화면에 보이게 한다.

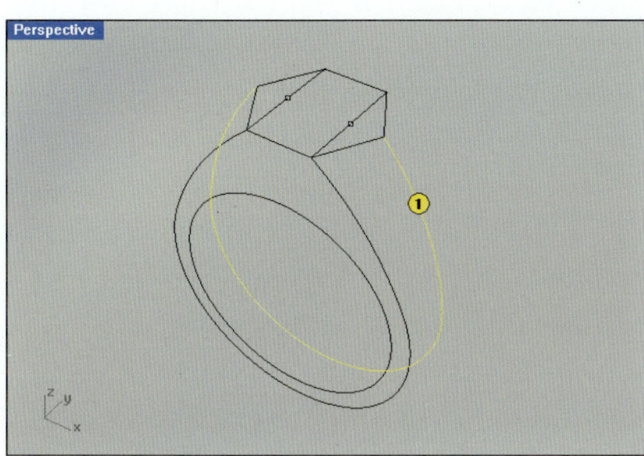

22_ Line:from Midpoint 명령으로 1번 수평선 (전체길이=5mm)을 그려준다. 다음 Osnap에 End를 체크한 상태에서 Arc:Start, End, Point on Arc 명령으로 2번 호(Arc)를 그려준다.

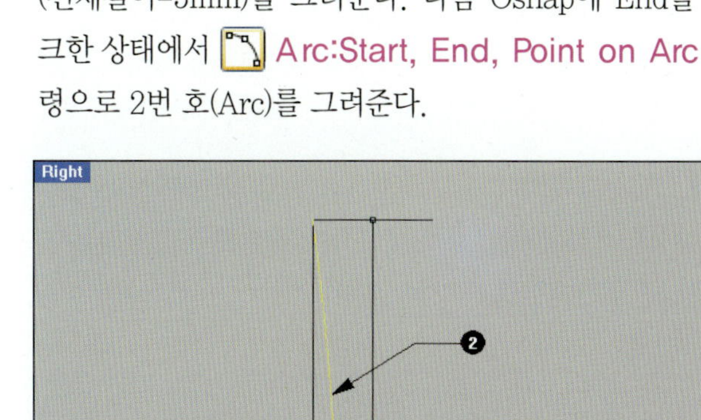

23_ Curve from 2 Views 명령으로 종전에 그려둔 2번 호(Arc) 형상대로 3번과 4번 객체를 휘어준다.

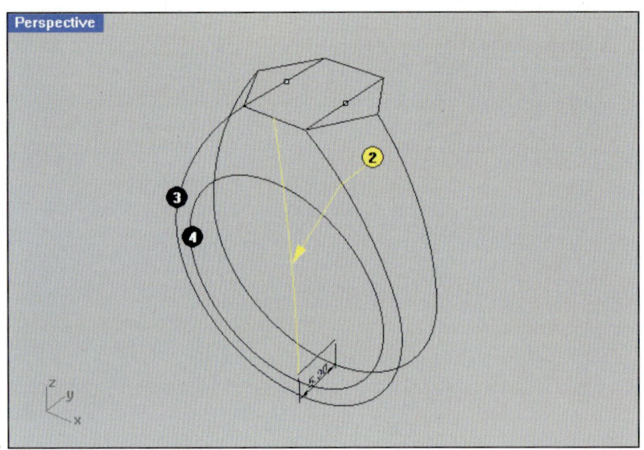

24_ Curve from 2 Views 명령 실행결과 A와 B 객체가 만들어졌다.

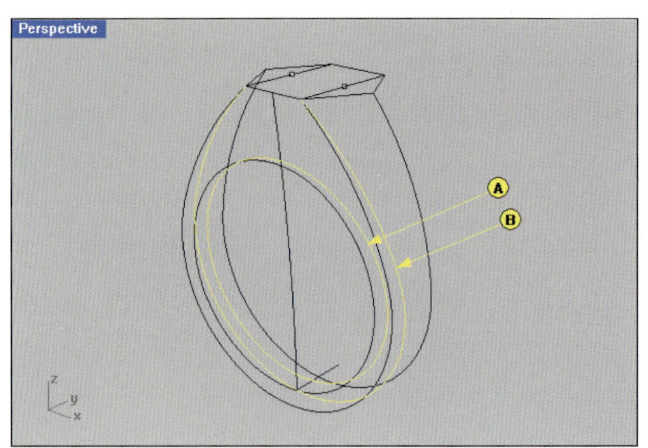

25_ 그림과 같이 선택된 객체(Yellow Color)를 모두 Hide Objects 명령으로 숨겨준다.

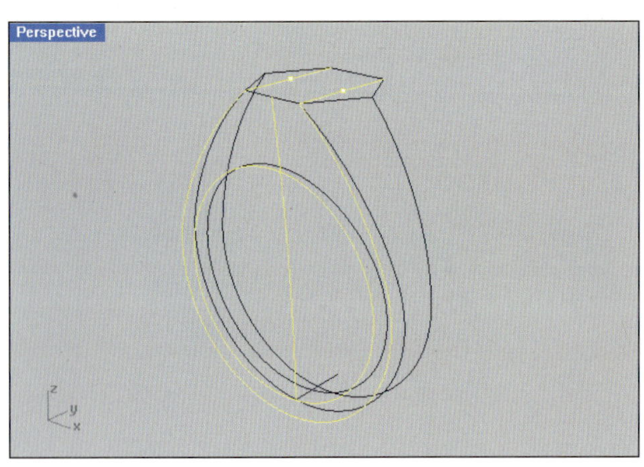

26_ Surface from Planar Curves으로 육각형 라인을 선택하여 면(Surface)으로 만들어 준다.

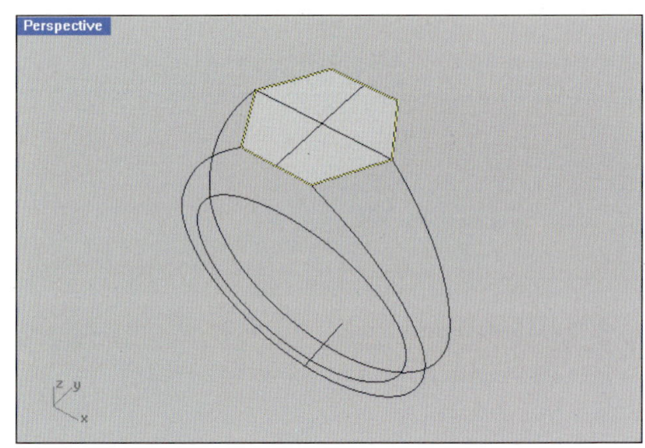

27_ 그림과 같이 2개의 객체(Yellow Color)를 모두 선택하고 Trim 아이콘을 클릭하여 화살표가 지시하는 부분을 선택 삭제한다.

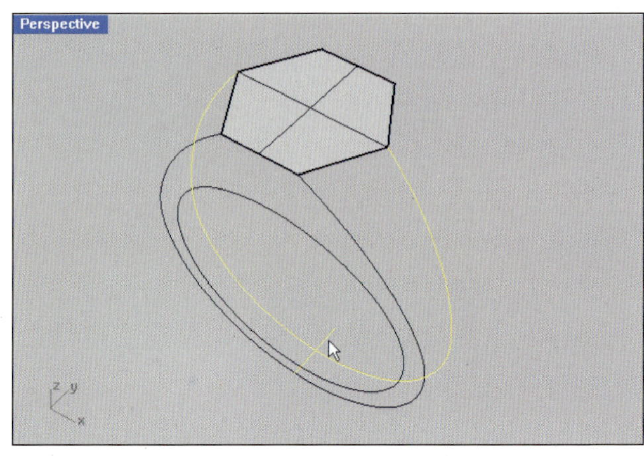

28_ Split 명령을 사용 1번 객체를 2번 라인객체로 잘라 이등분해 준다.

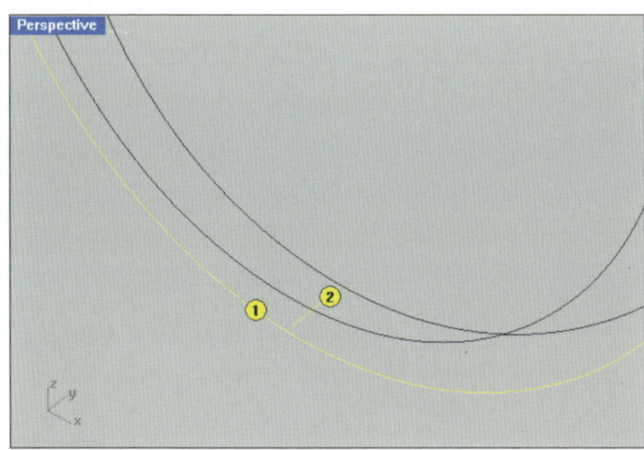

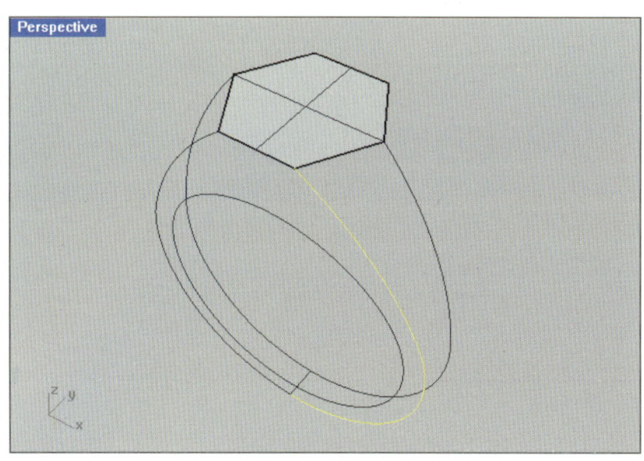

29_ Sweep 2 Rails 명령을 사용, 1번과 2번 레일을 먼저 선택하고 A의 Surface Edge를 반드시 선택한다.

Sweep 2 Rails 명령어 실행 중 Sweep 2 Rail Options 대화 창이 뜨면 그림과 같이 설정하고 [OK] 한다.

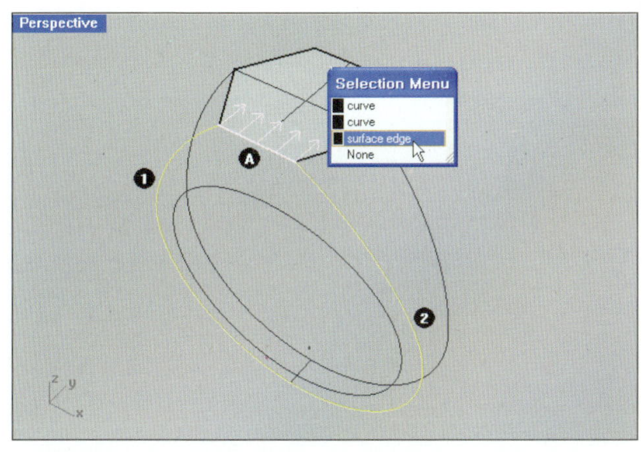

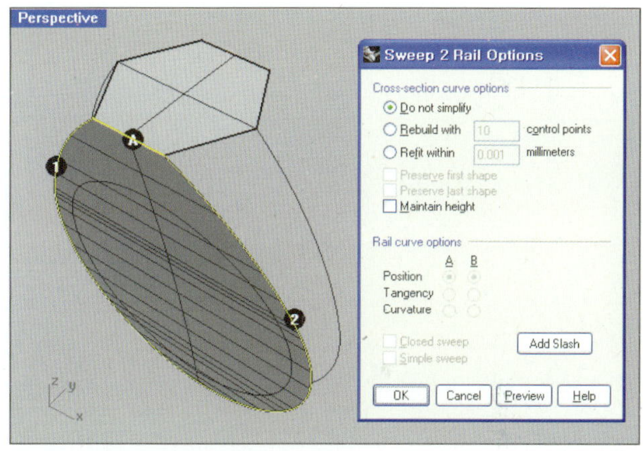

30_ Split 명령을 사용, A면을 우선 선택한 후 1번 라인객체로 잘라준다. 잘린 내경면은 지워준다.

31_ Split 명령으로 1번 커브를 2번 수평라인으로 잘라준다.

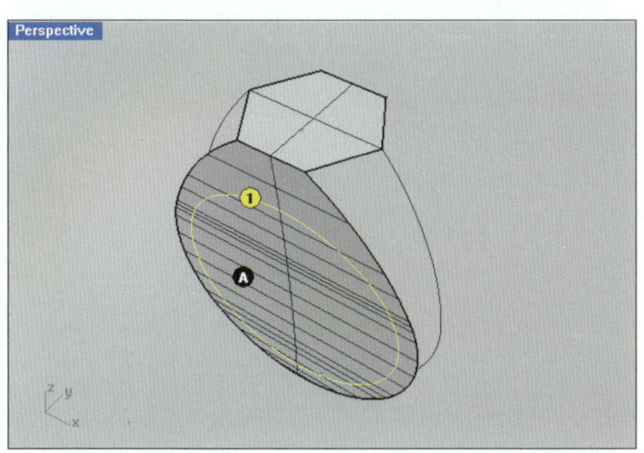

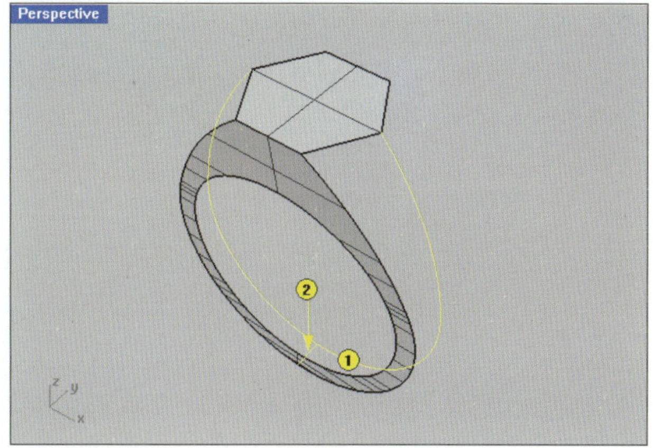

32_ 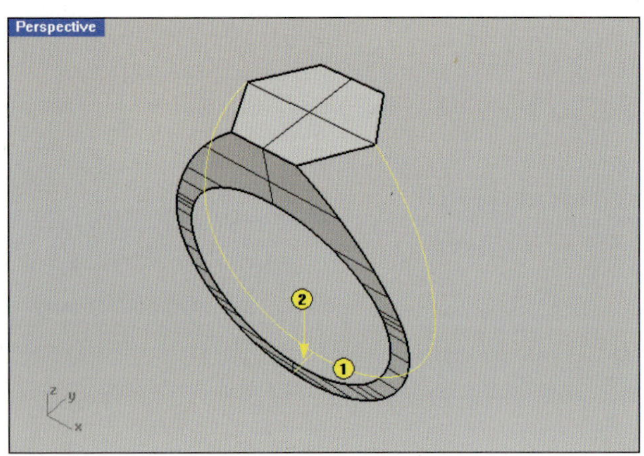 **Sweep 2 Rails** 명령으로 그림과 같이 1번과 2번 라인을 우선 선택하고 A 수평라인을 선택하여 면을 만들어 준다.

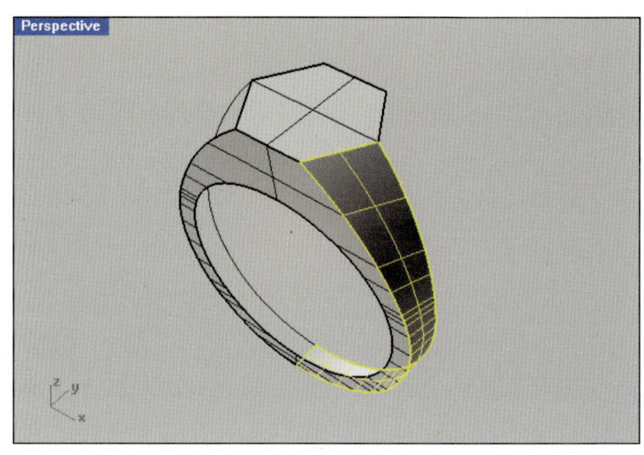

33_ Osnap에 근접점(Near)을 체크한 상태에서 Mirror 명령으로 그림과 같이 오른쪽 방향으로 대칭 복사해 준다.

34_ Front View에서도 Osnap에 Mid를 체크한 상태에서 Mirror 명령으로 그림과 같이 왼쪽 방향으로 대칭 복사해 준다.

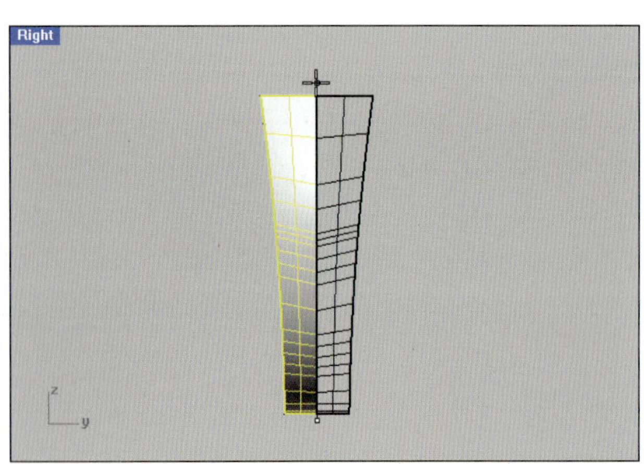

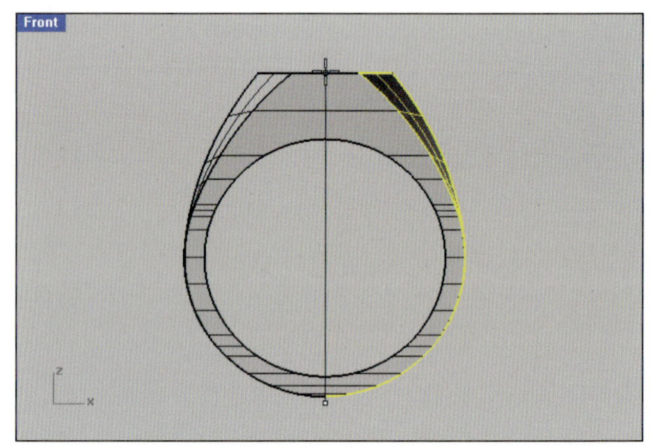

35_ 좌우 대칭 복사가 마무리된 육각반지의 외형 모습이다. 이제 그림과 같이 반지의 내경면을 만들기 위하여 Osnap에 Quad를 체크한 상태에서 Line을 그어 준다.

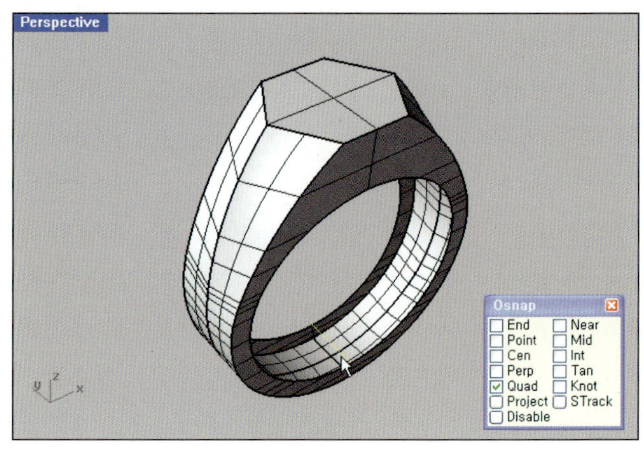

36_ 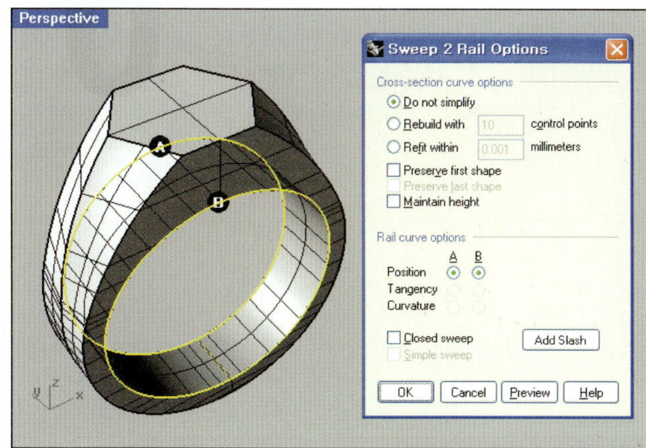 Sweep 2 Rails 명령으로 반지의 A와 B라인을 우선 선택하고 종전의 직선을 연이어 선택하여 면을 만들어 준다. 명령 실행 중 Sweep 2 Rail Options 창이 나오면 그림과 같이 설정하고 [OK] 한다.

37_ Shade 명령으로 반지의 전체적인 모습을 살펴본다.

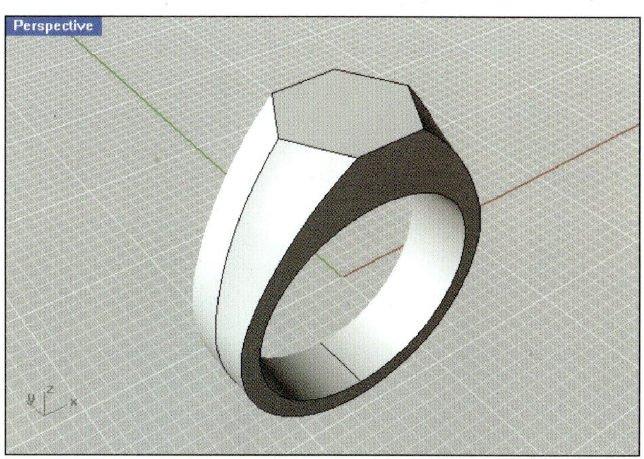

38_ 반지의 모든 면들을 Join 명령으로 붙여준 후 Variable Radius Chamfer 아이콘을 클릭 〉 Select edges to chamfer(CurrentChamferDistance=1) : 1.0 〉 Enter 〉 그림에서 A와 B부분의 Edge를 연속해서 클릭 〉 Enter 〉 RailType=DistBetweenRails〉 Enter 한다.

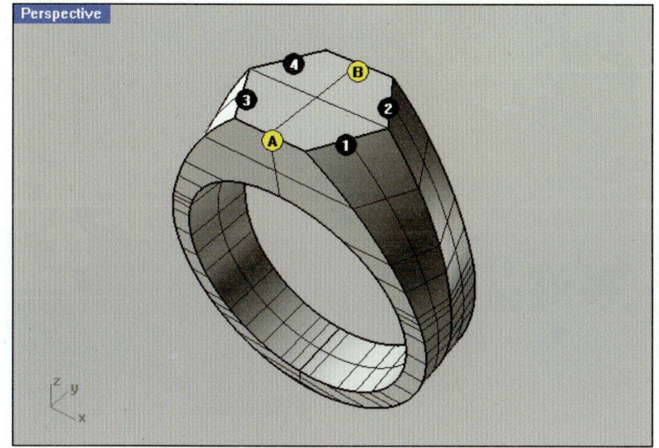

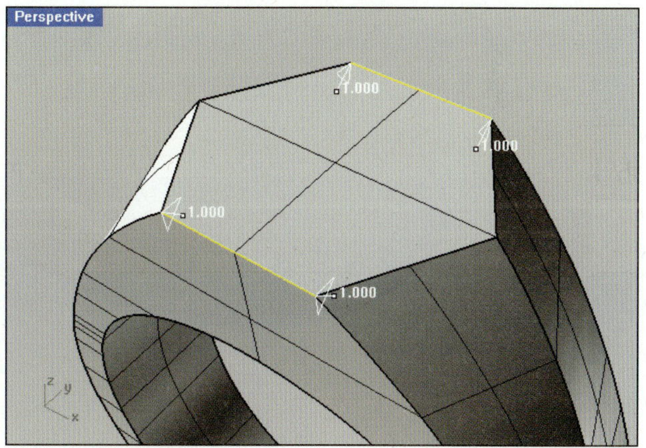

● CurrentChamferDistance=1.0mm가 적용된 모습

다음 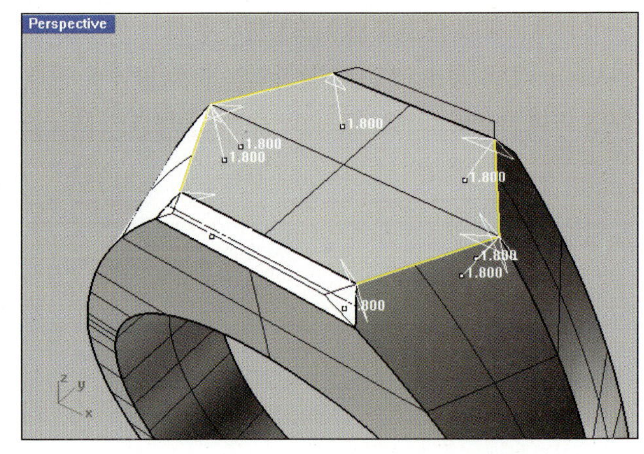 Variable Radius Chamfer(가변 모따기) 아이콘을 클릭 〉 Select edges to chamfer(Cur-rentChamferDistance=1) : 1.8 〉 Enter 〉 그림과 같이 나머지 Edge를 연속해서 클릭〉 Enter 〉 RailType= DistBetweenRails 〉 Enter 한다.

39_ RailType=DistBetweenRails(레일과 레일 사이의 거리를 기준으로 만들어지는 모따기)를 육각 형상에 모두 적용한 결과이다. 물론 Variable Radius Cham-fer가 제공하는 3가지 RailType을 번갈아 적용해 가며 그 특성을 비교하면서 학습해 보면 좋다.

> 3가지 레일 타입으로는
> (1) 레일 사이의 거리(DistBetweenRails),
> (2) 가장자리로부터 거리(DistFromEdge),
> (3) 롤링볼(RollingBall) 등이 있다.
> 물론 이 명령은 Variable Radius Fillet 명령처럼 AddHandle 옵션으로 서로 다른 핸들들을 추가하여 변화하는 모따기를 할 수 있다.

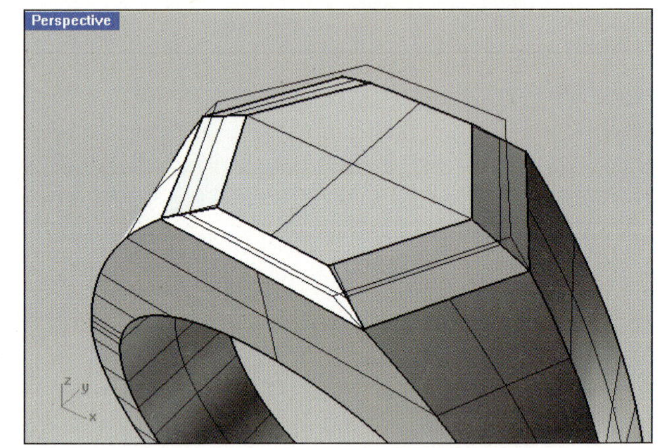

40_ Shade 명령으로 모따기(Chamfer)가 적용된 육각 반지를 확인해 본다.

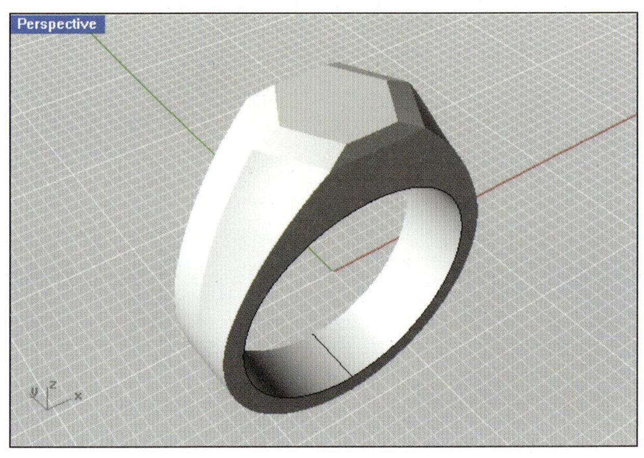

Chapter

08

4발 프롱세팅(Prong Setting) 반지 만들기

Preview

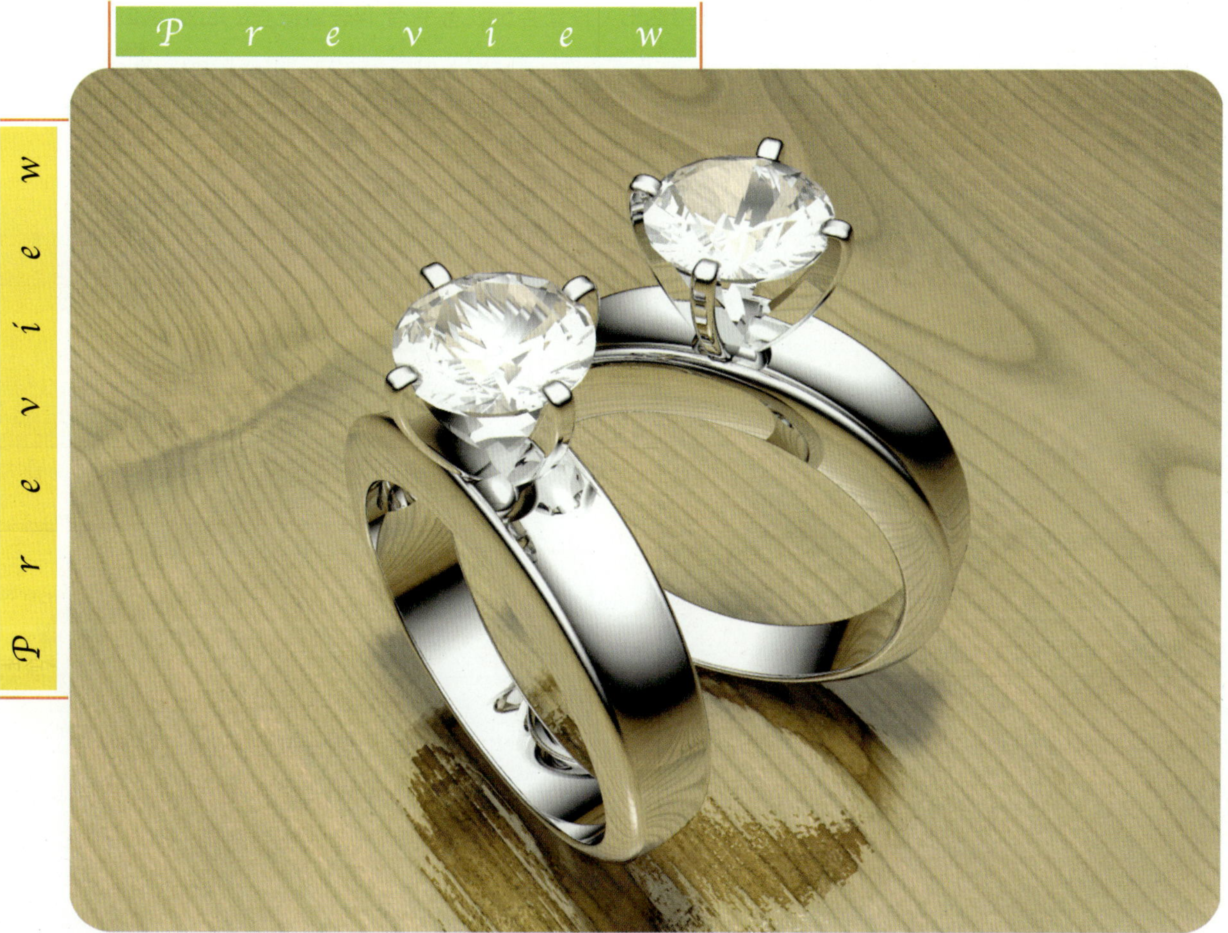

● ● ●　따라해 보세요 !

01_ 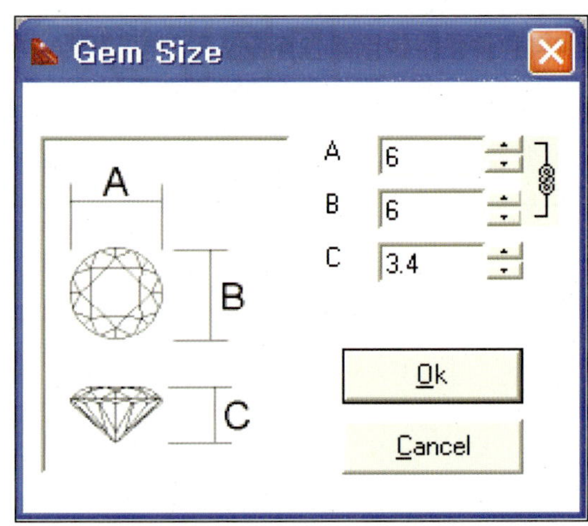 TechGems 4.1(4.2) –mm–en 메인 메뉴 〉
Round Cuts 아이콘 마우스 오른쪽 버튼으로 클릭
〉 Gem Size 대화창에 그림과 같이 보석의 크기 기입
(A=6, B=6, C=3.4mm) 〉 [OK] 한다. 보석이 없다면 **예제
CD 〉 보석샘플 〉 GEM-01** 파일을 불러온다.

보석이 위치할 곳은 Top View에 그림과 같으며 Grid Snap에 Snap, Ortho가 체크된 상태로 위치를 지정해 준다. 보석이
지정한 크기만큼 생성되었다.

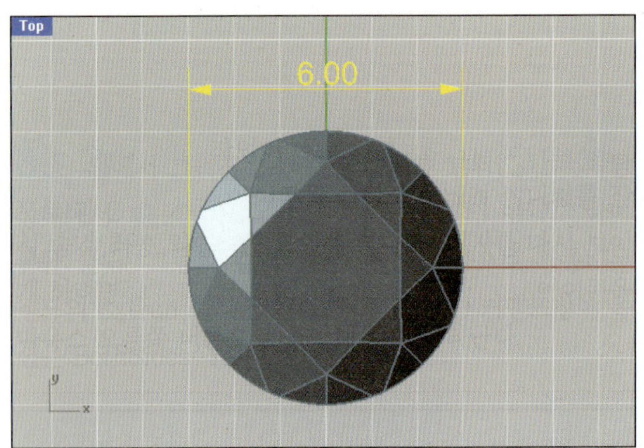

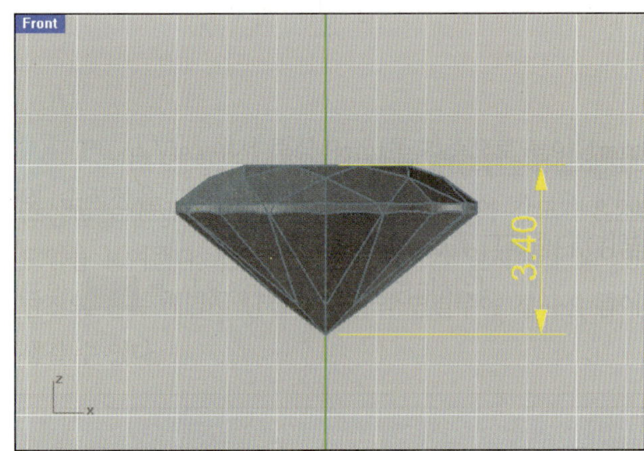

02_ Polyline 명령으로 그림과 같은 수직길이
(1.75mm)를 갖는 난집 라인을 그려준다.

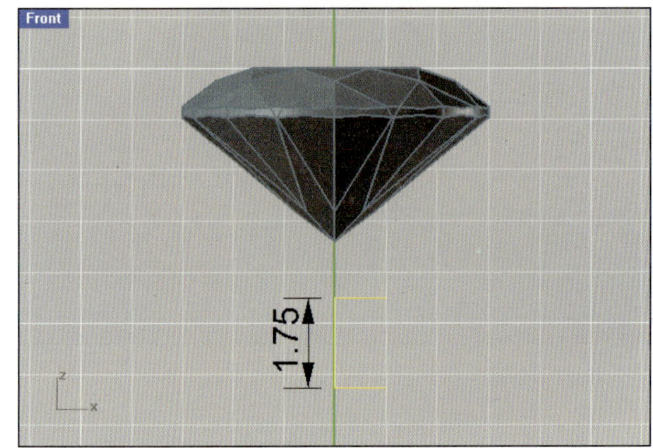

03_ 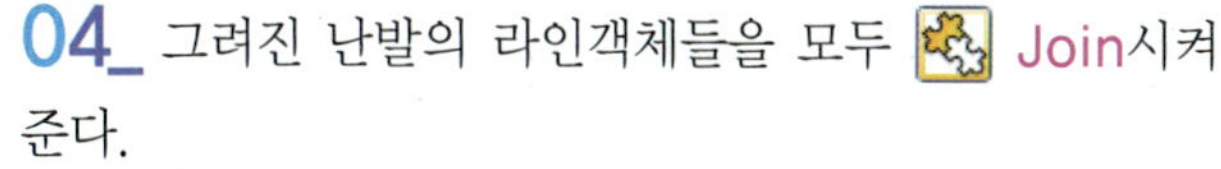 Curve:Interpolate Points와 Poly-line 명령을 이용하여 그림과 같이 난집 커브를 모두 그려 준다.

04_ 그려진 난발의 라인객체들을 모두 Join시켜 준다.

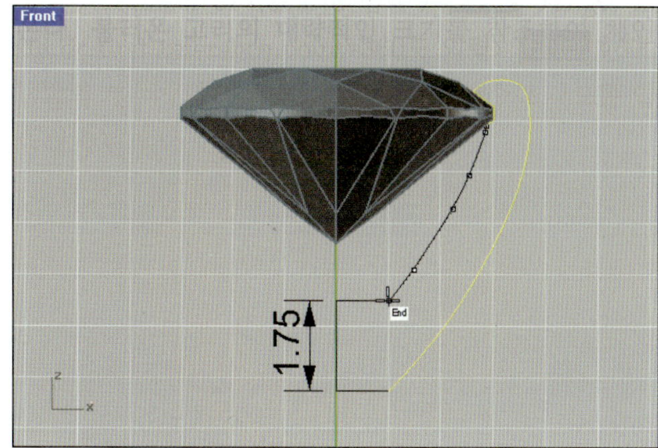

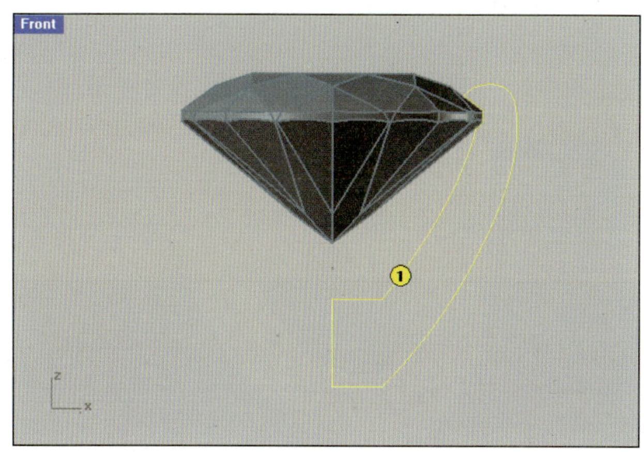

05_ Right View에서 1번 객체를 선택 〉 Extrude closed planar curve 아이콘을 클릭 〉 1번 객체를 중심축을 기준으로 양쪽방향으로 Extrude 시켜준다. 명령 진행 중 나타나는 Command 창에 Extrusion distance =0.4mm를 입력하고 세부옵션은 Bothsides=Yes, Cap=Yes, DeleteInput=No 체크해주면 양쪽 방향 Extrude가 가능하다. 전체 두께는 0.8mm가 된다.

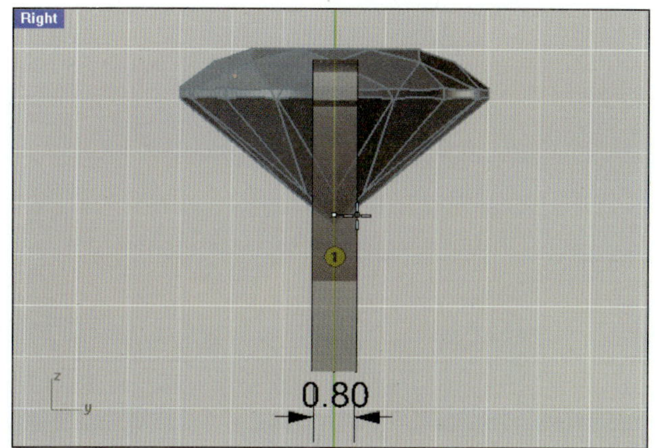

06_ Variable Radius Fillet 아이콘 클릭 〉 Select edges to fillet(CurrentRadius=1): 0.25 입력〉 Enter 〉 커맨드 창에 Select edges to fillet(Curren-tRadius=0.25): 메시지가 뜨면 1번과 2번 Edge 클릭 〉 Enter 한다.

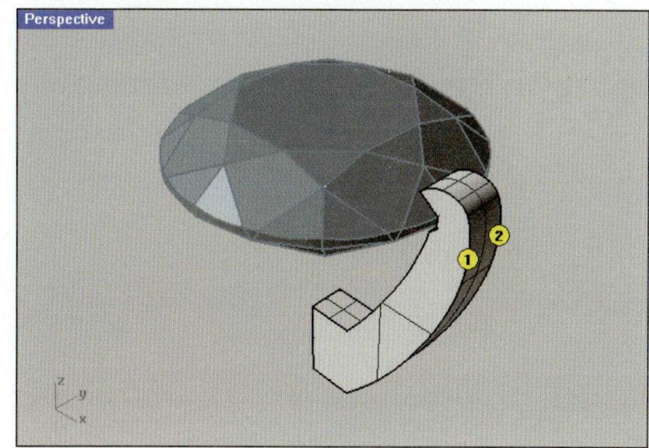

1번과 2번 Edge에 모두 Fillet 0.25가 적용된 것이 보인다.

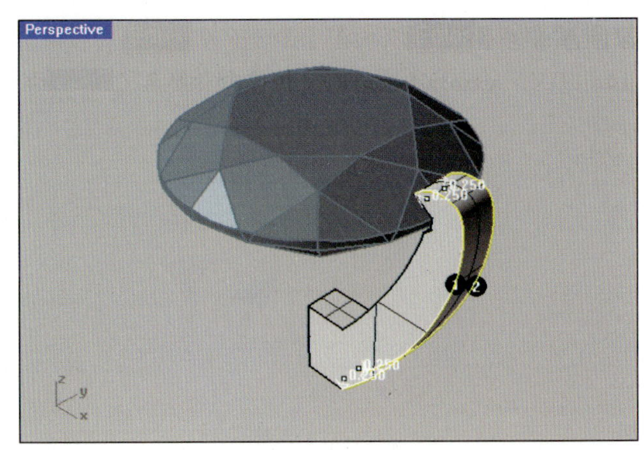

07_ 가변 Fillet 처리를 위해 난발의 하단부를 확대 Handle Point를 클릭 〉 0.3을 입력 〉 Enter 한다. 맞은편 도 같은 값인 0.3을 입력 〉 Enter 한다. 참고로 명령어 진 행 중 RailType=RollingBall에 맞춘상태이다.

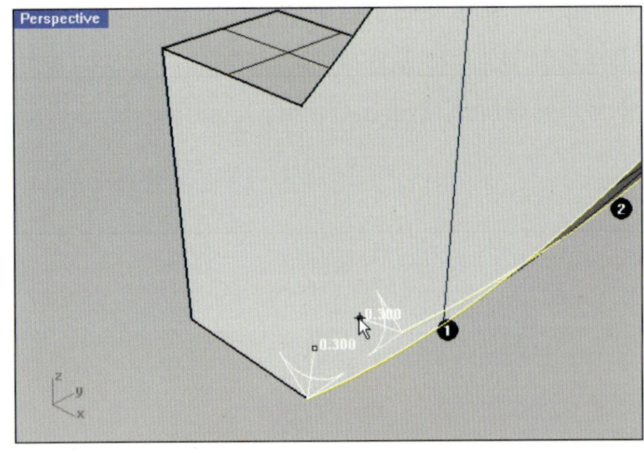

08_  Variable Radius Fillet이 적용된 모습이다.

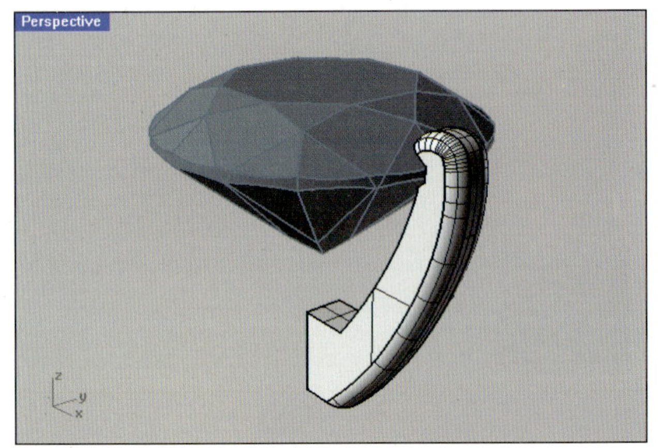

09_ Top View에서 난발을 선택하고 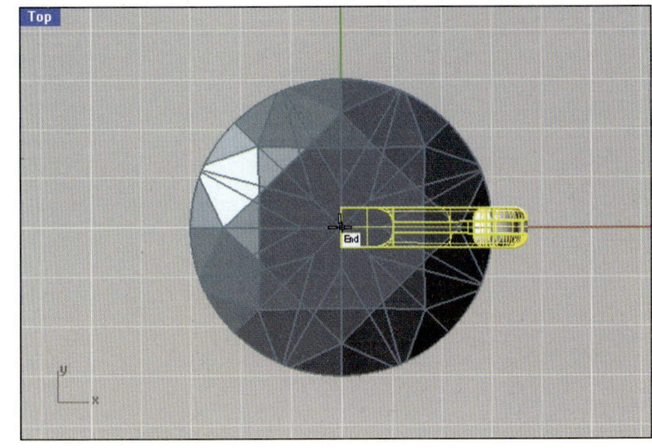 Polar Array 아이콘 클릭 〉 Center of polar array: 메시지가 뜨면 보석의 중심을 End로 클릭 〉 Number of items=4 를 입력 〉 Enter 〉angle to fill or first reference point=360도를 입력 〉 Enter 한다. 난발의 개수에 따라 원하는 개수와 각도를 입력해 주면 된다.

○ 중심 클릭 모습

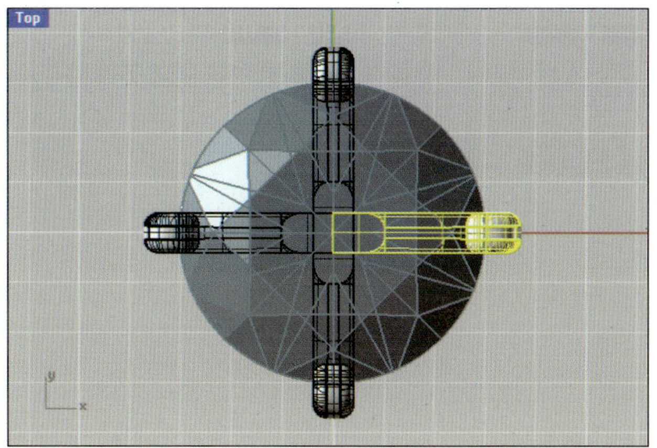

○ 4발 난집 모습

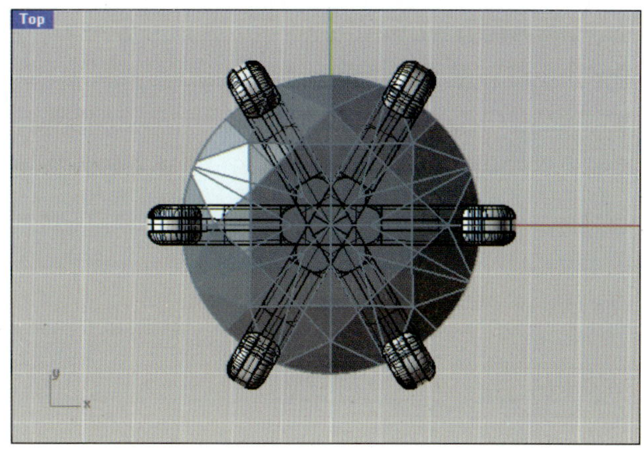

○ 6발 난집 모습(선택 사항)

10_ Boolean Union 명령으로 1번에서 4번까지 동시에 선택 합쳐(Union)준다.

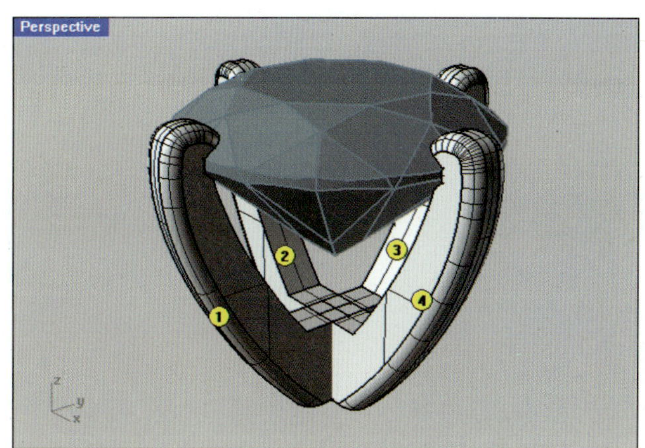

11_ Boolean Union된 4개 난발의 결합 부위(1번 원 부위)를 보면 Edge와 Isocurve가 중첩되어 있어 면이 지저분해 보이게 된다. 이러한 평면상의 중첩 객체면들을 말끔히 정리해 주면 차후 2차적인 부가 작업시에도 면의 편집이 보다 편리해 진다.

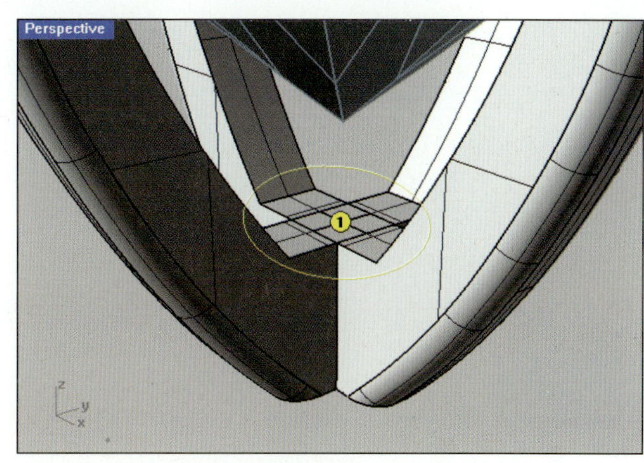

12_ 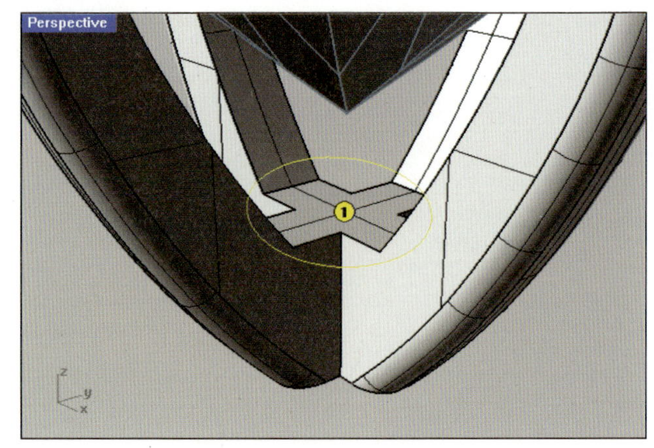 Merge two coplanar faces 아이콘을 오른쪽 마우스 버튼으로 클릭 〉 1번 원부위나 난집을 선택 〉 Enter 하면 그림과 같이 중첩된 솔리드 면이 한번에 깨끗하게 하나의 면으로 정리가 된다. 만약 한 부분씩 면을 정리해 주고 싶다면 Merge two coplanar faces 아이콘을 왼쪽 마우스 버튼으로 클릭하고 해당 부위만을 선별적으로 선택해주면 된다.

13_ Circle:Center, Radius를 선택하여 좌표기준점(0,0,0)을 중심으로 직경이 14.80mm인 내경과 18.00mm인 외경을 그려준다.

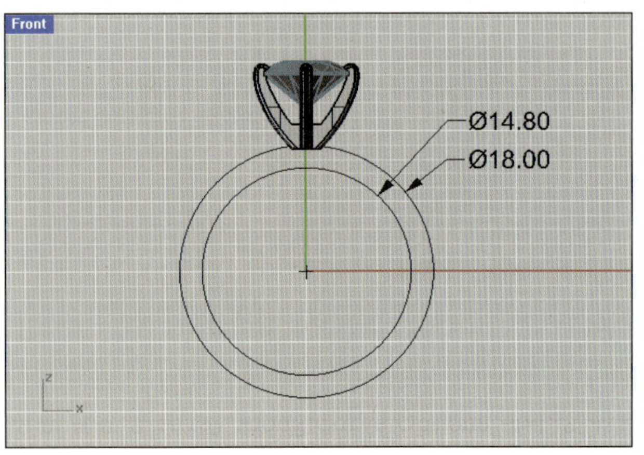

14_ Move 명령으로 14.80mm 내경을 0.6mm하단으로 내려준다. Grid Snap에 Snap, Ortho를, Osnap에 Quad를 체크한 상태로 작업해 준다.

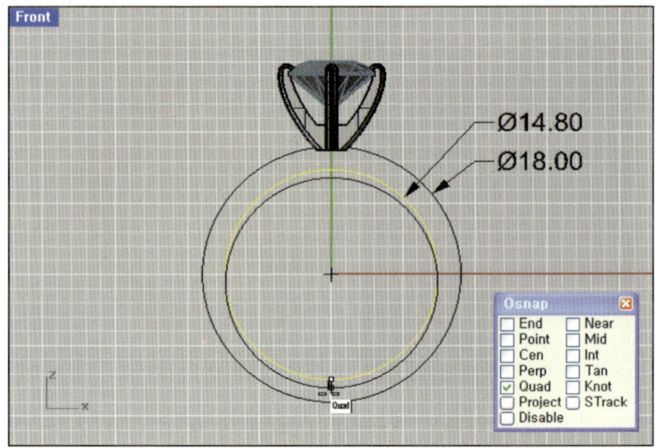

15_ Osnap에 Quad를 체크한 상태에서 Single Point 명령으로 외곽원에 2개의 Point를 배치한다. 이것은 Right View에서 드로잉을 위한 기준점 역할을 하게 된다.

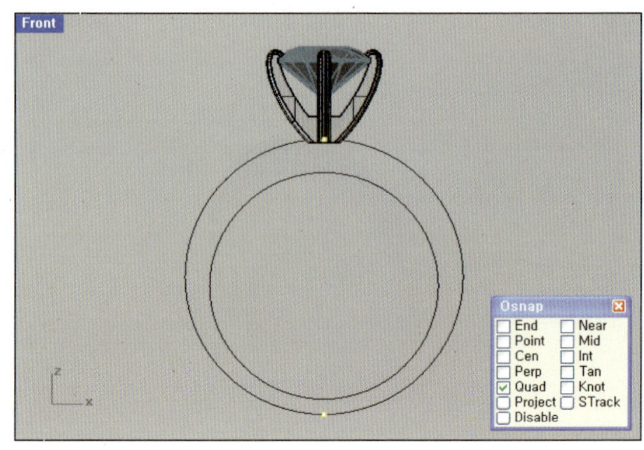

16_ Line:from Midpoint 명령을 사용하여 앞서 준비된 Point를 기준으로 좌우측 총 길이가 상단 4.5mm, 하단 3.0mm인 수평라인을 그려준다.

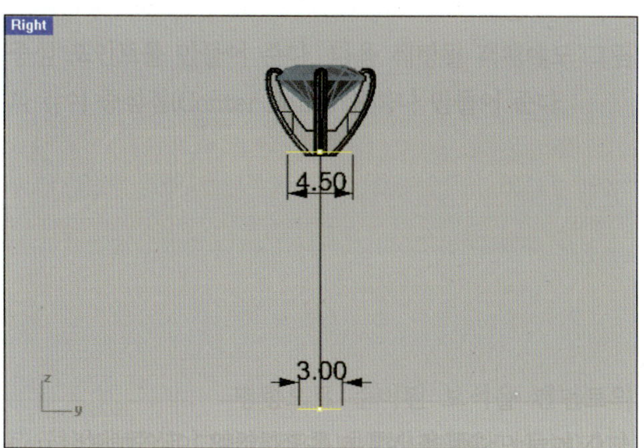

17_ Line 명령으로 1번 선을 그어준다. Osnap에 End가 체크된 상태로 작업되어야 한다.

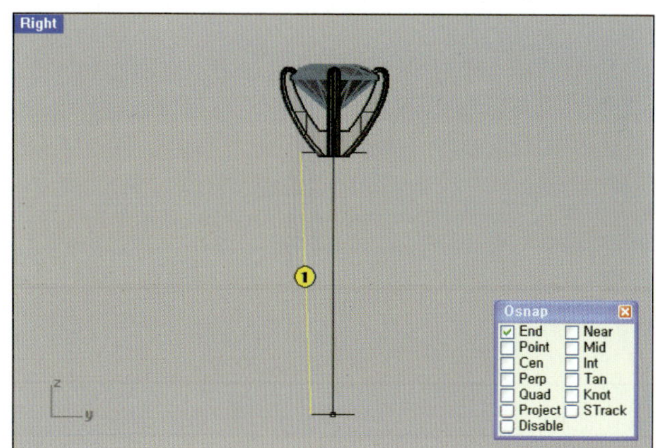

18_ Curve from 2 Views 아이콘을 클릭 〉 1번 개체 클릭 〉 2번 원을 클릭하면 그림과 같이 경사진 A객체가 생성된다.

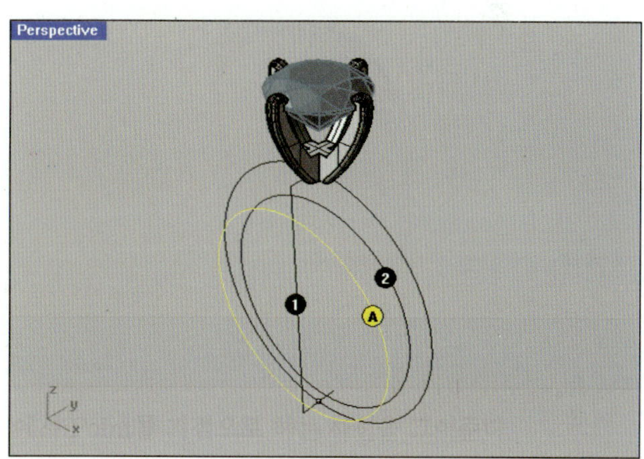

19_ 만들어진 객체 A를 Mirror 명령으로 그림의 Point를 기준으로 대칭 복사한다.

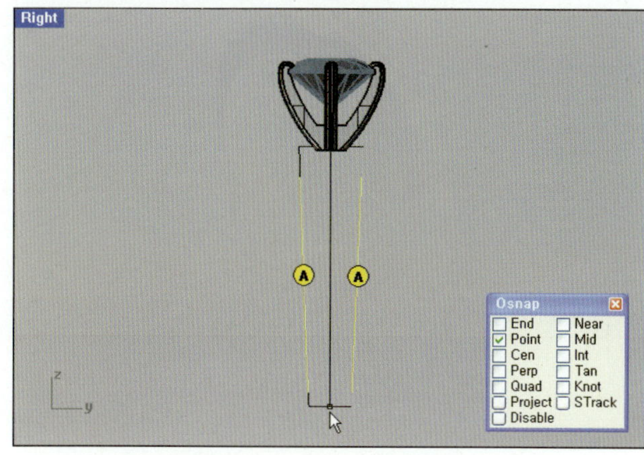

20_ Osnap에 End, Point를 체크한 상태에서 Arc:Start, End, Point on Arc로 상단 1번 호(Arc)와 하단 2번 호(Arc)를 그려준다.

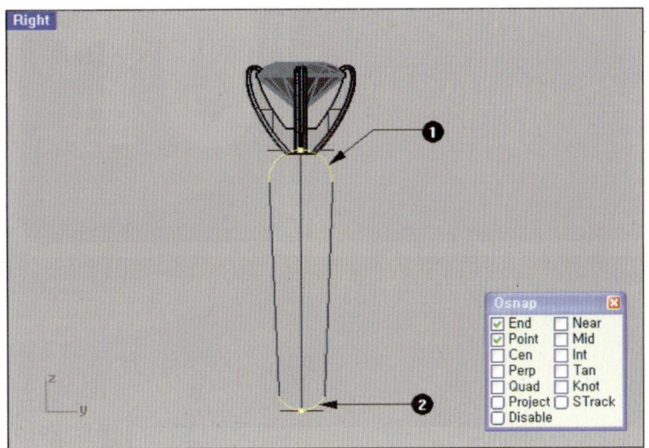

22_ 상단부 호(Arc)를 편집하기 위하여 Control Points On 작동시킨 후 1번과 2번 제어점(CP)을 선택 삭제(Delete)해 준다. Knot의 제거는 보다 부드러운 편집을 위한 준비이다.

23_ Knot이 제거된 상태의 모습이다. 물론 가운데 Knot은 그대로 두어도 문제없다.

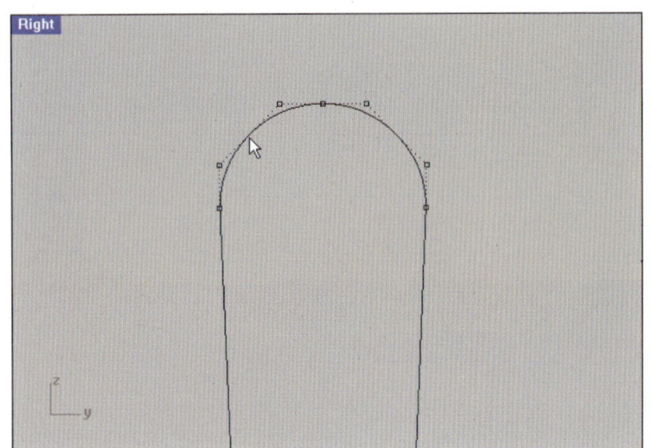

21_ Invert Selection and Hide Objects 명령으로 노랗게 선택된 부분을 제외한 객체들을 모두 가려준다.

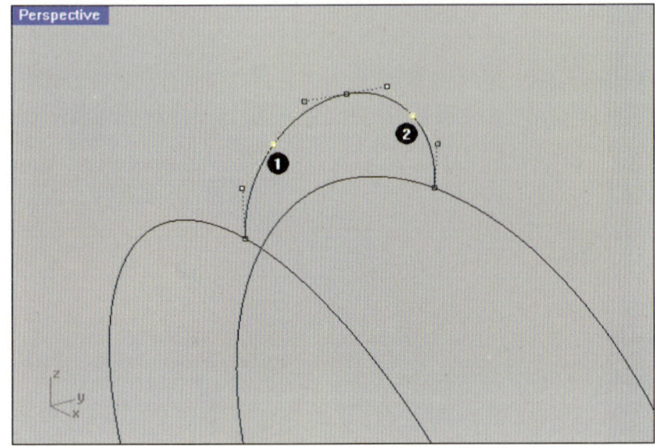

24_ Right View에서 종전의 CP 중 1번과 2번 CP를 선택한다.

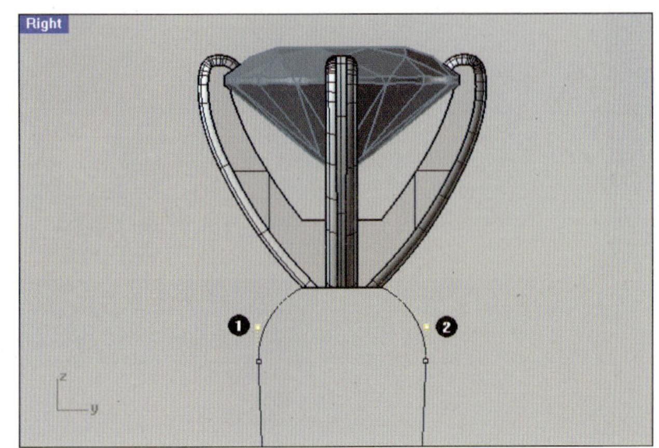

25_ 선택된 1번과 2번 CP를 Move 명령으로 그림과 같이 위쪽으로 바르게 약간 올려준다.

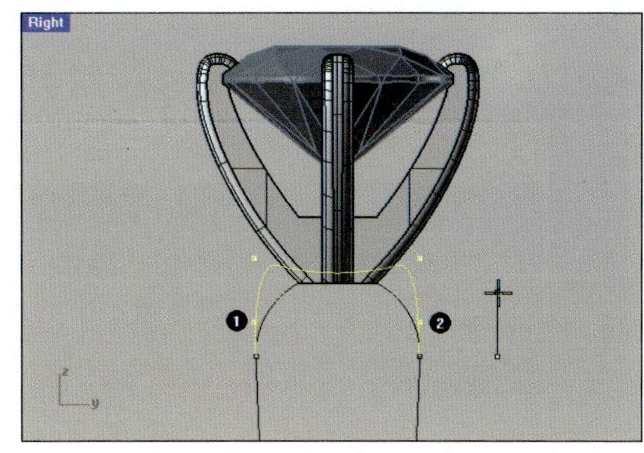

26_ 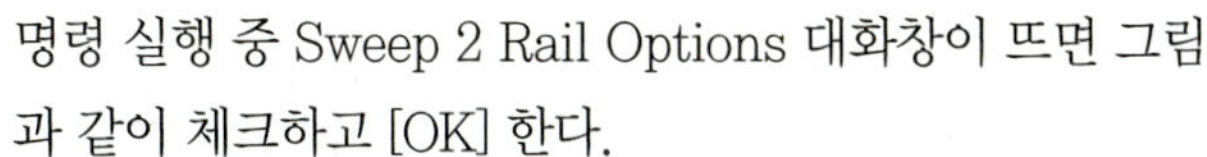 Sweep 2 Rails 아이콘을 클릭 〉 1번과 2번 레일을 클릭 〉 3번과 4번 단면을 연속 클릭 〉 Enter 한다.

명령 실행 중 Sweep 2 Rail Options 대화창이 뜨면 그림과 같이 체크하고 [OK] 한다.

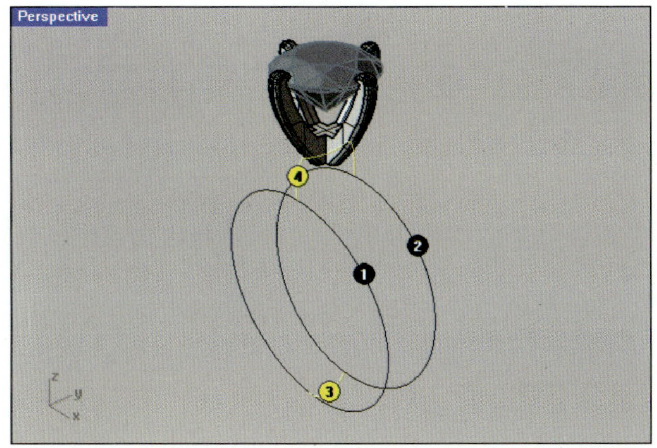

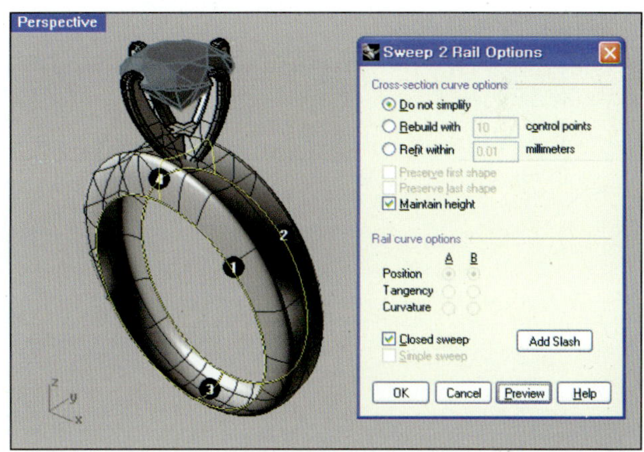

27_ Line 명령으로 Osnap에 Quad가 체크된 상태에서 1번 직선 라인을 그려준다.

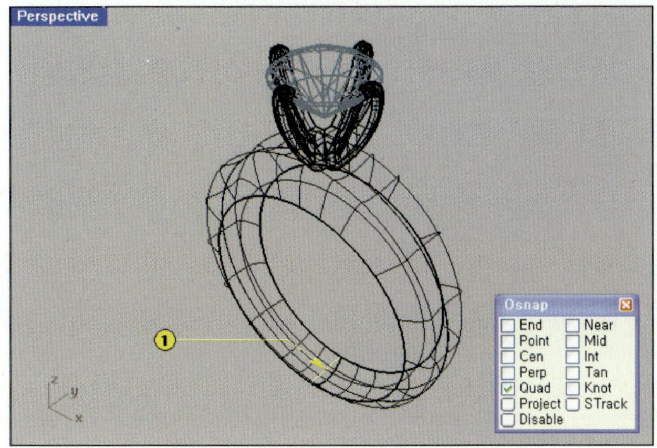

28_ Sweep 2 Rails 아이콘을 클릭 〉 A Edge와 B Edge 클릭 〉 1번 직선을 클릭 〉 Enter 한다.

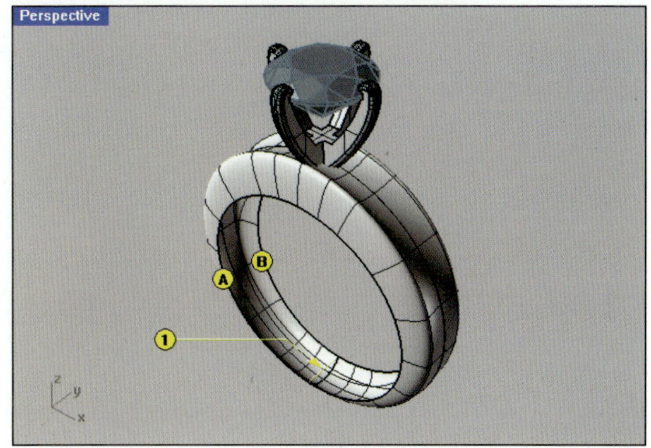

명령 실행 중 Sweep 2 Rail Options 대화창이 뜨면 그림
과 같이 체크하고 [OK] 한다.

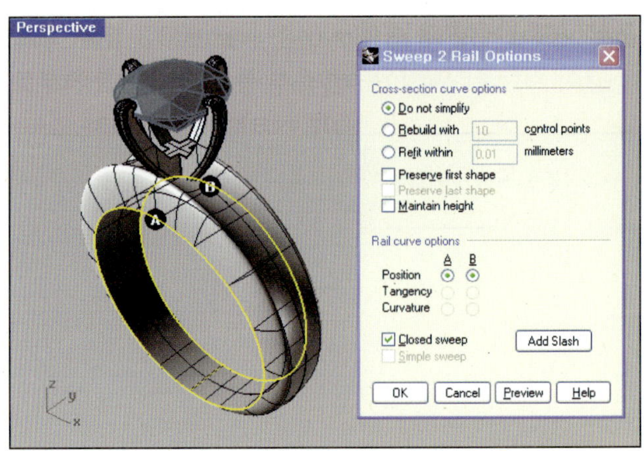

29_ 완성된 안쪽면 2와 바깥쪽 1면을 선택하여 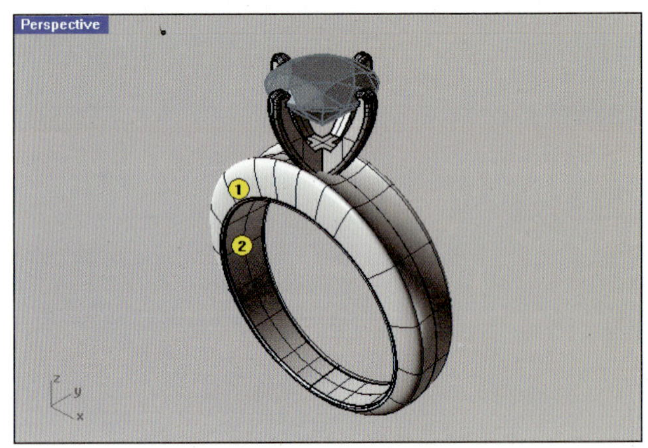
Fillet Surface 0.2를 준다. Fillet Surface 명령을 실행
하고 나면 필렛 부위의 객체들이 서로 떨어진 상태이기에
모두 선택하여 Join해 준다.

30_ Hide Objects 명령으로 보석과 난발을 선택하여 숨겨준다. 지환부에 속파기(Hollow)를 수행할 것이다. 우
선 Osnap에 Quad를 체크한 상태에서 Split / Split Surface by Isocurve 아이콘을 마우스 오른쪽 버튼으로 클
릭 〉 Select object split(Point Isocurve) : 메시지가 뜨면 A면을 선택 〉 Split point(Direction=V, Toggle Shrink=Yes):
라는 메시지가 뜨면 십자 커서를 Quad 점으로 이동 〉 양쪽 Quad 점을 찍어 주면 A면이 그림처럼 잘리게 된다.

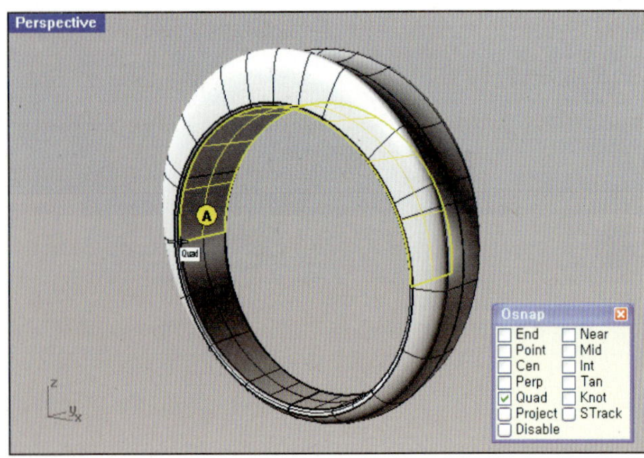

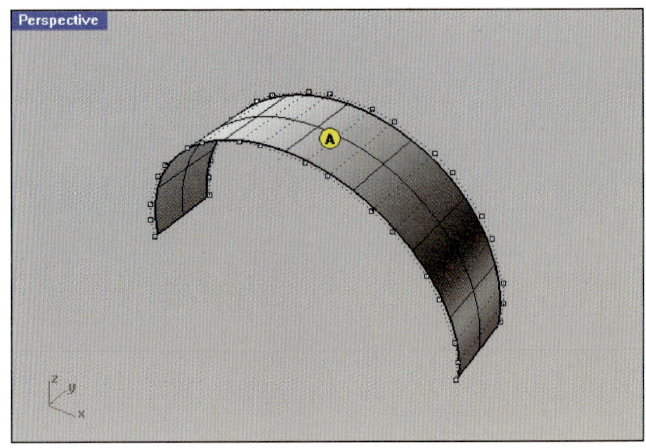

31_ 잘린 A면을 클릭한 상태에서 🔲 Create UV Curves 아이콘을 클릭 〉 [Enter] 한다. 그러면 그림과 같이 해당 면에 대한 펼친 면적이 선의 모습으로 자동 추출된다. 안쪽의 2번 선이 실질적인 면적의 윤곽선이 되며 이것을 안쪽으로 🔲 Offset Curve(0.6mm)하여 살두께를 형성하게 된다.

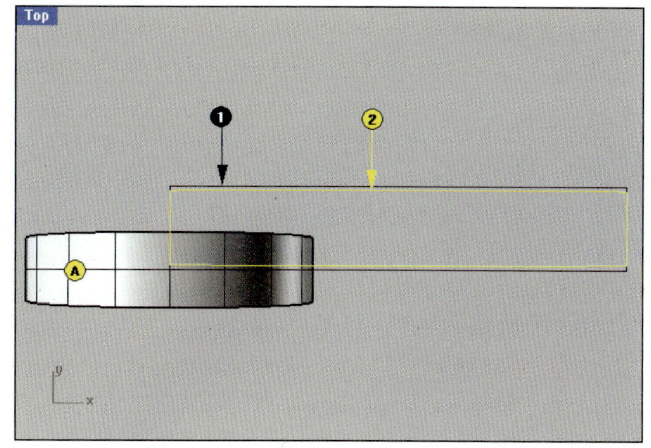

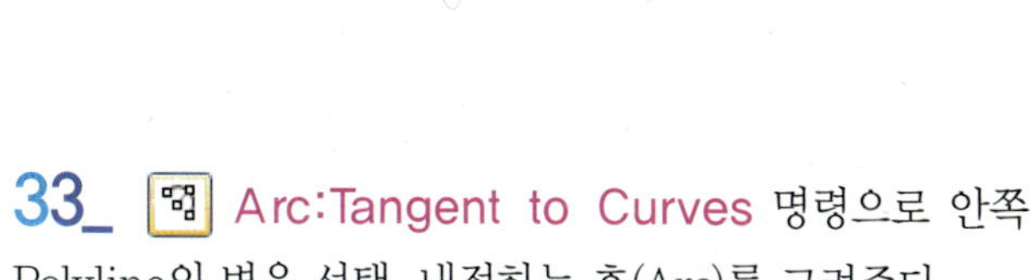

32_ 안쪽의 2번 선이 실질적인 면적의 윤곽선이 되며 이것을 다시 안쪽으로 0.6mm 🔲 Offset Curve하여 살 두께를 형성하게 된다.

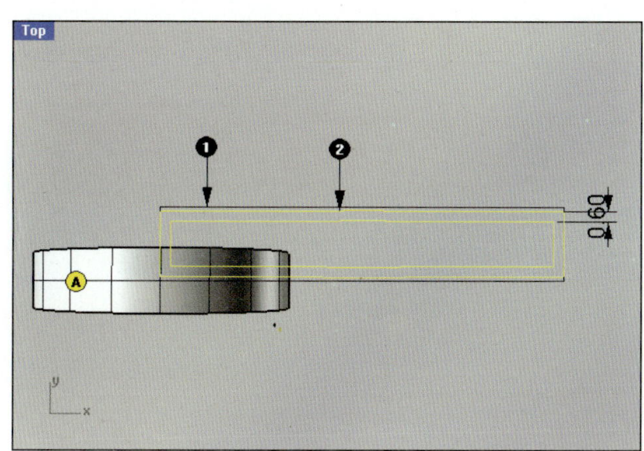

33_ 🔲 Arc:Tangent to Curves 명령으로 안쪽 Polyline의 변을 선택, 내접하는 호(Arc)를 그려준다.

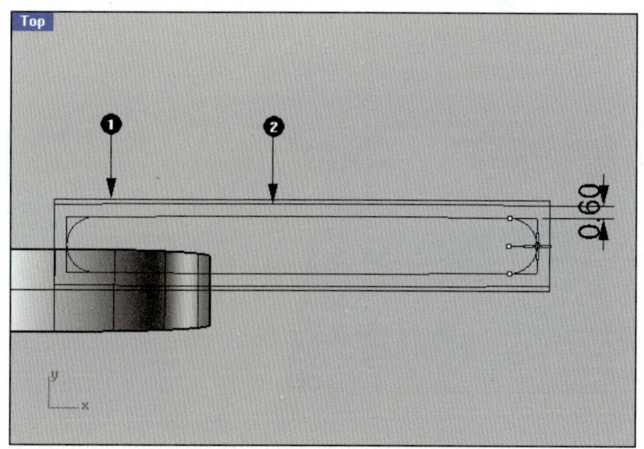

34_ 🔲 Trim 명령으로 그림과 같이 불필요한 객체들을 지워준 후 객체를 🔲 Join 해준다. 만들어진 객체를 면에 입사시켜 본다.

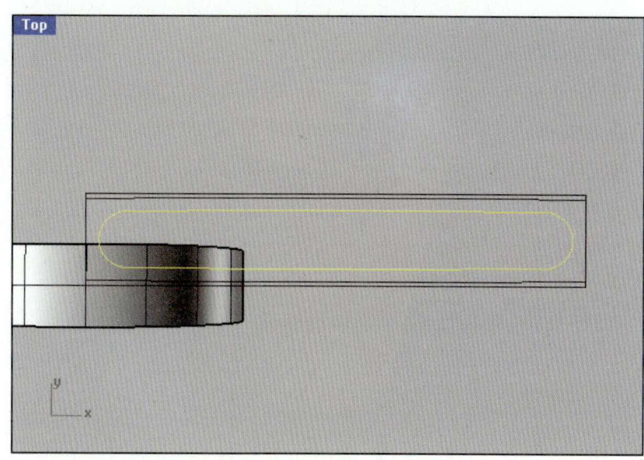

35_ 우선 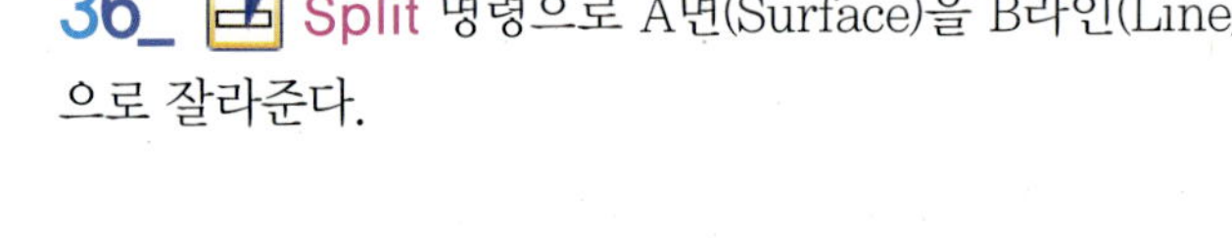 Create UV Curves 아이콘을 마우스 오른쪽 버튼으로 클릭 〉 1번과 2번 Polyline을 선택 〉 Enter 〉 A면을 클릭하면 그림과 같이 면에 UV 입사된다.

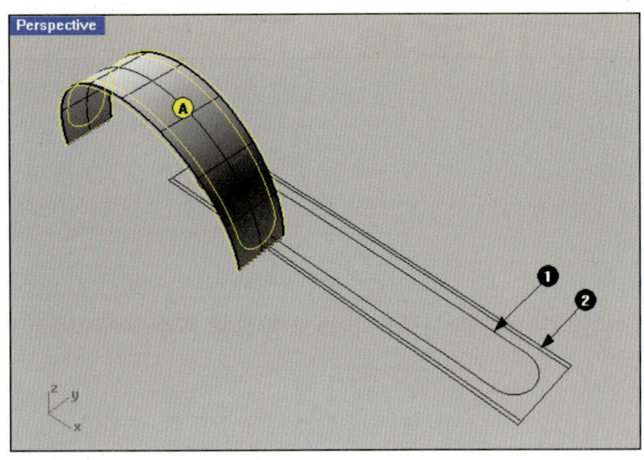

36_ Split 명령으로 A면(Surface)을 B라인(Line)으로 잘라준다.

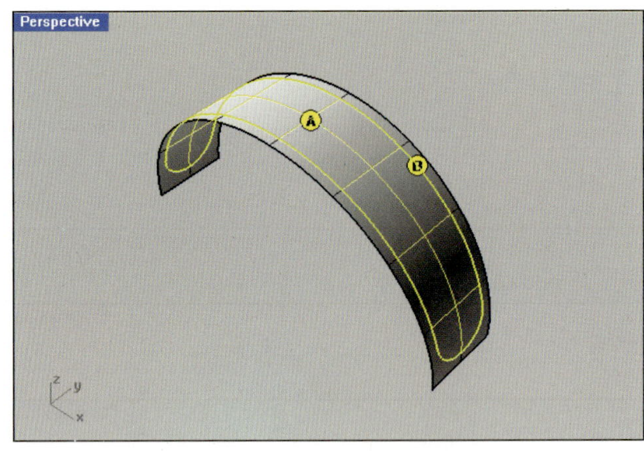

37_ Point 명령으로 그림과 같이 Quad점에 2개의 Point를 배치한다.

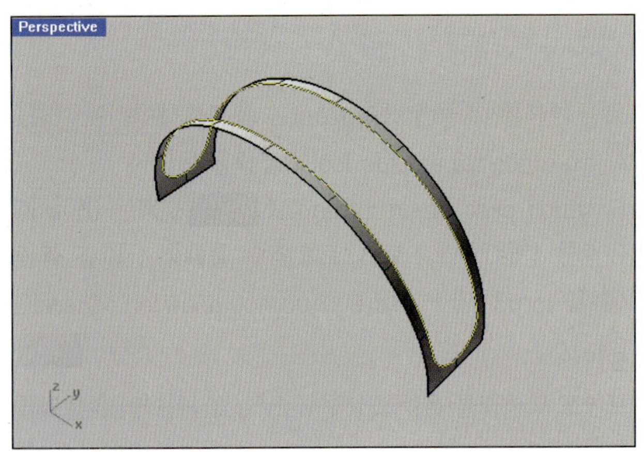

38_ Cutting Plane 명령을 사용 Top View에서 그림과 같이 수직 방향으로 그어주면 커팅면이 생성된다.

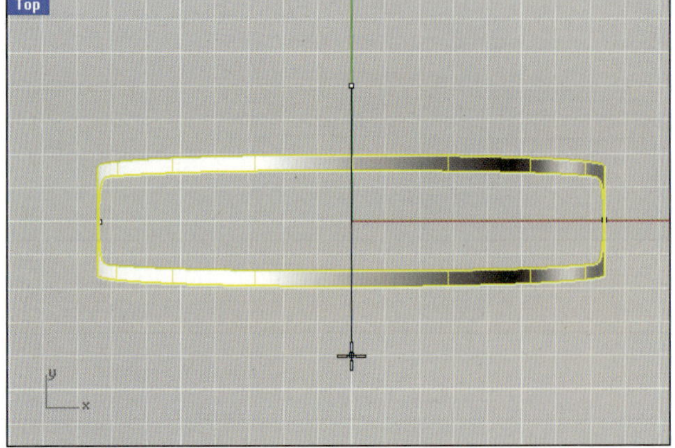

39_ Object Intersection 명령으로 1번 면과 2번 선에 교차하는 교차 Point를 추출한다. 이는 속파기 단면 생성시 기준점이 된다. 작업이 끝나면 1번 면(Cutting Plane)을 삭제한다.

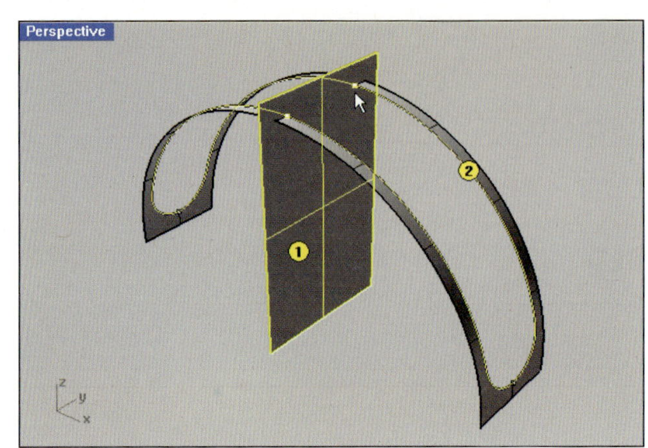

40_ 반지의 지환(몸체)부분만을 추가로 보이게 한다. 다음 Arc:Start, End, Point on Arc 명령으로 호(Arc)를 그려준다. 반원보다 조금 낮게 그려준다.

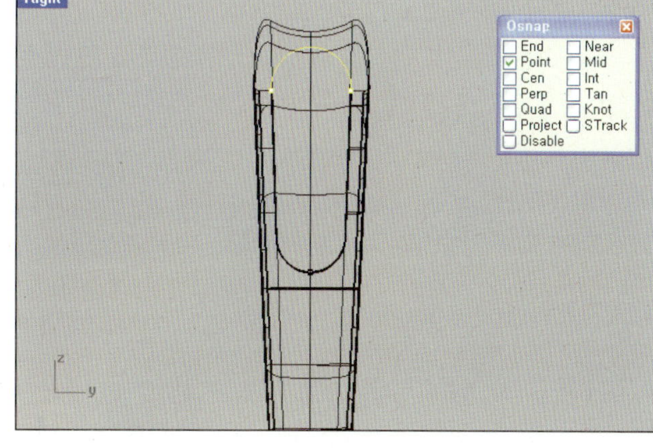

41_ 호(Arc)의 Quad점에도 그림과 같이 Point를 배치한다. 이것은 Front View에서 단면 높이의 작도 기준이된다.

42_ Front View에서 Curve:Interpolate Points 명령으로 종전의 Point를 기점으로 하는 속파기 형상 절반을 그려준다.

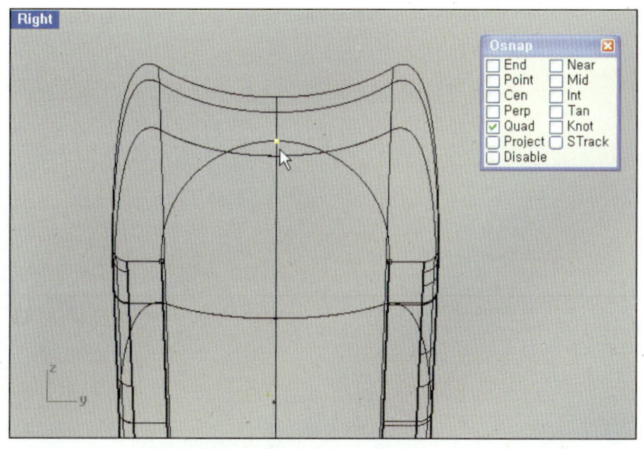

43_ 그려진 객체를 Mirror 시켜 준 후 가운데 접선 부위를 Match Curve 시켜 준다. Match Curve 옵션 설정은 그림과 같다.

44_ 그림과 같이 나머지 객체들을 모두 숨겨주고 화살표가 지시하는 커브를 2개의 Point를 이용하여 동시에 Split 해준다.

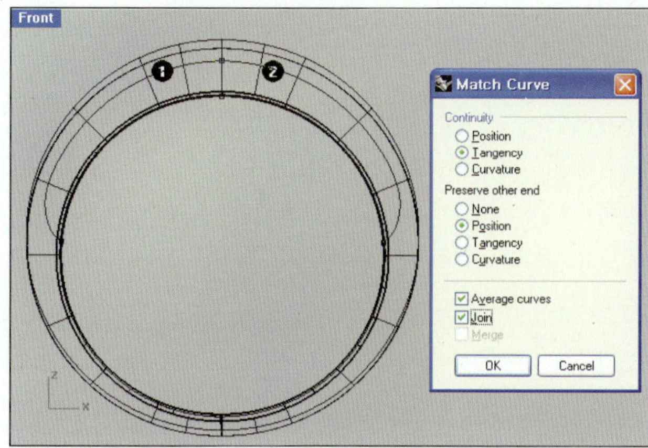

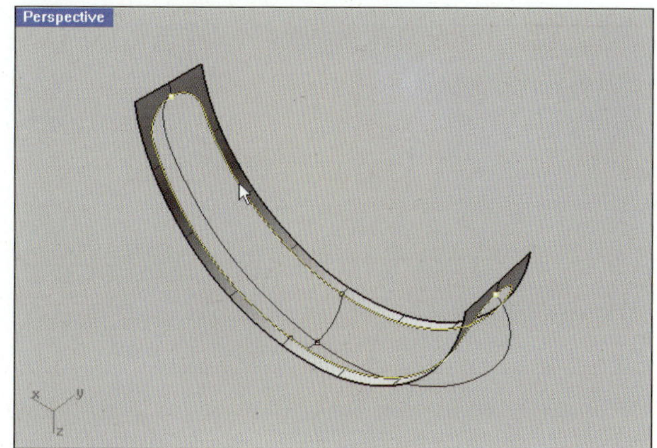

45_ Surface from Network of Curves 명령으로 그림의 번호 순서대로 클릭하여 속파기 면을 완성한다.

명령 실행 중 Surface From Curve...옵션창이 뜨면 그림과 같이 설정하고 [OK] 한다.

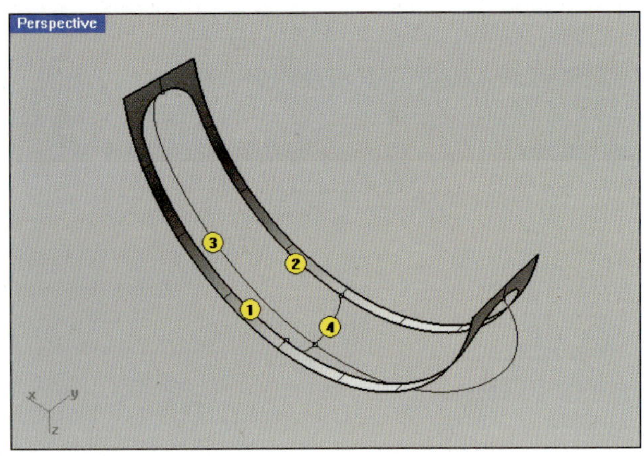

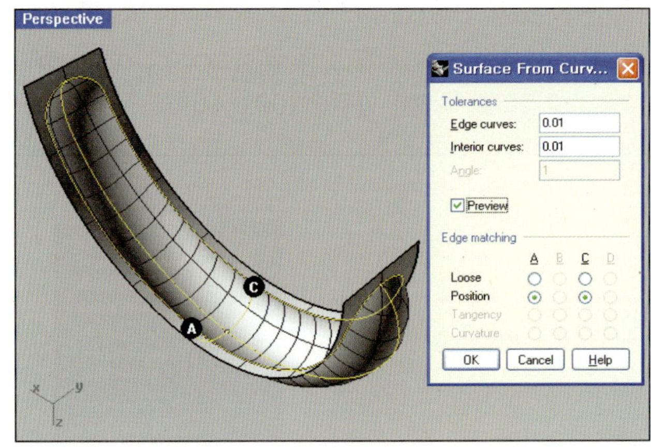

46_ Shade 명령으로 반지의 속파기 부분 모습을 살펴본다.

47_ 1번과 2번 Solid 객체를 모두 선택하여 마지막으로 Boolean Union시켜 준다.

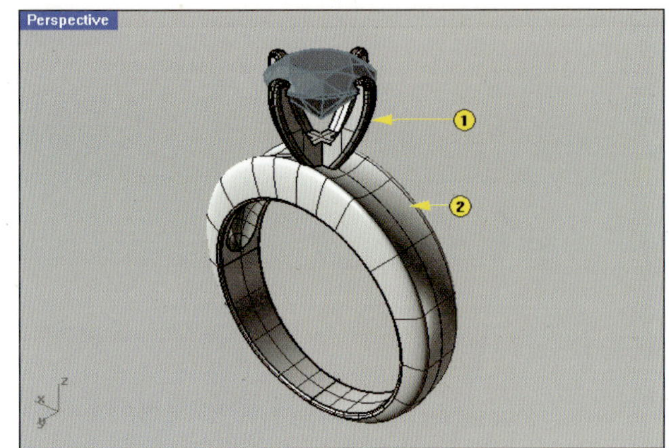

48_ Shade 명령으로 반지의 전체적인 모습을 살펴본다.

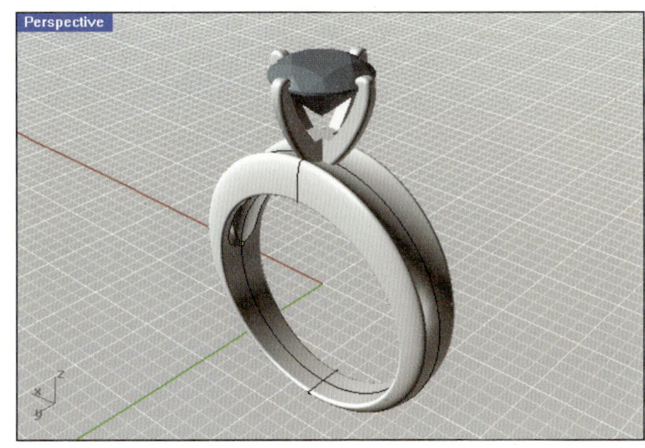

Chapter 09

R h i n o c e r o s

6발 프롱세팅(Prong Setting) 반지 만들기

● 따라해 보세요 !

01_ TechGems 4.1(4.2) –mm–en 메인 메뉴 〉 Round Cuts 아이콘을 마우스 오른쪽 버튼으로 클릭 〉 Gem Size 대화창에 그림과 같이 보석의 크기 기입 (A=6, B=6, C=4mm) 〉 [OK] 한다. 보석이 없다면 **부록 CD 〉 보석샘플 〉 GEM-02**를 불러온다.

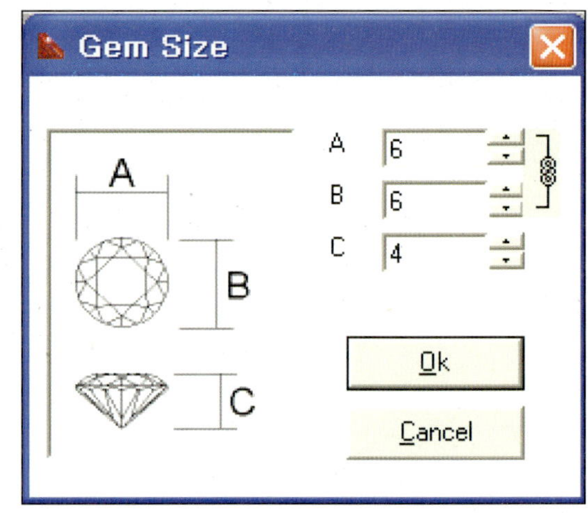

보석이 위치할 곳은 Top View에 그림과 같으며 Grid Snap에 Snap, Ortho가 체크된 상태로 위치를 지정해 준다. 보석이 지정한 크기만큼 생성되었다.

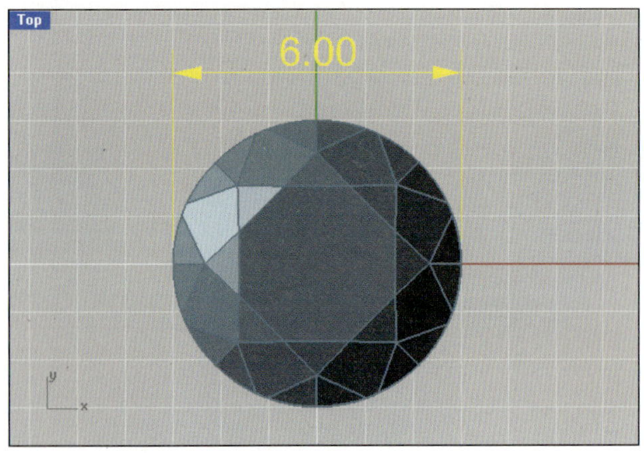

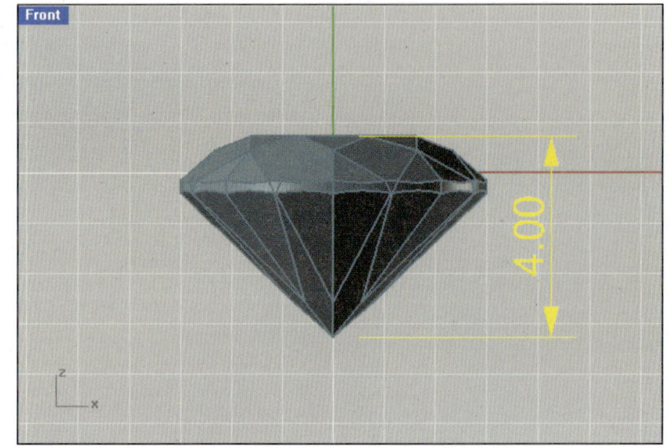

02_ 그림에 보이는 치수를 기준으로 Polyline 명령을 이용하여 중심을 잡고, Curve:Interpolate Points로 난발의 외형선을 완성한다.

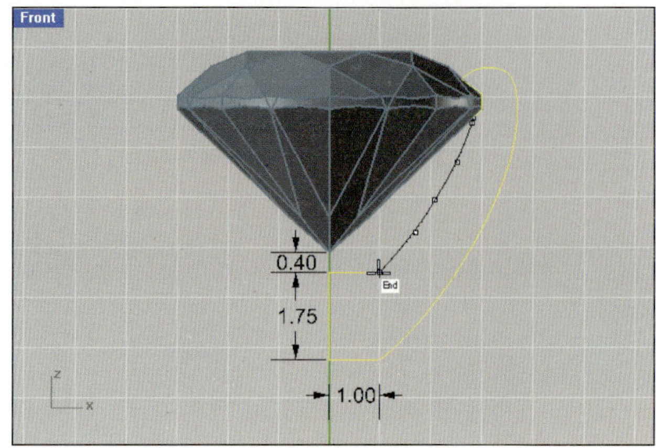

03_ 그려진 2번 중심라인은 그대로 두고 1번(노란색 선택부분) 라인객체들을 모두 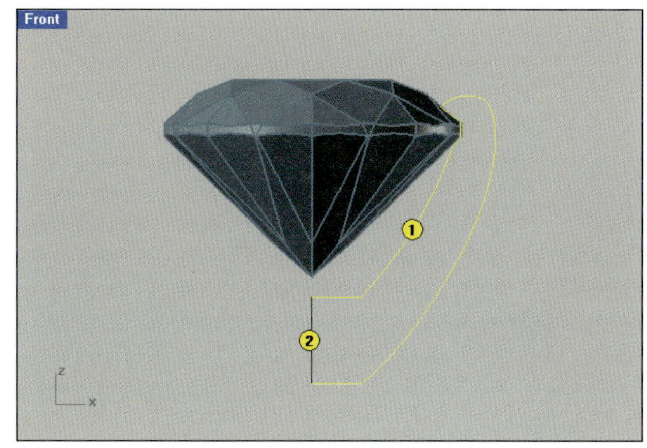 Join시켜 준다.

04_ Revolve 아이콘 클릭 〉 1번 객체 클릭 〉 Enter 〉Start of revolve axis: 2번 중심축의 시작 End점 클릭 〉 End of revolve axis: 2번 중심축의 끝 부분 End점 클릭 〉 Start angle=0 〉 Enter 〉 Revolution angle〈360〉: Enter 입력 〉 Enter 한다.

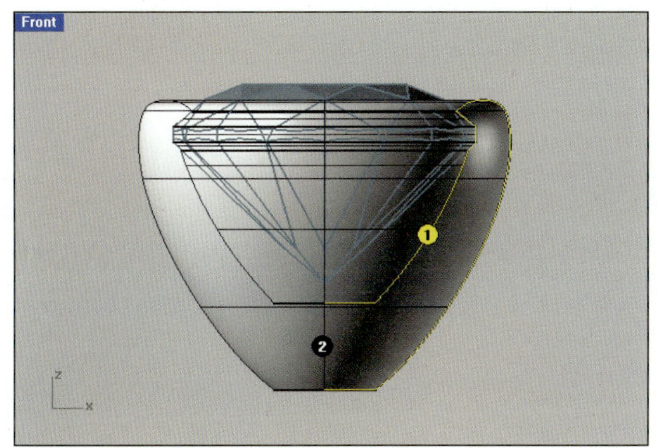

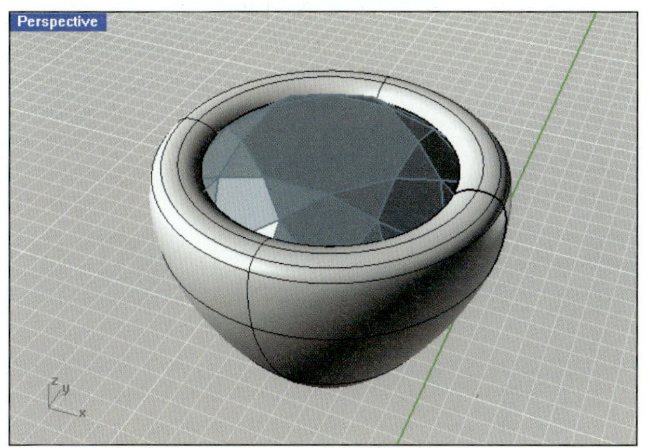

◐ 360도 회전체가 완성된 모습

05_ Grid Snap에 Snap, Ortho를 체크한 상태에서 Line 명령으로 1번 수직 중심라인을 그려주고 Line:from Midpoint 명령으로 2번(총 길이 2.80mm) 수평라인을 그려준다. 물론 Osnap에 Near를 체크한 상태에서 작업한다.

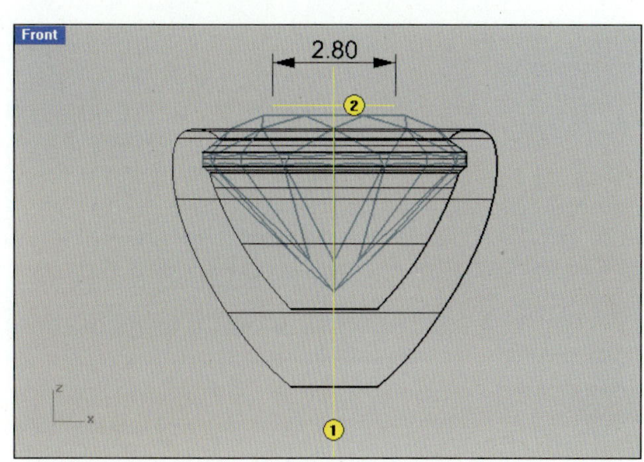

06_ Curve:Interpolate Points 명령으로 2번 객체에 End점에서 시작하는 커브 3을 그려준다. 물론 커브의 끝나는 점은 중심축에 Near 부분이며 회전체의 밑바닥 부분에 닿지 않도록 약간 윗쪽에 지정해 준다.

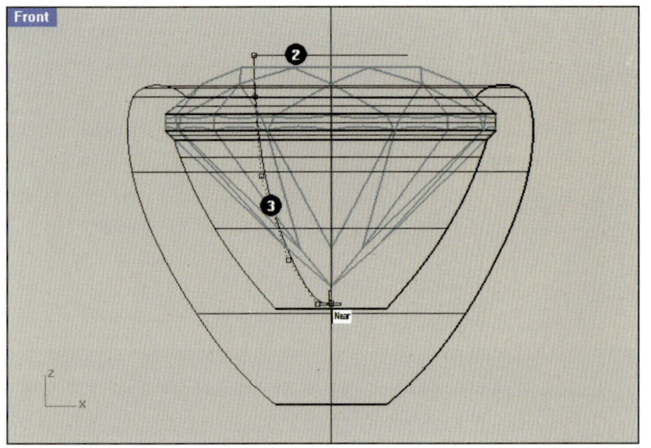

07_ Mirror 명령으로 3번 객체를 우측으로 대칭 복사하여 4번 객체를 얻는다. 다음 Match Curve 명령으로 3번과 4번 부위를 클릭 Match Curve 시켜준다. 명령 실행 중 Match Curve 옵션창이 나타나면 Continuity=Curvature, Preserve other end=Position, Average curve, Join에 체크 〉 [OK] 한다.

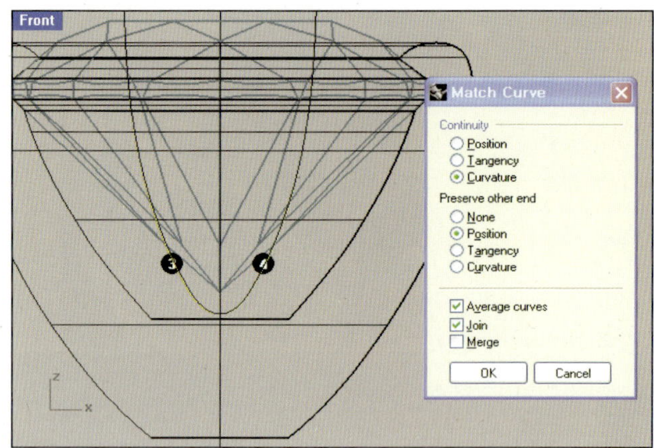

08_ 위에서 그려진 2-3-4번 객체가 모두 Join된 상태에서 Extrude closed planar curve 아이콘을 클릭, 그림과 같이 회전체를 좌우측으로 관통하는 정도의 Extrude를 시켜준다. 명령 진행 중 커맨드창에 옵션은 BothSides=Yes, Cap=Yes이다.

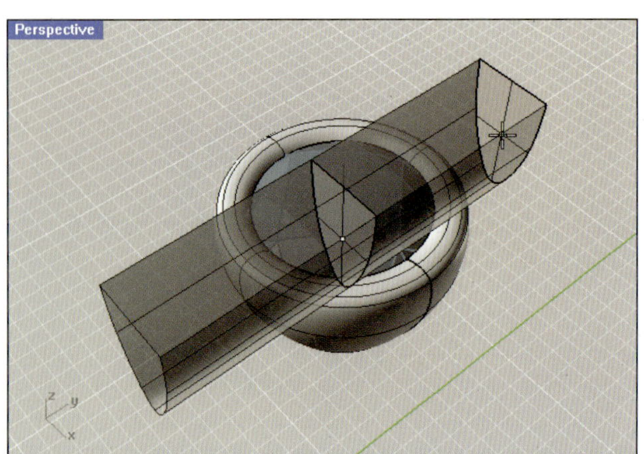

09_ Volume Centroid를 이용하여 보석을 선택, 중심점을 생성한다.

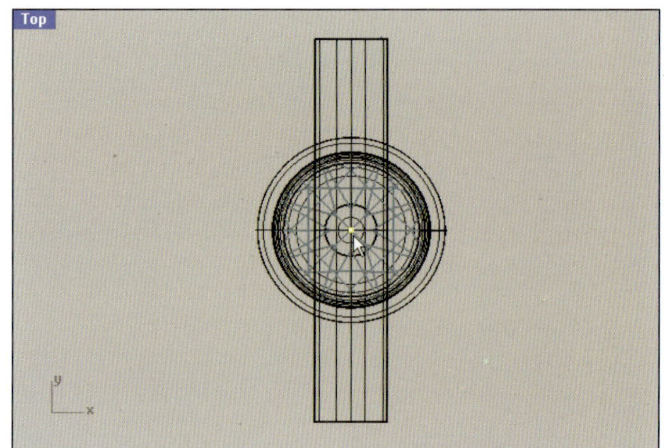

10_ Top View에서 종전에 Extrude된 솔리드(Soild) 객체를 선택한다. Polar Array 아이콘 클릭 〉 Center of polar array: 메시지가 뜨면 보석의 중심을 Point로 클릭 〉 Number of items=3 입력 〉 Enter 〉angle to fill or first reference point=360도 입력〉 Enter 한다. 난발의 개수에 따라 독자님들은 원하는 개수와 각도를 입력해 주면 된다.

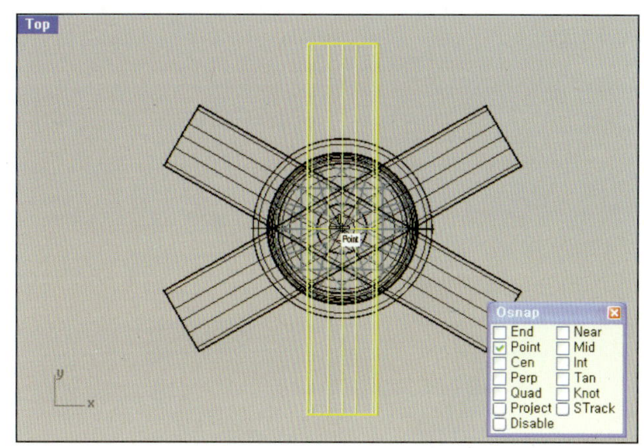

11_ Boolean Union으로 객체 A-B-C를 동시에 선택하여 하나의 솔리드(Solid) 객체로 만들어 준다.

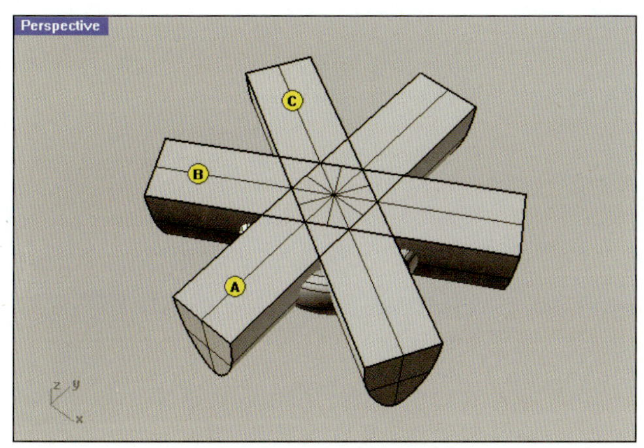

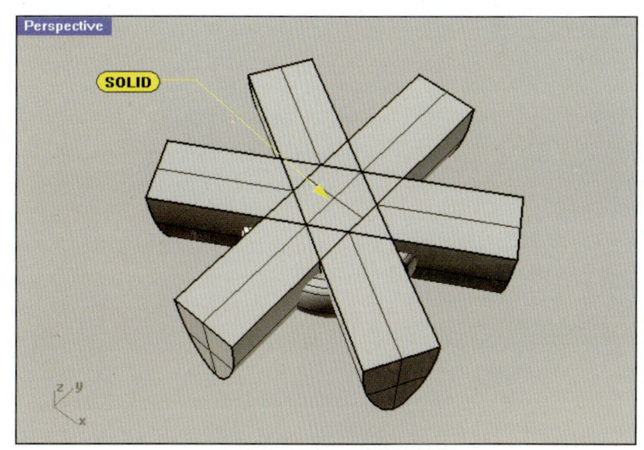

12_ Merge two coplanar faces 아이콘을 오른쪽 마우스 버튼으로 클릭 〉 종전의 Solid 회전 객체를 선택 〉 Enter 한다. 이렇게 해주면 겹쳐진 아이소커브(Isocurve)를 없애주어 깨끗한 단일면을 얻을 수 있다.

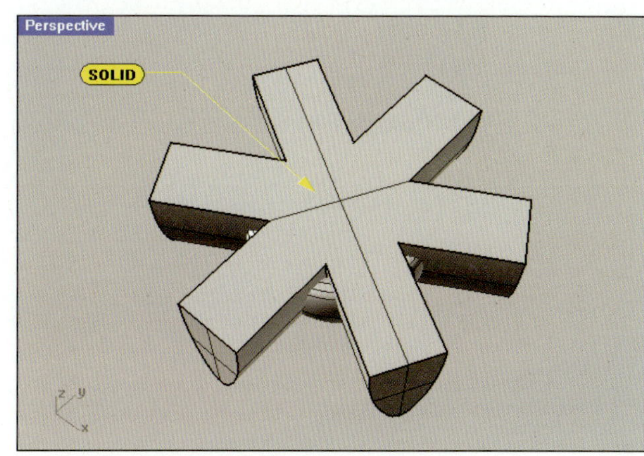

13_ 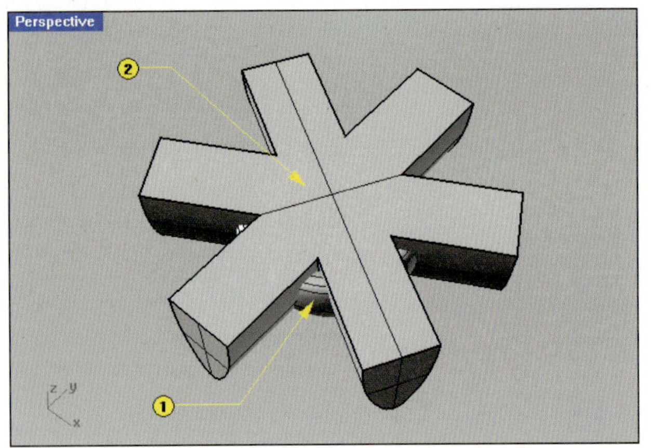 **Boolean Difference** 아이콘을 클릭 〉 1번 회전체를 클릭 〉 **Enter** 〉 2번 객체 클릭 〉 **Enter** 한다.

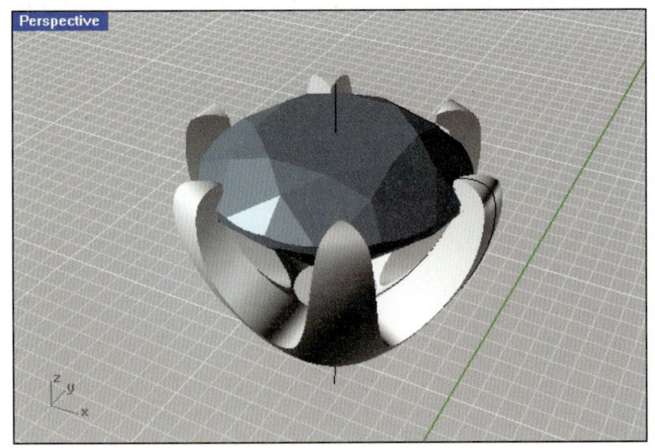

◆ Boolean Difference 실행 결과 모습

14_ **Circle:Center, Radius**로 내경 19mm, 외경 23.60mm인 원(Circle)을 그려준다. 다음 **Move** 명령으로 19.00mm 내경을 0.5mm 하단으로 내려준다. Grid Snap에 Snap, Ortho, Osnap에 Quad를 체크한 상태로 작업해 준다.

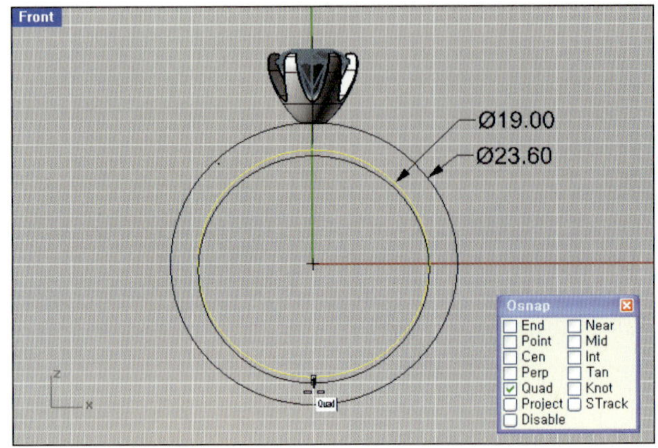

15_ Osnap에 Quad를 체크한 상태에서 **Single Point** 명령으로 내, 외곽원에 각각 2개의 Point를 배치한다. 이것은 Right View에서 드로잉을 위한 기준점 역할을 하게 된다.

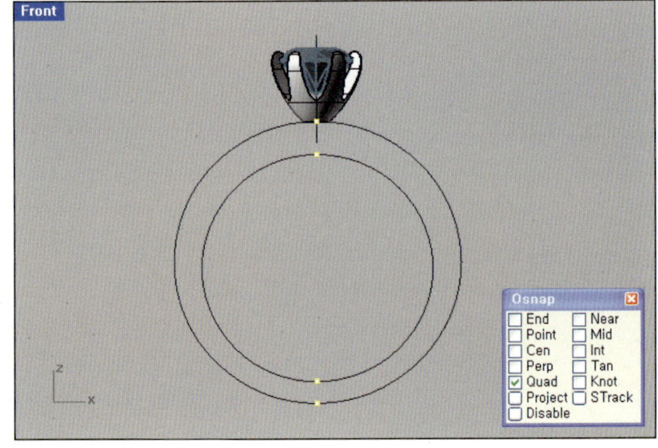

16_ Line:from Midpoint 명령을 사용하여 앞서 준비된 Point를 기준으로 좌, 우측 총 길이가 상단 2.50mm, 하단 3.50mm인 수평라인을 그려준다.

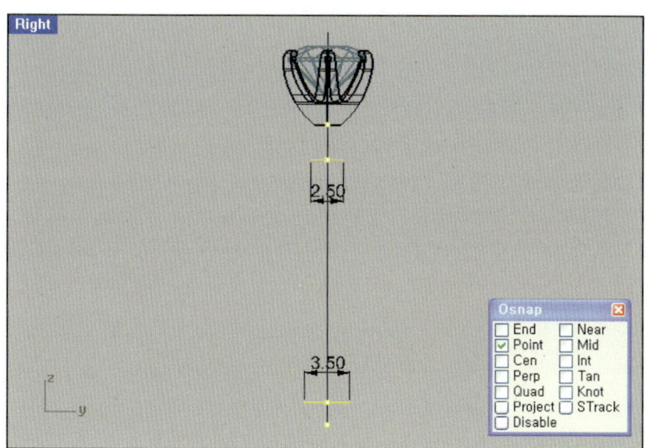

17_ Curve:Interpolate Points 명령으로 1번 선을 그어준다. Osnap에 Point와 End를 체크해 가며 작업해 준다.

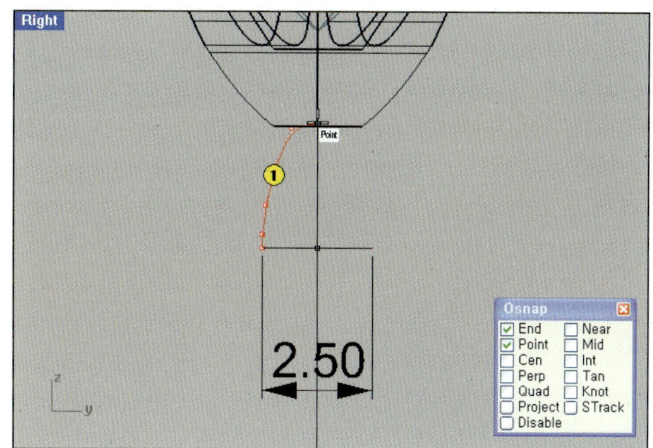

18_ 만들어진 객체 1을 Mirror 명령으로 그림의 Point를 기준으로 대칭 복사한다. 다음 Match Curve 명령으로 1번과 2번 부위를 클릭하여 Match Curve 시켜준다. 명령 실행 중 Match Curve 옵션창이 나타나면 Continuity=Curvature, Preserve other end=Position, Average curve, Merge에 체크 〉 [OK] 한다.

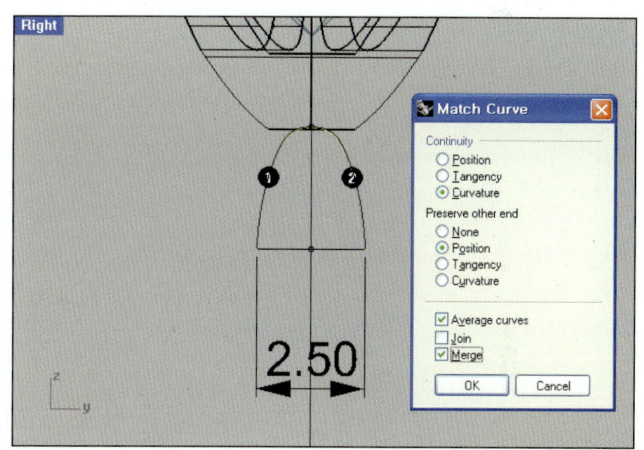

19_ Osnap에 End, Point를 체크한 상태에서 Arc:Start, End, Point on Arc로 하단 1번 호(Arc)를 그려준다.

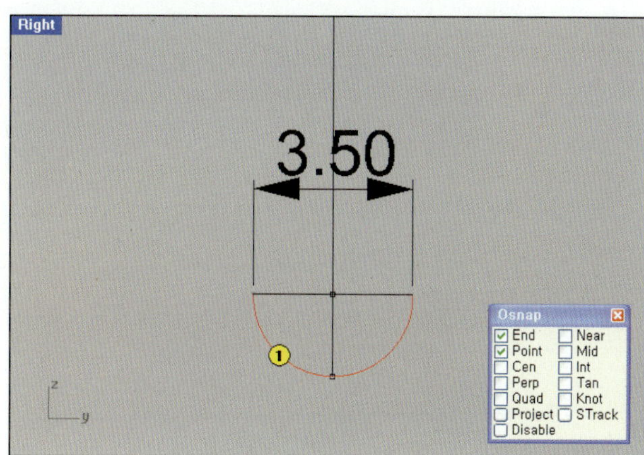

20_ 1번 반지의 단면과 2번 단면을 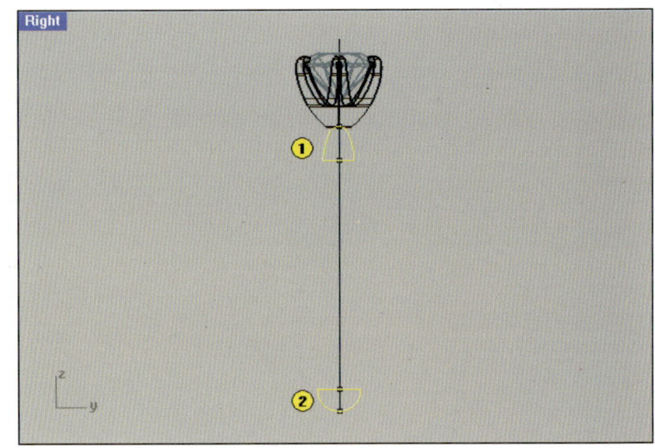 Join 한다.

21_ Sweep 2 Rails 아이콘을 클릭 〉 A와 B 레일을 클릭 〉 1번과 2번 단면을 연속 클릭 〉 Enter 한다.

명령 실행 중 Sweep 2 Rail Options 대화창이 뜨면 그림과 같이 체크하고 [OK] 한다.

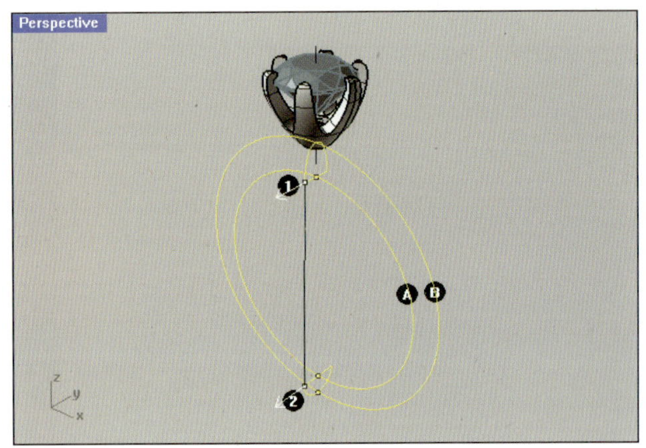

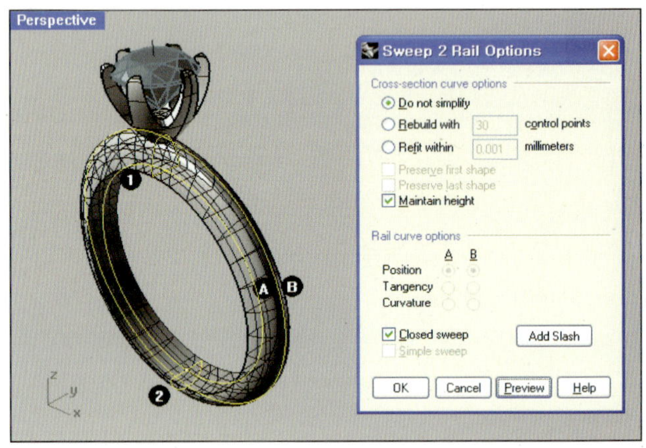

22_ Sweep 2 Rails 명령 실행결과이다. 지환부가 완성되었다.

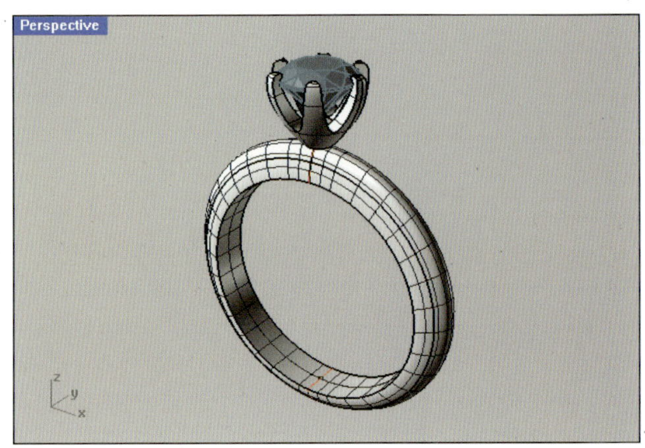

23_ Move툴로 앞서 제작된 난발과 보석을 선택하여 그림과 같이 아래로 약간만 내려 지환부와 겹쳐지게 해준다.

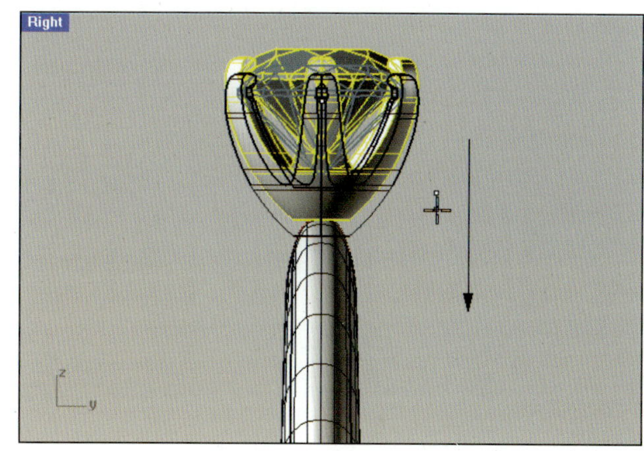

24_ 1번과 2번 Solid 객체를 모두 선택하여 마지막으로 Boolean Union 시켜준다.

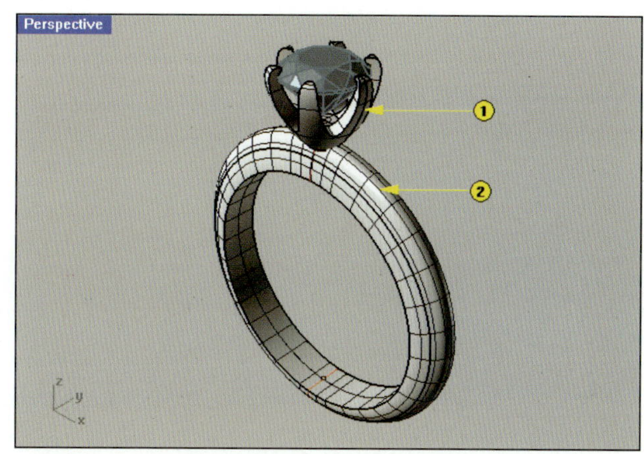

Shade 명령으로 반지의 전체적인 모습을 살펴본다.

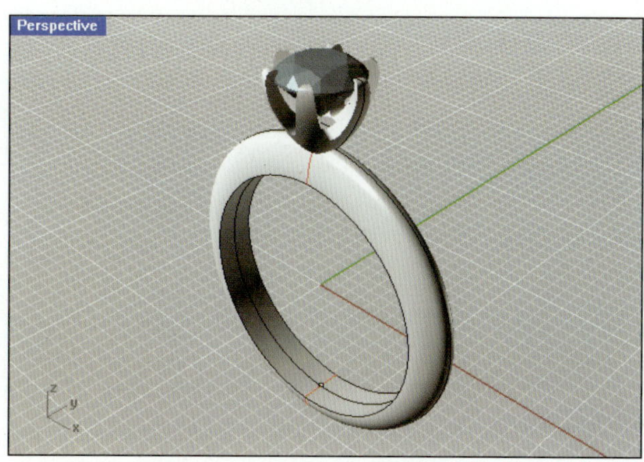

Rhinoceros

Chapter 10

원형 배열(Polar Array) 반지 만들기

Preview

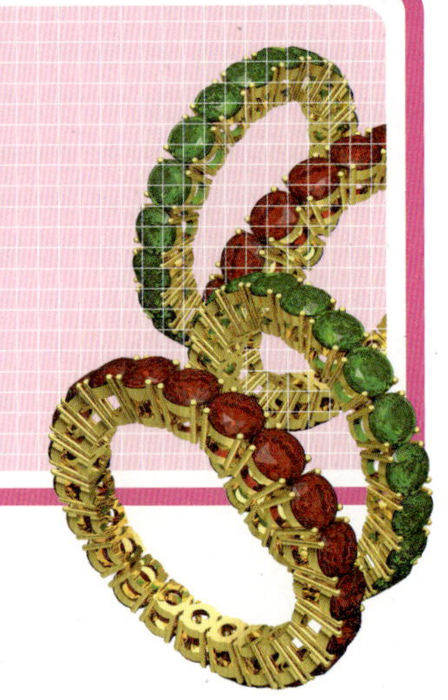

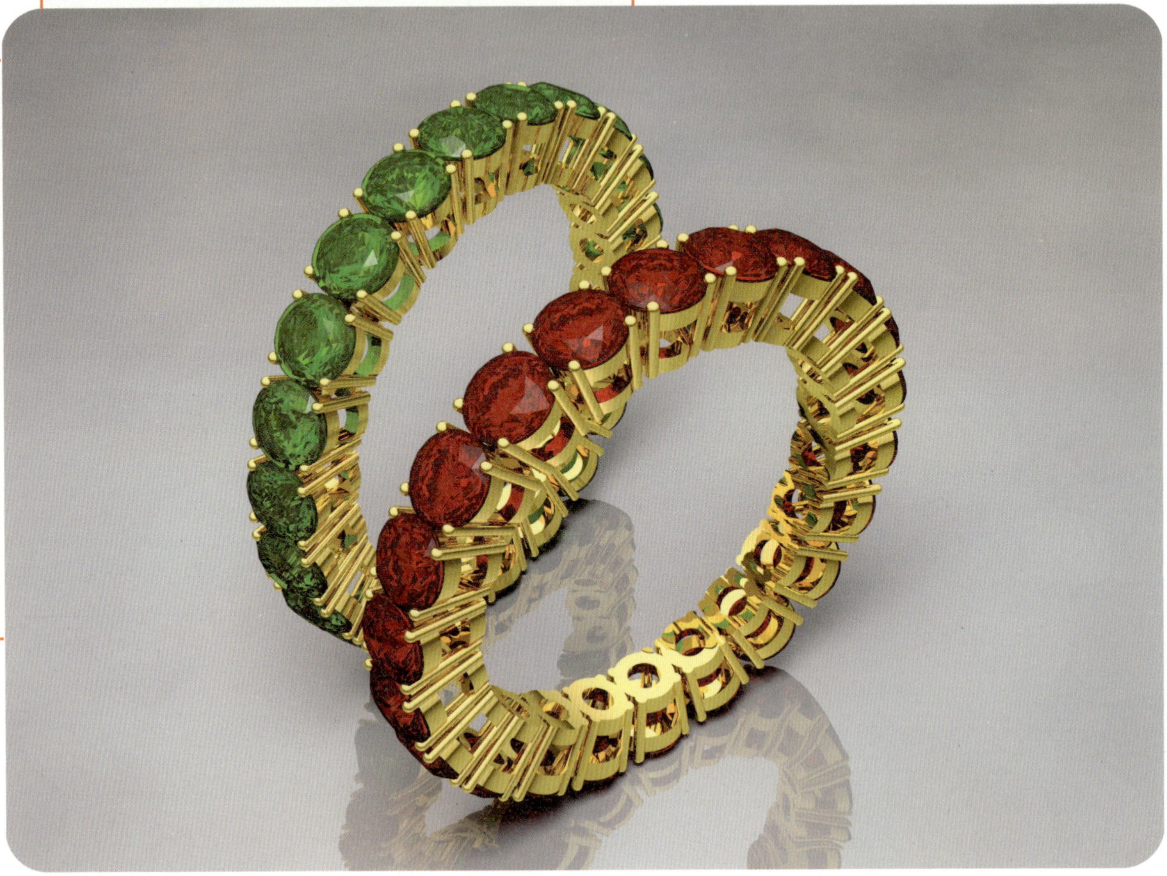

 **따라해 보세요 !**

01_ 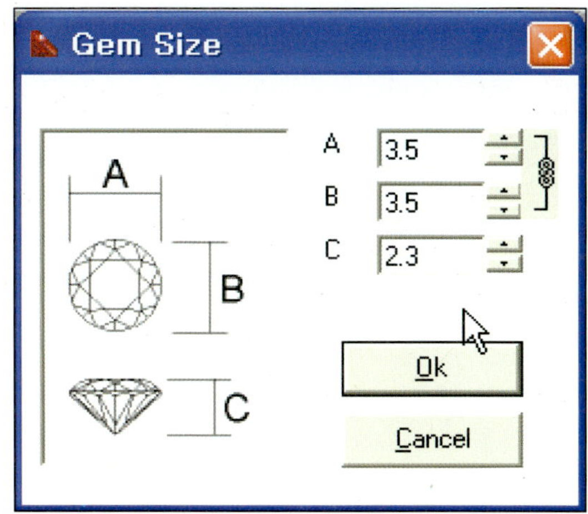 TechGems 4.1 –mm–en 메인 메뉴 〉 Round Cuts 아이콘 마우스 오른쪽 버튼 클릭 〉 Gem Size 대화창에 그림과 같이 보석의 크기 기입(A=3.5, B=3.5, C=2.3mm) 〉 [OK] 한다. 보석이 없다면 **부록 CD 〉 보석샘플 〉 GEM-03**을 File 〉 Import로 불러온다.

보석이 위치할 곳은 Top View의 그림과 같으며 Grid Snap에 Snap, Ortho가 체크된 상태로 위치를 지정해 준다. 보석이 지정한 크기만큼 생성되었다.

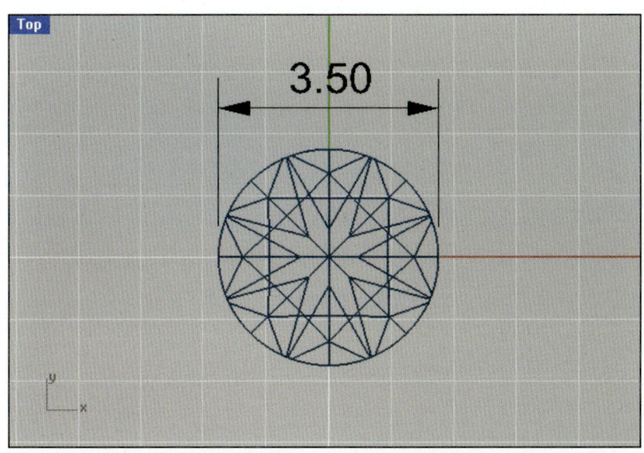

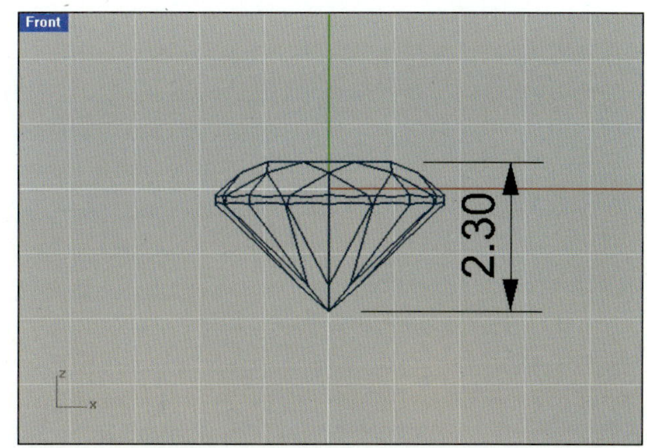

02_ Volume Centroid 명령으로 준비된 보석에 체적 중심점을 생성한다.

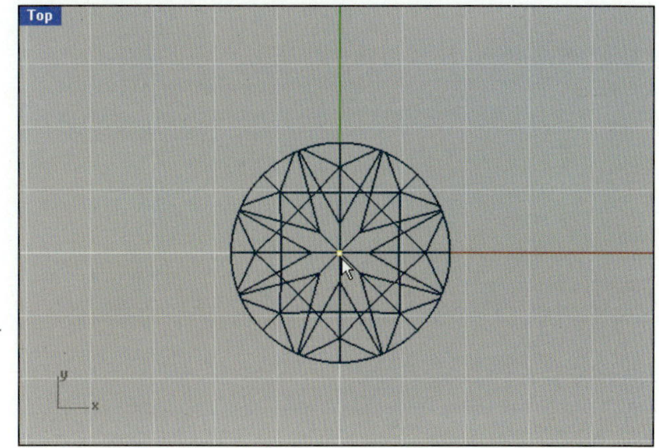

03_ Circle:Center, Radius 명령으로 Point를 기준으로 직경 3.50mm의 원(Circle)을 그려준다. Osnap에 Point를 체크한 상태로 작업해 준다.

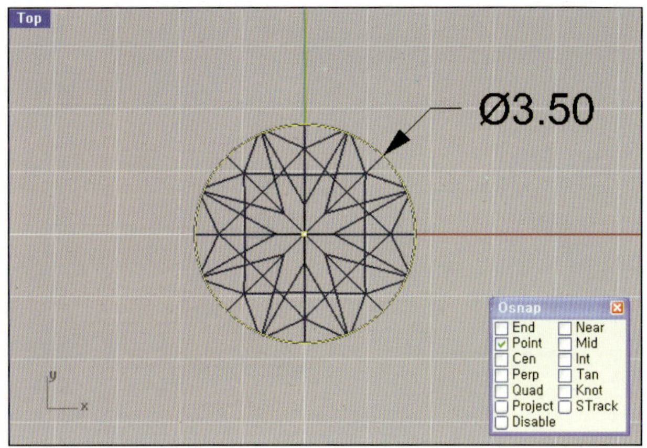

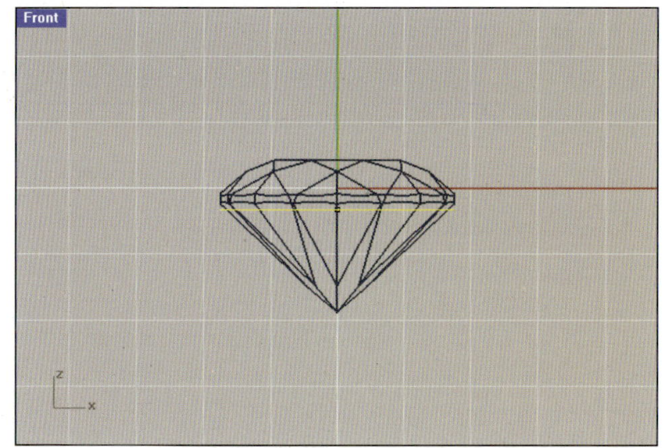

04_ Rectangle:3Points로 그림과 같은 치수를 설정하여 직사각형을 만들어 준다.

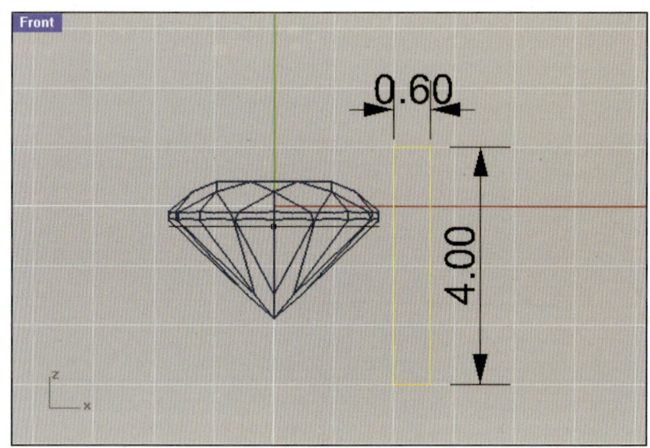

05_ Rotate 2-D 아이콘 클릭 〉 Select objects to rotate: 객체 클릭 〉 Enter 〉 Center of rotation (Copy): 객체의 회전 중심 즉, 여기서는 직사각형의 회전 기준인 1번 클릭 〉 Angle or first reference point0Copy): 2번 End점 클릭 〉 Second reference point(Copy): 경사도 -8.29 입력 〉 Enter

****주의**

여기서 중요한 것은 경사 객체의 End점이 반지 내경의 중심(Center)에 일치하도록 각도가 정해져야 한다는 점이다. 만약 일치하지 않으면 나중에 원형 배열된 난집과 난집사이 연결부에 틈이 생길 수 있기 때문이다.

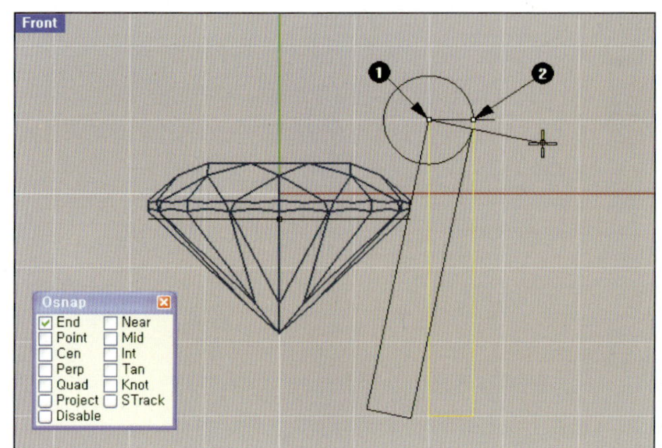

06_ -8.29도 기울어진 직사각형의 End점을 클릭 〉 Move 명령으로 이동시켜 원(Circle)의 Quad점(화살표 지시 부분)에 붙여준다. Osnap에 End와 Quad를 체크해가며 작업해 준다.

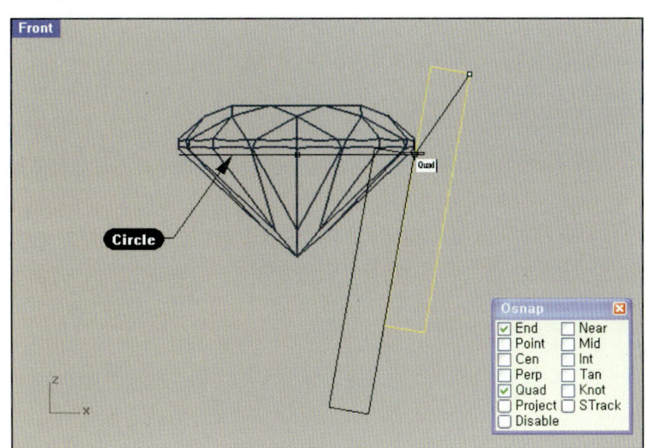

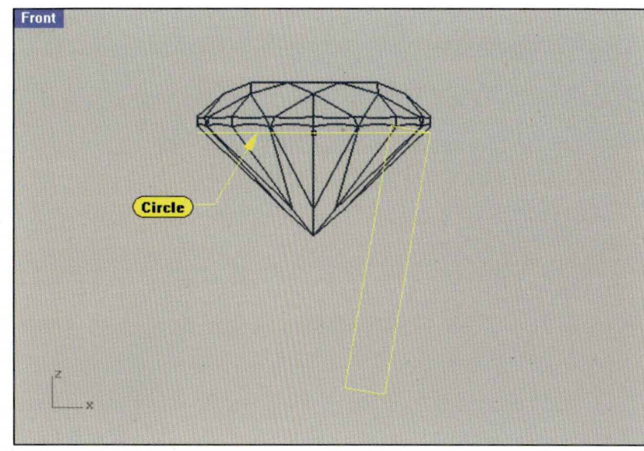

07_ Sweep 1 Rail 명령으로 원(Circle)을 따라가는 A객체로 Sweep 1 Rail 해준다.

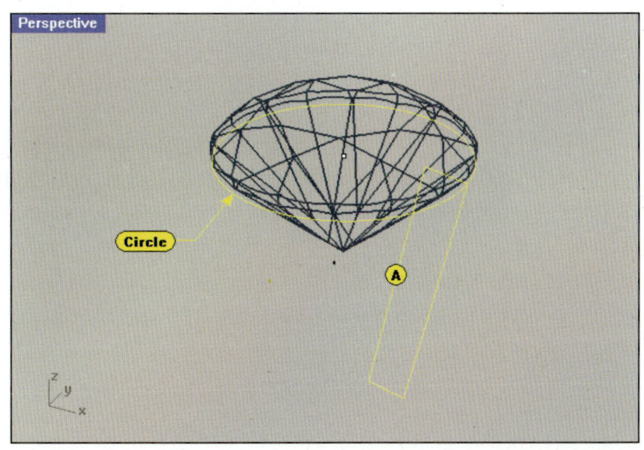

명령 실행 중 나타나는 Sweep 1 Rail Options 창은 그림과 같이 설정하고 [OK] 한다.

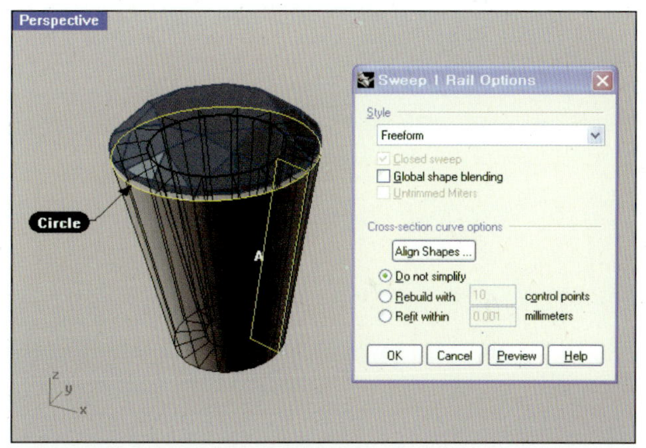

08_ Hide Objects 명령으로 보석을 숨겨준다.

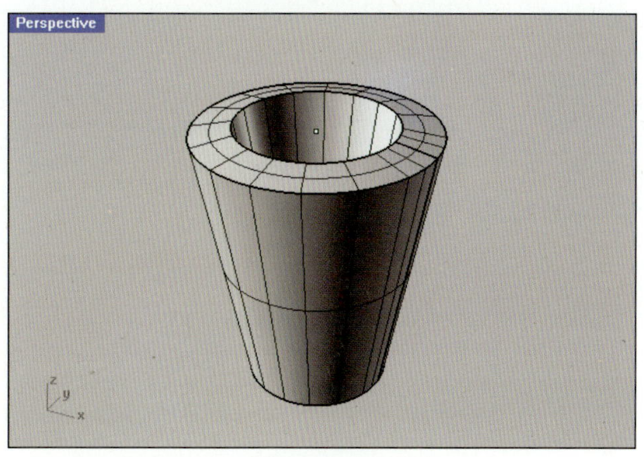

09_ Osnap에 Quad를 체크한 상태에서 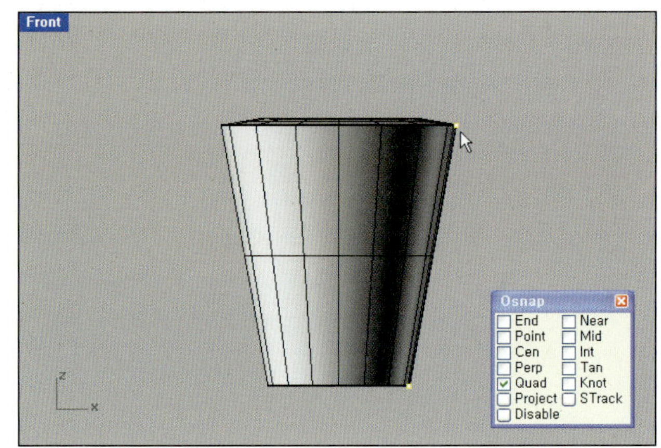 Point 명령으로 원의 사분점(3시 방향) 상단과 하단부에 그림과 같이 Point를 배치한다. 이는 면(Surface)으로부터 해당 위치에 라인을 추출하기 위한 기준점 역할을 하게 된다.

10_ Osnap에 Point를 체크한 상태에서 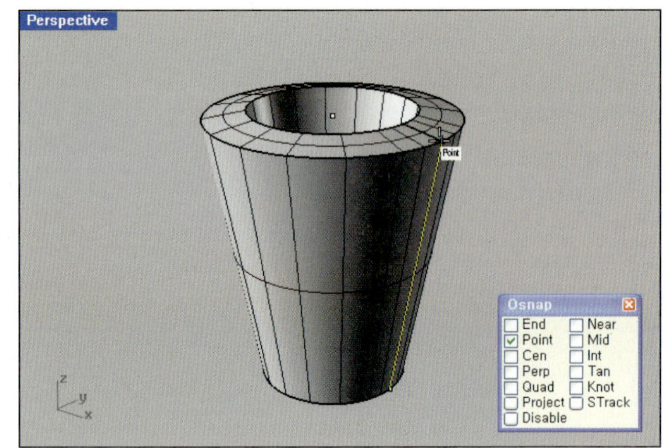 Extract Isocurve툴로 해당 부위의 면으로부터 아이소커브(Isocurve)를 추출한다. Top View에서 볼 때 Quad점 3시 방향 1개만 추출해주면 된다.

11_ 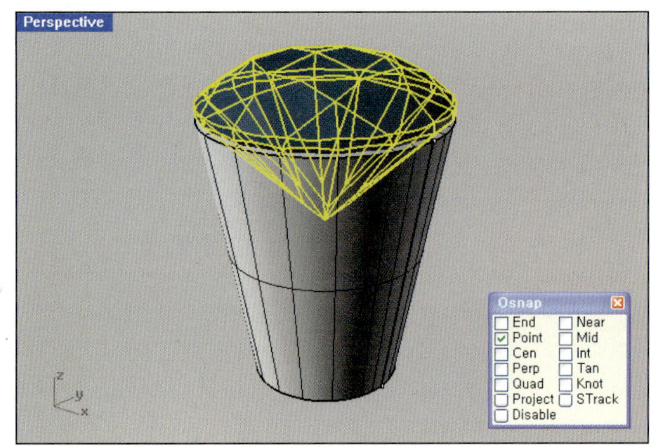 Show Selected Objects를 이용하여 숨겨둔 보석을 다시 불러온다.

12_ Extend by Line으로 앞서 추출된 Isocurve
의 1번과 2번 끝단을 선택하여 보석을 감쌀 수 있을 정도
로 약 0.3mm씩 연장해 준다. 만약 제작을 위해 난발을
길게 할 이유가 있다면 임의로 조정해도 무방하다.

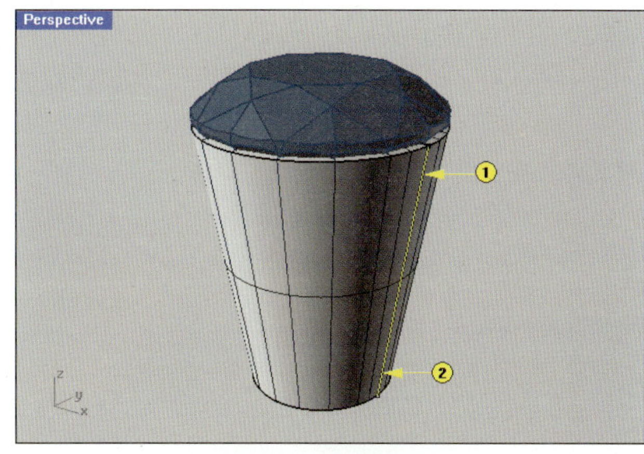

◎ 상단부 연장(0.3mm) 모습

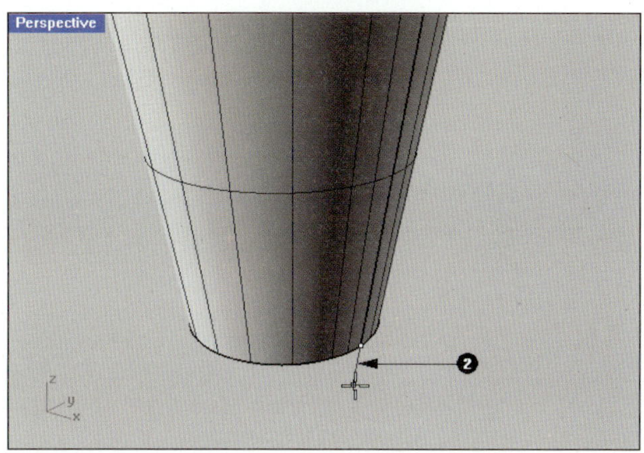

◎ 하단부 연장(0.3mm) 모습

13_ Pipe, Flat caps 명령으로 연장된 커브를 선택하여 파이프를 만들어 준다. 파이프의 반지름(Radius)은
0.25mm로 설정한다.

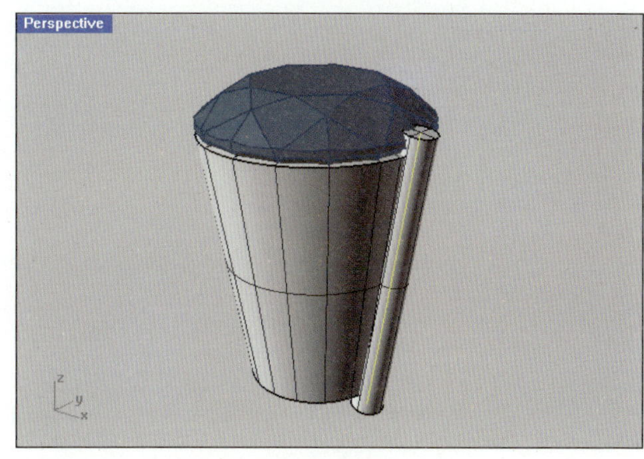

14_ 난집의 끝을 둥그렇게 만들기 위한 방법은 여러 가지가 있겠지만 가장 빠르고 많이 사용하는 둥근 난발 제작은 우선 그림과 같이 Extract Surface 명령으로 해당면을 떼어내어 지워준다.

15_ 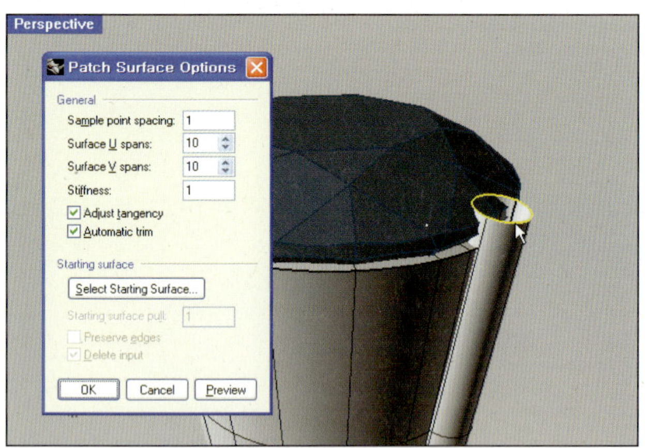 Patch 명령으로 난발의 Edge를 선택하여 그림과 같이 설정하고 [OK] 한다. 만약 보기 좋은 Patch 면이 옵션 설정에도 불구하고 만들어지지 않는다면 Options 〉 Unit으로 접근하여 허용공차 또는 허용오차(Absolute Tolerance)를 확인, 조정해 줄 필요가 있다. 허용오차를 0.01이나 0.001에 두면 간단히 해결된다.

16_ Join 명령으로 난발과 패치(Patch)면을 붙여준다.

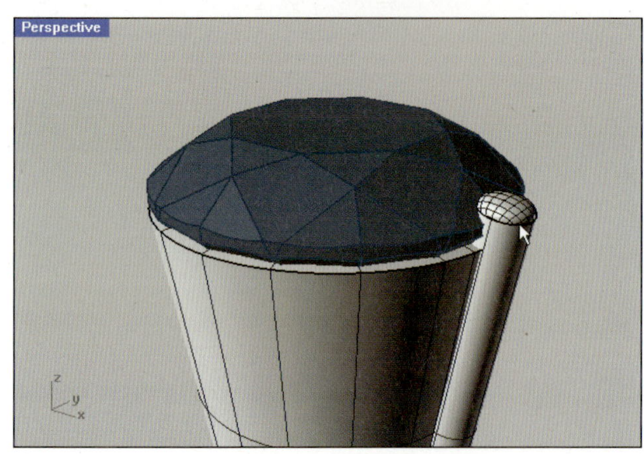

17_ Shade 명령으로 난집과 난발의 전체적인 상태를 확인해 본다.

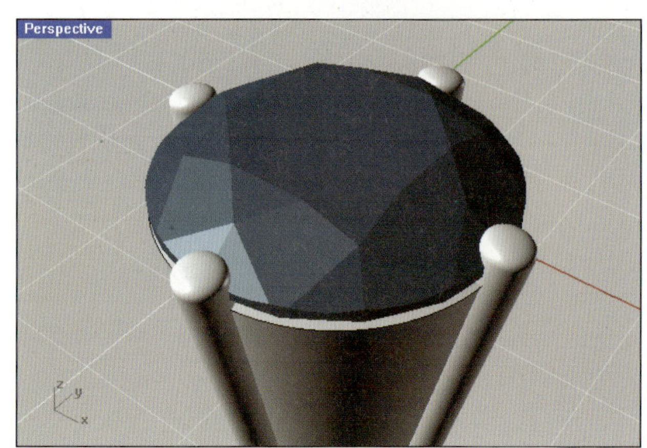

18_ `Ctrl` + `Z` 단축키를 사용하여 이미 작업된 난발 제작 전으로 돌아간다. 이번엔 난발의 끝을 한번에 둥근 형태로 제작해 보기한다. Pipe, Round Caps 명령을 클릭 〉 Select curve to create pipe around(ChainEdges): 추출된 라인 클릭 〉 Start radius(Diameter Thick=No Cap=Round ShapeBlending=Local):0.25입력 〉 End radius(Diameter ShapeBlending=Local):0.25입력 〉 `Enter` 한다.

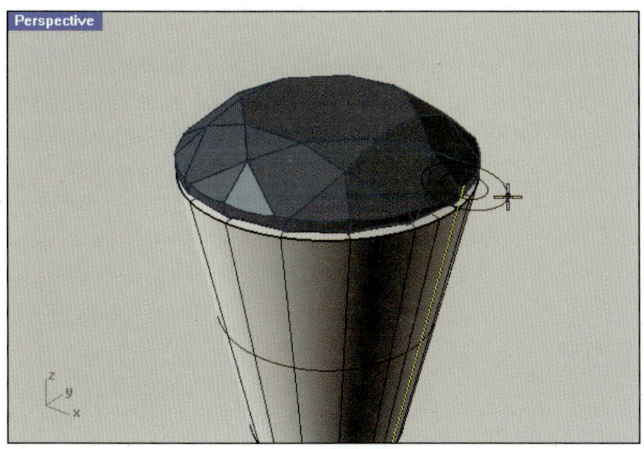

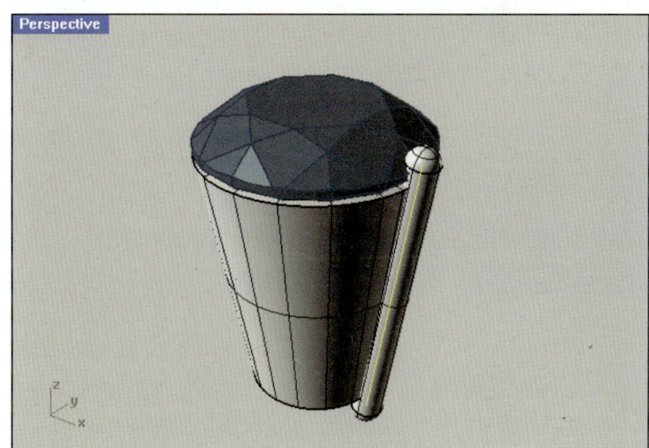

19_ Pipe, Round Caps 명령은 그림과 같이 한번에 돔(Dome) 형태의 난발 끝을 제작할 수 있어 편리하다.

20_ Polar Array로 보석의 중심 Point를 기준으로 하여 총 8개(Number of items=8/Angle=360도 회전)의 난발을 만들어 준다.

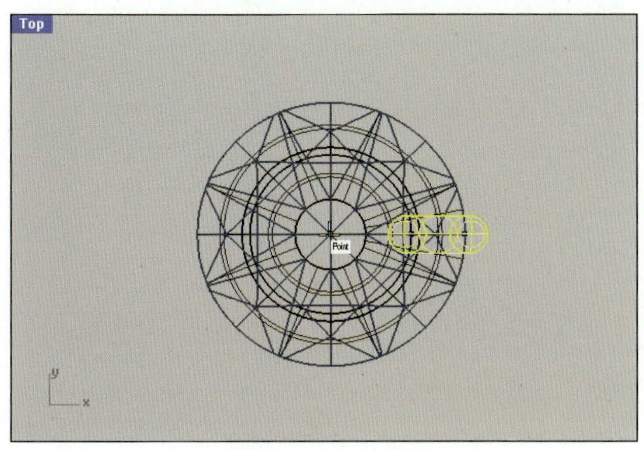

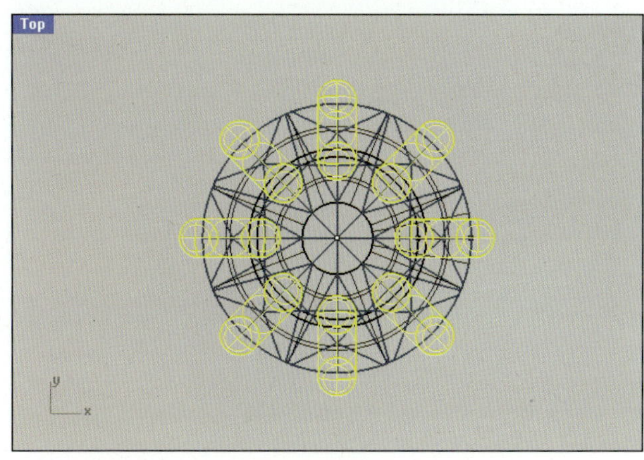

21_ 해당 난발만을 남겨두고 나머지 난발을 지워(Delete) 준다.

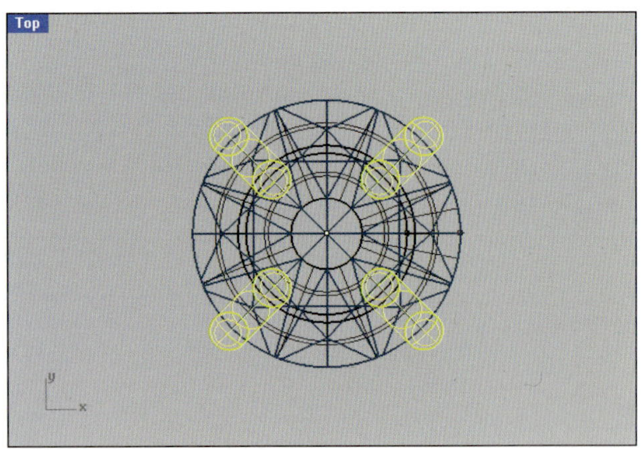

22_ Shade 명령으로 난집과 난발의 전체적인 상태를 확인해 본다. 앞서 실행된 Patch형 돔(Dome)보다 둥글게 처리됨을 알 수 있다. 작업자의 취향에 따라 선택 사용한다.

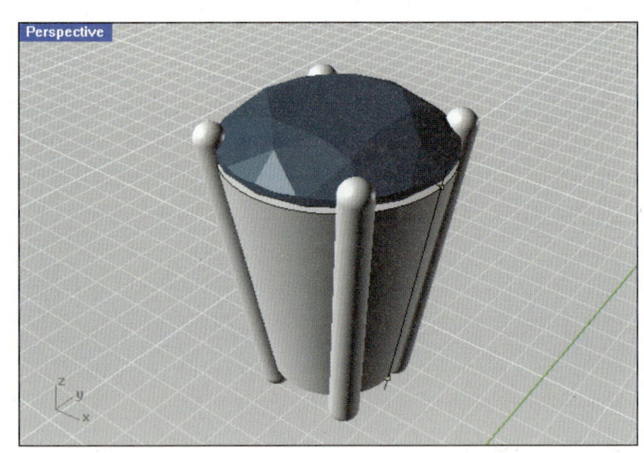

23_ Move 명령으로 제작된 난집과 관련 라인들을 그림 정도의 위치만큼 위로 올려준다.

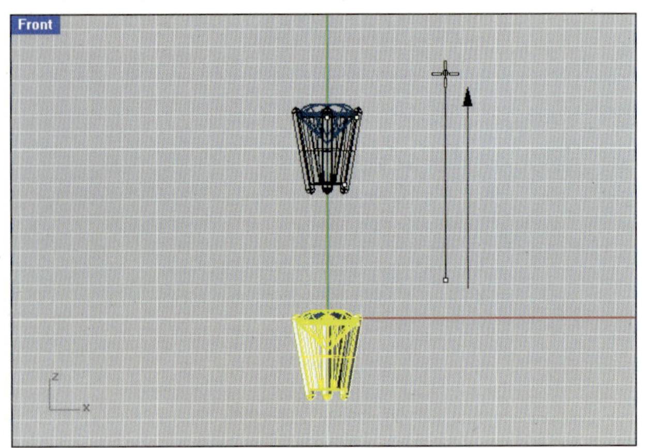

24_ Circle:Center, Radius를 선택하여 반지 내경 18m, 외경 22mm인 원(Circle)을 그려준다. 난집의 위치도 그림과 같이 조정해 준다.

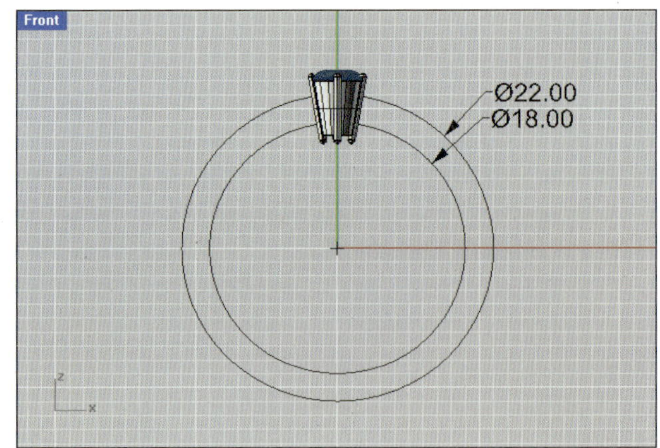

25_ Variable Radius Chamfer로 난집의 내경 Edge를 선택 〉 CurrentChamferDistance=0.25mm / RailType=DistFromEdge로 설정 Chamfer 해준다.

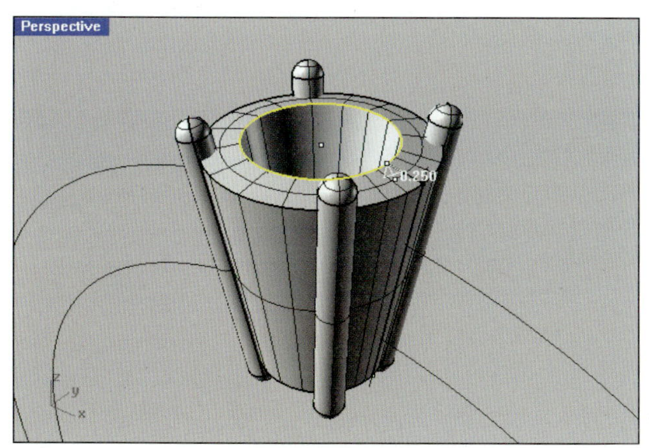

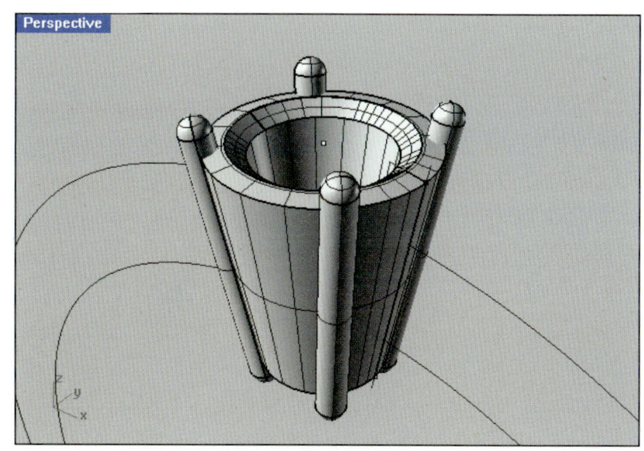

26_ Rectangle:Center, Corner 명령을 사용하여, Z축을 기준으로 가로 6mm, 세로 1.4mm의 직사각형을 그려준다. Grid Snap에 Snap을 체크한 상태로 작업해 주면 편리하다.

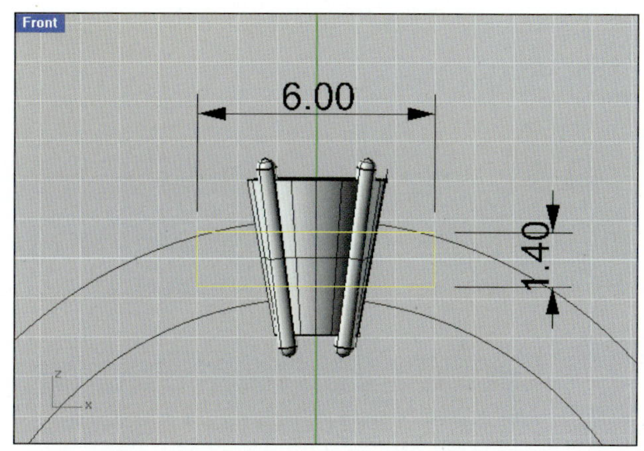

27_ Move 명령으로 그림과 같이 약간만 올려준다. 이 부분은 작업자가 원하는 형태에 따라 적절히 조정하는 부분이기에 치수에 의한 이동을 피했다.

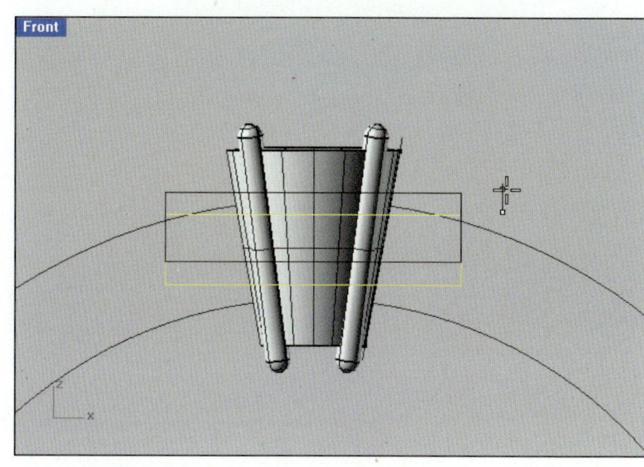

28_ Extrude Straight로 Right View에서 그림과 같이 둥근 난집을 관통할 정도의 크기로 Extrude 해준다. 이때 커맨드 창의 옵션 설정은 BothSides=Yes, Cap=Yes이다.

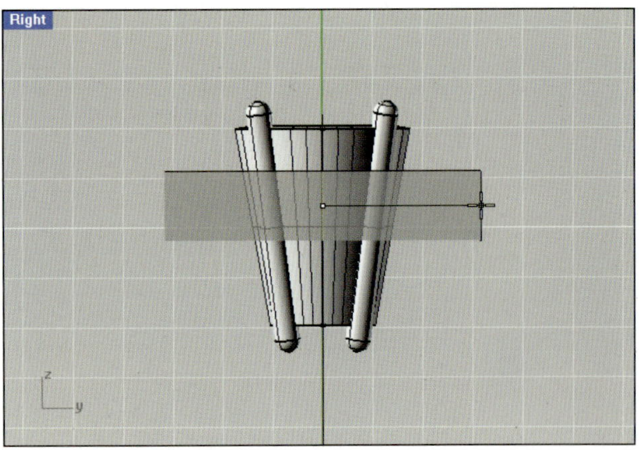

29_ Boolean Difference로 1번 둥근 난집만을 선택하여 2번 Box로 잘라준다.

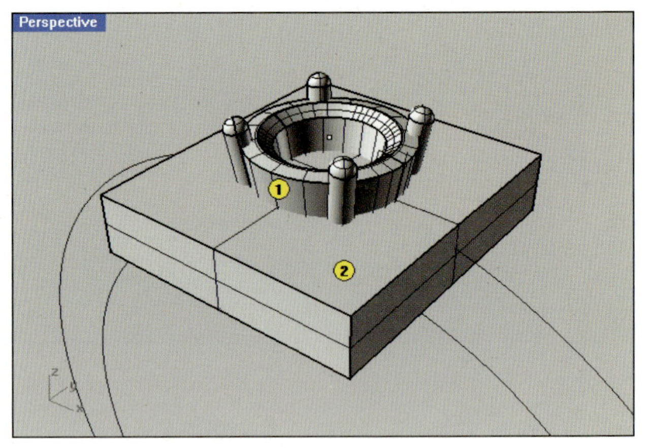

30_ Boolean Union으로 1번 난집(상단과 하단 모두)과 2-3-4-5번 모든 객체를 선택하여 하나로 붙여준다.

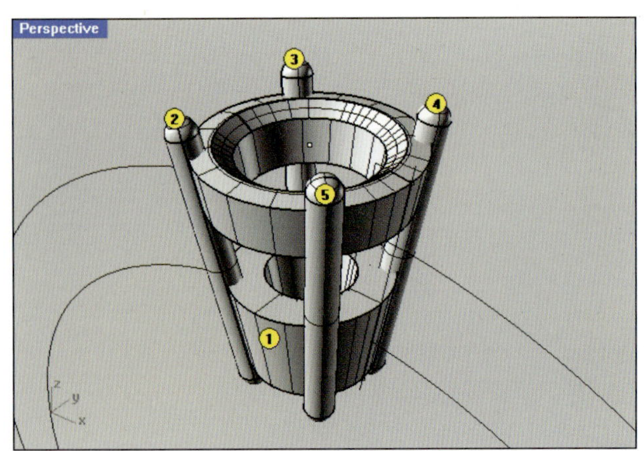

31_ 아래 그림은 난집에서 앞서 추출된 아이소커브(Isocurve)와 반지 내경의 중심(Center)과의 각도가 8.29도임을 보여준다. 만약 중심점과 각도가 일치하지 않으면 난집의 연속 배열시 난집과 난집의 연결부에 경사진 틈이 생길 수 있다.

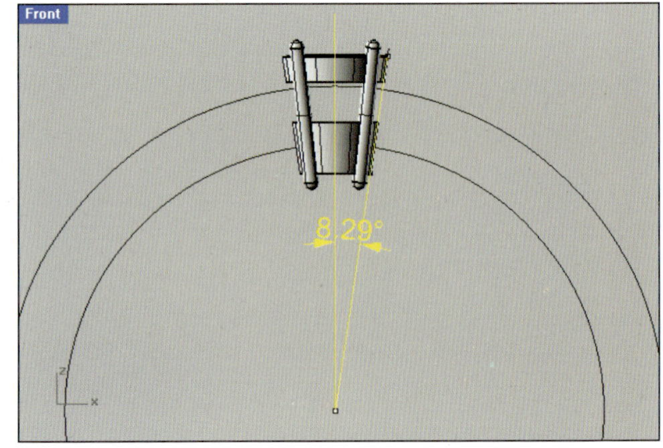

32_ Osnap에 Cen을 체크한 상태에서 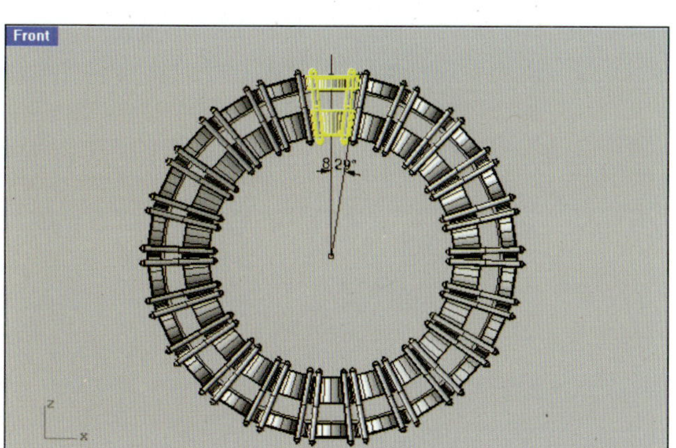 Polar Array 명령으로 총 22개의 난집을 원형 배열한다.

33_ Select All 툴로 접근하여 Select Closed Polysurface 아이콘을 클릭하면 솔리드 객체만 자동으로 선택되는데 이 상태에서 Boolelan Union(합집합) 명령으로 22개의 난집을 모두 붙여준다.

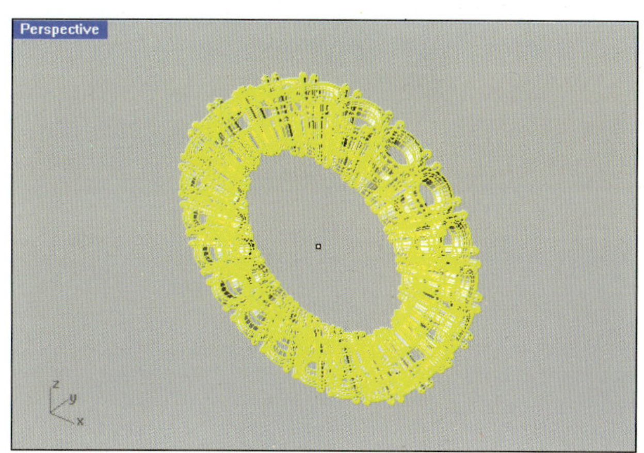

34_ 앞서 그려진 반지 내경 1번(원)을 선택하여 난집을 관통할 정도로 Extrude Straight 시켜준다.

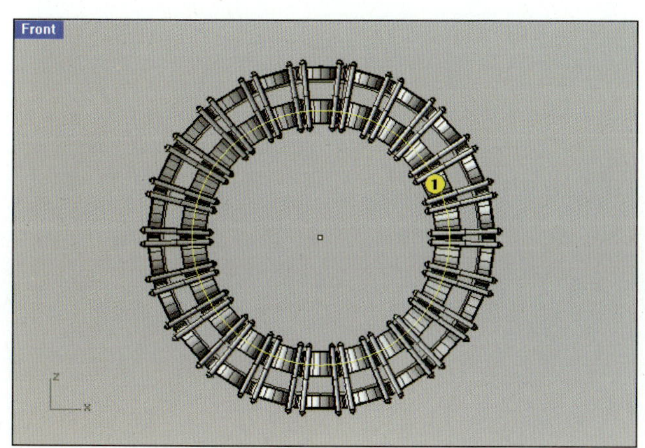

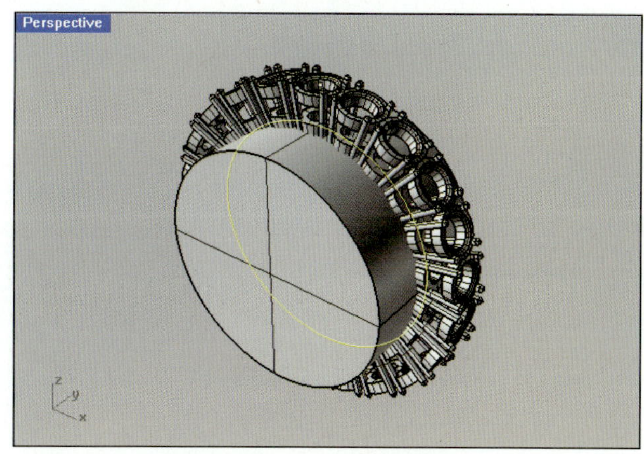

35_ Boolean Difference 명령으로 원형 난집 세트를 2번 실린더로 Boolean Difference(차집합) 해준다.

36_ Boolean Difference(차집합) 실행 결과 모습이다.

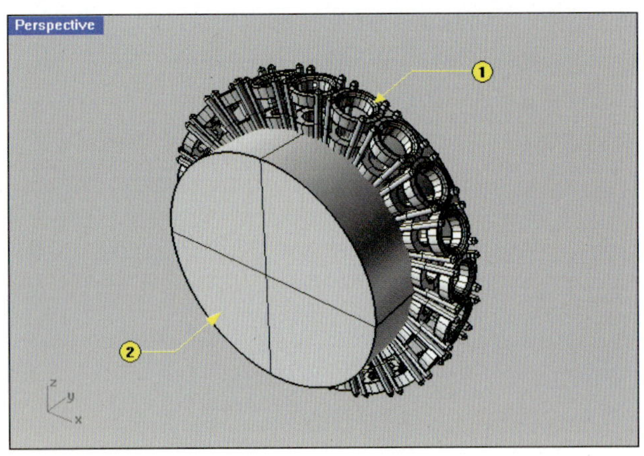

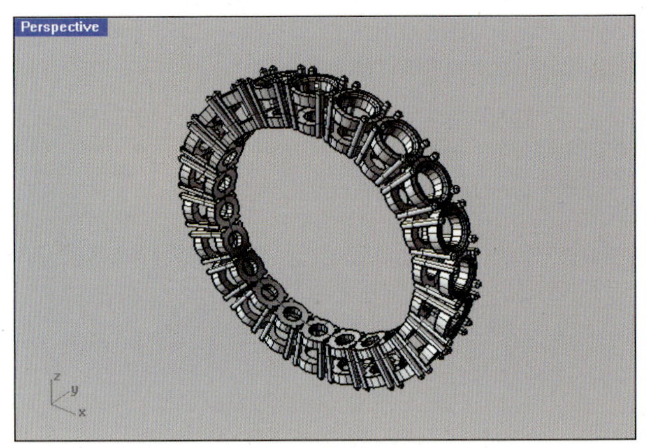

37_ 숨겨둔 보석을 하나 불러온 후 Polar Array로 22개를 원형 배열한다.

38_ Shade 명령으로 완성된 반지의 전체적인 상태를 확인해 본다.

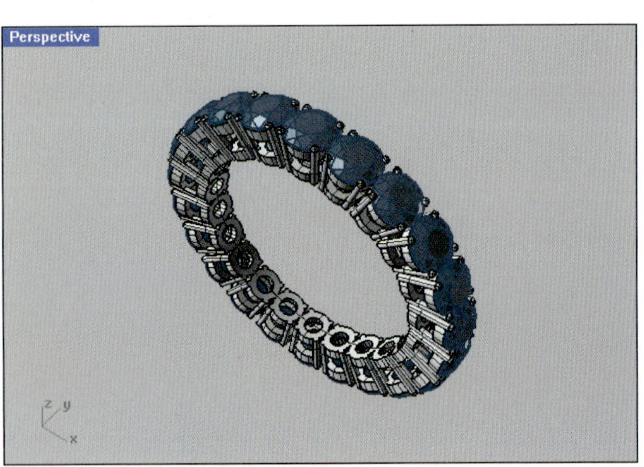

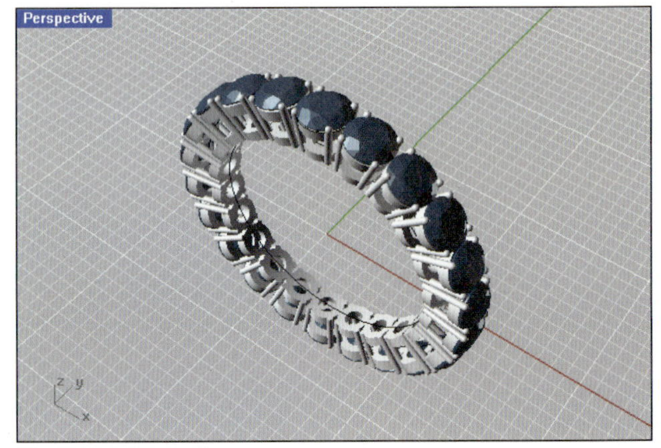

Chapter 11

R h i n o c e r o s

채널 세팅(Channel Setting) 반지 만들기

 **따라해 보세요 !**

01_ 작업 전 Options 〉 Rhino Options 〉 Grid 〉 Grid spacing을 0.5millimiters로 설정한다. Grid Snap 을 이용하여 커브들을 그리기 쉽게 하기 위해서이다.

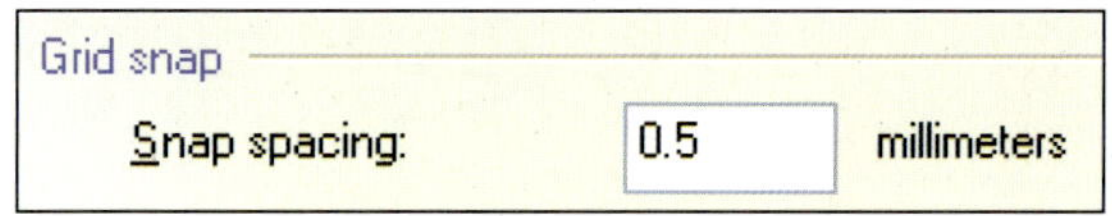

02_ Front View에서 Circle:Center, Radius 로 지름 18mm의 내경을 그려준 후 Quad점에 2개의 Point를 배치하여 원을 Split 해준다.

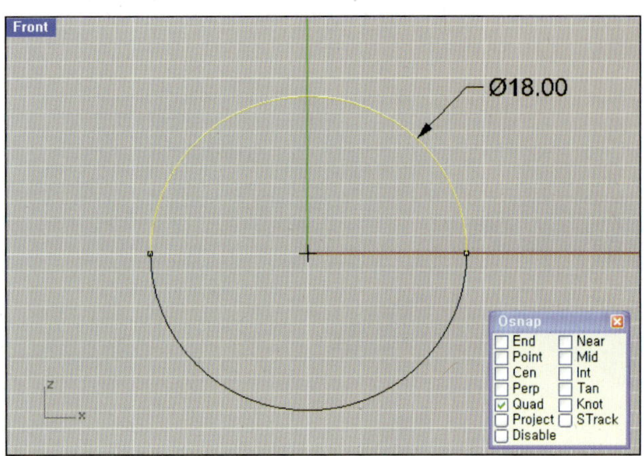

03_ Extrude Straight로 전체 8mm의 면을 만 들어 준다. 옵션은 BothSides=Yes로 작업해 준다.

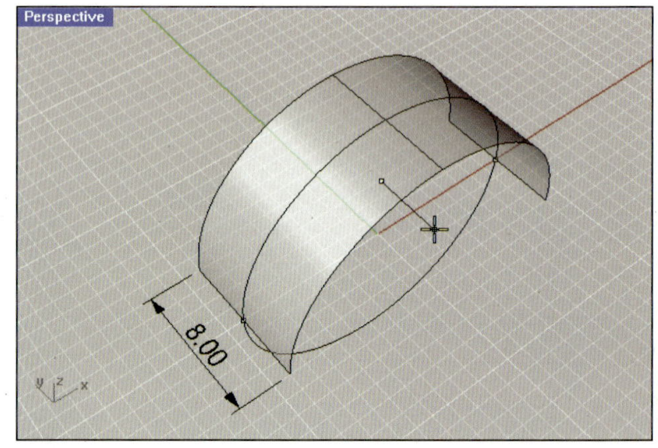

04_ Top View에서 볼 때 면의 가운데에서 약 1.6mm 지점에 수평 Line을 그려준다.

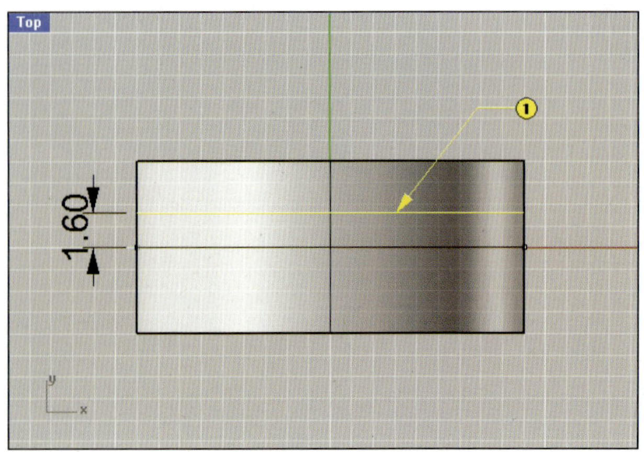

05_ 수평 라인을 선택하고 Rebuild 명령으로 총 10개의 포인트를 추가한다.

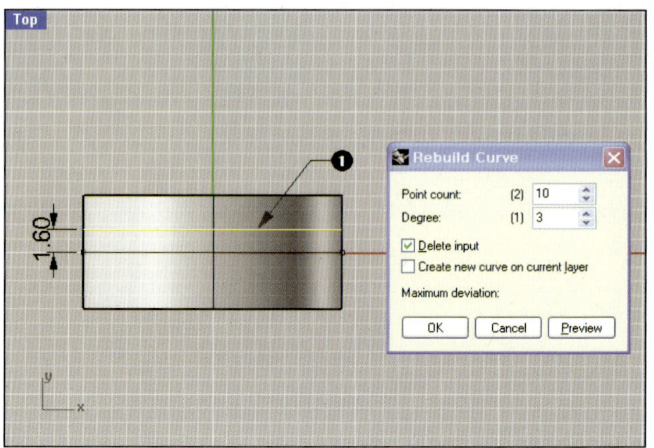

06_ 다음 그림과 같이 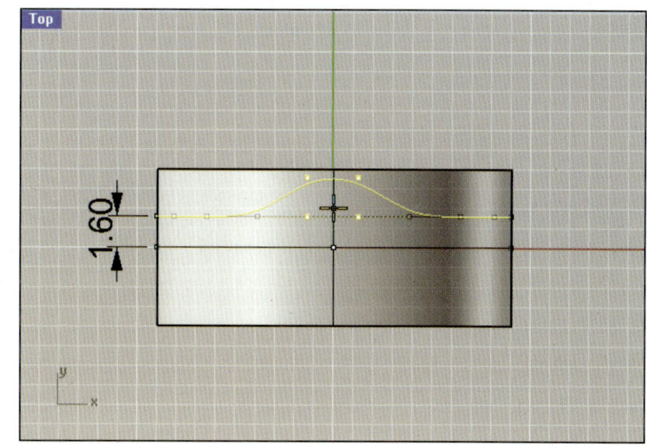 Control Points On 명령
으로 제어점(CP)을 활성화시킨 후 Grid의 Snap을 이용
하여 그림과 같이 올려준다.

동일한 방법으로 그림과 같이 미세한 곡률을 만들어 간다.

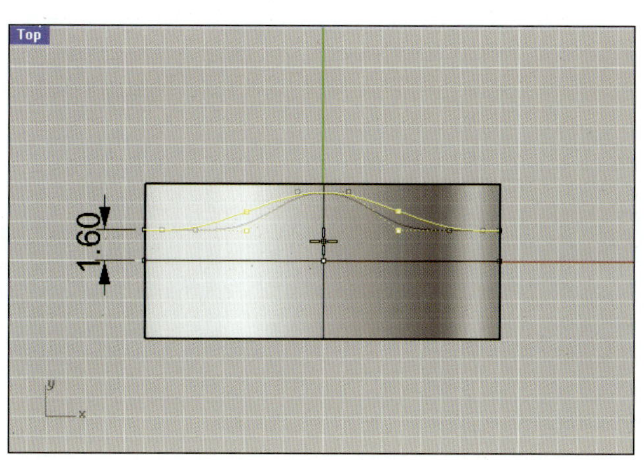

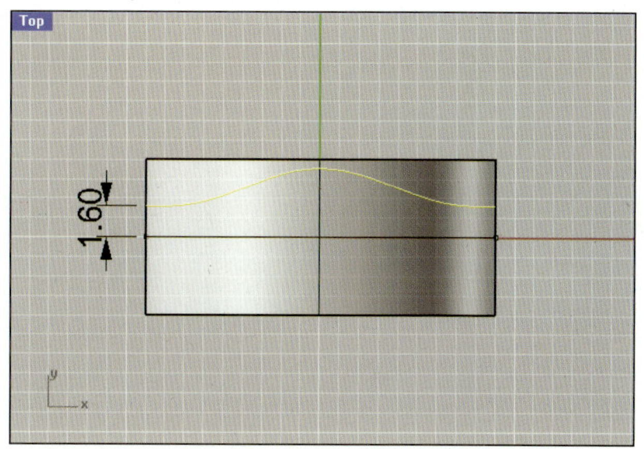

07_ 곡률 조정이 마무리 되었다면 객체를 선택하고 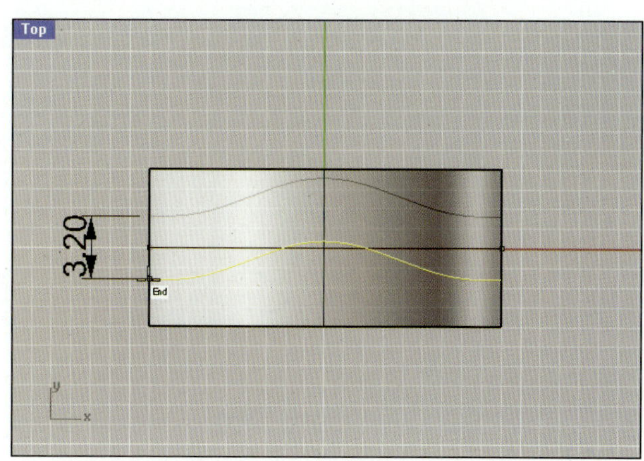
Copy 명령을 사용하여 밑으로 3.2mm 지점에 이동 복사
해준다.

08_ 반드시 Top View에서 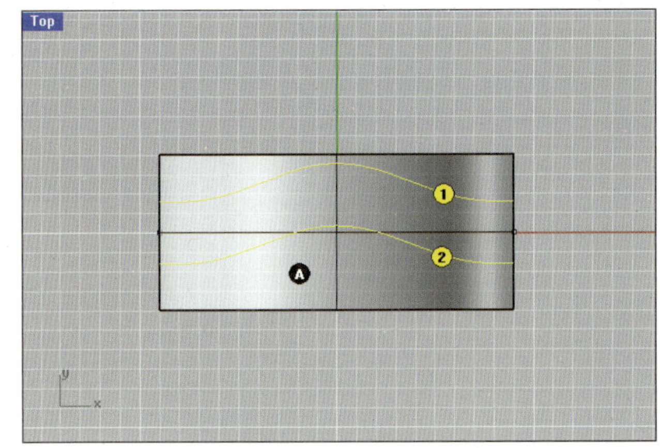 Project to Sur-face 명령으로 1, 2번 곡률 커브를 A면에 투영해준다. 투영시 옵션은 DeleteInput=Yes로 설정한 상태이다. 이렇게 되면 초기 수평 곡률 커브가 투영 후 자동으로 지워지게 된다.

아래 그림은 A면에 투영된 1번과 2번 객체 모습이다.

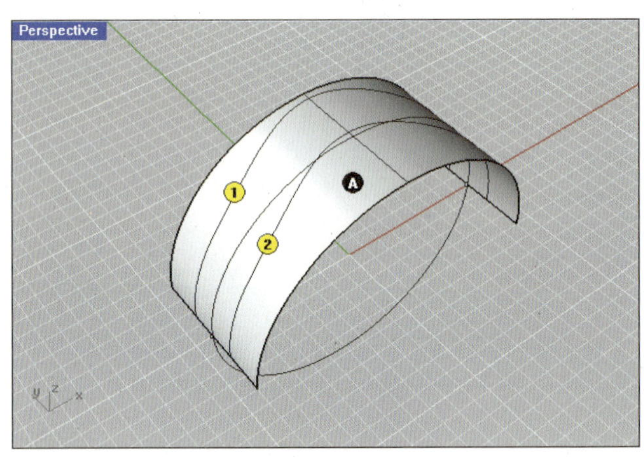

09_ Top View에서 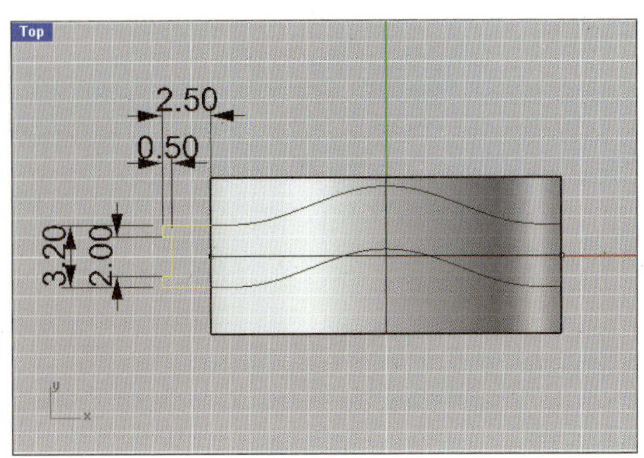 Polyline으로 그림과 같이 드로잉해 준다.

10_ 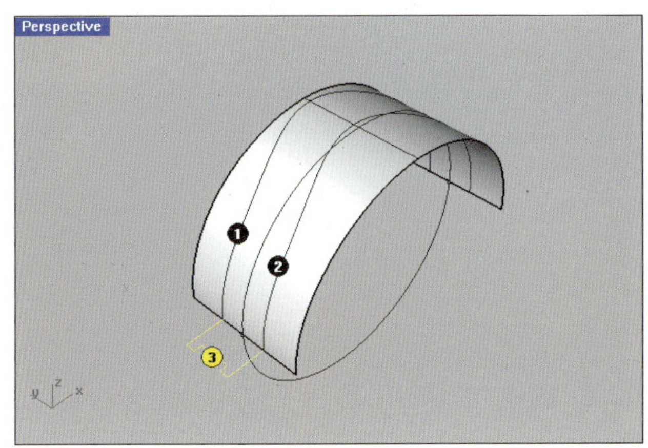 Sweep 2 Rails 명령으로 번호 순서대로 객체를 클릭하여 반지의 상단면을 만들어준다.

Sweep 2 Rails 명령 실행 중 Sweep 2 Rail Options 창이 뜨면 그림과 같이 설정하고 [OK] 한다.

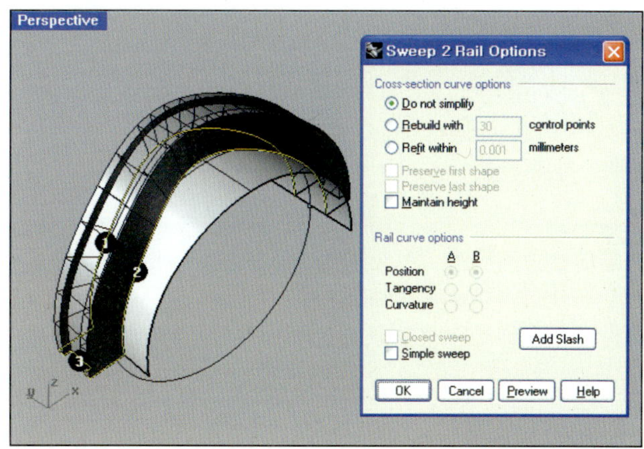

11_ Sweep 1 Rail 명령으로 번호 순서대로 클릭하여 반지의 하단면을 만들어 전체를 Join 해준다.

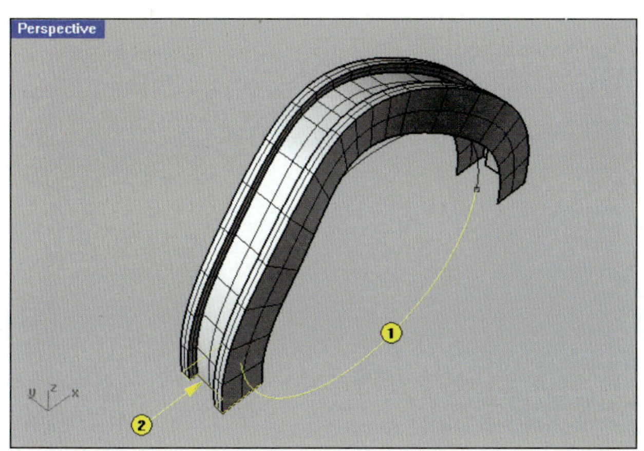

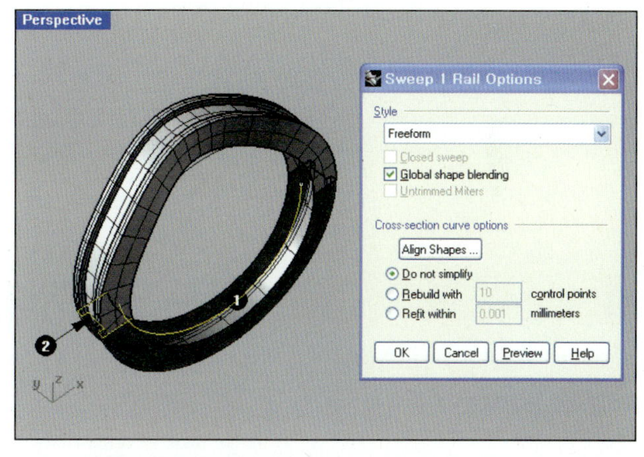

12_ Duplicate Border로 Join된 반지로부터 안쪽의 내경 커브 2개를 추출한다.

13_ 추출된 2개의 커브를 번호 순서대로 선택한 후 Loft 명령을 이용하여 면으로 만들어준다. Loft Options 창은 그림과 같이 설정하고 [OK] 한다. 면과 면은 Join 해준다.

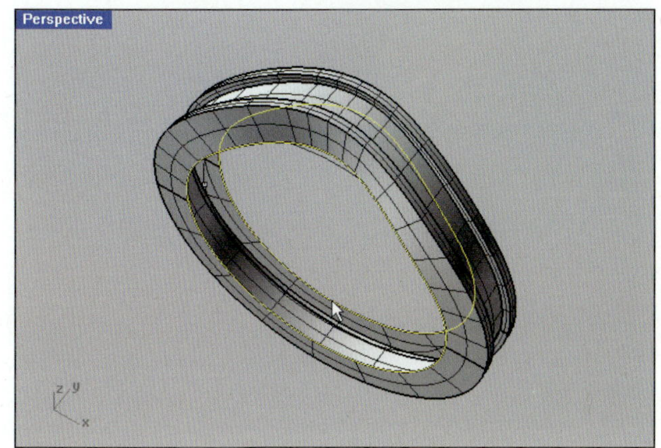

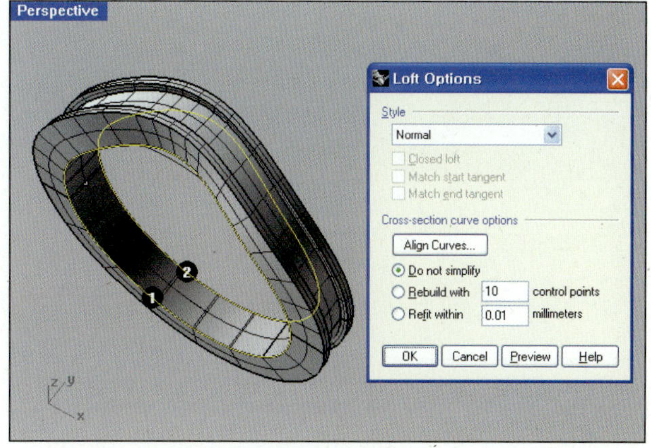

14_ 이제 채널 세팅(Channel Setting)을 위한 면의 재구성과 경로 커브를 만들어 주도록 한다. 우선 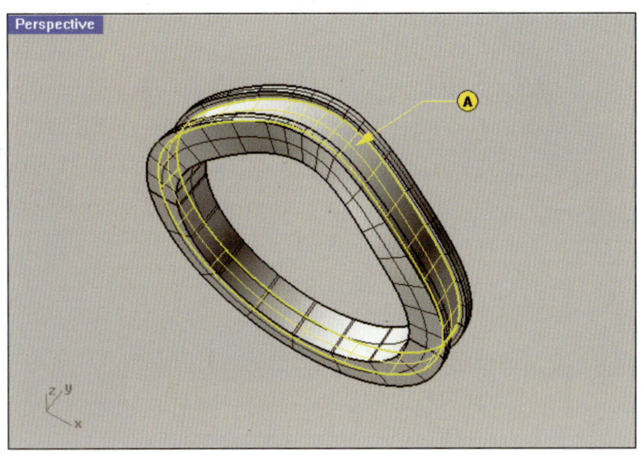 Extract Surface 명령을 사용하여 안쪽 A면만을 떼어내어 지워준다.

15_ Duplicate Border를 이용하여 내측면 Edge로부터 2개의 B커브를 추출한다. 이것은 Sweep 2 Rails 명령을 위한 경로가 된다.

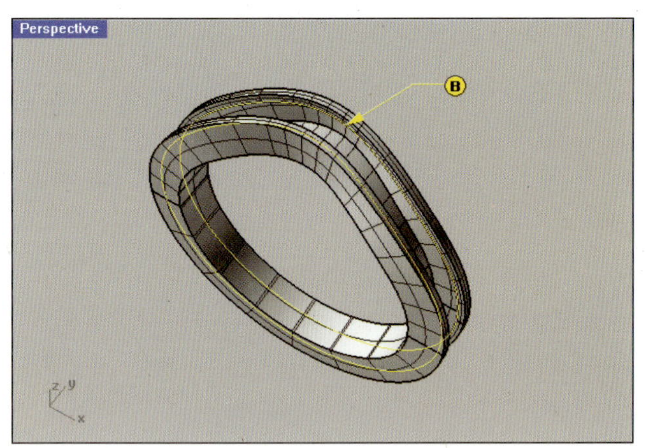

16_ Osnap에 Near와 Perp을 동시에 체크한 상태에서 그림과 같이 Line을 그려준다. 위치는 반지의 어느 쪽이든 상관없다.

17_ Sweep 2 Rails 명령으로 준비된 커브들을 순차적으로 선택하여 내측면을 다시 만들어 준다.

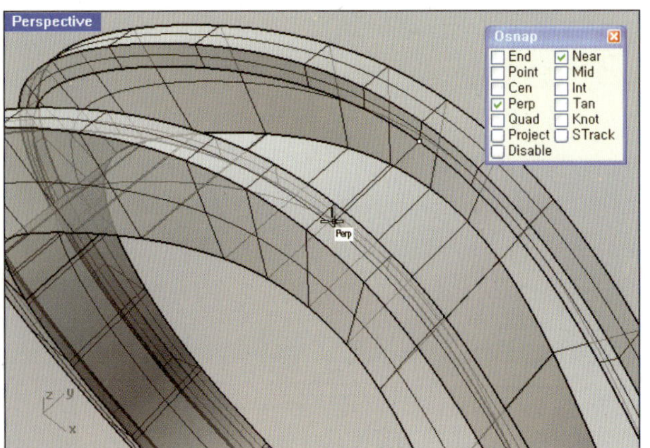

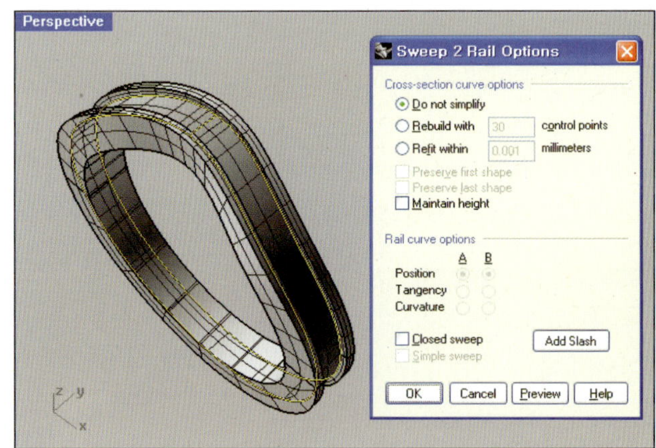

18_ 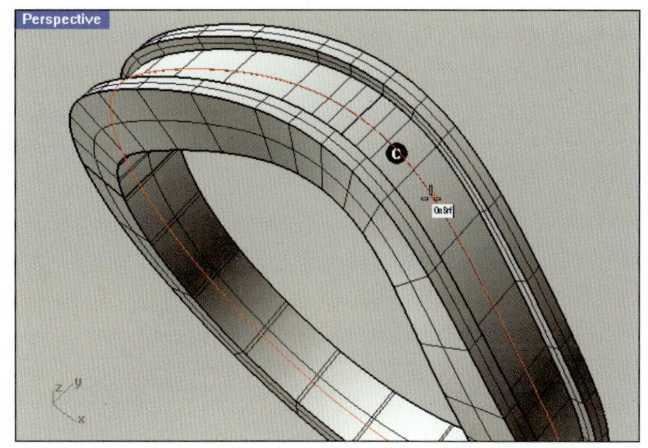 Extract Isocurve 명령으로 객체 C면에서
아이소커브(Isocurve)를 추출하여 면의 가운데에 최대한
배치시켜 준다. 참고로 아이소커브의 추출 방향은 V와 U
로 방향을 달리하여 추출할 수 있다.
하지만 객체 C면에서 정확한 가운데 커브를 만들어 주고
싶다면 앞서 추출된 2개의 양쪽 커브를 선택한 후
Average 2 Curves 명령을 사용해주는 것이 바람직
하다.

19_ 이제 채널 세팅(Channel Setting)을 위한 보석을 준비할 차례이다. 원래 채널 세팅은 원형이나 사각형의 보석을 일
렬로 만든 금속 틀에 끼워 물리는 방식이다. 나머지 두 면은 보석끼리 마주하게 된다. TechGems 4.1 −mm−en 메
인 메뉴 〉 Square Cuts 아이콘을 마우스 오른쪽 버튼으로 클릭 〉 Top view에서 가로(X축) 2.1mm, 세로(Y축)
2.1mm, 두께(Z축) 1.4mm인 스퀘어 컷을 만들어 준다. 만약 보석이 없다면 부록CD 〉 보석샘플 〉 GEM-04를 불러온다.

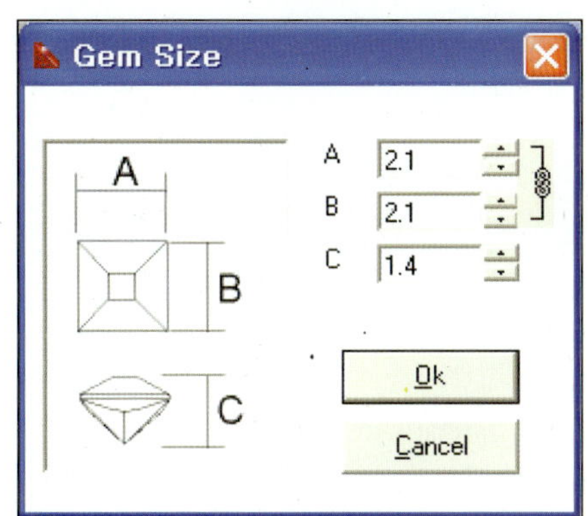
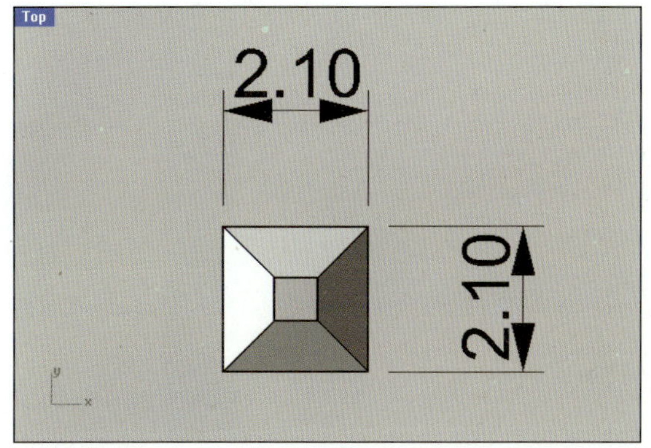

20_ 생성된 보석에 Volume Centroid 명령으로 중심 Point를 하나 만들어 준다. 다음 보석과 포인트를 함께 선
택하여 추출된 커브에 최대한 일치시켜 준다. 여기서 포인트의 위치는 보석이 면에 일치되는 부분이 된다.

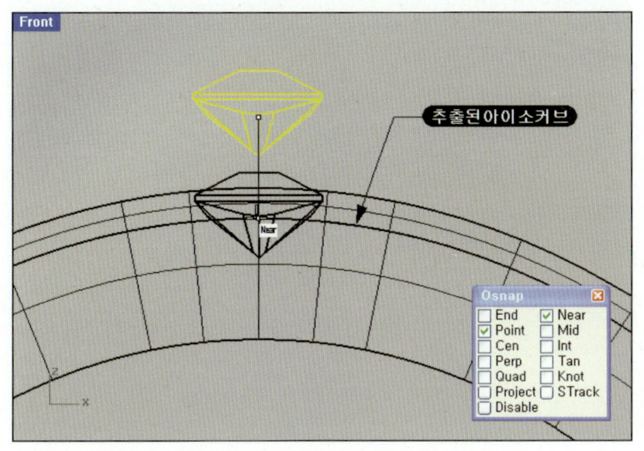

21_ Analyze Direction 명령으로 그림과 같이 C
면의 Direction을 안쪽 방향에서 바깥쪽 방향으로 바꾸어
준다. 옵션의 Flip을 클릭하거나 F를 타이핑하고 Enter
해주면 된다.

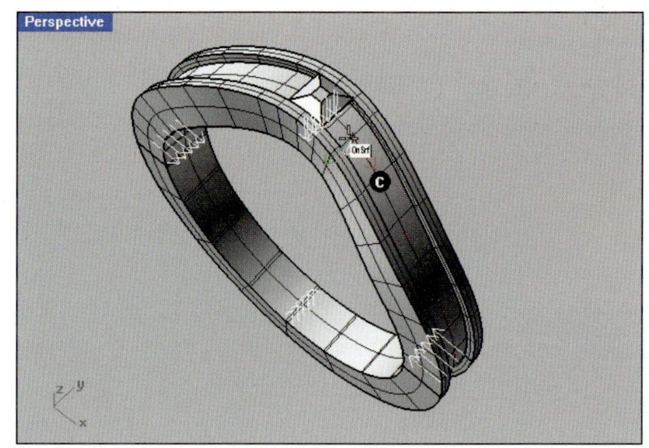

만약 바꾸어 주지 않으면 보석이 거꾸로 배열될 수 있다.

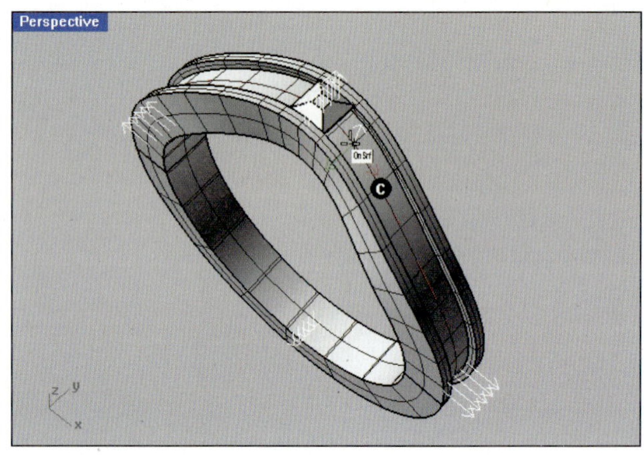

22_ Array along Curve on Surface 아이콘
클릭한다. 연이어 Top View에서 보석을 클릭하고 포인트
를 클릭한다.

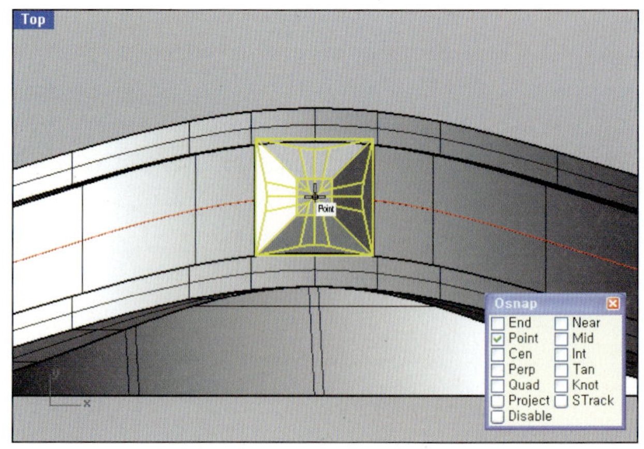

다음 추출된 B커브와 C면을 순차적으로 클릭한다.

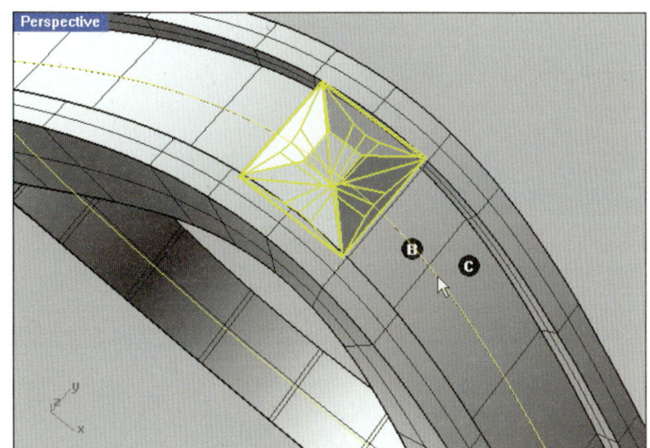 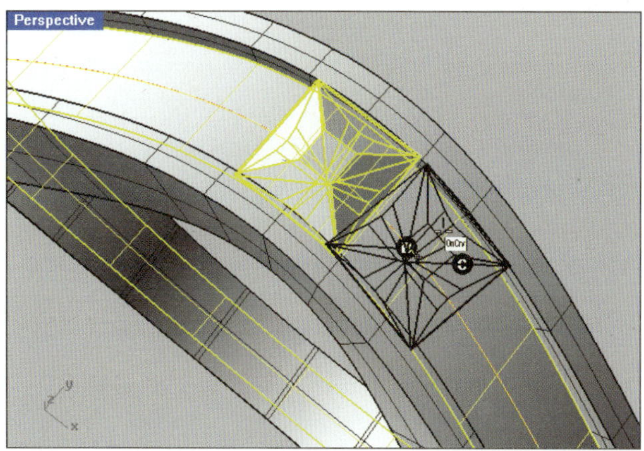

마지막으로 보석 위치와 배열 개수를 정해주기 위하여 커맨드 라인의 Position objects or distance from last(Divide Multiple): 라는 메시지가 뜨면 Divide 옵션 클릭 〉 Number of objects=37 입력 〉 Enter 하면 그림과 같이 보석이 채널을 따라 배열된다. 혹 마지막 부분에 중복되는 보석이 있다면 지워준다. 참고로 인비져블 세팅이 아닌 관계로 보석이 굴곡에 따라 배치되면서 다소 겹쳐진 것은 양해 바랍니다.

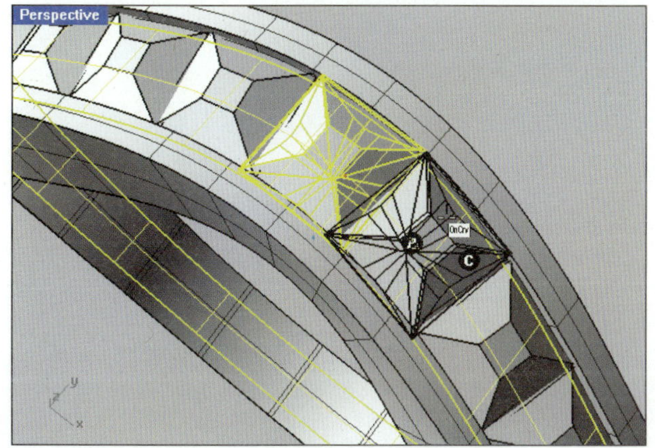 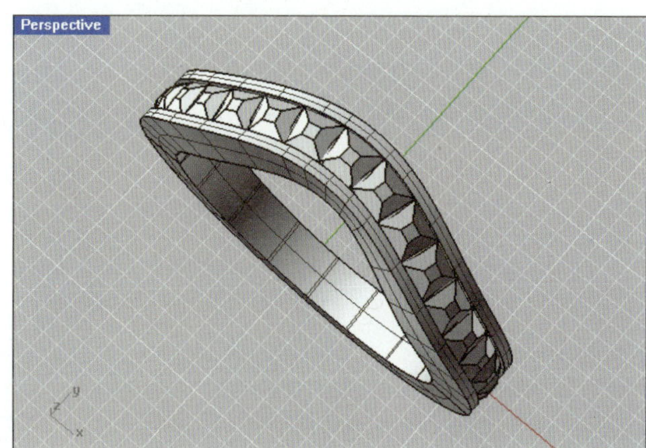

23_ 완성된 채널반지를 하나 더 Copy하여 그림과 같이 연출한다. 세부적인 Variable Radius Fillet이나 보석 밑의 홈은 생략하였다.

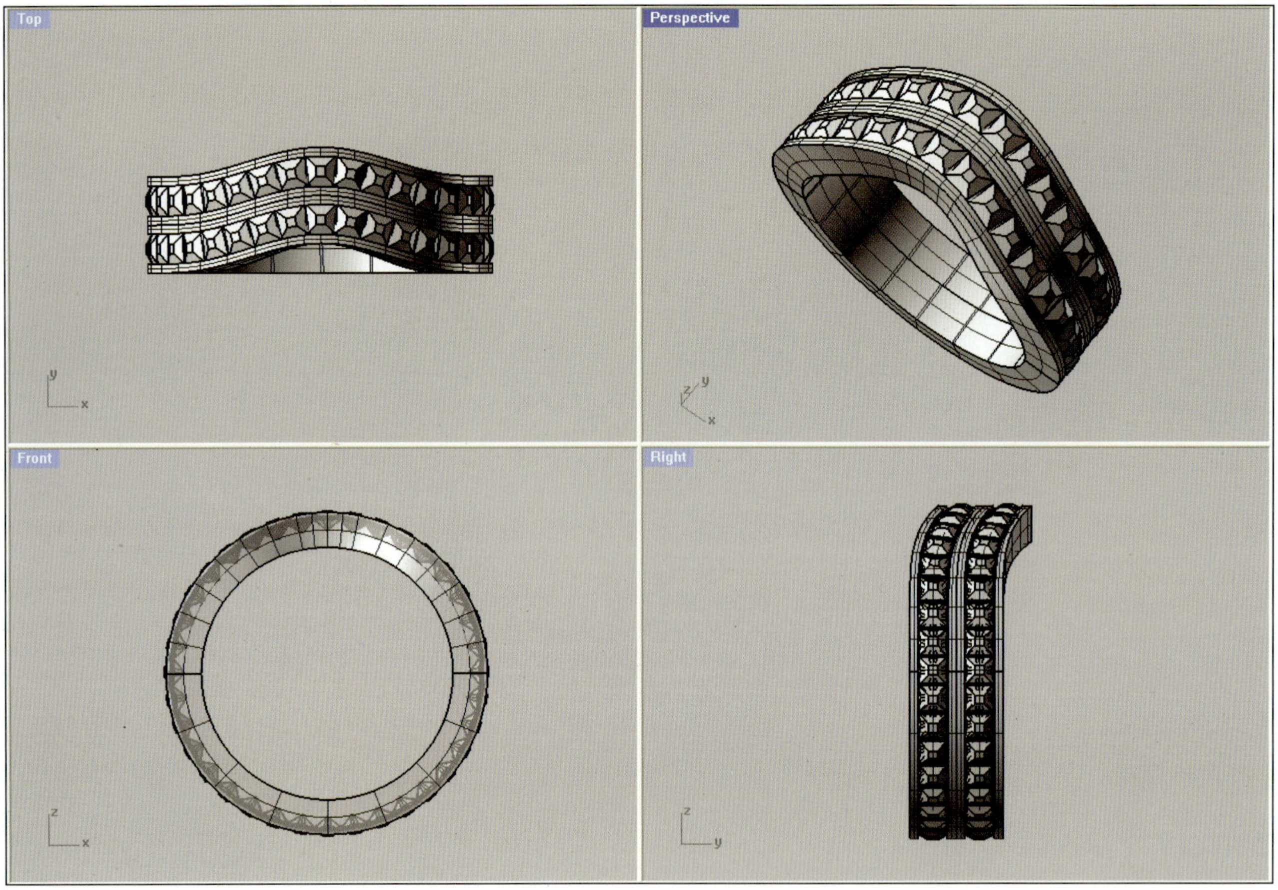

24_ Shade 명령으로 최종 결과를 확인해 본다. 최종 결과를 보면 상단부의 곡률변화 부위에 보석이 마름모꼴로 다소 겹쳐지게 되는데 실제 작업에서는 이런 모양으로 일부 보석들을 가공해 주어야 한다.

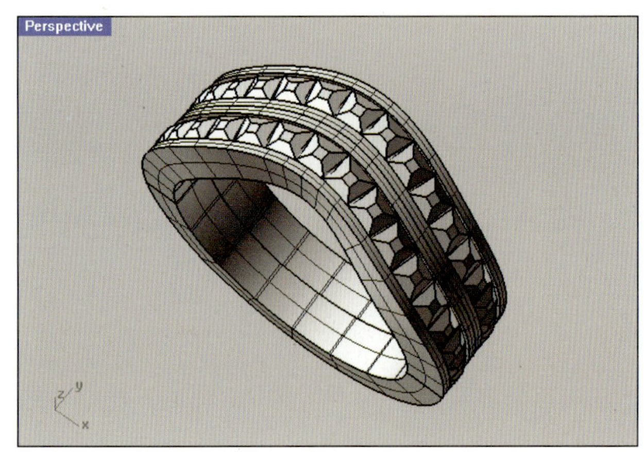

Rhinoceros

Chapter 12

삼족오 펜던트(Pendant) 만들기

Preview

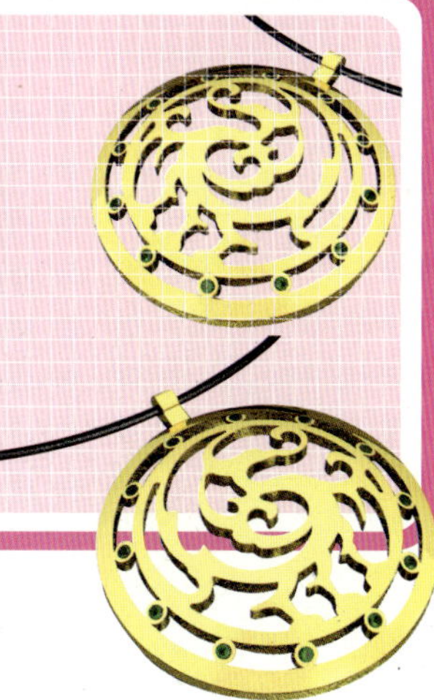

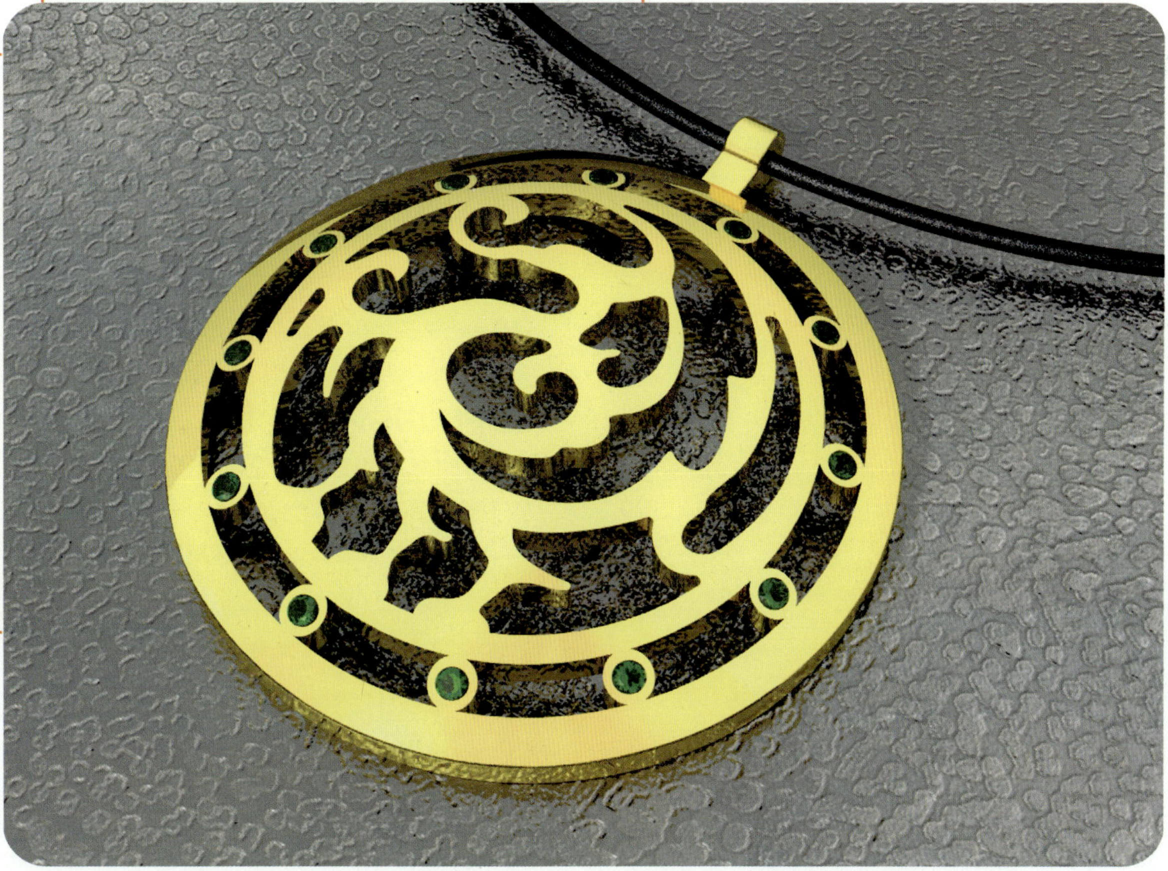

따라해 보세요 !

01_ Grid Snap에 Snap, Ortho를 체크한다. Top View에서 Rectangle:Center, Corner 명령으로 좌표의 중심을 기점으로 하는 가로 30mm, 세로 30mm의 정사각형을 그려준다. 이것은 불러올 이미지 영역이 된다.

02_ Place Background Bitmap 아이콘을 클릭 〉 삼족오 이미지가 저장되어 있는 **부록 CD 〉 이미지 〉 EX-01 이미지 파일** 선택 〉 Top View에서 그림과 같이 배경 이미지 영역에 End점을 클릭, 대각선 방향으로 드래그하면 이미지가 나타난다.

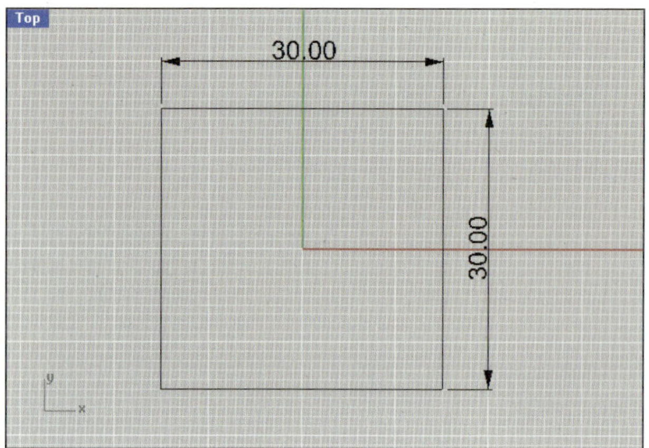

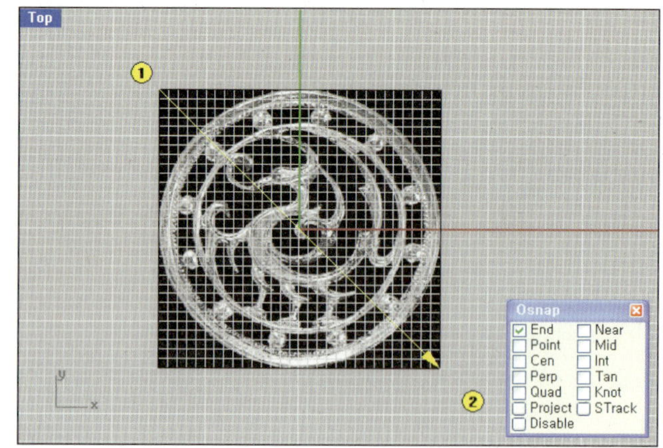

03_ 그림과 같이 좌표 기준점(0,0,0)에 Point를 찍어 가운데 지점을 표시해 둔다. 이 포인트를 중심으로 원을 그려 나가거나 이미지를 축소, 확대할 수 있다.

04_ 키보드의 F7 기능키를 눌러 Top View에 Grid를 잠시 숨겨준다. 이는 작업 시야를 확보하기 위함이다. 다음 현재의 Layer 컬러가 Default인 검정으로 작업되고 있는데 바탕 이미지가 검정색에 가깝기 때문에 색상 구분을 위하여 Edit Layer로 컬러를 빨강색으로 지정하고 삼족오 외형선으로 Layer 명칭을 변경해 준다.

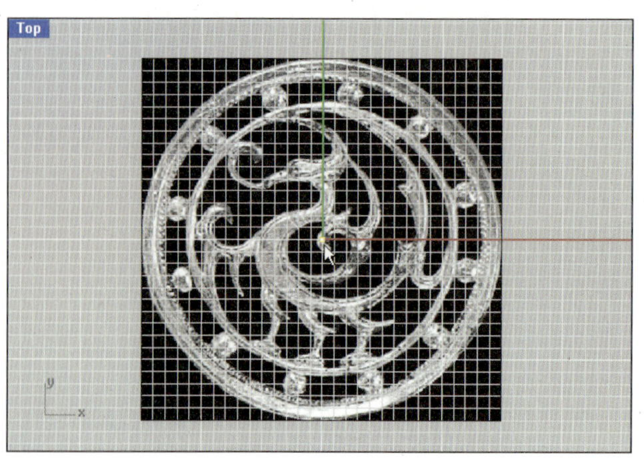

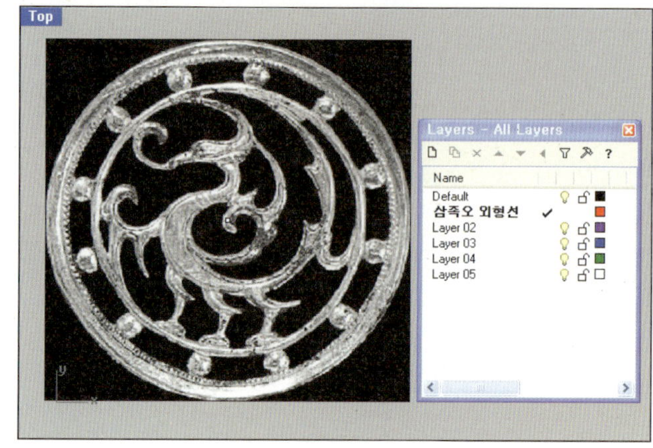

05_ 이제 이미지의 외형선을 만들어 줄 차례이다. 앞서 준비된 중심 포인트(Point)를 기준으로 Circle: Center, Radius 명령을 이용하여 지름 30mm의 원 (Circle)을 그려준다.

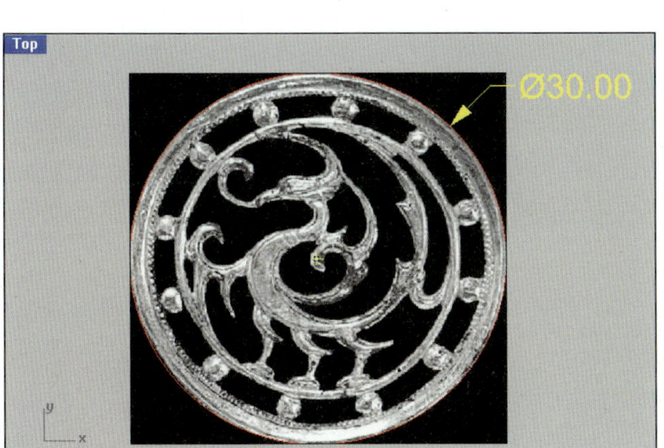

06_ 안쪽의 원은 최대한 이미지의 원형 모습에 근접하도록 그려준다. 이 부분은 꼭 정확한 치수로 만들지 않아도 무방하다.

07_ 원을 따라 원형 배열된 12개의 원은 그림과 같이 바깥쪽 원은 지름 1.87mm, 내경은 1.07mm로 그려준다. 특히 내경은 나중에 보석이 세팅될 부분이기도 하다. Trim을 위해 바깥쪽 원은 다른 원과 약간 겹쳐지도록 위치를 잡아준다.

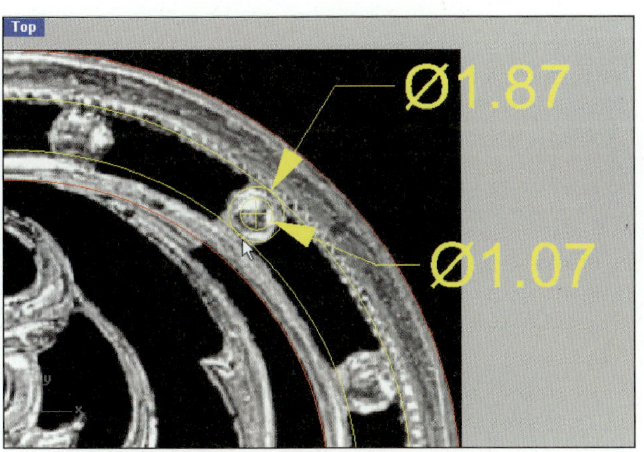

08_ 이렇게 만들어진 작은 원 2개를 동시에 선택하여 원의 중심(Center)을 기준으로 Polar Array (Number of items=12개) 시켜준다.

09_ Curve:Interpolate Points로 안쪽 삼족오의 외형선을 그려준다. 이때 Trim을 위해 커브의 끝단은 서로 교차되도록 그려준다.

10_ Trim을 위한 해당 외형선을 모두 선택하여 Trim 명령으로 그림과 같이 교차 부분을 잘라주어 정리해 준다. Trim 도중 잘못 삭제된 부분은 Ctrl + Z 으로 다시 원위치하여 연속적인 작업이 가능하다.

11_ Trim 작업이 종료되면 Hide Background Bitmap 아이콘을 클릭하여 배경 이미지를 잠시 숨겨 최종 외형선을 확인해 본다. 이미지를 다시 보이게 하려면 Show Background Bitmap 아이콘을 마우스 오른쪽 버튼으로 클릭해 주면 나타난다.

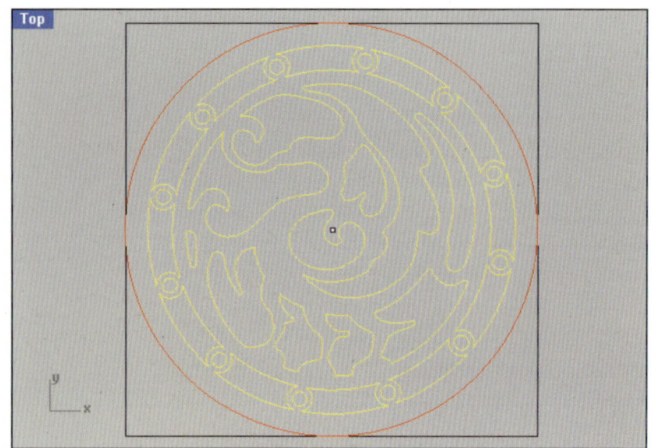

12_ Front View에서 중심 Point를 기준으로 높이 4mm의 수직선을 그어준다. 다음 Arc:Start, End, Direction at Start 명령으로 호(Arc)를 그려준다. 키보드의 Shift 를 사용해서 그려주면 편리하다.

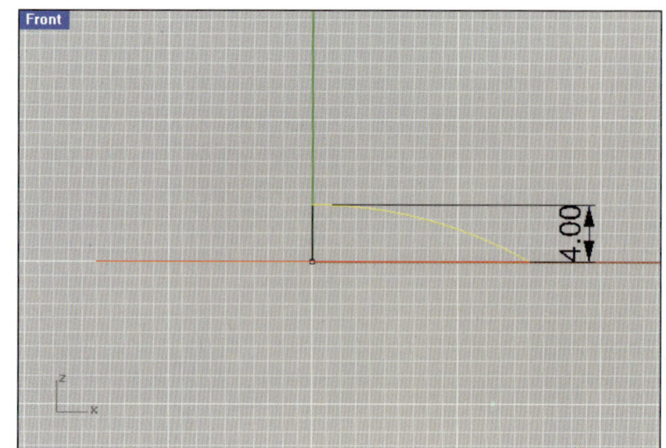

13_ Revolve 명령으로 1번 수직축을 기준으로 2번 호(Arc)를 360도 회전시켜 그림과 같이 면으로 만들어 준다.

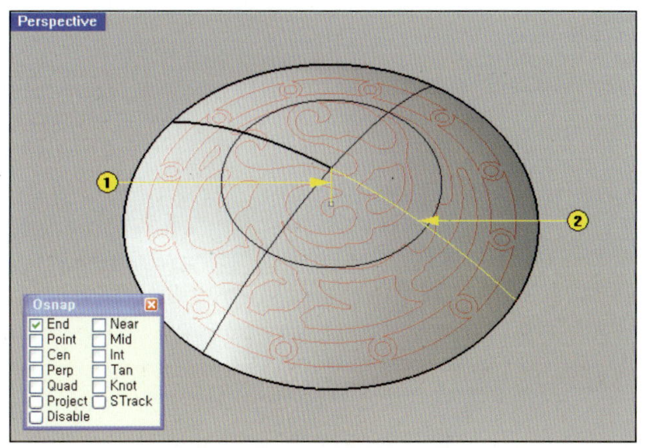

14_ Top View에서 Project to Surface 아이콘을 클릭〉Select curves and points to project (DeleteInput=Yes) : 안쪽 삼족오 커브 모두 선택 〉 Enter 〉 Select surfaces, polysurfaces and meshs to project onto(DeleteInput=Yes) : 회전면 선택 〉 Enter 하면 라인 객체들이 면에 수직 투영되어 면에 달라붙게 된다.

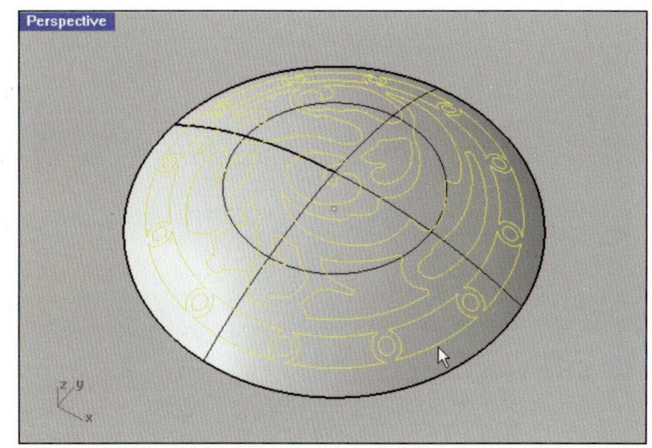

15_ Split 명령을 이용 회전면을 투영 커브로 잘라준다. 다음 삼족오 모양과 관련없는 불필요한 조각 면들은 지워준다.

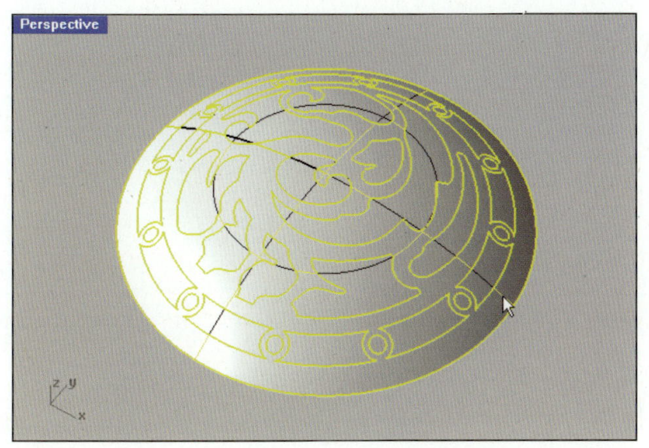

16_ 면에 두께를 부여하기 위하여 ⬚ Analyze Direction으로 옵셋방향을 안쪽으로 바꿔 준다. 옵션에 Filp을 누르면 화살표의 방향이 바뀌며 그 방향으로 옵셋이 되어 두께가 들어가게 된다.

17_ 🔵 Offset Surface 아이콘 클릭 〉A면 클릭 〉 Enter 〉 옵셋방향 확인 〉 Offset distance 〈 〉 (FlipAll Solid Loose Tolerance=0.001 BothSides) : Solid 옵션 클릭 〉 Offset distance=1.5mm입력 〉 Enter 하면 그림과 같이 두께를 가진 솔리드 객체가 생성된다. 하지만 문제가 있다. 문양의 곡률이 심한 부분의 두께 면이 왜곡되어 생성된 것을 확인할 수 있다.

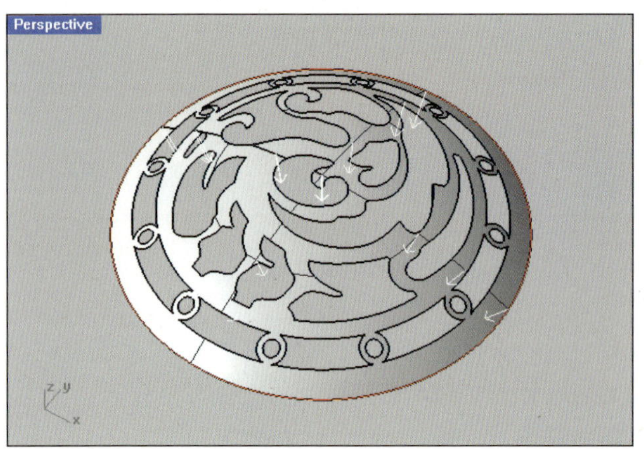

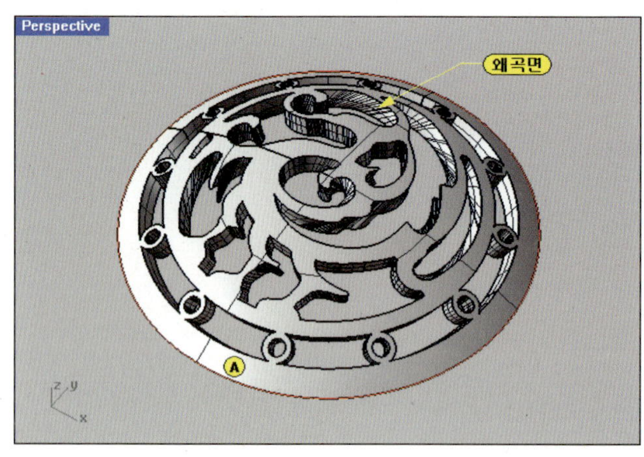

18_ 위의 문제를 해결하는 방법은 옵션에서 Solid 옵션을 체크하지 않고 면만을 아래로 옵셋하여 두 장으로 만들어 주는 것이 더욱 효율적이다. Ctrl + Z 으로 원 위치하여 다시 🔵 Offset Surface 명령을 수행하여 그림처럼 두 장의 면만을 만들어 준다.

19_ ⬚ Duplicate Border 명령으로 A면과 안쪽 B면을 동시선택 Border를 추출한다. 모두 연결된 상태의 Edge Curve가 자동 추출되게 된다.

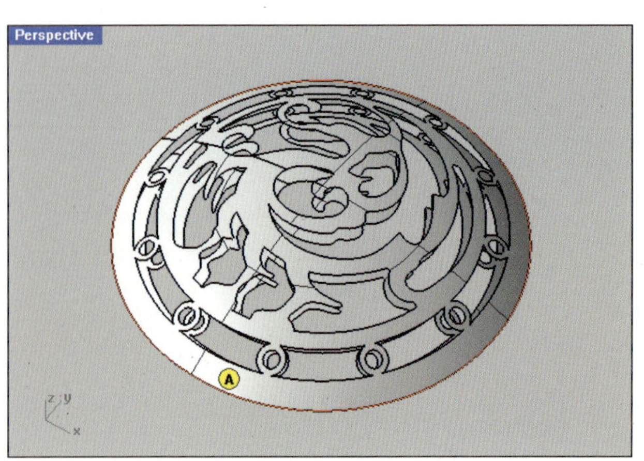

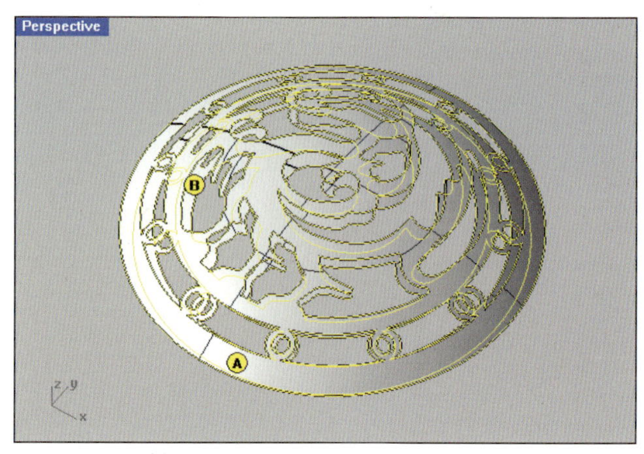

20_ Osnap에 Near와 Perp을 체크하고 그림처럼 A면의 커브와 B면의 커브를 클릭하여 수직을 그어준다.

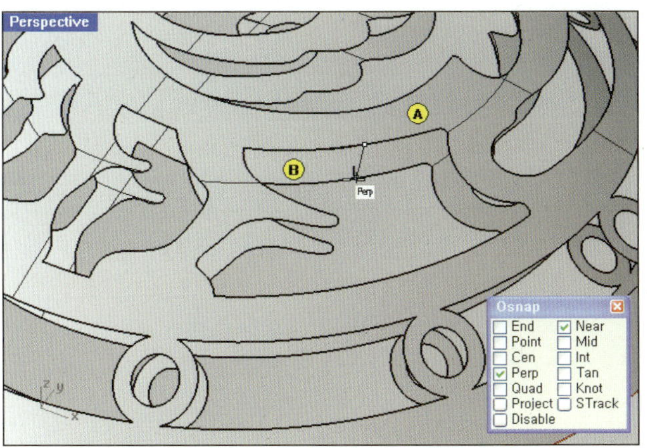

21_ 이제 Sweep 2 Rails로 안쪽 면을 만들어 준다. Sweep 2 Rails Options는 그림과 같이 설정하고 [OK] 한다.

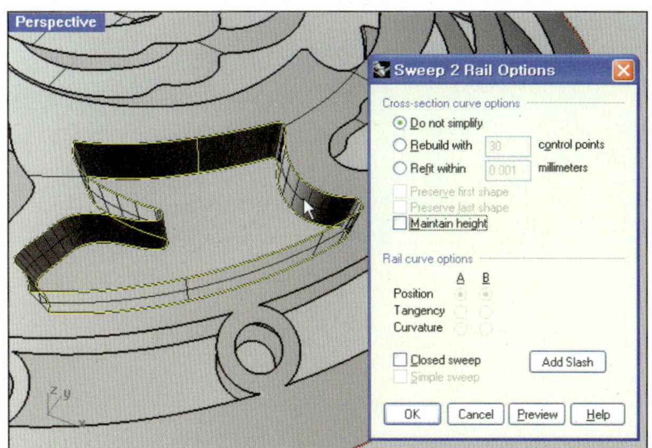

22_ 나머지도 동일한 방법으로 모두 처리한다. 하지만 모두를 이렇게 마무리 하는 데는 다소 작업시간이 걸리게 된다. 물론 이 방법은 Offset Surface로 구배각을 갖는 두께 생성시 당연히 수행해야 할 명령이다.

23_ 하지만 여기서는 구배각을 주지 않고, 보다 효율적인 방법으로 두께를 주도록 해본다. 우선 Ctrl + Z 으로 다시 A면 한 장의 상태로 원 위치한다. 다음 Extrude Surface 아이콘을 클릭 〉 Select surfaces to Extrude: A면 선택 〉 Enter 〉 Extrude distance〈 〉 (Direction BothSides=No Cap=Yes DeleteInput=Yes ToBoundary): 1.5mm 입력 〉 Enter 하면 그림과 같이 수직 두께를 갖는 솔리드 객체가 한번에 완성된다.

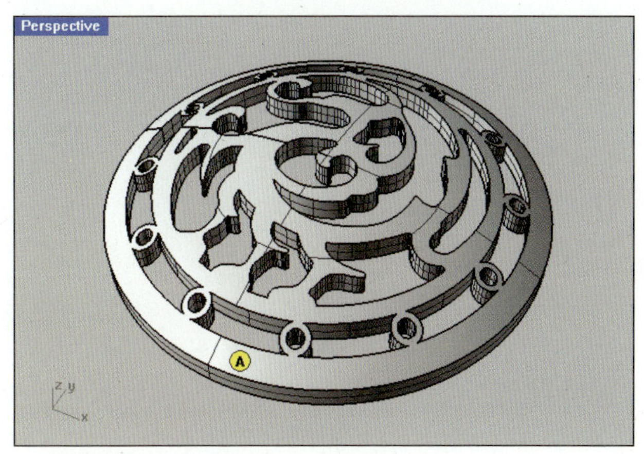

24_ 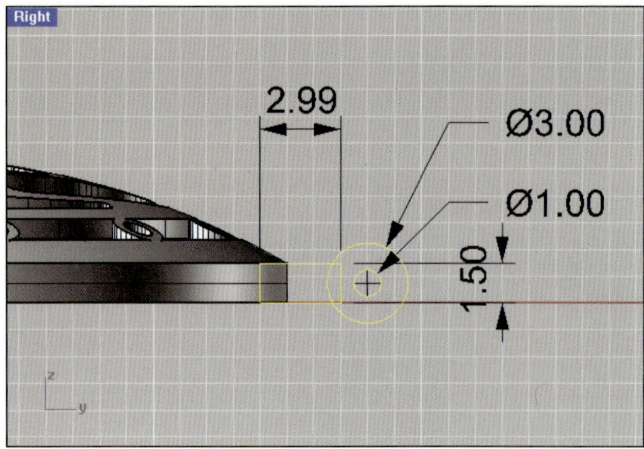 Rectangle:3Points와 Circle:Tangent, Tangent, Radius 명령으로 Right View에서 그림과 같이 드로잉하여 Trim 후 join 해준다.

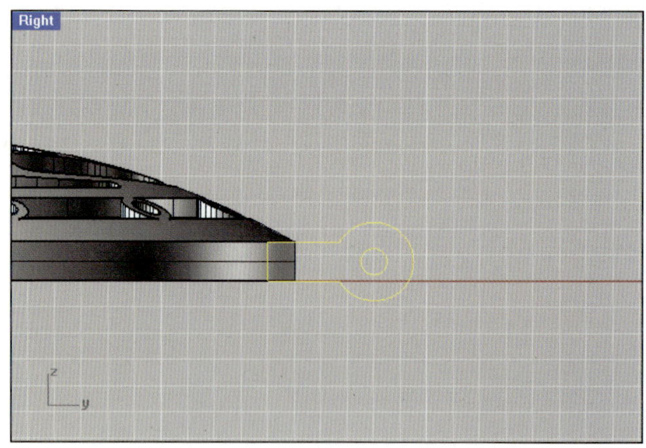

25_ Join된 객체를 Top View에서 Extrude Straight시켜 준다. 옵션은 Both Sides=Yes, Cap=Yes 으로 설정하며 Extrusion distance=1mm이다.

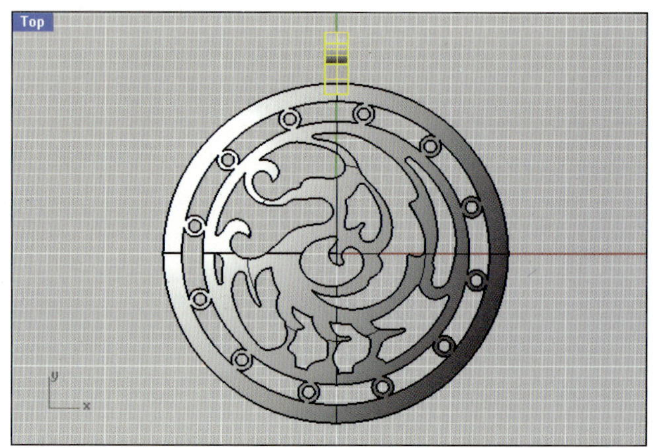

26_ 솔리드 객체 1과 2를 Boolean Union시켜 준다.

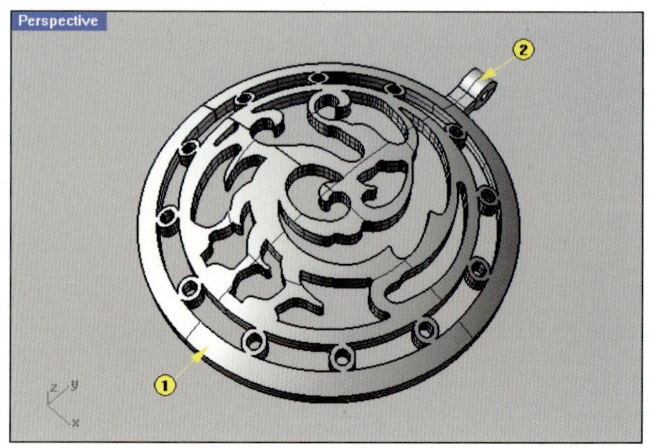

27_ 마지막으로 경사면에 12개의 보석을 세팅해 보기로
한다. 우선 **부록 CD 〉 보석샘플 〉 GEM-05**를 Top
View로 불러온다. 준비된 기준 보석의 지름은 1.25mm이
다. 불러온 보석에 Volume Centroid를 이용하여
중심 포인트를 만들어 준다. 다음 세팅될 객체에도 그림
과 같이 중심점(Center Point)을 하나 만들어 준다.

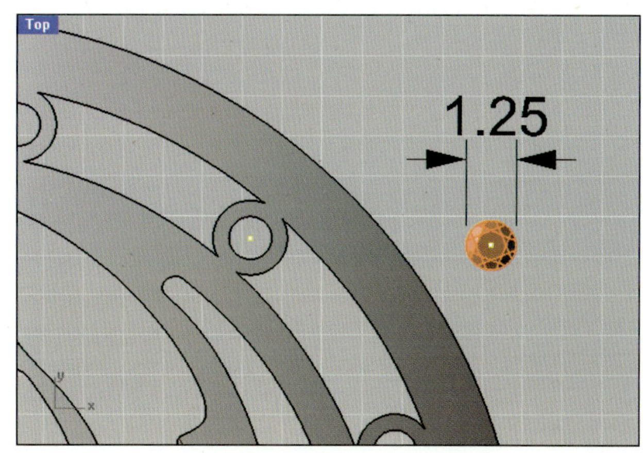

28_ Move 명령으로 준비된 보석을 펜던트의
Point점과 중심이 일치하도록 이동시켜 준다.

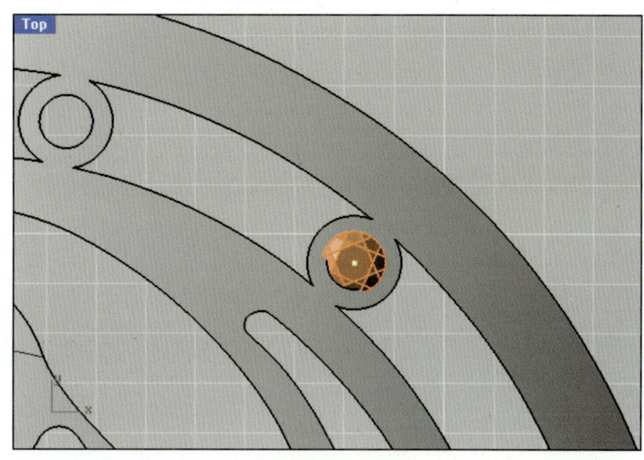

29_ 하지만 필연적으로 펜던트의 경사면에 대해 보석의
기울기가 불일치하여 애매한 상황이 발생하였다. 이러한
부분에 보석을 최대한 일치시키려면 다음과 같은 방법으
로 해결한다.

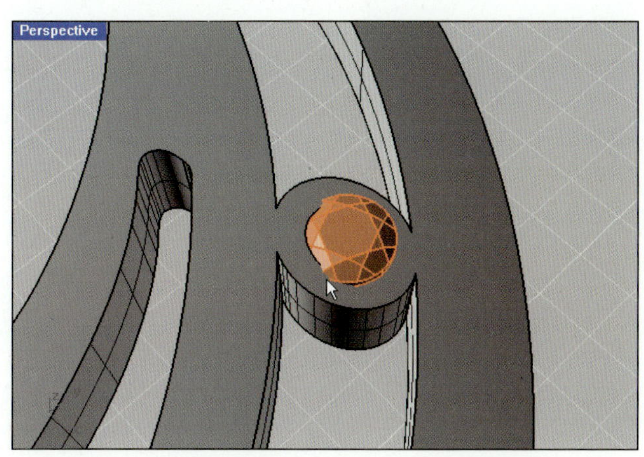

30_ Line:from Midpoint를 이용하여 Top View
에서 Point를 기점으로 하는 사선을 그어준다.

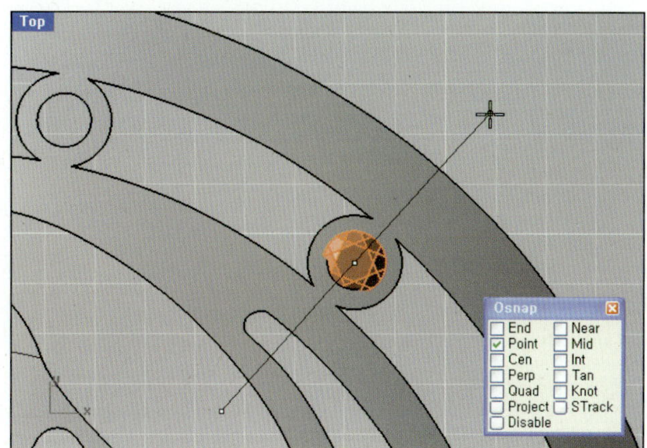

31_ Extrude Straight로 좀전의 사선을 선택하여 면으로 만들어 준다.

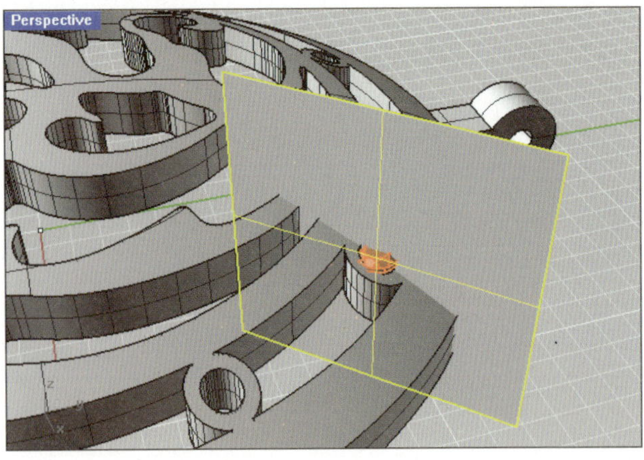

32_ Perspective View에서 Set CPlane To Object 아이콘을 클릭 〉 1번 면을 선택하면 면에 대한 CPlane이 걸리게 된다.

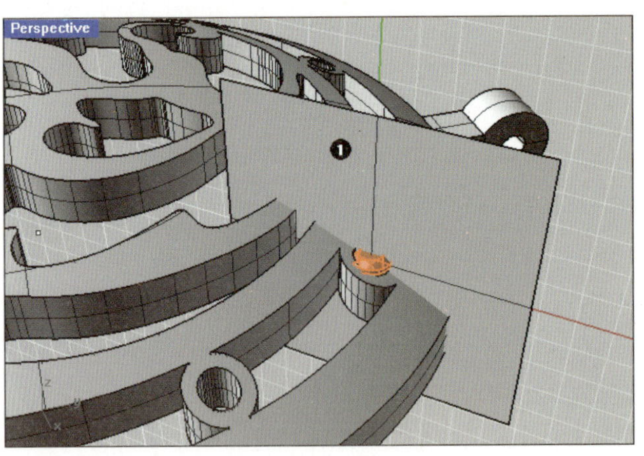

33_ 작업의 편의 위하여 Perspective View에 대하여 Top View of CPlane을 적용하여 작업 뷰를 바꿔준다.

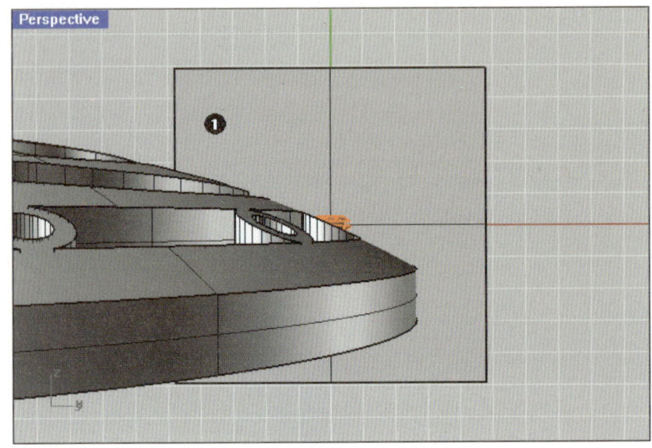

34_ Rotate 2-D 명령으로 Perspective View에서 Point를 기점으로 보석의 기울기를 적정히 조정해준다. 물론 보석의 삽입 깊이도 조정해 줄 수 있다.

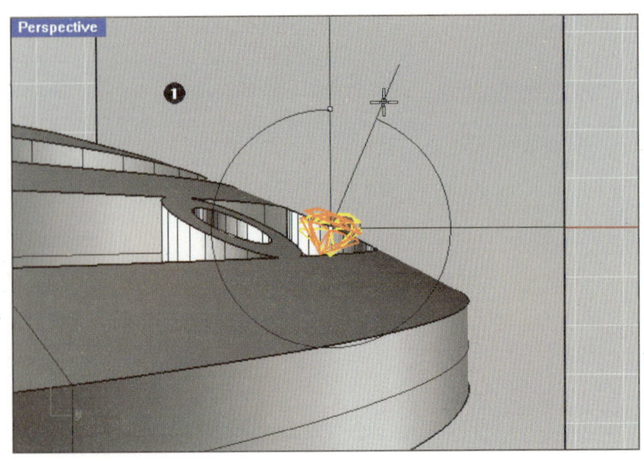

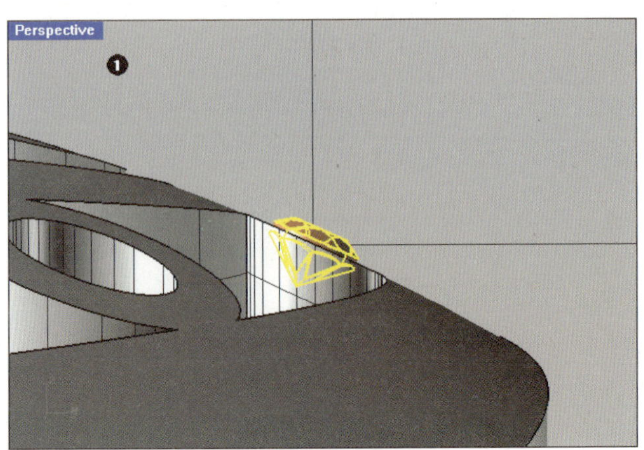

35_ 기준이 되는 한 개의 보석 배치가 마무리 되었다면 Top View에서 Polar Array로 총 12개의 보석을 배열 마무리한다.

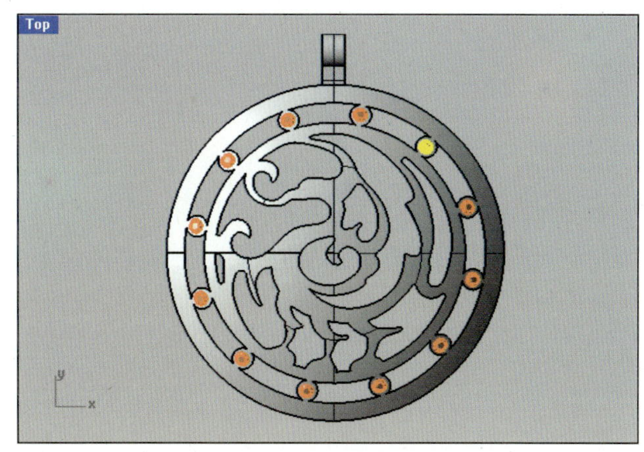

36_ Perspective View를 Previous CPlane으로 정상뷰로 복귀한다. 마지막으로 호(Arc)와 Pipe, Flat caps 명령으로 줄을 만들어 준다.

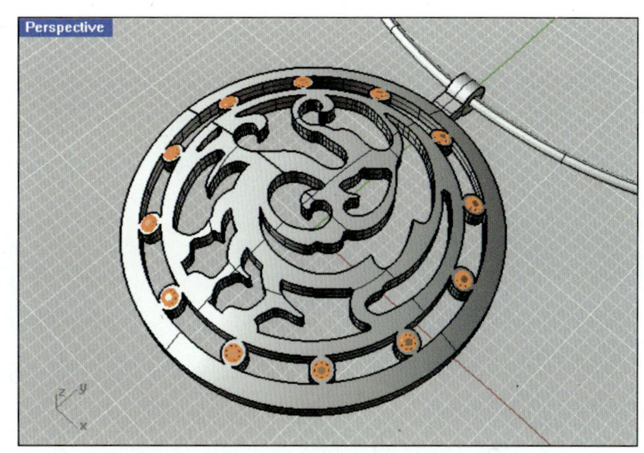

37_ Shade 또는 Render를 통해 최종 결과를 확인해 본다.

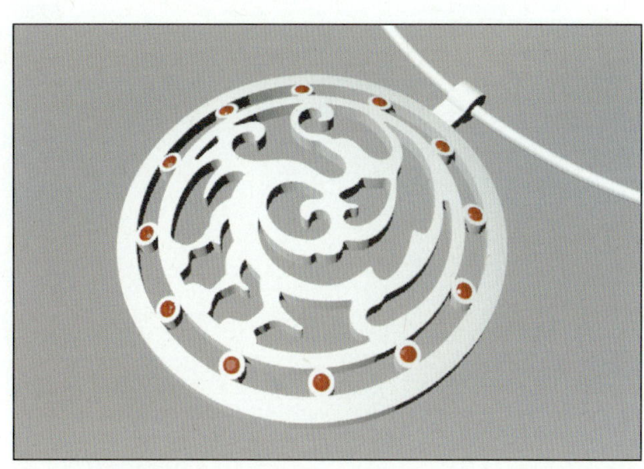

Rhinoceros

Chapter 13

와이어 귀걸이(Wire Earring) 만들기

Preview

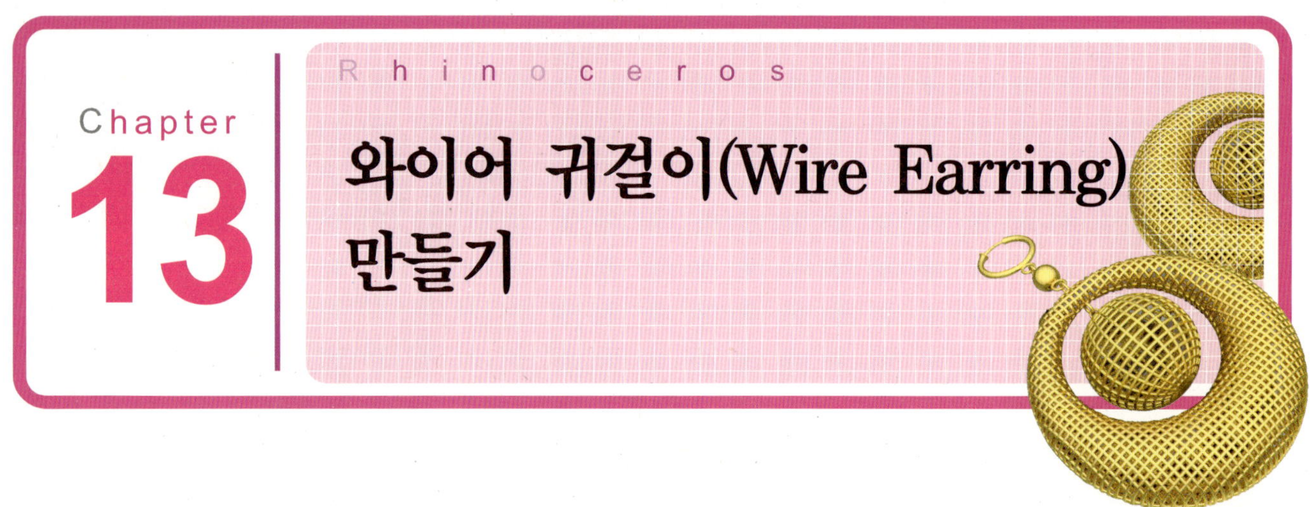

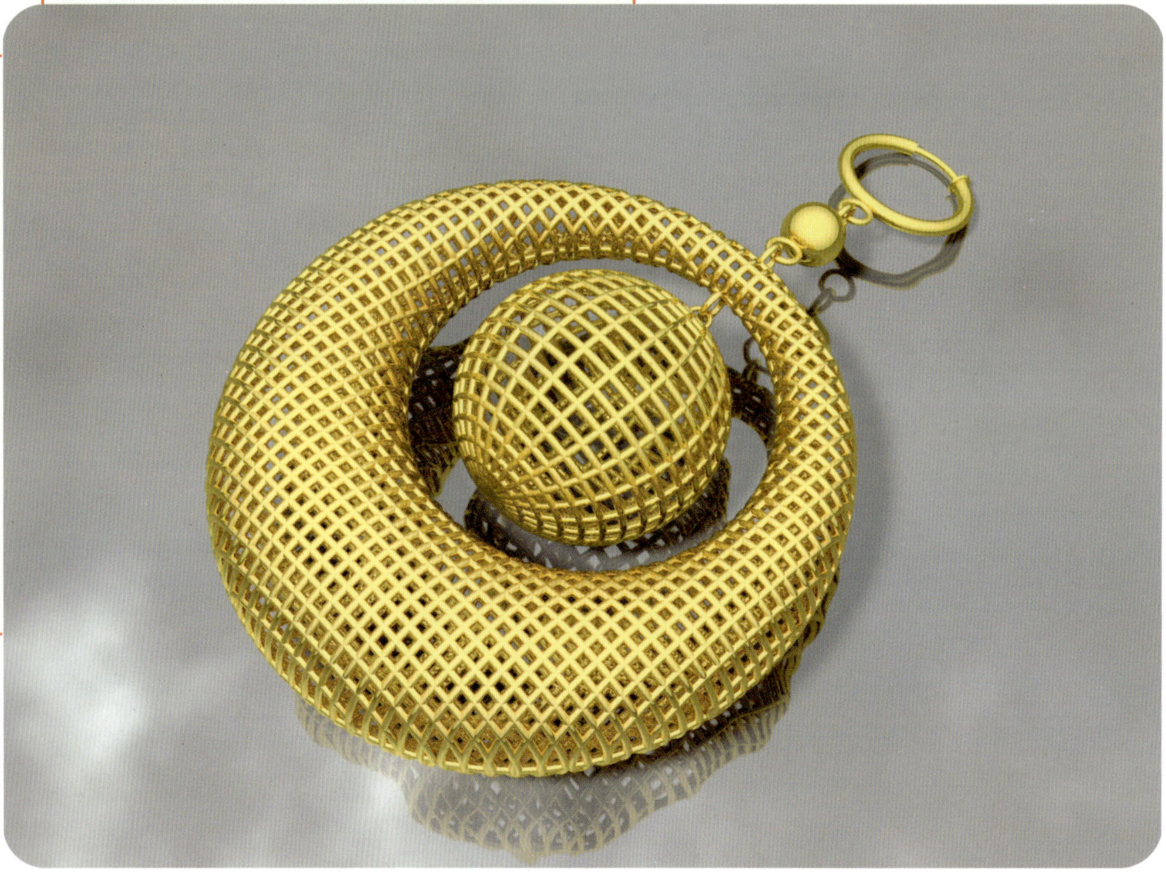

따라해 보세요 !

01_ Circle:Center, Radius로 내경 33.5mm의 원(Circle)을 그려준다. Ellipse-Diameter로 장축 57.00, 단축 55.00mm의 타원을 그리고 원의 Quad점에서 4.51mm 지점에 위치시켜 준다.

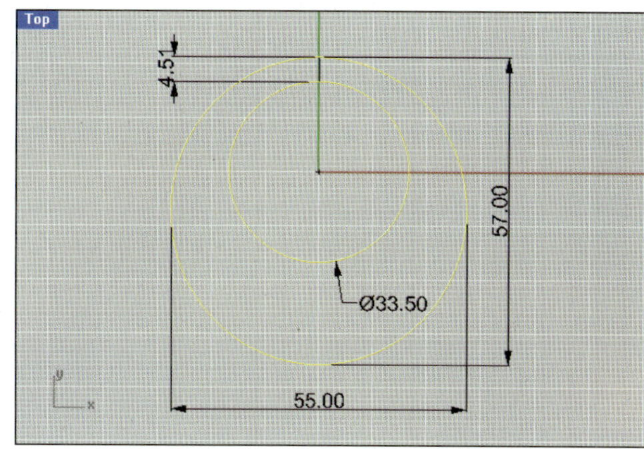

02_ Right View에서 원과 타원의 Quad점에 Circle:Diameter를 이용하여 그림과 같이 내접하는 원(Circle)을 그려준다.

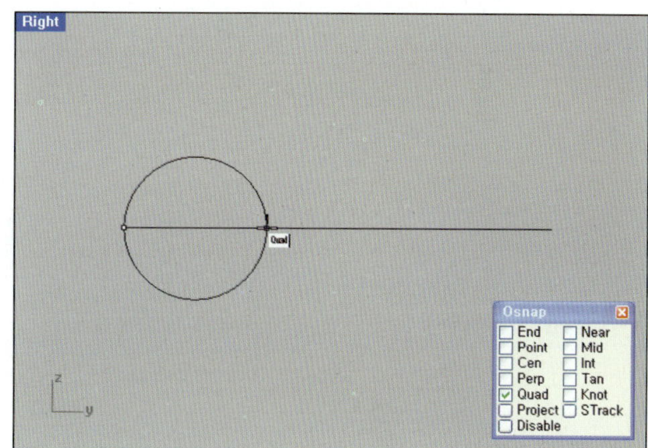

03_ Sweep 2 Rails 명령으로 번호 순서(1~3번)대로 클릭하여 면을 만들어준다. Sweep 2 Rail Options 창이 뜨면 그림과 같이 설정하고 [OK] 한다.

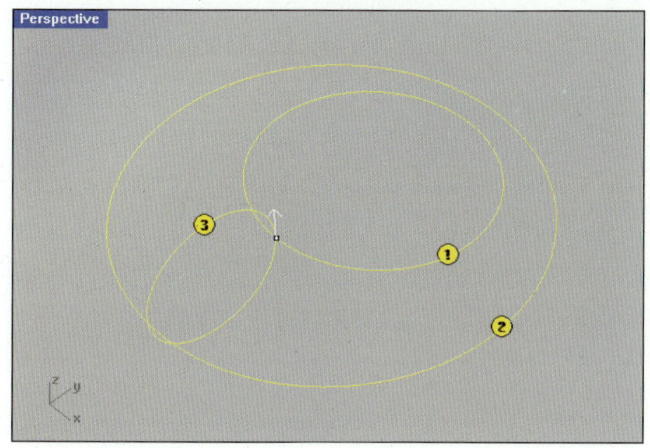

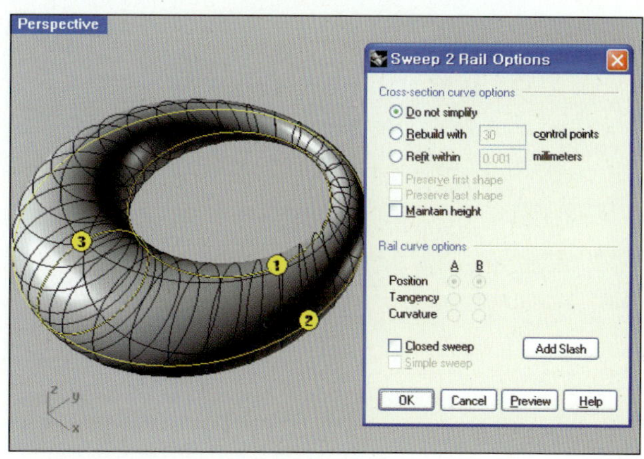

04_ Contour 아이콘 클릭 〉 Select objects for contours: A객체(면) 선택 〉 **Enter** 〉 Contour plane base point: 그림과 같이 A객체를 수평으로 가로지르며 좌, 우측 바탕 클릭 〉 Distance between contours〈1.5〉: 거리 1.5mm입력 〉 **Enter** 한다.

그림과 같이 간격 1.5mm의 세로방향 contour가 자동으로 생성된다.

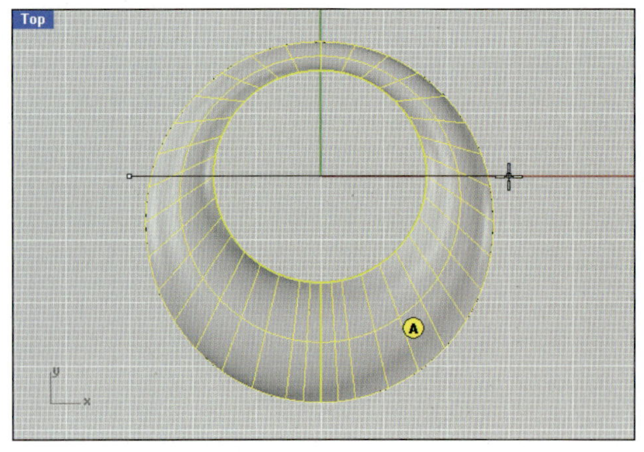

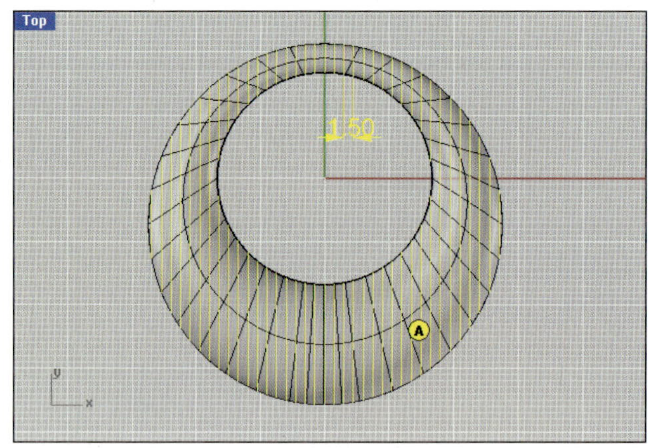

05_ 이번에 가로축 contour를 만들기 위하여 Contour 아이콘 클릭 〉 Select objects for contours: A객체(면) 선택 〉 **Enter** 〉Contour plane base point: 그림과 같이 A객체를 수직으로 가로지르며 바탕 클릭 〉 Distance between contours 〈1.5〉: 거리 1.5mm 입력 〉 **Enter** 한다.

그림과 같이 간격 1.5mm의 가로방향 contour가 자동으로 생성된다.

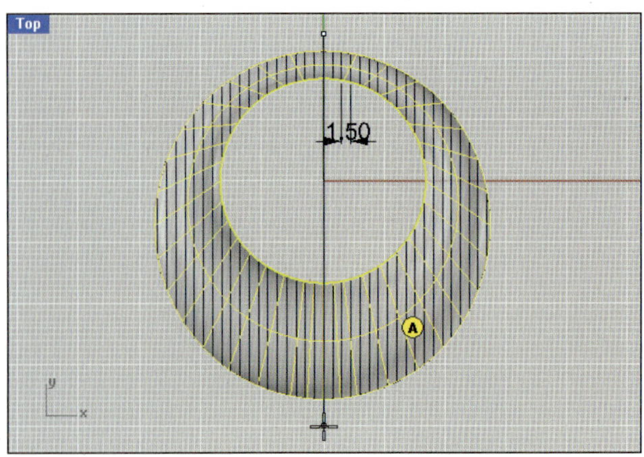

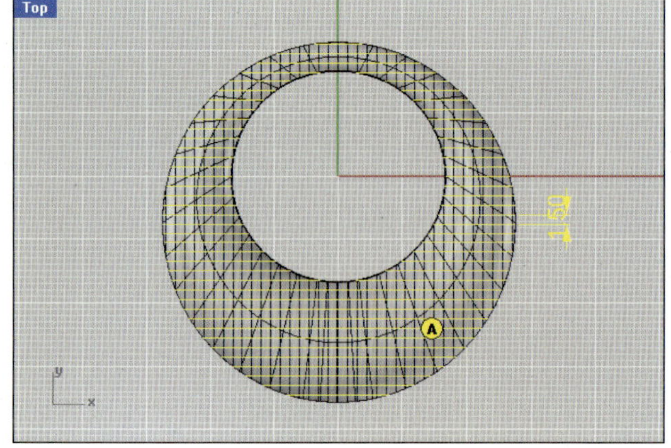

06_ 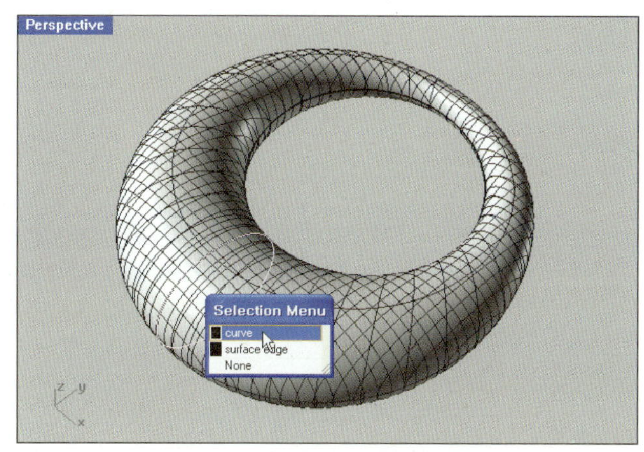 Pipe, Flat caps 명령으로 가로, 세로 con-
tour 커브들을 선택하여 솔리드 파이프 형태로 만들어 준
다. Pipe, Flat caps 아이콘 클릭 〉 세로 contour
커브 클릭한다.

〉 Radius for closed pipe〈 〉(Diameter ShapeBlend-
ing=Local): 반지름=0.4를 입력 〉 Enter 〉Point for
next radius: Enter gownaus 그림과 같이 솔리드 파이
프가 생성된다. 현재 파이프의 지름은 0.8mm가 된다.

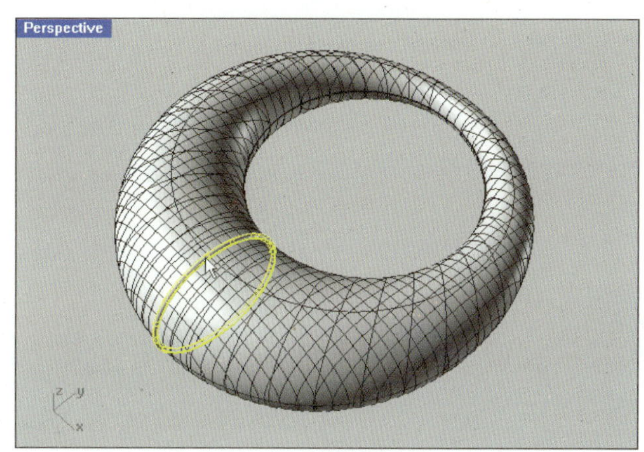

07_ 연속해서 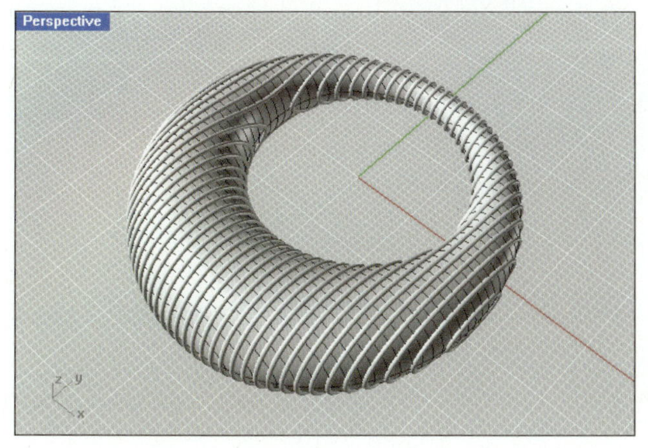 Pipe, Flat caps 명령으로 가로, 세로 contour 커브들을 모두 솔리드 파이프 형태로 만들어준다.

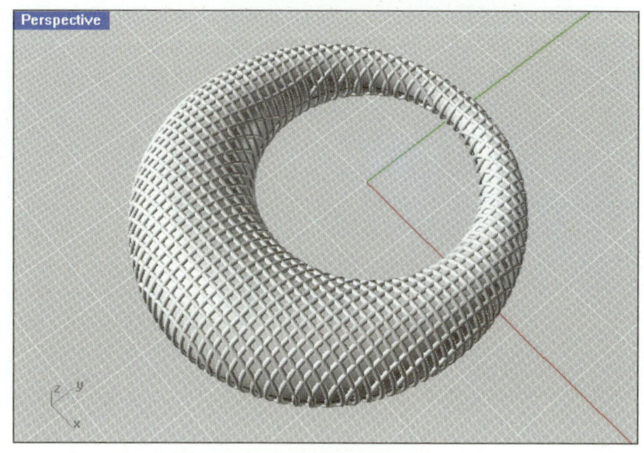

08_ 마지막 부분으로 안쪽 원과 바깥쪽 타원을 Pipe, Flat caps로 만들어 마무리한다.

09_ 이번엔 안쪽에 구(Sphere) 형태를 와이어 구조로 만들어 줄 것이다. 우선 Top View에서 그림과 같이 Sphere:Center, Radius 명령으로 지름 24mm의 구를 그려준다.

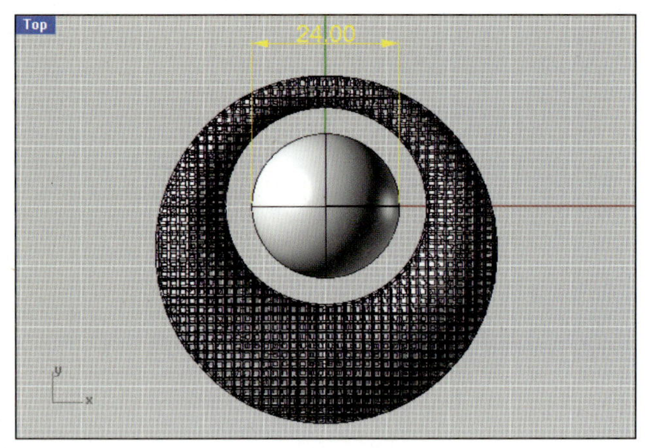

10_ Rebuild Surface 명령으로 그림과 같이 Point count를 U=25개, V=25개에 설정하고 [OK] 한다. 구에 가로, 세로 방향으로 각각 25개씩의 아이소커브 (Isocurve)가 생성된다.

11_ Extract Wireframe 명령으로 구를 선택하여 와이어 프레임을 추출한다. 추가된 아이소커브가 그대로 와이어 프레임 커브 형태로 추출된다. 이제 면 상태의 구 (Sphere)는 지워준다.

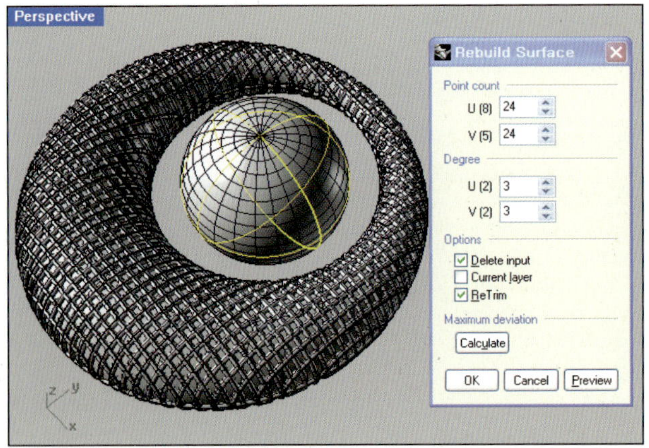

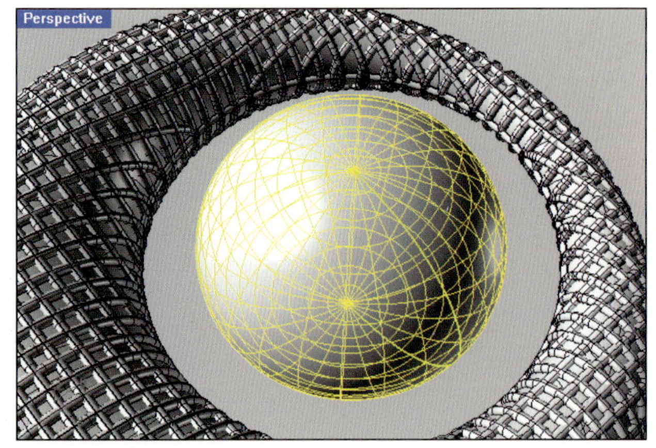

12_ 추출된 커브 중 세로 방향을 그림처럼 클릭해 보면 원이 반으로 나누어진 상태로 선택된다. 세로 방향의 대응 커브들 만 선택하여 서로 각각 원이 되도록 Join 시켜 준다.

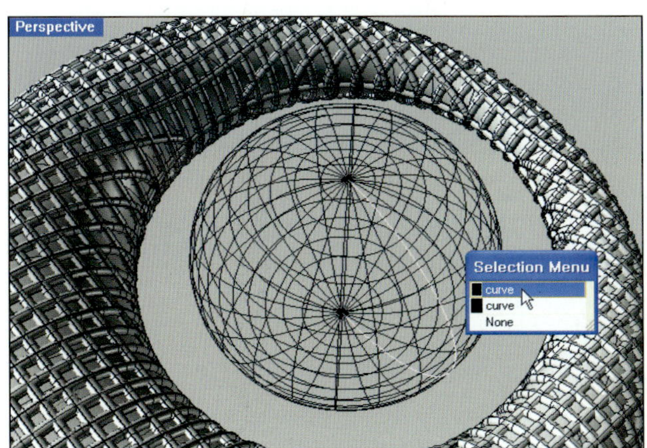

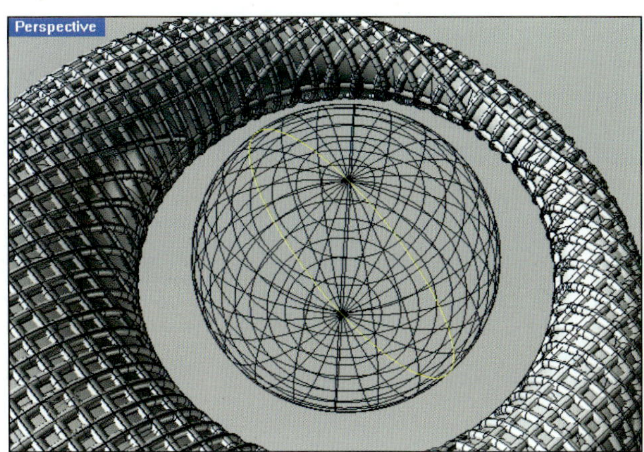

13_ 동일한 방법으로 Pipe, Flat caps 명령으로 가로, 세로 커브들을 선택하여 솔리드 파이프 형태로 만들어 준 다. 모든 파이프의 지름도 0.8mm이다.

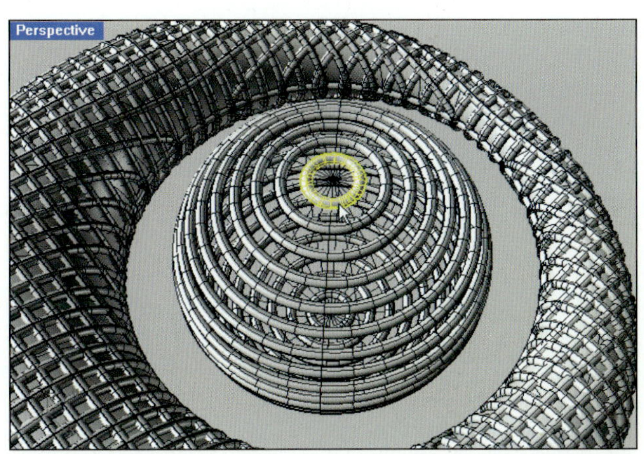

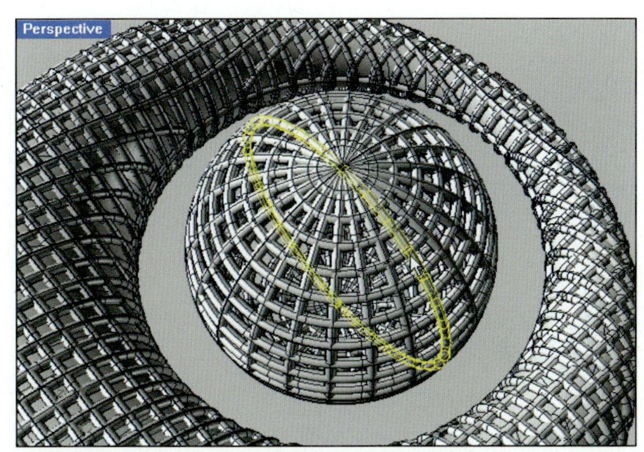

14_ 바깥쪽 타원형 A면도 지워 와이어 프레임만을 남겨 준다.

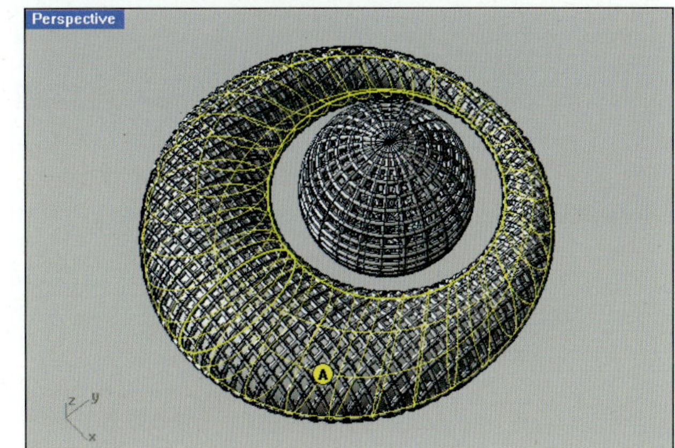

15_ 안쪽 구형상의 와이어프레임 구조를 모두 선택하여 Right View에서 그림과 같이 우측으로 90도 Rotate 2-D 로 회전시켜 준다.

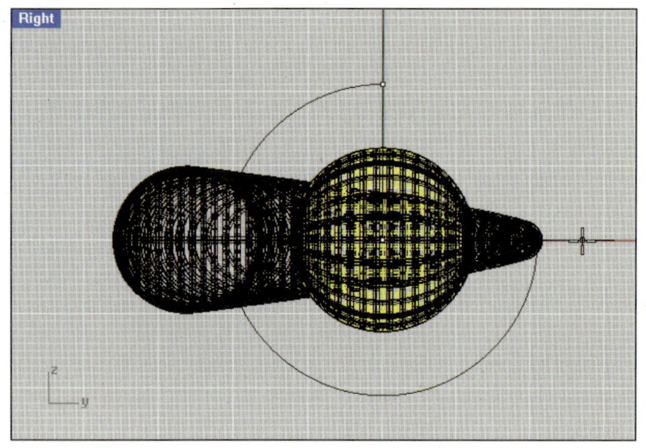

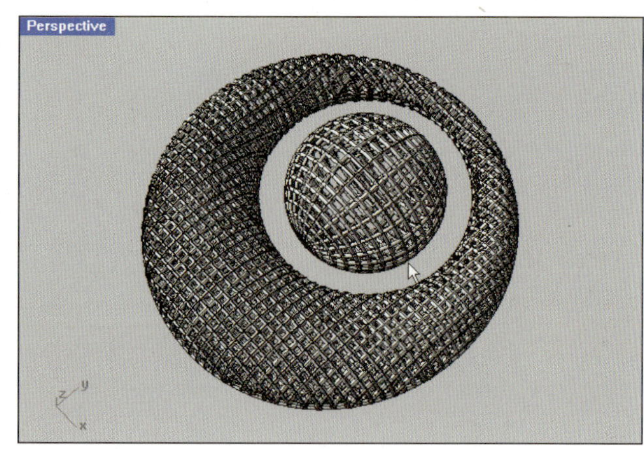

16_ Circle:Center, Radius, Pipe, Flat caps, Sphere-Center, Radius 명령을 적절히 사용하여 그림과 같은 치수의 귀걸이 연결부를 완성한다.

17_ 관절부는 각각 따로 구분하여 Boolean Union 해주면 된다.

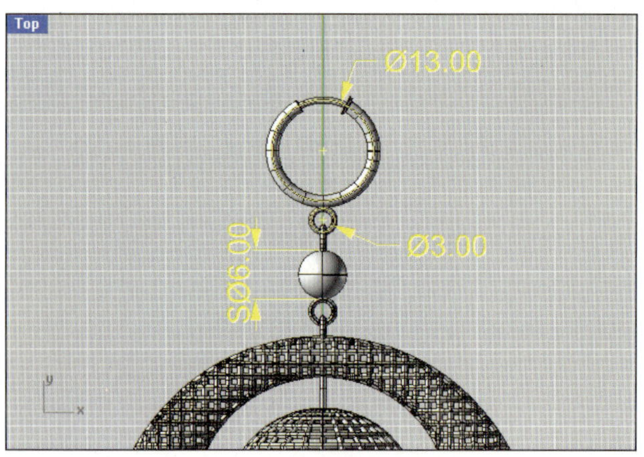

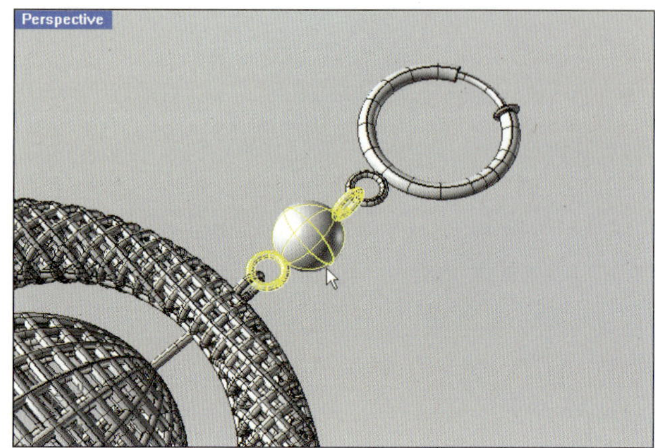

18_ 각각의 뷰포트 타이틀을 마우스의 오른쪽 버튼으로 클릭하고 Rendered 모드에 맞추어 주면 전체 뷰의 객체 모습을 그림과 같이 확인해 볼 수 있다.

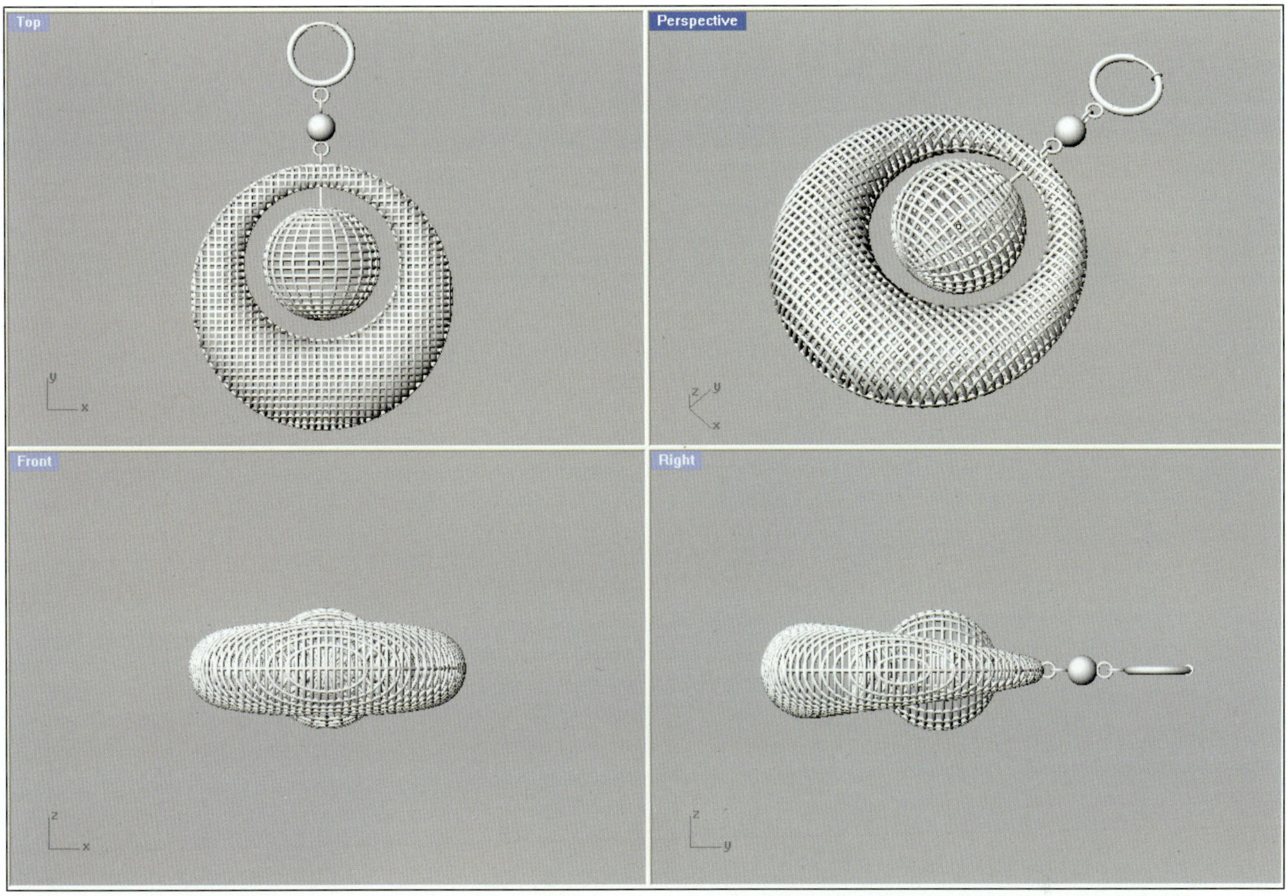

19_ Render 명령으로 최종 와어어(Wire) 형상의 귀걸이 모습을 확인한다.

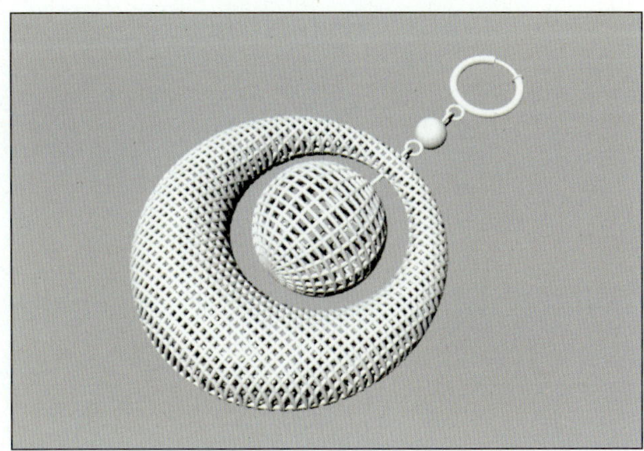

Chapter

14

Rhinoceros

체인(Chain) 모델링하기

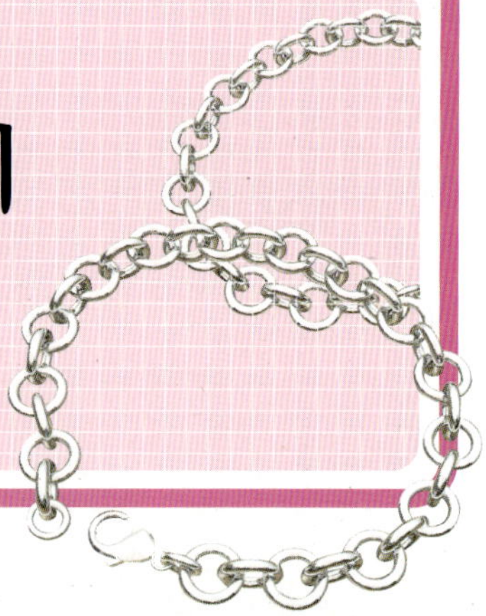

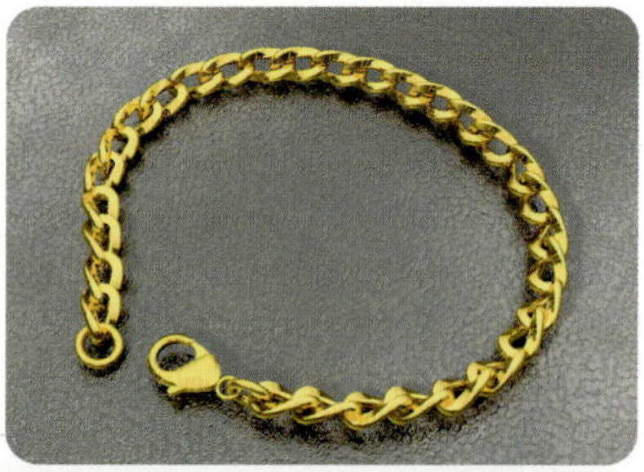

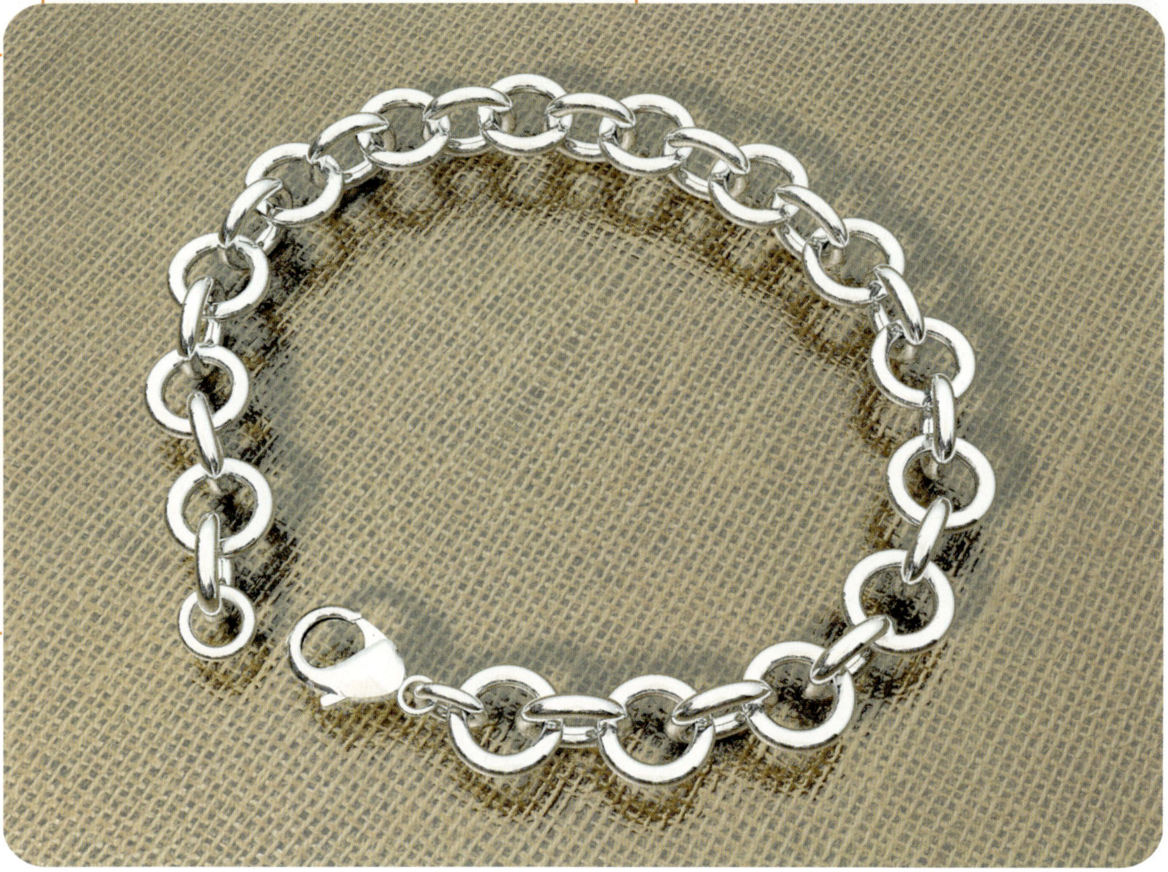

Preview

따라해 보세요 !

01_ 부록 CD 〉 라이노파일 〉 EX-02 고리모델을 가져온다. 불러온 고리의 대략적인 크기를 참조하여 체인(Chain) 제작법을 학습한다.

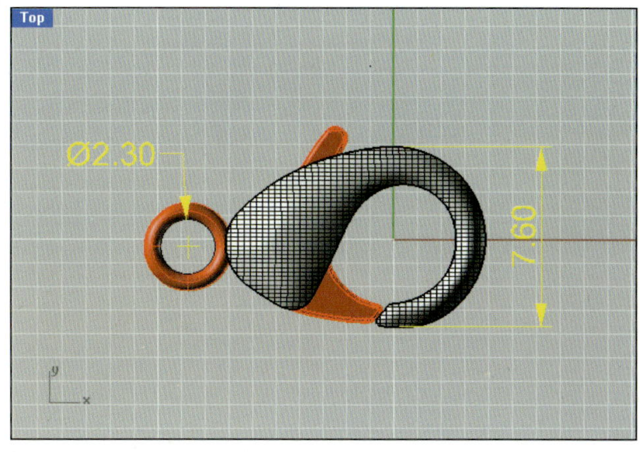

02_ Torus 아이콘 클릭 〉 Center of torus(Vertical 2Point 3Point Tangent AroundCurve FitPoints): 2Point 클릭 〉 Start of diameter(Vertical): 시작점 클릭 〉 End of diameter(Vertical): 5.5 〉 End점 위치 클릭 〉 Second radius◇(Diameter FixInnerDimension=No): 0.7 기입 〉 Enter 한다.

Top View에 1번 Torus가 생성된다. 같은 방법으로 이번에 End of diameter(Vertical):8 〉 Second radius〈 〉(Diameter FixInnerDimension=No): 1기입 Enter 하면 2번 Torus가 생성된다.

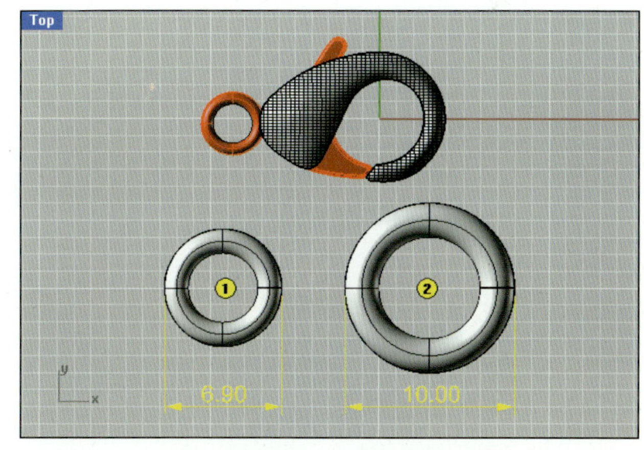

03_ Curve:Interpolate Points로 팔찌나 목걸이의 길이만큼 원하는 모양의 커브를 그려준다. 커브의 시작점은 고리의 중심(Center)부터 그려준다. 특히 배열될 객체의 크기와 커브의 곡률 반경을 고려해 커브를 그려준다.

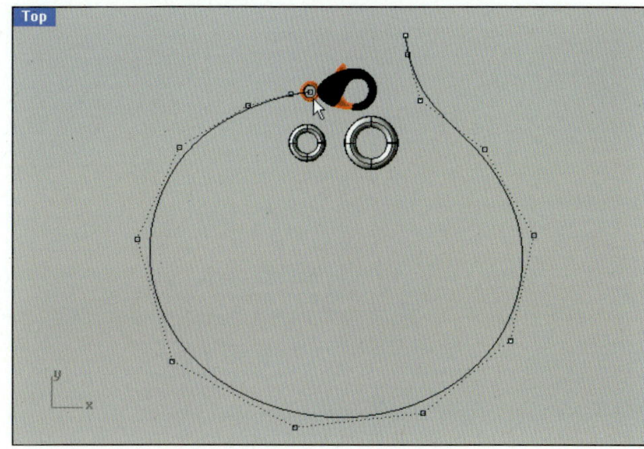

04_ Top View에서 1번 Torus를 선택 〉 Remap to CPlane 아이콘 클릭 〉 Front View 바탕을 클릭해주면 1번 Torus의 방향이 바뀐다.

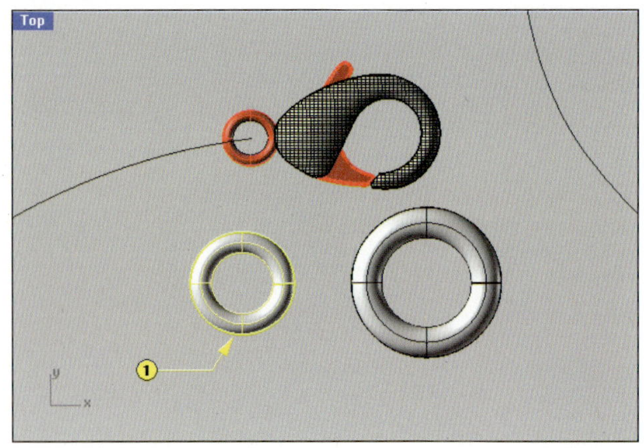
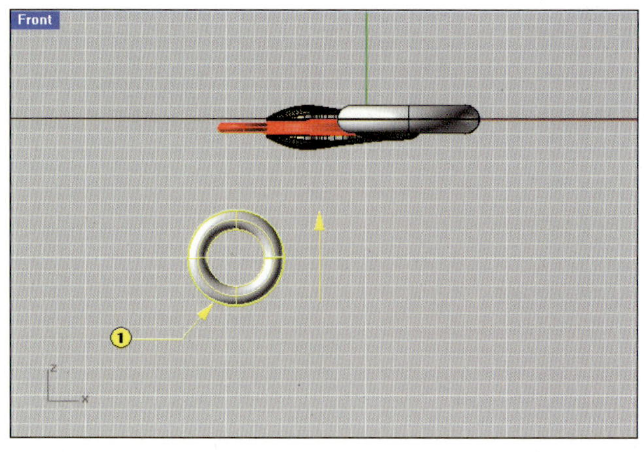

05_ Move 명령으로 1번 토러스를 작은 고리의 가운데로 이동시켜 준다.

06_ Rotate 2-D 명령으로 1번 토러스의 Quad점을 기준으로 커브 흐름에 최대한 일치하도록 방향을 조정해 준다.

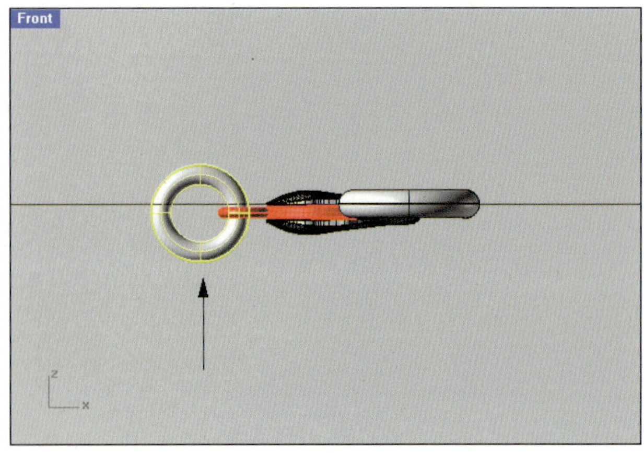
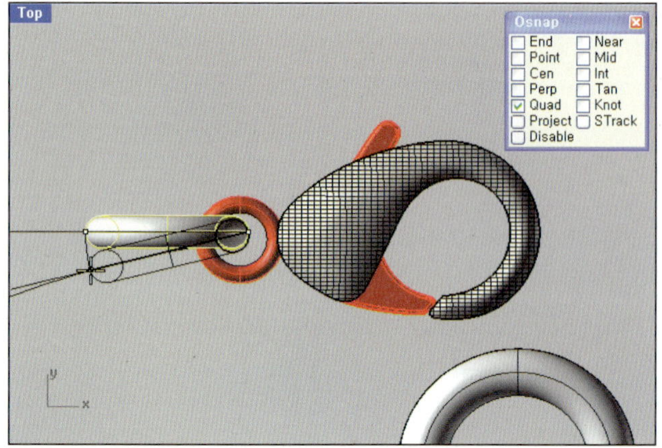

07_ Move 명령으로 2번 토러스를 1번 토러스의 가운데로 이동시켜 준다.

08_ Copy `Ctrl` + `C` , Paste `Ctrl` + `V`
로 2번 토러스를 제자리 복사해준다.

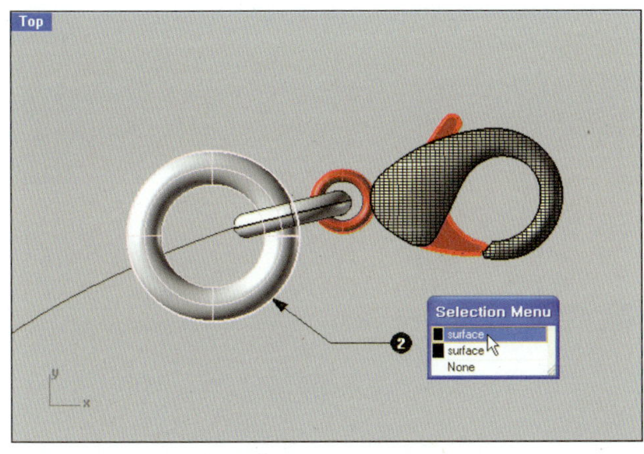

09_ 이중 하나를 Top View에서 선택한 상태에서 Remap to CPlane 아이콘 클릭 〉 Front View 바탕 클릭해주면 2번 Torus의 방향이 바뀐다. 종전과 같은 방법으로 복사된 토러스의 위치는 이동시켜 그림과 같이 배치한다.

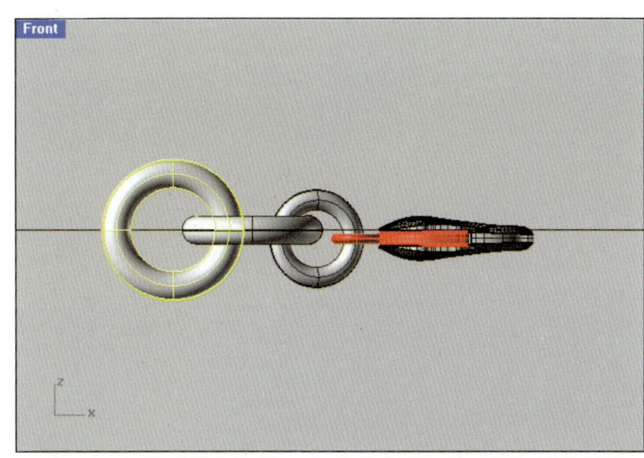

10_ Rotate 2-D 명령으로 토러스의 Quad점을 기준으로 커브 흐름에 최대한 일치하도록 방향을 조정해준다.

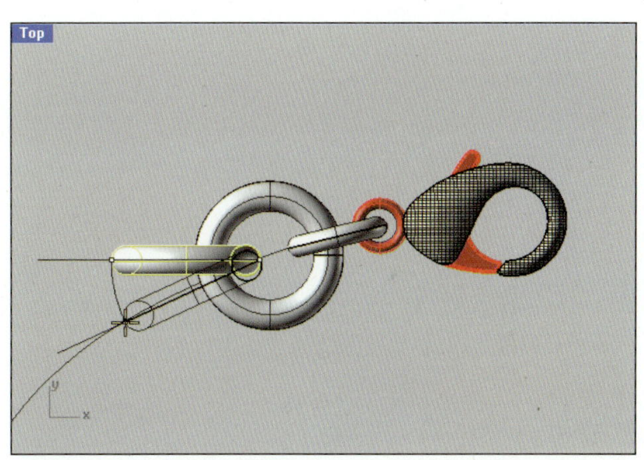

11_ Move 명령으로 그림의 객체들을 모두 커브의 가운데로 이동시켜 준다.

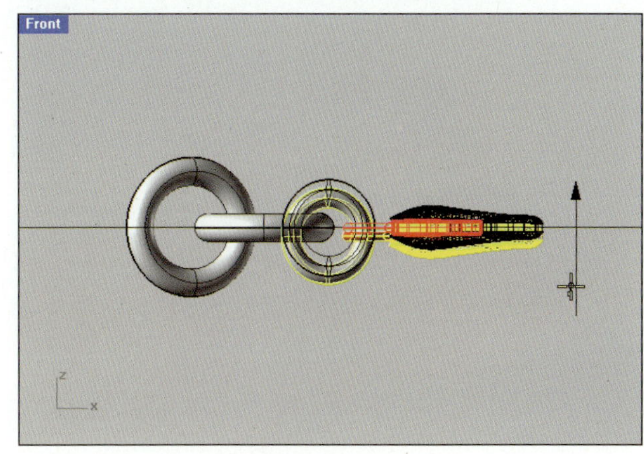

12_ 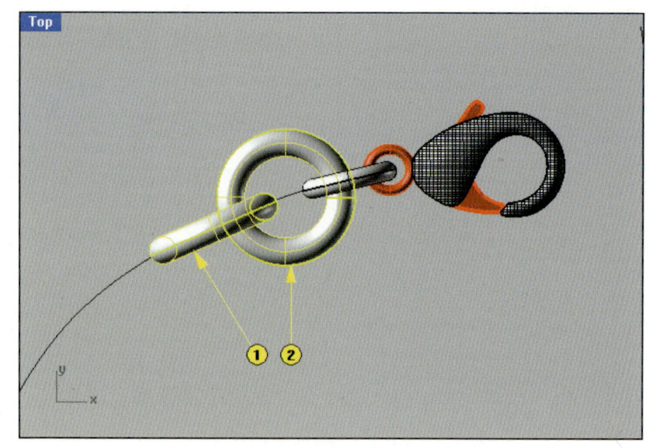 Group 명령으로 1번과 2번 객체를 그룹시켜 준다.

13_ Array along Curve 아이콘을 클릭 〉 A 그 룹 선택 〉 Enter 〉 B 커브 선택 〉 Enter 한다.

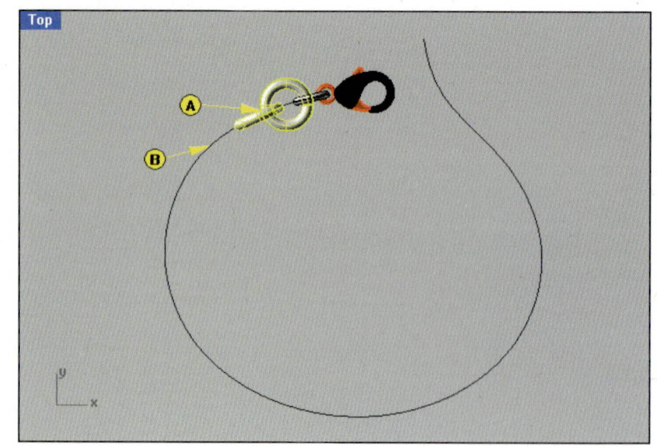

명령 실행 중 Array Along Curve Options 대화 상자가 나타나면 Method 〉 Number of items:17, Orienta-tion=Freeform 〉 [OK] 한다.

곡률 반경이 적당하지 않아 밖으로 이탈된 2개의 객체는 지워주고 나머지는 작업자가 적정 위치로 조절해 마무리 한다.

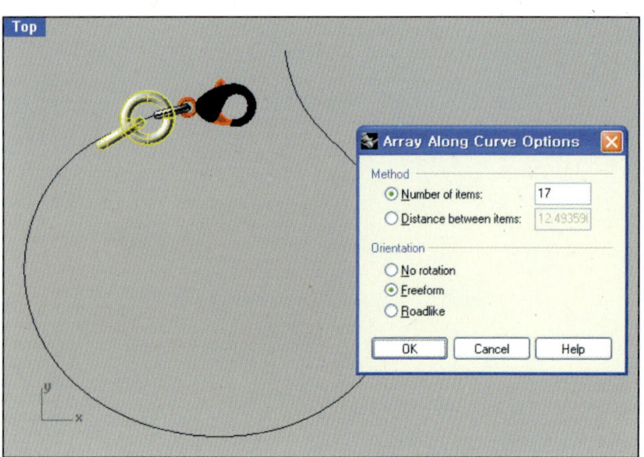

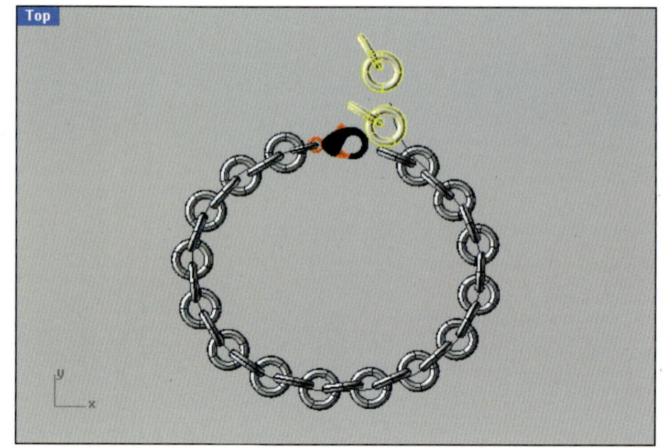

14_ 1번 토러스를 📋 Copy `Ctrl` + `C` , 📋 Paste `Ctrl` + `V`로 제자리 복사해 체인의 끝부분에 배치하거나 ⬤ Torus 명령으로 새롭게 만들어 배치해 마무리한다.

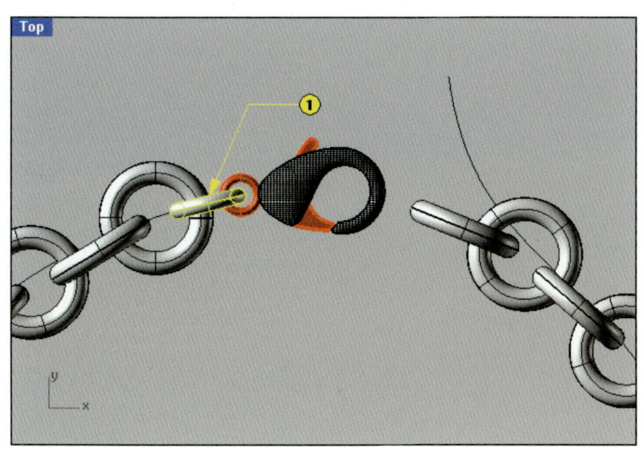
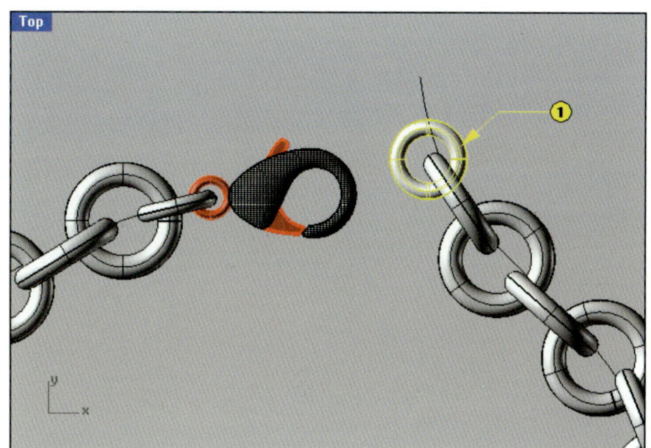

15_ ⬤ Shade 명령으로 최종 완성된 팔찌 형태의 체인(Chain)을 확인해 본다. 참고로 ✏️ Array along Curve 명령은 커브의 형태가 평면에 놓인 커브여야만 되는 것은 아니다. 3차원의 커브와 닫힌 커브도 가능하다.

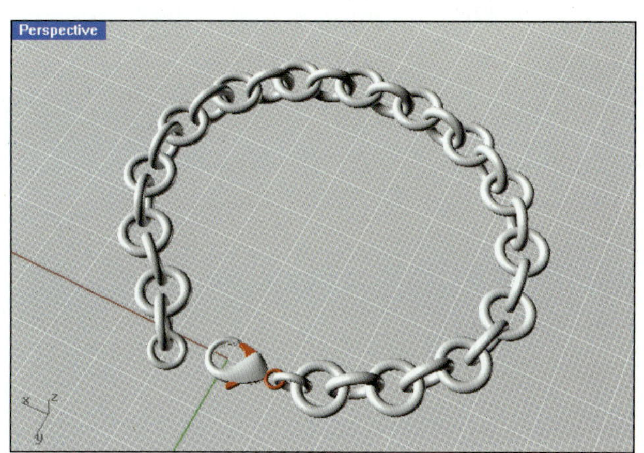

16_ 이번엔 토러스 형태의 연결이 아닌 변형 형태의 체인 유닛을 제작하여 적용해 본다. 앞서 제작된 객체의 일부만을 남겨 두고 나머지는 지워준다.

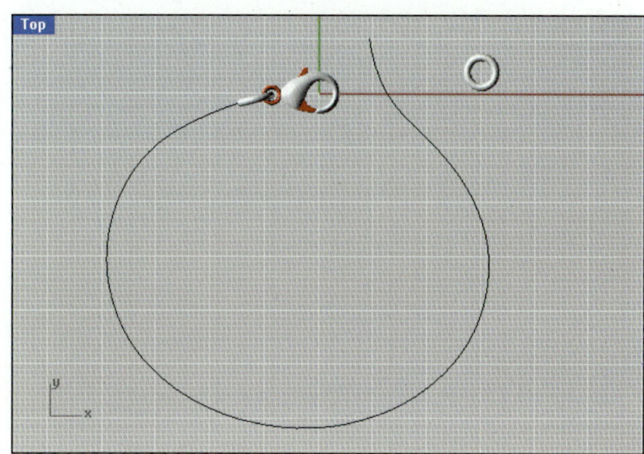

17_ Rounded Rectangle 명령으로 가로 8mm, 세로 4mm, Radius=2를 가지는 라인을 그려준다.

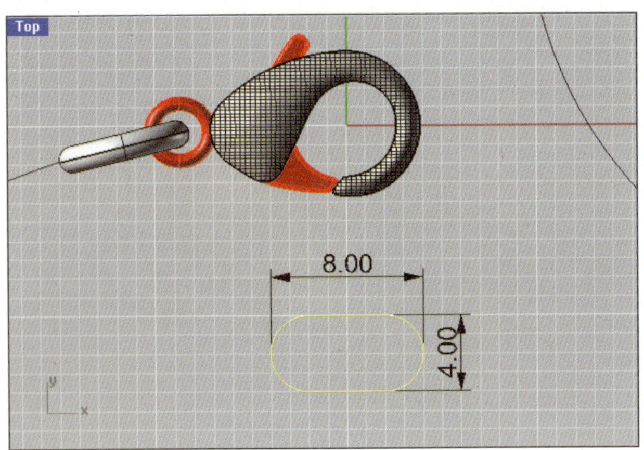

18_ Pipe, Flat caps 명령으로 반지름(Radius) 1을 기입하여 솔리드 상태의 체인 Unit을 완성한다.

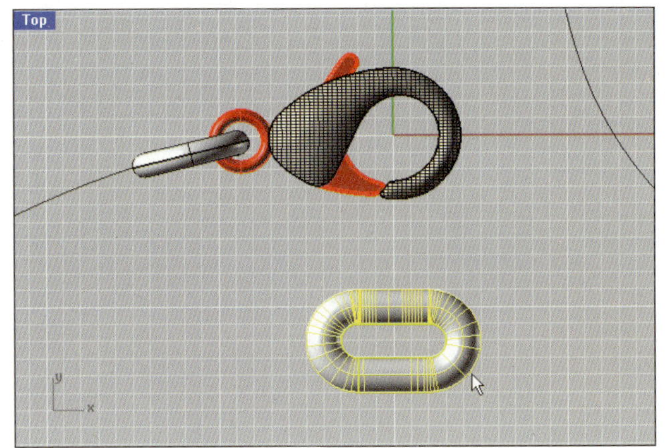

19_ Front View에서 Rectangle-Corner to Corner 명령으로 1번 객체를 그려준 후 Mirror 하여 2번 객체를 만들어 준다.

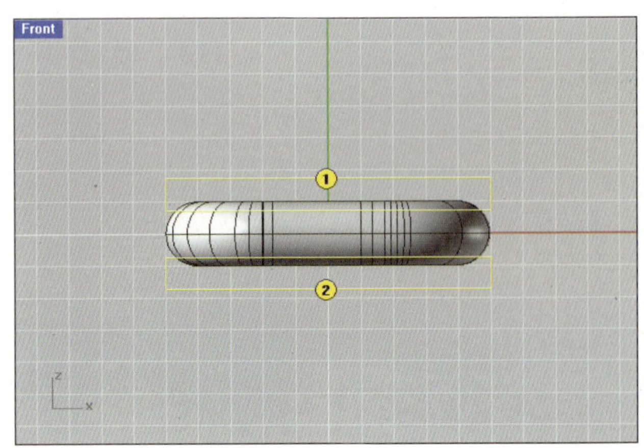

20_ Extrude closed planar curve 명령으로 1번과 2번 솔리드(Solid)객체를 생성한다.

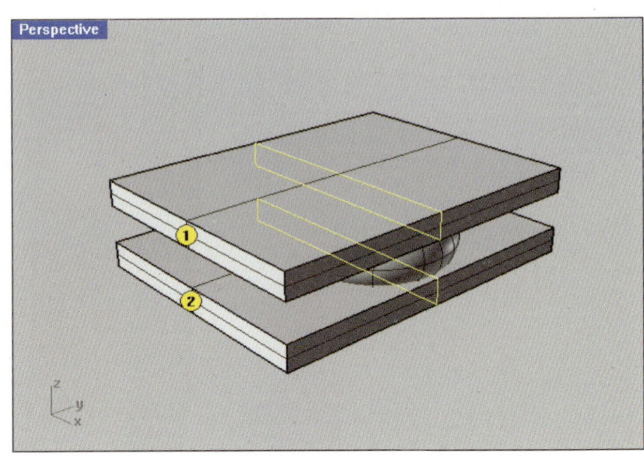

21_ 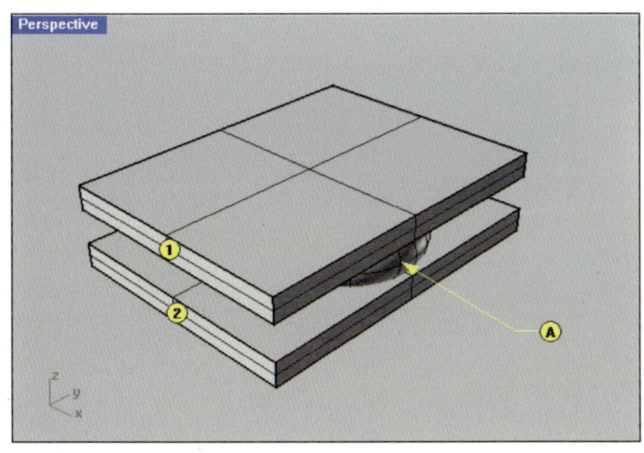 **Boolean Difference** 명령으로 A객체를 우선 클릭하여 차집합 연산을 실행한다.

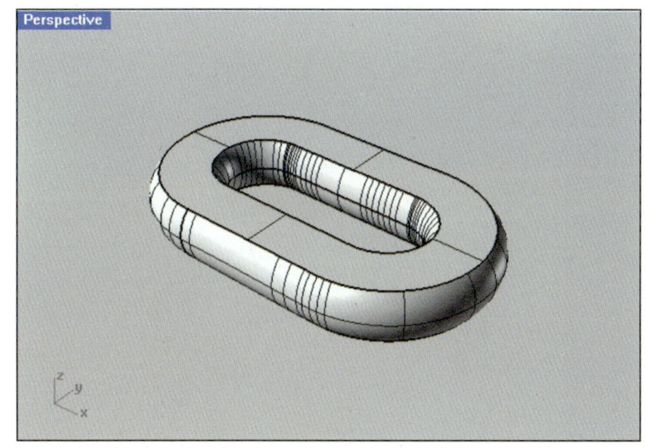

22_ 객체를 클릭한 상태에서 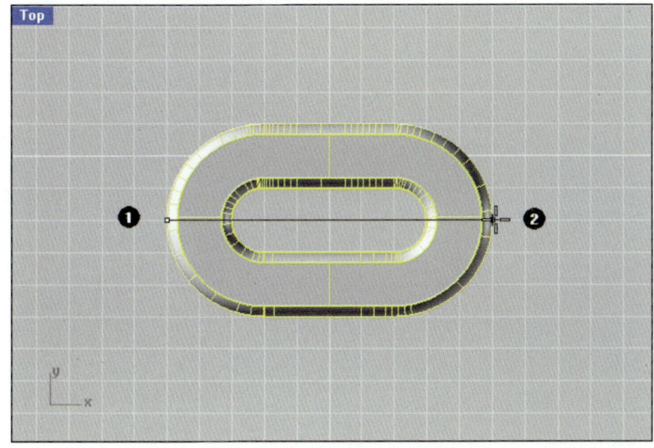 **Twist** 아이콘을 클릭 〉 Top View에서 1번과 2번 위치를 클릭한다.

23_ 연이어 Right View에서 3번 위치를 클릭한다.

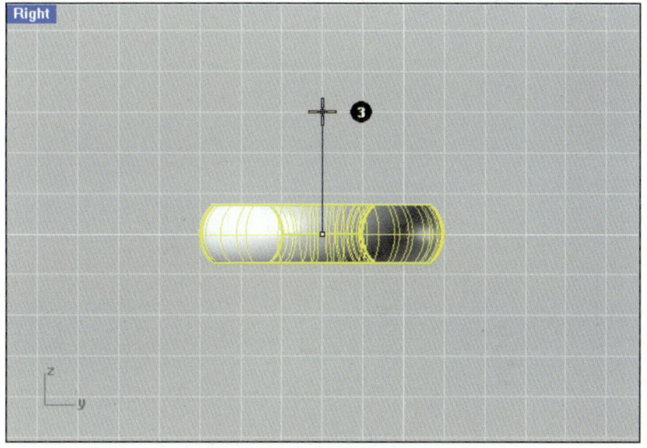

24_ Right View에서 4번 위치를 클릭하여 변형 정도를 정한다. 물론 각도를 직접 타이핑하여 실행해도 된다.

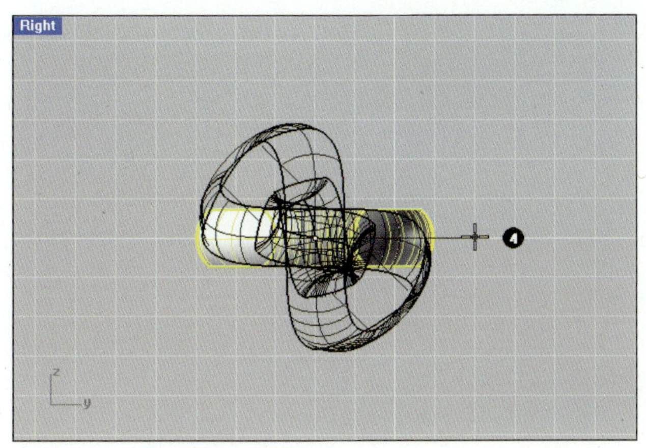

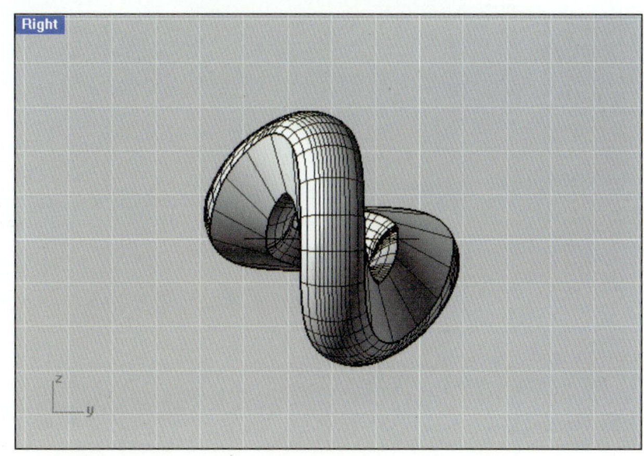

25_ 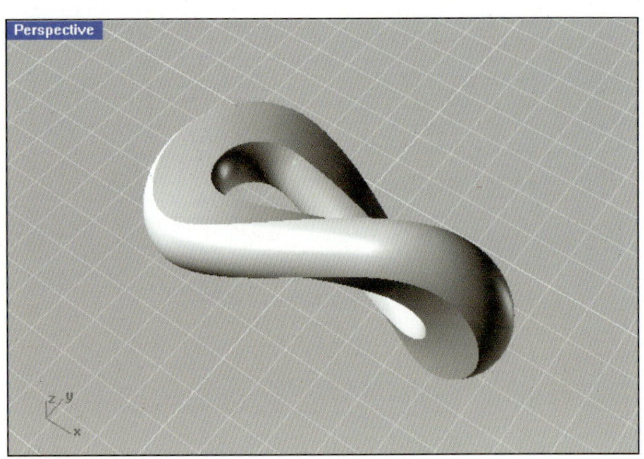 Shade 명령으로 변형된 체인(Chain) 유닛을 확인해 본다.

26_ Copy 툴로 그림과 같이 객체가 겹치지 않도록 복사해준다.

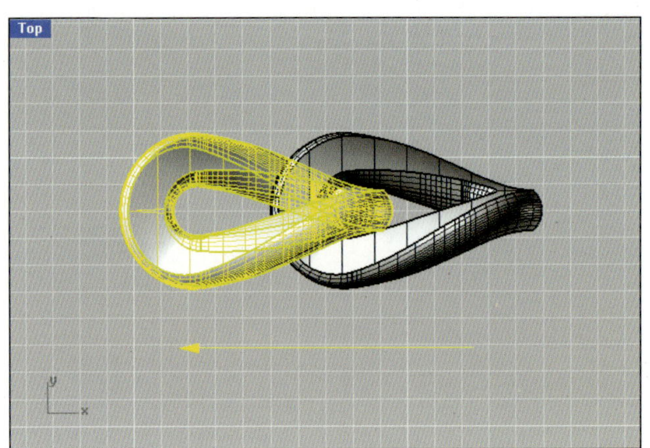

27_ Rotate 2-D로 객체를 돌려준 후 2개의 객체를 Group시켜준다.

28_ Move 명령으로 경로 커브를 고려해가며 고리의 가운데로 이동시켜 준다.

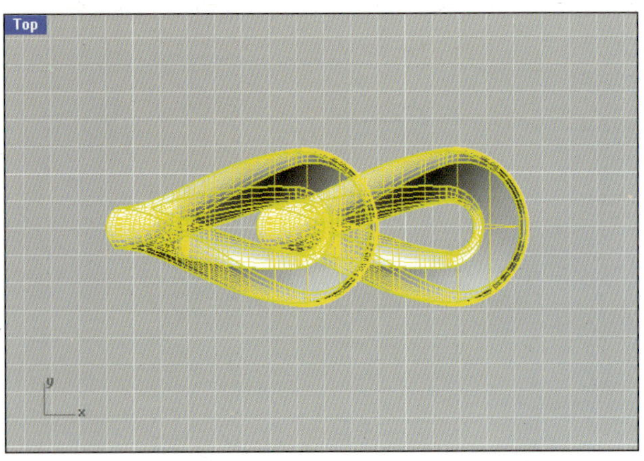

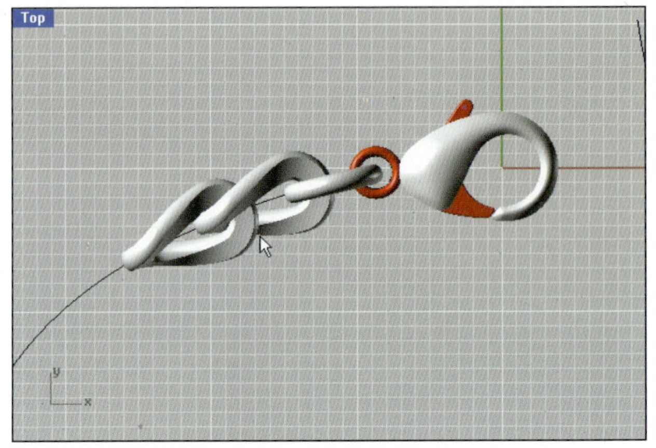

29_ Array along Curve 아이콘을 클릭 〉A 그룹 선택 〉 Enter 〉B 커브 선택 〉 Enter 한다.

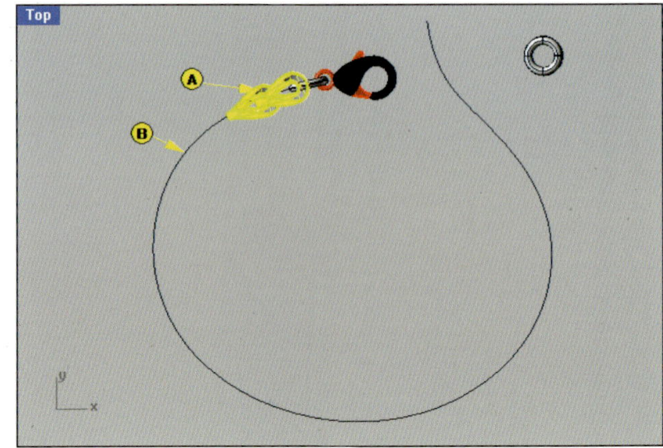

30_ 명령 실행 중 Array Along Curve Options 대화
상자가 나타나면 Method 〉 Number of items: 17, Ori-
entation=Freeform 〉 [OK] 한다.

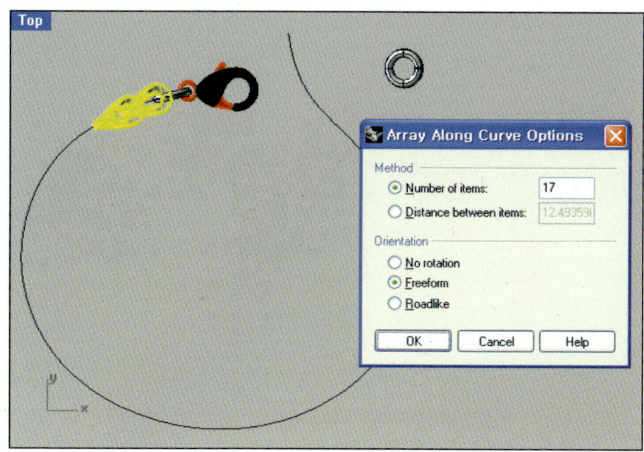

31_ 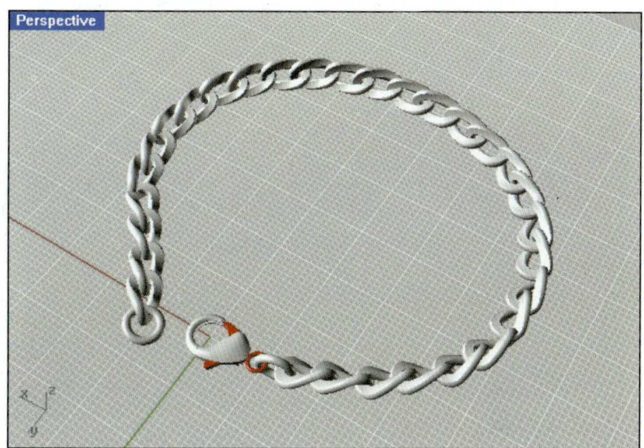 Shade 명령으로 최종 완성된 팔찌 형태의 체인(Chain)을 확인해 본다.

Chapter 15

Rhinoceros

트위스트 팔찌(Twist Bracelet) 만들기

Preview

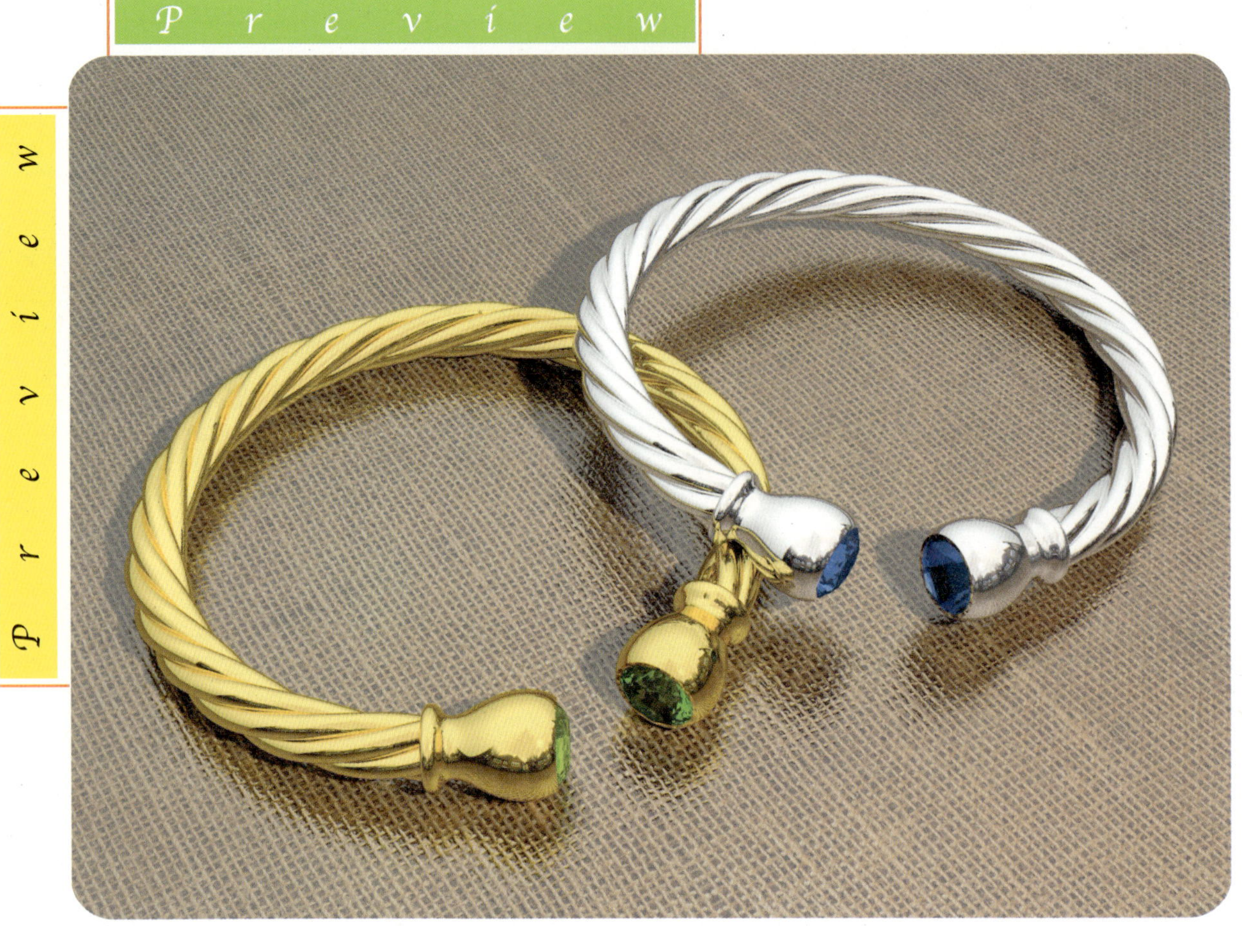

 따라해 보세요 !

01_ 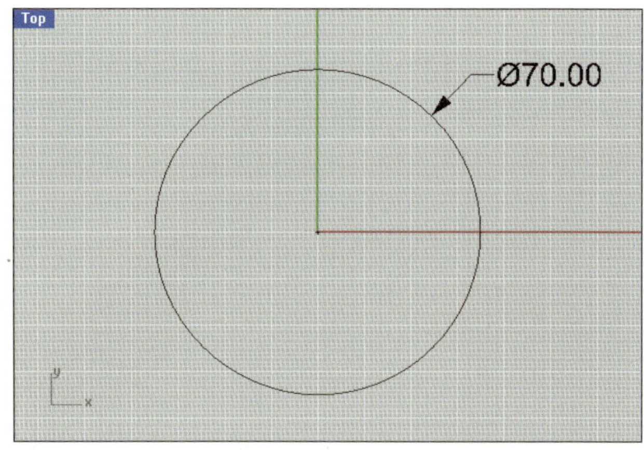 Circle:Center, Radius 명령으로 지름 70mm의 원을 그려준다.

02_ Front View에서 Circle:Center, Radius 명령으로 지름 3mm의 원을 그려준다.

03_ 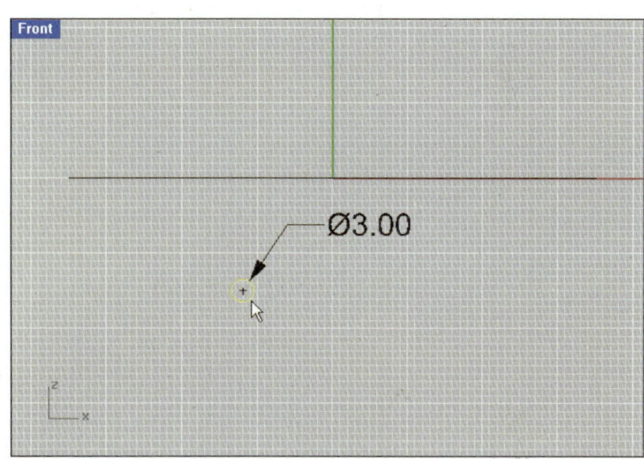 Polar Array 명령으로 Front View에서 작은 원의 4시 방향(십자커서 위치)을 기준으로 하는 작은 원 5개를 원형 배열 해준다. 작업자는 단면 모양에 따라 다양한 형태를 만들 수 있다.

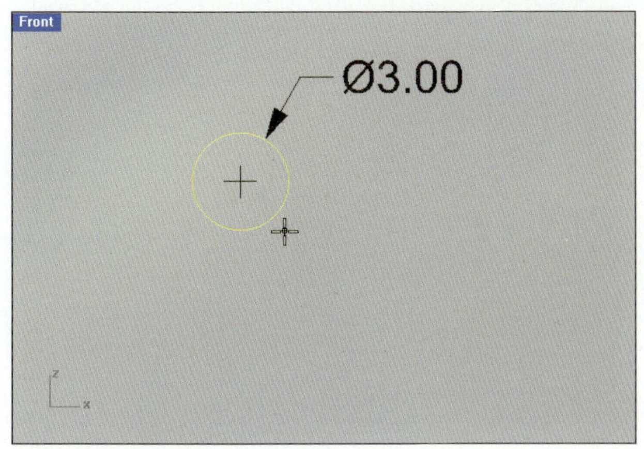

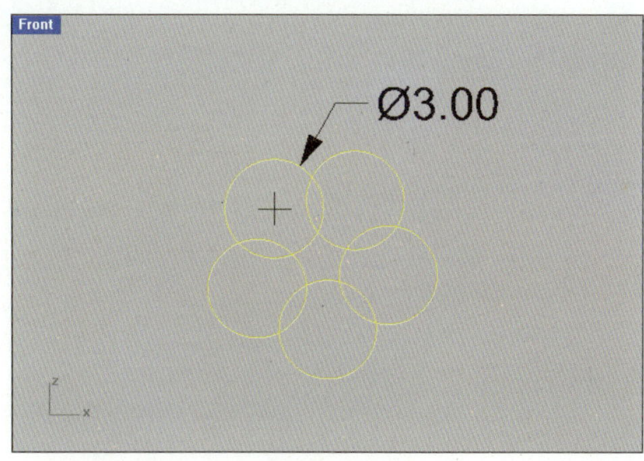

04_ Trim명령으로 안쪽 커브들을 제거해 주고 객체를 Join해 준다.

05_ 단면에 중심 포인트를 얻기 위하여 Surface from Planar Curves 명령으로 단면 커브를 선택 면으로 만들어 준다. Area Centroid 명령으로 단면의 면만을 클릭해 주면 면 가운데 Point가 생성된다. 이것은 단면의 중심점으로 사용할 수 있다.

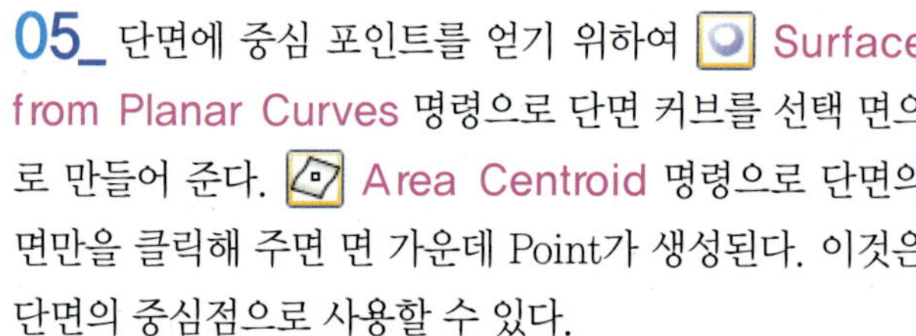

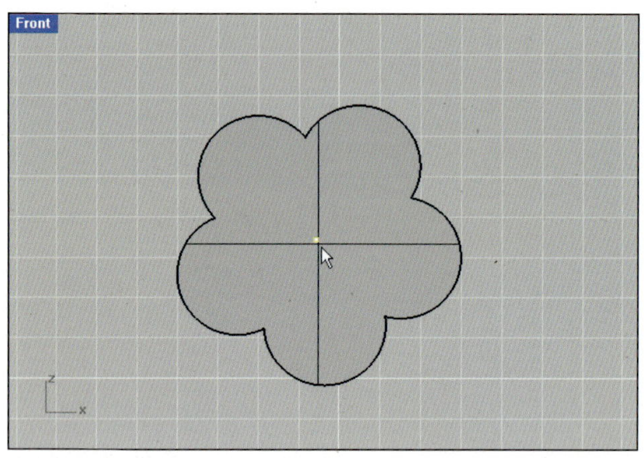

06_ 이제 단면 커브와 Point만을 남겨 두고 단면의 면을 지워준다.

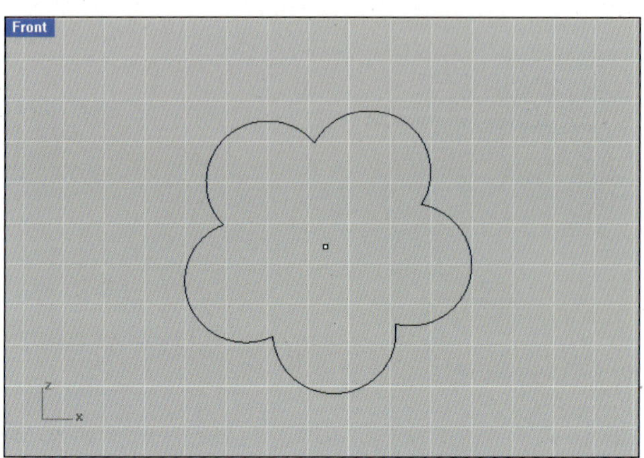

07_ Adjust Closed Curve Seam 아이콘을 클릭 〉 팔찌(70mm) 커브 클릭 〉 Enter 하면 그림과 같이 원에 시작점이자 이음새인 Seam 포인트가 보이게 된다.

여기서 Seam을 확인하는 이유는 팔찌의 단면 객체가 여기서부터 만들어질 것이기 때문이다.
만약 팔찌 모양이 정원이 아닌 경우 Seam을 꼭 확인하여 단면의 시작 위치나 방향(Flip으로 방향 화살표 방향 바꿔 줌)을 잡아 주는 것이 후속 작업을 편리하게 해 준다.
참고로 정원은 대부분 Quad 점에서 시작하는 것이 편리하기에 지금처럼 굳이 Seam을 확인하지 않아도 작업엔 무리가 없다.

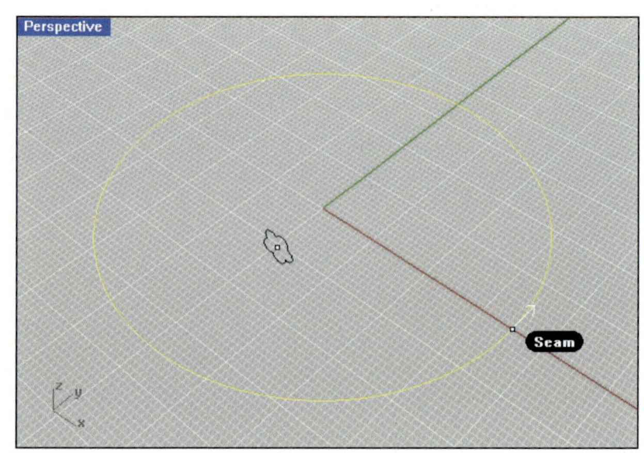

08_ 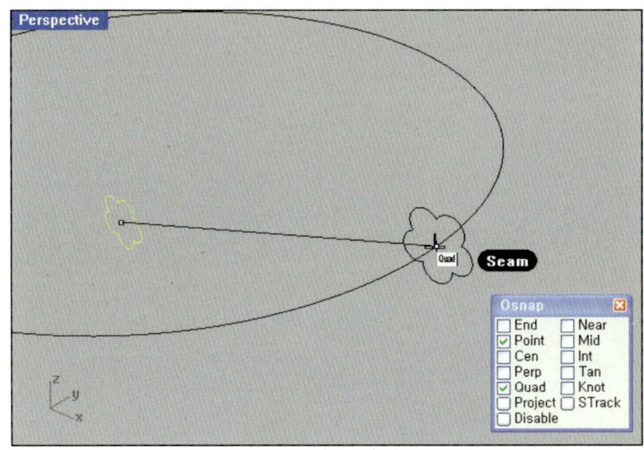 Move 명령으로 단면 객체를 Point를 기준으로 팔찌의 Seam 위치(Quad)로 이동시켜 준다. 이때 Osanp에 Point와 Quad를 체크한 상태로 작업해 준다.

09_ 객체 이동 후 Top View에서 본 모습이다.

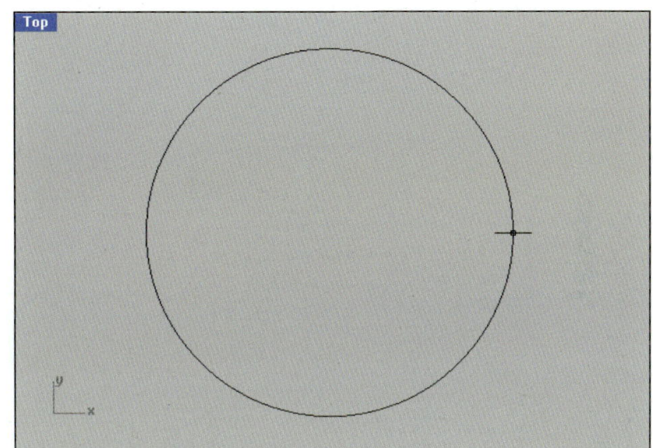

10_ 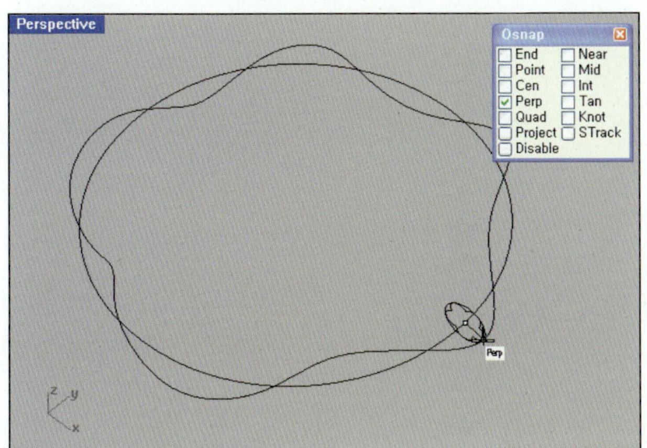 Helix 아이콘 클릭 〉 Start of axis(Vertical AroundCurve) : AroundCurve 클릭 〉 Select curve: 원(Circle) 선택 〉 Radius and start point〈 〉(Diameter Mode=Turns, Turns=5, Pitch=43.9823, ReverseTwist=No, NumPointsPerTurn=12): Turns 선택 〉 Number of turns〈 〉: 5 입력, 연이어 Perspective View로 와서 그림과 같이 Perp 부분에 일치시켜 클릭, 완료한다. 참고로 Osnap에 Perp에 체크한 상태로 작업을 진행한다.

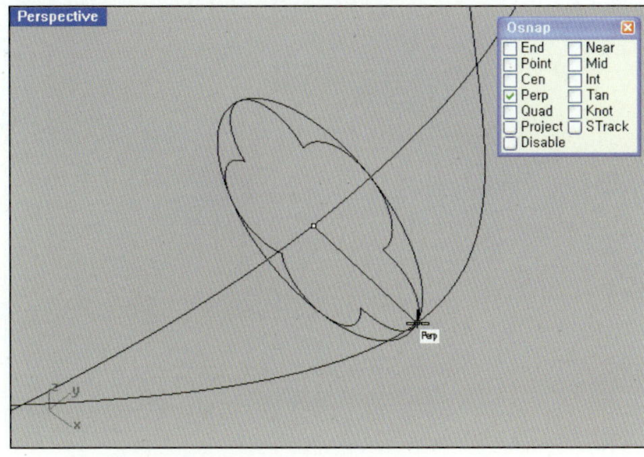

11_ Top View에서 본 모습이다.

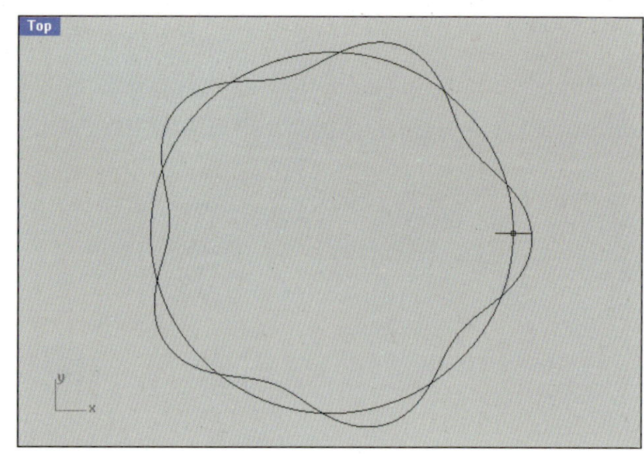

12_ Sweep 2 Rails 아이콘을 클릭 후 그림과 같이 번호 순서대로 클릭하여 Twist 형태의 솔리드 팔찌를 만들어 준다.

명령 실행 중 나타나는 Sweep 2 Rails Options에는 그림과 같이 설정하고 [OK] 한다.

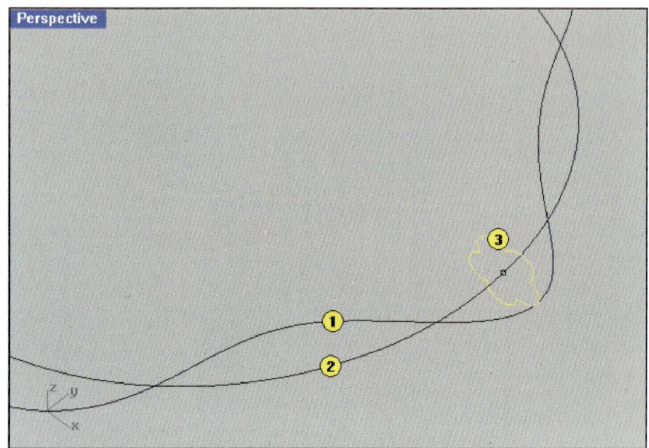

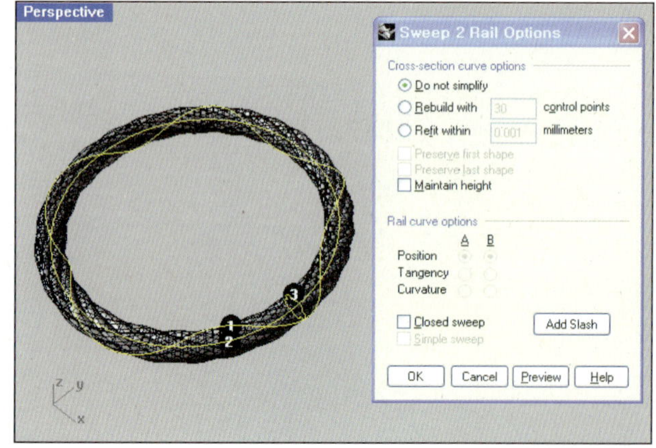

13_ Shade로 전체 모습을 확인해 본다.

14_ 원의 중심에 Point를 만들고 포인트를 기점으로 사선을 그어 Mirror 해준다. 각도는 너무 좁지 않도록 해준다.

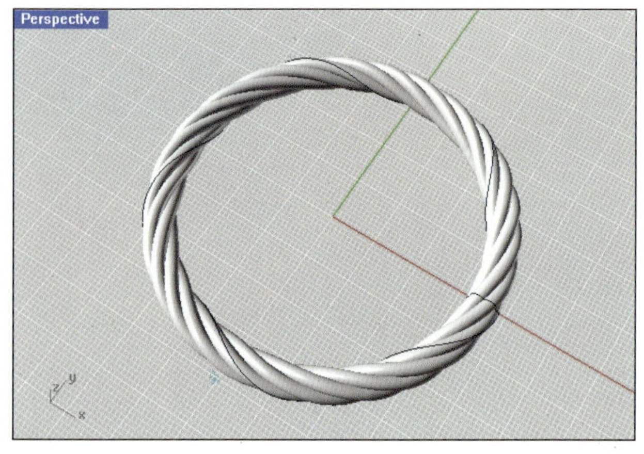

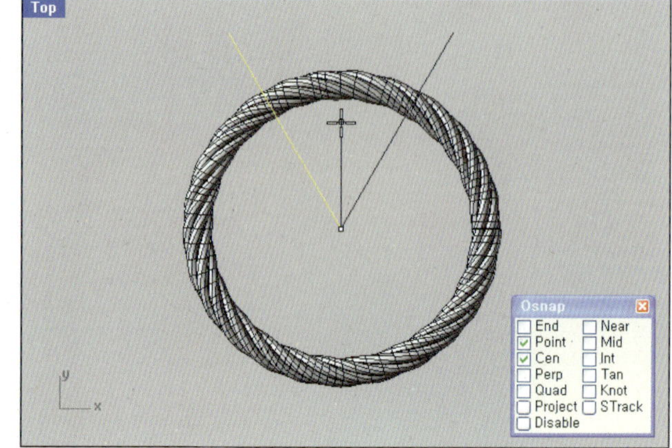

15_ Extrude Straight 명령으로 2개의 커브를 동시에 면으로 만들어 준다. 옵션은 Bothsides=Yes이다.

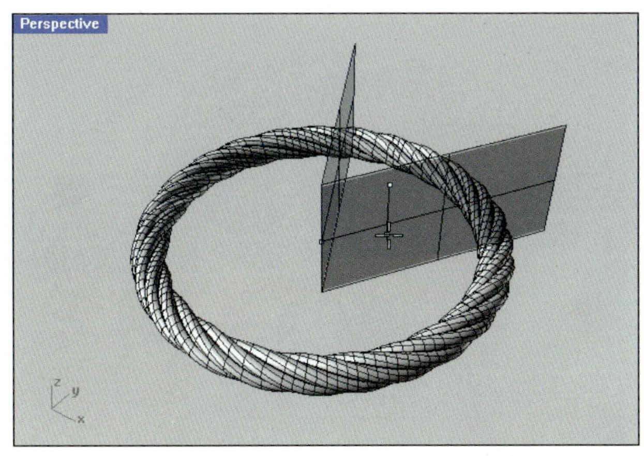

16_ Analyze Direction으로 각 면의 Normal 방향을 그림과 같이 바깥쪽으로 변경시켜 준다. 방향 변경시 옵션은 Flip으로 조정한다.

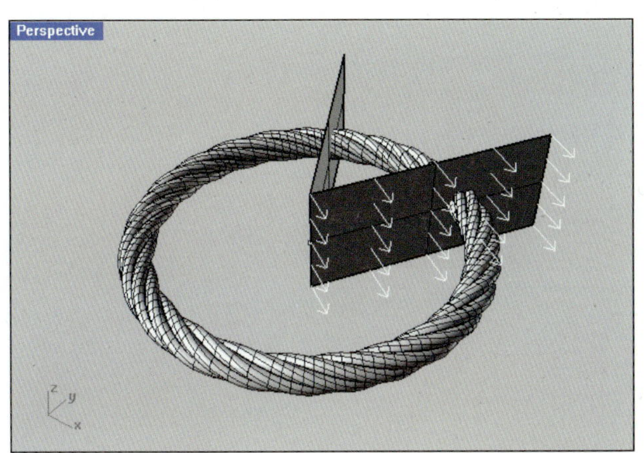

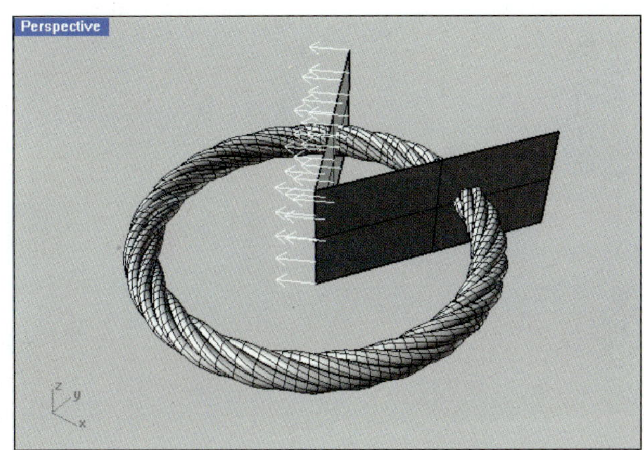

17_ Boolean Difference 명령으로 그림의 번호(1-2-3) 순서대로 선택하여 안쪽 객체를 Solid 상태로 잘라준다.

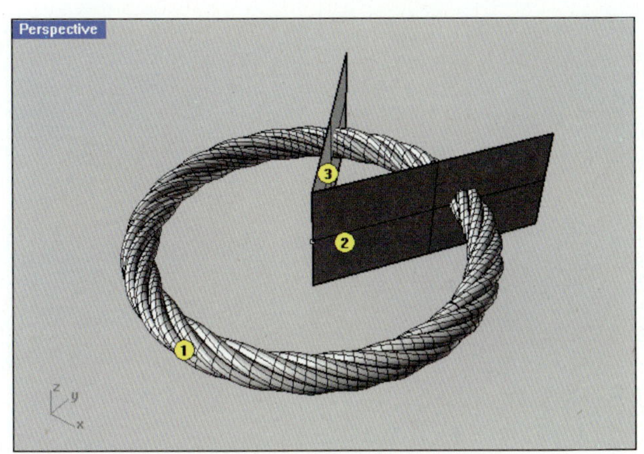

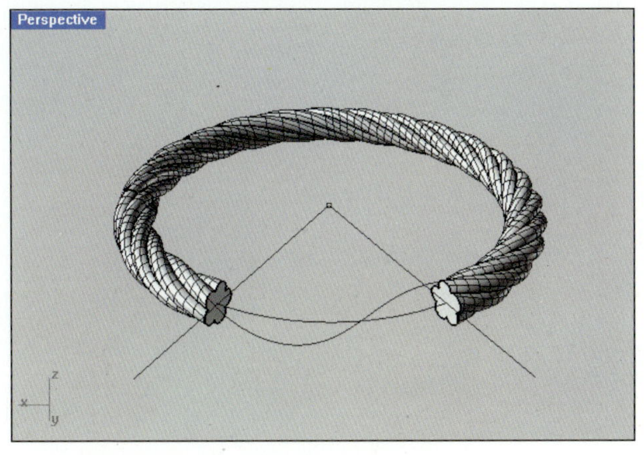

18_ Extract Surface 명령으로 단면을 떼어낸 후 Area Centroid로 단면에 중심 Point를 생성한다.

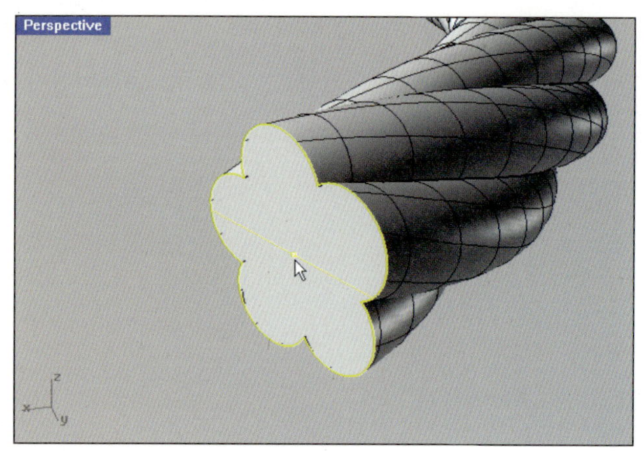

19_ Line:Surface Normal 명령으로 Point를 기준으로 하는 단면에 수직(Surface Normal)으로 직선을 하나 만들어 준다. 길이는 15mm를 입력 〉 Enter 한다. 작업시 Osnap에 Point를 체크한 상태로 작업해 준다.

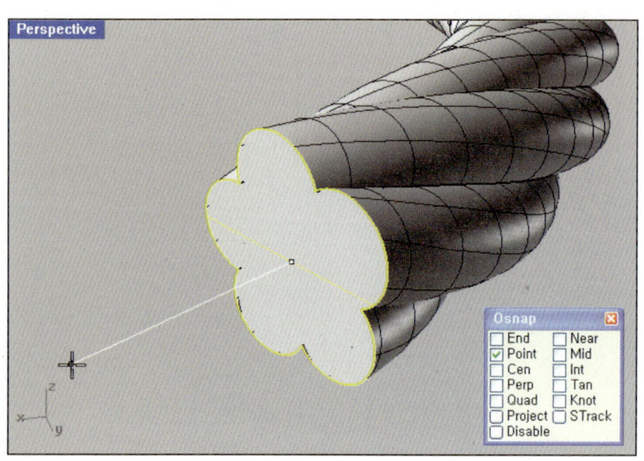

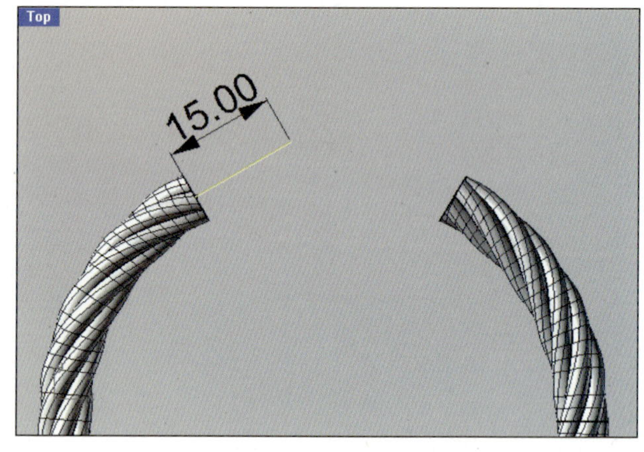

20_ Polyline과 Curve:Interpolate Points 명령으로 그림과 같이 회전체의 단면을 드로잉하여 중심축을 제외하고 Join 해준다.

21_ 중심축을 Near로 잡은 상태에서 Mirror 명령으로 반쪽 커브를 대칭 복사해 준다.

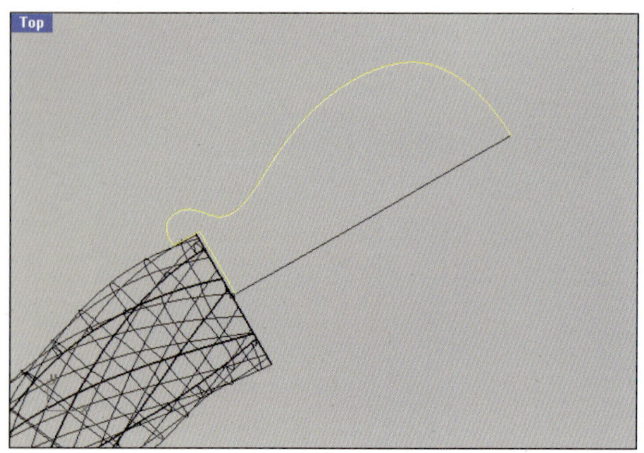

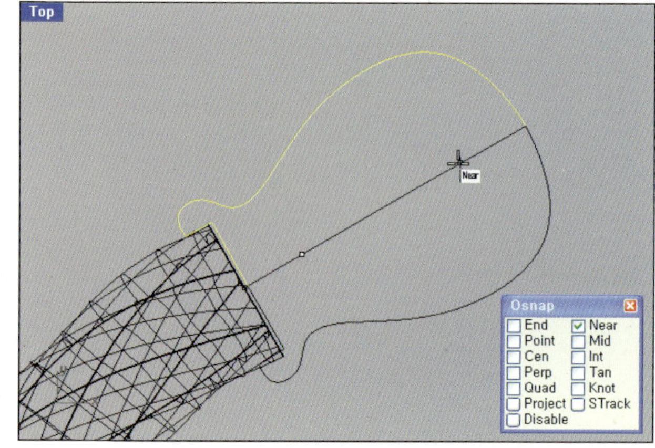

22_ Match Curve 명령으로 1번과 2번 개체의 접선부분에 곡률을 조정해준다. Match Curve 명령 실행 중 나타나는 옵션에는 그림과 같이 Continuity=Tangency, preserve other end=Position, Average curve에 체크 〉 [OK]한다. Match된 2번 라인을 지워준다.

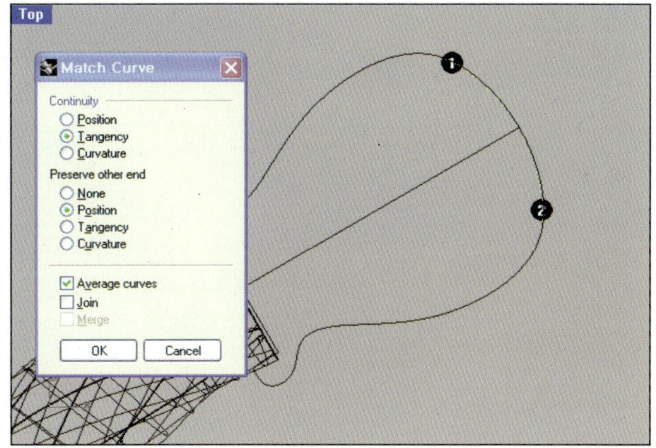

23_ Revolve 명령으로 1번 커브를 회전체로 만들어 준다. Osnap에 Near로 회전축을 잡아주면 된다.

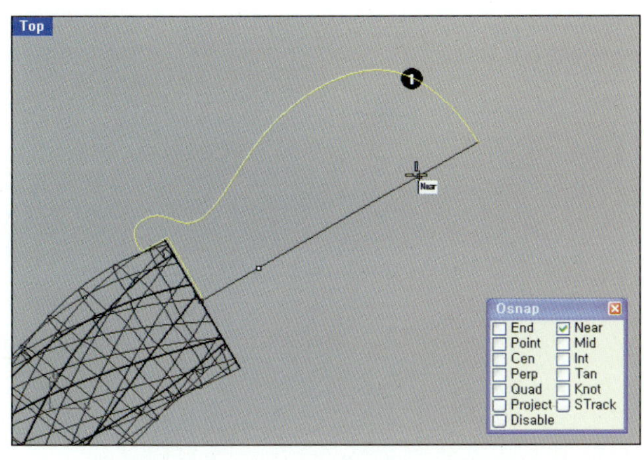

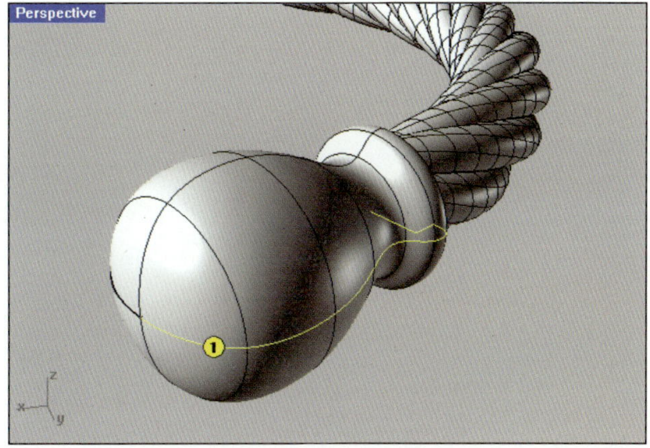

24_ Extract Surface 명령으로 솔리드 회전체의 둥근 면만을 떼어낸다.

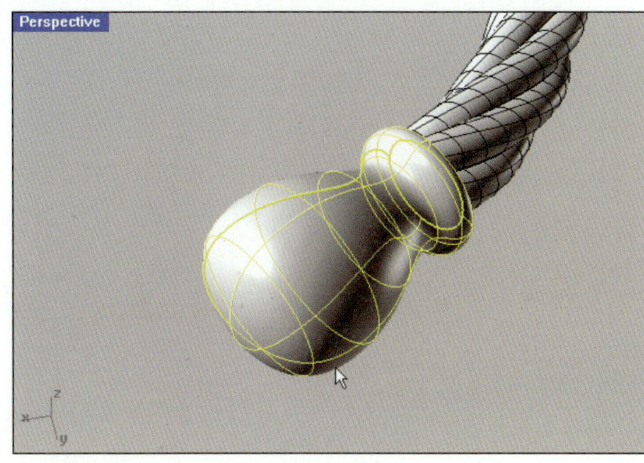

25_ Split/Split Surface by Isocurve 아이콘을 마우스 오른쪽 버튼으로 클릭 〉 떼어낸 회전면의 절단위치 지정 클릭 〉 **Enter** 하여 그림과 같이 앞부분을 잘라주고 앞면은 지워준다.

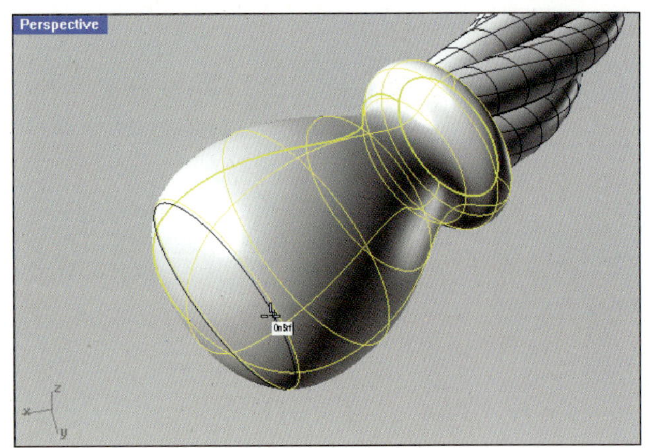
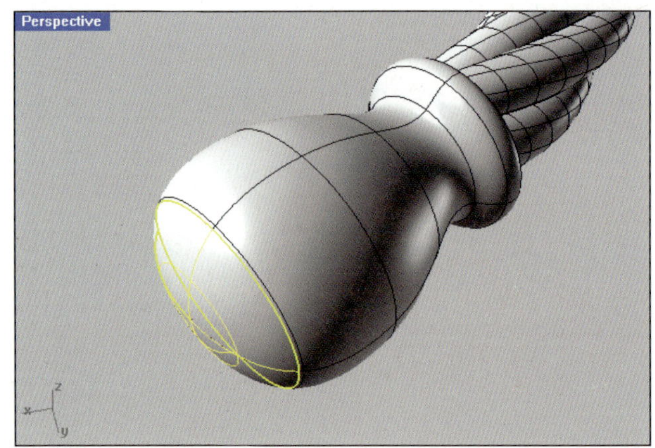

26_ Surface from Planar Curves로 잘린 면의 Edge를 선택, 수평면을 만들어 주고 서로 Join하지 않는다.

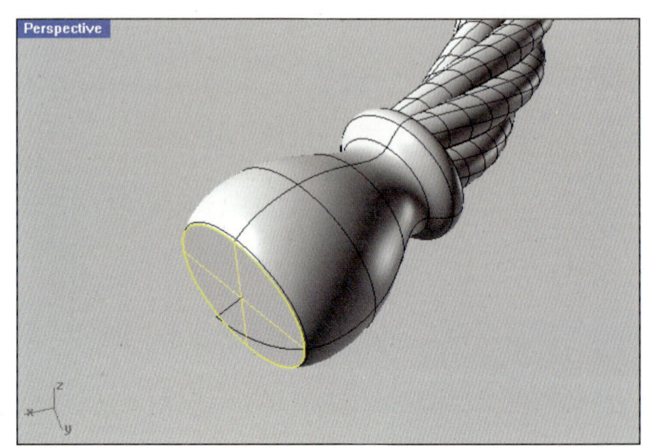

27_ Set CPlane To Object 아이콘을 클릭 후 Perspective View에서 종전에 만들어진 수평면(원형의 면)을 선택하면 CPlane 좌표로 변경된다. 즉, 바닥면이 Object(원형의 면)에 달라 붙게 된다. 이렇게 좌표를 바꾸어 주지 않으면 경사진 면(원형의 면)에 대하여 작업하기가 매우 어려워지기 때문이다.

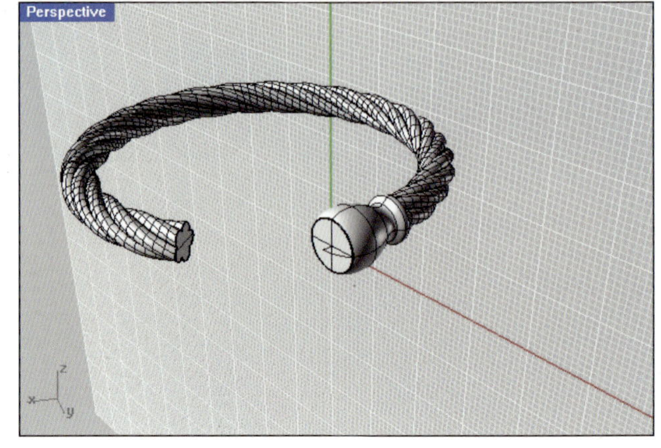

28_ 계속해서 Perspective View에서 CPlane View 〉 Top View of CPlane을 클릭하면 그림과 같이 작업뷰가 바뀌게 된다.

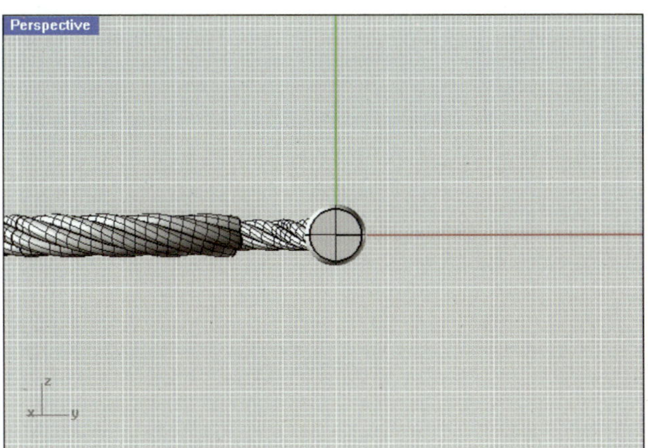

29_ Area Centroid로 A면에 대하여 Point를 만들어준다. 이것은 기준점으로 사용된다.

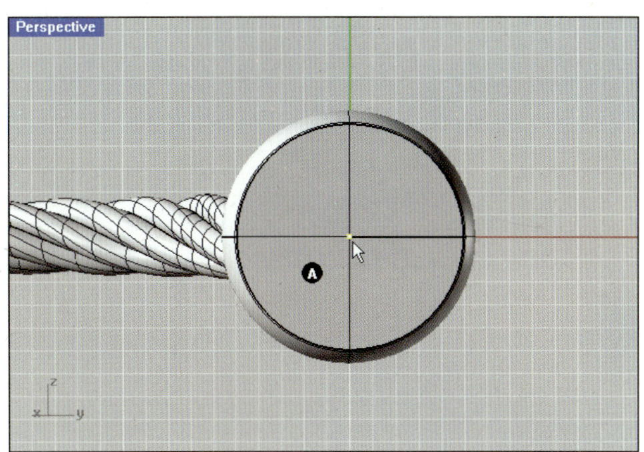

30_ Circle:Center, Radius로 중심 Point를 중심으로 하는 지름 9mm짜리 원을 만들어 준다.

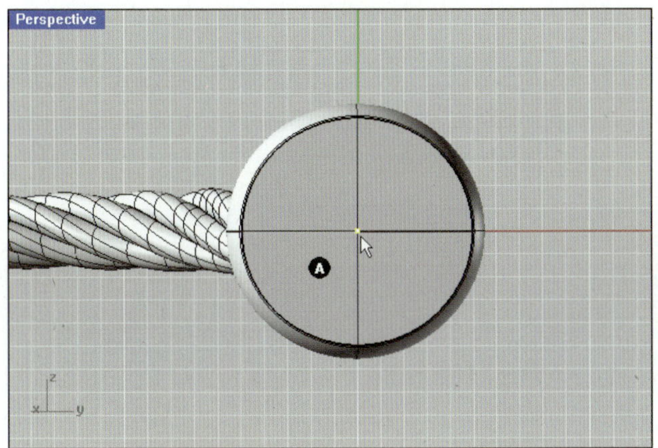

31_ 연이어 Circle:Center, Radius로 중심 Point를 중심으로 하는 지름 5mm짜리 안쪽 원을 만들어 준다.

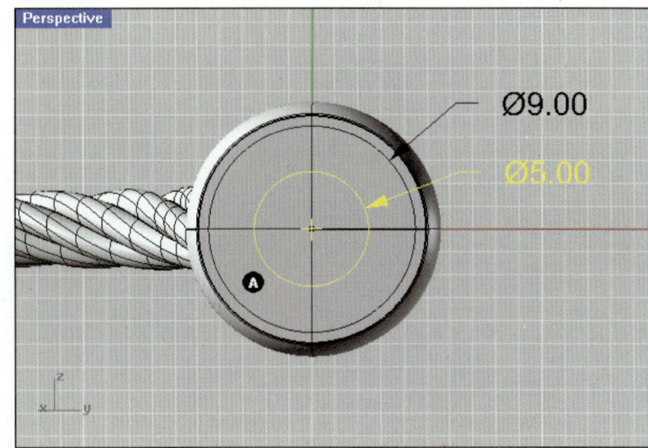

32_ Split 명령으로 A면을 9mm 원(커브)으로 잘라준 후 지워준다.

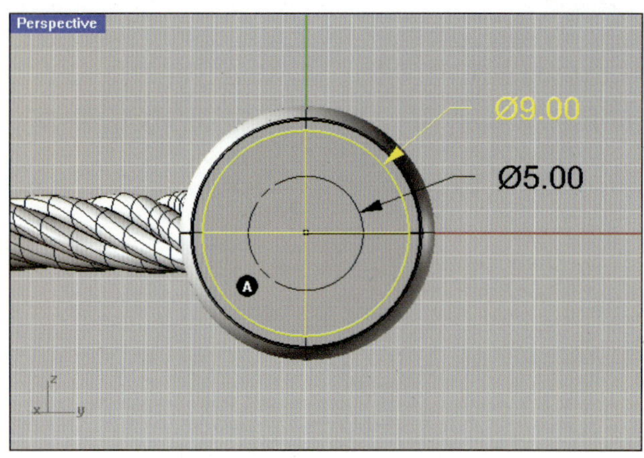

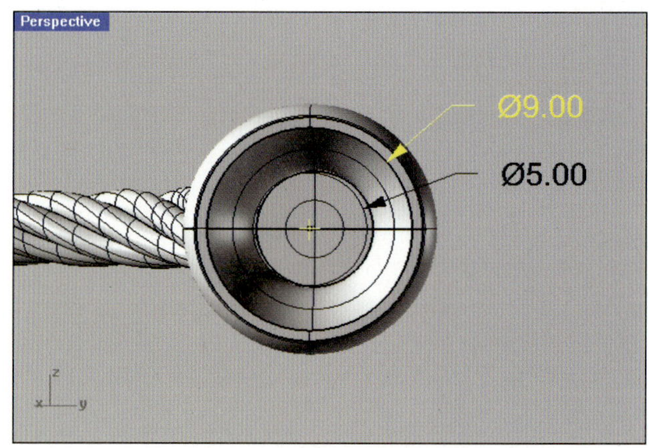

33_ Perspective View에서 지름 5mm 원을 클릭한다.

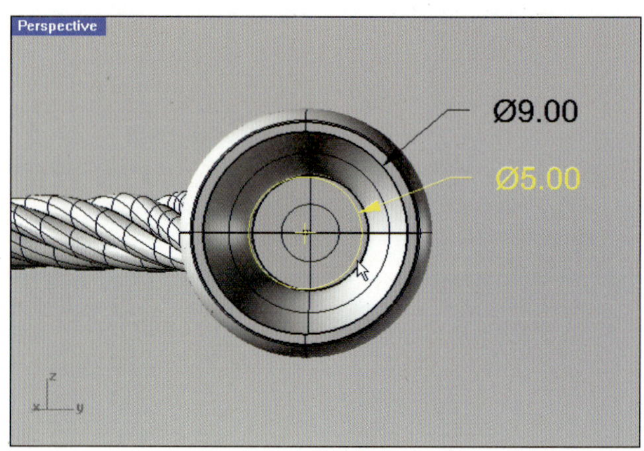

34_ Move 명령으로 Top View에서 5mm 원을 그림과 같이 안쪽으로 경사 깊이만큼 이동시켜 준다. 이것은 보석이 안착될 공간을 확보하기 위한 전초작업이다.

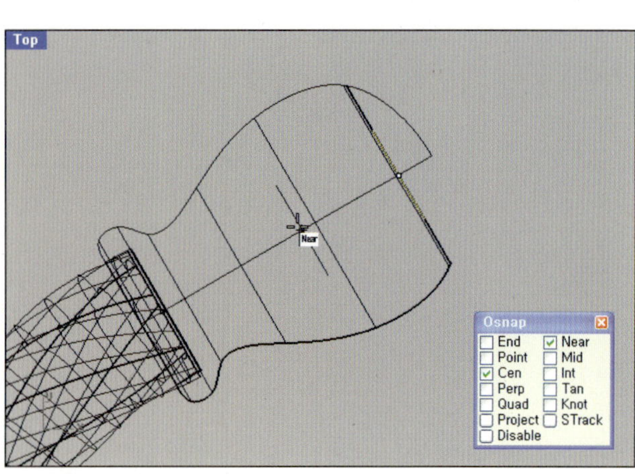

35_ Loft 명령으로 10mm 원과 5mm 원을 순차적으로 선택하여 경사면을 만들어 준다. 명령실행 중 나타나는 Loft Option 설정은 그림과 같이 하고 [OK] 한다.

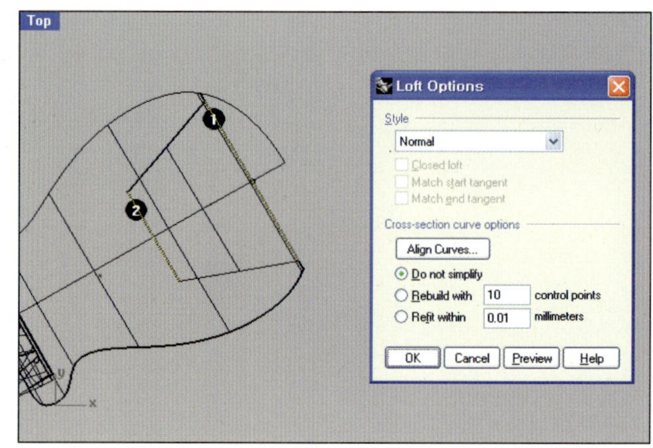

36_ 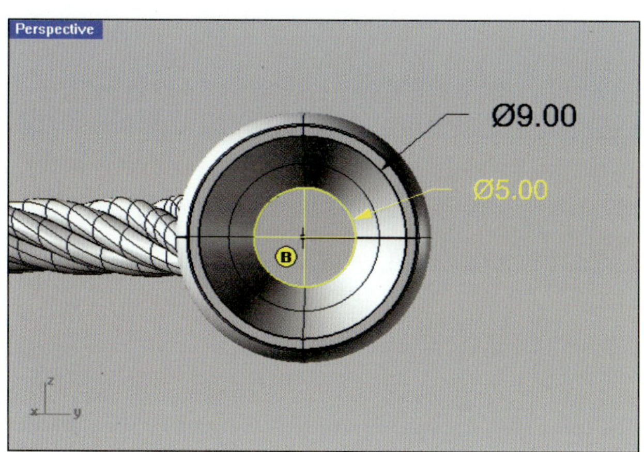 Surface from Planar Curves로 안쪽 경사면의 Edge를 선택, 수평면 B를 만들어 주고 서로 Join 한다.

37_ Point 명령으로 Osnap에 Quad를 체크한 상태에서 그림과 같이 3개의 포인트를 배치한다.

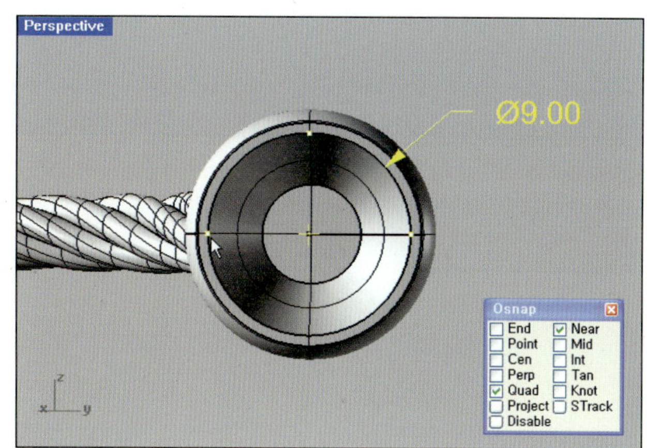

38_ 이제 준비된 세팅 자리에 보석을 세팅하기 위한 작업을 수행한다. 우선 TechGems 4.1 –mm–en 메인 메뉴 〉 Round Cuts 아이콘을 마우스 오른쪽 버튼으로 클릭 〉 Gem Size 대화창에 그림과 같이 보석의 크기 기입(A=9, B=9, C=5.8mm) 〉 [OK] 한다. 보석이 없다면 **부록 CD 〉 보석샘플 〉 GEM-06**을 File 〉 Import 로 불러온다.

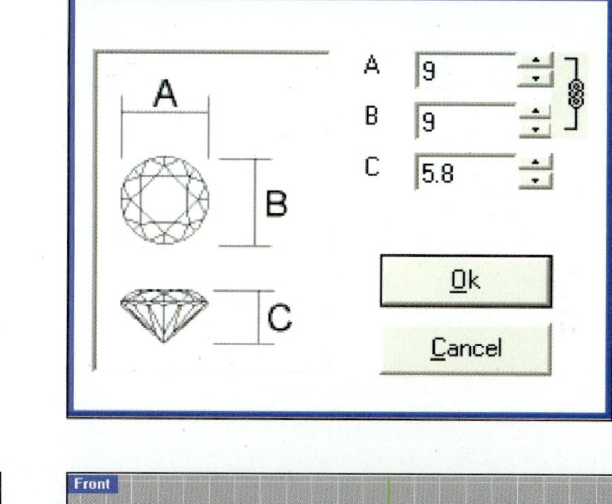

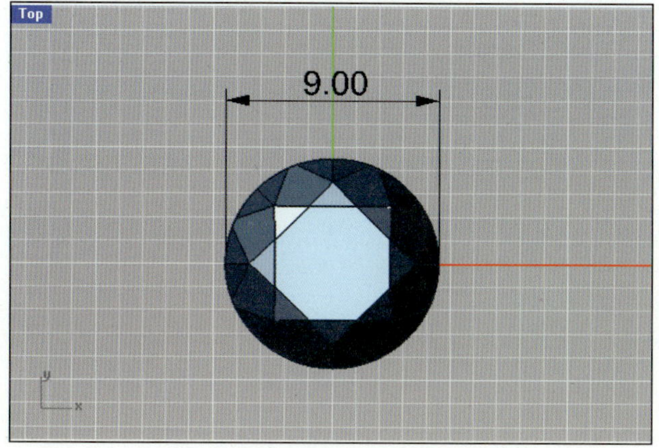

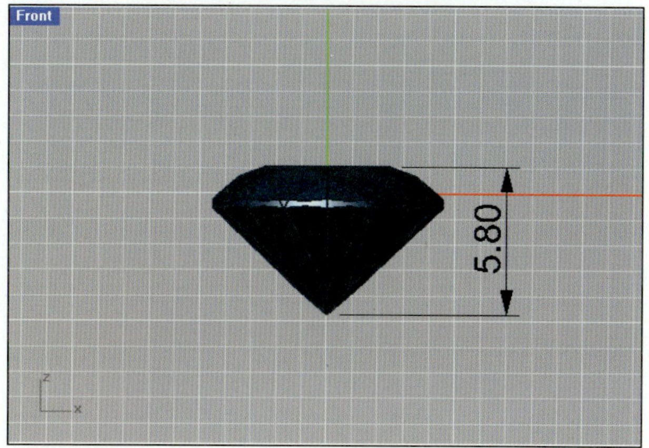

39_ 준비된 보석의 거들 위 End점에 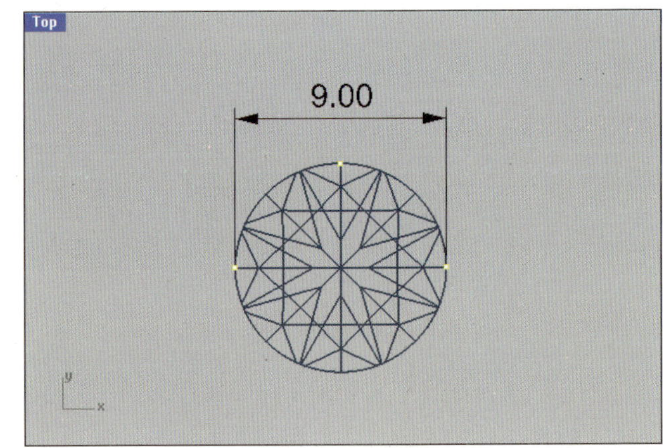 Point 명령으로 시계방향으로 그림과 같이 3개의 포인트를 배치한다. 포인트의 위치가 앞서 준비된 포인트에 일치하여 세팅되게 된다.

40_ Orient:2 Points/Orient:3 Points 아이콘을 마우스 오른쪽 버튼으로 클릭 〉 보석 클릭 〉 Enter 〉 Reference point 1, 2, 3(Copy=No): 1, 2, 3번 포인트 순서대로 클릭 〉 Enter 〉 Perspective View의 Target point 1, 2, 3(Copy=No): 1, 2, 3번 포인트 순서대로 클릭 〉 Enter 하면 보석이 정확히 난집에 세팅된다.

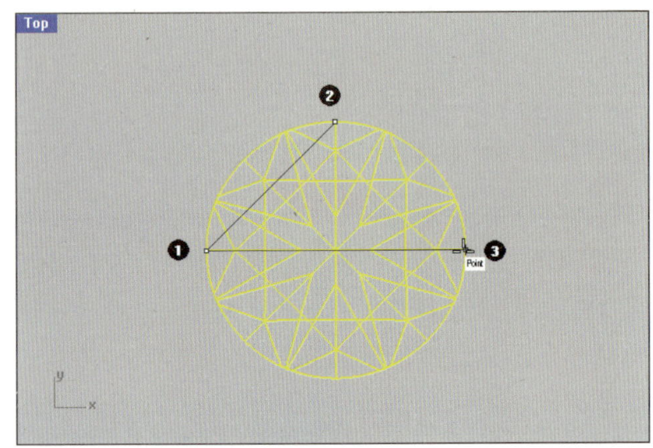

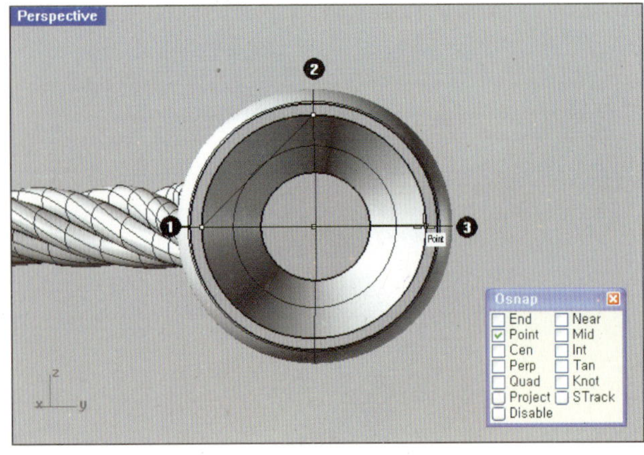

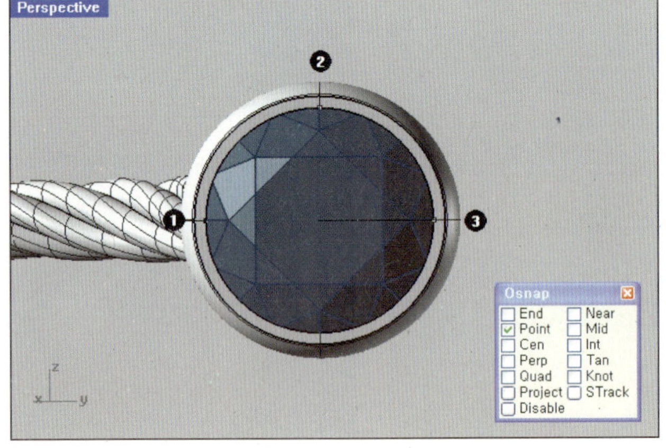

41_ ⊞ 4 Viewports로 Perspective View에 걸려 있는 CPlane을 정상뷰로 복귀시킨 후 세팅된 객체를 확인해 본다.

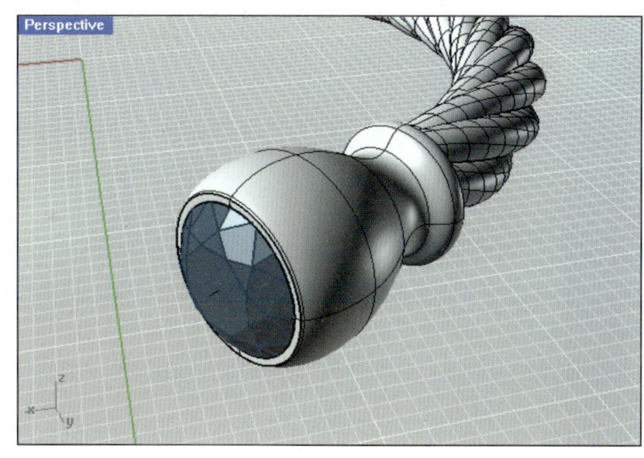

42_ Top View에서 내부를 살펴본 모습이다.

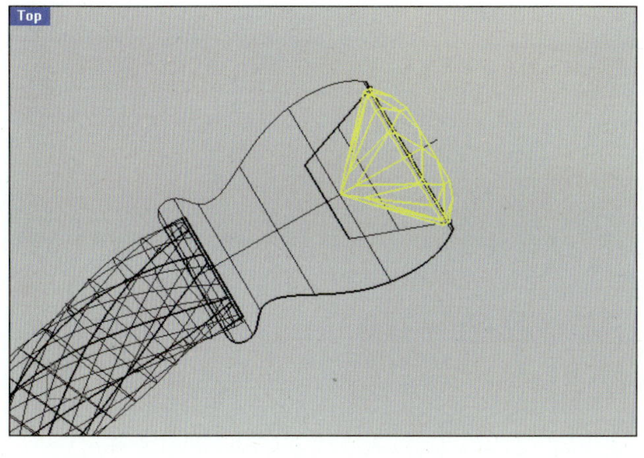

43_ 기타 후속 작업을 포함하여 세팅된 보석과 회전체를 ⚖ Mirror로 대칭 복사하여 마무리한다.

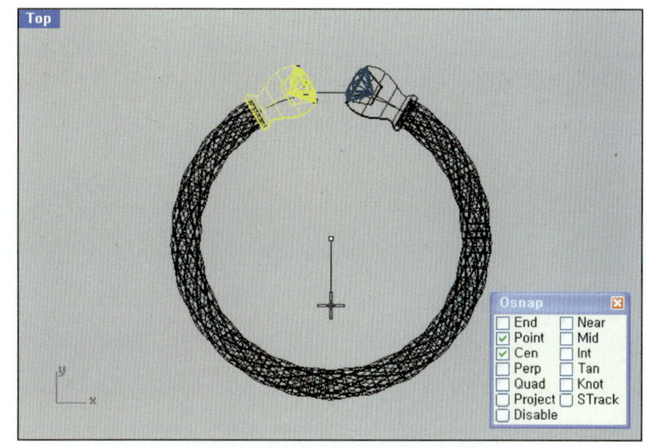

44_ ◑ Shade 명령으로 최종 Twist 팔찌를 확인해 본다.

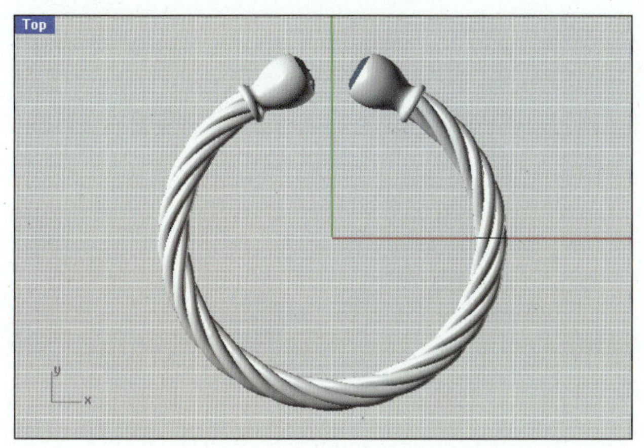

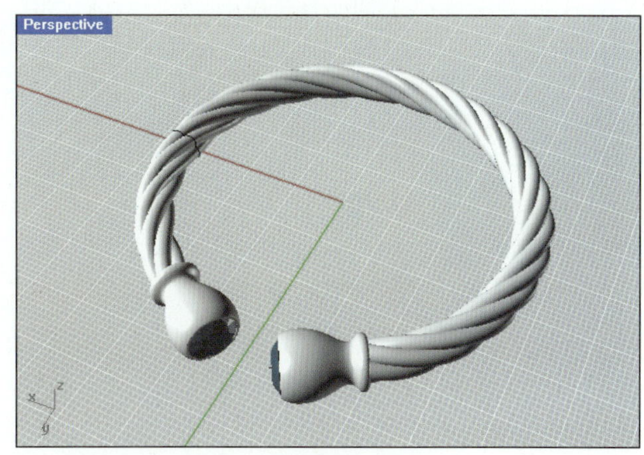

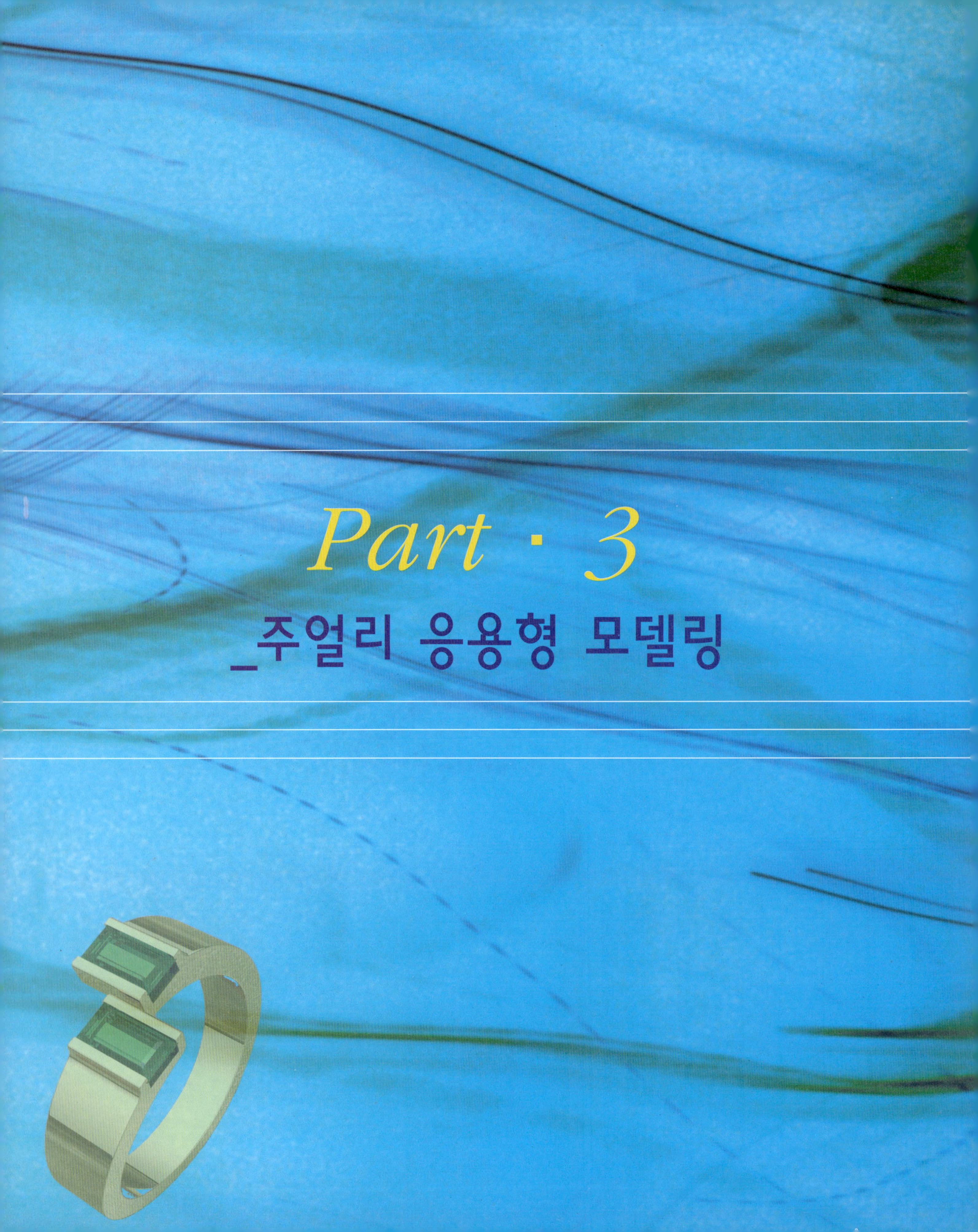

Part · 3
_주얼리 응용형 모델링

Chapter

01

Rhinoceros

기하구조 펜던트
(Geometrical Pendant) 만들기

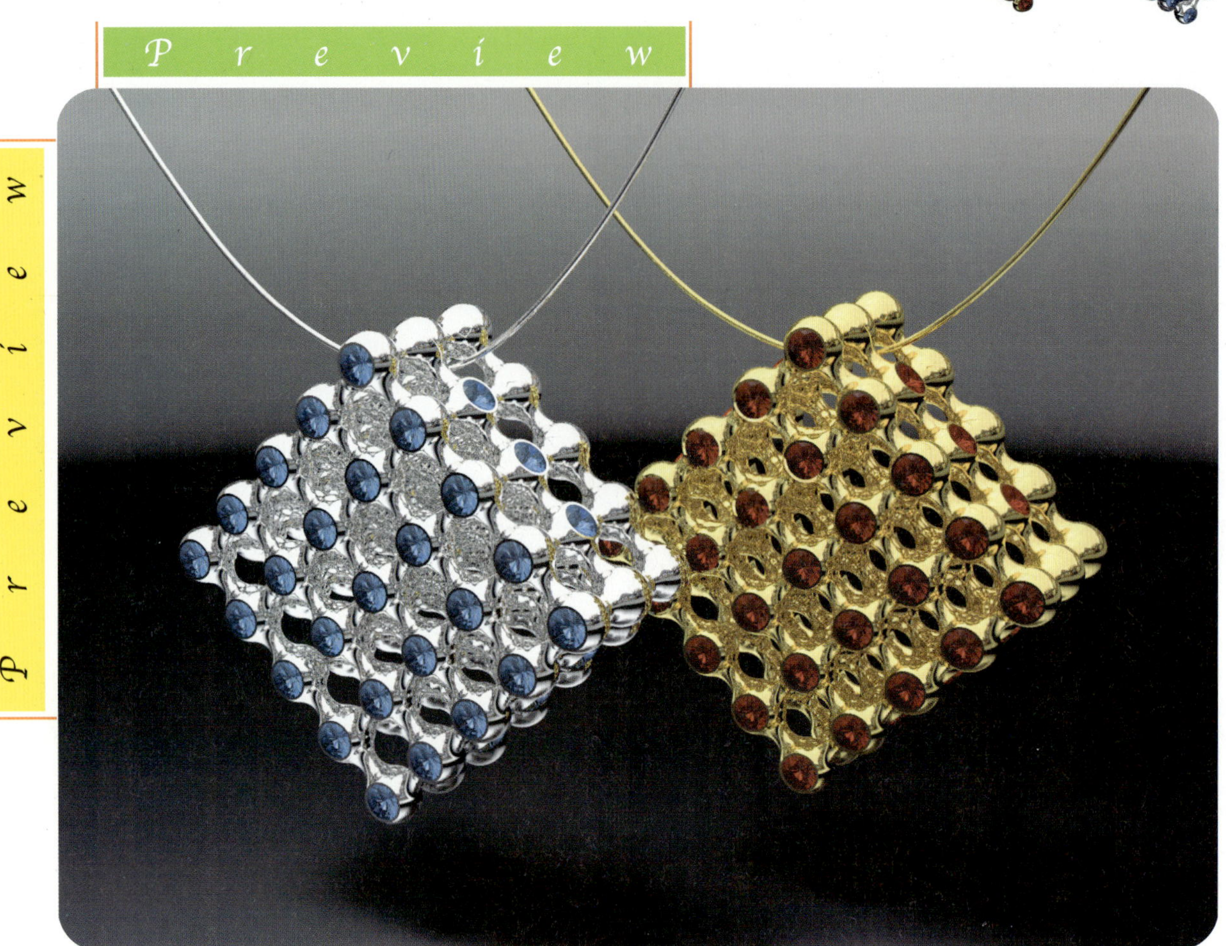

Preview

Preview

따라해 보세요！

01_ Circle:Center, Radius를 선택하여 직경이 21mm(객체 1번)인 반지의 내경을 그려준다. 다음 Sphere:Center, Radius로 원의 Quad점에서 시작하는 지름 3.5mm(객체 2번)의 구(Sphere)를 그려준다.

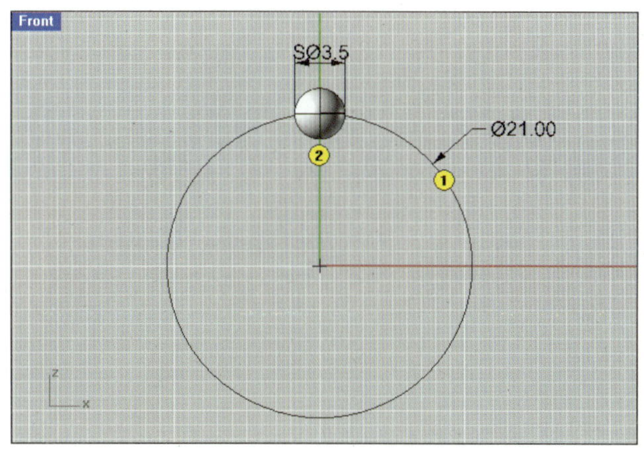

02_ TechGems 4.1(4.2)-mm-en 메인 메뉴 〉 Round Cuts 아이콘을 마우스 오른쪽 버튼으로 클릭 〉 Gem Size 대화창에 그림과 같이 보석의 크기 기입 (A=2.25, B=2.25, C=1.2) 〉 [OK] 한다. 보석이 없다면 **부록 CD 〉 보석샘플 〉 GEM-07**을 File 〉 Import로 불러온다.

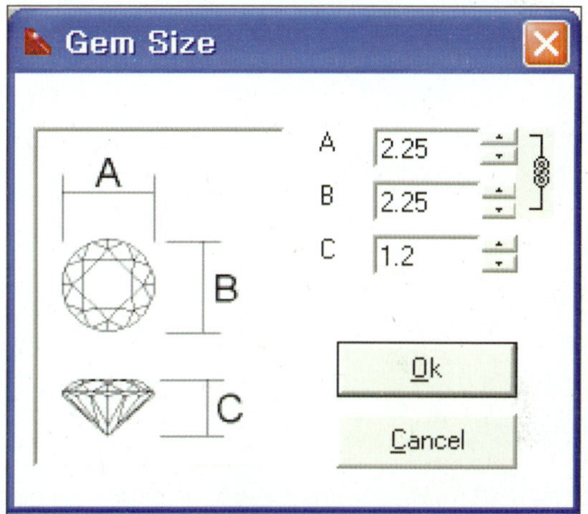

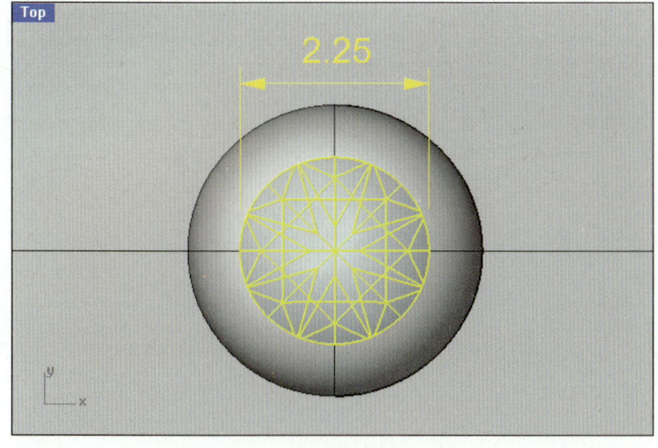

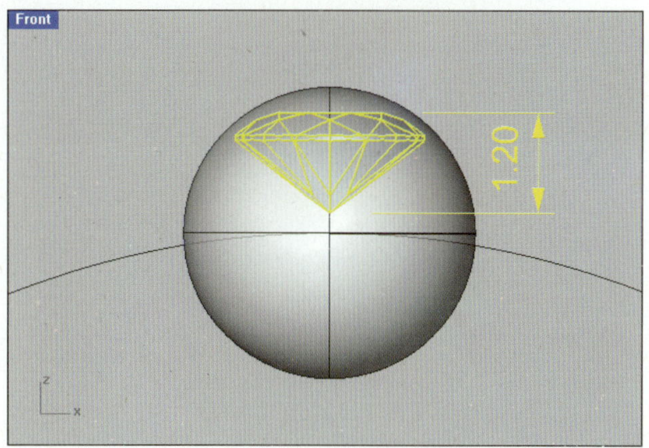

03_ 보석이 세팅될 자리를 마련해 주기 위하여 그림과 같이 [ ] Line으로 단면 커브(객체 A)를 그려준 후 [ ] Join해 준다. [ ] Revolve 명령으로 객체 A의 End와 End점을 기준축으로 회전체로 만들어 준다. 커맨드 옵션은 Start Angle=0, Revolution Angle=360도이다.

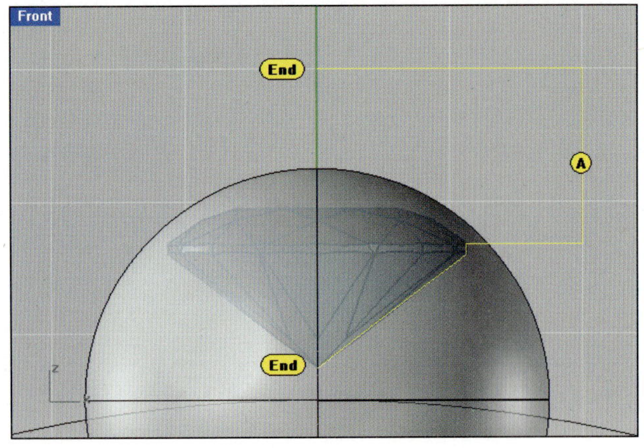

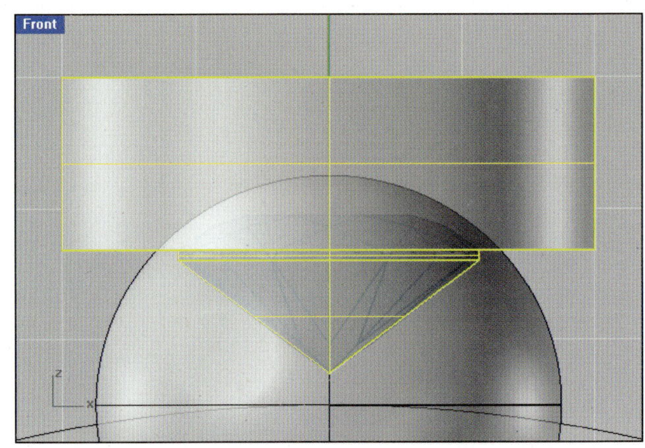

04_ 회전체, 구, 보석을 선택하여 [ ] Group시켜준다.

05_ [ ] Polar Array 명령으로 1번 그룹 객체를 2번 원의 중심을 기준으로 총 14개(Number of Items=14개) 원형 배열시켜 준다.

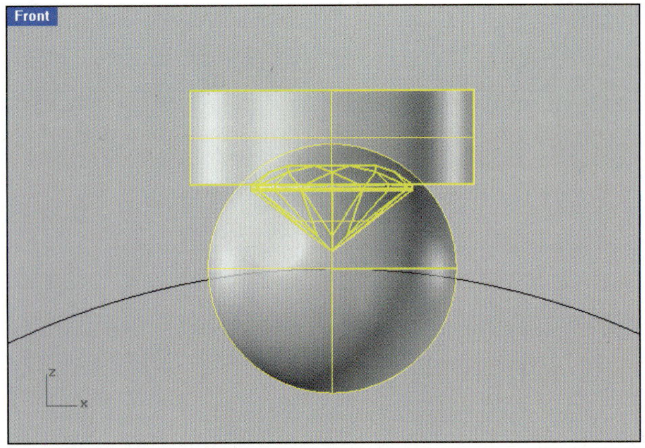

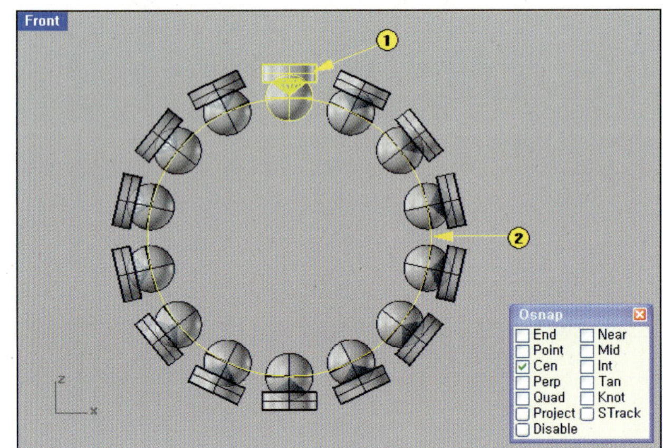

06_ 원을 포함하여 모든 객체를 다시 한번 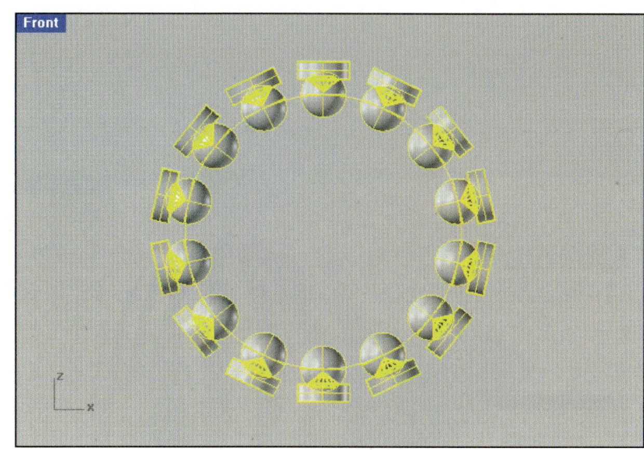 Group 시켜 준다.

07_ Osnap에 Cen(중심)을 체크하고, Top View에서 객체를 클릭 〉 Copy 아이콘 클릭 〉 Point to copy from(Vertical=No InPlace): 객체의 중심(Cen)점 클릭 〉 Point to copy to: 4.67mm 입력 〉 Enter 하면 그림과 같이 4.67mm만큼 이동 복사된다.

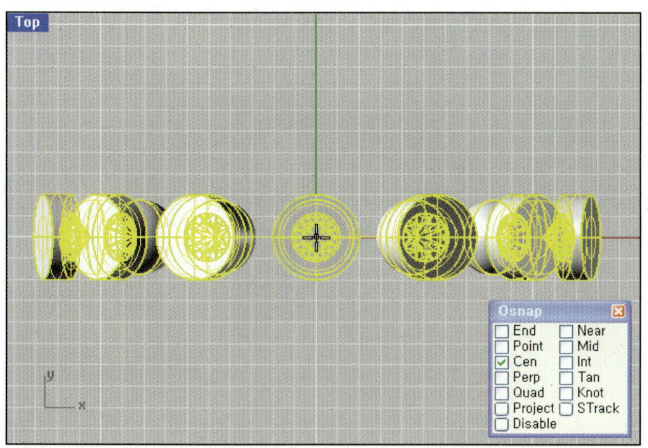

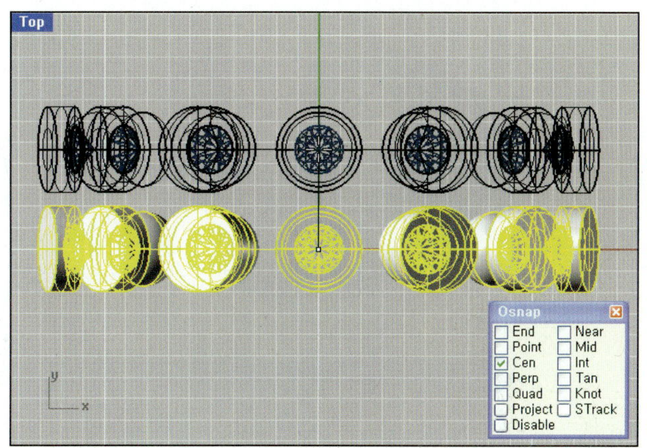

08_ Copy 명령을 이용하여 동일한 방법으로 세 번째 열도 만들어준다. 물론 중심과 중심과의 거리는 4.67mm로 설정한다.

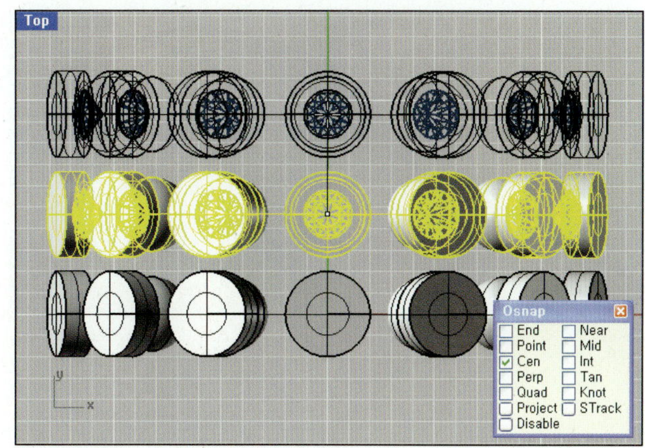

09_ Ungroup 명령으로 모든 객체를 선택하여 그 룹을 풀어준다.

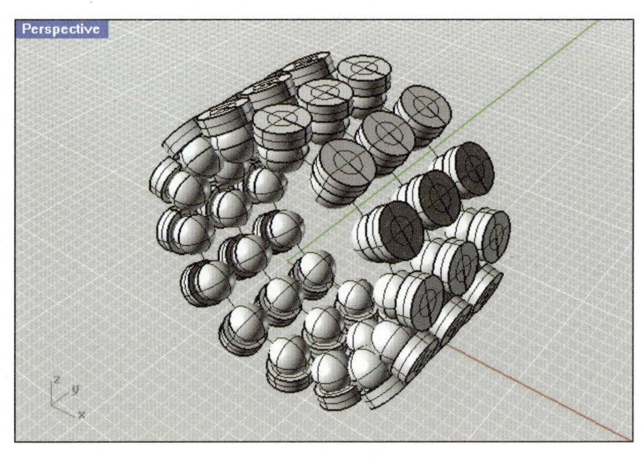

10_ Boolean Difference로 1번 구를 2번 회전 체로 차집합시켜 홈(난집 모양)을 파준다.

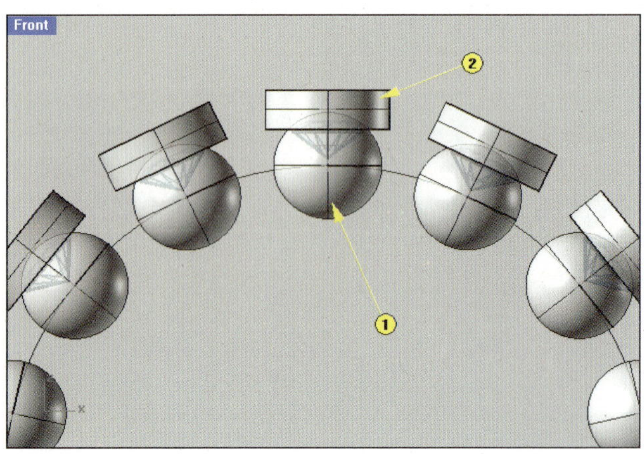

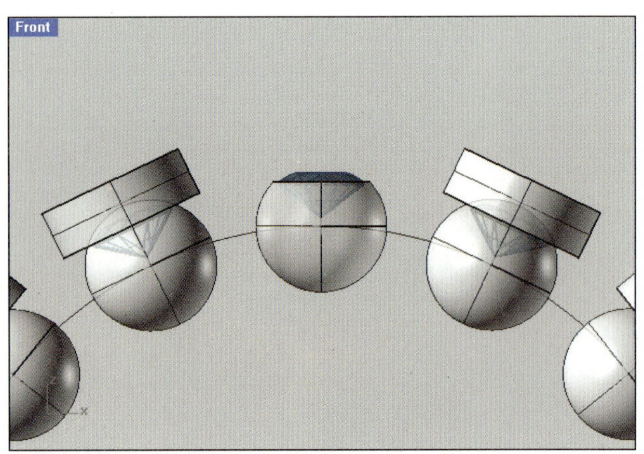

11_ 동일한 방법으로 나머지 모두를 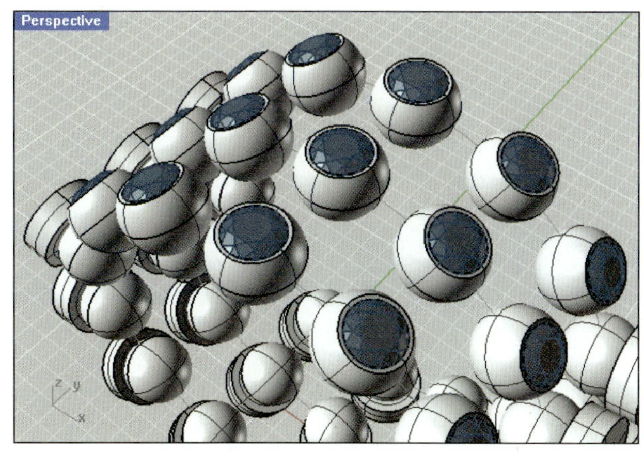 Boolean Difference 시켜 준다. 물론 가감은 자유이다.

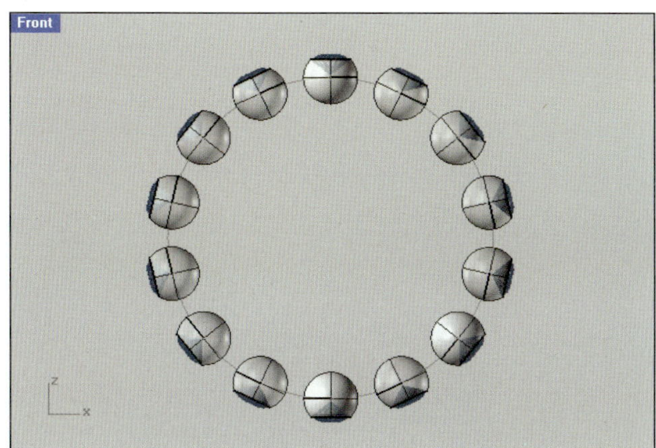

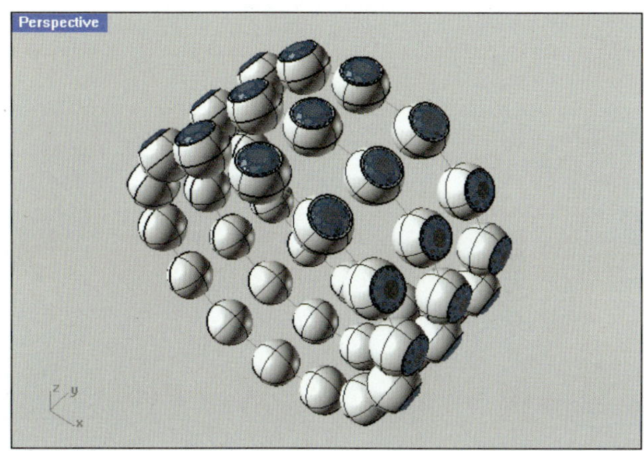

12_ Fillet Surface 아이콘 클릭 〉 Select first surface to fillet(Radius=1.000, Extend=Yes, Trim=Yes): Radius클릭 〉 Fillet radius〈 〉: 1.2 입력 〉 1.2 〉 Enter 〉 Select first surface to fillet(Radius=1.200, Extend=Yes, Trim=Yes): 1번 구의 면 클릭 〉 Select second surface to fillet(Radius=1.200, Extend=Yes, Trim=Yes): 2번 구의 면을 클릭하면 그림과 같이 연결 면이 생성된다. 이러한 Fillet Surface는 기하 형상 제작에 유용할 수 있다.

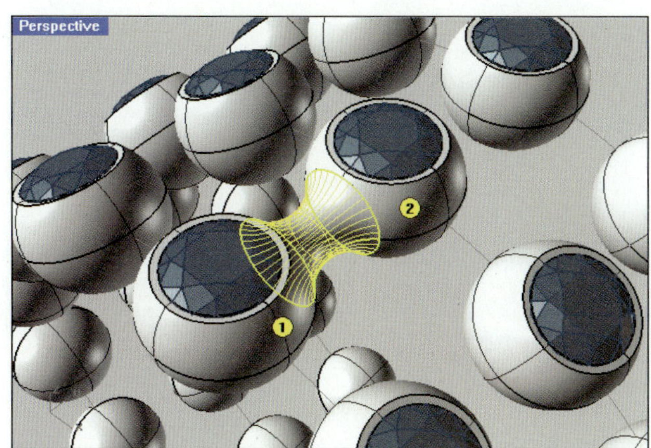

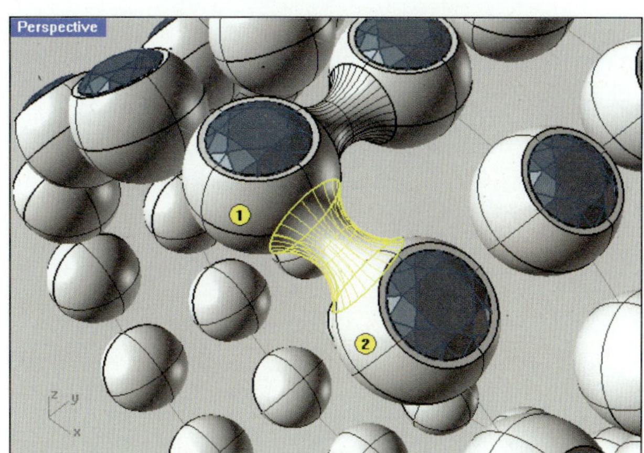

13_ 동일한 방법으로 나머지 모두를 Fillet Sur-
face 시켜준 후 Join 해준다.

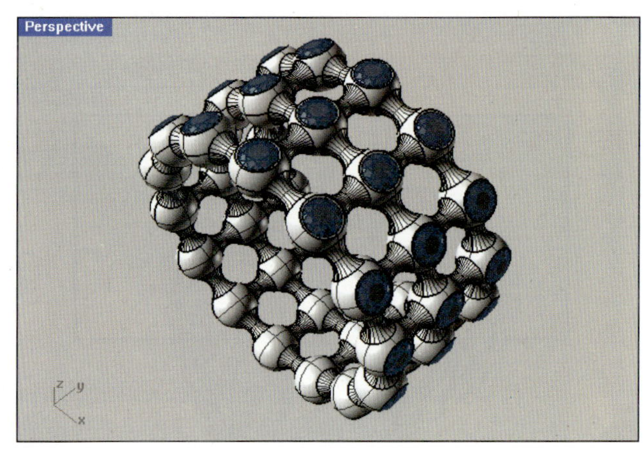

14_ Render 명령으로 최종 결과를 확인해 본다.

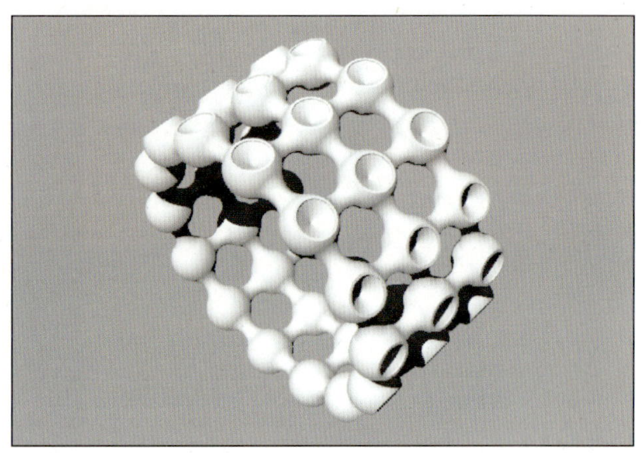

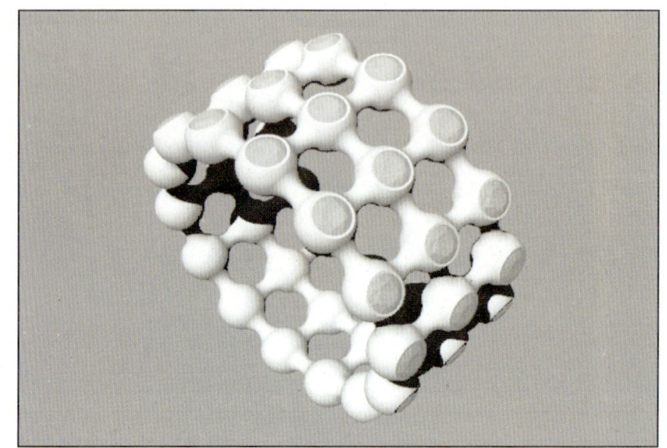

15_ 이번에 반지와 셋트 개념으로 펜던트를 모델링 한
다. 우선 앞선 방법대로 Top View에서 Sphere:
Center, Radius 명령으로 지름 3.5mm의 구를 Y축과
X축의 시작점(0,0,0)에 그려준다.

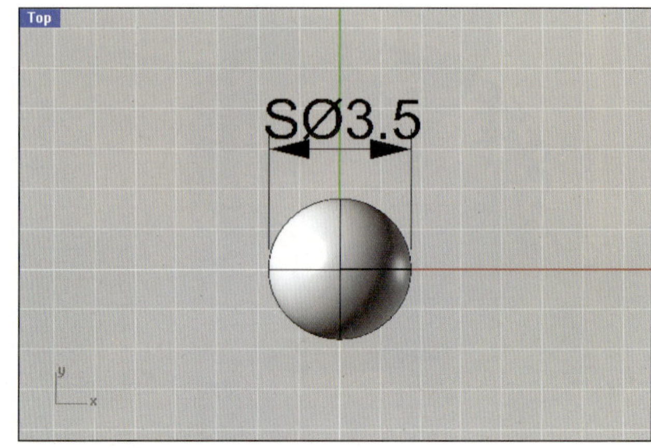

16_ 다음 TechGems 4.1-mm-en 메인 메뉴 〉 Round Cuts 아이콘을 마우스 오른쪽 버튼으로 클릭 〉 Gem Size 대화창에 그림과 같이 보석의 크기 기입 (A=2.25, B=2.25, C=1.2) 〉 [OK] 한다. 보석이 없다면 **부록 CD 〉 보석샘플 〉 GEM-08**을 File 〉 Import로 불러온다.

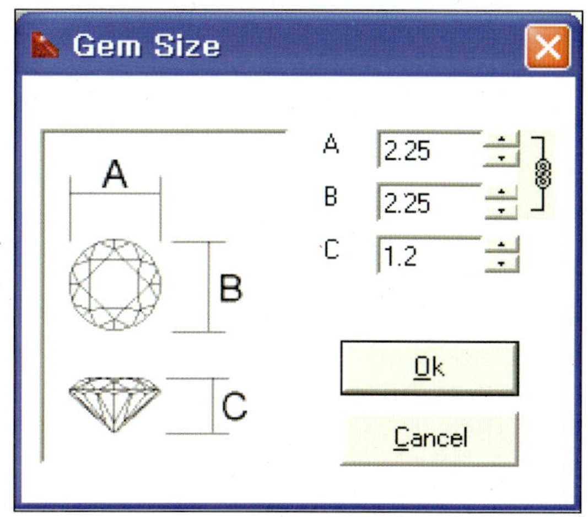

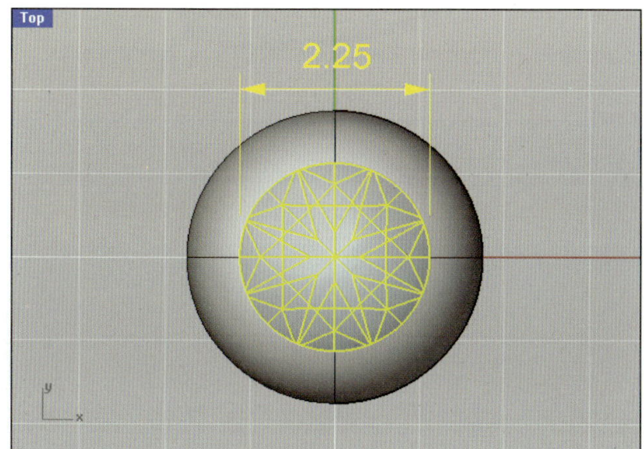

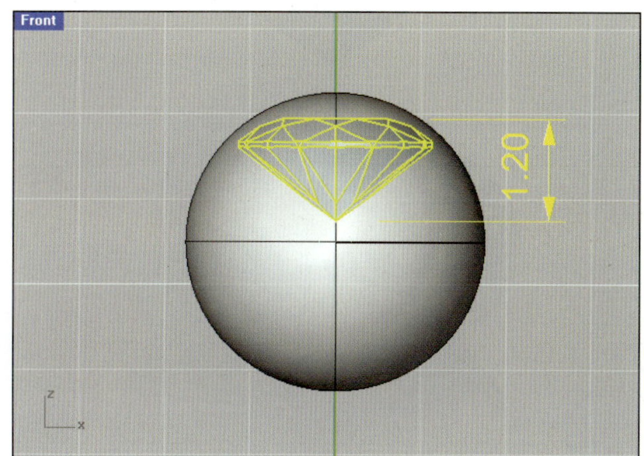

17_ 보석이 세팅될 자리를 마련해 주기 위하여 그림과 같이 Line으로 단면 커브(객체 A)를 그려준 후 Join해준다. Revolve 명령으로 객체 A의 End와 End점을 기준축으로 회전체로 만들어준다. 커맨드 옵션은 Start Angle=0, Revolution Angle=360도이다.

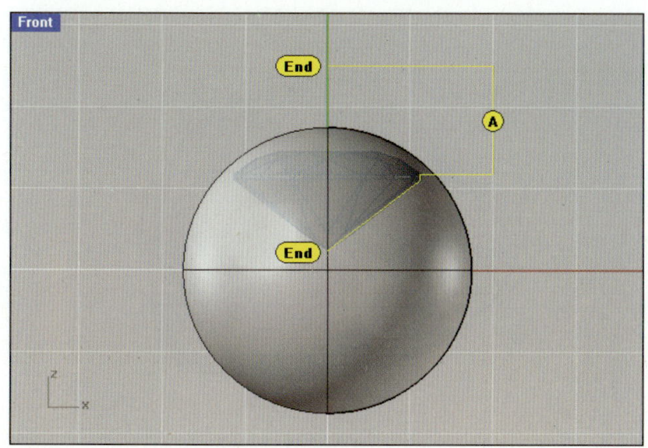

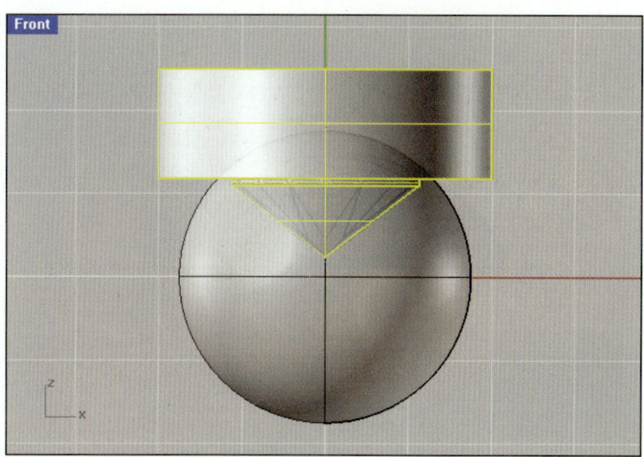

18_ 회전체, 구, 보석을 선택하여 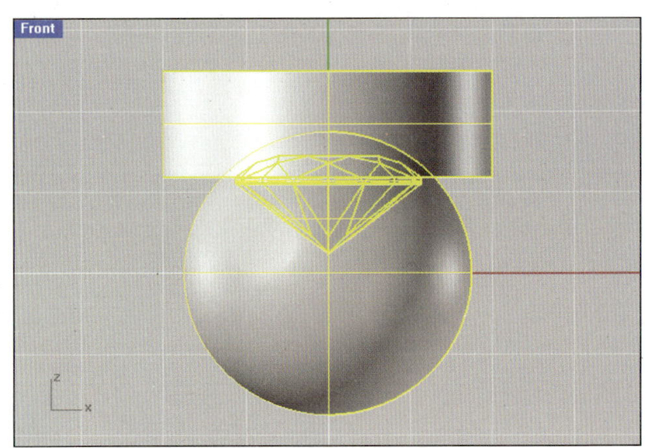 Group시켜준다.

19_ Rectangular Array 아이콘 클릭 〉 Select object to array: 그룹 객체 클릭 〉 Enter 〉 Number in X direction〈 〉: 5 〉 Enter 〉 Number in Y direction〈 〉:5 〉 Enter 〉 Number in Z direction〈 〉:3 〉 Enter 〉 Unit cell or X spacing:4.67 〉Y spacing or first reference point: 4.67 〉 Enter 〉 Z spacing or first reference point: 4.67 〉 Enter 하면 그림과 같이 입체 배열이 된다.

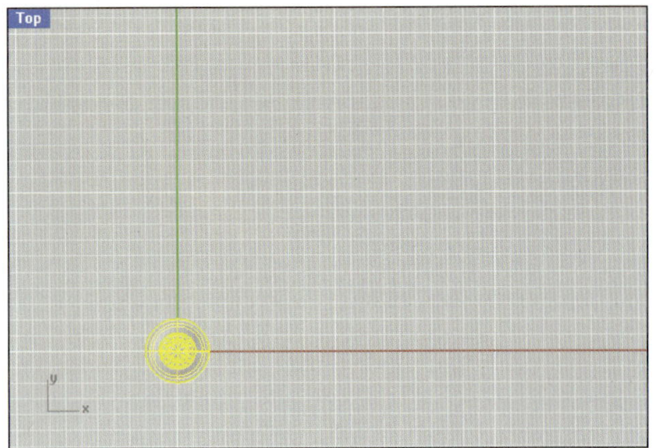

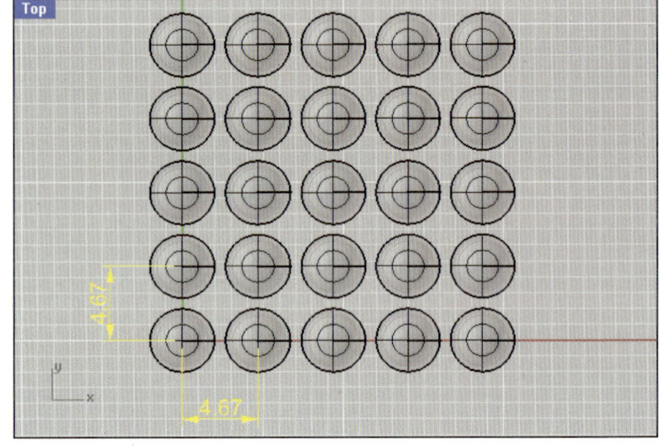

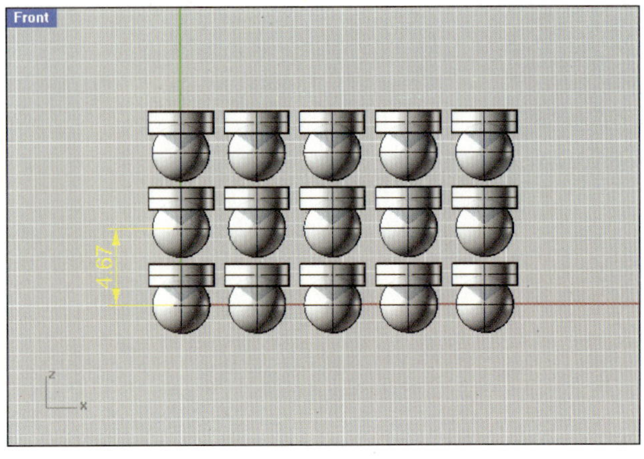

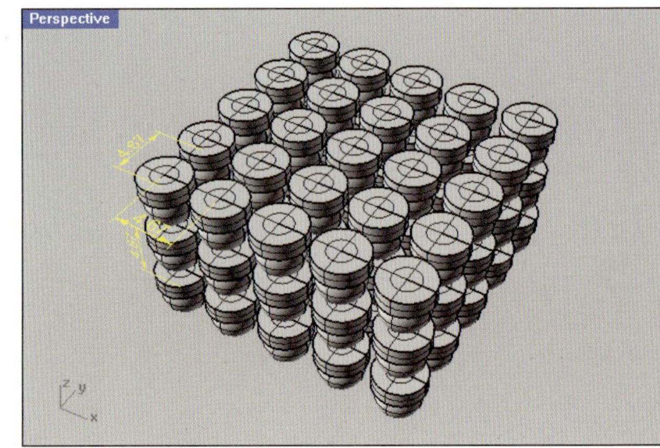

20_ 해당 객체를 Ungroup 시킨 후 Boolean Difference로 1번 구를 2번 회전체로 차집합시켜 홈(난집 모양)을 파준다.

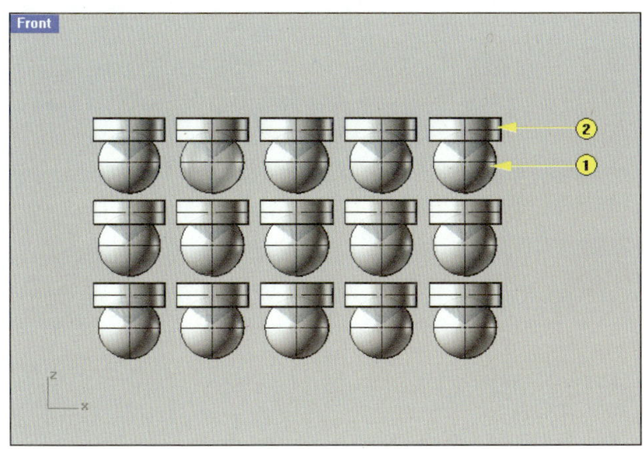
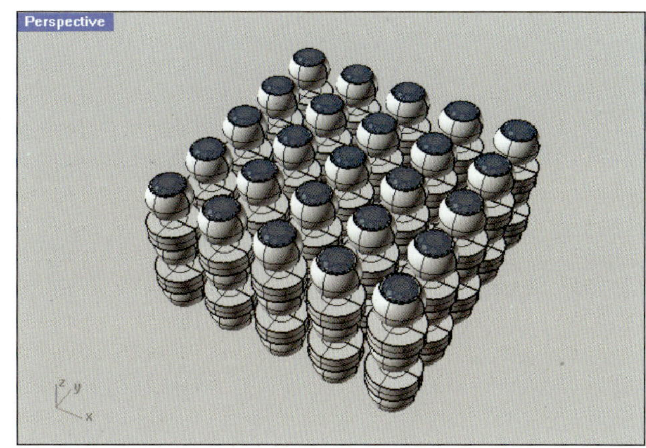

21_ Mirror 명령으로 보석과 회전체만을 선택, 방향을 그림과 같이 바깥쪽으로 모두 바꿔준 후 홈(난집 모양)을 파준다.

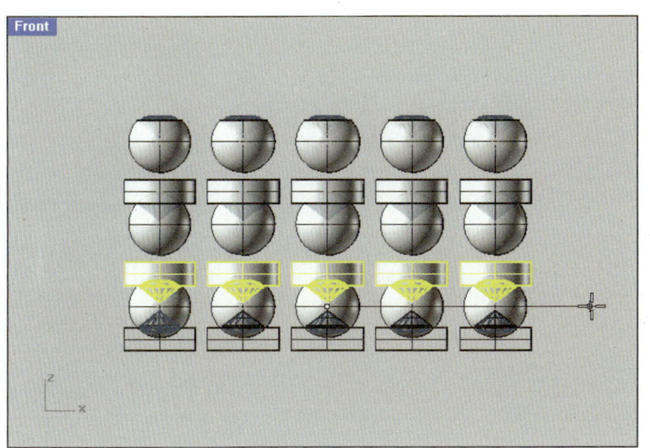
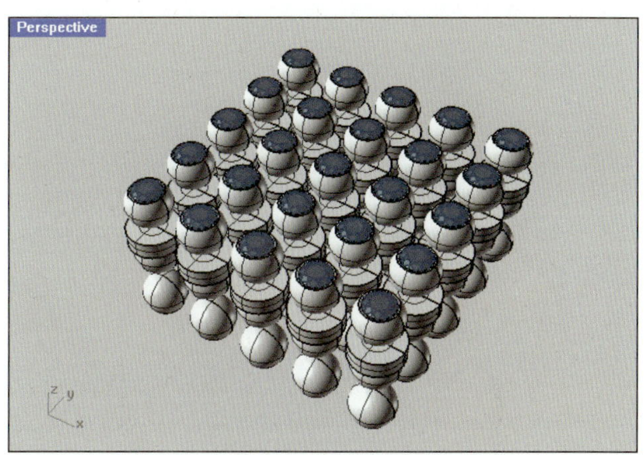

22_ Right View에서 그림과 같이 앞열을 모두 Rotate 2-D 시켜준다.

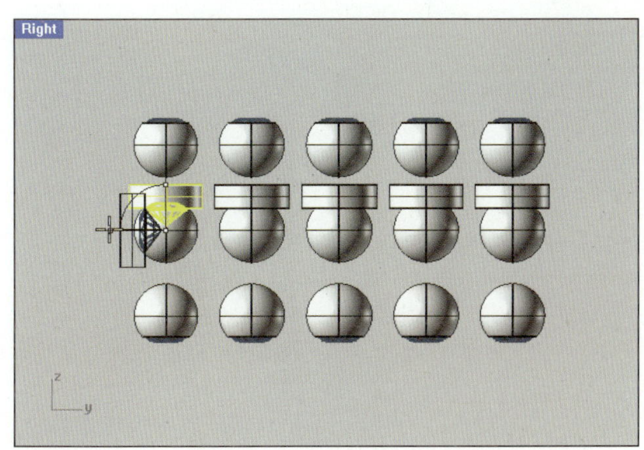

23_ 그림처럼 좌, 우측 객체(회전체)들만 지워준다.

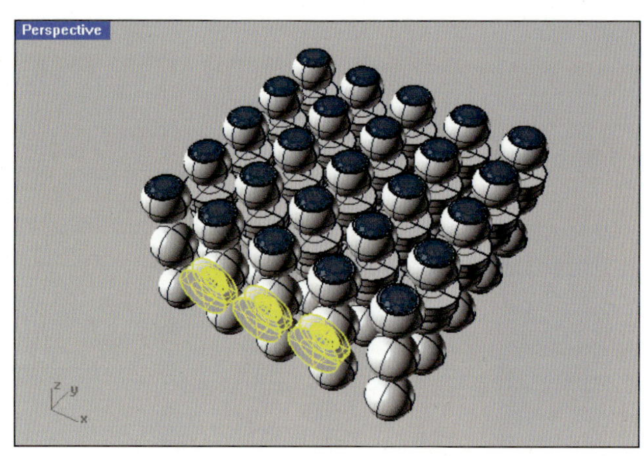

24_ 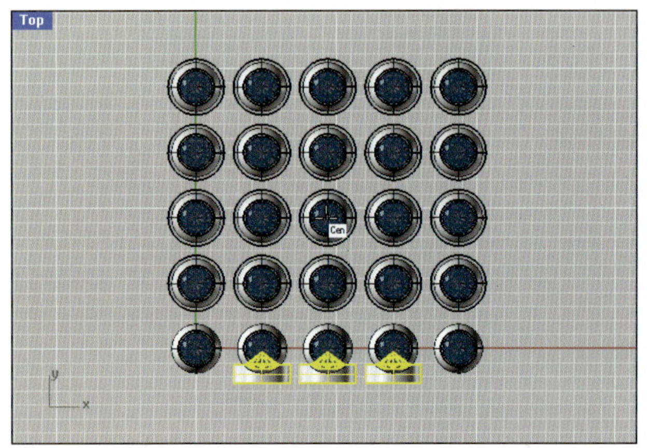 Polar Array 명령을 사용, 배열 보석의 중심을 기준으로 총 4개를 원형 배열한다. 물론 보석과 회전체를 같이 진행해 준다.

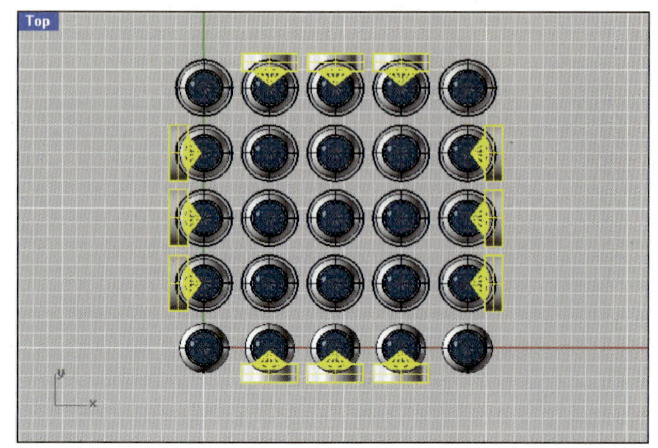

25_ 사면에 배열이 완료되었다면 Boolean Difference로 해당 대응 객체를 모두 차집합시켜 준다. 안쪽은 Boolean Difference를 실행하지 않는다. 안쪽 불필요한 객체들도 모두 지워준다.

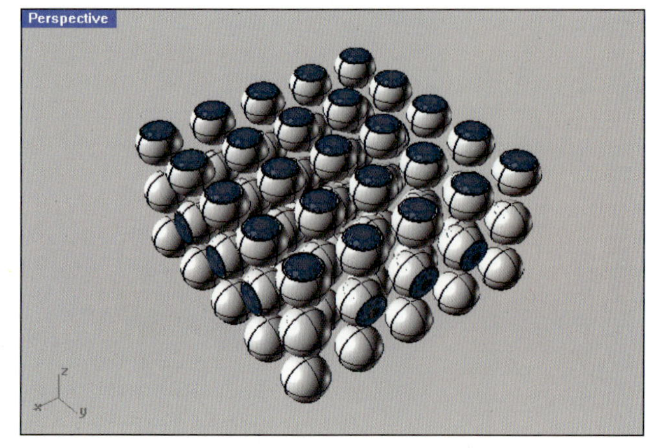

26_ Fillet Surface 아이콘 클릭 〉 Select first surface to fillet(Radius=1.000, Extend=Yes, Trim=Yes): Radius 클릭 〉 Fillet radius〈 〉:1.2 입력 〉 1.2 〉 Enter 〉 Select first surface to fillet (Radius=1.200, Extend=Yes, Trim=Yes): 1번 구의 면 클릭 〉 Select second surface to fillet(Radius=1.200, Extend=Yes, Trim=Yes): 2번 구의 면을 클릭하면 그림과 같이 연결면이 생성된다. 이러한 Fillet Surface는 기하 형상 제작에 유용할 수 있다.

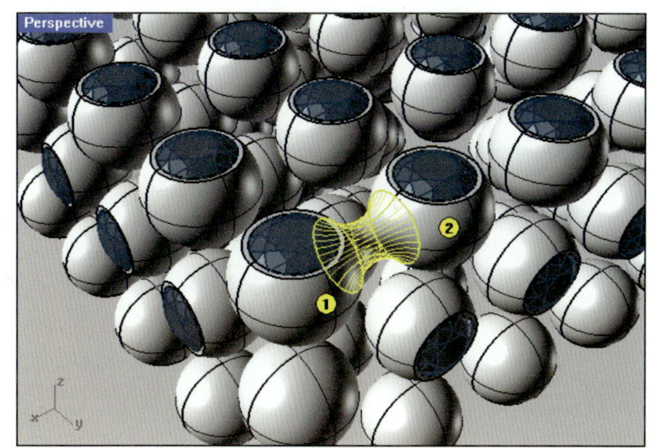

27_ 동일한 방법으로 나머지 모두를 Fillet Surface 시켜 준 후 Join해준다.

28_ Shade 아이콘을 마우스 오른쪽 버튼으로 클릭하여 전체적인 상태를 확인한다.

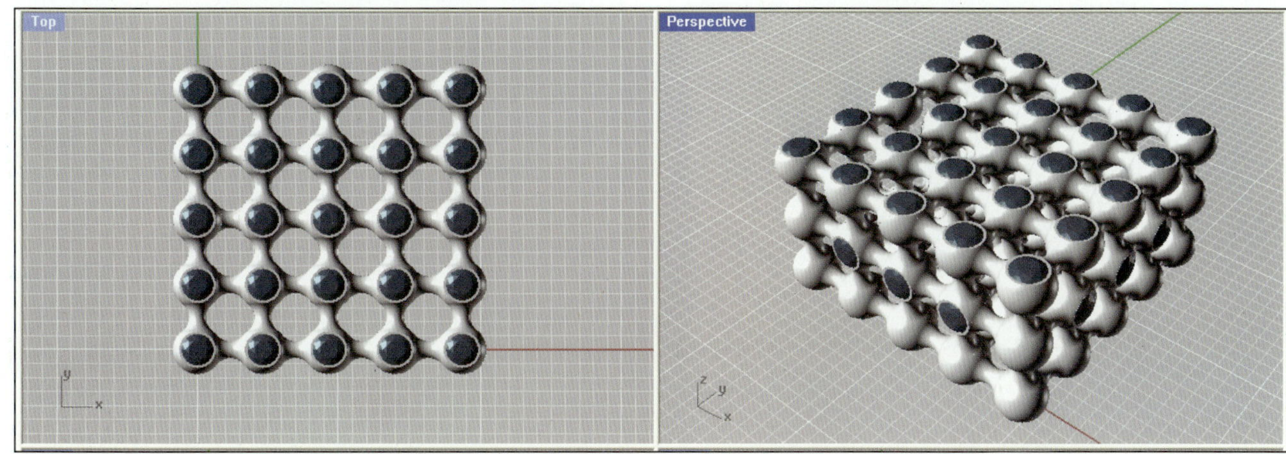

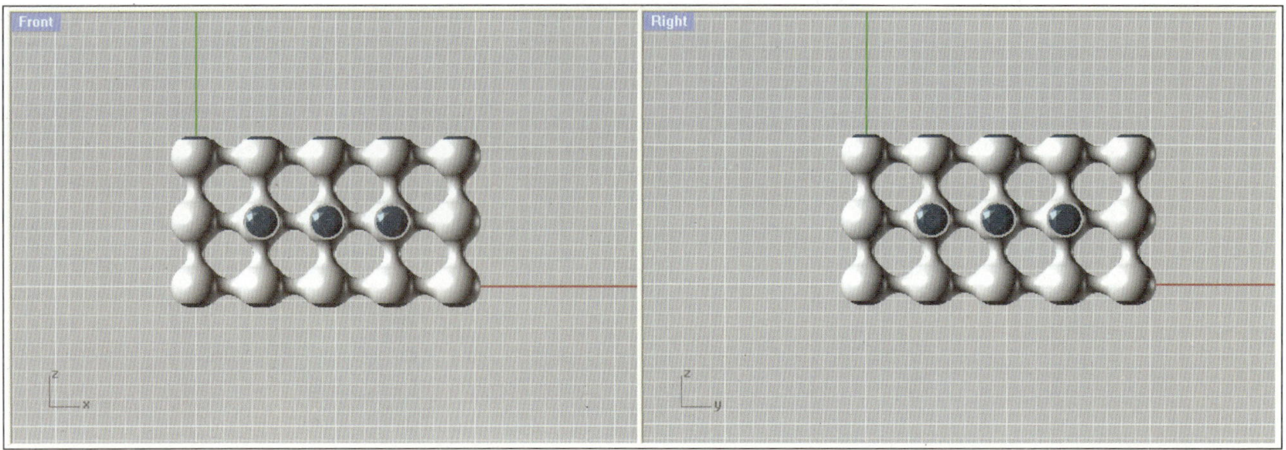

29_ Render 명령으로 최종 결과를 확인해 본다.

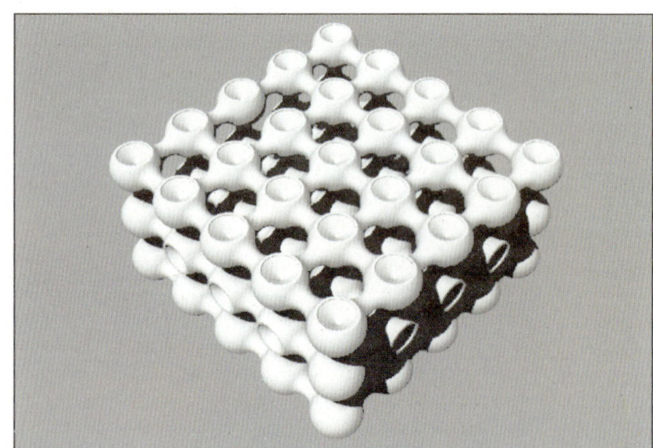

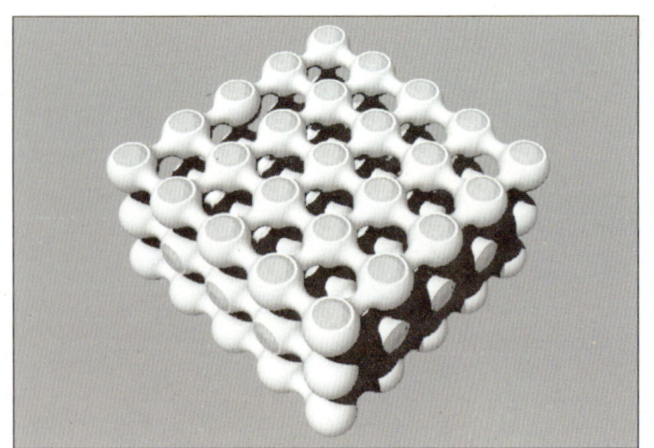

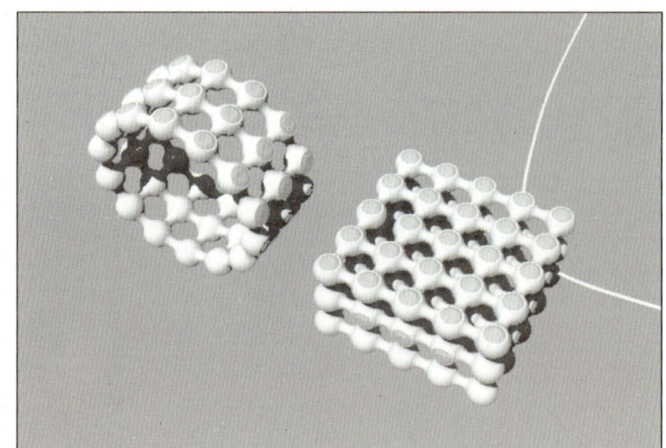

Chapter 02

Rhinoceros

하트(Heart) 형상 모델링하기

Preview

Preview

STEP 01 하트 형상 모델링하기

01_ 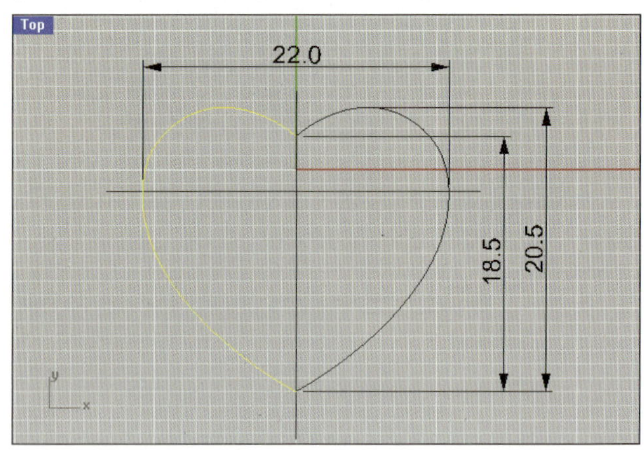 Curve:Interpolate Points를 이용하여 하트모양의 반쪽 커브를 그려 중심축을 중심으로 Mirror Copy 해준다. 하트의 기본 크기는 치수를 참조하여 진행한다. Osnap에 End, Near를 체크해가며 작업한다.

02_ Osnap에 교차점(Int)을 체크한 상태에서 Point를 이용하여 그림과 같이 4개의 Point를 배치한다.

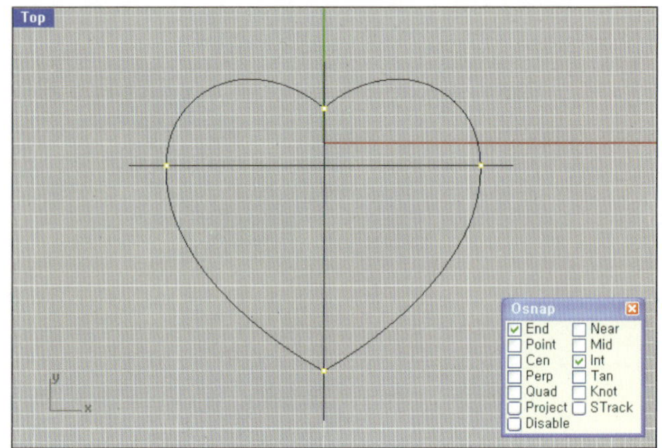

03_ Osnap에 포인트(Point)를 체크한 상태에서 Curve:Interpolate Points를 이용하여 1번 포인트에서 2번 포인트를 연결하는 하트의 Right View 완성한다. Right View에서의 커브 정점의 높이는 대략 6.56mm 정도면 된다.

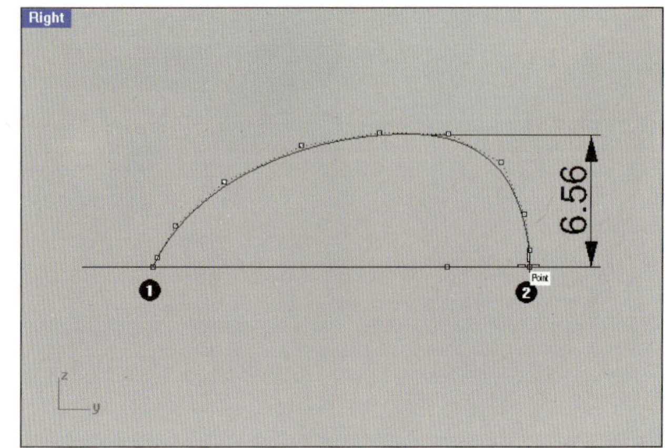

04_ Extrude Straight를 이용하여 A 수평 라인 객체를 윗쪽으로 Extrude시켜 면을 만들어준다.

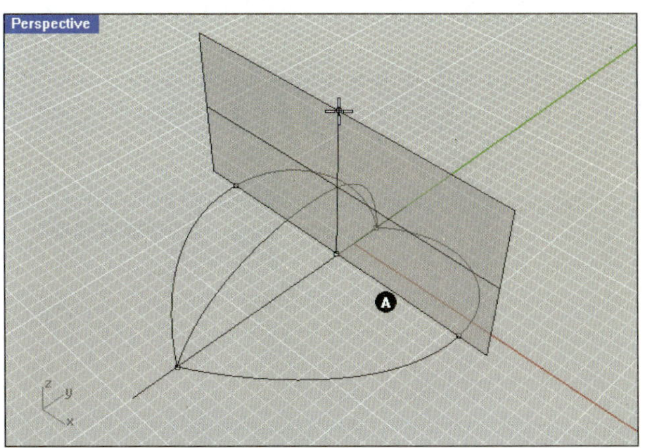

05_ Object Intersection으로 1번(선)과 2번(선)을 동시에 선택, 객체가 접한 곳에 교차점(point)을 추출한다.

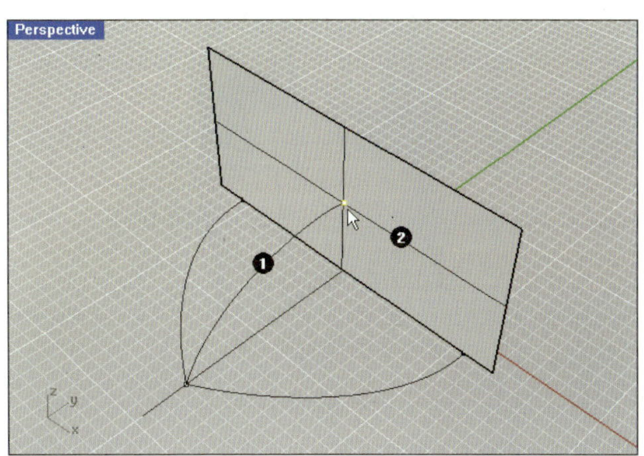

06_ Osnap에 포인트(Point)를 체크한 상태에서 Curve:Interpolate Points를 이용 Front View에서 A 커브를 그려준다.

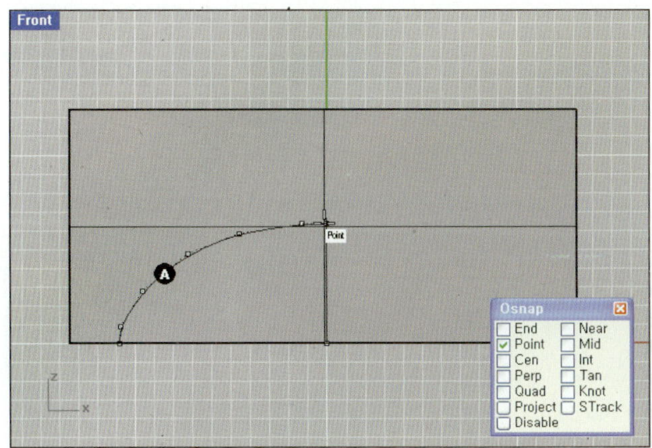

07_ Mirror Copy된 A 커브와 B 커브를 Match Curve 시켜준다. Match Curve 옵션 창이 뜨면 그림과 같이 Continuity=Tangency, Preserve other end=Position, Average curves에 체크하고 [OK] 한다.

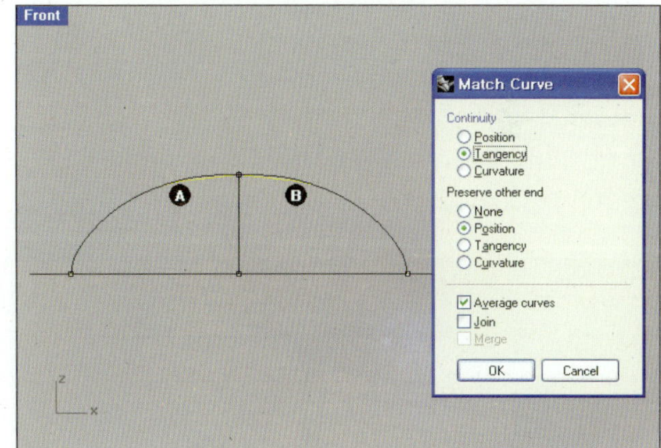

08_ Join 명령으로 A와 B 객체를 서로 이어준다.

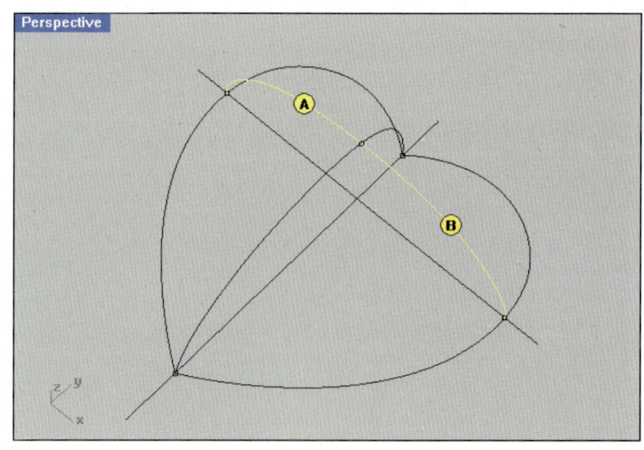

09_ Surface from Network of Curves 명령으로 이미 준비된 커브를 순서대로(1-2-3-4) 선택하여 하트면(Surface)을 만들어준다.

명령 실행 중 나타나는 옵션 창에는 그림과 같이 설정하고 [OK] 한다.

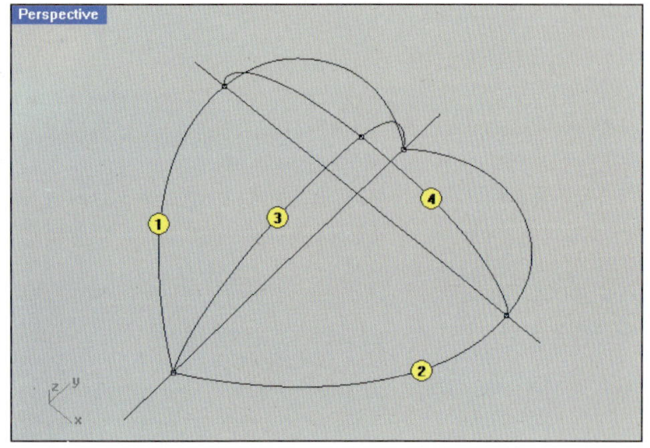

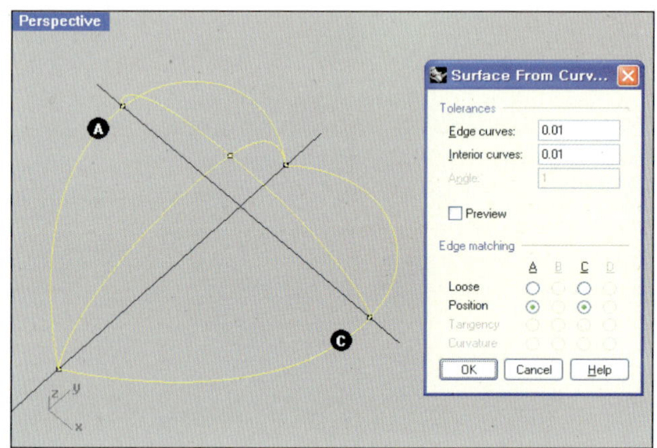

10_ 생성된 하트면을 자세히 살펴보면 화살표 부분이 미세하지만 면이 밑으로 처져 있는 것을 볼 수 있다. 이러한 문제를 해결하기 위해 무리하게 제어점(CP:Control Point)을 지우게 되면 면이 더욱 왜곡되는 결과를 가져와 하트 모양이 더욱 부자연스러울 수 있다.

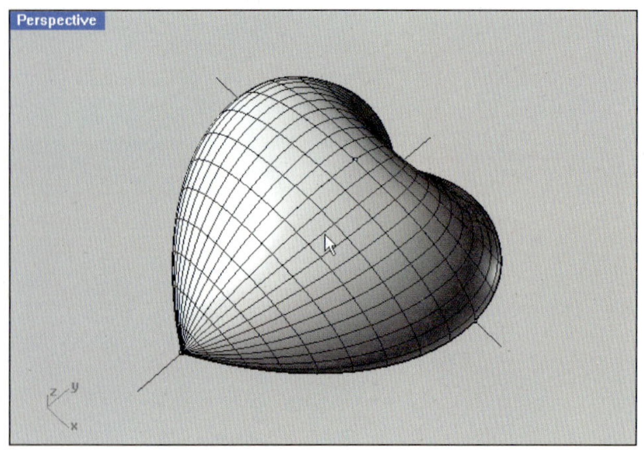

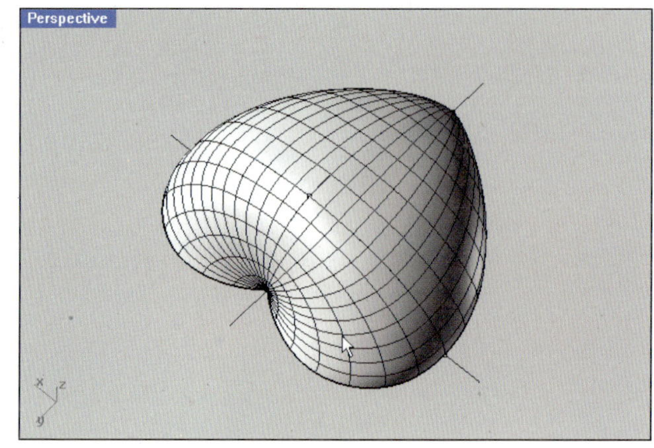

11_ Explode 명령으로 종전에 붙여준 커브를 A와 B 커브로 폭파시켜 준다. 그런 다음 폭파된 B 커브를 지워준다.

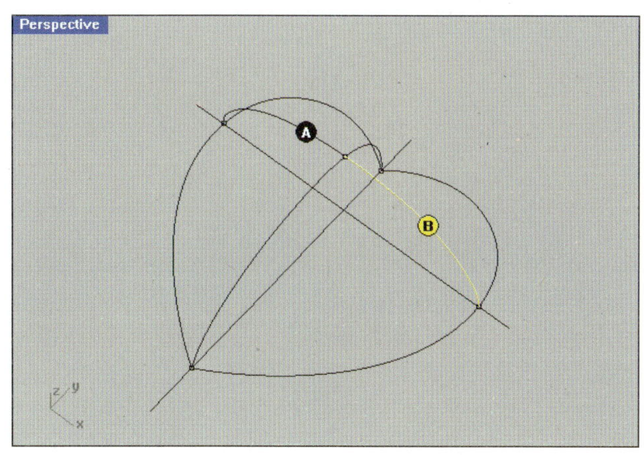

12_ Surface from Network of Curves 명령으로 이미 준비된 커브를 순서대로(1-2-3) 선택하여 하트면(Surface)을 만들어준다.

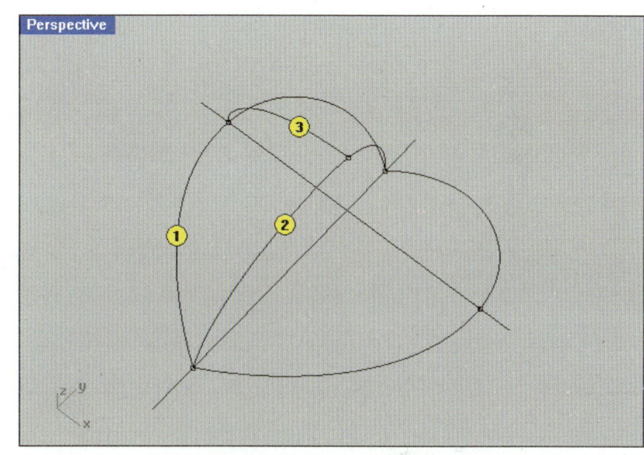

명령 실행 중 나타나는 옵션 창에는 그림과 같이 설정하고 [OK] 한다.

하트의 반쪽 면이 완성된 모습이다.

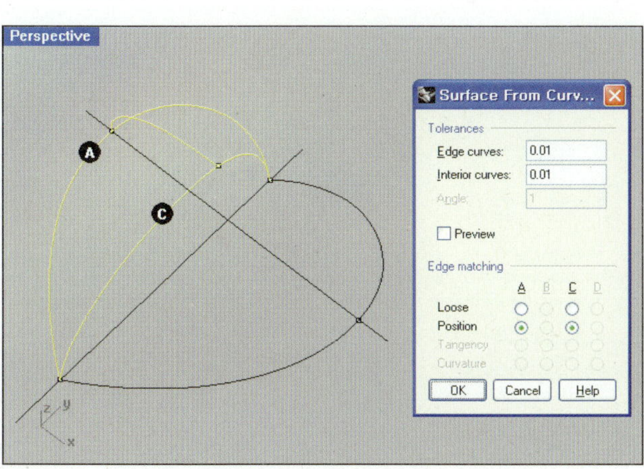

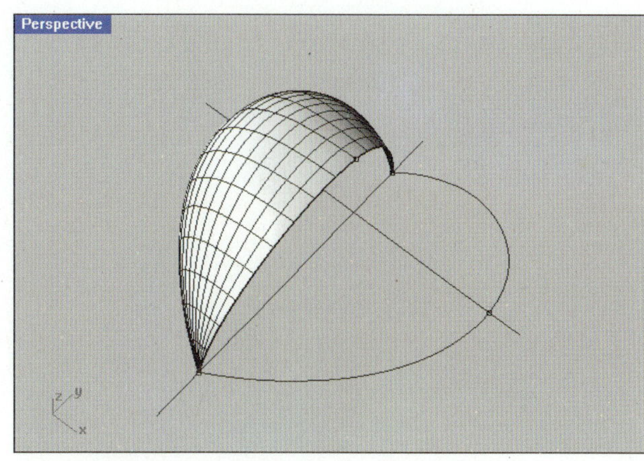

13_ Osnap에 Point 또는 End를 체크한 상태에서 그림과 같이 🔷 Mirror 시켜준다.

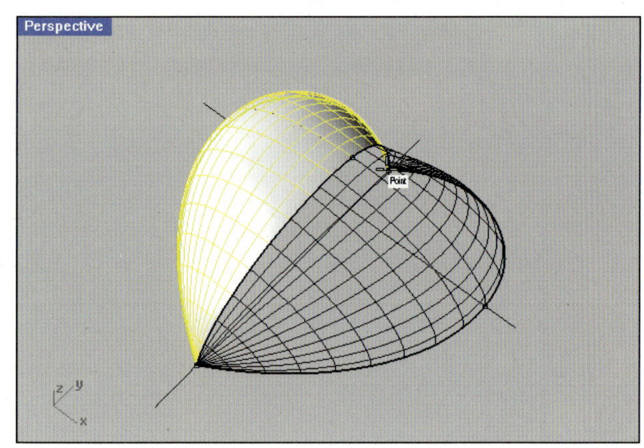

14_ 두 개의 면을 임시로 🧩 Join 해준 후 📄 Zebra Analysis를 체크해 보면 가운데 부분에 패턴이 서로 엇갈려 있는 것이 보인다. 이 부분은 면과 면의 연결부에 각이 존재한다는 것으로 반드시 면의 연결상태(연속성)를 바르게 고쳐 주어야 한다. 이러한 각의 존재는 결국 하트면이 Polysurface라는 것으로 차후 보석 세팅면으론 부적합 상태이다. 특히 Pave 세팅이 행해질 면일 경우 최대한 단일면(Single Surface) 유지가 중요하다. 특히 단일면은 하트의 속파기를 위한 면의 Solid Offset을 위해서도 반드시 선행되어야 할 조건 중에 하나이다. 〽️ Explode 명령으로 다시 하트면을 폭파시켜 준다.

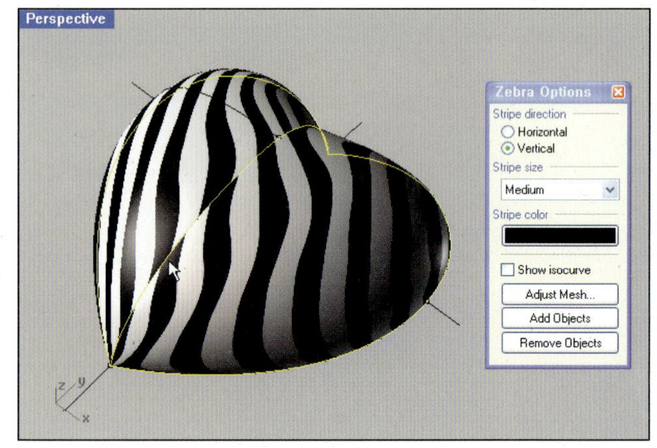

15_ 🔁 Merge Surfaces로 하트면 A Edge와 연이어 하트면 B Edge를 선택 2개의 하트면을 하나로 Merge 시켜준다.

하트면이 서로 🧩 Join된 상태로는
Merge Surfaces 명령이 작동하지 않으며,
특히 Split된 면의 Edge는 Merge Surfaces가
불가능함에 주의한다. 단, 둘 중 한 면은 split 면이 아니면 된다.
하트면을 따로 만들어 🔷 Mirror한 이유가 여기에 있다.

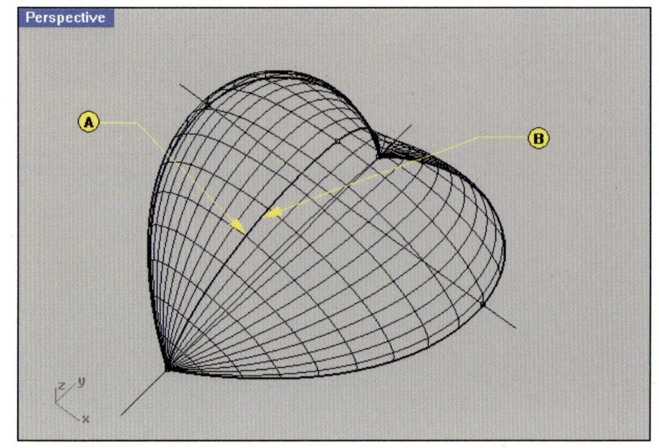

16_ Merge Surfaces된 면을 보면 하나의 Single Surface로 바뀐 것을 확인할 수 있다.

17_ Zebra Analysis를 체크해 보면 가운데 부분에 패턴 흐름이 바른 연결 상태를 보여준다. 다소 면이 어색한 부분이 있어 좀 더 하트면을 편집해 보도록 한다.

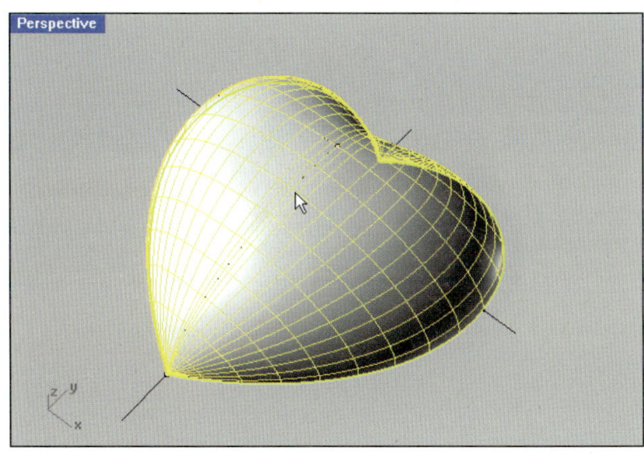

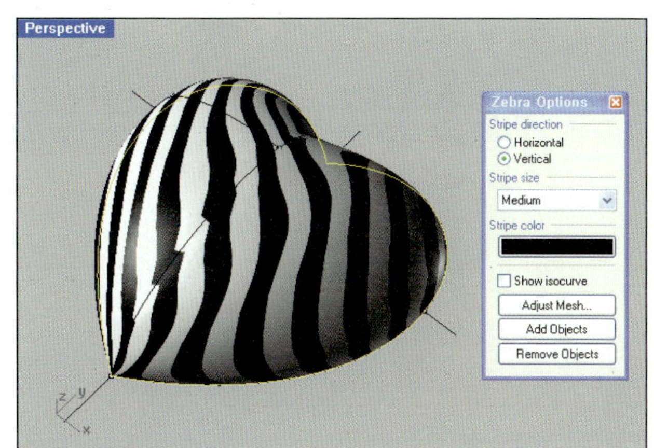

18_ Control Points On 명령으로 하트면에 제어점(CP)을 보이게 한다.

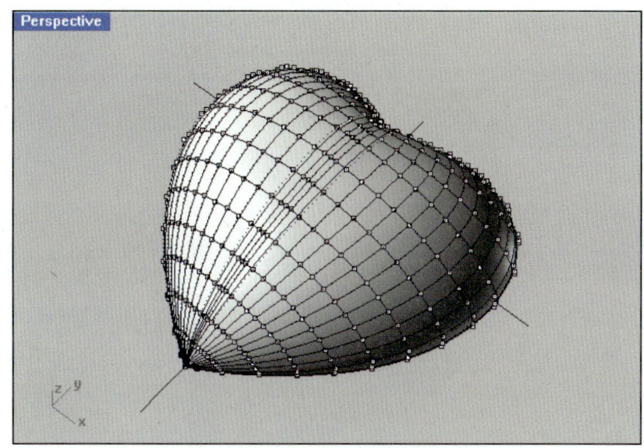

19_ Remove a control point 명령으로 그림과 같이 지우고자 하는 Point를 선택하면 해당 아이소커브(Isocurve)가 지워지면서 면의 평활도가 변화된다. 왜곡된 면이 가장 이상적인 면으로 수정될 때 작업을 멈춘다. 여기서는 정가운데 CP열(A)은 그대로 두고 가운데를 중심으로 좌우측열 각각 2개 CP열(총 4줄 1번과 2번)을 지워준다.

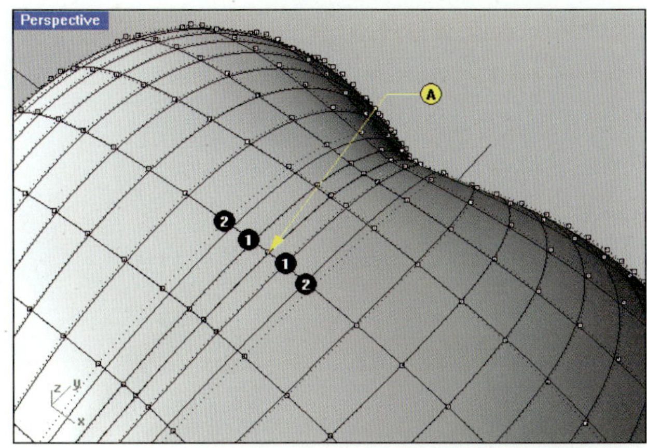

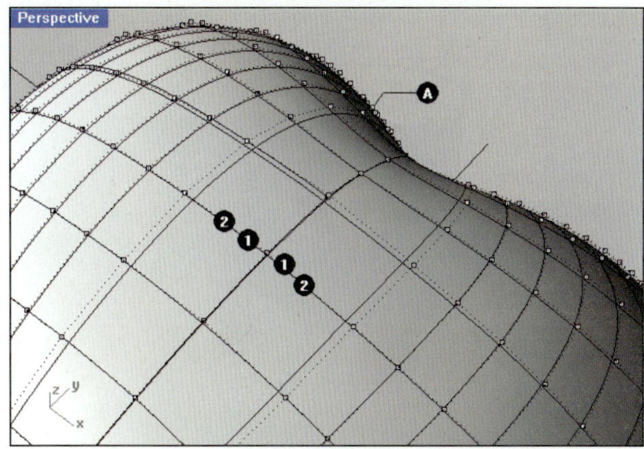

20_ Zebra Analysis를 최종 체크해 보면 가운데 부분에 패턴 흐름이 매우 매끄럽게 보이게 된다. 면의 상태가 앞선 면보다 매우 좋아졌다.

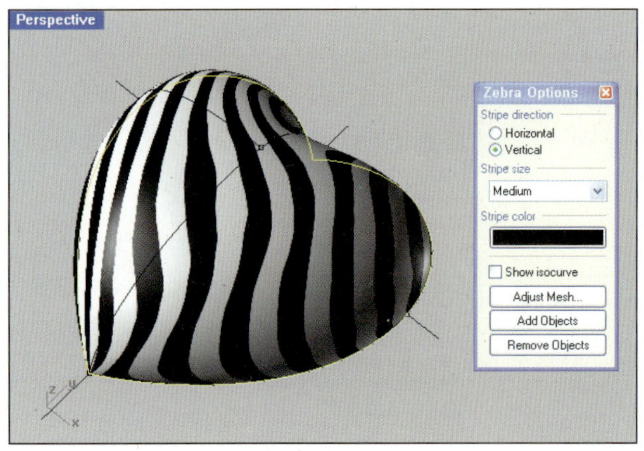

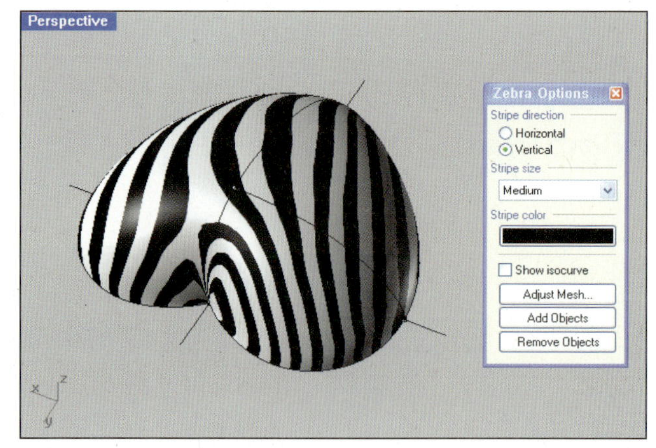

21_ Offset Surface 명령을 실행하여 하트면을 안쪽으로 1mm 옵셋해 준다. 결과는 그림과 같이 각이 있는 1번과 2번 부위가 안쪽으로 옵셋되면서 깨지거나 면이 심하게 꼬이게 된다. 이것은 당연한 결과이다. 여기서는 이러한 방법으론 속파기(Hollow)가 불가하다. 물론 하트면을 Mesh로 변환 뒤 Offset Mesh 명령으로 작업시엔 가능하다. 그래서 아예 손이 더 가지만 안쪽 면을 새롭게 만들어 주는 것이 타당하다.

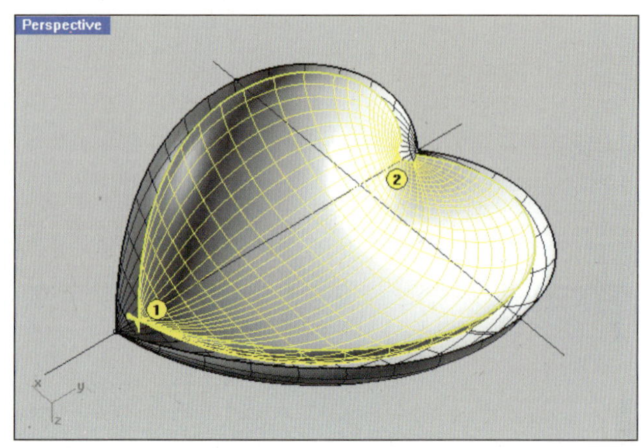

22_ 만들어 둔 하트면을 숨겨주고 1번과 2번 객체를 Join 한다.

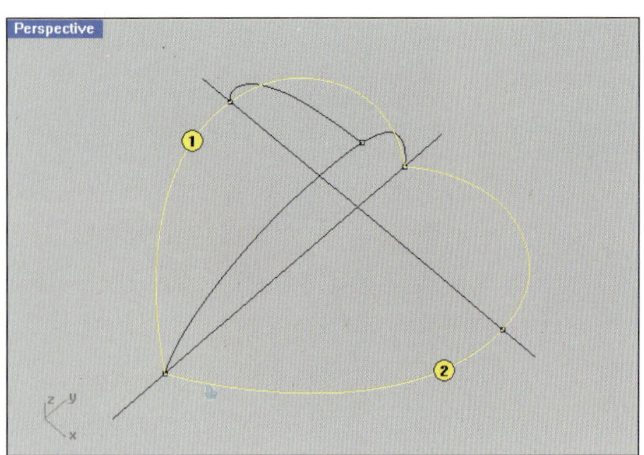

23_ Top View에서 Offset Curve 명령으로 하트 커브를 안쪽으로 1.0mm Offset 시켜준다.

24_ Layer Color를 Red로 변경하고 그림과 같이 교차점(Int)1번과 2번 위치에 ▫ Point를 배치한다.

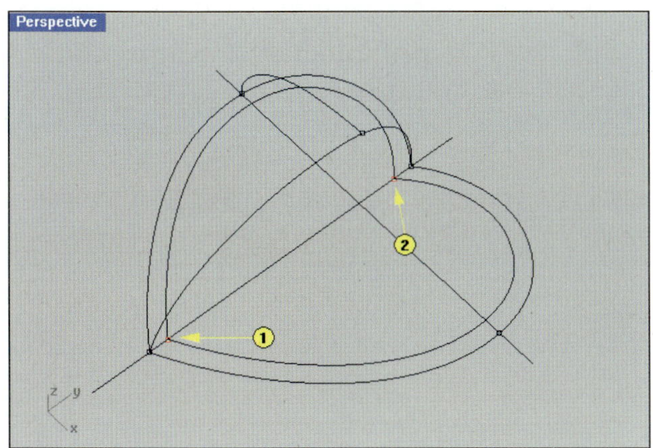

25_ ⬚ Curve:Interpolate Points로 1번과 2번 포인트를 연결하는 안쪽 커브를 그려준다. 이것은 속파기를 포함한 살 두께가 될 부분이다.

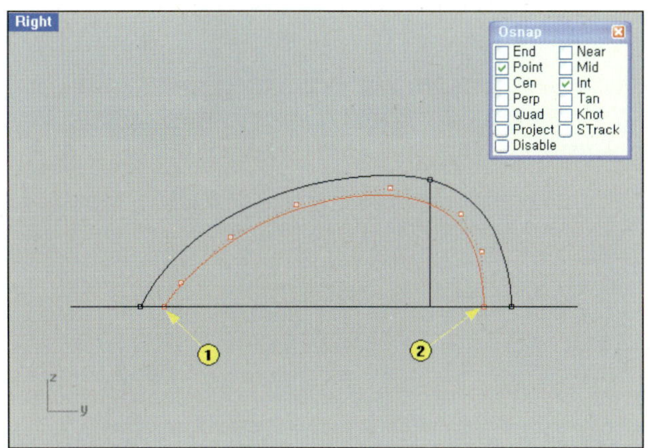

26_ ▣ Extrude Straight를 이용 A 수평 라인 객체를 윗쪽으로 Extrude시켜 면을 만들어준다.

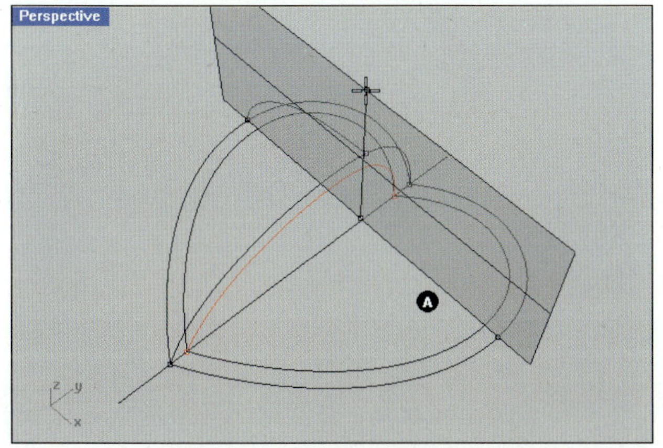

27_ ▥ Object Intersection으로 1, 2, 3번을 동시에 선택, 객체가 접한 곳에 교차점을 추출한다.

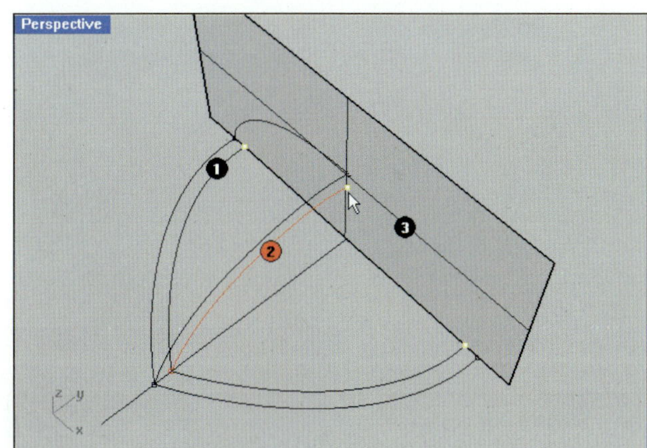

28_ Osnap에 포인트(Point)를 체크한 상태에서 Curve:Interpolate Points를 이용하여 Front View에서 1번과 2번 커브를 그려 앞서 행한 방법으로 Match Curve 한다.

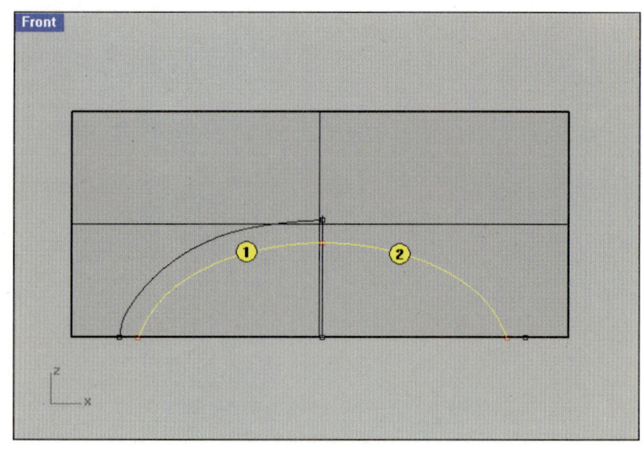

29_ Surface from Network of Curves 명령으로 이미 준비된 커브를 순서(1-2-3-4)대로 선택하여 안쪽 하트면(Surface)을 만들어준다.

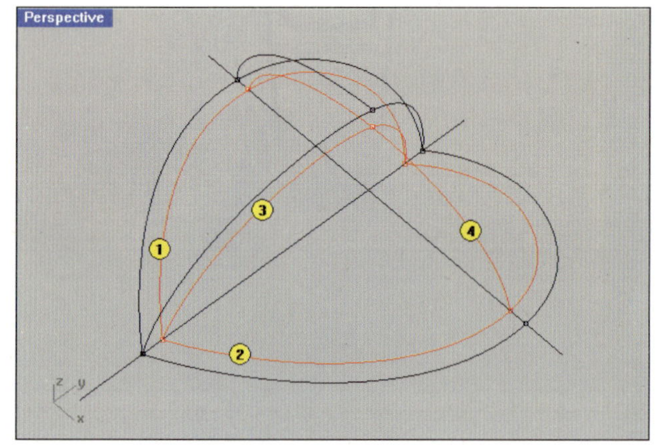

명령 실행 중 나타나는 옵션 창에는 그림과 같이 설정하고 [OK] 한다.

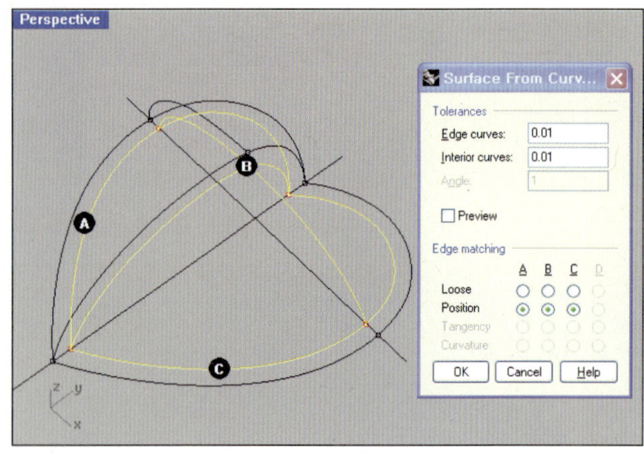

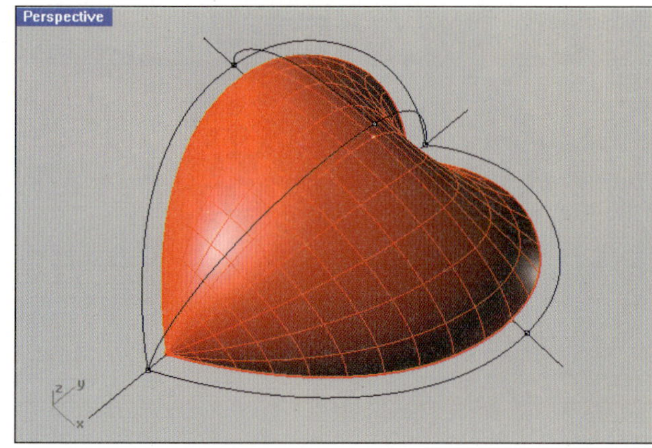

30_ 앞서 만들어진 2개의 하트 Edge 커브들을 모두 지워 주고 Duplicate Border 명령으로 1번과 2번 면의 Edge를 추출한다. 이것은 향후 Join에 문제가 될 수 있는 오차를 방지하기 위함이다.

31_ 추출된 1번 커브를 선택, Top View에서 Offset Curve 명령으로 하트 커브를 바깥쪽으로 0.5mm Offset 시켜 커브 A를 만들어 준다.

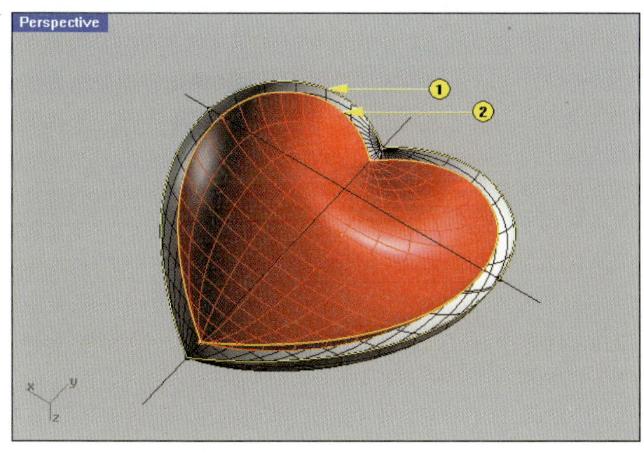

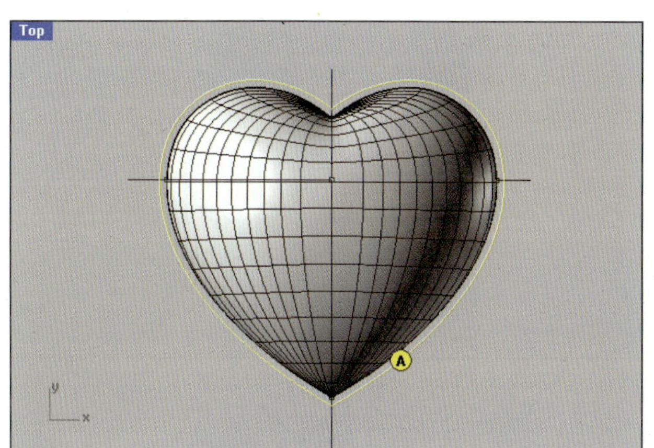

32_ A 커브를 Front View에서 아래로 0.5mm 다시 한 번 Offset Curve 시켜준다.

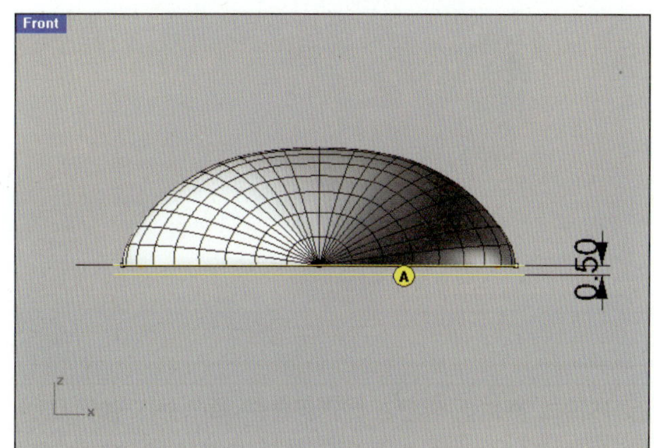

33_ 추출된 2번 커브를 선택, Front View에서 Offset Curve 명령으로 하트 커브를 아래쪽으로 0.5mm Offset 시켜 커브를 만들어준다.

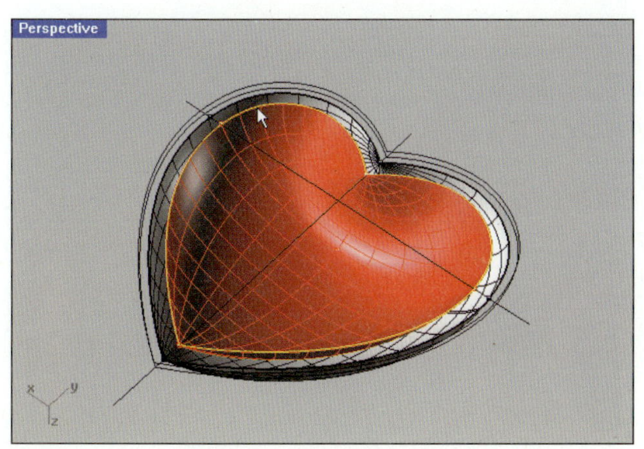

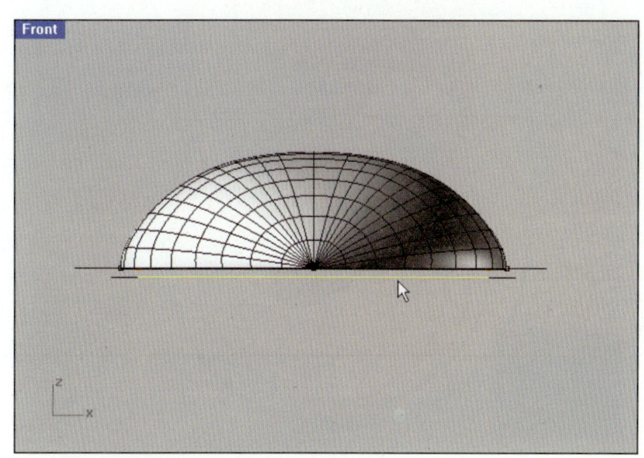

34_ 1번과 2번 커브를 선택한 상태에서 Surface from Planar Curves 아이콘 클릭 〉 다시 2번 커브와 3번 커브를 클릭 Loft 아이콘 클릭 〉 [OK]하면 그림과 같은 주변 면이 완성된다.

35_ Sweep 2 Rails 명령으로 1번, 2번 레일을 따라가는 3번 객체에 대하여 2 Rail해준다. 옵션은 디폴트로 설정하면 된다.

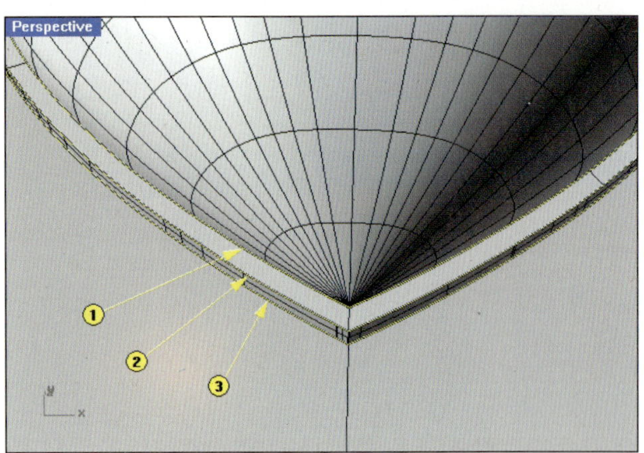

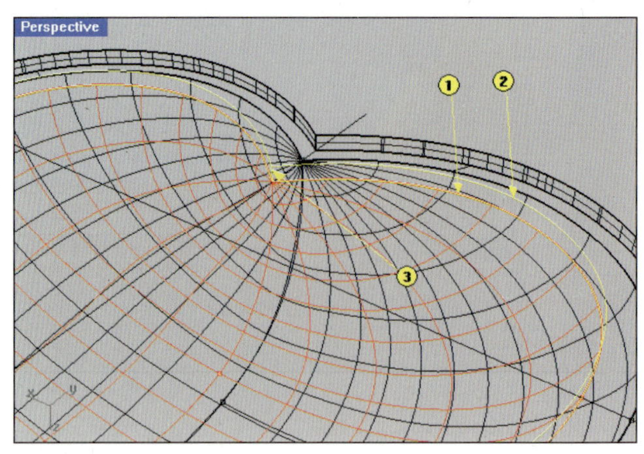

36_ Sweep 2 Rails 명령으로 만들어진 면의 모습이다.

37_ Surface from Planar Curves 아이콘 클릭 〉 다시 A 커브와 B 커브를 클릭해 주면 그림과 같이 가장 밑바닥 면이 마무리 된다.

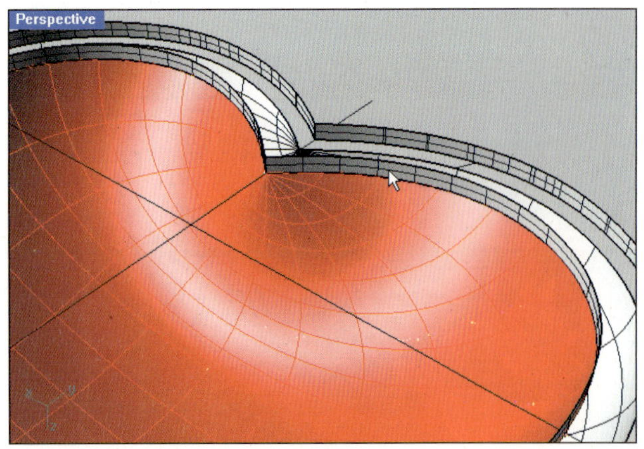

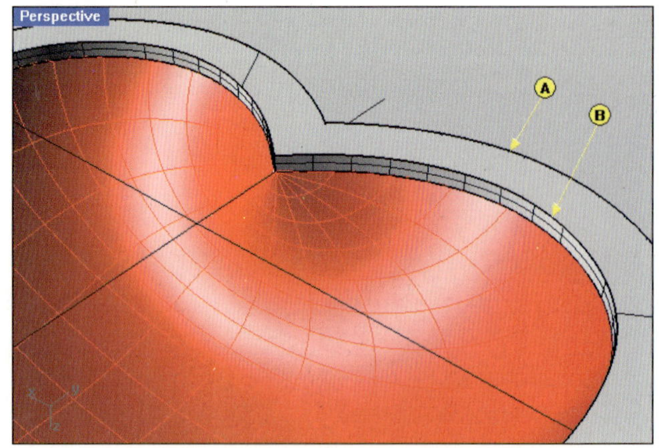

38_ Join명령으로 모든 면들을 붙여 하나의 솔리드 하트를 완성한다. 아래 그림은 하트의 안쪽 모습으로 속파기(Hollow)가 된 상태이다.

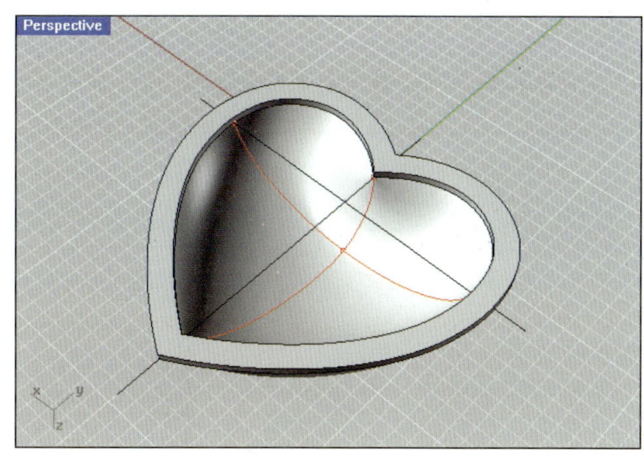

39_ Shade 명령으로 하트의 전체 모습을 확인해 본다.

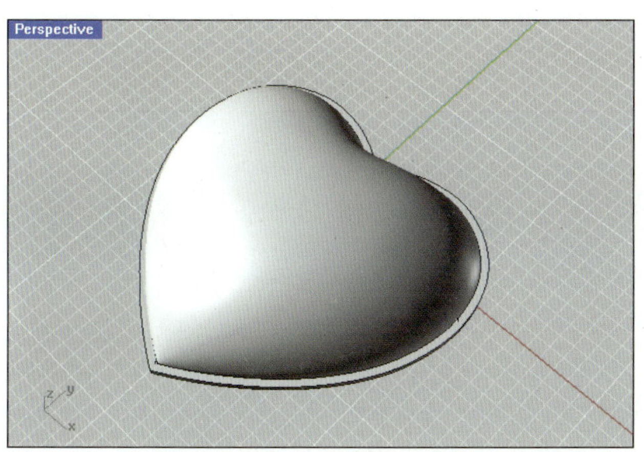

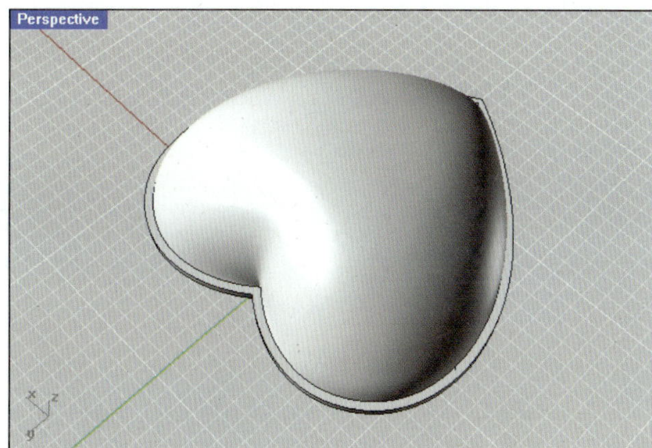

STEP 02 하트 형상에 BOSS&RIB 처리하기

01_ 후속 작업의 편의를 위하여 Move 아이콘 클릭 〉하트의 1번 End선택 〉0.5mm 기입 〉Enter 하여 정확히 윗쪽으로 이동한다. Snap, Ortho를 체크한 상태로 작업해주면 편리하다.

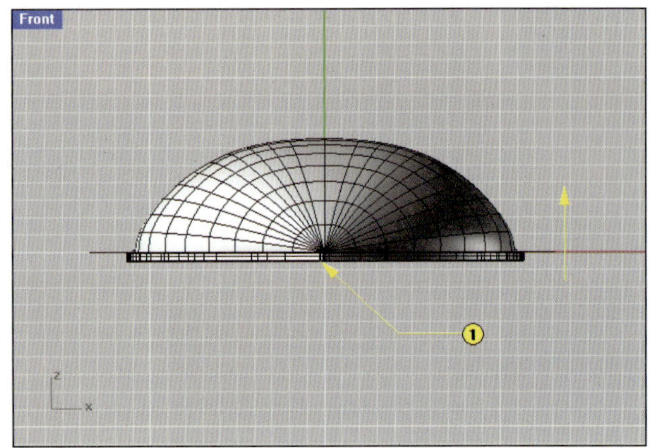

02_ Extract Surface 명령으로 하트 A의 안쪽면과 바깥쪽 면만을 떼어낸다. 나머지는 연결된 상태로 그대로 둔다.

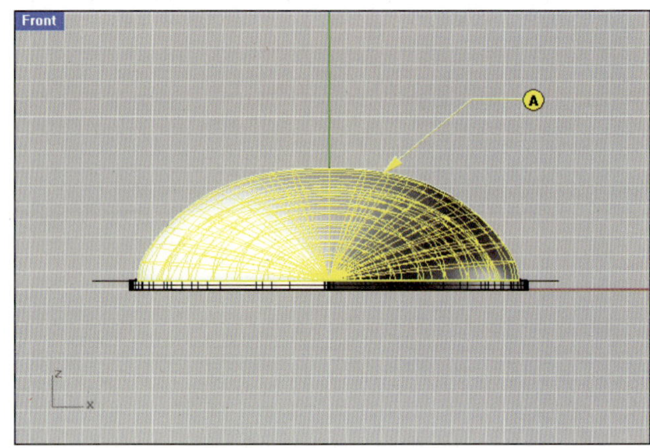

03_ 떼어낸 하트면 2개를 Osnap에 가운데(Mid)를 체크한 상태에서 Mirror 명령으로 밑으로 대칭 복사해준다.

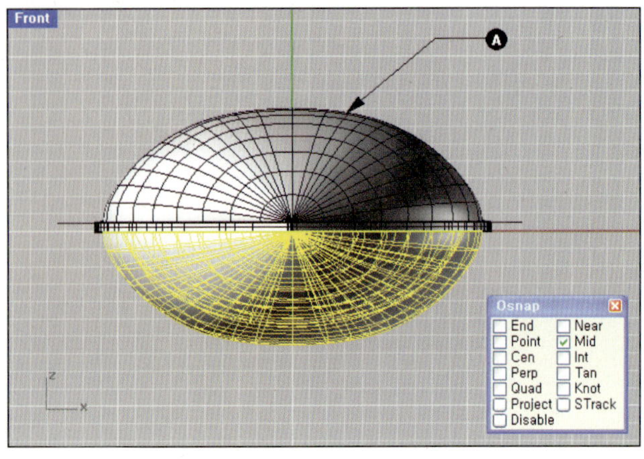

04_ Join으로 종전에 떼어낸 하트면(A)들을 다시 붙여준다. 하단에 복사된 하트면만 잘 보이게 한다.

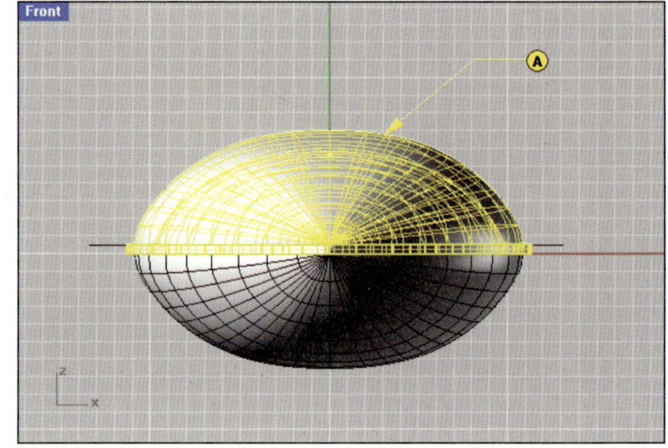

05_ Surface from Planar Curves 아이콘을 클릭 〉 1-2-3-4 번호 순서대로 Edge 클릭 〉 Enter 하여 밑면을 완성하고 🧩 Join 한다.

06_ 💡 Hide Objects로 완성된 하트 밑면을 숨겨준다.

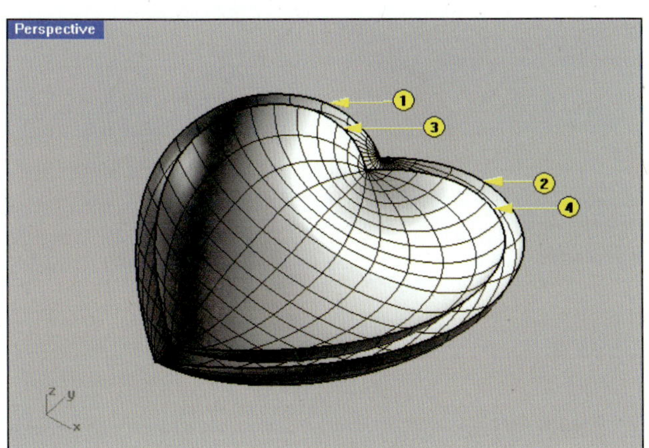

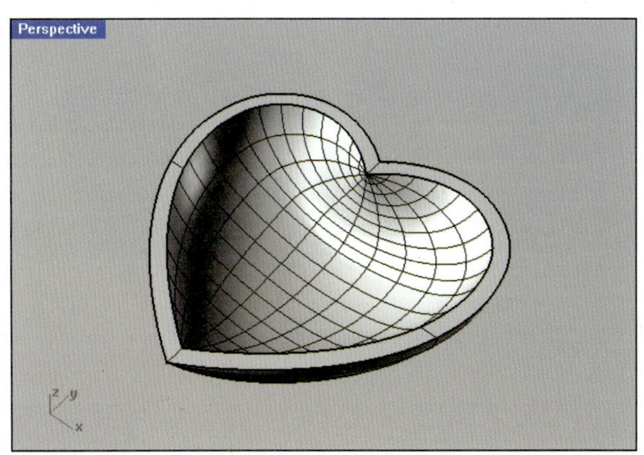

07_ 숨겨두었던 하트 상면 하트 파트를 다시 불러온다. Top View에서 🔳 Buttom View 클릭 〉 하트의 밑면이 보이게 한다. 연이어 그림과 같이 ⊙ Circle:Center, Radius 명령으로 내경 1.4mm, 외경 2.80mm의 원을 하트의 두께 부분과 겹쳐지도록 배치한다. Osnap에 End와 Near를 적절히 사용한다.

08_ 🔽 Boss 아이콘 클릭(Mode=Straight) 〉 1번 원클릭 〉 Enter 〉 2번 하트 솔리드 객체클릭 〉 Enter 해준다.

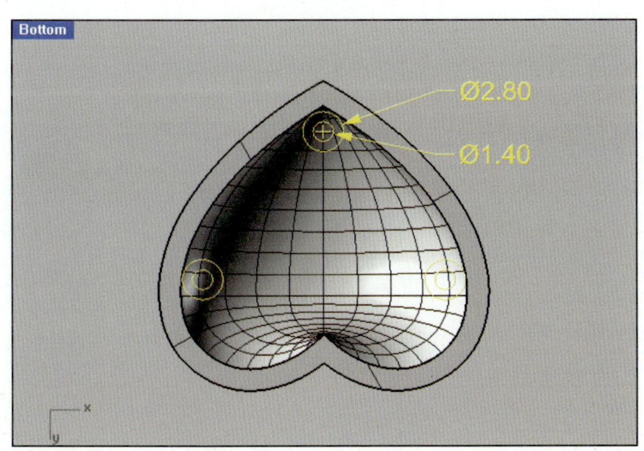

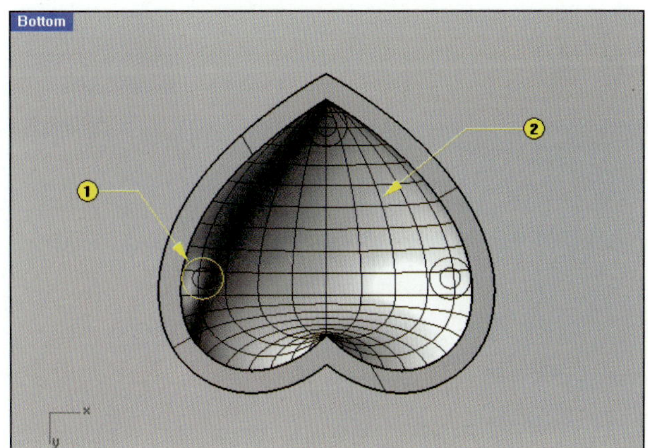

그림과 같이 체결을 위한 Boss가 만들어진다. 참고로 원
을 동시에 모두 선택해서 작업해도 명령이 수행되며 Boss
를 경사지게 만들고 싶다면 Mode=Tapered, DraftAn-
gle을 설정하면 경사진 Boss가 생성된다.

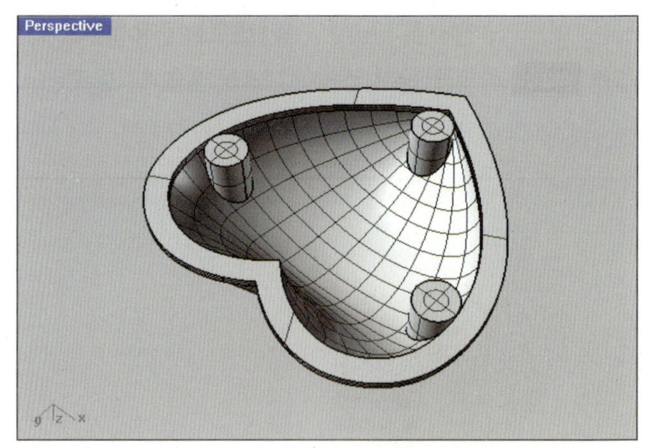

09_ 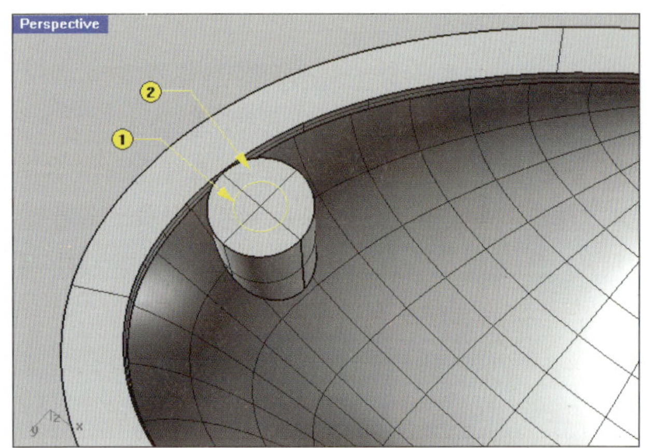 Wire cut 아이콘 클릭 〉 1번 커브 클릭 〉 2번 면 클릭 〉 Direction=Z 〉 Cut depth point .Press Enter to cut
through object(Direction=Z) : 2mm 기입 〉 구멍 뚫을 방향 클릭 〉 Part to cut away. Press Enter to accept(Flip=No
KeepAll=No): Enter 하면 Boss에 깊이 2mm의 구멍이 뚫리게 된다.

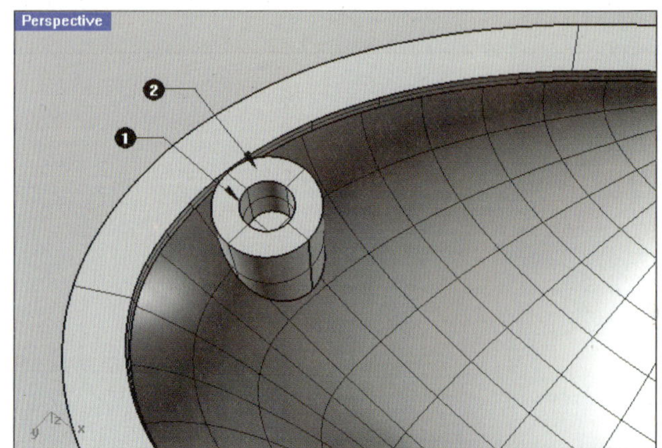

10_ Invert Selection and Hide Objects로 내경 3개만을 선택하여 남겨두고 하트 상면을 숨겨준다.

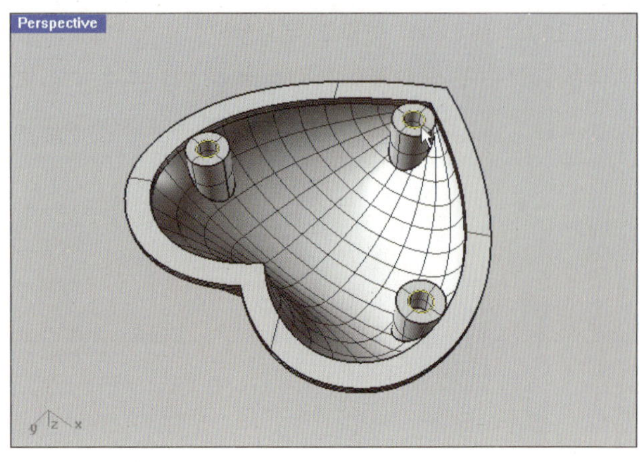

11_ 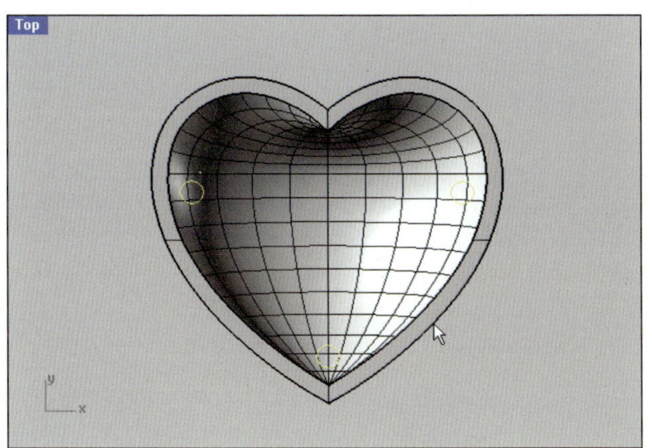 Show Selected Objects 명령으로 숨겨둔 하트 밑면만을 선택하여 보이게 한 후 3개의 원(Circle) 위치를 확인한다. 이동시켜서는 안된다.

12_ Front View에서 3개의 원을 Z축으로 2mm Move 시켜준다. Snap, Ortho를 체크해 준 상태로 작업해 준다.

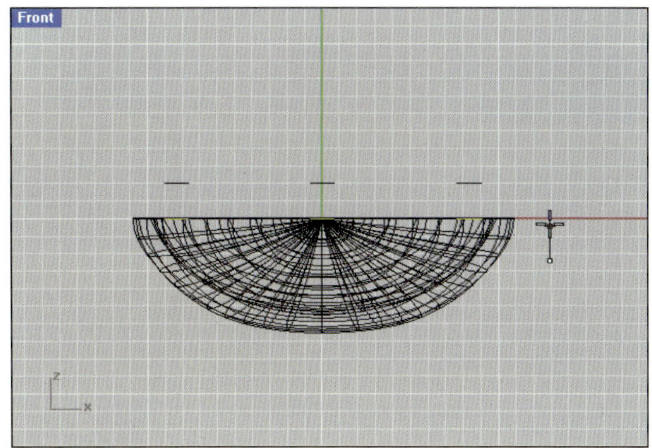

13_ Boss 아이콘 클릭(Mode=Straight) 〉 앞서 실행했던 방법으로 1번 3개 원을 선택 〉 Enter 〉 2번 하트 객체 선택 〉 Enter 하여 3개의 기둥을 만들어준다.

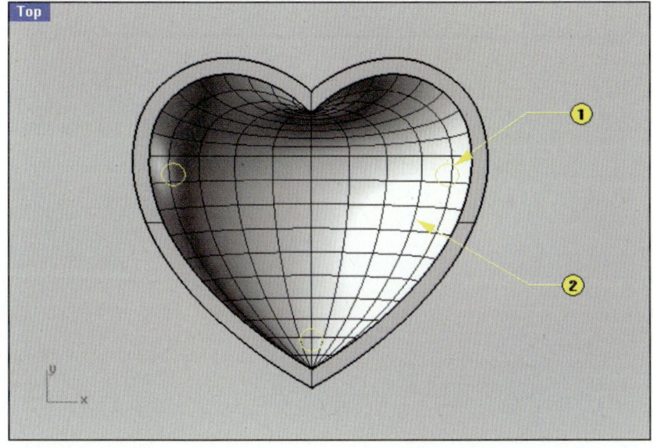

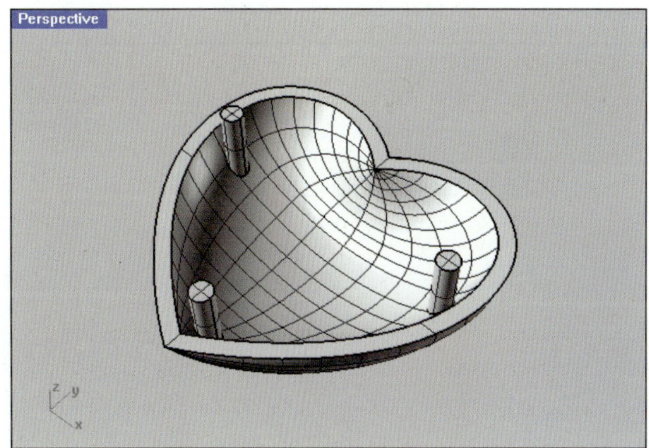

14_ 숨겨둔 상면 하트 객체를 보이게 한 후 ● Shade 〉 Viewport Title을 마우스 오른쪽 버튼으로 클릭 〉 Ghosted Display Mode에 설정 내부 체결 상태를 확인해 본다. 체결상태가 정확히 작업된 것을 확인할 수 있다.

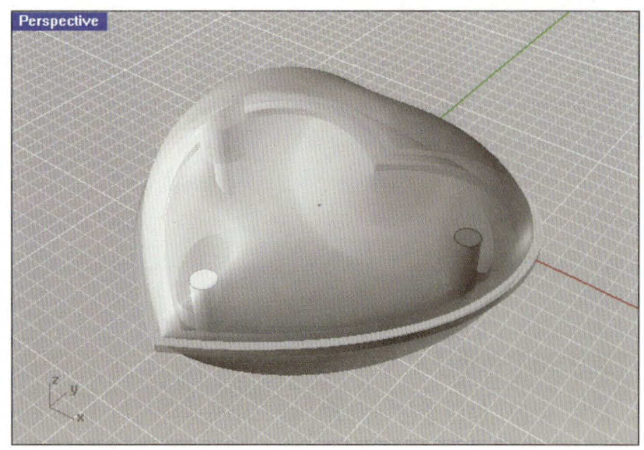

15_ 하트 상, 하 객체를 펼친 상태로 구조를 살펴본다.

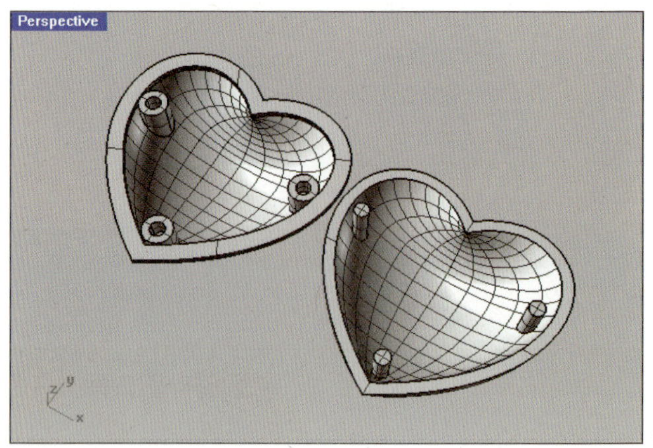

16_ ● Shade 명령으로 최종 모양을 확인해 본다.

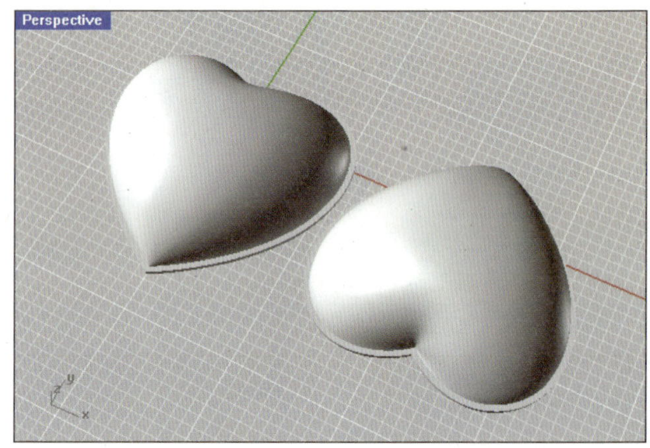

01_ Extract Surface 명령으로 Solid 하트의 제일 윗면만을 떼어낸 후 나머지는 하트의 밑부분은 Hide Object로 숨겨둔다.

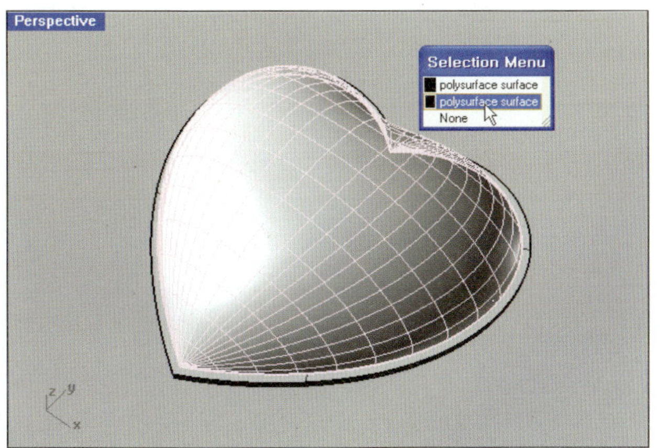

02_ Line:from Midpoint 로 하트 밑면의 Edge를 Near로 잡은 후 그림과 같이 수평 라인을 바르게 그려준다.

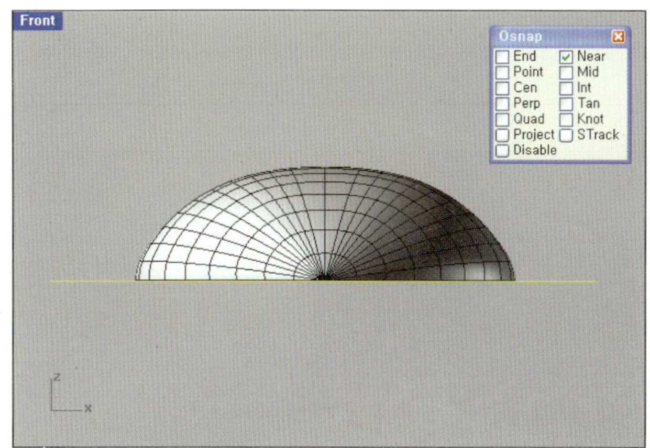

03_ Offset Curve 명령으로 종전의 수평 라인을 윗쪽으로 1mm 옵셋 해준다.

04_ Front View에서 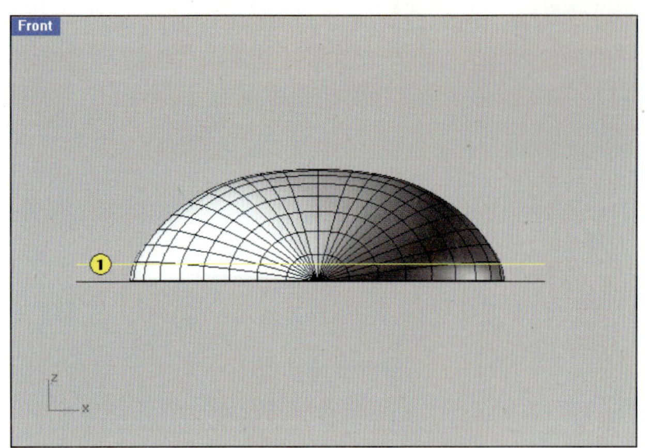 Project to Surface 툴로 1번 객체를 하트의 표면에 투영해 준다.

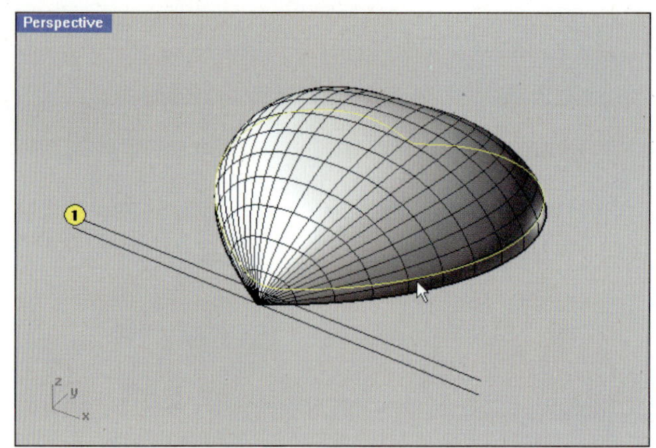

05_ 투영된 하트 모양의 커브를 클릭하여 Edit Points On 해보면 그림과 같이 무수히 많은 포인트(Point)를 확인할 수 있다. 이렇게 커브에 불규칙한 포인트(Point)가 많으면 다음 Offset curve on surface 명령시 옵셋된 커브가 꼬이거나 깨지는 현상이 나타나 초보자의 경우 작업에 애를 먹게 된다.

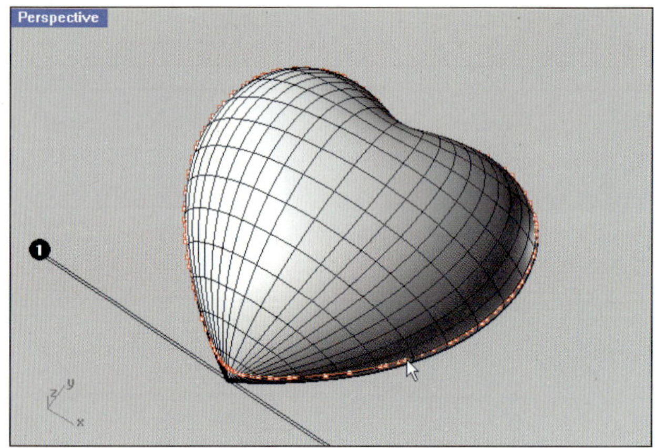

06_ 이러한 불규칙한 포인트의 개수를 Rebuild를 통해 적정한 Point 수로 정리해 준다. 첫 번째 투영 커브는 30개의 Point로 Rebuild해 준다. Preview를 눌러 투영커브와 하트면과의 최대 이탈률(Maximum diviation)을 보아가며 작업한다.

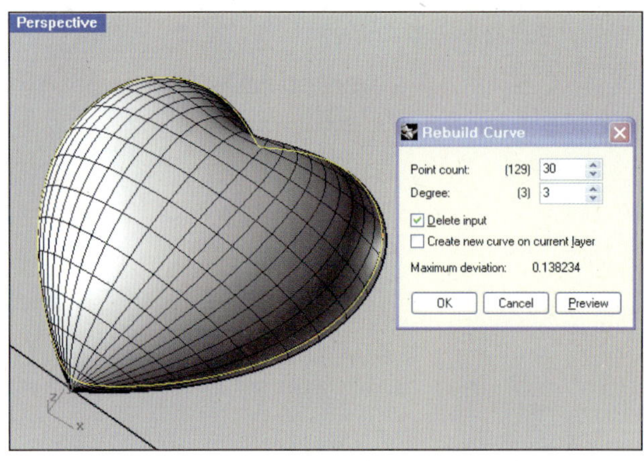

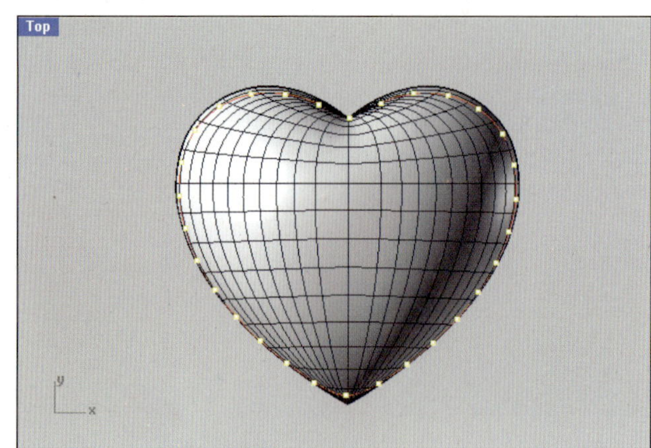

07_ 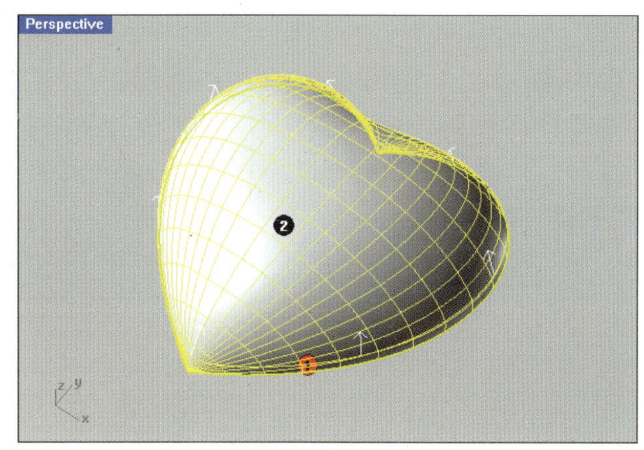 Offset curve on surface 아이콘을 클릭 〉
1번 커브 클릭 〉 2번 면 클릭 〉 Offset distance 〈
〉:(ThroughPoint Flip) : Flip으로 옵셋 방향 설정 〉
Offset distance 〈 〉: (ThroughPoint Flip) : 1.8 입력
〉 Enter

08_ 1번 커브가 1.8mm 면의 윗쪽 방향으로 옵셋된 것
을 확인할 수 있다. 마찬가지로 불규칙한 포인트의 개수
를 Rebuild를 통해 적정한 Point 수로 정리해 준다.
30개의 Point로 Rebuild해 준다.

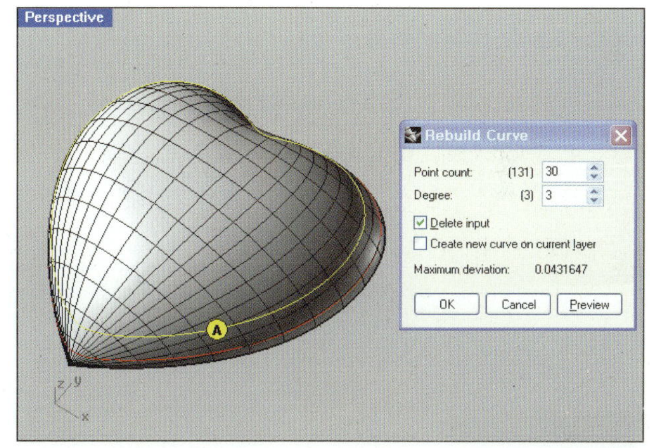

09_ 계속해서 위와 같은 방법으로 Offset curve
on surface 명령으로 B-C-D-E 옵셋 거리를 각각
1.8mm씩 모두 완성하고 각각의 커브를 Rebuild 해
준다. 각 커브에 대한 Rebuild 값은 그림과 같다. E부분
의 경우 옵셋 중 커브가 꼬이면 꼬인 곳의 Control Point
를 일부 지워주고 Rebuild 설정해준다. 최대한 대칭 구조
를 유지하도록 해준다.

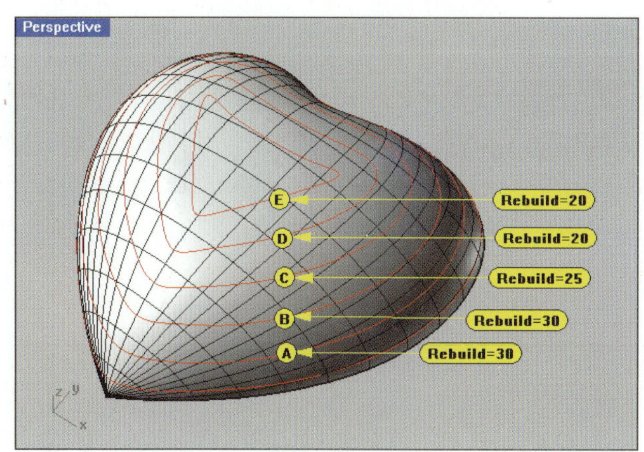

10_ 하트 표면에 옵셋 커브가 모두 완성되면 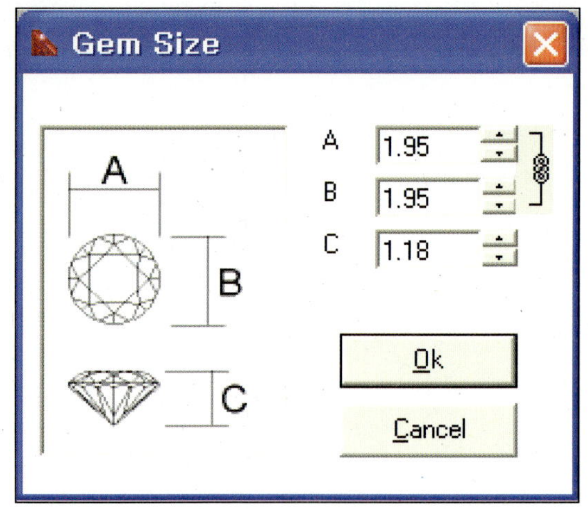 TechGems 4.1(4.2)-mm-en 메인 메뉴〉 Round Cuts 아이콘 오른쪽 버튼 클릭〉Gem Size 대화창에 그림과 같이 보석의 크기 기입(A=1.95, B=1.95, C=1.18)〉[OK] 한다.

보석이 없다면 **부록 CD 〉 보석샘플 〉 GEM-09**를 File 〉 Import로 불러온다. 옵셋 커브들은 보석, 난발, 드릴(Drill)의 배열 경로가 된다.

11_ 생성된 보석의 가로, 세로비를 보여준다.

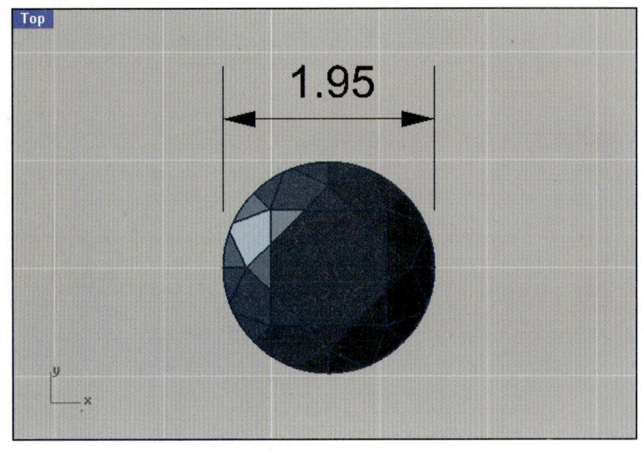

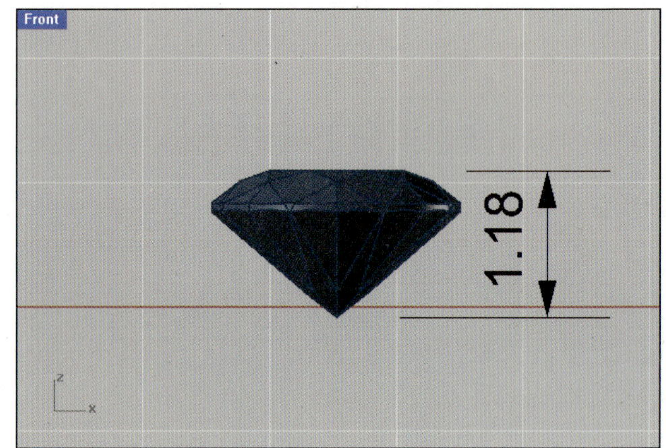

12_ 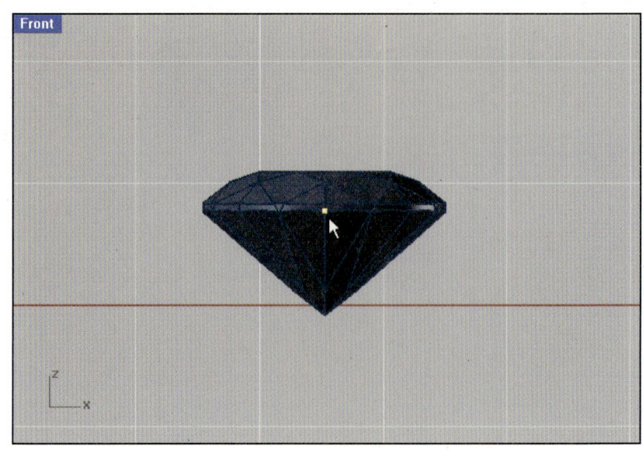 Volume Centroid 명령으로 보석의 부피 중심에 Point를 만들어 둔다. 포인트 위치는 Move 명령을 이용하여 보석의 거들부까지 옮겨 준다. 포인트의 위치가 하트면에 일치하는 부분이 된다.

13_ Circle:Center, Radius 〉 Extrude Straight 〉 Patch 명령으로 그림과 같은 크기의 난발을 만들어 준다. 난발은 솔리드(Solid) 객체여야 하며 위치는 보석에 약간만 겹치게 해주고 Top View에서 볼 때 좌측에만 2개의 난발을 배치한다. 이제 포인트만 남겨두고 난발과 보석은 하나로 Group 시켜준다.

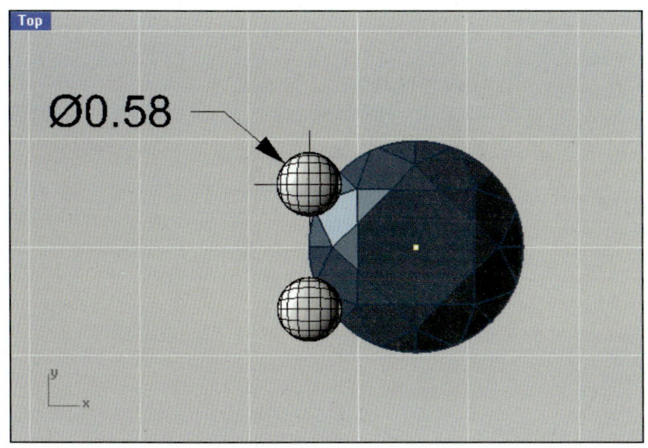
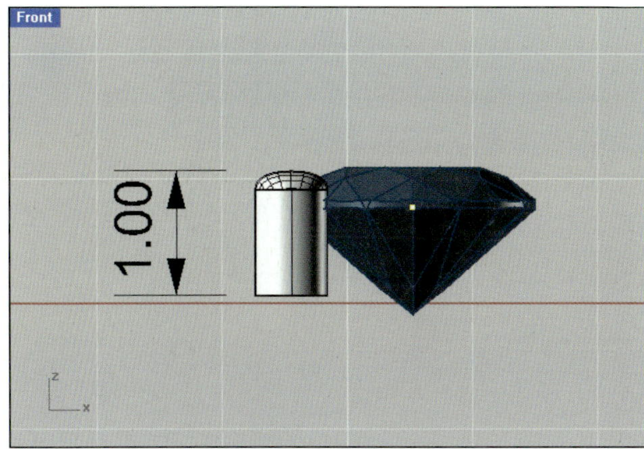

14_ Line 명령으로 보석의 중심선을 기준으로 A 커브를 그려준다. 중심선을 기준으로 A 커브를 Revolve 시켜 회전체(Drill)를 만들어준다.

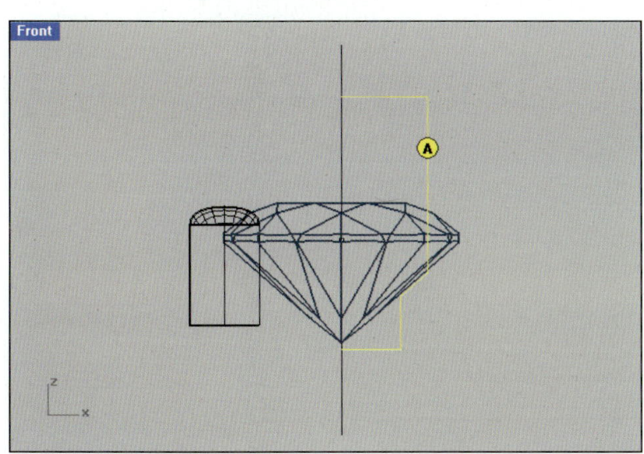
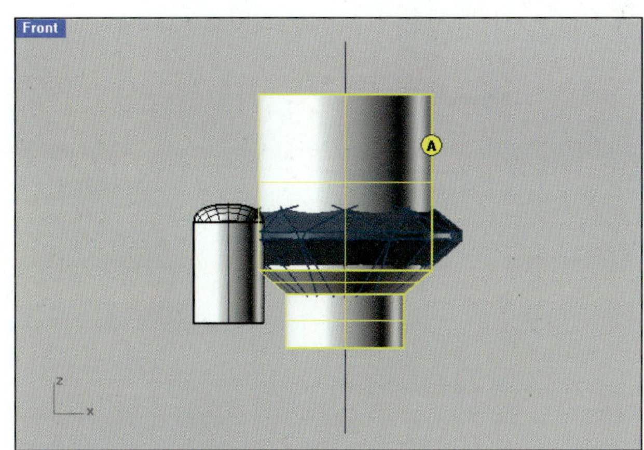

15_ 보석을 포함한 객체 A와 난발 B를 모두 Group시켜 준다.

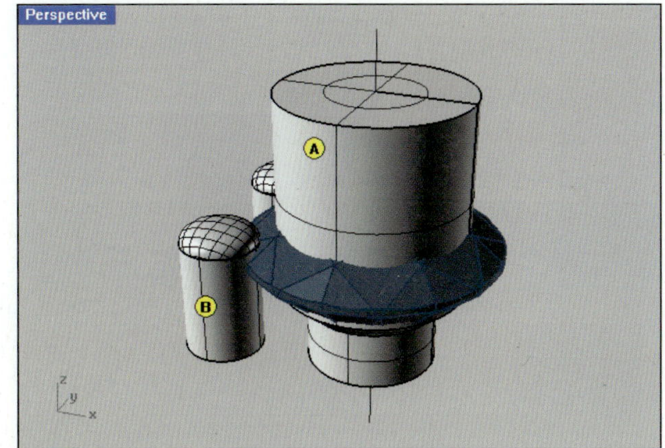

16_ 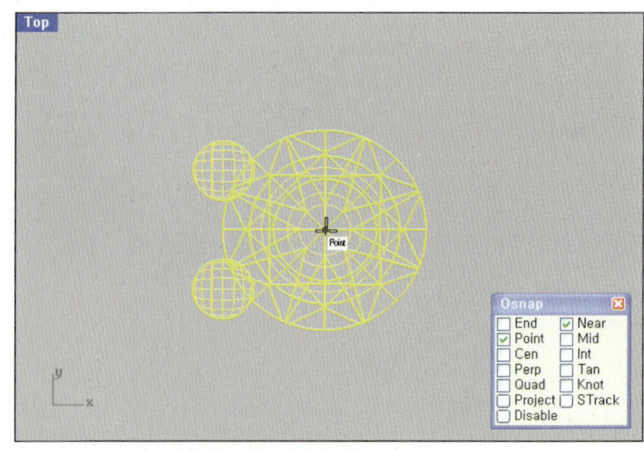 **Array along Curve on Surface** 아이콘
을 클릭 〉 Select object to array: 그룹된 객체 클릭 〉
Enter 〉 Base Point : 그룹객체에 준비된 Point 클릭(반
드시 Top View에서) 〉 Select a curve on a surface: A
커브 클릭 〉 하트면 클릭 〉 Position objects or distance
from last(Divide Multiple): Divide 클릭 〉 Nurmber of
objects:34개 입력 〉 Enter 한다.

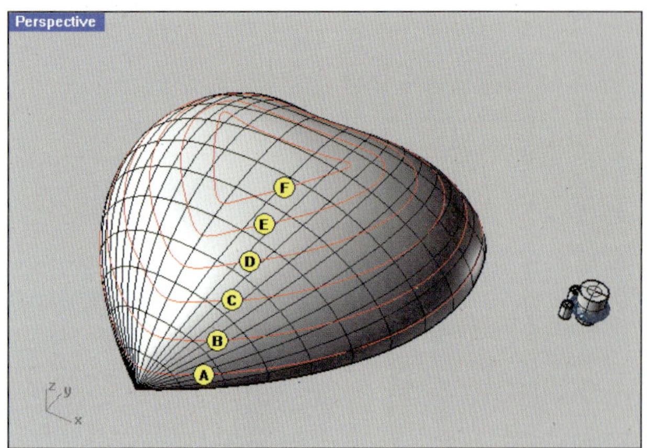

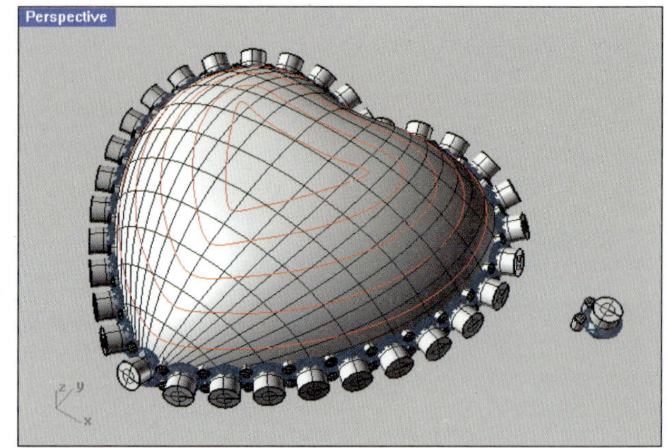

17_ 같은 방법으로 B~F 커브를 따라가는 보석, 난발, 드릴 배열을 마무리한다. 배열 개수는 다음과 같다. A=34개, B=31
개, C=27개, D=23개, E=17개, F=11개, 마지막 상면부는 임의 배열한다.

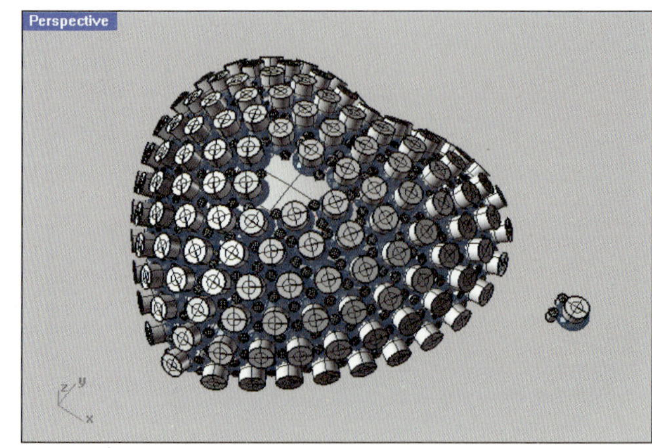

18_ 상면부의 빈 곳을 채우는 방법으로 Orient on Surface 명령을 사용한다. 우선 종전의 난발그룹을 풀어주고 보석과 드릴(Drill)만을 Group 시켜준다. 물론 Point는 그대로 안쪽에 존재해야 한다.

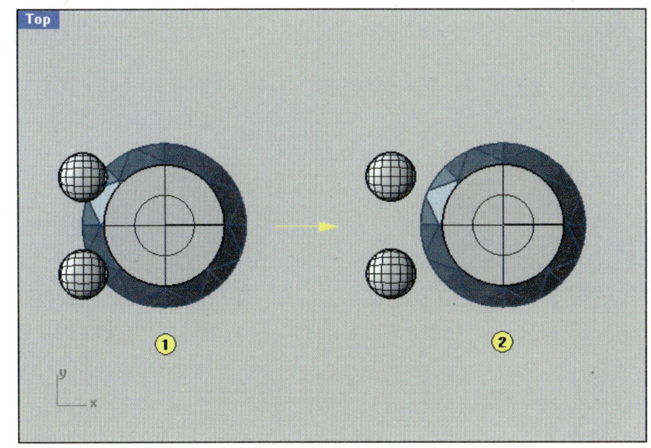

19_ Orient on Surface 아이콘 클릭 〉 Enter 〉 Reference point1(OnSurface): Top View에서 Point 클릭 〉 9시 방향 클릭 〉 Surface to orient on : 하트면 클릭(빈 곳) 〉 Orient on Surface (그림처럼 체크) 〉 [OK] 〉 Point on surface to orient to(Flip=No) 〉 하트 배열면(빈 곳) 클릭 〉 적정위치에 배열 〉 Enter 〉 만약 배열할 객체가 뒤집어 배열되어 Flip=Yes로 정정한다.

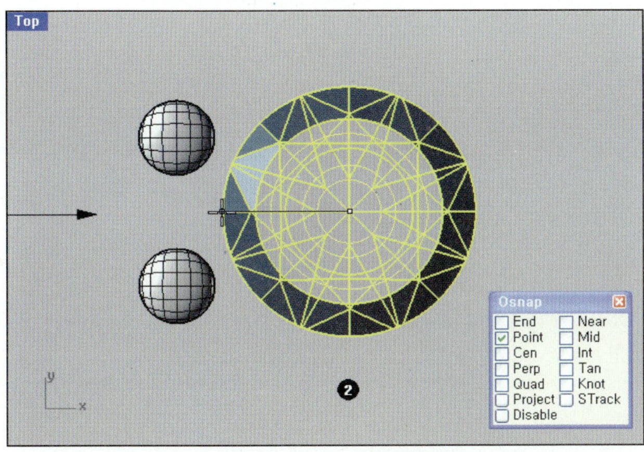

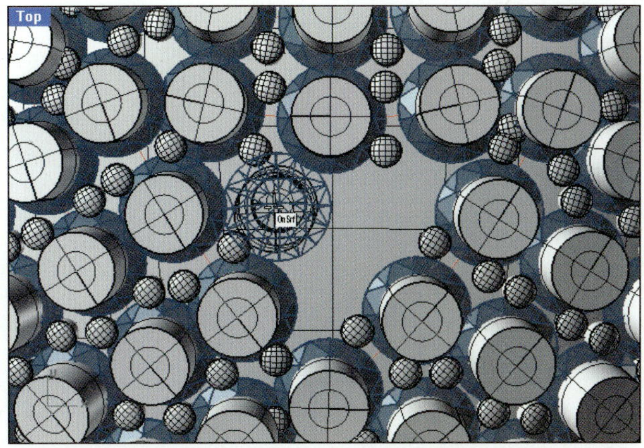

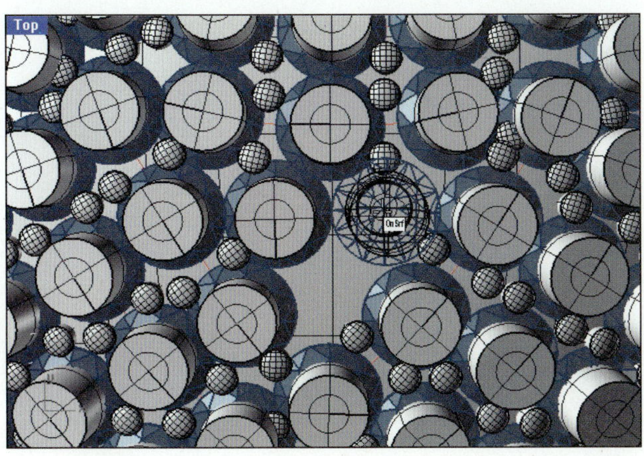

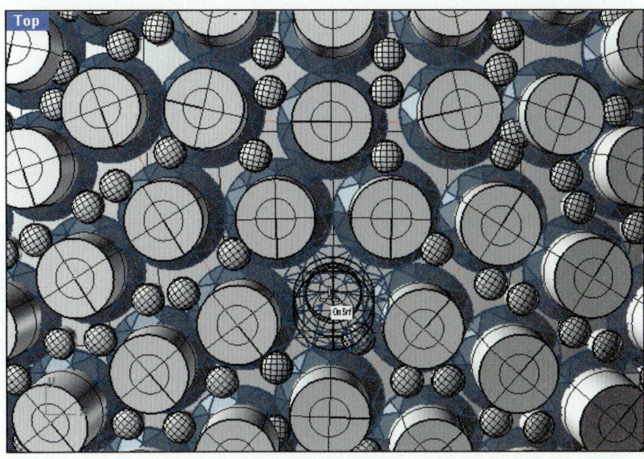

20_ Orient on Surface 명령을 종료한 상태의 모습이다.

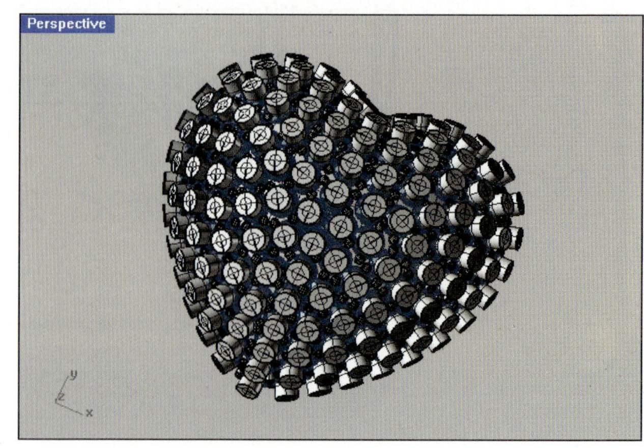

21_ 모든 배열이 마무리 되었다면 하트의 밑면을 불러 온다. Join 명령으로 하트 윗면과 밑면을 붙여준다.

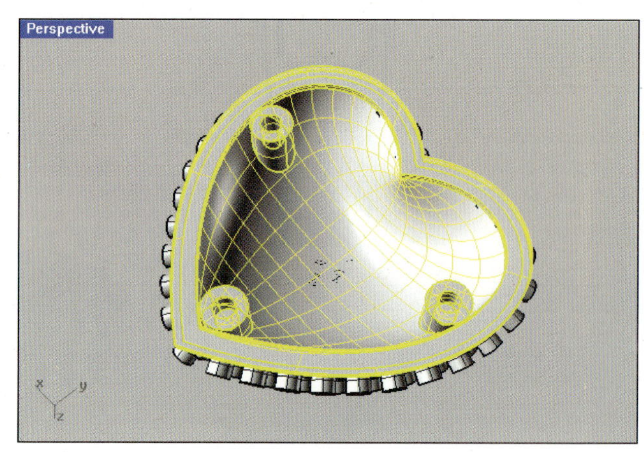

22_ Ungroup 명령으로 보석, 난발, 드릴 중 드릴 만을 그룹에서 풀어준다. 객체 모두를 선택한 상태에서 Ungroup 아이콘을 한번만 클릭해 주면 드릴만 그룹이 풀리게 된다. 드릴만을 풀어준 이유는 솔리드(Solid) 하트 객체에 구멍을 위해서이다. 드릴만 남겨두고 나머지 그룹 (난발과 보석)을 모두 숨겨둔다. Boolean Differ- ence 툴로 1번 하트 객체를 선택 〉 Enter 〉 2번 드릴 클 릭 〉 Enter 하트에 구멍을 낸다. 같은 작업을 반복하여 모든 구멍을 완료한다.

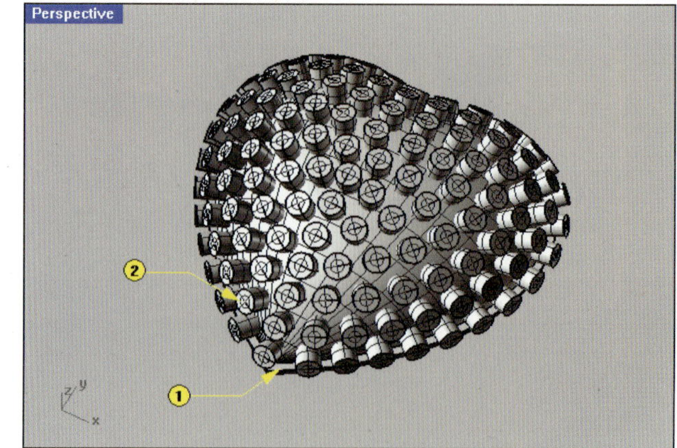

23_ 드릴(Drill)에 의한 홈이 모두 파인 상태의 모습이
다. 여기서는 구멍 자체를 관통하지는 않도록 작업했다.

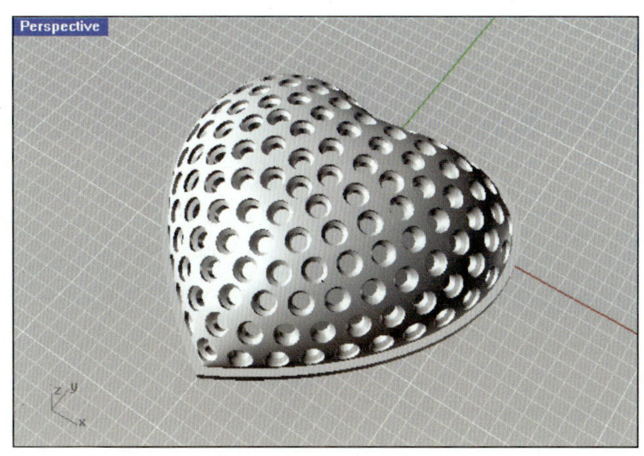

24_ 숨겨둔 보석, 난발 그룹을 보이게 한 후
Shade로 최종 모습을 확인한다.

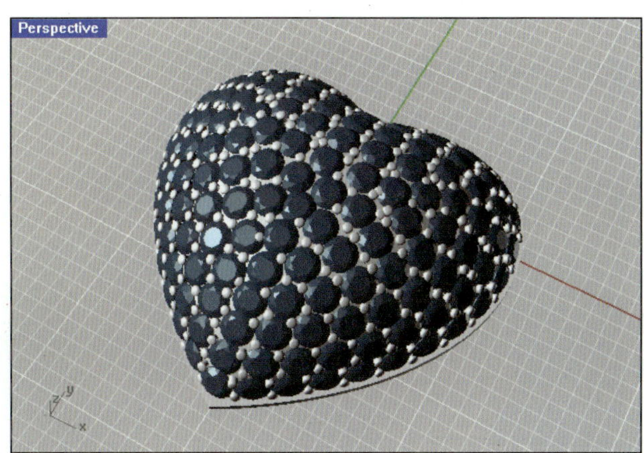

Rhinoceros

Chapter 03

면 사라짐(Cut Out) 반지 만들기

Preview

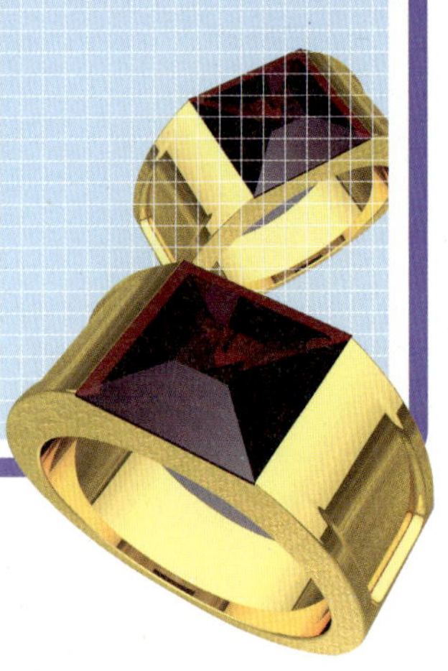

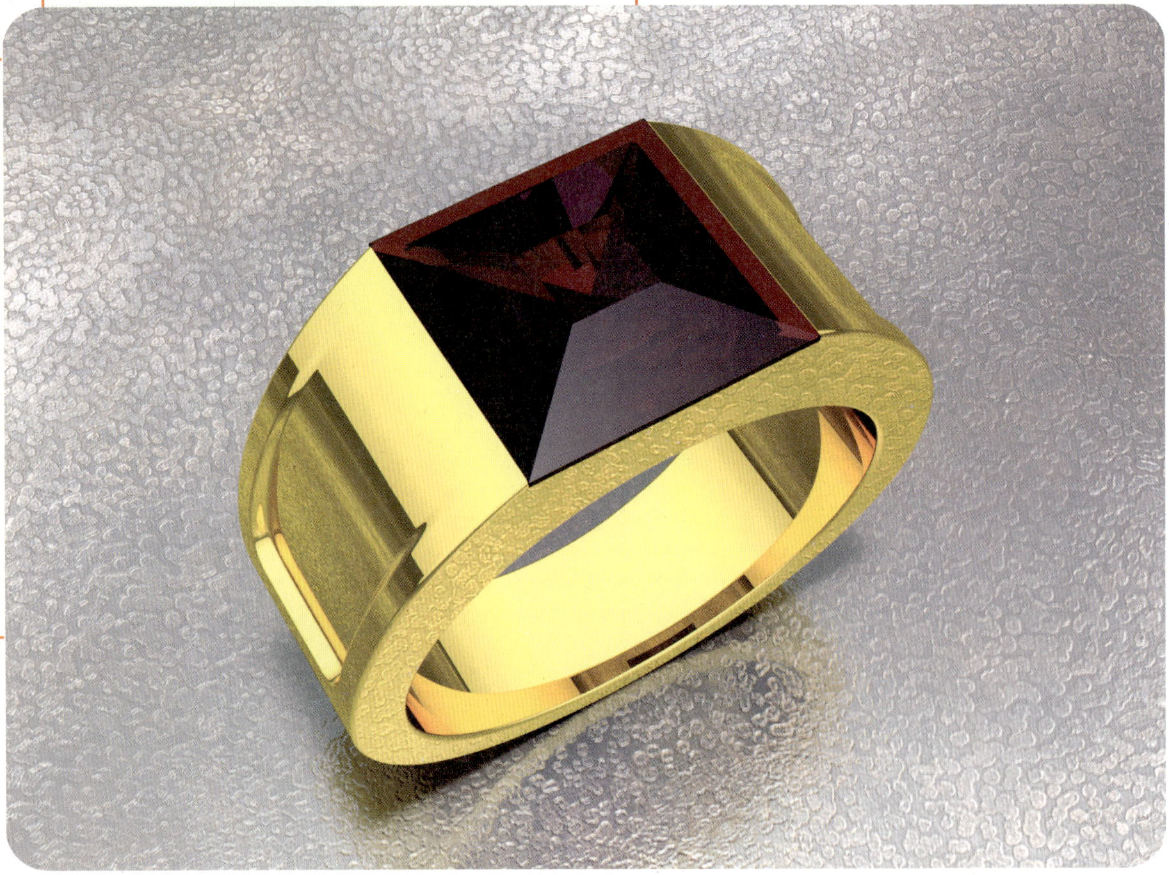

 **따라해 보세요 !**

01_ 작업 전 스텐다드 툴바의 ⚙ Options 〉 Grid 〉 Grid snap 〉 Snap spacing 0.5 millimeters에 설정한 다. ⊙ Circle:Center, Radius로 지름 18.00mm 1번 원을 그려준다. ⬡ Arc:Start, End, Point on Arc 로 그림과 같이 2번 호(Arc)를 그려준다. Osnap에 Snap 을 체크한 상태로 작업해 준다.

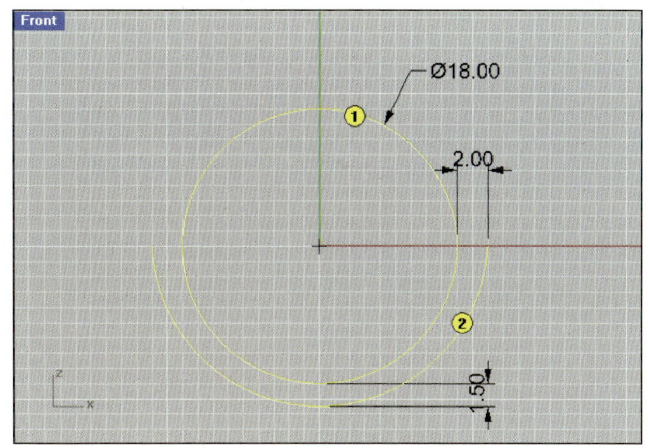

02_ ⬡ Line:from Midpoint로 Front View에서 원 의 Quad에서 3mm 위치에 9.36mm(반지름 4.68mm) 수평선 3번 객체를 그려준다.

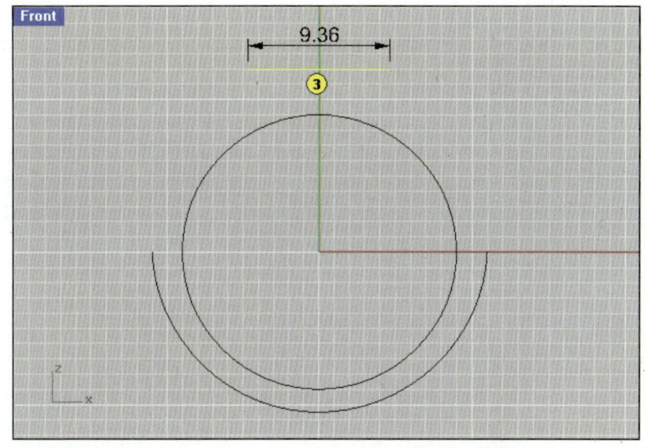

03_ ⬡ Extend by Arc to Point로 3번 객체까지 연장되는 호(Arc)를 그려준다. Osnap에 End를 체크한 상태로 작업한다. 연장선의 경우 연결부를 Join하지 않아 도 되며, 접선부의 Tangency가 맞은 상태여서 작업 공정 을 줄일 수 있다.

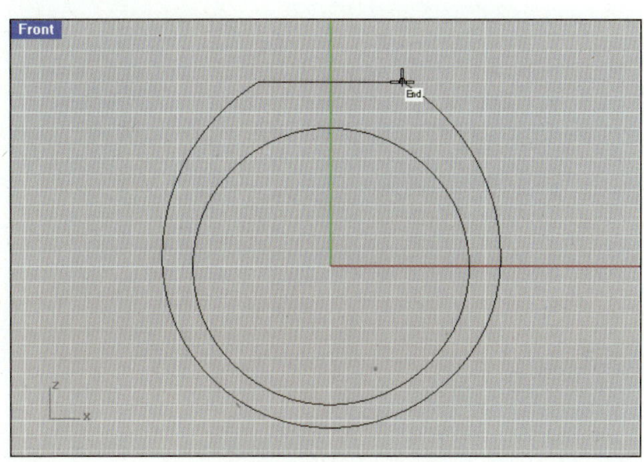

04_ Line 명령으로 호의 Quad와 Mid점에 일치하는 수직선 A를 그어준다.

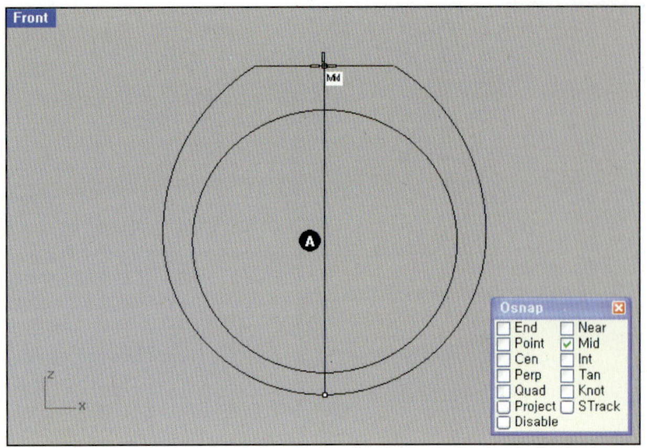

05_ Right View에서 Line:from Midpoint로 상단과 하단부에 그림과 같은 치수의 수평선을 만들어 준다. Osnap에 End를 잡고 작업한다.

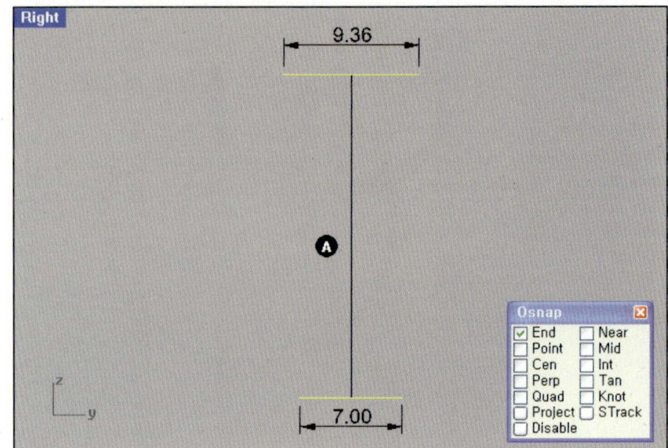

06_ Line 명령으로 End점에 일치하는 사선 1, 2를 그어준다.

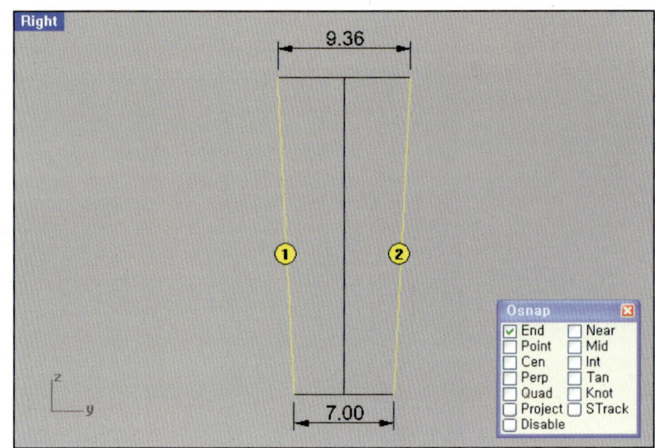

07_ Curve from 2 Views 명령으로 A 사선에 기울기를 갖는 BC 커브들을 각각 만들어준다.

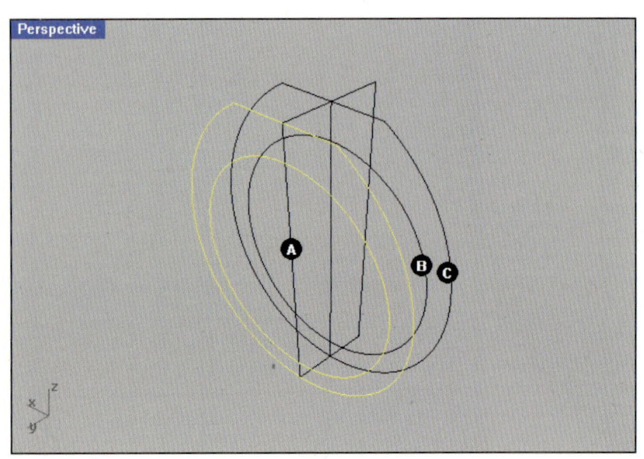

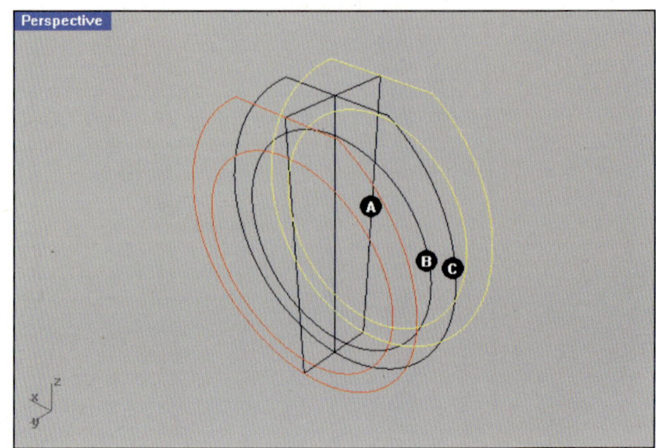

08_ Loft 아이콘 클릭 〉 1번, 2번 순차적으로 객체(커브)를 클릭해주면 Loft Options 창이 나타나는데 그림처럼 설정하고 [OK]하여 안쪽면과 바깥쪽면을 만들어준다.

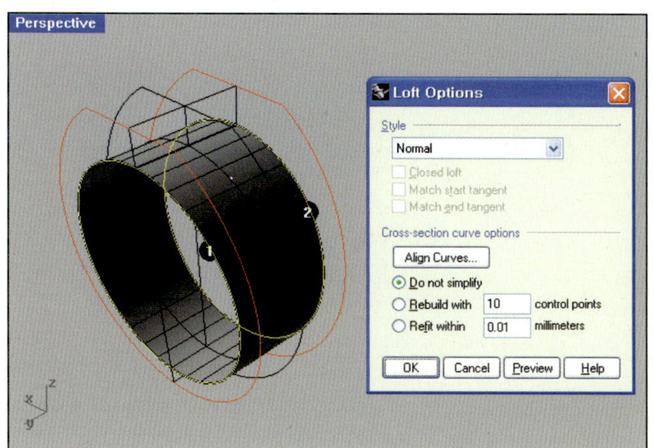
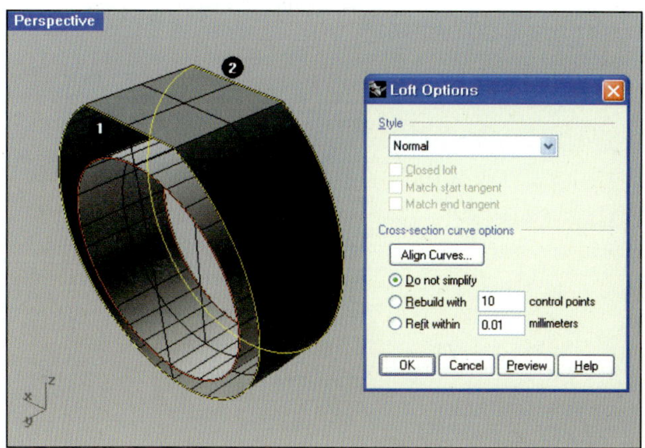

09_ 만들어진 면의 Edge curve를 선택하고 Sur-face from Planar Curves로 반지의 옆면을 만들어준다.

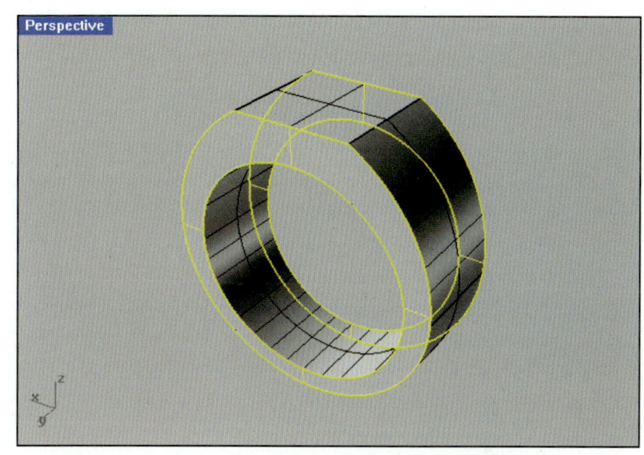

10_ Explode로 A면을 분해한다. 분해시 Seam이 위치한 부분도 자동 분할될 것이다.

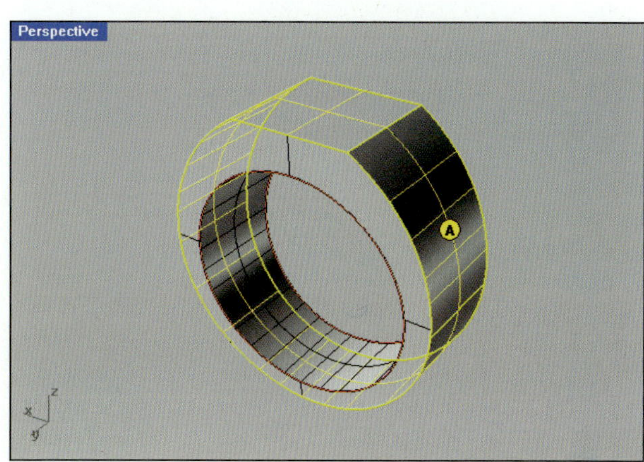

11_ Split/Split Surface by Isocurve 아이콘을 마우스 오른쪽 버튼으로 클릭 〉 Select object to split(Point Isocurve) : A면 클릭 〉 Split point(Direction=U Toggle Shrink=Yes) : A면을 클릭 Quad점 부위 클릭 〉 Enter 하면 면이 잘라진다.

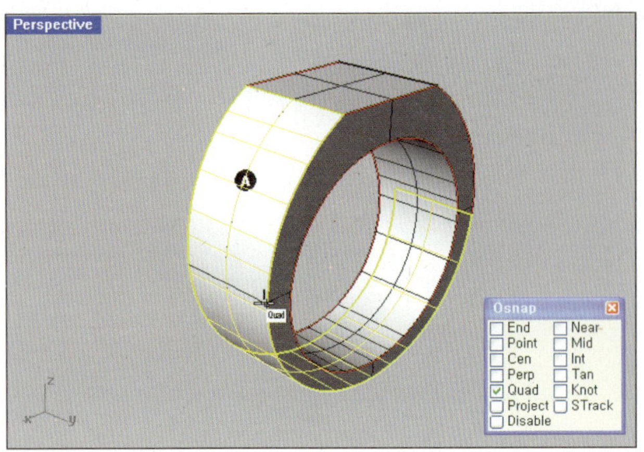

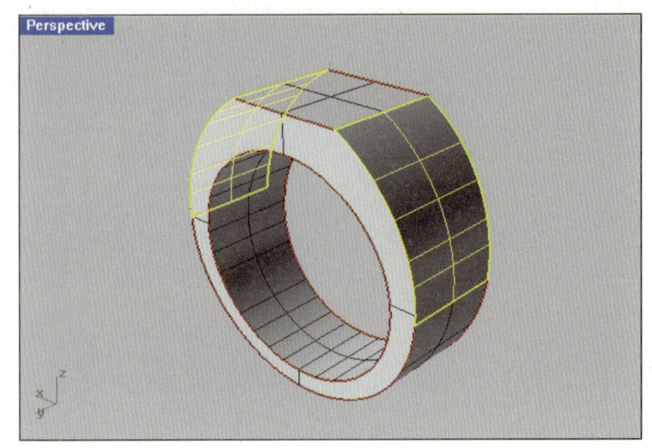

12_ 이렇게 잘린 객체면을 선택한 후 Control Points On을 클릭하면 그림처럼 CP 배열이 면에 일치되어 나타남을 볼 수 있다. 이는 복원을 위한 불필요한 CP를 최소화시켜 주는 옵션(Shrink=Yes)을 체크했기 때문이다. 결국 나중에 별도의 Shrink Trimmed Surface 명령을 실행하지 않아도 된다는 의미가 된다.

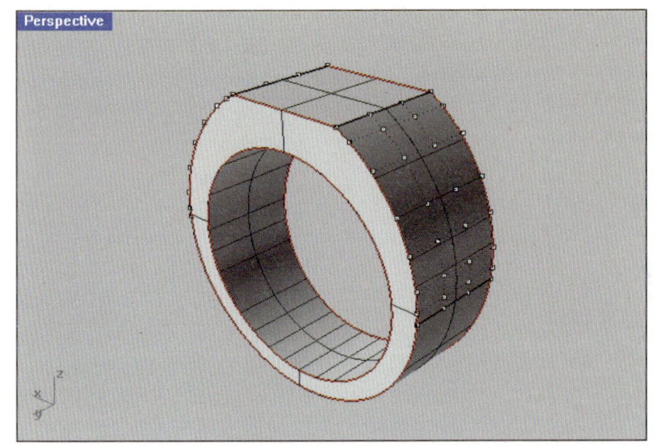

13_ Move 명령으로 그림과 같이 X축 하단으로 내려준다. 이는 UV 명령 수행시 객체와 추출 라인이 겹쳐져 작업에 방해되는 것을 방지하기 위함이다.

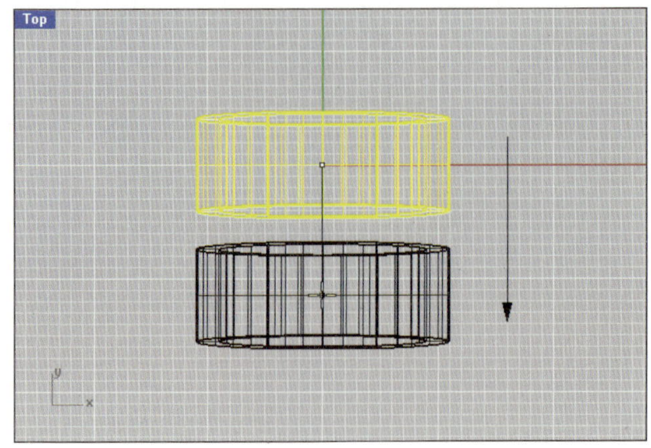

14_ Create UV Curves 아이콘을 마우스 왼쪽 버튼으로 클릭한 후 A면을 클릭하고 Enter 해주면 B추출커브가 만들어진다.

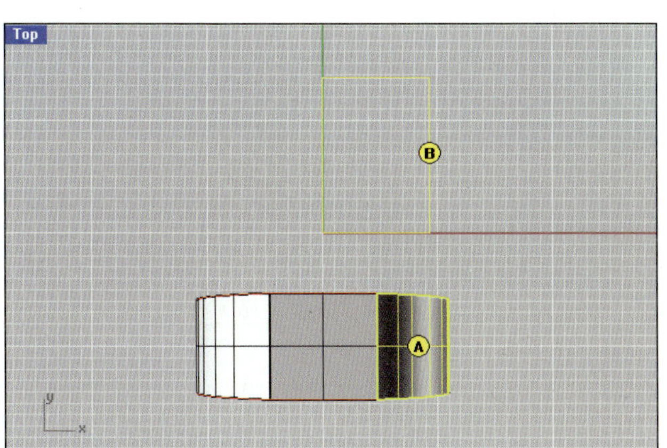

15_ Offset Curve로 B 추출 커브를 선택하여 안쪽으로 1mm, 0.5mm 각각 옵셋해 준다.

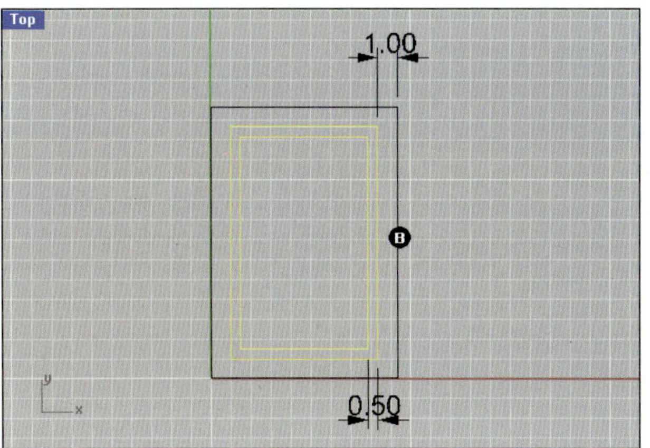

16_ Control Points On으로 객체 CP를 보이게 한 후 Osnap에 End, Near를 잡아 그림과 같이 라인을 일치시켜 준다.

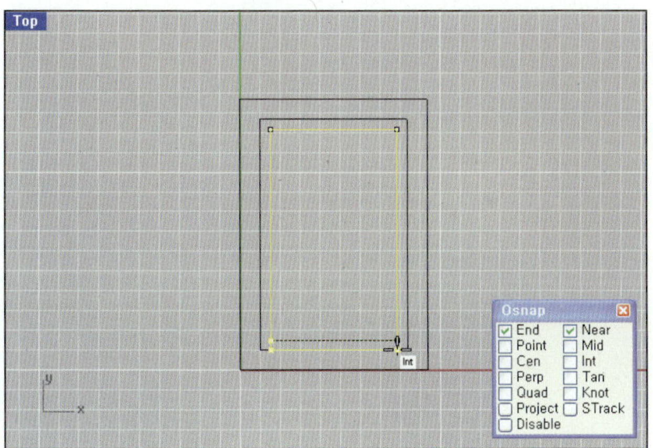

17_ Fillet Curves로 안쪽 반지름 1.0, 바깥쪽 반지름 1.5를 부여한다.

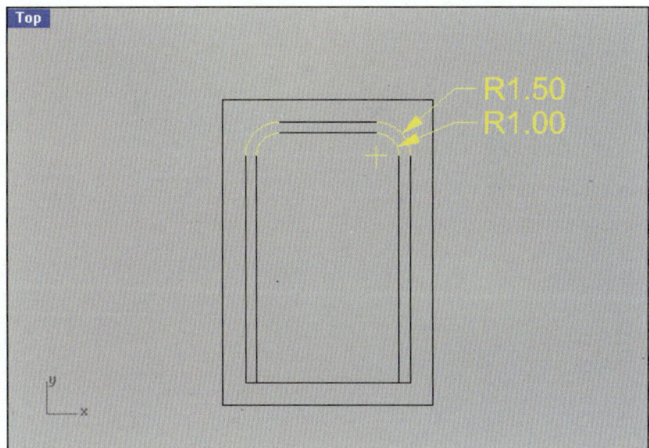

18_ 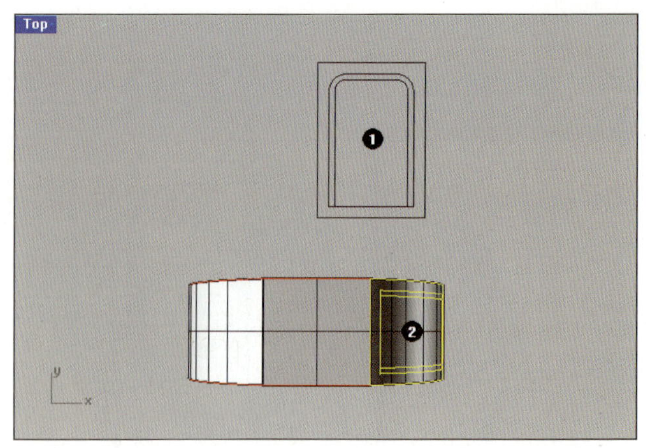 Create UV Curves 아이콘을 마우스 오른쪽 버튼으로 클릭 〉 2번면 클릭 〉 Enter 하면 1번 추출커브 생성이 완료된다.

19_ UV 적용된 커브를 이용 Split으로 해당 A면을 잘라준 후 안쪽 면을 지워준다.

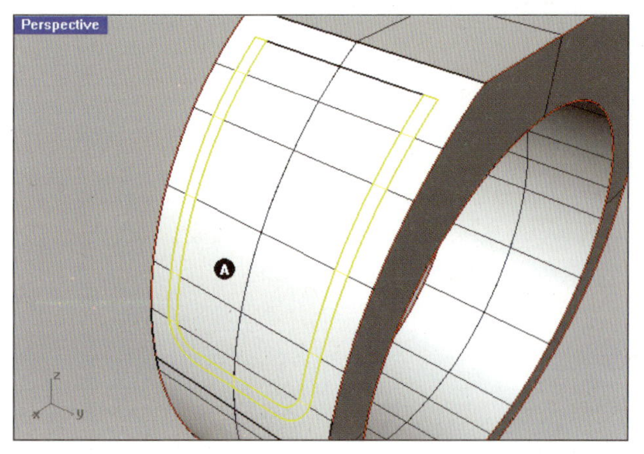

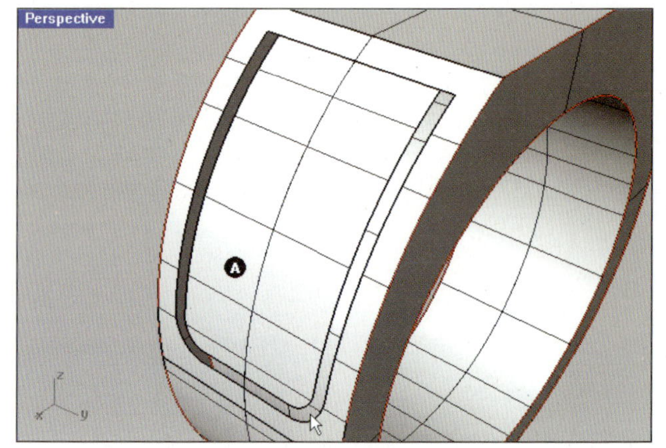

20_ Point 명령으로 면의 Near에 맞추어 포인트를 하나 찍어주고, Mid점을 잡아 Mirror 해준다. 작업은 Top View나 Right View에서 해주면 된다.

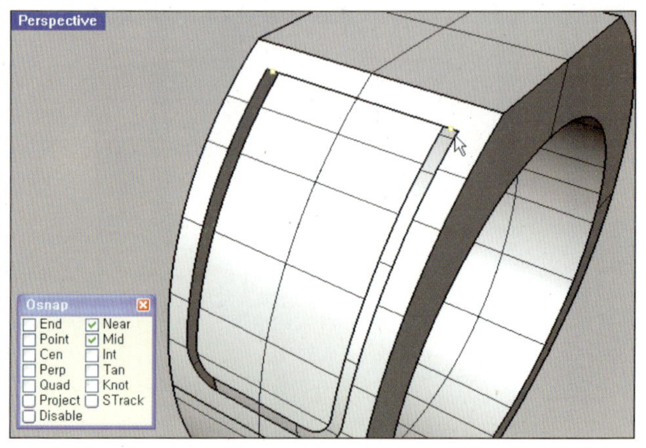

21_ Arc:Start, End, Point on Arc로 Front View에서 그림과 같이 Point에서 시작되는 호(Arc)를 하나 그려 주고 마찬가지로 Mirror 해 준다.

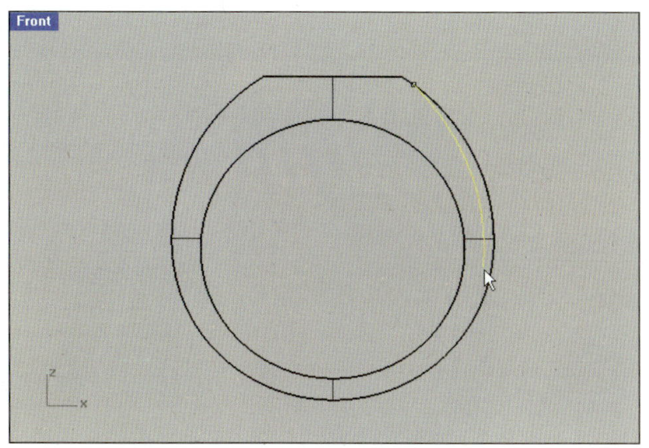

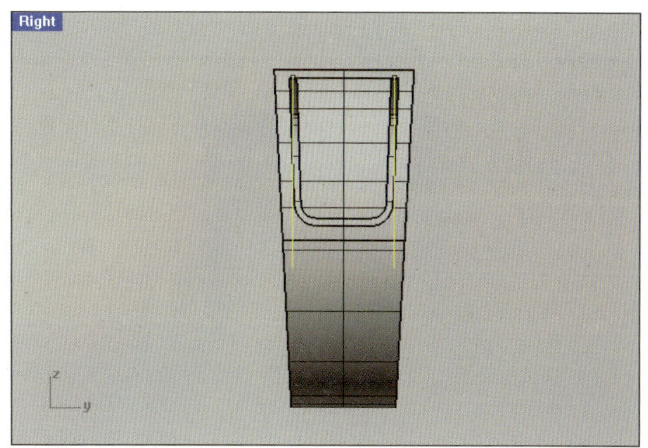

22_ Loft 명령으로 대칭 복사된 호(Arc)를 선택하여 면으로 만들어 준다. 명령실행 중 나타나는 Loft Options는 그림과 같이 설정하고 [OK] 한다.

23_ 안쪽에 만들어진 Loft면을 확인해 보기 위하여 화살표가 지시하는 초기 잘린 면을 잠시 숨겨준다. 단, 숨길 때 잘린 면의 Edge Curve(UV커브)는 숨기지 말아야 한다.

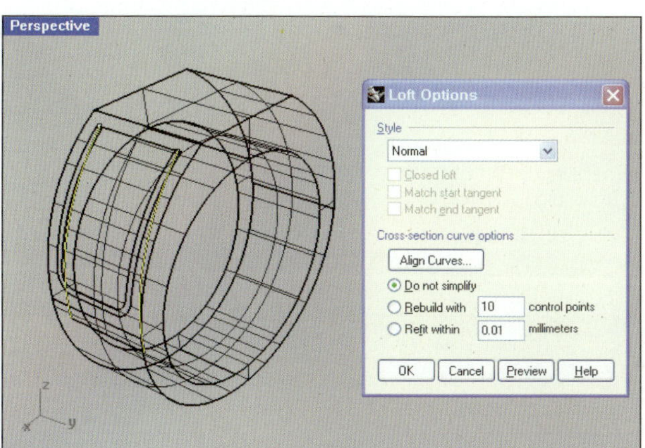

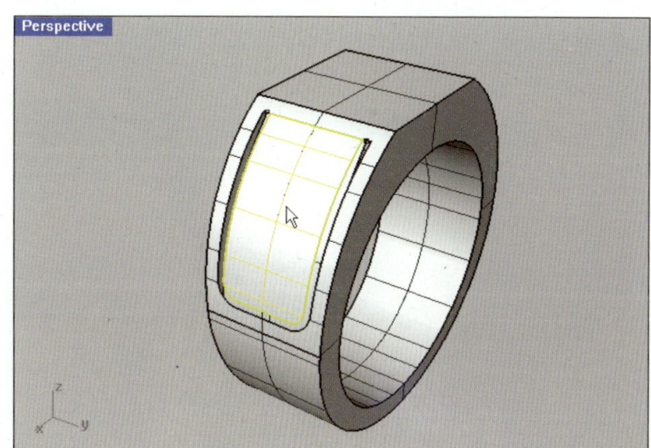

24_ 1번 면의 Edge와 2번 Loft 면의 Edge가 만나는 화살표 지시 부분은 각이 존재하게 된다. 1번과 2번 객체를 서로 Join한 후 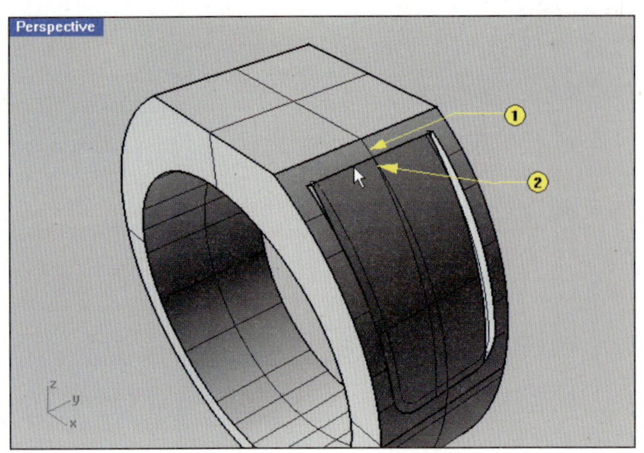 Zebra Analysis로 통해 보면 확연히 티가 나게 된다. 스트라이프 패턴이 서로 엇갈려 보이면 접하는 면의 Edge에 각이 존재한다는 의미이다.

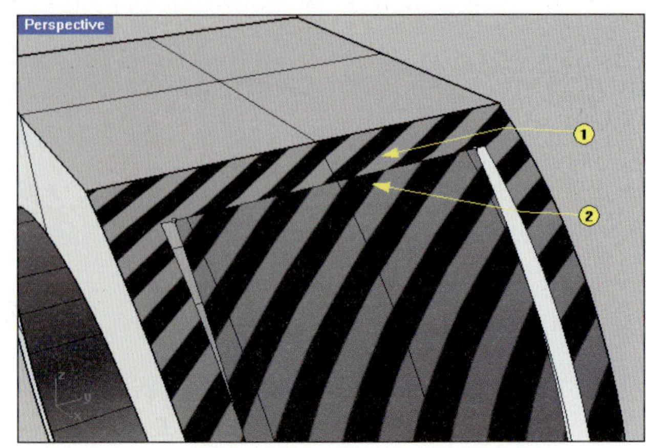

25_ 이렇게 면과 면이 마주하는 곳에 각을 없애주기 위해서 Match Surface 명령을 하여 부드러운 연결성을 확보해 준다. 우선 Match Surface 아이콘을 클릭 〉 1번 접선면의 Edge와 2번 접선면의 Edge를 연이어 선택한다.

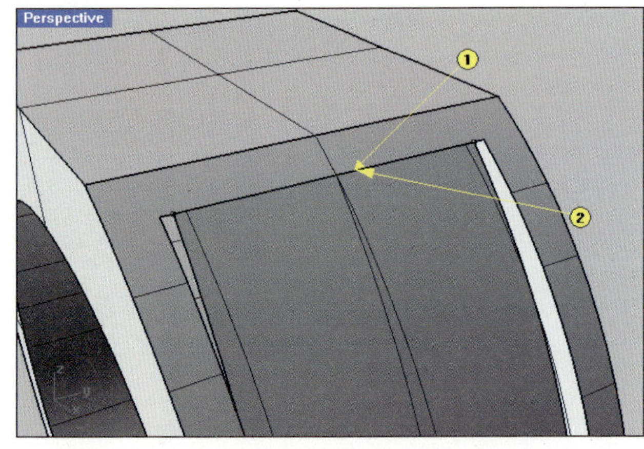

Match Surface 옵션 창이 뜨면 그림과 같이 설정하고 [OK] 한다.

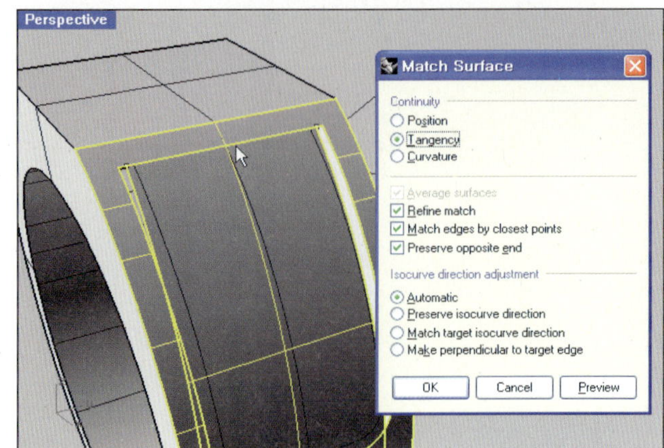

26_ 1번과 2번 객체를 서로 Join한 후 Zebra Analysis로 통해 보면 스트라이프 패턴이 서로 부드럽게 연결되어 있는 것을 볼 수 있는데 이것은 면에 각이 사라졌음을 의미한다.

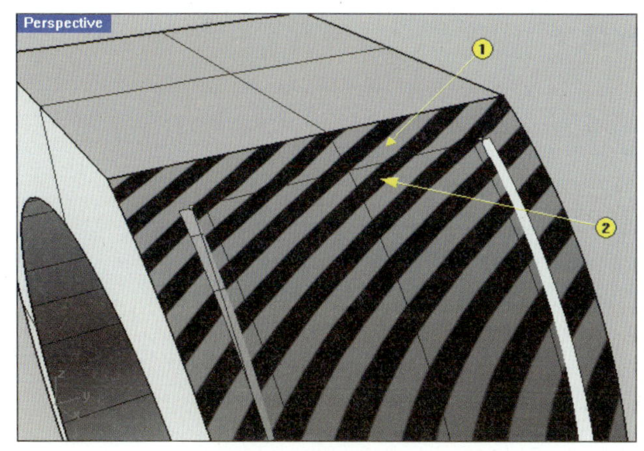

27_ Pull Curve to Surface 명령으로 B 커브를 A면에 투영시켜 준다. Pull Curve to Surface 투영은 Perspective View에서 실행해도 무방하다. 이 투영법은 면(Surface)에 대하여 Normal(노말 방향) 투영이 가능하다.

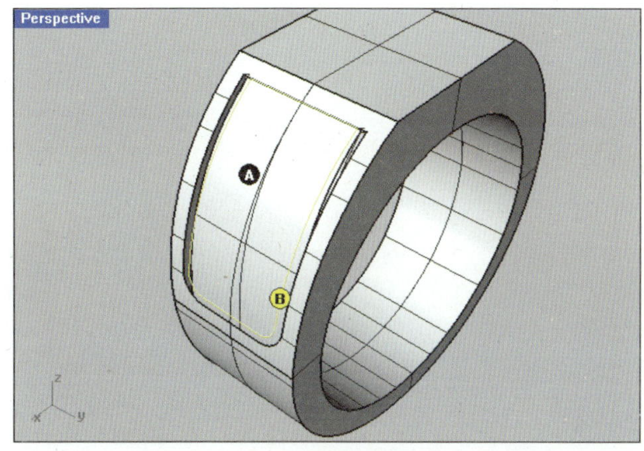

붉은 선이 면에 투영된 객체이다.

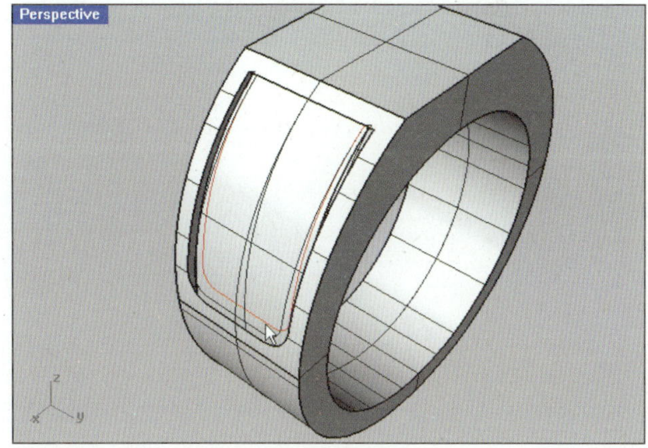

28_ 투영된 붉은색 커브를 가지고 ⬛ Split으로 그림
과 같이 Loft 면을 잘라준다.

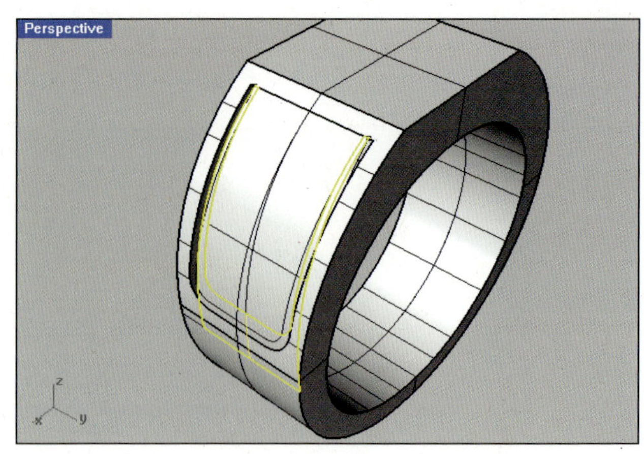

29_ 🔷 Blend Surface 명령으로 1번 면의 Edge와
2번 면의 Edge를 순차적으로 클릭하여 안쪽 연결 면을
만들어 준다. 이때 Adjust Blend Bulge 옵션 창이 뜨면
작업자가 적절히 조정 [OK] 한다. 물론 Default 상태로
넘어가도 된다.

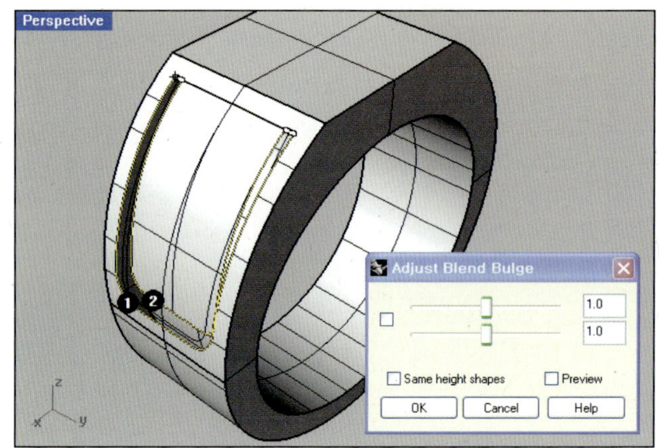

30_ 🔘 Shade 상태로 면의 완성도를 확인해 본다.
매우 매끄럽게 면들이 만들어졌다.

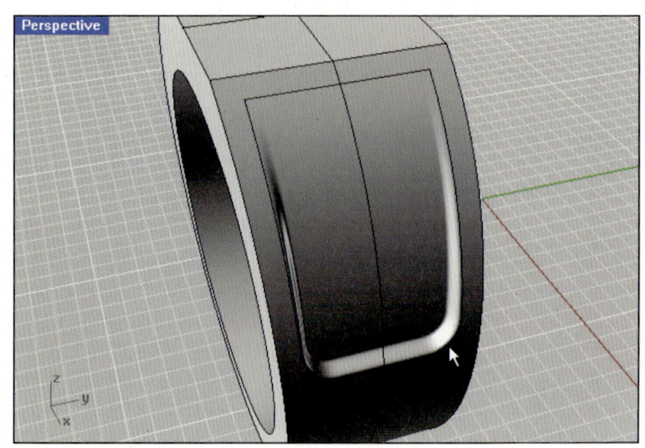

31_ 반지의 왼편은 초기 잘린 면을 지워주고 좀전에 완성된 객체들만을 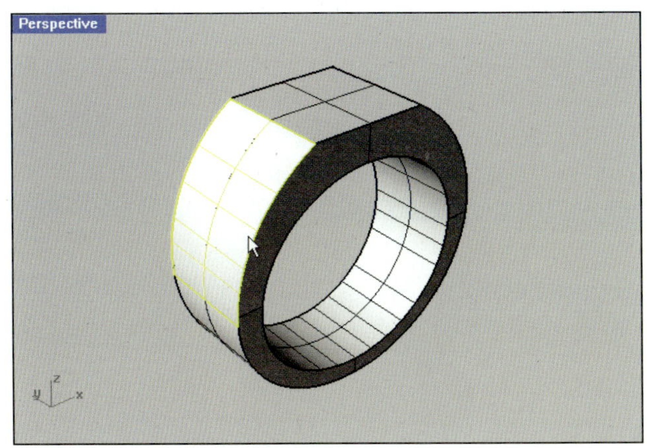 Mirror 대칭 복사하여 마무리한다.

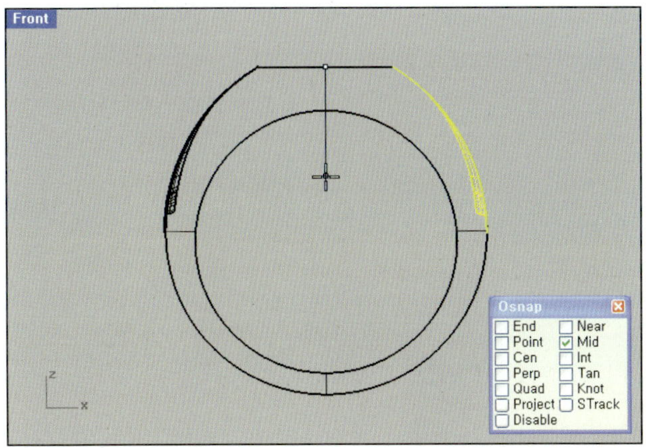

32_ 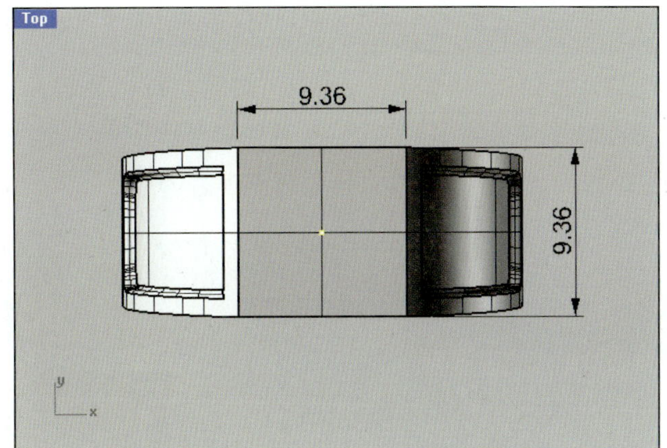 Volume Centroid로 그림과 같이 반지의 중심에 포인트를 만들어 둔다. 이것은 보석 세팅시 기준점의 역할을 하게 된다.

33_ 테크잼에서 Square Cuts 아이콘을 오른쪽 마우스 버튼으로 클릭 〉 Top view에서 가로(X축) 9.36mm, 세로(Y축) 9.36mm, 두께(Z축) 3.75mm인 스퀘어 컷을 만들어 준다. 보석이 없다면 부록 CD 〉 보석샘플 〉 GEM-10을 File 〉 Import로 불러온다.

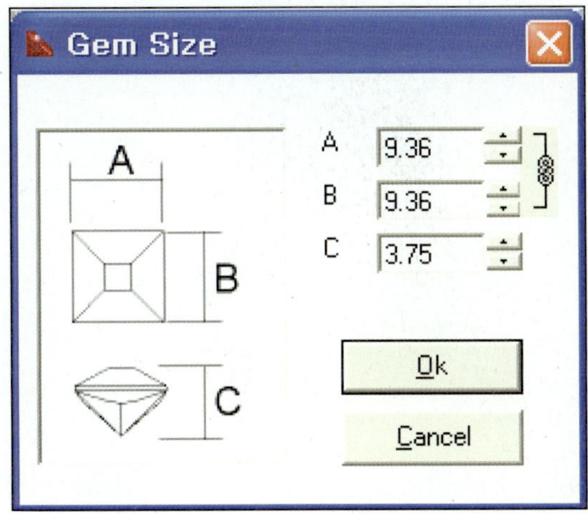

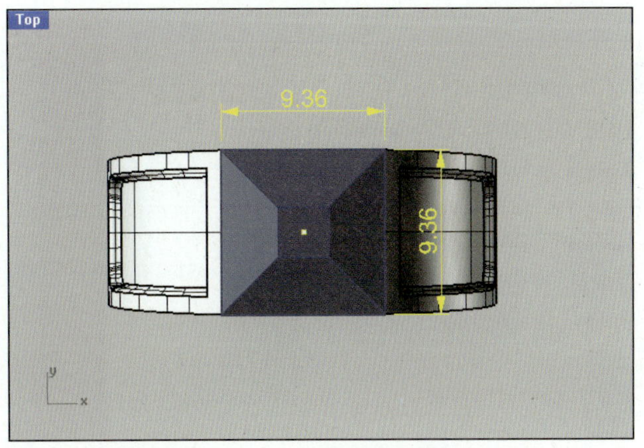

34_ Rectangle:3Points명령으로 보석의 하단 End점 보다 조금 아래(깊이 0.42mm)에 직사각형을 그려준다. 그려진 객체는 Extrude closed planar curve로 솔리드 객체로 만들어준다.

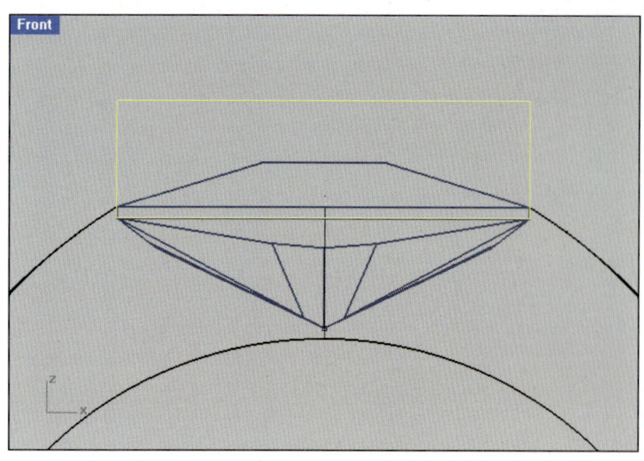
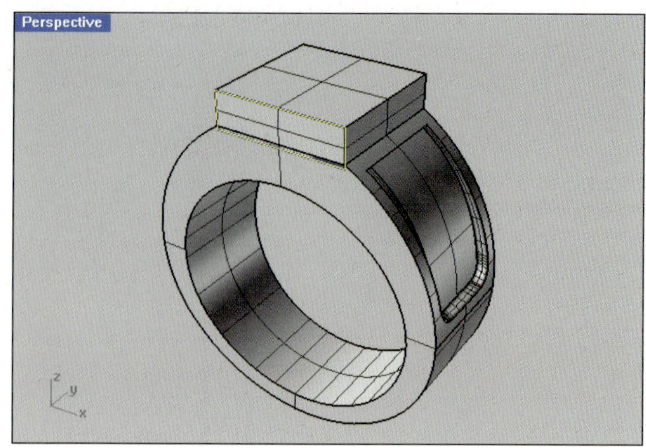

35_ Boolean Difference로 객체 A를 객체 B로 차집합을 수행해 준다. 보석이 세팅될 약간의 턱이 생기게 된다. 보석 하단부의 홈은 지면 관계상 생략한다.

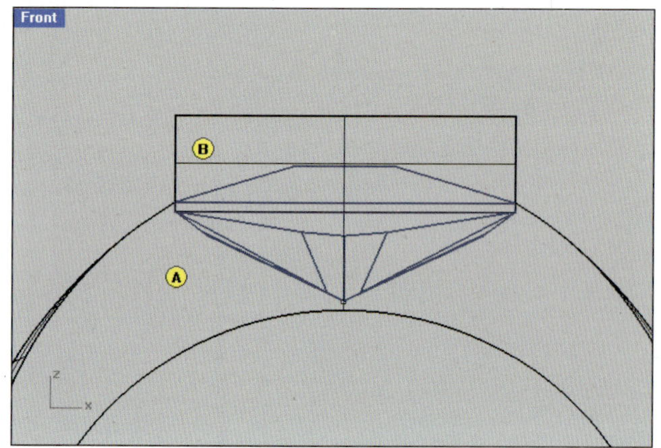

36_ Variable Radius Fillet으로 반지의 솔리드 모서리를 모두 선택, 반지름 0.2mm의 필렛을 부여한다. 이때 RailType=DistFormEdge이다.

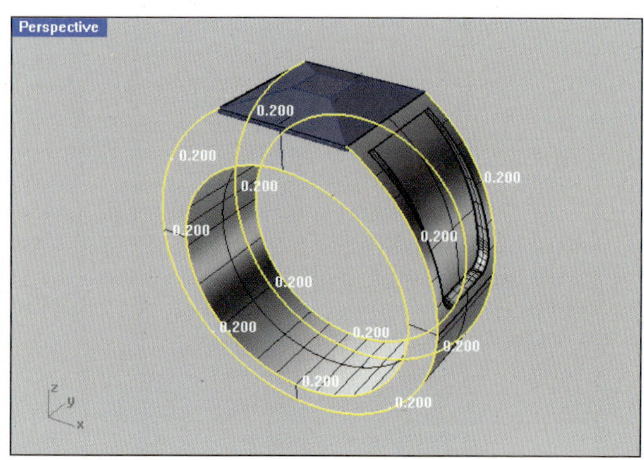
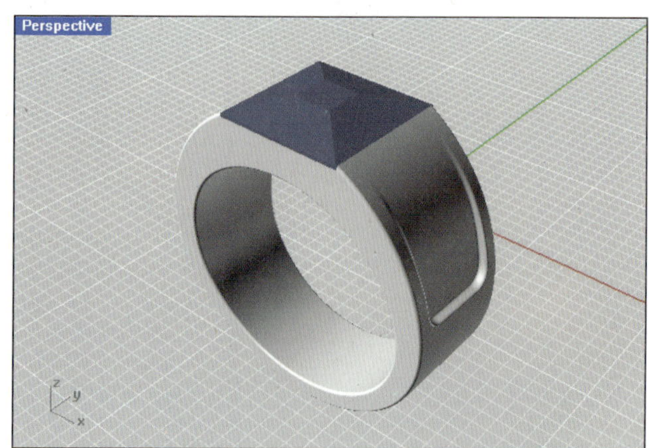

37_ 이번엔 Right View에서 반지의 하단 지환부의 폭을 줄여보기로 한다. 반지의 몸체를 선택한 상태에서 Cage edit objects 클릭〉 Select control object(BoundingBox Line Rectangle Box Deformation=Accurate) : BoundingBox 메시지를 클릭 〉 Coordinate system〈World〉(CPlane World) : 마우스 바탕 클릭 〉 Cage points는 X, Y, Z에 4개를 Degree=3은 그대로 두고 Enter 〉 Region to edit〈Global〉(Global Local Other): 〉 Enter 한다.

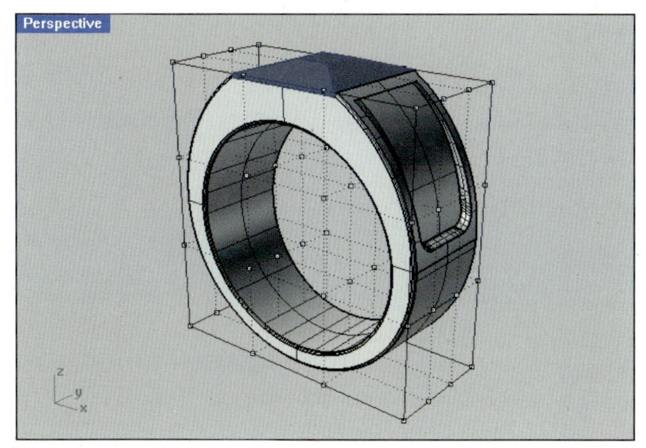

38_ 생성된 Bounding Box에 편집 포인트만을 선택한다.

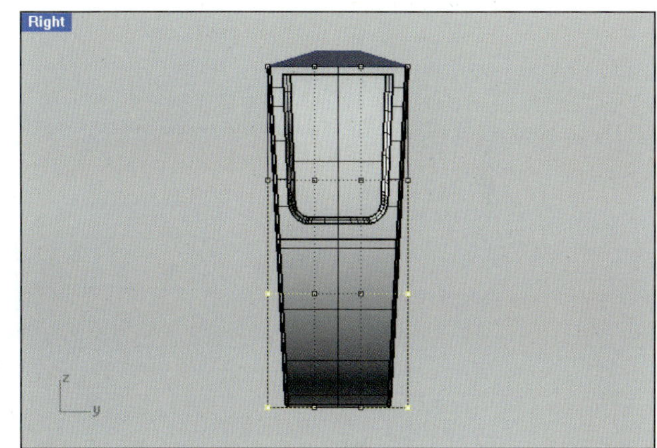

39_ Scale 1-D 명령으로 Gird Snap을 이용 반지의 하단의 그리드 중앙부에 클릭 수평(안쪽으로)으로 당겨 준다. 안쪽 방향으로 해당 선택된 포인트 범위만큼 동시에 객체가 줄어든다.

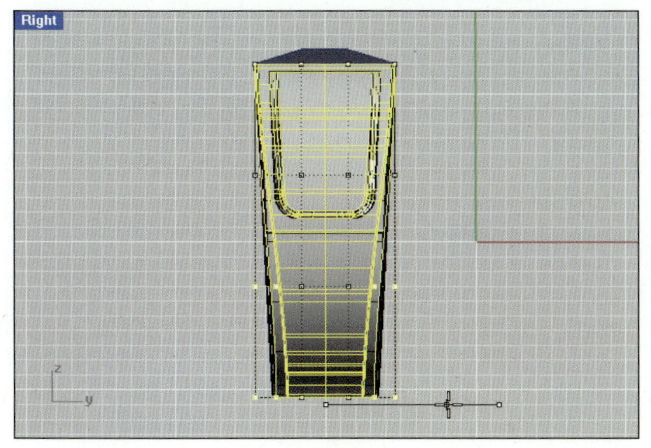

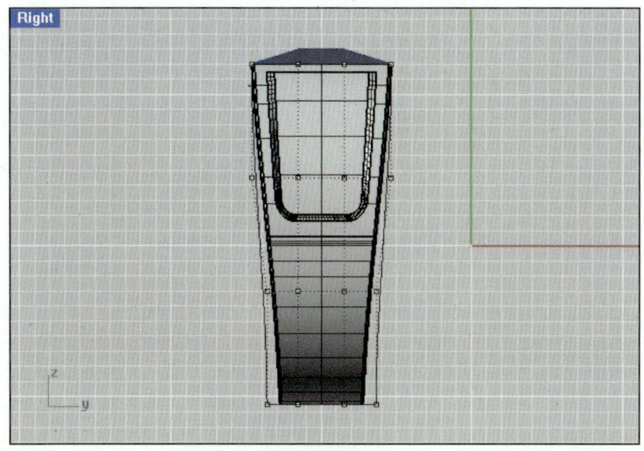

40_ 그림과 같이 다시 포인트의 일부를 선택하고 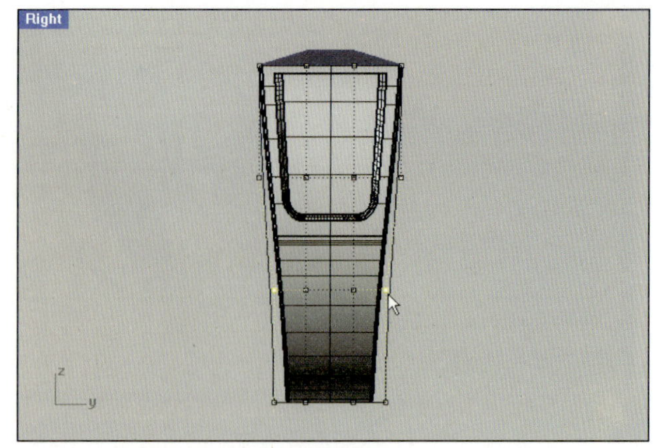 Scale 1-D 명령으로 Gird Snap을 이용하여 반지의 하단의 그리드 중앙부에 클릭 수평(바깥쪽으로)으로 당겨준다. 바깥쪽 방향으로 해당 포인트 범위만큼 동시에 객체의 폭이 넓어진다.

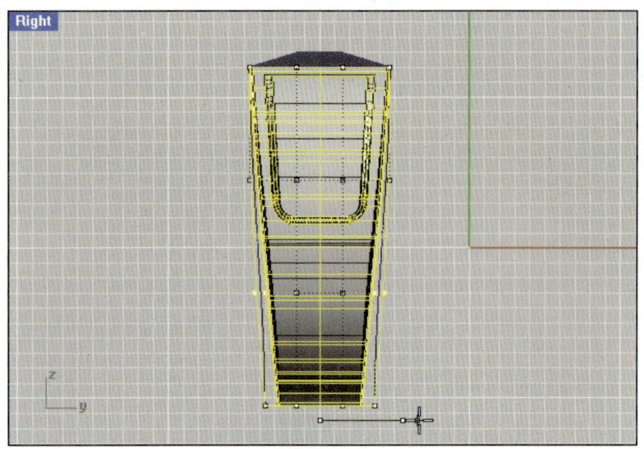

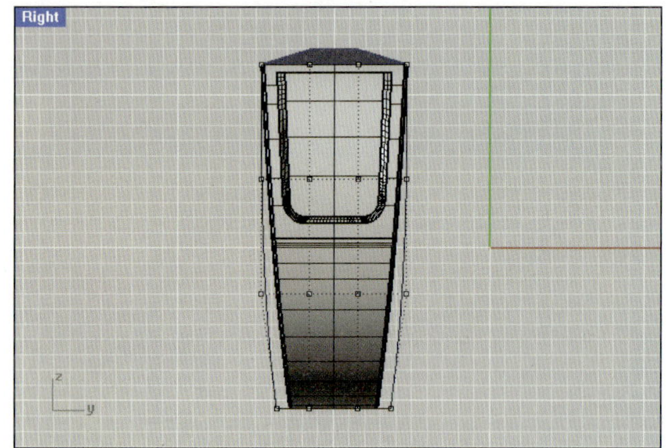

41_ 변형작업이 완료되었으면 BoundingBox를 지워준다.

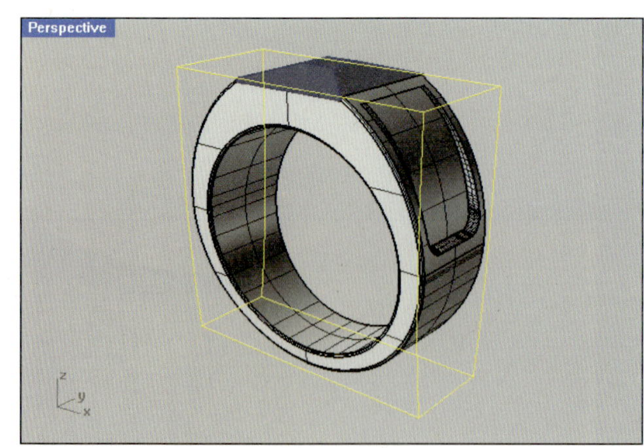

42_ Shade 아이콘을 마우스 오른쪽 버튼으로 클릭하면 한번에 모든 뷰(Shade all viewports)를 쉐이드 상태로 볼 수 있다.

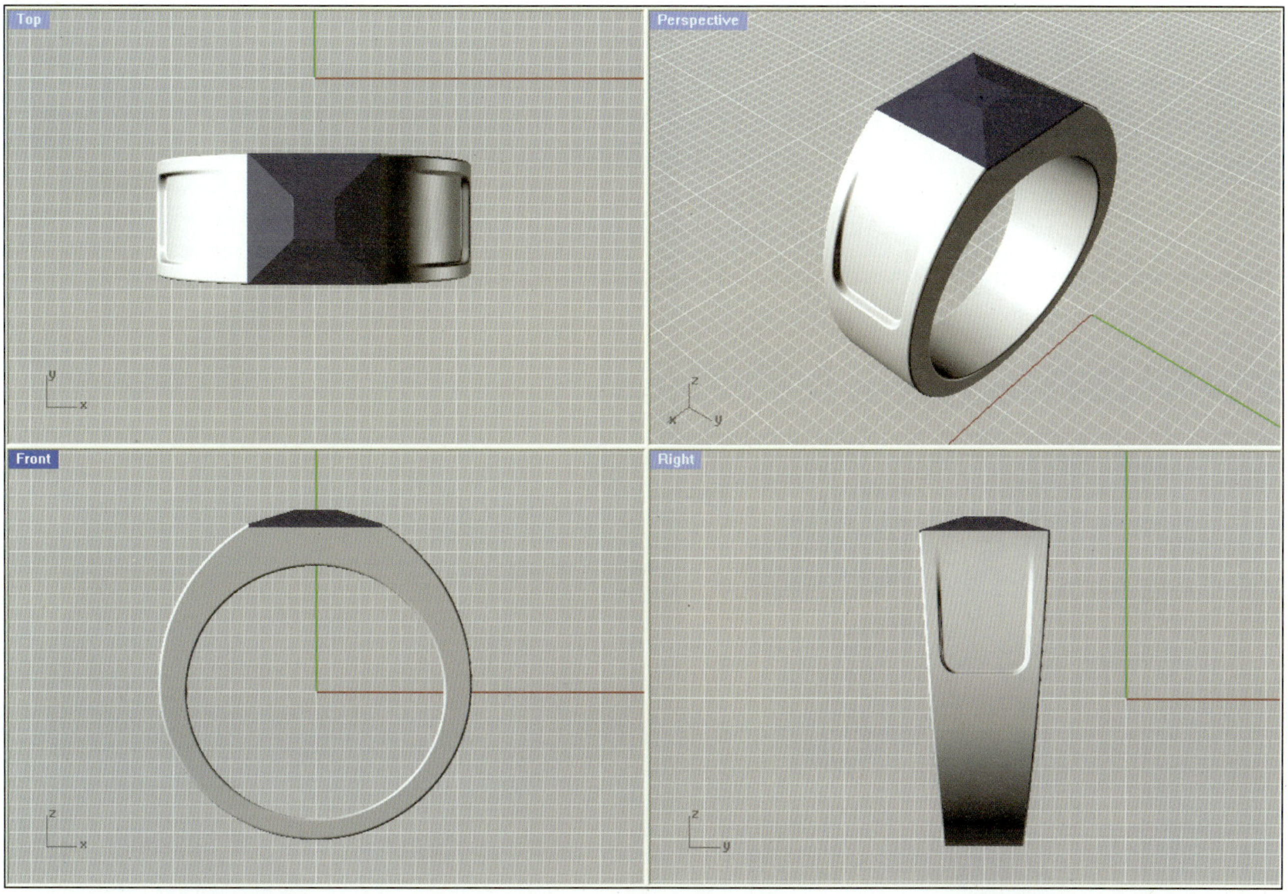

43_ Shade 명령으로 최종 결과를 확인해 본다.

Chapter 04

Rhinoceros

Text 배열 반지 만들기

Preview

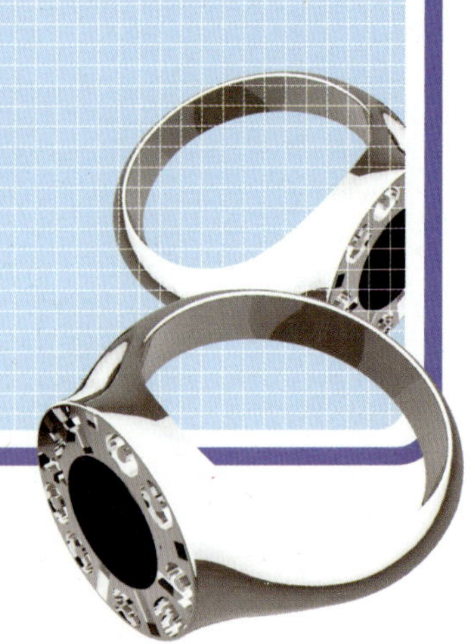

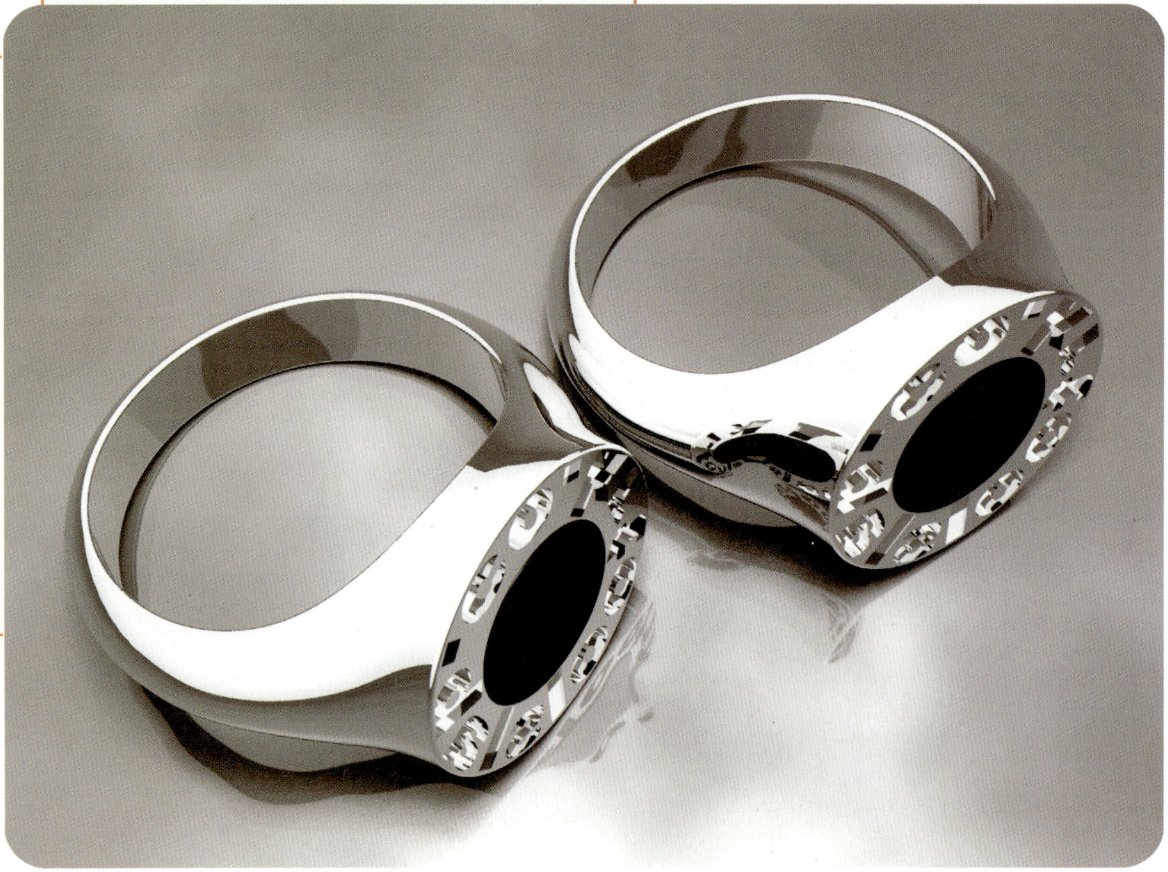

Preview

따라해 보세요 !

01_ 작업 전 스텐다드 툴바의 Options 〉 Grid 〉 Grid snap 〉 Snap spacing 0.5 millimeters에 설정한다. Circle:Center, Radius로 지름 14.5mm 원을 그려준다. Osnap에 Quad를 체크한 후 Point로 원의 사분점에 포인트를 배치한다.

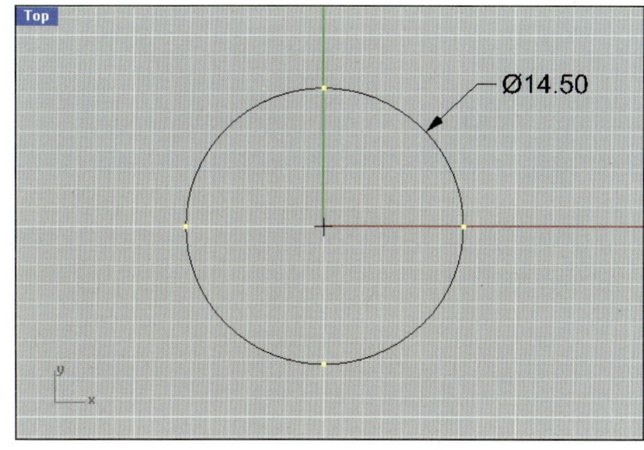

02_ Front View에서 Line 명령으로 상단부 원의 중심부에서 아래로 12.50mm의 1번 직선을 그어준다.

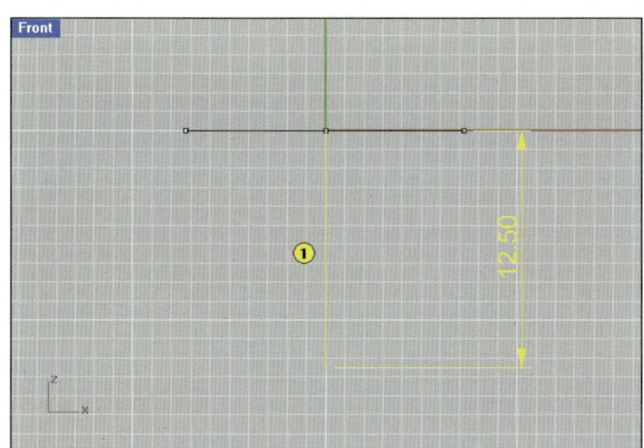

03_ 1번 직선의 End점을 기준으로 Circle:Center, Radius로 지름 18mm의 원을 그려준다. 반지의 내경이 될 부분이다.

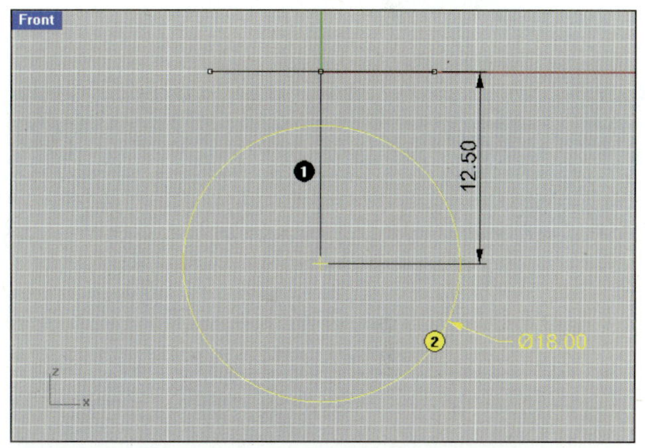

04_ Grid Snap에 Snap만을 체크한 상태에서 Arc:Start, End, Point on Arc 명령으로 그림과 같이 3번 호(Arc)를 그려준다.

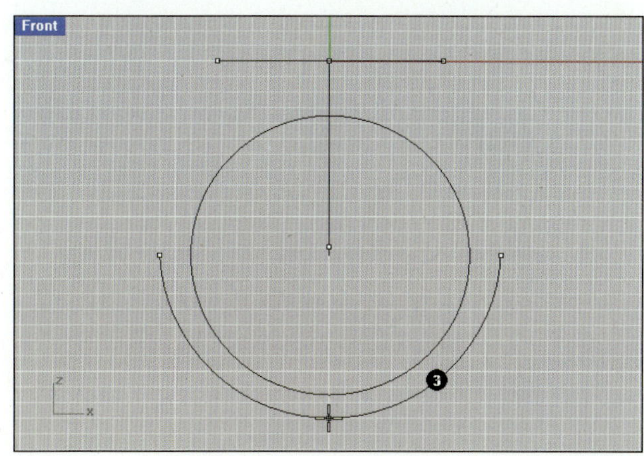

05_ ⬚ Curve-Interpolate Points로 Point와 End점에 일치하는 좌측 4번 커브를 그려 주고 🔷 Mirror시켜 5번 커브를 만들어 준다.

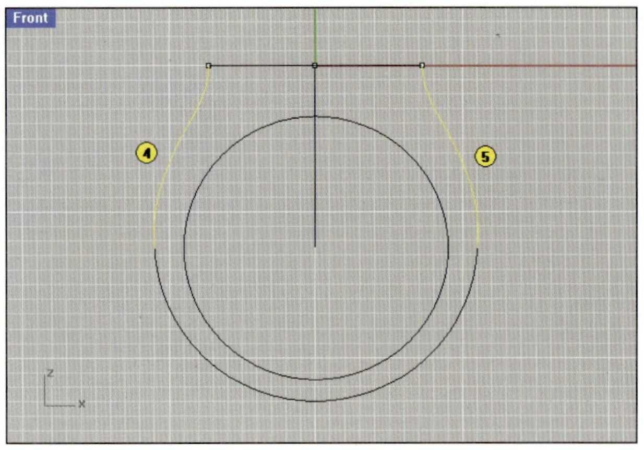

06_ 〰 Match Curve 명령으로 커브 A와 커브 B를 각각 Match Curve시켜 준다. 명령 실행 중 Match Curve 옵션창이 뜨면 Continuity=Tangency , Preserve other end=Position, Average curves에 체크한 후 [OK]한다. 만약 B 커브의 형상 변화 없이 A 커브를 Match시키려면 Average curves 옵션체크를 해제하면 된다.

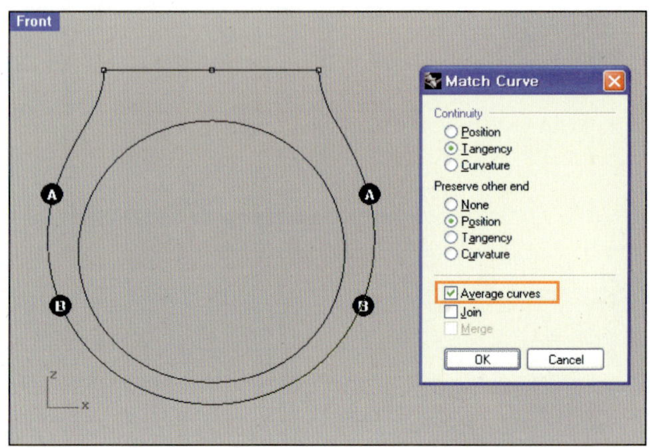

07_ Osnap에 End를 체크한 상태에서 ▫ Point 명령으로 그림과 같이 배치해 준다.

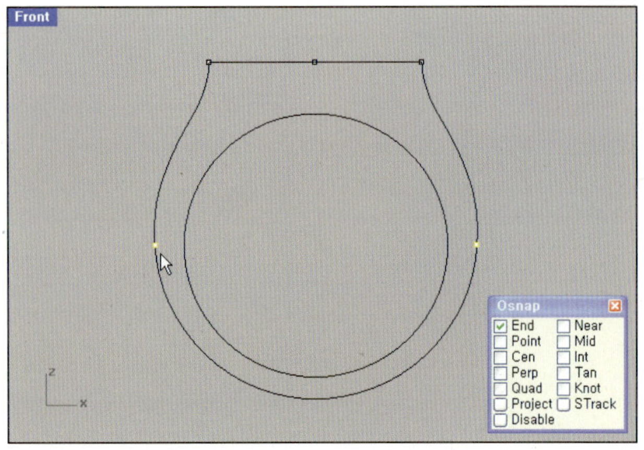

08_ Top View에서 ⬭ Ellipse:Diameter 명령으로 좌우측 포인트를 우선 클릭하고 단축 길이가 9mm가 되도록 타원(Ellipse)을 그려준다.

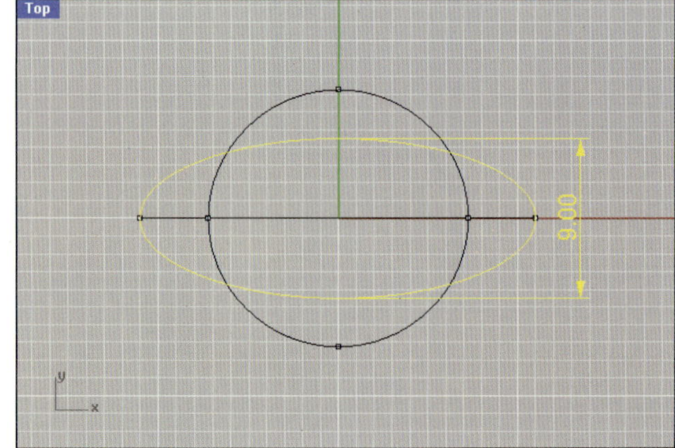

09_ Osnap에 Quad를 체크한 상태에서 Point 명령으로 그림과 같이 배치해 준다.

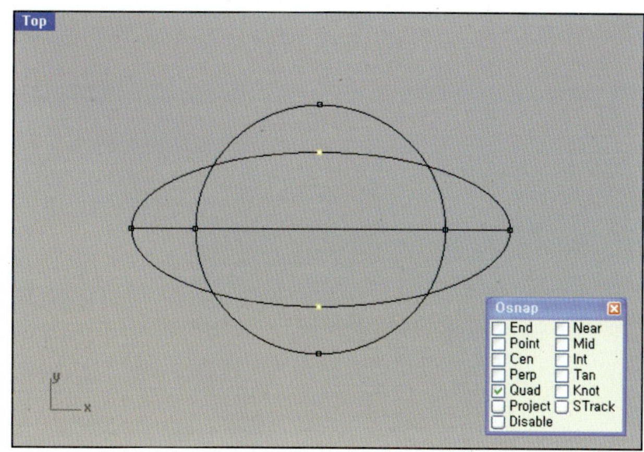

10_ Curve:Interpolate Points로 1번 커브를 그려준 후 Mirror하여 2번 대칭 커브를 완성한다.

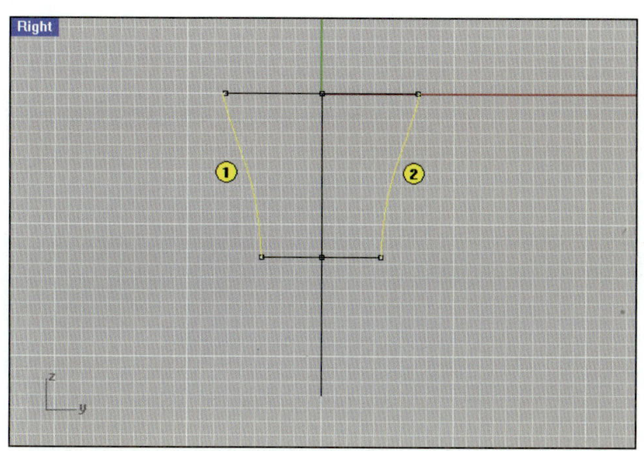
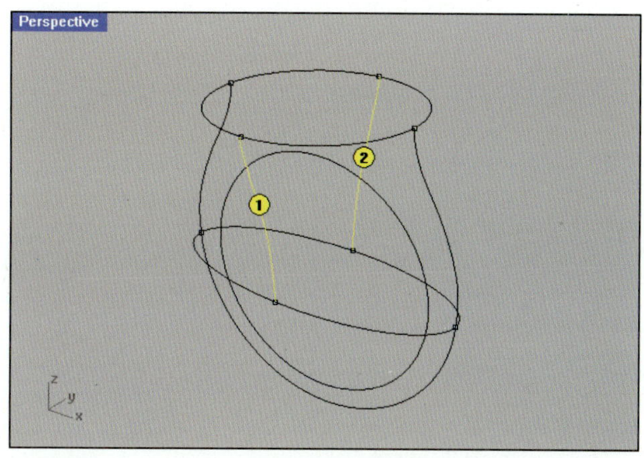

11_ Surface from Network of Curves 명령으로 커브 A-B-C-D-E-F를 순차적으로 선택 〉 Enter 한다.

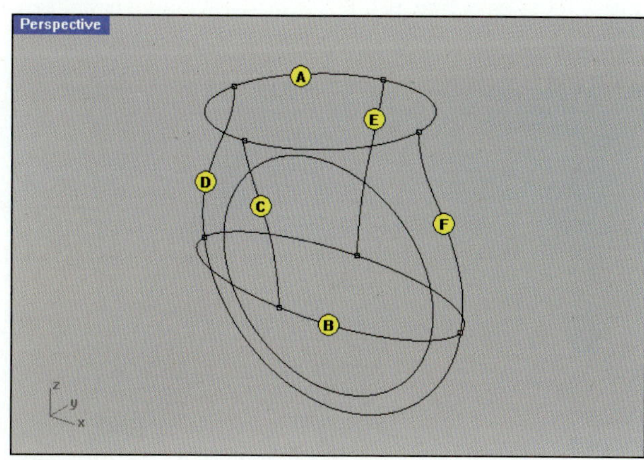

명령 실행 중 Surface From Curve... 옵션 창이 뜨면 그림과 같이 설정하고 [OK] 한다.

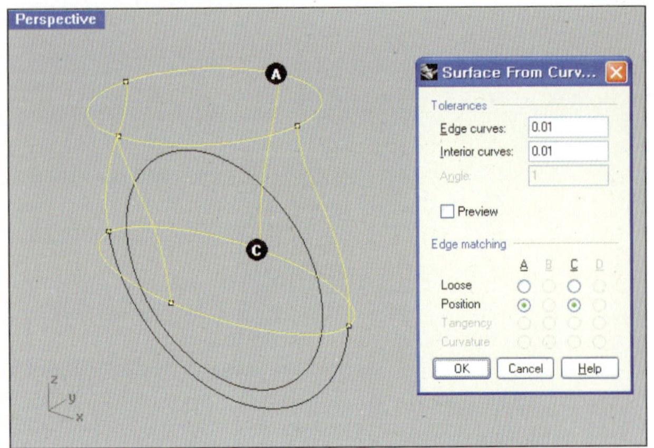
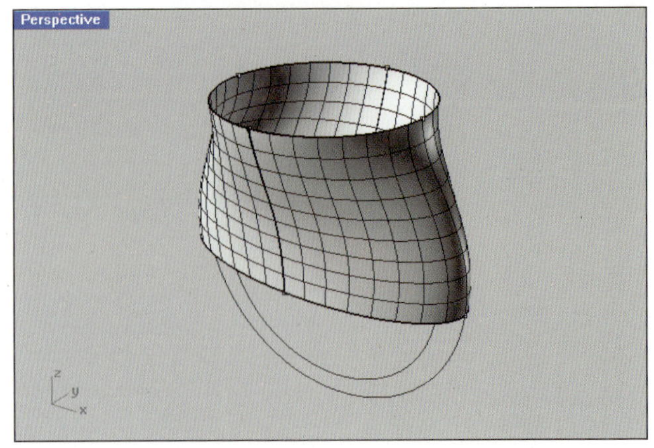

12_ Split으로 A면을 B 원(Circle)으로 잘라 지워준다.

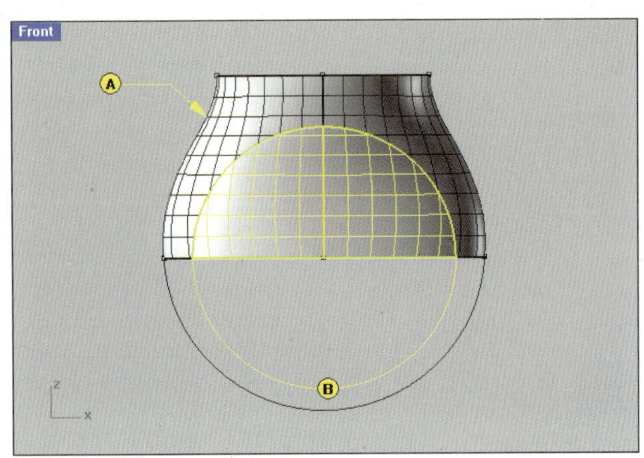
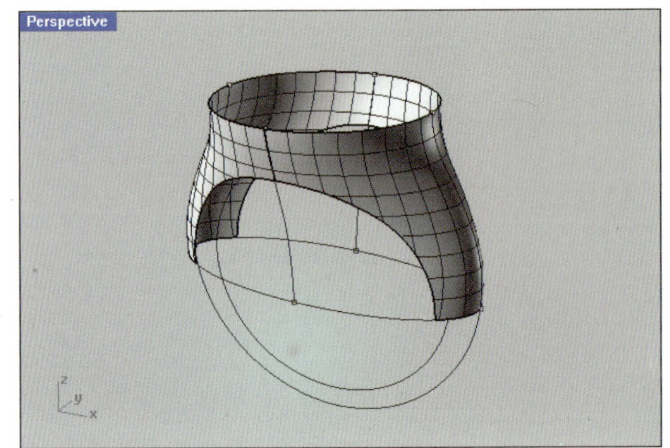

13_ A원의 좌, 우측 Quad를 Point를 이용하여 Split으로 잘라준다.

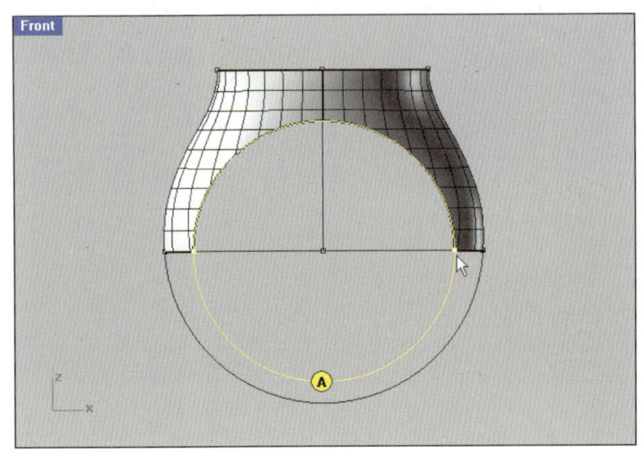
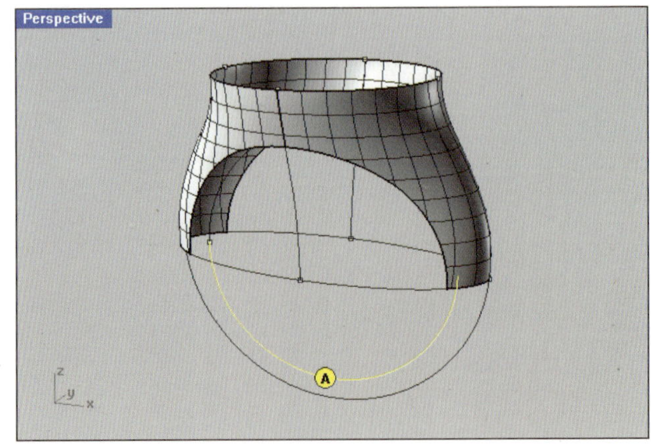

14_ 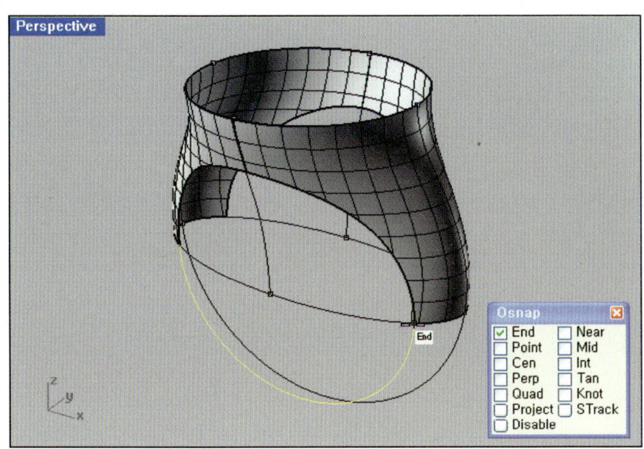 Move 명령으로 A 커브(반원)를 면의 End점으로 이동시켜 준다.

15_ 이동된 커브에 End점을 기준으로 Right View에서 Rotate 2-D명령으로 반지의 측면 경사도를 고려하여 안쪽으로 약 3.6도 기울여 준다.

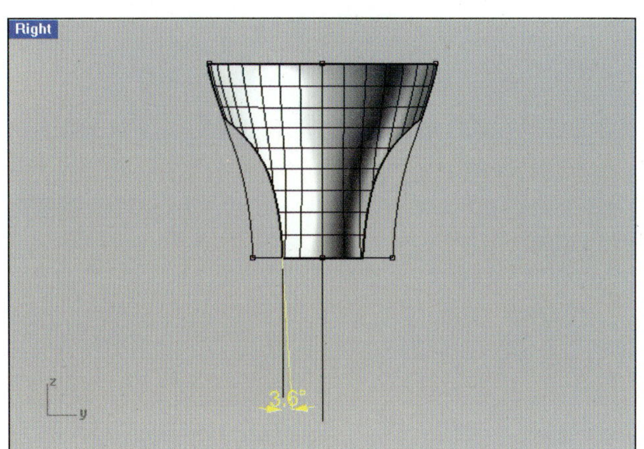

16_ 기울여진 객체를 Mirror 복사한다.

17_ Duplicate Edge로 면의 Edge 커브를 추출한다. 추출된 커브 중에 하나가 Seam으로 분리되어 추출되었다면 작업 전 Seam의 위치를 이동시켜 주거나 Join 시켜 준다.

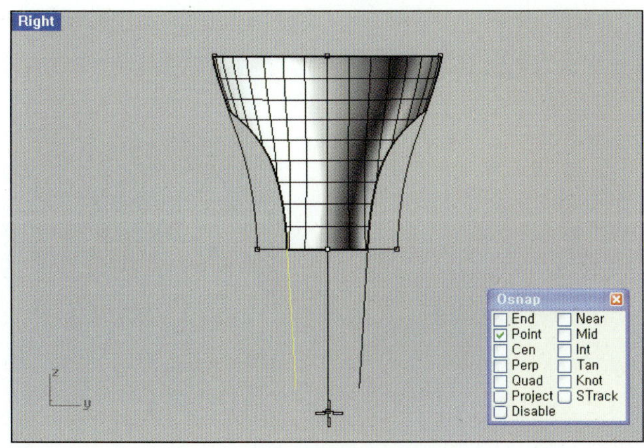

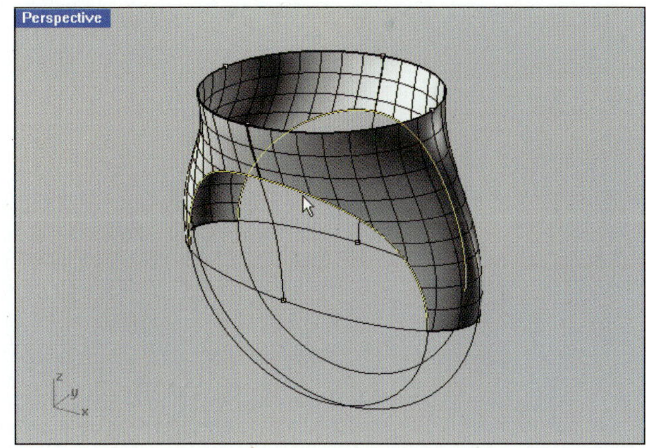

18_ 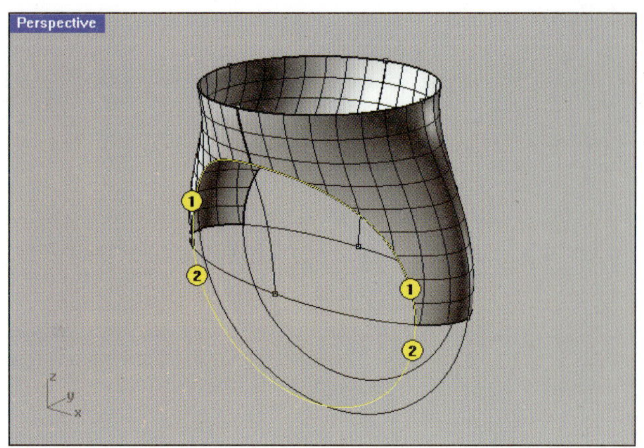 Match Curve 명령으로 추출된 커브와 경사 커브의 접선부위를 각각 Match Curve 시켜준다.

명령 실행 중 나타나는 Match Curve 옵션은 그림과 같이 설정하고 [OK] 한다.

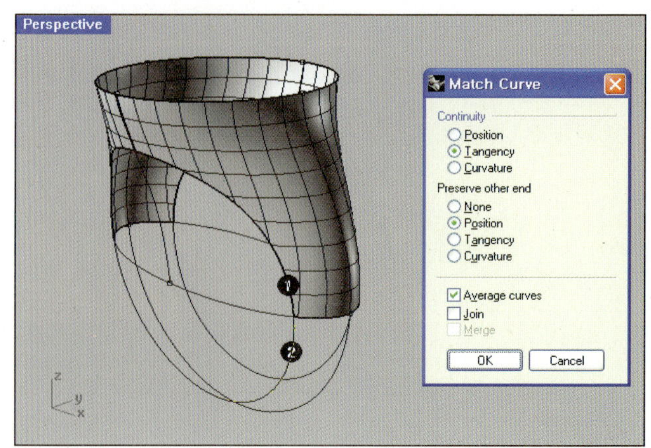

19_ Arc:Start, End, Point on Arc로 반지의 하단부 호(Arc)를 그려준다. 작업시 Osnap에 Quad와 Near를 체크한 상태로 작업한다.

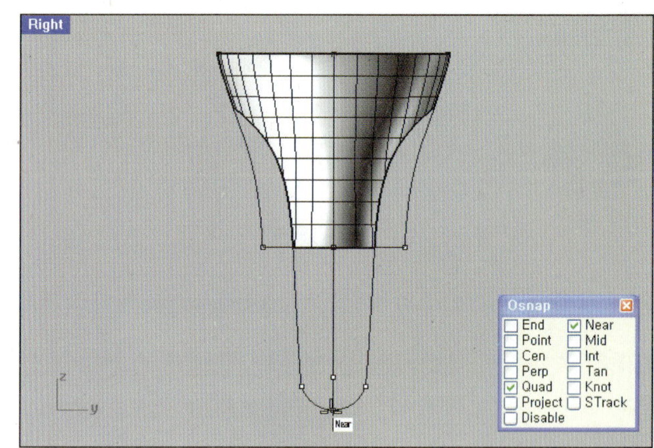

20_ Surface from Network of Curves 명령으로 반지 하단부의 면을 완성한다. 명령 실행 중 Surface From Curve 옵션은 그림과 같이 설정하고 [OK] 한다. 특히 A와 C의 경우 면의 Edge를 선택하여 Match해주어야 하며 옵션에 Tangency에 체크된 상태인지 확인한다.

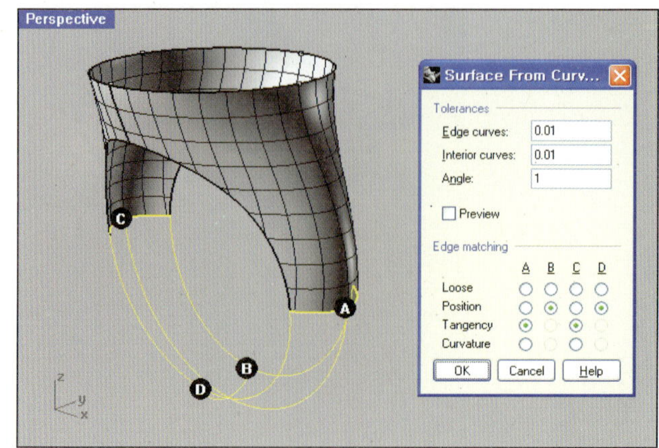

21_ A와 B 객체를 서로 Join한 후 Zebra Analysis로 면의 연결 상태를 확인해 본다. 흐름이 유연함을 볼 수 있다.

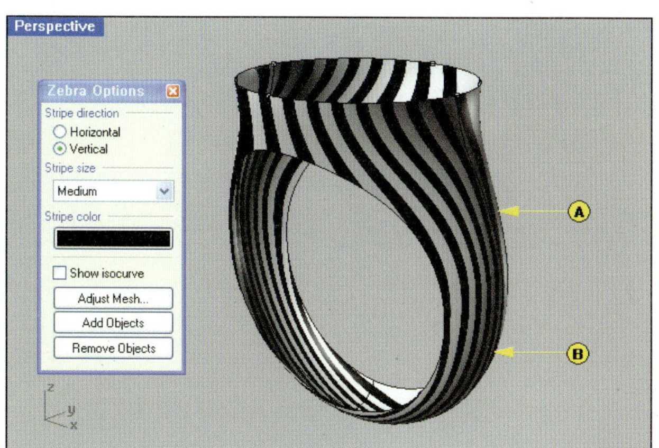

22_ 초기에 제작된 선을 선택하고 지워준다.

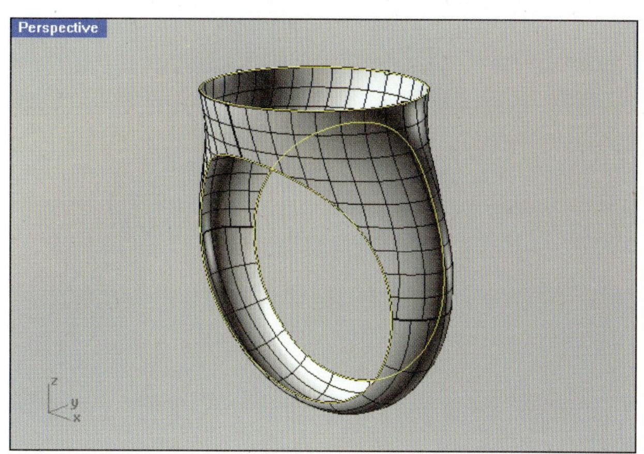

23_ Duplicate Border로 반지를 선택하여 다시 Edge 커브를 추출한다.

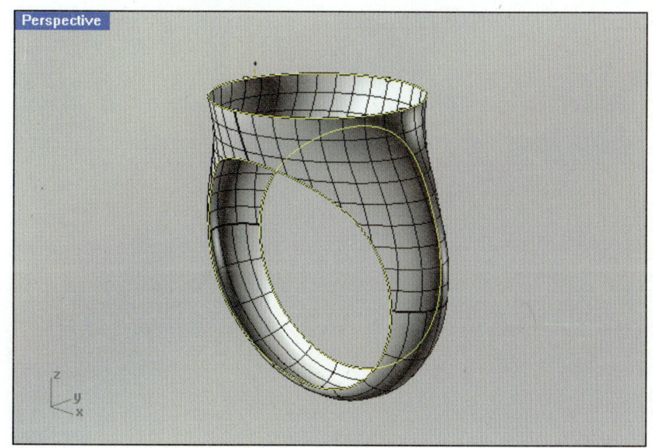

24_ line으로 Quad에 일치하는 직선을 하나 그어 준다.

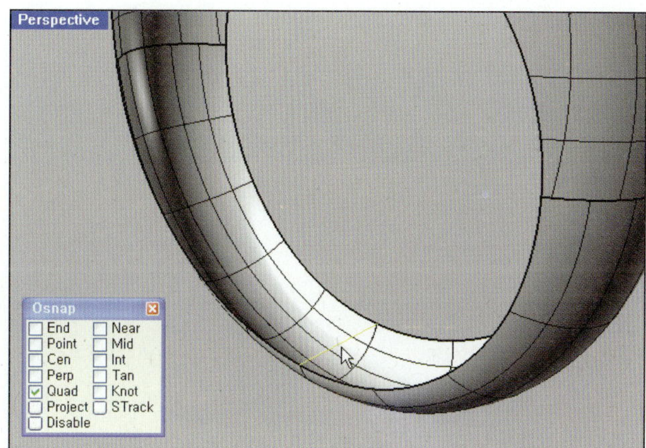

25_ 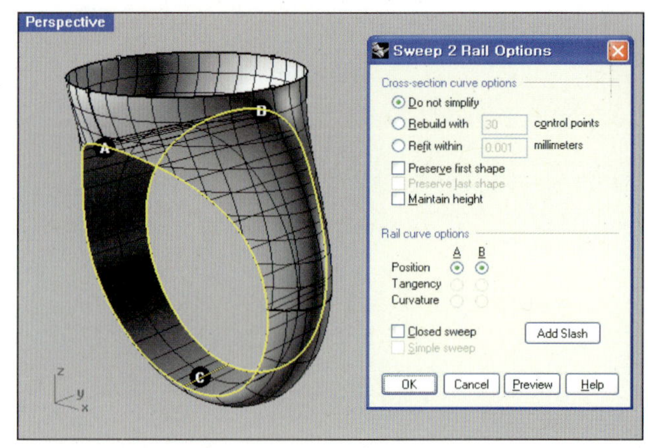 Sweep 2 Rails 아이콘 클릭 〉 Select first rail(ChainEdges) : ChainEdges 클릭 〉 Select segment for first rail(AutoChain=Yes, ChainContinuity=Tangency) : 반지의 A면 Edge 클릭 〉 Select next segment for first rail. Press Enter when done(Undo Next All AutoChain=Yes, ChainContinuity=Tangency) : 반지의 B면 Edge 클릭 〉 Select next segment for second rail. Press Enter when done(Undo Next All AutoChain=Yes, ChainContinuity=Tangency) : C 직선 클릭 〉 Select cross section curves(Point): Enter 〉 옵션 체크 〉 [OK] 마무리한다.

26_ 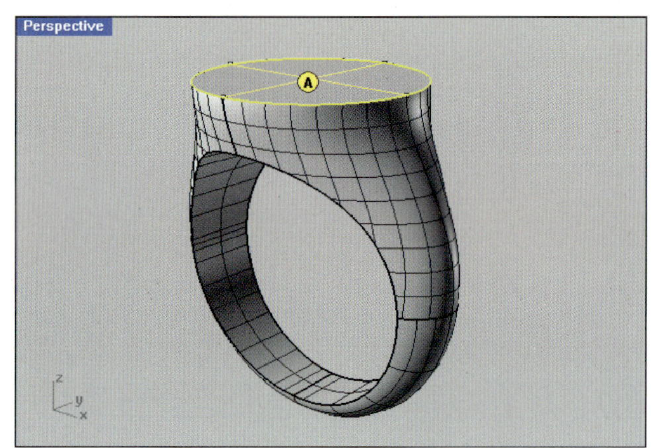 Surface from Planar Curves로 A면을 만들어 준다.

27_ Area Centroid로 A면 중심에 포인트를 만들어 준다. Circle:Center, Radius 명령을 사용하여 중심 포인트를 기준으로 지름 11mm 〉 8mm 〉 7.50mm 의 원을 그려준다.

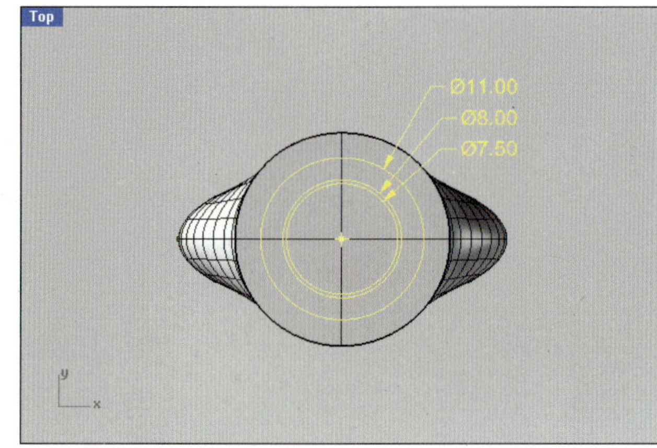

28_ 지름 11mm의 원을 클릭한 상태에서 Length 아이콘을 클릭하면 커맨드 창에 Length=34.558 millimeters(반올림하면 34.56 millimeters)라는 곡률길이가 나타난다. 이 곡률 길이를 적용 Line 명령을 사용하여 직선으로 만들어 준다.

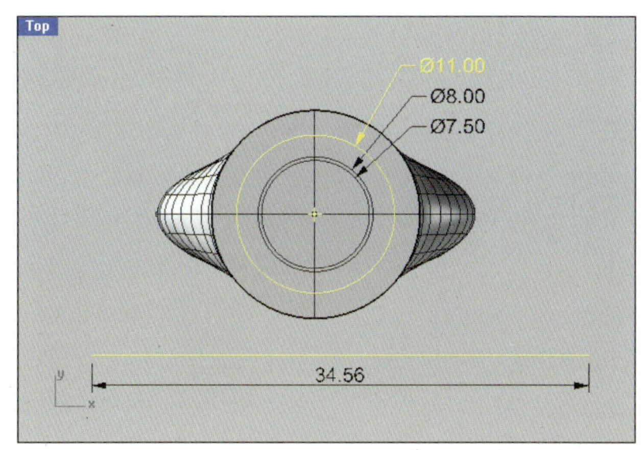

29_ Text Object 아이콘 클릭 〉 Text Object 대화창에 그림과 같이 설정하고 [OK]한다. 문자=toolslab.co.kr , Font=Arial Black Bold , Create=Solid, Text size= Height : 2.8, Solid thickness : 2로 설정한다.

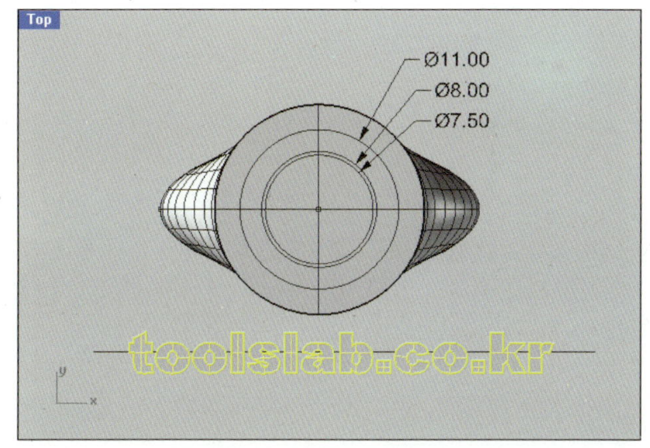

30_ Scale 1-D 명령으로 그림과 같이 우측으로 늘려준다.

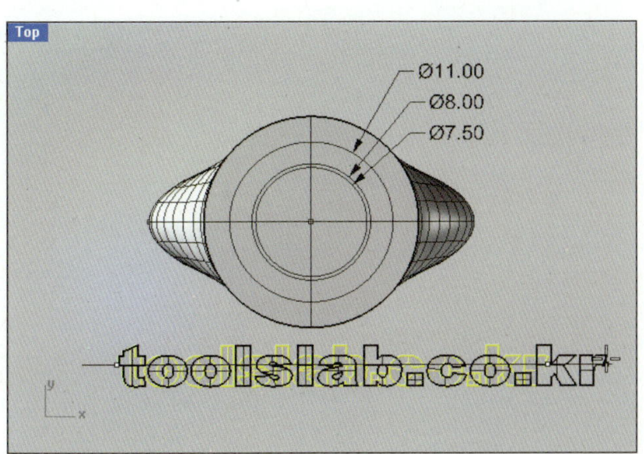

31_ Move 명령으로 스케일 된 문자를 직선 라인의 길이에 최대한 맞추어 이동시켜 준다.

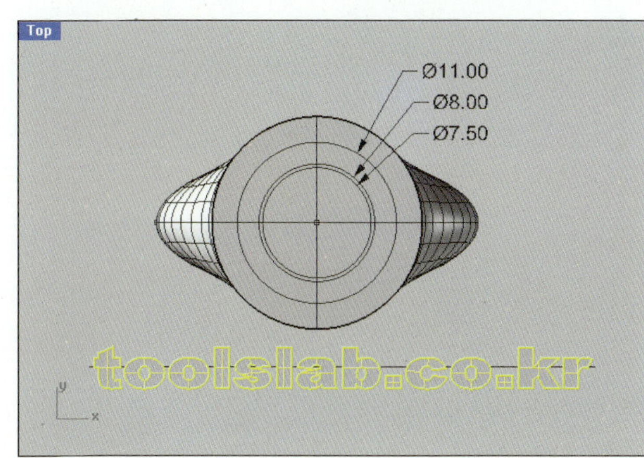

32_ 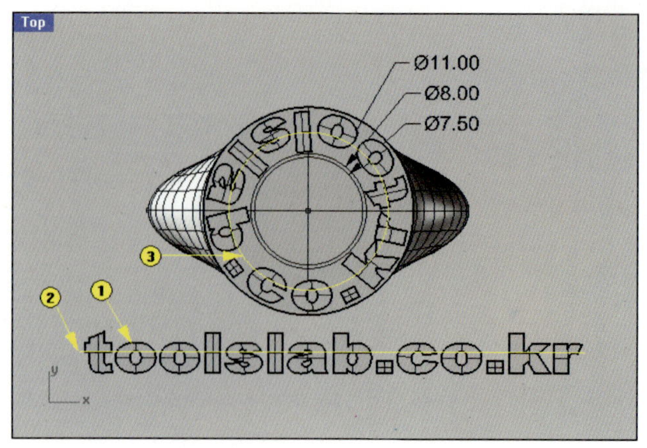 Flow along Curve 아이콘을 클릭 〉 Select objects to flow along a curve : 1번 문자 선택(문자모두 선택) 〉 Select object to flow along a curve.Press Enter when done : **Enter** 〉 Base curve-select near one end(Copy=Yes, Rigid=Yes, Line Local=No, Stretch=Yes) : 2번 직선 베이스 커브 선택(선의 앞부분 클릭) 〉 Target curve-select near matching end(Copy=Yes, Rigid=Yes, Line Local=No, Stretch=Yes) : 3번 원을 클릭(지름 11mm)하면 그림과 같이 문자가 원형 배열된다.

33_ 만약 배열 문자의 위치가 맘에 들지 않으면 **Ctrl** + **Z** 을 눌러 명령 실행 전으로 다시 Undo 한다. 앞서 배열된 문자의 시작점을 내 맘대로 변경하여 보도록 한다. Adjust Closed Curve Seam 아이콘을 클릭 〉 지름 11mm 원을 클릭 〉 시작 위치이자 이음새인 Seam을 이동시켜 준다. 방향까지 바꾸려면 옵션에 Flip을 클릭해주면 문자의 회전 방향까지 바꿀 수 있다.

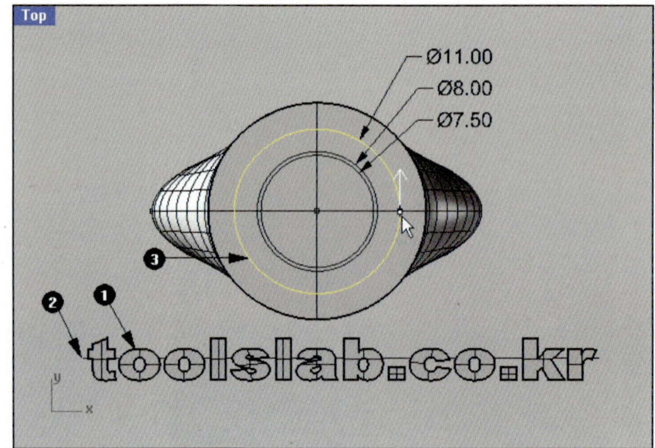

● 변경 전 초기 Seam 위치 모습

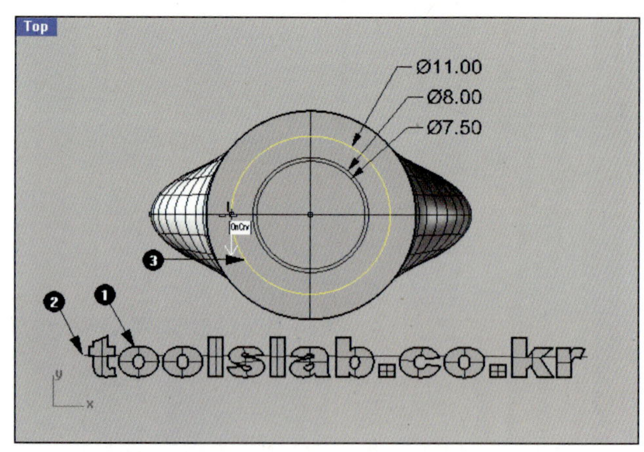

● 변경 후 Seam 위치 모습

34_ 이제 앞선 방법 대로 다시 문자를 적용해 본다. Flow along Curve 아이콘을 클릭 〉 Select objects to flow along a curve : 1번 문자선택(문자 모두 선택) 〉 Select object to flow along a curve.Press Enter when done : Enter 〉 Base curve-select near one end(Copy=Yes, Rigid=Yes, Line Local=No, Stretch=Yes) : 2번 직선 베이스 커브 선택(선의 앞부분 클릭) 〉 Target curve-select near matching end(Copy=Yes, Rigid=Yes, Line Local=No, Stretch=Yes) : 3번 원을 클릭(지름 11mm)하면 그림과 같이 문자가 왜곡 없이 원형 배열된다.

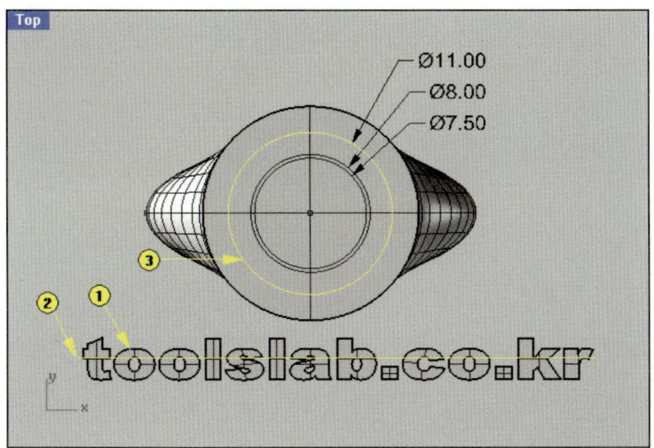

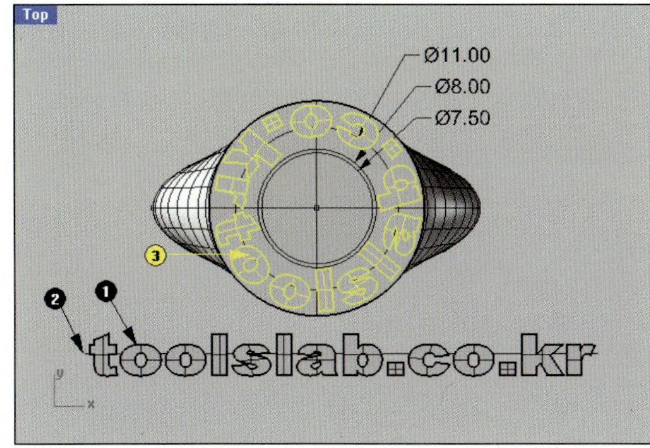

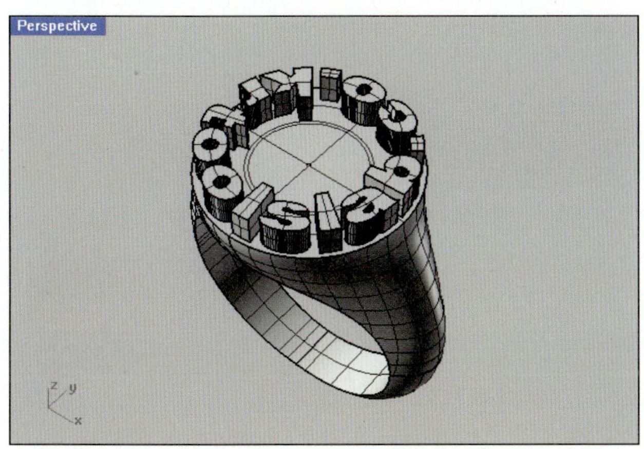

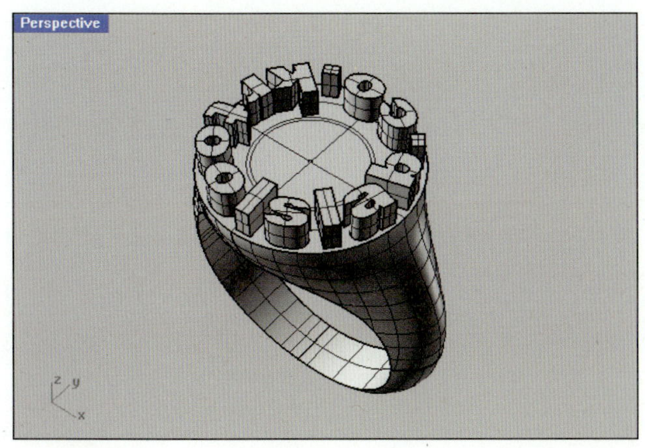

참고로 Flow along Curve 아이콘을 클릭 〉 Select objects to flow along a curve : 1번 문자 선택(문자 모두 선택) 〉 Select object to flow along a curve. Press Enter when done : Enter 〉 Base curve-select near one end(Copy=Yes, Rigid=No, Line Local=No, Stretch=No): 2번 직선 베이스 커브 선택(선의 앞부분 클릭) 〉 Target curve-select near matching end(Copy=Yes, Rigid=No, Line Local=No, Stretch=No) : 3번 원 클릭(지름 11mm)하면 그림과 같이 문자가 안쪽으로 경사진 모양(테퍼각이 먹음)으로 원형 배열된다.

35_ 안쪽 원을 모두 선택하고 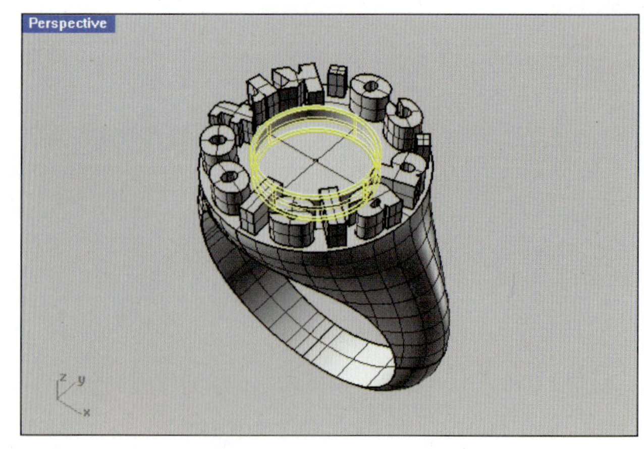 Extrude closed planar curve 명령으로 옵션에 Bothsides=Yes로 하여 총 2mm의 솔리드 링 형상을 만들어 준다. 반지 표면에서 밑으로 1mm 들어간 상태이다.

36_ 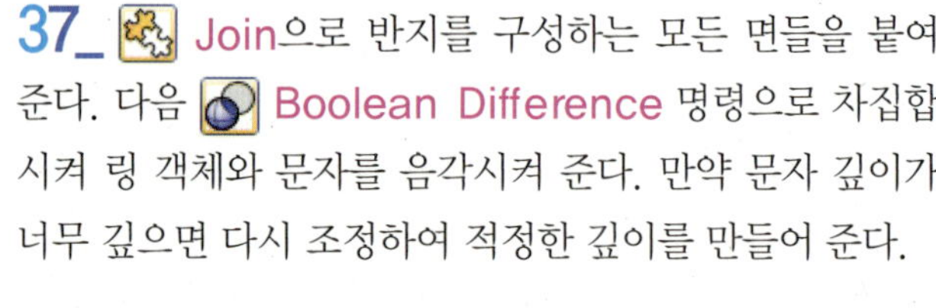 Move 명령으로 원형 문자를 밑으로 약 1mm 정도 내려 준다. 이것은 음각을 위한 준비이다.

37_ 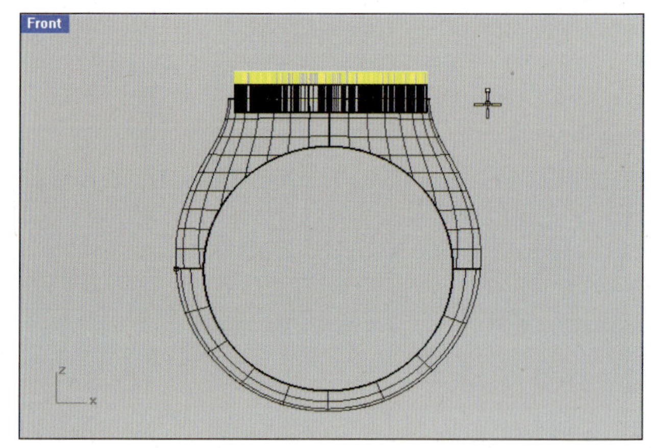 Join으로 반지를 구성하는 모든 면들을 붙여 준다. 다음 Boolean Difference 명령으로 차집합 시켜 링 객체와 문자를 음각시켜 준다. 만약 문자 깊이가 너무 깊으면 다시 조정하여 적정한 깊이를 만들어 준다.

38_ 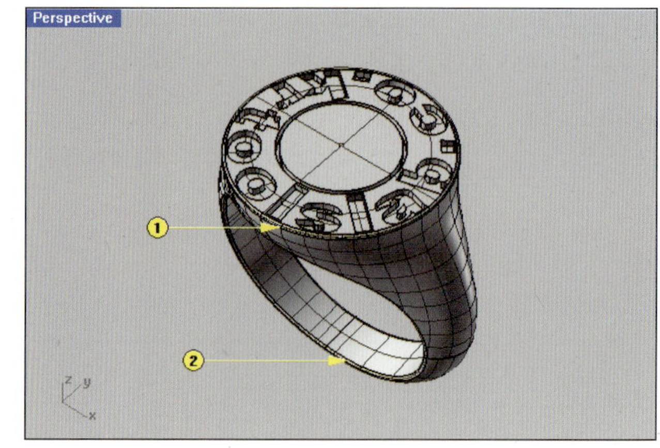 Variable Radius Fillet 명령으로 1번과 2번 솔리드 Edge에 각각 반지름 0.2 Radius(mm)를 부여한다. 이는 렌더링(Rendering)시 하이라이트가 맺히게 되어 보다 실감나는 렌더링 이미지를 얻는 데도 도움이 된다. 단 RP원본 제작시 반지의 외형 Edge 부분에 0.2R은 줄 필요는 없다.

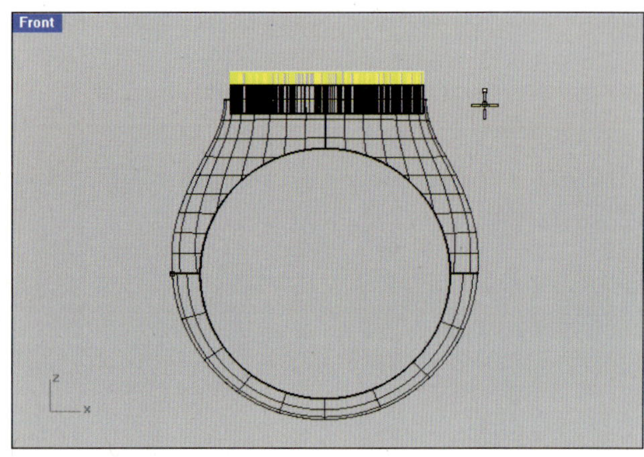

39_  Shade 아이콘을 마우스 오른쪽 버튼으로 클릭하면 한번에 모든 뷰(Shade all viewports)를 쉐이드 상태로
볼 수 있다.

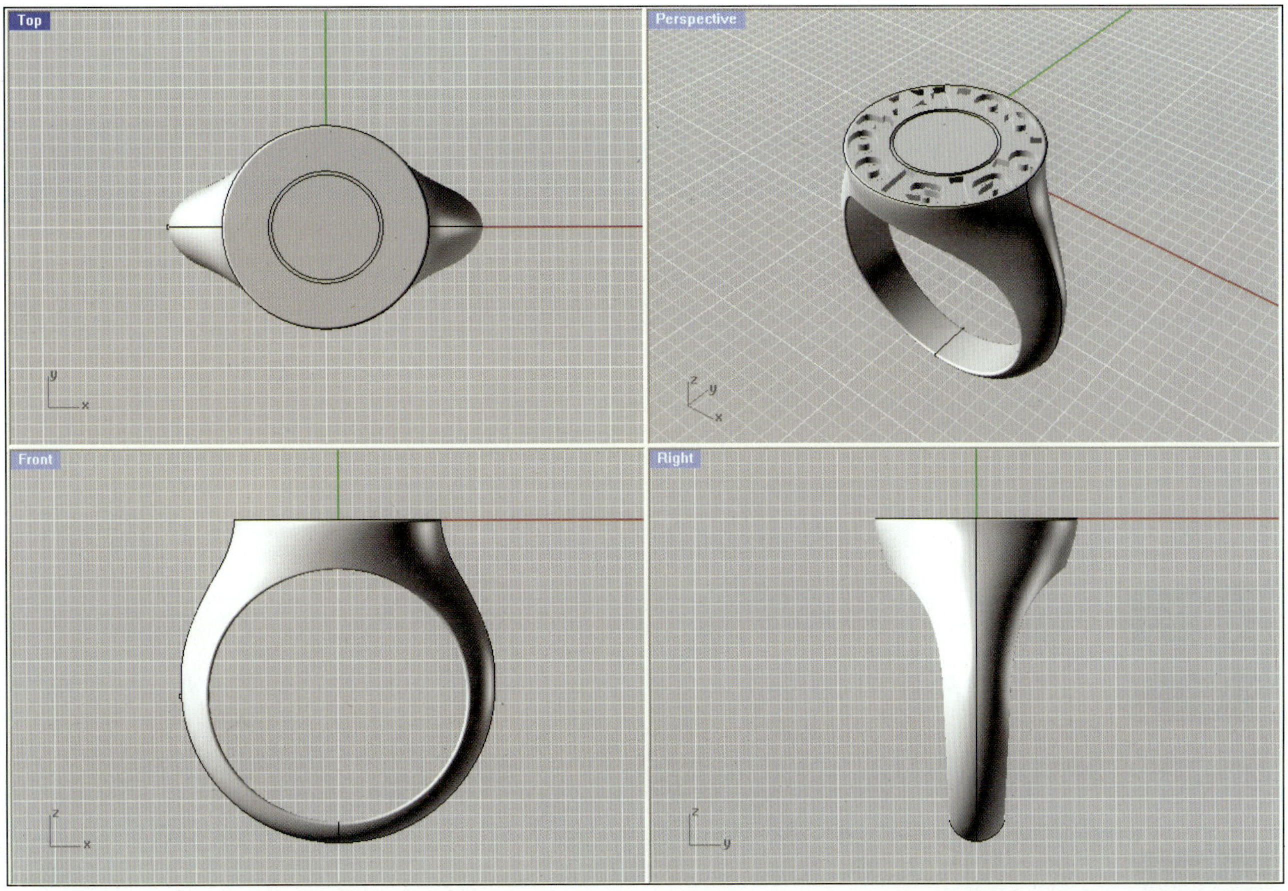

40_ Render 명령으로 최종 결과를 확인해 본다.

Chapter 05

4발 티파니 프롱세팅 (Tiffany Prong Setting)반지 만들기

따라해 보세요 !

01_ Front View에서 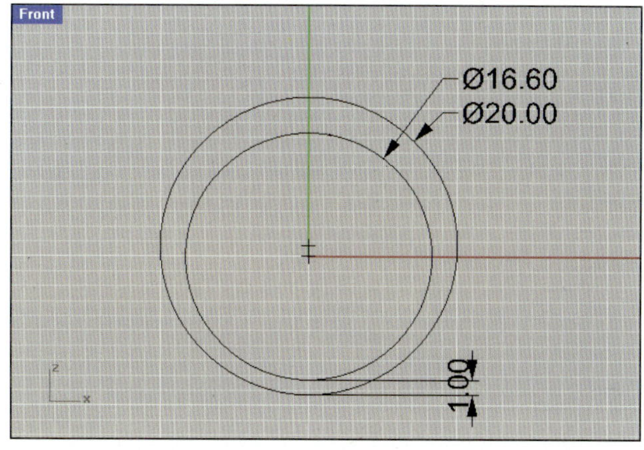 Circle:Center, Radius로 내경 16.60mm, 외경 20mm의 두 개의 원(Circle)을 드로잉해 준다. 외경 원을 Move로 올려주어 하단 두께가 1mm가 되게 맞추어 준다.

02_ Front View에서 내경 Quad에서 시작하는 6.5mm 수직 Line을 그려준다. 이것은 Top View에서 원(Circle)을 그려주기 위한 기준이 된다.

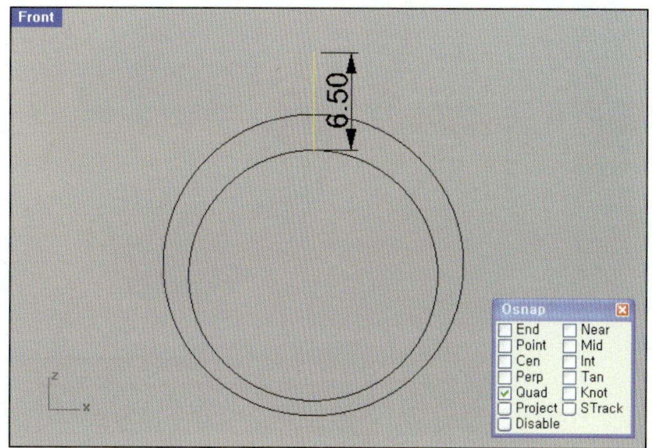

03_ Circle:Center, Radius로 지름 6.76mm의 원을 그려준 후 Quad 점에 4개의 포인트(Point)를 배치한다.

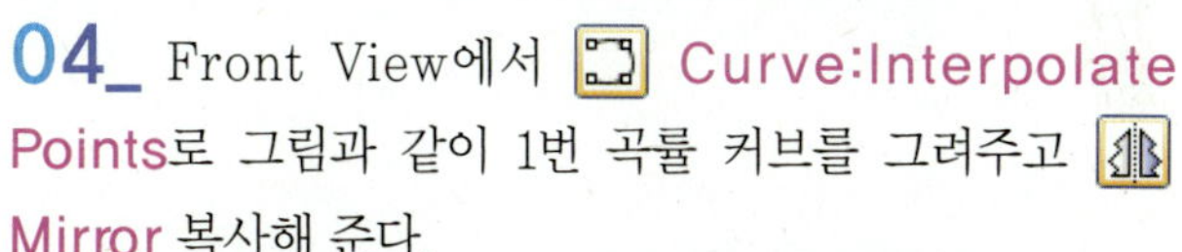

04_ Front View에서 Curve:Interpolate Points로 그림과 같이 1번 곡률 커브를 그려주고 Mirror 복사해 준다.

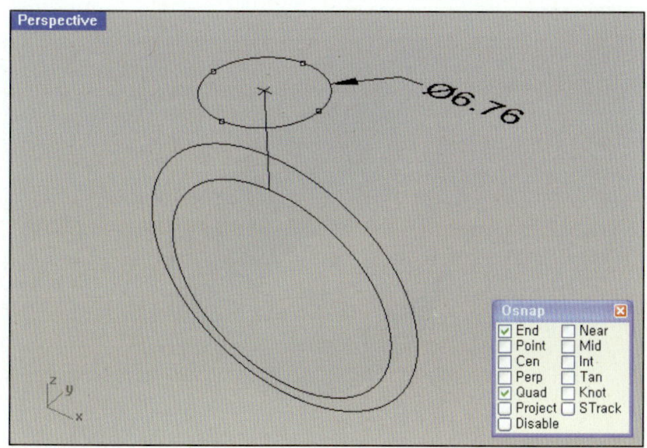

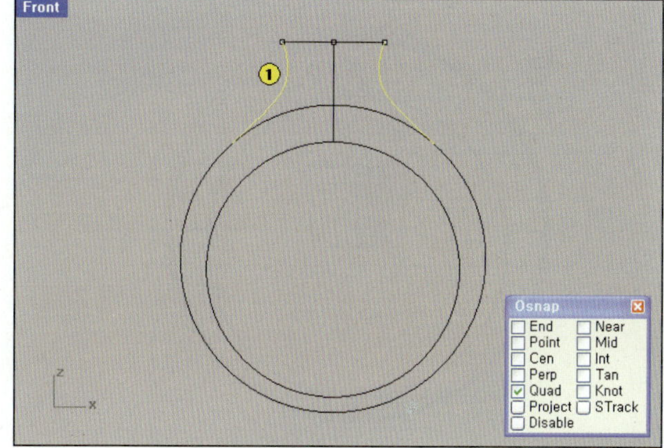

05_ Trim 명령으로 2번 부위를 지워준다.

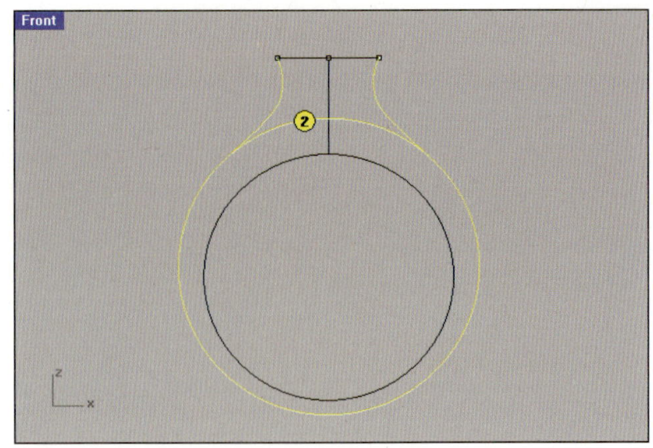

06_ Match Curve로 객체 A와 객체 B를 각각 곡률 Match 시켜준다. 명령 실행 중 옵션 창에는 그림과 같이 설정하고 [OK] 한다. Match된 커브들은 Join 해준다.

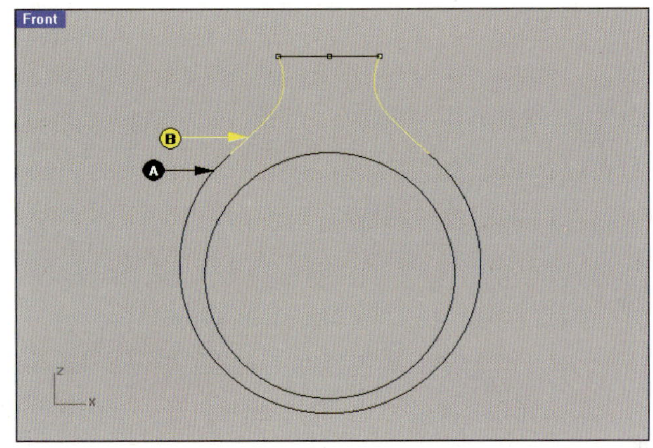

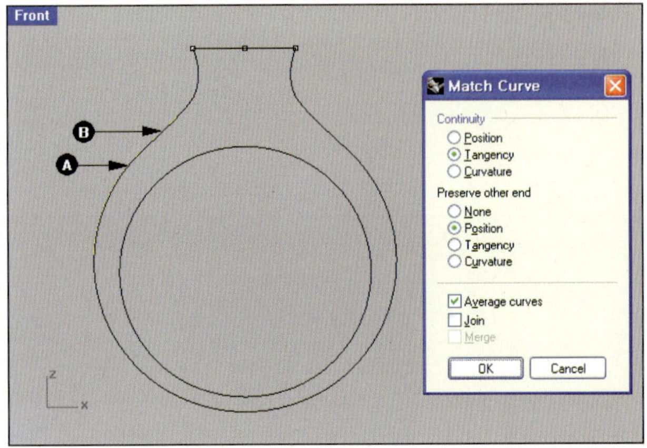

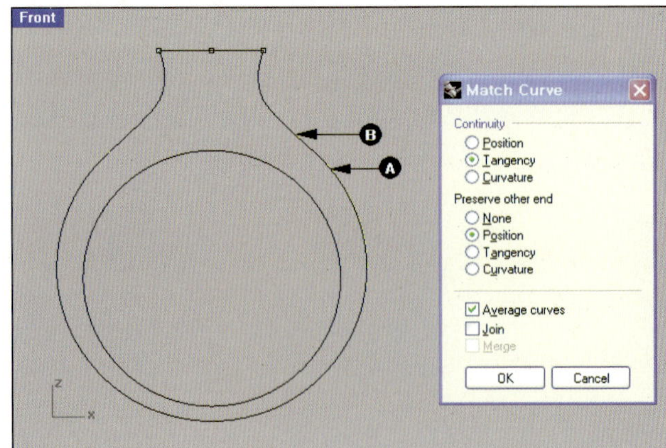

07_ Osnap에 Quad를 체크해 주고, Front View에서 그림과 같이 Point로 작업을 위한 기준점 배치 작업을 미리 해 둔다.

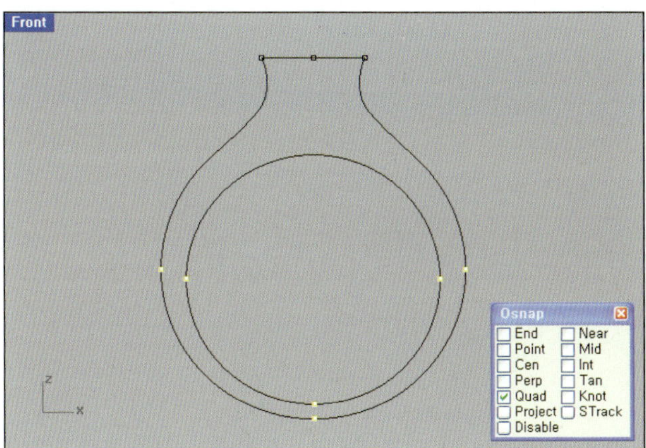

08_ Top View에서 Ellipse:Diameter 명령으로 좌, 우측 Point를 기준으로 장축을 그려주고 그림과 같이 단축 8mm의 타원을 그려준다.

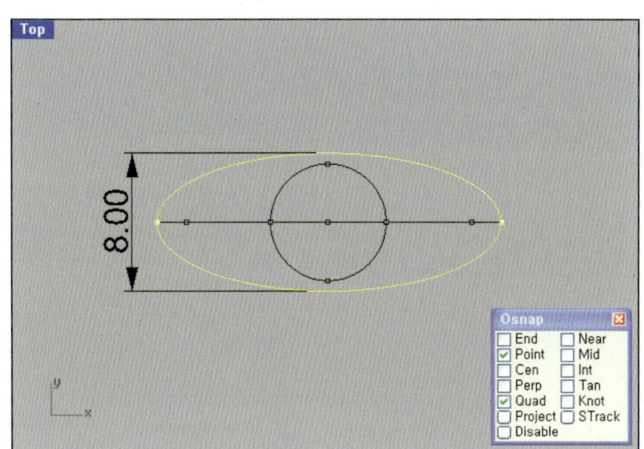

09_ Osnap에 Quad를 체크한 상태에서 그려진 타원의 단축 Quad점에 2개의 Point를 추가로 배치시켜 준다.

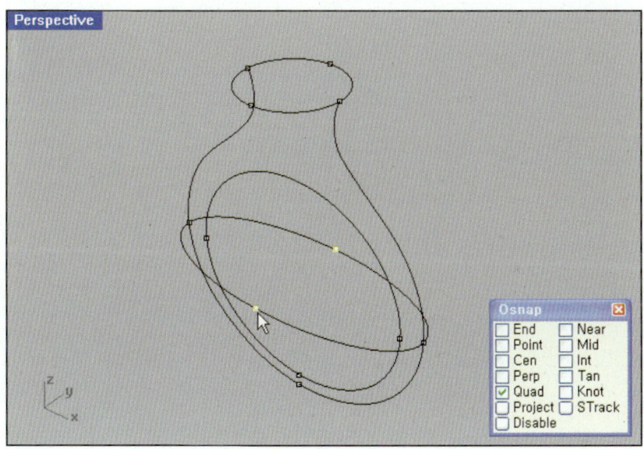

10_ Split으로 1번 객체를 2번 타원으로 잘라 2등분해 준다. 1번 커브가 잘린 상태의 모습이다.

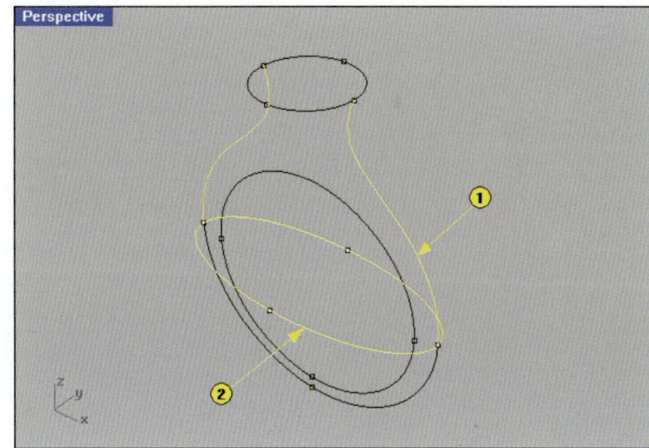

11_ Osnap에 Point를 체크하고 Right View에서 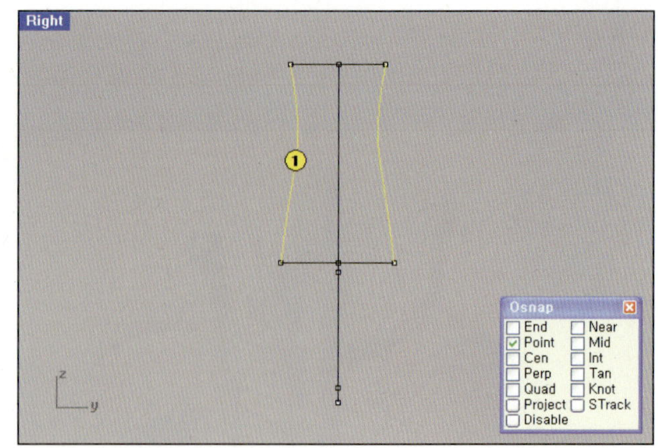 Curve:Interpolate Points 명령으로 1번 곡률 커브를 그려준 후 Mirror 복사해 준다.

12_ Surface from Network of Curves 명령으로 그림과 같이 번호 순대로 클릭하여 반지의 윗면을 만들어 준다. 명령 실행 중 옵션 창은 그림과 같이 설정하고 [OK] 한다.

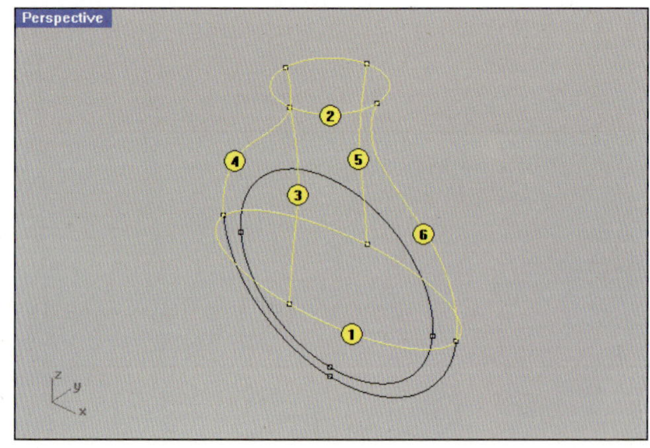

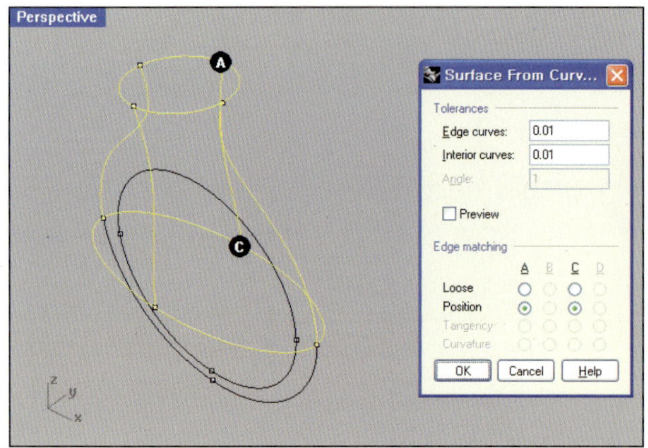

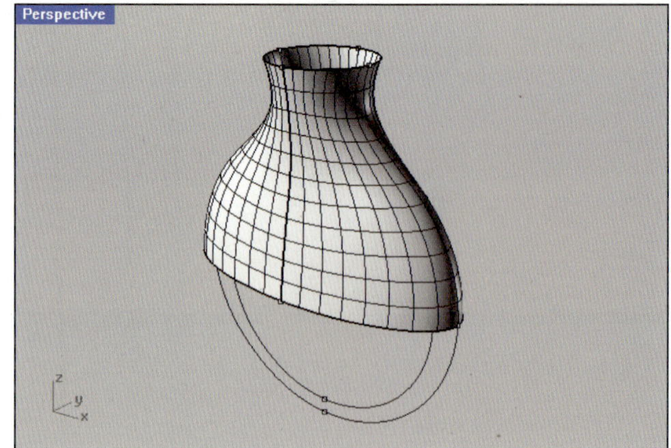

13_ Front View에서 내경 원(Circle)으로 반지의 면을 Split시켜준 후 안쪽 면을 지워준다.

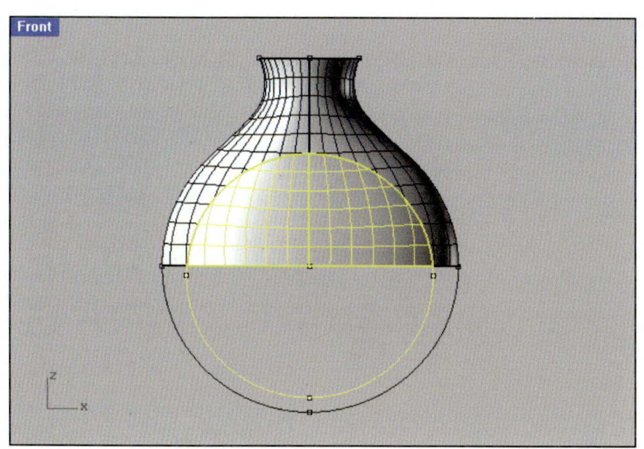 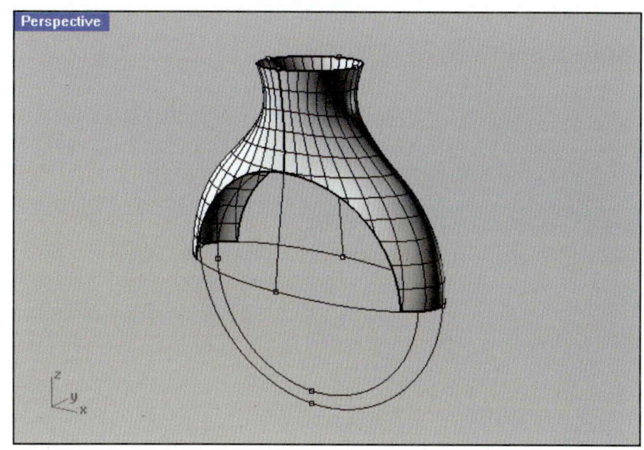

14_ Front View에서 타원과 내경을 동시 선택한 상태에서 화살표 부분을 Trim 명령으로 지워준다. 이렇게 하면 그림처럼 내경이 반으로 잘리게 된다. 이때 공간 교차 Trim이 제대로 작동하기 위해서는 Trim 옵션에 반드시 ApparentIntersections=Yes로 설정한 상태로 명령을 실행해 주어야 한다.

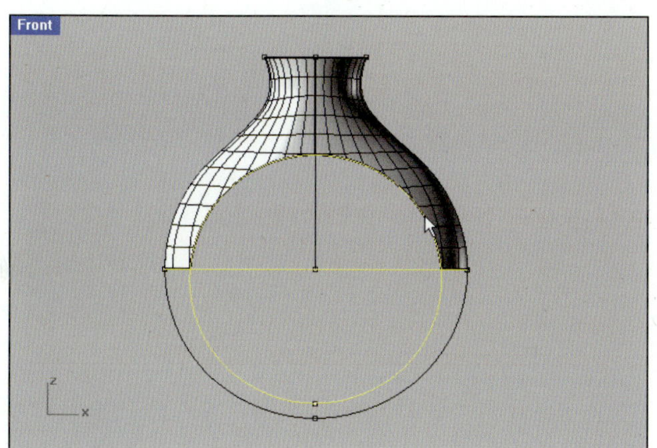 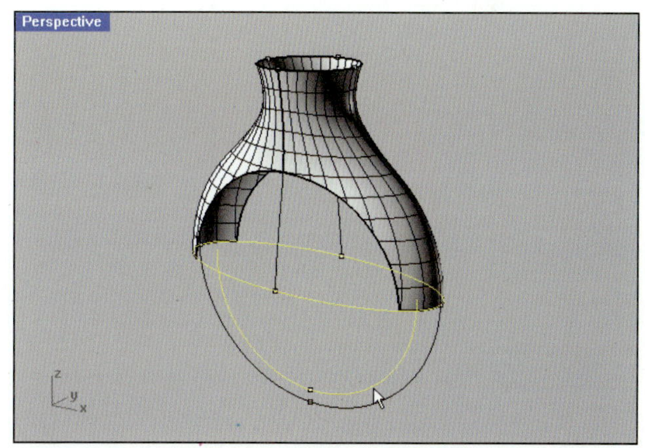

15_ Move 명령으로 내경 반원을 선택 그림과 같이 면의 End로 이동시켜 준다.

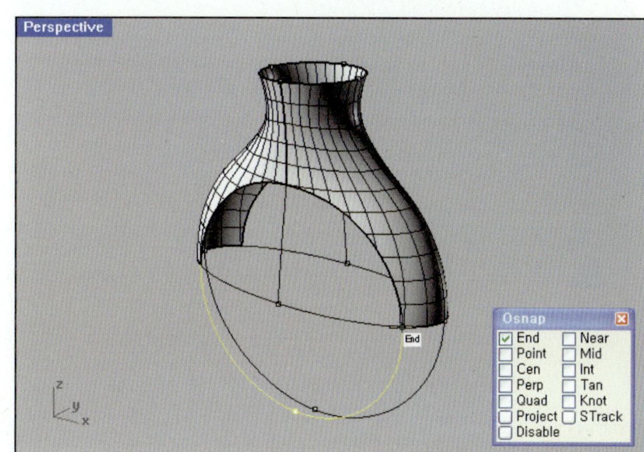

16_ 이동된 커브에 End점을 기준으로 Right View에서 Rotate 2-D 명령으로 반지의 측면 경사도를 고려하여 안쪽으로 약 3.6도 기울여준다.

17_ 기울여진 객체를 Mirror 복사한다.

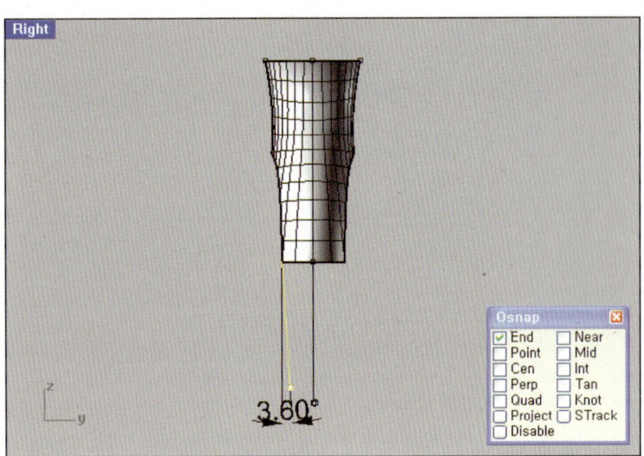

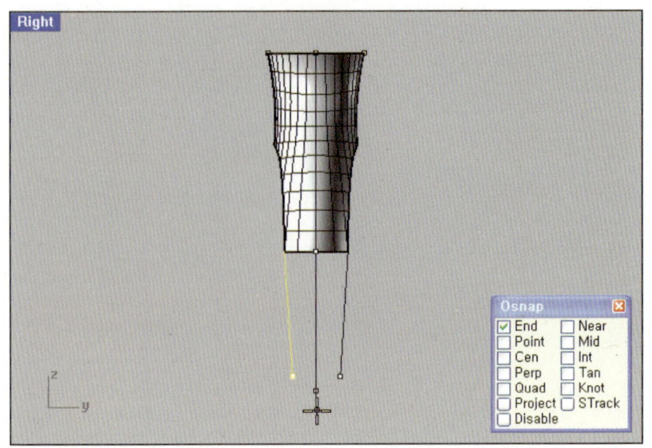

18_ Duplicate Edge로 면의 Edge 커브를 추출한다. 추출된 커브 중에 하나가 Seam으로 분리되어 추출되었다면 작업 전 Seam의 위치를 이동시켜 주거나 Join 시켜 준다.

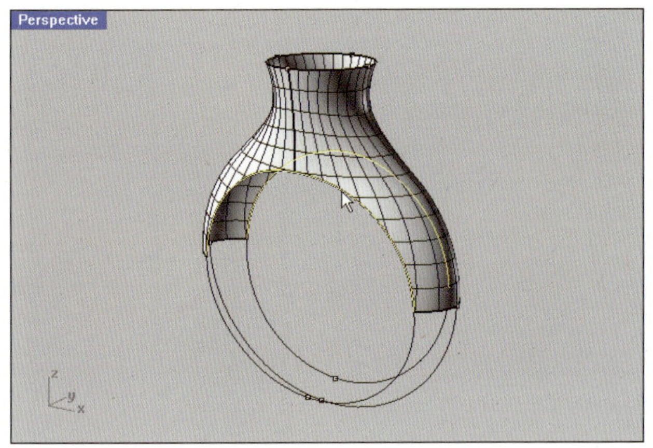

19_ Match Curve 명령으로 추출된 커브와 경사 커브의 접선부위를 각각 Match Curve 시켜준다.

명령 실행 중 나타나는 Match Curve 옵션은 그림과 같이 설정하고 [OK] 한다.

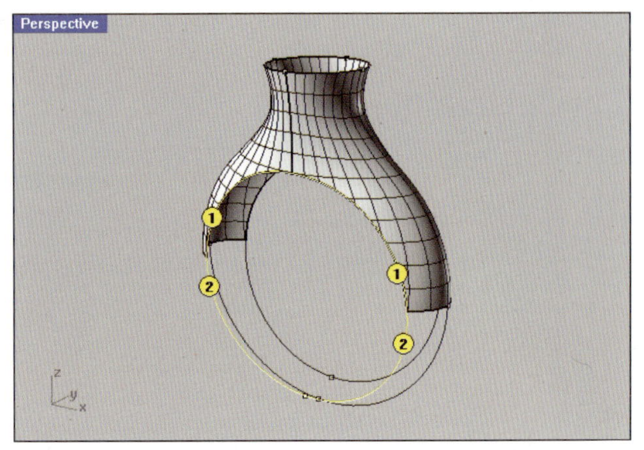

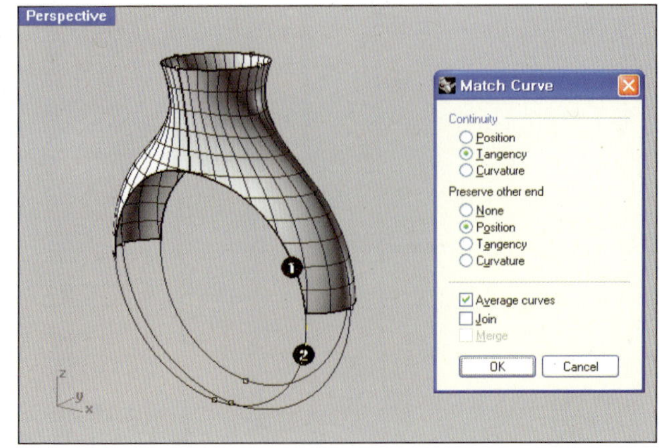

20_ Arc:Start, End, Point on Arc로 반지의 하단부 호(Arc)를 그려준다. 작업시 Osnap에 Quad와 Near를 체크한 상태로 작업한다.

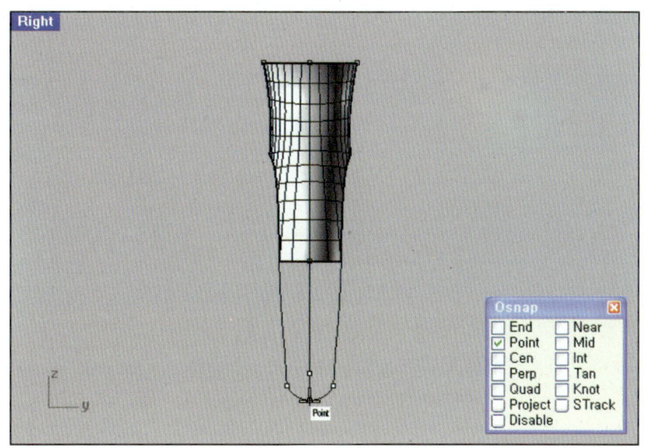

21_ Surface from Network of Curves 명령으로 반지 하단부의 면을 완성한다. 명령 실행 중 Surface From Curve 옵션은 그림과 같이 설정하고 [OK] 한다. 특히 A와 C의 경우 면의 Edge를 선택하여 Match 해 주어야 하며 옵션에 Tangency에 체크된 상태인지 확인한다.

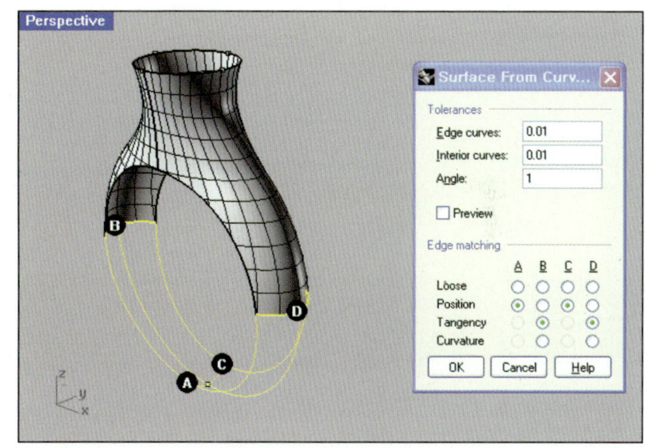

22_ A와 B 객체를 서로 Join한 후 Zebra Analysis로 면의 연결 상태를 확인해 본다. 흐름이 유연함을 볼 수 있다.

23_ 초기에 제작된 선을 선택하여 지워준다.

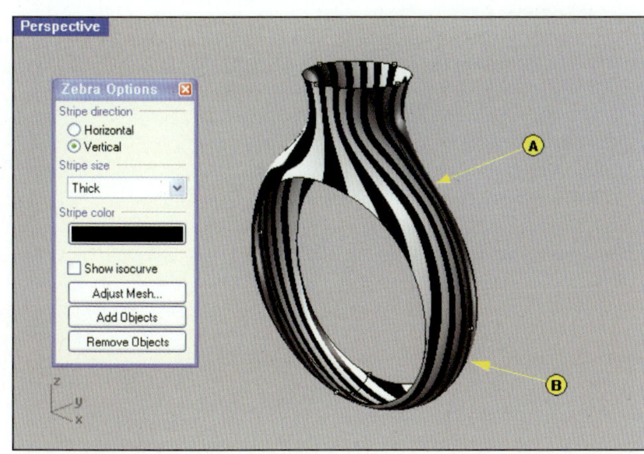

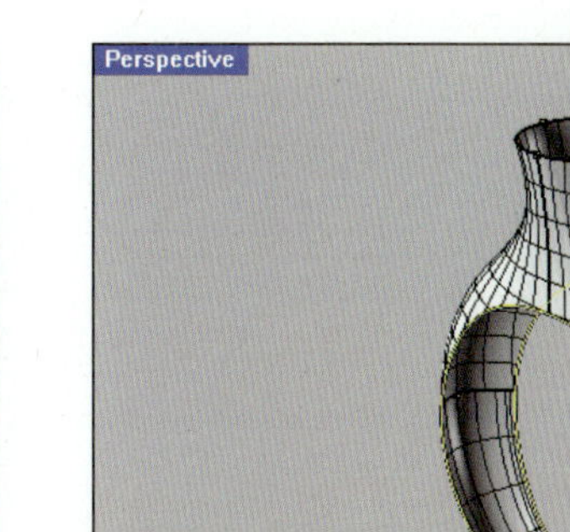

24_ Duplicate Border로 반지를 선택하여 다시 Edge 커브를 추출한다.

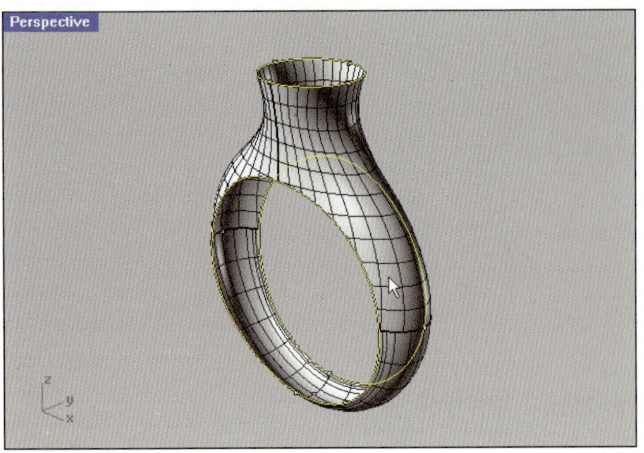

25_ line으로 Quad에 일치하는 직선을 하나 그어 준다.

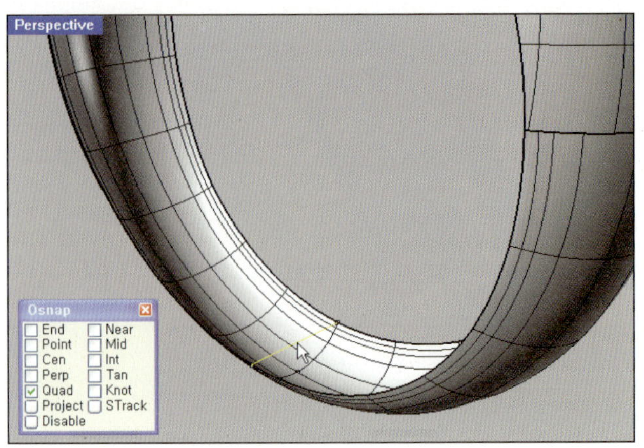

26_ Sweep 2 Rails 아이콘을 클릭하여 추출된 2개의 내경 커브를 따라가는 내경면을 만들어 준 후 면들을 Join 해준다.

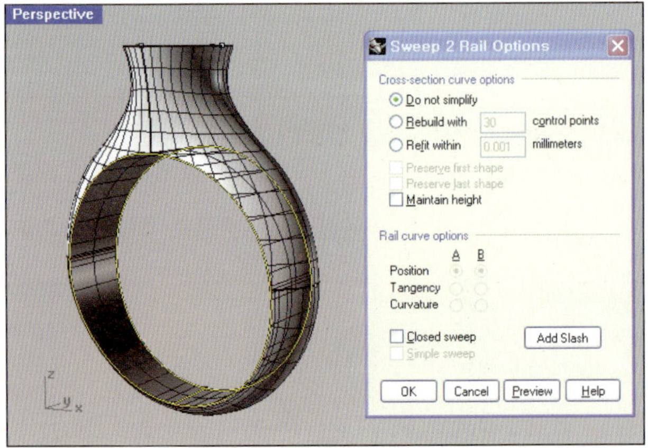

27_ Cap Planar Holes로 반지의 윗면을 막아 솔리드로 만들어 준다.

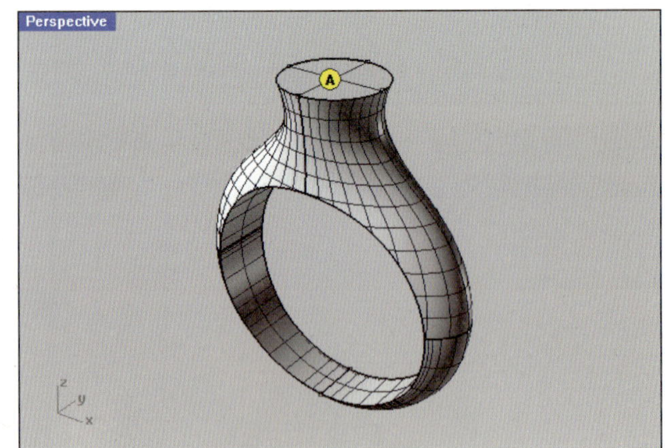

28_ Curve:Interpolate Points와 Line 명령으로 그림과 같이 U자형의 커브를 만들어 주고 대칭 교차 부위에 Fillet Curves 처리하고 Join하여 마무리한다.

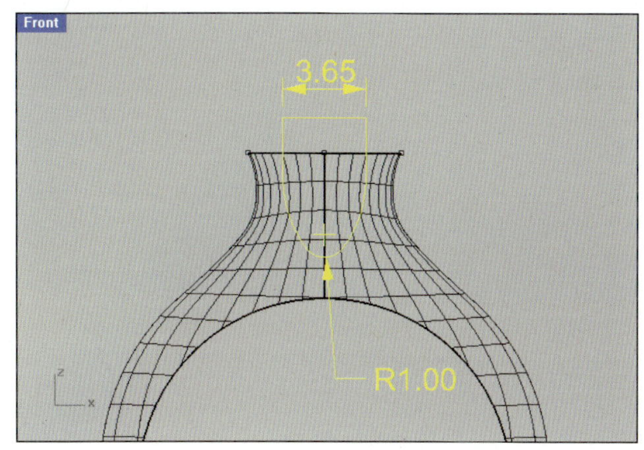

29_ 앞서 그려진 닫힌 커브를 Extrude closed planar curve 명령으로 반지 윗면을 관통하는 크기의 솔리드 객체를 만들어 준다.

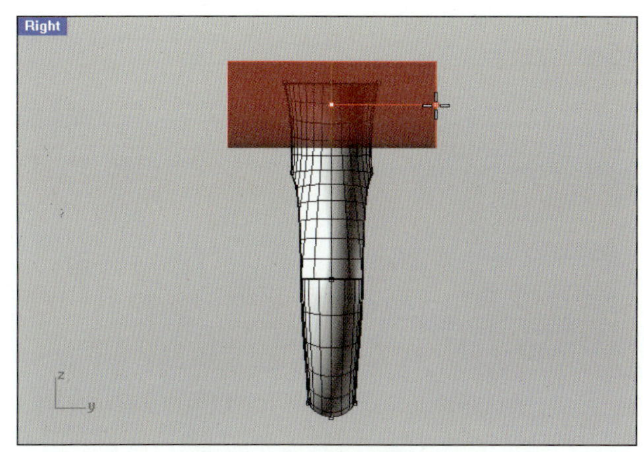

30_ Extrude된 객체를 Copy Ctrl + C , Paste Ctrl + V 아이콘을 순서대로 연속해서 클릭해 주면 객체가 제자리 복사된다. 복사된 객체를 Top View 에서 원의 중심을 기준으로 Rotate 2-D로 45도씩 회전시켜 주면 그림과 같은 결과를 얻을 수 있다.

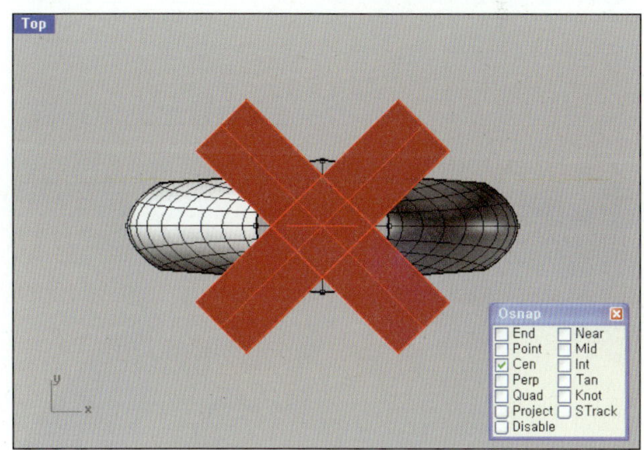

31_ 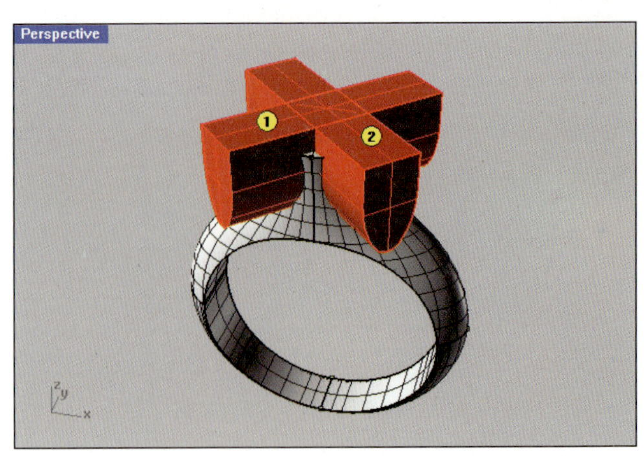 Boolean Union으로 U자형 객체 1번과 2번을 하나로 교집합해 준다.

32_ Boolean Difference로 객체 A로 B를 차집합시켜 파준다.

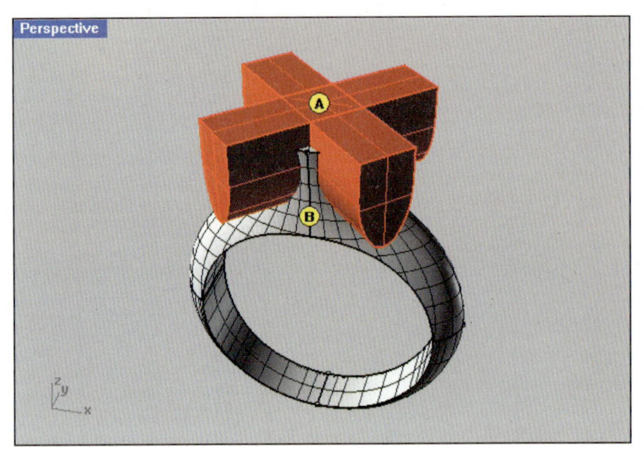

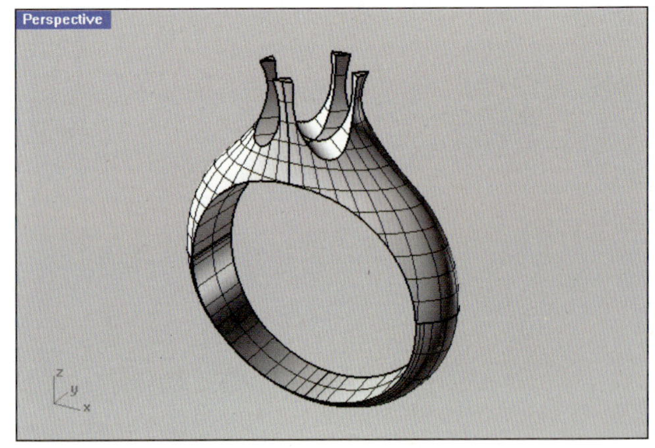

33_ Sphere:Center, Radius 명령으로 난발의 모서리를 장식해 준다. Top View에서 Polar Array 로 총 4개를 원형 배열시켜 주면 편리하다. 물론 객체들은 Boolean Union 합집합시켜 준다.

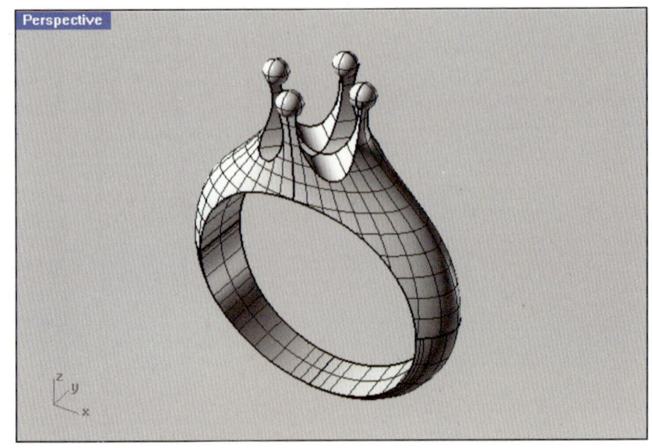

34_ 보석 세팅은 **부록 CD** 〉 **보석샘플** 〉 GEM−11을 불러와 크기를 적절히 조정하여 마무리한다.

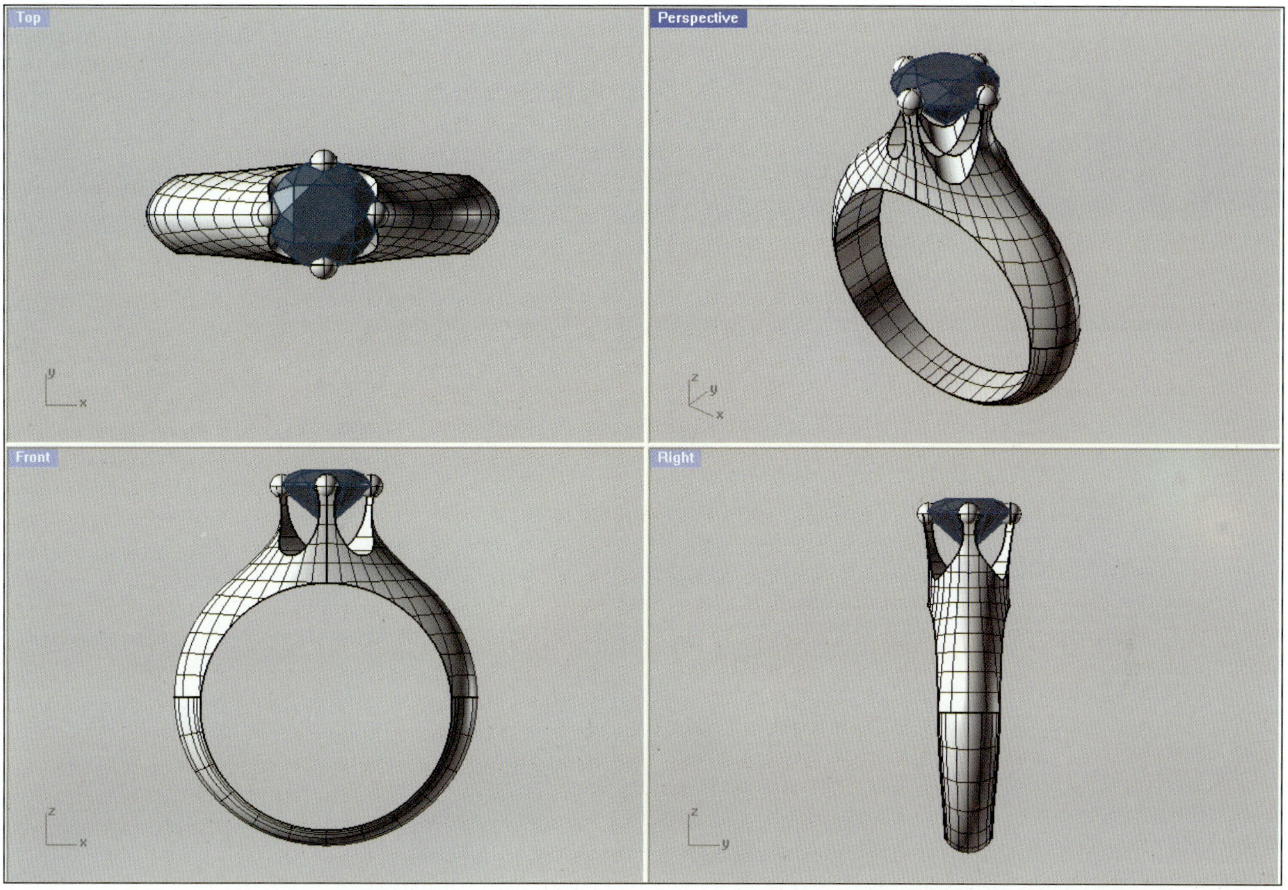

35_ Shade로 최종 결과를 확인해 본다. 난발이 좀 길거나 비례가 적절하지 않다면 별도의 가공을 해도 무방하다. 또한 여기서는 중복된 속파기 방법과 세부 Fillet 처리는 생략한다.

Chapter 06

4발 난집 반지 만들기

Preview

 **따라해 보세요 !**

01_ 작업 전 스텐다드 툴바의 Options 〉 Rhino Options 〉 Grid 〉 Grid spacing을 0.5millimeters에 설정한다. Grid Snap을 이용하여 커브들을 그리기 쉽게 하기 위해서이다.

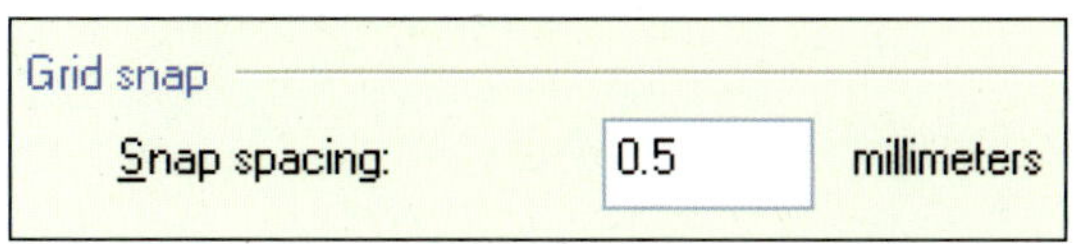

02_ Grid Snap에 Snap이 체크된 상태에서 Circle:Center, Radius로 내경 18.40mm, 외경 23.00mm의 원을 그려준다.

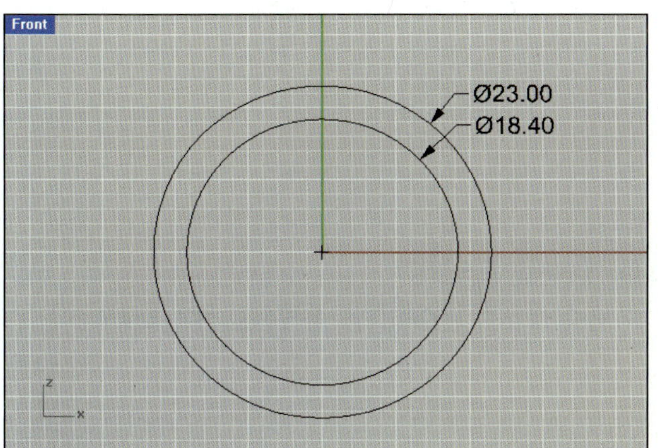

03_ Move 명령으로 외경의 하단 Quad 점을 클릭, 윗쪽으로 1mm 올려준다. 하단 두께가 1.3mm가 되도록 해준다.

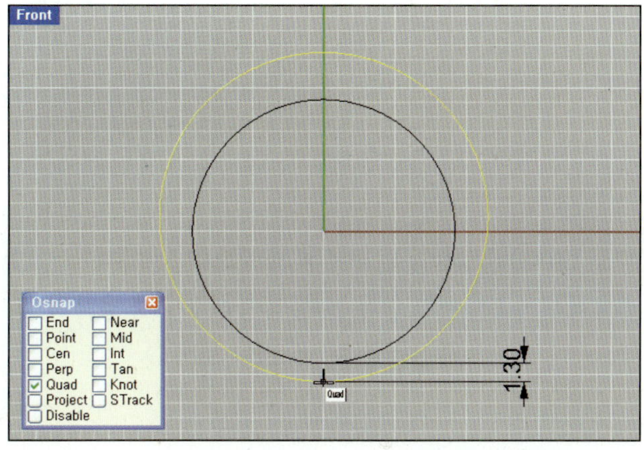

04_ Line:from Midpoint 명령으로 외경의 Quad점을 기준으로 그림과 같은 치수의 수평선을 그어준다.

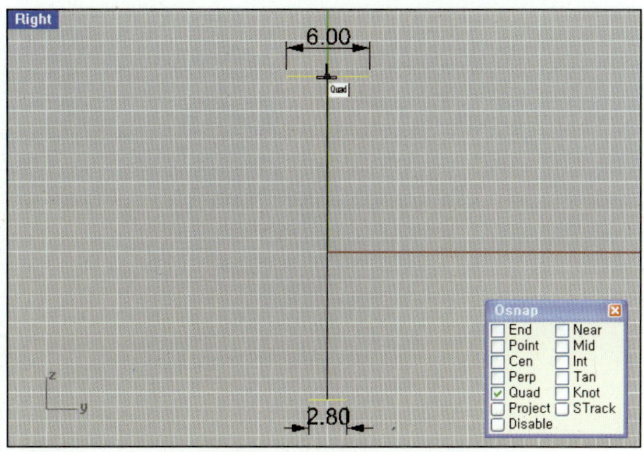

05_ Line 명령으로 수평커브의 End점에 일치하는 좌, 우측 1번과 2번 사선을 그어준다.

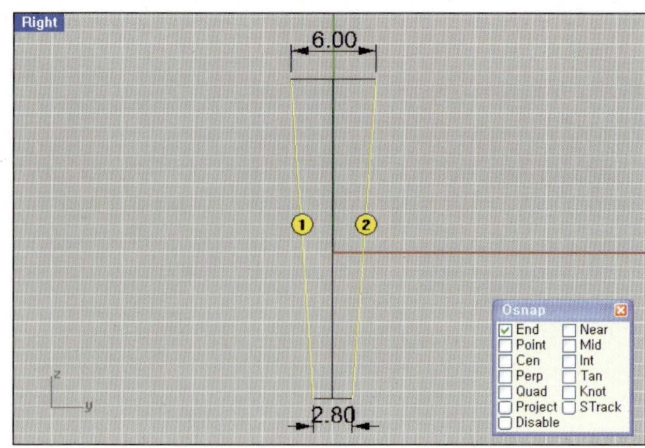

06_ Curve from 2 Views 아이콘 클릭 〉 1번 사선 클릭 〉 A원 클릭 〉 Enter 〉 1번 사선 클릭 〉 B원 클릭 〉 Enter 〉 2번 사선 클릭 〉 A원 클릭 〉 Enter 〉 2번 사선 클릭 〉 B원 클릭 〉 Enter 하면 그림과 같이 원이 1번과 2번 사선에 일치하여 기울게 된다.

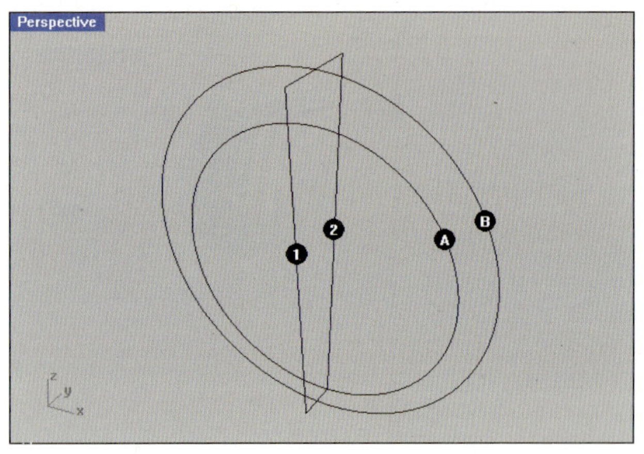

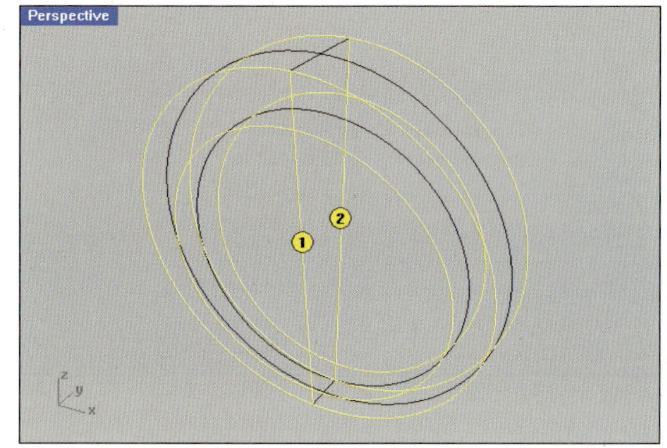

07_ Arc:Start, End, Point on Arc로 상단에 Radius=12.00, 하단에 Radius=5의 호(Arc)를 그려준다. Osnap에 End를 체크한 상태로 작업해 준다.

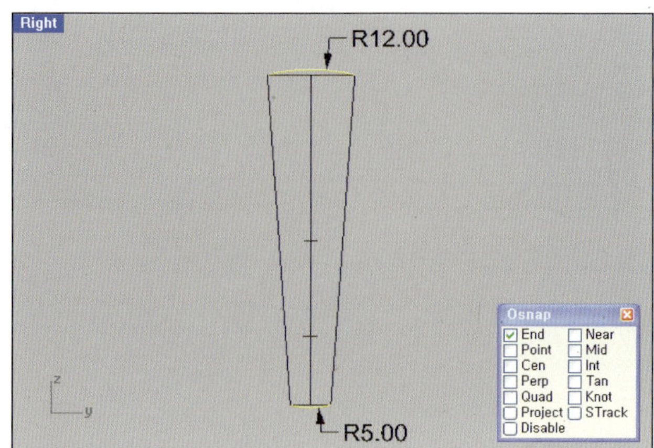

08_ 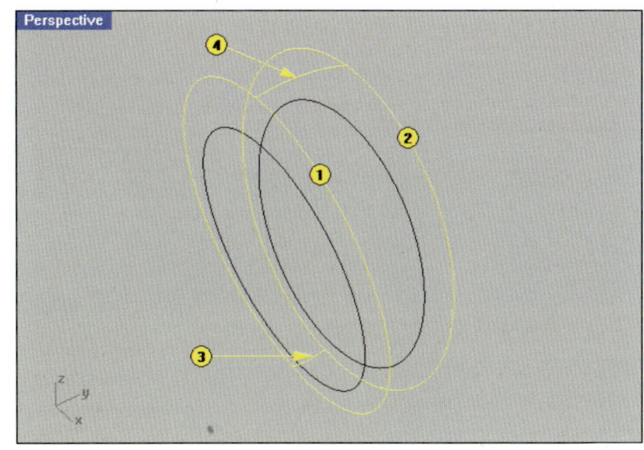 Sweep 2 Rails 명령으로 그림과 같이 번호
순서대로 클릭하여 면을 만들어 준다.

명령 실행 중 나타나는 옵션 설정은 그림과 같다.

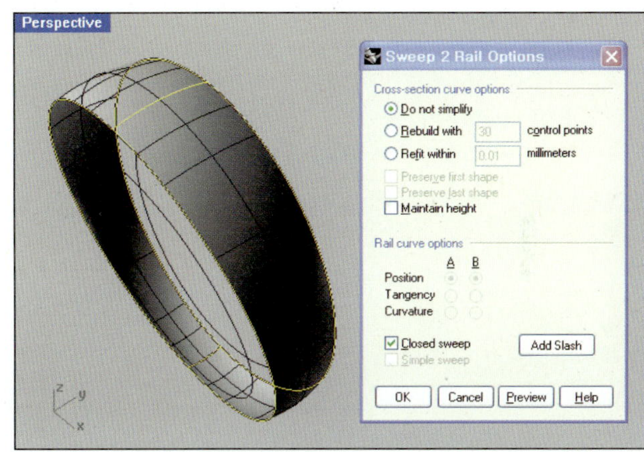

09_ Surface from Planar Curves로 1번과 2번 커브를 각각 선택하여 반지의 옆면을 모두 만들어 준다.

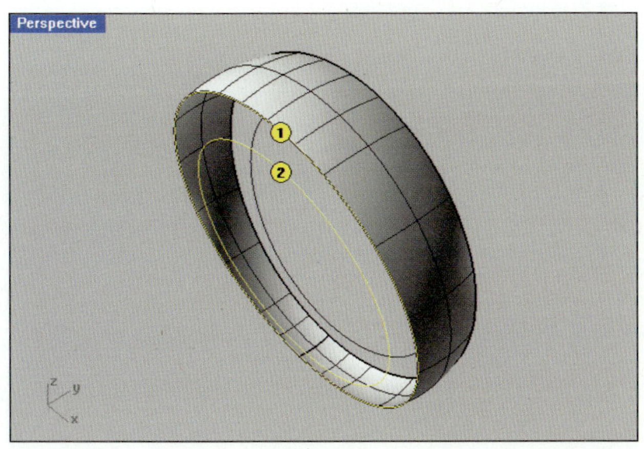

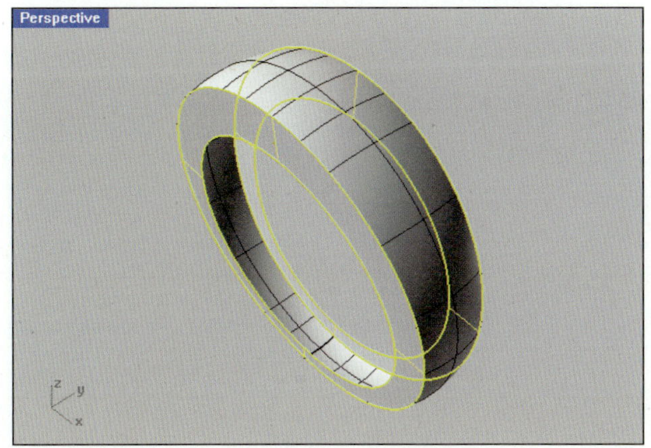

10_ 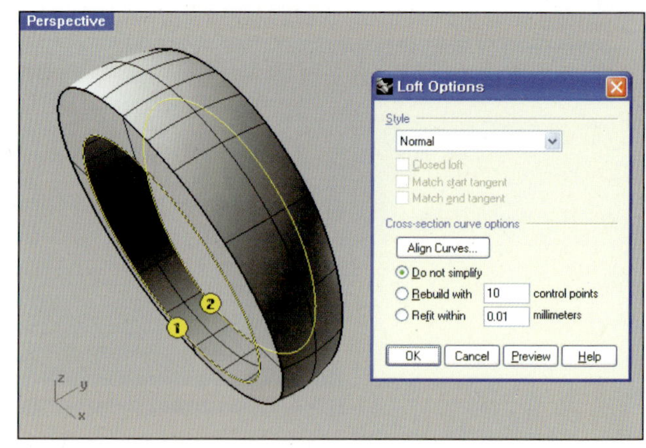 Loft 명령으로 1번과 2번 Curve를 선택하여 반지의 내경 면을 만들어 준다. 명령 실행 중 나타나는 Loft Options는 그림과 같이 설정하고 [OK] 한다. 만들어진 면들을 모두 Join 시켜준다.

11_ Ellipse-From Center 명령으로 그림과 같은 치수의 타원을 그려준다.

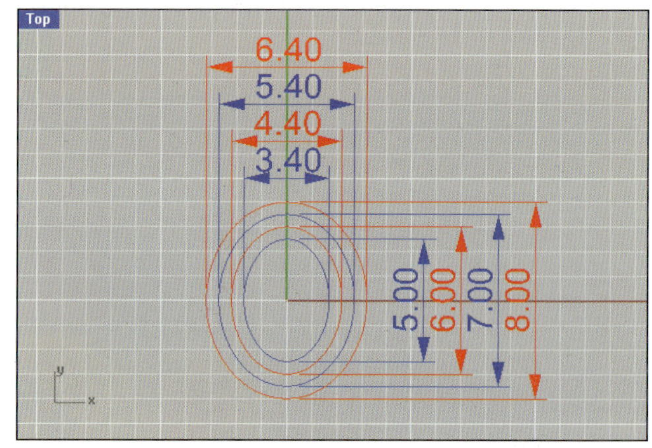

12_ 빨강색 타원 2개만을 선택하여 Front View에서 Quad점을 잡아 바닥에서 윗쪽으로 5mm Move 시켜준다.

13_ Polyline으로 타원의 Quad점을 모두 지나가는 닫힌 커브를 그려준다.

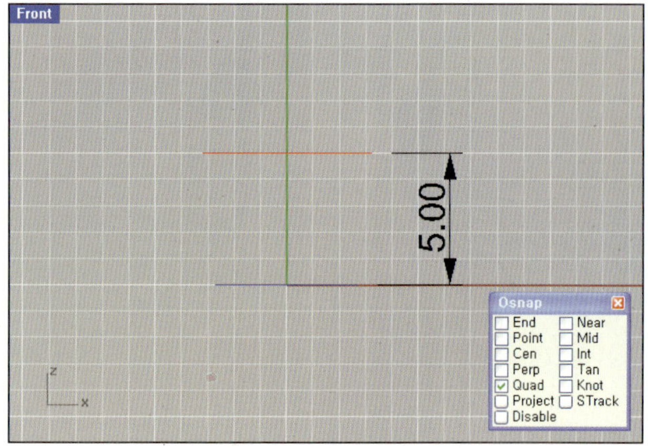

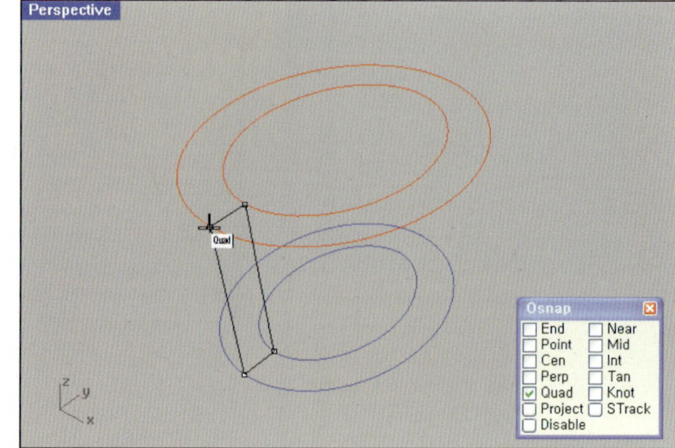

14_ Sweep 2 Rails 명령으로 해당 번호 순서대
로 클릭하여 경사진 솔리드 상태의 난집을 만들어 준다.

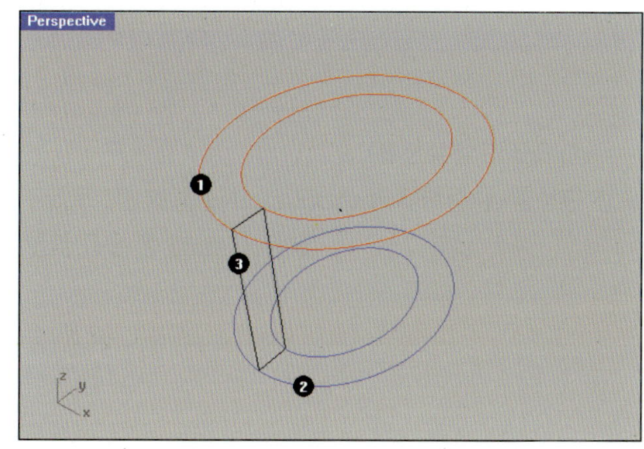

명령 실행 중 나타나는 Sweep 2 Rail Options에는 그림
과 같이 설정하고 [OK] 한다.

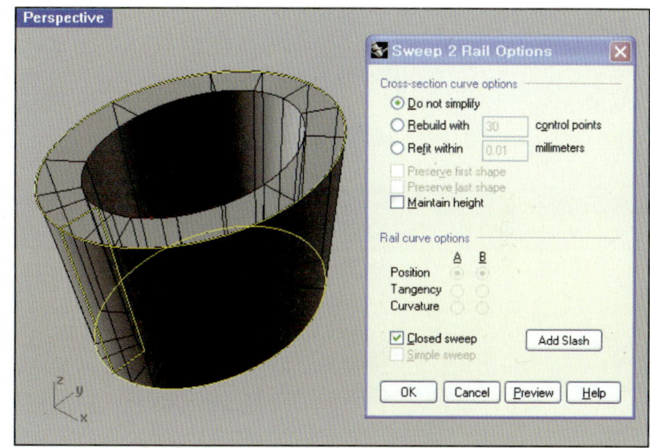

15_ Volume Centroid로 난집의 중심부에 Point
를 만들어준다.

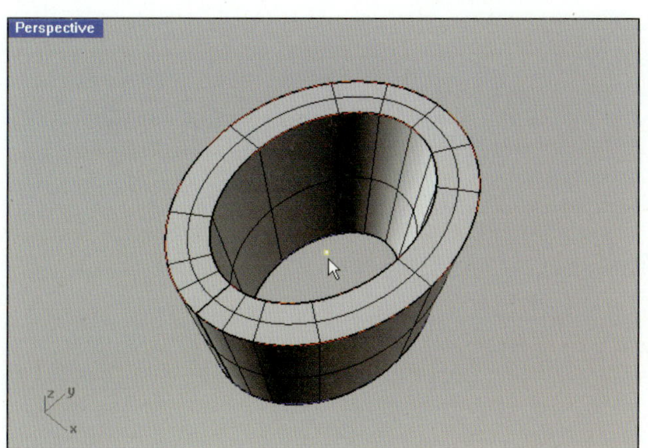

16_ 내경 Quad 점에서 약 1.6mm 지점에도 Point
를 배치시켜 준다.

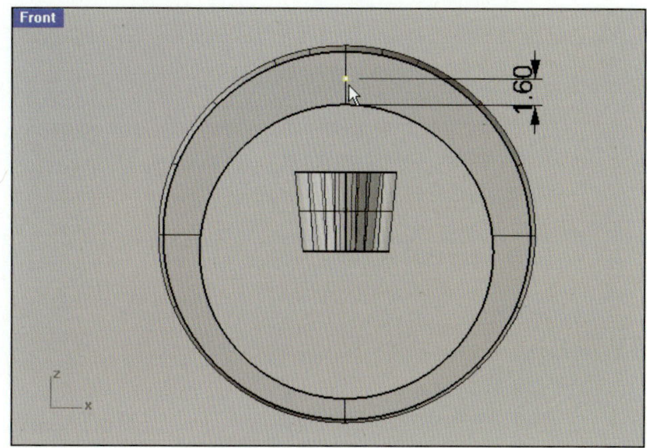

17_ 난집과 중심 포인트를 동시에 선택하여 지환부 상단의 포인트에 난집의 포인트가 일치하도록 ⬚ Move 시켜준다.

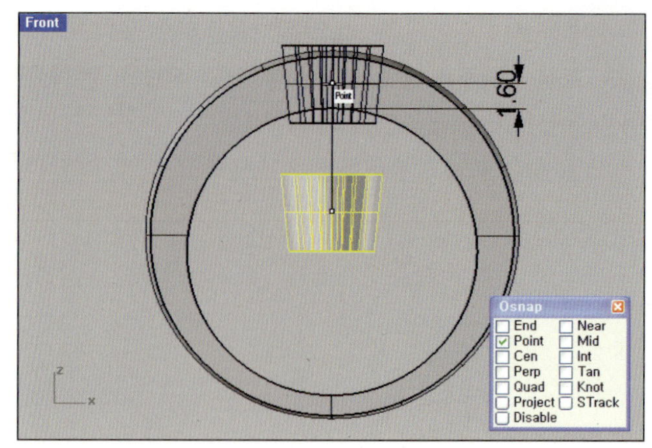

18_ 난집을 📋 Copy Ctrl + C , 📋 Paste Ctrl + V 제자리 복사한 후 하나는 숨겨준다. 다음 🔵 Boolean Difference로 그림과 같이 차집합한다.

안쪽 잔류물은 지워준다.

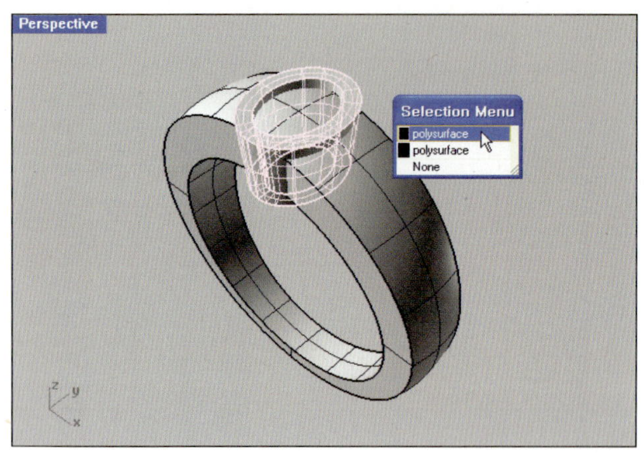

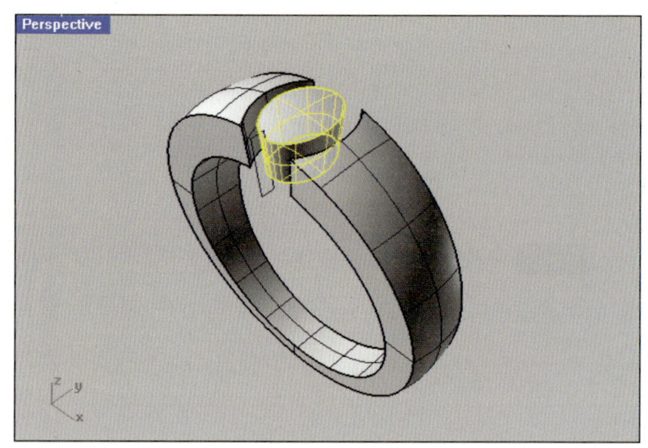

19_ 숨겨둔 난집 1을 보이게 한 후 2번 지환과 🔵 Boolean Union으로 합집합 해준다.

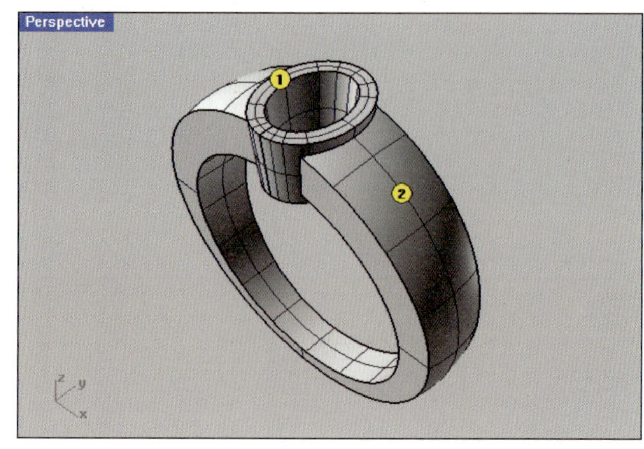

20_ Duplicate Edge로 모서리에서 직선 커브를 하나 추출한다.

21_ 난발의 길이를 조정해 주기 위하여 추출된 직선을 윗쪽으로 2mm, 아래로 2mm씩 Extend by Line 으로 연장해준다.

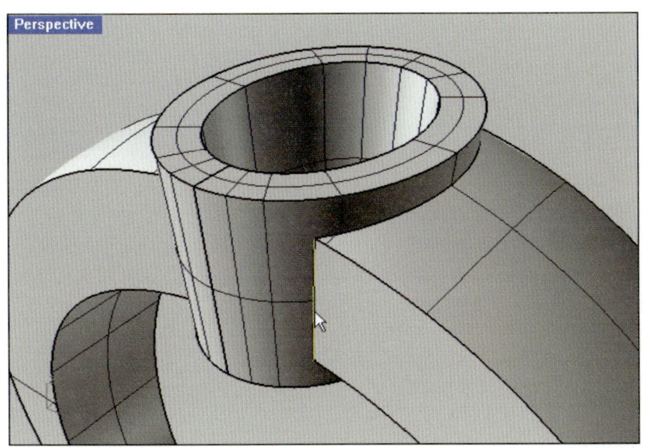

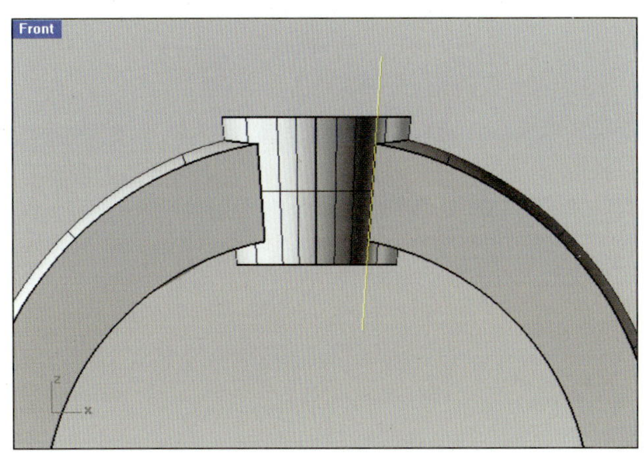

22_ Pipe, Round Caps(Thick=No, Cap=Round) 명령으로 지름 1.2mm의 실린더를 만들어 준다. 나머지 난발들은 Front View와 Right View에서 Mirror 복사하여 마무리한다.

23_ 호(Arc) Arc:Start, End, Point on Arc와 Line 명령으로 그림과 같은 모양의 라인을 드로잉 하여 Join 한다. 난집에 구멍을 뚫어주기 위한 준비 이다.

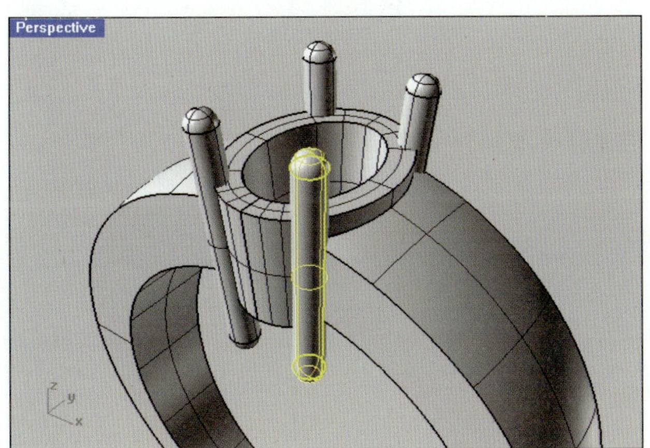

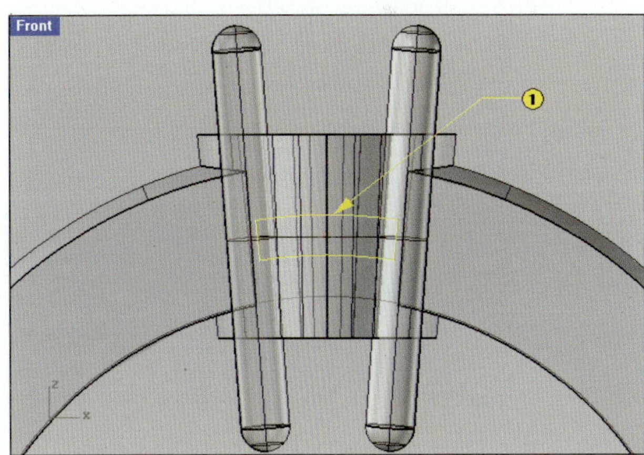

24_ 1번 커브를 Extrude closed planar curve로 난집을 관통하는 정도의 객체를 만들어준다.

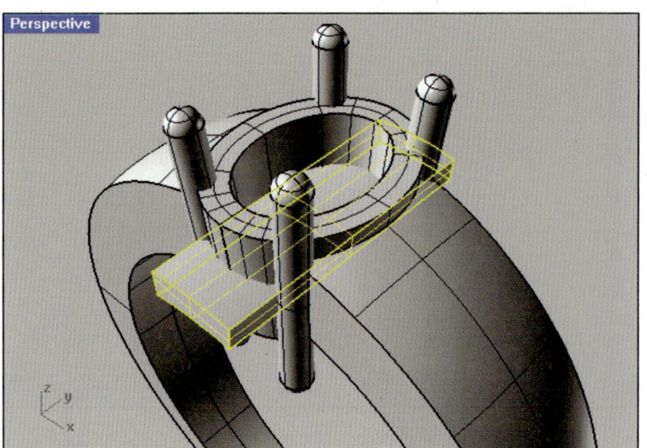

25_ Boolean Difference로 그림과 같이 난집에 구멍을 내준다.

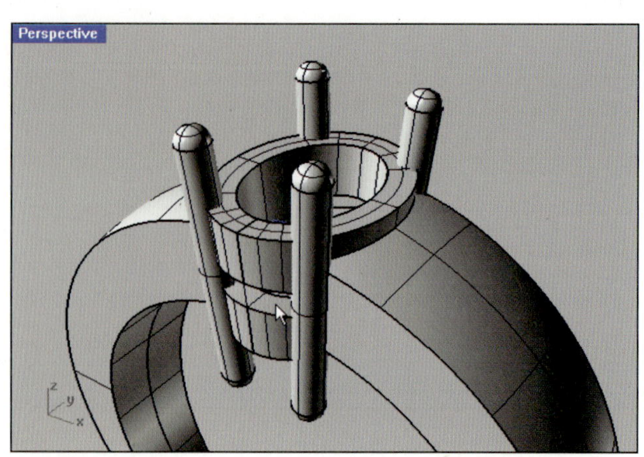

26_ Circle:Center, Radius로 Front View에서 지름 18.5mm의 원을 그려준다.

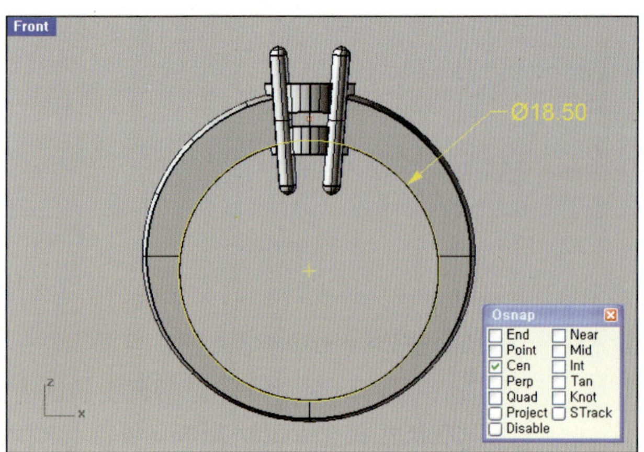

27_ Extrude closed planar curve로 지환을 관통하는 정도의 원기둥을 만들어 준다.

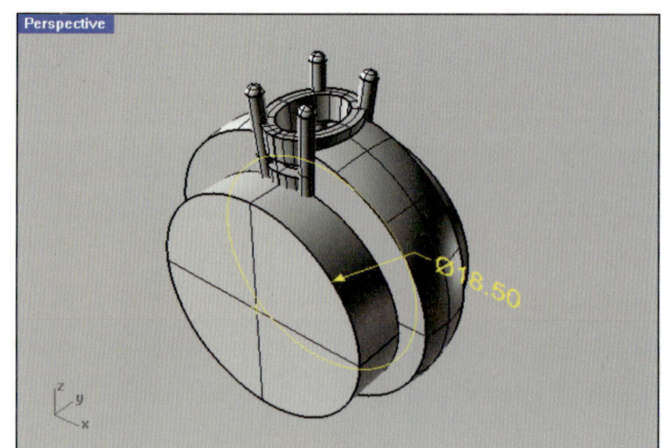

28_ 구멍을 뚫기 전 난집과 난발, 지환을 모두 Boolean Union으로 하나로 합쳐준다.

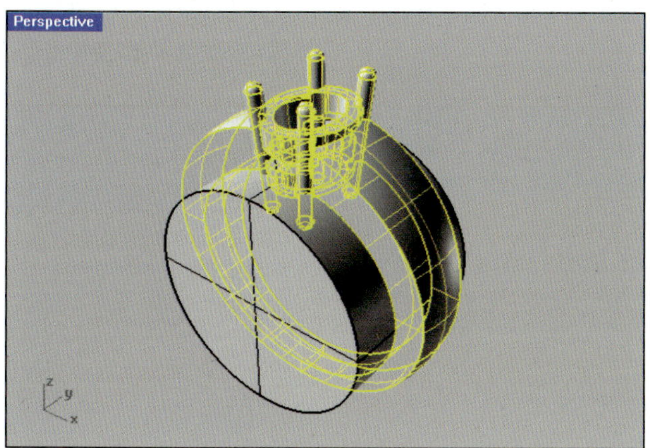

29_ 원기둥을 이용 Boolean Difference 내경을 파준다.

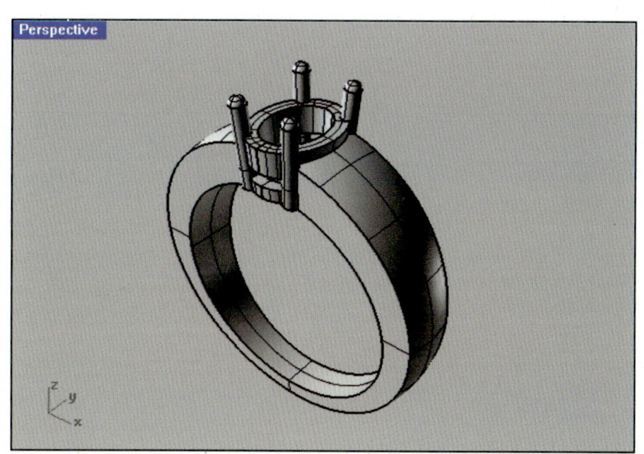

30_ Extract Surface로 A면과 B면을 떼어낸다. 나머지 객체는 제자리에 Hide로 숨겨준다.

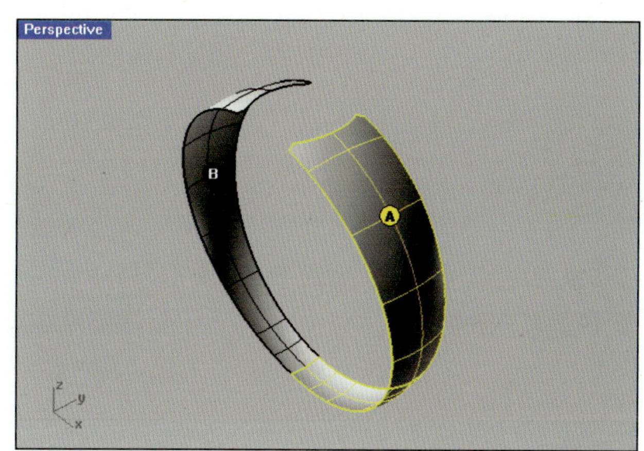

31_ Rectangle-Center, Corner로 그림과 같은 치수의 직사각형을 드로잉한다. 물론 안쪽의 직사각형은 Offset Curve 0.4mm 해준 것이다. 이번에 자주 사용했던 UV 명령을 쓰지 않고 면을 직접 자를 것이다.

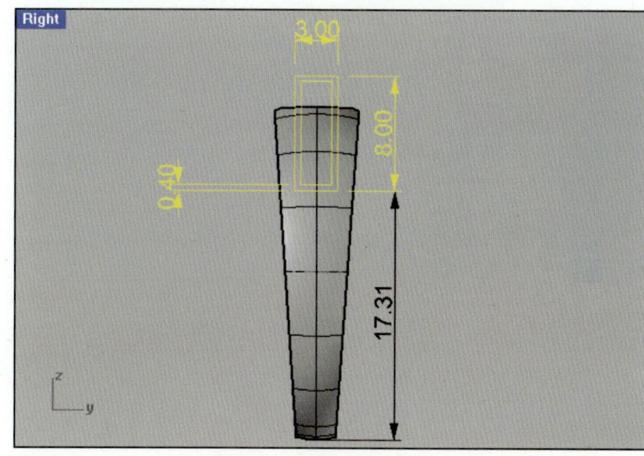

32_ 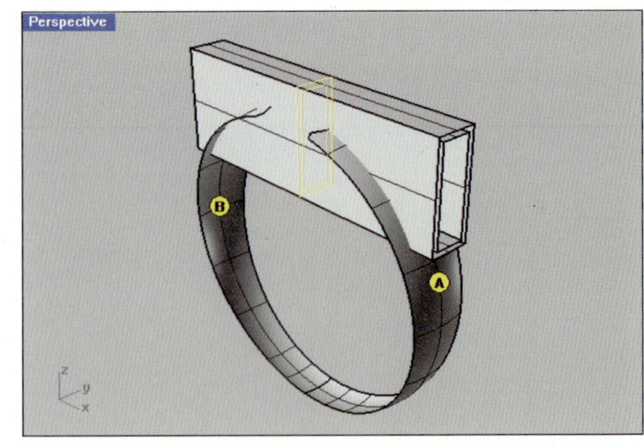 Extrude Straight 명령으로 직사각형 2개를 동시에 면으로 만들어 A, B면을 Split으로 잘라준다.

33_ 잘린 면들 중 노랗게 선택한 면들만을 지워준다.

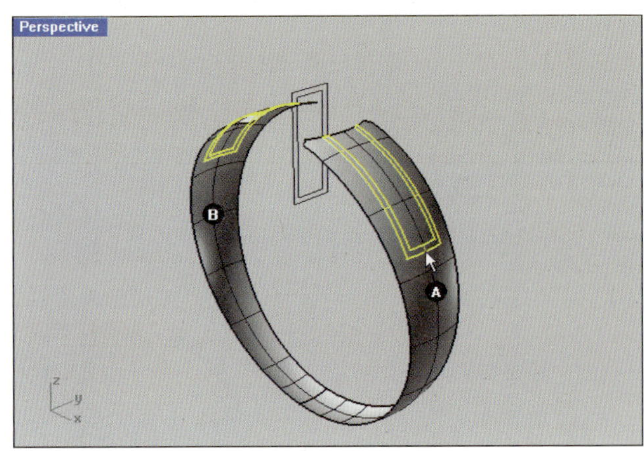

34_ Offset Surface 명령을 사용 옵셋 방향(Direction)을 안쪽으로 조정하고 0.3mm 면 옵셋을 해주고 옵셋에 사용된 윗면은 지워준다.

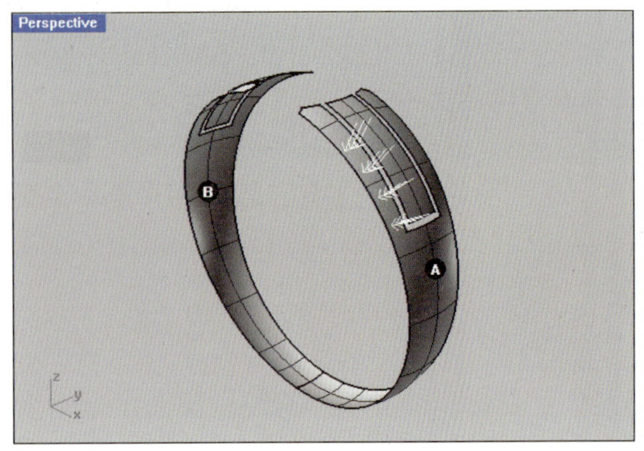

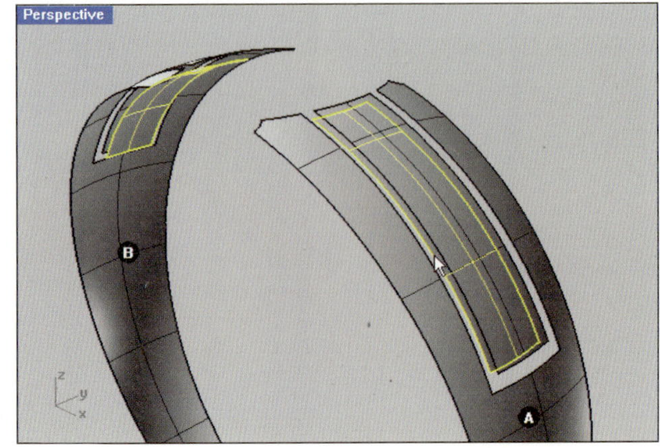

35_ 면의 Edge와 Edge를 클릭 Loft 명령으로 경사진 면을 모두 만들어 메꿔준다.

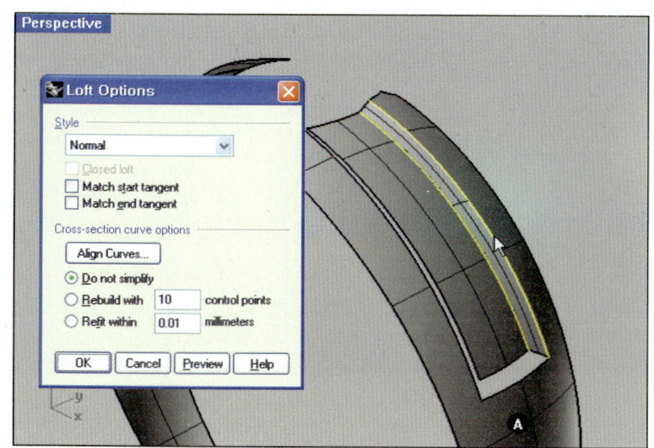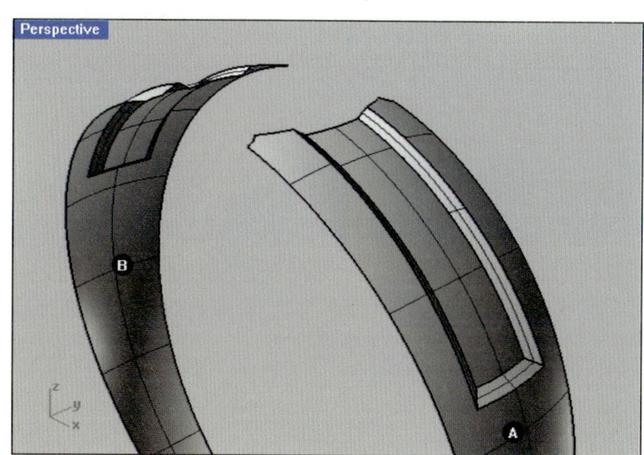

36_ Offset curve on surface 아이콘 클릭 〉
그림과 같이 면의 Edge를 클릭 〉 Flip으로 옵셋방향을 정
해주고 거리 0.3mm 옵셋시켜 준다.

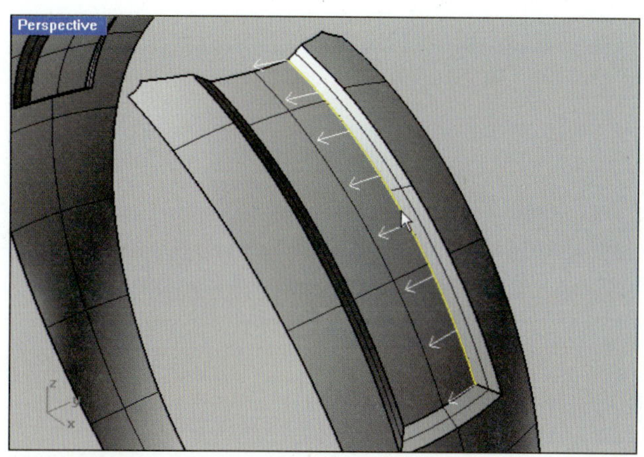

1, 2번처럼 나머지도 모두 같은 방법으로 처리해준다.

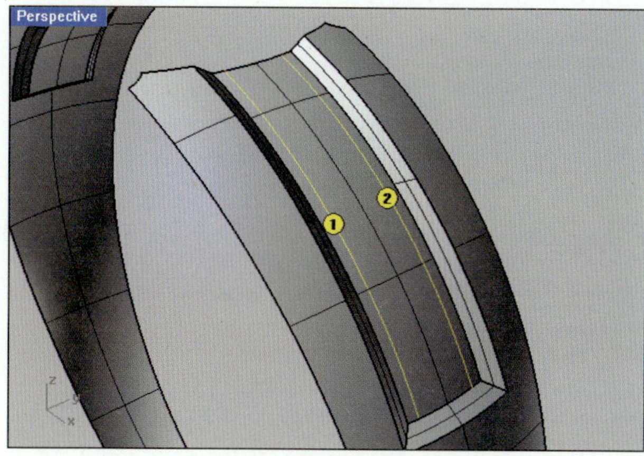

37_ 1번과 2번 End점에  Point를 하나 찍어준다.

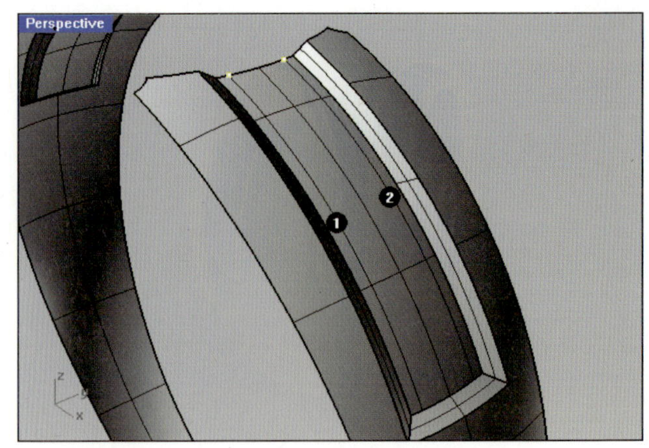

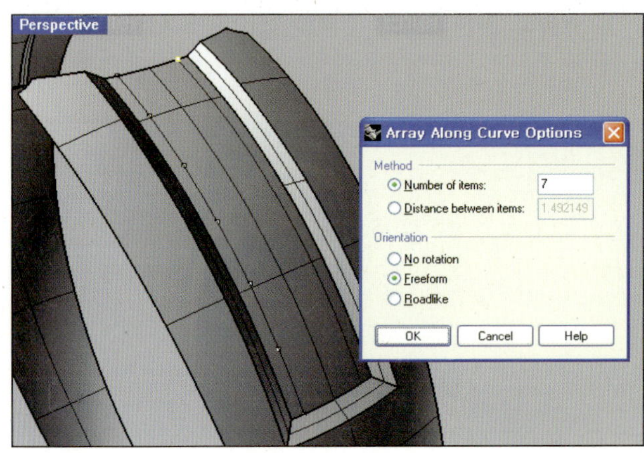

Array along Curve로 시작 포인트를 시작으로 하는 각각 7개씩의 포인트를 커브에 배열한다. 명령 실행 중 옵션 창이 뜨면 그림과 같이 설정하고 [OK] 한다.

38_ 이제 작은 난발을 만들어 준다. 치수를 참조하여 만들어 주되 반드시 중심에 Point를 배치해 주어야 한다. 이 포인트 부분이 면에 붙는 위치가 되기 때문이다.

난발을 쉽게 그리려면 Cylinder로 기둥을 그려준 후 모서리에 Variable Radius Fillet 처리하면 된다.

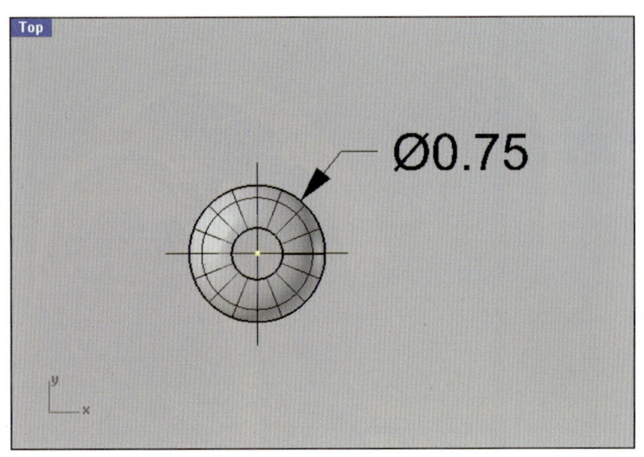

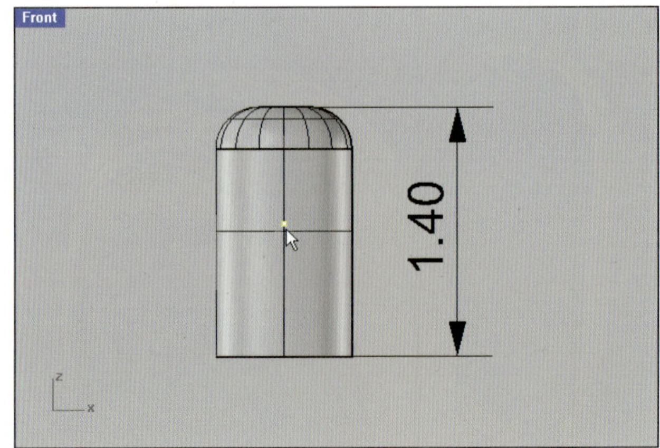

39_ 작은 난발까지 준비가 되었으면 이제 숨겨둔 반지 본체를 보이게 한다. 아직 Join은 하지 않는다. 이제 난집과 파인 경사면과의 홈을 메꿔 주어야 한다. 화살표 지시 부분을 확대한다.

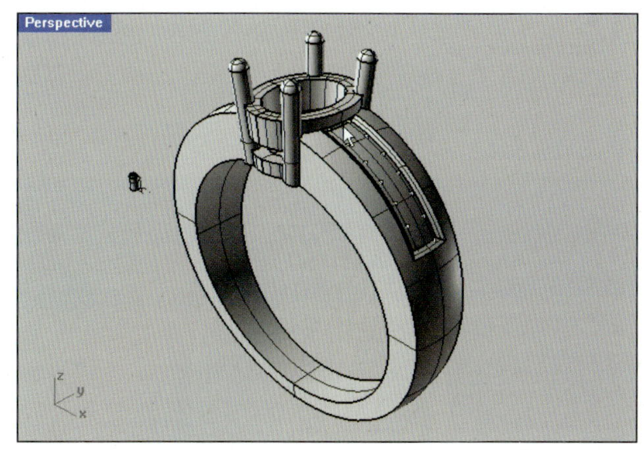

40_ 난발이 붙어있는 난집만을 선택하고 Show Edges 아이콘을 클릭하면 붉은 색으로 모든 Edge들이 보이게 되는데 Split Edge 명령으로 1번과 2번 부위의 End점을 잘라준다.

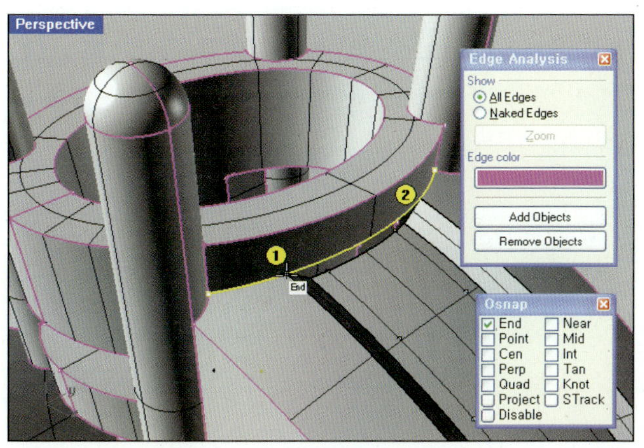
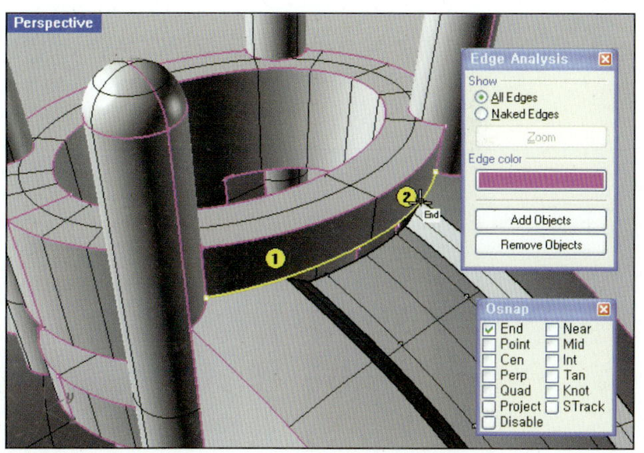

41_ Surface from 2, 3 or 4 Edge Curves로 잘린 Edge를 포함하여 4개의 Edge를 순차적으로 선택하여 면을 만들어 준다. 반대쪽도 같은 작업을 반복해준다.

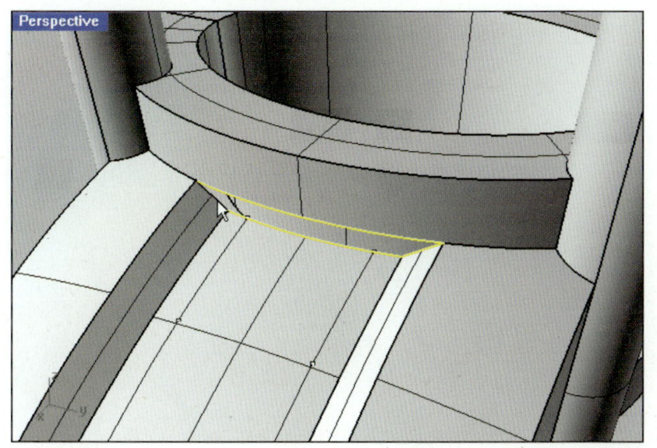
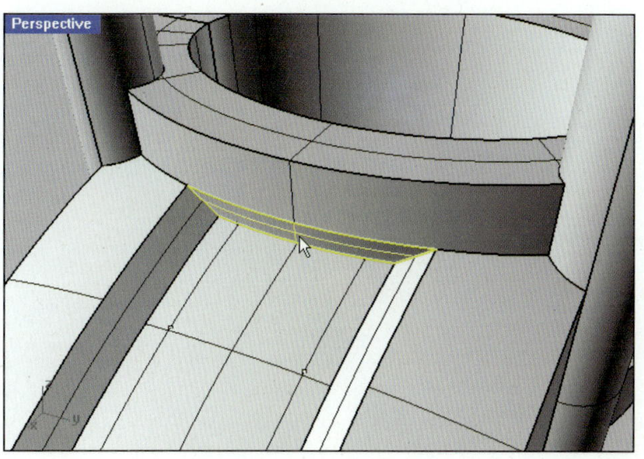

42_ Extract Isocurve로 주 보석을 배열할 경로 커브를 하나 추출한다.

43_ 앞선 작업 방법처럼 Array along Curve로 시작 포인트를 시작으로 하는 각각 7개씩의 포인트를 커브에 배열한다. 명령 실행 중 옵션창이 뜨면 그림과 같이 설정하고 [OK] 한다.

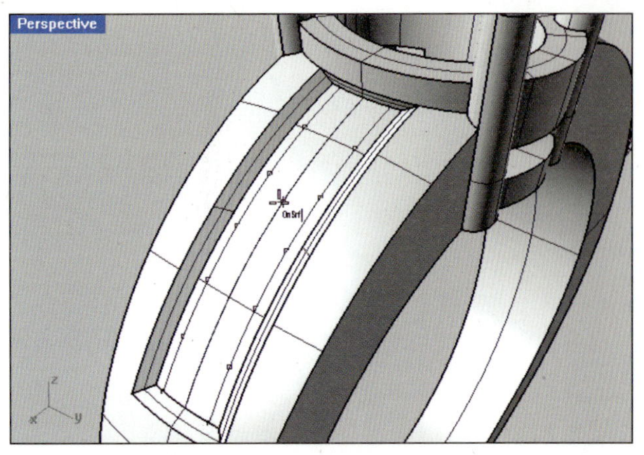

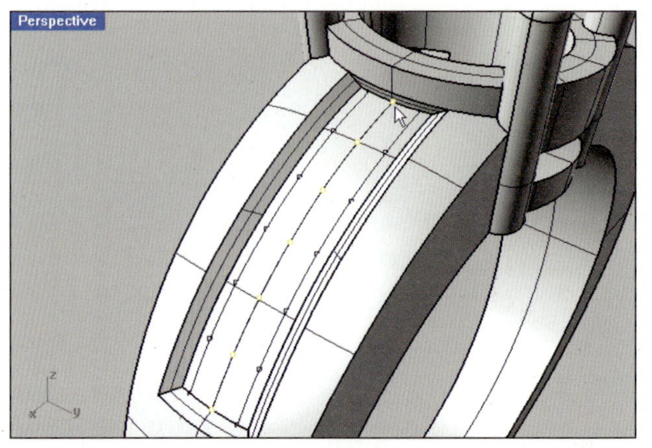

44_ 우선 난발부터 면에 붙이는 작업을 시작해 본다.
Array along Curve on Surface 아이콘 클릭 〉
Select object to array : 난발클릭(Top View에서) 〉
Enter 〉 Base point : 포인트 클릭(Top View에서) 한다.

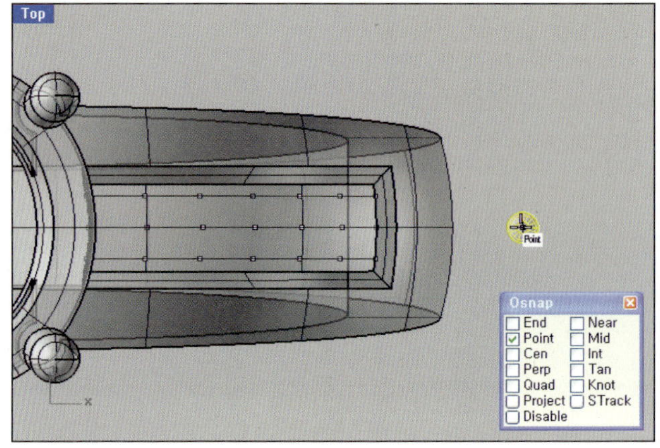

연이어 Perspective View 〉 Select a curve on a surface : 1번 커브 클릭 〉 Select the surface : 2번 면 클릭 〉 포인트에 Snap을 이용하여 그림과 같이 배열해 준다.

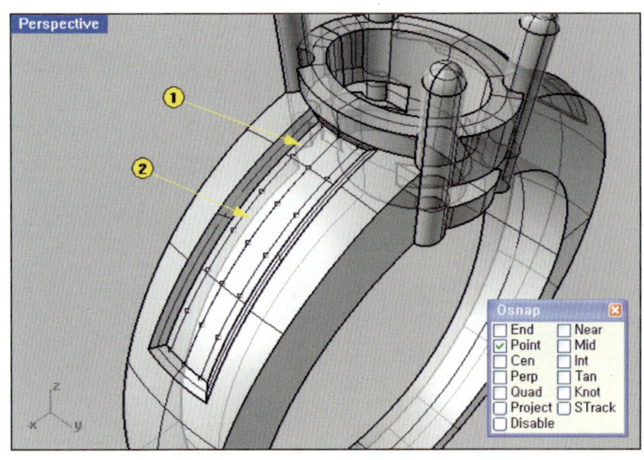

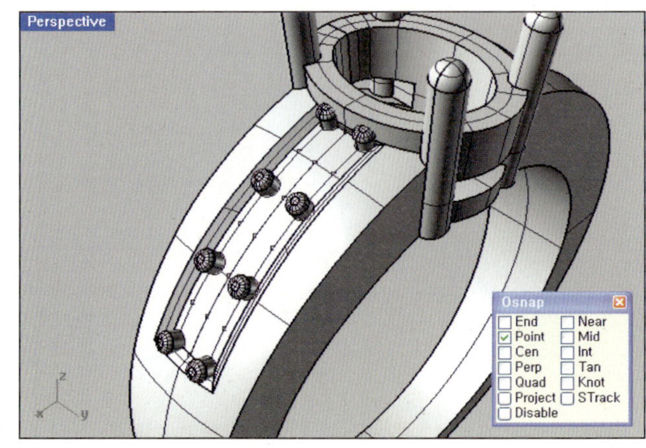

45_ 이제 떨어져 있는 모든 면들을 Join 시켜 반지 몸체를 솔리드로 만들어 준다. 다음 앞서 배열된 작은 난발들을 Boolean Union으로 반지 본체에 붙여준다.

46_ 전체적인 반지의 마무리 단계로 속파기를 해준다. 속파기는 반지의 형상에 따라 다양한 방법이 있지만 여기서는 UV 명령이 아닌 투영법을 사용해 본다. 우선 내부 속파기를 위한 드로잉을 그림과 같이 해준다.

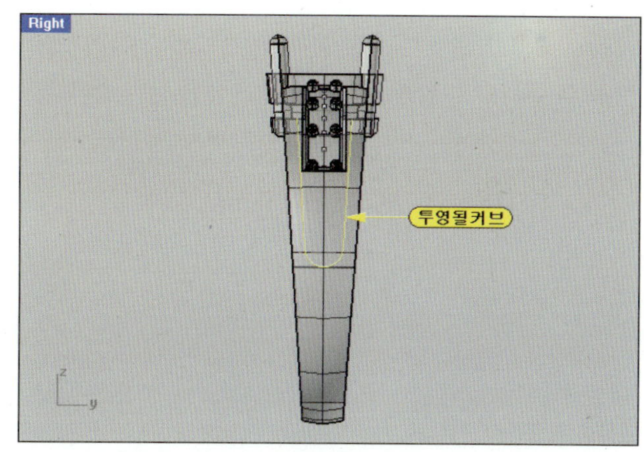

47_ Extract Surface 명령으로 속파기를 위한 반지의 내경면을 떼어낸다. 잠시 반지 본체를 숨겨둔다.

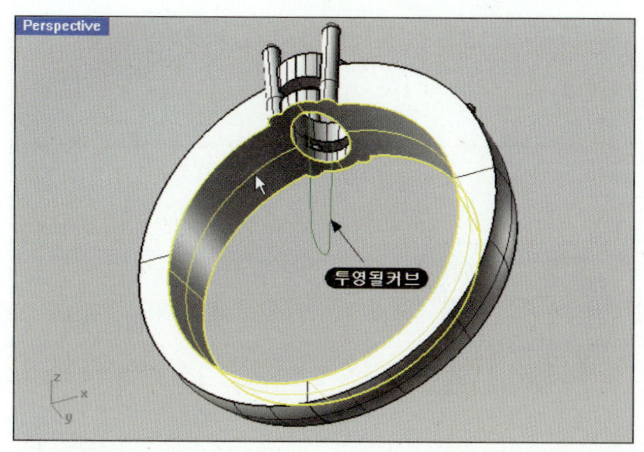

48_ Project to Surface을 이용하여 Right View에서 그림과 같이 면에 커브를 투영해준다.

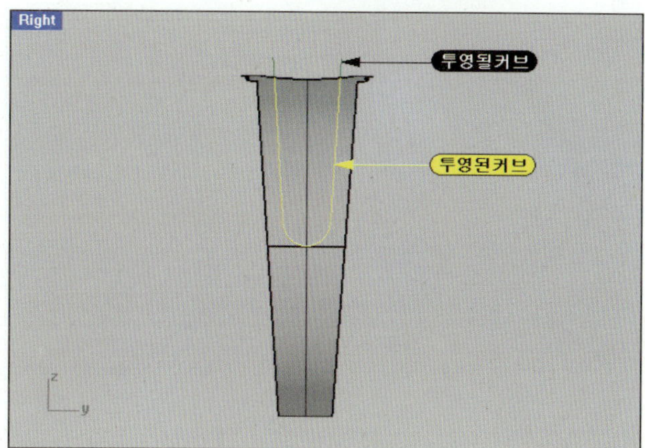

49_ Blend Curves로 1번과 2번 투영 커브를 연속으로 클릭하여 연결 커브를 모두 만들어 준다. 만들어진 커브들은 모두 Join 해준다.

50_ 그림과 같이 Mid점에 호(Arc)를 그려주고 레일의 끝부분에 Quad점을 잡아 2개의 Point를 배치한다. 이것은 Sweep 2 Rails 명령을 실행하기 위한 준비이다. 2개의 포인트를 이용하여 투영 커브를 Split 해준다.

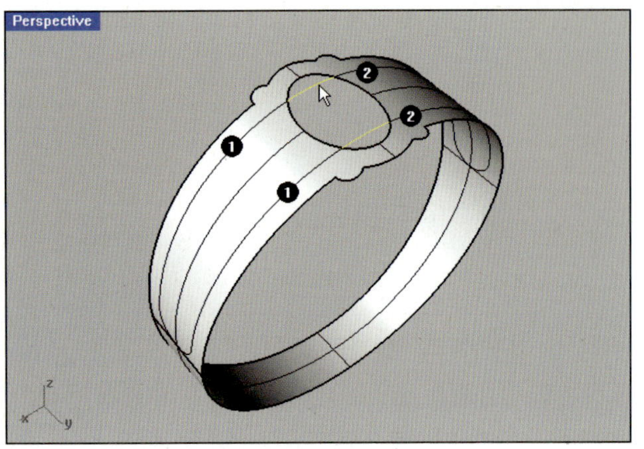

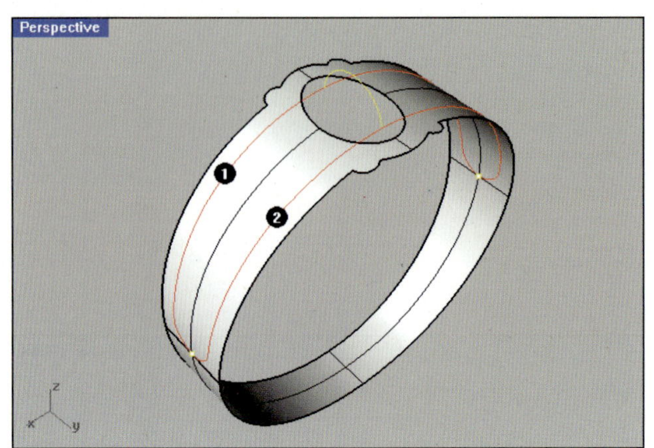

51_ Sweep 2 Rails 명령으로 1번과 2번 레일을 따라 그림과 같은 면을 만들어 준다. 명령 실행 중 Sweep 2 Rail Options 창이 뜨면 그림과 같이 설정하고 [OK] 한다.

52_ Ghosted Viewport로 Front View에서 내부 모양을 확인해본다.

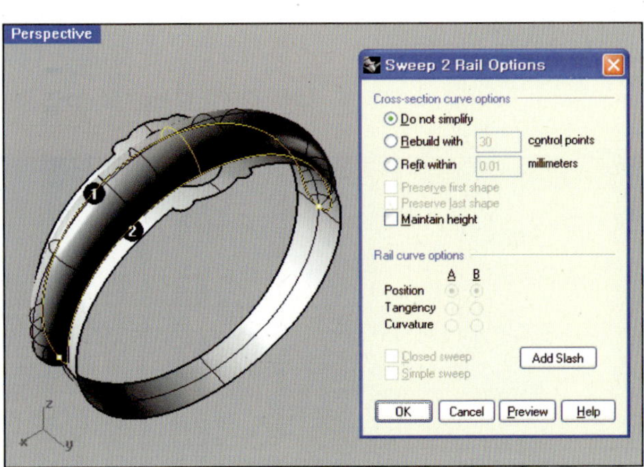

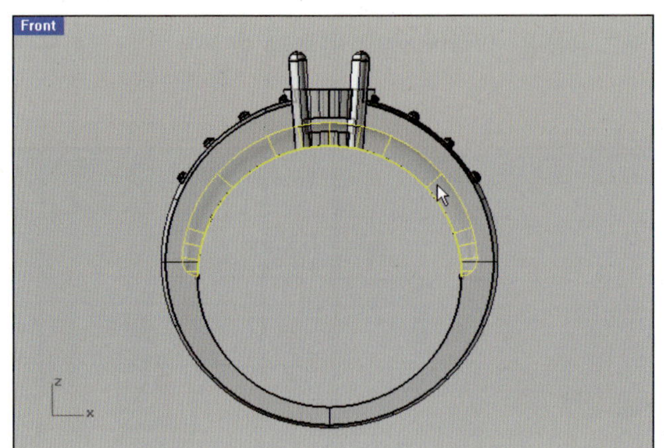

53_ 1번 반지 몸체와 2번 내측 분리면을 다시 Join 해준다.

54_ 앞서 제작된 내측 속파기 면(3번)을 선택하여 Analyze Direction 명령으로 화살표 방향을 윗쪽으로 바꿔준다.

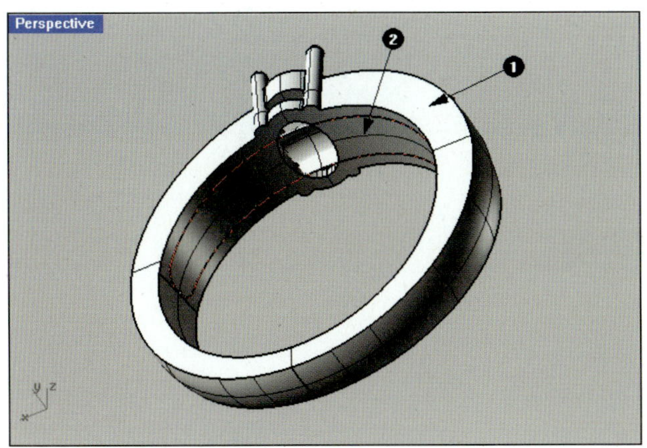

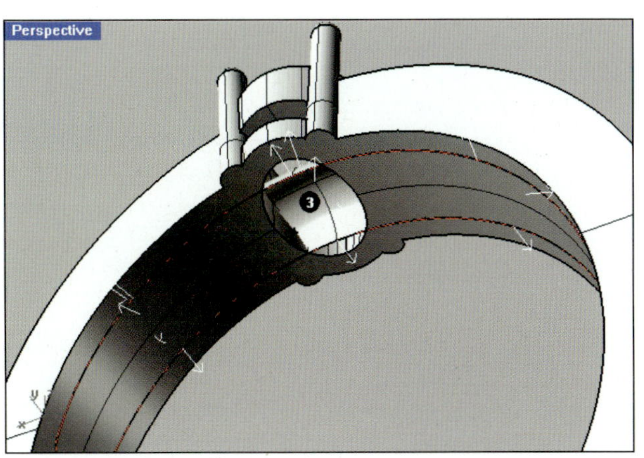

55_ Boolean Difference 명령으로 반지 객체를 우선 선택하고 3번 내측면을 선택해주는 순서로 속을 파 준다.

56_ 이제 마지막으로 보석 세팅을 위한 드릴(Drill) 구멍과 보석을 동시에 배열해 본다. 우선 **부록 CD > 보석샘플 > GEM-12**를 File > Import로 불러온다.

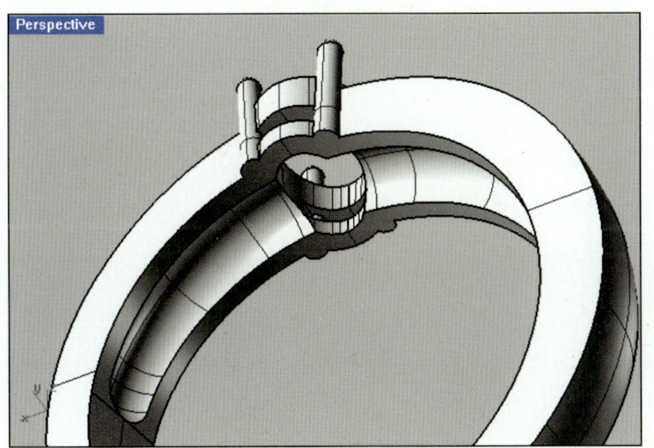

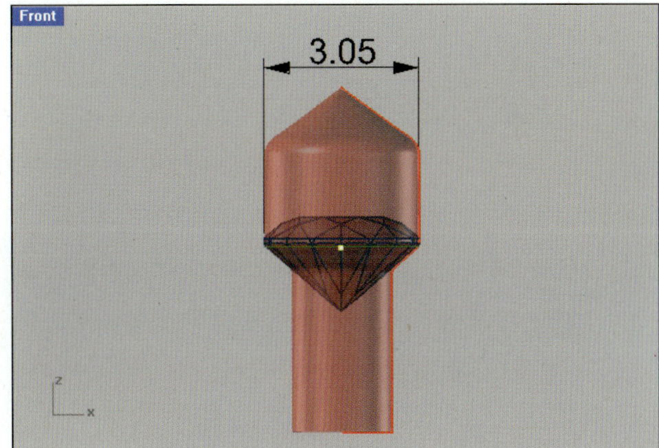

57_ 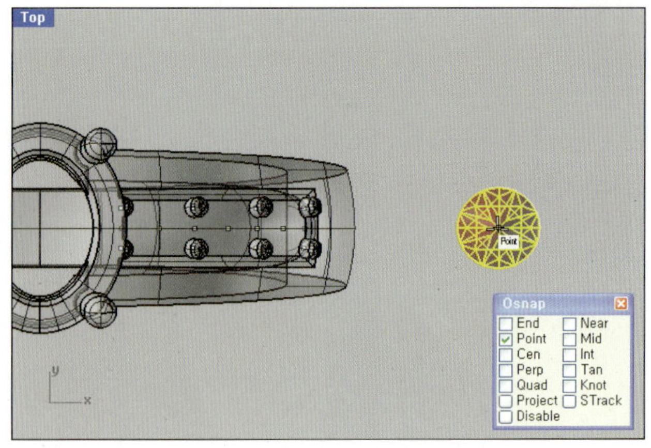 Array along Curve on Surface 아이콘
클릭 〉 Select object to array : 보석, 드릴그룹 클릭
(Top View에서) 〉 **Enter** 〉 Base point : 포인트를 클릭
(Top View에서)한다.

연이어 Perspective View 〉 Select a curve on a sur-
face : 가운데 커브 클릭 〉 Select the surface : 배열 면
클릭 〉 포인트 Snap을 이용하여 배열을 그림과 같이 해
준다.

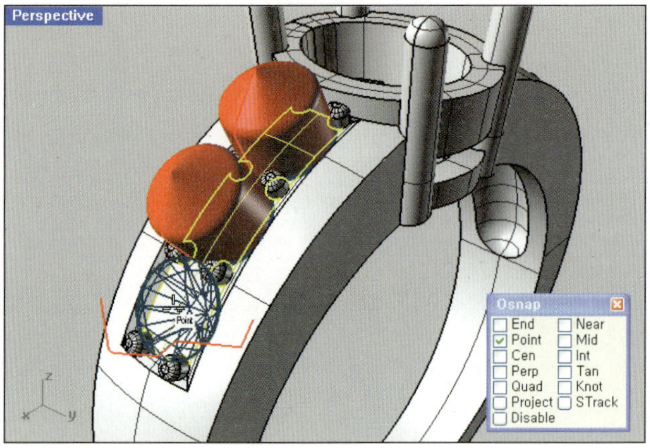

58_ 보석, 드릴 그룹 배열이 마무리 되면 그룹을 풀어
주고 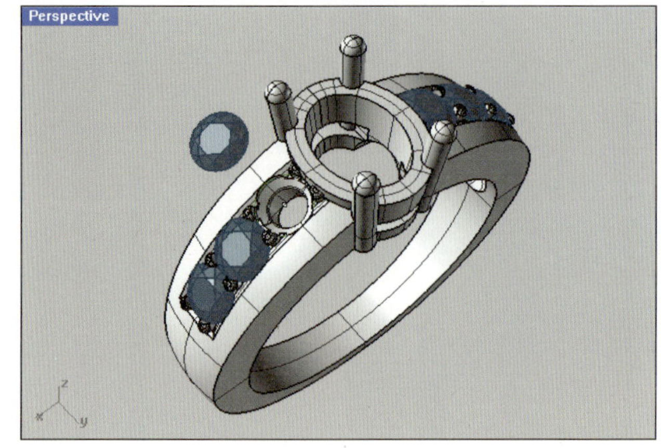 Boolean Difference 명령을 사용하여 드릴
만을 선택, 반지 몸체에 구멍을 내준다. 보석을 치워보면
그림과 같이 구멍이 뚫려 있음을 볼 수 있다.

59_ 메인 보석도 **부록 CD 〉 보석샘플 〉 GEM-13**을 File 〉 Import로 불러와 그림과 같이 최종 세팅하여 반지를 마무리한다.

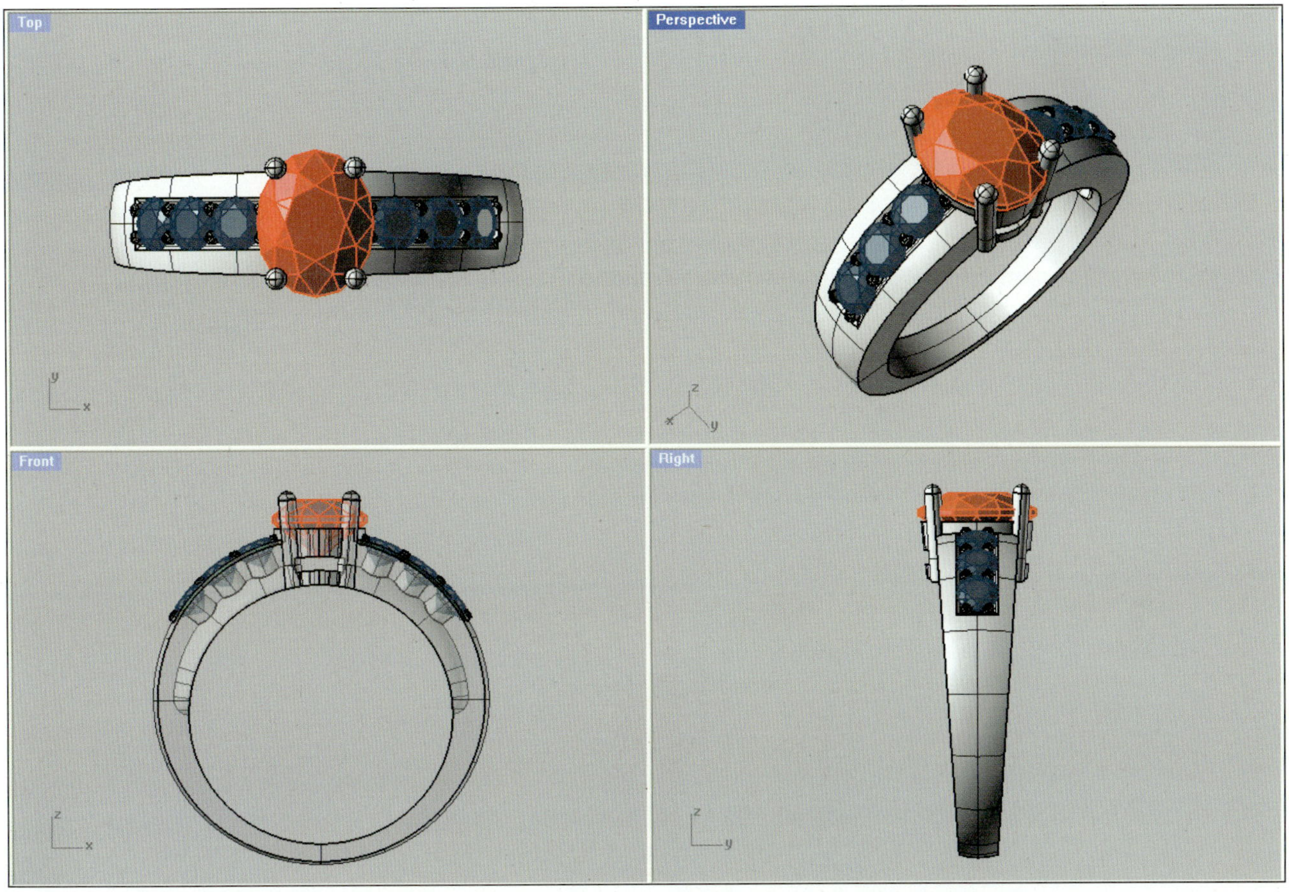

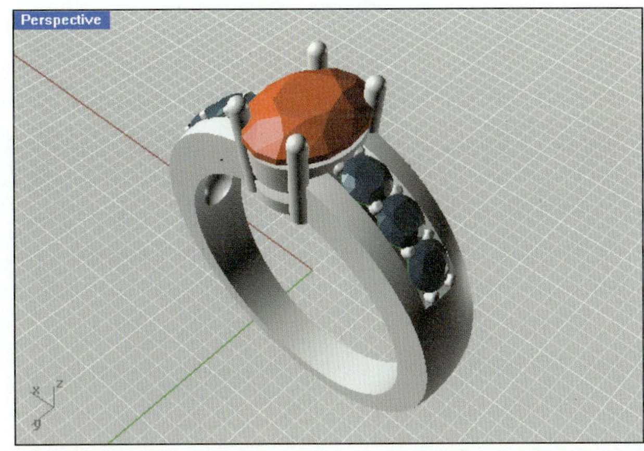

60_ Shaded Viewport 명령으로 최종 형상을 확인한다.

Chapter 07

Rhinoceros

유선형 귀걸이(Earring) 만들기

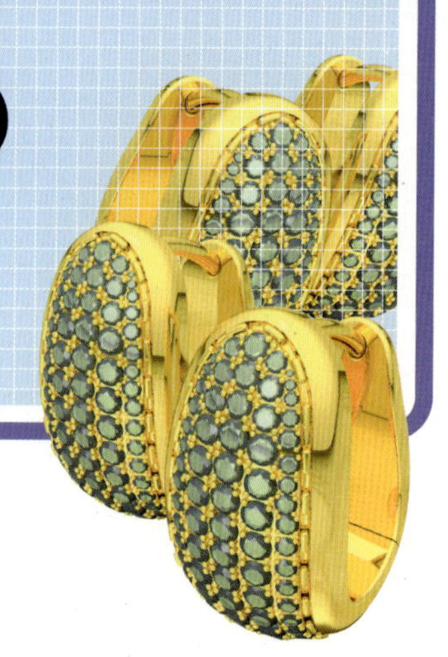

Preview

 **따라해 보세요 !**

01_ File 〉 Import 〉 **부록 CD 〉 라이노파일 〉 EX-03** 파일을 불러오면 Front View에서 그림과 같은 1번 커브 가 보이게 된다. 이것은 귀걸이의 측면 곡률이 된다. 대략 적인 치수를 보여주고 있다.

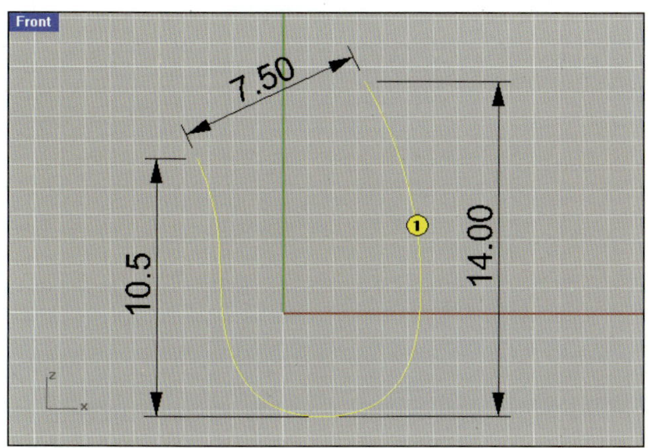

02_ 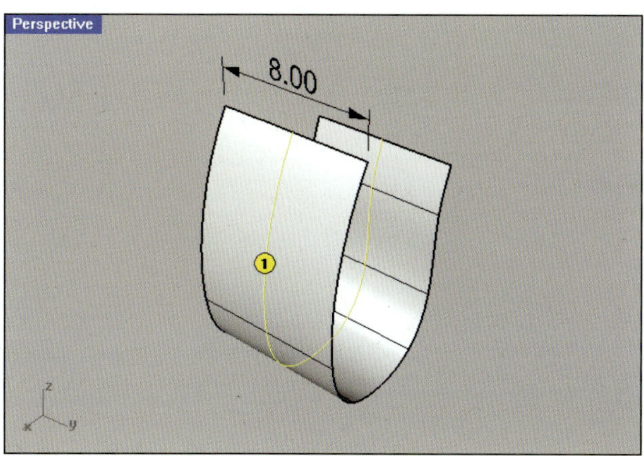 **Extrude Straight** (옵션설정 BothSides= Yes)로 1번 커브를 4mm Extrude 시켜준다. 생성된 전체 면의 폭은 총 8mm가 된다.

03_ Create UV Curves 명령으로 A면을 클릭 하여 UV 커브를 추출한다. 펼친 면적만큼의 커브가 생성 된다.

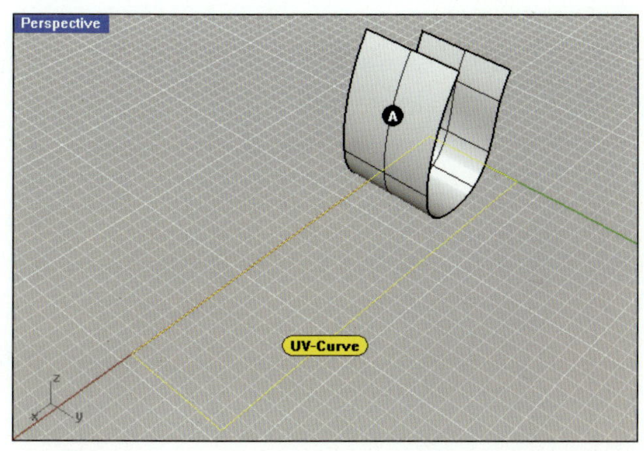

04_ 추출된 UV-Curve는 Top View에서 보면 좌표점 (0,0,0)을 기준으로 추출되기에 A면과 겹쳐져 보이게 된 다. 드로잉을 위한 시야를 확보하기 위해 A면을 잠깐 숨 겨준다. 다음 Osnap에 Mid를 잡고 그림과 같이 수평선을 그어준다.

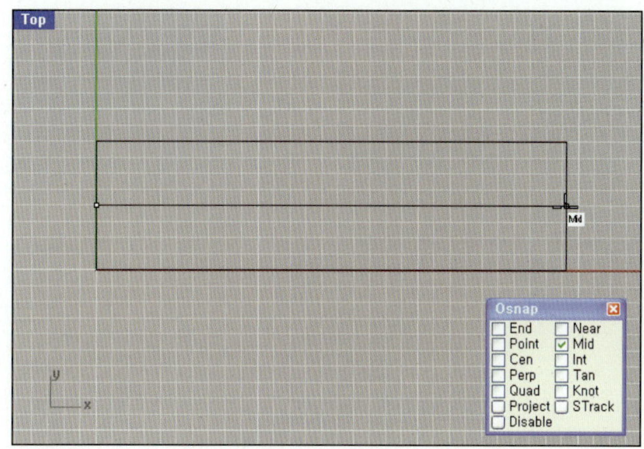

05_ 이제 귀걸이의 전체적인 형상이 될 커브의 반쪽을 Curve:Interpolate Points로 우선 그려준다.

06_ 다음 수평선을 기준으로 Mirror 복사하여 마주하는 커브의 End점(1번과 2번 지점)을 서로 Match Curve 시켜 연속성 G1(Tangency) 이상을 만들어 준다. Match Curve 옵션 설정은 그림과 같다.

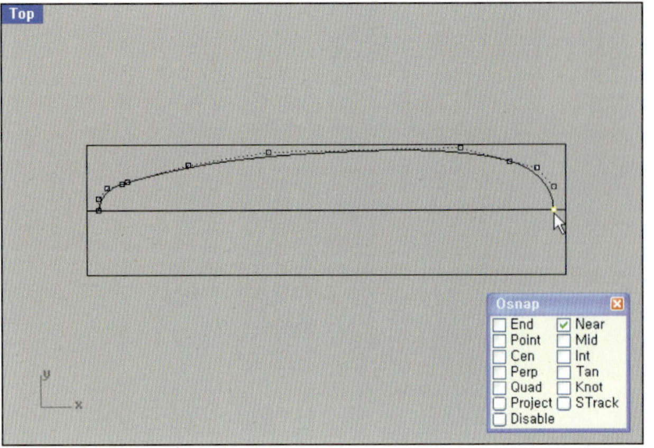

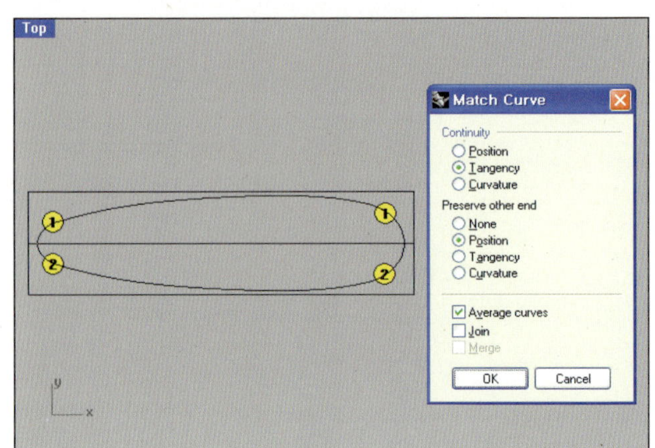

07_ Top View에서 Polyline으로 경첩(Hinge)부분이 될 파팅 라인을 그림과 같이 드로잉 해준다.

08_ 숨겨 두었던 면 A를 보이게 한다. Create UV Curves 아이콘을 마우스 오른쪽 버튼으로 클릭 〉 Top View에서 입사할 커브들을 모두 선택 〉 Enter 〉면 A를 클릭해 주면 그림과 같이 면 A에 평면상의 커브가 입사된다.

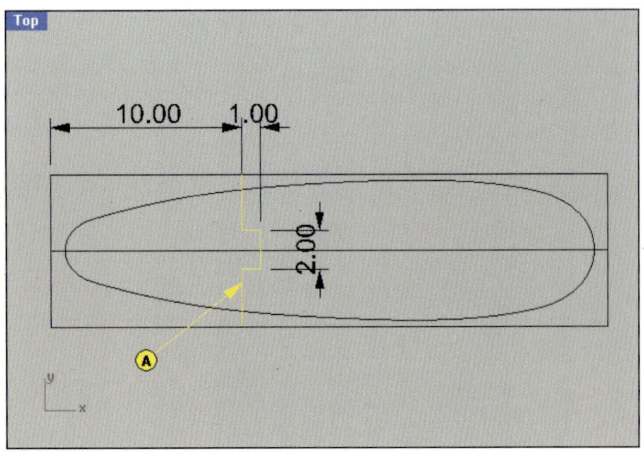

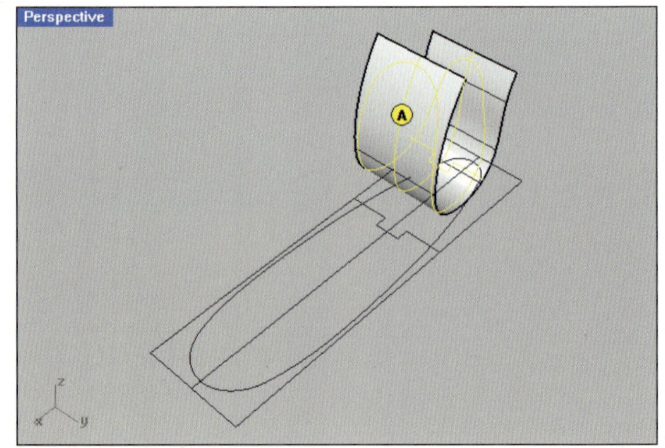

09_ Split 명령으로 A면을 1번 입사 커브로 잘라
준다.

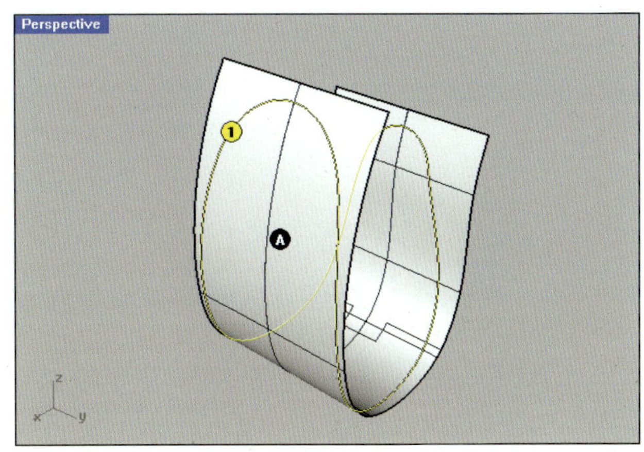

10_ 불필요한 객체들은 숨겨주고 Analyze
Direction을 확인하여 Direction을 안쪽으로 향하도록
만들어 준다. Filp 옵션을 사용하면 쉽게 화살표의 방향을
바꿀 수 있다. 안쪽으로 면을 옵셋하기 위한 준비이다. 물
론 옵셋 툴에서도 방향은 쉽게 바꿀 수 있다.

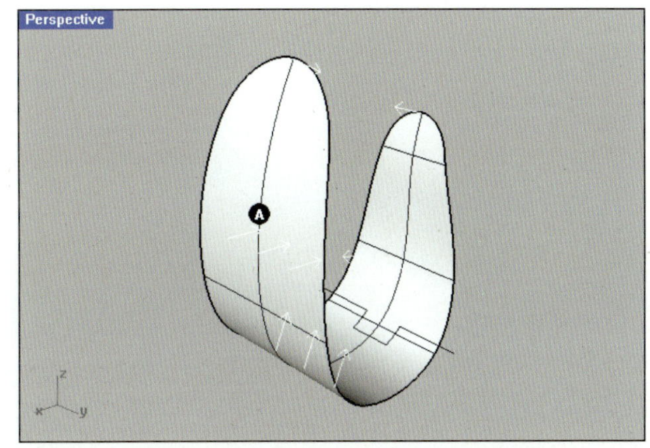

11_ Offset Surface 명령으로 면 A를 안쪽으로
1mm 옵셋하여 B면을 만들어준다.

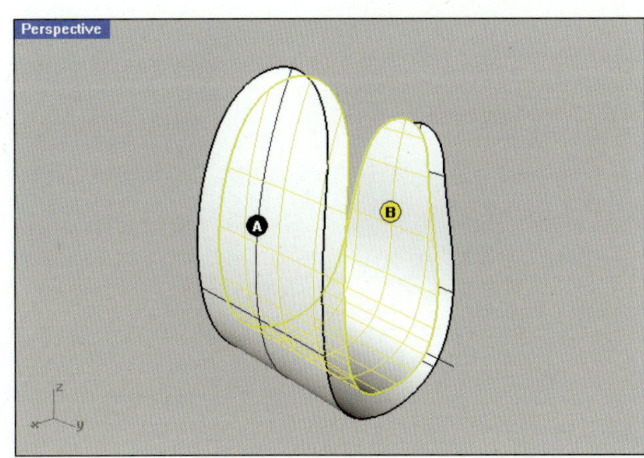

12_ 안쪽의 B면을 선택하여 그림처럼 왼쪽으로 약간 Move 시켜준다.

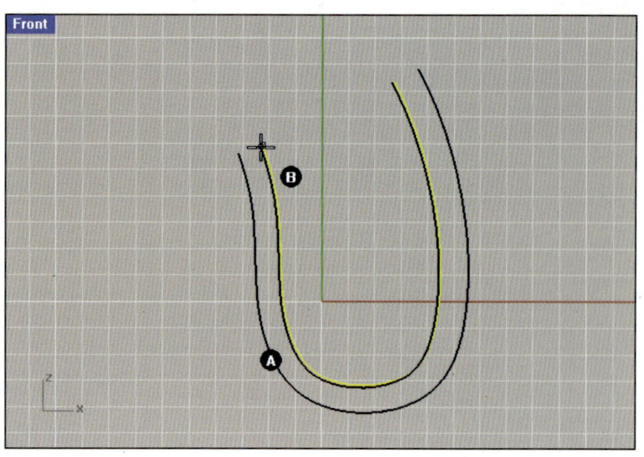 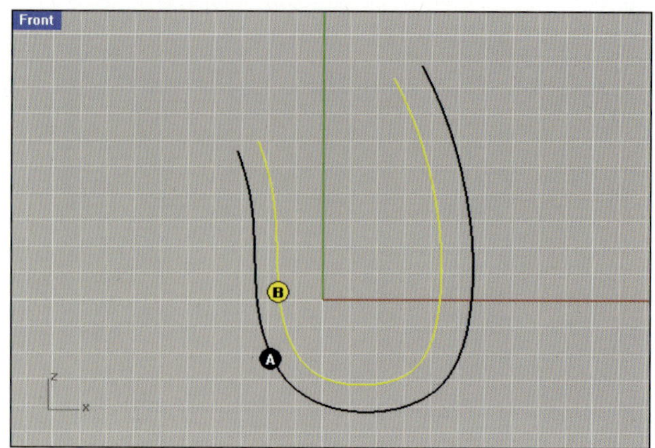

13_ A면과 B면을 선택한 상태에서 Cutting Plane 아이콘을 클릭하고 그림과 같이 사선을 그어주면 면과 면을 교차하는 1번 Cutting면이 생성된다.

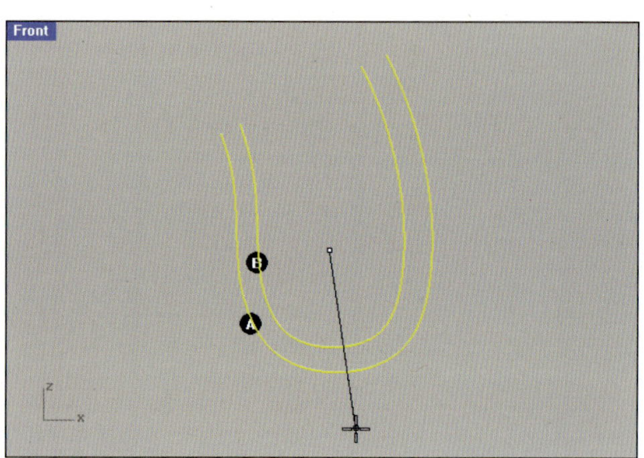 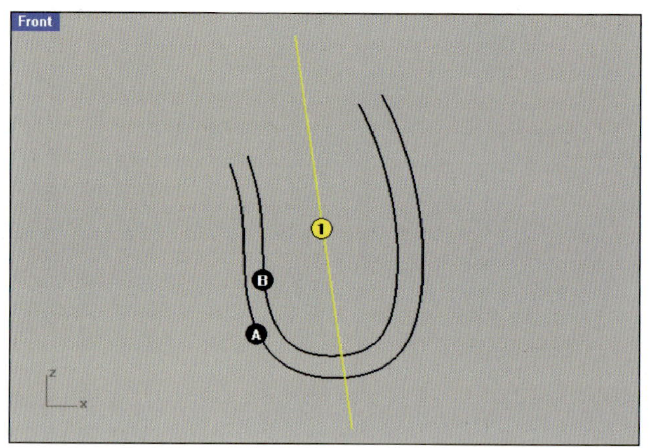

14_ 그림과 같이 A면의 Curve와 1번 Cutting Plane 면을 함께 선택한 상태에서 Object Intersection 아이콘을 클릭해 주면 면과 커브가 교차하는 부분에 2개의 Point가 만들어 진다. 이것은 단면 제작용 호(Arc)를 그리기 위한 기준점이 된다.

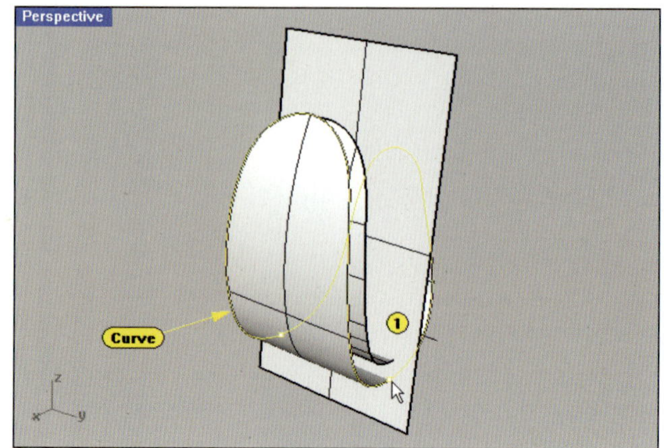

15_ Right View에서 Set CPlane To Object 아이콘을 클릭, 1번 면을 클릭해 주면 1번 면에 CPlane이 걸려 경사면에 쉽게 드로잉이 가능해 진다. 여기서는 Point를 기준으로 Arc:Start, End, Point on Arc로 호(Arc)를 그려주면 된다. 이것은 단면이 될 모양이다. 작업이 마무리 되면 Previous CPlane으로 CPlane 뷰(Right View)를 정상 뷰로 복귀시켜 준다.

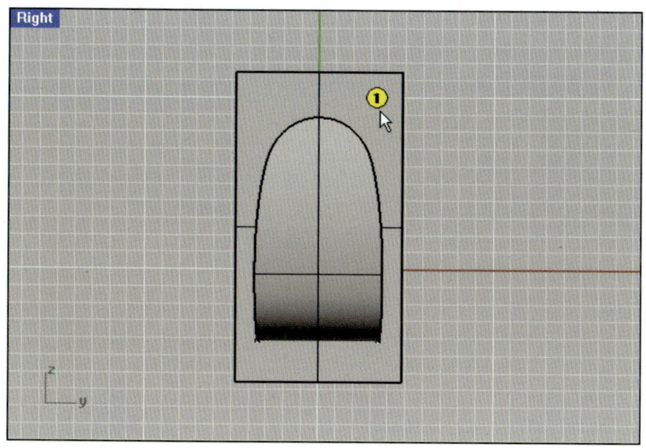

● Set CPlane To Object 적용 전 화면 모습

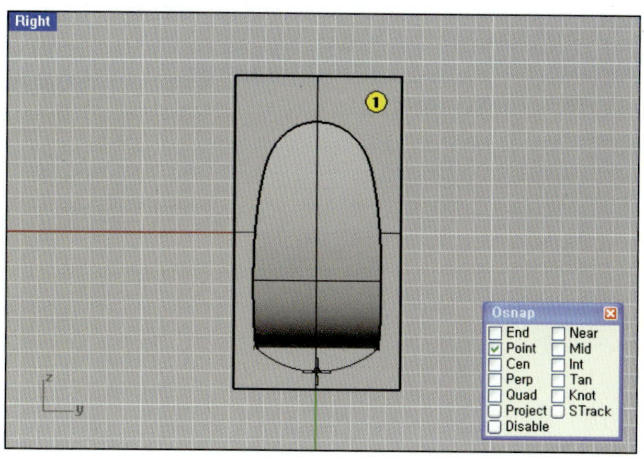

● Set CPlane To Object 적용된 모습

16_ Osnap의 Quad를 체크한 상태에서 그림과 같이 Quad점에 2개의 Point를 배치한다.

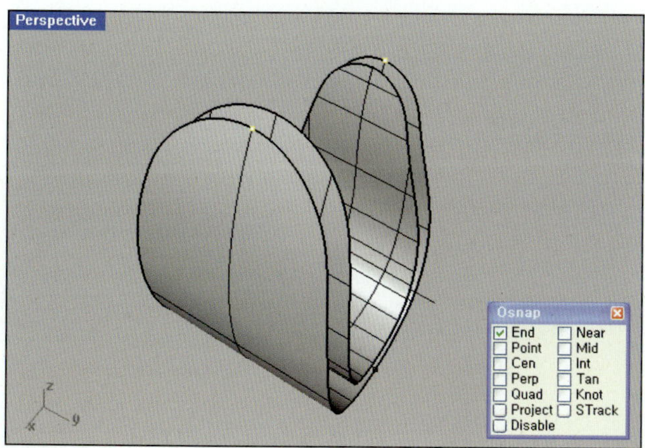

17_ Split으로 A면 Edge Curve를 Point로 잘라준다. 이것은 Sweep 2Rails 명령 수행시 레일이 될 부분이다.

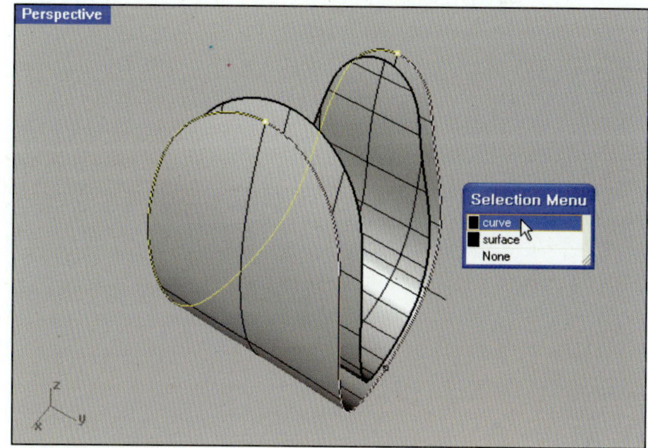

18_ Sweep 2Rails 명령으로 그림과 같이 번호 순서대로 클릭하여 면을 만들어 준다. Sweep 2 Rail Options 창이 뜨면 그림과 같이 설정하고 [OK] 한다.

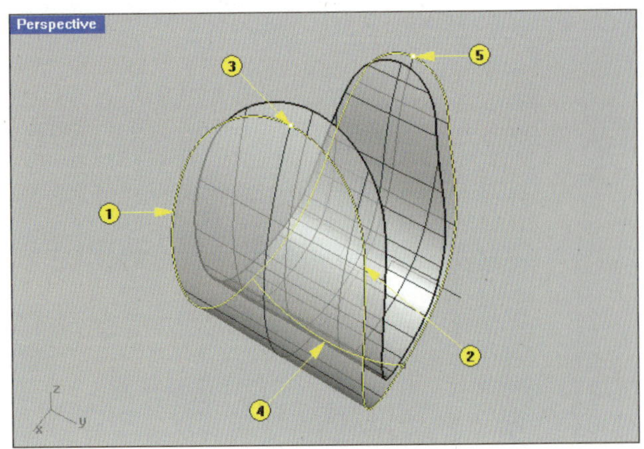

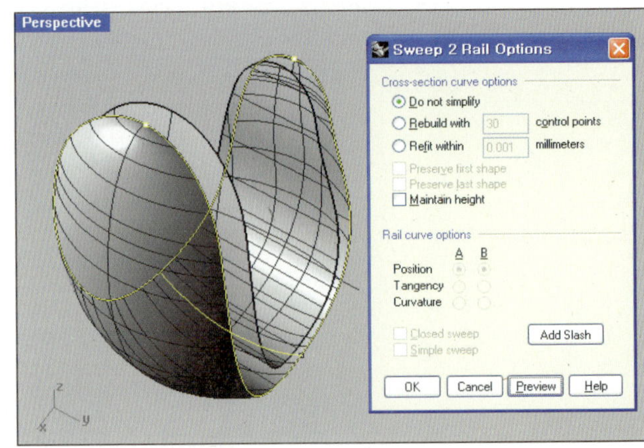

19_ 이제 안쪽 A면을 숨겨준다.

20_ Osanp에 Quad를 체크하고 Line 명령으로 Quad와 Quad를 연결하는 직선을 그어준다.

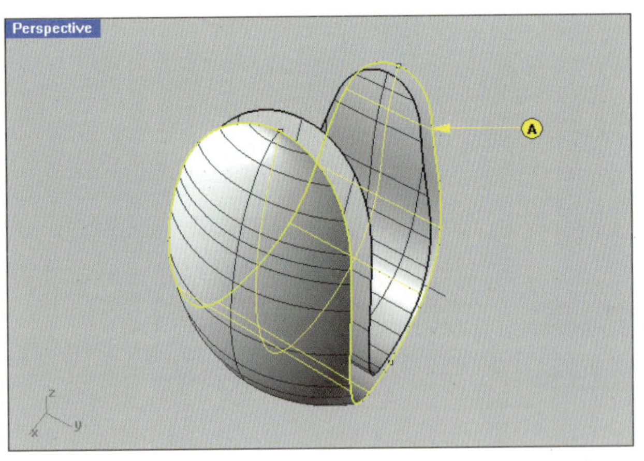

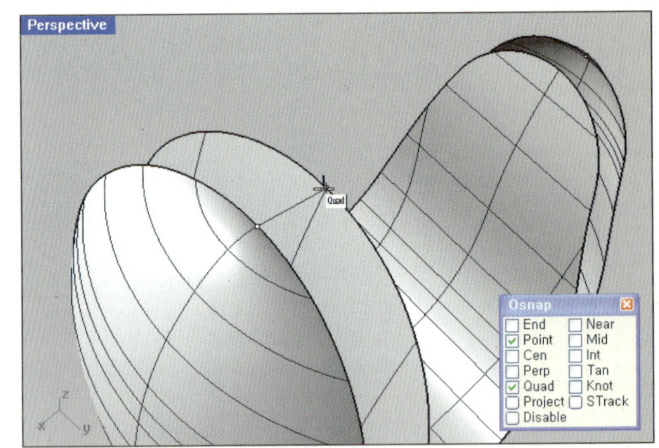

21_ Sweep 2Rails 아이콘 클릭 〉 옵션에 ChainEdges 〉 AutoChain=Yes 〉 ChainContinuity= Position으로 설정한 후 면의 Edge(1, 2번)를 선택 〉 Enter 〉 3번 객체를 순차적으로 선택하여 면을 만들어 준다. 옵션 설정은 그림과 같다.

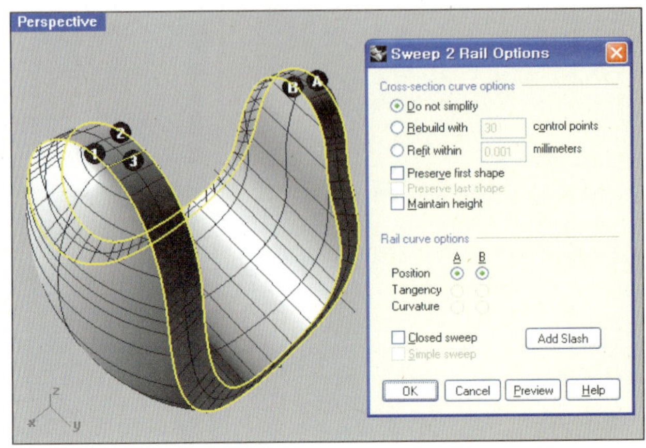

22_ 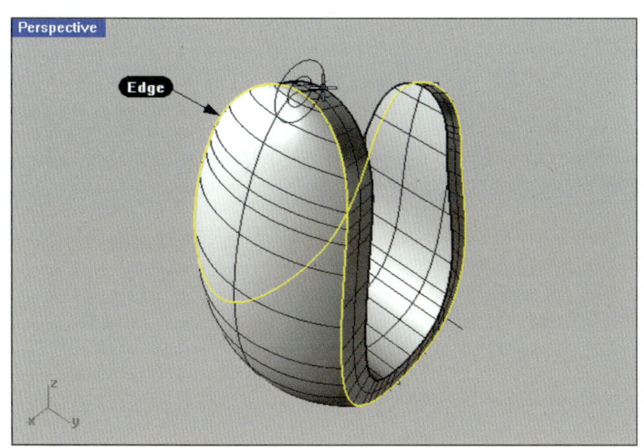 Pipe, Flat caps 아이콘 클릭 〉 Edge 클릭 〉 반지름 0.5mm입력 〉 Enter 하면 그림과 같이 파이프가 만들어진다.

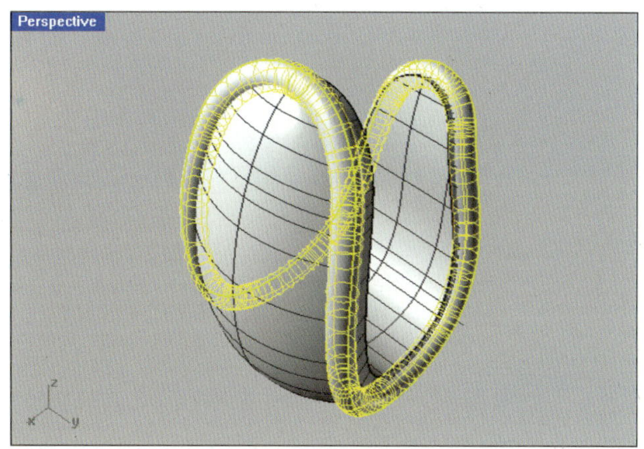

23_ Split 명령을 사용하여 1번과 2번 면을 A파이프를 이용하여 잘라준다. 파이프와 잘린 내측면들은 모두 지워준다.

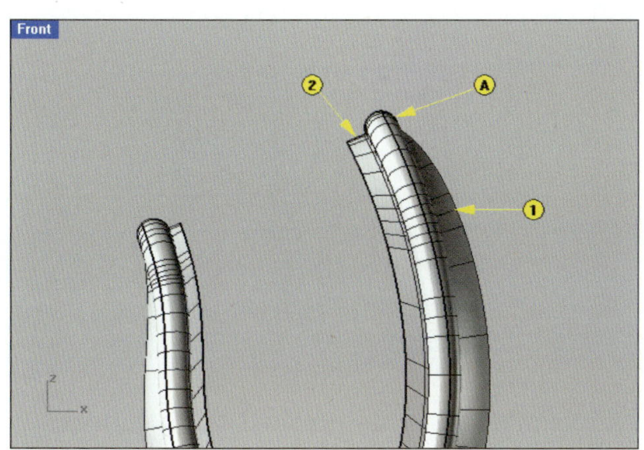

24_ Offset curve on surface 아이콘 클릭 〉 A면 Edge 클릭 〉 Flip으로 옵셋방향 안쪽으로 조정 〉 Offset distance=0.5 입력 〉 Enter 하면 면에 일치하는 옵셋 커브가 생성된다.

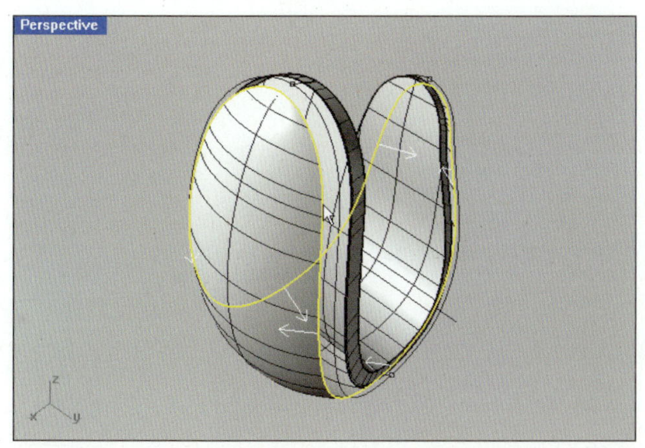

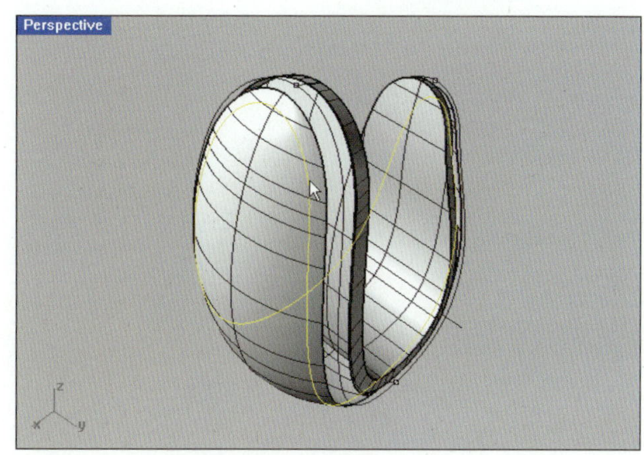

25_ 생성된 커브를 따라가는 반지름 0.2mm의 Pipe, Flat caps를 그려준다.

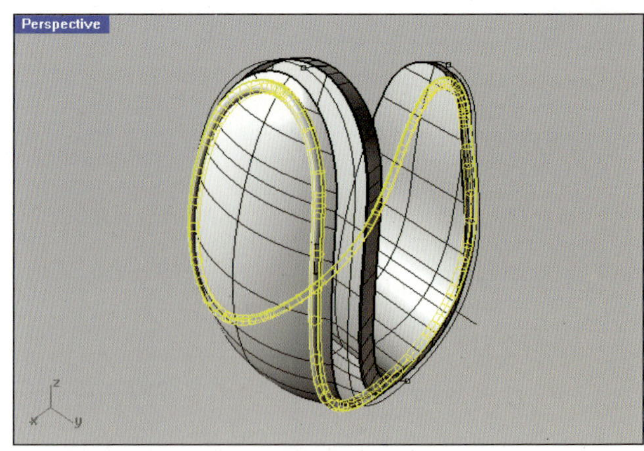

26_ Analyze Direction을 확인하여 Direction을 바깥쪽으로 향하도록 만들어 준다. Filp 옵션을 사용하면 쉽게 화살표의 방향을 바꿀 수 있다.

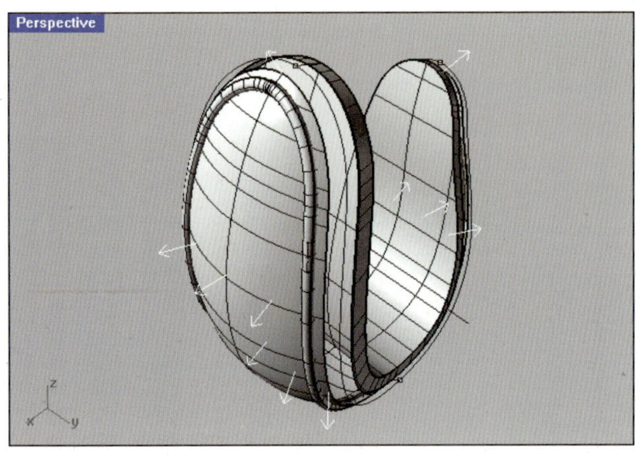

27_ Boolean Difference 아이콘 클릭 〉A면 클릭 〉 Enter 〉 B 파이프 선택 〉 Enter 하면 그림과 같이 면이 파이게 된다.

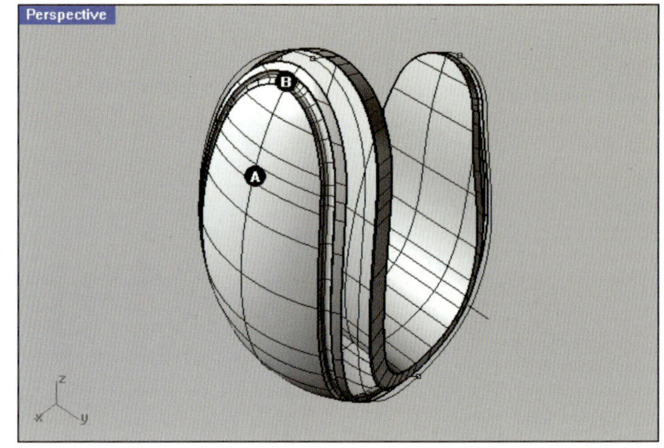

28_ Blend Surface로 1번과 2번 면의 Edge를 순차적으로 클릭하여 연결곡면을 만들어 준다. Adjust Blend Bulge 옵션은 그대로 [OK] 해준다.

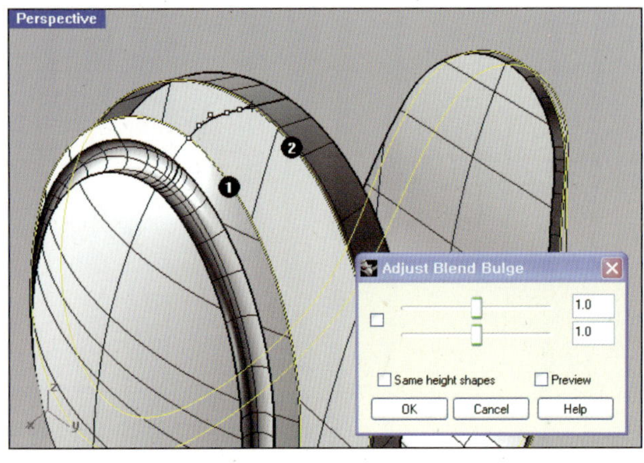

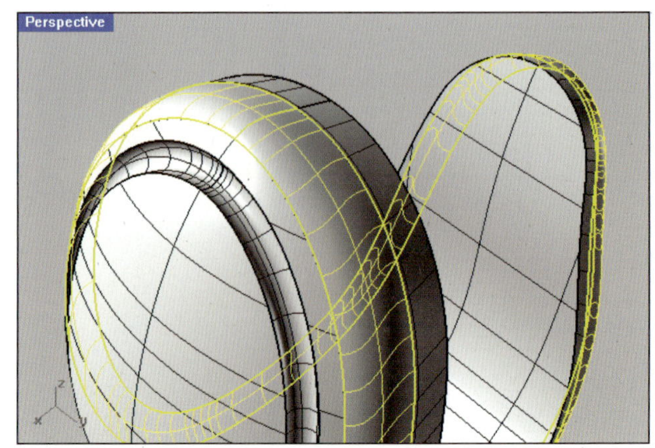

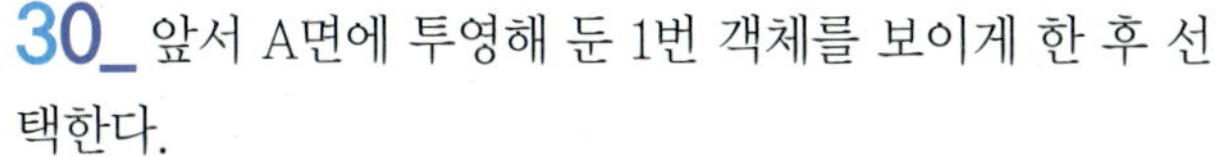

29_ Fillet Surface로 1번과 2번 면의 각진 부분을 그림과 같이 부드럽게 처리해 준다. Fillet 설정 값은 Raduis = 0.2, Extend=Yes, Trim=Yes이다.

30_ 앞서 A면에 투영해 둔 1번 객체를 보이게 한 후 선택한다.

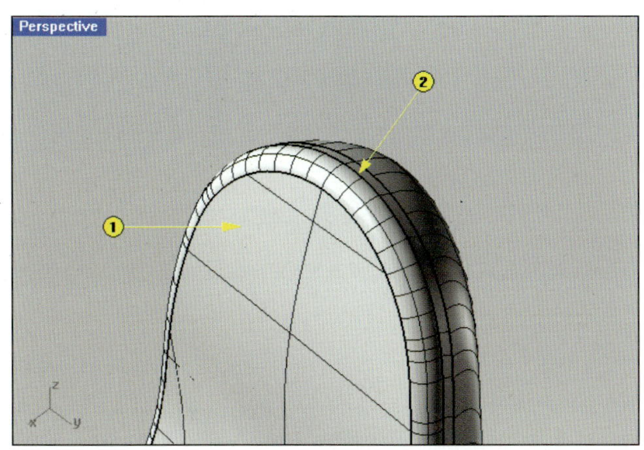

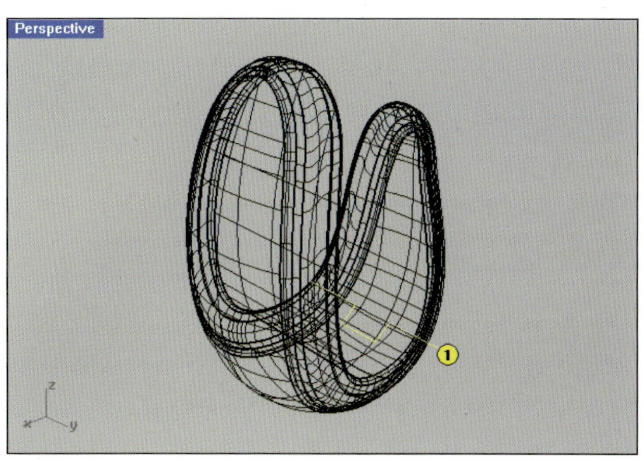

31_ Extrude Straight의 Direction 옵션을 사용, Front View에서 그림과 같은 방향으로 드래그하여 면을 만들어 준다.

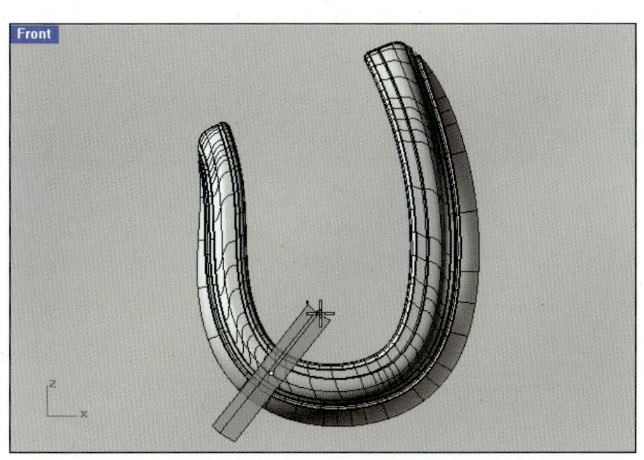

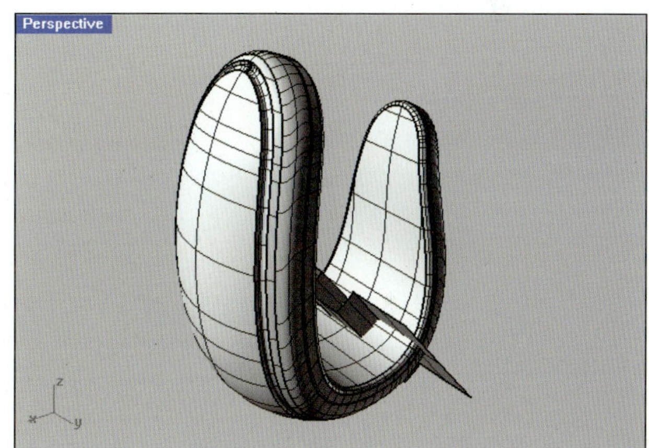

32_ Join된 1번 객체를 선택하여 제자리에 하나 더 복사해준다. 제자리 복사는 우선 1번 솔리드 객체를 선택한 상태에서 Copy Ctrl + C, Paste Ctrl + V 아이콘을 순차적으로 선택해주면 된다.

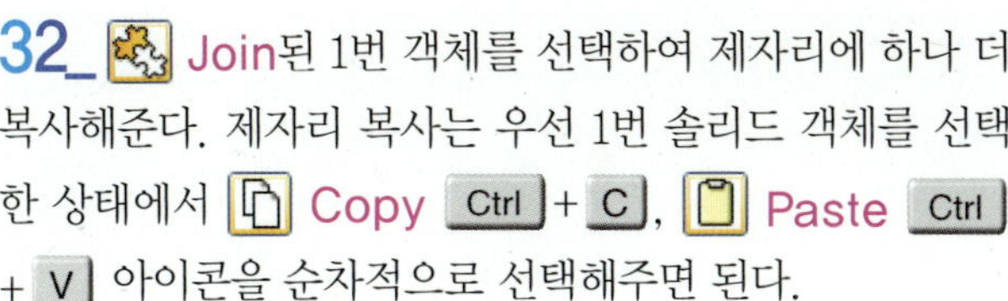

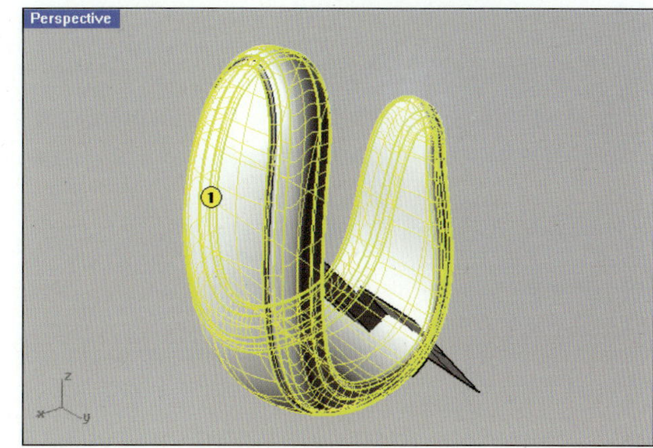

33_ 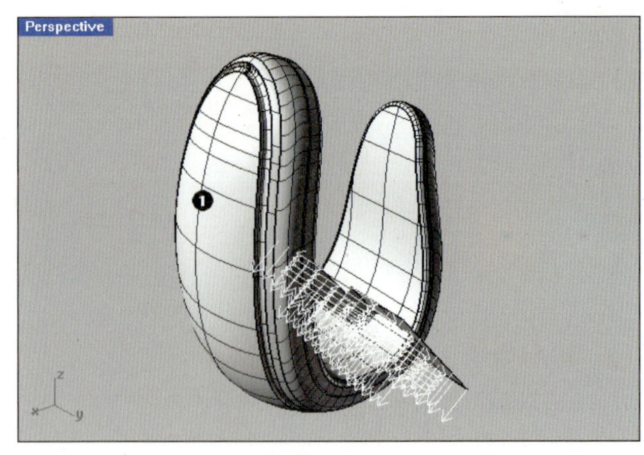 Analyze Direction을 확인하여 Direction
을 안쪽으로 향하도록 만들어 준다. Filp 옵션을 사용하면
쉽게 화살표의 방향을 바꿀 수 있다.

34_ Boolean Difference 명령으로 1번 객체를
잘라준다. 선택 순서는 1번 객체를 먼저 클릭하고 자를 모
양의 면을 클릭해주면 앞부분만 솔리드 객체로 남겨지게
된다. 이때 자를 모양의 면이 사라지지 않도록 DeleteIn-
put=No로 옵션 설정 후 차집합을 수행한다.

35_ 이제 숨겨둔 1번 객체를 불러와 동일한 방법으로 뒤
쪽 2번 솔리드 객체를 만들어 준다. 물론 자를 모양의 면
은 Analyze Direction을 확인하여 Direction을
뒷쪽으로 향하도록 만들어 준다. Filp 옵션을 사용하면 쉽
게 화살표의 방향을 바꿀 수 있다.

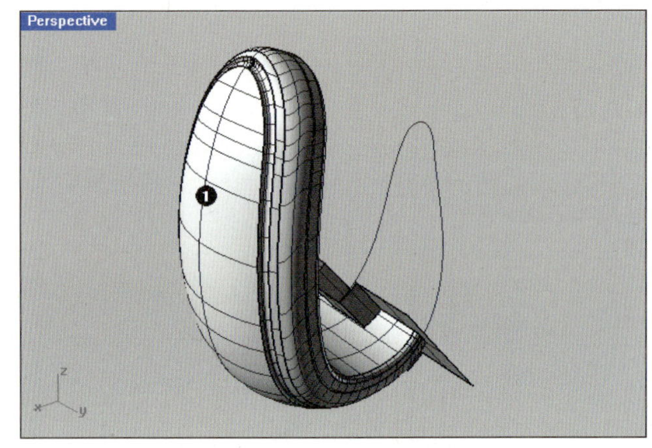

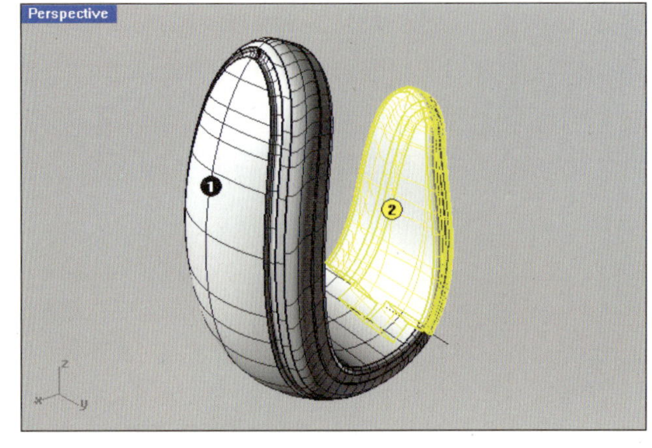

36_ 1번 객체를 잠시 숨겨주고 그림과 같이 모서리 부분에 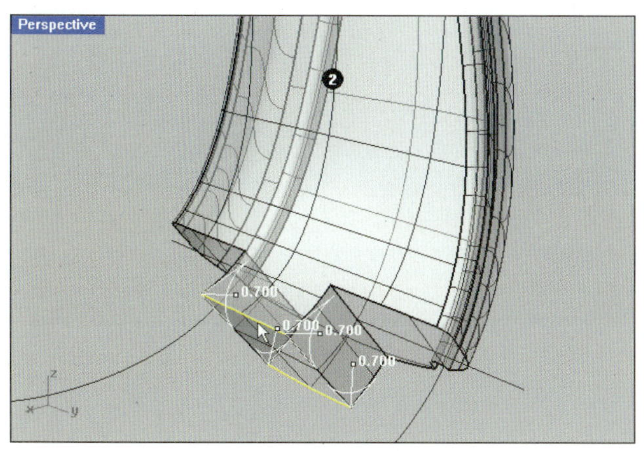 Variable Radius Fillet을 준다. Fillet 값은 Radius = 0.7이다.

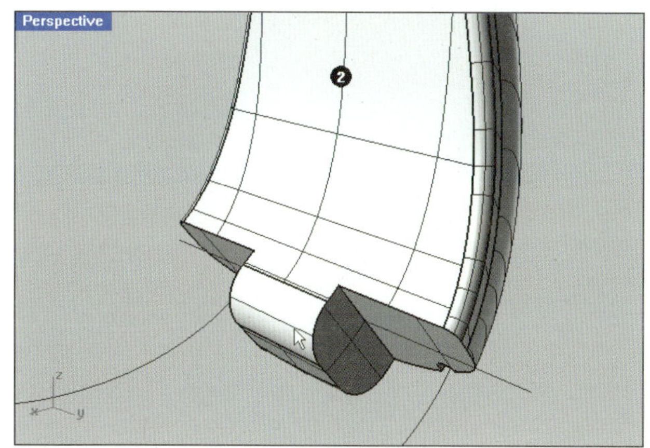

37_ Move 명령으로 그림과 같이 화살표 방향으로 2번 객체를 움직여 준다. 이것은 파팅 부분의 경계를 구분해 주기 위함이다. 실제 세공에서는 움직일 필요는 없고 경첩부분에 문제가 없도록 땜을 하거나 줄을 이용하여 다듬어 줄 부분이다.

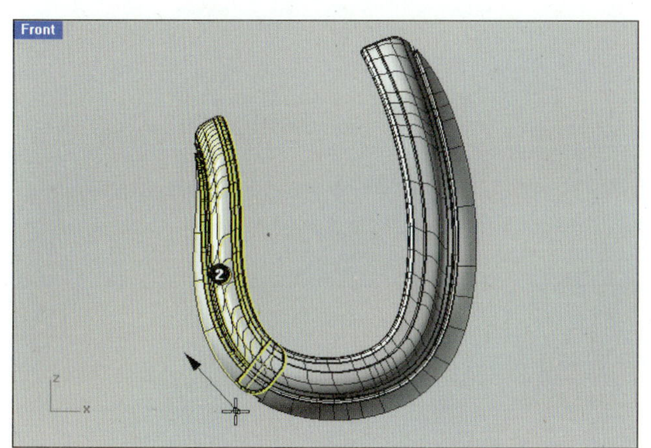

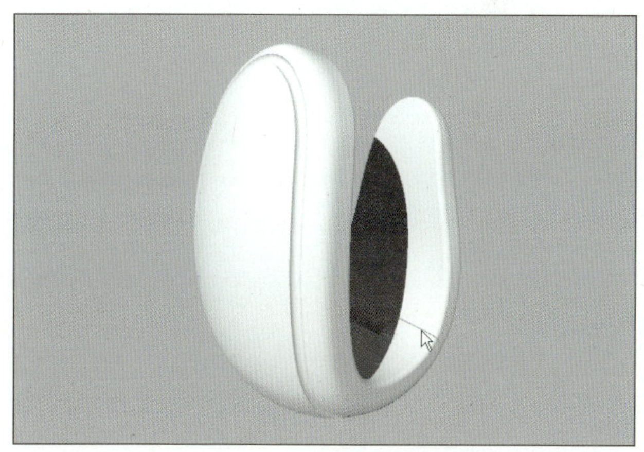

38_ 이제 움푹 파인 곳에 실린더 장식을 해 줄 차례이다. 앞서 파이프 명령시 사용된 커브를 따라가는 실린더 장식을 만들기 위해 그림처럼 커브를 클릭한 상태에서 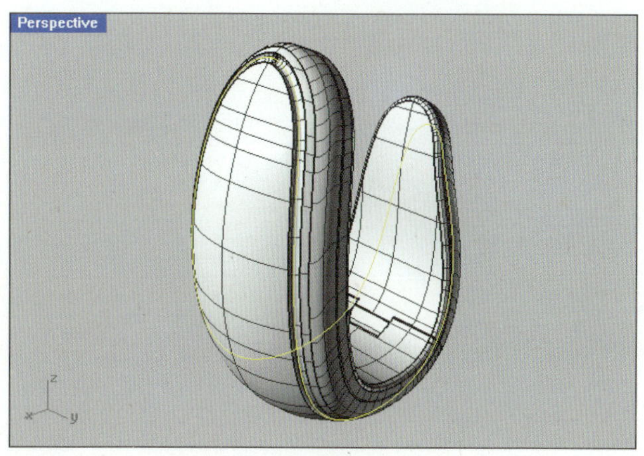 Length를 체크한다. 곡률길이가 커맨드라인에 59.943 millimeters로 보일 것이다.

물론 독자님들의 경우 작업 과정에 따라 값이 다를 수 있다. 참고로 여기서는 실린더가 1번 객체와 약간 떨어져 만들어지게 된다. 실제 작업에서는 움푹 파인 곳에 장식물을 조립 또는 땜을 하는 것이 바람직하다.

39_ Line 명령으로 Top View에서 59.943mm의 직선 커브를 그려준다.

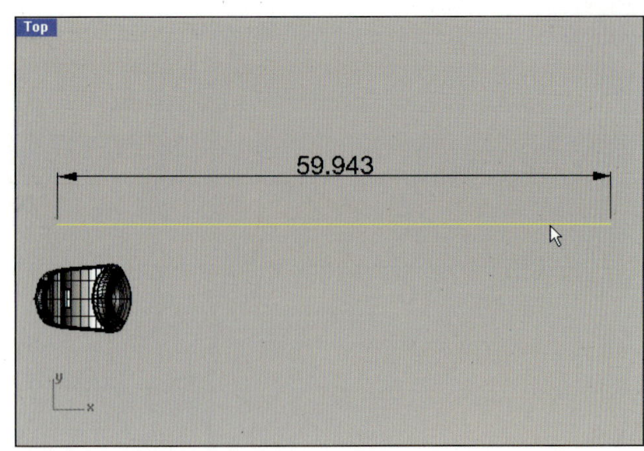

40_ 배열할 라운드캡형 실린더를 그려준다. 한 개의 Unit은 크기가 그림과 같다. 0.8mm 수평선을 그려주고 Pipe, Round Caps 명령으로 반지름 0.15를 부여하면 그림과 같은 결과를 쉽게 얻을 수 있다.

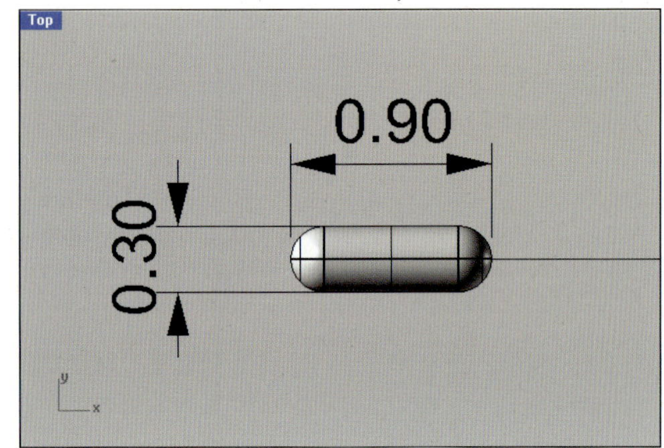

41_ Array along Curve 명령으로 라운드캡 장식물을 수평라인의 중심에 총 40개를 배열시켜준다. 옵션은 그림과 같이 체크하고 [OK] 한다.

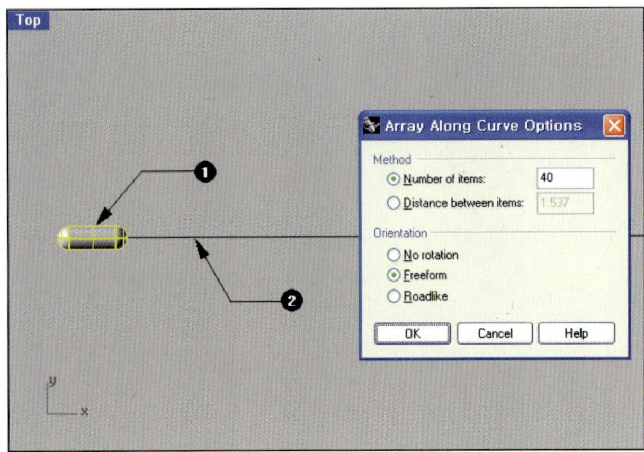

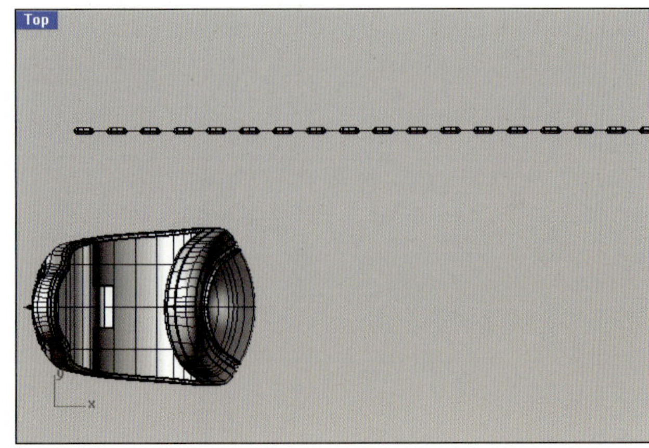

42_ Flow along Curve 아이콘 클릭 〉 1번 객체 모두 선택 〉 Enter 〉 2번 커브 선택 〉 Enter 〉 3번 커브 선택
〉 Enter 하면 하면 그림과 같이 객체가 커브 모양대로 변형되면서 자동 배열된다.

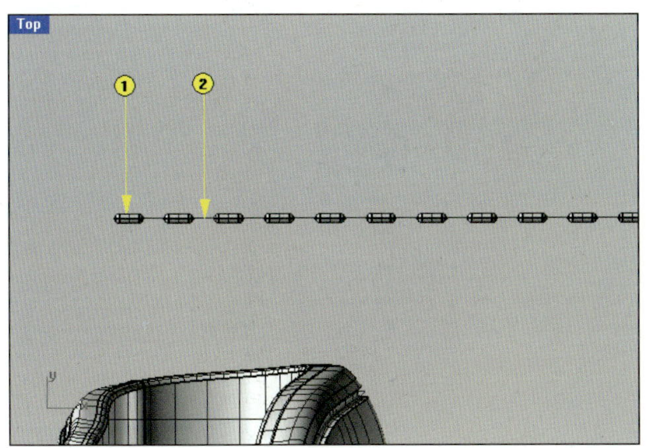
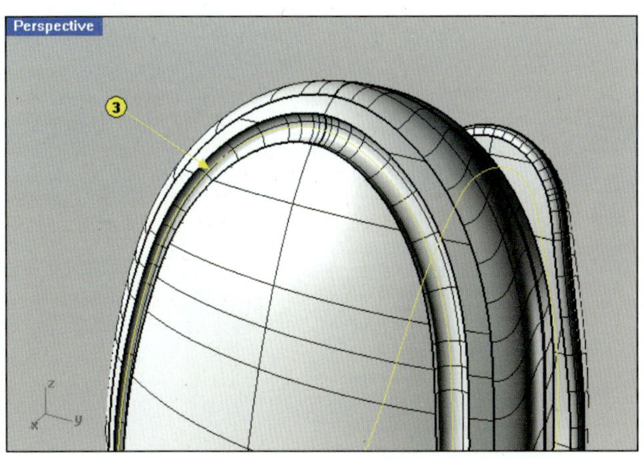

43_ 중복되는 장식물은 지워주고 배열 결과를 Render로 확인해 본다.

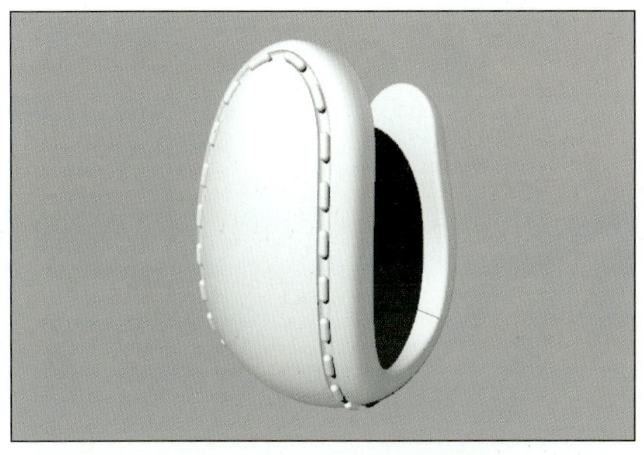

44_ Arc:Start, End, Point on Arc로 1번 호 (Arc)를 그려준다. 귀를 걸 수 있는 지지대 부분이 된다.

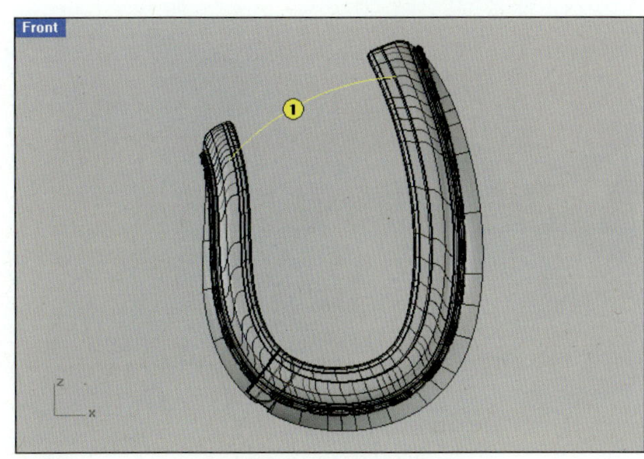

45_ Pipe, Round Caps 명령으로 지름 0.8mm 의 파이프를 만들어 준다. 파이프를 Copy Ctrl + C , Paste Ctrl + V 아이콘을 순차적으로 선택해주어 제자리 복사해 둔다.

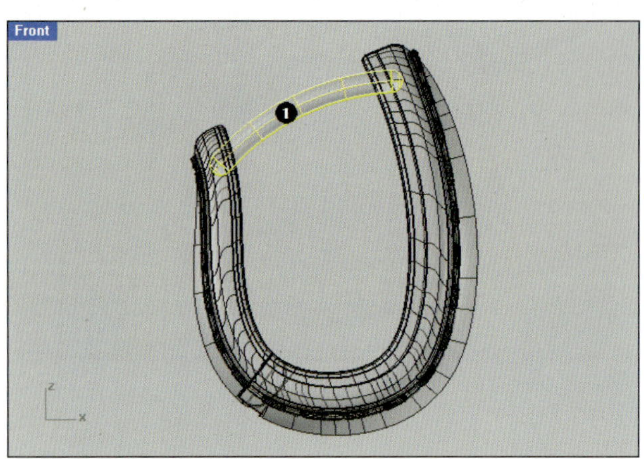

46_ Boolean Union 명령으로 1번과 2번 객체를 합집합시켜 준다.

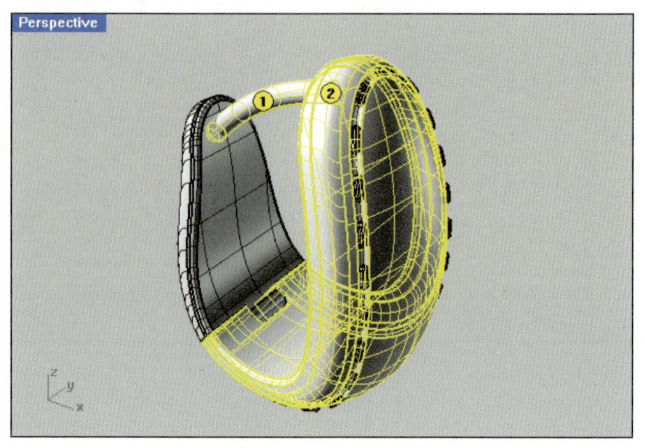

47_ 이제 3번 객체를 제자리 복사된 1번 객체로 Boolean Difference시켜 차집합, 홈을 파주고 Fillet 처리(Radius=0.1)한다.

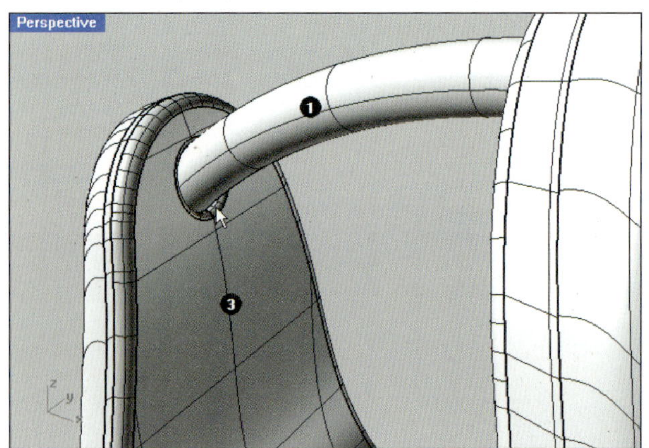

48_ Cylinder 명령으로 연결 고리 봉도 만들어 전체적인 구조물을 모두 마무리한다. 봉이 회전할 수 있는 홈은 작업자가 직접 만들어 준다. 여기서는 생략한다.

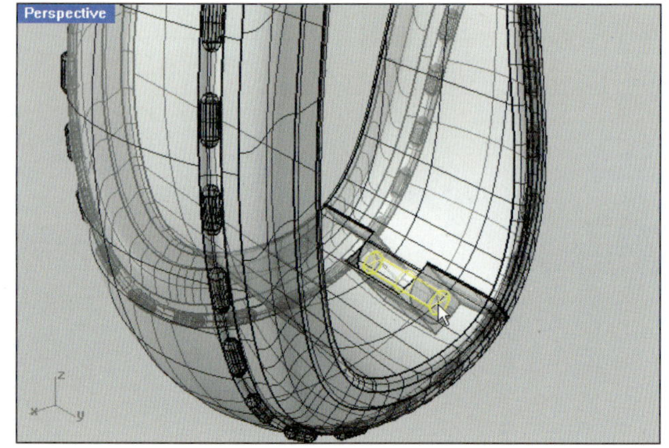

49_ Render 명령으로 귀걸이의 전체 모습을 확인한다.

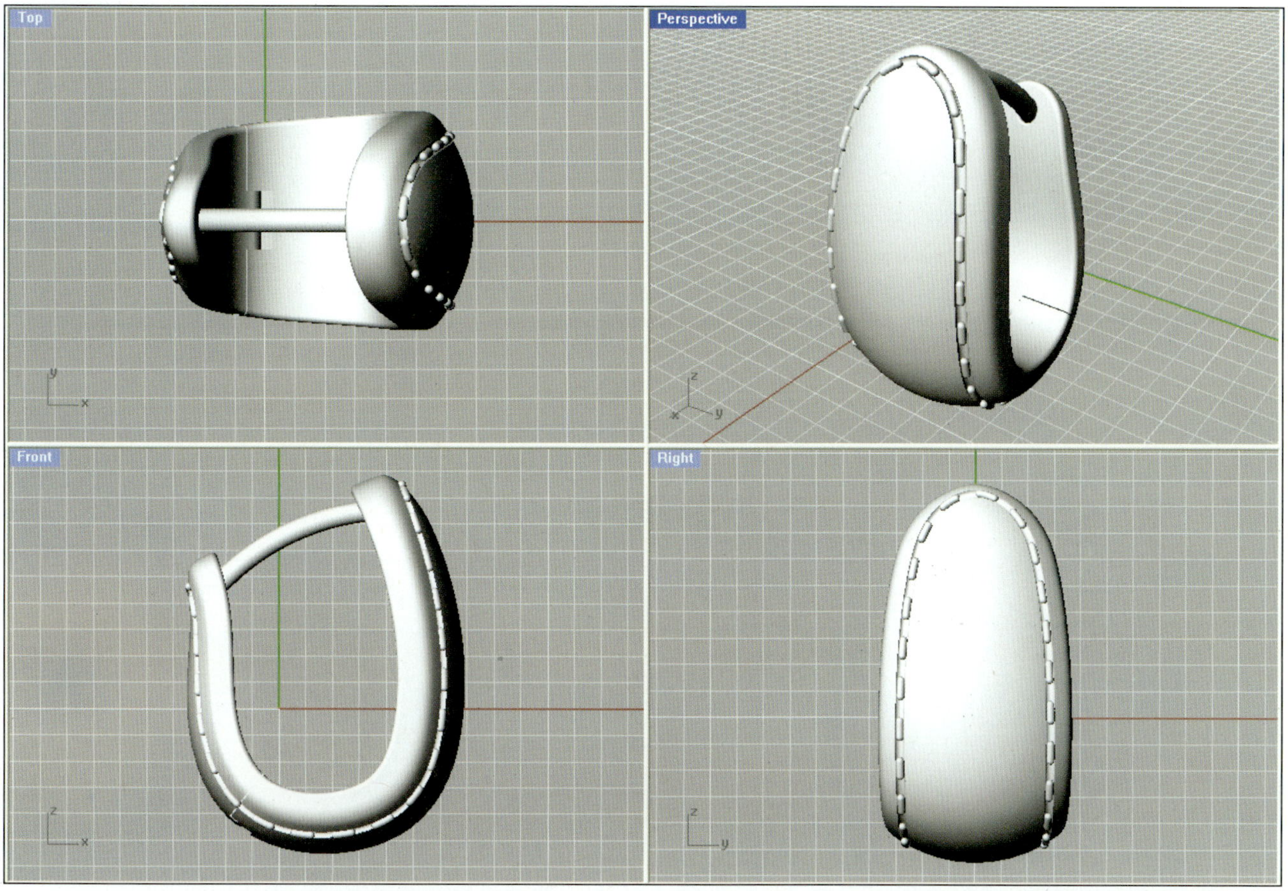

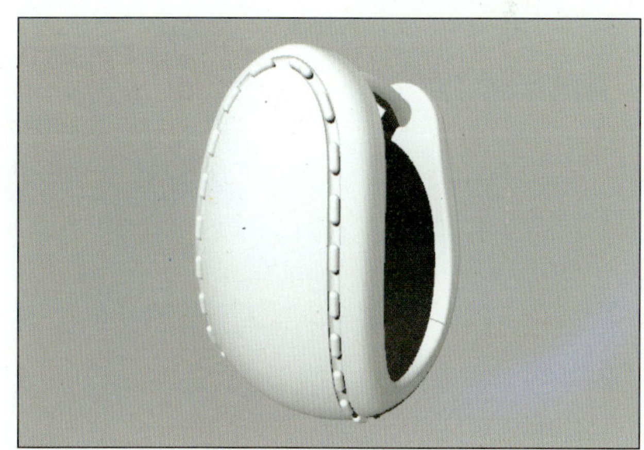

50_ Render 명령으로 귀걸이의 최종 모습을 확인한다. 최종 보석 세팅의 경우 조각 세팅이라고도 불리는 Pave Setting을 하면 보다 완성도 높은 결과물을 만들 수 있다.

Chapter 08

머리핀 모델링하기

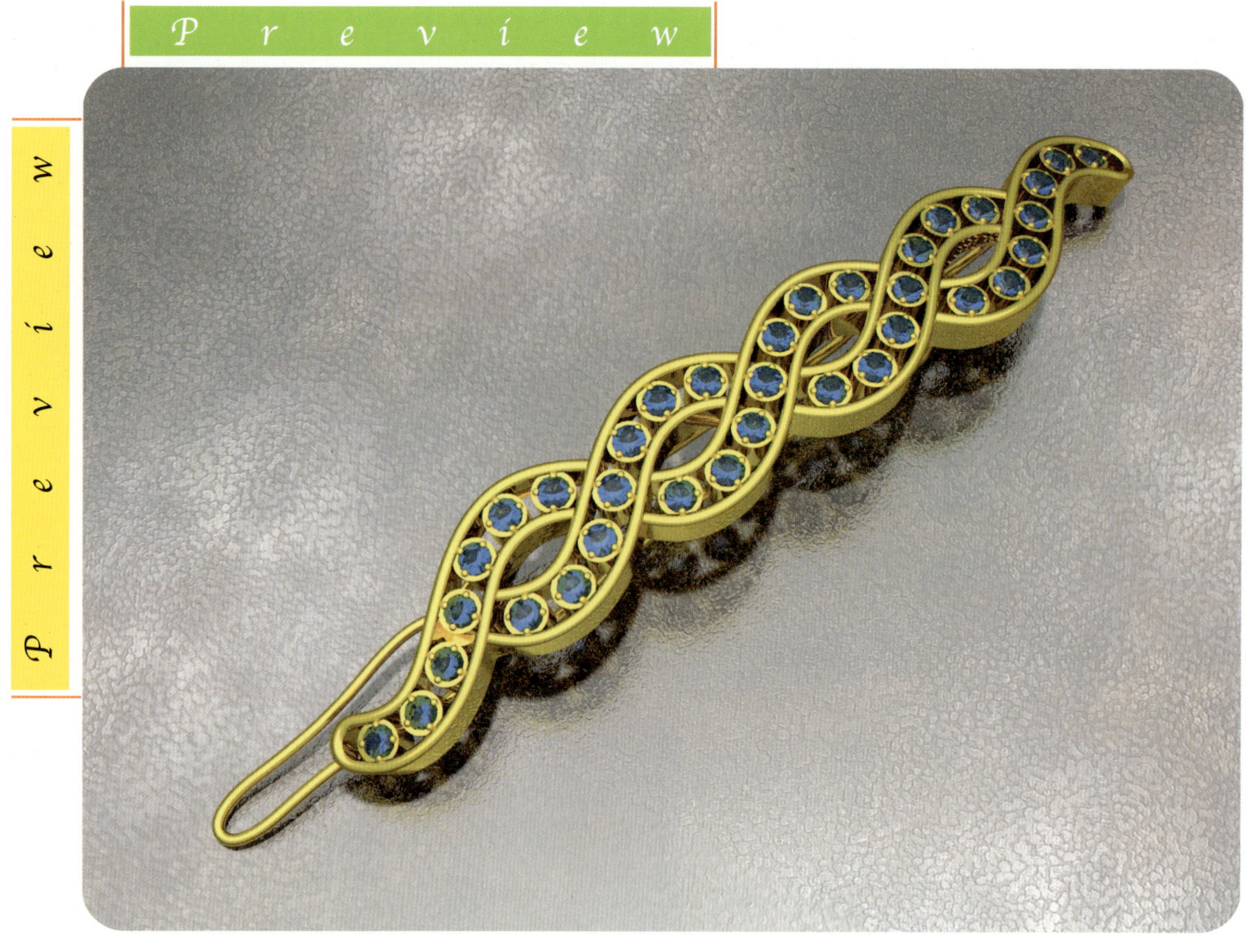

01_ Snap과 Ortho를 체크한 상태에서 ▣ Rectan-gle:Center, Corner로 머리핀 제작을 위한 대략적인 크기(가로 70mm, 세로 17mm)가 될 영역을 그려준다.

02_ 객체 A를 만들기 위해서는 ▣ Curve:Interpo-late Points로 물결 형태의 곡선 라인을 그려준 후 ▣ Offset Curve로 0.8mm 옵셋시켜 준다. ▣ Line으로 선의 끝부분을 연결하고 ▣ Join 해준다. 그림의 치수 는 대략적인 크기임을 보여주는 정도로 참조한다.

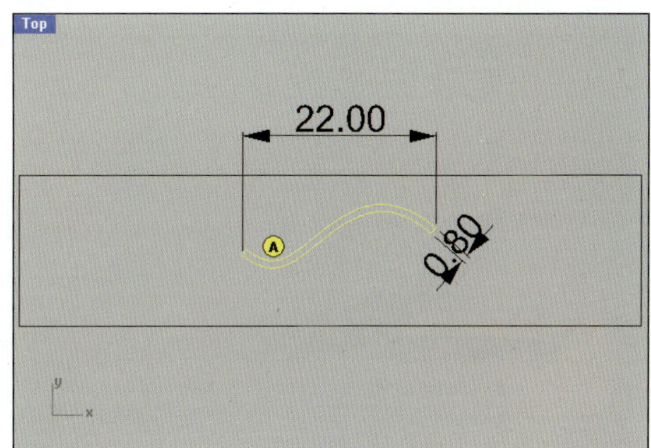

03_ 앞서 행해진 방법으로 객체 B를 그려 준다. 반드시 별도로 그려주되 전체적인 치수는 그림을 참조하여 배치 한다.

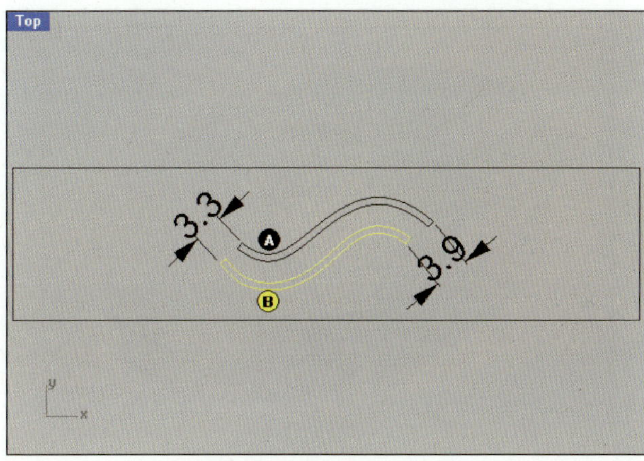

04_ Curve:Interpolate Points로 객체 C를 그려준다.

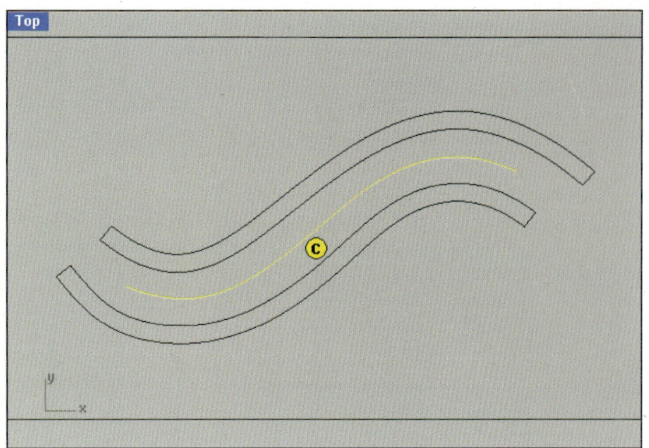

05_ Circle:Center, Radius로 C 커브의 End점에 지름 1.0과 지름 2.7mm인 원을 그려준다.

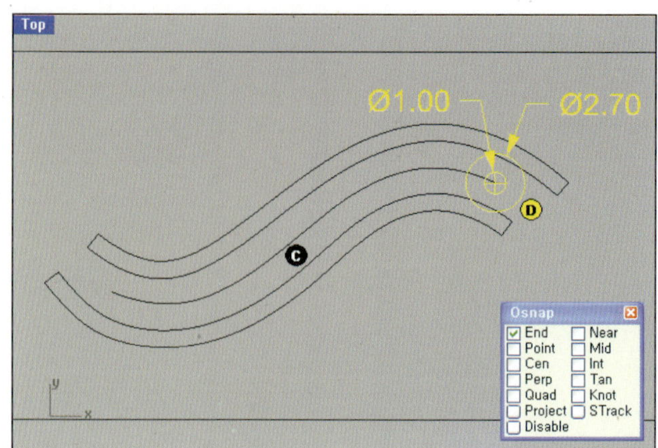

06_ Extrude closed planar curve로 2개의 원과 A, B 객체를 동시에 선택하여 밑으로 −2.8mm Extrude 시켜준다. 옵션에서 Bothsides=No로 하며, 치수 입력시 −2.8mm을 입력하면 밑으로 객체가 Extrude 된다.

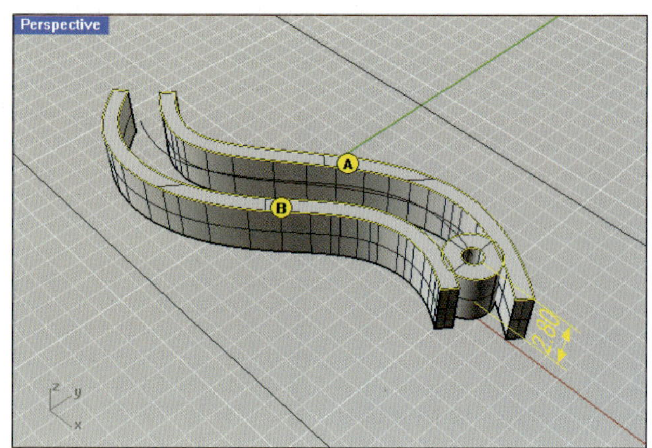

07_ Variable Radius Chamfer로 Tube 안쪽 Edge를 선택 Chamfer 0.5mm를 부여한다.

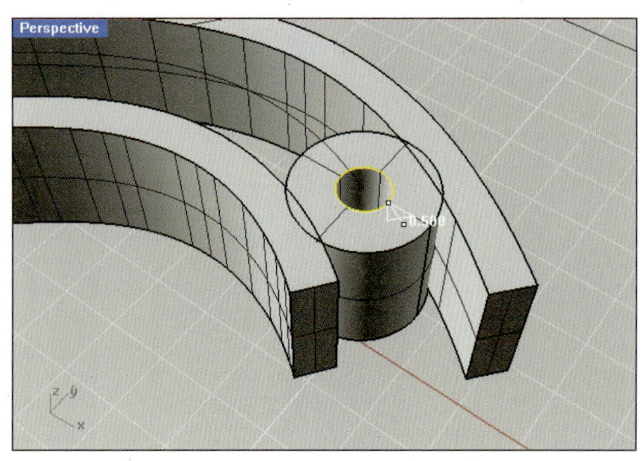

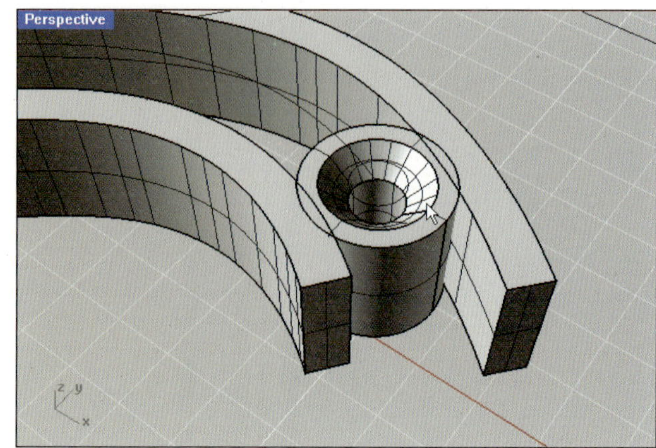

08_ 해당 위치에 난발 배치를 위하여 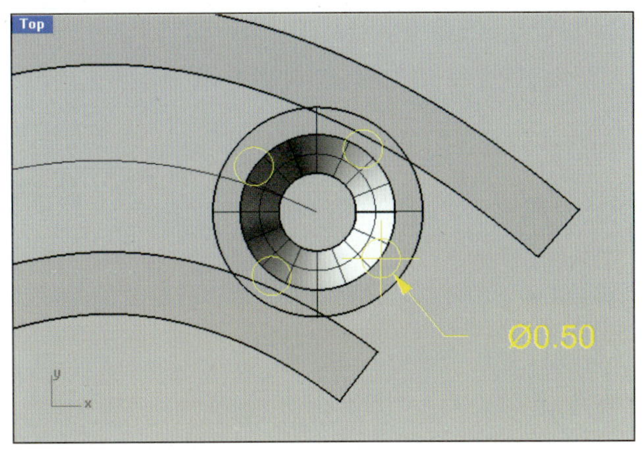 Circle: Center, Radius 명령으로 지름 0.5mm의 원을 하나 그려 주고 Polar Array로 난집 원의 중심(Cen)을 기준으로 총 4개를 원형 배열한다.

09_ Extrude closed planar curve로 4개의 원을 동시에 선택하여 Extrude 시켜준다. 옵션은 Both-sides=Yes로 설정하여 작업한다.

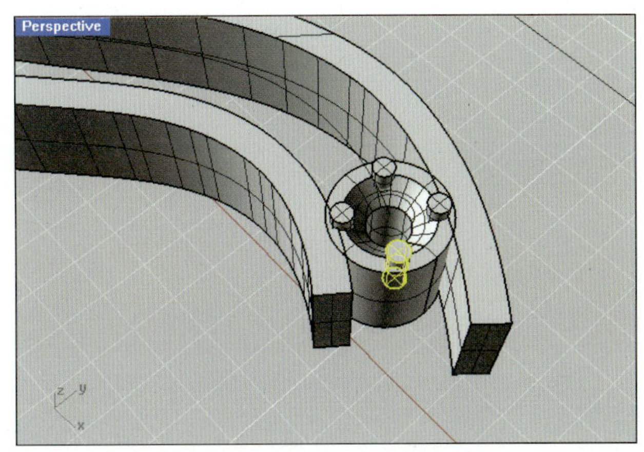

10_ Variable Radius Fillet으로 4개의 난발(실린더형 기둥)에 Fillet 0.2를 적용한다. 실제 제작을 위해서라면 보다 정교한 작업을 요구하는 부분이다. 참고로 난발과 난집을 아직은 Boolean Union 시키지 않는다.

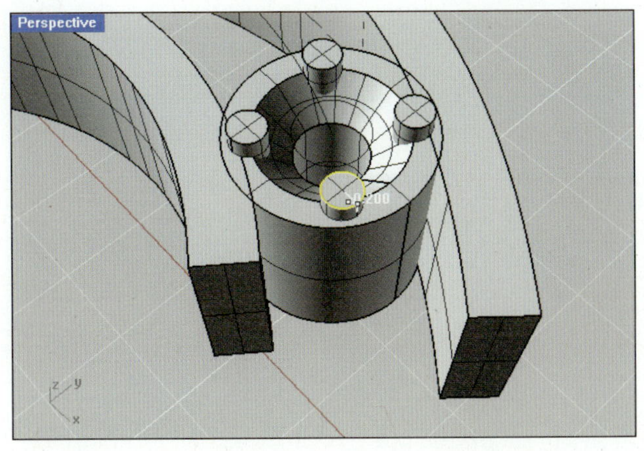

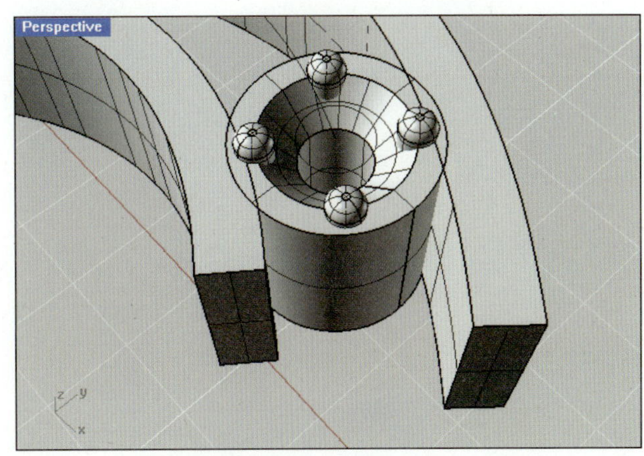

11_ Perspective View에서 Set CPlane To Object 아이콘 클릭 〉 A면을 선택하면 A면이 작업뷰 영역으로 만들어 진다. 이때 Grid를 켠 상태(F7)에서 작업해야 좌표가 바뀌는 것을 확인할 수 있다.

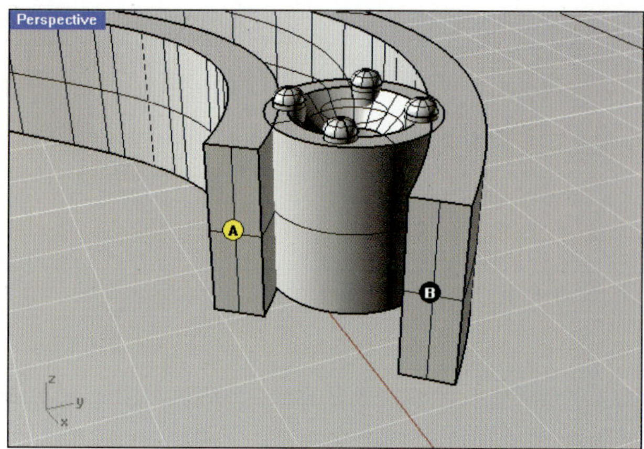

❍ Set CPlane To Object 적용 전 모습

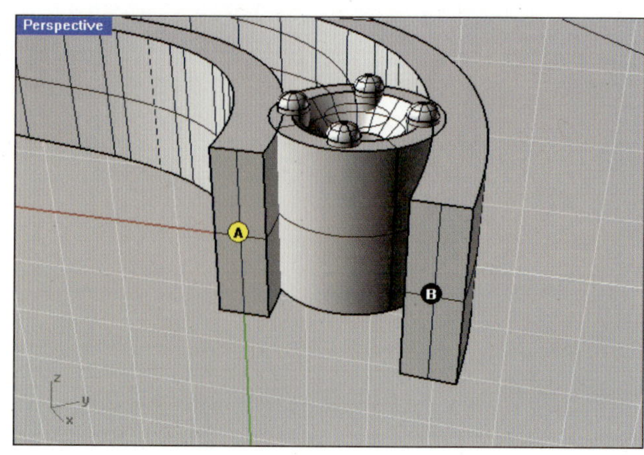

❍ Set CPlane To Object 적용 후 모습

12_ Set CPlane To Object가 적용된 Perspective View에서 Top View of CPlane 아이콘을 클릭해 작업을 위한 최적의 뷰(View)를 만들어준다.

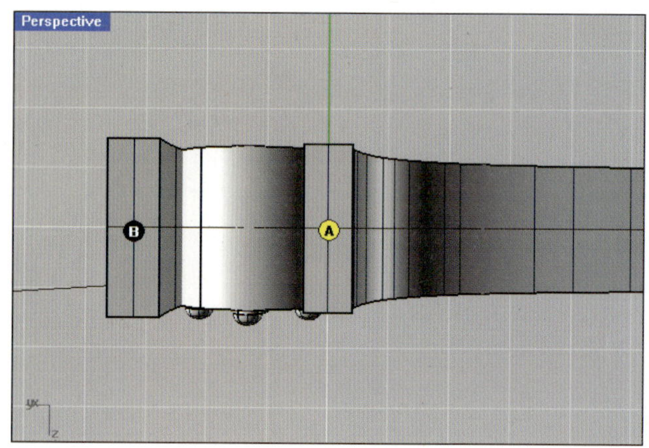

13_ Osnap에 End를 체크하고 Arc-Start, End, Point on Arc로 완만한 볼륨의 호(Arc)를 그려준다.

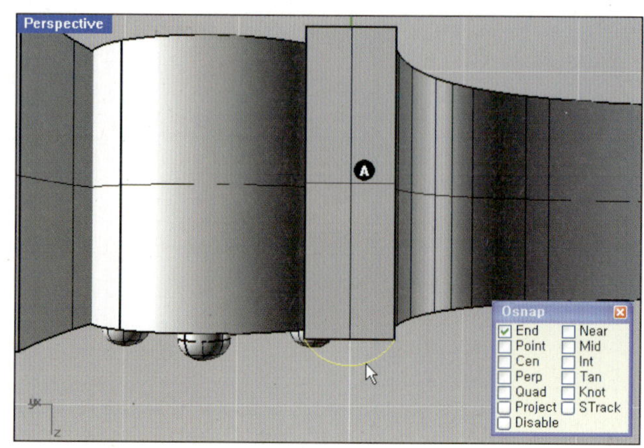

14_ 위의 방법으로 B면에도 ◈ Set CPlane To Object를 활용하여 동일한 호(Arc)를 배치한다.

참고로 CPlane 좌표에서 정상 뷰로 복귀하려면
🖼 Previous CPlane을 연속해 클릭한 후
🖼 Perspective View 아이콘을 클릭해 주면 된다.
물론 4Viewports명령으로도 편리하게 정상화시킬 수 있다.

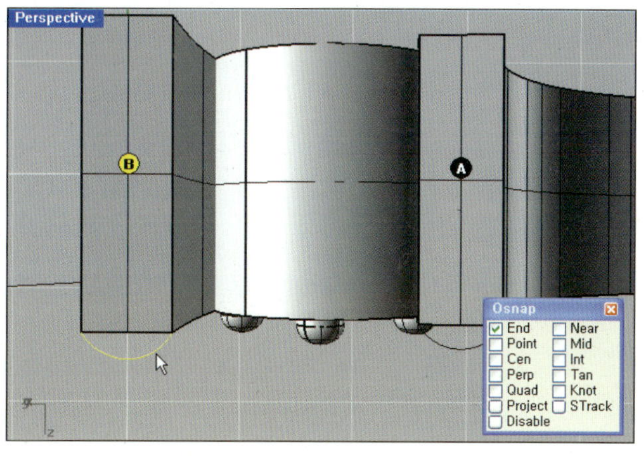

15_ 정상뷰로 복귀한 모습이다. 호(Arc)가 정확하게 면과 일치하도록 그려졌다.

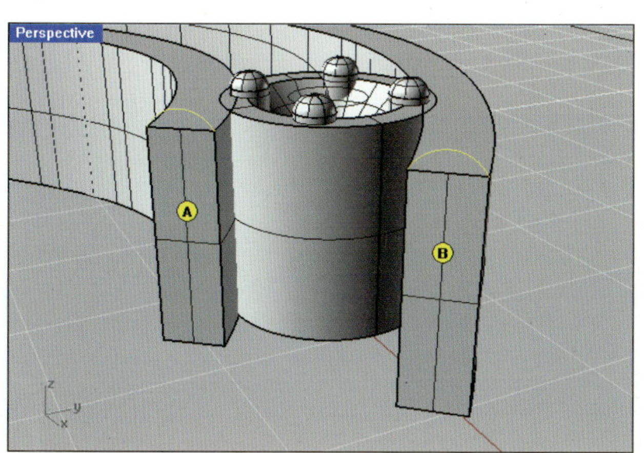

16_ 📚 Extract Surface로 A, B, C, D면을 모두 떼어 낸다. A, B면은 뒤쪽 면도 같이 떼어낸다.

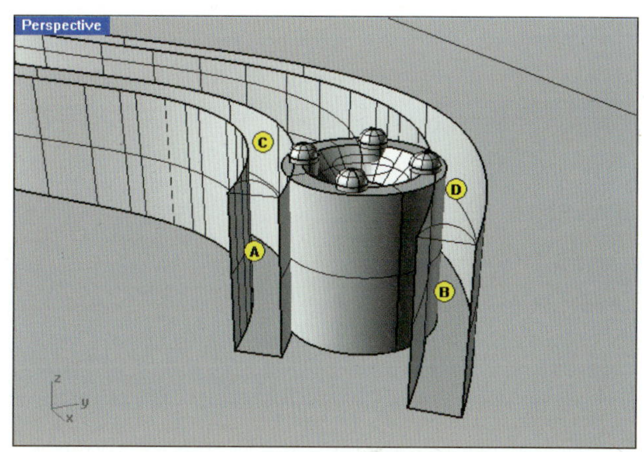

17_ 🔷 Sweep 2 Rails 명령으로 앞선 제작된 호(Arc)를 이용하여 볼륨있는 면을 만들어 준다. Sweep 2 Rails Options 창이 뜨면 반드시 그림과 같이 설정해 준다. 다만 생성면의 아이소커브(Isocurve)가 휘어 보이면 Add Slash로 수정(Undo 가능)하여 준다. 같은 방법으로 맞은 편도 🔷 Sweep 2 Rails 해 준다.

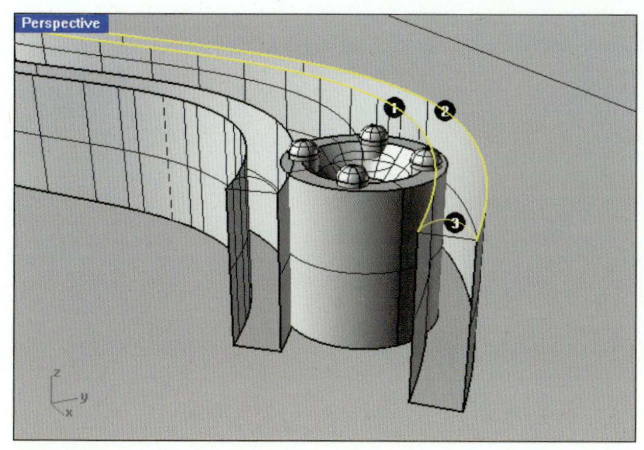

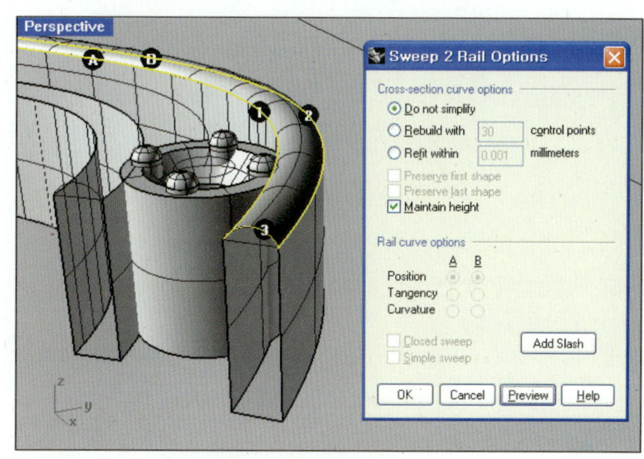

18_ 완성된 객체면들은 모두 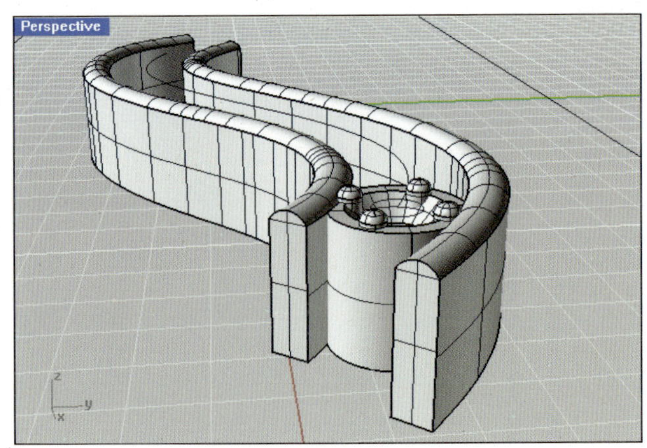 Join해 주고 Cap Planar Holes 열린 구멍을 닫아 준다.

19_ 객체 A를 선택한 상태에서 Array along Curve 아이콘 클릭 〉 Select path curve(Basepoint) : 객체 B(곡선 커브)를 선택 〉 Array Along Curve Options 설정 〉 [OK] 한다.

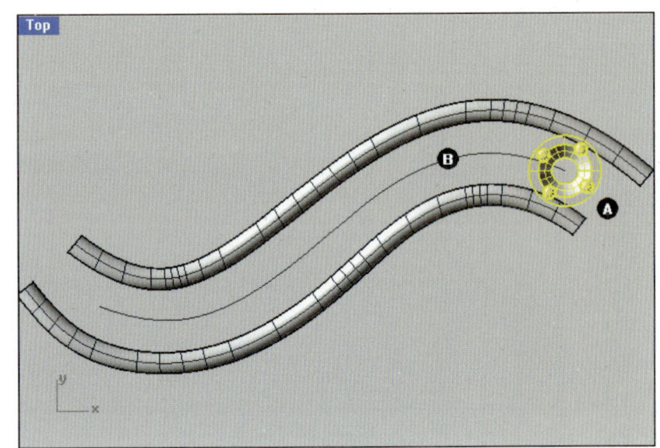

Array Along Curve Options 설정은 그림과 같다.

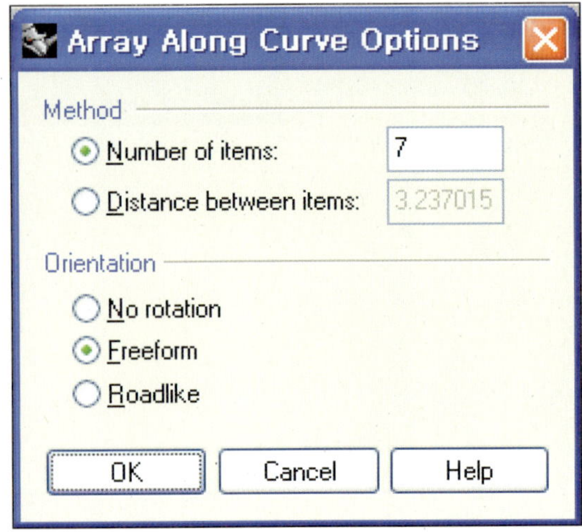

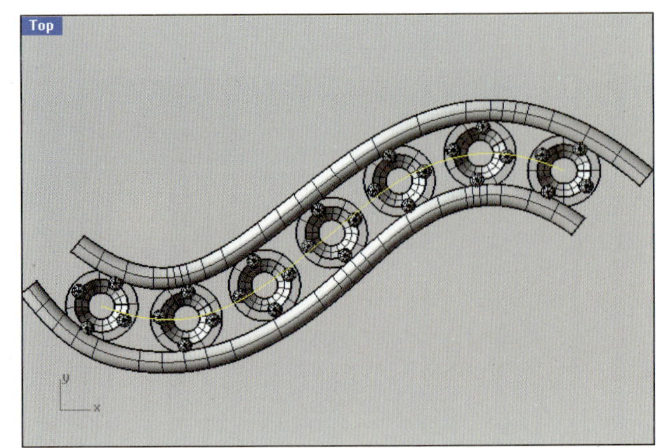

20_ Boolean Union으로 하나의 솔리드(Solid)로 만들어 준다. Shade로 파트를 확인한다.

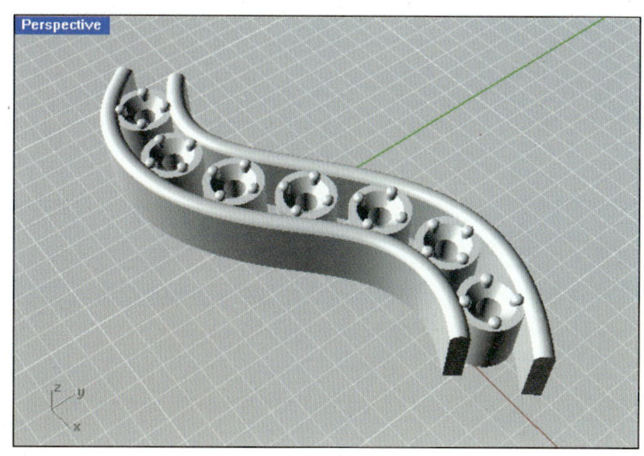

21_ Merge two coplanar faces 아이콘을 마우스 오른쪽 버튼으로 클릭 〉 솔리드 객체의 하단면 객체 Edge 겹침 현상을 모두 없애준다. 단, 모든 조건은 하단면의 바닥은 같은 높이의 겹친 면이어야 한다는 것이다.

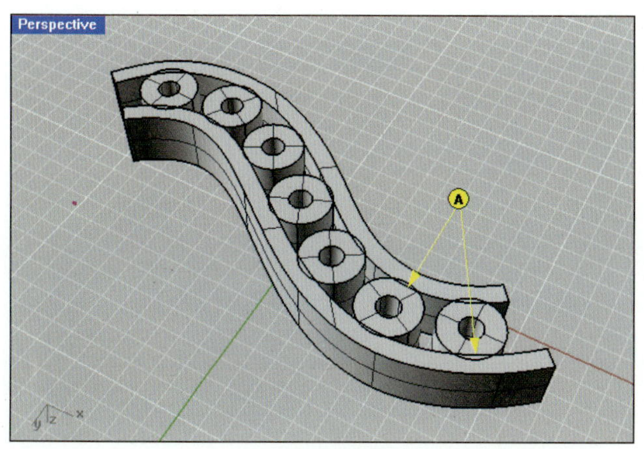

◑ Merge two coplanar faces 명령 실행 전 모습

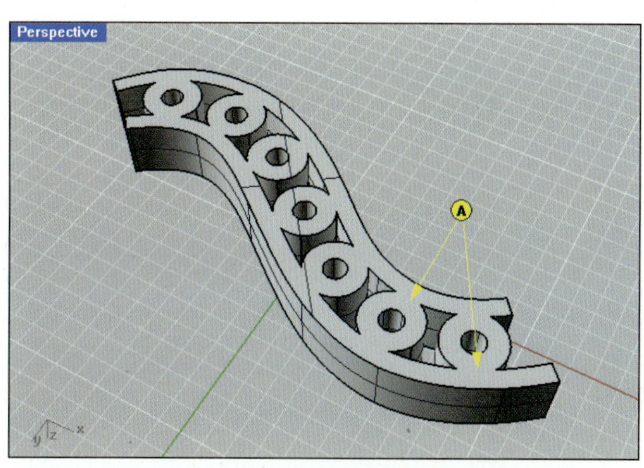

◑ Merge two coplanar faces 명령 실행 후 모습

22_ Cage edit objects 아이콘 클릭 〉 Select captive objects: 객체선택〉 Select captive objects. Press Enter when done : Enter 〉 Select control object(BoundingBox Line Rectangle Box Deformation=Accurate): BoundingBox 클릭 〉 Coordinate system〈World〉(CPlane World): Enter 〉 Cage points(XPointCount=4 YPointCount=4 ZPointCount=4 XDegree=3 YDegree=3 ZDegree=3): Enter 〉 Region to edit〈Global Local Other): Enter

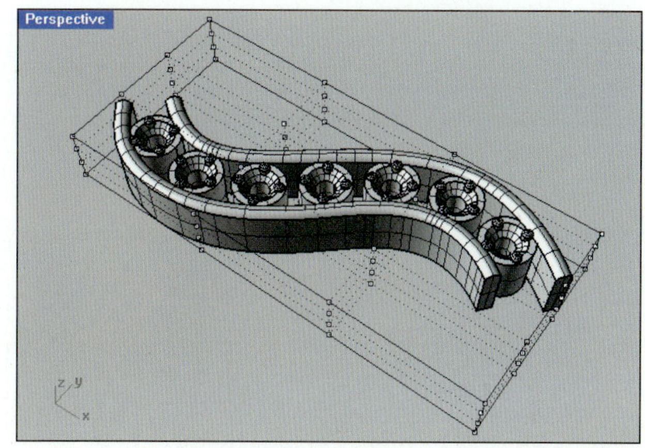

23_ 그림처럼 마우스를 드래그하여 변형을 위한 해당 포인트 영역만을 선택한다.

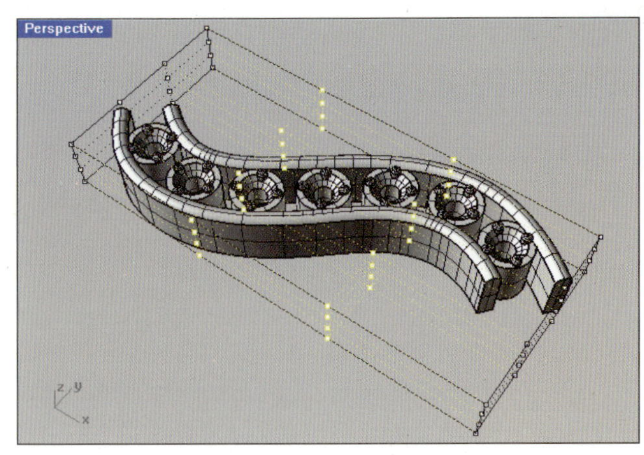

24_ 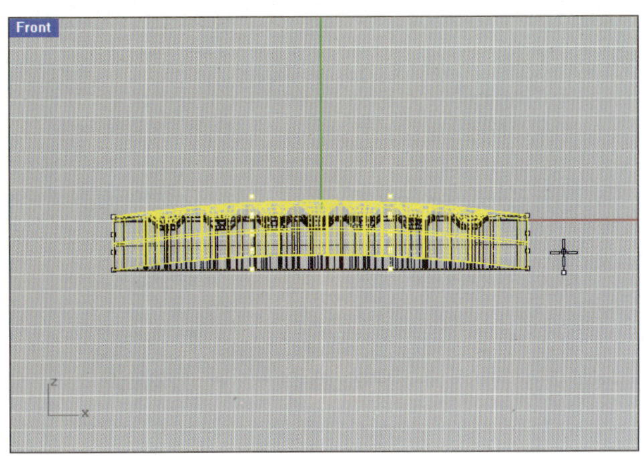 Move 명령으로 바탕을 찍은 상태로 약 1.2mm 정도를 올려 준다. Move 명령은 방향을 지시한 상태에서 치수를 치면 치수만큼 이동 변형이 가능해진다.

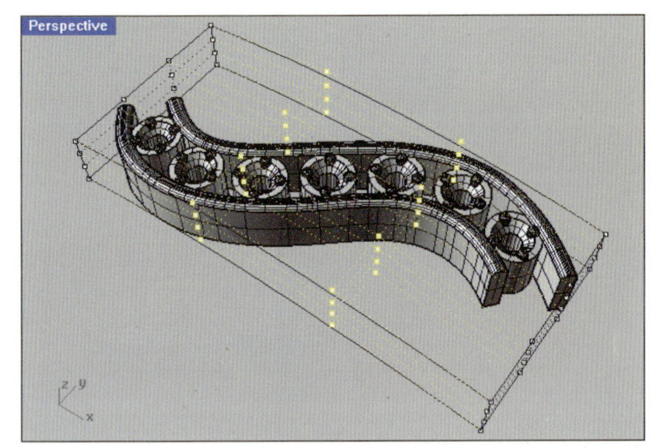

25_ 작업이 마무리되면 BoundingBox를 지워준다.

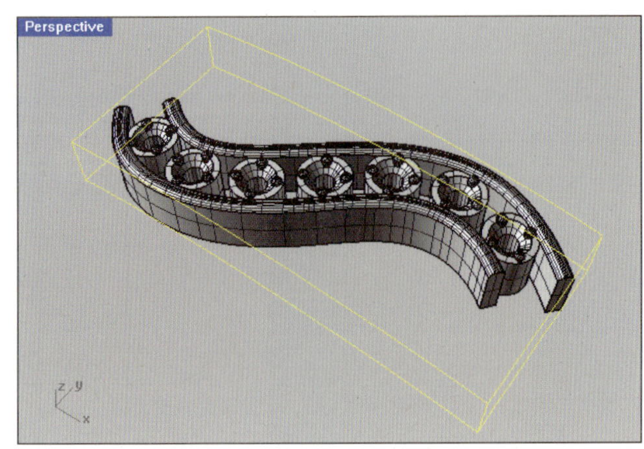

26_ 초기 전체 크기 가이드 라인을 보이게 한 후 변형 객체를 좌측으로 Copy 해준다. 특히 화살표가 지시한 부분과 같이 중간 정도 서로 겹쳐지도록 해준다.

배치 후 겹친 부분을 입체 뷰에서 보면 그림과 같이 튀어나온 부분이 눈에 거슬리게 된다. 이 부분도 변형 툴로 위로 올려줄 것이다.

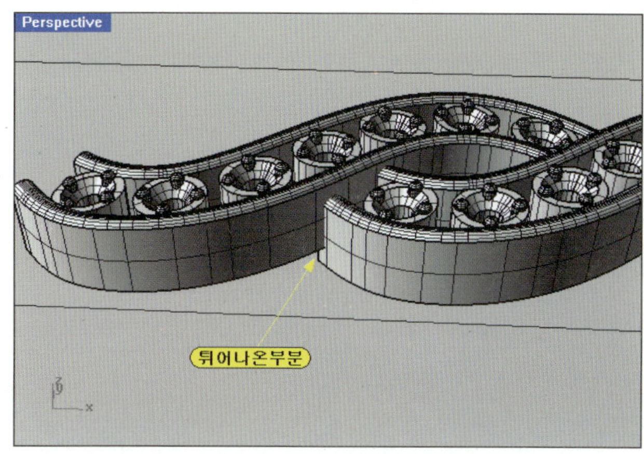

27_ 객체 2번을 선택하여 Cage edit objects 명령으로 앞에서 행한 방법대로 수행하되 변형 포인트를 보이게 한다.

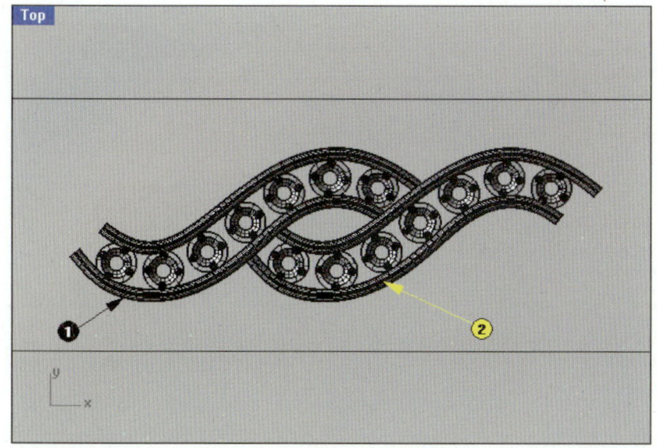

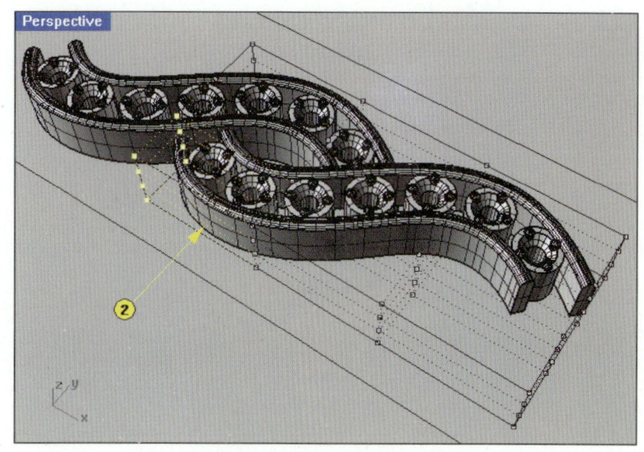

28_ 그림과 같은 구역만을 선택하여 Front View에서 위로 0.7mm Move 이동시켜 준다. 이렇게 하면 튀어나온 부분이 어느 정도 감소되어 보기가 좋아진다. 이 때 난집의 변형이 최대로 되지 않도록 주의한다.

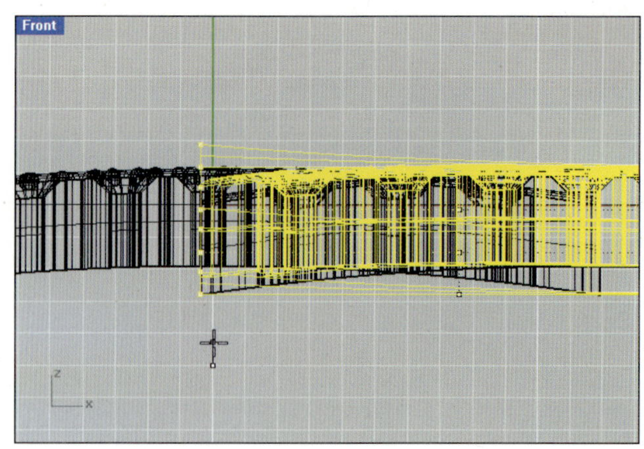

29_ Move 명령으로 0.7mm 이동된 모습이다.

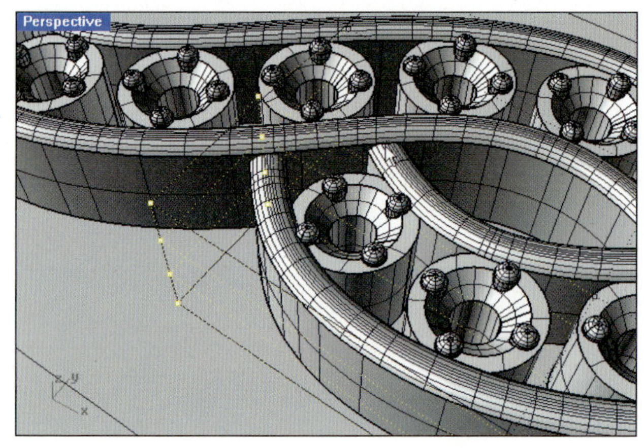

30_ 객체 1번을 선택하여 Cage edit objects 명령으로 앞에서 행한 방법대로 수행하되 변형 포인트를 보이게 한다.

그림과 같은 구역만을 선택하여 Front View에서 위로 0.7mm Move 이동시켜 준다.

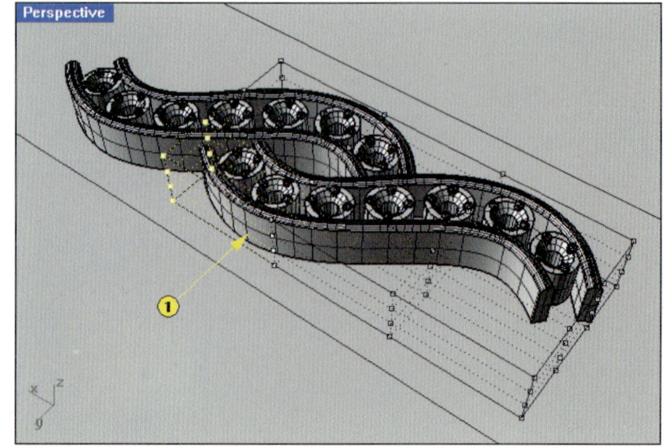

31_ Move 명령으로 0.7mm 이동된 모습이다.

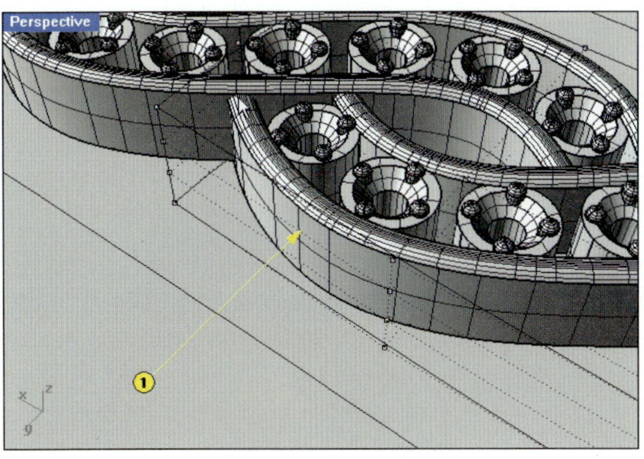

32_ 이렇게 나머지 파트도 복사하여 같은 작업을 반복한다. 단 머리핀의 좌측 끝단(1번)과 우측 끝단(2번)의 변형은 하지 않는 것이 보기 좋다.

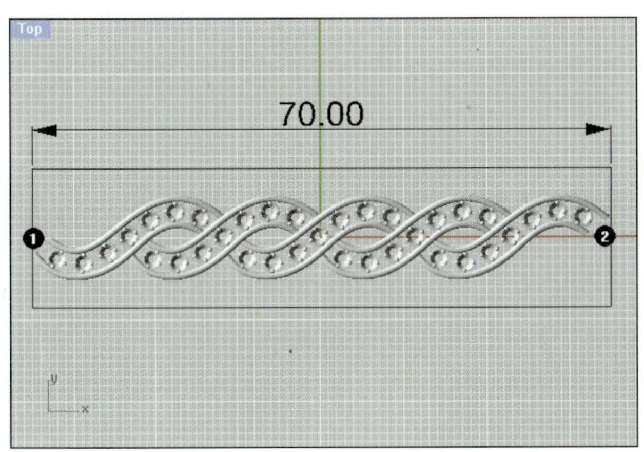

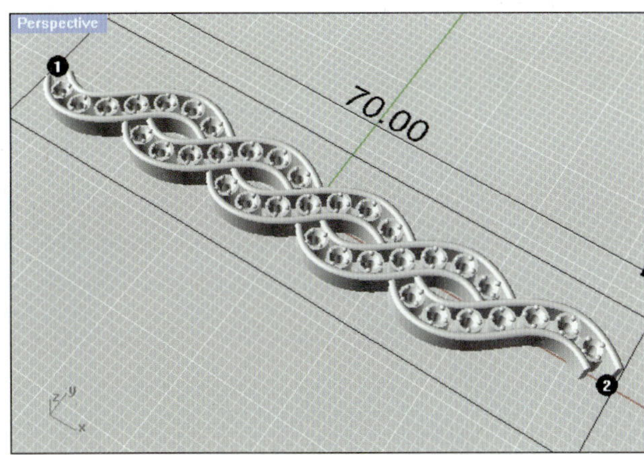

33_ Box:Corner to Corner, Height로 직사각형 Box A, B를 그려준다.

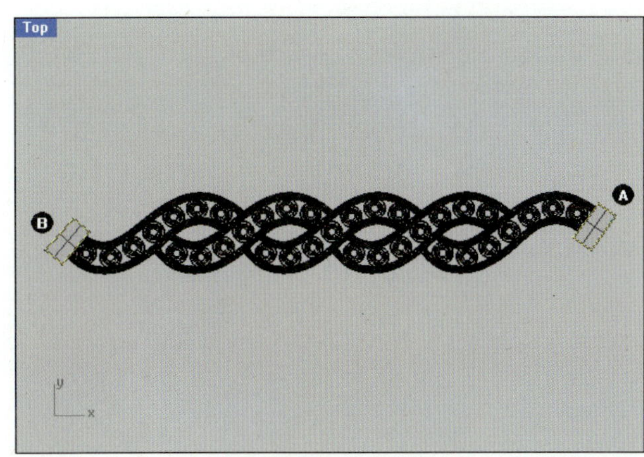

아래 그림은 적정 각도와 위치이다.

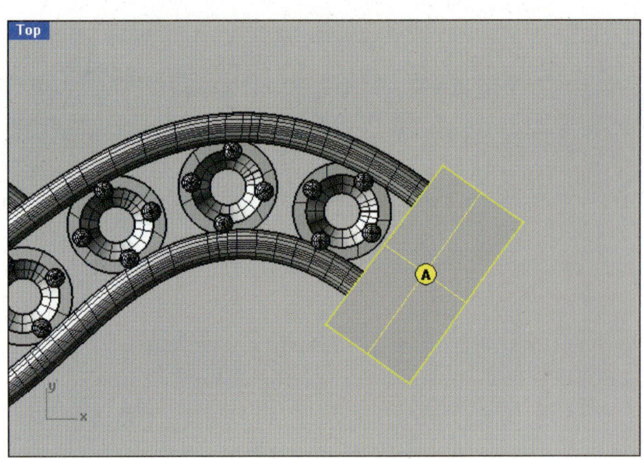
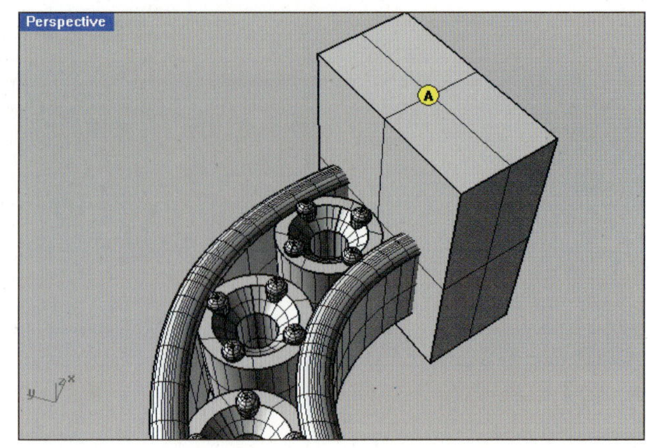

34_ Boolean Difference 차집합 결과를 보여준다. 양쪽 모두 같은 방법으로 잘라준다.

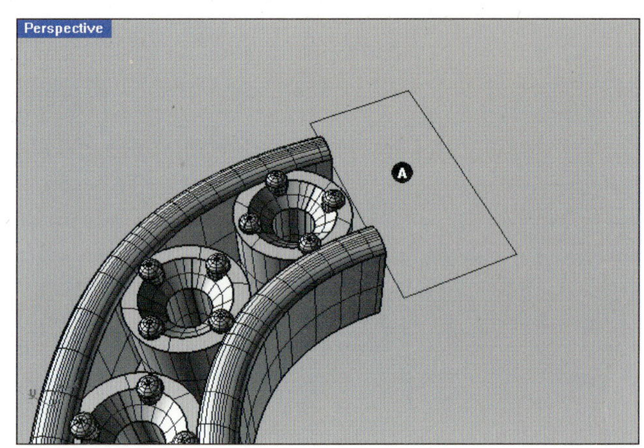

35_ Extract Surface 명령으로 1번과 2번 면만을 선택하여 떼어낸다.

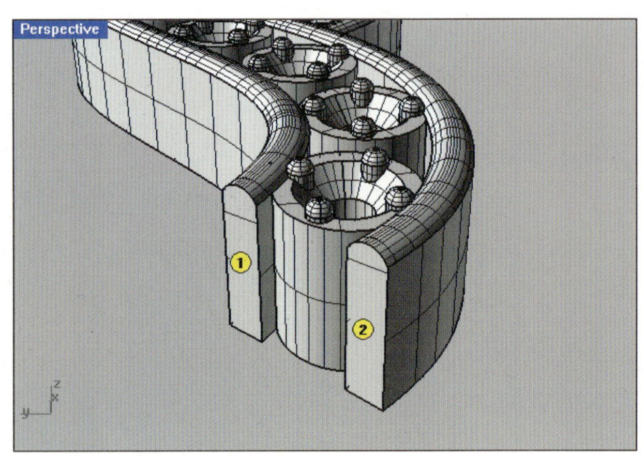
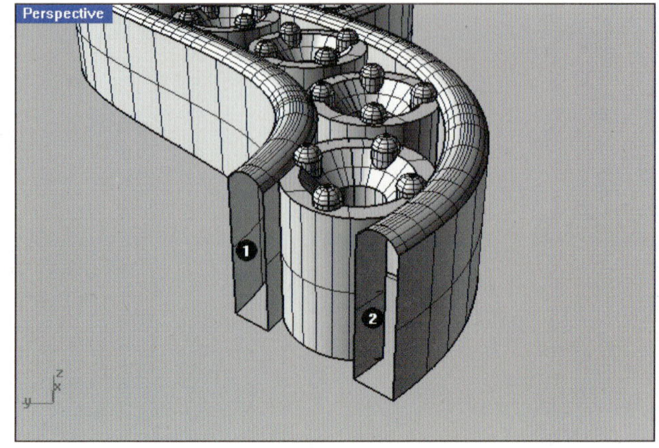

36_ 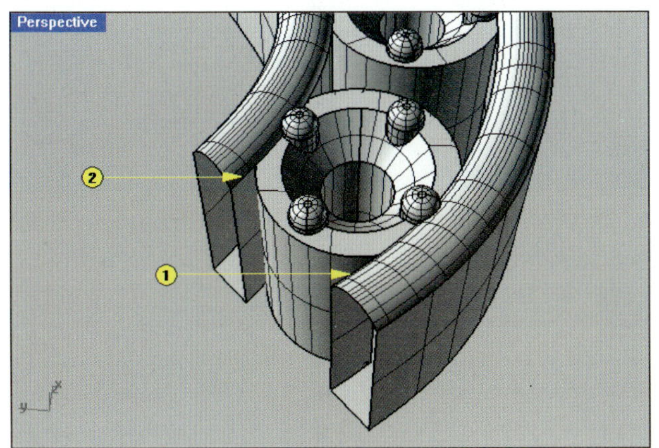 Blend Curves를 선택 〉 해당 곡률을 형성할 Edge 1, 2를 각각 순차적으로 선택 〉 Enter 한다.

Blend Curve가 만들어 졌으며 이것은 G2의 연결성을 가지는 매우 좋은 커브이다.

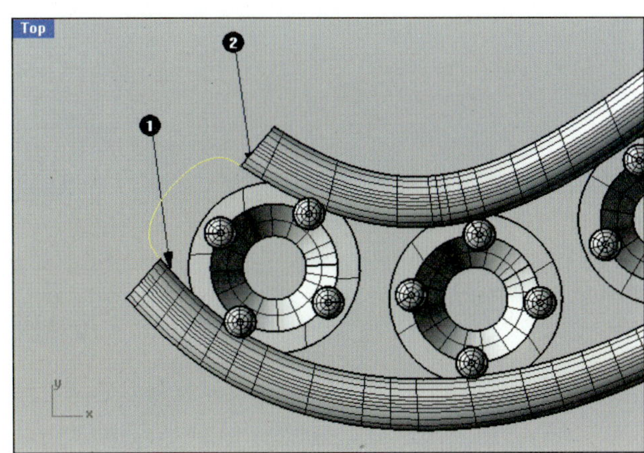

37_ 하지만 이러한 Blend Curve 만으로는 원하는 형태가 아닐 수도 있다. 그래서 이 부분을 G2의 연결상태를 유지하면서 생성 커브를 보기 좋은 모양으로 수정해 본다. 수정을 위해서는 커브를 클릭하고 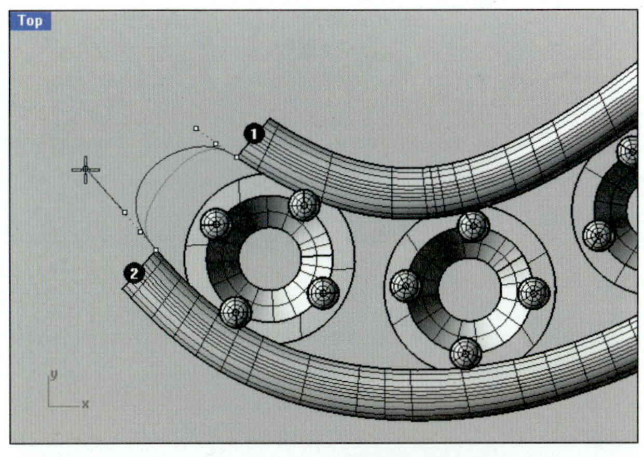 Adjust Curve End Bulge 아이콘을 클릭해 주면 제어점들이 보이게 되는데 이중 제일 앞의 공간으로 나온 제어점 하나를 선택하여 당기거나 밀어 형상을 만든다.

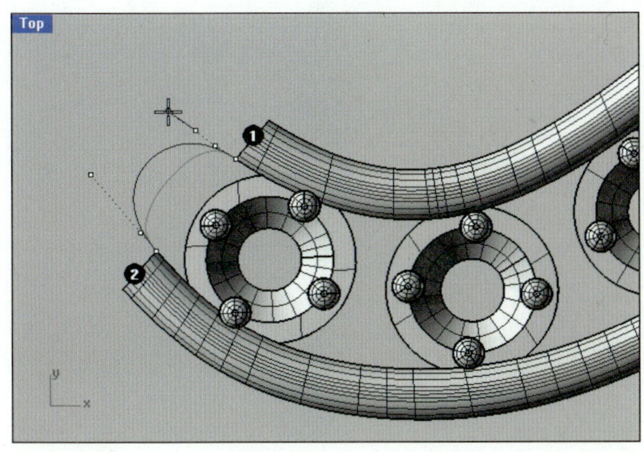

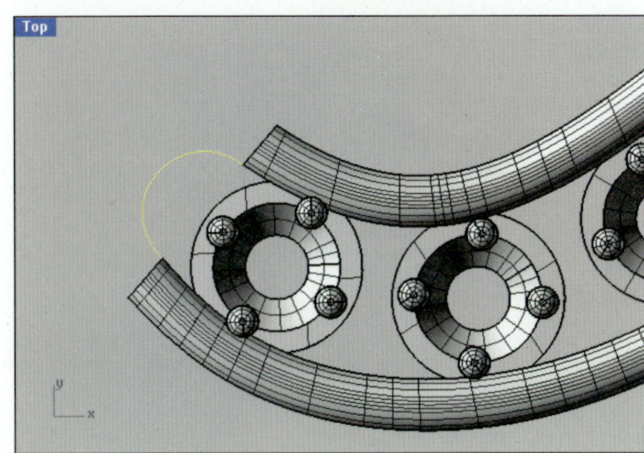

38_ Blend Curves와 Adjust Curve End Bulge 명령을 활용하여 그림과 같이 나머지 모두를 완성한다.

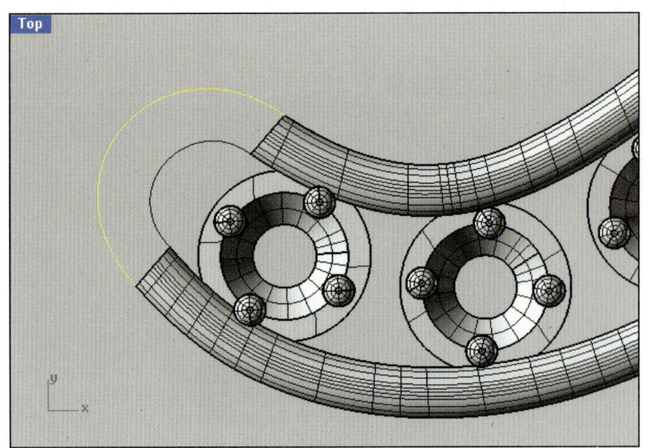

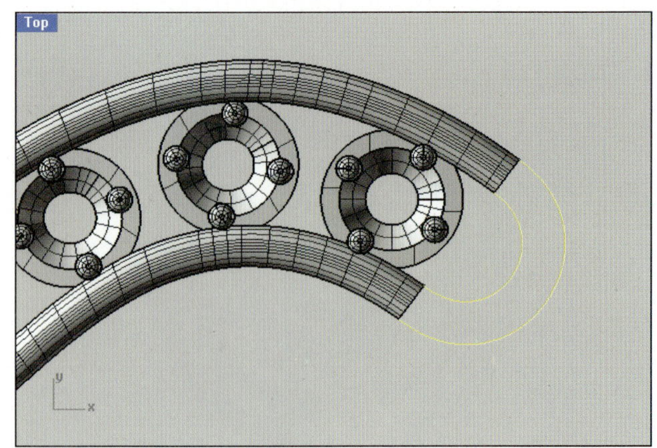

39_ Surface from Network of Curves로 그림과 같은 부위를 번호 순대로 클릭하여 면을 완성해 준다. 물론 다른 한쪽도 같은 방법으로 면을 만들어 준다.

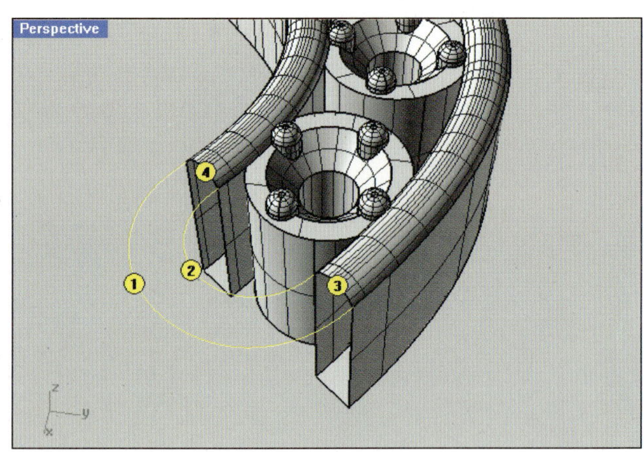

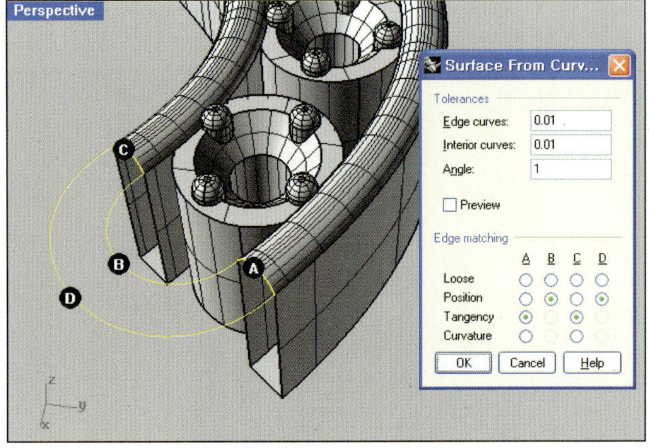

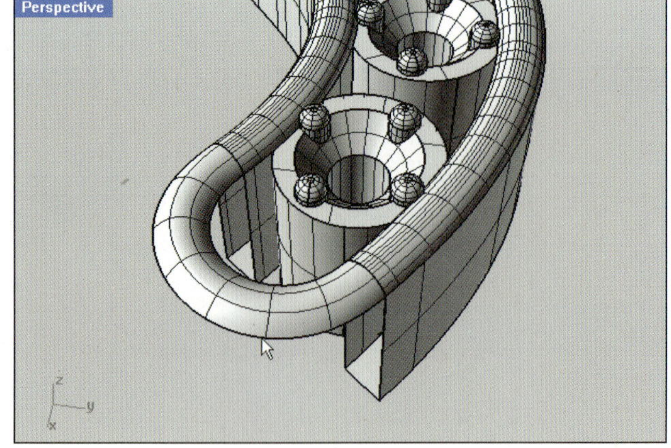

40_ 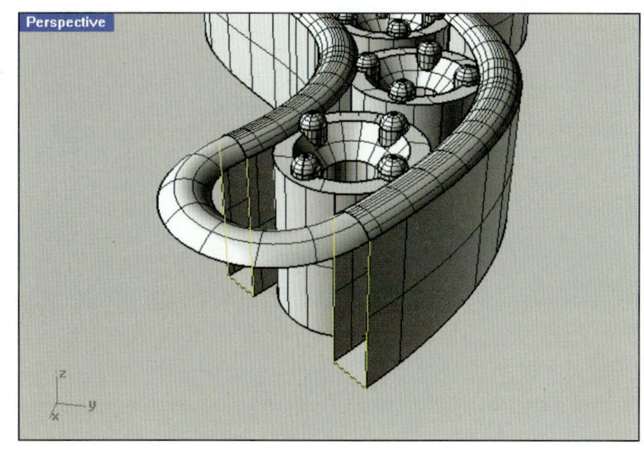 **Duplicate Edge** 명령으로 해당 Edge만을 추출한다. 추출된 커브는 Join 해준다.

41_ **Sweep 2 Rails** 아이콘 클릭 〉 1번과 2번 Edge 레일 클릭 〉 3, 4번 추출커브 클릭 〉 Enter 한다.

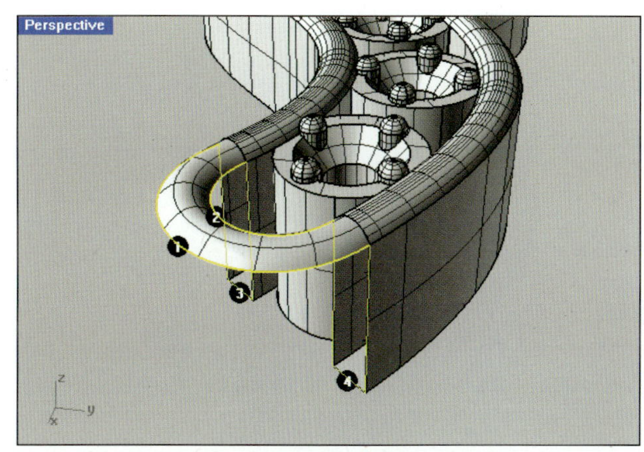

Sweep 2 Rail Options 대화창이 뜨면 그림과 같이 설정한다. 특히 Maintain height를 체크하여 밑바닥 면의 높이를 일정하게 유지시켜 준다. 마찬가지로 다른 쪽도 마무리한다. 참고로 옆면의 연결성을 확인해 볼 필요가 있다.

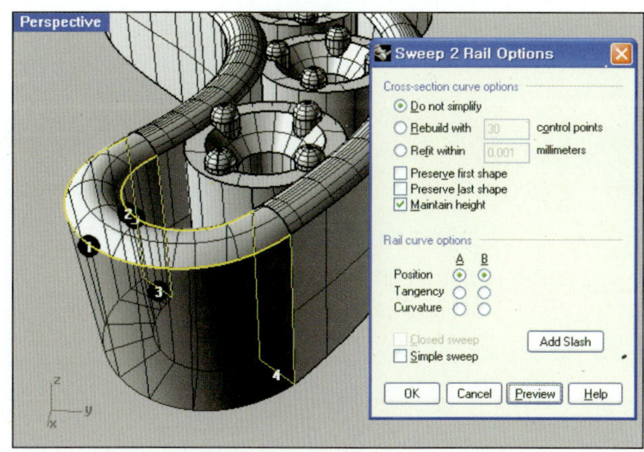

42_ 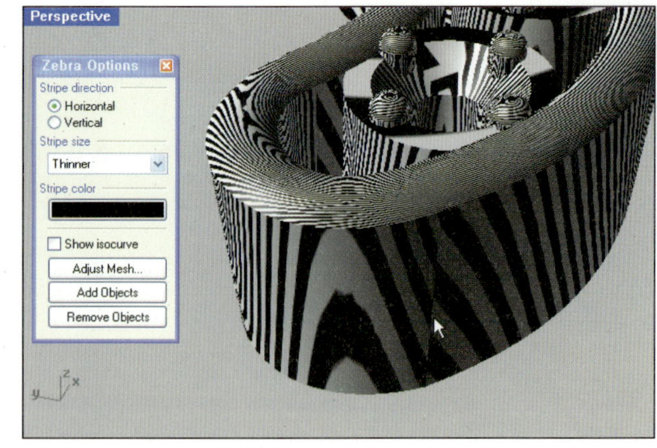 Zebra Analysis를 체크해 본 결과 화살표 부분은 면에 각이 존재하게 되는데 이것은 앞면을 Extract Surface 떼어낸 후 Surface from Network of Curves로 연결성을 수정해 주면 된다.

43_ 안쪽과 바깥쪽 면을 재구성해준다. 특히 옵션 설정시 체크 항목에 주의하며 혹, 생길 수 있는 연결성에 문제를 방지하기 위하여 Tolerance를 0.001로 설정해도 좋다.

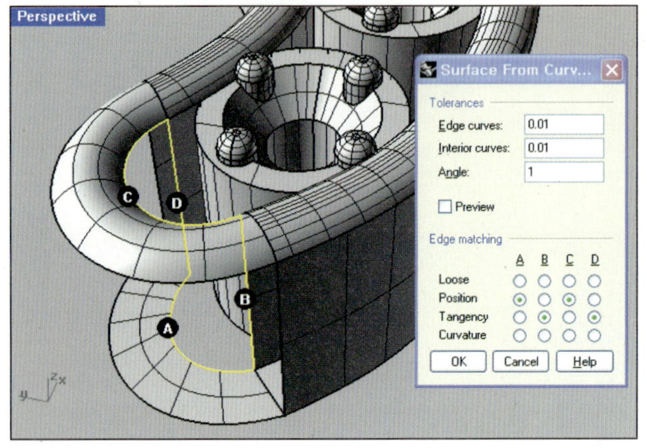

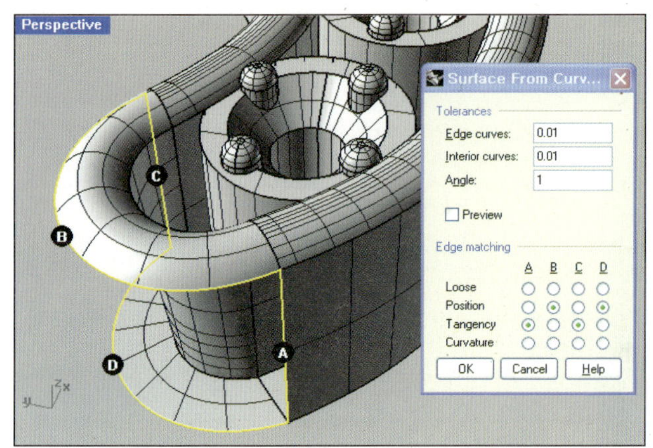

44_ Zebra Analysis를 체크해본 결과 화살표 부분의 면 연결성이 매우 좋아졌다. 만약 객체 Join 후 Show Edges 툴에서 Naked Edges가 발견되면 Tolerance를 0.001로 변경해 주면 해결된다.

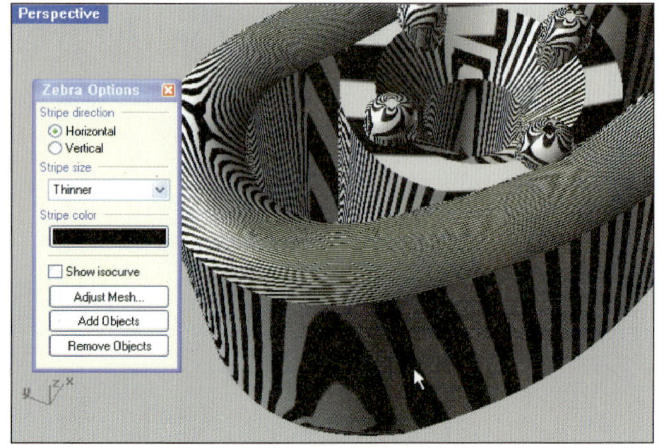

45_ 완성된 모든 파트를 Boolean Union 합집합시켜 준다.

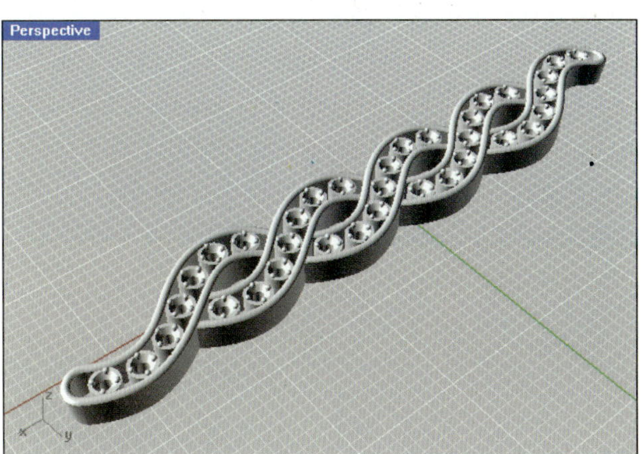

46_ Top View에서 Plane:Corner to Corner 툴로 1번 직사각 평면을 그려준다.

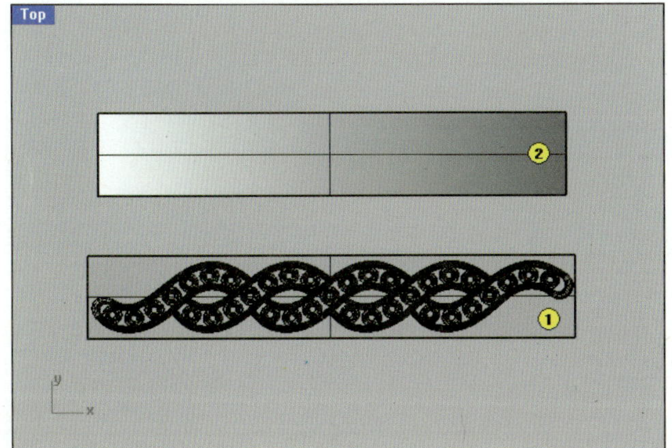

47_ 2번 면은 Front View에서 호(Arc)를 그려 준 후 Extrude Straight로 만들어준다.

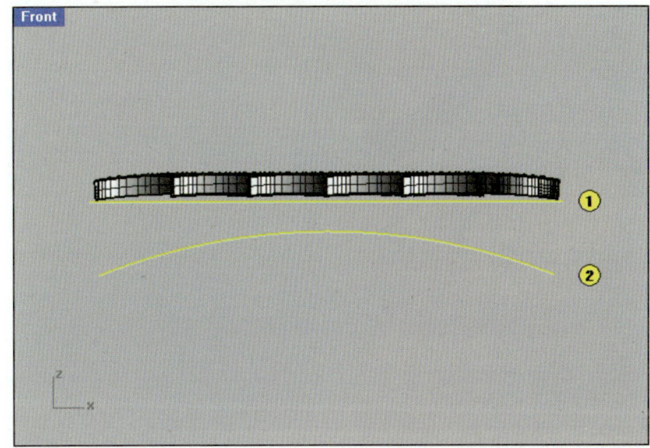

48_ Flow along surface 아이콘 클릭 〉 머리핀 객체 클릭 〉 Enter 〉 Base surface-select near a corner(Copy=Yes Rigid=No Plane) : 1번 면 클릭 〉 Target surface-select near matching corner(Copy=Yes Rigid=No Plane) 2번 면 클릭 〉 Enter 하면 휘어진 머리핀이 만들어진다.

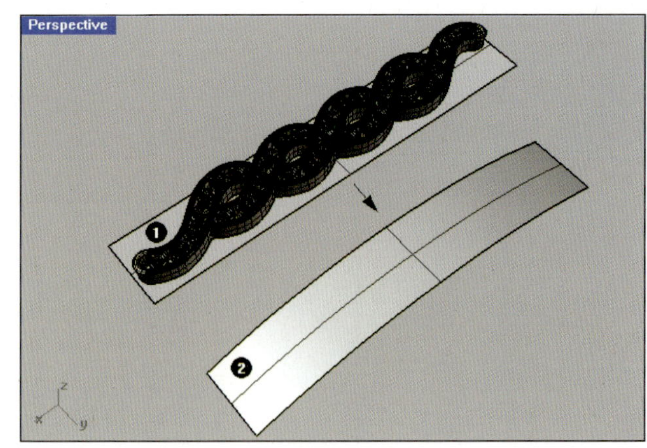

Flow along surface 명령이 적용된 결과이다.

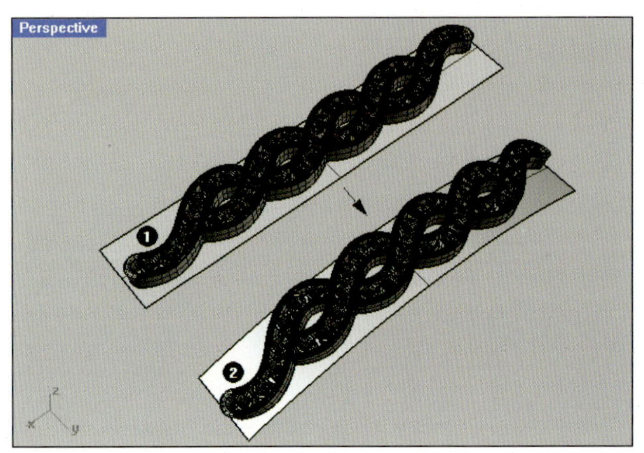

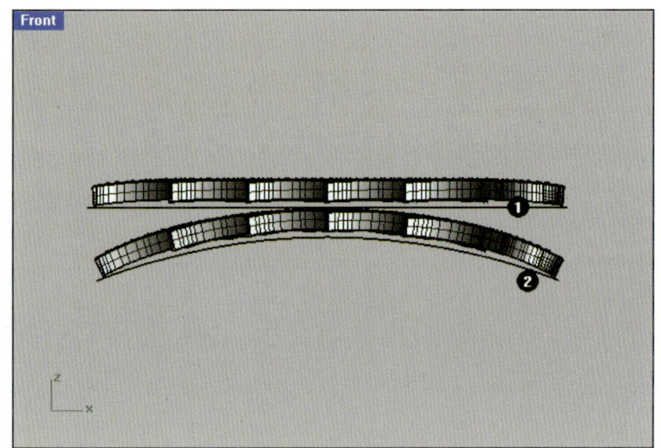

49_ Shade 명령으로 머리핀의 최종 상태를 확인해 본다.

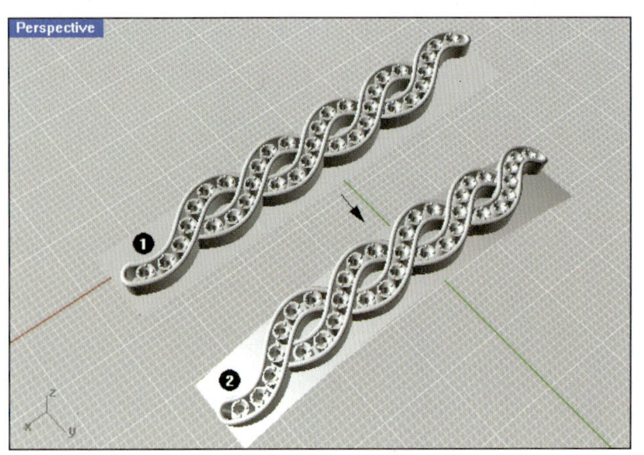

50_ 보석의 경우 File 〉 Import 〉 **부록 CD 〉 보석샘플 〉 GEM-14**, 바닥 장식은 File 〉 Import 〉 **부록 CD 〉 라이노파일 〉 EX-4**를 불러온다. 다음 그림과 같이 세팅과 장치를 부착해 주고 머리핀을 마무리한다. Shade 아이콘을 오른쪽 마우스 버튼으로 클릭하면 한번에 모든 뷰(Shade all viewport)를 쉐이드 상태로 볼 수 있다.

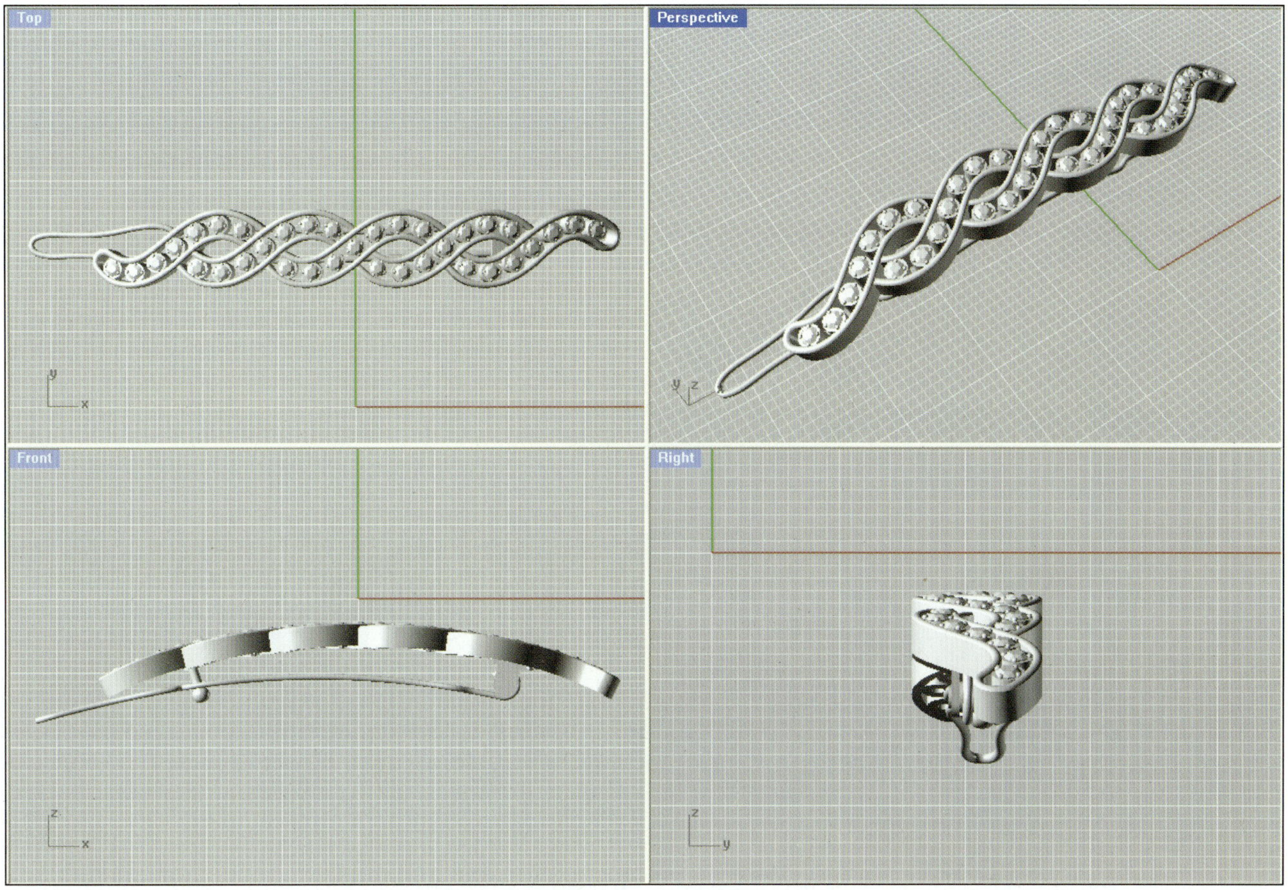

51_ Shade 명령으로 최종 결과를 확인해 본다.

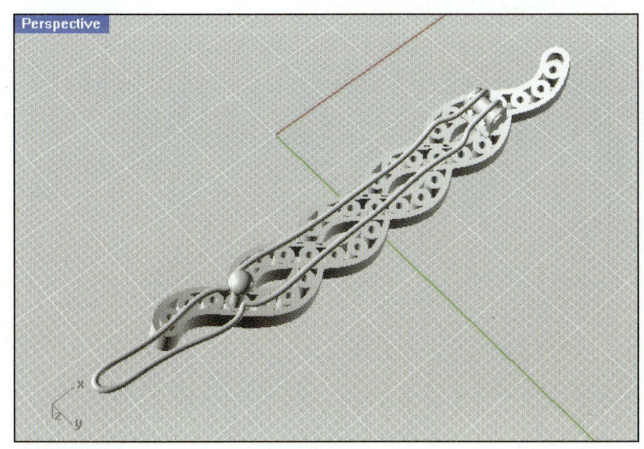

◎ 잠금 장치가 부착된 머리핀 밑면 모습

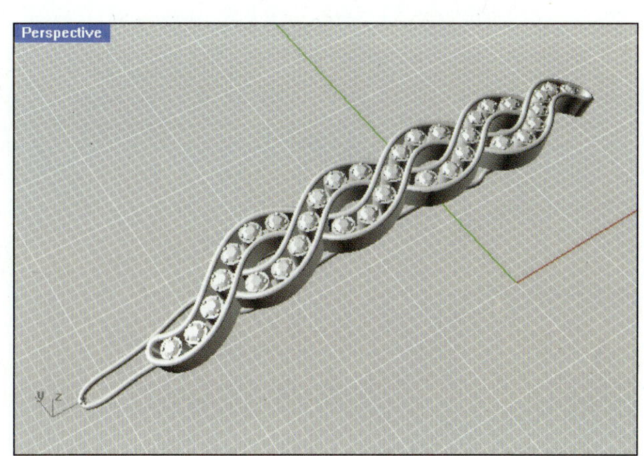

◎ 보석이 세팅된 머리핀 윗면 모습

Chapter 09

Rhinoceros

삼족오 커프링크(Cuff Link) 만들기

Preview

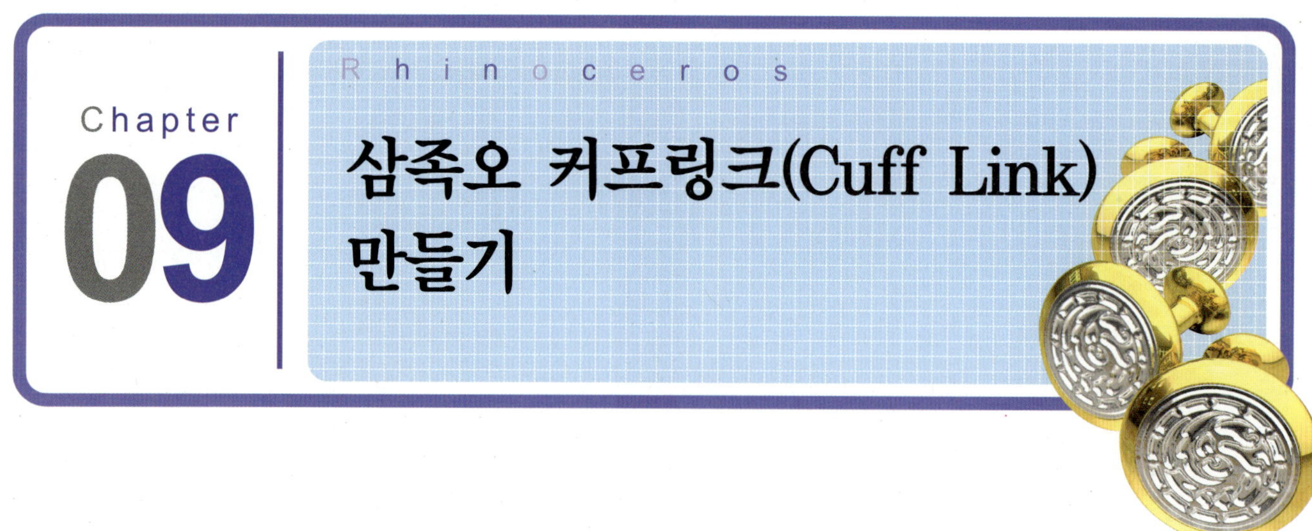

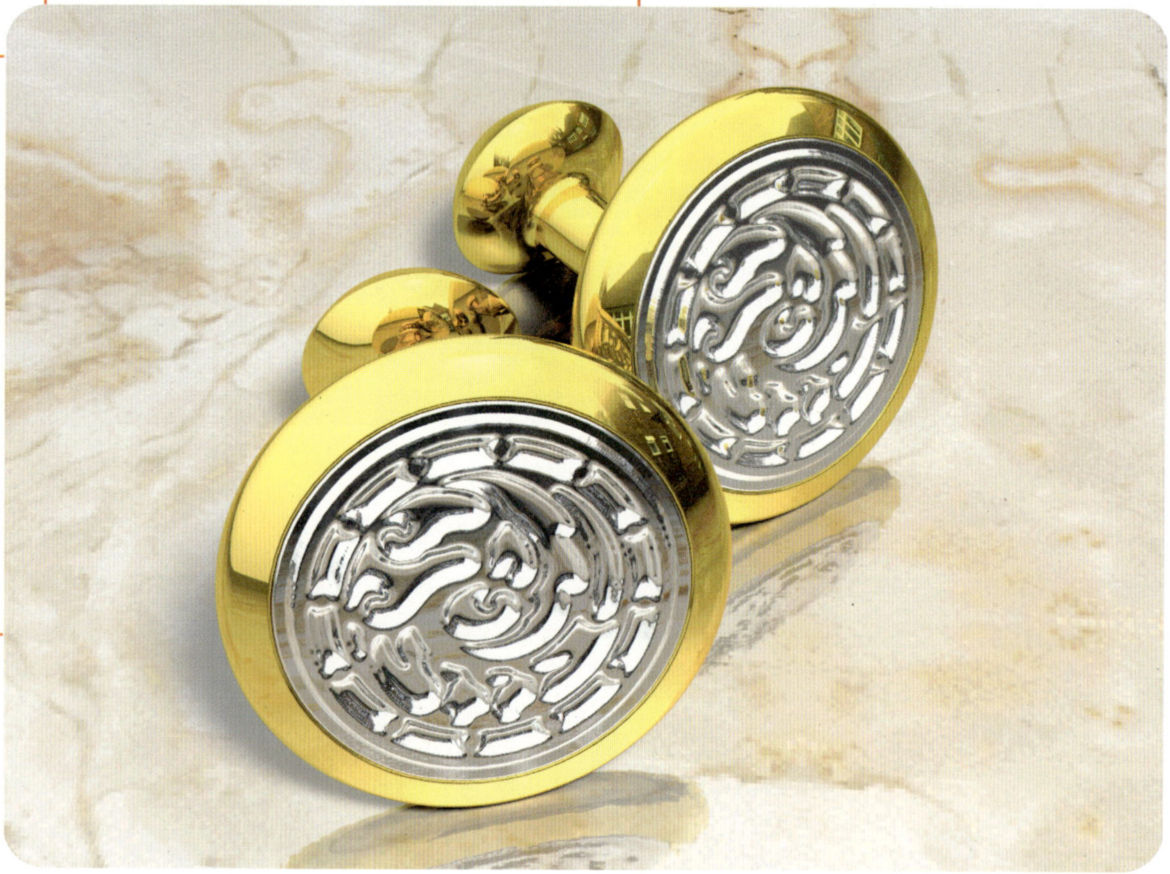

따라해 보세요 !

01_ 작업 전 스텐다드 툴바의 Options 〉 Rhino Options 〉 Grid 〉 Grid spacing을 0.5millimeters로 설정한다. Grid Snap을 이용하여 커브들을 그리기 쉽게 하기 위해서이다.

02_ 우선 Right View에서 Line으로 직선 부분들을 드로잉하고, Arc-Start, End, Direction at Start 명령을 Shift 키와 함께 적절히 사용하여 그림과 같은 치수의 드로잉을 완성한다.

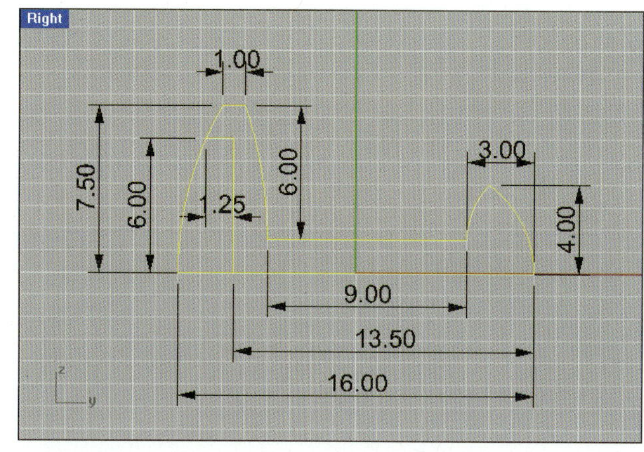

03_ Arc:Tangent to Curves 아이콘을 클릭 후 3개의 커브를 찍어주면 3개의 변에 내접하는 호(Arc)를 정확하게 그릴 수 있다.

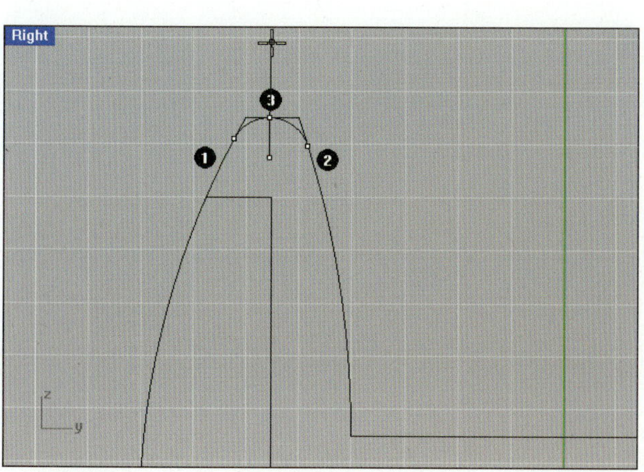

04_ Trim 명령으로 주변 정리를 해준다. Join은 나중에 해 줄 것이다.

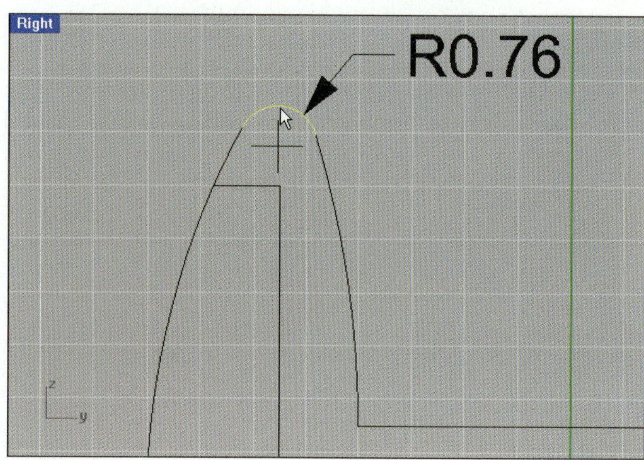

05_ Osnap에 End와 STrack(Smart Tracking)을 체크한다. Line 명령으로 그림과 같이 파란 부분을 클릭해가면 쉽게 수직선을 그릴 수 있다.

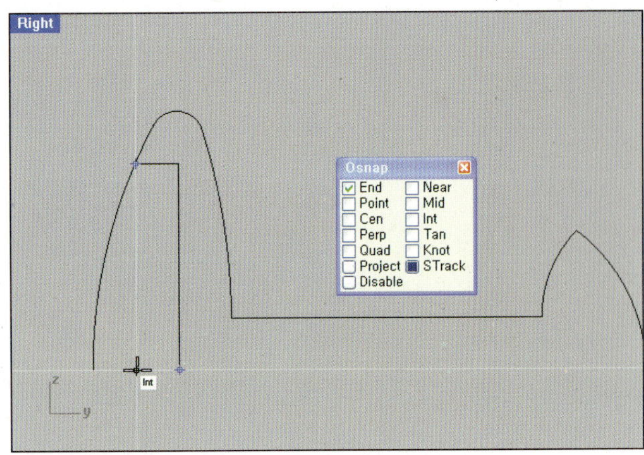

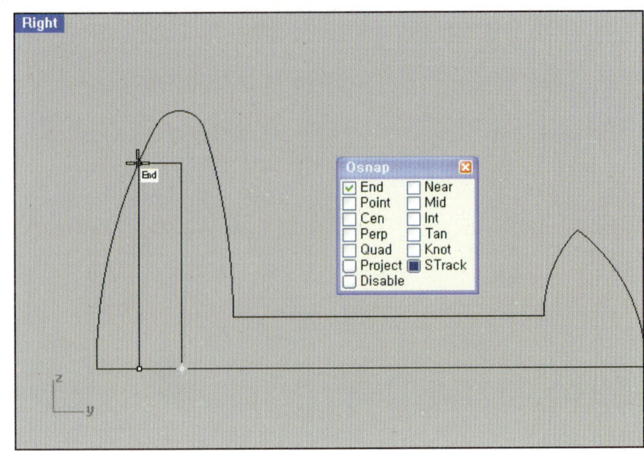

06_ Trim으로 앞쪽 호(Arc)의 일부를 제거해 준다.

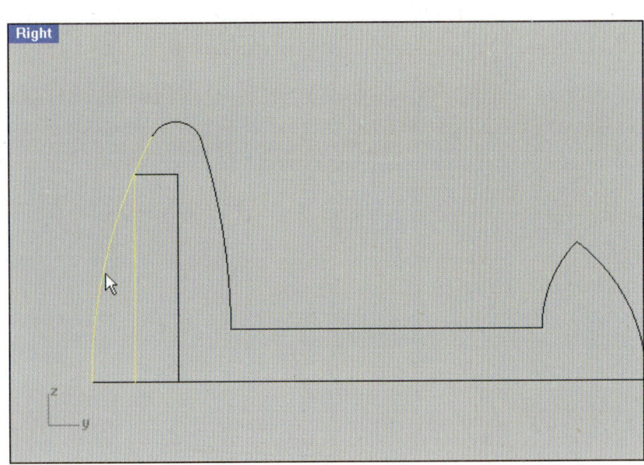

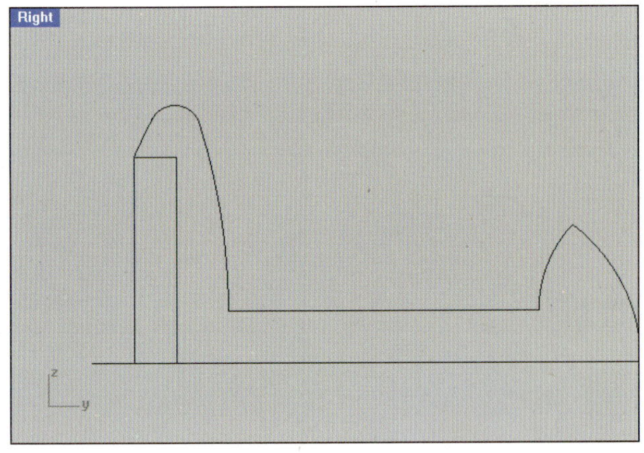

07_ 1번 커브와 2번 커브를 동시 선택한 상태에서 Copy Ctrl + C , Paste Ctrl + V 아이콘을 순서대로 연속해서 클릭해주면 1번과 2번 객체가 제자리 복사된다.

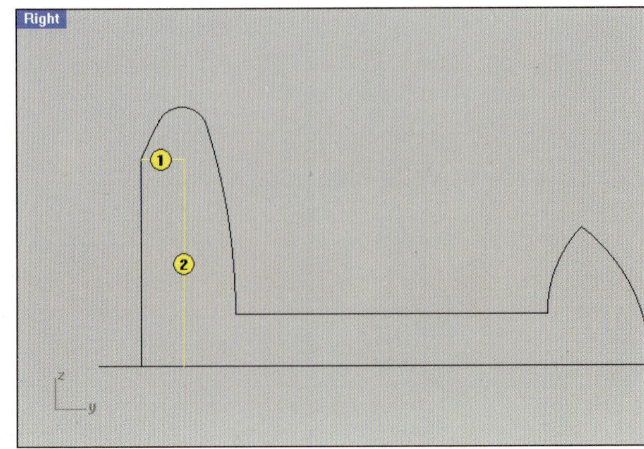

08_ 제자리 복사된 객체를 확인해 보면 그림과 같이 중복 객체가 표시될 것이다.

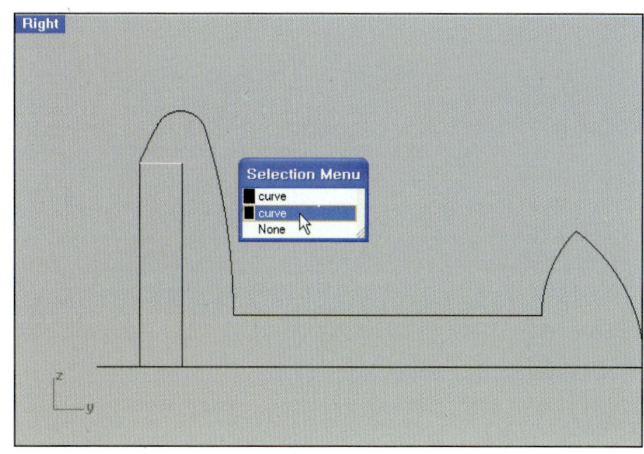

09_ 이제 제자리 복사된 커브들을 각각의 해당 커브들과 그림과 같이 Join시켜 준다.

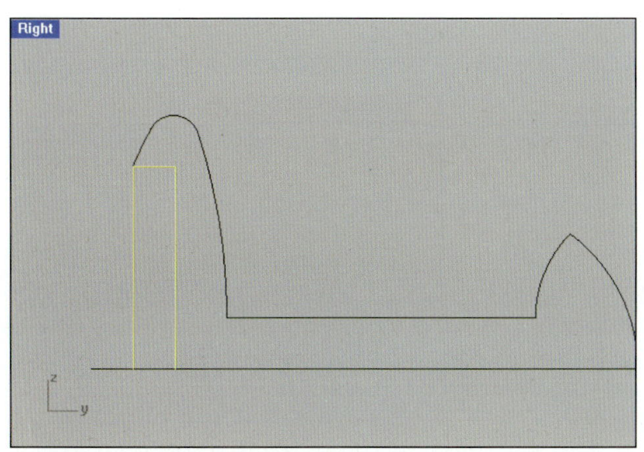
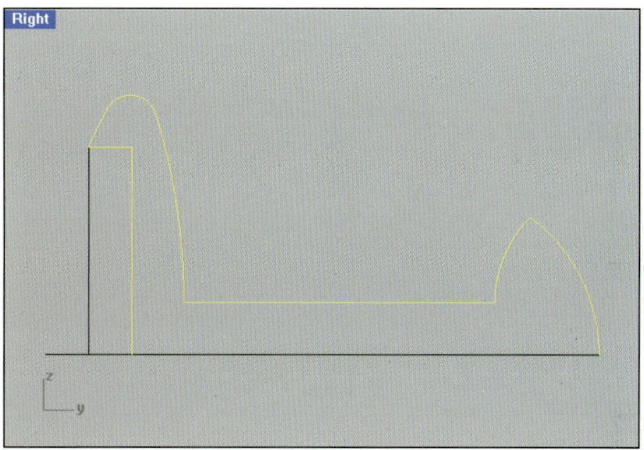

10_ Right View에서 Revolve 아이콘을 클릭하여 중심 수평축을 중심으로 360도 회전시켜 2개의 독립된 솔리드 객체를 동시에 생성한다.

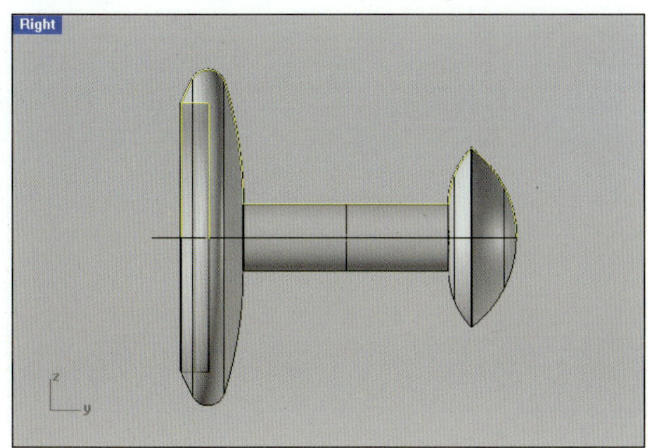
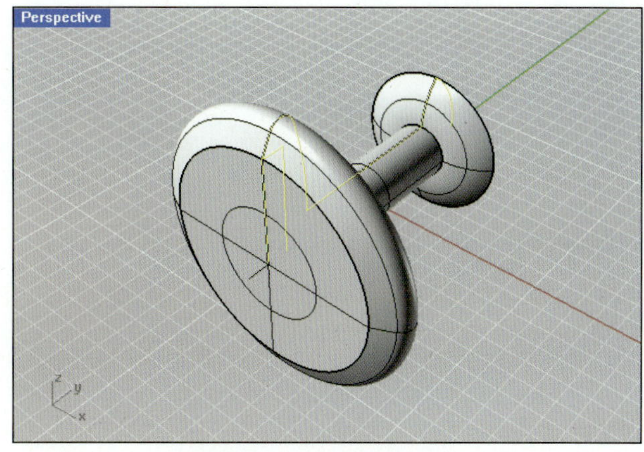

11_ Right View에서 객체 A를 선택한 상태에서 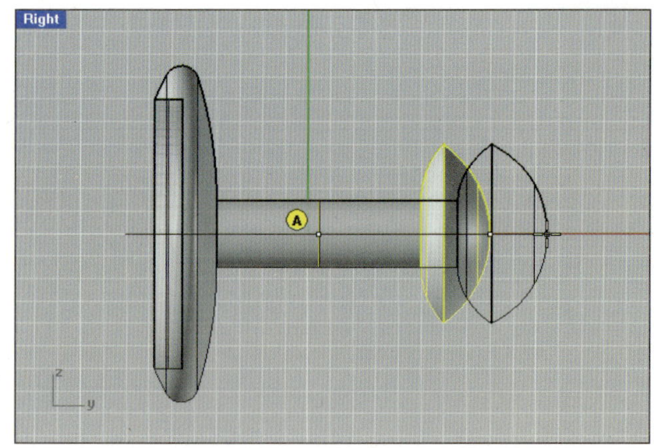 Stretch 명령으로 해당 포인트의 위치를 클릭하고 Grid Snap을 이용하여 그림과 같이 당겨 길이를 조금 늘려준다.

아이소커브(Isocurve)가 자동으로 증가되면서 그림과 같이 유연하게 늘어나게 된다.

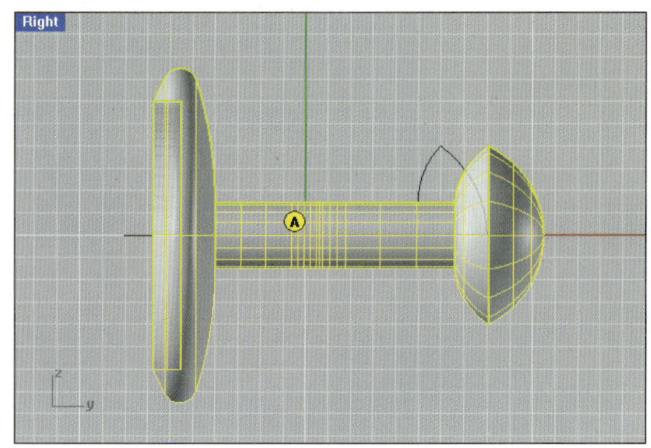

12_ 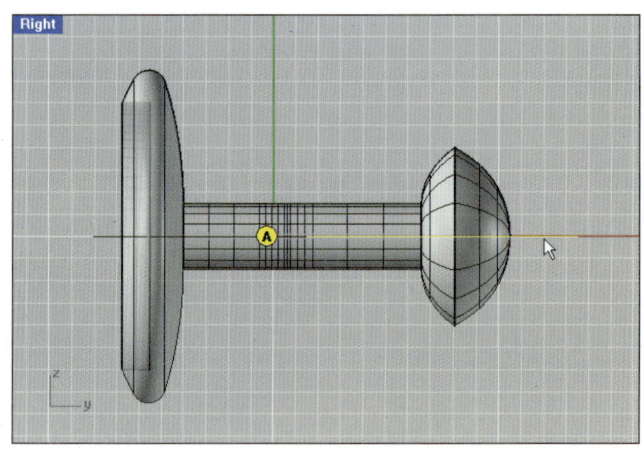 Line 명령으로 객체 A의 중심부에 그림과 같이 직선 수평 커브를 그려준다.

13_ 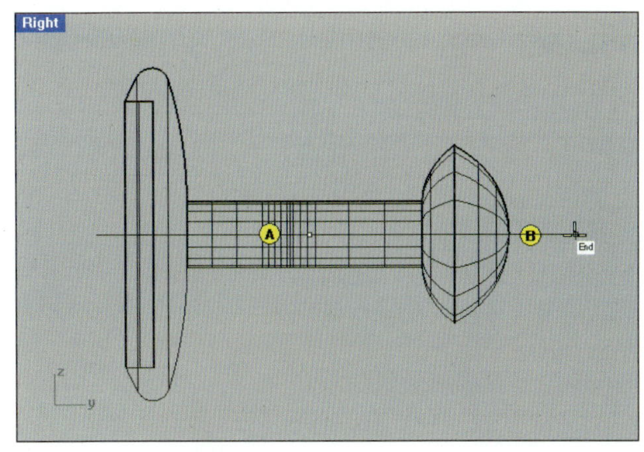 **Cage edit objects** 아이콘 클릭 〉 객체 A선택 〉 Enter 〉 Select control object=Line 선택 〉 B 커브의 시작점과 끝점을 클릭한다.

연이어 NURBS Parameters(Degree=3 PointCount=4) : PointCount=4 설정 〉 Region to edit〈Global〉(Global Local Other) 〉 Enter 하면 그림과 같이 편집 포인트가 눈에 보이게 된다.

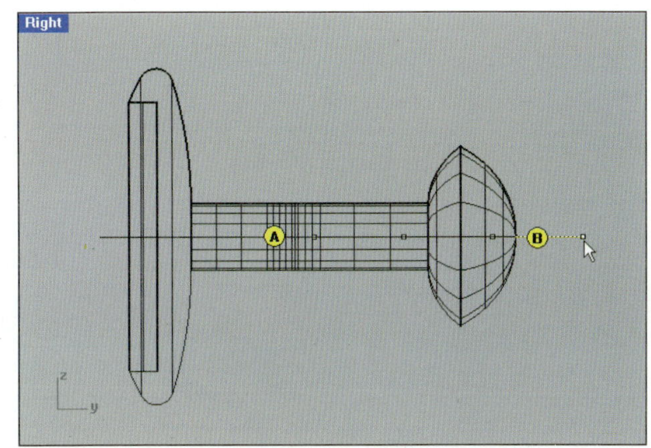

편집 포인트를 움직여 그림과 같은 모양으로 휘어준다. Cuff Link가 와이셔츠 단추 구멍에서 쉽게 빠지지 않도록 하며 착용감이 자연스럽도록 해주기 위해서 변형을 준 것이다.

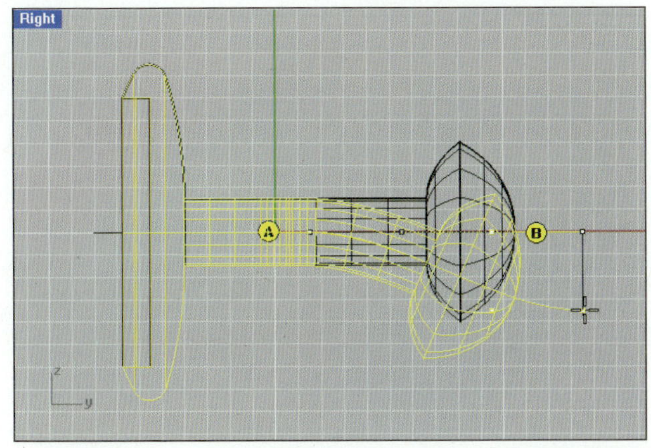

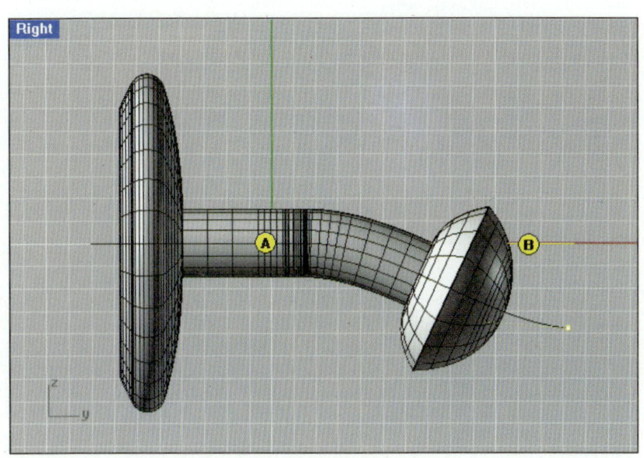

14_ 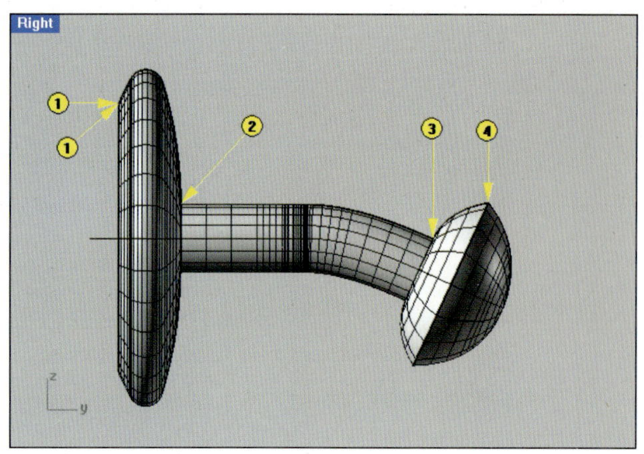 Variable Radius Fillet으로 1번(Radius=0.1), 2번(Radius=0.5), 3번(Radius=0.5), 4번(Radius=0.3)에 Fillet을 준다.

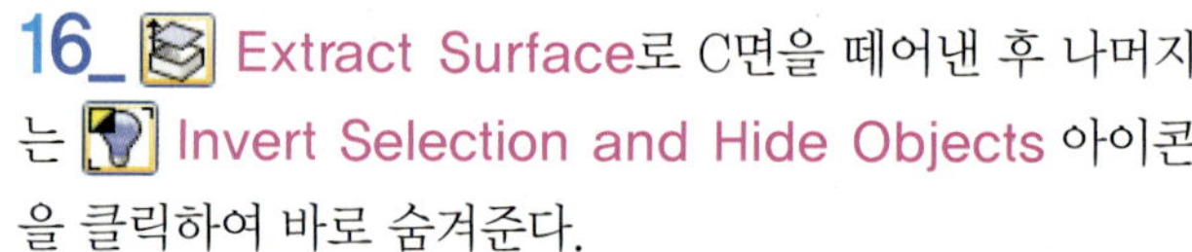

15_ Shade로 Fillet 처리된 전체 형상을 확인해 본다.

16_ Extract Surface로 C면을 떼어낸 후 나머지 는 Invert Selection and Hide Objects 아이콘 을 클릭하여 바로 숨겨준다.

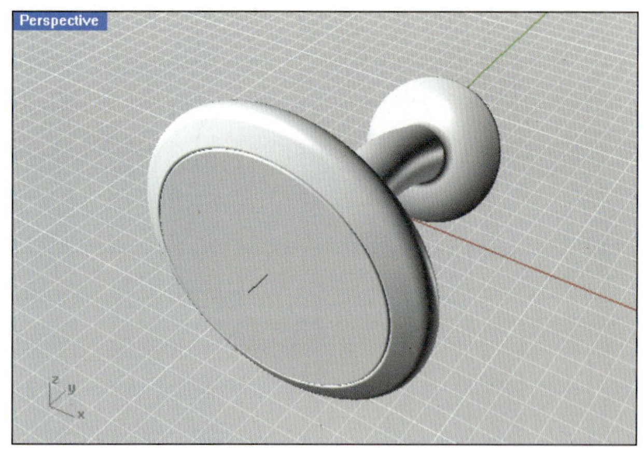

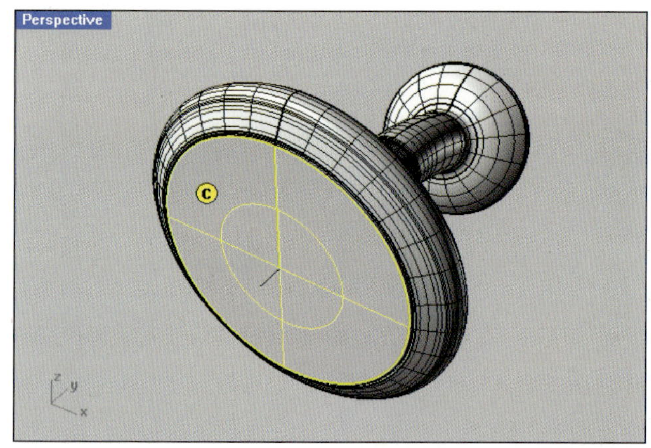

17_ Area Centroid로 C면에 중심 포인트를 추출 해 준다. 이것은 삼족오 문양의 중심을 일치시키기 위한 사전 준비이다.

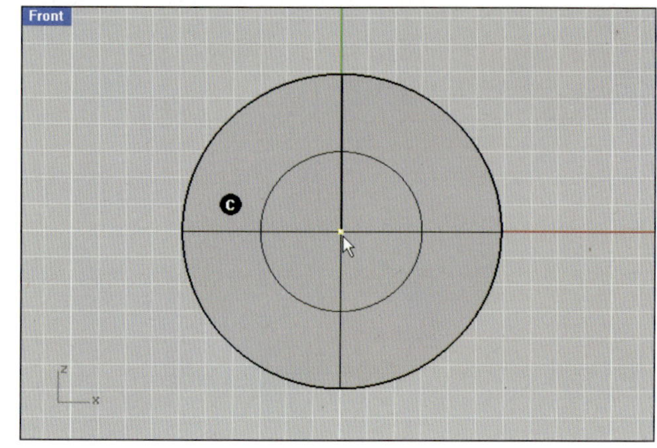

18_ 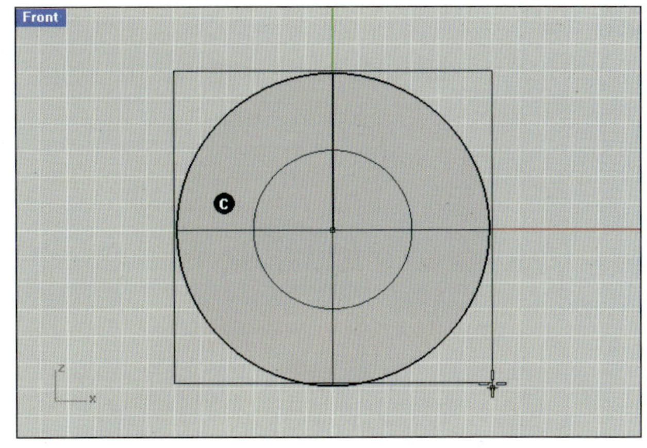 Heightfield from Image 아이콘 클릭 〉 **부록 CD 〉 이미지폴더 〉 EX-02** 가우션블러 처리된 이미지(삼족오)선택 〉 그림과 같이 Grid Snap을 이용하여 대각선 드래그 클릭한다.

Enter 와 동시에 Heightfield 옵션이 뜨는데 그림과 같이 설정 〉 [OK] 한다. 옵션설정은 Number of sample points:200×198, Height 0.3 millimeters, Control points at sample locations로 설정한다.

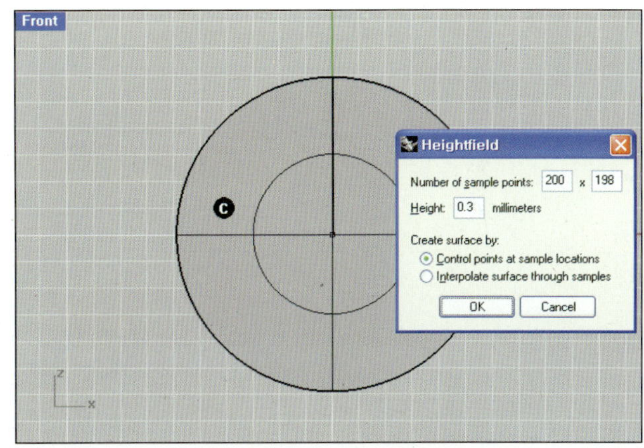

19_ 명령 실행 결과 잠시 후 그림과 같은 결과가 나타난다. 하지만 객체가 뒤집혀 있는 것을 볼 수 있다.

너무 큰 객체에 너무 조밀한 옵션을 설정하면 용량이 너무 커져 통제하기가 힘들게 된다.

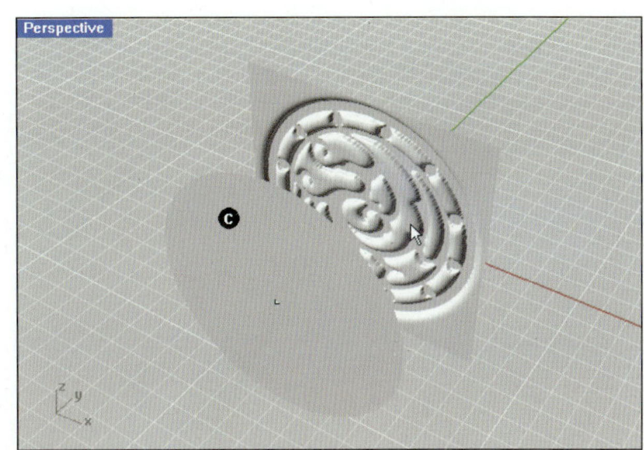

20_ 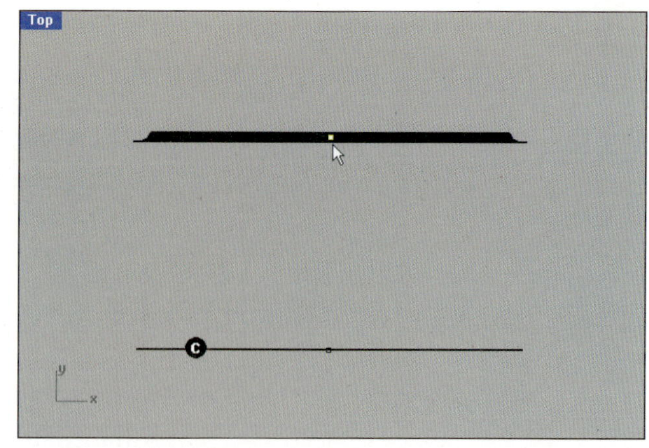 Area Centroid로 생성면에 중심 포인트를 생성시켜 준다. 다음 Top View에서 중심 포인트를 기준으로 Rotate 2-D으로 회전시켜 삼족오 방향이 정상적으로 보이도록 해준다.

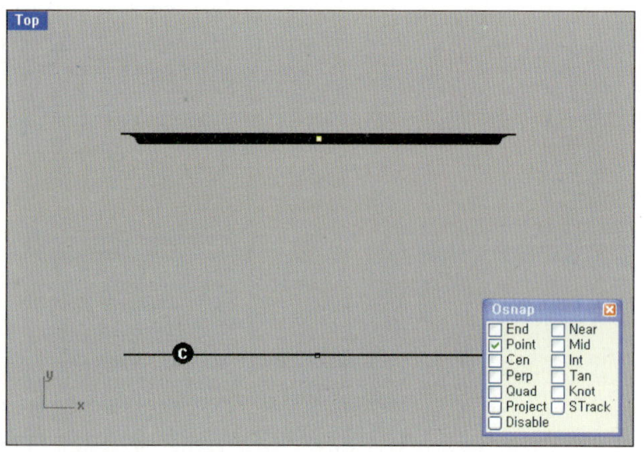
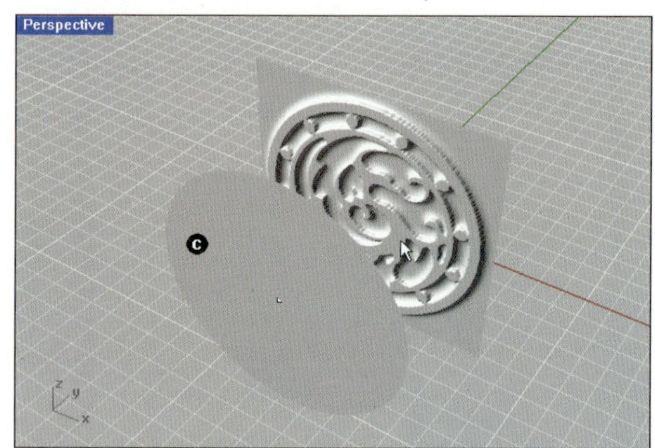

21_ 생성된 문양이 너무 날카롭고 거친 부분이 보일 것이다. 이 부분을 부드럽게 해주기 위하여 Smooth 명령을 사용하여 그림과 같이 설정하여 부드럽게 마감해 준다.

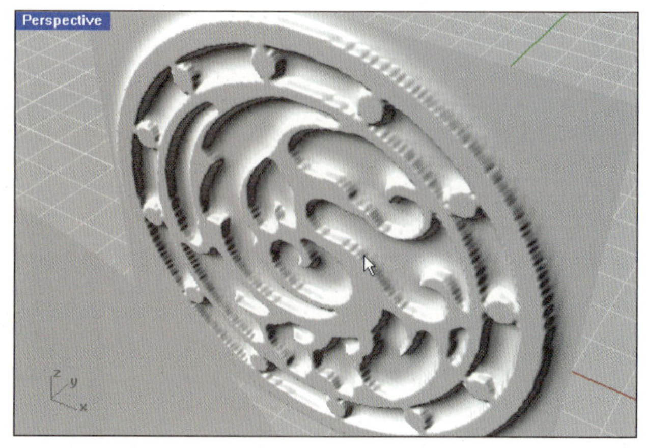

Smooth factor=1 정도로 설정한다. 만약 너무 큰 값을 설정하면 이미지가 뭉개져 보인다. 점진적으로 해주는 것이 바람직하다.

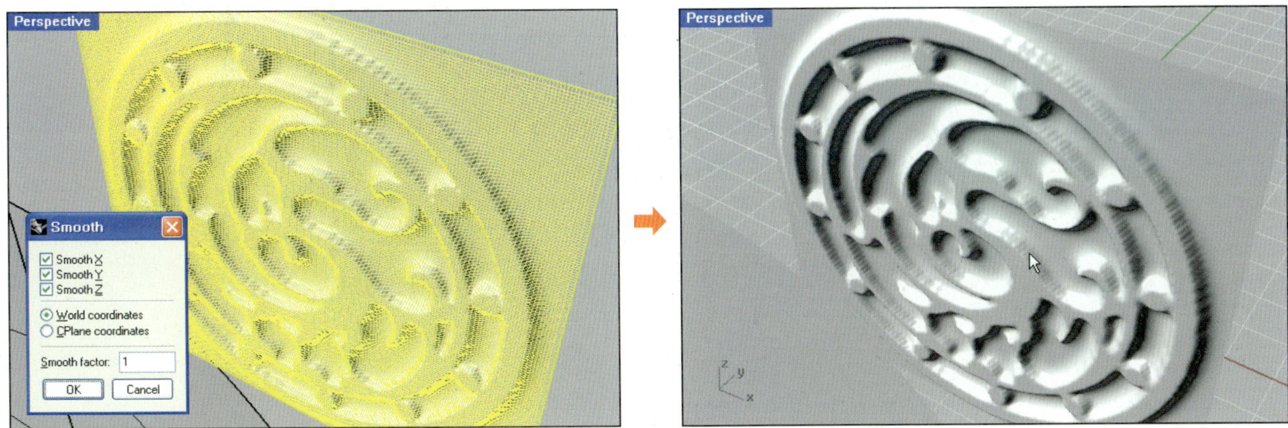

다시 한번 동일 값으로 실행해 주면 한층 더 부드러운 객체를 얻을 수 있다.

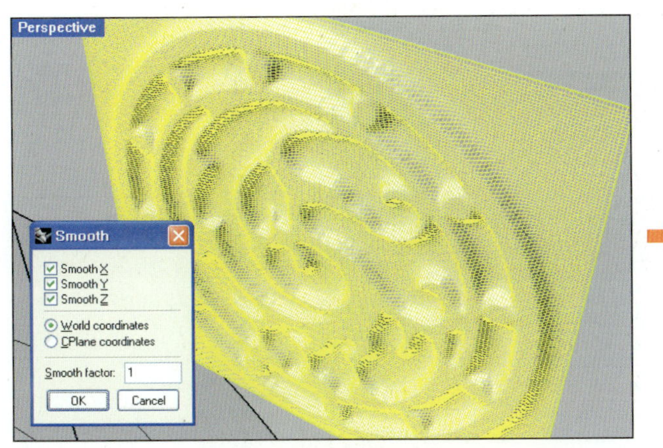

22_ 삼족오 객체를 선택하여 앞서 만들어 둔 중심 포인트 기준으로 객체 C의 중심 포인트에 Move 시켜 일치시켜 준다.

23_ Object Intersection으로 1번과 2번 객체에 교차선을 추출한다.

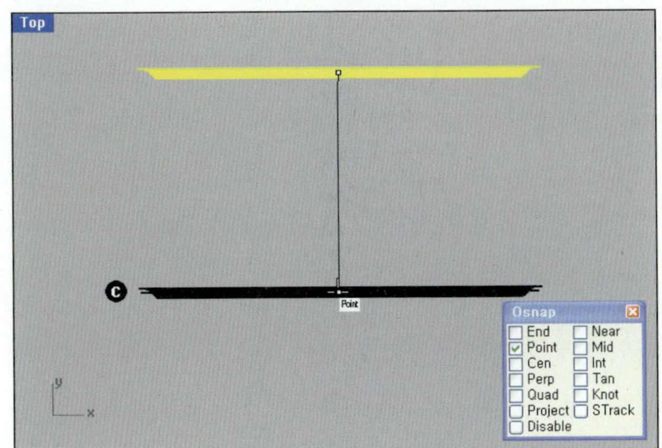

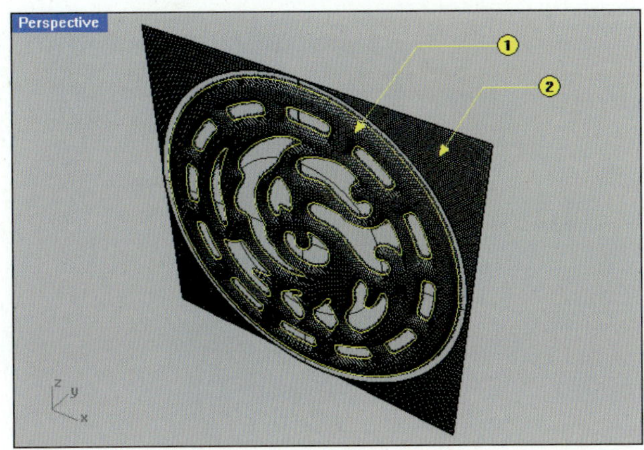

24_ 추출된 교차선 중 원(Circle)으로 1번과 2번 면들을 모두 Split시켜준다.

잘린 면 중 가장자리 면은 그대로 두고 그림처럼 안쪽 면을 선택하여 지워준다.

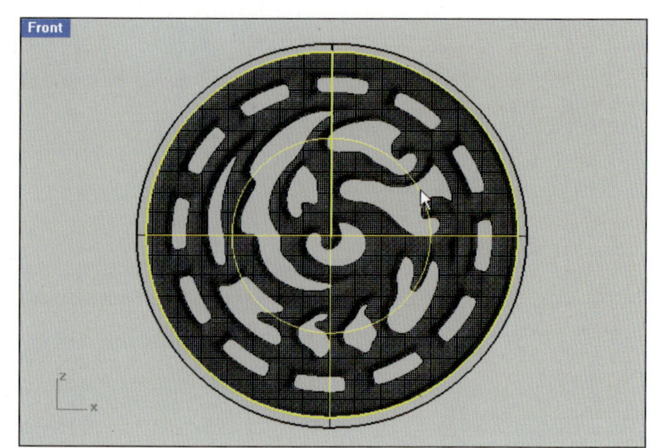

25_ 1번 삼족오 면과 2번 외곽면을 Join시켜 준다.

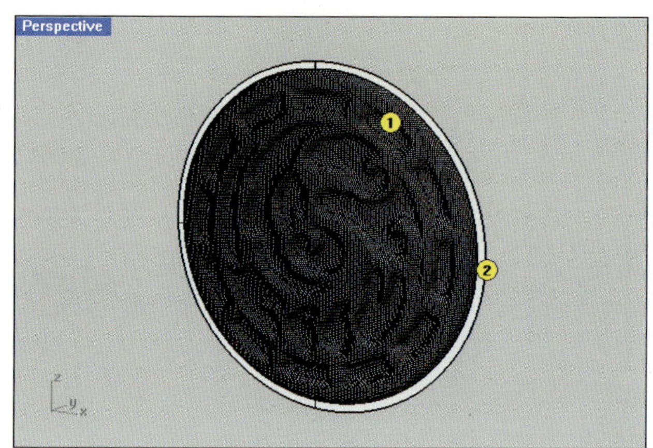

26_ 숨겨둔 객체들을 모두 보이게 한 후 다시 Join 해준다.

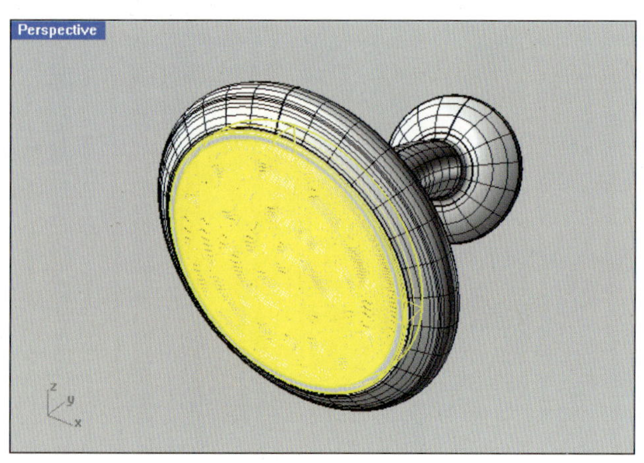

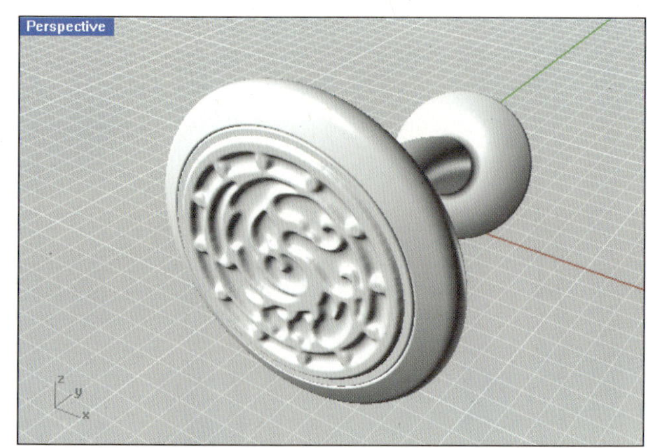

27_ 🔘 Shade 및 🔘 Environment Map으로 전체 형상을 확인해 본다.

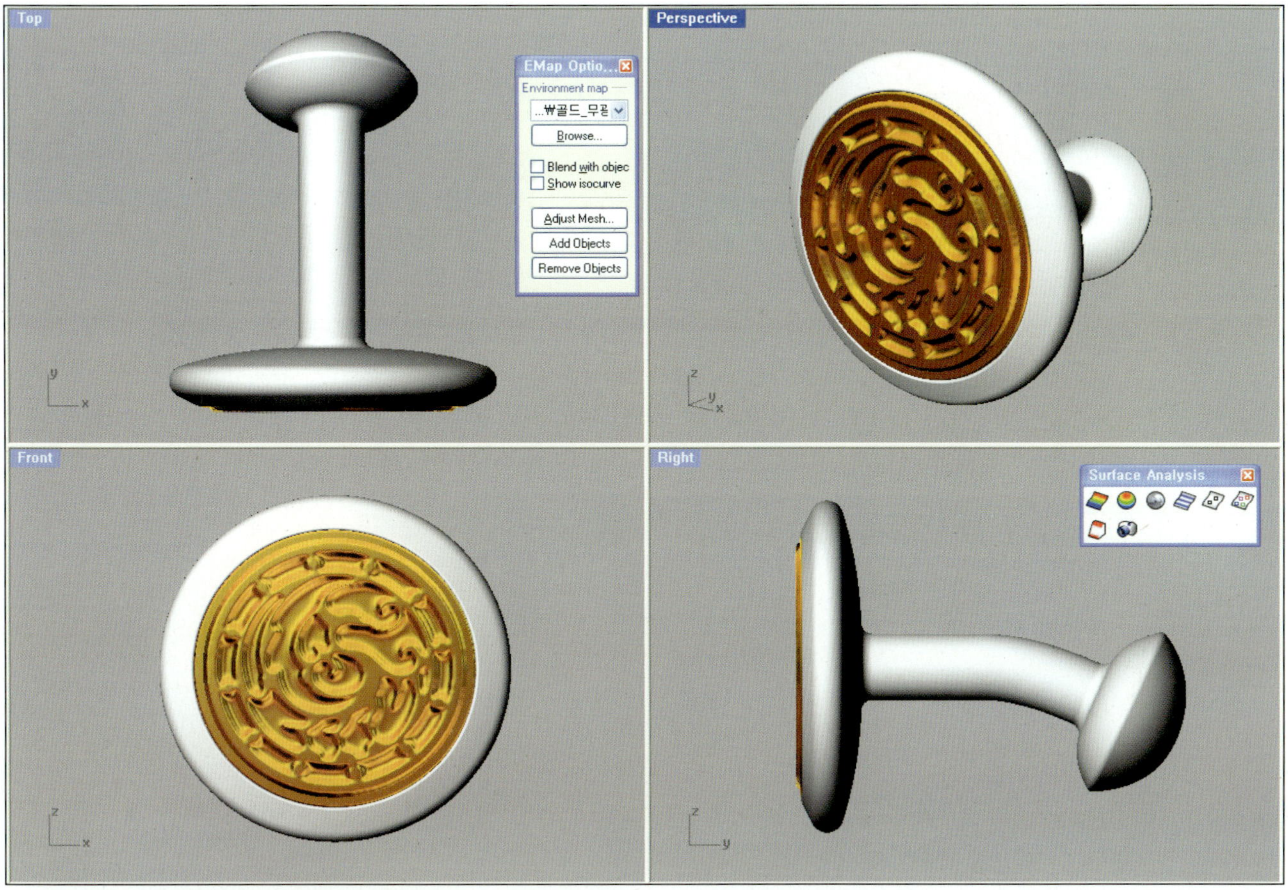

Chapter

10

Rhinoceros

유기형상(Organic-Form) 해마 모델링하기

Preview

따라해 보세요 !

01_ 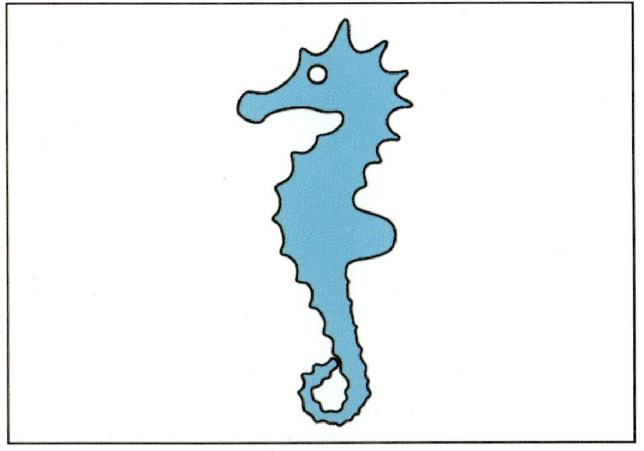 Place Background Bitmap 아이콘 클릭 〉 **부록 CD 〉 이미지 〉 EX-03** 해마 이미지 BMP 파일을 선택한다.

Top View로 와서 그림처럼 1번에서 2번 사선 방향으로 마우스를 드래그하면 작업용 해마 이미지가 바탕에 배경으로 깔리게 된다.

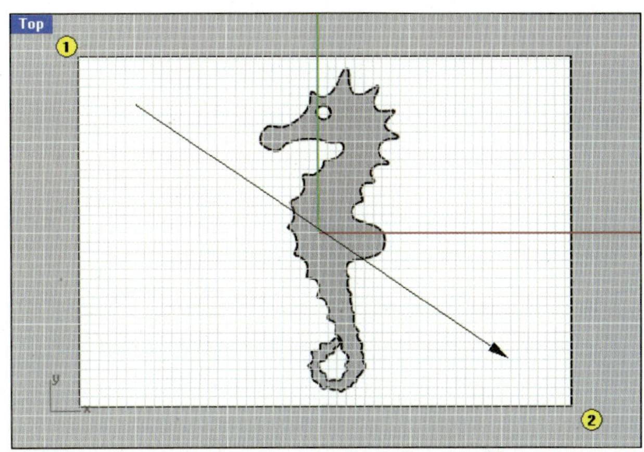

◐ EX-03 해마 이미지 BMP 파일

02_ 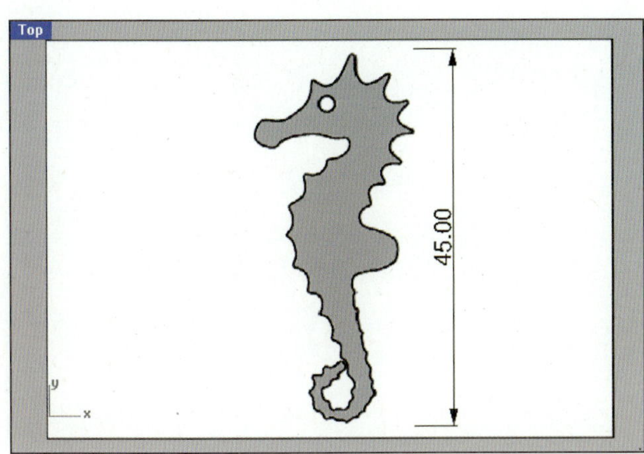 Move Background Bitmap으로 이동시키거나, Scale Background Bitmap으로 불러온 해마 이미지를 확대, 축소하여 대략 높이 45mm가 되도록 해준다. 이것은 차후 부조 학습이나 펜던트 용도로 사용할 수 있다.

03_ Layer 컬러를 Red로 바꿔준 후 Curve: Interpolate Points로 해마의 외곽선을 그려준다. 될 수 있는 한 한번에 드로잉을 해준다. 만약 선을 따로 그렸을 경우 접선 부위는 반드시 Match Curve(옵션 설정 = Curvatrue 〉 Position 〉 Merge)시켜 연결시 각이 없도록 주의한다.

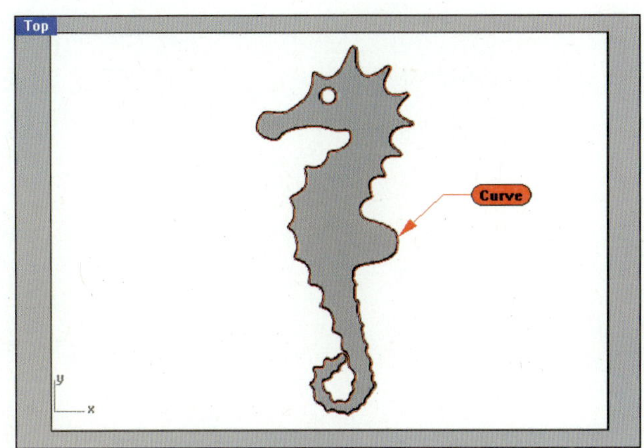

04_ Top View에서 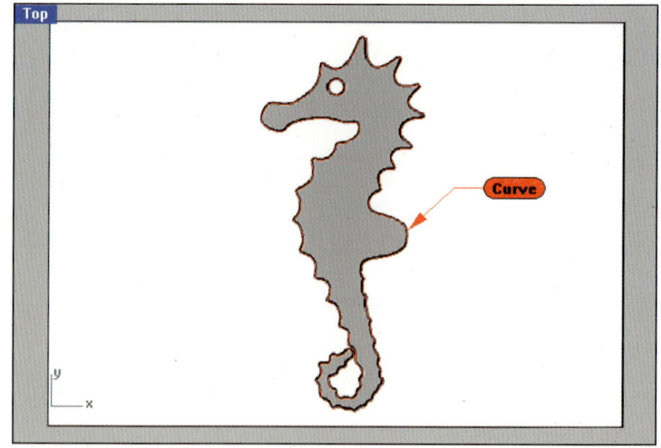 Hide Background Bitmap 버튼을 클릭하여 이미지를 잠시 숨겨 확인해 본다. 이미지를 다시 보고 싶다면 아이콘을 마우스 오른쪽 버튼(Show Background Bitmap)으로 클릭하면 다시 제자리에 나타난다.

05_ Osnap에 Near를 체크한 상태에서 해마 주둥이 가운데 만곡부에 2등분을 위한 Point를 배치한다. 같은 방법으로 해마 꼬리 하단부도 Point를 찍어 준다.

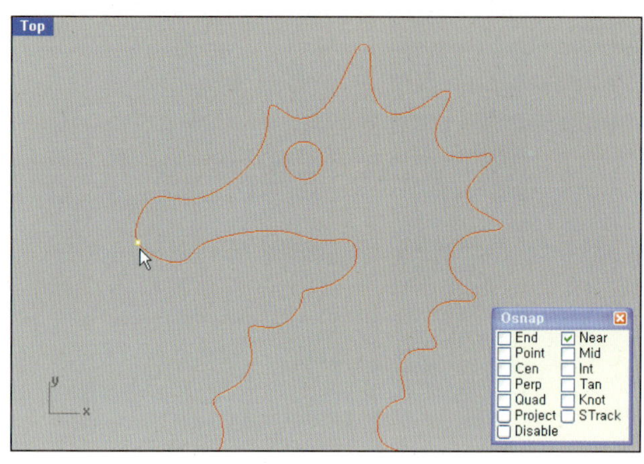

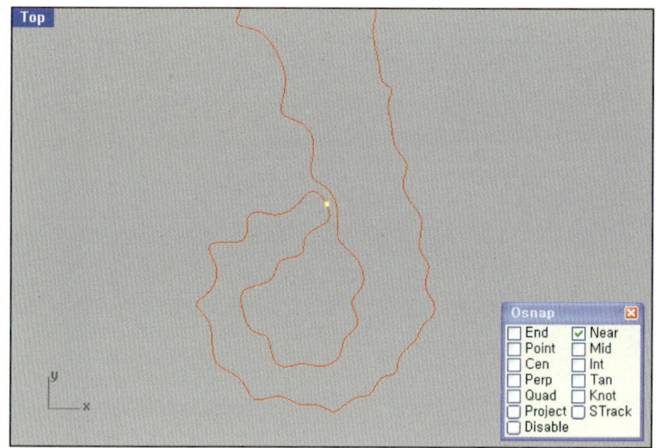

06_ 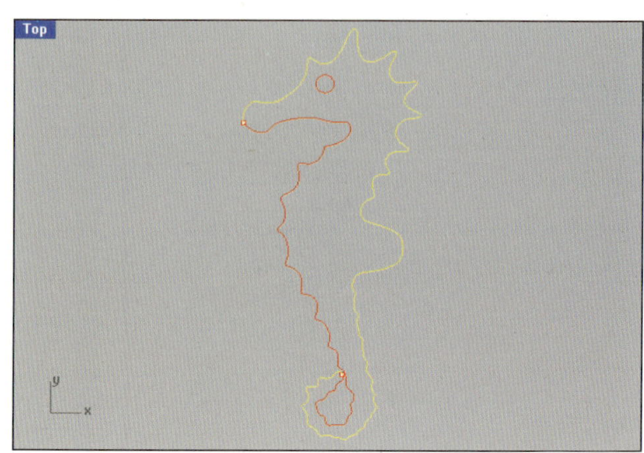 Split 명령으로 2개의 포인트를 이용하여 해마 외곽선을 2등분 시켜준다.

07_ Layer 컬러를 Blue로 바꿔준 후 End점 또는 Point 에 정확히 일치하도록 Curve:Interpolate Points 로 해마의 가운데 커브(객체 1번)를 그려준다. 그림처럼 최대한 가운데를 지나가도록 그려준다.

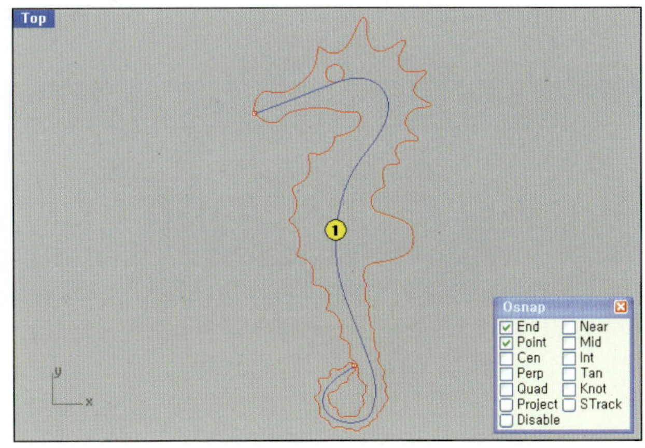

08_ 1번 커브를 선택하여 Control Points On 시 켜주면 그림과 같이 제어점(CP)들이 활성화된다. 이때 원 하는 위치에 CP가 존재하지 않는다면 Insert Knot 을 추가하거나 Remove Knot으로 삭제하여 조정 한다. 제어점(CP)이 적절히 분포된 상태라면 1번 커브의 고저차를 주기 위하여 해당 CP만을 선택 Right View에 서 위로 약 2.8mm정도(Grid 기준) 이동시켜 준다.

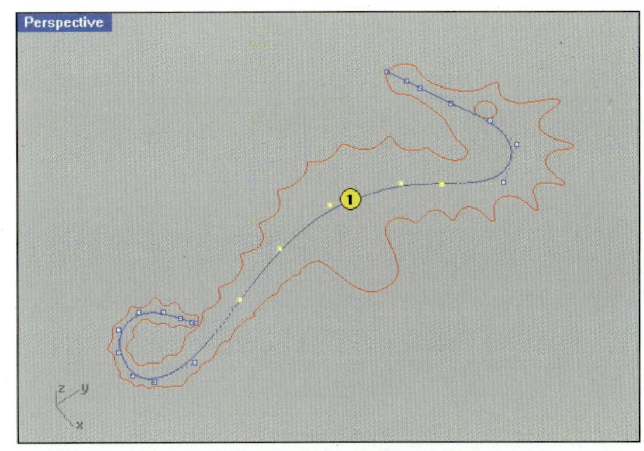

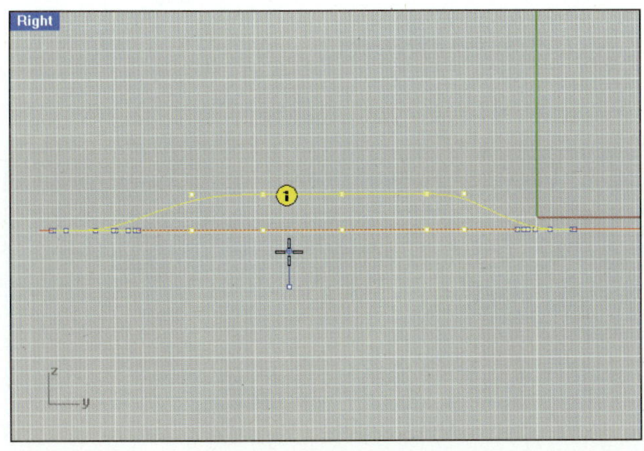

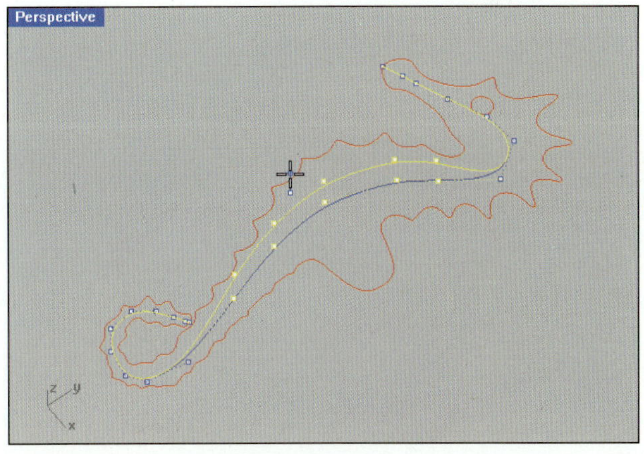

09_ 동일한 방법으로 1번 주둥이 부분과 2번 꼬리 부분의 CP를 각각 편집하여 고저차를 준다.

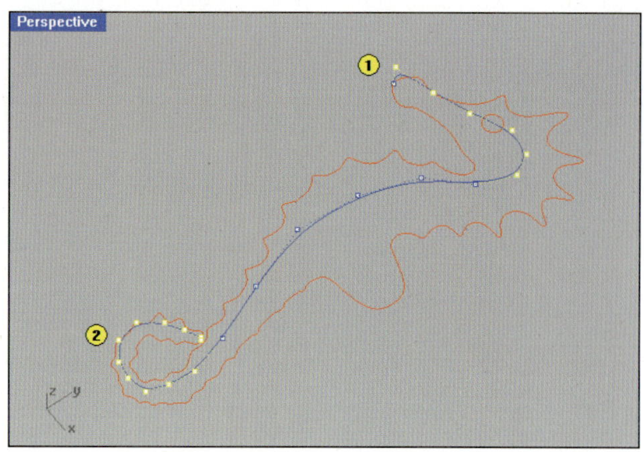

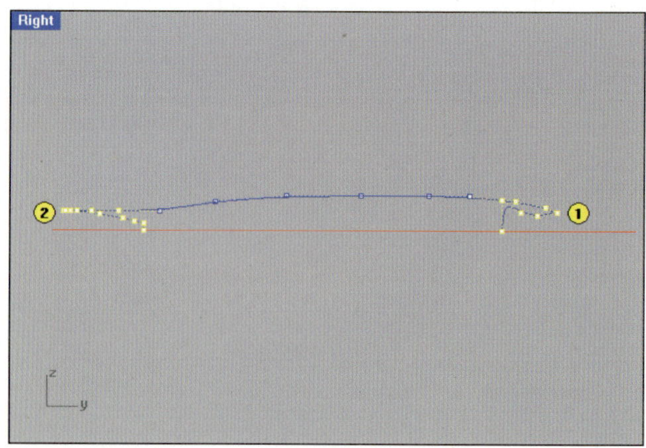

10_ Mirror 명령으로 CP편집된 커브를 Right View에서 대칭 복사해준다. Osnap에 End를 체크한 상태로 작업해 준다.

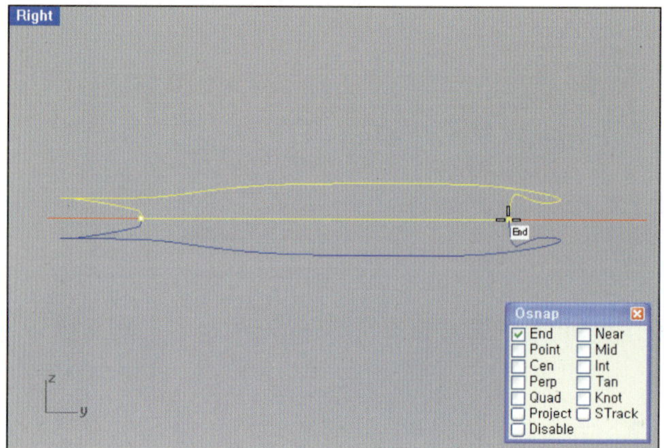

11_ 1번과 2번 커브를 선택하여 Match Curve 시켜준다. Match Curve 옵션 설정은 그림과 같으며 꼬리 부분도 동일하게 처리한다.

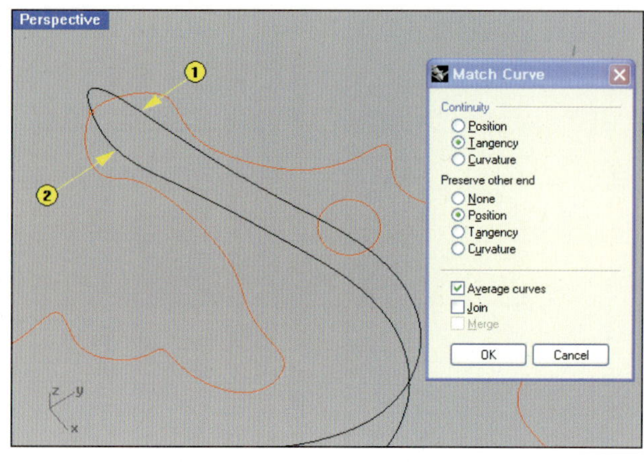

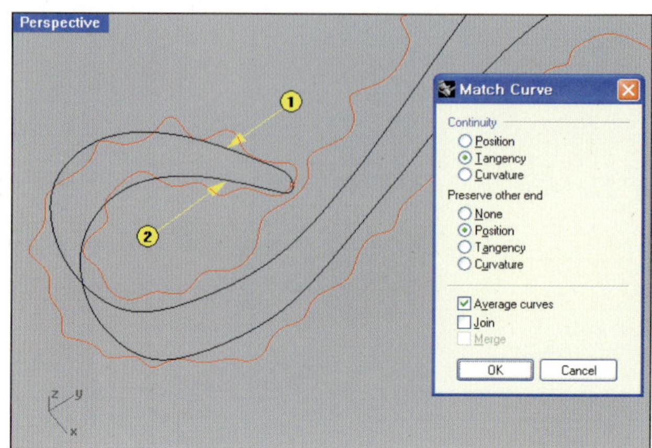

12_ 해당 Point를 숨기거나 지워준다.

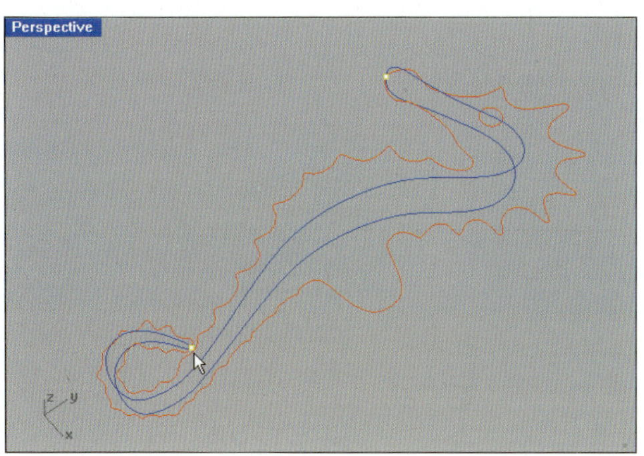

13_ 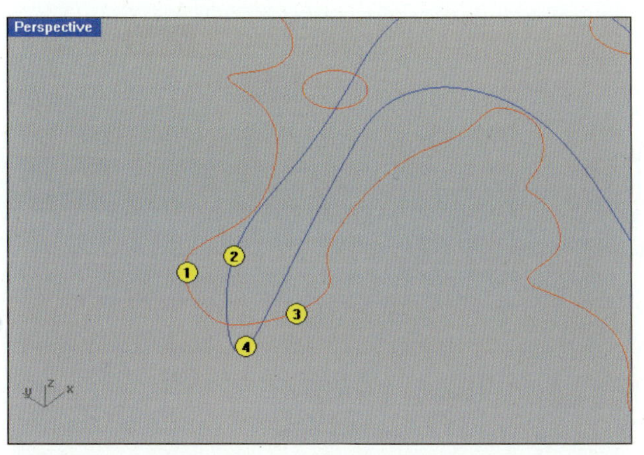 Curve from Cross Section profiles 아이콘 클릭 > Select profile curve in order: 해당 커브를 그림과 같이 Perspective View에서 번호 순서대로 클릭(시계 방향 또는 시계 반대 방향) > Enter > Start of cross-section line(Closed=Yes) : Top View로 가서 그림과 같이 단면 생성 위치에 연속해서 사선을 그어준다.

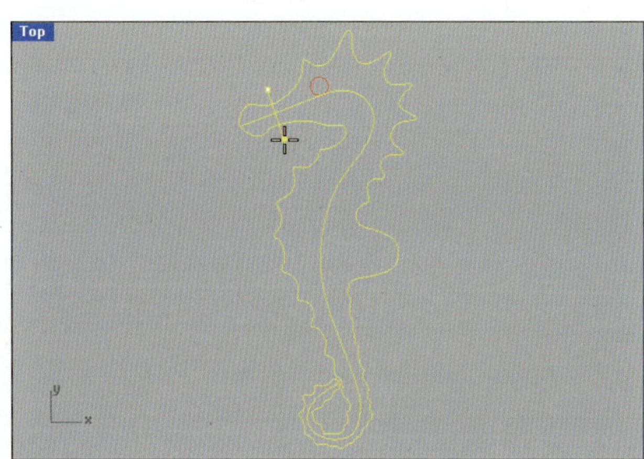

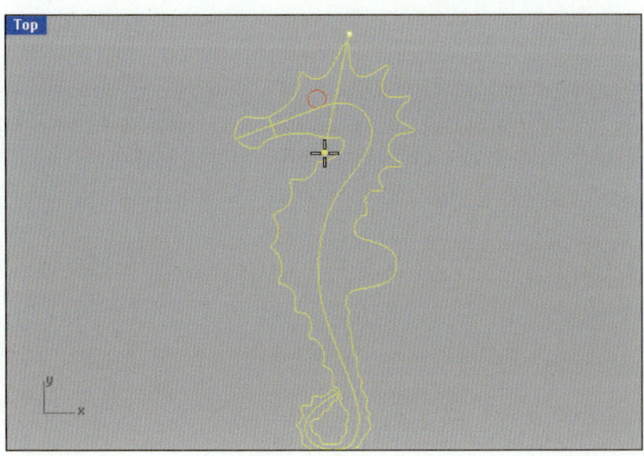

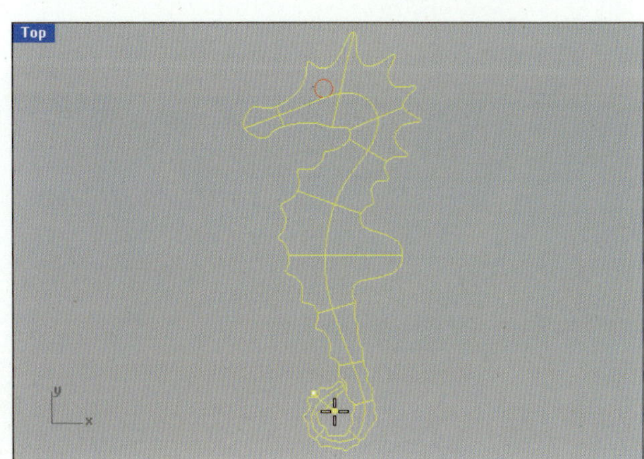

14_ 최종 완료된 단면 커브(Cross Section Curve)를 확인해 본다.

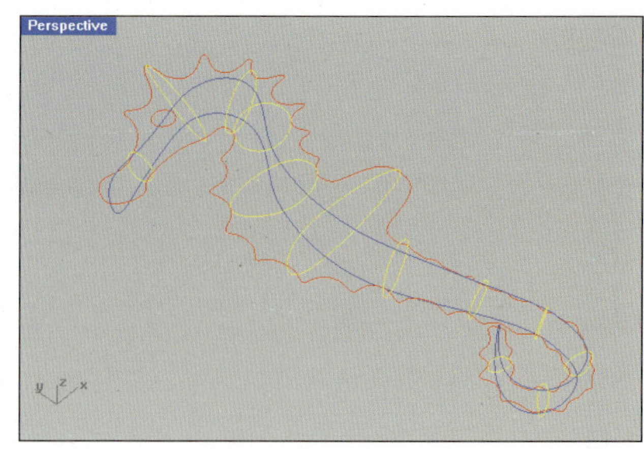

15_ Split 명령으로 A 단면 커브를 1번과 2번 외곽 커브를 이용하여 그림과 같이 잘라준다. 이는 일률적인 단면에 대한 편집을 하기 위함이다.

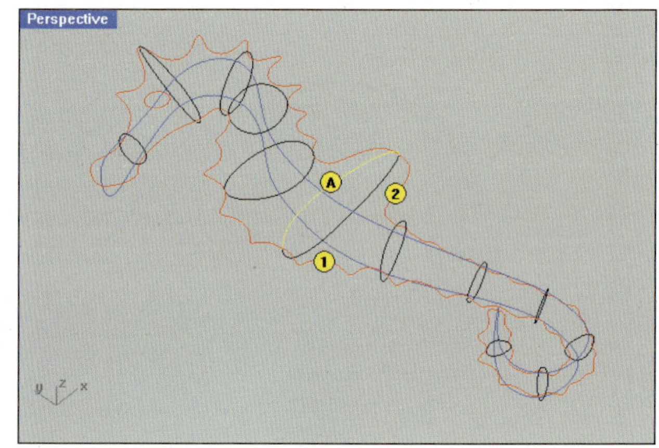

편집을 위한 A 단면 커브만을 보이게 한 후 나머지는 잠시 Hide 숨겨준다.

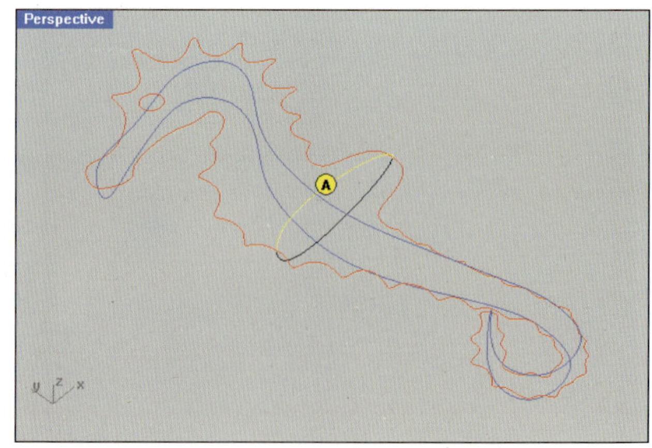

16_ Rebuild 명령으로 A 단면 커브에 13개의 포인
트를 추가한다.

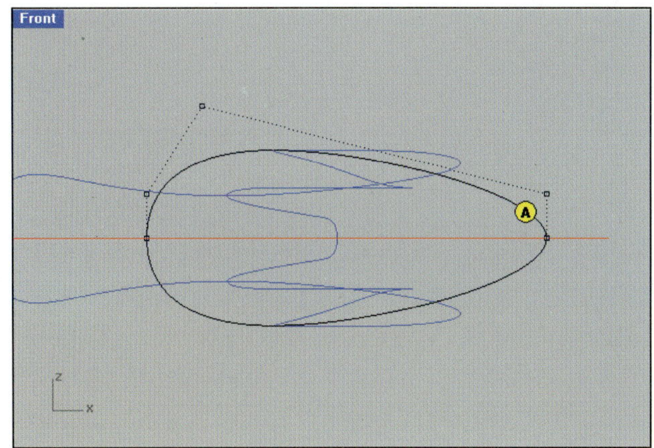

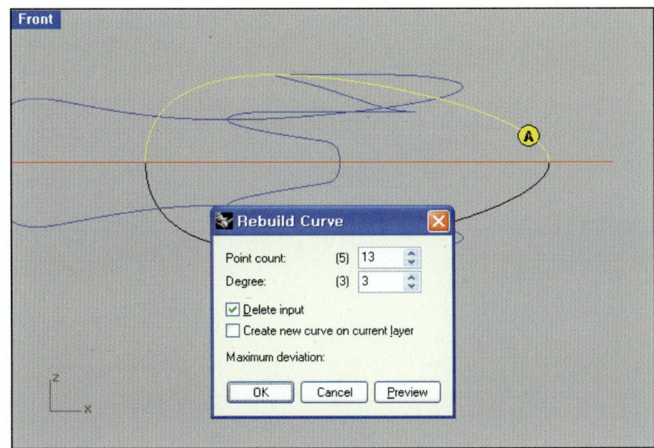

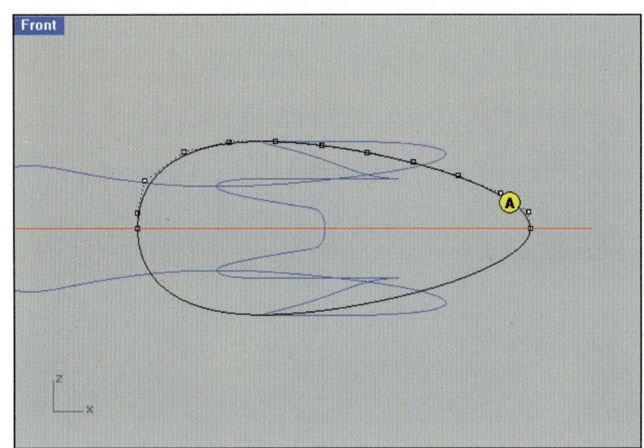

17_ Front View에서 제어점(CP)을 반드시 수직으로 내
려주거나 올려주어 그림과 같이 편집한다. Shift 키를 사
용해가며 수직 이동 편집을 해주면 편리하다. 편집된 A
단면 커브를 Mirror 시켜준다.

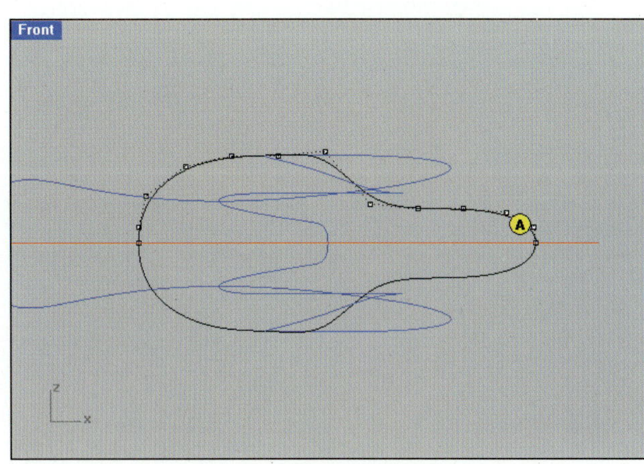

18_ Match Curve 명령으로 A단면과 B단면 커브를 Match 시켜준다. Match Curve 옵션은 그림과 같이 설정하고 [OK] 한다.

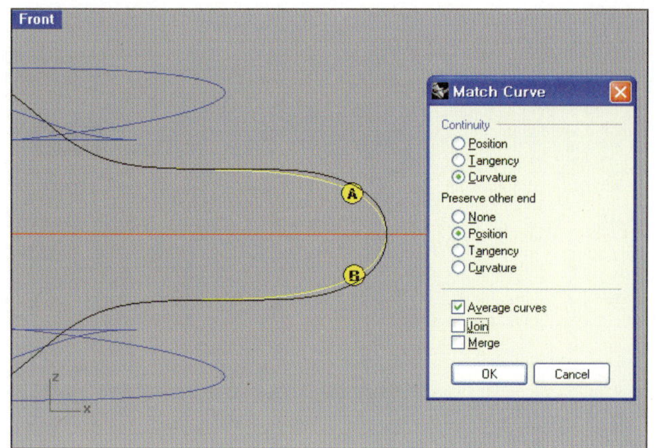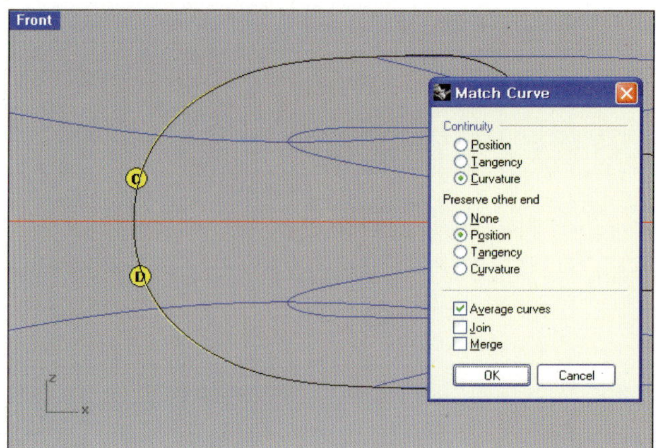

19_ Match된 단면 커브를 Join 시켜준다.

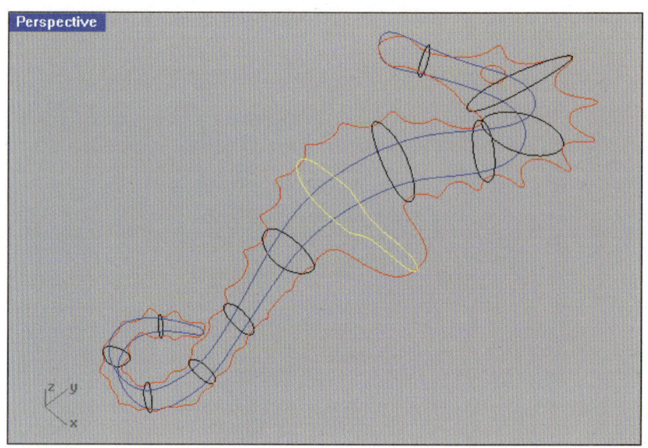

20_ Surface from Network of Curves 명령으로 해마의 눈을 제외한 모든 커브를 드래그 선택하고 해마 형상을 완료한다. 명령 실행 중 Surface From Curve... 옵션창은 그림과 같이 설정하고 [OK] 한다.

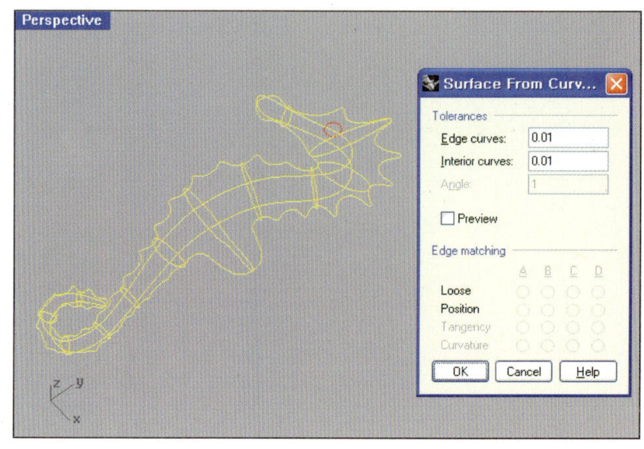

생성된 면을 연속해서 ⊕ Shade 명령으로 확인해 본다.

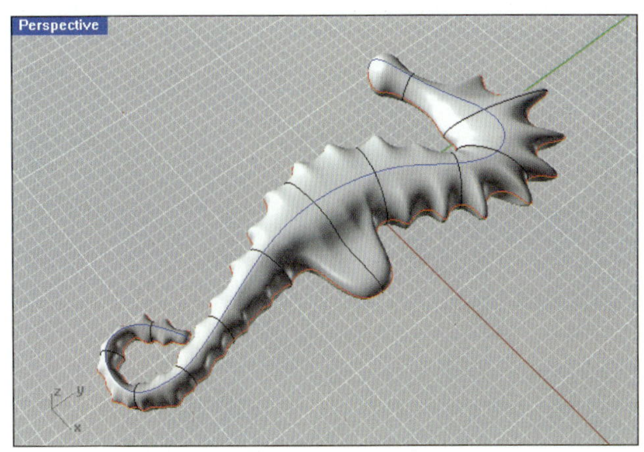

21_ 제대로 된 해마의 모양을 만들어 주기 위해 Top View에서 A 외형선처럼 해마의 면을 편집해 주어야 한다. A외형선 만을 🔒 Lock Objects 시켜주고 나머지 모든 커브들은 숨겨준다.

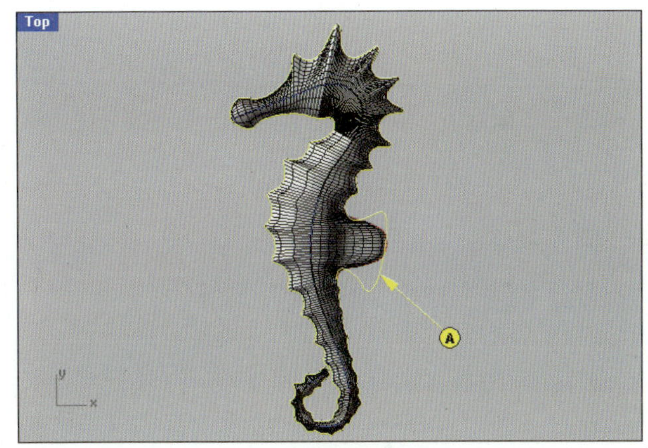

22_ 해마의 면을 선택하고 🔲 Control Points On 명령으로 제어점을 활성화시켜 A 외형선에 맞추어 제어점을 편집해 줄 것이다.

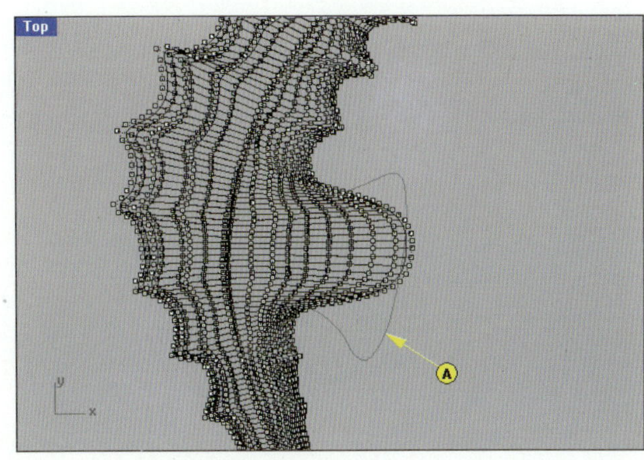

23_ 편집에 앞서 일부 영역의 CP들을 Hide Control Points 명령을 사용하여 숨겨준다. 숨길 영역의 CP들을 드래그 선택하고 Hide Control Points 아이콘을 클릭해 주면 CP를 숨길 수 있다.

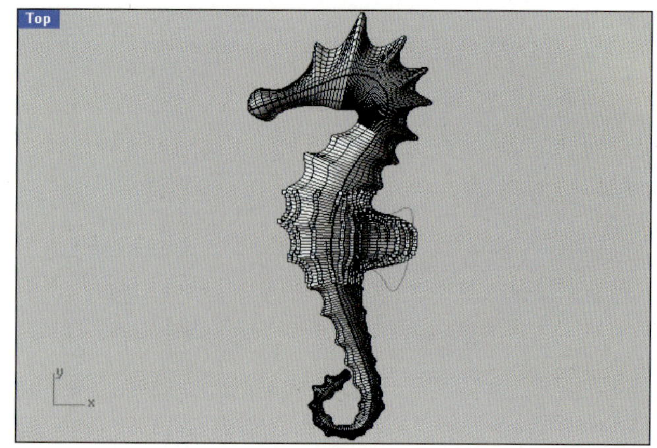

24_ 이제 변형을 위한 CP들만 적절히 가감 선택하여 A 외형선 모양으로 등 지느러미 형상을 만들어 준다. 특히 중복 CP들을 드래그로 같이 선택하여 조정해주어야 대칭에서 벗어나는 문제를 방지할 수 있다.

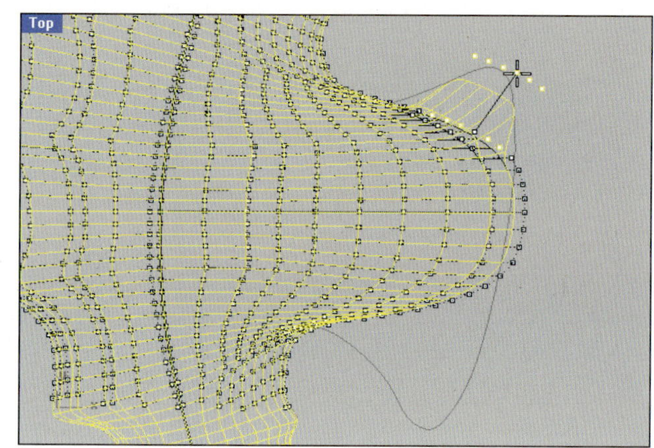

물론 CP편집 툴은 Select Points와 병행하여 Move UVN 툴 등 다양한 복합 사용이 가능하지만 여기서는 지면상 마우스로 CP를 당기는 정도로 모양을 만들어 간다.

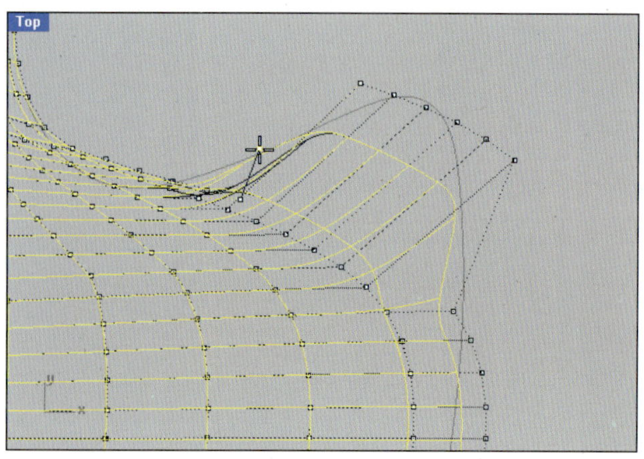

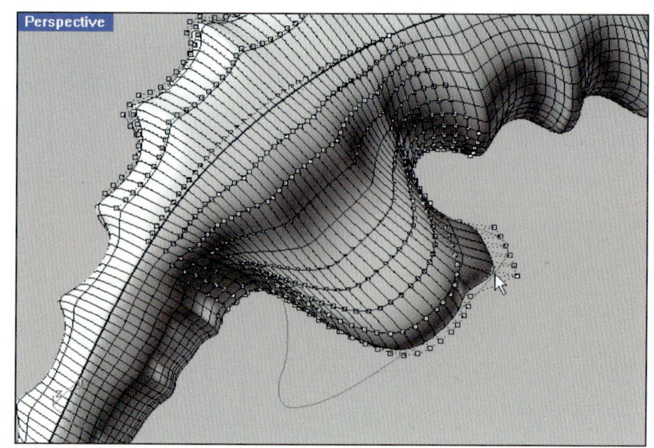

25_ 점진적으로 A외형선과 편집면이 최대한 가까워지도록 편집해 준다.

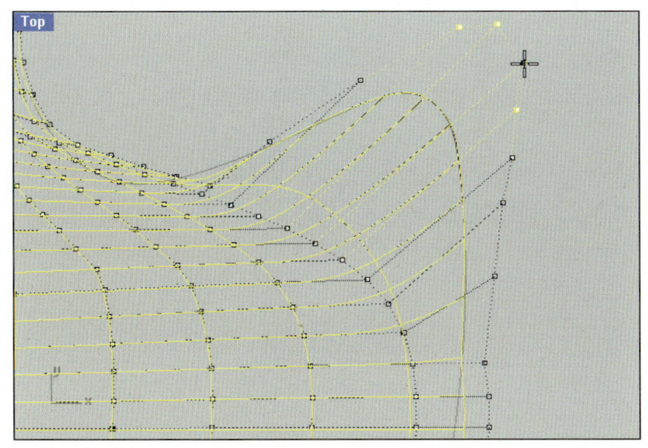
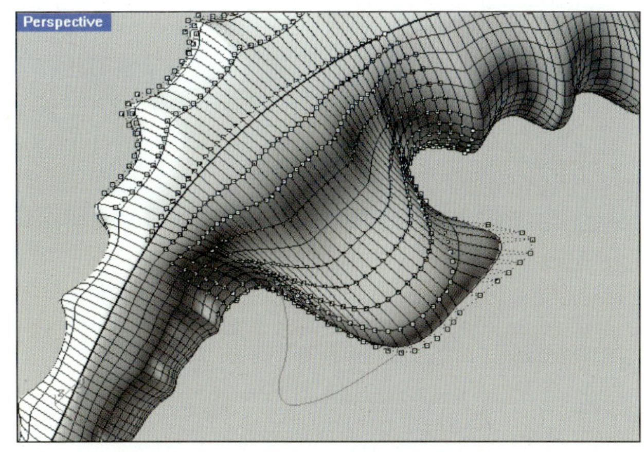
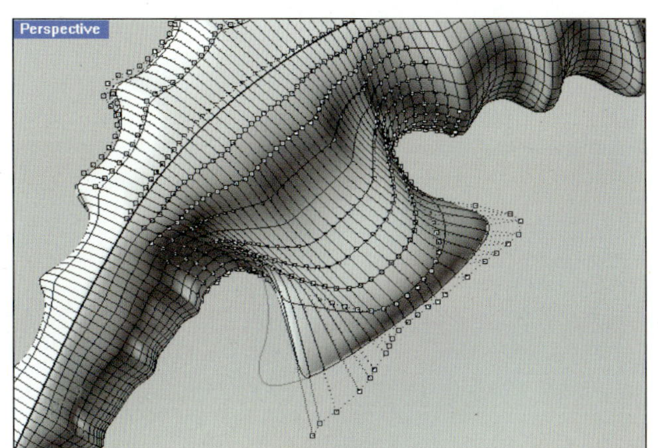
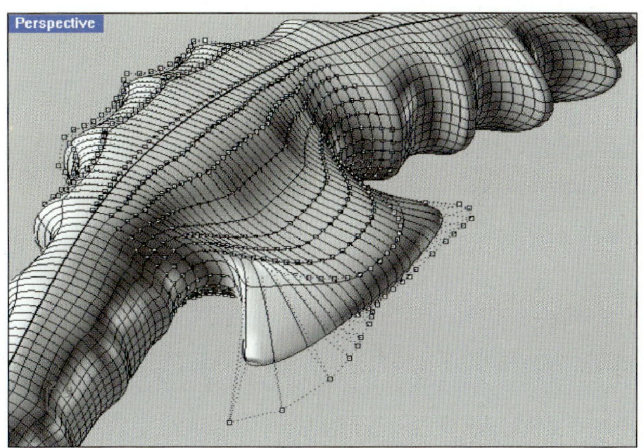

26_ 어느 정도 작업했다면 외형선과 일치되었는지를
Shade를 통해 확인해 본다.

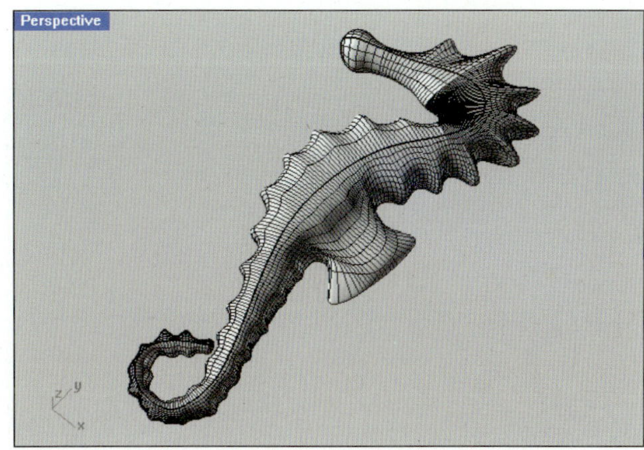

27_ Shade 확인시 면의 굴곡이 매끄럽지 못한 CP 만을 대칭 드래그 선택하여 이번에 Move UVN 편집을 수행한다. UVN에 의한 CP 편집은 U, V, N 방향으로 면의 굴곡을 자유롭게 수정할 수 있다는 장점이 있다.

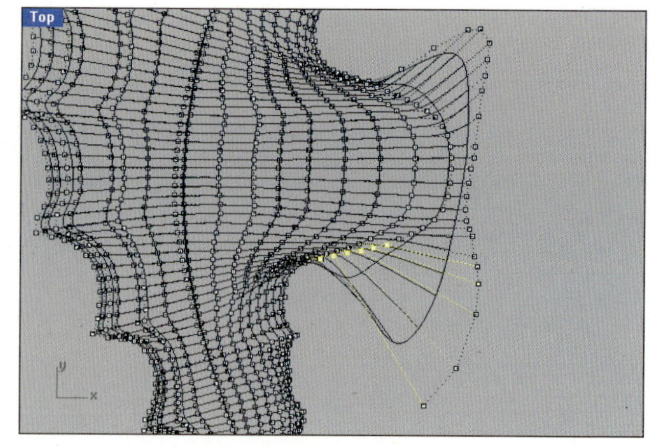

여기서는 N 방향을 조정하며 Scale은 0.1로 미세하게 움직이도록 설정한다.

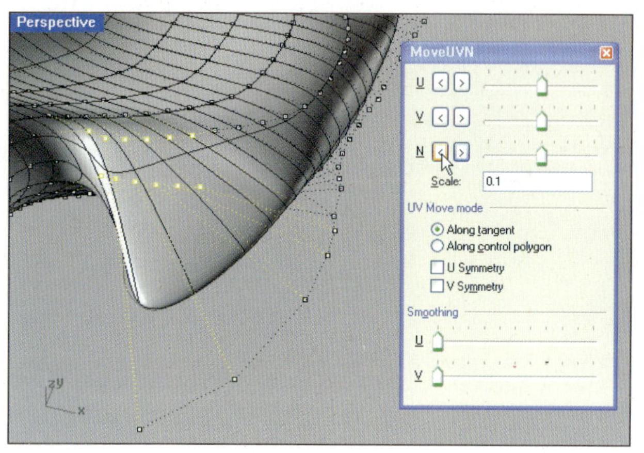

조정 결과 밑으로 처진 면이 위쪽으로 미세하게 올라와 면의 흐름이 자연스럽게 수정되었다.

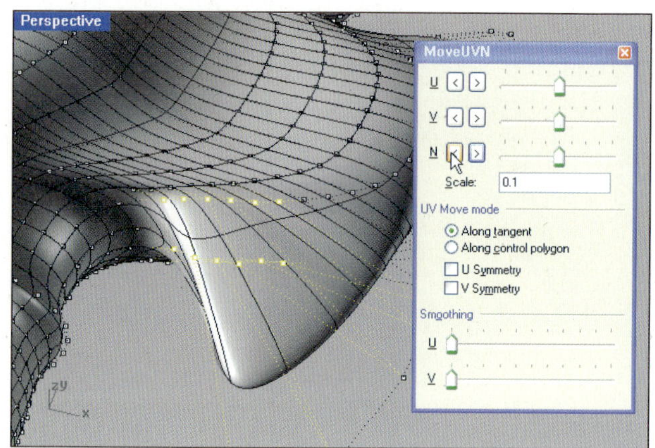

이렇게 Scale 지정 값을 조정(0.05)해 가며, 미진한 부분을 세부적으로 편집해 준다.

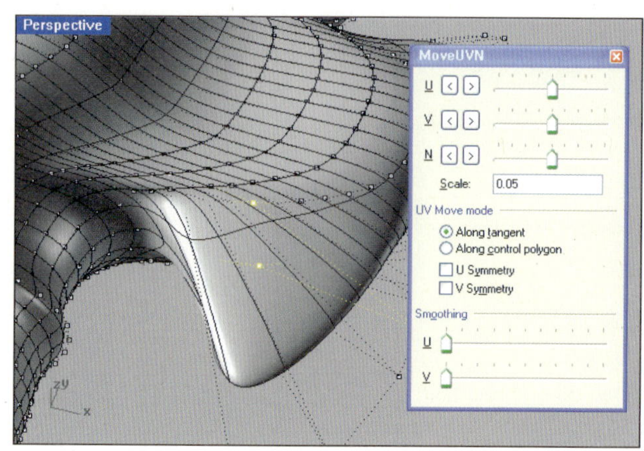

이번엔 면이 부자연스럽게 뒤틀린 부분을 Smoothing 슬라이드 바를 조정하여 부드럽게 만들어 펴준다.

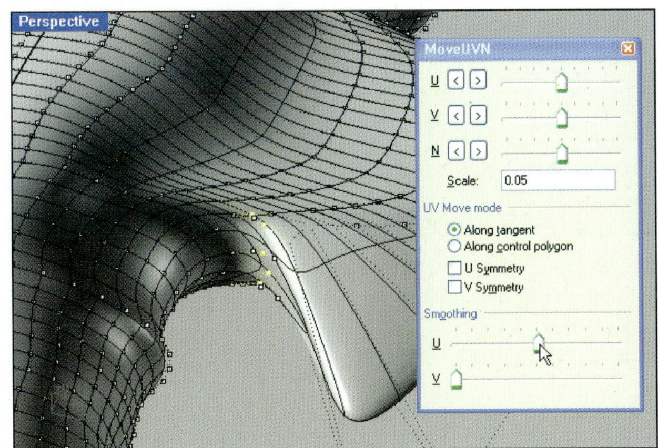

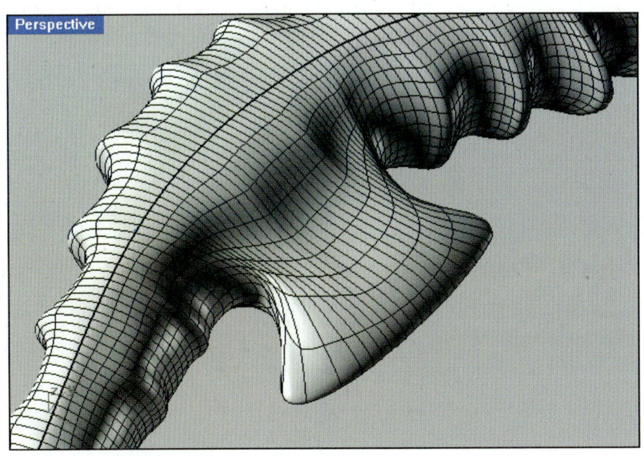

28_ 이제 등 지느러미 부분을 약간씩 들어가게 하여 보다 자연스런 형태로 편집해 준다.

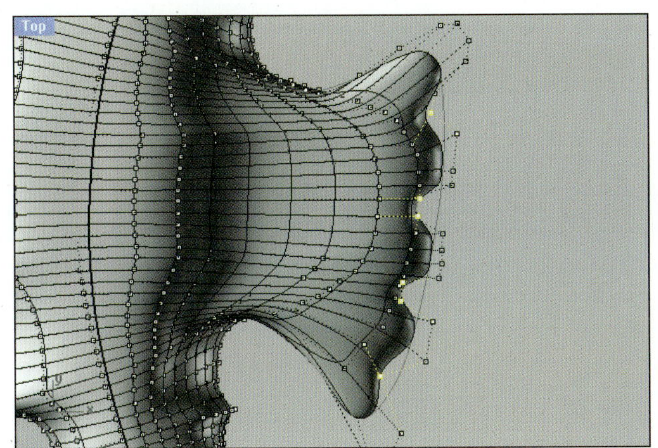

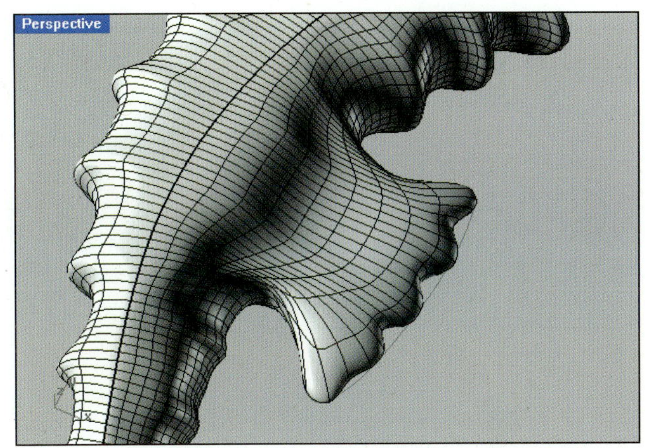

29_ 눈동자는 보석을 삽입하거나 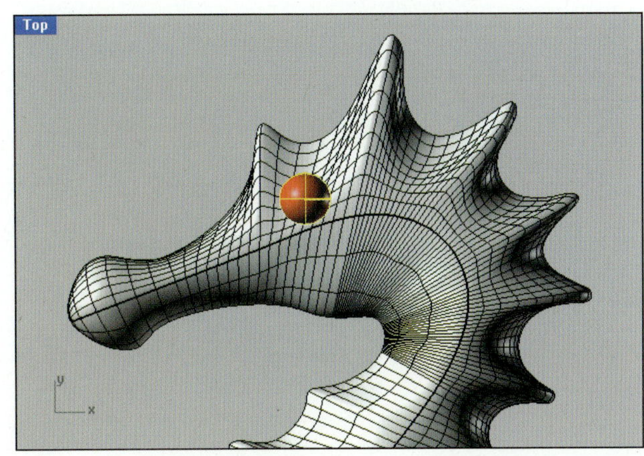 Sphere:Center, Radius로 구를 넣어 마무리한다. 해마 표면 전체를 보석으로 세팅하여도 좋은 작품이 될 수 있다.

30_ 최종 편집을 마친 결과를 ☑ Shade로 확인해 본다.

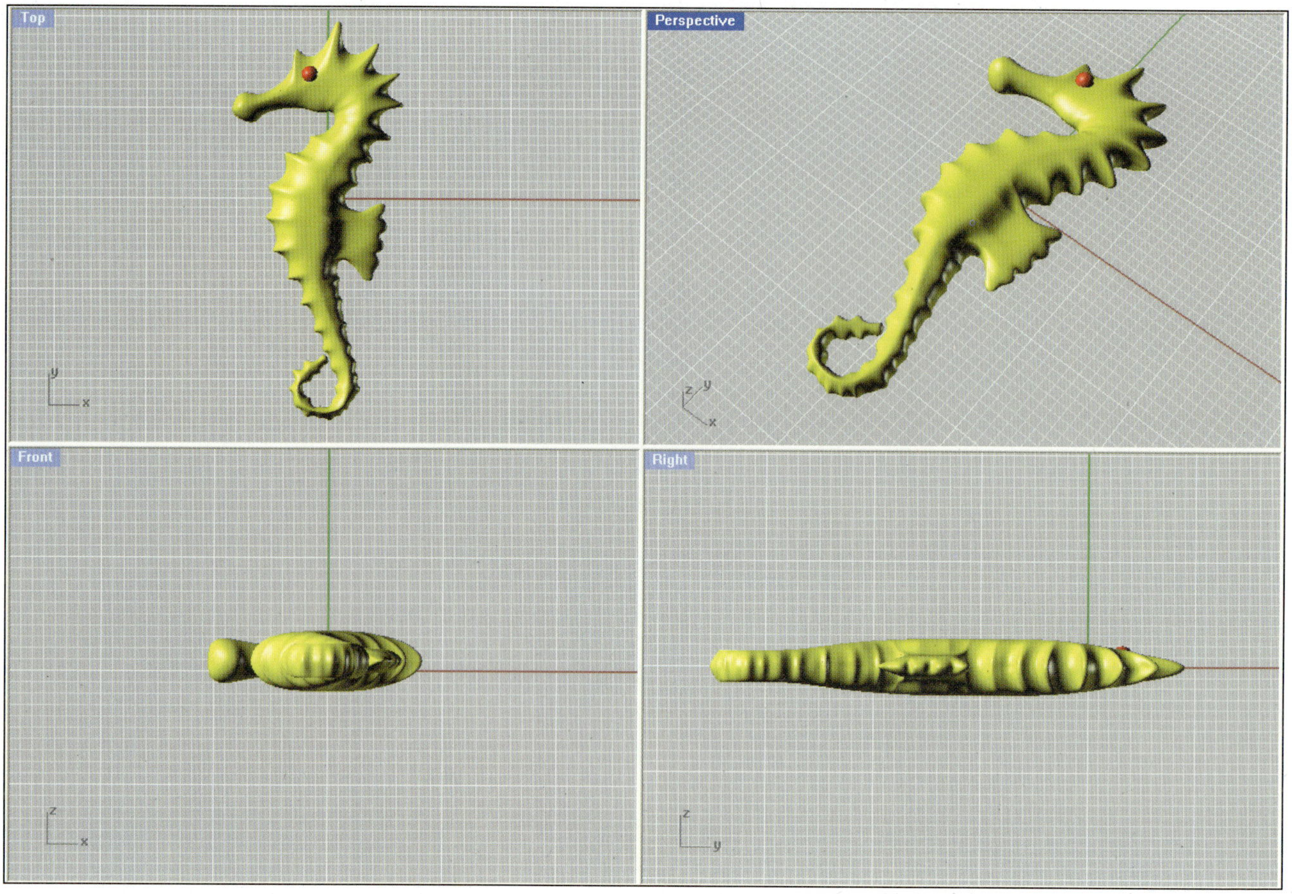

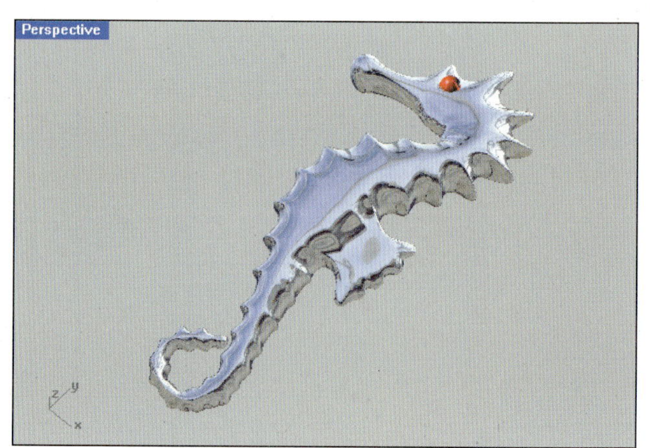

31_ ☑ Environment Map으로 최종 반사흐름도 확인한다.

Rhinoceros

Chapter 11

해마 장식 컴팩트(Compact) 만들기

Preview

Preview

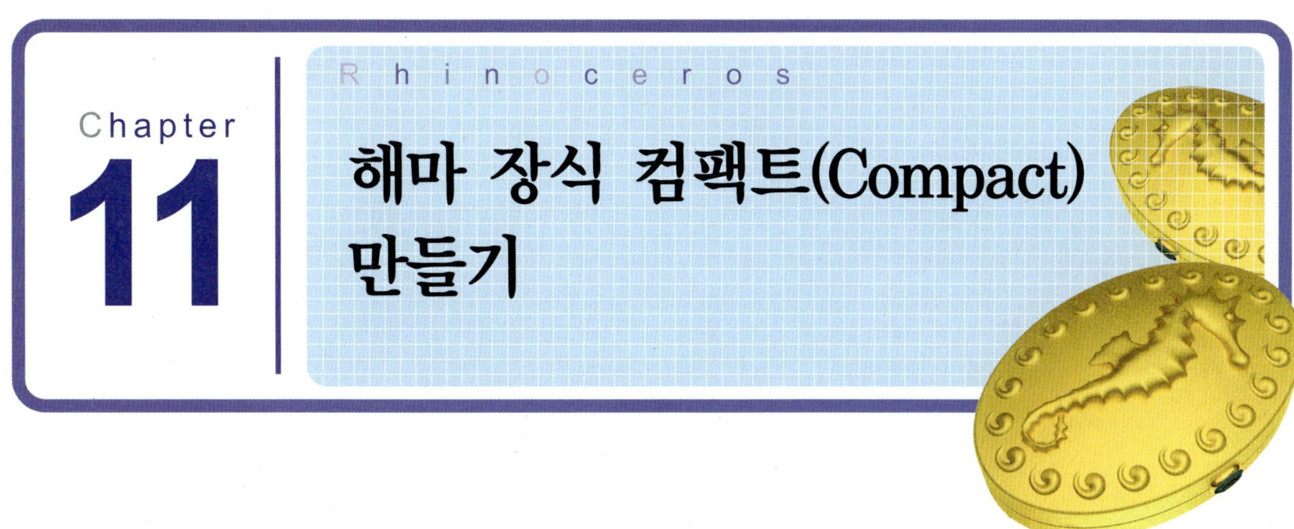

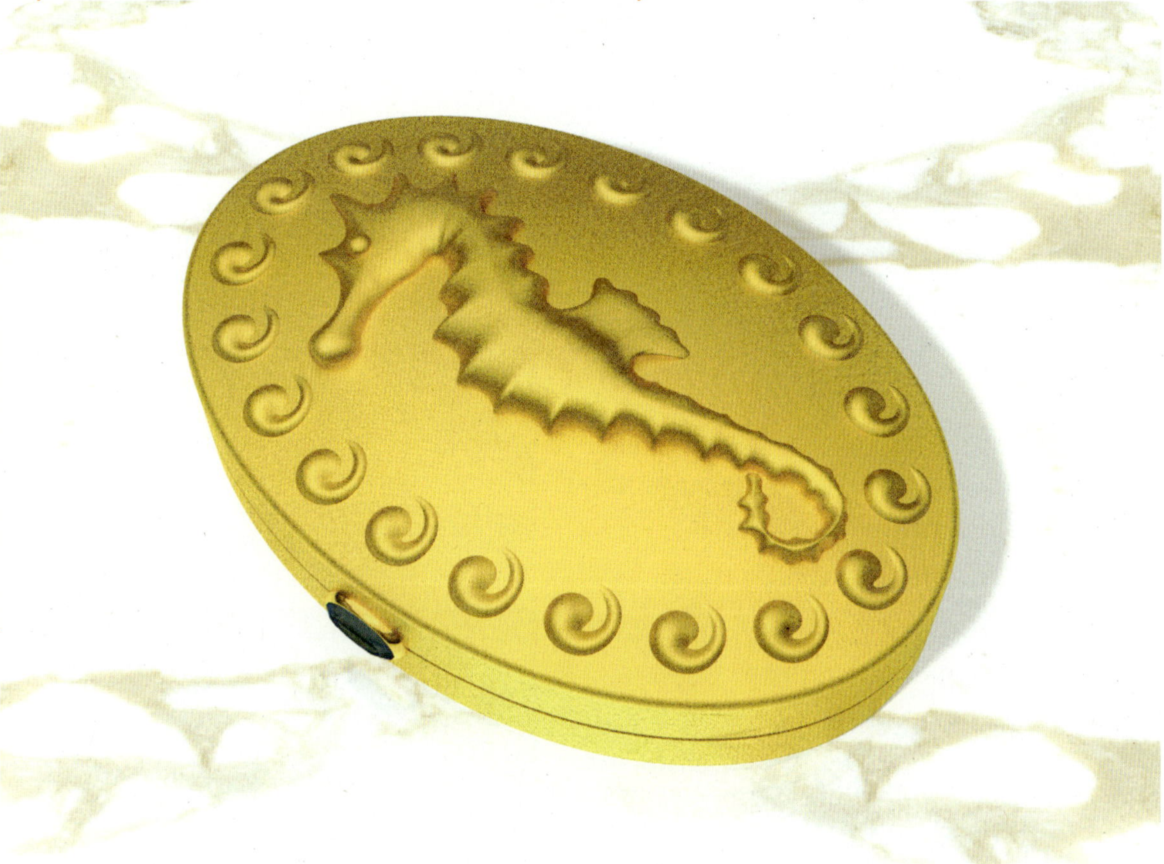

따라해 보세요 !

01_ Ellipse:From Center 명령으로 가로(단축) 48mm, 세로(장축) 70mm의 타원을 그려준다. 기입할 때는 반지름을 기입해주어야 한다.

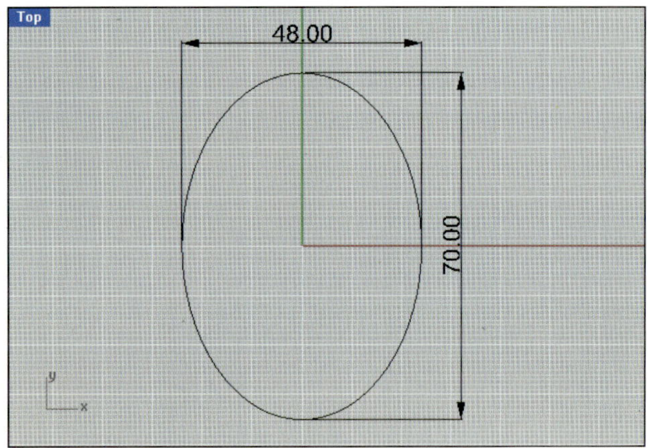

02_ Front View에서 Arc:Start, End, Point on Arc 명령으로 Ellipse의 Quad를 기준으로 바닥에서 4mm 정도의 정점을 가진 호(Arc)를 그려준다.

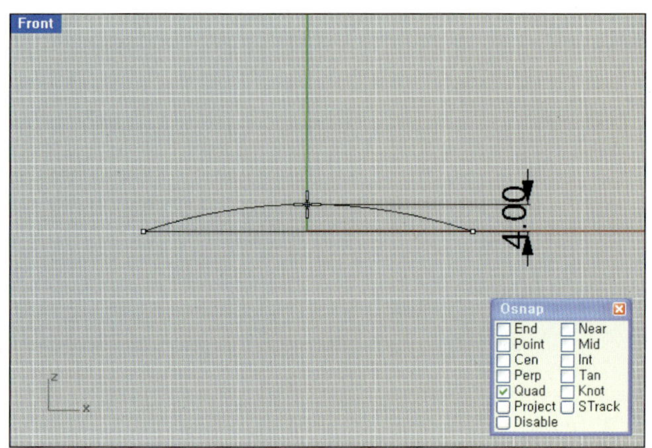

03_ Right View에서도 Arc:Start, End, Point on Arc 명령으로 Quad점에 일치하는 호(Arc)를 그려준다.

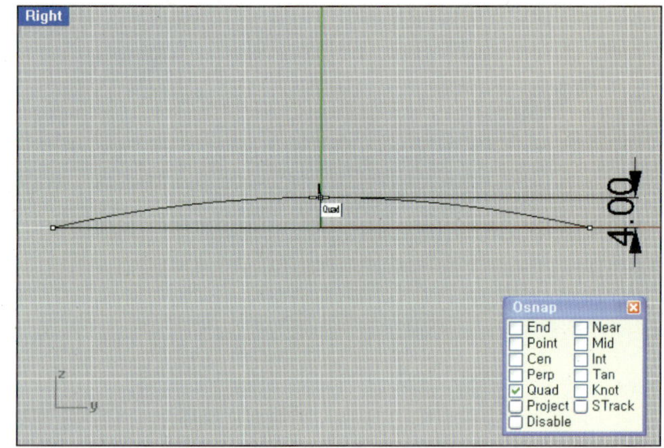

04_ Patch 아이콘 클릭 〉 Select curves and points to fit surface through : 1, 2, 3번 커브 클릭 〉 Enter 〉 Patch Surface Option은 그림과 같이 설정 〉 [OK] 한다.

****주의**
Patch 명령 실행시 밑바닥의 커브와 생성면이 최대한 일치하려면 Surface U spans와 Surface V spans의 값이 너무 작은 값이면 불일치 현상이 심해진다는 것이다.

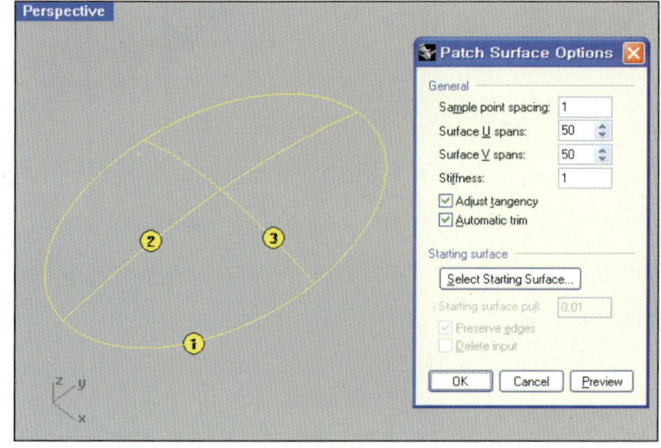

적정한 U, V span을 부여한 결과 바닥 커브와 일치하는 높이 4mm의 Patch 면이 생성되었다. 만약 Patch 명령을 굳이 사용하지 않겠다면 Surface from Network of Curves 명령이나 Rail Revolve 명령으로 볼륨면을 만들어주어도 좋다.

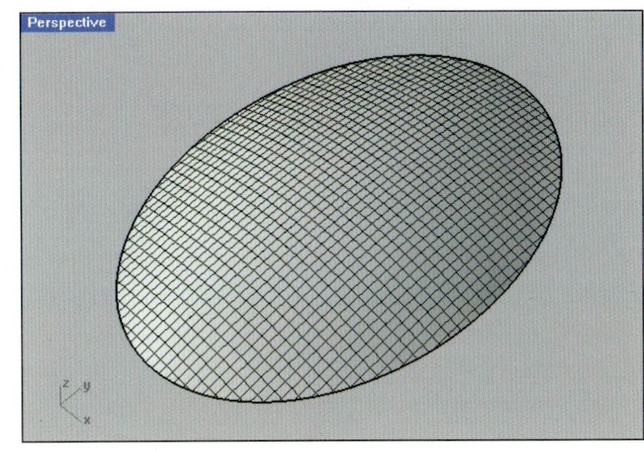

05_ Extrude Straight 명령으로 그림과 같이 -12mm 밑으로 면을 만들어 준다. 옵션은 Bothsides=No 상태로 작업해준다.

06_ Surface from Planar Curves 명령으로 바닥면의 Edge 커브를 선택하여 면으로 만들어 준다.

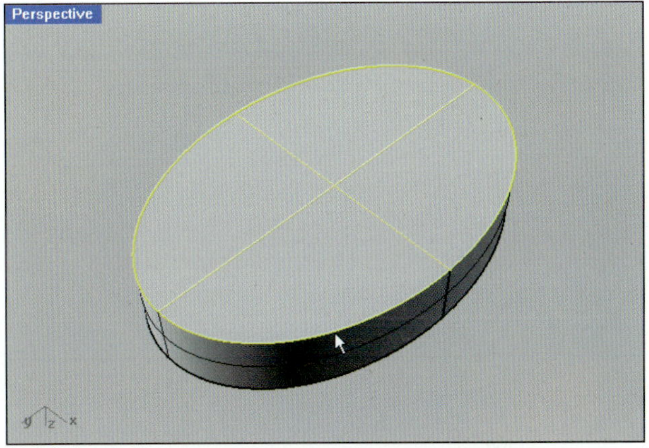

07_ Extract Isocurve 명령으로 측면의 가운데쯤에 그림과 같이 아이소커브(Isocurve)를 하나 추출한다. 이것은 파팅라인(Parting Line) 제작을 위한 경로가 된다.

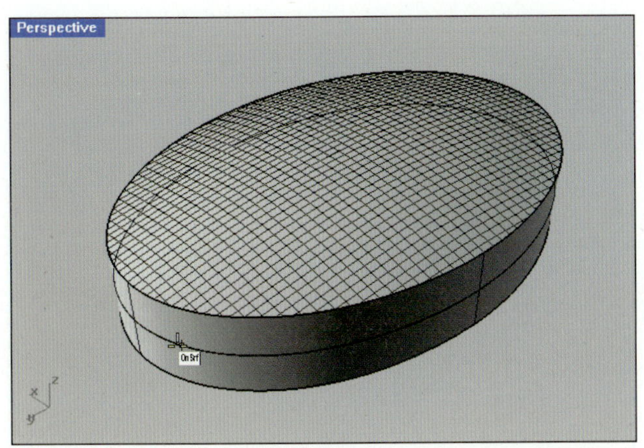

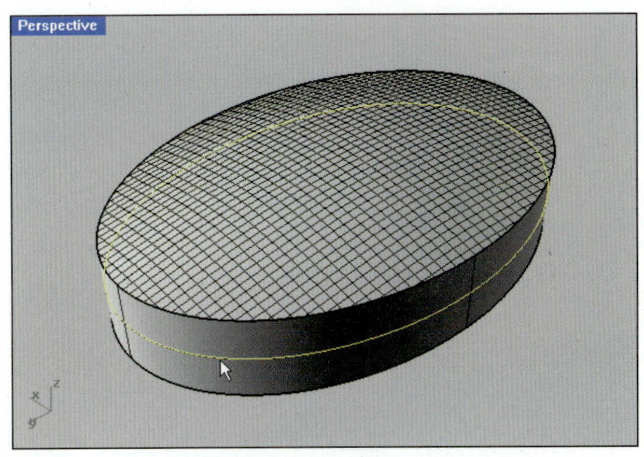

08_ Front View에서 Rectangle:Center, Corner로 추출된 아이소커브의 Quad를 기준으로 하는 직사각형을 그려준다. 크기는 가로 3mm, 세로 0.5mm이다. 파팅라인 홈이 될 부분이다.

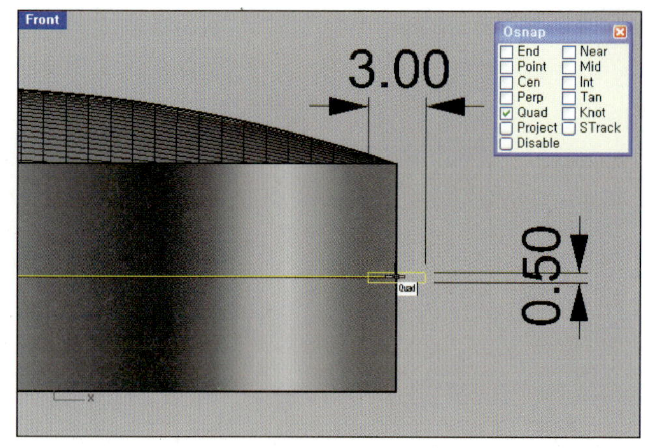

09_ Sweep 1 Rail 아이콘을 클릭한 후 1번 타원커브를 따라가는 2번 직사각형을 클릭한다. Seep 1 Rail Options 대화창이 뜨면 그림과 같이 설정하고 [OK] 한다. 타원 커브를 따라가는 솔리드가 만들어졌다.

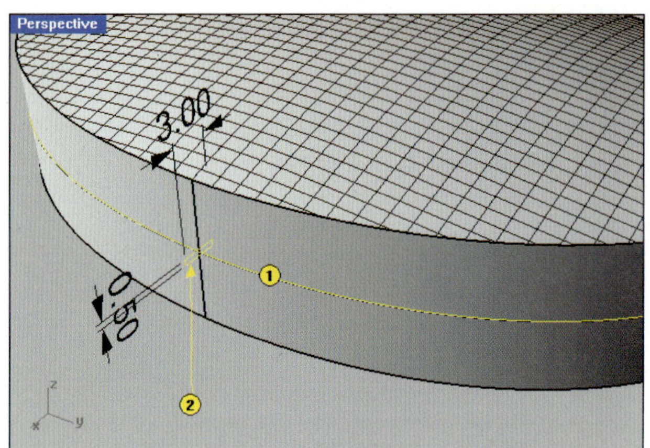

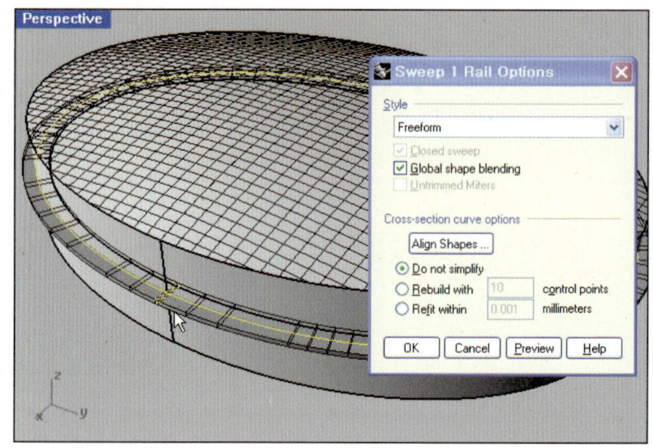

10_ Boolean Difference 아이콘 클릭 〉 1번 면 클릭 〉 Enter 〉 2번 솔리드 직사각형 선택 〉 Enter 한다.

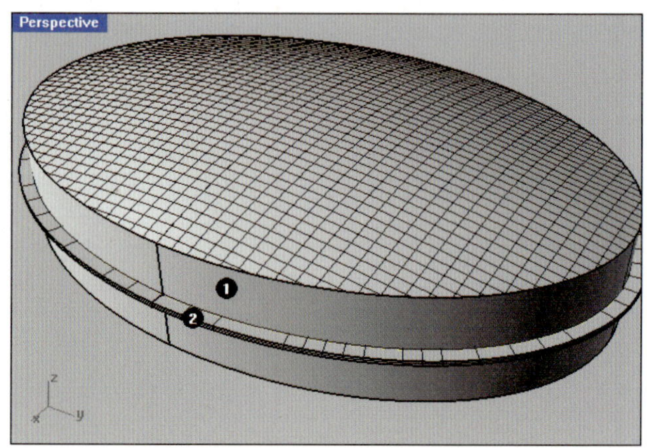

Boolean Difference 결과 안쪽으로 1.5mm의 홈이 파인 것을 확인할 수 있다.

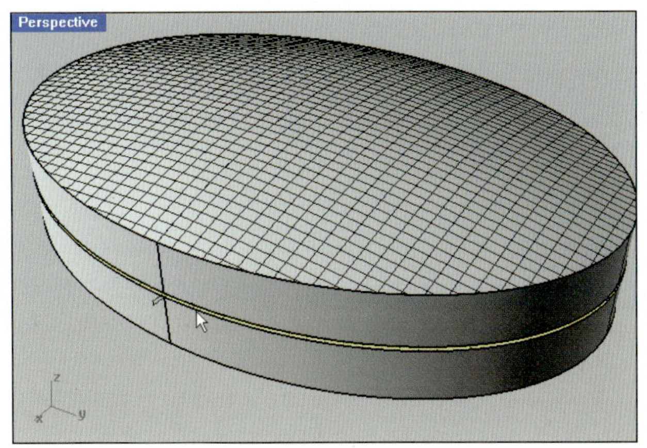

12_ **Ellipsoid:By Diameter**와 **Cylinder** 명령을 사용하여 그림과 같이 뚜껑을 여는 타원형 돌기와 실린더 형 힌지(Hinge)를 만들어 배치해 준다. 크기는 그림을 참조한다. 여기서는 Patch 명령이 주된 학습 내용이기에 내부 형상 제작은 생략한다.

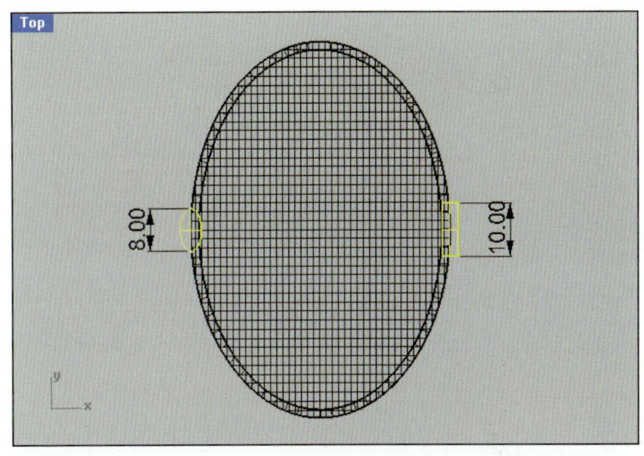

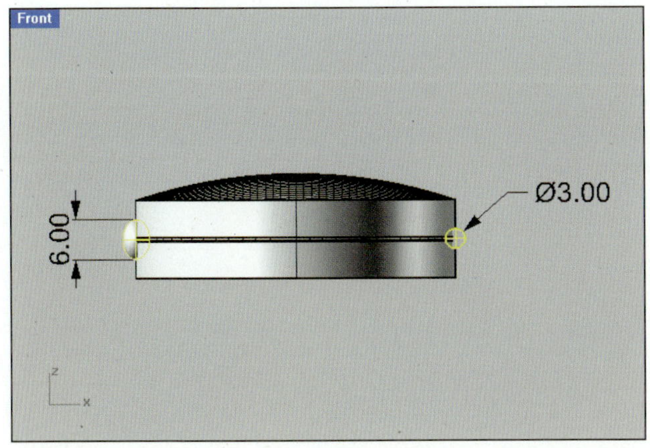

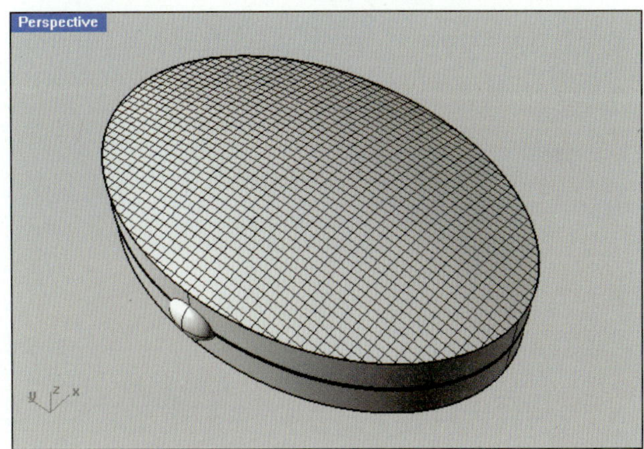

13_ 이제 소용돌이 문양을 준비할 차례이다. Curve:Interpolate Points로 Top View에서 그림과 같이 소용돌이 문양을 그려준다. 객체는 서로 Join 해 준다.

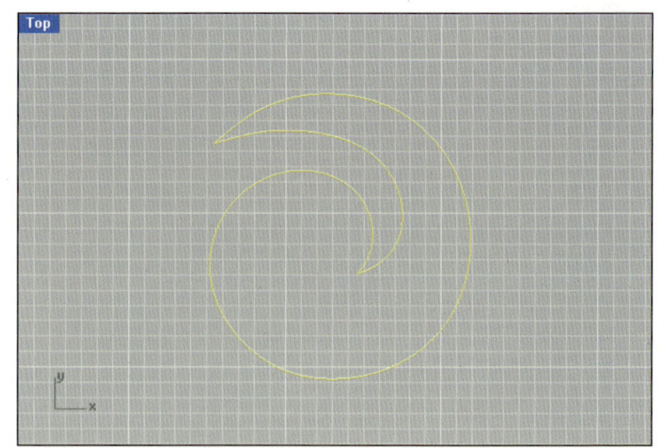

14_ Offset Curve 명령을 사용하여 소용돌이 객체를 안쪽으로 0.3mm 옵셋 시켜준다.

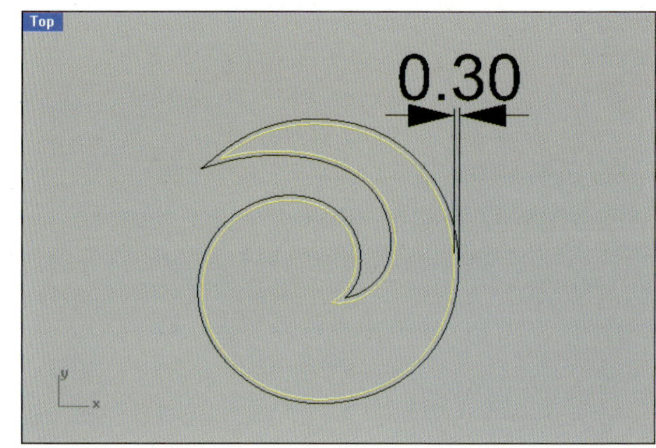

15_ 안쪽으로 옵셋된 소용돌이 객체를 Front View에서 위쪽으로 0.7mm Move시켜 준다. 이 부분을 너무 높게 설정하면 Patch 면을 생성시 볼록 튀어나오는 정도 가 크게 되지만 그만큼 면이 왜곡될 수 있음에 주의한다.

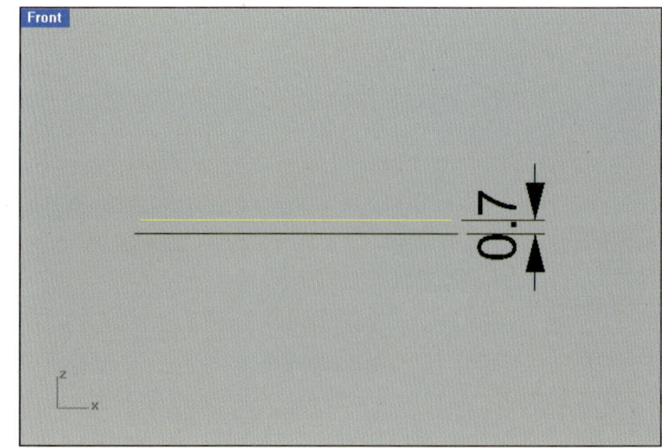

16_ Patch 아이콘 클릭 〉 Select curves and points to fit surface through: 1, 2번 커브 클릭 〉 Enter 〉 Patch Surface Option은 그림과 같이 설정 〉 [OK] 한다.

생성된 Patch면을 보자면 면에 굴곡이 너무 심해서 이대로는 사용할 수 없다.

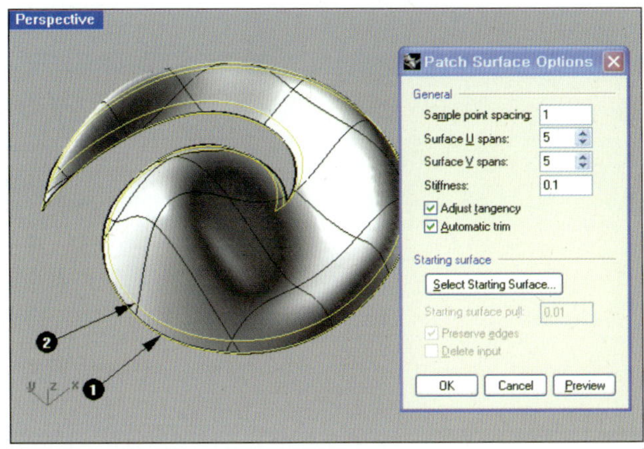

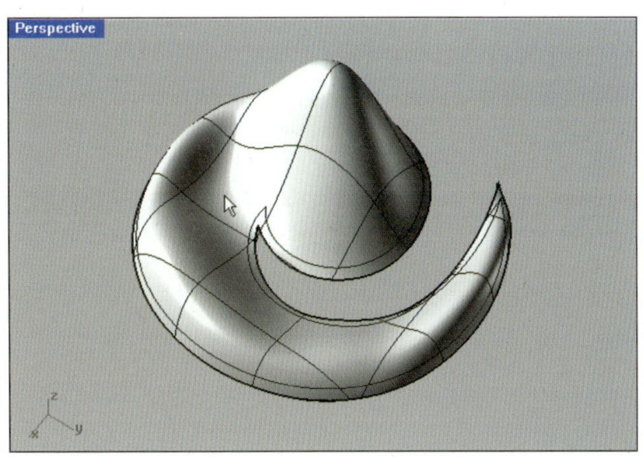

17_ 보다 부드러운 곡면을 얻기 위하여 Patch 옵션을 조작해 보도록 한다. 초기 상태로 Undo 하여 다시 Patch 명령을 수행해 본다. 이번에 그림과 같이 옵션을 설정한다. Surface U Spans=10, Surface V Spans=10 으로 수를 늘려주고, Stiffness=1에 설정하였다.

종전보다 면의 부드러워 졌지만 높이가 너무 높다. 면의 높이를 보다 낮게 조정해 보기로 한다.

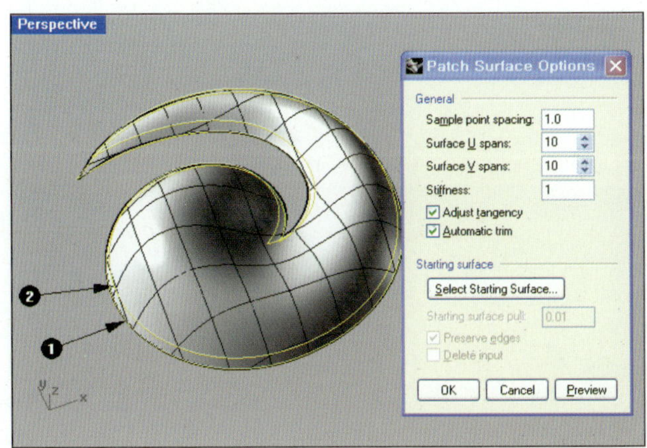

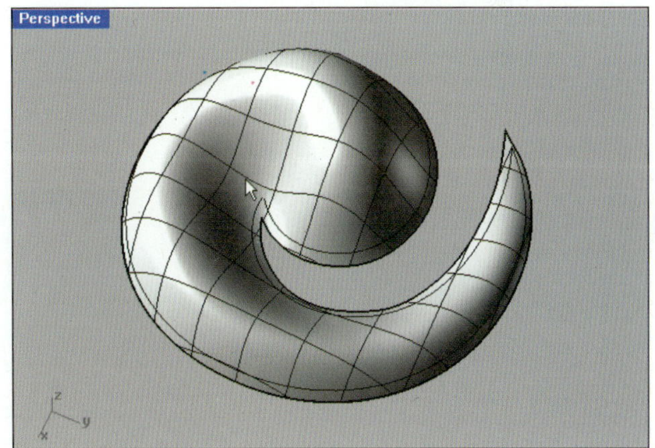

18_ 다시 처음부터 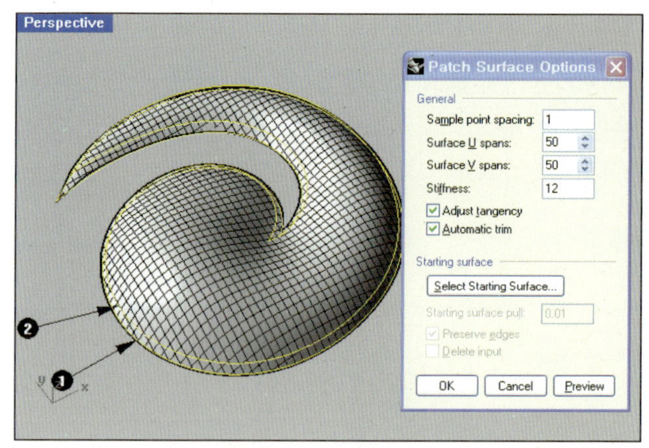 Patch 명령을 수행하되 이번엔 Patch Surface Options을 그림과 같이 설정한다. Surface U Spans=50, Surface V Spans=50으로 수를 늘려주고, Stiffness=12에 설정하였다. Stiffness 값을 올려주면 튀어나온 면이 점진적으로 바닥쪽으로 내려가게 된다. 이렇게 객체의 높이를 대략적으로 조정할 수 있다. 패치면은 이렇듯 임의성이 강해서 조정을 어떻게 해주느냐에 따라 완전히 다른 결과를 얻을 수도 있다. 이것은 단점이 아닌 그만의 사용 용도가 다양하다는 뜻이다.

하지만 소용돌이 객체 면이 너무 튀어나와 보이면 다시 조정한다. Sample point spacing=0.01, Surface U Spans=70, Surface V Spans=70으로 수를 늘려주고, Stiffness=30에 설정하고 진행해도 무방하다. 이는 나중에 뚜껑에 배열시 자연스러운 볼륨을 만들어 주기 때문이다.

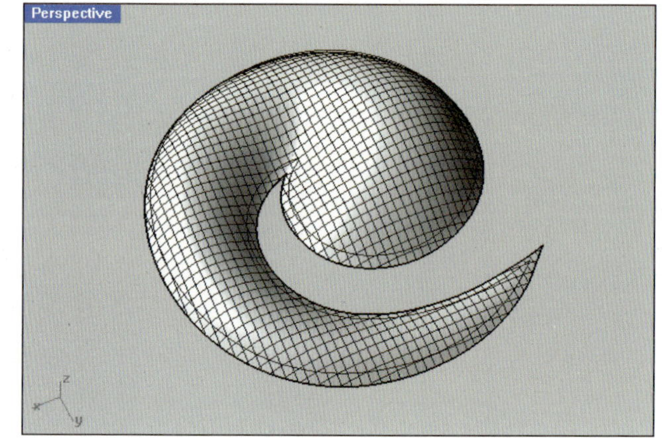

19_ 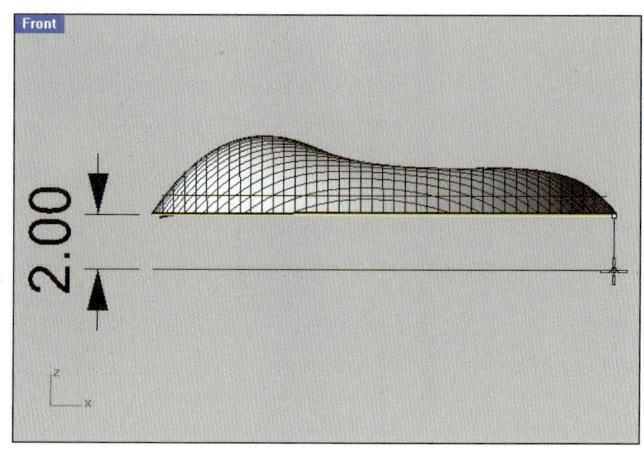 Move 명령으로 소용돌이 외곽 평면 커브를 하단으로 2mm 내려준다.

20_ Duplicate Border 명령으로 면의 Edge 커
브를 하나 추출해 준다. 이것은 측면을 만들기 위한 Loft
용 라인이 된다.

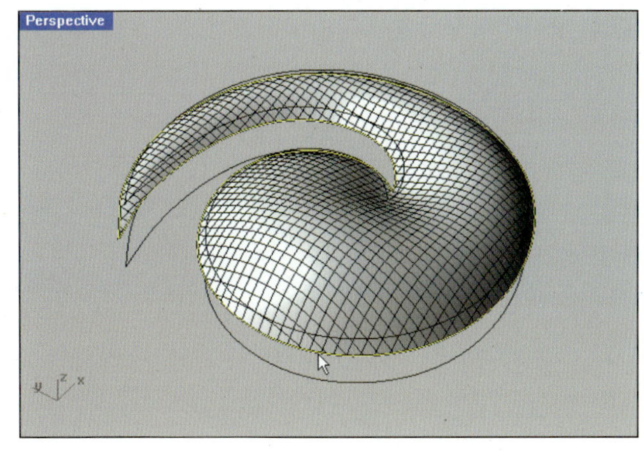

21_ Loft 명령으로 측면을 만들어 준다. 옵션은 그
림과 같이 설정한다.

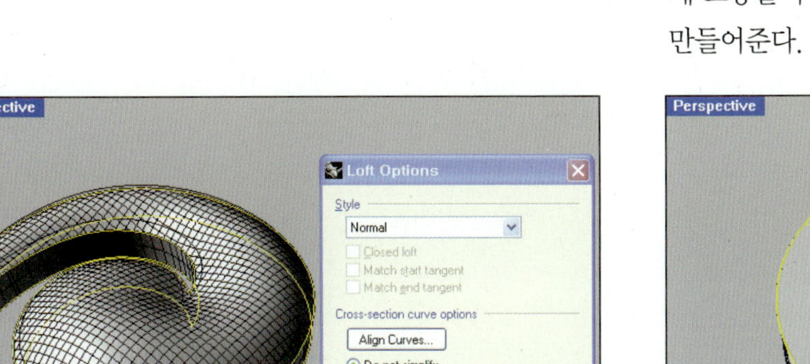

22_ Surface from Planar Curves 명령으로
바닥면의 Edge 커브를 선택하여 면으로 만들어 준다. 이
제 소용돌이 객체의 모든 면들을 Join시켜 솔리드로
만들어준다.

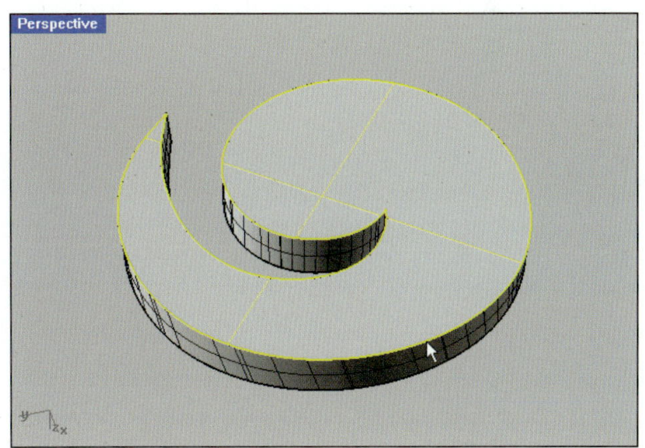

23_ 이제 앞서 제작된 컴팩트 객체를 보이게 하고, File
〉 Import 〉 **부록 CD 〉 라이노파일 〉 EX-05** 해마 모델
링 데이터를 불러온다. 총 3개의 객체들을 준비한다.

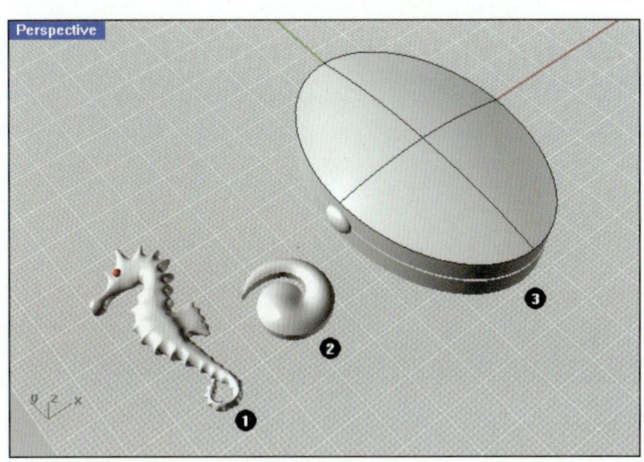

24_ 이제 1번과 2번 객체를 3번 컴팩트의 표면에 붙이는 작업을 할 것이다. 우선 1번 해마를 붙여본다. 우선 해마의 눈과 몸체를 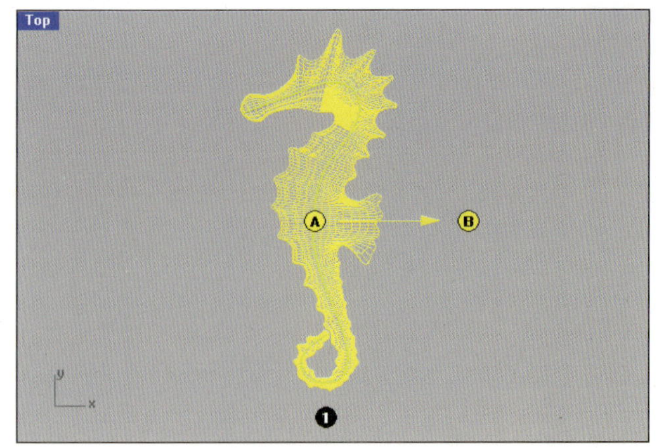 Group 그룹해 놓는다. 준비가 되었으면 Orient on Surface 아이콘을 클릭 〉 Select objects to orient: 붙일 객체 1번 해마를 선택 〉 Enter 〉Reference point 1(OnSurface): Top View에서 A위치 클릭 〉 Reference point 2(OnSurface) : B 위치를 클릭한다.

연이어 Surface to orient on: 3번 컴팩트 윗면 선택 〉 Orient on Surface 옵션 설정(Scale=Uniform, X 1.0, Copy objects 체크 〉 Rotation Angle=270.0 설정 〉 [OK] 〉

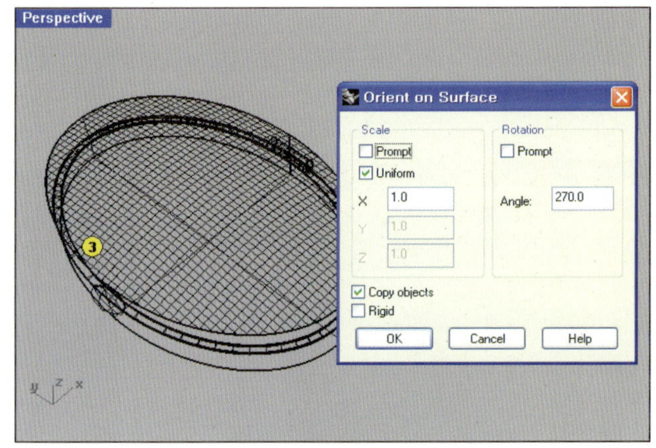

커멘트 라인 〉 Point on surface to orient to(Flip=Yes) : Flip=Yes 선택 〉 3번 면 위에 해마 위치 지정 〉 Enter 〉 부착 완료 〉 Esc 로 명령 종료하면 그림과 같이 3번 면의 곡면을 따라 해마가 부착된다.

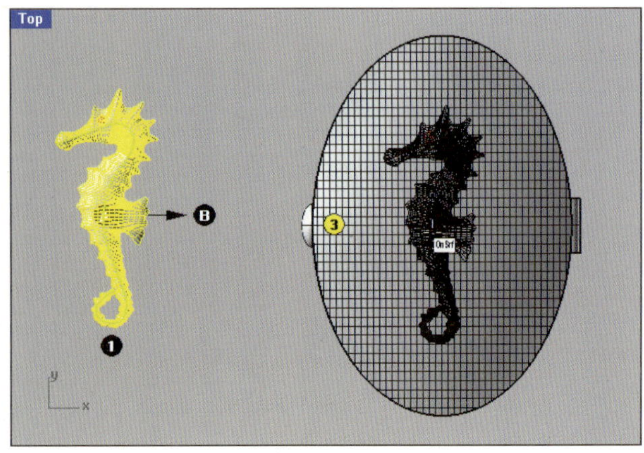

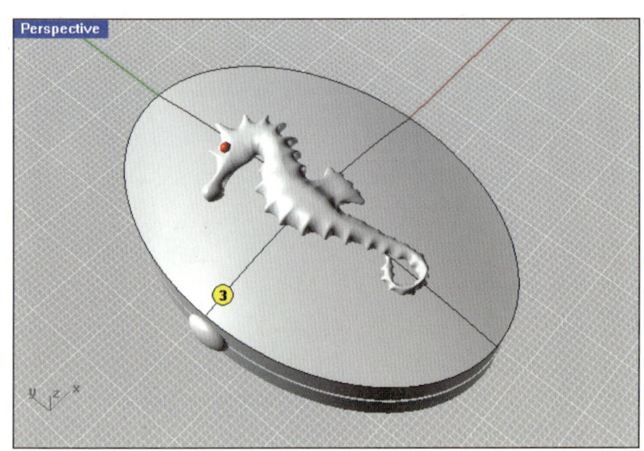

25_ 부착된 해마의 크기가 전체적인 비례로 볼 때 다소 작게 보이기에 이번엔 좀더 크게 부착해 보도록 한다. 우선 순서는 같으며 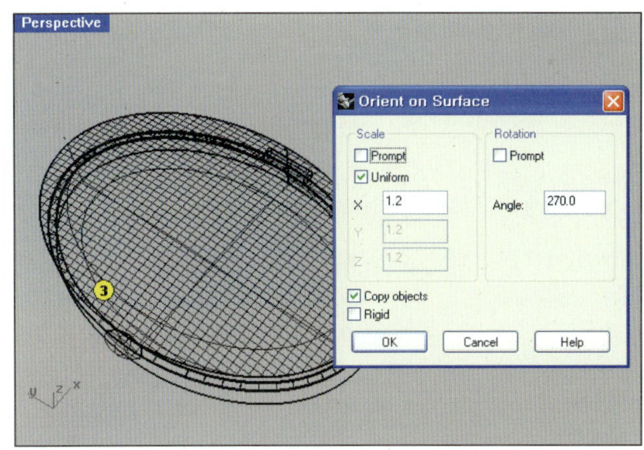 Orient on Surface 옵션 창에서 Sclae 〉 Uniform 〉 X=1.2로만 변경해 준다. 나머지 설정은 모두 앞선 설정과 동일하다.

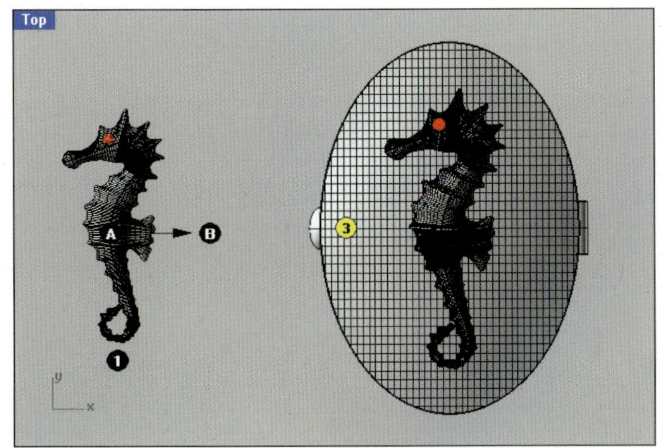

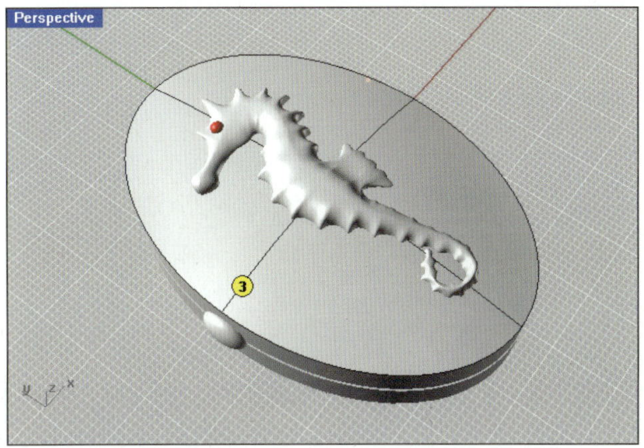

26_ 3번 면의 Edge Curve를 선택하여 안쪽 방향으로 5mm 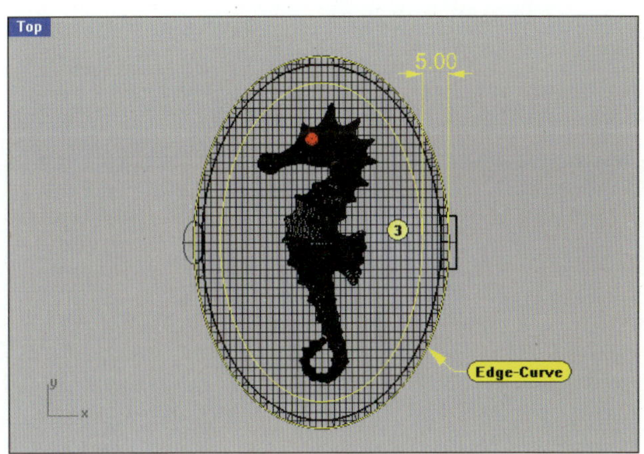 Offset Curve 시켜준다.

27_ Top View에서 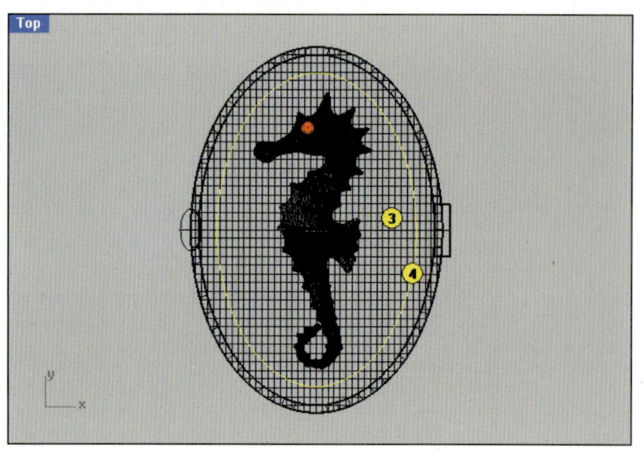 Project to Surface 명령으로 4번 커브를 3번 면에 투영한다.

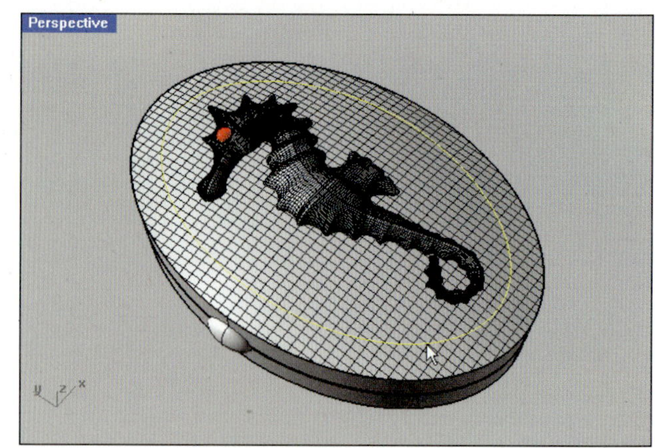

28_ 이제 앞서 제작된 2번 소용돌이 객체를 3번 면에 투영된 라인을 따라(Osnap에 Near 체크) 붙이는 작업을 할 것이다. Orient on Surface 아이콘 클릭 〉 Select objects to orient: 붙일 객체 2번 소용돌이 객체 선택 〉 Enter 〉 Reference point 1(OnSurface): Top View에서 A 위치 클릭 〉 Reference point 2(OnSurface): B 위치를 클릭한다.

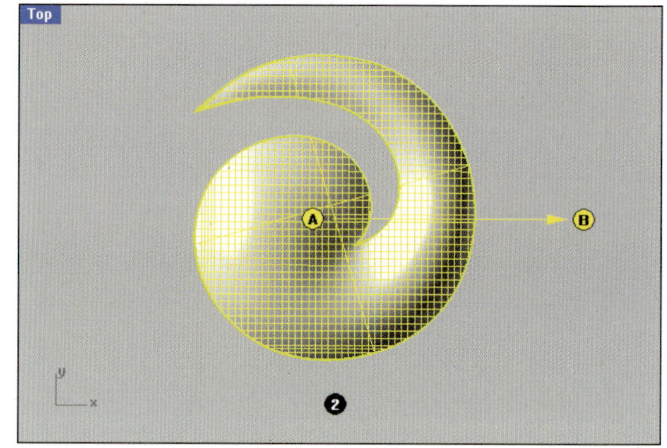

연이어 Surface to orient on: 3번 컴팩트 윗면 선택 〉 Orient on Surface옵션 설정 (Scale=Uniform, X 0.33, Copy objects 체크 〉 Rotation Angle=180.0 설정 〉 [OK] 한다.

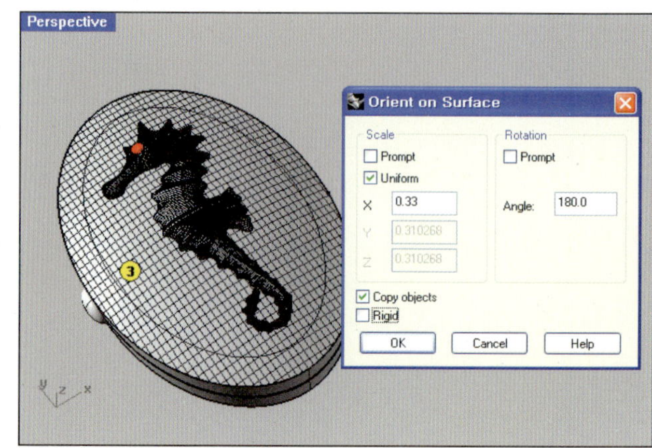

커맨드 라인에서 Point on surface to orient to(Flip=Yes): Flip=Yes 선택 〉 3번 면 위에 해마 위치 지정 소용돌이 객체를 투영 커브를 따라가며 임으로 부착해 준다. 부착이 완료되면 Enter 해주고 Esc 로 명령 종료하면 소용돌이가 곡면 변화에 일치되어 배치된다.

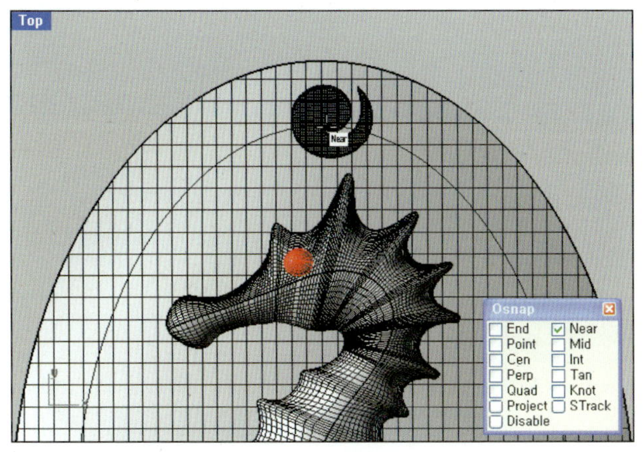
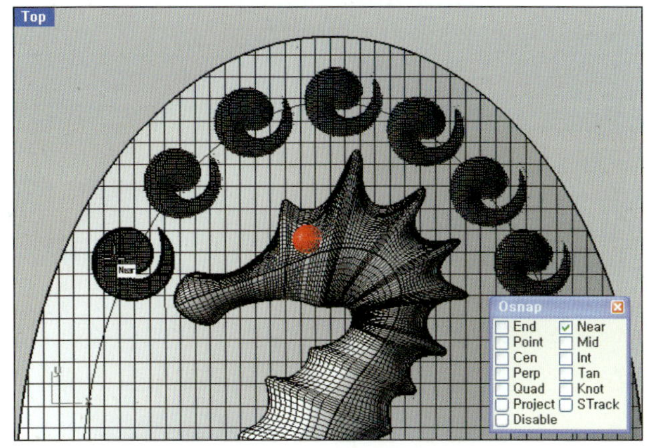

29_ 하지만 이렇게 임의로 배치할 경우 정형의 배열이 필요한 대칭 제품일 때 배열 간격이 달라 보기가 좋지 않게 된다. 이 점을 해결하기 위해서 투영된 커브에 Array along Curve로 정확한 개수와 간격의 포인트 (Point)를 배치해 두는 지혜가 필요하다. 포인트를 배열해 주기 위해서는 우선 그림과 같이 투영커브에 Quad나 Near 위치에 기준 포인트를 하나 찍어준다. 다음 포인트를 선택한 상태에서 Array along Curve 아이콘 클릭 〉 Enter 〉 투영 커브를 클릭 〉 Array Along Curve Options는 그림과 같이 20을 입력, 설정하고 [OK] 한다.

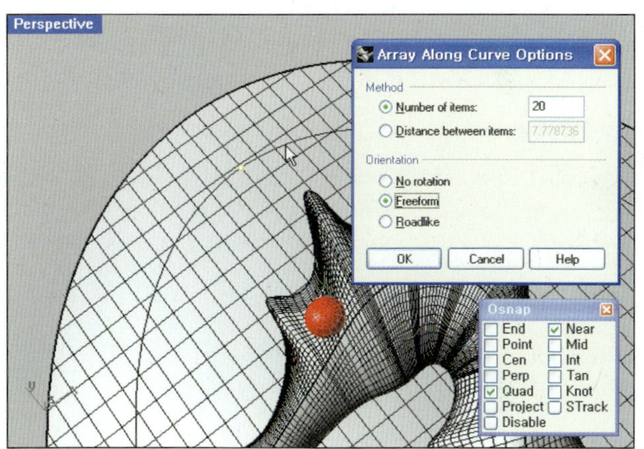

명령 실행 결과 투영 커브에 총 20개의 포인트가 배치된 것을 확인할 수 있다.

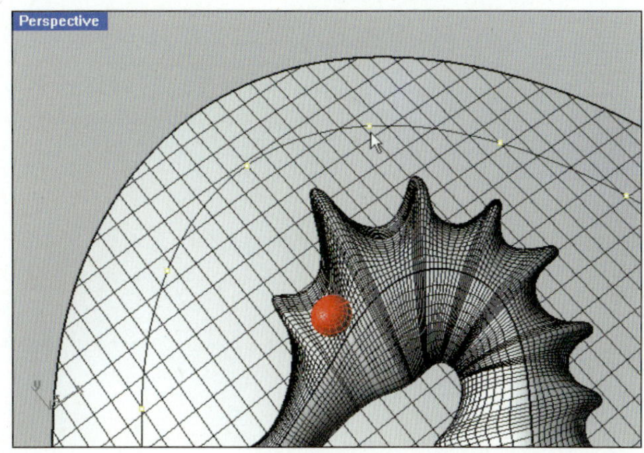

30_ 배열된 Point를 기준으로 Orient on Surface 명령을 종전 값으로 수행하여 그림과 같이 정확한 간격으로 소용돌이 객체를 배열한다. Osnap에 Point를 체크한 상태로 작업해 준다.

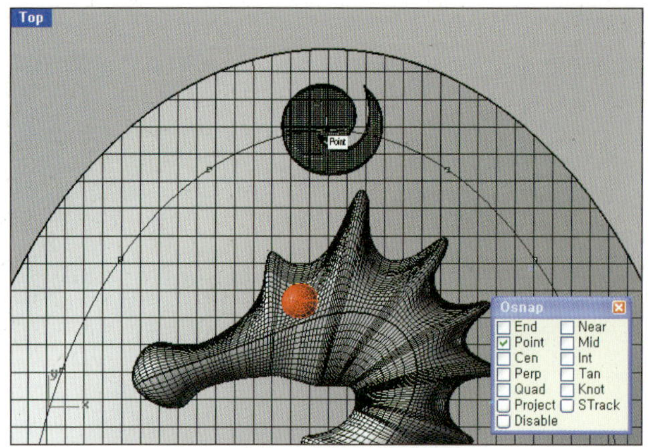

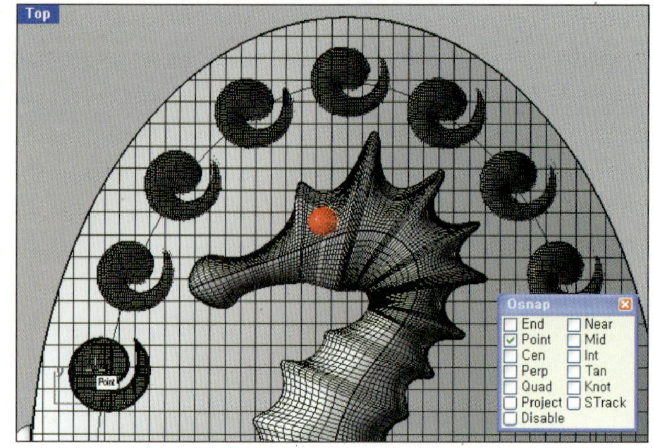

31_ Fillet Surface 명령으로 1번과 2번 면의 모서리에 Fillet 1.0을 부여한다. 바닥부분도 동일하게 Fillet 1.0을 주어 마무리한다. 면들을 선택하여 Join 시켜준다.

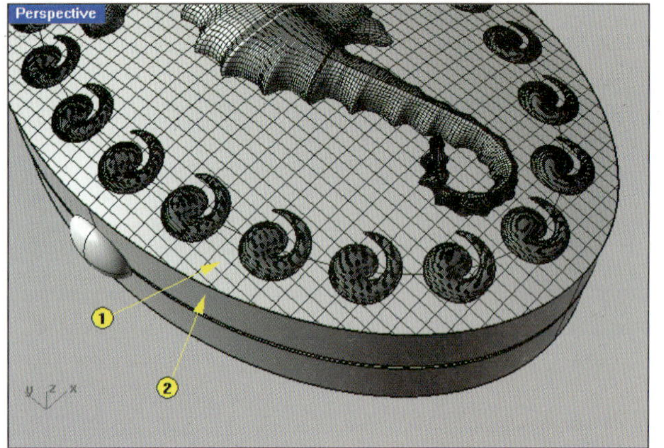

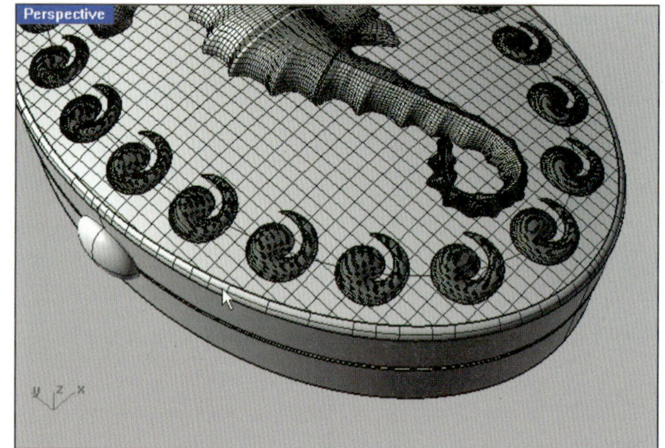

32_ 해마와 소용돌이 객체는 Boolean Union으로 뚜껑과 하나로 합집합시켜 주며, Environment Map의
골드 무광 옵션으로 가상 형상을 최종적으로 확인해 본다.

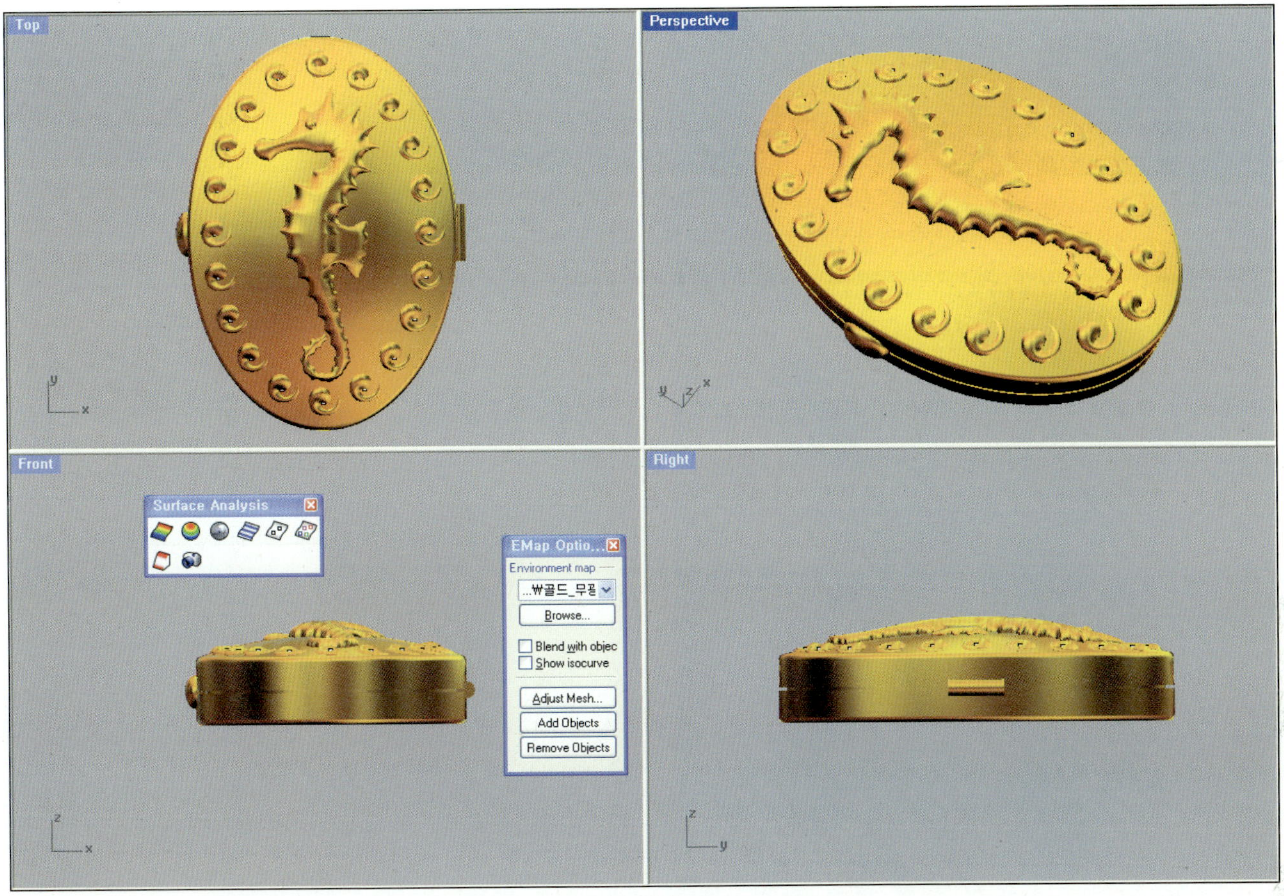

33_ 작업자에 따라서 다양한 보석 세팅을 하거나, 장식
을 주어 보다 색다른 결과를 얻을 수 있을 것이다.

Chapter

12

Rhinoceros

UV 응용 펜던트 만들기

Preview

Preview

 **따라해 보세요 !**

01_ 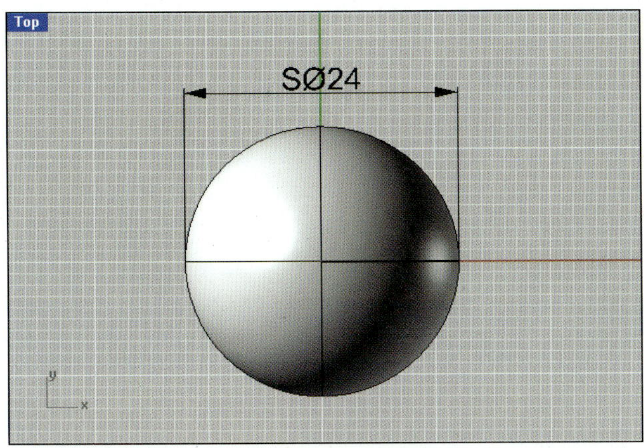 Sphere:Center, Radius로 지름 24mm의 구를 Top View에서 그려준다. Grid Snap에 Snap, Ortho를 체크한 상태로 작업한다.

02_ Move 명령으로 구를 클릭하여 Top View에서 y, x축 좌표를 가지리 않도록 약간만 내려준다.

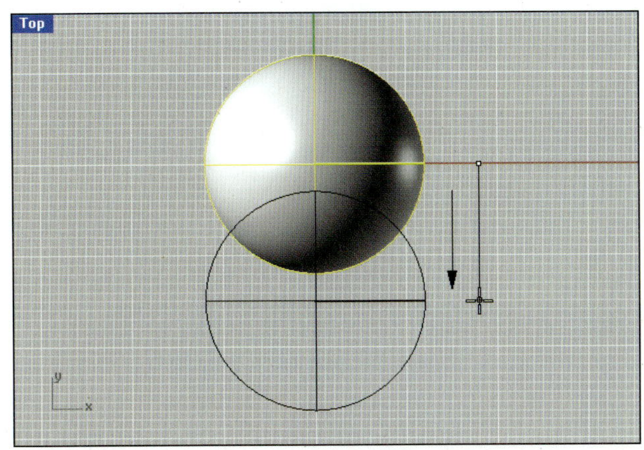

03_ Create UV Curves 아이콘을 마우스 왼쪽 버튼으로 클릭 〉 Select surface to create UV curves : 구를 클릭 〉 Enter 하면 그림과 같이 구의 면적에 대한 펼쳐진(unfold) 전개 라인이 추출된다. 이 전개 라인은 그림과 같이 y, x축의 기준점(0,0,0)을 중심으로 생성되게 된다.

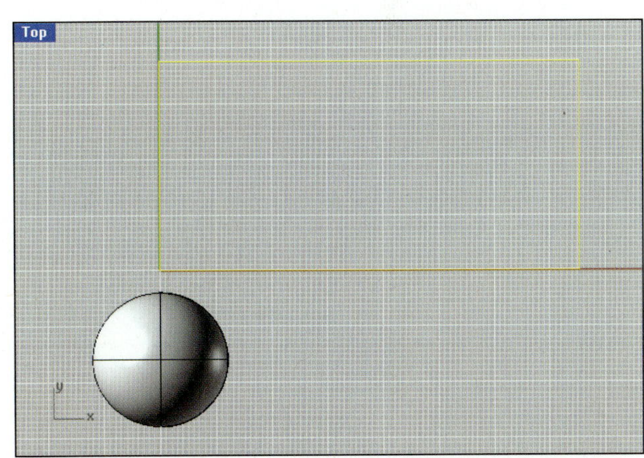

04_ Explode 명령으로 추출된 UV 커브를 폭파시켜준 후 1번 객체가 별도로 선택될 수 있게 해준다.

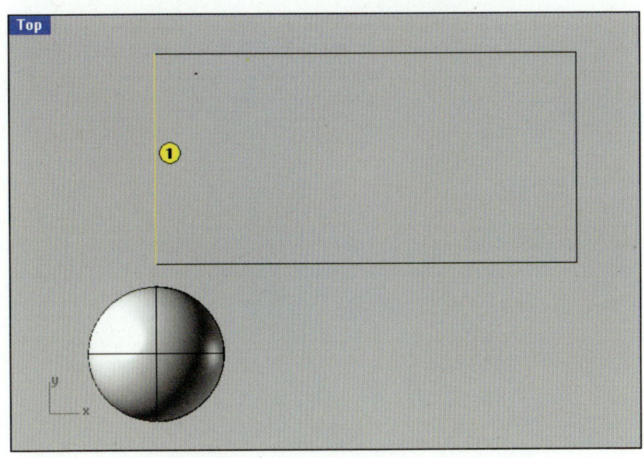

05_ Osnap에 End를 체크한 상태에서 1번 객체의 End 점에 ▫ Point를 배치한다. Array along Curve 아이콘 클릭 〉 Select object to array: Point 선택 〉 Enter 〉 Select path curve(Basepoint): 1번 객체 선택 〉 Array Along Curve Options 창이 뜨면 그림과 같이 설정(Method 〉 Number of items=8 , Orientation =Freeform)하고 [OK] 하면 총 8개의 포인트가 자동으로 균등 분할되어 배치된다.

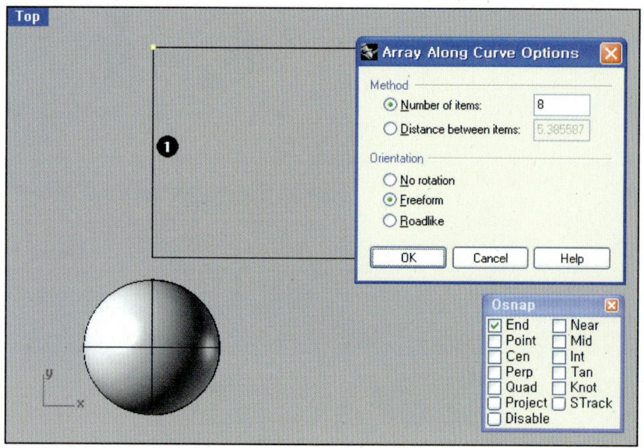

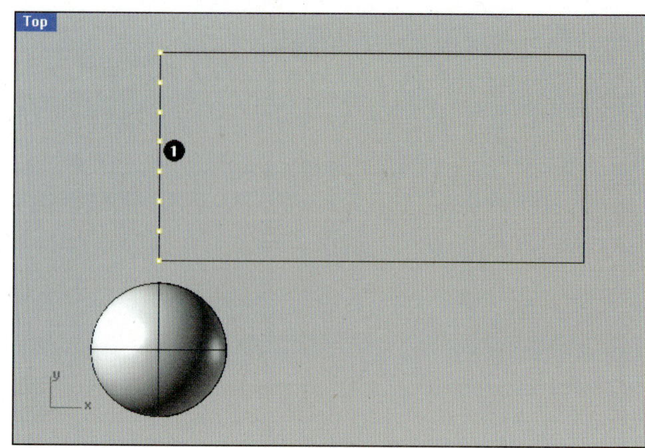

06_ 동일한 방법으로 맞은편 수직 라인 커브에도 총 8개의 포인트(Point)를 균등 배열한다.

07_ Osnap에 Point를 체크하고 그림과 같이 포인트에 일치하는 Line을 차례대로 총 7개를 그려준다. 만약 간격이 같지 않으면 구에 적용된 커브가 끊기게 되거나 불일치하게 된다.

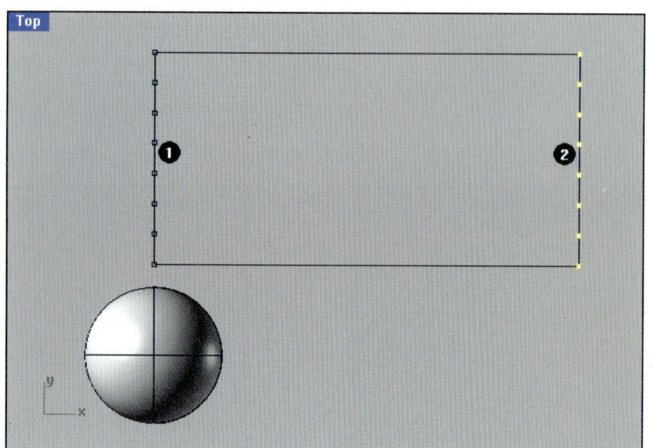

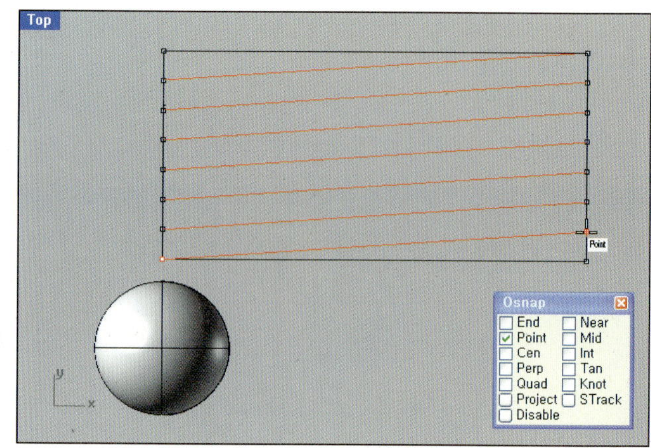

08_ Osnap에 Mid를 체크하고 그림과 같이 처음과 마지막 커브의 가운데에 Point를 찍어 커브를 Split 시켜준다.

09_ Split된 객체 중 해당 부위만을 지워준다.

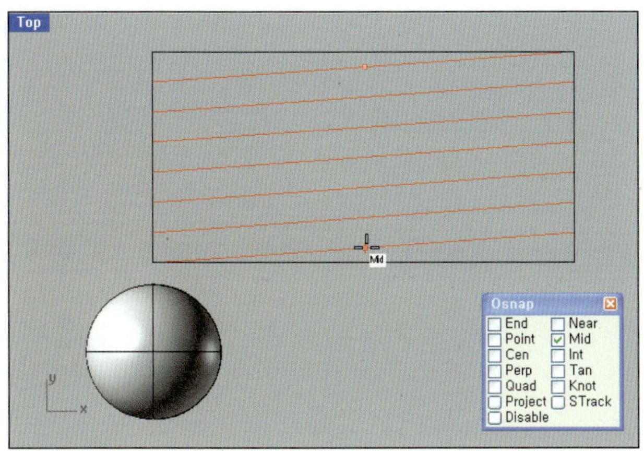

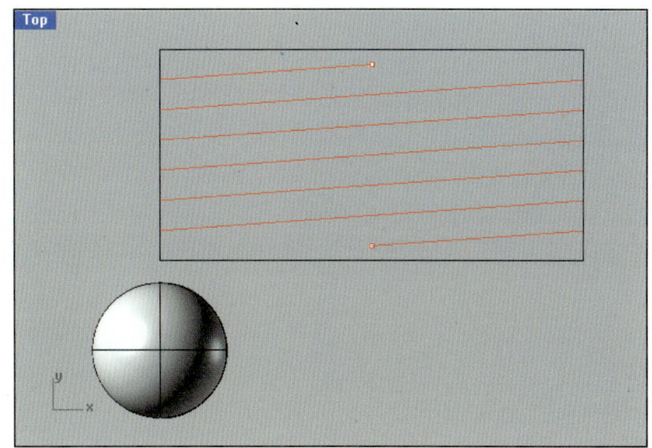

10_ Create UV Curves 아이콘을 마우스 오른쪽 버튼으로 클릭 〉 Select planar curves on world XY plane to apply to a surface: 구와 Point를 제외한 모든 커브들을 드래그 선택 〉 Enter 〉 Select surface to apply the planar curves to: 구를 선택하면 그림과 같이 UV 커브가 구에 입사된다.

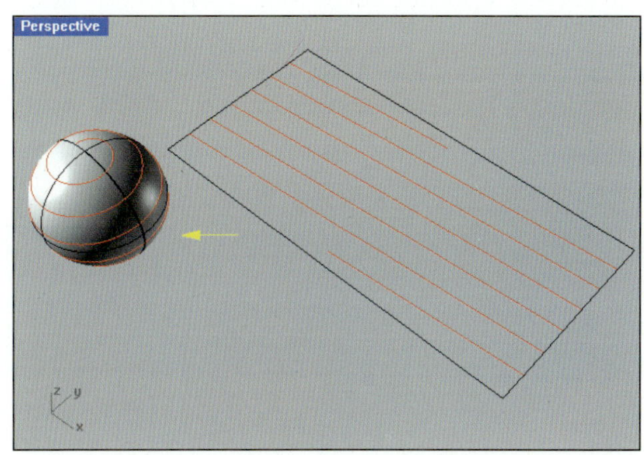

11_ 입사된 커브를 선택해 보면 구의 Seam이 겹치는 곳은 커브가 떨어져 입사되는 것을 볼 수 있는데 모두 선택하여 Join시켜준다.

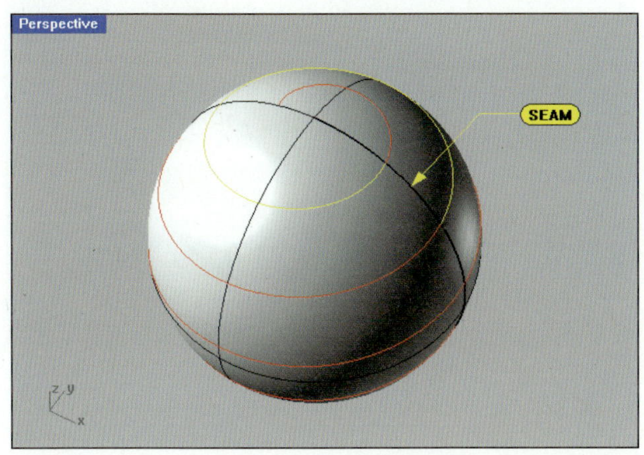

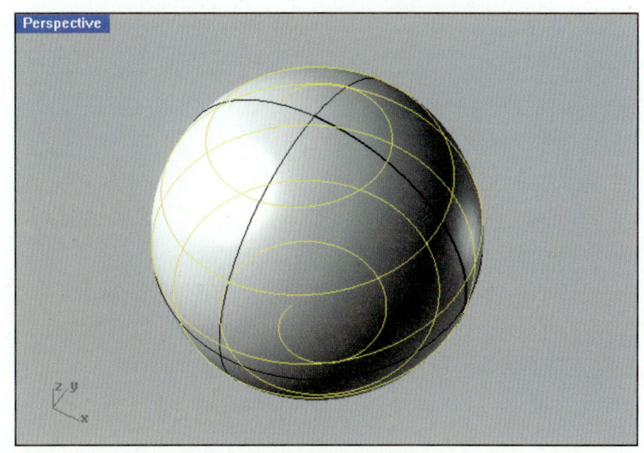

12_ 구를 잠시 숨겨준 후 Osnap에 Mid를 체크한 상태에서 Front View를 기준으로 그림과 같이 나선형 커브 Mid에 Point(총 5개)를 배치한다.

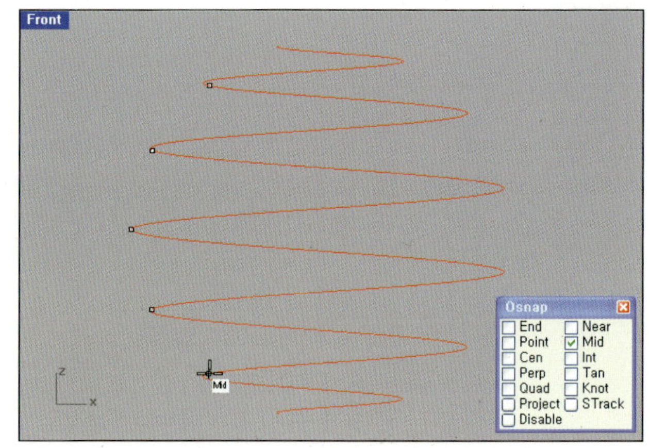

13_ 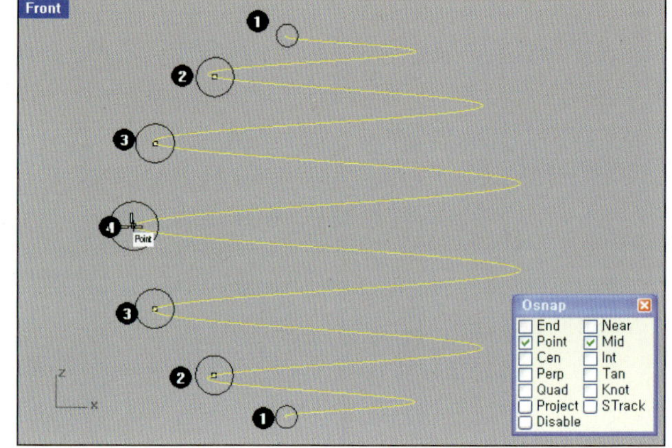 Pipe, Round Caps로 해당 Mid 포인트를 기준으로 반지름 값을 순차적으로 부여하여 그림과 같이 나선구조를 완성한다. 먼저 나선 커브 클릭 〉 1번 Start radius =0.7 〉 2번 Start radius =1.2 〉 3번 Start radius =1.2 〉 4번 Start radius =1.5 를 부여 〉 Enter 하면 입체형상의 나선 구조체가 만들어진다.

이 자체만 가지고도 다양한 모델을 제작할 수 있지만 여기서는 별도의 변형은 하지 않을 것이다.

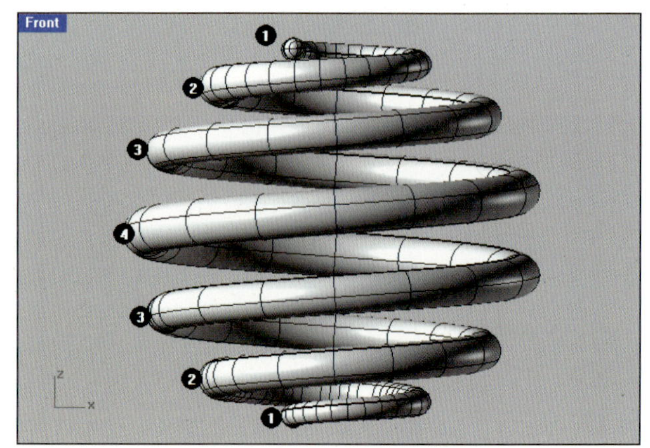

14_ 숨겨둔 구를 보이게 한 후 1번 객체 구를 2번 나선 구조체로 Boolean Difference 차집합해 준다.

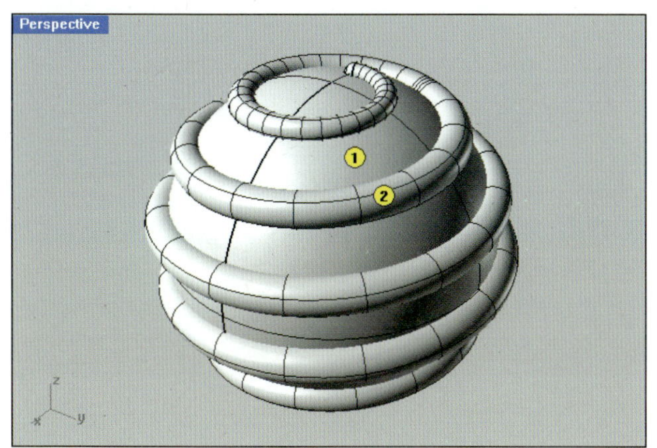

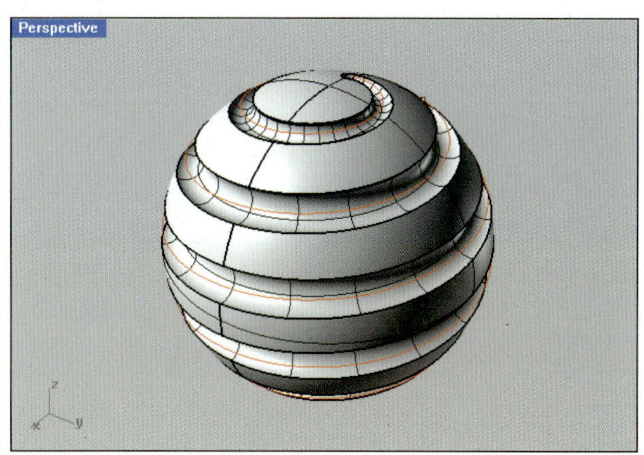

15_ Extract Surface로 파인 안쪽 면을 완전히 떼어내어 지워준다. 특히 미세하게 붙어 있을 수 있는 부분이 남아 있지 않도록 모두 떼어내어 지워준다.

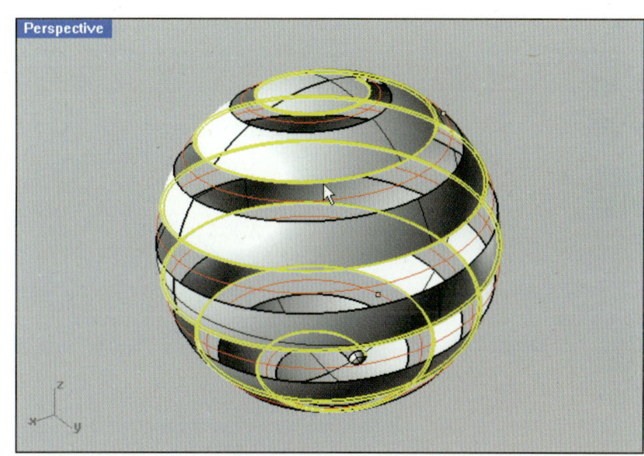

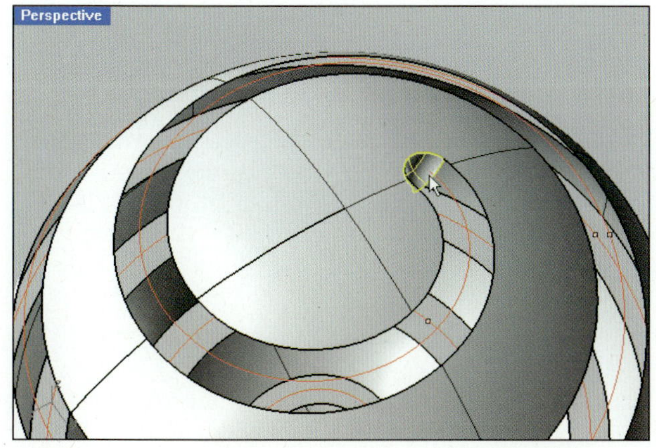

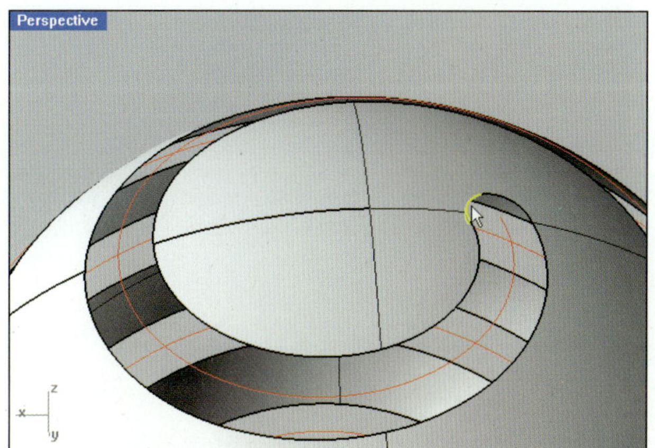

16_ 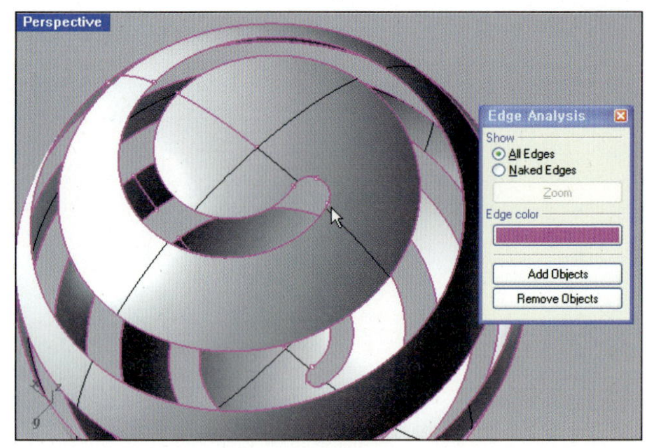 Show Edges로 객체의 모든 Egde를 보이게 한다.

17_ Split Edge/Merge Edge 아이콘을 마우스 오른쪽 버튼으로 클릭 〉 화살표 지점의 붉은 Edge 부위를 선택하고 Toggle 창이 뜨면 All을 클릭해서 불필요한 Edge를 지워준다.

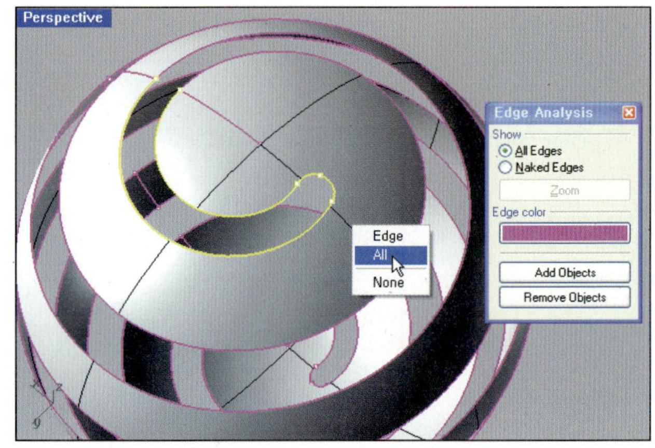

같은 방법으로 하단부의 Edge도 지워준다. 물론 Seam 부분의 Edge 포인트들은 지울 수 없다.

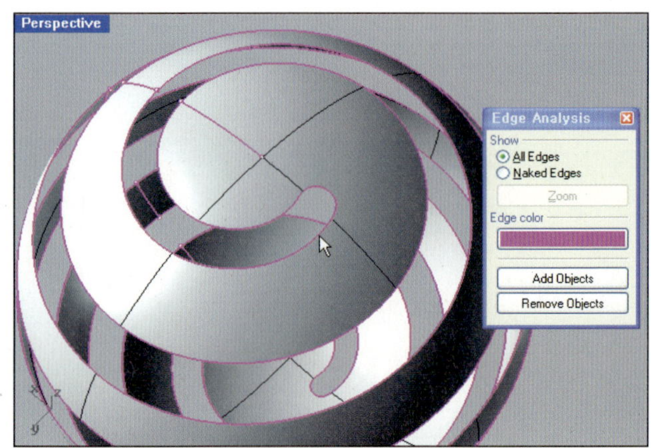

18_ 불필요한 Edge가 모두 정리되었다면 나선 구면 A 를 클릭하고 🔲 Analyze Direction을 체크하여 화살 표 방향(Surafce Normal)이 안쪽으로 향해 있는지를 확 인한다. 왜냐하면 안쪽으로 면을 옵셋하기 위한 준비이기 때문이다.

19_ 안쪽으로 옵셋해 주기 위하여 🔵 Offset Surface 아이콘을 클릭 〉 Select surface or polysurface to offset: 구 면 클릭 〉 Enter 〉 Offset distance〈 〉(FlipAll Solid Loose Tolerance=0.001 BothSides): Solid 옵션 클릭 〉 Offset distance=1.5mm 〉 Enter 하면 그림과 같이 안쪽으로 솔리드 두께가 생성된다. 하지만 이렇게 한다면 Seam이 존재했던 곳은 모두 독립적인 솔리드 객체로 그림과 같이 생성되어 문제가 발생한다.

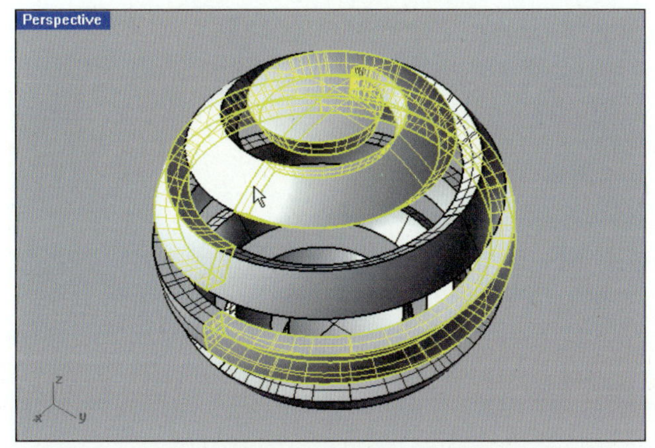

물론 이럴 때 미리 Solid 옵션을 체크하지 않고 면을 옵셋하여 면의 Edge 커브를 추출하여 Sweep 2Rails로 처리하는 경우가 일반적이다. 하지만 여기서는 독립된 객체의 닫힌 부분을 떼어내어 지워주고 객체를 Join하여 하나의 연결된 솔리드로 만들어 본다.

20_ 우선 Perspective View에서 그림과 같이 Seam 포인트 부분만을 잘 보이도록 구도를 잡아 주고 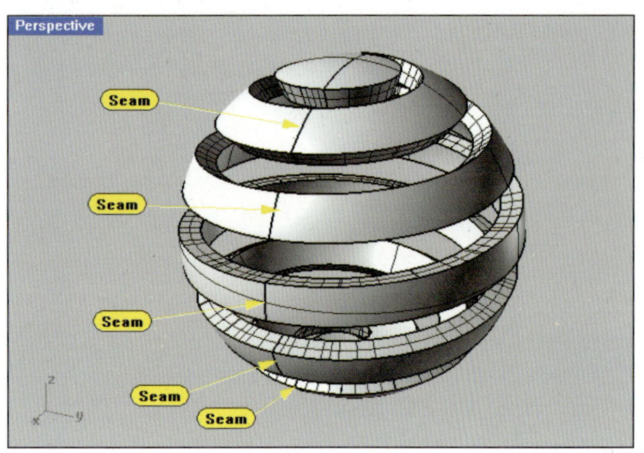 Extract Surface로 아이콘을 클릭 후 그림과 같은 Seam 지역을 모두 포함하도록 드래그 〉 Enter 하면 안쪽 면들이 자동으로 떼어내어지면 바로 지워준다.

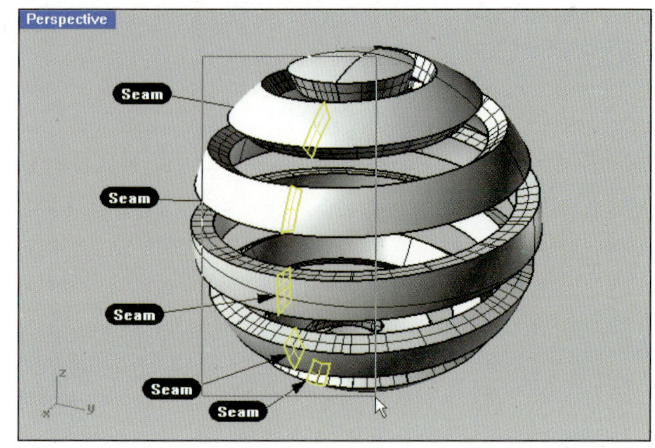

21_ 이제 객체를 모두 선택하여 Join 시켜준다. 이제 하나의 솔리드가 되었다.

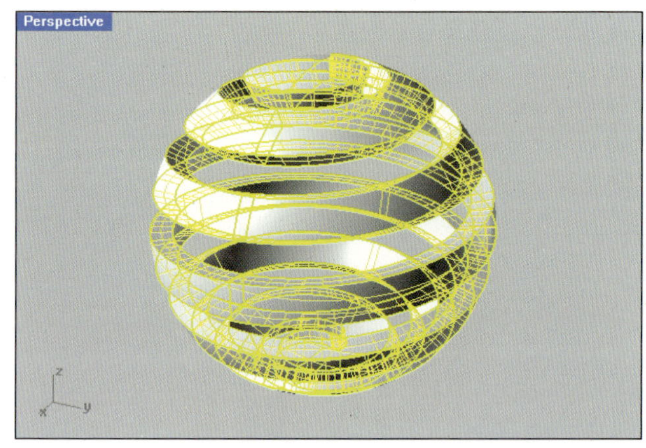

22_ Duplicate Edge 툴로 그림과 같이 솔리드의 Edge에서 Edge 커브를 추출하고 분리되어 추출된 커브들은 모두 Join 시켜준다.

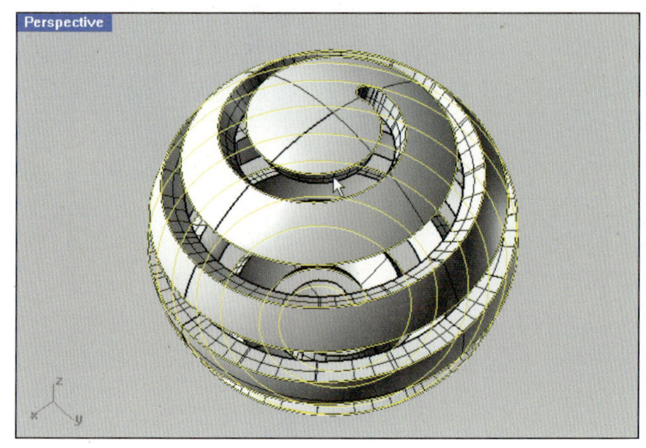

23_ Pipe, Flat caps로 추출된 커브를 따라가는 파이프를 만들어 준다. 반지름=0.25mm를 부여한다. 이 때 구 상단부의 파이프가 미세하게 꼬이거나 울퉁불퉁하게 나오면 옵션 중 ShapeBlending=Global에 설정하면 깨끗한 파이프가 생성된다.

24_ 전제적인 형태가 완성되었기에 보석 배열을 위한 준비작업을 수행해 본다. 앞서 만들어진 파이프는 잠시 숨겨주고 Extract Surface로 객체의 해당 면 A를 모두 떼어낸다. Seam(이음새)부분 때문에 각각 분리되어 떨어질 것이다. 분리되지 않도록 떼어낸 A면들을 그룹시켜준다.

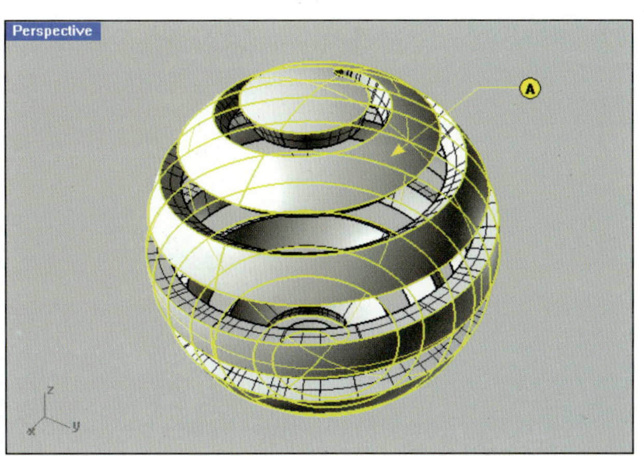

25_ 그룹된 A면만을 선택한 상태에서 Invert Selection and Hide Objects 버튼을 클릭하면 A면만 남고 나머지 객체들이 모두 숨겨지게 된다. 그룹을 풀어주고 모두 Join 한다.

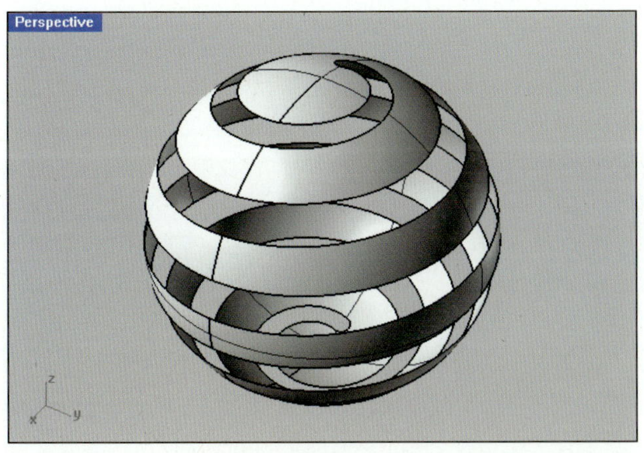

26_ Duplicate Border 명령으로 Join된 A면으로부터 Edge Curve를 추출한다.

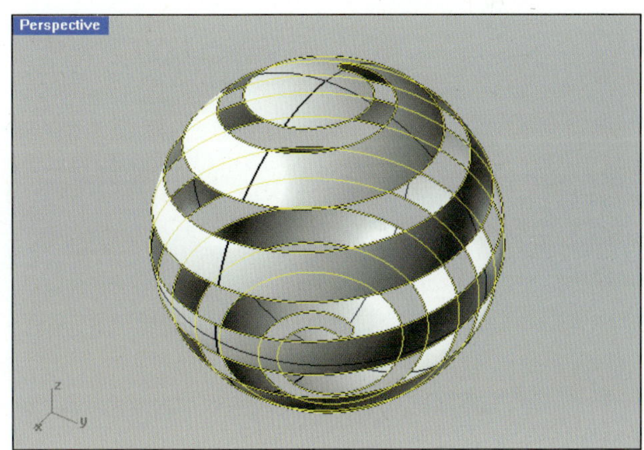

27_ 추출된 선과 면을 모두 선택하여 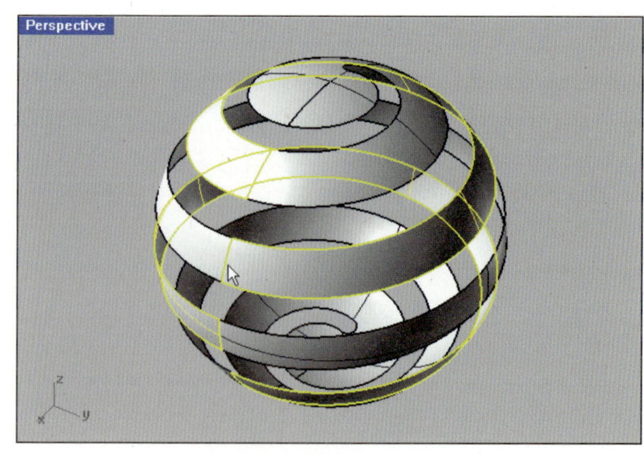 Explode 시켜준다. 이렇게 되면 Seam 부분의 면과 선이 모두 분할되게 된다.

28_ A면만을 선택하여 지워준다. 다음 Sweep 2 Rails 명령으로 그림과 같이 지운 면을 다시 만들어 준다.

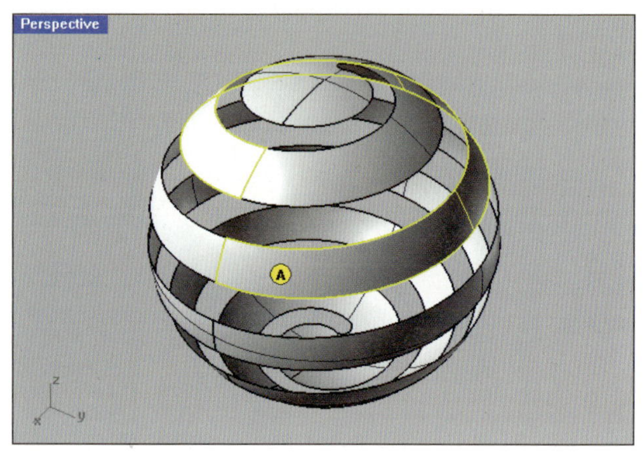
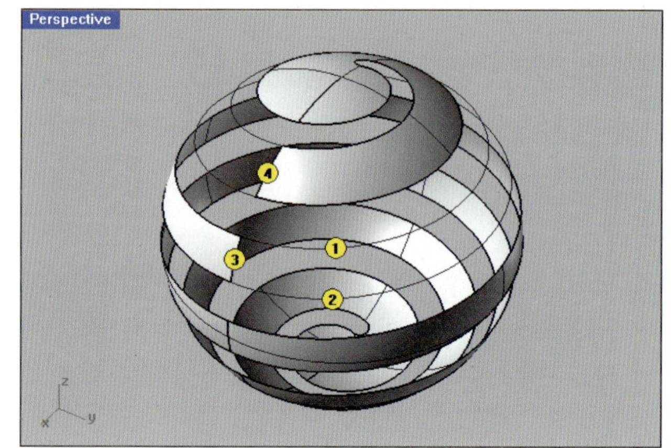

Sweep 2 Rails 명령 실행 중 나타나는 Sweep 2 Rail Options는 그림과 같이 설정하고 [OK] 한다. Sweep 2 Rails 명령을 실행하는 이유는 면으로부터 보석 배열선이 될 아이소커브(Isocurve) 추출을 하기 위해서이다.

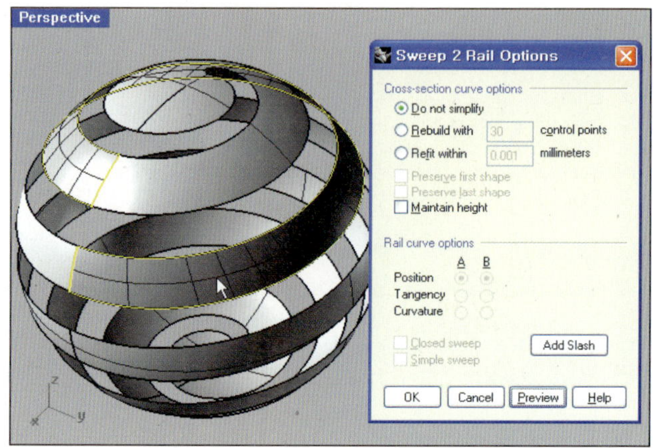

29_ 같은 방법으로 B, C, D면도 Sweep 2 Rails 명령을 실행하여 면을 만들어 준다. 특히 B를 제작시 C면의 Edge에 Sweep 2 Rails 명령시 면의 생성에 문제가 생길 수 있는 Show Edges > Edge가 존재하는데 이는 앞서 기술된 Split Edge/Merge Edge로 제거 후 실행하면 문제 없다.

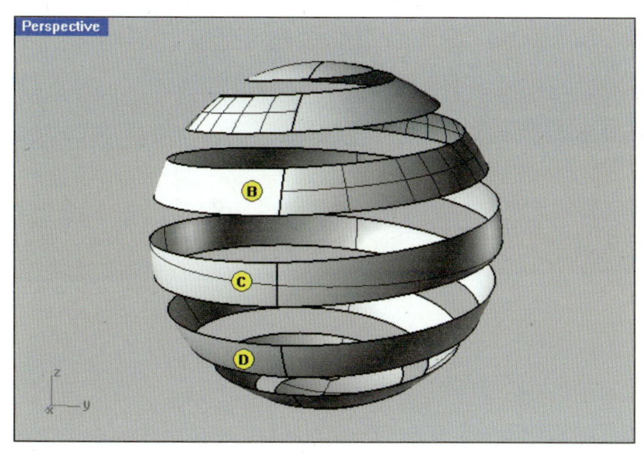

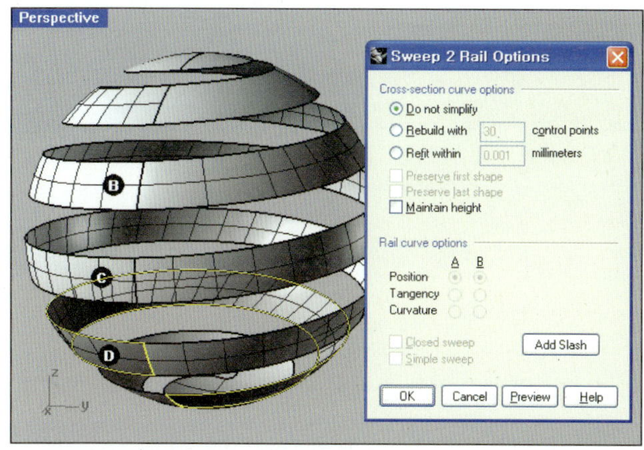

30_ Sweep 2 Rails 된 A, B, C, D 면을 모두 Join한 후 Extract Wireframe 추출툴로 해당 면들의 모든 아이소커브를 모두 추출한다. 다음 가운데 아이소커브만 선택하여 그림과 같이 서로 Join 해 준다.

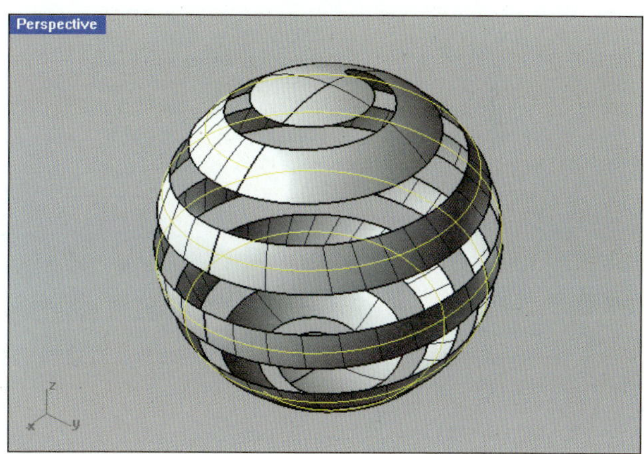

31_ 다음 상단의 1번 면에 보석 배열을 위한 경로는 Interpolate on Surface 명령으로 면에 직접 그려준다. 단 좀전에 만들어진 경로 커브에 끝점(End)을 반드시 일치시켜 시작해 주어야 하나의 흐름곡선이 완성된다.

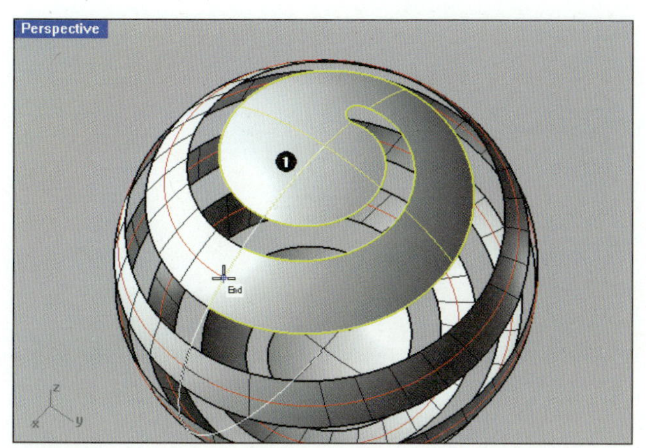

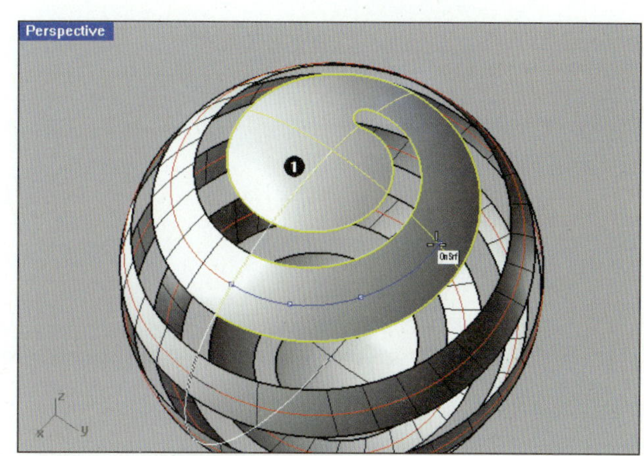

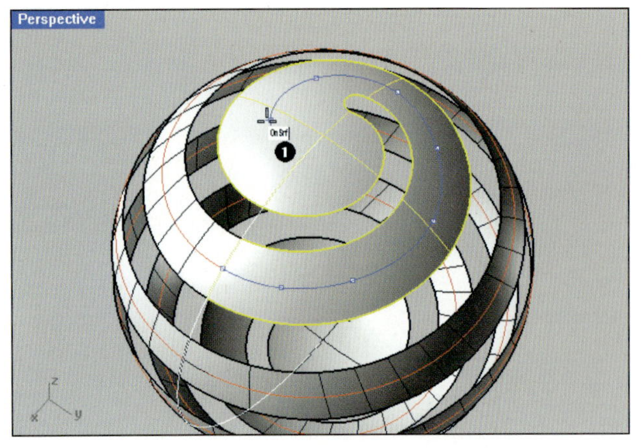

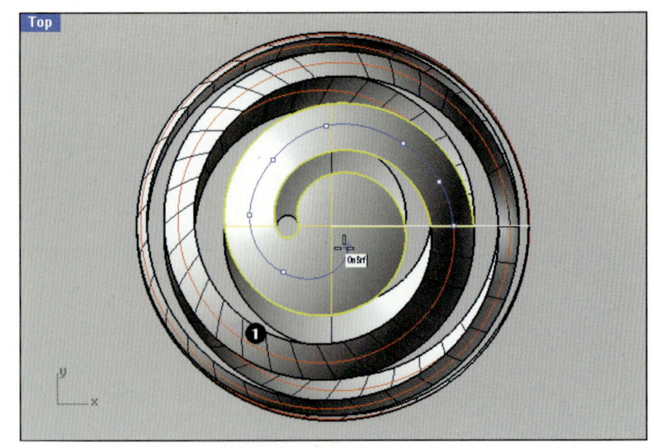

32_ 1번과 2번 커브를 서로 Join해준다. 같은 방법으로 하단부도 완성한다.

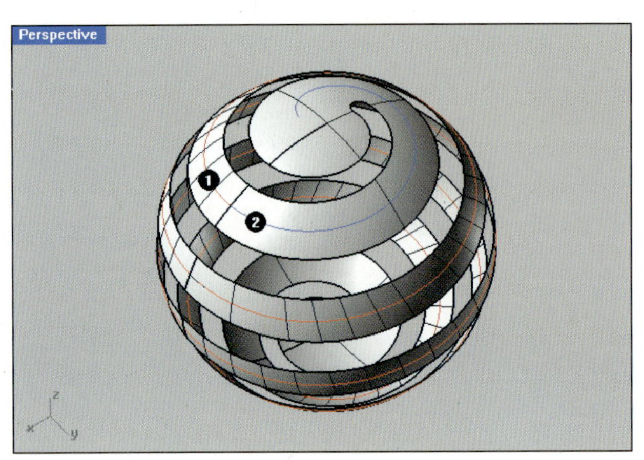

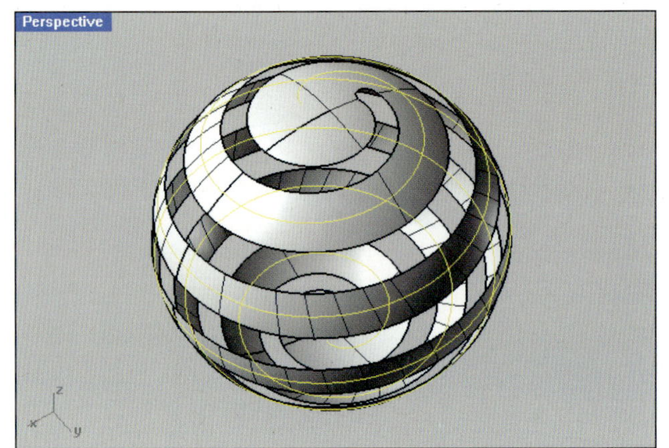

33_ 이제 보석 배열을 위한 준비를 한다. TechGems 4.1(4.2)-mm-en 메인 메뉴 〉 Round Cuts 아이콘 마우스 오른쪽 버튼 클릭 〉 Gem Size 대화창에 그림과 같이 보석의 크기 기입(A=2.40, B=2.40, C=1.3) 〉 [OK] 한다. 다음 4개의 난발도 함께 만들어 준다. 만약 보석이 없다면 부록 CD 〉 보석샘플 〉 GEM-15를 난발과 같이 불러와 사용한다.

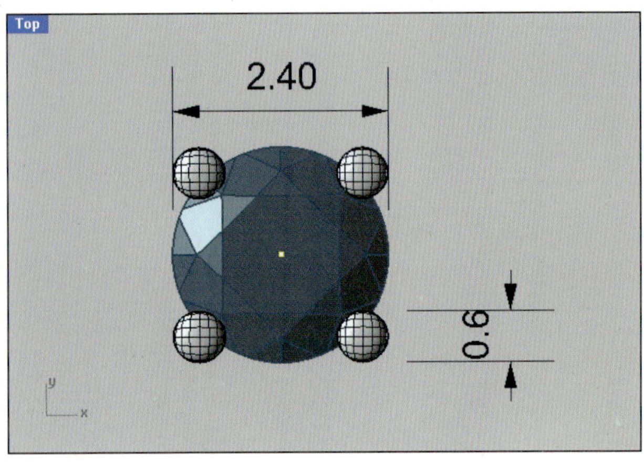

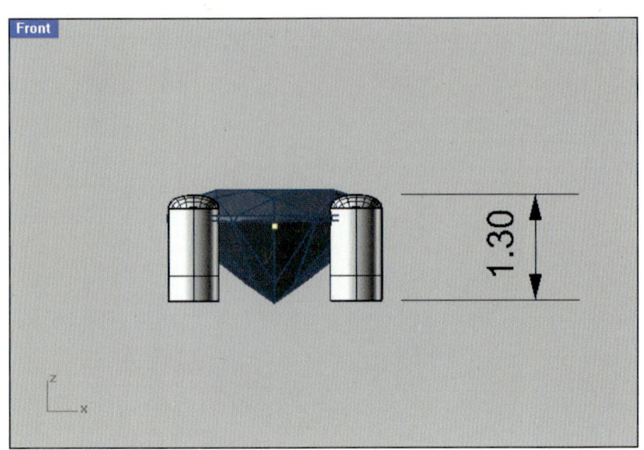

34_ Front View에서 구멍을 파기 위한 Drill의 단면 커브(1번 객체)를 그림과 같은 크기로 그려준 후 Revolve 시켜준다. 마찬가지로 객체의 중심에 Volume Centroid를 이용하여 Point(붉은색 포인트 참조)를 배치한다. 위치는 그림과 같다.

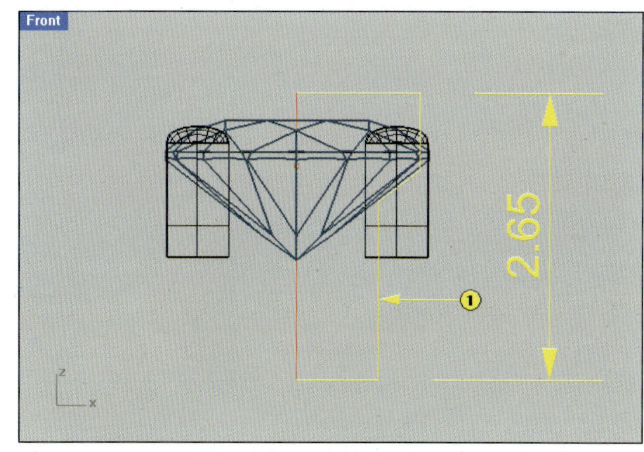

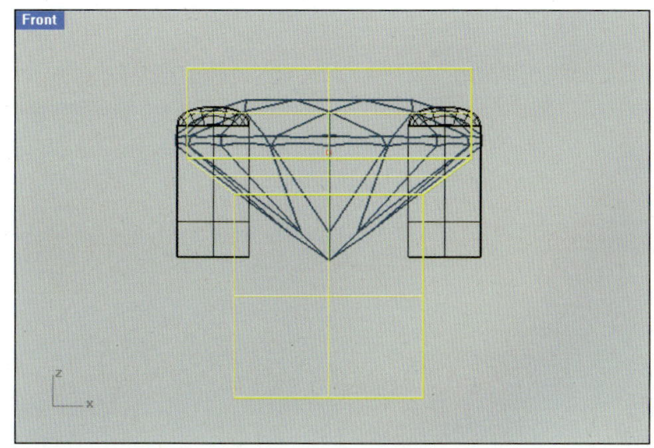

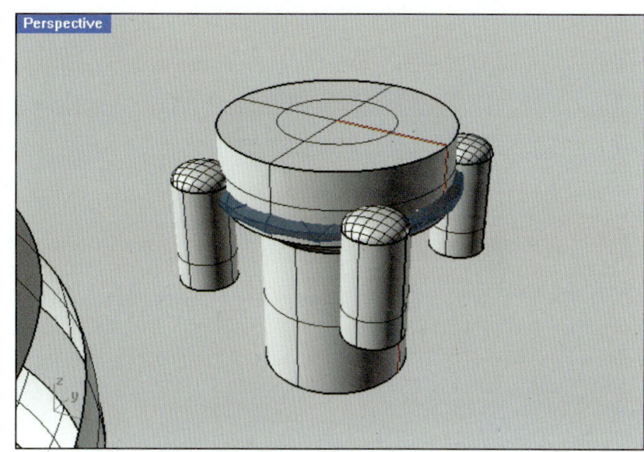

35_ Array along Curve on Surface 아이콘 클릭 〉 Select object to array: Top View에서 Drill 객체 클릭 〉 Top View 화면에서 Enter 〉 Base point : Top View에서 적색 포인트를 클릭한다.

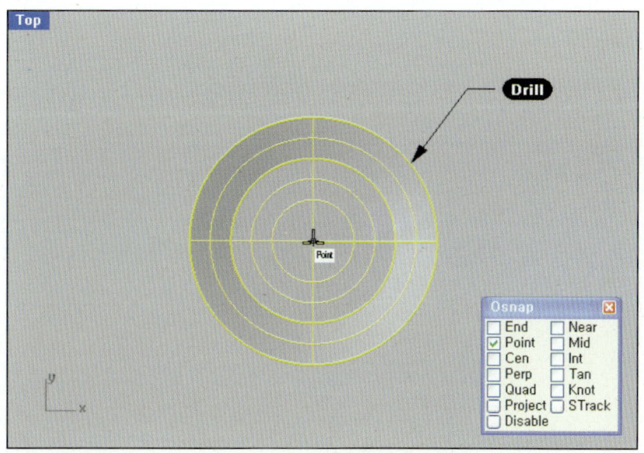

Select a curve on a surface: 1번 나선 커브 클릭 〉 Select the surface: 2번 면 클릭 〉 Position object or distance from last(Divide Multiple): Divide 옵션 클릭 〉 Number of objects〈 〉: 130 입력 〉 Enter 하면 그림과 같이 Drill이 배열된다.

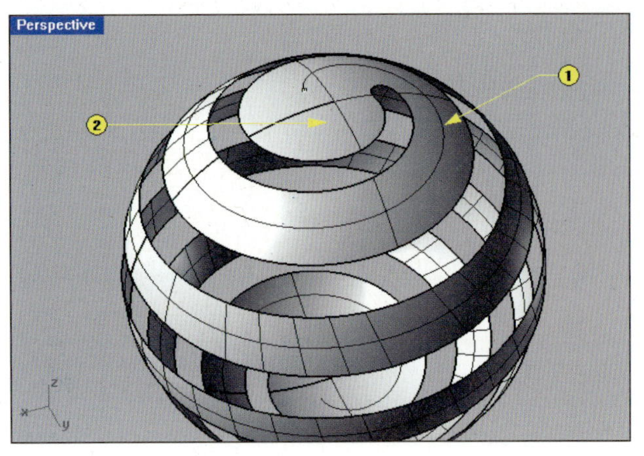
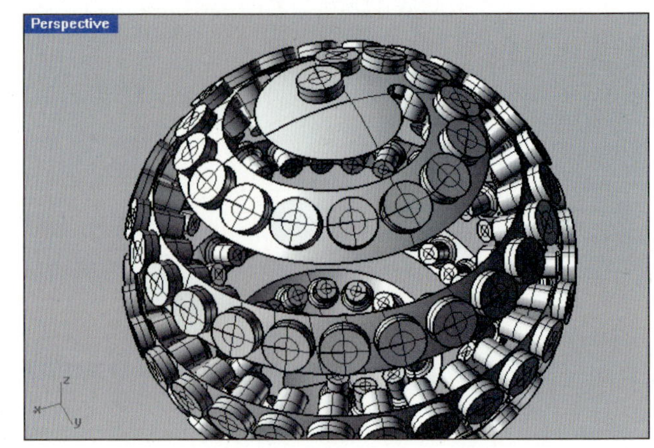

36_ 이제 앞서 숨겨둔 안쪽 면을 보이게 한 후 안쪽 면 (객체 3번)과 윗면을 서로 Join 시켜 솔리드로 만들어 준다.

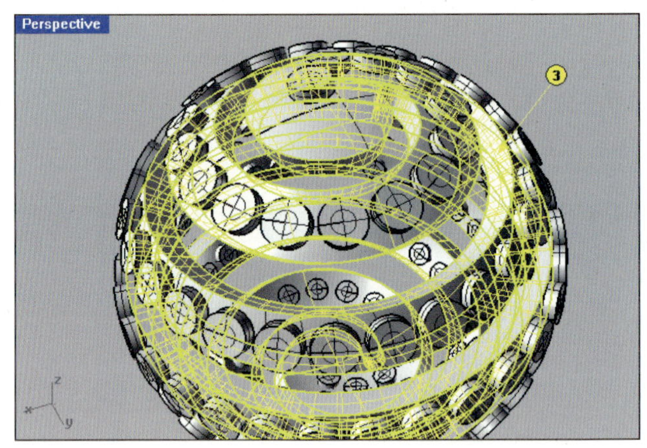

37_ Boolean Difference 명령으로 몸체를 Drill 로 모두 차집합시켜 구멍을 파준다. 단 제일 첫 번째 Drill 과 제일 마지막 Drill은 구멍을 파지 말고 지워준다.

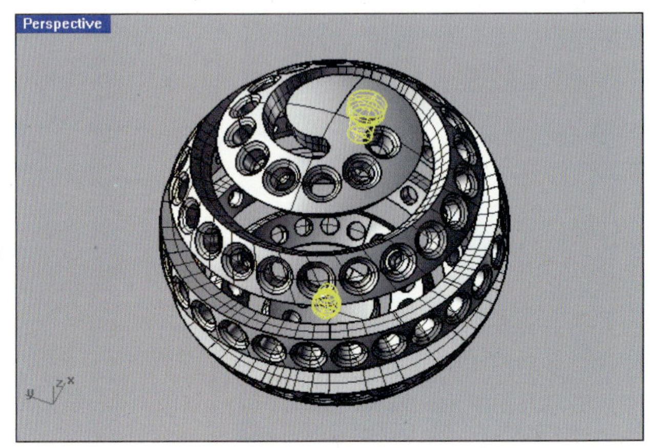

38_ Cylinder 명령으로 Top View에서 직경 3mm의 실린더를 그림과 같은 위치에 그려준다. 구멍을 뚫을 수 있도록 관통해 준다.

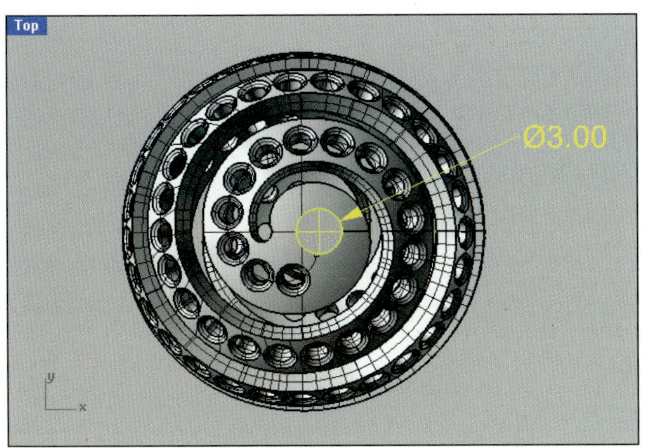

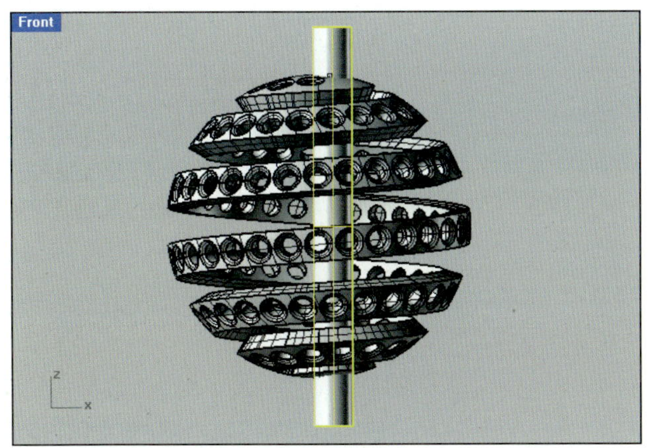

39_ Boolean Difference 명령으로 나선 객체를 실린더로 차집합 해준다.

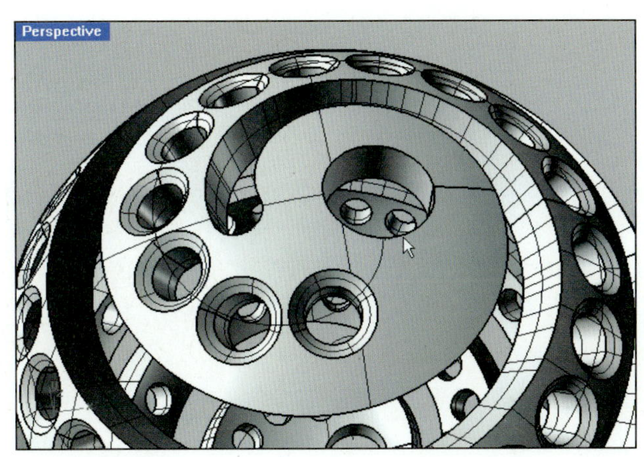

40_ Pipe, Flat caps 명령으로 객체의 Edge를 선택하거나 Edge를 추출하여 지름 0.3mm의 파이프를 완성한다. 이곳은 줄(Chain)이 들어갈 부분이다. 하단부도 같은 작업을 반복해 준다.

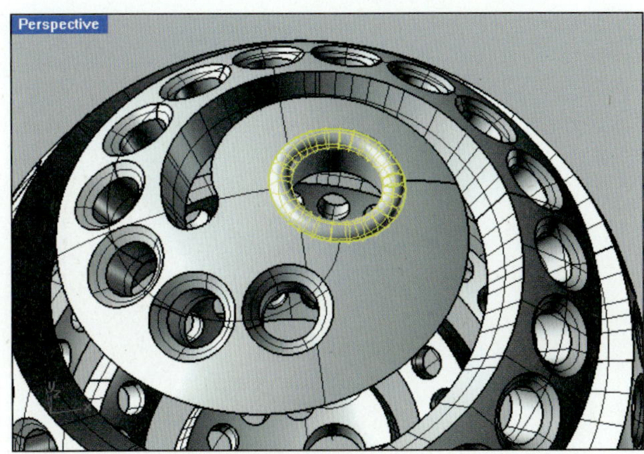

41_ 숨겨 두었던 나선형 테두리 파이프도 보이게 한다.
이제 마지막으로 보석과 난집만을 배열한다.

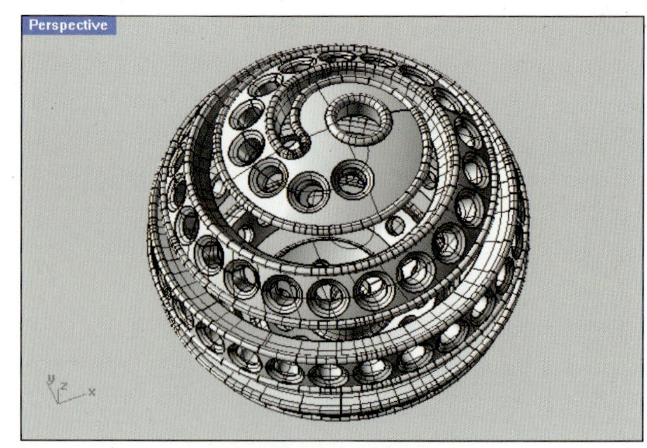

42_ 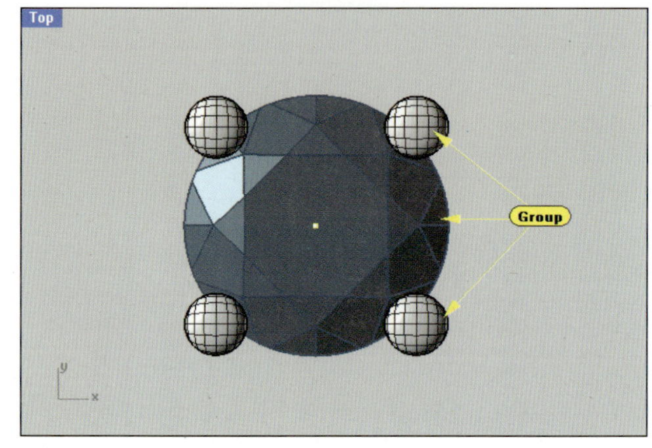 **Array along Curve on Surface** 아이콘
클릭 〉 Select object to array: Top View에서 보석과 난
집 그룹 클릭 〉 Top View 화면에서 Enter 〉 Base point
: Top View에서 노란색 포인트를 클릭한다.

Select a curve on a surface: 1번 나선 커브 클릭 〉
Select the surface: 2번 면 클릭 〉 Position object or
distance from last(Divide Multiple): Divide 옵션 클릭
〉 Number of objects〈 〉: 130 입력 〉 Enter 하면 그림과
같이 보석과 난집이 배열된다.

배열된 난집과 보석 중 제일 첫번째와 제일 마지막 객체
를 지워준다.

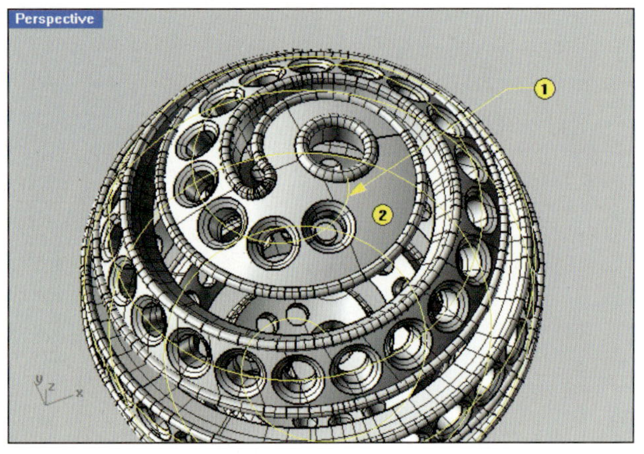

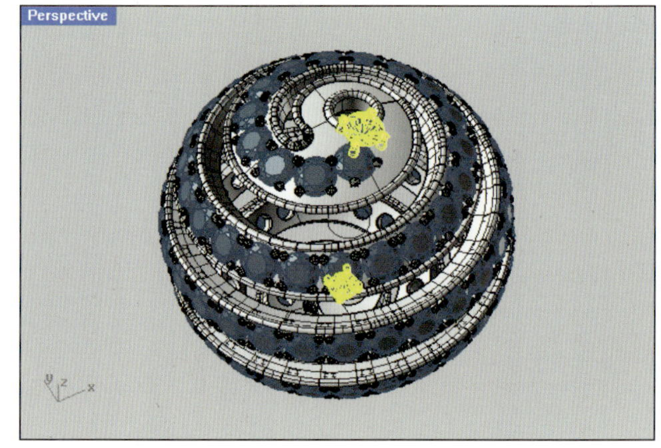

43_ 펜던트의 줄(Chain)과 연출은 작업자가 자유롭게 제작해 본다. Shade 명령으로 UV 명령을 응용 Helix 펜던트의 최종 모습을 확인해 본다. 기타 작업은 생략한다.

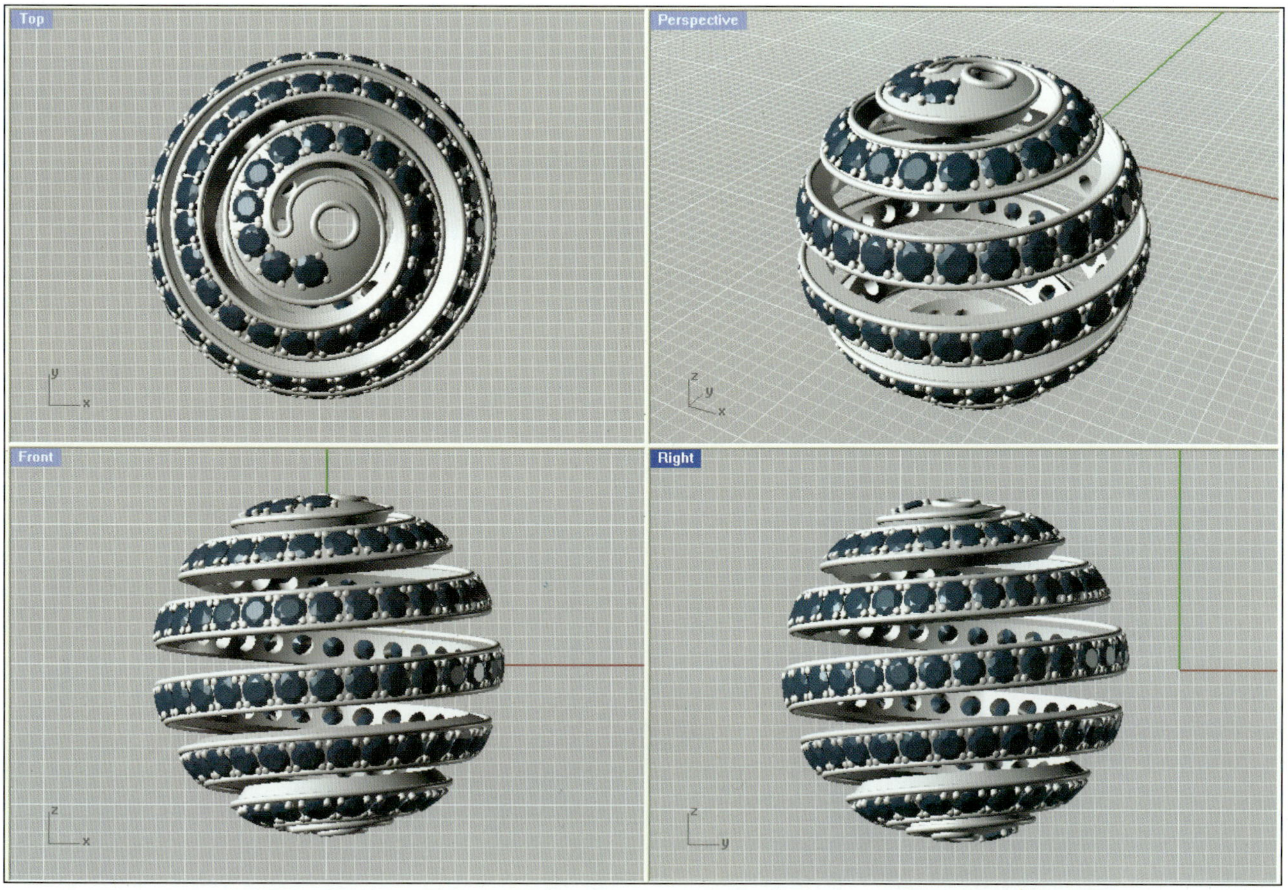

44_ 최종 연출 모습을 Render 명령으로 확인해 본다.

Chapter 13

십자가 펜던트 만들기

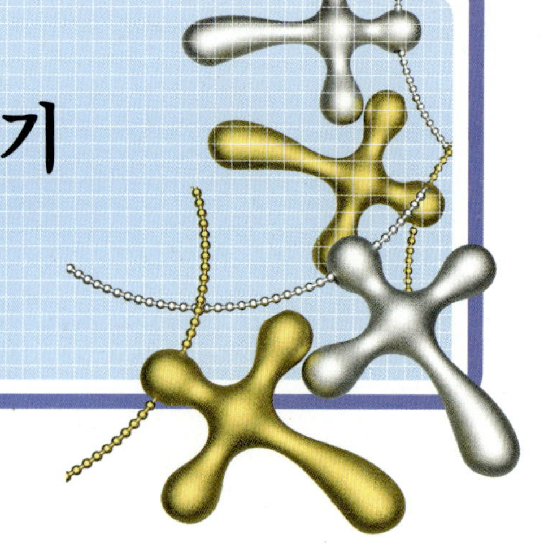

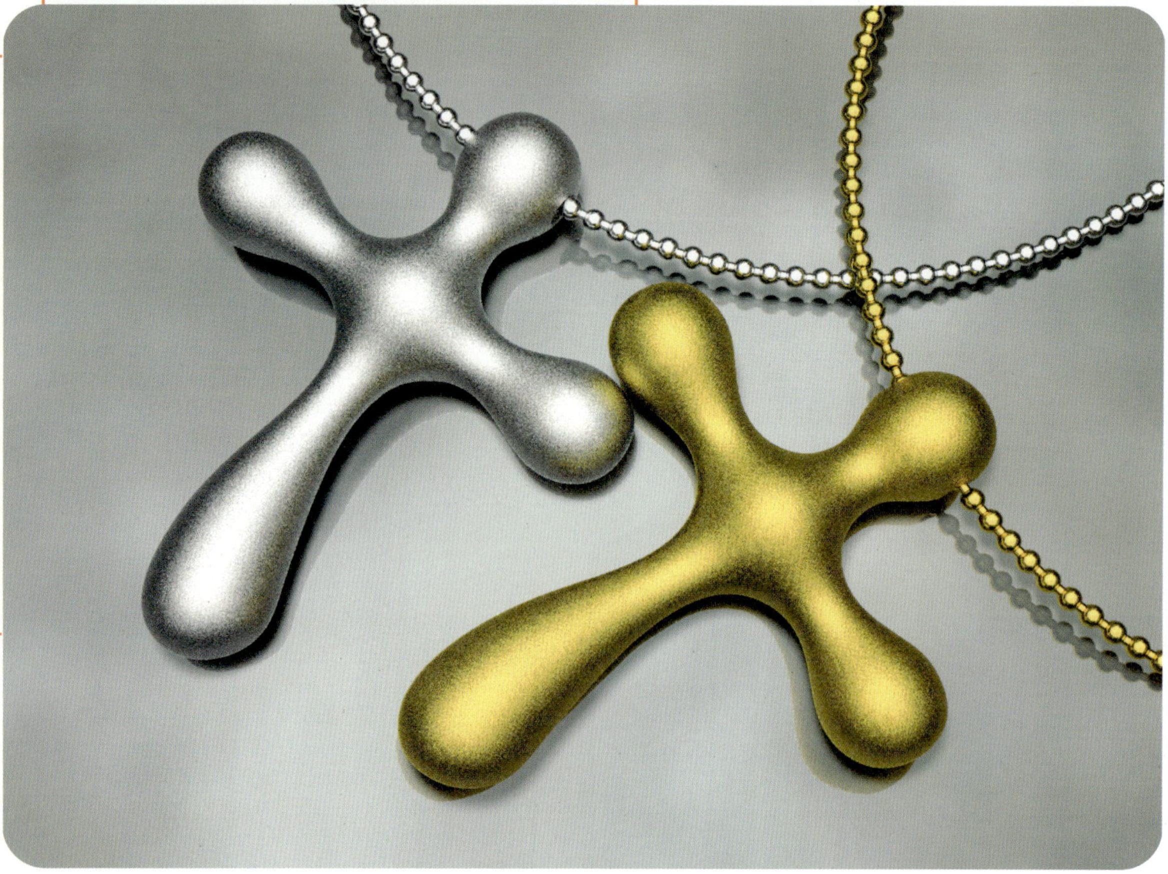

따라해 보세요 !

01_ Line:from Midpoint로 좌표 중심(0,0,0)에서 시작하는 총 길이 30mm의 중심선을 그어준다.

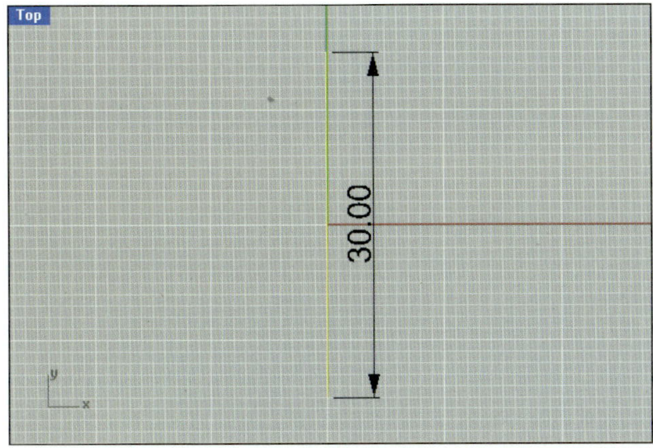

02_ Curve:Interpolate Points로 End 점에 일치하는 1번 반쪽 십자 모양 드로잉을 해준다. Osnap에 End를 참고 진행한다.

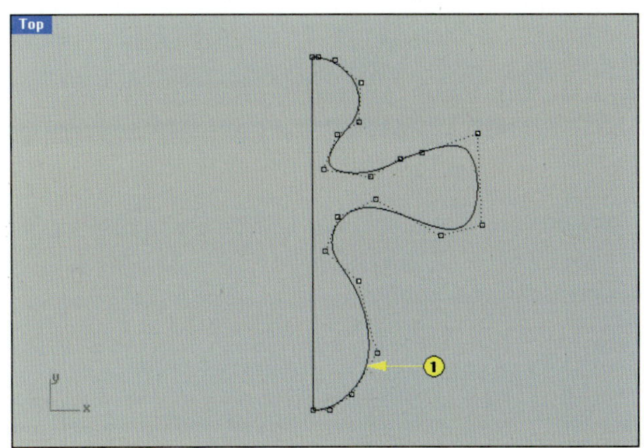

03_ 1번 객체를 선택한 상태에서 화면 하단 상태라인 〉 Record History 를 클릭하여 활성상태로 만든 후 Record History 를 마우스 우측 버튼으로 클릭 〉 ✔ Update Children 에 체크해 준다.

04_ 연이어 Mirror 명령으로 1번 커브를 대칭 복사한다.

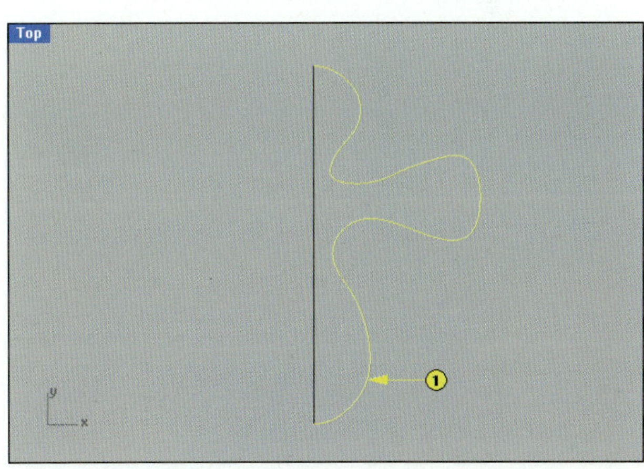

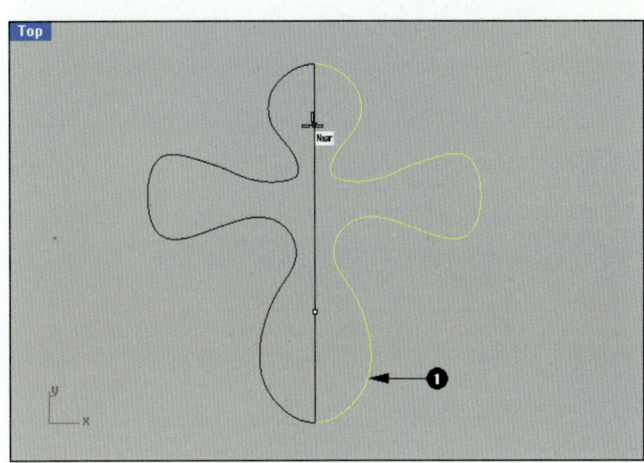

05_ 1번 커브를 선택 〉 Control Points On시켜 제어점을 움직이면 맞은편 대칭 커브가 동시에 움직여 편집이 된다. 이렇게 History 명령을 작동시키면 Mirror Copy된 객체를 대칭 상태를 보아가며 동시 편집이 가능해 진다.

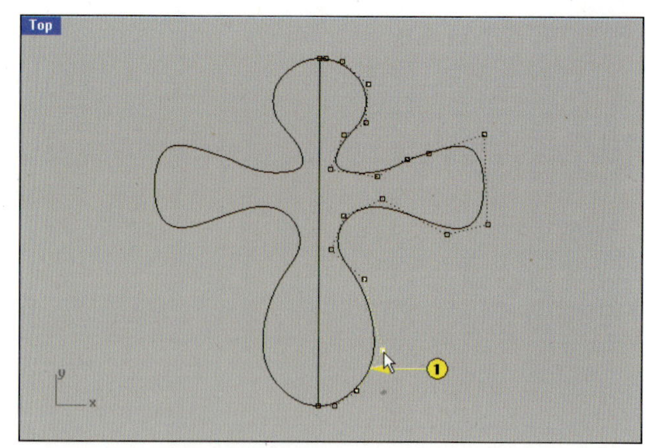

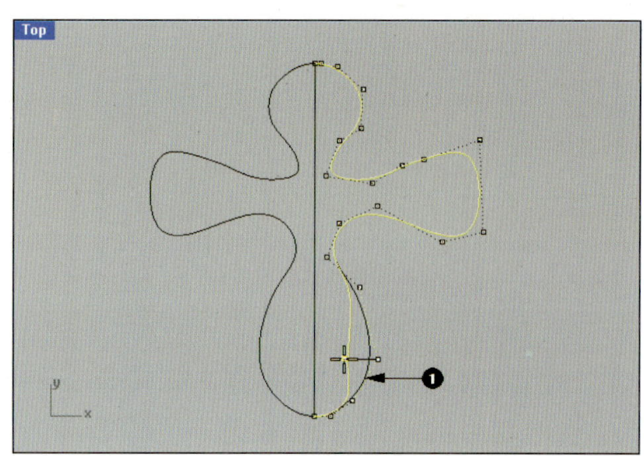

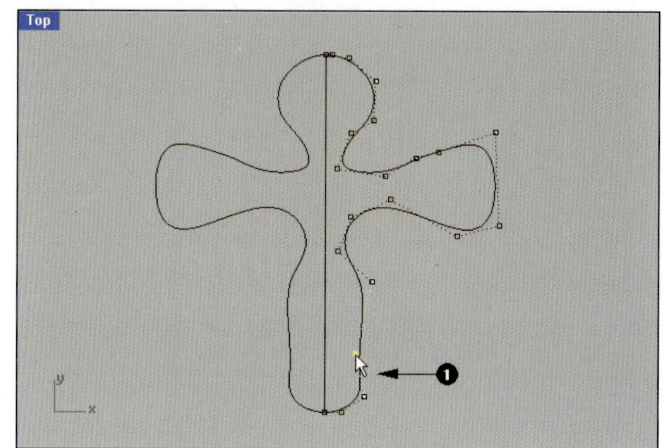

06_ 십자가 드로잉 수정이 모두 완료되면 Record History 를 마우스 우측 버튼으로 클릭 〉 Update Children 에 체크를 해제한다. 이렇게 하면 History 기능은 해제된다. History 기능은 컴퓨터에 부하를 줄이기 위해서라도 필요할 때만 사용하는 것이 좋다.

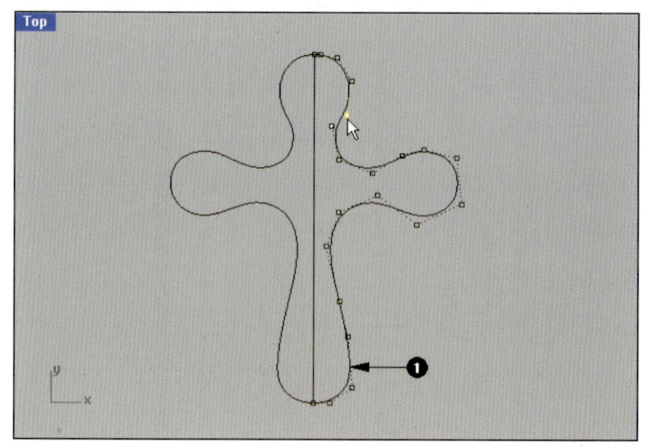

07_ Match Curve를 이용하여 1번과 2번 접선 부위를 Match Curve시켜 준다. Match Curve 옵션 설정은 Continuity=Tangency, Preserve other end=Position, Average curve에 체크하고 [OK] 한다.

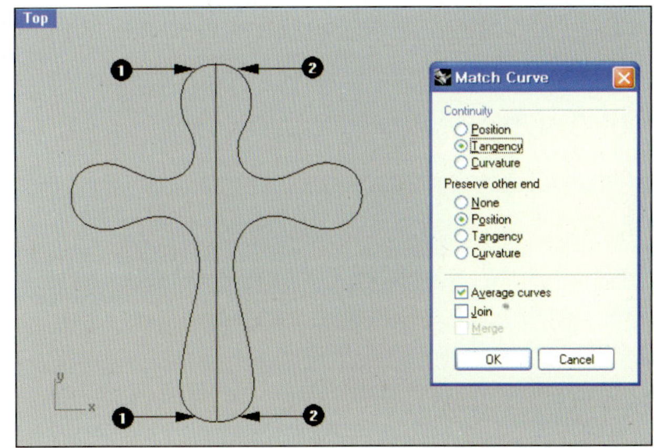

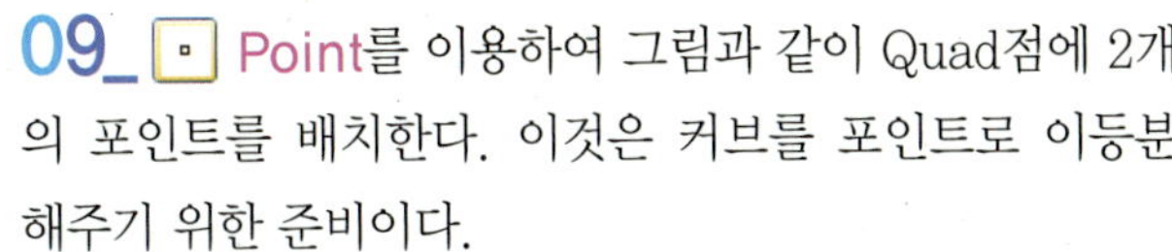

08_ Rectangle:Center, Corner로 중심선을 Near로 잡은 상태에서 그림과 같이 그려준다.

09_ Point를 이용하여 그림과 같이 Quad점에 2개의 포인트를 배치한다. 이것은 커브를 포인트로 이등분 해주기 위한 준비이다.

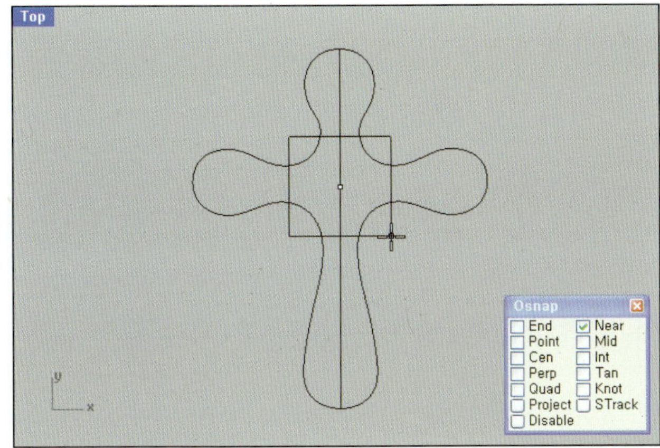

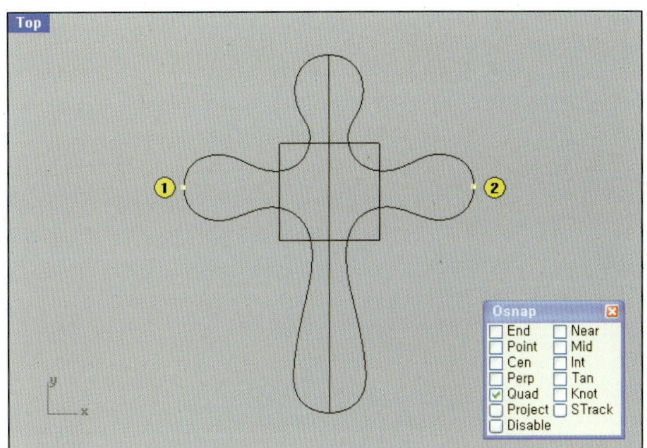

10_ Split으로 A, B커브를 1, 2, 3번 객체를 이용하여 모두 잘라준다.

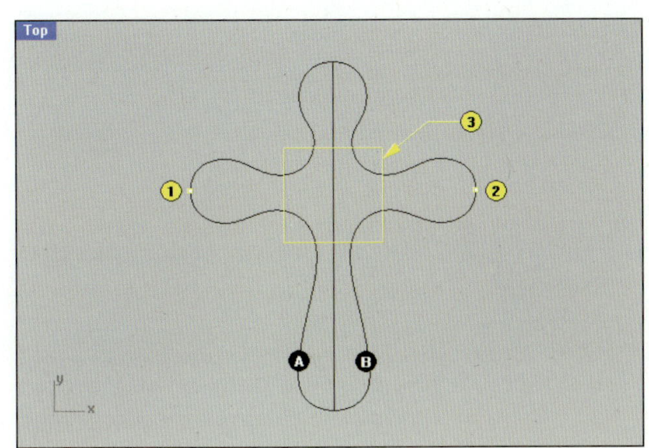

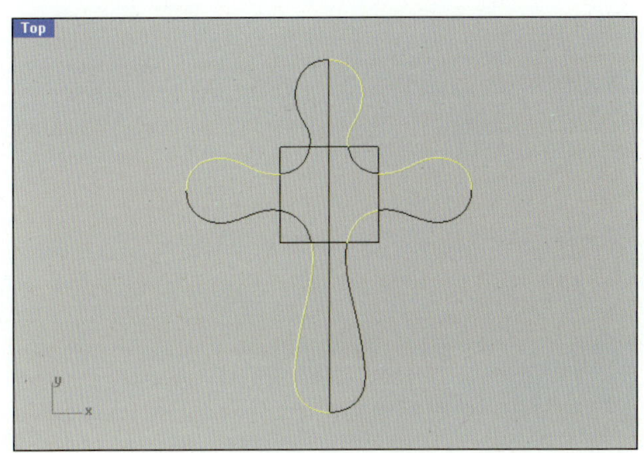

11_ Point를 이용하여 그림과 같이 End점 또는 Int 점을 기준으로 Point를 배치한다. 이것은 단면 호(Arc)를 그리기 위한 기준점이 된다.

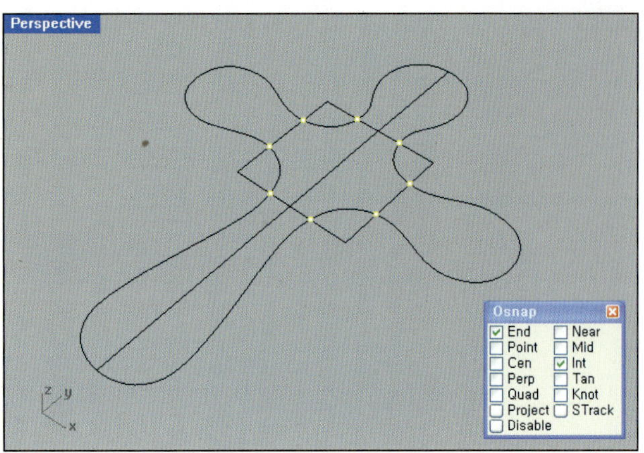

12_ Arc:Start, End, Radius 명령으로 해당 포인트를 기점으로 하는 4개의 반원을 그려준다.

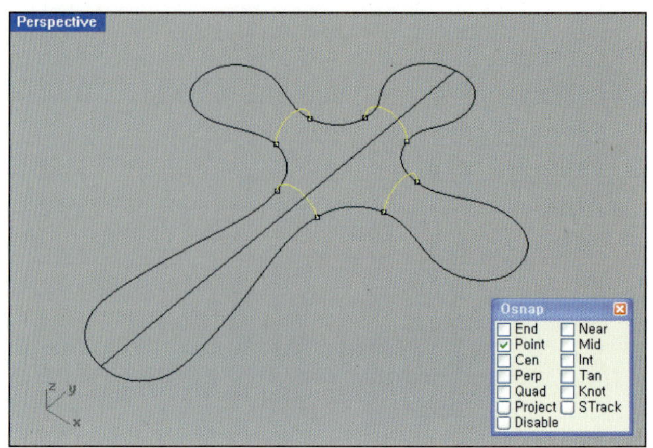

13_ Sweep 2 Rails 명령으로 번호 순서대로 클릭하여 면을 만들어 준다.

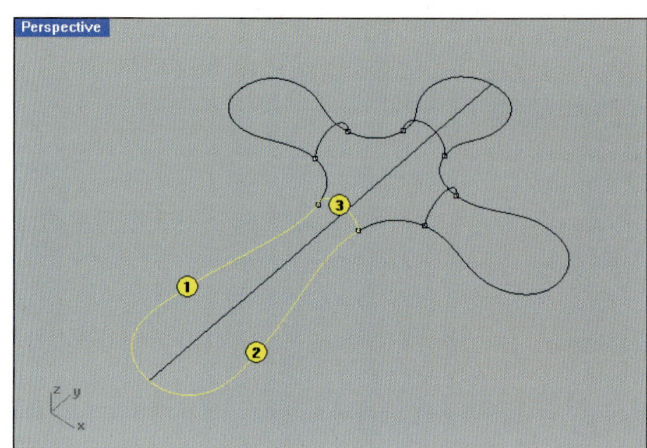

명령 실행 도중 나타나는 Sweep 2 Rail Options은 그림과 같이 모두 설정한다.

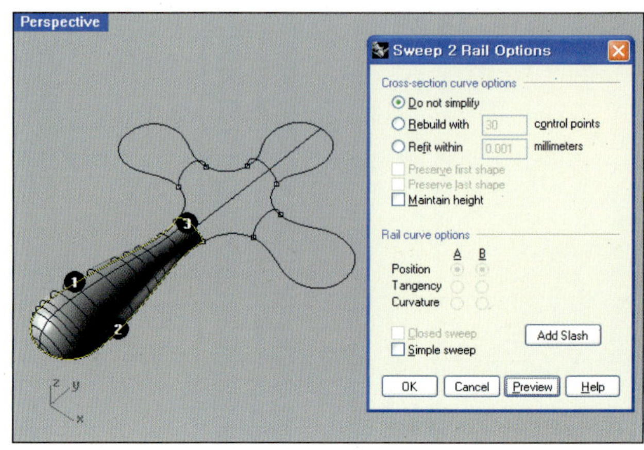

14_ Sweep 2 Rails 명령으로 모두 마무리해 준다.

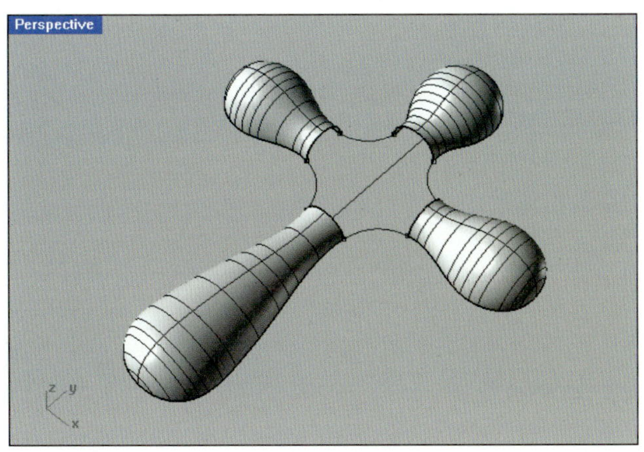

15_ Line으로 객체의 바닥면에서 윗쪽으로 약 1mm 정도 위치에 1번 수평 라인을 그려준다. 이것은 투영을 위한 라인이 된다.

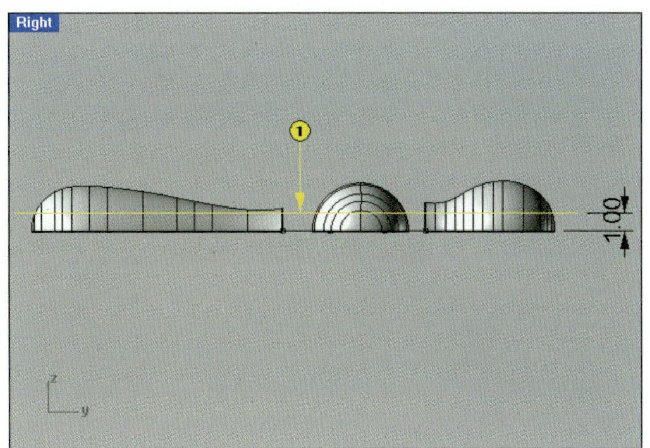

16_ Project to Surface 명령으로 Right View에서 1번 객체(수평 라인)를 4개의 면에 동시 투영한다.

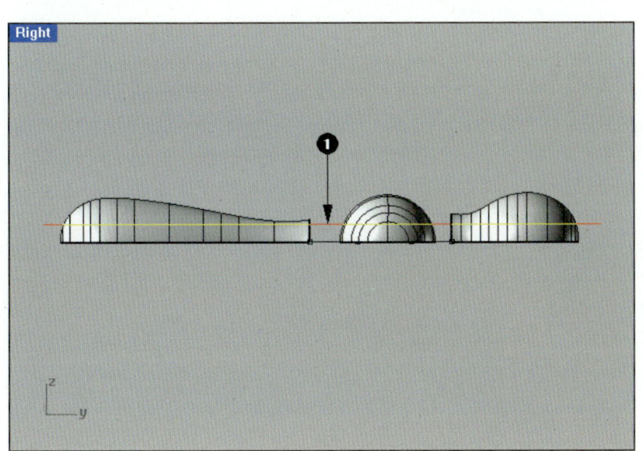

아래 그림은 4개의 면 객체에 1번 커브가 모두 투영된 결과이다.

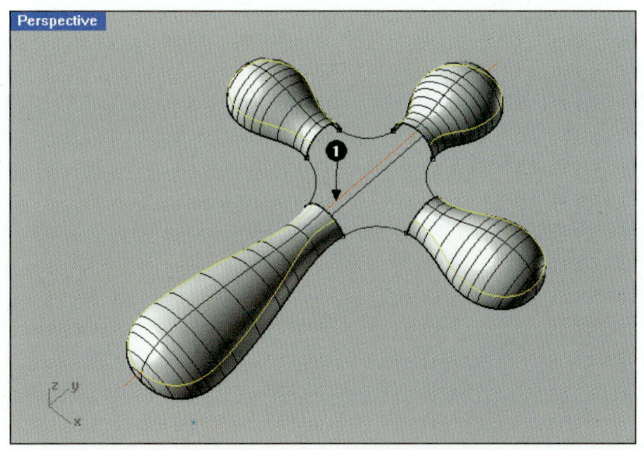

17_ Blend Curves로 1번과 2번 투영 커브를 선택하여 연결 커브를 만들어 준다. Blend Curves 명령으로 제작된 연결 커브는 G2(Curvature-곡률 일치 상태) 연결 상태를 가지게 되어 Class A면의 제작이 가능해진다.

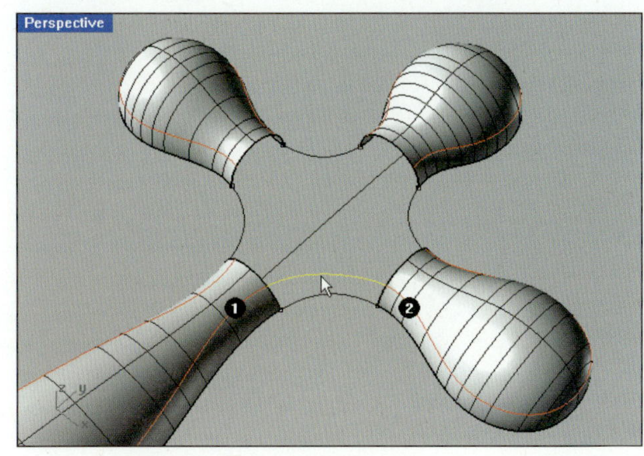

18_ Blend Curves로 나머지 부분도 모두 연결 커브를 만들어 준다.

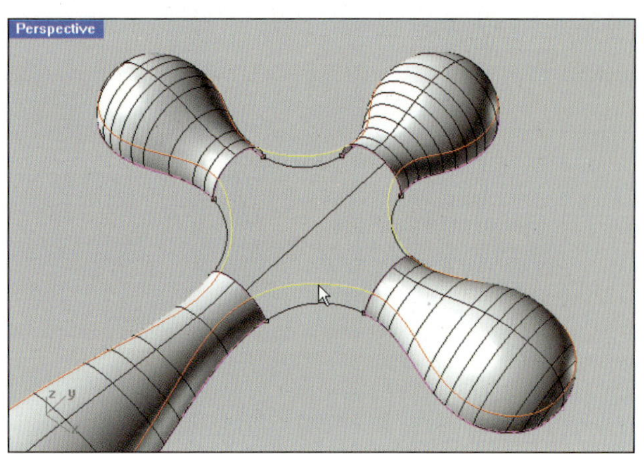

19_ 작업의 편의를 위하여 투영된 커브와 호(Arc)를 모두 숨기거나 지워준다.

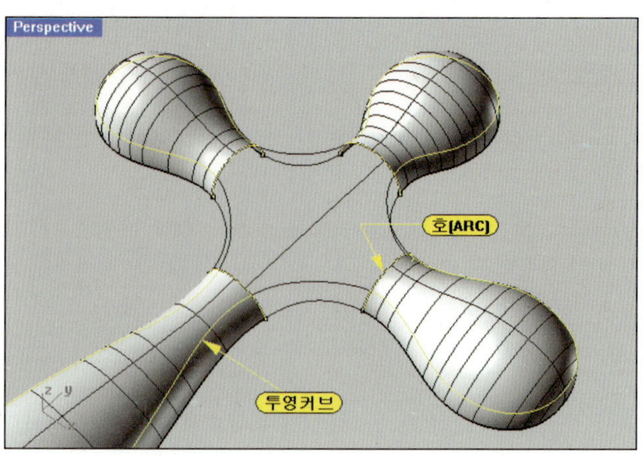

20_ Surface from Network of Curves로 B, D 커브와 A, C Edge Curve를 선택하여 면을 만들어 준다. Surface From Curve 옵션은 그림과 같이 설정하고 [OK]한다. 물론 모든 면을 같은 조건으로 마무리한다.

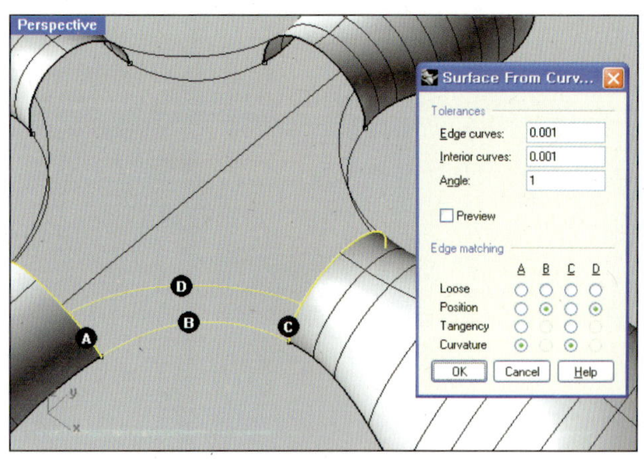

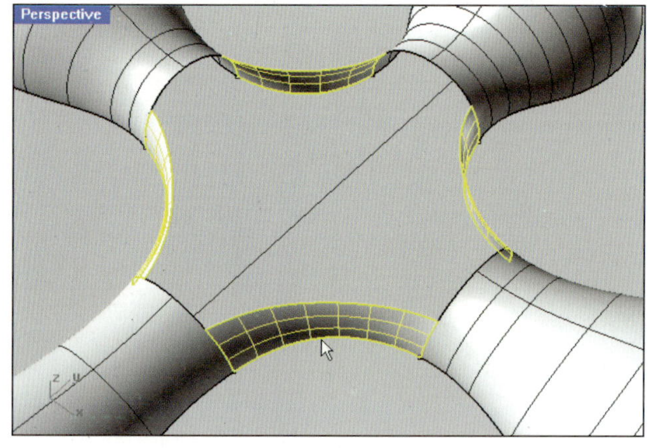

21_ A, B, C, D면 객체를 클릭한 상태에서 Show Edges 아이콘을 클릭한다.

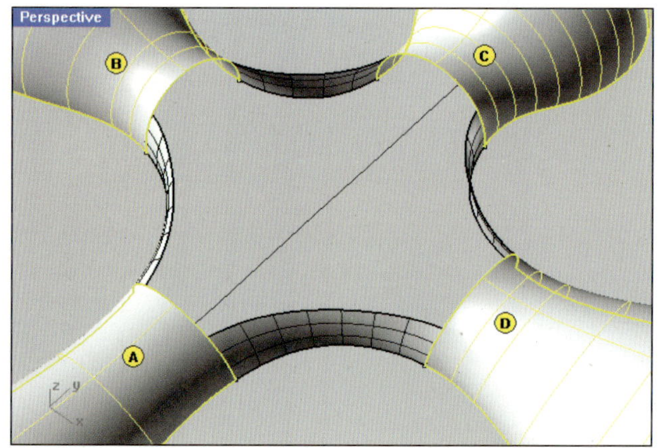

22_ 클릭과 동시에 Edge Analysis 대화창이 뜨면
Show=All Edge에 체크한다.

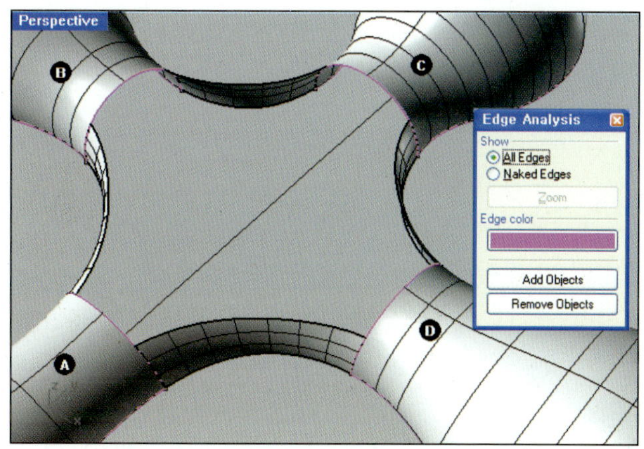

23_ 다음 Osnap에 Int를 체크한 상태에서 Split
Edge 명령으로 그림과 같이 A, B, C, D면의 Int 부분
(총 8군데)을 잘라준다. 주의할 것은 반드시 한번에 한번
만 잘라주어야 한다. 절대 자른 곳을 또 자르는 일이 없도
록 한다.

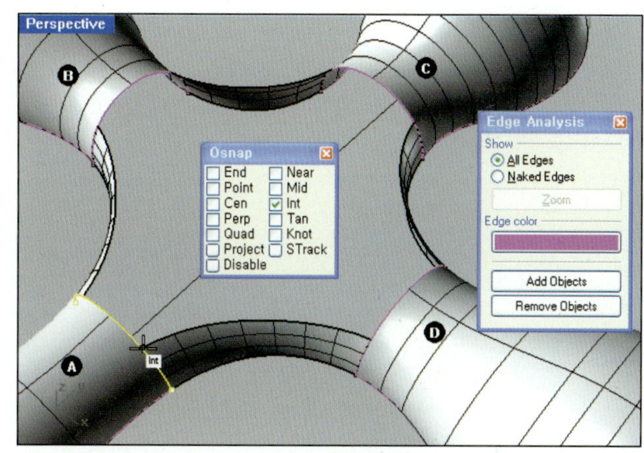

24_ 자르고 나면 그 자리에 붉은색의 Edge 포인트가 보
이게 된다. 잘렸다는 표시이다.

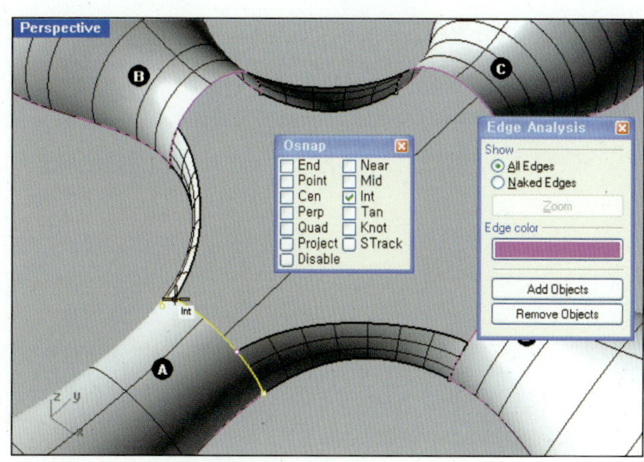

25_ 같은 작업을 반복해서 D객체까지 모두 Split Edge시켜 준다. 작업이 완료되면 Show Edges 명령에서 빠져 나온다.

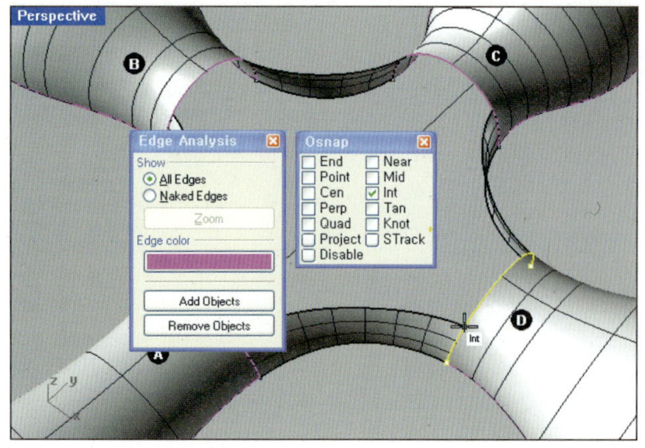

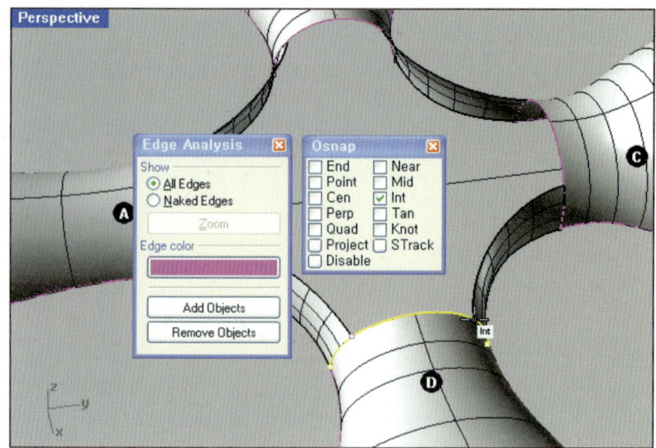

26_ Patch 명령을 사용하여 1~8번까지 번호 순서대로 클릭한다.

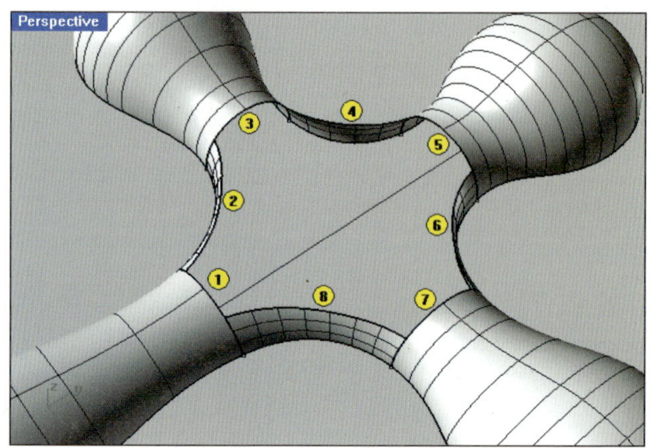

특히 선택시 Surface Edge를 모두 클릭해 주어야 Tangency를 맞출 수 있다. 앞서 Split Edge로 잘린 곳이 선택되게 된다.

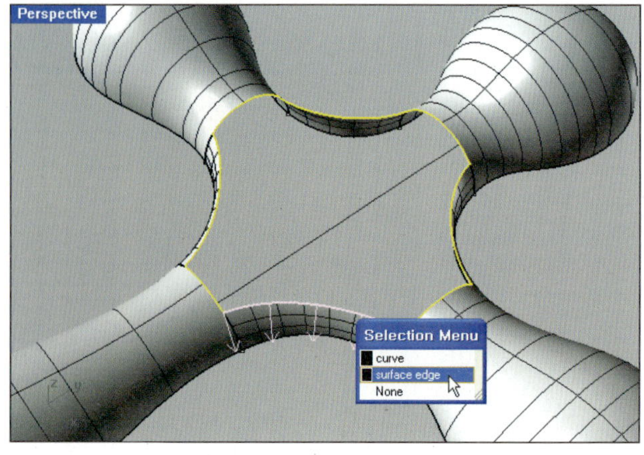

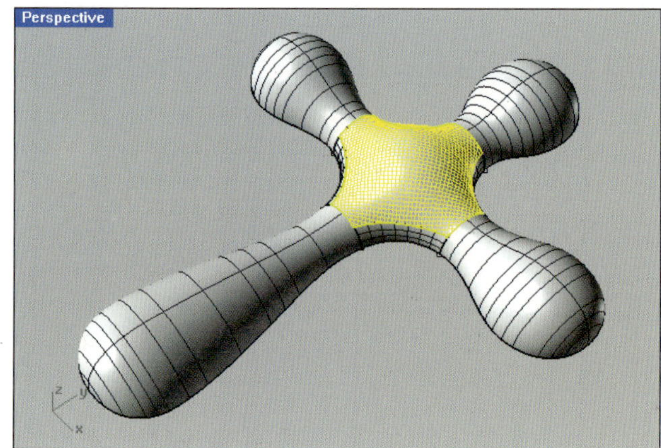

27_ Join명령으로 면들만 모두 붙여주고 Zebra Analysis 면의 흐름을 체크해 본다. 매우 흐름이 좋아 보인다.

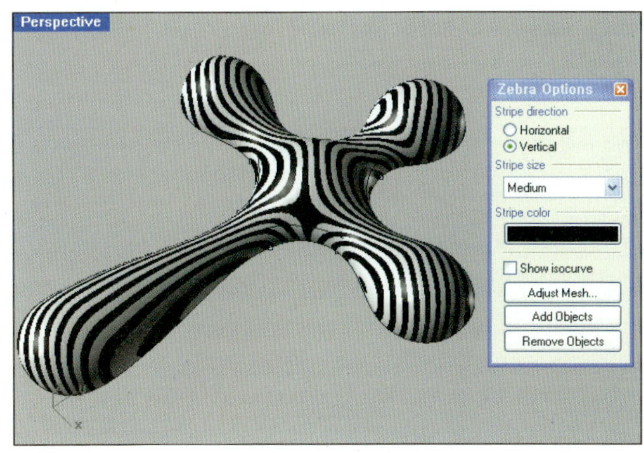

28_ Environment Map(환경 맵)으로도 실제 환경에 놓인 상태의 반사와 흐름에 대한 체크를 해본다.

29_ 참고로 아래 모델은 면과 면의 연결 상태를 전체 G2로 맞추어 일부 수정 작업하는 과정이다. 우선 십자가 중심포인트를 기준으로 정사각형을 그려준다.

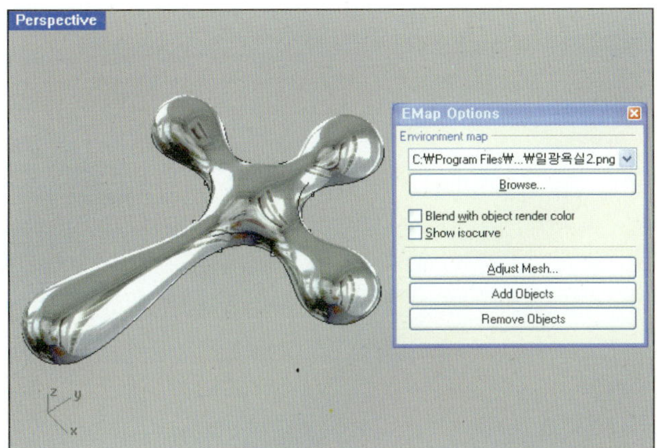

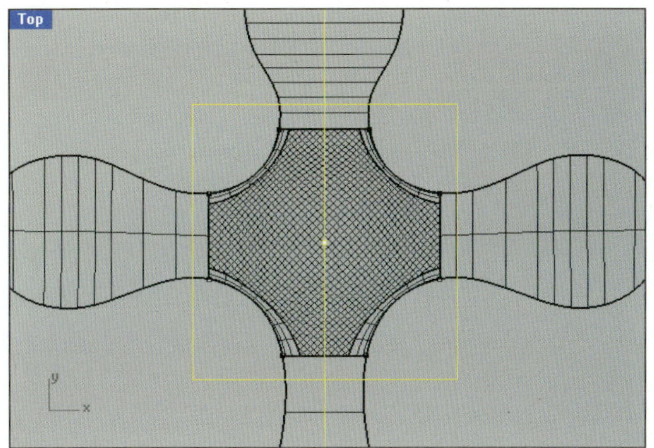

30_ Top View에서 Project to Surface 아이콘을 클릭한 후 A정사각형을 클릭 Enter 후 B십자가를 클릭하면 그림과 같이 투영커브가 면에 만들어진다.

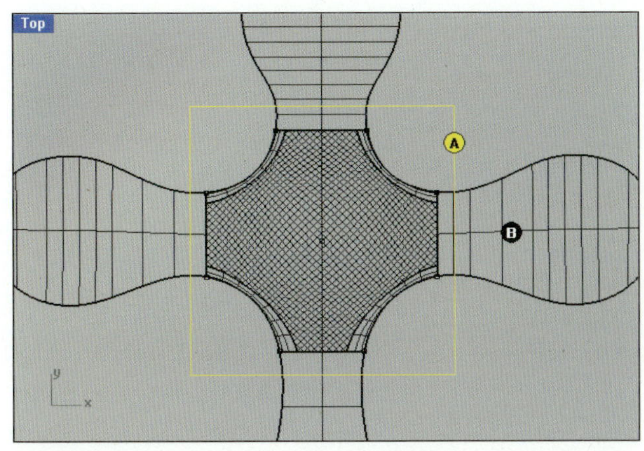

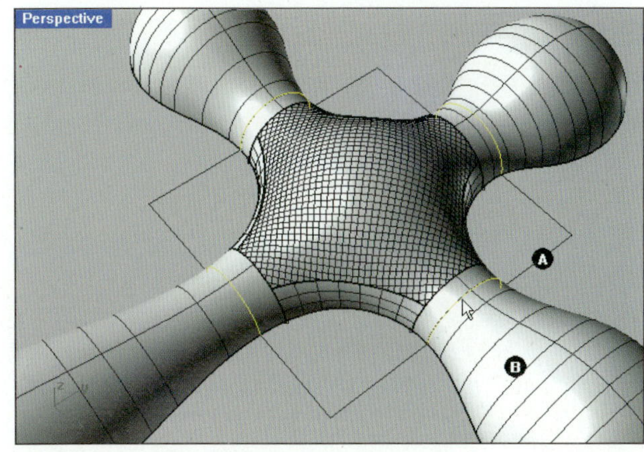

31_ Osnap에 End를 체크한 후 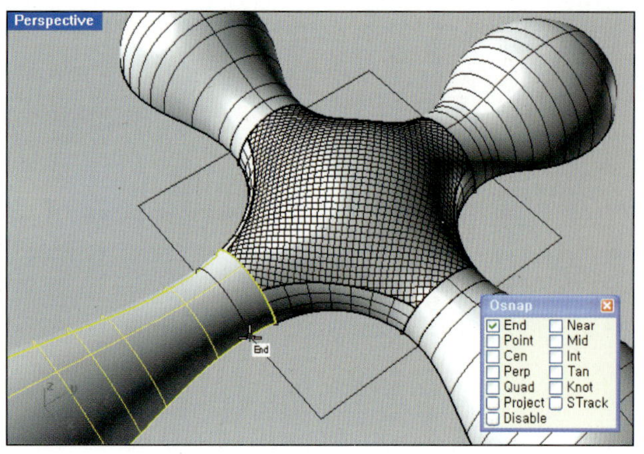 Split 아이콘을 마우스 오른쪽 버튼으로 클릭 〉 호의 End점에 닿으면 바로 면을 자른다.

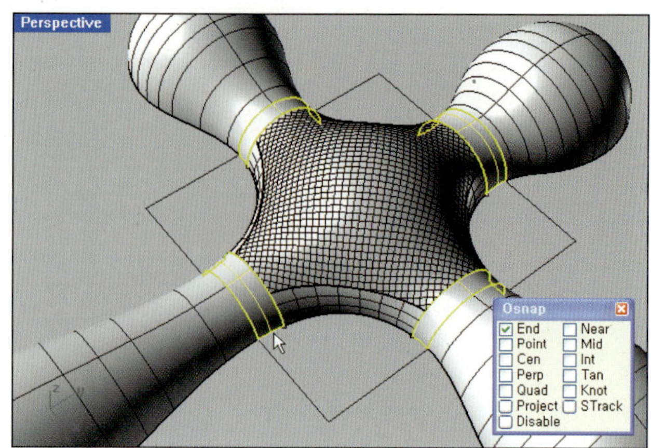

32_ 잘린 4개의 면을 지워주고 노랗게 선택된 커브들도 지우거나 숨겨준다.

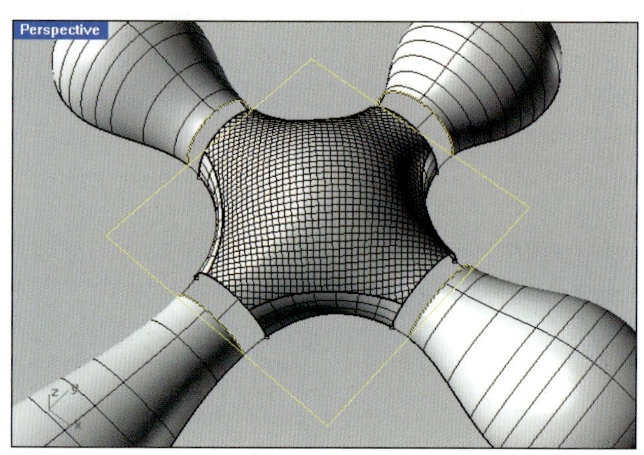

33_ Blend Perpendicular 아이콘 클릭 〉 1번 Edge를 선택하고 마우스를 2번 End점에 위치시켜 클릭한다.

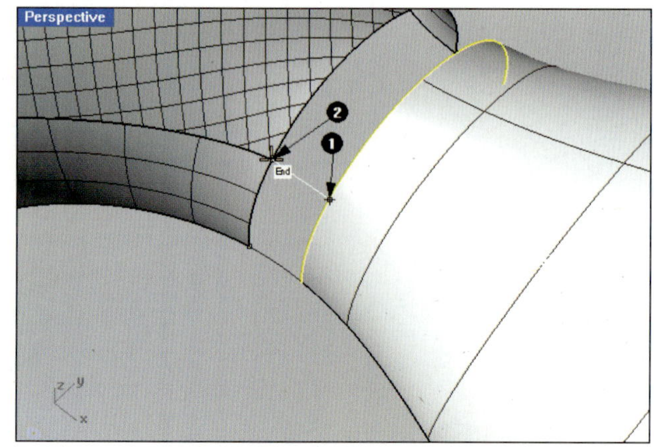

연이어 그림과 같이 3번 Edge를 클릭한다.

클릭과 동시에 Blend Perpendicular 커브가 자동으로 만들어진다.

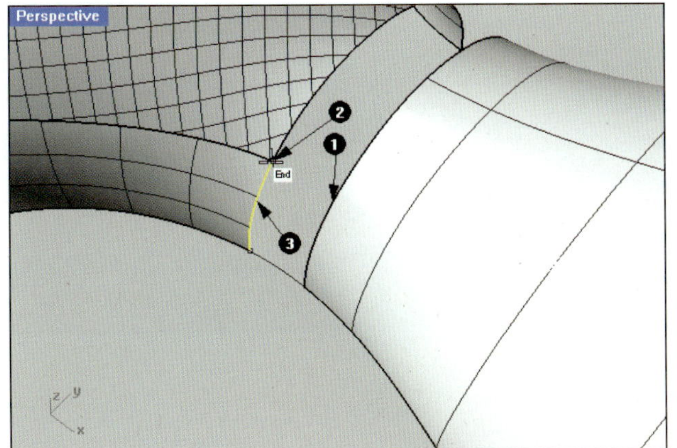

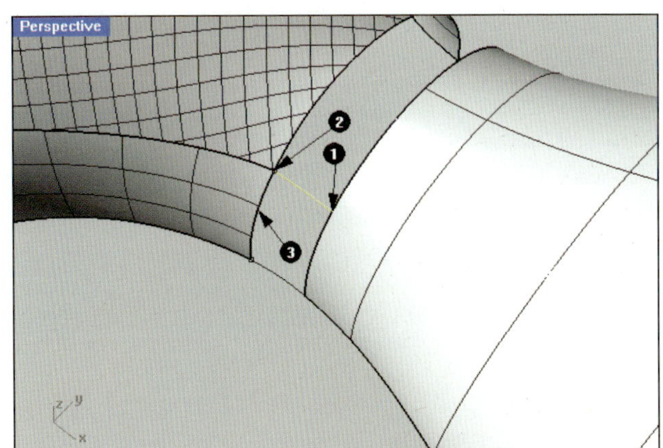

34_ 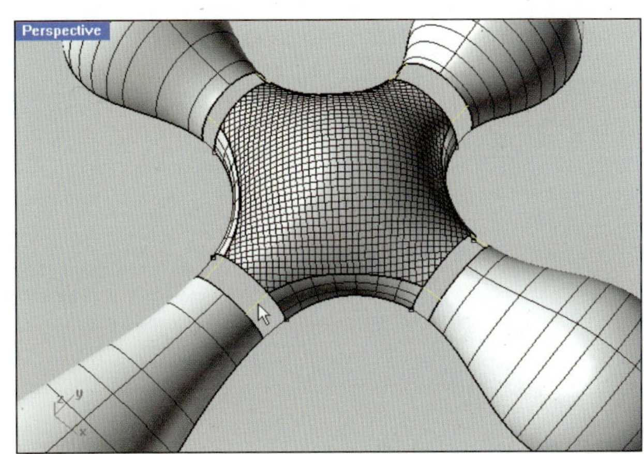 Blend Perpendicular 명령을 사용하여 동일한 방법으로 총 8군데 Blend 연결 커부를 만들어 준다.

35_ Surface from Network of Curves 명령으로 커브 A, C와 Edge B, D를 연속해서 선택 〉 Enter 한다. Surface From Curve 옵션창이 뜨면 그림과 같이 설정하고 [OK]하면 Curvature (G2 상태의 면 연결)면이 생성된다.

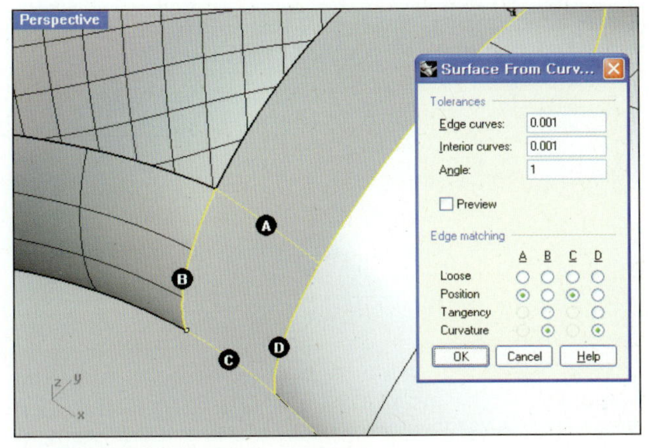

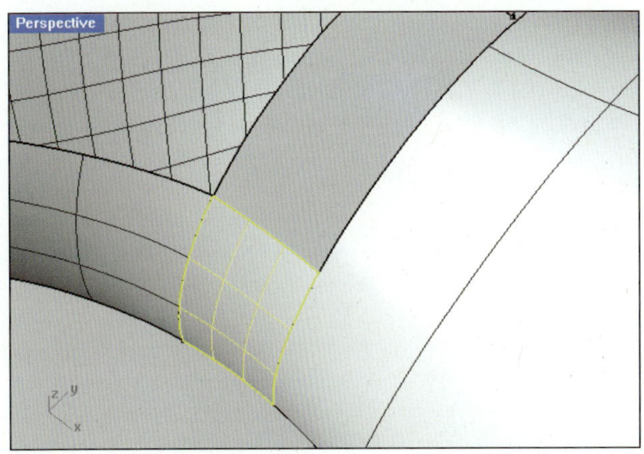

36_ 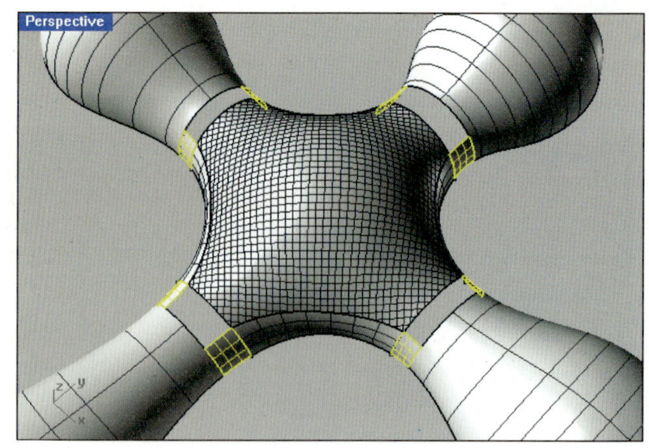 Surface from Network of Curves 명령으로 나머지 모두를 같은 설정으로 작업해 준다.

37_ 가장자리 면이 모두 만들어졌다면 안쪽 면을 만들어 준다. Surface from Network of Curves 명령으로 그림과 같이 Surface Edge만을 선택하여 면을 만들어준다.

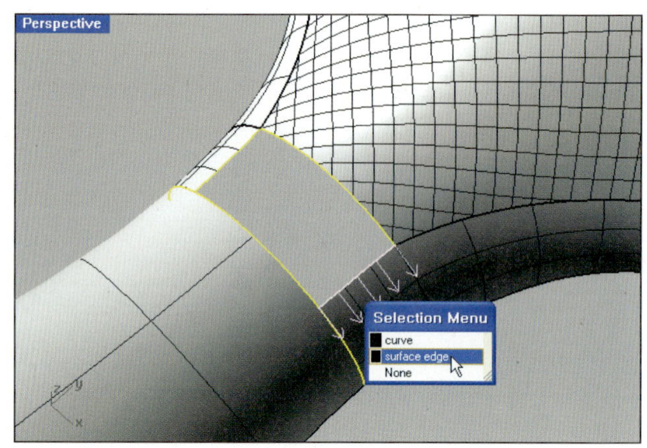

Surface From Curve 옵션창이 뜨면 그림과 같이 설정하고 [OK]하면 Curvature(G2 상태의 면 연결)면이 생성된다.

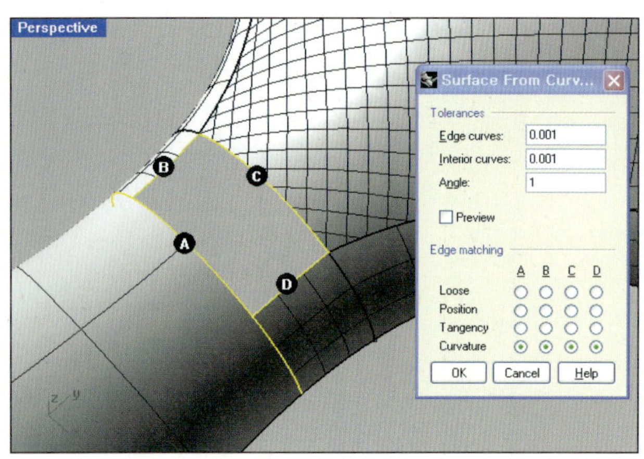

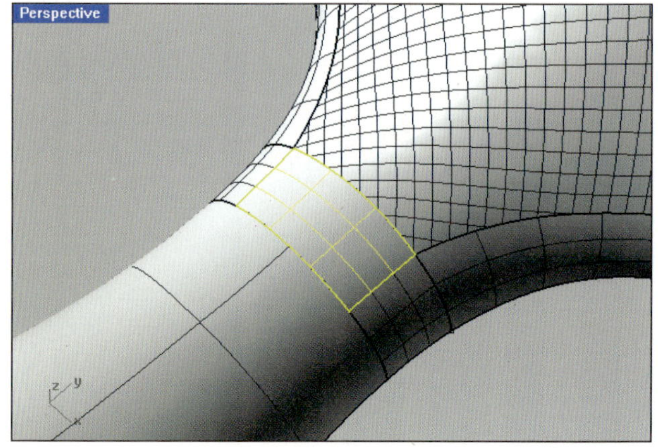

38_ Surface from Network of Curves 명령
으로 나머지 모두를 같은 설정으로 작업해 준다.

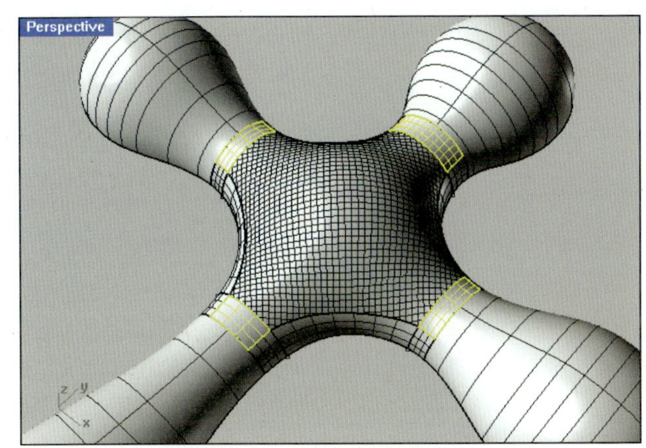

39_ 이제 만들어진 각각의 면들을 서로 Join시켜
준 다음 Zebra Analysis로 면의 연결 흐름을 확인
해 본다. 이제 객체의 G2연결성이 확보되었다.

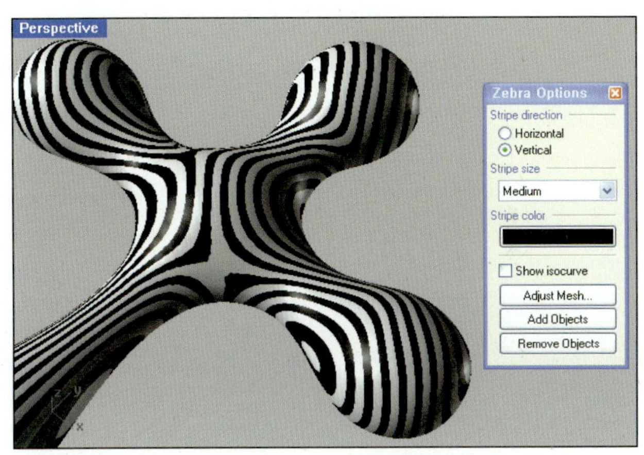

40_ Osnap에 Near를 체크한 상태에서 Mirror 명
령으로 대칭 복사해 준다.

41_ Zebra Analysis로 면의 연결 흐름을 확인해
본다. 그 결과 반원 곡률이 일치하지 않는 면의 연결부에
각이 존재함을 볼 수 있다. Zebra 패턴이 서로 엇갈린 곳
(1번 화살표 지시 부위)을 말한다.

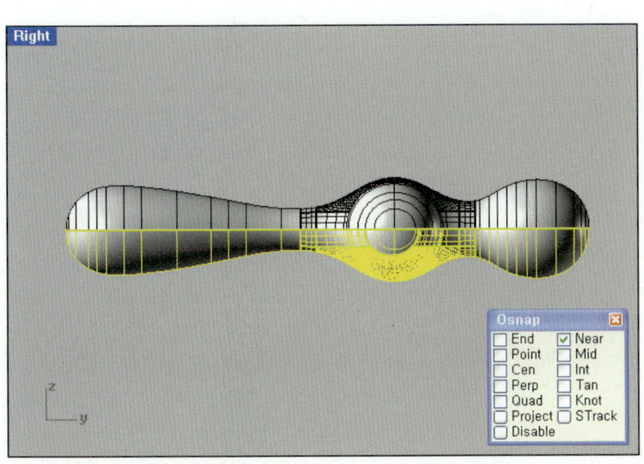

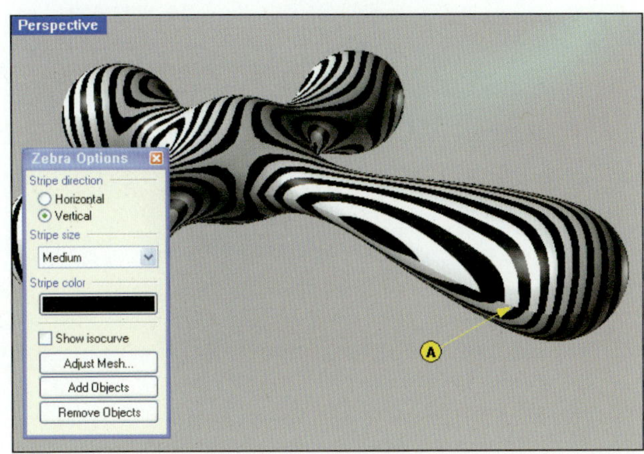

42_ 이 부분을 수정해 주기 위하여 우선 ▣ Rectan-gle:Center, Corner 명령으로 중심부를 클릭하여 그림과 같이 직사각형을 만들어 준다.

43_ ▣ Extrude Straight로 열린(Open) 2번 객체를 만들어 준다. 1번 십자가를 2번 면으로 ▣ Split 해준다.

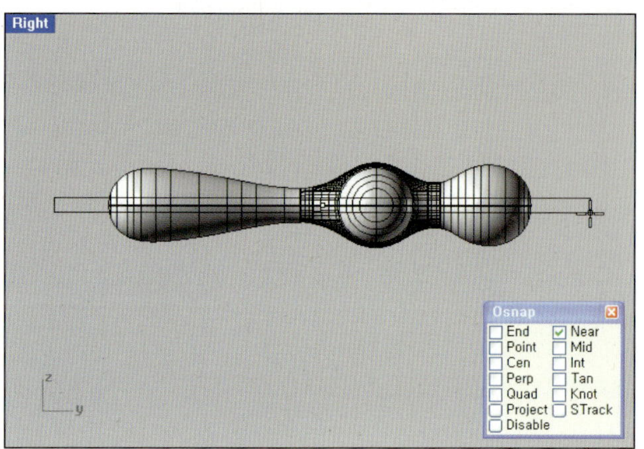

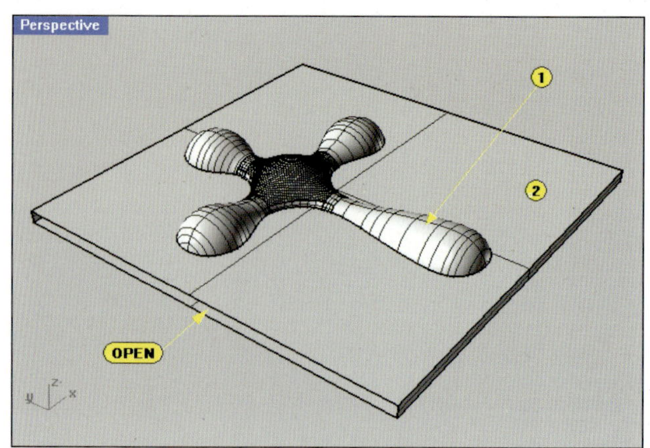

44_ ▣ Split된 안쪽 면을 지워준다.

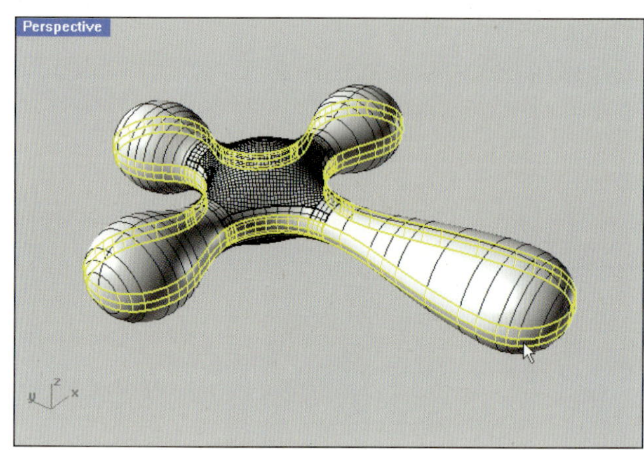

45_ ▣ Blend Surface 아이콘 클릭 〉 Select segment for first edge(AutoChain=Yes ChainContinuity=Tangency): 면의 Egde와 Edge 클릭 〉 Adjust Blend Bulge 옵션 설정(그림과 같이) 〉 [OK] 한다.

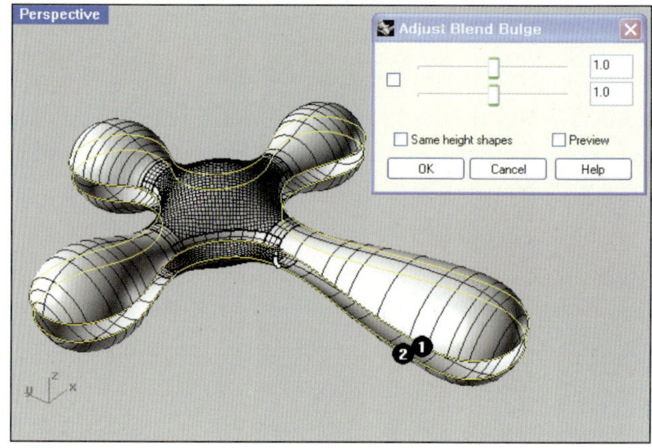

46_ 면이 만들어 지면 전체를 🧩 Join한 후 📄 Zebra Analysis로 면의 연결 흐름을 확인해 본다. A 연결부의 면 흐름이 G1(Tangency)만족한 상태로 수정되었다.

47_ 🌐 Environment Map으로 최종 십자가 펜던트의 환경맵을 확인해 본다.

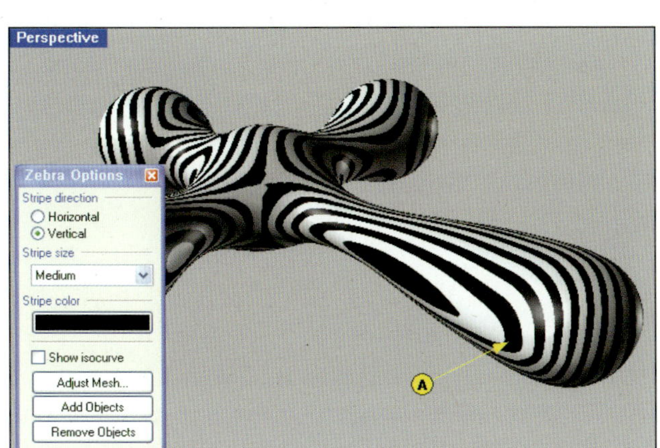

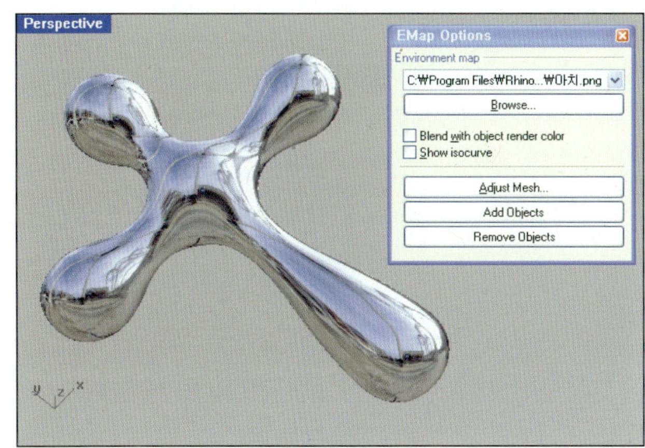

48_ ✏️ Line 명령으로 1번 변형 범위에 해당하는 선을 그어준다.

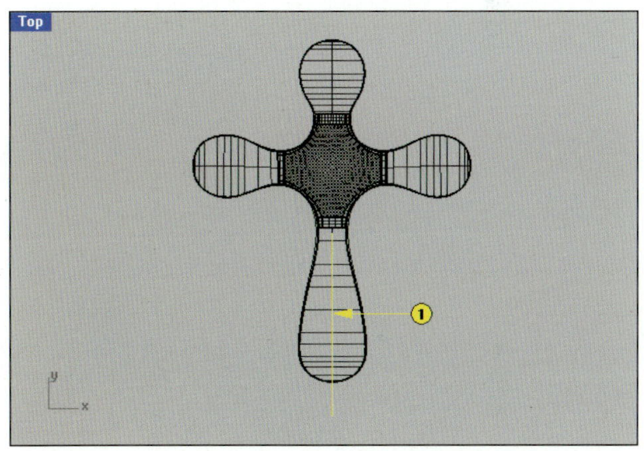

49_ 📦 Cage edit objects 아이콘 클릭 〉 Select captive objects: 십자가 클릭 〉 Enter 〉 Select control object(BoundingBox Line Rectangle Box Deformation=Accurate): Line 옵션 클릭 〉 Start of line: 1번 선의 시작점과 끝점을 클릭한다.

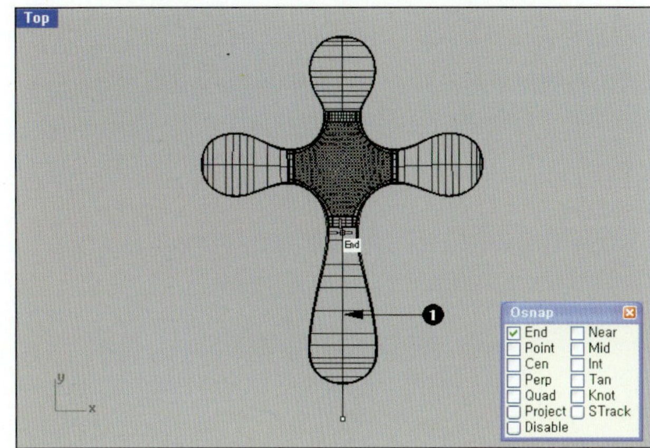

연이어 커맨드 창에 NURBS Parameters(Degree=3 PointCount=4): `Enter` 〉 Region to edit〈Global〉(Global Local Other): `Enter` 〉 변형 포인트 선택하여 변형해주고 `Enter` 하면 객체가 자연스럽게 변형 완료된다.

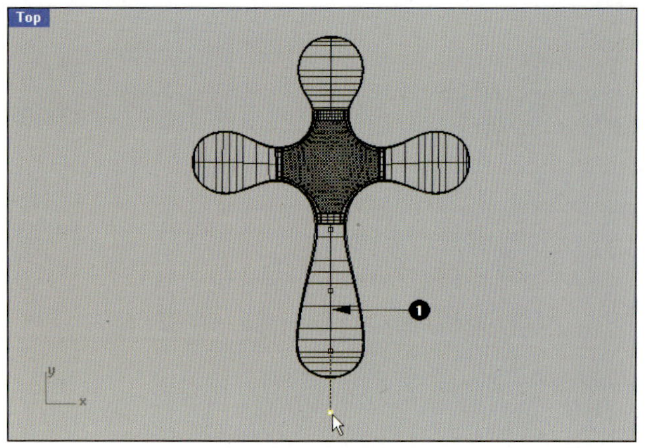

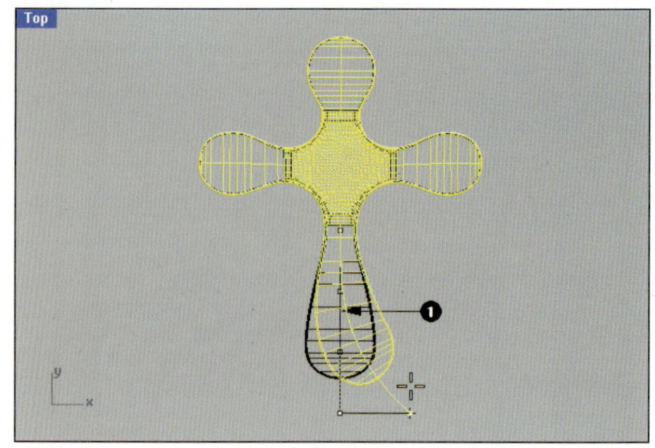

50_ 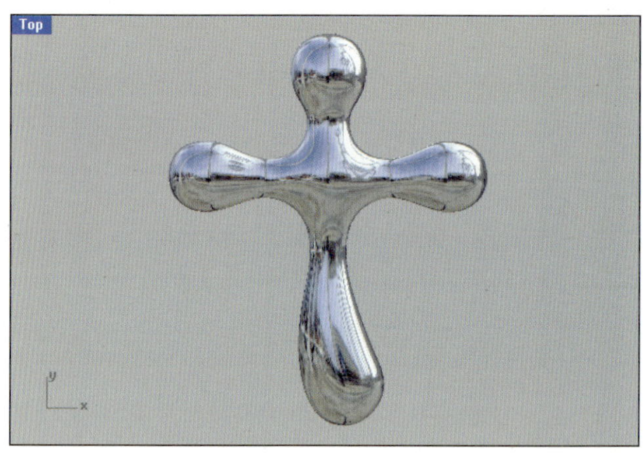 Environment Map으로 변형된 십자가 펜던트의 환경맵(EMap)을 확인해본다.

51_ Array along Curve 명령으로 커브를 따라가는 구(Sphere)를 배열하여 Chain을 만들어 준다. 최종 완성된 십자 펜던트를 확인해 본다.

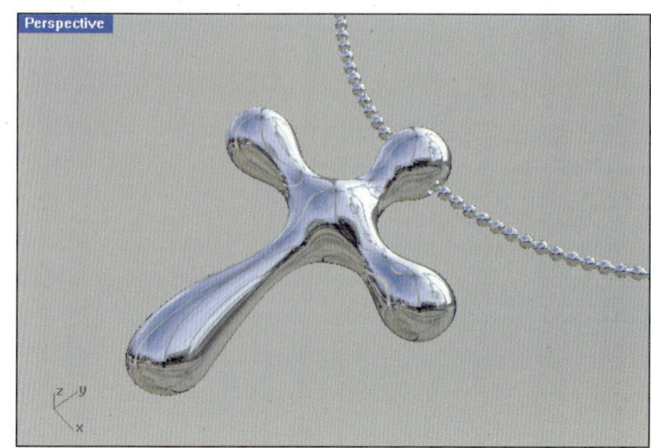

Rhinoceros

Chapter 14

Shear 기능 활용 반지 만들기

Preview

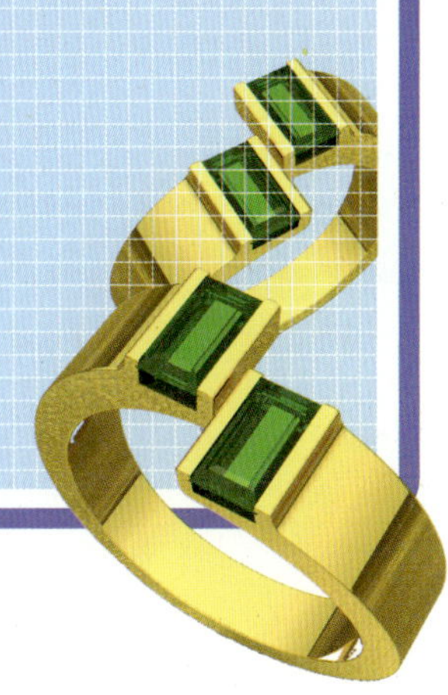

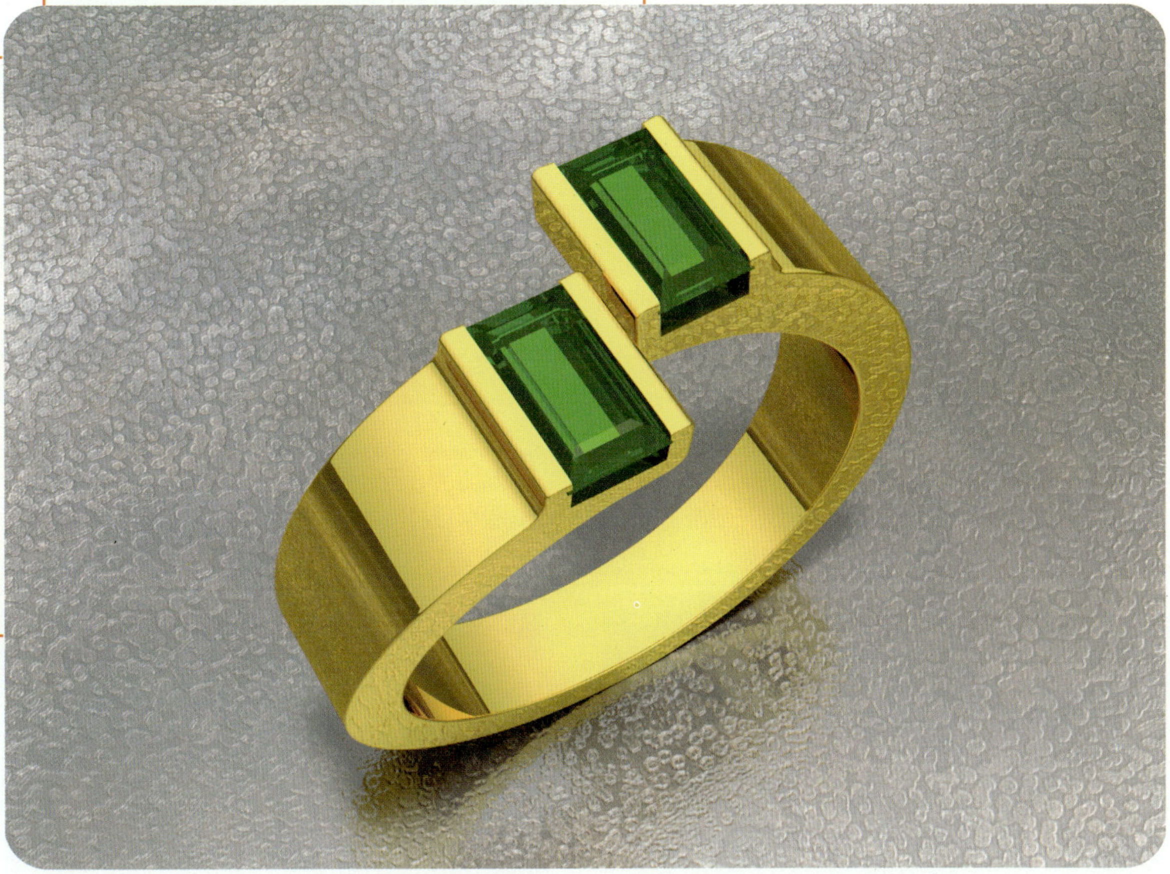

따라해 보세요 !

01_ Circle:Center, Radius 명령으로 지름 18mm와 지름 22mm의 원을 그려준다.

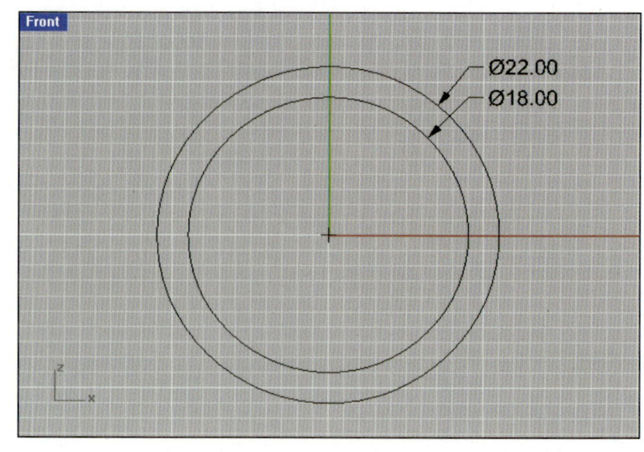

02_ 지름 22mm 원의 하단 Quad점을 선택한 상태에서 Move 아이콘을 클릭하고 0.5mm를 입력해주어 윗쪽으로 이동시켜 준다. 물론 Grid Snap에 Snap Spacing을 0, 5로 설정하여 이동하는 방법도 있다.

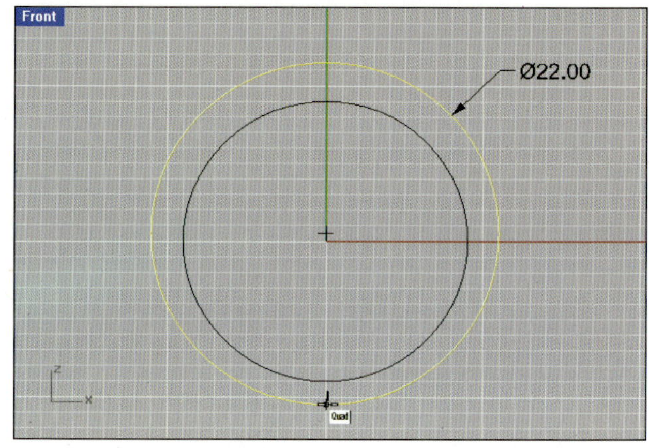

03_ Polyline으로 그림과 같은 드로잉을 한 후 Trim으로 불필요한 라인들을 지워준다. 완성된 라인들만을 Join 시켜준다.

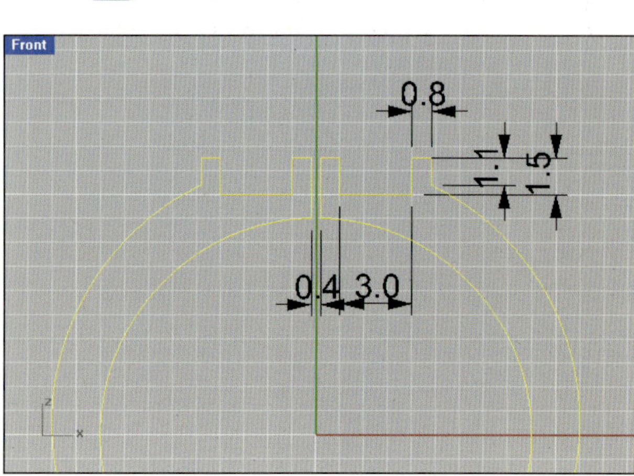

04_ Control Points On으로 객체의 제어점(CP)을 활성화시켜 주고 화살표가 지시하는 부분만을 선택에서 제외하고 나머지 반쪽의 CP를 선택한다.

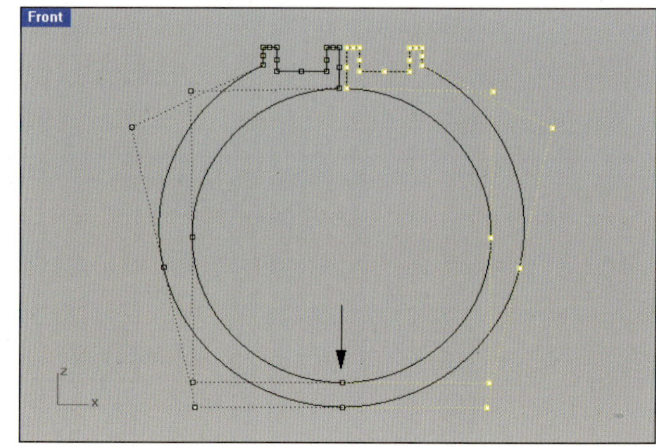

05_ Shear 아이콘 클릭 〉 Right View에서 Origin point(Copy): 1번 Quad 점 클릭 〉 2번 수직점(임의 위치) 클릭 〉 Shear angle(Copy): −5도 입력 〉 Enter 하면 그림과 같이 −5도 커브가 기울어지게 된다.

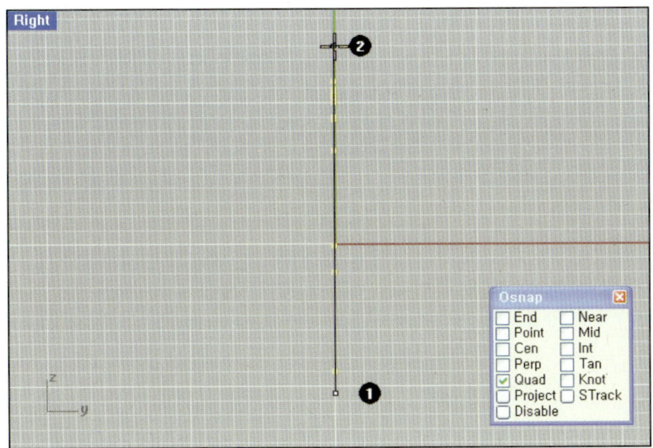

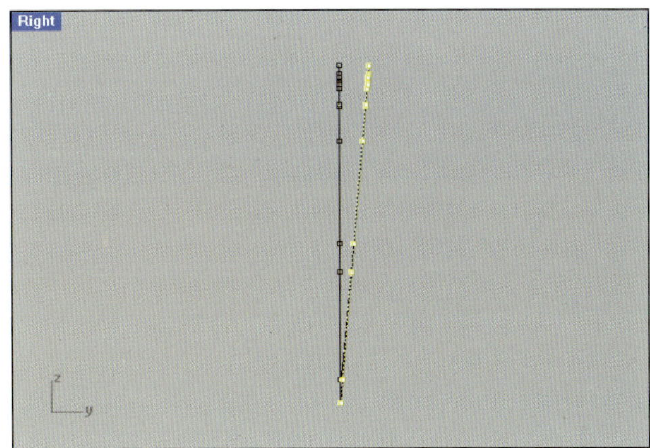

06_ 동일한 방법으로 Control Points On으로 객체의 제어점(CP)을 활성화시켜 주고 화살표가 지시하는 부분만을 선택에서 제외하고 나머지 반쪽의 CP를 선택한다.

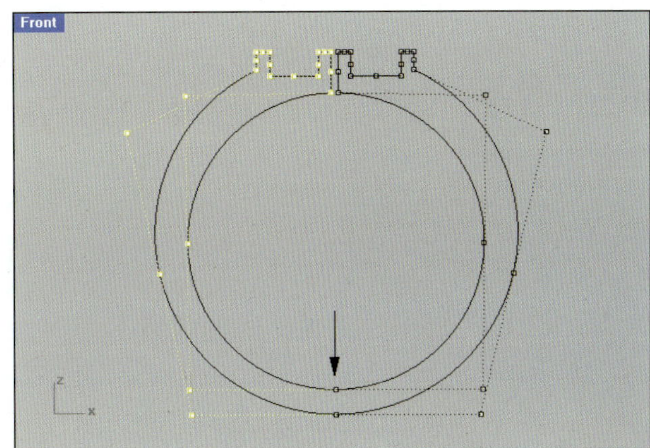

07_ Shear 아이콘 클릭 〉 Right View에서 Origin point(Copy): 하단부 Quad 점 클릭 〉 상단부 수직점(임의 위치) 클릭 〉 Shear angle(Copy): 5도 입력 〉 Enter 하면 그림과 같이 5도 커브가 기울어지게 된다.

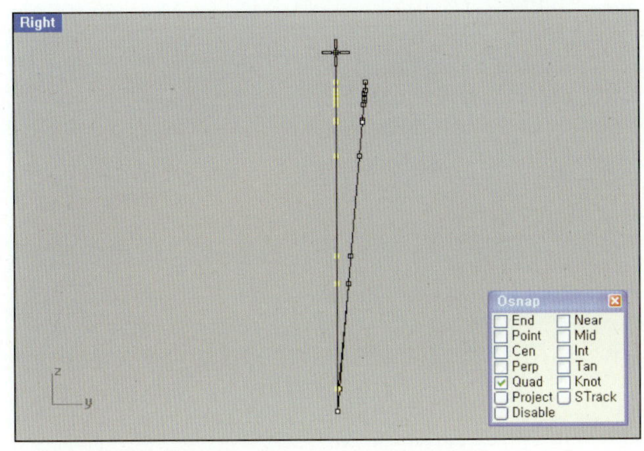

08_ Explode로 라인객체를 모두 폭파시킨 상태에서 1번과 2번 객체만을 따로 Join하여 숨겨준다. 차후 객체를 자를 때 사용된다.

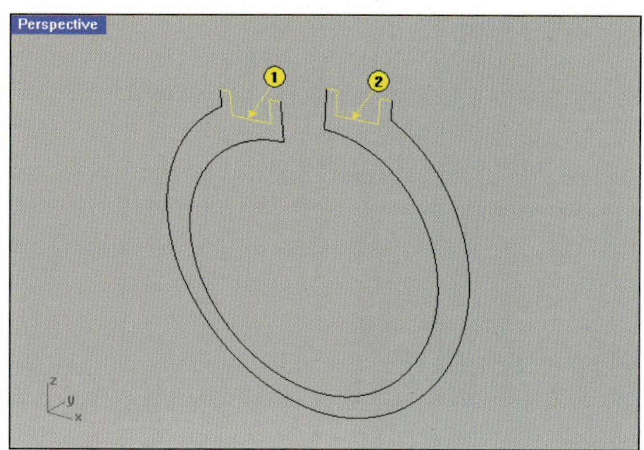

09_ Osnap에 End를 체크한 상태에서 Line 명령으로 2개의 라인을 그려준다.

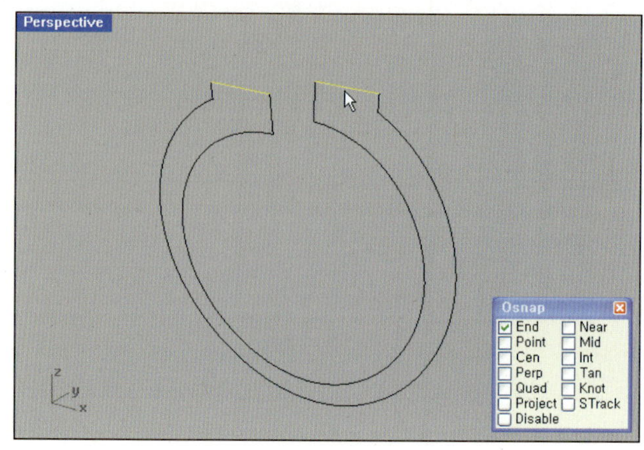

10_ Sweep 2 Rails를 이용하여 번호 순대로 클릭하여 면을 만들어 준다.

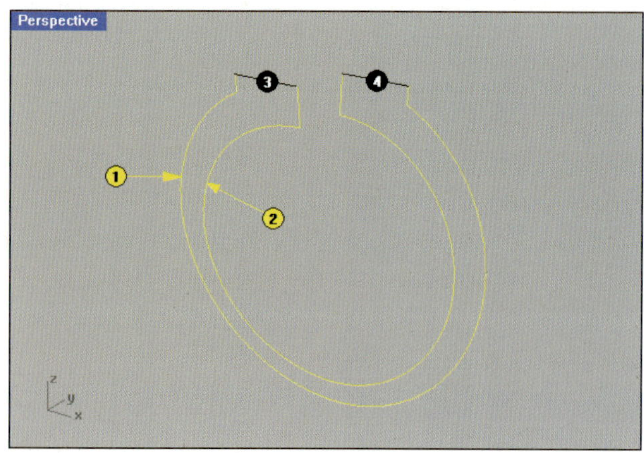

명령 실행 중 Sweep 2 Rail Options 대화 창이 뜨면 [Add Slash] 버튼을 클릭한다.

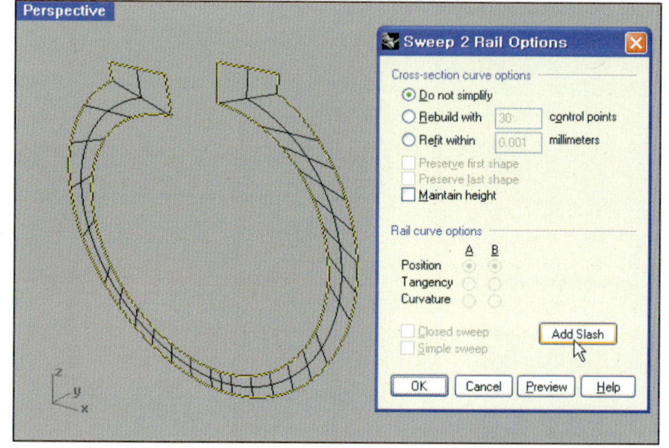

우선 Osnap에 Perp, Quad에 체크한 상태에서 그림과 같은 지점에 클릭한다.

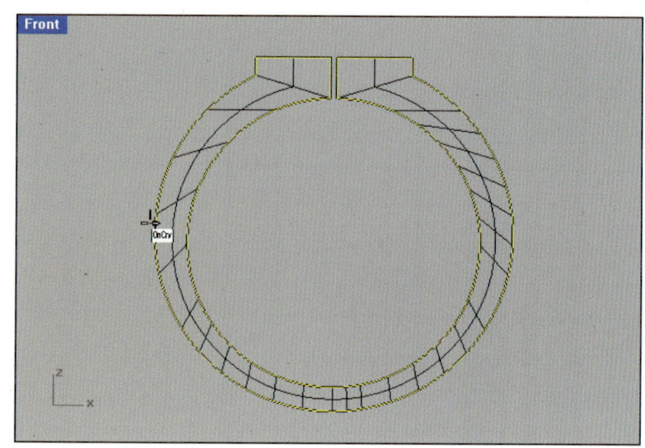

연이어 Quad에 일치하는 내경 지점을 클릭한다.

클릭과 동시에 기울어졌던 아이소커브(Isocurve)의 흐름이 정렬됨을 볼 수 있다.

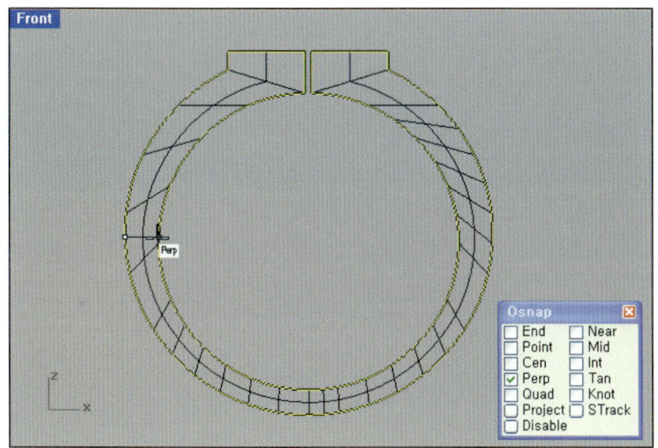

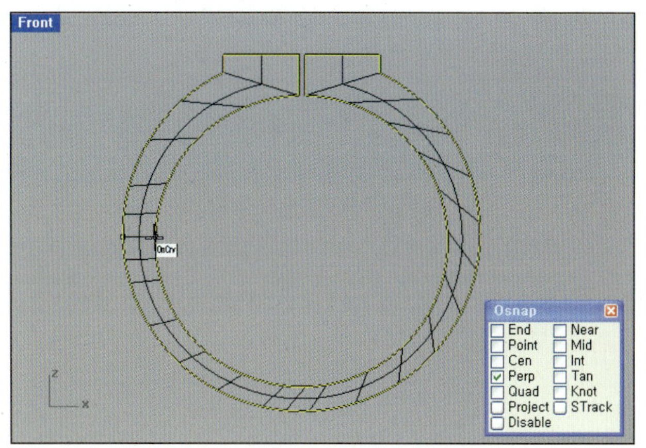

연속해서 Osnap에 End, Perp을 체크한 상태에서 그림과 같은 지점을 클릭한다.

맞은편 Perpendicular 지점을 클릭한다.

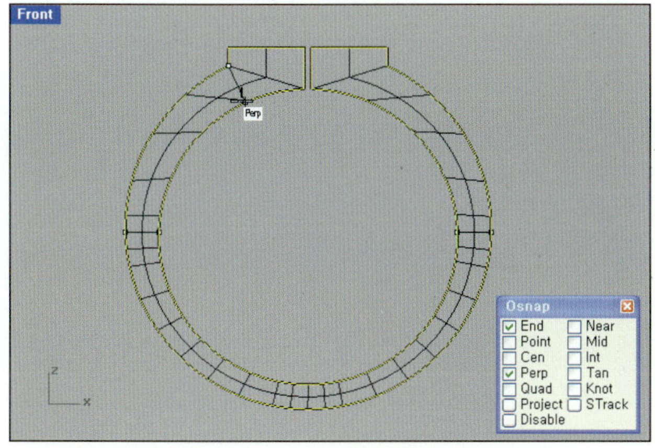

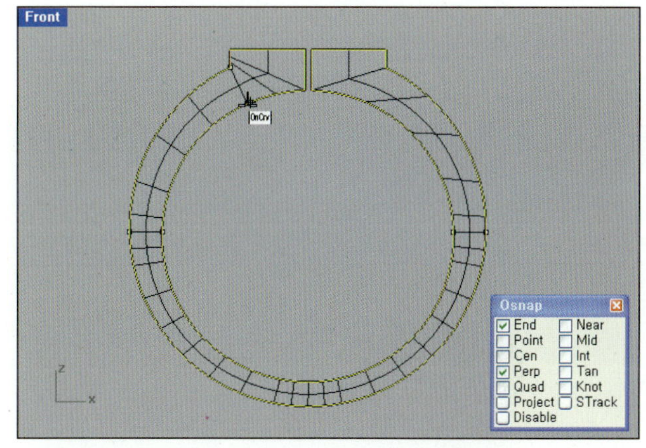

이처럼 동일한 방법으로 나머지 모두를 Sweep 2 Rails 중 Slash 처리해 준다. 옆의 그림은 Slash 처리가 모두 완료된 상태의 모습이다.

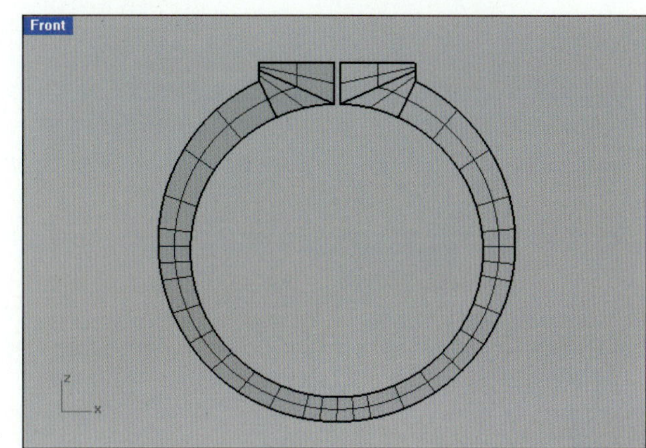

11_ 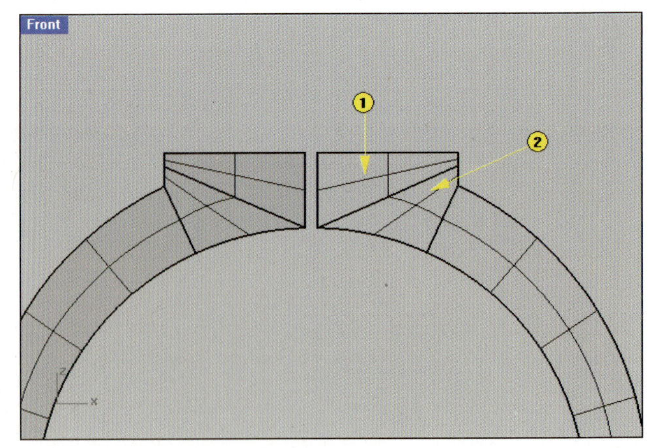 Merge two coplanar faces 명령을 클릭하고 그림과 같이 1번과 2번 면을 클릭해 주면 2개의 경계면이 하나로 합쳐지게 되어 보다 깨끗한 면으로 만들어진다.

이러한 면의 정리는 차후 2차적인 면 편집시 작업의 효율성을 높여주는 역할을 한다.

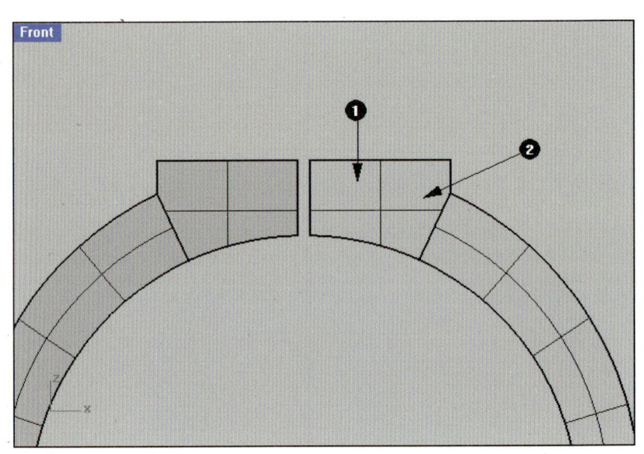

12_ 앞서 숨겨둔 2개의 Polyline을 보이게 하여 종전의 면을 Split으로 잘라준다.

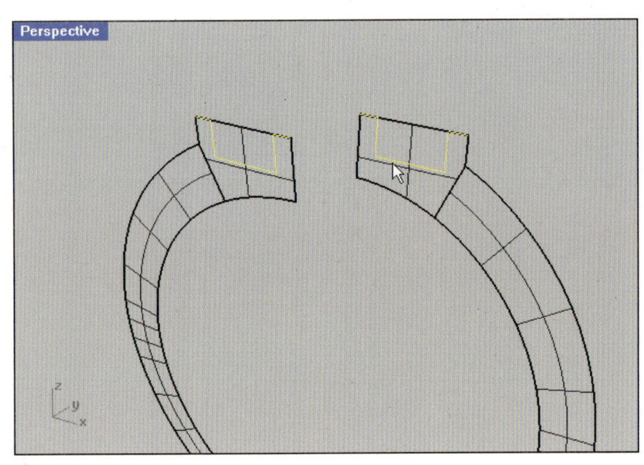

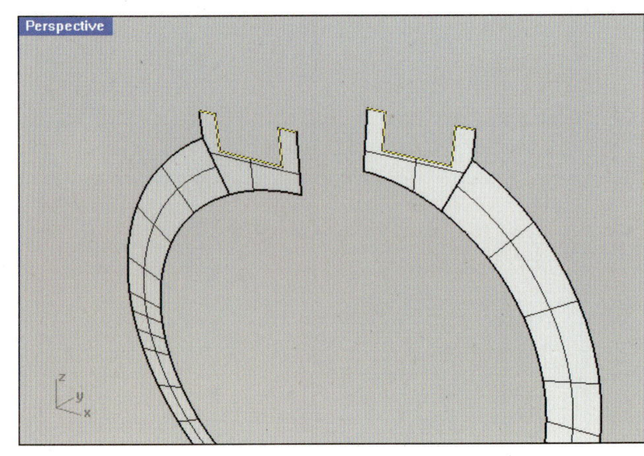

13_ Right View에서 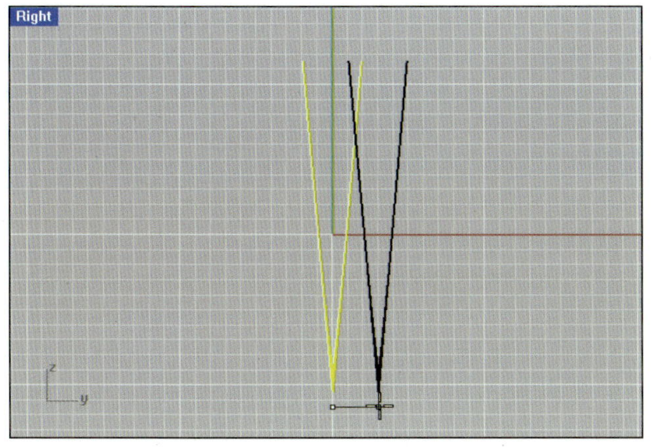 Copy 명령으로 Grid Snap을 활용하여 그림과 같이 가운데를 중심으로 좌, 우측으로 3mm 위치에 객체 면을 복사해 준다.

가운데 객체 면만을 선택하여 지우거나 숨겨준다.

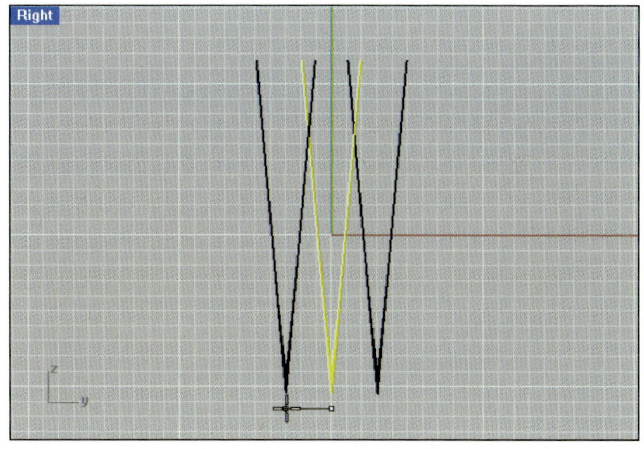

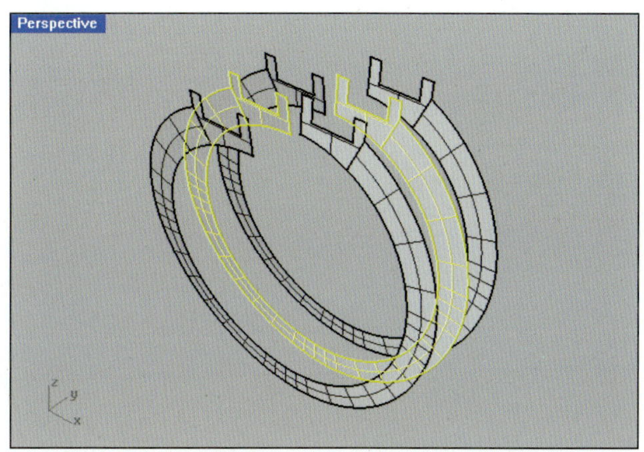

14_ 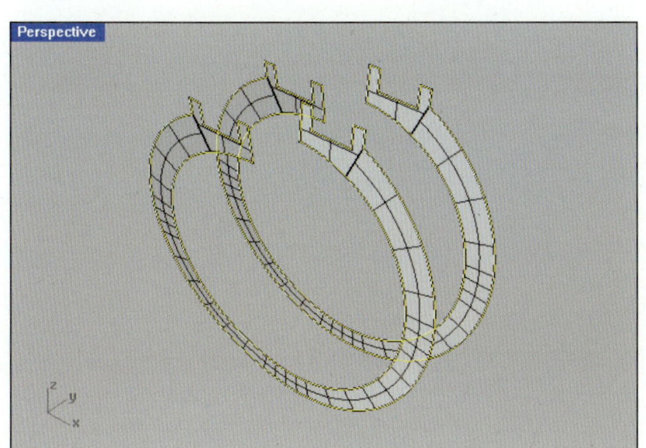 Duplicate Border 명령으로 2개의 면에서 연결된 Edge 커브를 추출한다.

15_ Osnap에 End를 체크한 상태에서 그림과 같이 Line을 그려준다.

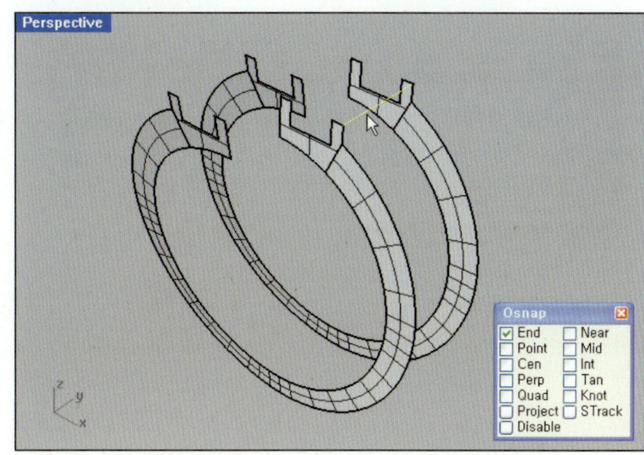

16_ 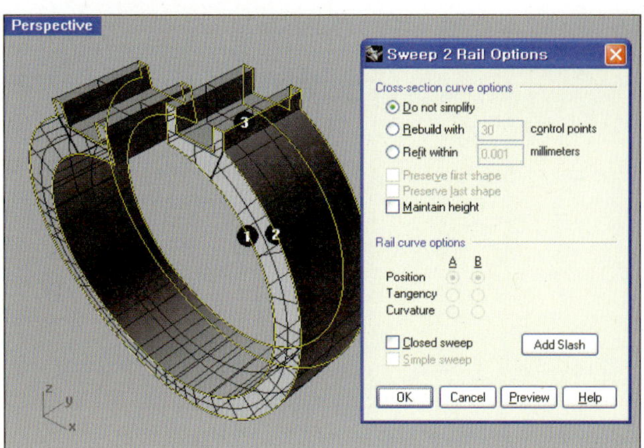 Sweep 2 Rails 이용하여 번호 순서대로 클릭 면을 완성한다. 명령 실행 중 옵션창이 뜨면 그림과 같이 설정하고 [OK] 한다.

17_ 생성면과 면들만을 모두 선택하여 Join시켜준다.

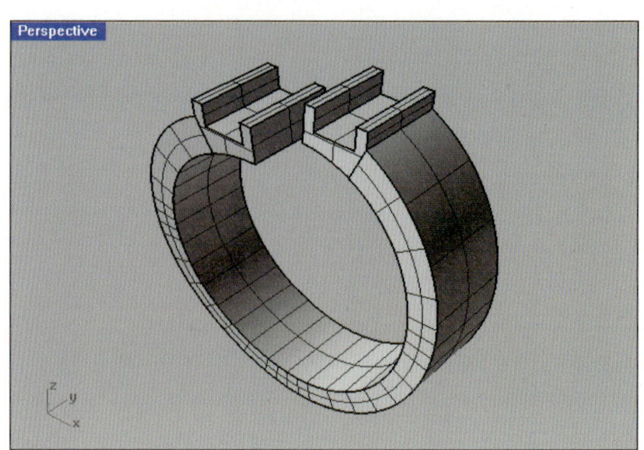

18_ Variable Radius Fillet(RailType=DistBetweenRails) 1.0을 부여하고 솔리드 반지의 해당 Edge만을 선택하여 필렛 처리한다.

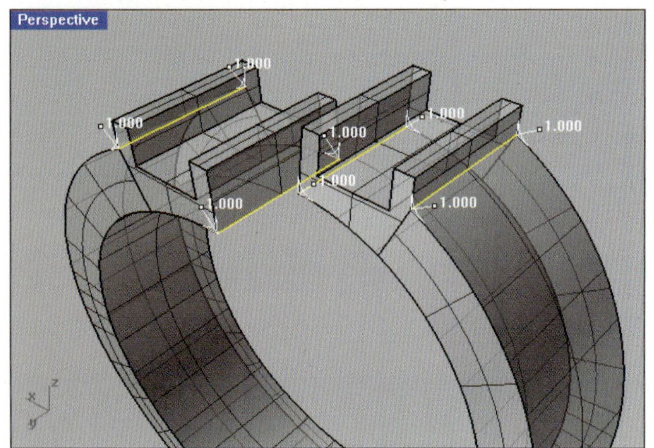

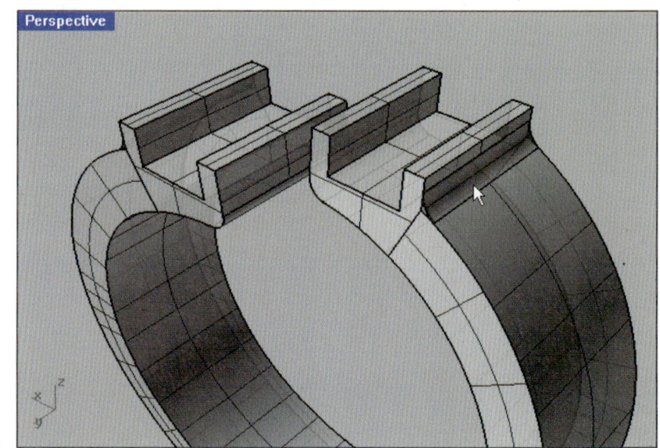

19_ 반지 객체만을 선택한 상태에서 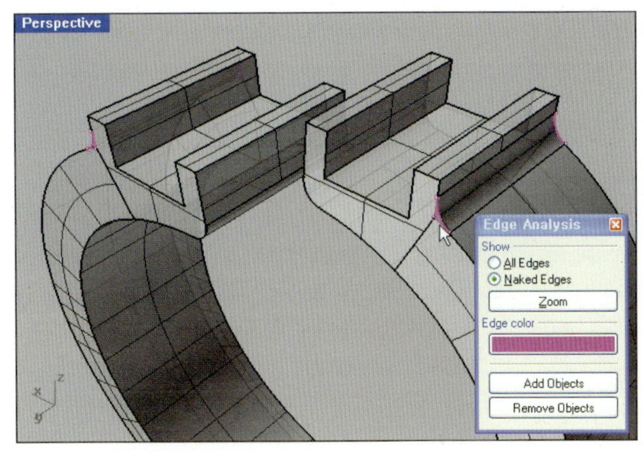 Show Edges 아이콘 클릭 〉 Edge Analysis 창에 Naked Edge에 체크하면 그림과 같이 면이 갈라진 곳이나 구멍 뚫린 곳을 붉은색으로 보여주게 된다. 이는 솔리드가 아니라는 뜻이 된다. 필렛이 들어가면서 생성된 구멍 부분을 메꿔 주어야 한다.

20_ 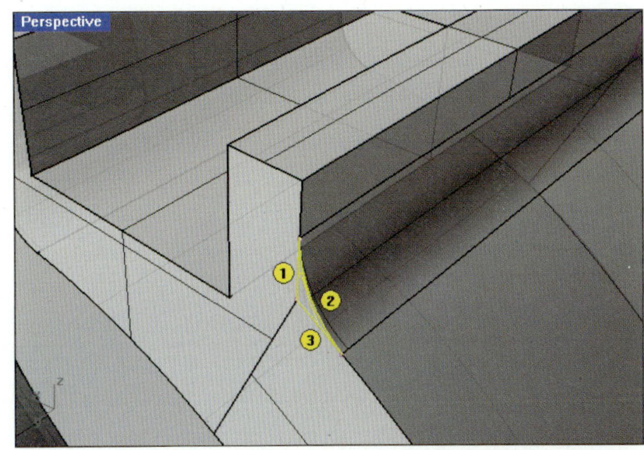 Surface from 2, 3 or 4 Edge Curves 명령으로 해당 구멍을 메꿔 준다. 참고로 Surface from 2, 3 or 4 Edge Curves 명령으로는 주변 면의 연결상태를 조정할 수 없다. 즉 메꾸기 위한 임시방편의 면으로 생각하면 된다.

21_ 4곳 모두 메꿔진 상태라면 객체 면들을 모두 Join하고, 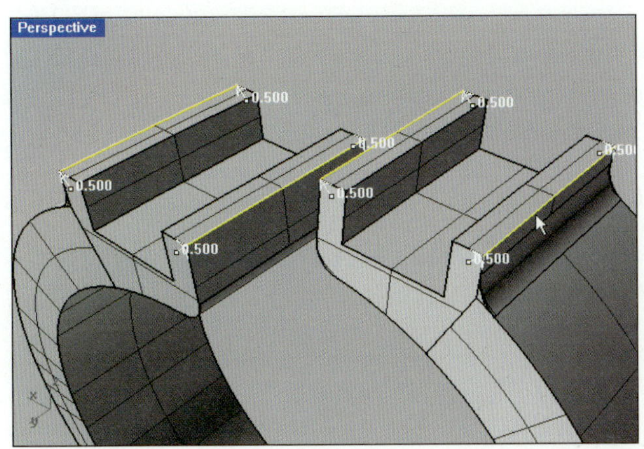 Variable Radius Fillet (RailType=DistBetween-Rails)으로 0.5를 부여하여 필렛 처리한다.

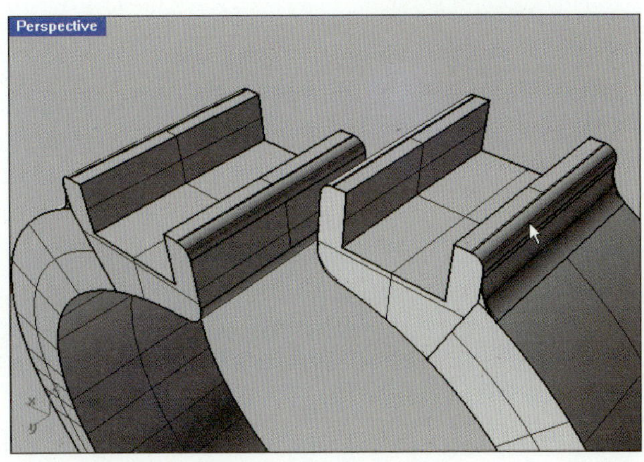

22_ Duplicate Edge 아이콘을 클릭하고 필렛 처리된 솔리드 반지의 외곽 Edge를 연속해서 선택하면 외곽 라인이 추출되는데 모두 Join 해준다. 참고로 그림과 같이 노랗게 보이는 Edge 커브만을 추출해 주어야한다.

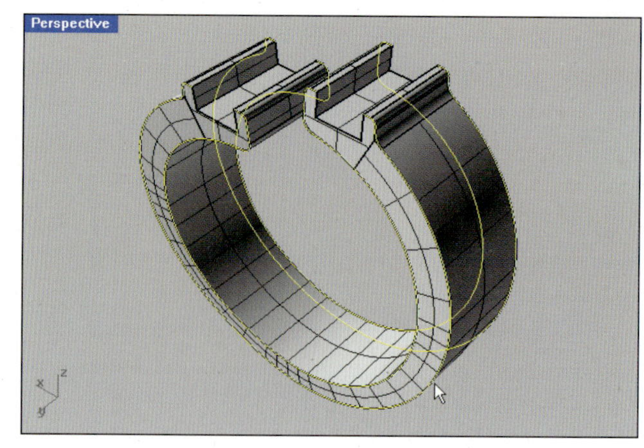

23_ 객체보다 추출커브를 연장해 주어야 하므로 Extend by Line을 클릭하여 추출된 커브의 각각의 End 점에서 1mm씩 연장해 준다.

24_ Pipe, Flat caps 명령으로 반지름 0.2mm를 부여한 연장된 커브를 따라가는 솔리드 파이프를 만들어 준다. 연이어 Boolean Difference 명령으로 1번 반지 객체를 2번 파이프 객체로 차집합(Boolean Difference)하여 파준다.

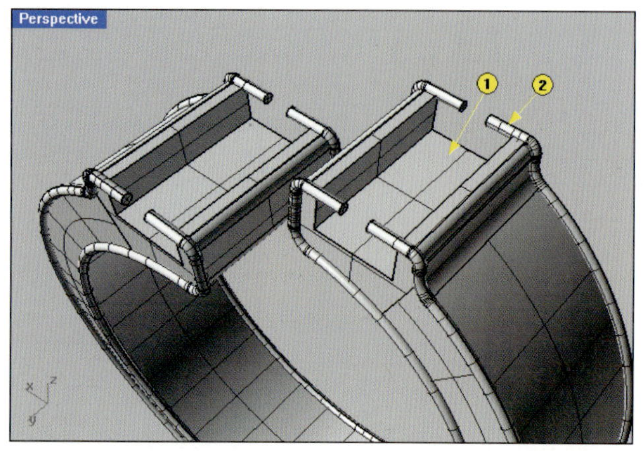

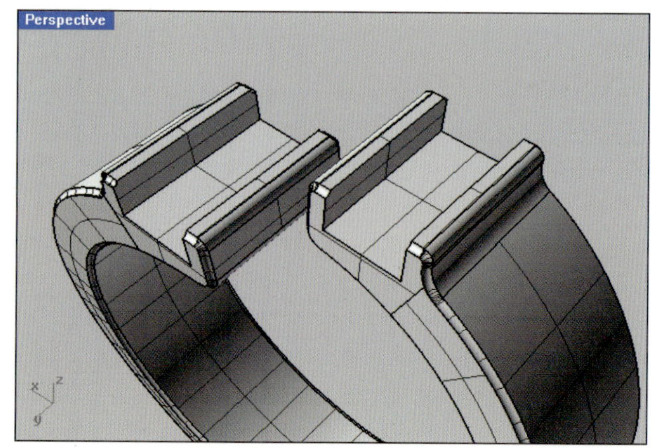

25_ Extract Surface 툴로 그림과 같이 파인 안쪽 면만을 떼어내어 지워준다.

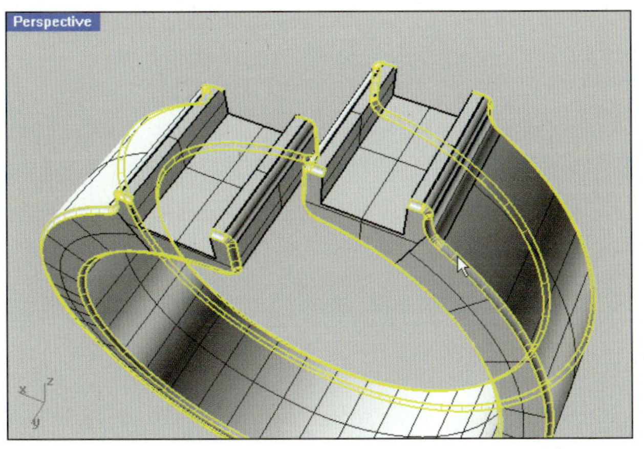

26_ Blend Curves 명령으로 1번과 2번 Edge를 선택하여 Blend Curves를 만들어준다.

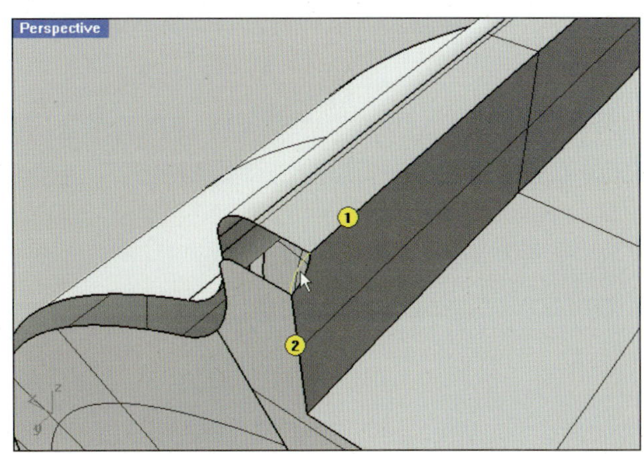

동일한 방법으로 총 8개의 Blend Curves를 모두 만들어준다.

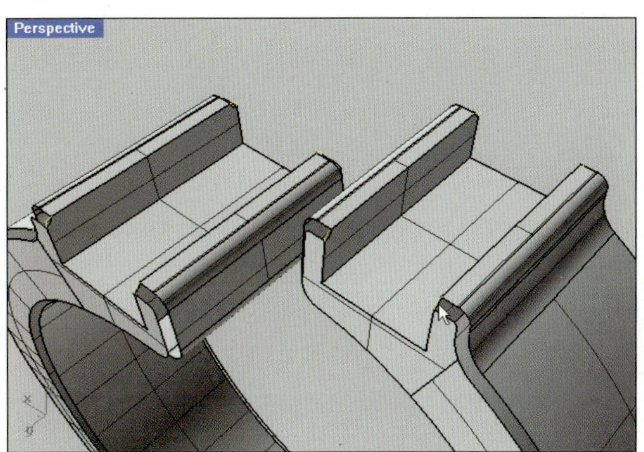

27_ 커브를 제외하고 면 객체들만을 모두 선택한 상태에서 Show Edges 아이콘 클릭 〉 Edge Analysis 대화창이 뜨면 Show=All Edge에 체크한다. 그림과 같이 열린 곳이 모두 붉은색으로 보이게 된다.

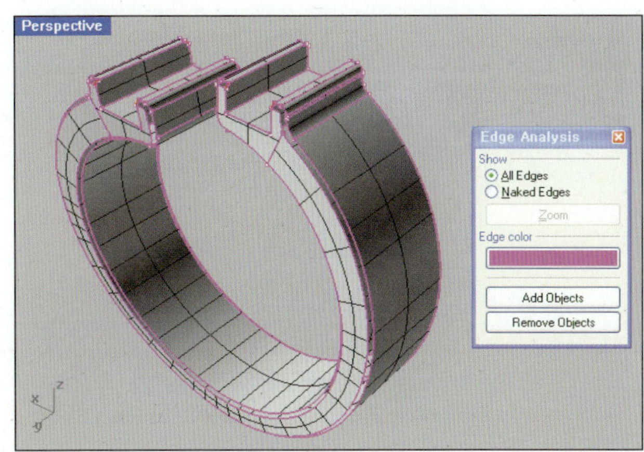

28_ 그 상태에서 Osnap에 Knot에 체크하고 Split Edge 아이콘을 클릭한다. 연이어 1번 면의 Edge를 선택하고 맞은편 Knot에 마우스를 옮기면 그림처럼 하얀 경로선이 보이는데 이때 Knot 자리를 클릭한다.

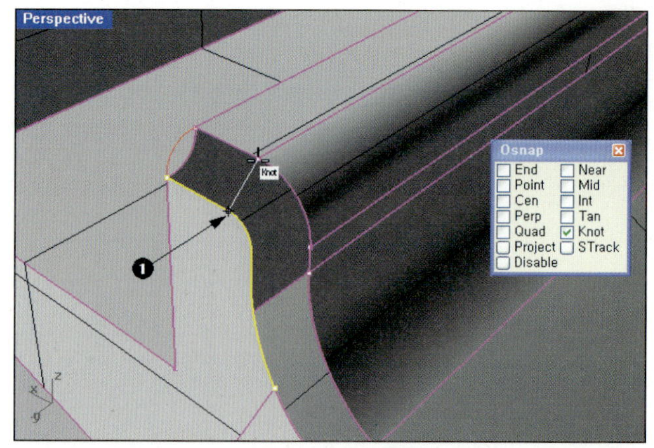

Knot 자리 클릭과 동시에 그림처럼 1번 Split 포인트가 생성되게 된다.

> ****주의**
>
> 이렇게 붉은색 점으로 잘린 곳을 중복해서 자르면 절대 안 된다.
> 만약 잘못 잘랐다면 Ctrl + Z 으로 원위치 해준다.
> 하지만 엉뚱한 곳에 Split Edge를 했다면 Split Edge
> 아이콘을 마우스 오른쪽 버튼으로 클릭하여 Merge Edge시켜
> 지워주면 된다. 하여간 동일한 방법으로 연속해서 그림부위를
> 잘라준다.

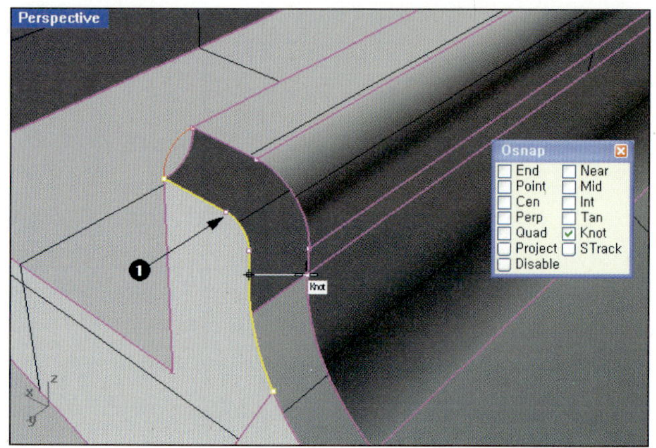

맞은 편은 반대로 그림처럼 1번 면의 Edge를 선택하고 Knot 위치를 클릭해 주면 Split Edge 포인트가 생성된다. 자를 때의 위치 기준은 Seam(이음새)과 마주한 반대편 면의 Edge이거나 아이소커브로 볼 때 Knot(매듭점) 부분과 마주하는 상대편 면의 Edge가 된다. 쉽게 말해 맞은편 면에 붉은색 포인트가 있다면 맞은편에 Split Edge를 해주어야 한다는 의미가 된다.

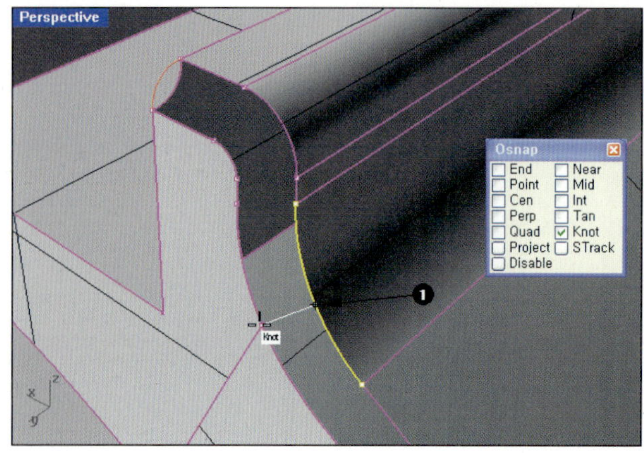

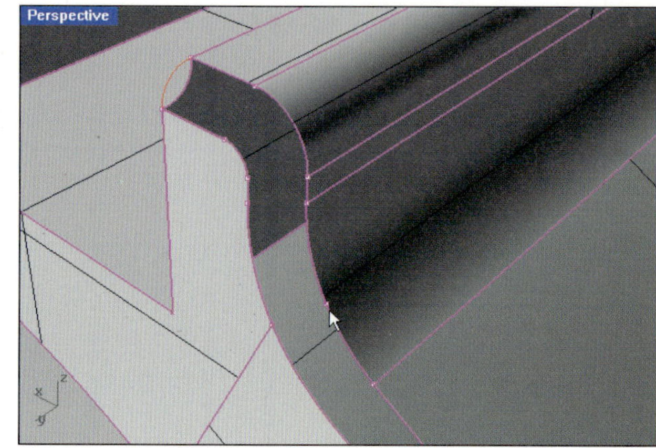

29_ Blend Surface 명령으로 Split Edge
처리된 1번과 2번 구역 Edge 우선 클릭 〉 Enter 한다.

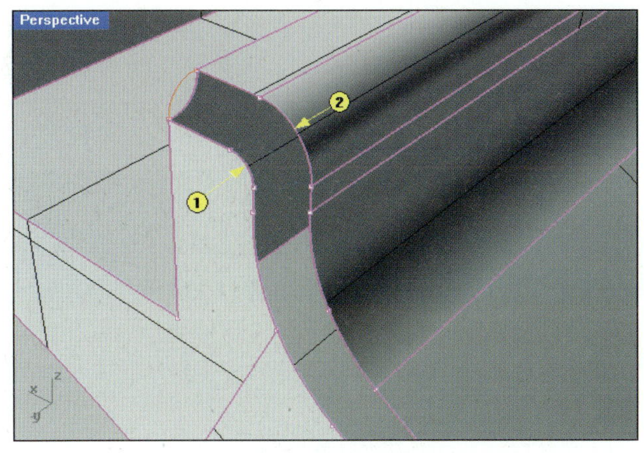

Adjust Blend Bulge 옵션 창이 뜨면 그림과 같이 설정하
고 [OK] 한다.

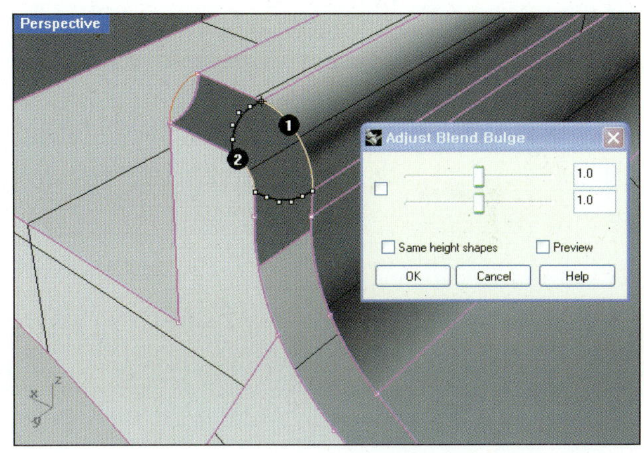

30_ Surface from Network of Curves 아이
콘 클릭 〉 그림과 같은 부위를 순차적으로 선택 〉 Enter
〉 Surface From Curve 옵션 창이 뜨면 그림과 같이 설
정 하고 [OK] 한다.

해당 네트워크 면이 생성되었다. 같은 방법으로 나머지
부분도 처리해준다.

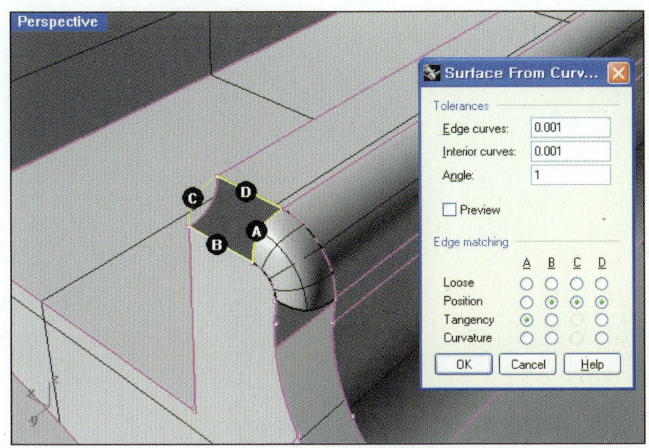

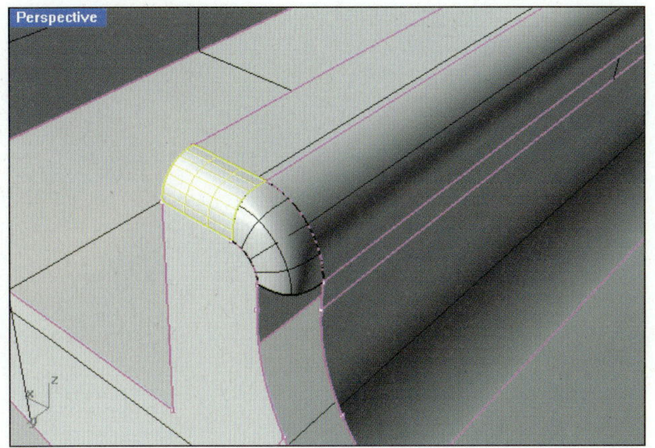

31_ 나머지 반지의 하단부는 Blend Surface 명령으로 면들을 모두 만들어준다.

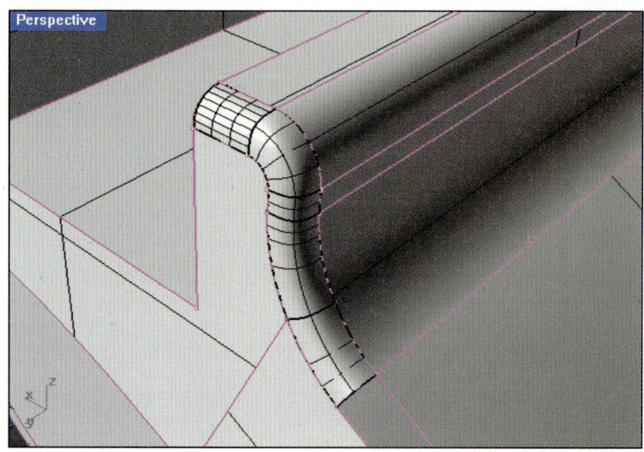

33_ Surface from Planar Curves 명령으로 떼어낸 자리의 Edge를 순차적으로 선택, 제대로된 평면을 다시 만들어준다.

34_ 지금까지 만들어진 면 객체들만을 모두 Join 한 후 Show Edges를 다시 체크해 본다.

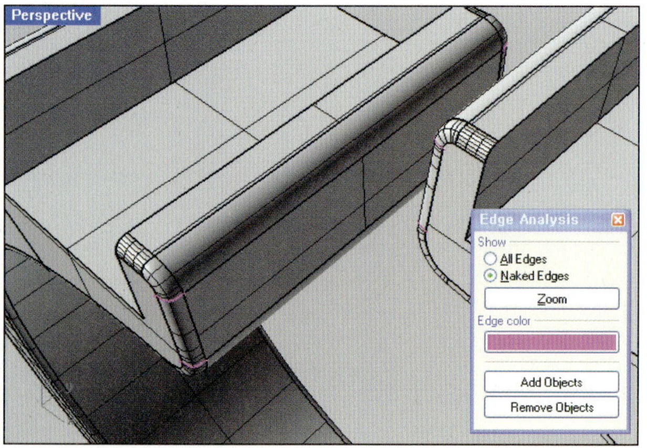

32_ Blend에 의한 Edge 면이 모두 마무리 되었다면 Extract Surface로 그림과 같은 안쪽 해당 면만을 떼어낸 후 지워준다.

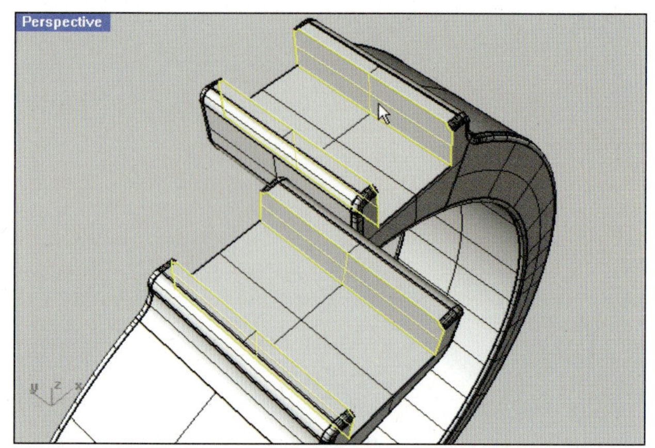

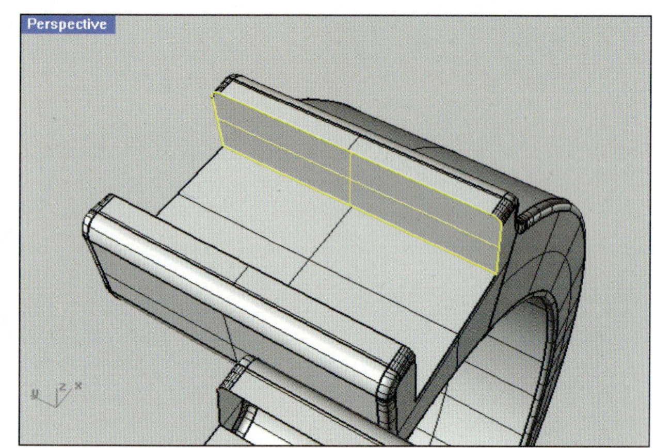

혹, 그림과 같이 Blend Surface 면과 면 사이에 틈이 발견되었다면 Extract Surface로 해당 면을 떼어 내어 지워준다. 다른 곳도 마찬가지이다.

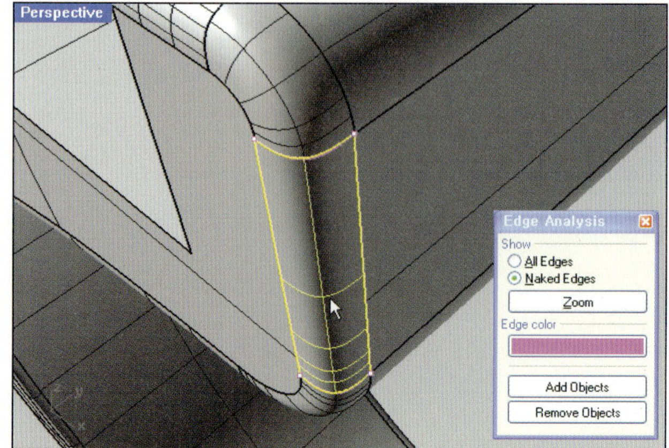

35_ 다음 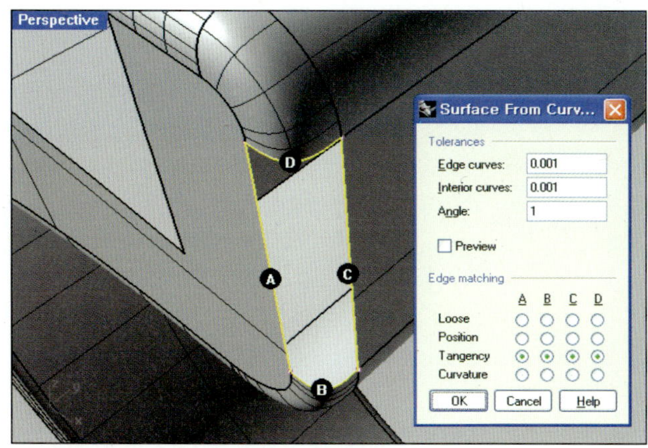 Surface from Network of Curves 명령으로 A, B, C, D 순차적으로 Edge만을 선택하여 면을 만들어 준다. Surface From Curve 옵션 창이 뜨면 그림과 같이 설정하고 [OK] 한다. 면의 왜곡이 없는 한 Edge matching= Tangency에 설정해 준다. 반지면이 곡률로 미세하게 휘어 변형되는 구간이기 때문이다.

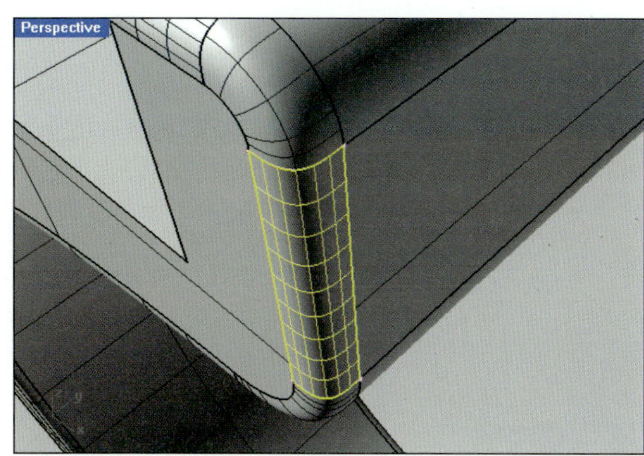

36_ 모두 작업이 마무리 되면 Join하여 다시 최종 Show Edges를 체크해 본다. 커맨드 창에 No Naked Edge 즉, Naked Edge가 하나도 발견되지 않는다면 이제 완전한 솔리드 데이터가 된 것이다.

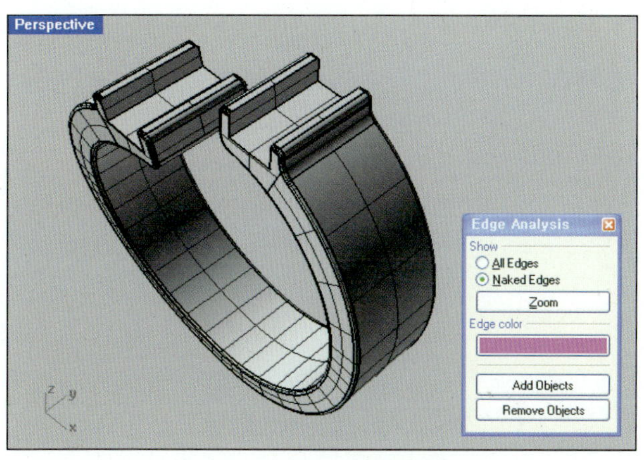

37_ 완료된 반지의 하단 폭이 너무 넓어 이를 좁혀줄 필요가 있다. Cage edit objects 아이콘 클릭 〉 Select captive object: 반지 클릭 〉 Enter 〉Select control(BoundingBox Line Rectangle Box Deformation=Accurate): BoundingBox 옵션 클릭 〉 Coordinate system〈World〉(CPlane World): 마우스 바탕 클릭 〉 Cage point는 X, Y, Z에 4개를 Degree=3으로 그대로 두고 Enter 〉 Region to edit〈Global Local Other〉: Enter 한다.

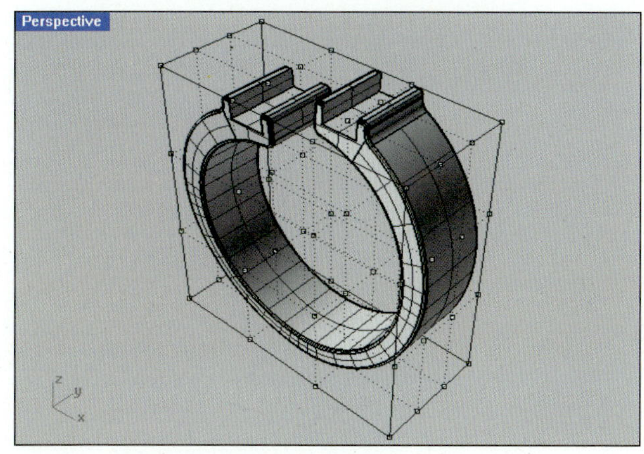

38_ 이제 Right View로 와서 그림과 같이 해당 변형 제어점(CP)을 드래그 선택 후 **Scale 1-D** 명령으로 객체의 가운데를 기준으로 안쪽 방향으로 약간 당겨준다.

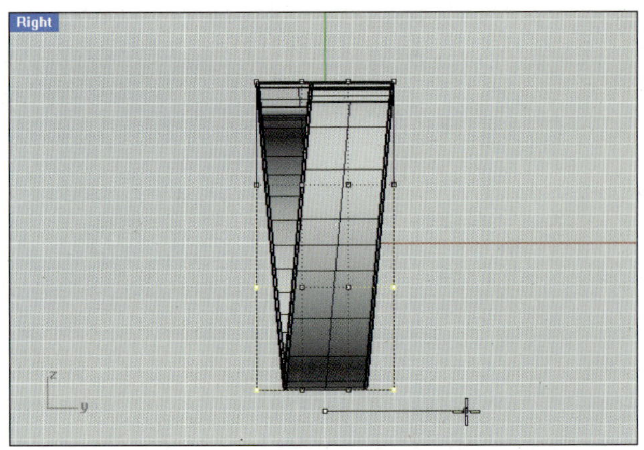

39_ 1차 변형이 되었다면 연이어 해당 변형 제어점(CP)만을 드래그 선택, 이제 가운데를 중심으로 바깥으로 약간만 당겨준다.

전체적인 흐름에 자연스러움이 느껴진다면 제어점 이동을 멈춘다.

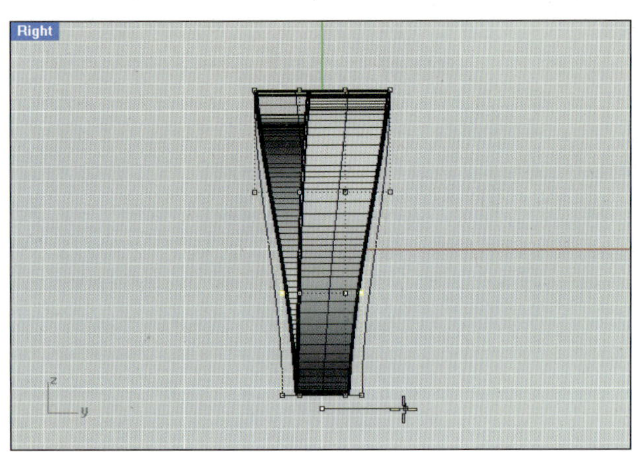

40_ 반지의 하단부 폭에 대한 변형이 마무리 되었다면 CAGE BOX를 지워준다.

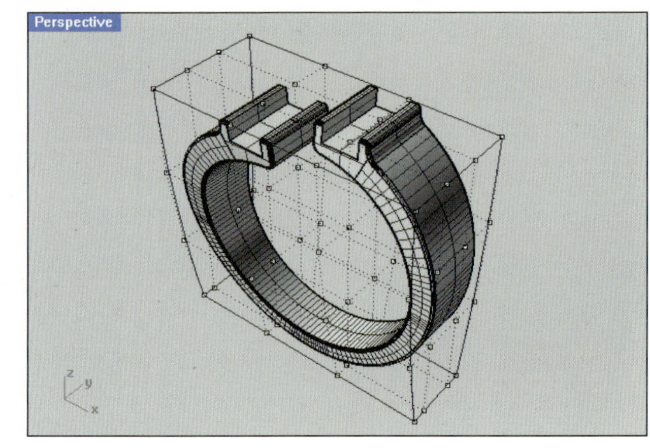

41_ Shade를 통해 전체 객체 뷰(View)를 확인해 본다. 보석이 없다면 **부록 CD 〉 보석샘플 〉 GEM-16**을 File 〉 Import로 불러온다. 크기는 작업자가 맞추어 사용한다.

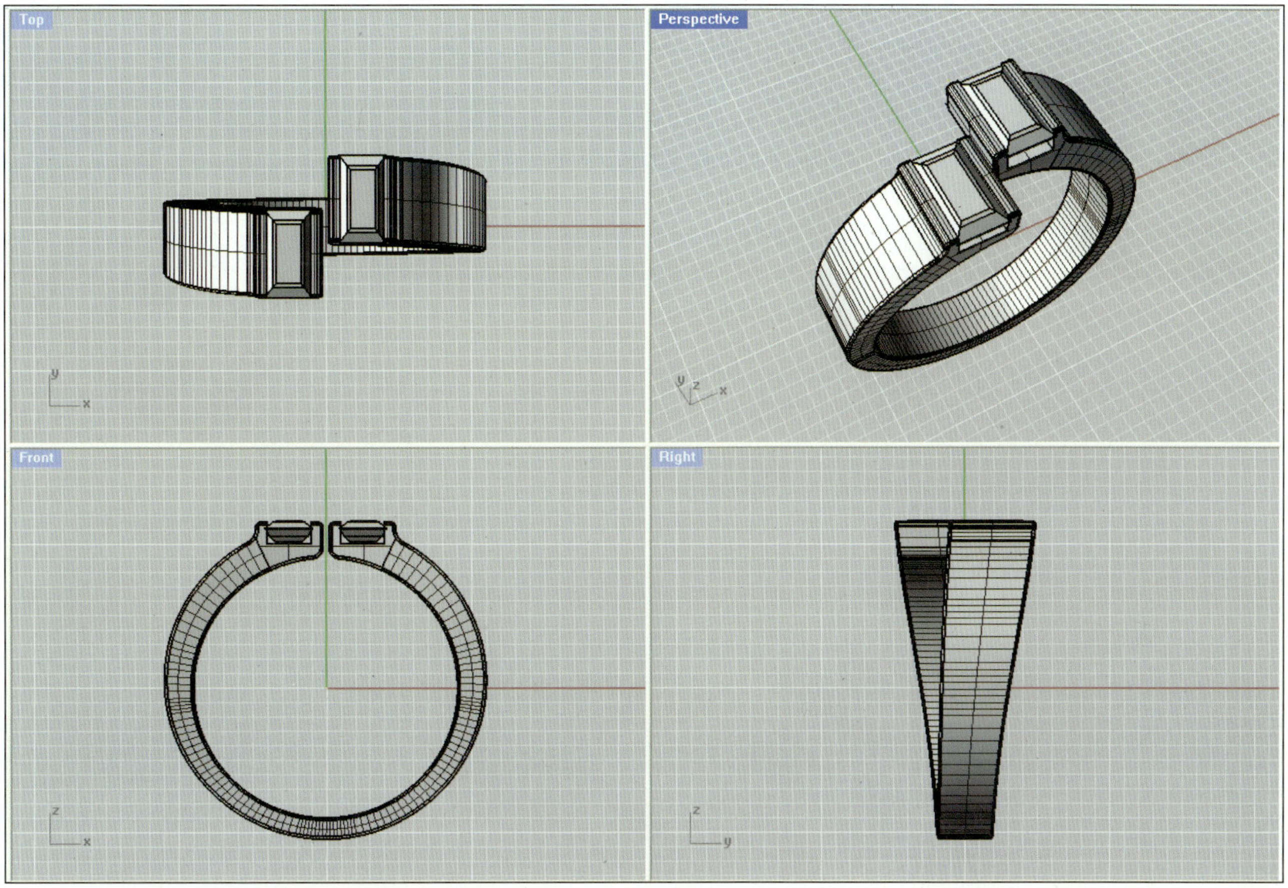

42_ Render 명령으로 최종 결과를 확인해 본다.

Chapter 15

비대칭 교차반지 만들기

 **따라해 보세요 !**

01_ 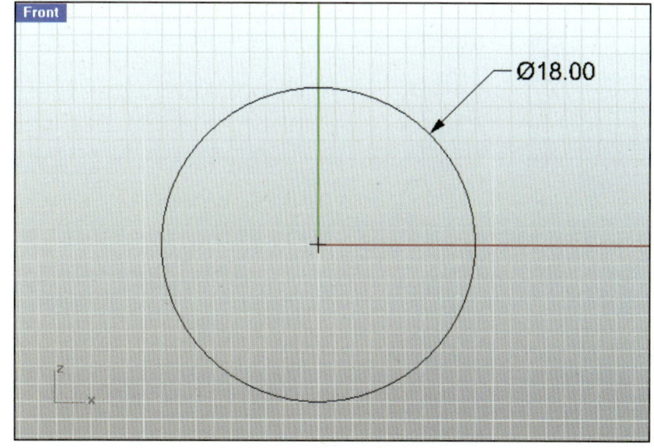 Circle:Center, Radius 명령으로 지름 18mm의 반지 내경을 그려준다.

02_ Length 명령으로 원(지름18mm)의 곡률 길이를 체크하면 56.549mm의 직선 길이가 나오는데 그림과 같이 Line 명령으로 56.549mm의 직선을 그어준다.

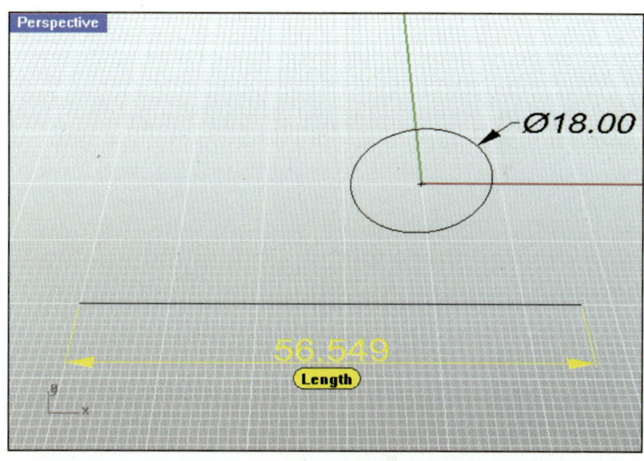

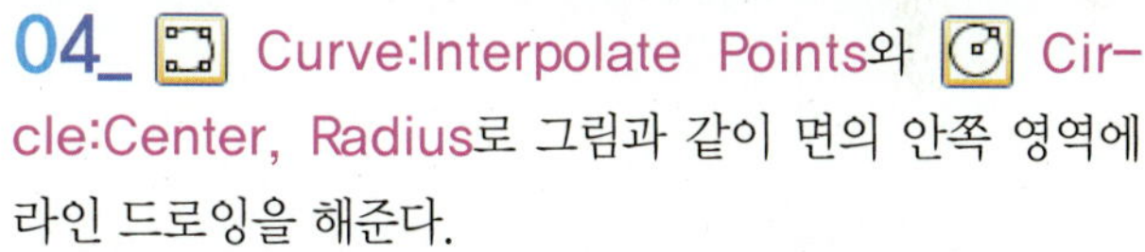

03_ 만들어진 직선 커브를 선택, 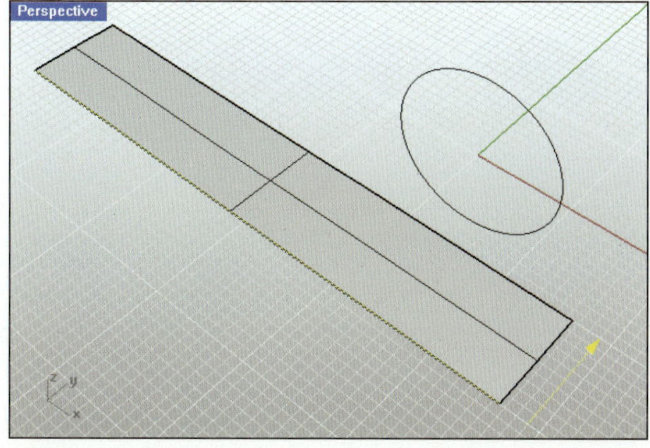 Extrude Straight 명령으로 10mm Extrude시켜 면을 만들어준다.

04_ Curve:Interpolate Points와 Circle:Center, Radius로 그림과 같이 면의 안쪽 영역에 라인 드로잉을 해준다.

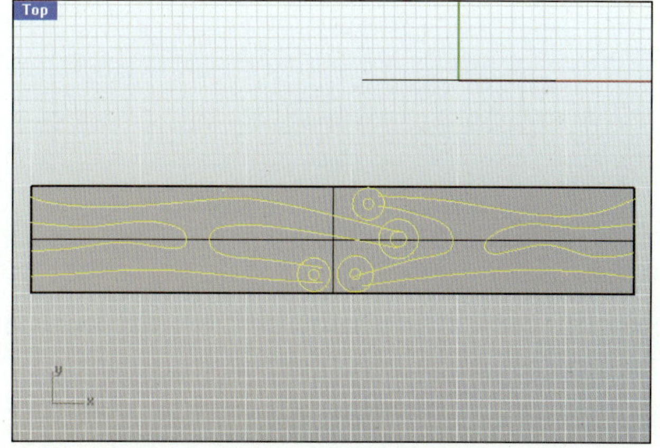

05_ Trim 명령으로 교차된 불필요한 커브들을 삭제해 준다.

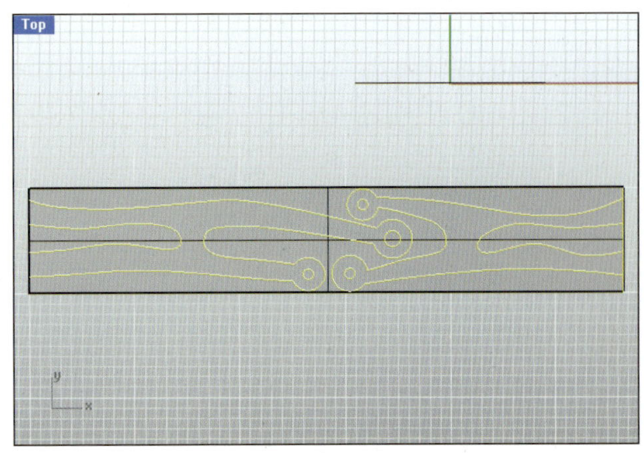

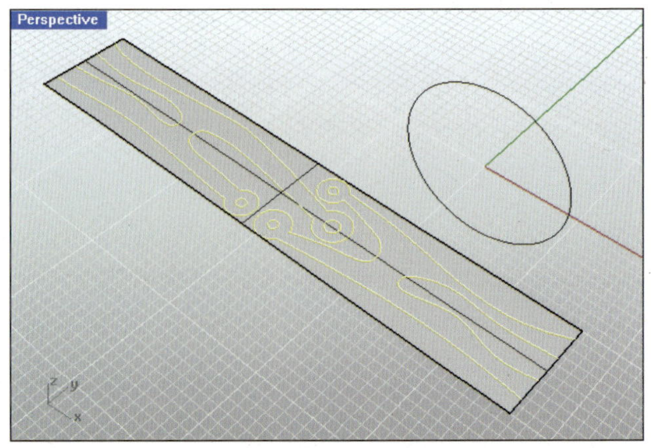

06_ 앞서 드로잉된 커브의 끝단에 일치하도록 Line 명령으로 1, 2, 3, 4번 연결 직선 커브를 그려준다.

07_ 다음 라인 객체들을 모두 선택하여 Join 시켜 준다.

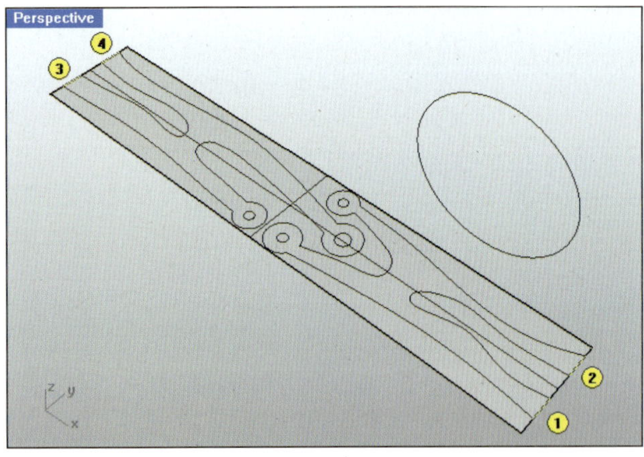

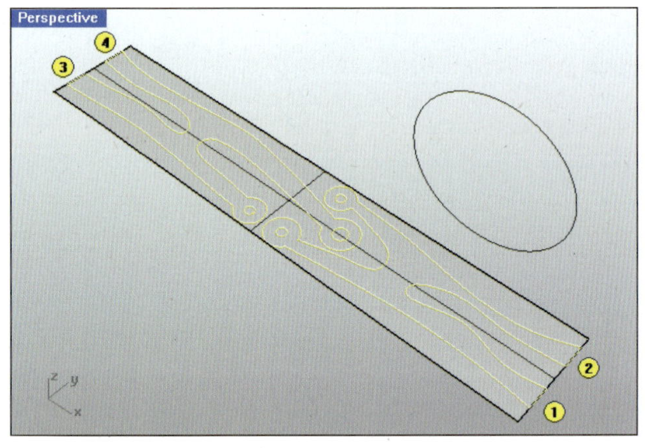

08_ Extrude closed planar curve 명령으로 그림의 1번과 2번처럼 2.5mm 높이를 주어 Solid 객체로 만들어 준다.

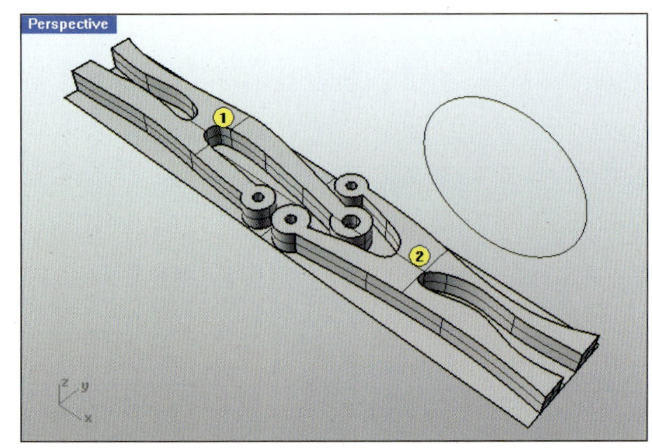

09_ Variable Radius Fillet으로 그림이 보여주는 선택 부위에 Radius 2.0을 동시에 부여한다.

Fillet이 부여된 곳의 곡면 흐름을 확인한다.

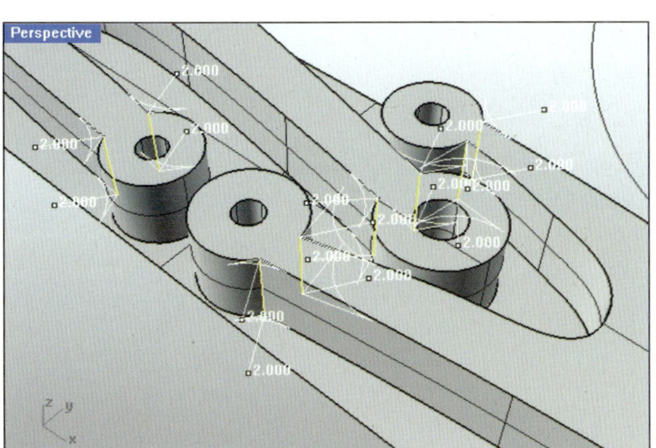

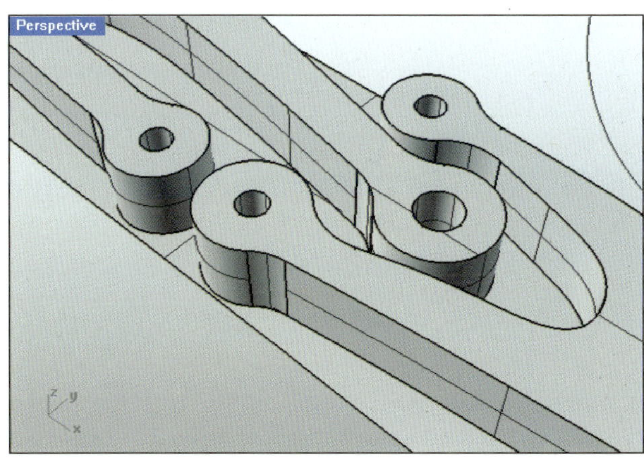

10_ Variable Radius Chamfer로 그림과 같이 원의 안쪽에 Radius Chamfer 0.5를 동시에 부여한다.

Chamfer가 부여된 곳을 확인한다.

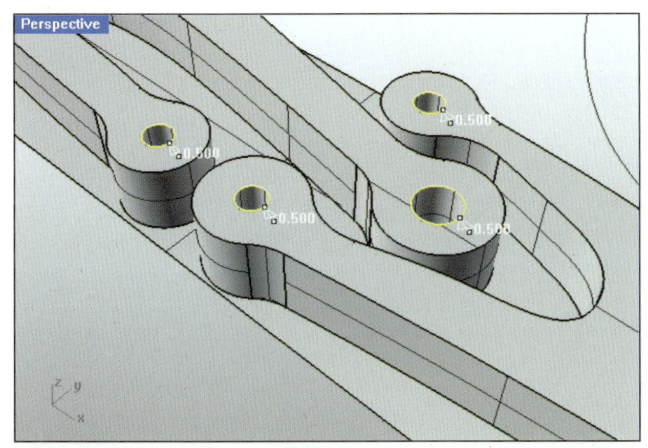

11_ Variable Radius Fillet으로 그림과 같이 솔리드 객체(2번)의 외곽 Edge만을 클릭하여 Radius Fillet 0.2를 부여한다.

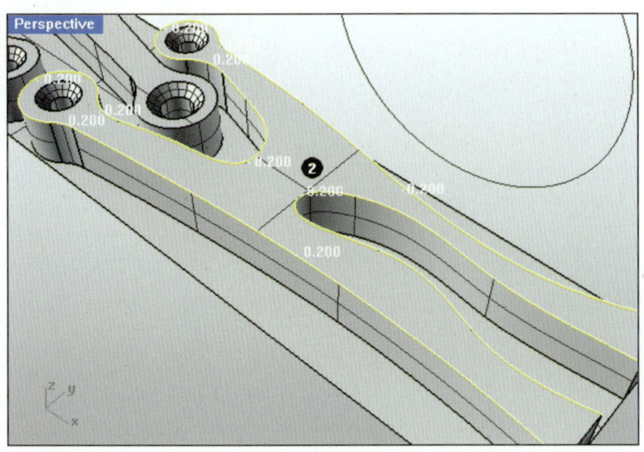

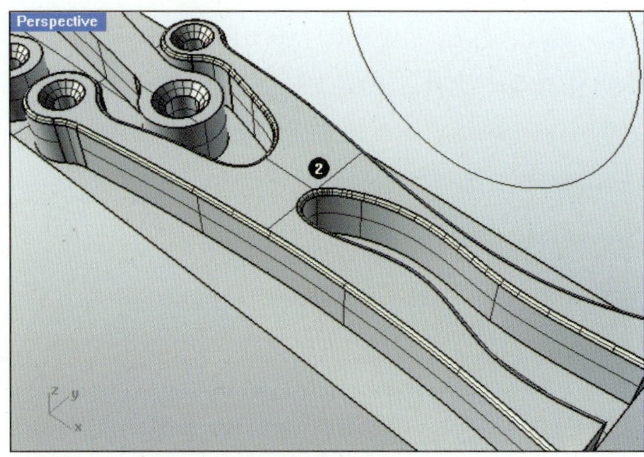

12_ 동일한 방법으로 Variable Radius Fillet으로 그림과 같이 솔리드 객체(1번)의 외곽 Edge만을 클릭하여 Radius Fillet 0.2를 부여한다. 물론 바닥면의 외곽 Edge에도 동일하게 Fillet을 부여한다.

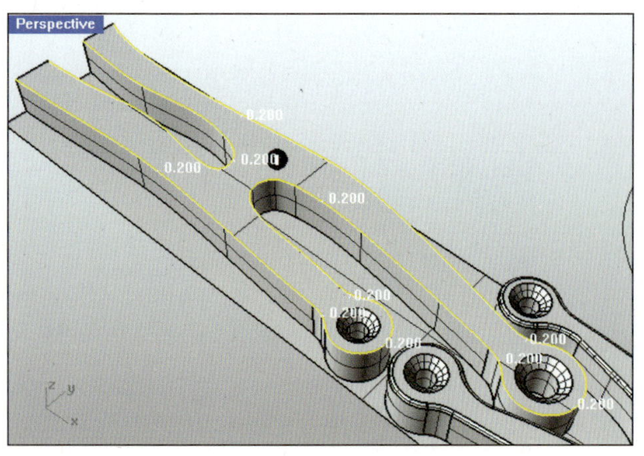
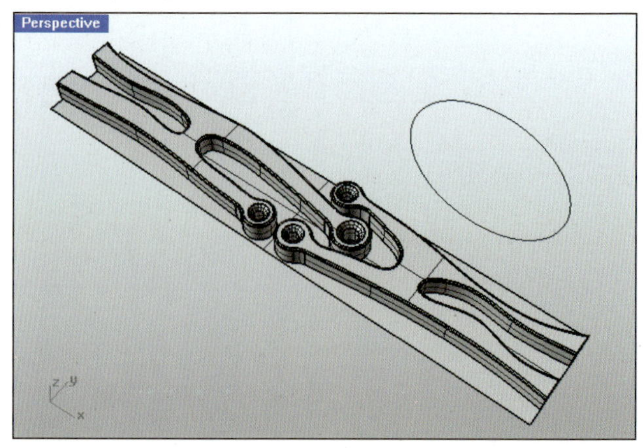

13_ 테크젬(TechGems)을 활용하여 그림과 같은 크기의 보석을 만들어 배치한다. 물론 작업자의 드로잉에 맞는 비율의 보석을 삽입해 주면 된다. 보석이 없다면 부록 CD 〉 보석샘플 〉 GEM-17을 File 〉 Import로 불러 온다.

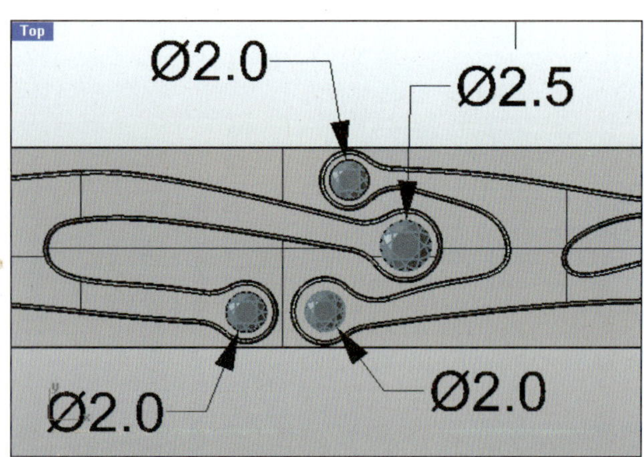

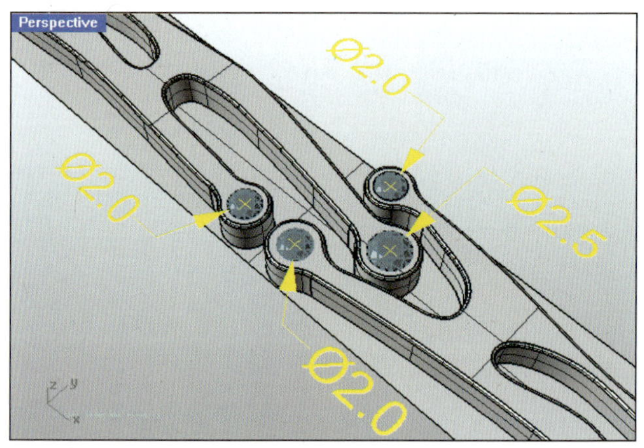

14_ Group 명령으로 지금까지 만들어진 솔리드 (Solid) 객체와 보석을 모두 그룹시켜 준다. 참고로 추가 변형에 관한 학습을 위하여 지금까지의 객체들을 모두 하나씩 복사해 제자리에 숨겨 놓는다.

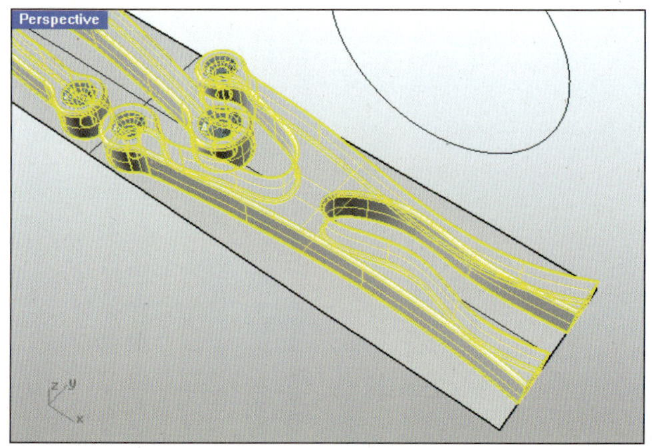

15_ Right View에서 그림과 같이 원의 Quad점 하단에 일치하는 직선을 만들어 준다. 이때 Line – from Midpoint 명령으로 이용하면 편리하다. 전체 길이는 10mm이다.

16_ Sweep 1 Rail 명령으로 번호 순서대로 클릭 하여 면을 만들어 준다. 명령 실행 중 나타나는 Sweep 1 Rail Options는 그림과 같이 설정하고 [OK] 한다.

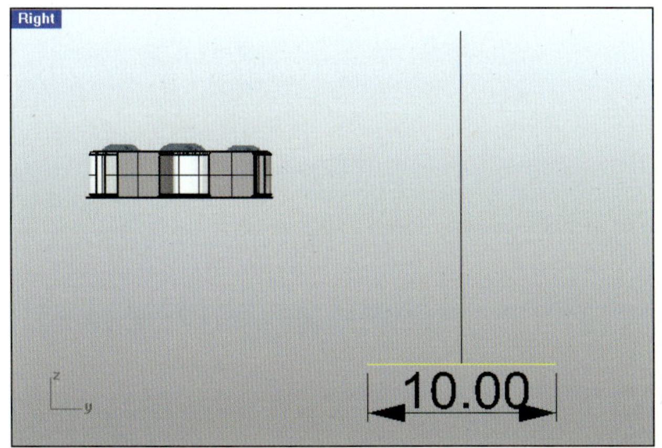

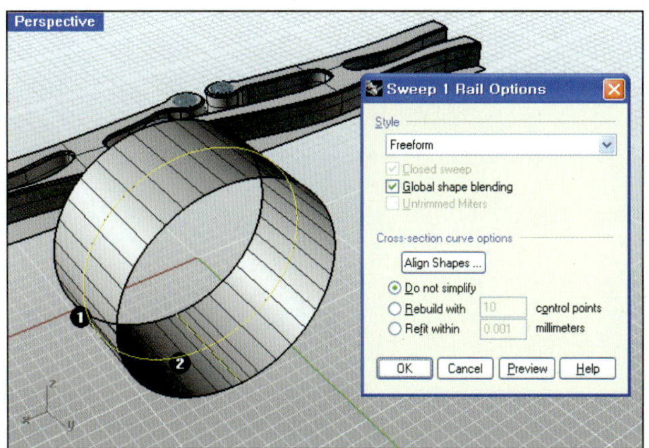

17_ Flow along surface 명령을 이용, 번호 순서대로 클릭하여 둥근 면에 일치하는 반지를 만들어 준다.

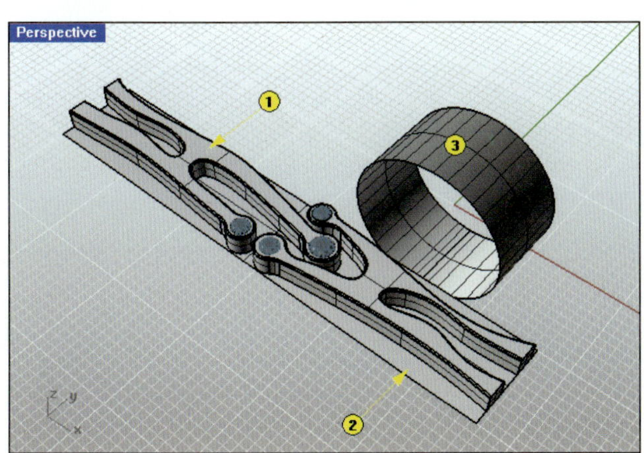

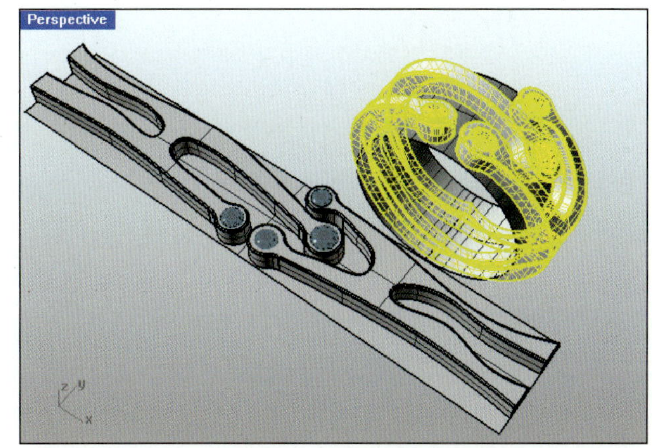

18_ 명령이 종료 되었으면 안쪽의 불필요한 면은 지워 준다.

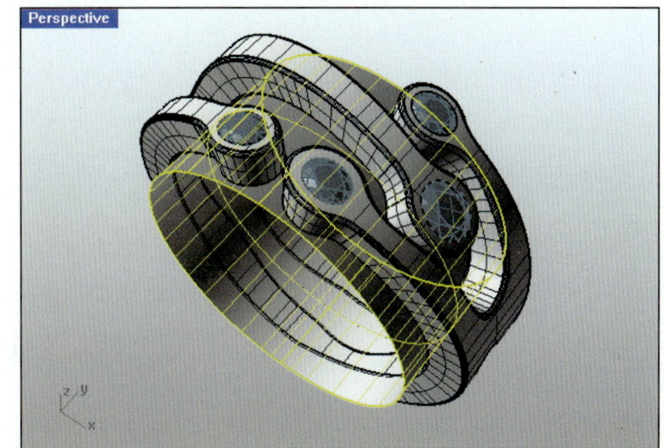

19_ 서로 자연스럽게 교차되는 반지가 만들어졌다. 하지만 현재의 반지 몸체는 2개의 솔리드 객체가 서로 맞닿아 있는 상황임에 유의한다. 이것에 대한 수정은 뒷부분에 설명된다. 문제는 보석도 함께 변형되었다는 것이다. 즉, 이 명령어는 이러한 변형 원리를 알고 적절히 사용하는 것이 좋다. 특히 변형되어도 무방한 유기적인 형상의 제작에 도움이 될 것이다.

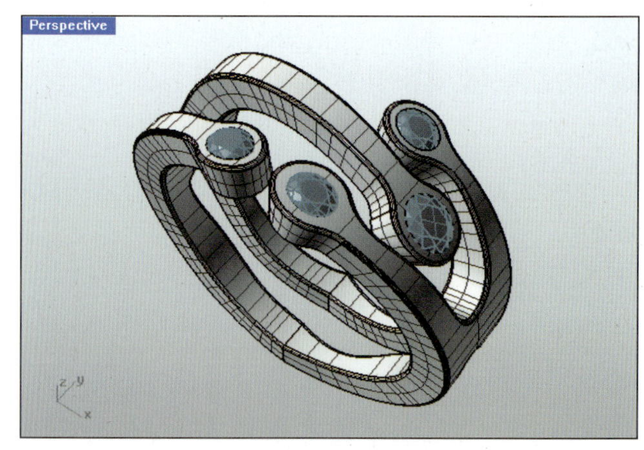

20_ 플라밍고 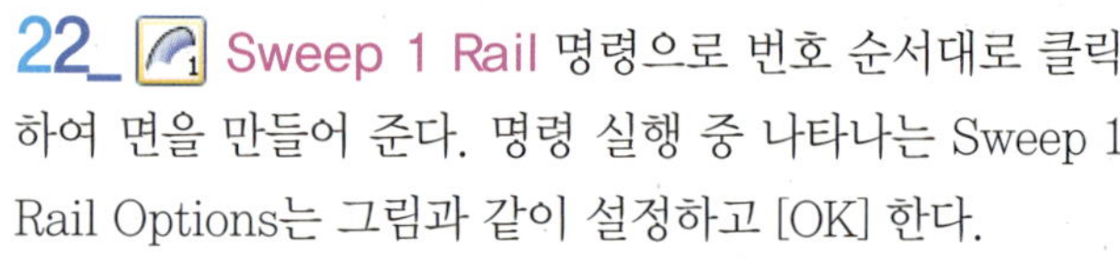 Render 명령으로 결과를 확인해 본다.

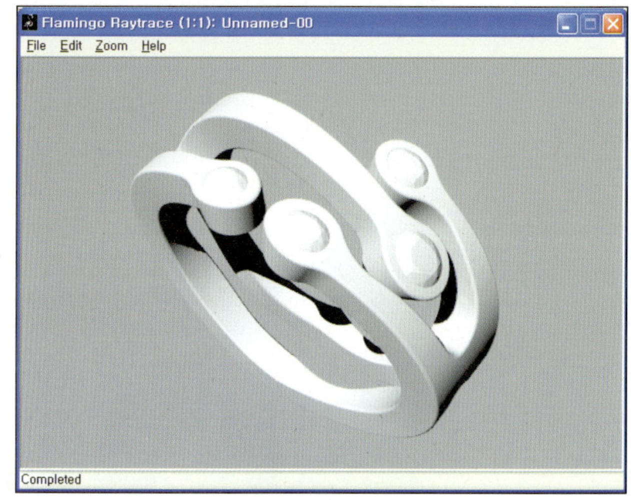

21_ 2차 변형에 관한 학습을 위하여 앞서 숨겨둔 변형전의 객체들을 모두 보이게 한 후 Right View에서 그림과 같이 원의 Quad점 하단에 일치하는 호(Arc) 만들어 준다. 이때 전체 호의 전체 폭은 10mm이다.

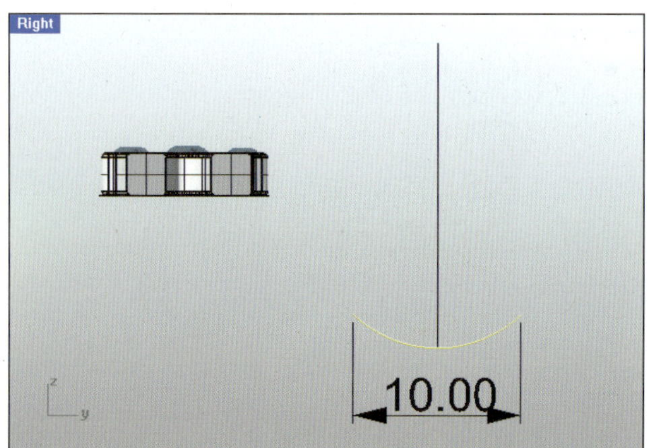

22_ 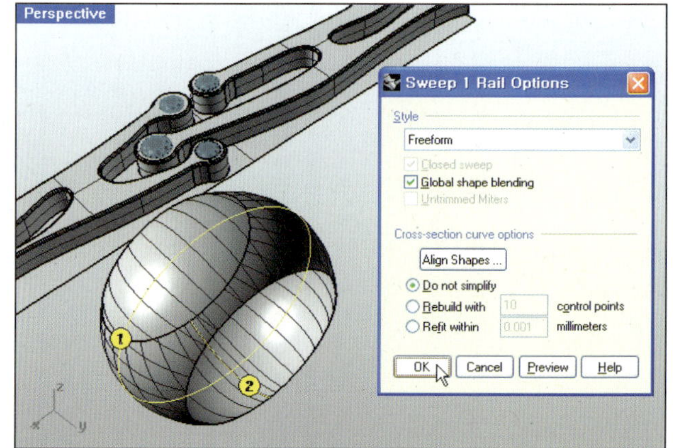 Sweep 1 Rail 명령으로 번호 순서대로 클릭하여 면을 만들어 준다. 명령 실행 중 나타나는 Sweep 1 Rail Options는 그림과 같이 설정하고 [OK] 한다.

23_ Flow along surface 명령을 이용, 번호 순서대로 클릭하여 둥근 면(객체3번)에 일치하는 반지를 만들어 준다.

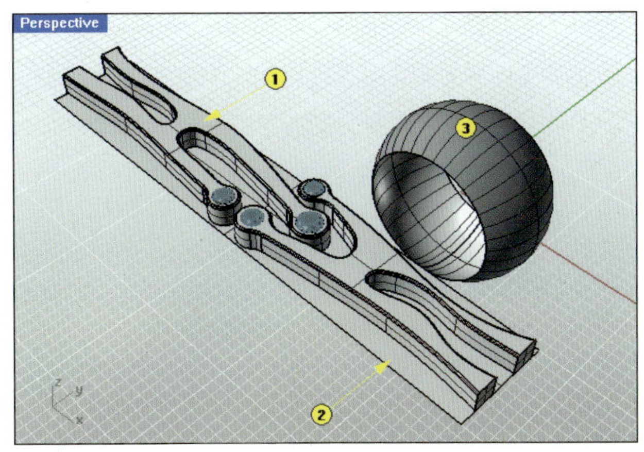

하지만 만들어진 반지가 면의 안쪽으로 들어가 만들어진 것을 확인할 수 있는데 이것은 면의 Normal 방향이 안쪽으로 되어 있기 때문에 생기는 결과이다.

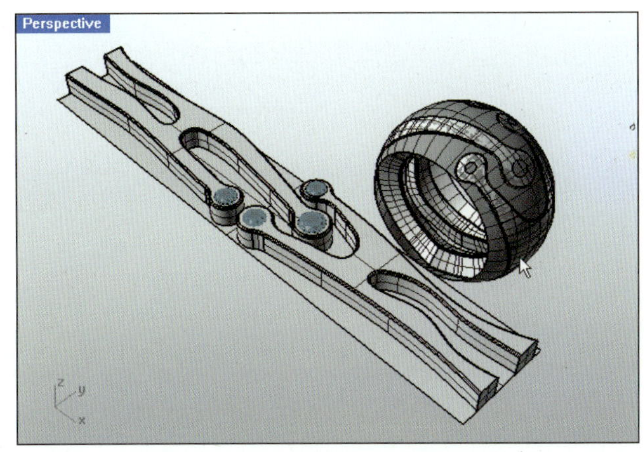

24_ 이러한 문제를 바로 잡는 것은 간단하다. Analyze Direction으로 3번 객체를 선택하여 면의 Normal 방향을 Flip(F)을 이용하여 반대로 바꿔주면 된다.

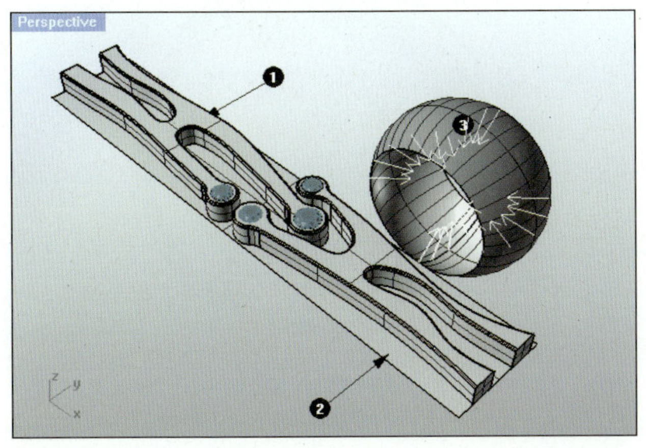

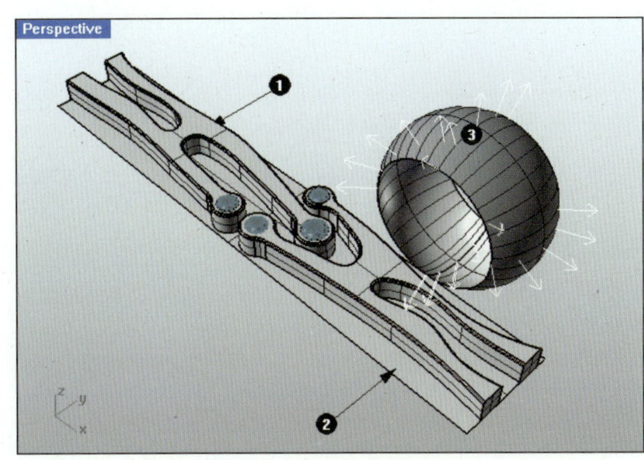

25_ 다시 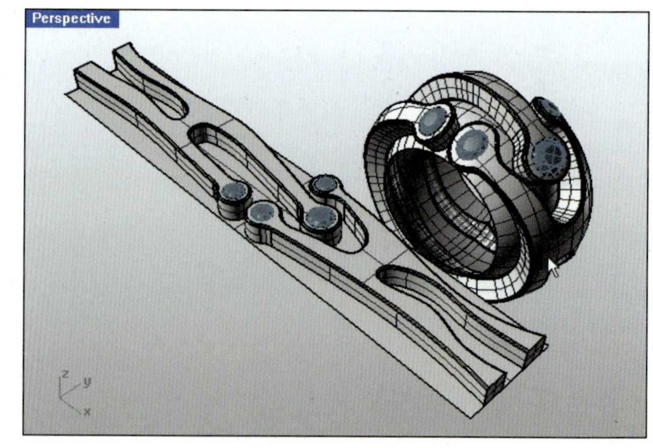 Flow along surface 명령을 이용, 번호 순서대로 클릭하여 둥근 면에 일치하는 반지를 만들어준다. 정상적으로 바깥쪽에 반지가 만들어졌다.

26_ 안쪽의 불필요한 면은 지워준다.

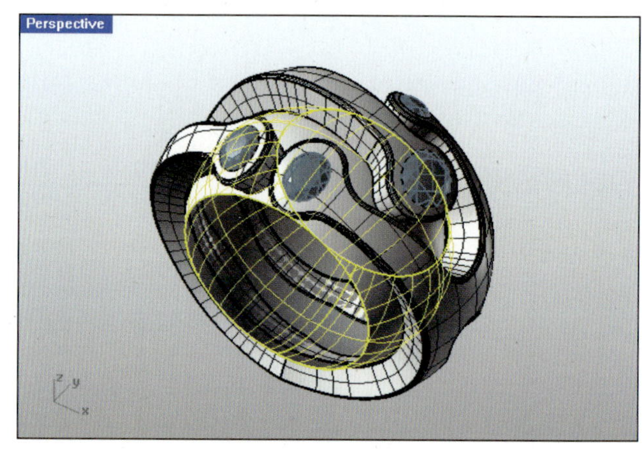

27_ 플라밍고 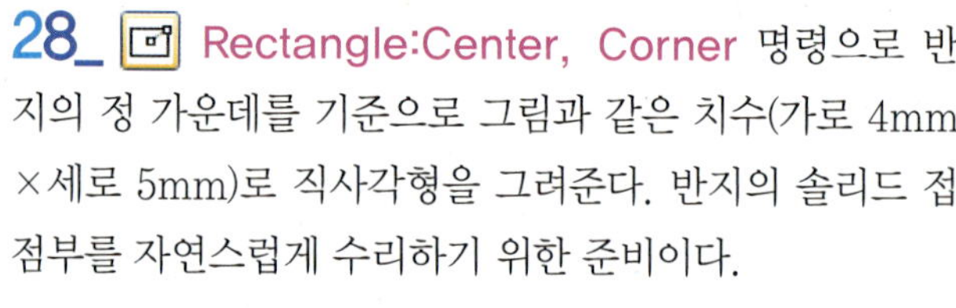 Render 명령으로 결과를 확인해 본다.

28_ 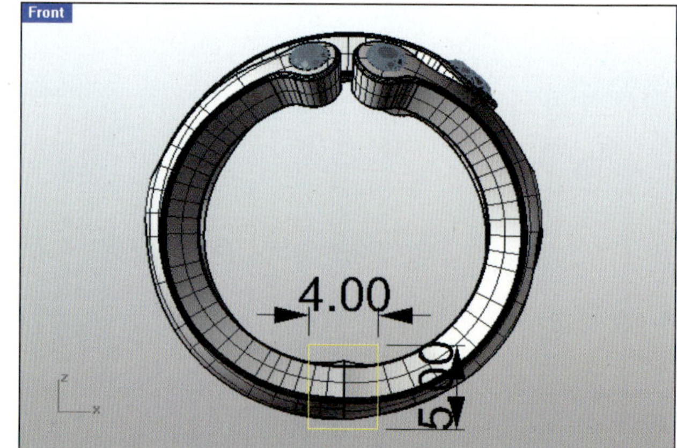 Rectangle:Center, Corner 명령으로 반지의 정 가운데를 기준으로 그림과 같은 치수(가로 4mm ×세로 5mm)로 직사각형을 그려준다. 반지의 솔리드 접점부를 자연스럽게 수리하기 위한 준비이다.

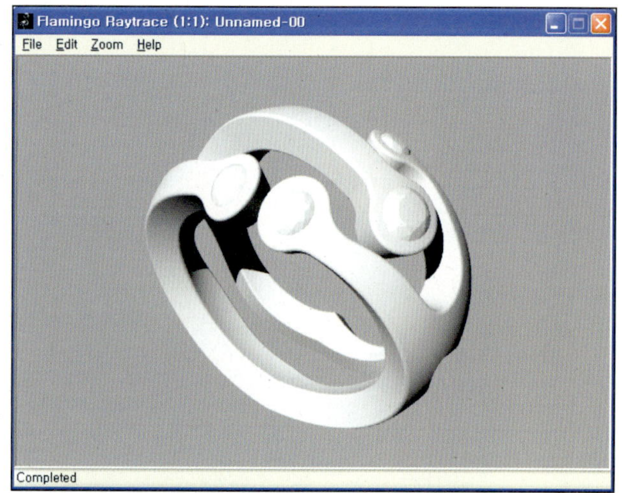

29_ 다음 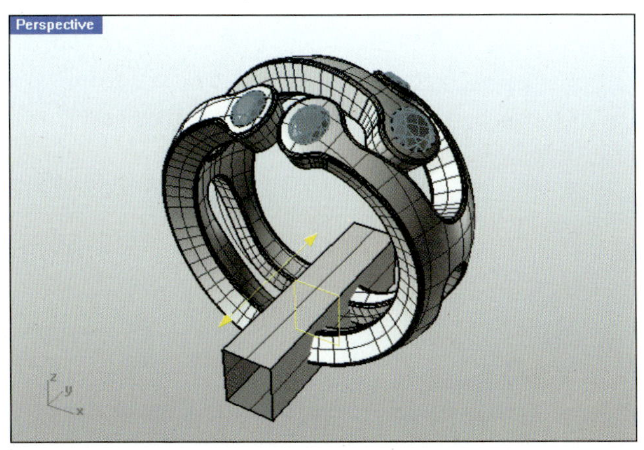 Extrude Straight 명령으로 그림과 같이 반지의 하단부를 관통하는 면(Polysurface)을 만들어준다.

30_ Split 명령으로 1번과 2번 솔리드(Solid) 객체를 3번 면(Polysurface)으로 잘라준다. 잘린 안쪽 객체들은 모두 지워준다.

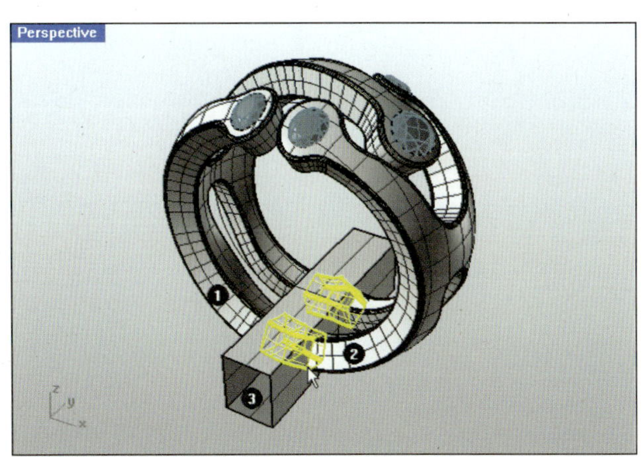

31_ 이제 화살표 지점을 자연스럽게 연결하는 작업을 할 차례이다.

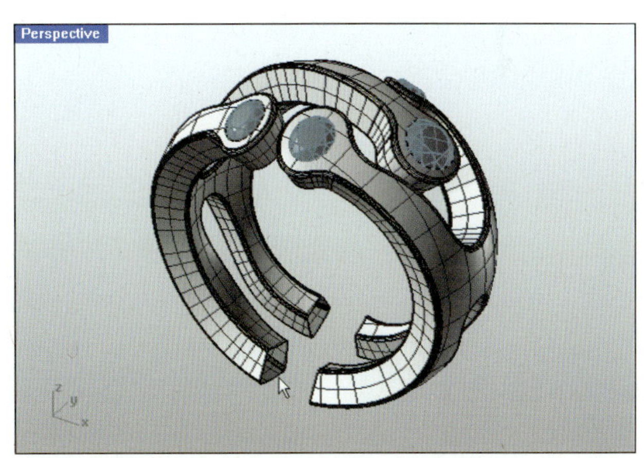

32_ Blend Curves 명령으로 그림과 같이 각각의 1번과 2번 Edge를 클릭하여 자연스럽게 연결되는 각각의 블랜드 커브를 모두 만들어준다.

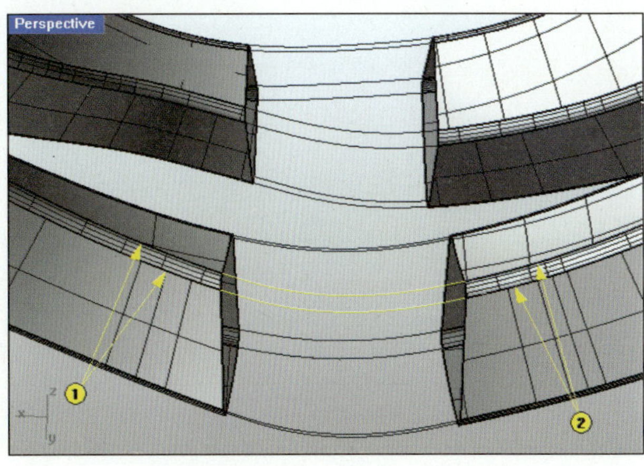

33_ 블랜드 커브들을 모두 만들었다면 Surface from Network of Curves 명령으로 그림과 같이 A-B-C-D 순으로 클릭하여 면을 만들어 준다. Surface From Curve..옵션 창이 뜨면 그림과 같이 설정하고 [OK] 한다. 물론 작업자에 따라 연결성을 자유롭게 결정해도 무방하다. 단 연결면이 매끄럽지 못하다거나 각이 생기면 곤란하다.

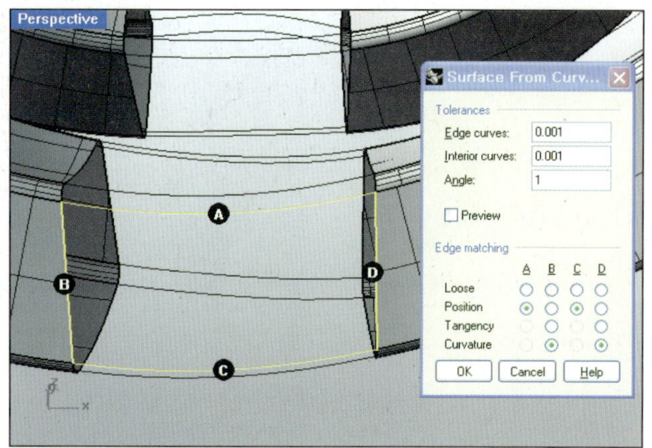

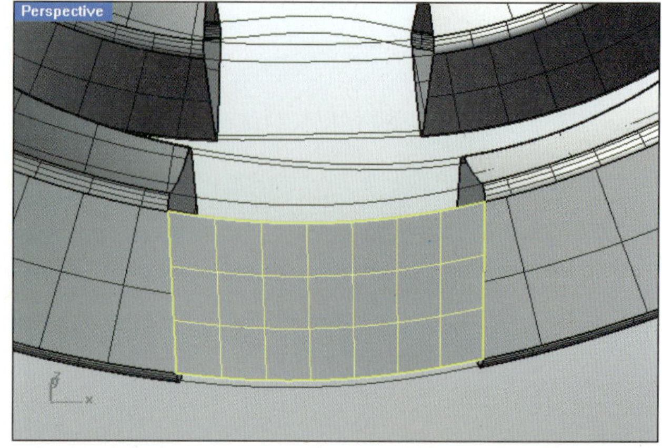

34_ 우선 만들어진 면은 Join하여 Zebra Analysis로 면의 흐름을 체크해 본다. 큰 문제가 없다면 연속해서 다음 작업을 반복한다.

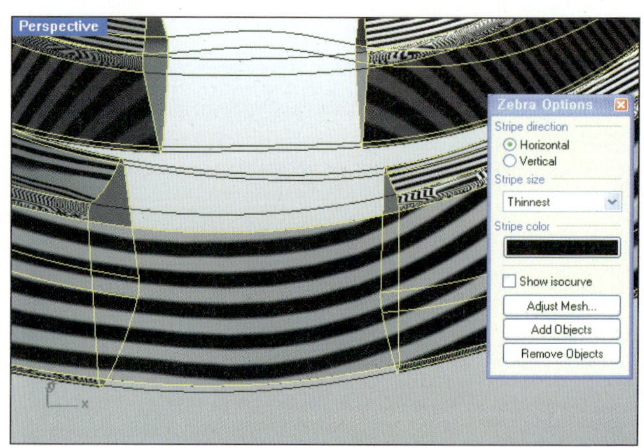

35_ 동일한 방법으로 Surface from Network of Curves 명령으로 그림과 같이 A-B-C-D 순으로 클릭하여 면을 만들어 준다. Surface From Curve.. 옵션창이 뜨면 그림과 같이 설정하고 [OK] 한다.

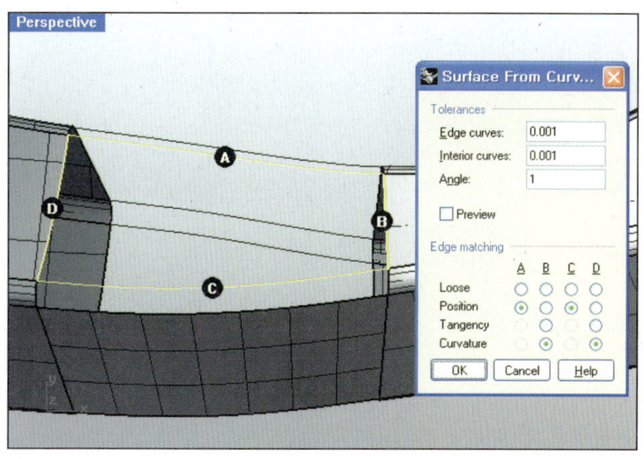

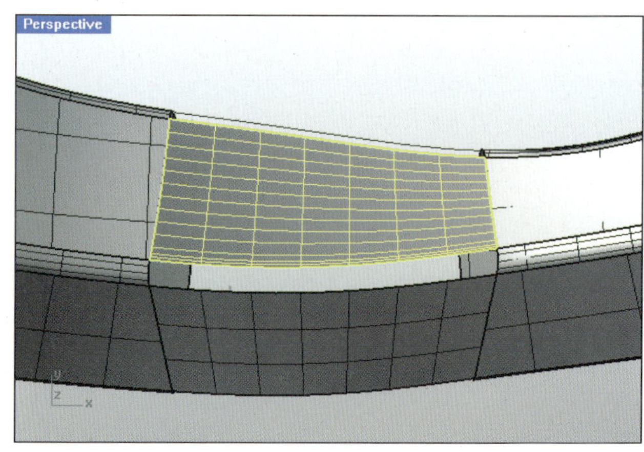

36_ 계속해서 ▨ Surface from Network of Curves 명령으로 그림과 같이 A-B-C-D 순으로 클릭하여 면을 만들어 준다. Surface From Curve..옵션창이 뜨면 그림과 같이 설정하고 [OK] 한다.

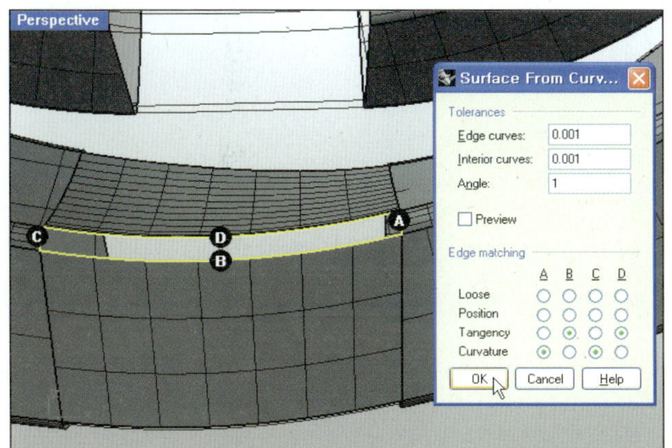
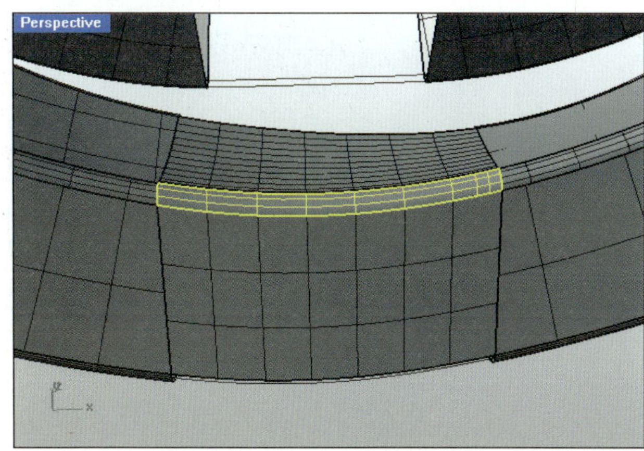

37_ 모든 연결 면이 마무리된 모습이다. 연결성에 문제가 없다면 작업을 완료한다.

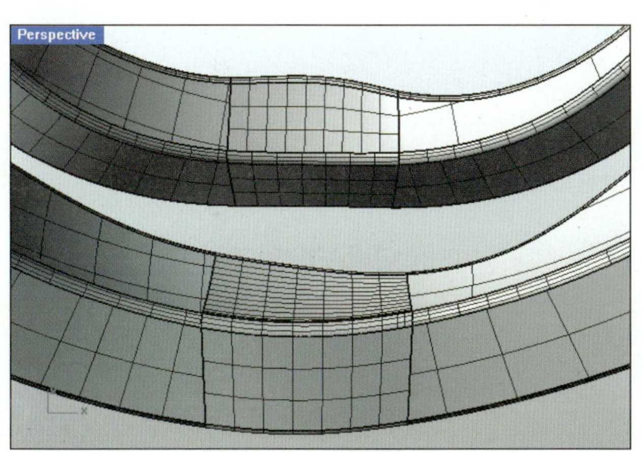
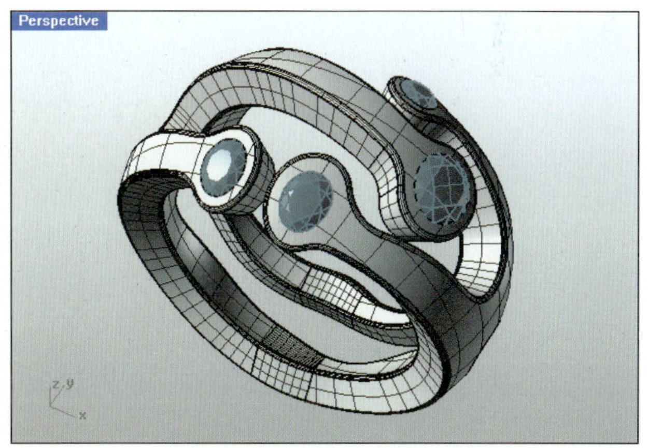

38_ 플라밍고 ◉ Render 명령으로 최종 결과를 확인해 본다.

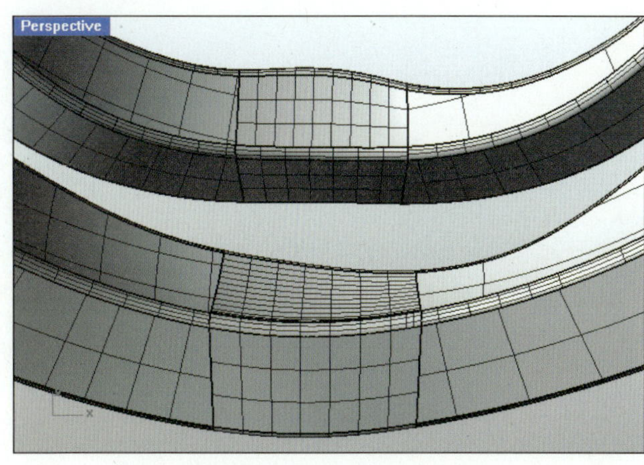

Chapter 16

Rhinoceros

반지 수리하기

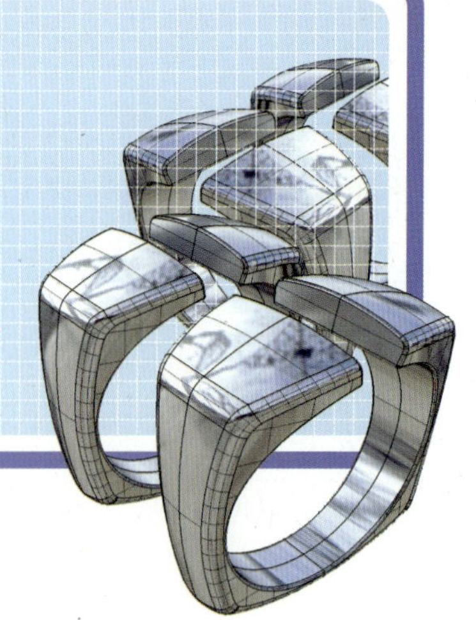

Preview

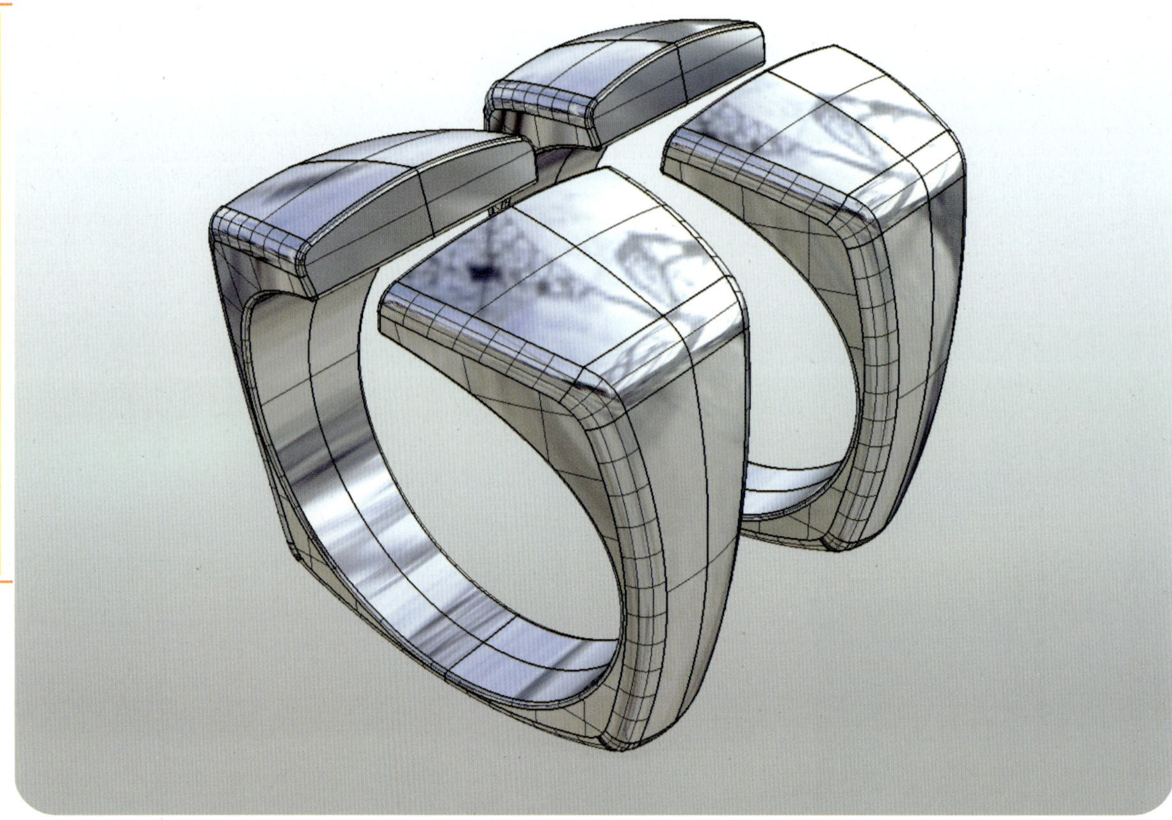

따라해 보세요 !

01_ 모델에 문제가 생기면 초보자의 경우 어디서부터 손을 대야 하는지를 고민하게 된다. 본 예제는 매우 기본적인 방법 중에 하나를 제시하고 있다. 이것은 아무리 복잡한 형태도 기본적인 툴들을 정교하게 조합, 활용하여 대부분의 문제를 해결할 수 있기 때문이다. 우선 **부록 CD 〉 라이노파일 〉 EX-06** 예제 파일을 연다.

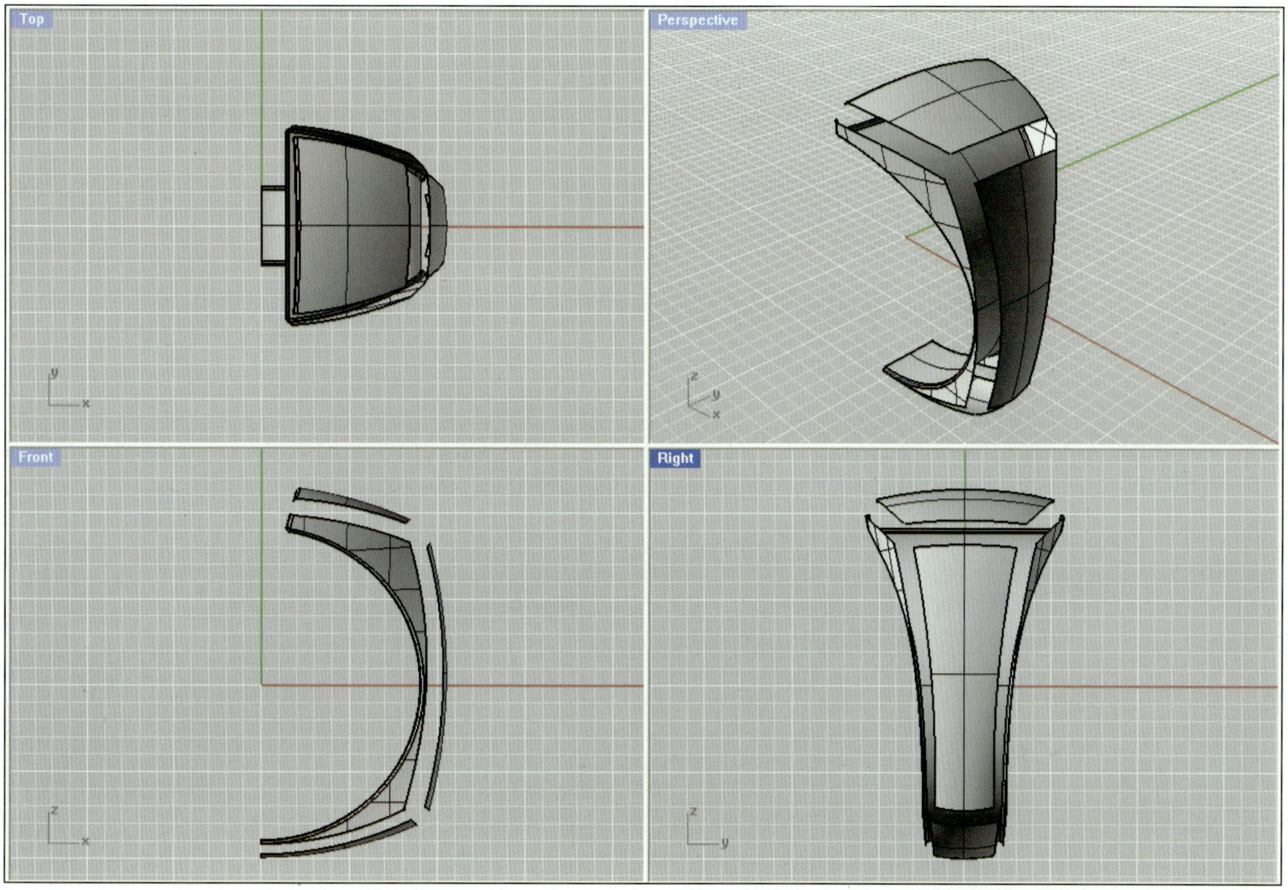

02_ 먼저 상단부를 수리해 주도록 한다. Blend Curves 명령으로 1번과 2번 Edge 커브를 연결하는 Blend Curve를 만들어 준다. Blend Curve 명령은 기본적으로 Curvature(G2) 상태의 연결성을 보장한다.

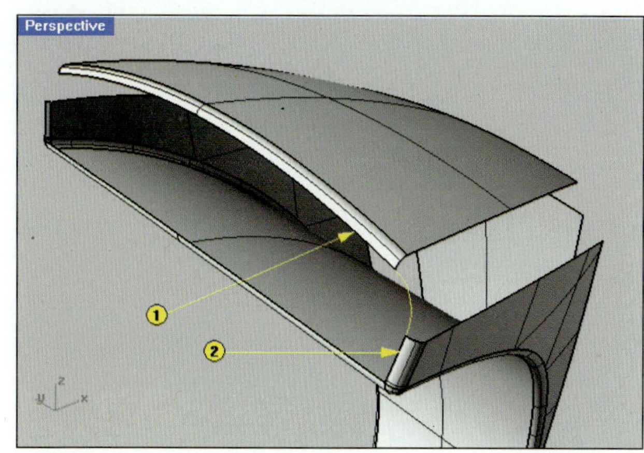

03_ 같은 방법으로 3, 4번, 5, 6번, 7, 8번 Edge를 각각 선택하여 Blend Curve를 만들어 준다.

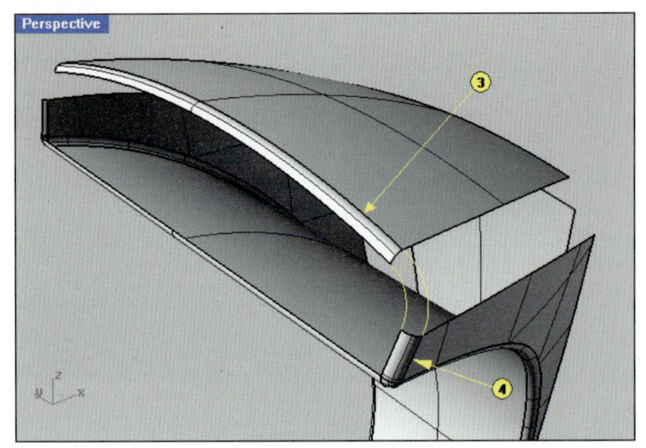

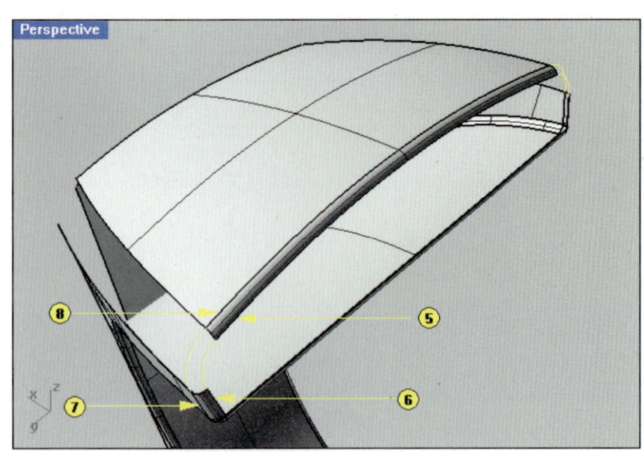

04_ Surface from Planar Curves 명령으로 1번부터 6번까지의 Edge를 순차적으로 클릭하여 그림과 같이 평면을 만들어 준다. 평면을 메꾸는데 Patch를 사용하지 말 것을 당부한다. 데이터량의 증가와 면의 신뢰도에 문제가 발생한다.

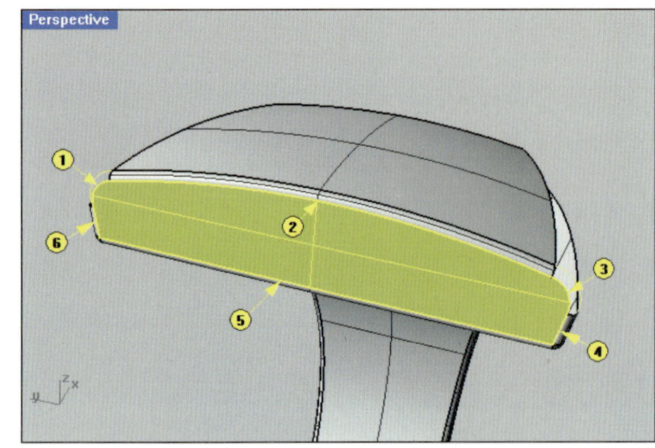

05_ Surface from Network of Curves 명령으로 모서리에 라운드 면을 만들어 준다. 우선 해당 번호 순서대로 클릭하되 1번과 3번의 경우 노랑색 Curve를 선택해주고, 2번과 4번의 경우 반드시 면의 Edge를 클릭해주어야 한다. 그래야 Network 명령의 해당 옵션이 활성화 되기 때문이다.

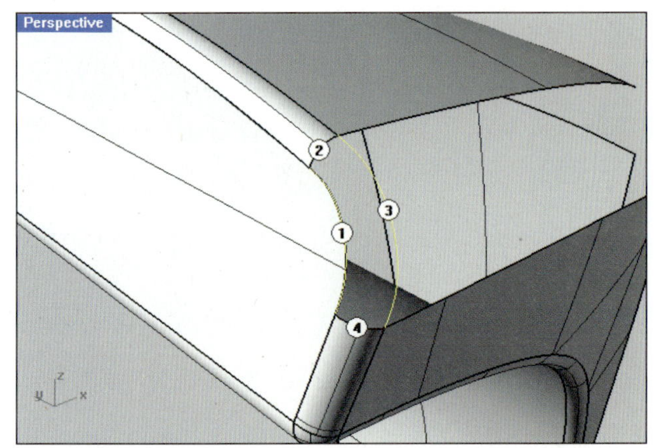

명령실행 중 Surface From Curve... 옵션 창이 뜨면 그림과 같이 설정하고 Preview를 클릭해 보면 라운드 면이 정상적으로 만들어졌음을 미리 확인해 볼 수 있다. [OK] 버튼을 클릭한다. 동일한 방법으로 Surface from Network of Curves 명령을 사용하여 반대편 라운드 면도 완성해 준다.

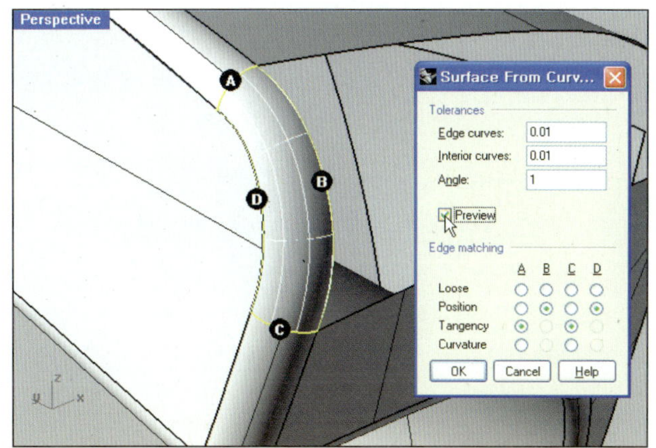

Network 명령 중 옵션에 대한 요약을 보면 Tolerances는 허용오차 또는 허용공차를 말하며

Edge curves:0.01은 생성면의 바깥쪽 A-B-C-D Edge의 허용오차가 되는 셈이다.

Interior curves: 0.01은 A-B-C-D를 교차하는 내측 커브와 생성면의 허용 오차를 말한다.

Edge matching 중 Position은 위치에 일치만을 하기에 각을 그대로 유지하며 G0 연결성(Continuity)을 유지한다.

반면 Tangency 법선의 일치로 각이 없는 연결상태인 G1의 연결성을 유지한다.

끝으로 Curvature는 면과 면이 접하는 곳의 곡률의 일치로 G2의 연결성을 유지한다.

옵션은 근접한 면의 연결성에 따라 작업자가 스스로 결정하여 사용하게 된다.

06_ Join 명령으로 1번~4번까지 면을 서로 붙여 주고 Zebra Analysis로 면의 흐름을 시각적 패턴(Stripe)으로 확인해 본다. 만약 검은색의 줄무늬가 흰색과 마주하거나 엇갈려 나타나면 면의 접합부에 각이 존재한다는 의미이다. 여기서는 흐름이 정상적으로 매끄럽다. 이제 Join된 것을 분리된 상태로 복귀한다.

07_ View를 바꾸어 해당 부분에 면을 만들어 줄 것이다. Blend Curves 명령으로 두군데의 1번과 2번 Edge 커브를 연결하는 각각의 Blend Curve를 만들어 준다.

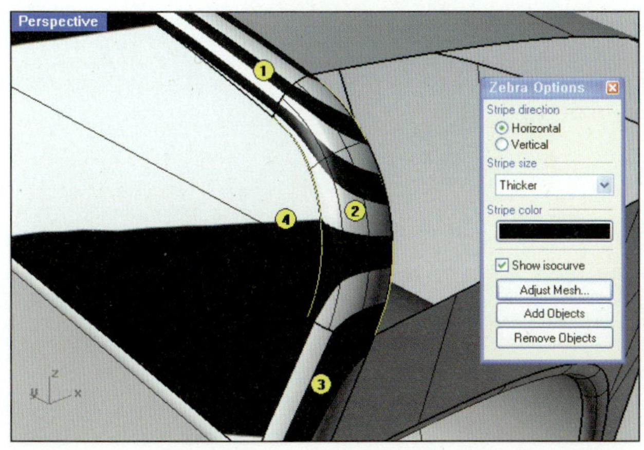

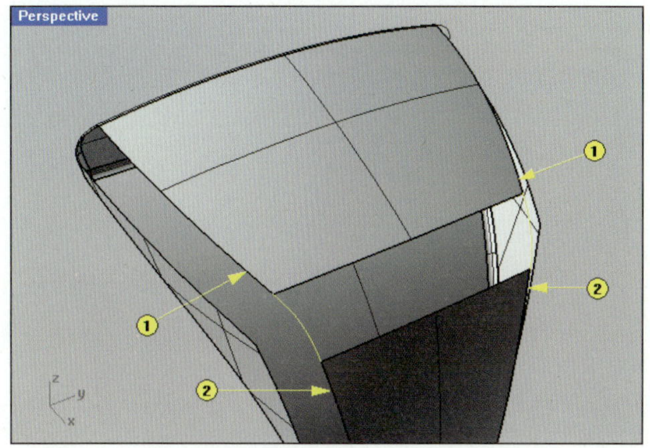

08_ Surface from Network of Curves 명령
으로 그림과 같이 A, C Edge와 B, D 커브를 순차적으로
클릭하여 면을 만들어 준다. 명령진행 중 옵션 설정은 그
림과 같다. Edge matching의 경우 A와 B는 기존에 존재
하는 면과의 연결성을 고려하여 Tangency에 체크해 준
다. Preview를 통해 생성면을 확인해 본다. 아이소커브
(Isocurve)가 많긴 해도 아주 제대로 된 면이 만들어졌음
을 확인할 수 있다.

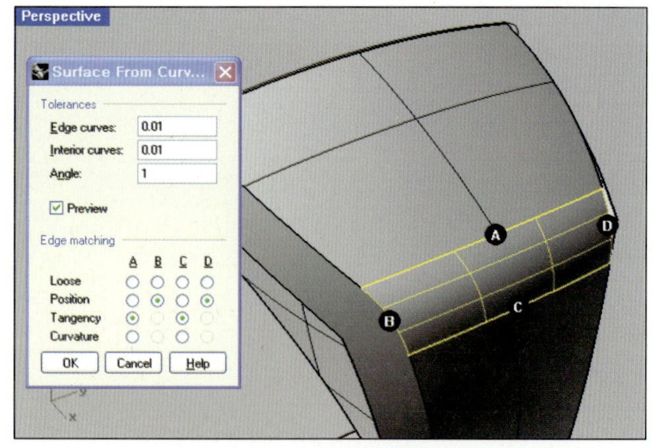

09_ Zebra Analysis로 면의 흐름을 시각적 패
턴(Stripe)으로 확인해 본다. 면의 흐름이 정상적으로 나
타난다.

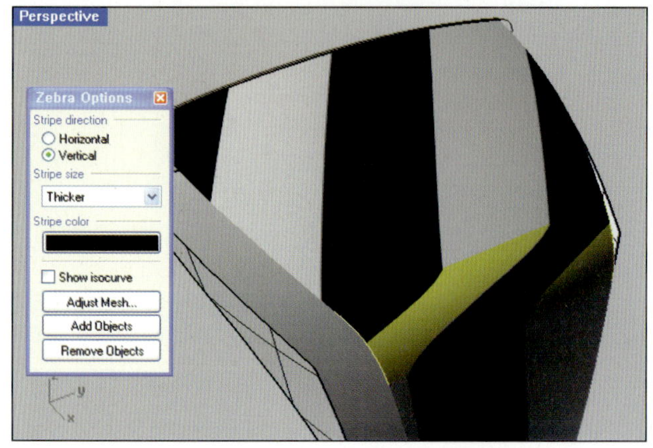

10_ 이번엔 조금 전의 Network 생성면을 지우고
Sweep 2 Rails로 만들어 보도록 한다. 우선 1번과 2번 면
의 Edge를 Rail로 클릭하고, 연이어 3번과 4번을
Cross-Section 커브로 선택해 준다. Sweep 2 Rails 명
령으로도 G1, G2의 연속성을 확보하는 것이 가능하다.

연이어 명령 실행 중 나타나는 Sweep 2 Rail Options 창
에 Rail curve options의 Tangency에 A, B를 체크한다.
이렇게 하면 Sweep 2 Rails 명령으로도 G1, G2의 연속
성을 확보하는 것이 가능하다. 면이 보다 심플하게 생성
되었다.

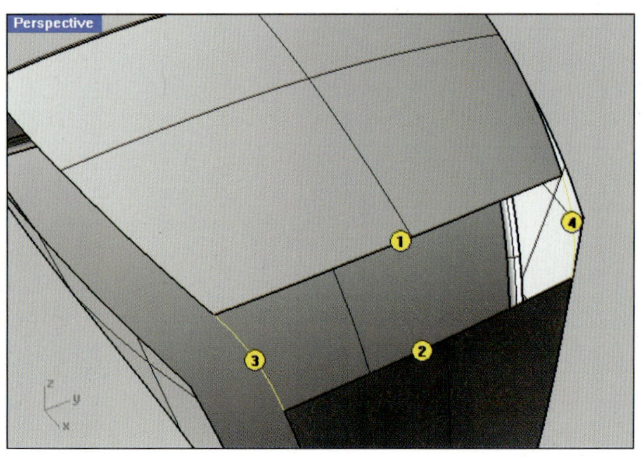

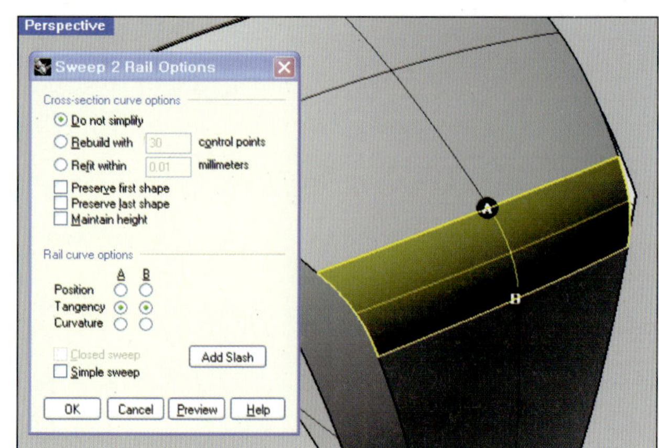

11_ 이제 뚫려 있는 반지의 모서리 부분을 면들로 채우기 위한 사전 작업을 해 줄 차례이다. A면을 호(Arc)로 잘라 줄 것이다.

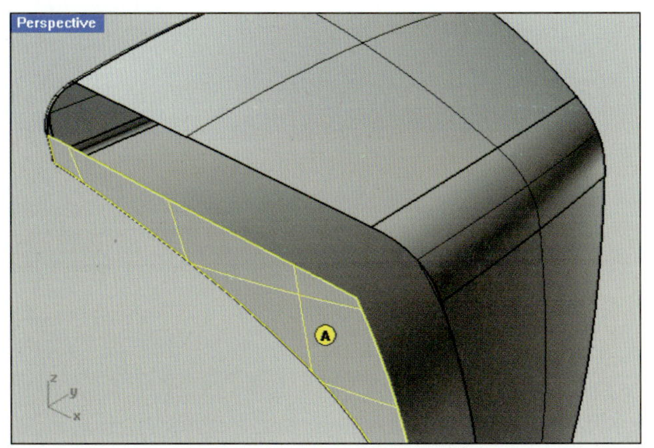

12_ Arc:Tangent to Curves로 그림과 같이 Arc를 그려준다. 작업자가 전체적인 흐름을 보아 적당한 위치에 그려주면 된다.

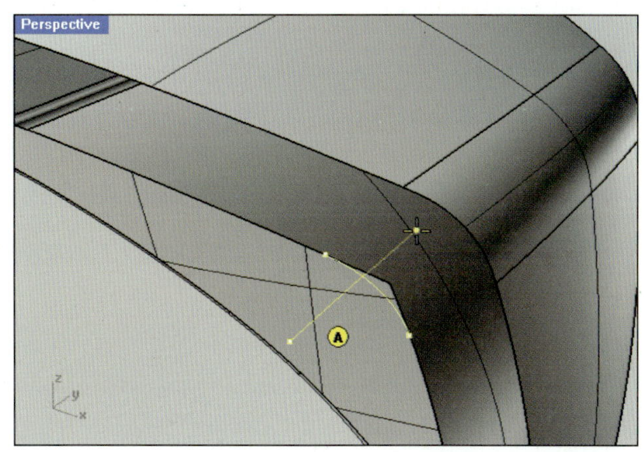

13_ 다음 Layer를 원하는 다른 색(Red)으로 바꿔 주고 좀전에 그려준 Arc를 A면에 Pull Curve to Surface 명령으로 투영해준다. 이 투영법은 객체에 대하여 A면 Direction을 Normal 방향으로 투영하게 된다. 투영된 Arc를 확대해 보면 미세하게 편차 즉, 이탈률(Deviation)이 있음을 확인할 수 있다. 붉은색 Arc가 면에 밀착 투영된 정상적인 객체가 된다. 노란색 Arc는 지워준다.

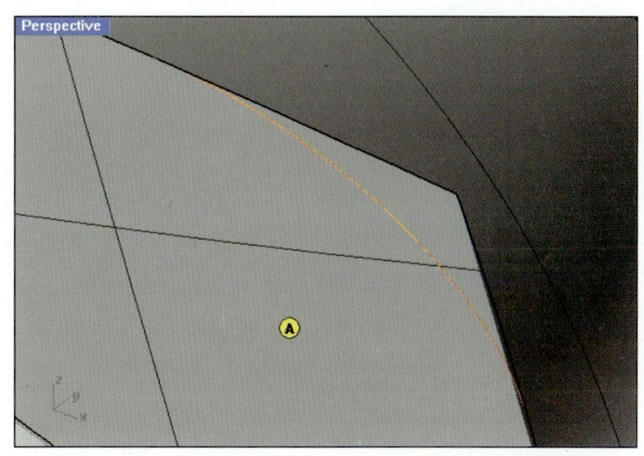

14_ Split으로 그림과 같이 Arc를 이용하여 A면을 잘라주고 면을 지워준다. 이렇게 하면 잘린 곳에 각이 없이 완전하게 잘리게 된다.

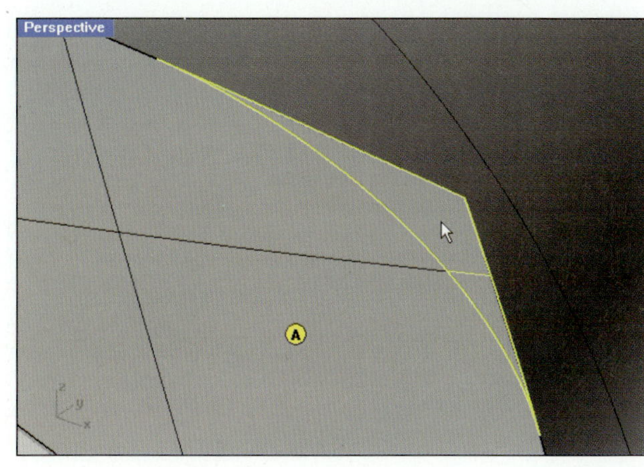

지워줄 때 그림과 같이 붉은색 Arc도 함께 지워준다.

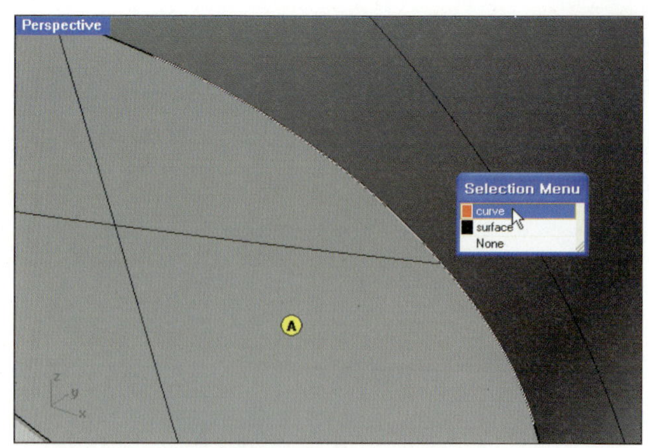

15_ 이제 면에 생성된 보이지 않는 Split 포인트(붉은색 점)를 지워주기 위하여 A면을 클릭한 상태에서 Edge Tools 〉 Show Edges 아이콘 클릭 〉 Edge Analysys 대화상자에 All Edge에 체크해 주면 그림과 같이 2개의 Split 포인트(붉은색 점)가 보일 것이다.

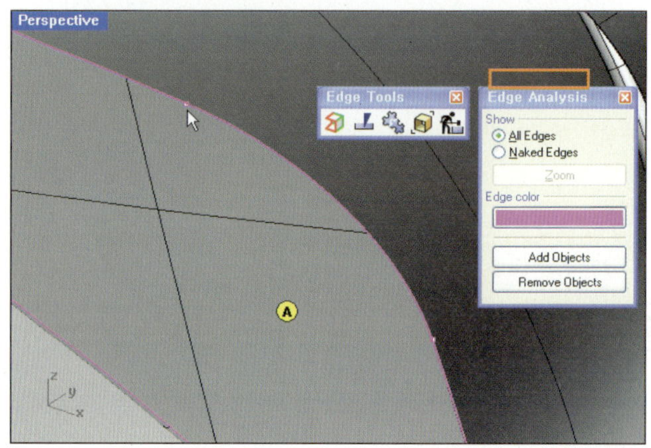

16_ Split Edge 아이콘을 마우스 오른쪽 버튼으로 클릭해 불필요한 Split 포인트를 지워준다. 오른쪽 마우스 버튼으로 클릭해서 Merge Edge 명령이 실행되면 그림처럼 All을 선택하여 포인트(붉은색 점)를 모두 삭제해준다. 단 앞선 Arc명령 실행 중 Tangency가 맞지 않게 잘못 그렸다면 Split 포인트가 삭제되지 않는다. 그 부분은 면에 각(End)이 존재한다는 의미가 된다.

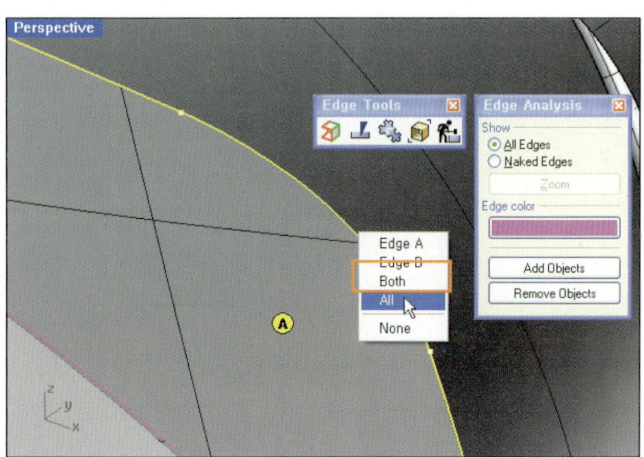

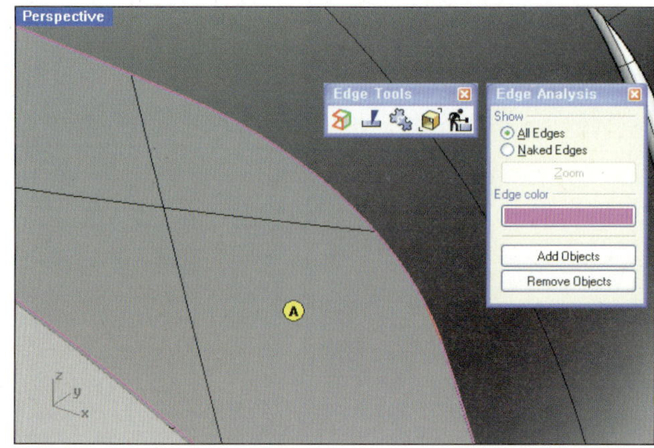

17_ Split Edge 아이콘을 왼쪽 마우스 버튼으로 클릭 〉 A면의 Edge(1번) 클릭 〉 연이어 Osnap에 End를 체크하고 그림과 같은 2번의 End점을 클릭하여 A면을 잘라준다. 붉은색 포인트가 하나 만들어진다.

동일한 방법으로 3번 Edge와 4번 End점을 클릭하여 A면의 Edge를 또 한번 잘라준다.

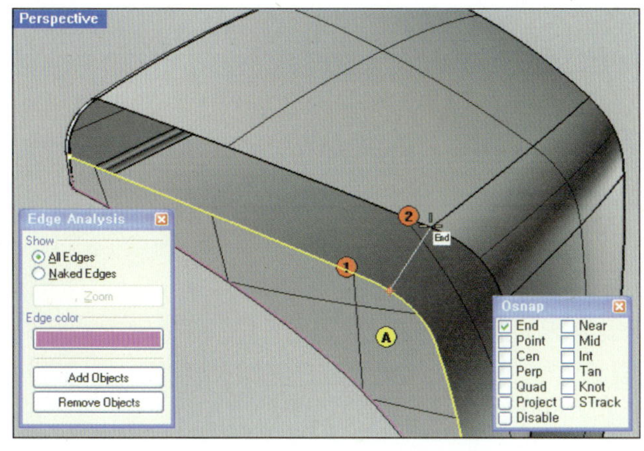

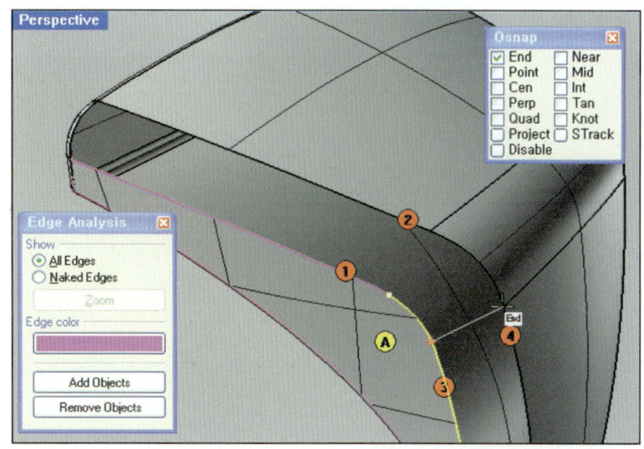

A면의 Edge가 2군데 Split 되었다. 붉은색의 점이 생성된 곳이다.

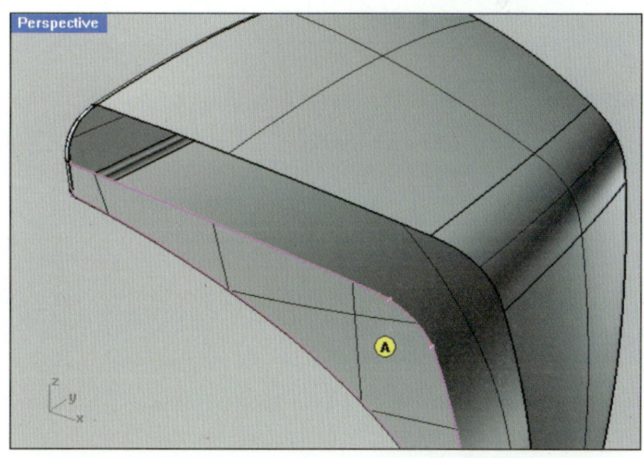

18_ Blend Perpendicular 명령으로 A면 Edge에 Split Point(1번) 클릭 〉 B면 Edge에 2번 End점을 클릭하면 그림과 같이 Blend 커브가 만들어진다. 같은 방법으로 C면의 Edge에 Split Point(1번) 클릭 〉 D면 Edge에 2번 End점을 클릭하면 그림과 같이 Blend 커브가 모두 완성된다.

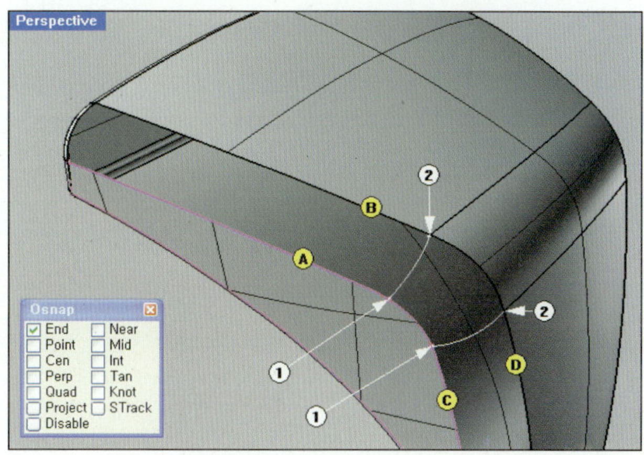

19_ Surface from Network of Curves 명령으로 면을 만들어 준다. 단 옵션창이 뜨면 그림과 같이 A와 C는 Tangency, B와 D는 Position에 설정하고 [OK] 한다. 앞서 언급한 것처럼 주변에 면이 있으면 반드시 Edge를 선택하여 명령을 실행하는 것이 바람직하다.

20_ Surface from Network of Curves 명령으로 면을 만들어 준다. 단 옵션창이 뜨면 그림과 같이 A, B, C, D는 Tangency에 모두 설정하고 [OK] 한다. 주변에 면이 있다면 면의 Edge를 선택하여 명령을 실행해 주면 된다.

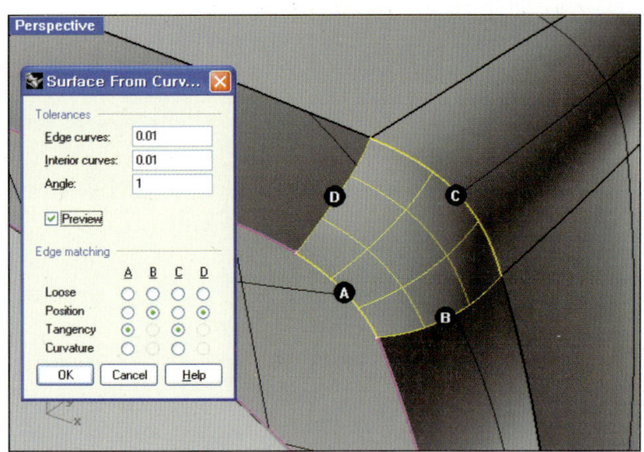

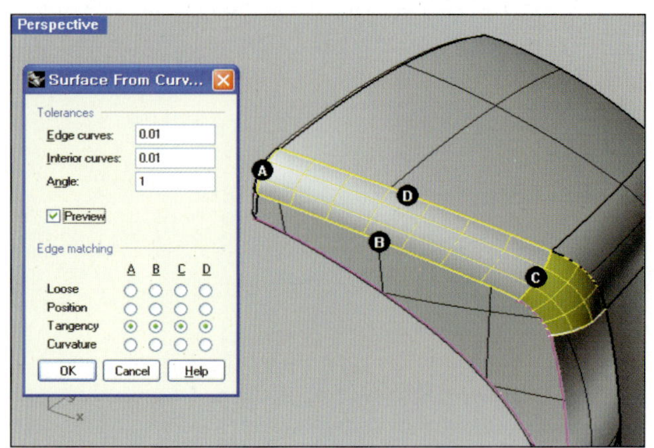

21_ 이제 반지 하단부를 수리해 줄 차례이다. 화살표가 지시하고 있는 하단부를 확대해 보면 그림과 같이 면이 찢어진 상태처럼 보이며, 이 부분을 깨끗이 정리해 주는 것이 먼저이다.

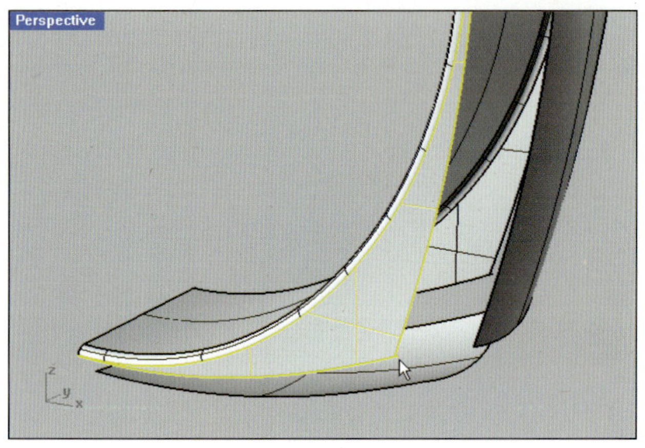

22_ Arc:Tangent to Curves로 그림과 같이 Arc를 그려준다. 작업자가 전체적인 흐름을 보아 적당한 위치에 그려주면 된다.

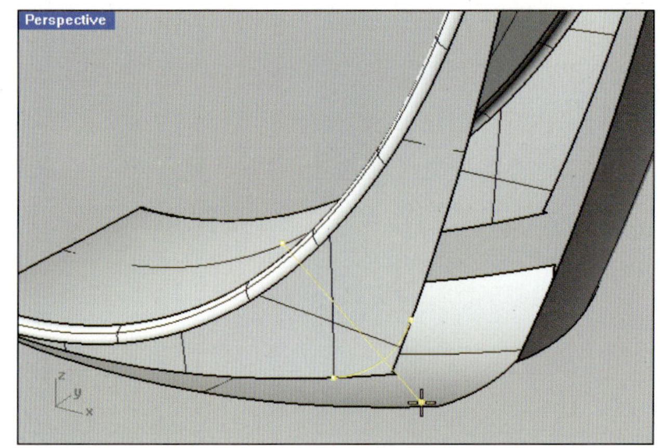

23_ 다음 Layer를 원하는 다른 색(Red)으로 바꾸어 주고 좀전에 그려준 Arc를 A면에 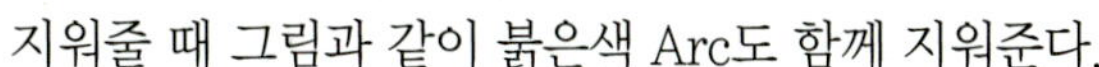 Pull Curve to Surface 명령으로 투영해준다. 이 투영법은 객체에 대하여 B면 Direction을 Normal 방향으로 투영하게 된다. 투영된 Arc를 확대해 보면 미세하게 편차 즉, 이탈률(Deviation)이 있음을 확인할 수 있다. 붉은색 Arc가 면에 밀착 투영된 정상적인 객체가 된다. 노란색 Arc는 지워준다.

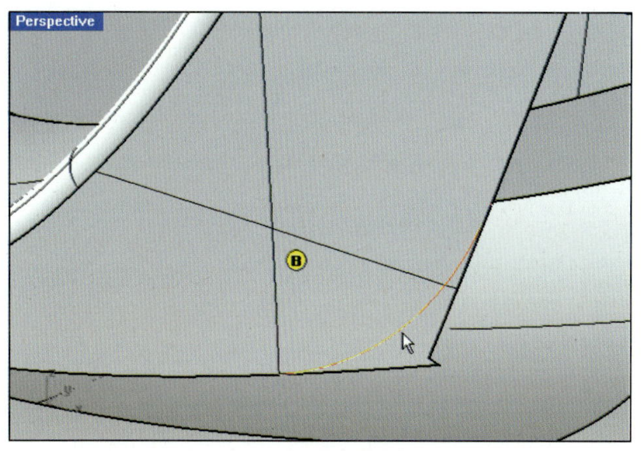

24_ Split으로 그림과 같이 Arc를 이용하여 B면을 잘라주고 면을 지워준다. 이렇게 하면 잘린 곳에 각이 없이 완전하게 잘리게 된다.

지워줄 때 그림과 같이 붉은색 Arc도 함께 지워준다.

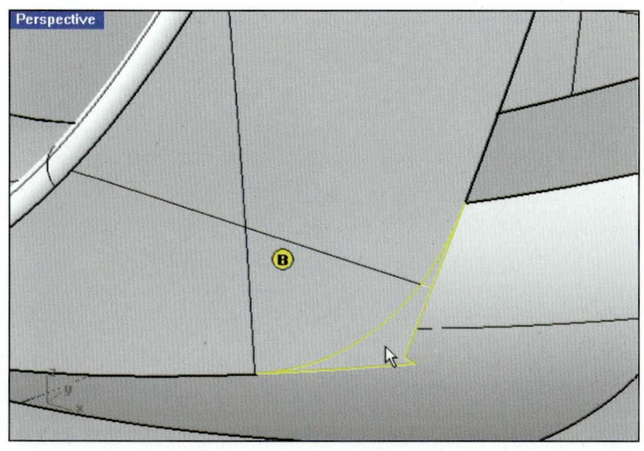

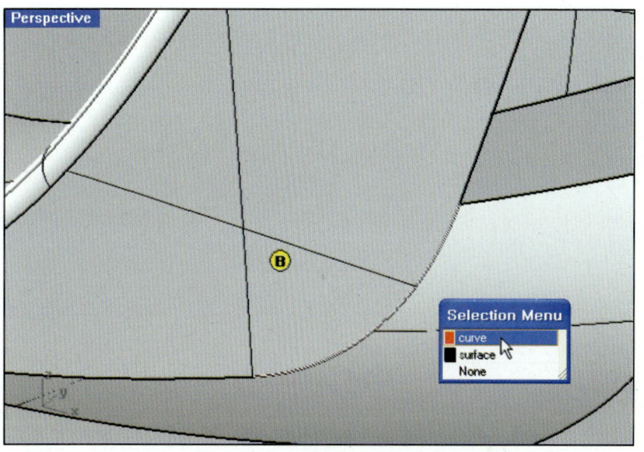

25_ 이제 면에 생성된 보이지 않는 Split 포인트(붉은색 점)를 지워주기 위하여 A면을 클릭한 상태에서 Edge Tools 〉 Show Edges 아이콘 클릭 〉 Edge Analysys 대화상자에 All Edge에 체크해 주면 그림과 같이 1개 또는 2개의 Split 포인트(붉은색 점)가 보일 것이다. 현 작업에서는 화살표가 지시하는 부분에 1개의 포인트만 발견되었다.

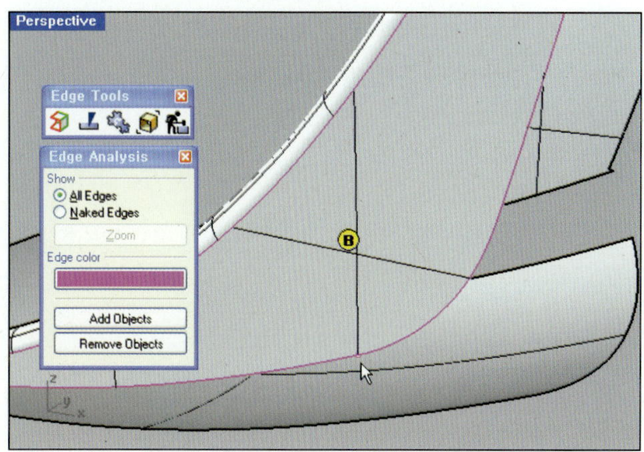

26_ 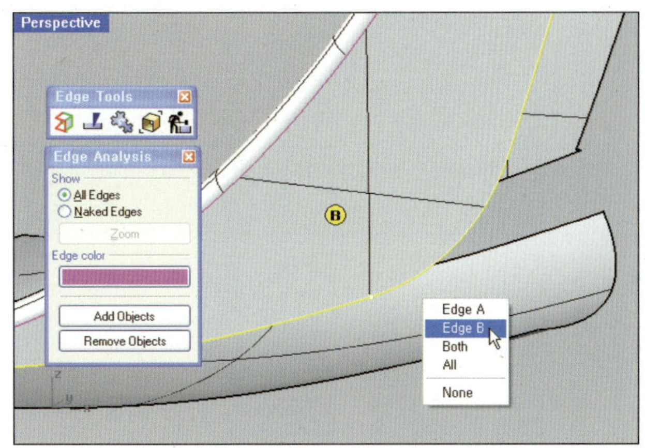 Split Edge 아이콘을 마우스 오른쪽 버튼으로 클릭해 불필요한 Split 포인트를 지워준다. 오른쪽 마우스 버튼으로 클릭하여 Merge Edge 명령이 실행되면 그림처럼 Edge B 방향을 선택하여 포인트(붉은색 점)를 모두 삭제해 준다. 단, 앞선 Arc 명령 실행 중 Tangency가 맞지 않게 잘못 그렸다면 Split 포인트가 삭제되지 않는다. 그 부분은 면에 각(End)이 존재한다는 의미가 되므로 다시 작업해 주어야 한다.

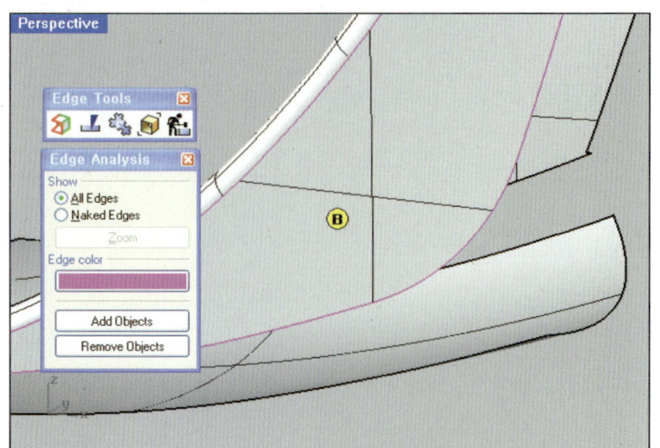

27_ 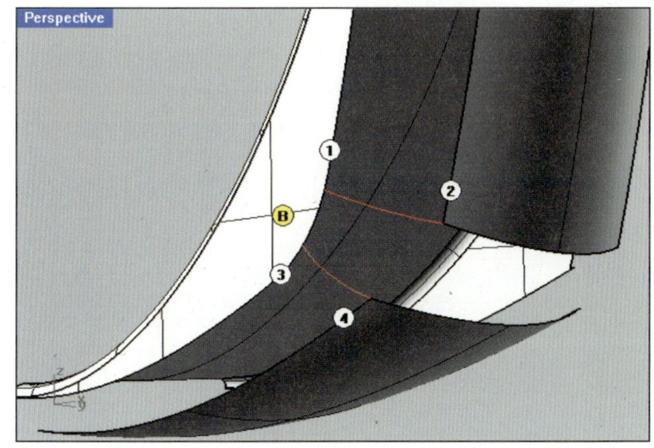 Blend Perpendicular 명령으로 1번 Edge와 2번 면의 End를 클릭하여 Blend 커브를 하나 만들어 주고, 연이어 3번 Edge와 4번 면의 End점을 클릭하여 또 하나의 Blend 커브를 완성한다.

28_ 이번엔 1번과 2번 면의 Edge를 선택하여 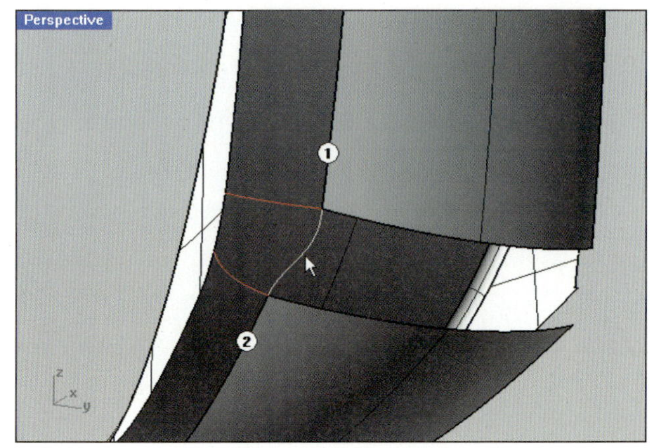 Blend Curves를 만들어 준다. 흰색 블랜드 커브가 만들어졌다.

반대편도 그림과 같이 ⬚ Blend Curves를 만들어 준다.

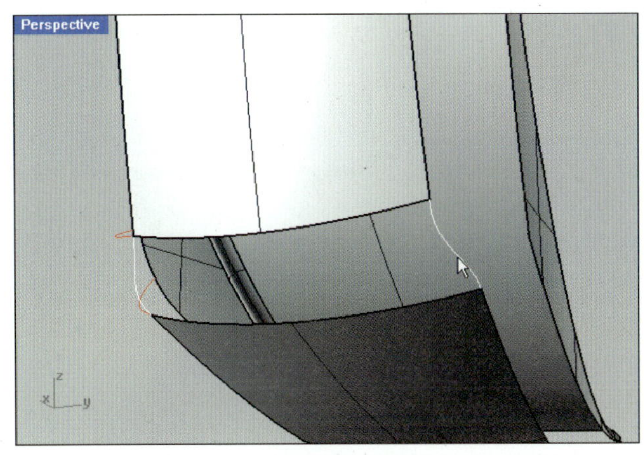

29_ ⬚ Sweep 2 Rails 명령으로 우선 1번과 2번 면의 Edge를 Rail로 클릭하고, 연이어 3번과 4번을 Cross-Section 커브로 선택해 준다.

명령 실행 중 나타나는 옵션은 그림과 같이 체크해주고 [OK]하면 G1연속성을 보장하는 면이 만들어진다.

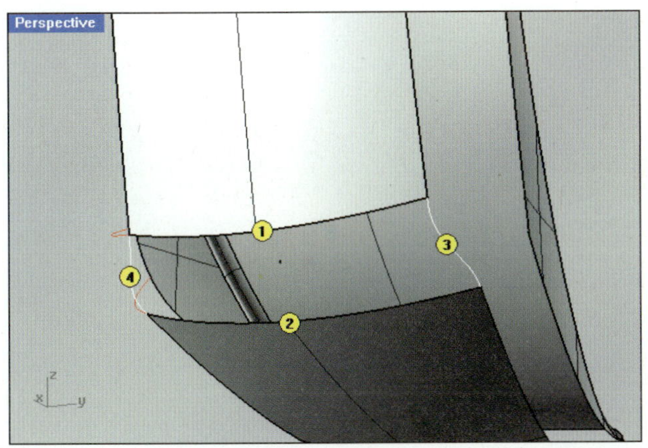

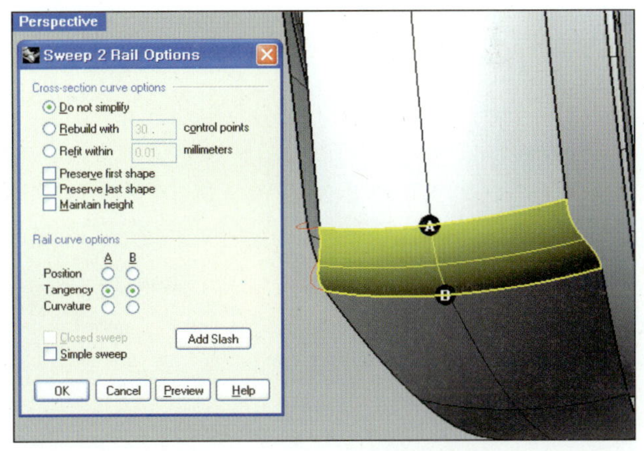

30_ ⬚ Surface from Network of Curves 명령으로 면을 만들어 준다. 단, 옵션 창이 뜨면 그림과 같이 A, C는 Tangency에 B, D는 Position에 설정하고 [OK]한다. 주변에 면이 있다면 면의 Edge를 선택하여 명령을 실행해주면 된다.

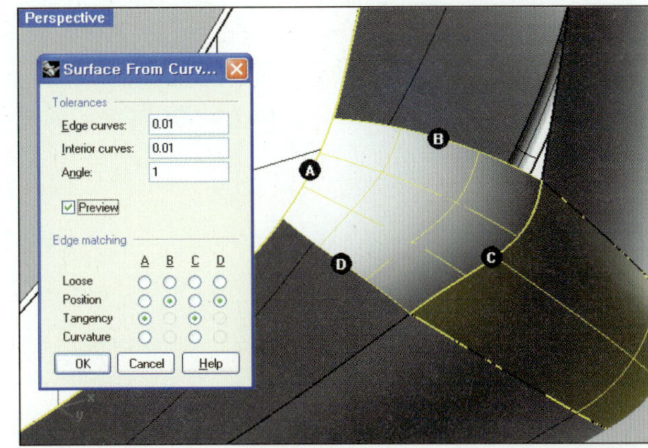

31_ 연속해서 Surface from Network of Curves 명령으로 실행하여 면을 만들어 준다.

옵션 창이 뜨면 그림과 같이 A, B, C, D 모두 Tangency 에 설정하고 [OK] 한다.

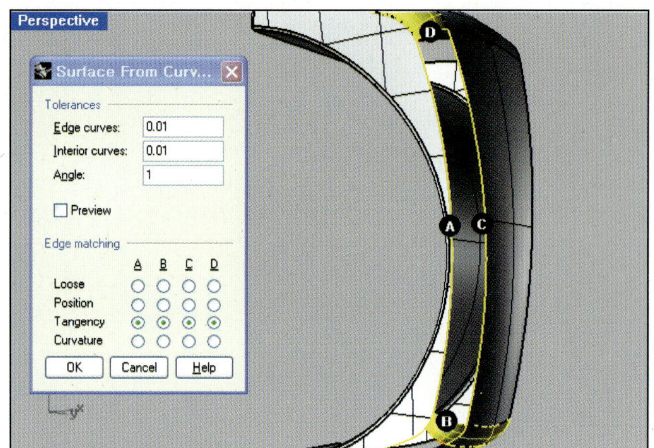
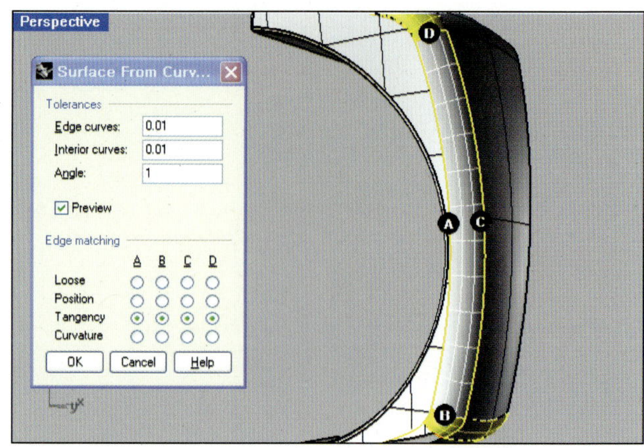

32_ Blend Perpendicular 명령으로 1번과 2번 면 Edge의 End점을 클릭하여 그림과 같이 블랜드 커브를 만들 어 준다.

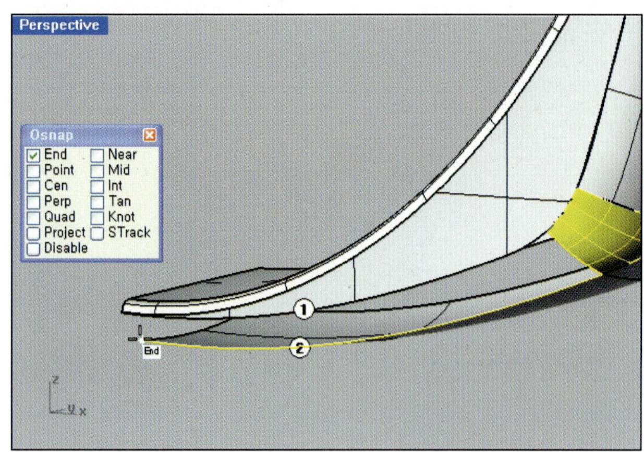
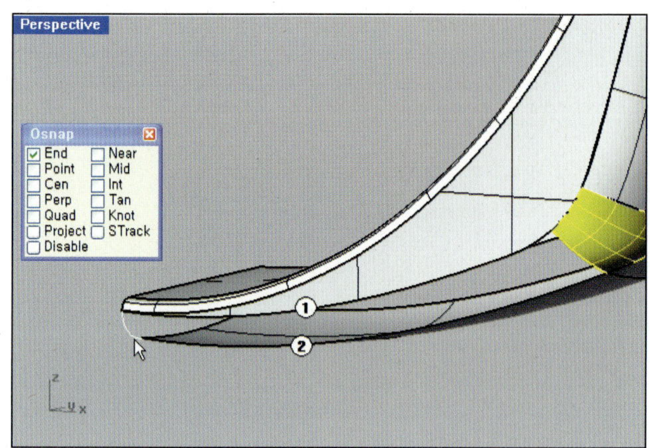

33_ 연속해서 Surface from Network of Curves 명령으로 실행하여 면을 만들어 준다. 옵션 창이 뜨면 그림과 같이 A, B, C는 Tangency, D는 Position에 설정하고 [OK] 한다.

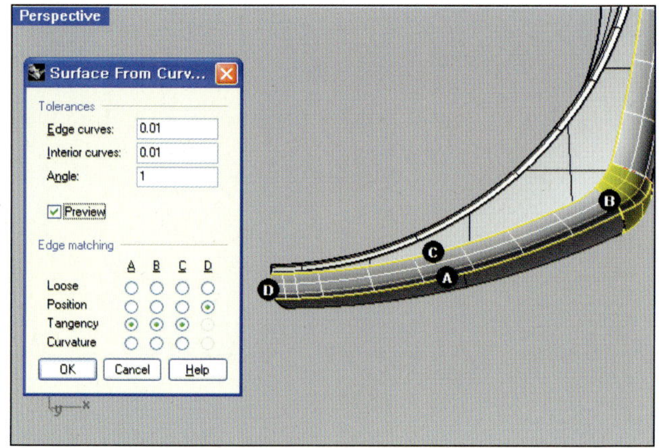

34_ Select Curves 명령으로 숨어 있거나 겹친 모든 커브들을 모두 지우거나 숨겨준다.

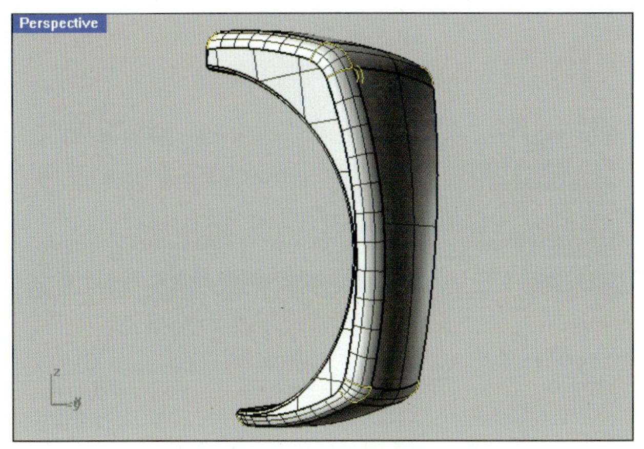

35_ 이제 전체를 Join한 후 면의 연결 흐름 상태를 Zebra Analysis를 통해 살펴본다. 크게 문제가 없다면 다시 면을 Explode 시켜준다.

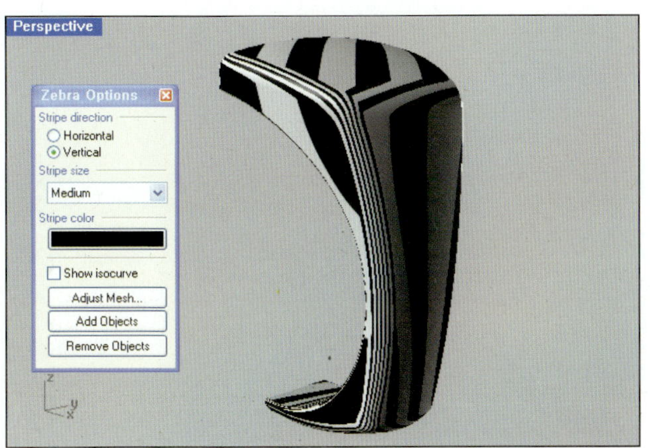

36_ 현재까지의 작업상 큰 무리가 없었지만 하단부 곡면 연결면이 왠지 부자연스럽게 보인다. 이 부분을 다른 방법으로 자연스럽게 수정해 본다.

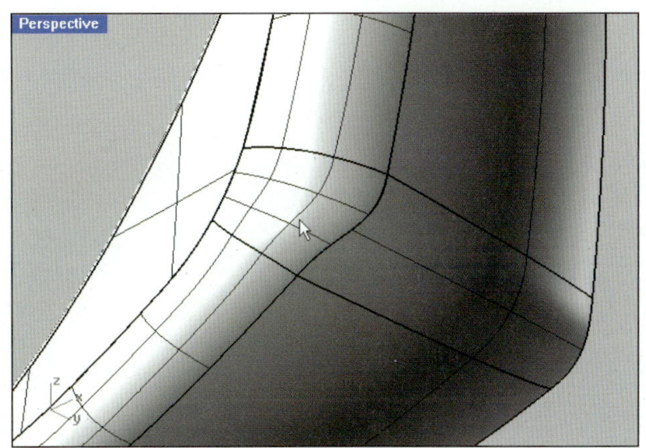

37_ 그림과 같이 안쪽 면들을 모두 지워준다. 다음 A, B, C, D면들을 선택한 상태에서 Edge Tools 〉 Show Edges 아이콘을 클릭한다. 붉은색으로 Edge가 활성화 되어 보이게 되면 Split Edge 명령으로 B면의 Edge와 D면의 Edge에서 화살표(노랑색)가 지시하는 지점을 잘라준다.

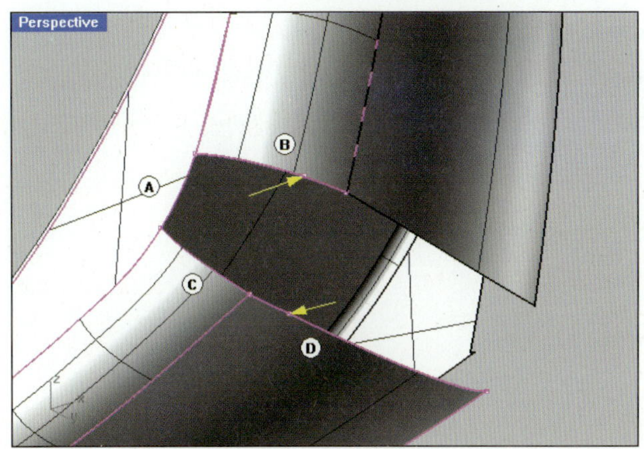

38_ Blend Surface 명령으로 1번과 2번 Edge를 순차적으로 선택하여 면을 만들어 준다. 이 때 커맨드 옵션에 ChainContinuity=Curvature(G2) 연결성에 체크한다. 명령 진행 중 Adjust Blend Bulge 옵션 창이 뜨면 그림과 같이 설정하고 [OK] 한다.

39_ Surface from Network of Curves 명령으로 A, C는 Tangency에 B, D는 Curvature에 체크하여 안쪽 곡면을 메꿔준다.

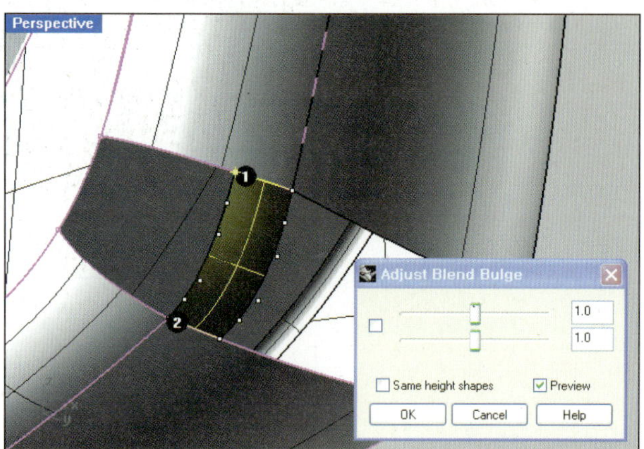

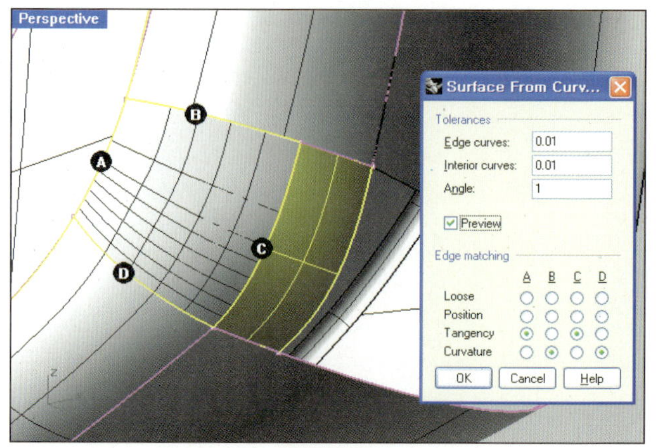

40_ 만들어진 각각의 면들을 서로 Join 시켜준 후 Zebra Analysis로 면의 흐름을 시각적 패턴 (Stripe)으로 확인해 본다. 면의 흐름이 매우 만족스럽게 나타났다. 또한 부자연스럽던 면의 조합이 자연스럽게 재구성되었다. 하지만 면이 부자연스러운 경우 Edge Matching 옵션을 모두 Tangency에 체크해 주어도 무방하다.

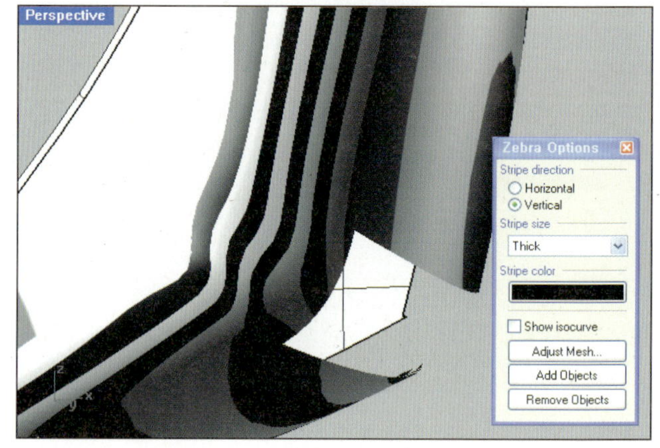

41_ Blend Curves 명령으로 1번과 2번 Edge 커브를 연결하는 Blend Curve를 만들어 준다.

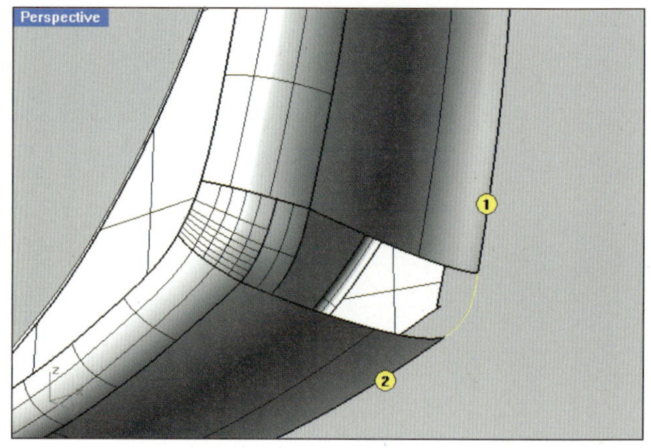

42_ 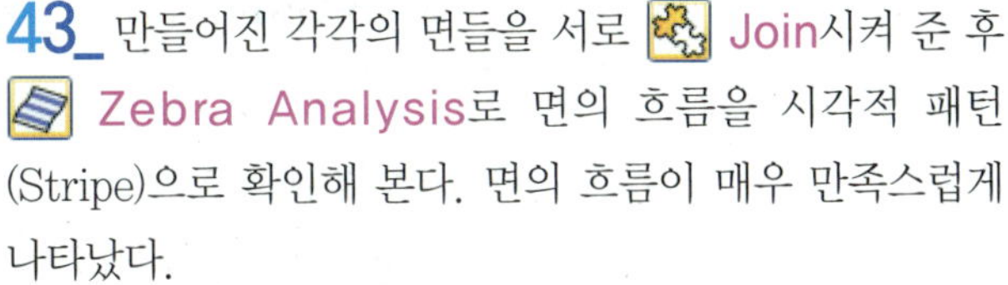 **Surface from Network of Curves** 명령으로 A, C는 Curvature에 B는 Position, D는 Tangency에 체크하여 안쪽 곡면을 메꿔준다. 이때 Tolerances는 Edge curves: 0.001, Interior curves: 0.001에 설정하여 작업해 준다.

43_ 만들어진 각각의 면들을 서로 Join시켜 준 후 **Zebra Analysis**로 면의 흐름을 시각적 패턴(Stripe)으로 확인해 본다. 면의 흐름이 매우 만족스럽게 나타났다.

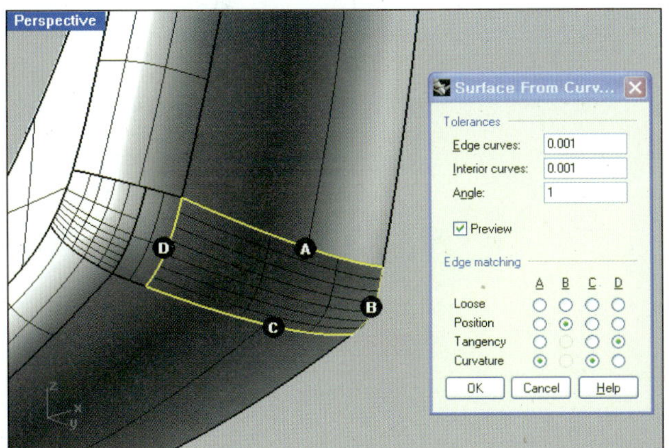

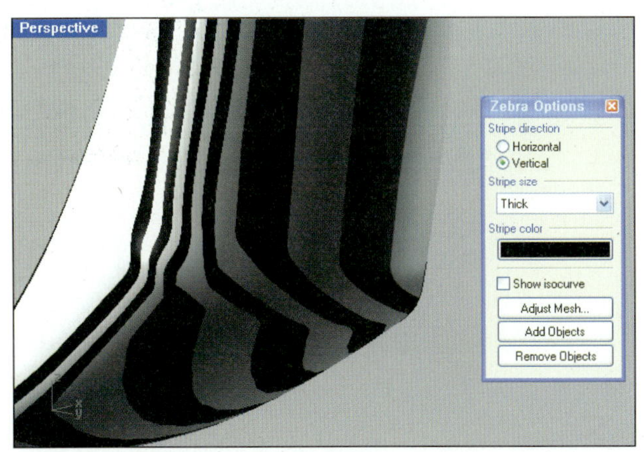

44_ Grid Snap에 체크된 상태에서 Top View에서 **Cutting Plane**을 이용하여 반지의 절반을 자르기 위한 커팅면을 만들어 준다.

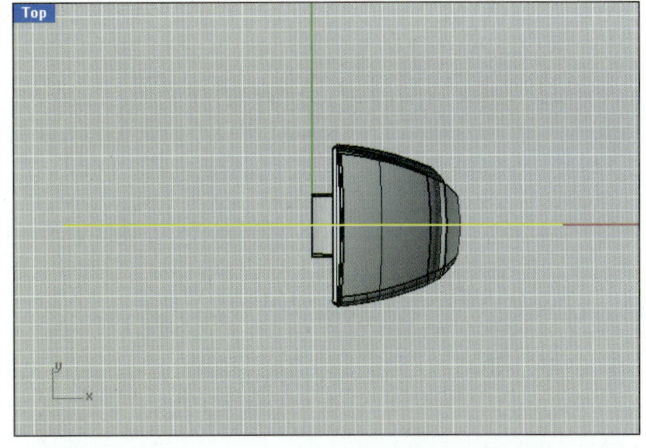

이어서 그림과 같이 **Split**으로 반지의 절반을 정확히 잘라준다.

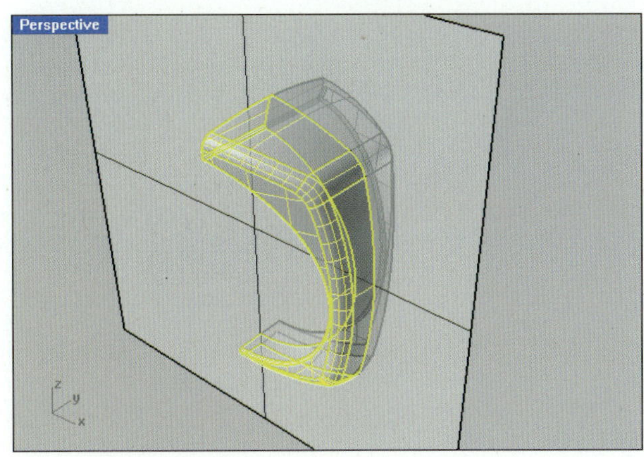

45_ 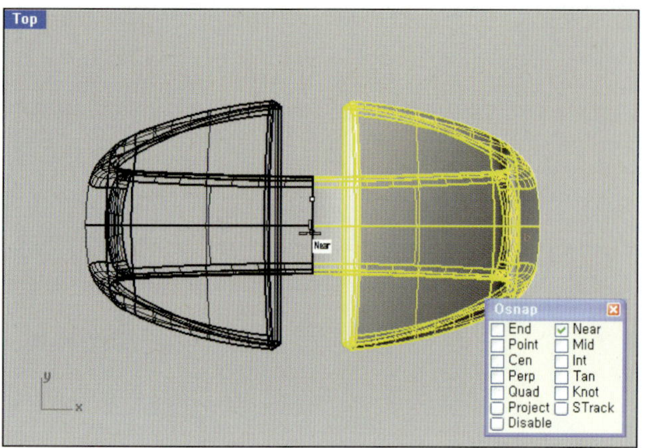 Mirror 명령을 이용하여 반지의 4분의 1 조각을 각각 대칭 복사하여 반지의 전체 형상을 만들어 서로 Join해주면 솔리드 상태의 반지가 마무리 된다.

46_ Zebra Analysis로 면의 흐름을 시각적 패턴(Stripe)으로 확인해 본다. 면의 흐름이 매우 만족스럽게 나타났다.

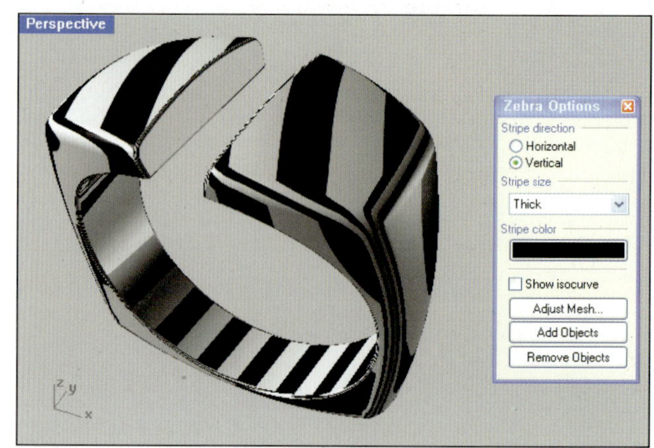

47_ Shaded Viewport를 통해 최종 수정 상태를 확인해 본다.

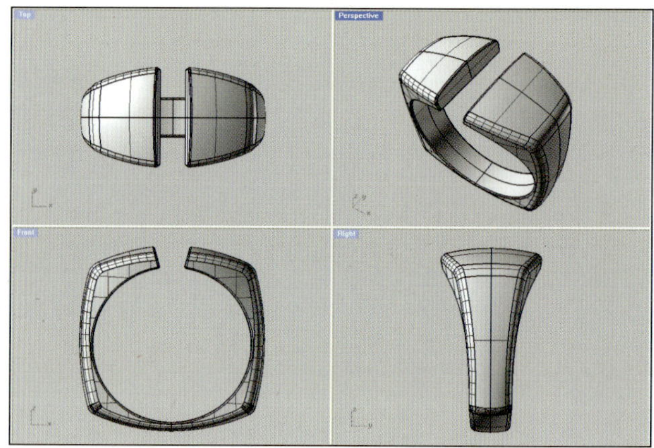

48_ Render 및 Environment Map 명령으로 최종 결과를 확인해 본다.

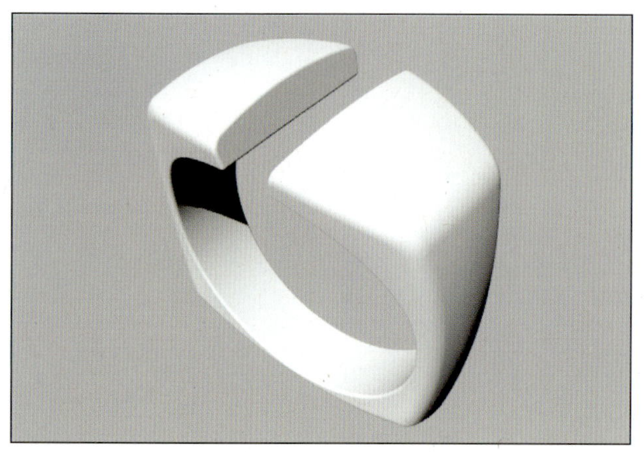

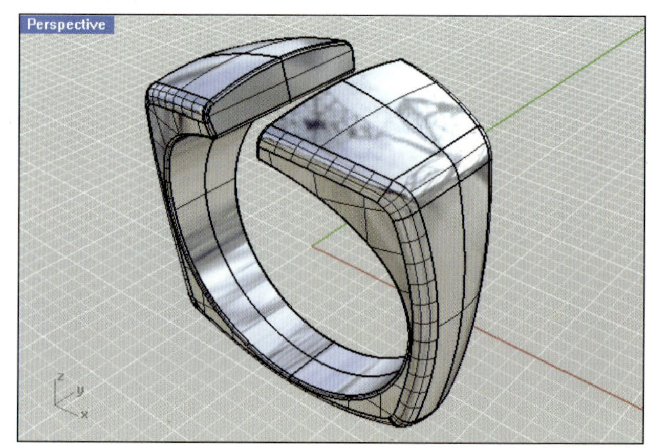

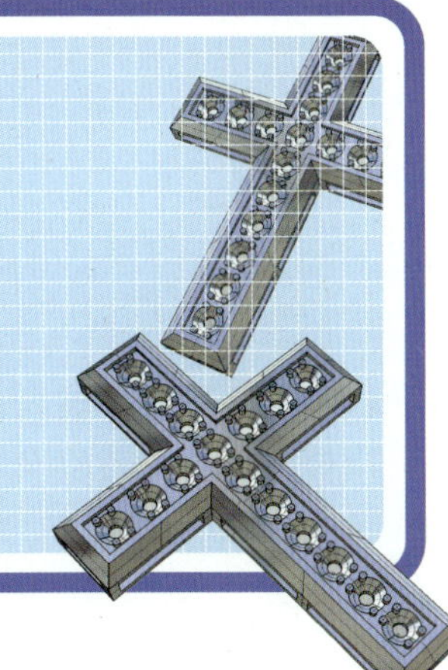

Chapter 17

R h i n o c e r o s

2D 도면 제작과 출력(2D–Printing)하기

Preview

⬤⬤ 따라해 보세요 !

01_ 3차원으로 제작된 모델 데이터를 2차원의 도면으로 출력(Print)하는 방법을 학습해 본다. **부록 CD 〉 라이노파일 〉** **EX-07.3dm** 파일을 연다.

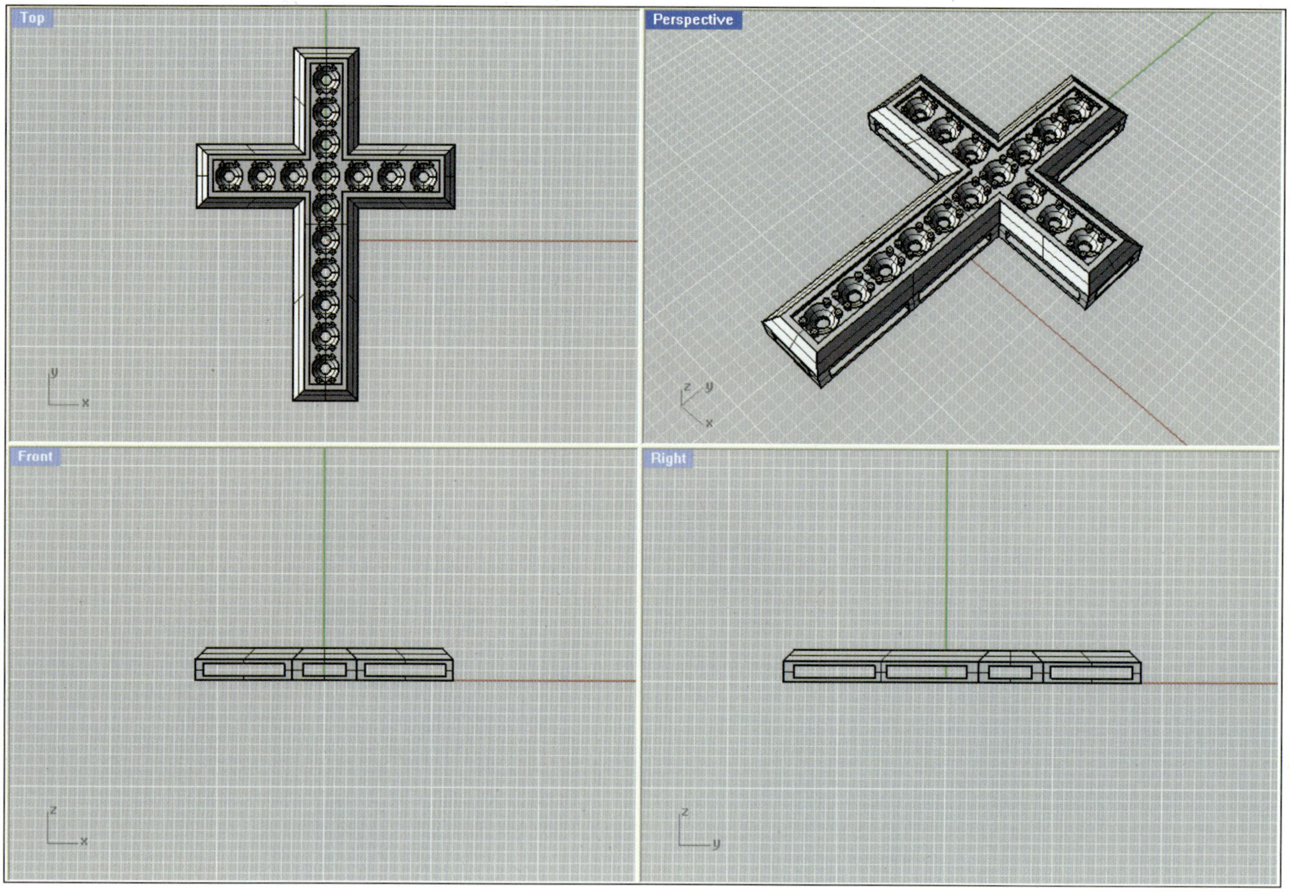

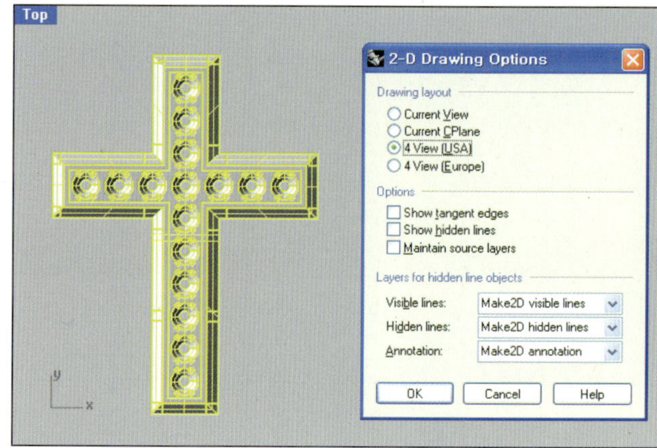

02_ Curve From Object 〉 Make 2-D Drawing 아이콘을 클릭 후 Top View에서 십자가 모델을 클릭 〉 Enter 하면 2-D Drawing Options 대화상자가 나타난다. Drawing layout = 4 View(USA)에 체크해주고 나머지 설정은 그대로 통과하여 [OK] 한다.

03_ [OK]와 동시에 3차원 객체(십자가)에 대하여 Per-spective View, Top View, Front View, Right View를 자동으로 2D 도면화시키는 과정이 커맨드창에 보이게 된다. 모든 계산이 끝나면 그림과 같이 4면도가 보이게 된다.

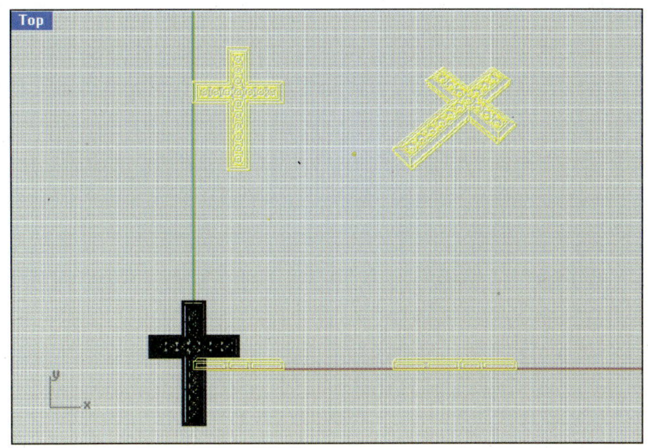

04_ 추출된 뷰 중 Top View와 Perspective View를 확대해 본다. 은선은 현재 나타나지 않았다.

05_ 이번엔 은선을 표기해 본다. 다시 Undo 하여 원위치한 후, Curve From Object > 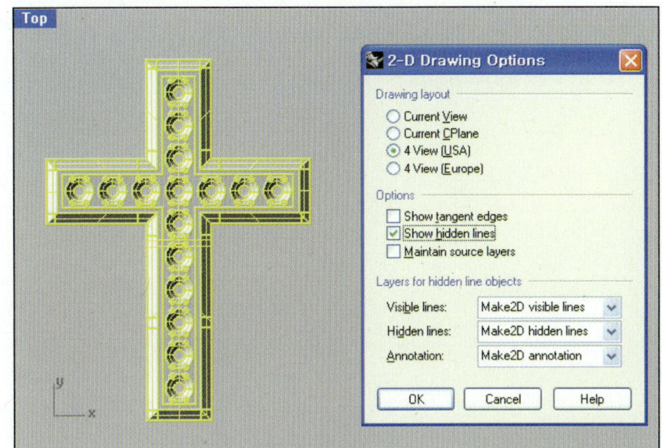 Make 2-D Drawing 아이콘을 클릭 후 Top View에서 십자가 모델을 클릭 > Enter 하면 2-D Drawing Options 대화상자가 나타난다. Drawing layout=4View(USA), Options= Show hidden lines에 체크하고 [OK] 한다.

06_ [OK]와 동시에 3차원 객체(십자가)에 대하여 Perspective View, Top View, Front View, Right View를 자동으로 2D 도면화시키는 과정이 커맨드창에 보이게 된다. 모든 계산이 끝나면 그림과 같이 은선(흰색선)을 포함한 4면도가 보이게 된다.

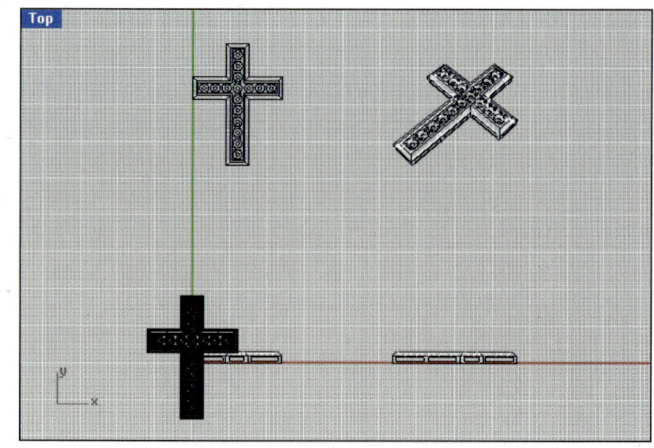

07_ 추출된 뷰 중 Top View와 Perspective View를 확대해 본다. 은선이 나타난 것을 확인할 수 있다.

08_ 2D 도면이 추출되었다면 이제 3차원 객체를 지워주고 2D 십자가에 치수 및 치수선을 기입해 준다. 치수 기입은 해당 Dimension 명령과 Osnap을 선택하여 사용한다.

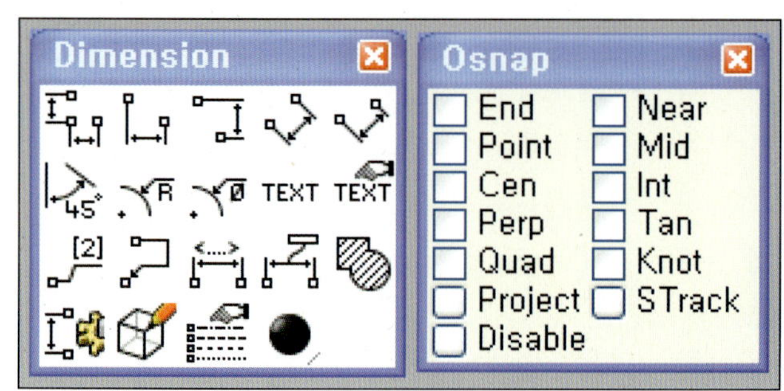

09_ 치수 및 치수선은 도면을 Top View를 기준해서 본 다고 할 때 왼쪽 〉 위 〉 오른쪽 〉 아래 순으로 기입하는 것 이 좋다. Edit Layers 〉 Layers-All Layers 〉 Name을 '치수 및 치수선' 으로 입력한다.

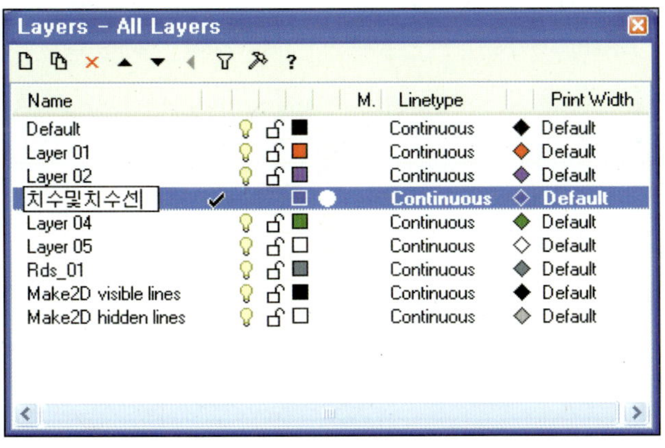

10_ 연이어 Linetype에 Continuous를 더블 클릭하면 그림과 같이 Select Linetype이 나타나는데 현재 진행 중 인 것이 실선임을 확인할 수 있다. 물론 상황에 따라 달리 선택하여 사용하면 된다. 여기서는 치수 및 치수선이 실 선이므로 [OK] 한다.

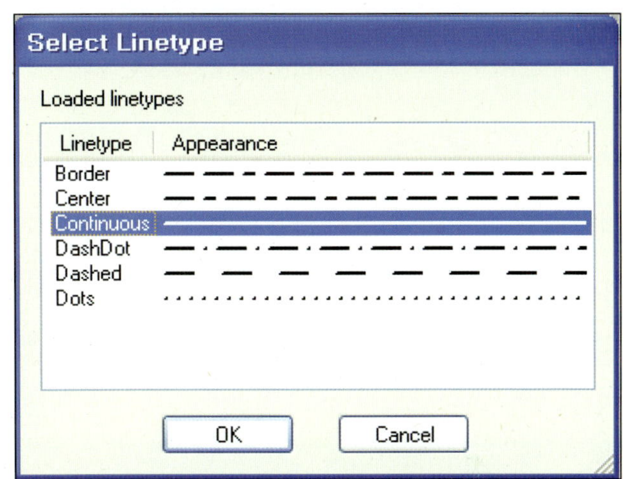

11_ 이제 치수선이 실제 프린트로 출력될 때 용지에 그려 지는 라인의 두께를 결정해 주어야 한다. Print Width 〉 Default를 더블클릭한다.

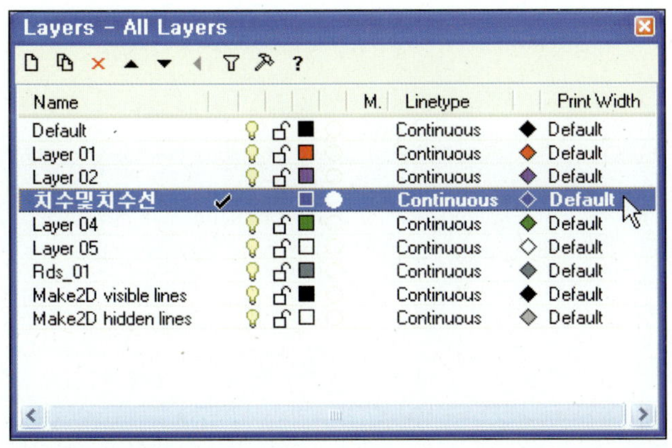

12_ Select Print Width 창에서 라인 두께를 결정해 준 다. 여기서는 0.25mm 두께의 선을 선택하고 [OK] 한다. 이렇게 하면 라이노 3D 화면에서는 라인 두께가 나타나 지 않지만 실제 프린트(Printing)시 용지에 선 두께가 나 타나게 된다.

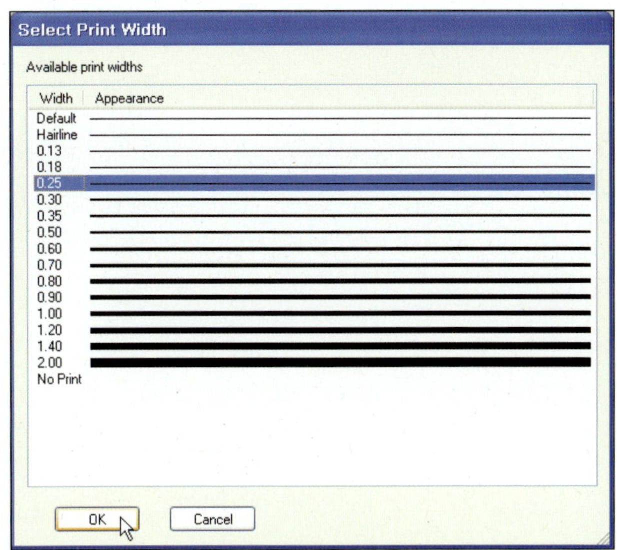

13_ [OK] 버튼을 클릭하면 Layers-All Layers 창이 뜨면서 치수 및 치수선 〉 Print Width가 0.25mm로 보여지게 된다.

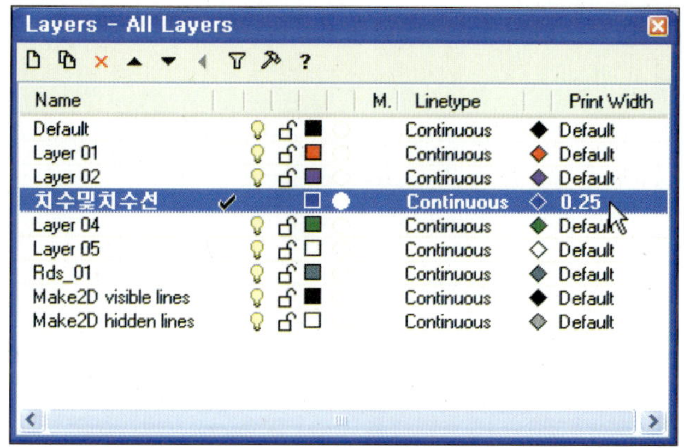

14_ 치수 및 치수선을 파란색 0.25mm 선두께로 기입해 준다. 만약 치수 기입시 은선이 눈에 거슬리면 Make2D hidden lines의 노란색 전구를 선택하여 파란색으로 만들어 주면 해당 은선이 잠시 숨겨지게 된다. 물론 전구를 노란색으로 바꾸면 언제든 볼 수 있다.

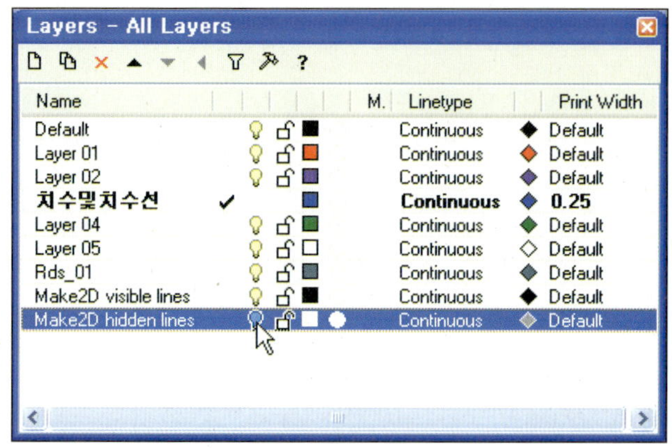

15_ 치수와 치수선(파란색 레이어)으로 치수와 치수선을 그려준 모습이다.

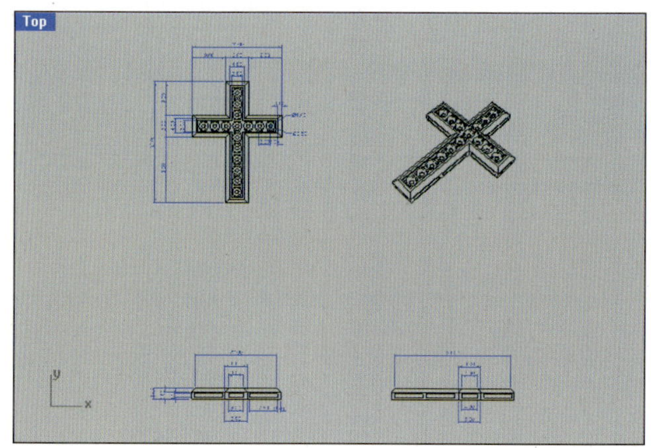

16_ 만약 치수를 넣는 중에 십자가 형상 비례에 비하여 치수 또는 문자를 포함하여 Text가 너무 작으면 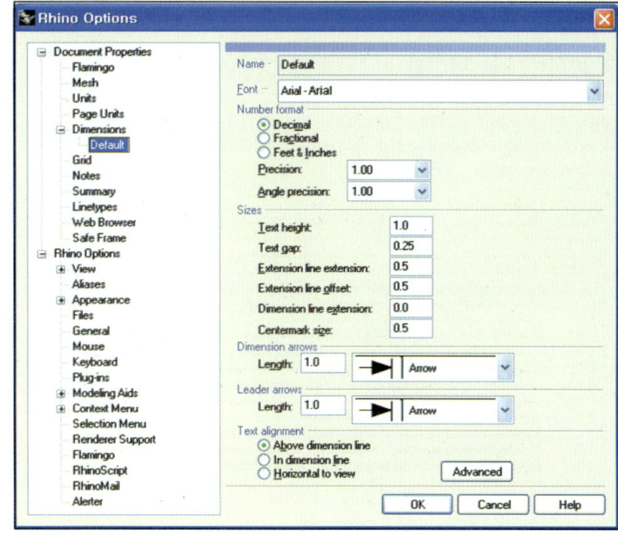 Options 〉 Rhino Options 〉 Dimensions 〉 Default 항목 중에 Font(서체), Text height(문자 높이), Text gap(치수선과 문자의 떨어진 간격), Dimension arrows(화살표 길이)의 길이와 Text alignment (문자 정렬) 등을 조정하여 보다 균형 잡힌 도면을 그릴 수 있다.

17_ 문제가 없다면 그대로 진행한다. 이제는 중심선을 그어 본다. 원래 중심선이 우선이지만 설명 관계상 지금 진행한다. 앞선 방법대로 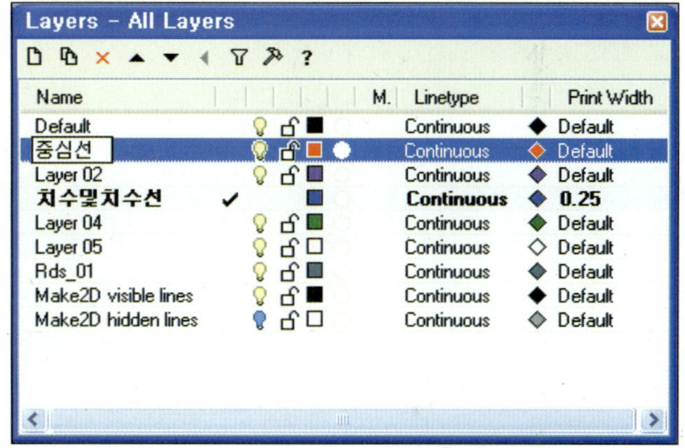 Edit Layers 〉 Layers-All Layers 〉 Name란 붉은색에 멈추고 중심선이라 기입 〉 Linetype은 Center를 클릭 〉 [OK] 한다.

중심선의 경우 1점 쇄선(0.2~0.25mm)이 적당하다.

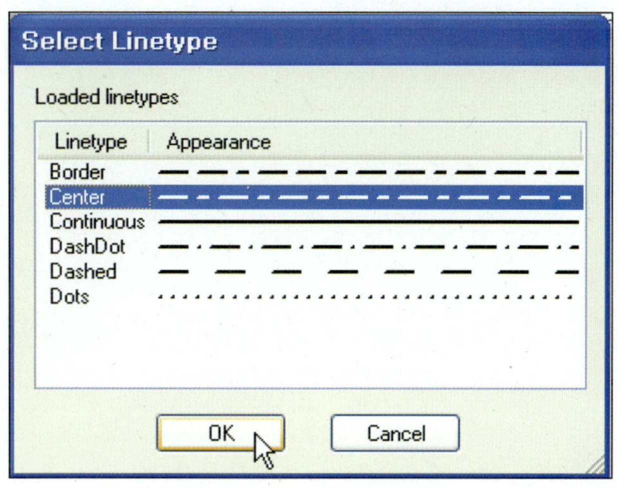

18_ 여기서는 별도 지정은 생략하고 기존에 있는 0.25mm 1점 쇄선을 활용한다.

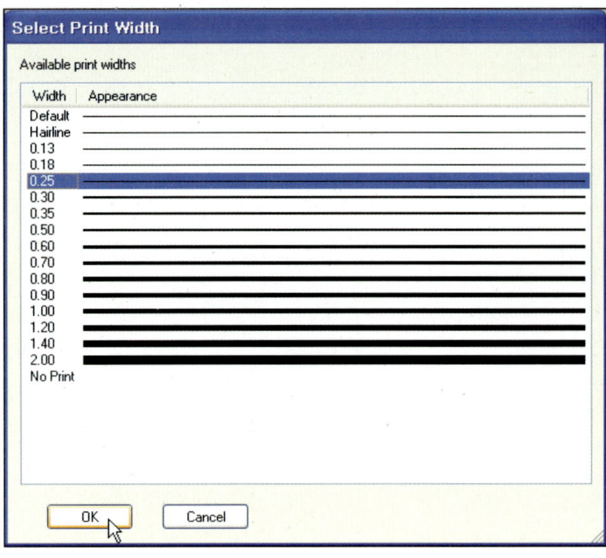

19_ 중심선 프린트시 빨강색에 선의 두께가 0.25mm로 출력된다.

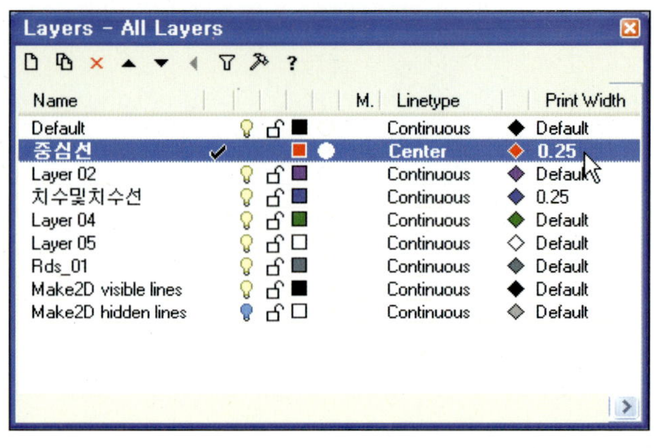

20_ Top View에서 그림과 같이 중심선을 그어주면 1점 쇄선(빨강색)이 나타난다. 다른 개체들도 중심선을 만들어 준다.

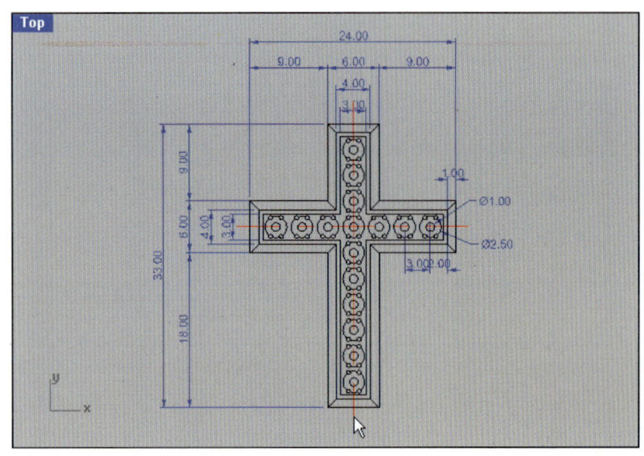

21_ 이제 도면을 출력하기 전 마지막으로 도면 경계선과 표제란을 만들어 기본적인 도면이 갖추어야 할 조건을 만들어 본다. 우선 가로 258mm, 세로 194mm의 경계선을 만들어 준다. 이때 Layer는 Default에 맞추고 색상은 그대로 검정으로 하되 LineType=실선, Print Width는 0.35mm에 맞춘다.

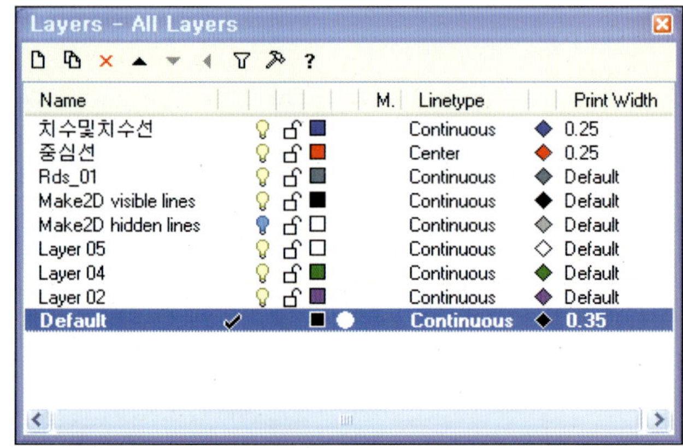

22_ 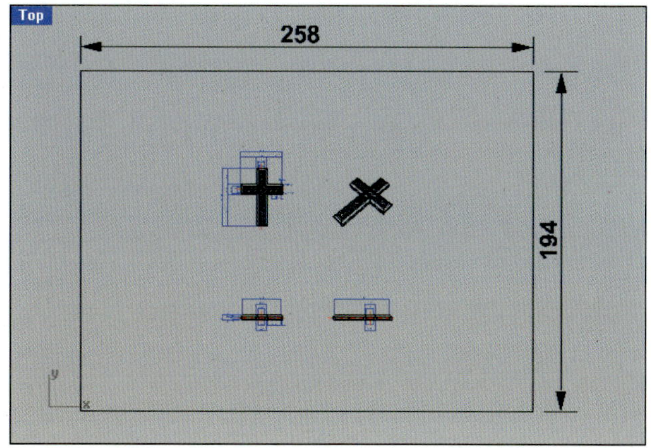 Rectangle:Corner to Corner로 우선 가로 258mm, 세로 194mm의 경계선을 만들어 준다.

23_ Text와 Edit Text 명령으로 표제란 (title, panel, title block)에 도면번호, 도면이름, 척도, 투상법, 제도소명, 작성 년월일, 설계자 서명란, 책임자 서명란 등을 만들어 주게 된다. 도면 오른쪽 하단에 위치하며, 형식은 다소 다를 수 있다.

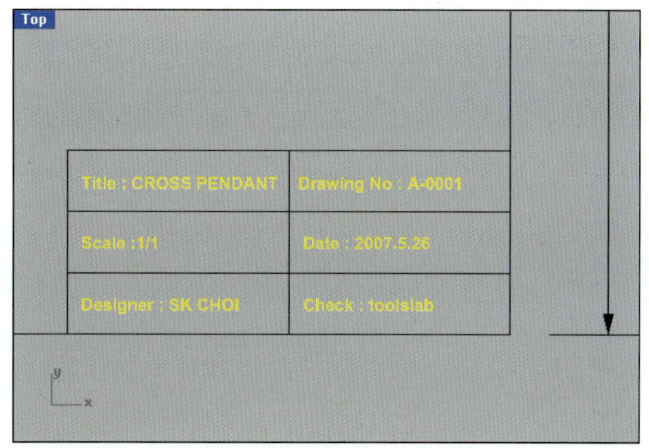

24_ 해당 뷰(View)의 이름을 부여한다. 독자에 따라 원하는 뷰(View)를 추가해도 무방하다. 여기서는 입체뷰 (Perspective) 하나를 우측 상단에 2배 확대하여 배치하였다.

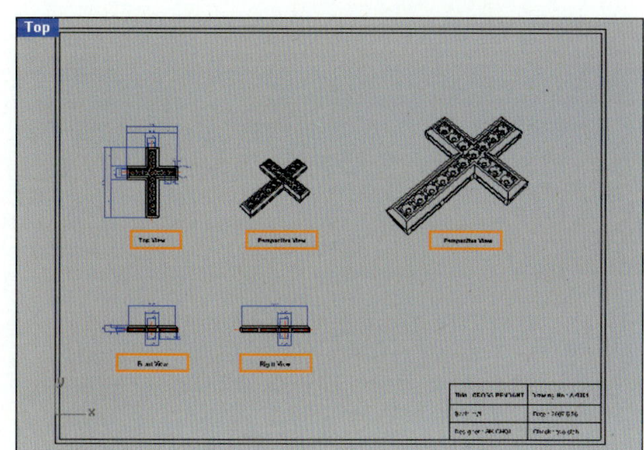

25_ 이제 출력기에 데이터를 보내어 도면을 출력해 본다. Top View를 선택한 상태에서 🖨 Print 버튼을 클릭한다. 클릭과 동시에 그림과 같은 형태로 출력 영역이 나타나게 된다. 하지만 A4 방향 즉, 용지 방향이 세로이다. 이것을 정상적인 가로 상태로 바꾸려면 [Close] 버튼을 클릭하여 빠져 나온 후 〉 라이노3D 〉 Top View에서 도면을 세로로 🖊 Rotate 2-D 시켜준다.

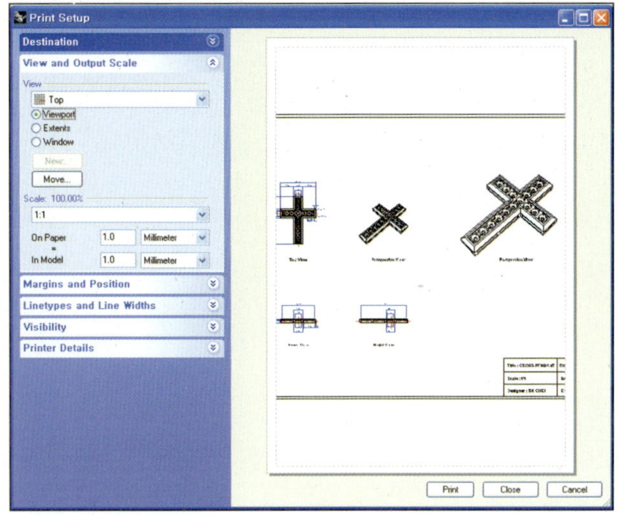
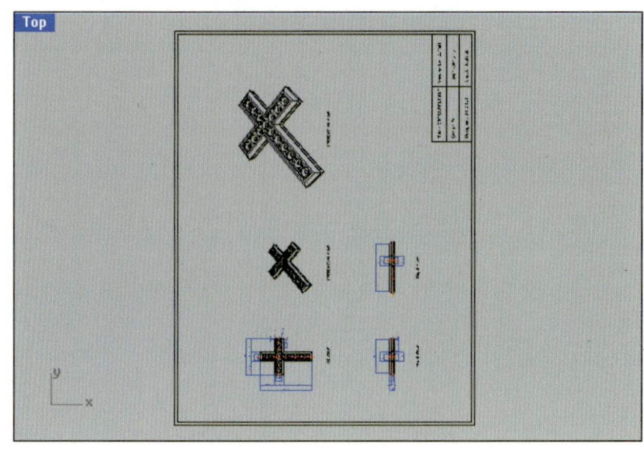

26_ 다시 Top View를 선택한 상태에서 🖨 Print 버튼을 클릭한다. 클릭과 동시에 그림과 같은 형태로 출력 영역이 나타나게 된다. 하지만 이번에 도면 경계선이 일부 출력 영역을 벗어나 있다. 이것을 바로잡아 본다.

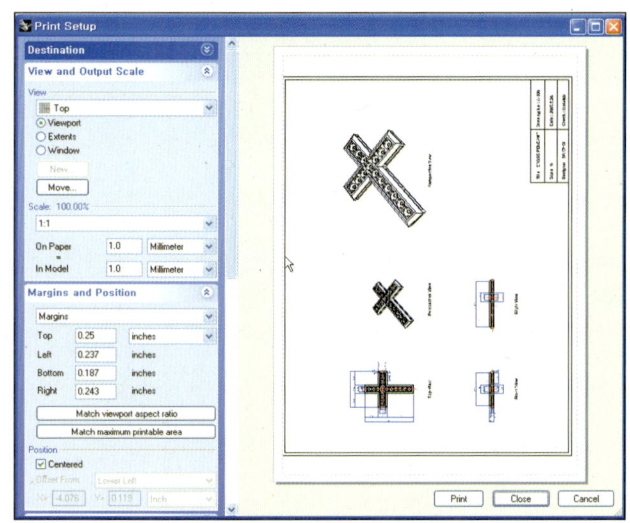

27_ Print Setup에서 [Move] 버튼을 클릭한다. 다음 출력 영역과 도면을 일치시켜준다. 그렇게 하면 그림과 같이 도면과 출력 영역이 제자리를 잡게 된다.

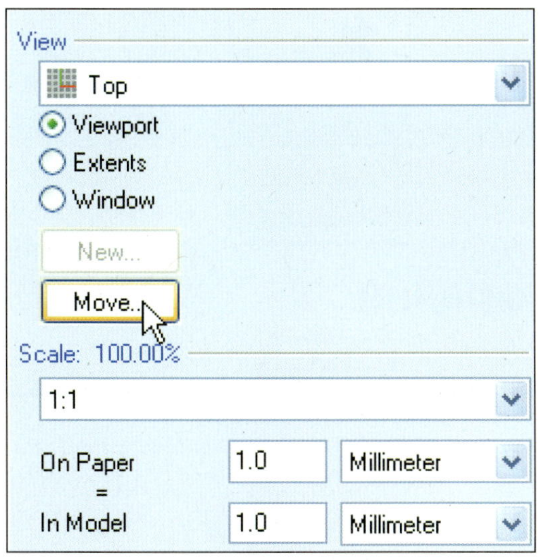

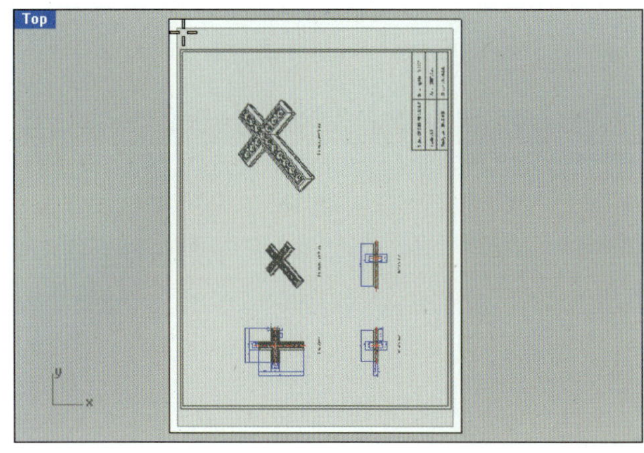

28_ Destinnation 〉 View 〉 Window 또는 Extents로 조정 〉 Scale = 1 : 1 〉 On Paper 1.0 Millimeter 〉 In Model 1.0 Millimeter에 설정하고 확인한다.

29_ [Print] 버튼을 클릭하여 출력한다. 실제 십자가와 출력된 도면의 치수가 1 : 1로 출력되었는지 확인한다.

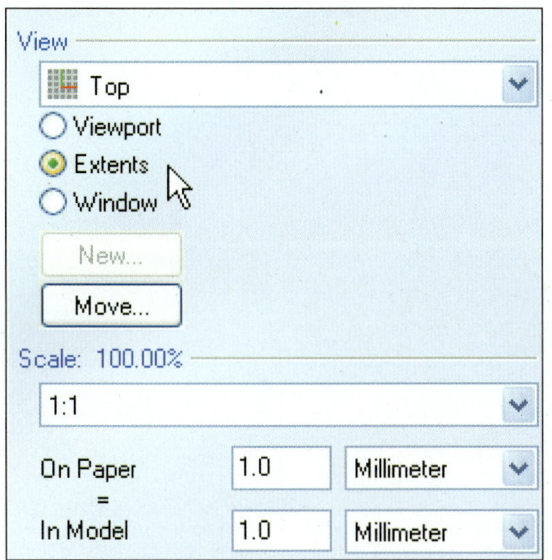

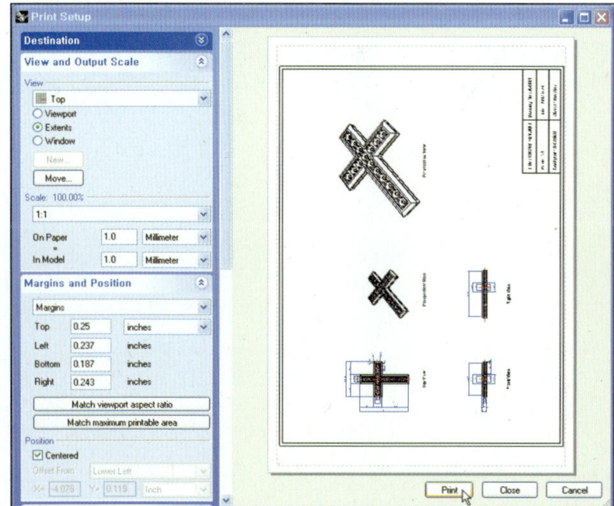

프린트 데이터가 넘어가는 화면이 보이게 된다. 이제 출력이 완료되었다.

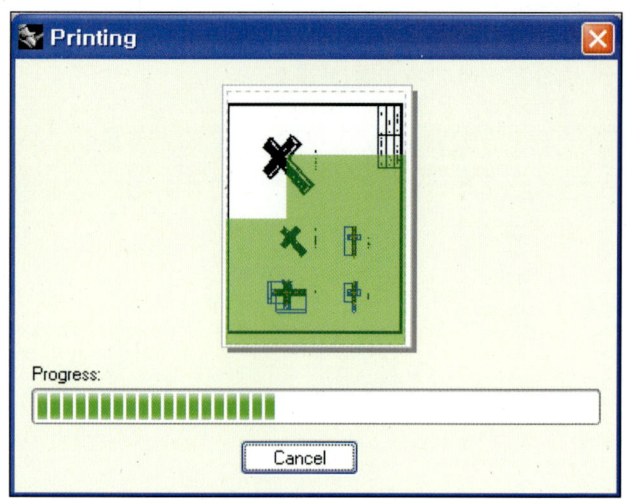

30_ 출력된 도면을 실측한 결과 정확히 1 : 1로 출력되었음을 확인할 수 있다.

31_ 또 한가지 방법은 Adobe Illustrator(.ai)로 저장하여 평면 Color Rendering이나 컬러 도면 출력도 가능하다. 저장 방법은 간단하다. 우선 변환시킬 Top View를 클릭해야 한다.

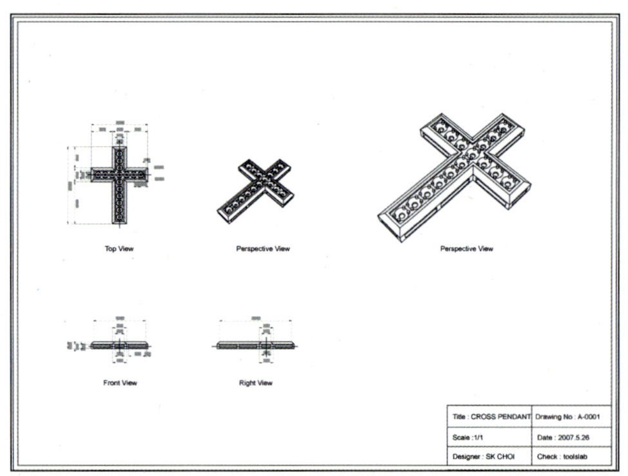

32_ 다음 File 〉 Save As 〉 파일명 기입 〉 파일형식 조정 〉 [저장] 버튼을 클릭한다.

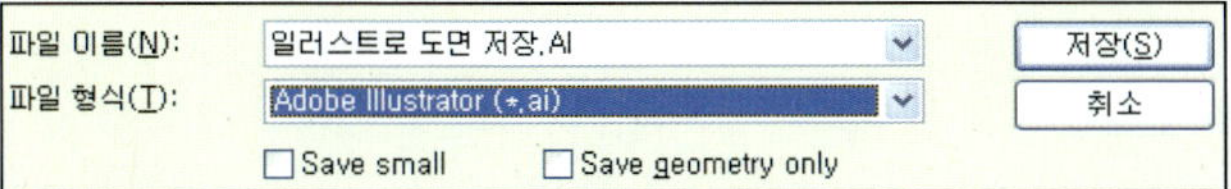

33_ AI Export Options 창이 뜨면 그림과 같이 설정하고 [OK] 한다.

34_ 일러스트를 열면 그림과 같이 도면이 보이게 된다. 이제 일러스트에서 출력하거나 컬러를 주어 평면 렌더링도 가능하다.

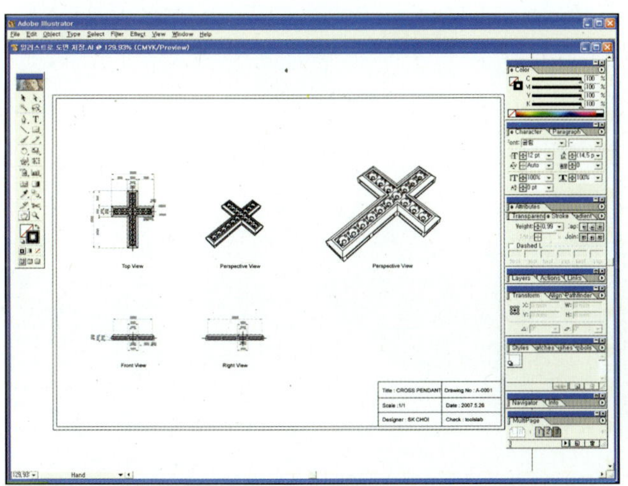

35_ 출력된 도면을 실측한 결과 정확히 1 : 1로 출력되었음을 확인할 수 있다.

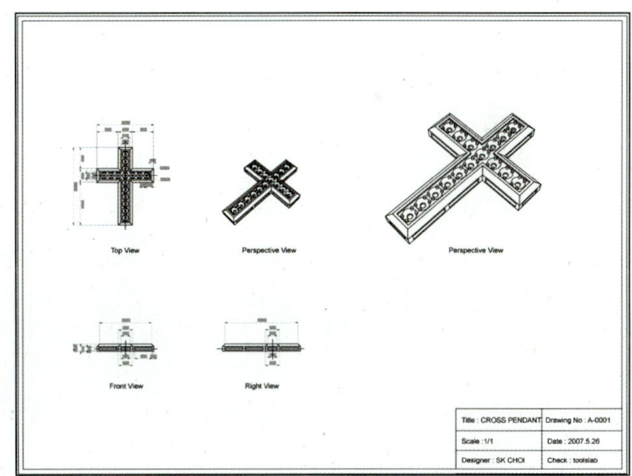

Chapter 18

Rhinoceros

RP출력을 위한 STL파일 변환과 오류 수정하기

Preview

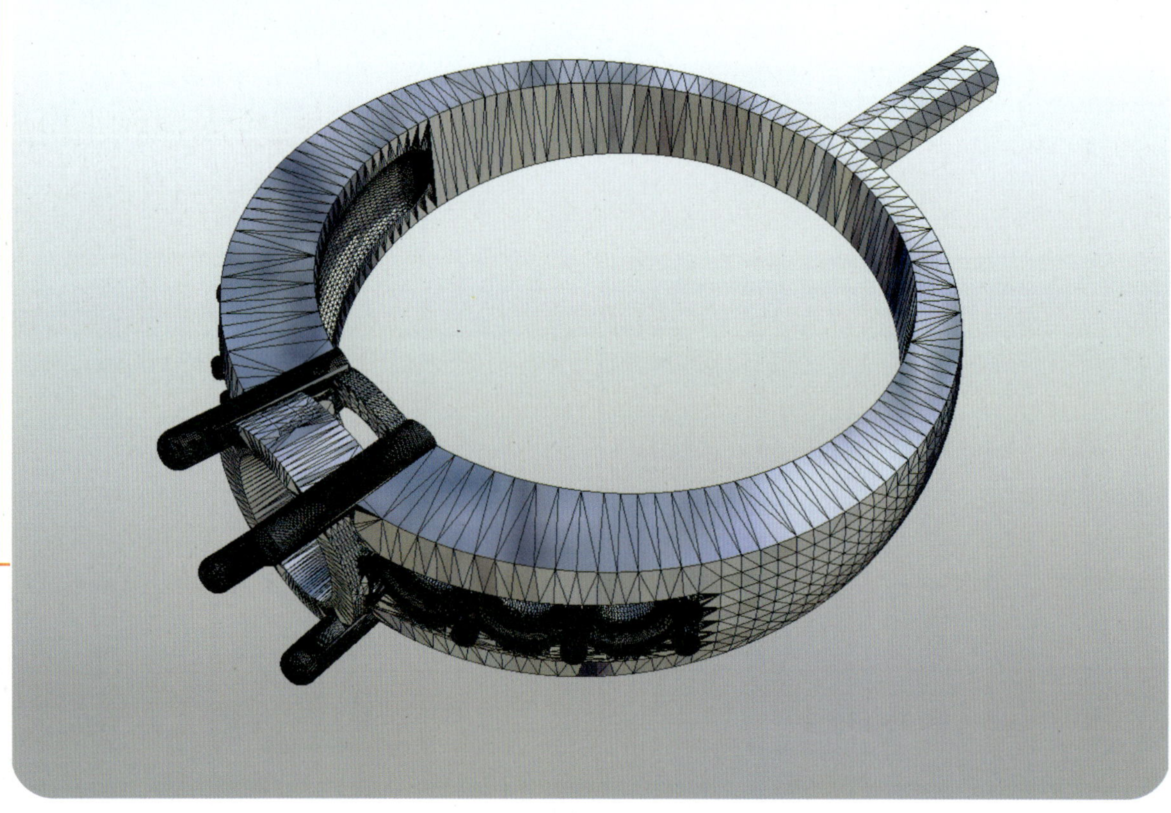

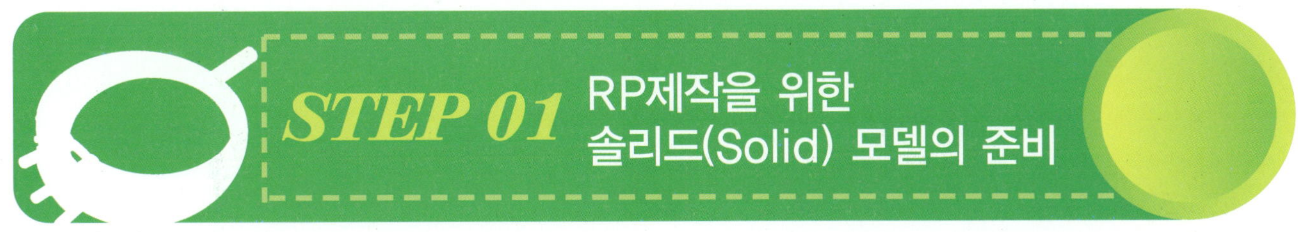

라이노3D를 통하여 모델링 된 3차원의 가상 NURBS 데이터를 손에 만질 수 있는 실체로 출력하기 위해서는 쾌속조형 (RP:Rapid Prototyping) 장비가 인식할 수 있는 STL(Stereolithograpy) 파일 형식으로 데이터를 변경시켜 주어야 하는데, 변환 방법과 변환시 문제 해결 방법에 대해 학습해 본다.

01_ 부록 CD 〉 라이노파일 〉 EX-08을 연다.

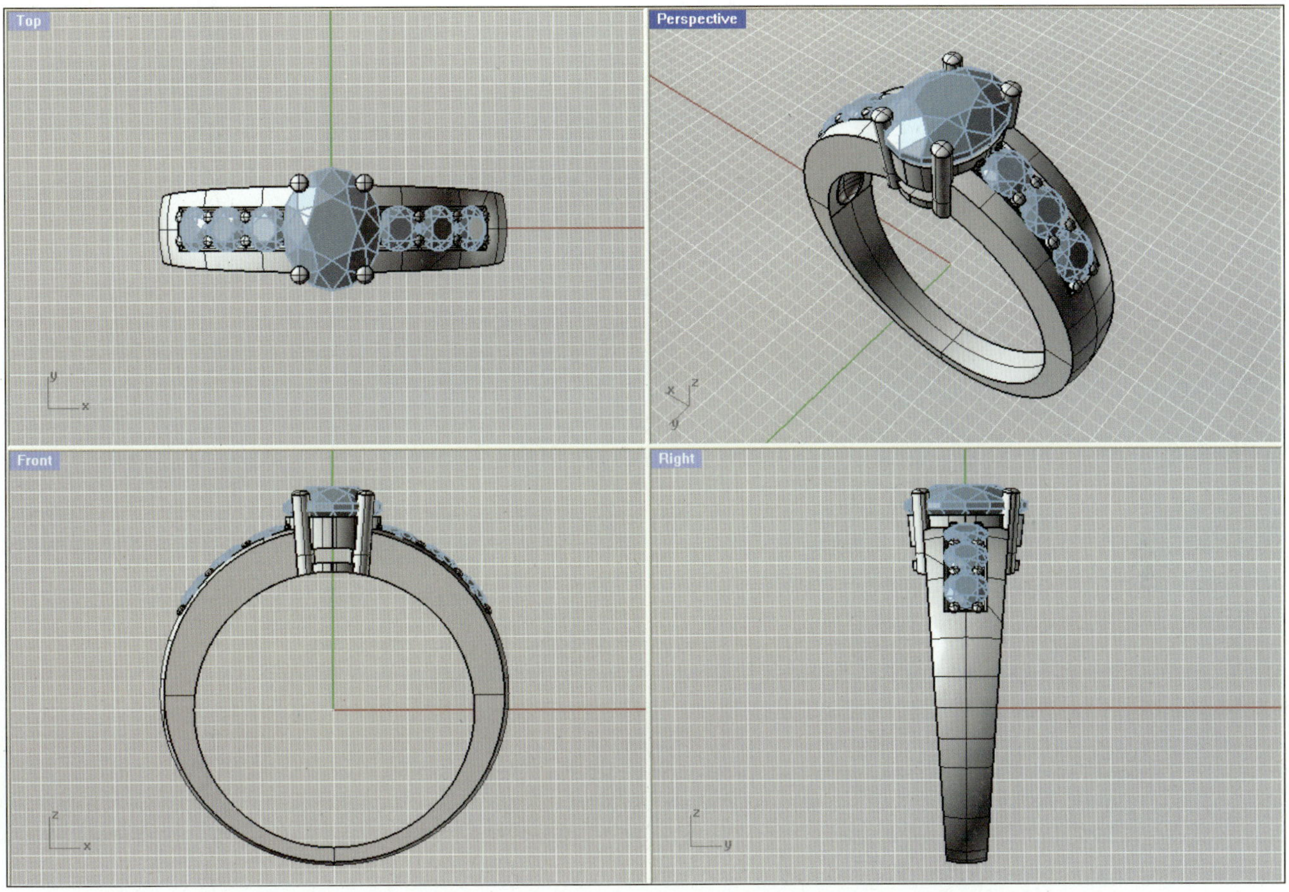

02_ 제일 먼저 해야 할 일은 💡 Hide Objects 아이콘을 마우스 오른쪽 버튼으로 클릭하여 작업 중에 숨겨둔 모든 객체들을 보이게 해야 한다. 다음 RP제작과 관련 없는 객체인 보석들을 우선 지워준다. 연이어 ⊚ Select Curves 명령으로 모델 속에 숨겨지거나 겹쳐있는 모든 불필요한 커브를 자동 선택하여 지워(Delete)준다.

03_ 🎲 Select Points 명령으로 숨어 있는 모든 포인트들도 지워준다.

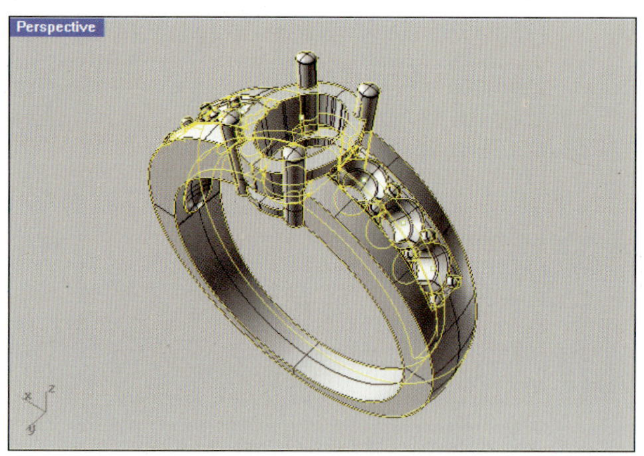

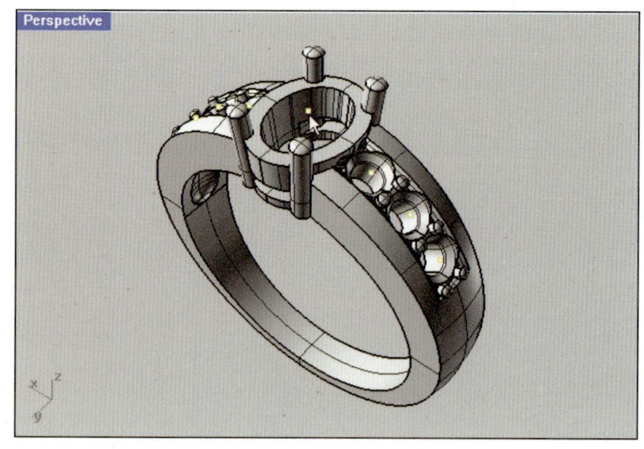

04_ 이렇게 불필요한 객체들을 모두 정리한 상태라면 남은 반지 원본에 대한 문제는 없는지 반드시 점검해 보아야 한다. 특히 반지 원본에 미세한 틈이나 Join 되지 않은 떨어져 있는 가장자리(Naked Edges)가 발견되면 RP 제작에 문제가 발생하거나 제작이 불가능하게 된다. 한마디로 말하자면 RP제작을 위한 데이터는 반드시 완전하게 전체가 틈이 없이 결합된 솔리드(Solid)객체여야 한다. 검사를 위하여 반지 원본 모델을 선택한 상태에서 Analyze 〉 Edge Tools로 접근 🎲 Show Edge 아이콘을 클릭한다. 클릭과 동시에 작은 Edge Analysis 대화상자가 나타 나는데 떨어진 가장자리 존재 여부를 찾기 위하여 Show=naked Edges에 체크한다. 이때 문제가 있는 곳은 그림과 같이 핑크색으로 반전되어 나타나며 커맨드 창을 보면 총 32개의 떨어진 가장자리가 발견(Found 436 edges total;32 naked edges)되었다는 메시지가 나타나게 된다.

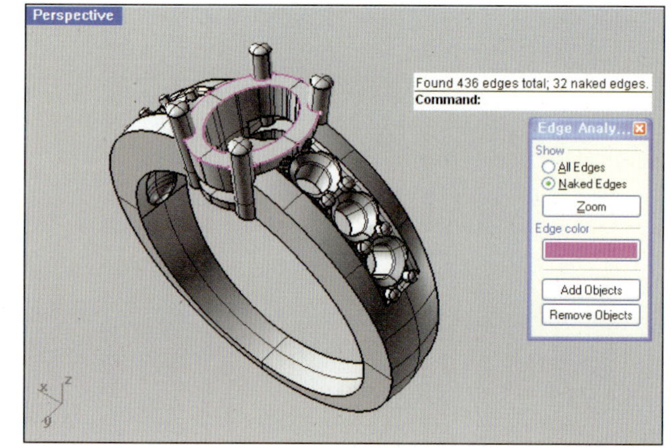

05_ 초보자들의 경우 모델링이 서툴기에 이러한 문제가 발생하면 매우 당황하게 된다. 하지만 개념을 알게 되면 해결방법도 반드시 있음을 알게 된다. 우선 떨어져 있는 틈을 없애기 위하여 Edge Analysis 대화상자 안에 [Zoom] 버튼을 클릭한다. 클릭과 동시에 틈새 부분이 강조 확대되어 보이게 된다.

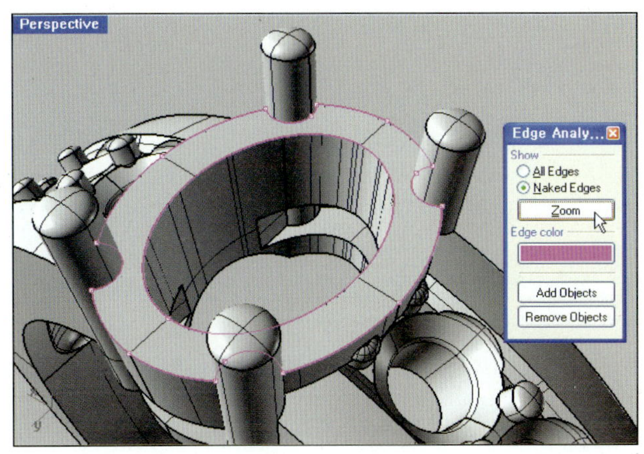

06_ Join 2 Naked Edges 명령(떨어져 있는 두 면의 가장자리 결합)으로 핑크색 Edge 부분을 중복 선택하여 떨어진 면의 Edge를 모두 결합(Join)시켜 준다.

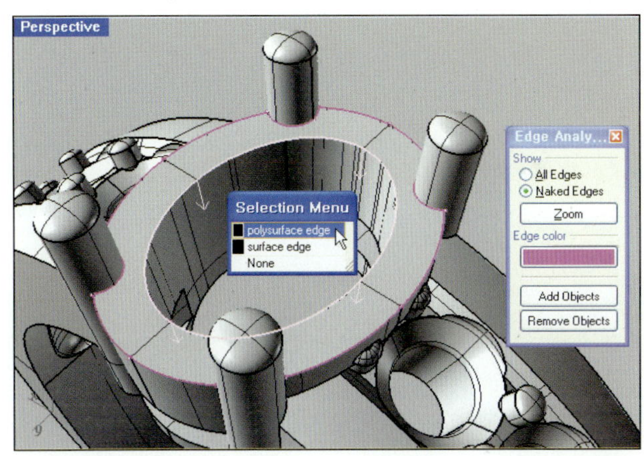

중복 Edge 선택시 그림처럼 Edge Joining 여부를 묻는 대화상자가 뜨는데 [Yes] 버튼을 클릭해 준다. 그러면 해당 핑크색 틈이 사라지고 Join 된다.

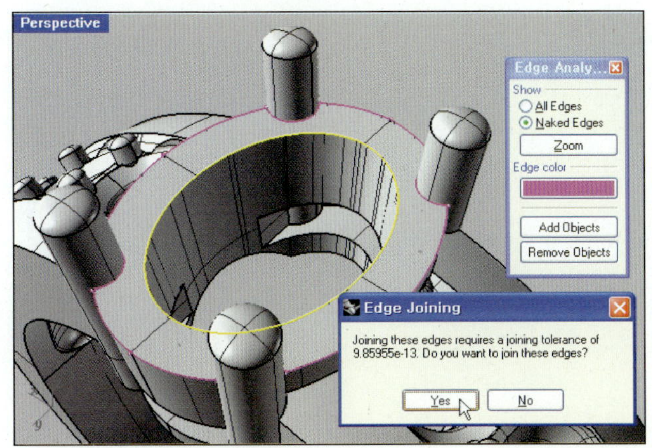

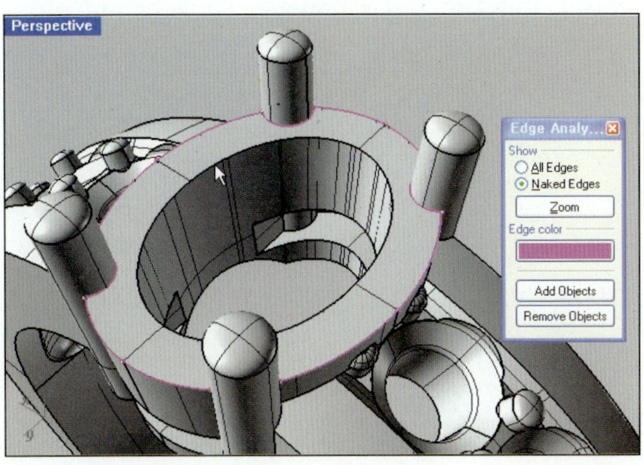

07_ 동일한 방법으로 나머지도 Join 2 Naked Edges 명령으로 핑크색 Edge 부분을 중복 선택하여 떨어진 면의 Edge를 모두 Join시켜 그림과 같이 핑크색이 보이지 않게 만들어 준다.

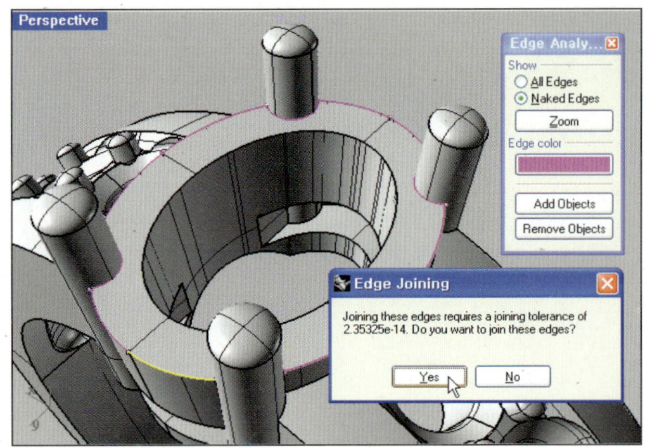
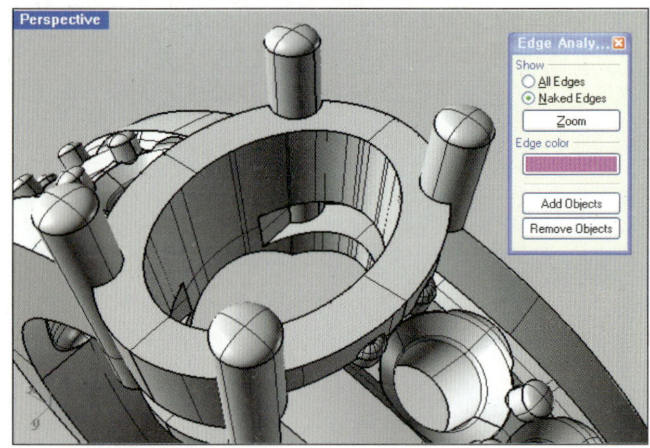

08_ 이제 모든 Nake Edge들이 모두 수리되었다면 반지 원본 모델을 선택한 상태에서 Analyze > Edge Tools 로 접근하여 Show Edge 아이콘을 클릭한다. 클릭과 동시에 작은 Edge Analysis 대화상자가 나타나는데 떨어진 가장자리 존재 여부를 찾기 위하여 Show=naked Edges에 체크한다. 체크와 동시에 더 이상 모델 Edge에 핑크색 활성화가 보이지 않고, 커맨드 창에 더 이상 떨어진 가장자리 면이 없다는 Found 420 edges total;no naked edges라는 메시지가 나타났다. 이제 이 원본은 완전한 솔리드(Solid) 지오메트로 RP제작을 위한 모델로 적합함을 의미한다. 물론 데이터에 허용오차 조정이나 모델링 미숙으로 Naked Edge가 수리되지 않는다면 그 면을 다시 그려주는 것이 바람직하다.

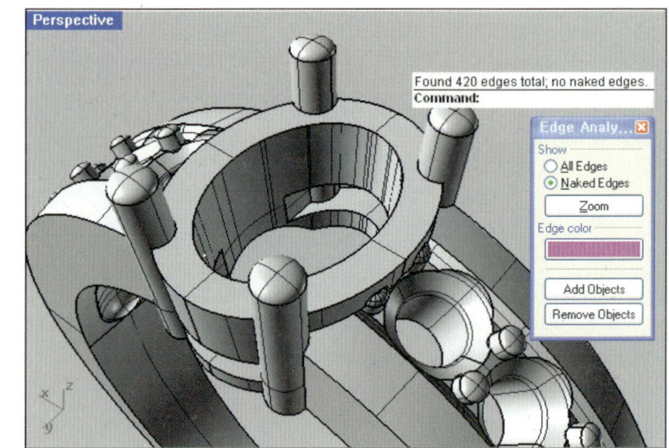

STEP 02 RP제작을 위한 모델의 화면 배치

RP 제작을 위해서 모델을 적정 위치에 자리 잡아 주는 것을 작업자가 미리 준비해 주면 좋다. 특히 제작하고자 하는 모델의 크기가 어느 한쪽 방향으로 길다면 제작 시간과 경비를 절약하기 위하여 모델을 가능한 한 눕혀 배치해 주는 것이 바람직하다. 물론 이러한 배치는 RP 장비마다 구동 소프트웨어들을 통하여 보다 정교하게 이루어지기에 작업자의 경우 크게 고민하지 않아도 된다. 이는 지지대(Support)나 물줄기(탕도)를 반드시 만들어 주어야 할 경우 이러한 모델의 배치는 모델과 제작 정밀도를 요하는 면의 적층 방향에 따라서도 달라지게 되기 때문이다. 여기서는 기본 배치 수준으로 이해하면 된다.

01_ 우선 F7을 눌러 Grid를 보이게 한 후 그림과 같이 준비된 모델을 Front View에서 Move시켜 X축 (Red Line)바로 위로 올려준다.

02_ Right View에서 Rotate 2-D 명령으로 그림과 같이 눕혀준다.

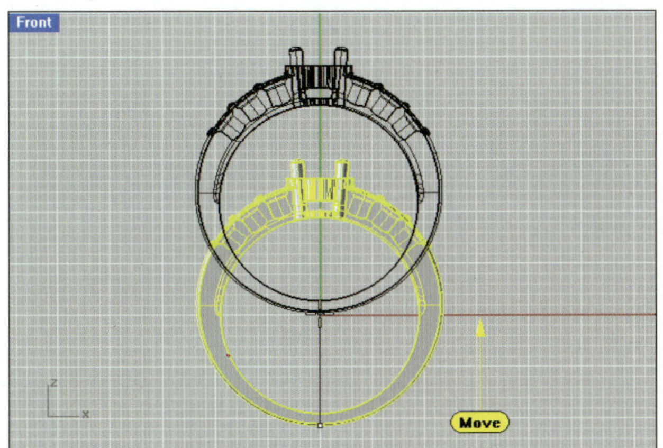

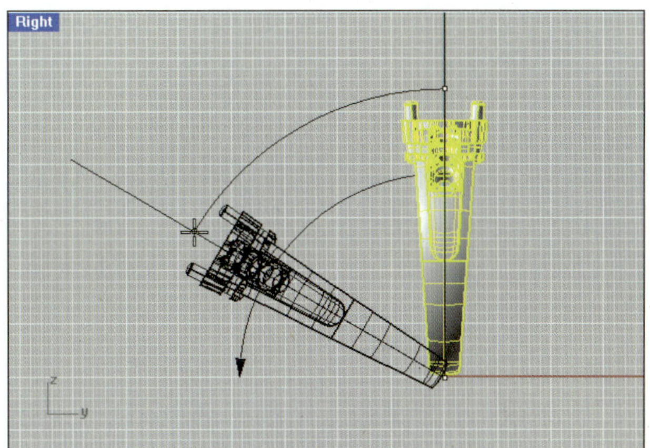

03_ Move 명령으로 그림과 같이 Z축 방향으로 이동시켜 준다. 물론 Y축 바닥 위에 위치시켜 준다.

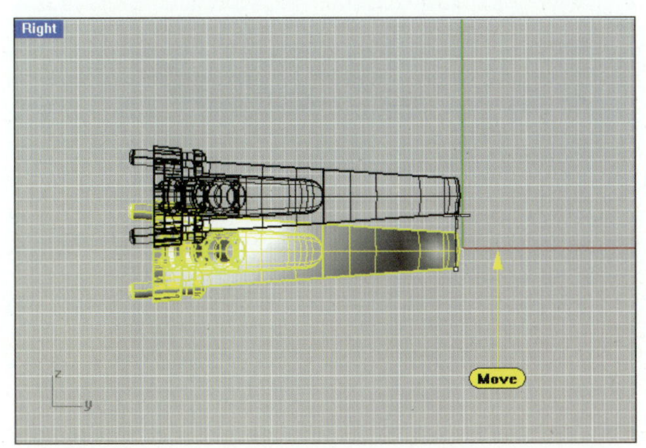

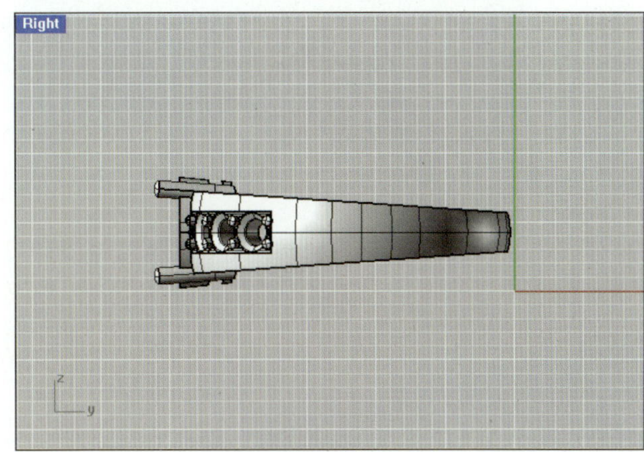

01_ 라이노3D 로 만들어진 NURBS(Non-Uniform B-Rational Spline) 데이터 포맷(Format)으로는 바로 RP 제작을 할 수 없으므로 STL(Stereolithography) 파일 포맷으로 변환시켜 주어야 한다. 변환 방법은 생각보다 간단하다. 우선 변환을 위해 자리 배치 해 둔 모델을 선택한 상태에서 File 〉 Export Selected…를 선택하면 Export 대화상자가 뜬다.

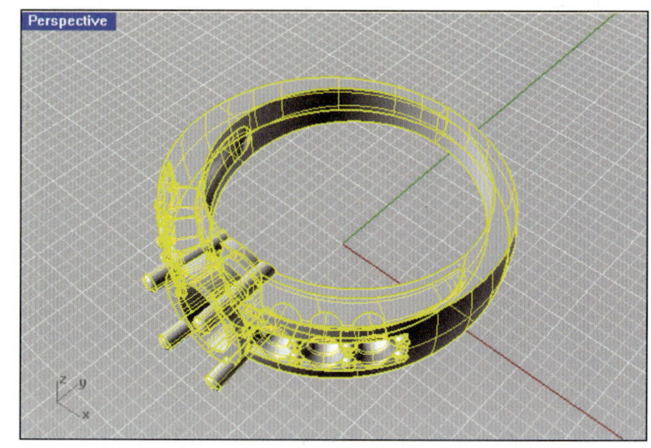

02_ 대화상자에 저장 위치(폴더지정 〉 RP파일 제작)와 파일이름(RP-01), 파일 형식(*.stl 〉 Stereolithography)을 그림과 같이 지정하고 저장 아이콘을 클릭한다.

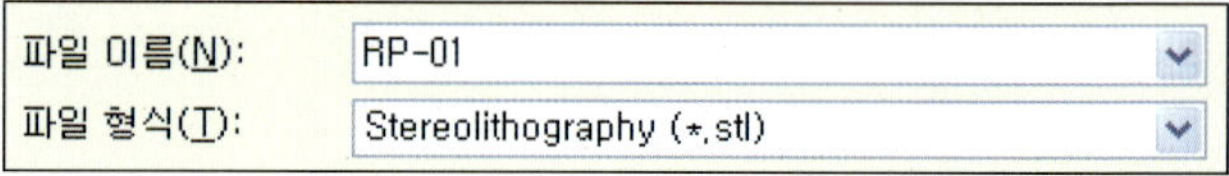

03_ 저장 버튼 클릭과 동시에 STL Mesh Export Options 창이 뜨는데 허용오차(Tolerance)를 확인 후 [Detailed Controls..] 버튼을 클릭한다.

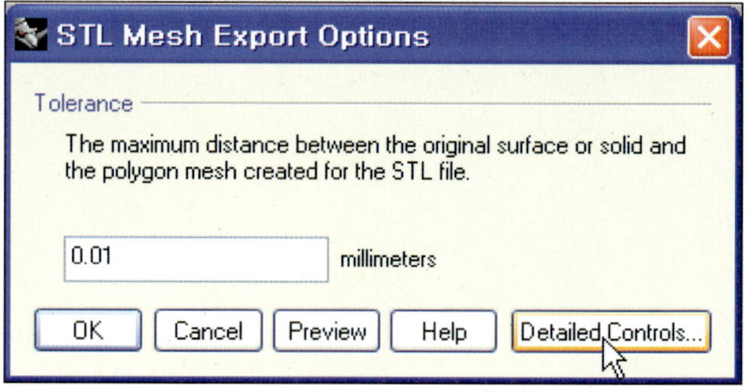

04_ Polygon Mesh Detailed Options 대화상자가 나타난다. 이곳은 우리가 렌더링이나 STL파일 변환시 Mesh 데이터의 해상도를 조정하는 곳이다. 즉 라이노3D 원본 모델과 메쉬 구조로 변환될 모델의 근사치 정밀도를 조정하는 것을 말한다. 설정에 앞서 각 용어별 설명을 대화상자를 클릭한 상태에서 키보드의 F1 을 클릭하여 도움말을 참조 바란다. 여기서는 1차적으로 모델 메쉬 해상도에 가장 큰 영향을 주는 Maximum angle(최대 각도)만을 20.0으로 설정하였다. 각도 범위는 기본이 20°이고, 제한 범위는 5°~ 90°까지이다. 값이 작을수록 메쉬의 수가 늘어나며 더욱 근사치에 가까운 메쉬 형상을 만들게 된다. 하지만 지나치게 작게 되면 메쉬 제작 시간이 오래 걸리고 데이터량이 증가하게 된다. 이는 Out of Memory 의 가장 큰 요인으로 작용 할 수 있다. [OK] 버튼을 클릭한다.

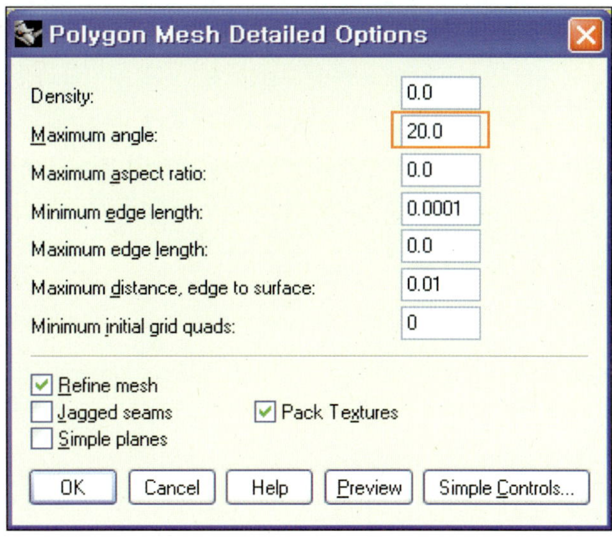

05_ Meshing작업이 진행된 후 STL Export Options 대화상자가 뜨면 그림과 같이 2진수 체계인 Binary에 체크 한다. 참고로 Ascii를 체크하면 데이터 용량이 약 4배에서 5배 이상 증가하게 된다. [OK] 한다.

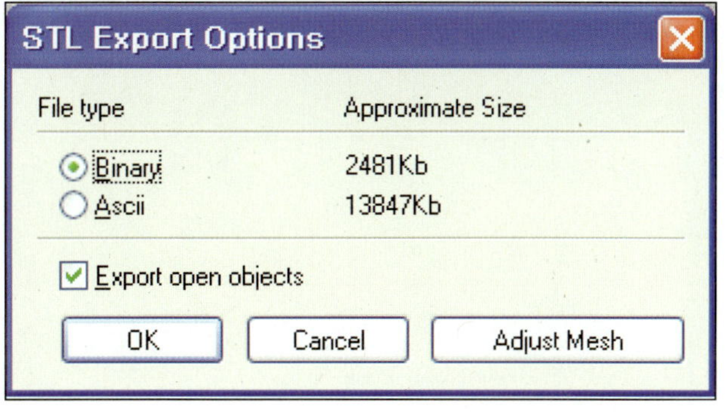

06_ 바탕 화면에 저장 폴더로 접근하여 확인해 본다. 그림과 같이 RP-01이라는 증명서처럼 생긴 파일 아이콘이 보일 것이다. 변환 상태를 확인하기 위하여 이것을 바로 클릭하면 잘못된 공개 키라는 대화상자가 나타나고 변환된 STL파일을 볼 수 없게 되는데 이것을 보려면 라이노3D에서 File 〉 Import로 불러들여야 Mesh 파일을 확인할 수 있다.

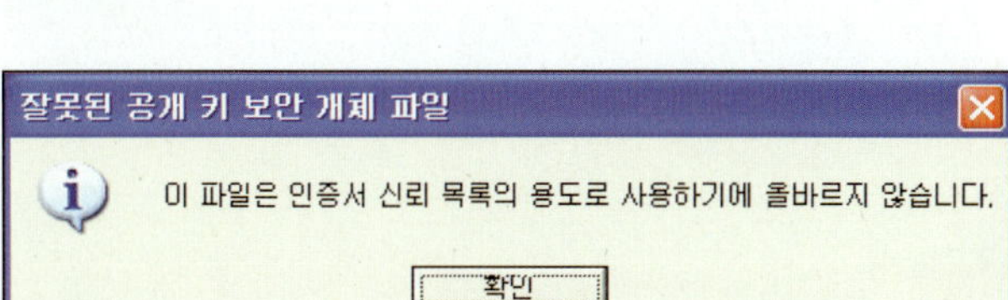

07_ 작업 중이던 라이노3D 프로그램을 화면에 다시 띄우고 File > Import로 바탕화면 > RP파일 제작폴더 > RP-01파일을 불러온다. 물론 파일형식(T)은 Stere-olithography에 맞추고 [열기] 버튼을 클릭해 주어야 한다. 그림과 같이 앞서 작업된 라이노3D NURBS 모델과 같은 자리로 들어오기에 겹쳐지게 된다.

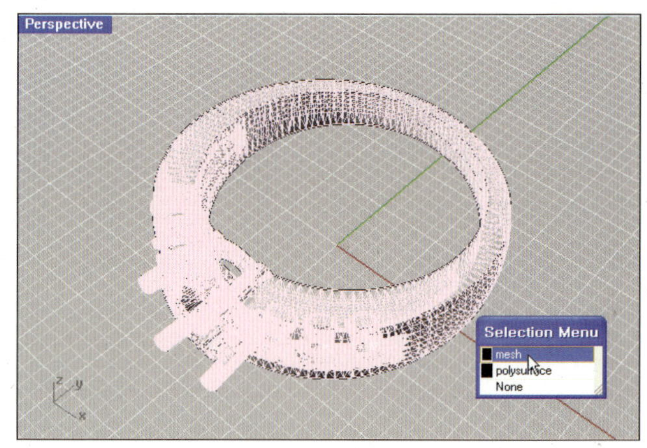

08_ 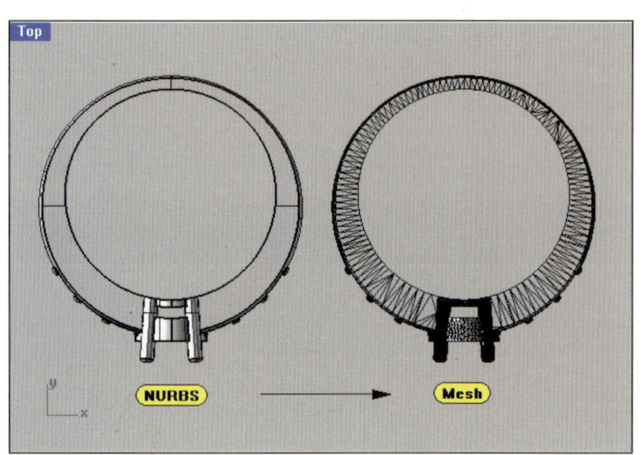 Select Meshes 또는 Select Closed Meshes 선택 툴로 메쉬만을 선별 선택하여 그림과 같이 우측으로 빼놓는다.

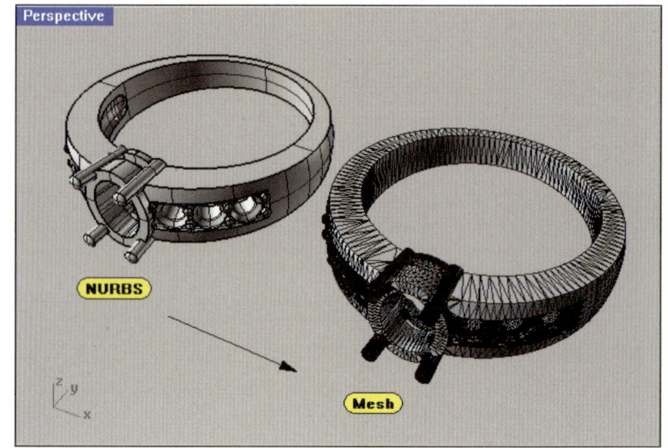

09_ 최대각(Maximum Angle)을 20도에 설정하여 저장된 Mesh 형태의 STL 파일의 면 근사치를 살펴보면 그림과 같이 면과 면의 각이 크게 나타남을 확인해 볼 수 있다. 이것은 쉽게 말해 고해상도로 저장된 것은 아니라는 의미이다. 만약 거친 정도가 크면 실제 RP 제작 모델에도 각이 생겨 출력되게 된다. Render 명령으로 확인해 본다.

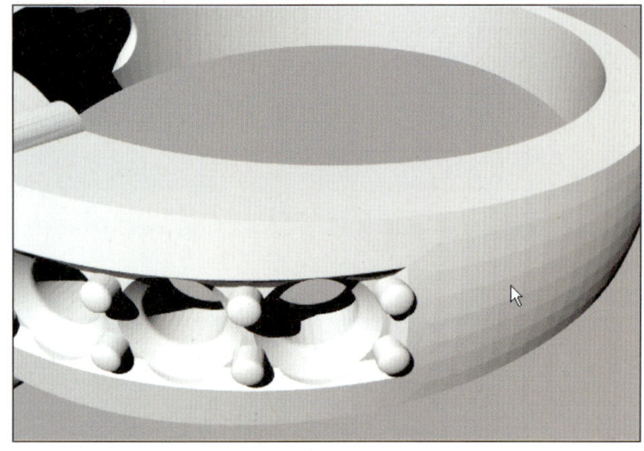

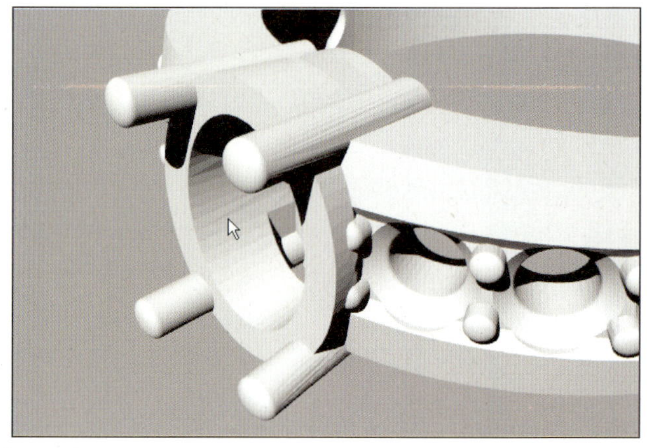

10_ 이번엔 설정을 바꾸어 Mesh 해상도를 높여 보기로 한다. 앞서 방법대로 라이노3D NURBS 모델을 선택한 상태에서 File > Export Selected 해준다. 이번엔 파일명을 RP-02로 만들어 주고 저장한다.

파일 이름(N):	RP-02
파일 형식(T):	Stereolithography (*.stl)

11_ Polygon Mesh Detailed Options 대화상자가 나타난다. 모델 메쉬 해상도에 가장 큰 영향을 주는 Maximum angle(최대 각도)만을 7.0으로 설정하고 [OK] 한다. 물론 최대각만을 설정하여 해상도를 조정하지는 않는다. 모델의 형상에 따라 최대종횡비(Maximum aspect ratio)와 같은 보정 값들을 동시에 비율 조정하게 된다. 참고로 최대 종횡비는 최대각(Maximum angle)의 20~30%의 비율로 적게 설정해 주면 효과적이다. 여기서는 설정하지 않는다.

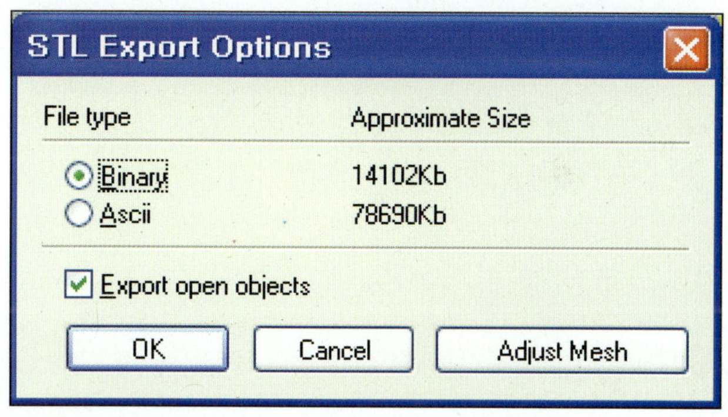

12_ Meshing작업이 진행된 후 STL Export Options 대화상자가 뜨면 그림과 같이 2진수 체계인 Binary에 체크 한다. 참고로 Ascii를 체크하면 데이터 용량이 약 4배에서 5배 이상 증가하게 된다. [OK] 한다.

13_ 변환된 STL 파일(RP-02)을 바탕 화면에 저장하고 폴더로 접근하여 File > Import로 불러들여 Mesh 파일을 확인해 본다.

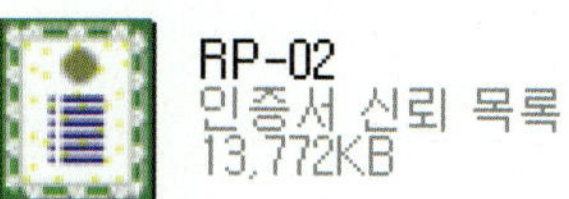

앞서 저장된 RP-01파일과 비교해 보면 우선 삼각면 메쉬 수에서 큰 차이를 보이며, 메쉬수가 많은 만큼 메쉬면이 좀더 매끄럽게 변환되었음을 확인할 수 있다.

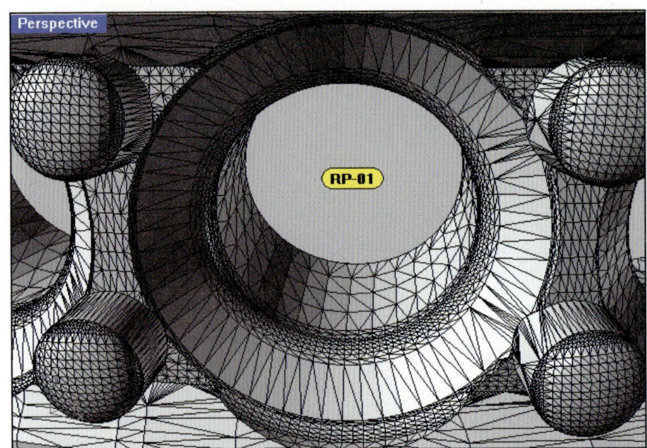

◐ Maximum Angle=20도 설정과 메쉬밀도

◐ Maximum Angle=20도 설정과 Shade 상태

◐ Maximum Angle=7도 설정과 메쉬밀도

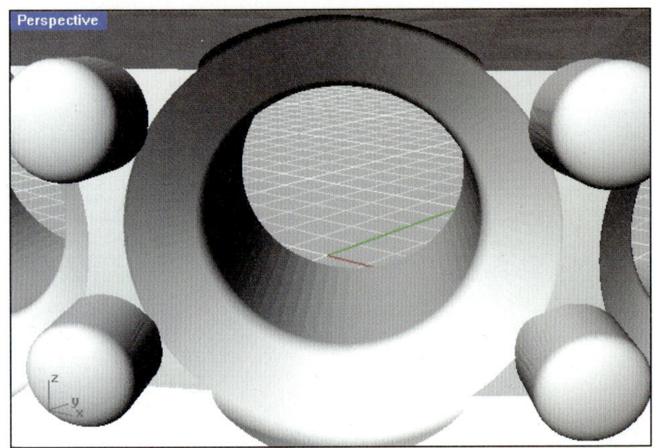

◐ Maximum Angle=7도 설정과 Shade 상태

01_ 마지막으로 변환된 STL 확장자 명을 가진 MESH 데이터에 오류가 있는지를 검사한다. 검사 방법은 크게 두 가지 방법이 있는데 첫 번째 방법은 Analyze 〉 Check Objects 〉 Geometic-Fix 〉 **Check mesh object for errors** 명령으로 체크하는 것이다. RP-01, RP-02 모델을 클릭하면 그림과 같이 리스트 형식으로 보여 준다.

현재 결과는 good mesh이다. 하지만 만약 Mesh가 불안정하다면 마킹 부분에 This is a bad mesh로 나타나게 된다.

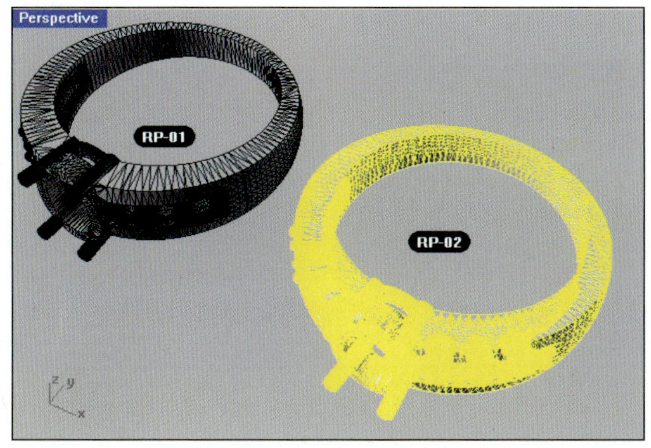

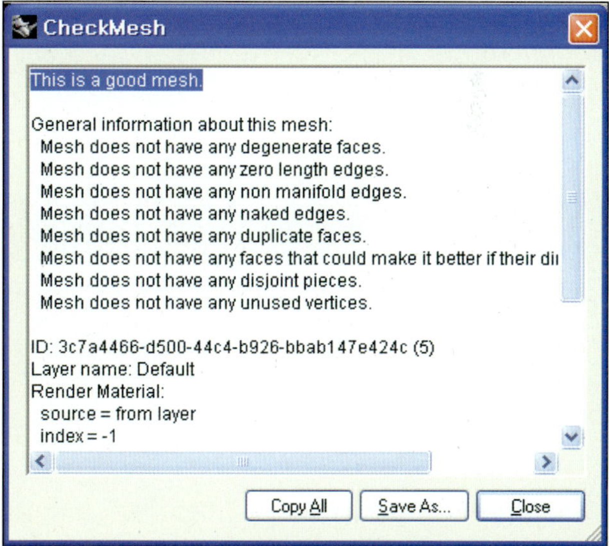

두 번째는 우선 제작하고자 하는 Mesh 모델을 선택한 상태에서 그림 〉 Analyze 〉 Edge Tools로 접근 **Show Edge** 아이콘을 클릭 체크하는 것으로 Naked Edge 체크 결과 RP-01, RP-02 모두 no naked edge로 문제가 없는 것으로 나왔다. 드디어 RP제작을 위한 완전한 STL 메쉬 파일을 얻었다. 이 파일을 가지고 RP 제작을 진행하면 된다.

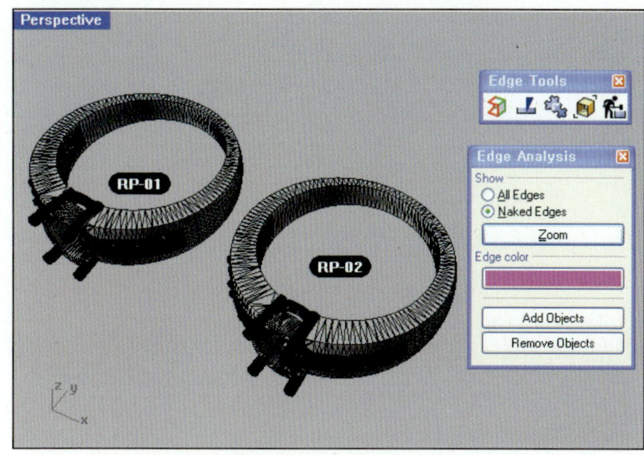

02_ 문제는 위와 달리 변환된 Mesh 데이터에 문제가 발생했을 경우이다. 여기서는 문제의 Mesh 파일을 불러와 수리하는 방법을 학습해 본다. **부록 CD 〉 라이노파일 〉 EX-09**를 연다.

Mesh 상태의 반지 모델을 선택한 상태에서 Analyze 〉 Edge Tools 〉 **Show Edge** 아이콘을 클릭 〉 Edge Analysis 대화창의 Show에 체크하면 그림과 같이 핑크색 부분에 Naked Edge가 존재함을 육안으로 식별할 수 있다.

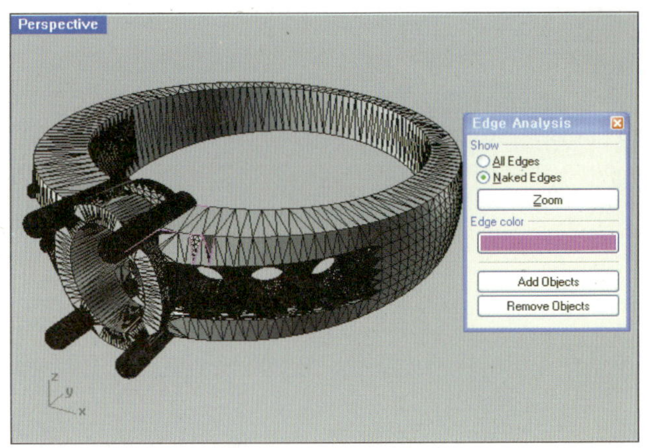

보다 문제 부위를 확대해 보기 위하여 Edge Analysis 대화상자 안에 [Zoom] 버튼을 클릭한다. 클릭과 동시에 문제 부위가 강조되어 보이게 된다. 이제 수리를 할 차례이다.

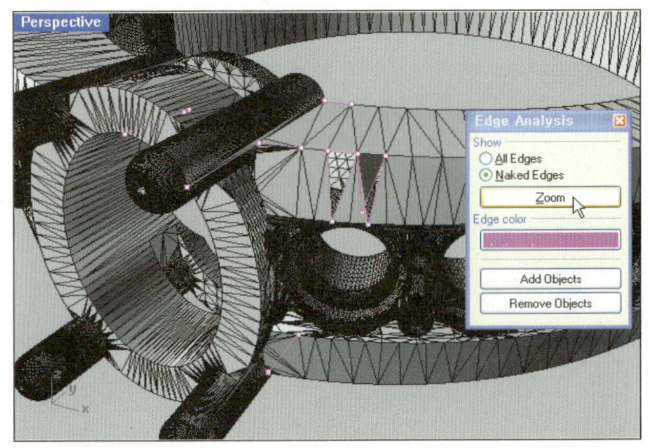

03_ Mesh 〉 Mesh Tools 〉 **Delete mesh faces**로 1번 삼각 메쉬면을 지워준다. 이 면은 안쪽으로 잘못 만들어진 면이기 때문이다.

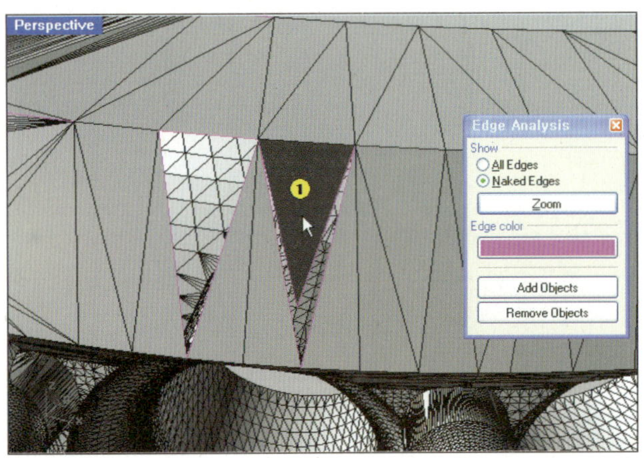

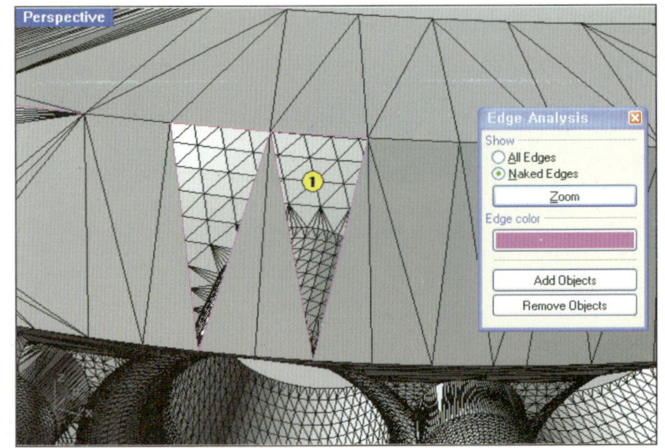

04_ Mesh > Mesh Tools > 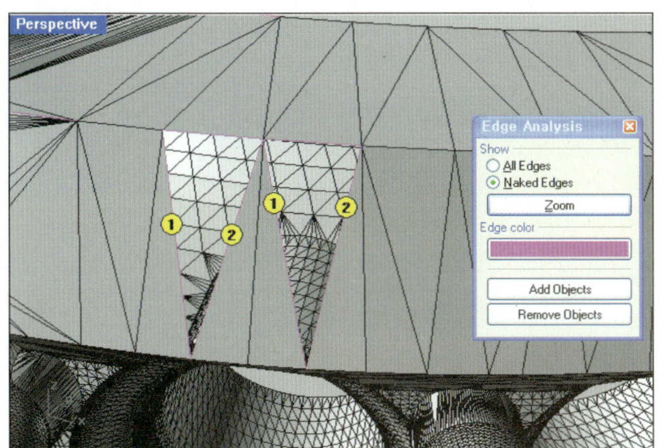 Add a mesh face로 다음 1번 Mesh Edge와 2번 Mesh Edge를 번갈아 선택하여 면을 하나씩 추가하여 메꿔준다.

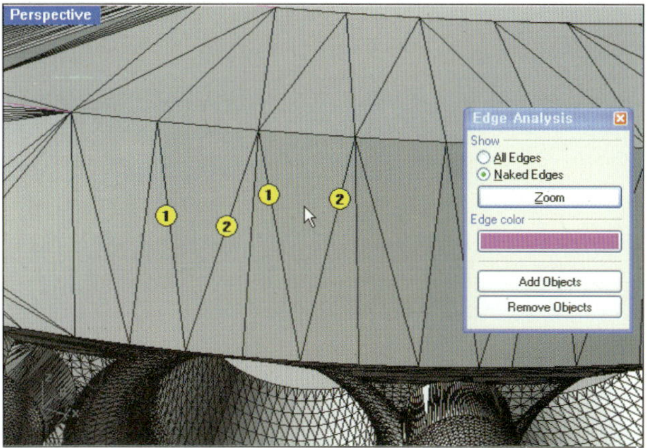

05_ Mesh > Mesh Tools > Fill Mesh Hole 명령으로 1~5번까지 메꿔 준다. 특히 한번에 전체 구멍을 메꿔 주려면 Fill Mesh Hole 아이콘을 마우스 오른쪽(Fill all holes in mesh) 버튼으로 클릭 후 객체를 선택 Enter 해 주면 전체가 한번에 홈이 막히게 된다. 단 강제적인 구멍 채우기는 Check mesh object for errors 체크시 bad mesh 생성의 원인이 되기에 세심한 주의가 필요하다.

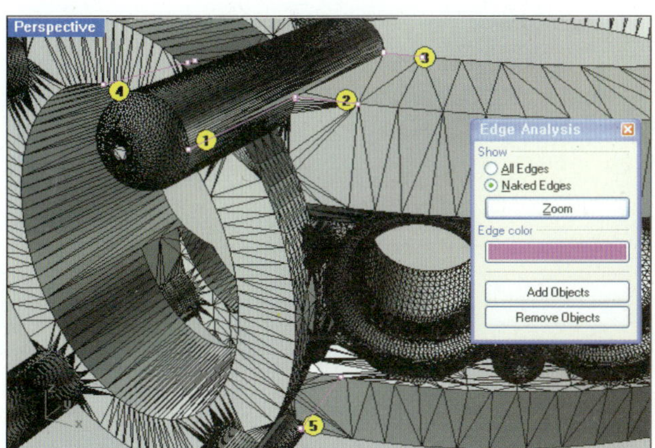

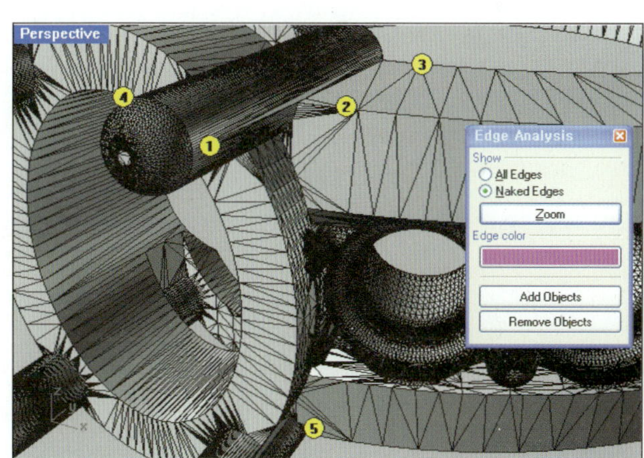

06_ 다시 Analyze > Edge Tools > Show Edge 아이콘을 클릭 > Edge Analysis창의 Show에 체크하면 그림과 같이 핑크색 부분에 Naked Edge가 존재하는지를 체크한다. 체크 결과 no naked edge로 정상 파일로 수리된 것을 확인할 수 있다.

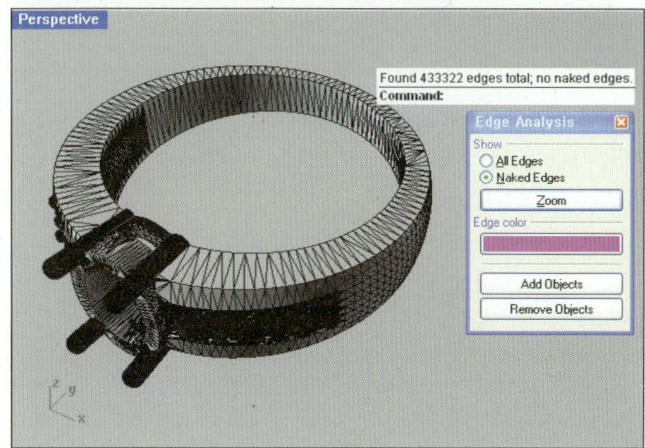

07_ 이번에 반지의 물줄기(탕도)를 만들어 줄 것이다. 라이노3D 4.0버전부터는 Mesh Boolean 명령들이 가능하기 때문이다. 우선 **Mesh Cylinder** 명령으로 반지 지환의 하단부에 물줄기를 만들어 준다. 각이 덜한 실린더를 만들고자 한다면 옵션에서 VerticalFaces=30, AroundFaces=30 정도에 세팅하여 만들어 주면 부드러운 메쉬 실린더의 제작도 가능하다. 다음 **Mesh Boolean Union**으로 1번 메쉬와 2번 메쉬를 합집합 해준다.

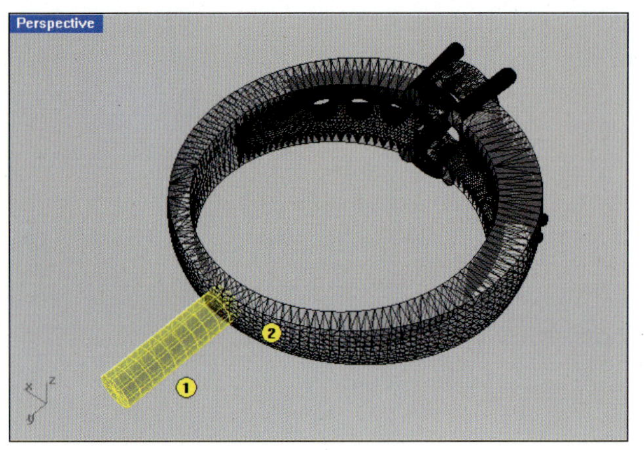
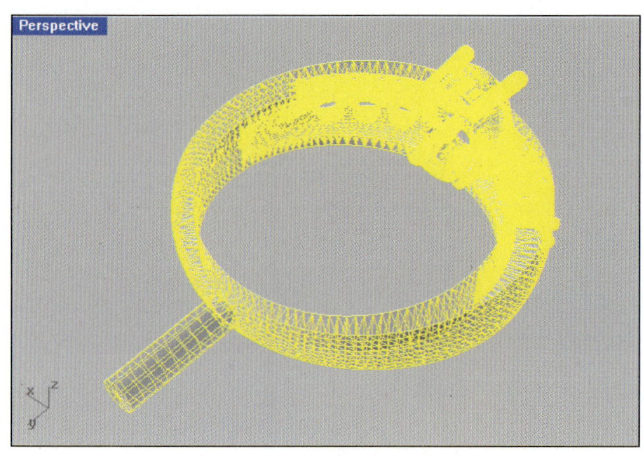

08_ 이제 모두 수정된 객체는 앞선 방법으로 다시 STL 파일로 Save As시켜 주면 모두 마무리된다.

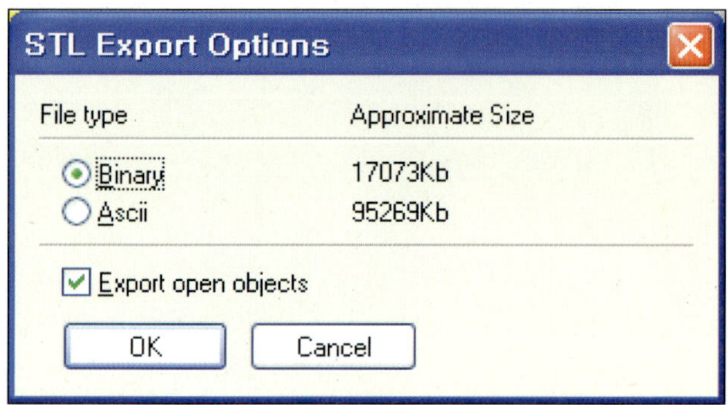

09_ 옆의 그림은 라이노3D로 STL 파일을 불러 최종 렌더링을 확인한 모습이다. 지금까지 기초적인 Mesh 구조의 STL 파일의 수리(Repair) 학습을 마무리한다.

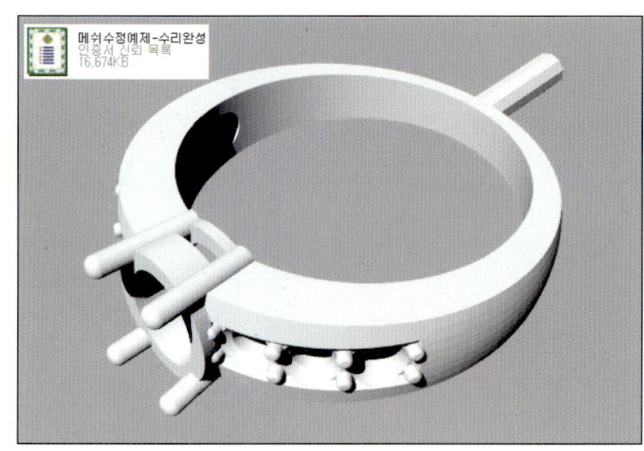

Rhinoceros

Chapter 19

겹쳐진 모델에 두께 주는 방법

Preview

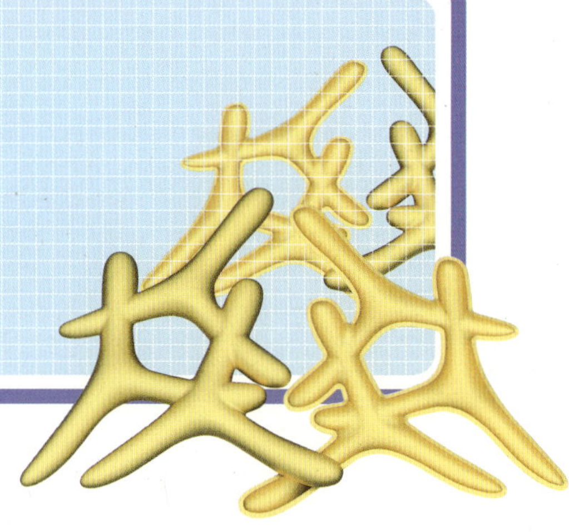

Preview

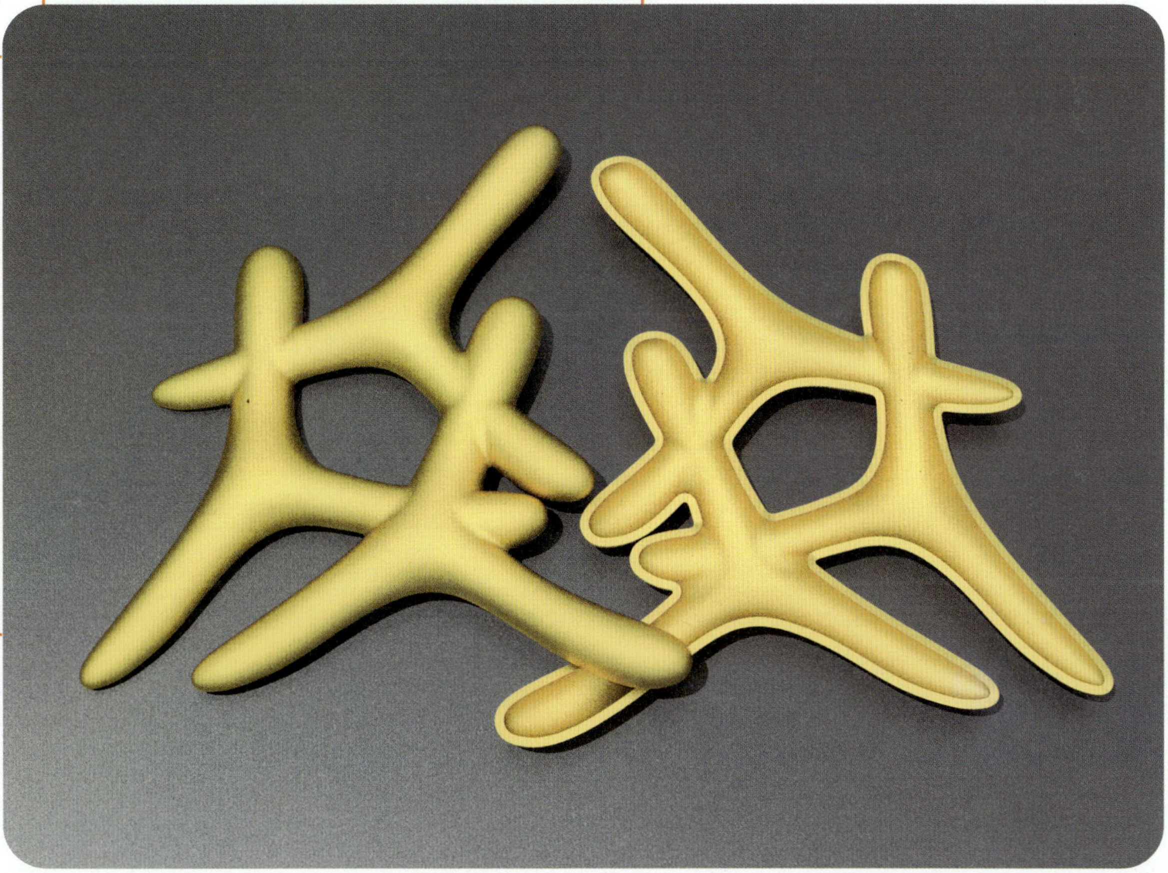

따라해 보세요 !

01_ 모델에 두께를 주어 속파기를 하는 방법은 다양하지만 여기서는 2가지 방법을 제시하고자 한다. 이 방법은 다양한 응용이 가능한만큼 알아두면 매우 유용하다. 우선 학습을 위하여 미리 준비된 **부록CD-1 〉 라이노파일 〉 EX-10**을 연다.

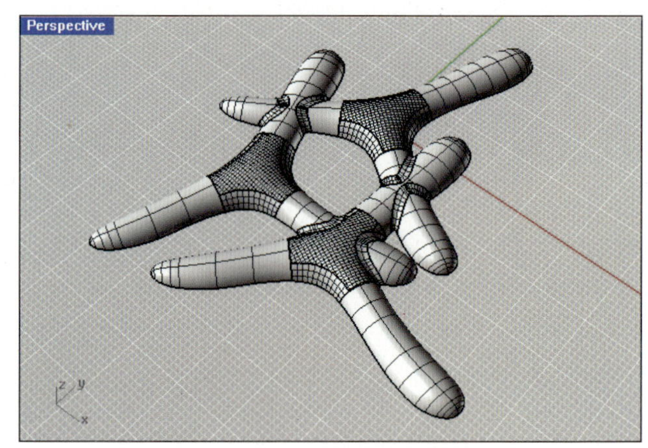

02_ 모델의 바깥쪽면과 안쪽면의 구분을 위하여 Rhino Options에 Appearance 〉 Advanced Setting 〉 Shaded 경로로 접근하여 Shading settings 항목 모두를 그림과 같이 설정하고 원하는 컬러를 만들어 준 후 [OK] 버튼을 클릭한다.

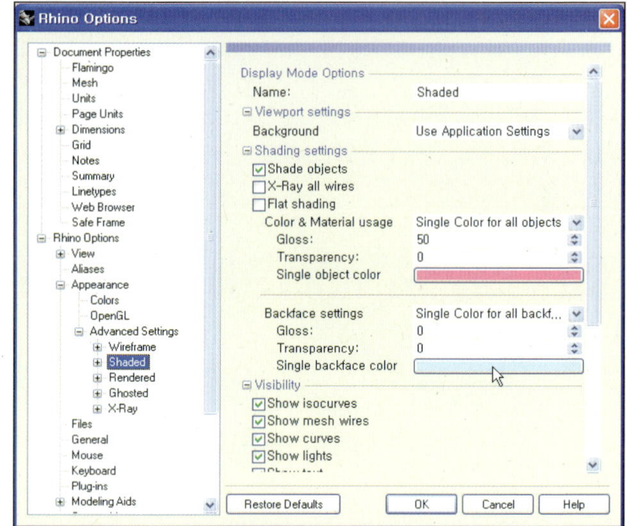

03_ 설정과 동시에 그림과 같이 종전 회색컬러의 쉐이딩 모델이 바깥쪽과 안쪽의 쉐이딩 색상이 다르게 보이게 된다. 이는 작업시 면의 방향구분을 용이하게 해주며 Analyze Direction으로 색상 방향을 바꿔줄 수 있다.

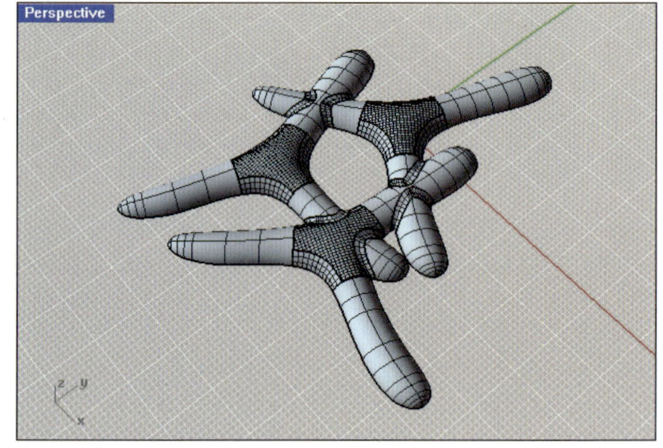

04_ 이제 모델을 뒤집어 붉은 색 안쪽면이 보이게 한다. 두께를 주는 첫 번째 방법으로 Offset Surface 명령을 사용하는 것이다. 우선 객체를 선택한 상태에서 Offset Surface 아이콘을 클릭한다. 세부 옵션에서 그림과 같이 FlipAll을 선택하여 면의 Normal 방향(화살표)을 안쪽으로 바꾸어 준다.

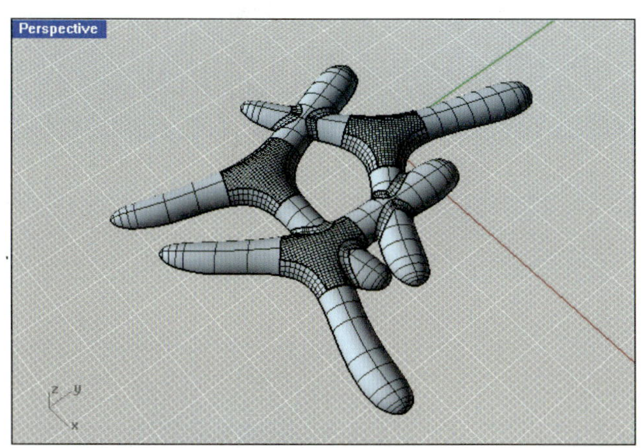

○ 바깥쪽 면의 색상 모습

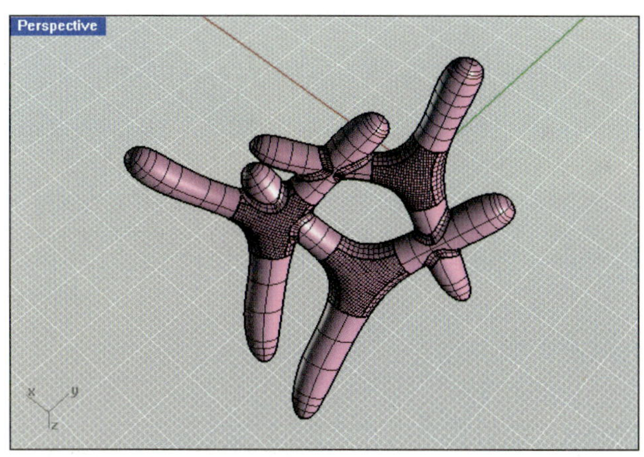

○ 뒤집어서 본 면의 안쪽 색상 모습

연속해서 면의 옵셋 거리(Offset distance)를 1mm로 입력하고 Enter 하면 그림과 같이 안쪽 방향으로 1mm 거리에 분리된 여러 개의 안쪽 면이 만들어지게 된다. 분리된 안쪽 면들을 모두 선택하여 Join 시켜준다. 특히 Offset Surface 명령 실행시 이렇게 많은 면들로 구성된 객체를 Solid 옵션으로 한번에 두께를 주면 면들이 각각 솔리드로 분리되어 옵셋되기에 사용할 수 없는 문제가 발생한다.

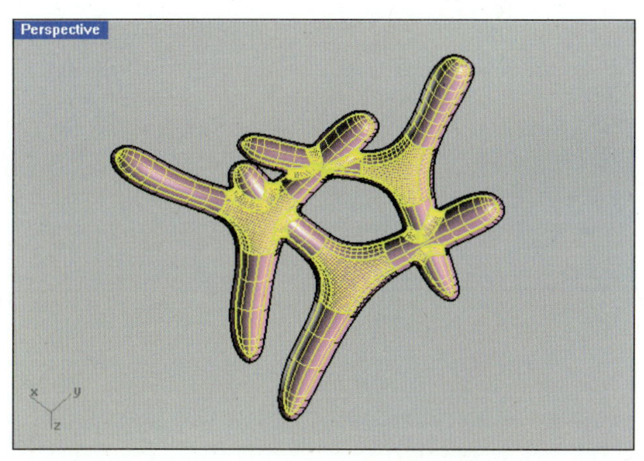

05_ Duplicate Border 명령으로 그림과 같이 안쪽면과 바깥쪽 면으로부터 2개의 외곽 Edge 커브를 추출한다.

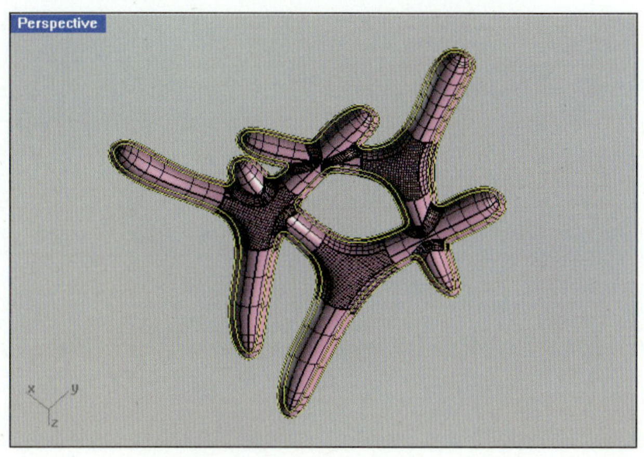

06_ Osnap에 Near와 Perp을 체크한 상태에서 Line 명령으로 그림과 같이 추출 커브에 대해 직선 커브를 만들어 준다. 이것은 Sweep 2Rails 명령 수행을 위한 준비이다.

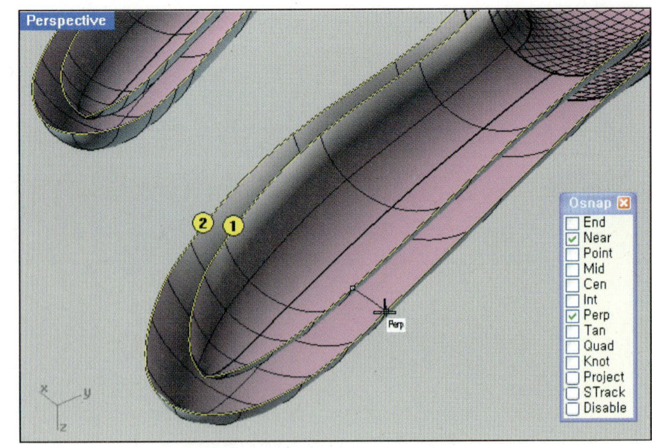

07_ Sweep 2Rails 명령으로 1번과 2번 커브를 따라가는 면을 만들어 준다. 이때 만들어진 면의 화살표 지시 부분을 보면 곡률반경의 부족으로 면이 찌끄러지게 되는데 이 부분을 수정해 주기로 한다. 물론 옵셋 값을 줄이면 깨끗한 면을 얻을 수 있다.

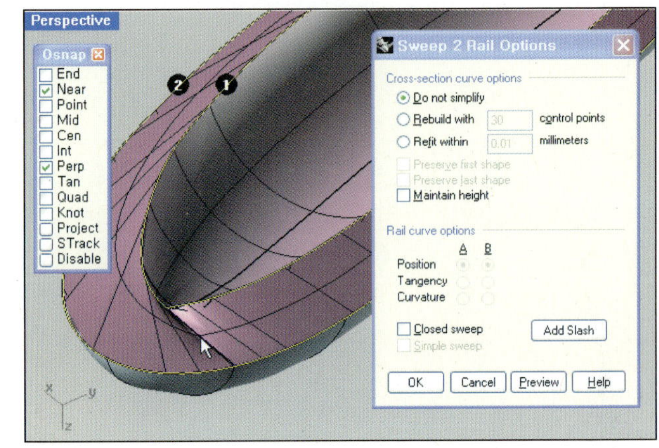

명령 진행중 Sweep 2Rails Options 대화상자 하단부에 [Add Slash] 버튼을 클릭한다.

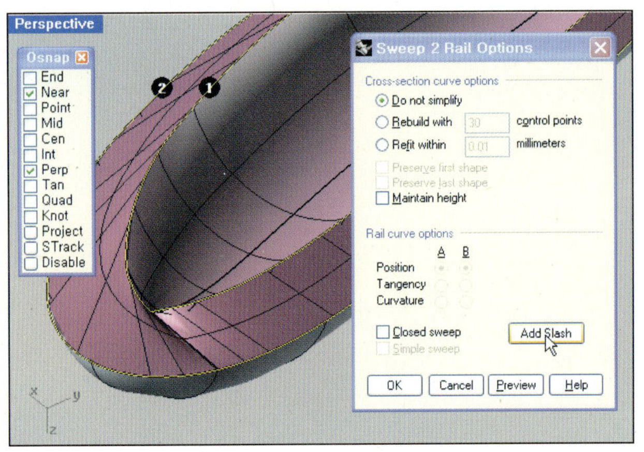

Osnap에 Near와 Perp이 체크된 상태로 그림과 같은 위치에 클릭해 준다.

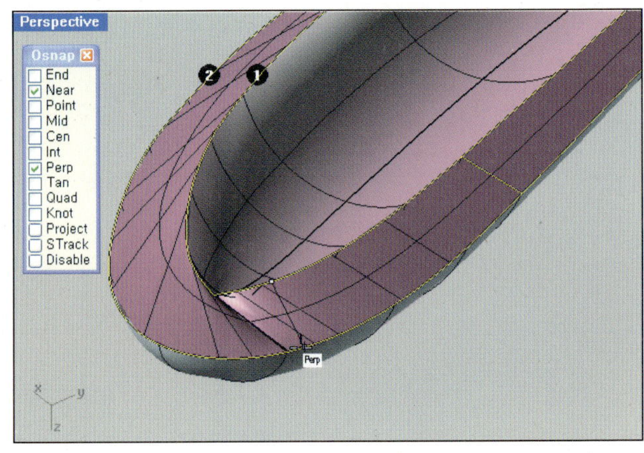

결과를 보면 아이소커브(Isocurve)가 바르게 펴진 모습을
확인 할 수 있다.

같은 방법으로 연속해서 진행하면 그림과 같이 정렬된 아
이소커브(Isocurve)를 갖는 면을 얻게 된다. 나머지 부분
도 같은 방법으로 면들을 펴준다.

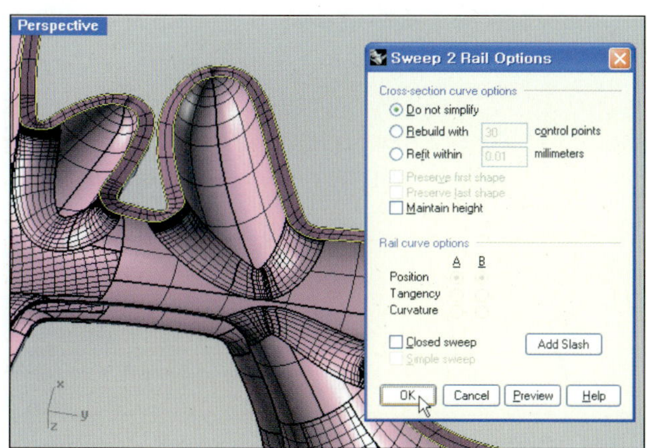

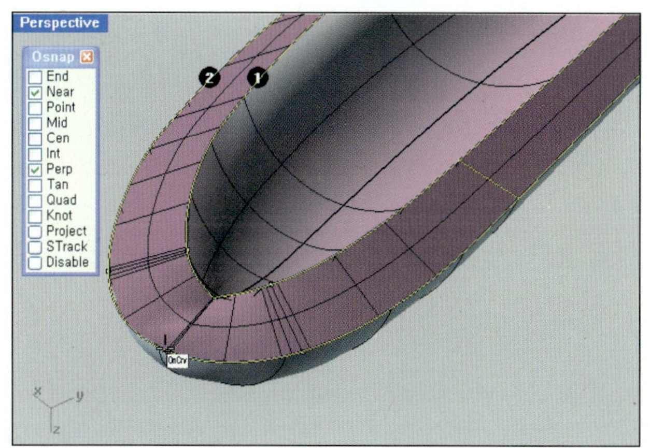

08_ 모든 면이 정리되었다면 Sweep 2Rails Options
대화상자 하단부의 [OK] 버튼을 클릭하여 마무리한다.

09_ 이제 만들어진 모든 면과 면들을 서로 Join 하
여 Solid로 만들어 두께 주기를 마무리한다.

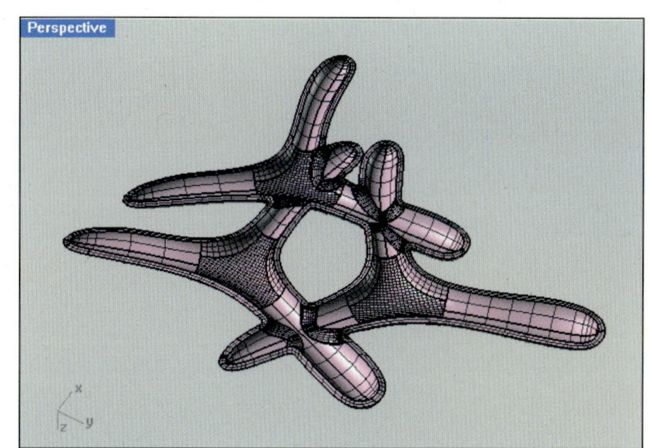

10_ Render 명령으로 최종 결과를 확인해 본다.

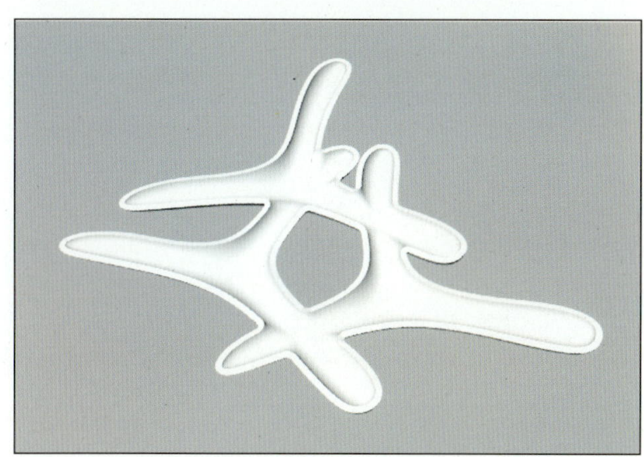

11_ 이제 두께를 주는 두 번째 방법을 학습하기 위하여 미리 준비된 **부록 CD-1 〉 라이노파일 〉 EX-11**을 연다.

12_ 객체를 뒤집어 선택하고 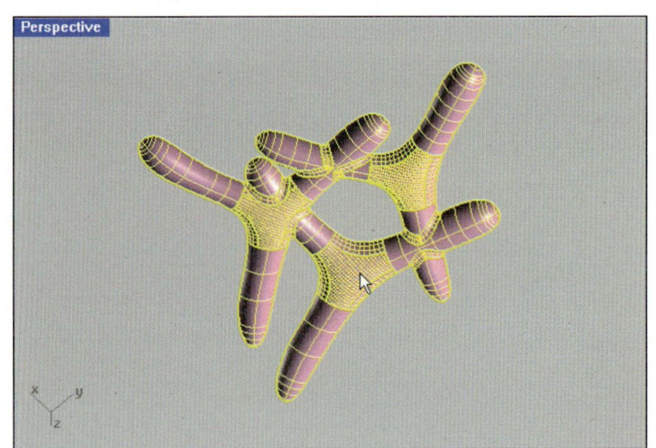 Mesh from Surface/Polysurface 명령어를 클릭한다.

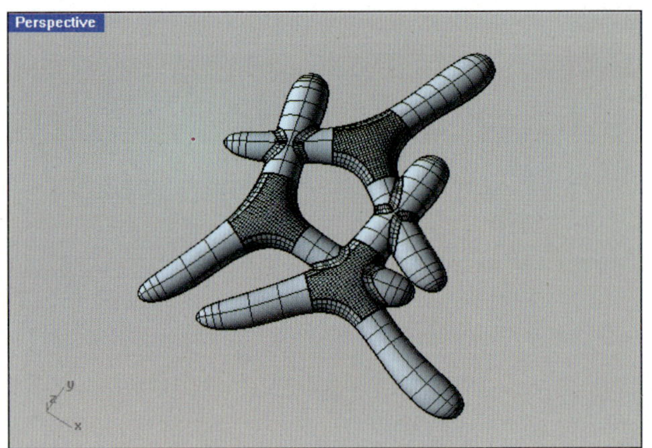

NURBS 파일을 Mesh로 변환하기 전 우측과 같은 Polygon Mesh Detailed Options 대화창이 뜨는데 그림과 같이 Maximum angle 값을 8.0으로 설정해준다. 이것은 모델의 형상이나 정밀도에 따라 변경하여 입력할 수 있다. 대략 10이하를 주는 것이 부드러운 곡률형성에 좋다. 설정이 끝났으면 [OK] 한다.

13_ Mesh 구조로 변환된 객체만을 선택하고 나머지 NURBS 모델은 숨겨준다.

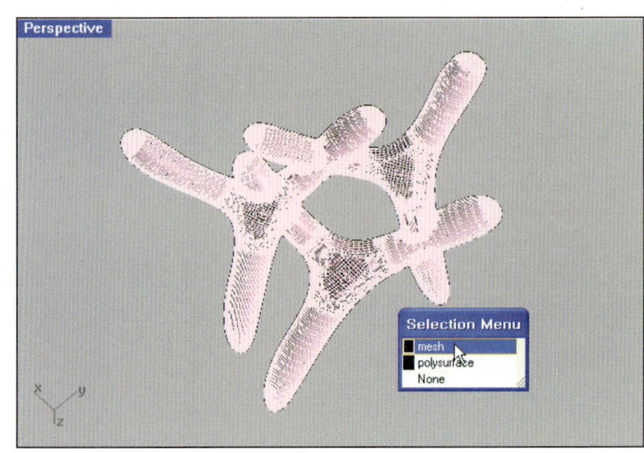

14_ Mesh 구조를 확대한 모습이다.

15_ 두께를 주기 위하여 Mesh 모델을 선택한 상태에서 Mesh 〉 Mesh Tools로 접근하여 🗲 Offset mesh 아 이콘을 클릭한다. 그림과 같이 설정하고 [OK] 한다.

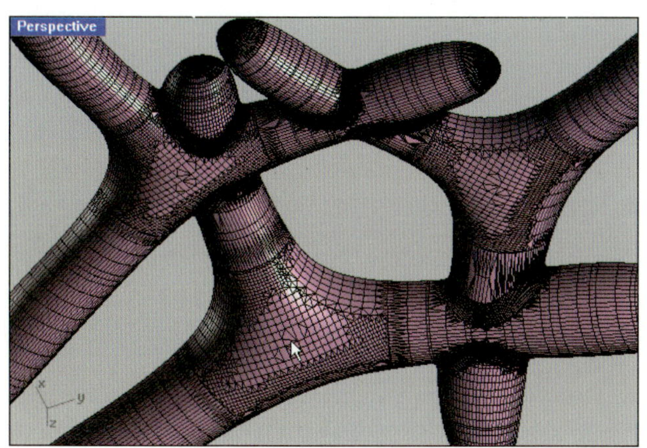

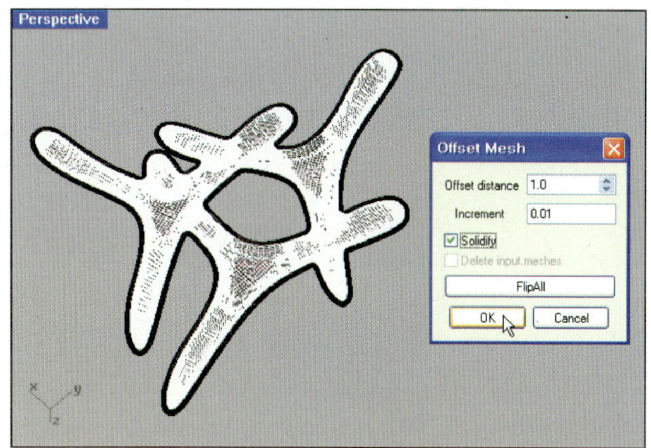

Offset Mesh 옵션 창의 Offset distance는 옵셋면의 거리로 여기서는 살두께가 된다.
또한 Increment 0.01은 근사치 메쉬형성시 허용오차를 말한다.
Solidfy를 체크하면 솔리드 상태의 두께를 가진다는 의미이다.
물론 FlipAll버튼은 Offset 방향을 바꿀 때 사용하면 된다.

16_ Render 명령으로 최종 결과를 확인해 본다. Mesh 변환에 의한 살두께가 자연스럽게 적용된 것을 확인 할 수 있다. 특히 라이노3D 4.0 버전에서는 Mesh Tools의 다양한 툴을 이용 2차적인 변형은 물론 RP/CNC 제작을 위한 데이터로도 사용할 수 있다.

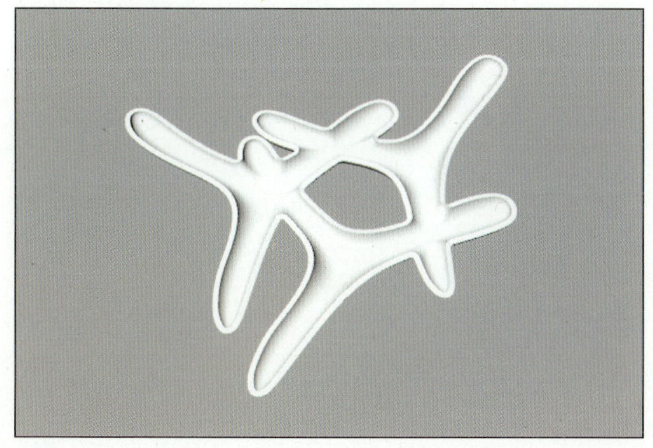

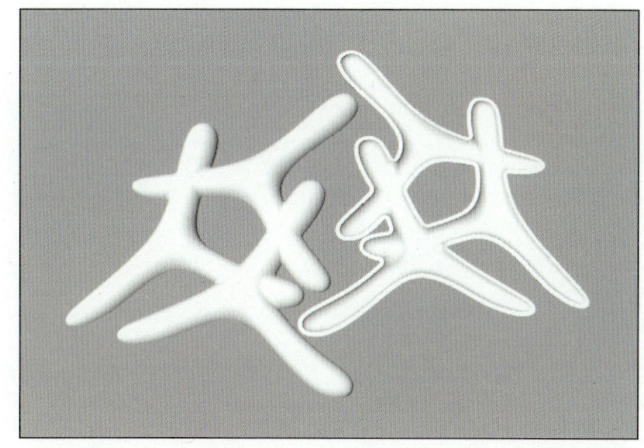

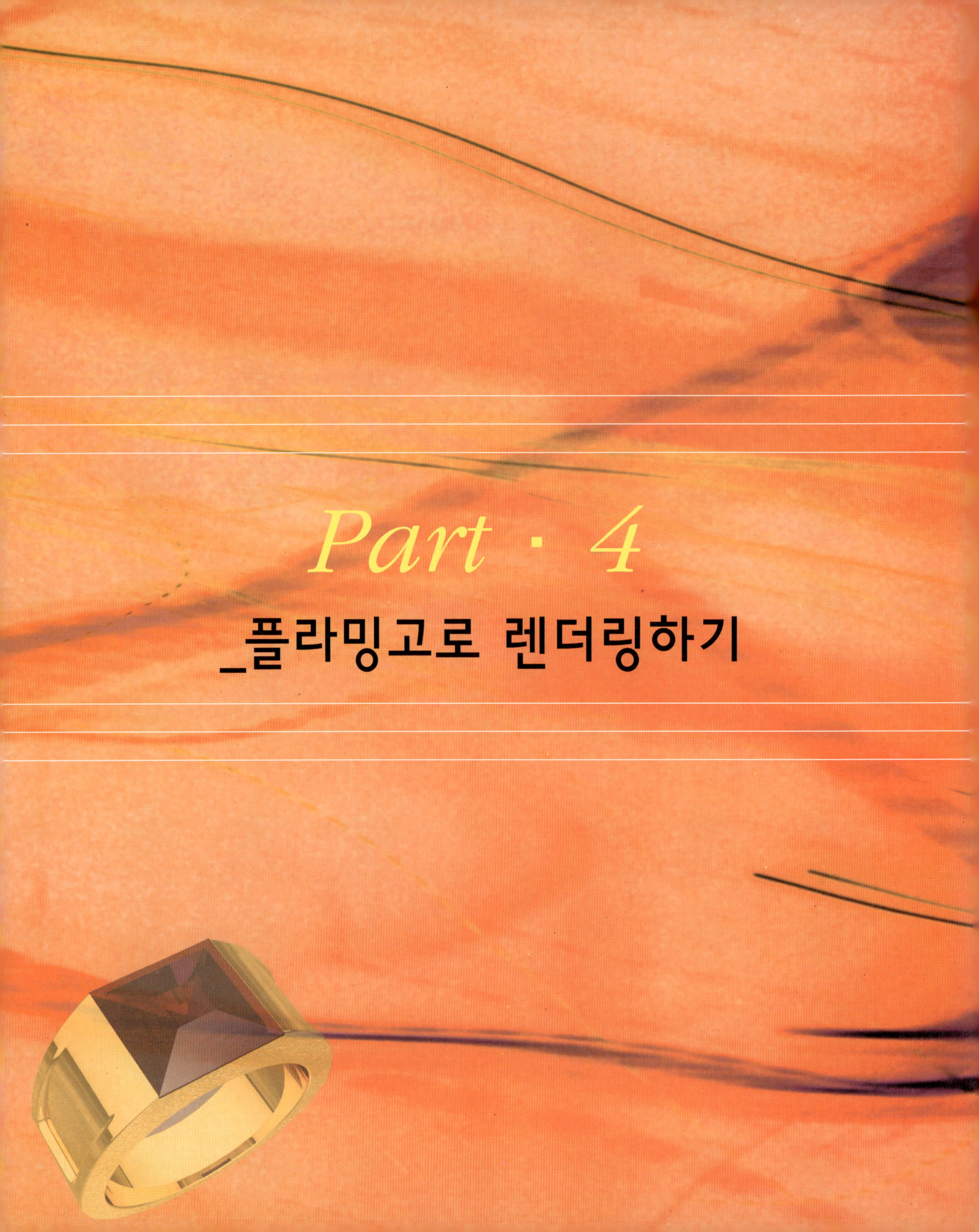

Part · 4

_플라밍고로 렌더링하기

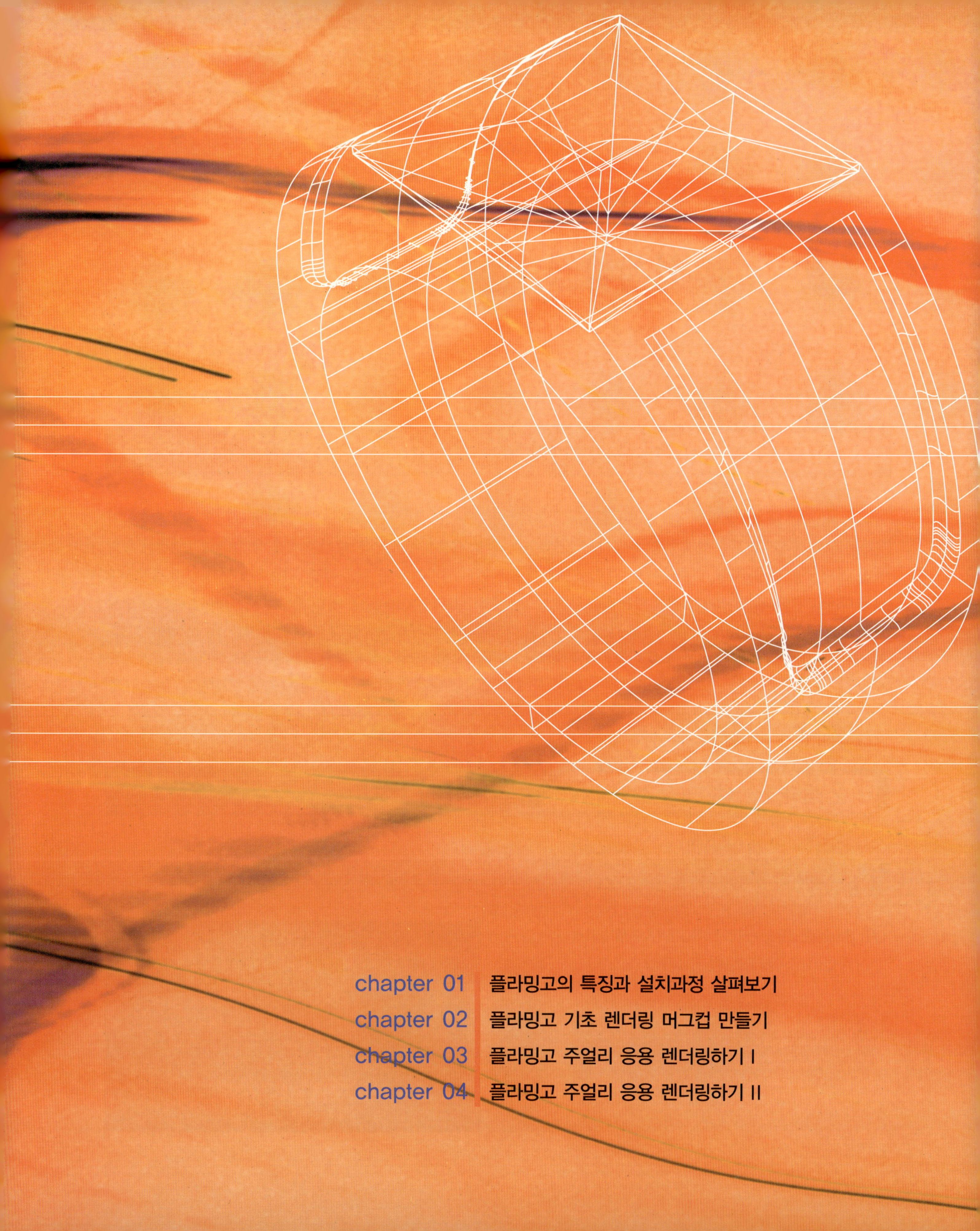

Chapter 01

Flamingo

플라밍고의 특징과 설치과정 살펴보기

01 플라밍고의 특징

Flamingo

Flamingo는 Rhino3D를 위한 렌더링(Rendering) 전용 플러그인(Plug-in)으로 라이노3D의 기본 렌더링에서 표현하지 못하는 실사 렌더링 품질을 쉽게 얻을 수 있다. Flamingo는 기본 재질부여와 편집, 방대한 재질 라이브러리, 간편한 환경 설정, 조명설정, 반사, 투명, 하이라이트, 다중비트맵, 데칼 이미지 매핑과 알파 채널 매핑, 범프매핑 등 주얼리 디자인과 제품 디자이너들에게 꼭 필요한 핵심 기능들을 거의 모두 갖추고 있다. Flamingo는 특히 주얼리 디자이너들에게 필수적인 보석별 굴절률(I.O.R:Index of Refraction)이 계산된 다양한 표준보석과 정확한 보석 컬러 재질을 TechGems 4.2를 인스톨시 SIGNITY사 보석과 함께 재질 공유를 하게 되어 방대한 보석 컬러와 재질을 편리하게 사용할 수 있다.

02 플라밍고 설치과정 살펴보기

Flamingo

따라해 보세요 !

01_ Flamingo 1.0 프로그램 CD를 실행시키면 아래와 같은 화면이 보이게 되는데, [Install flamingo]를 클릭한다.

02_ Flamingo Setup 화면이 나오면 [Next] 버튼을 클릭한다.

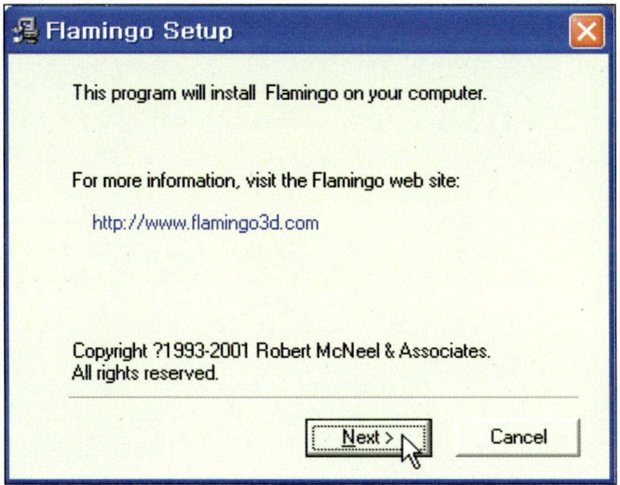

03_ 사용권 계약에 관한 내용을 읽어 보고 동의하면 [동의] 버튼을 클릭한다.

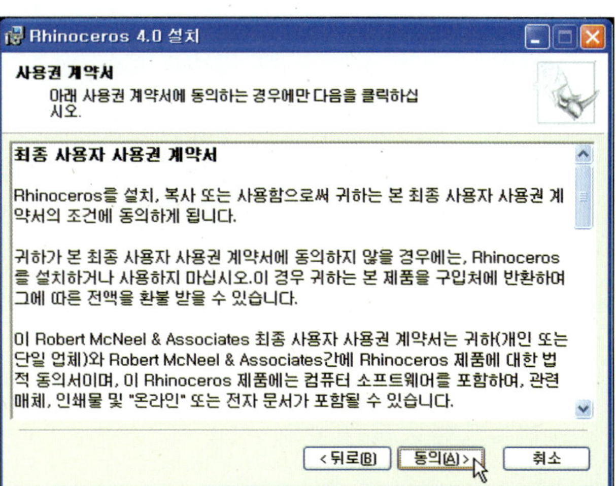

04_ Name란과 Organization에 이름과 조직명을 입력하고 Flamingo Unlock Code를 입력하고 [다음]을 클릭한다.

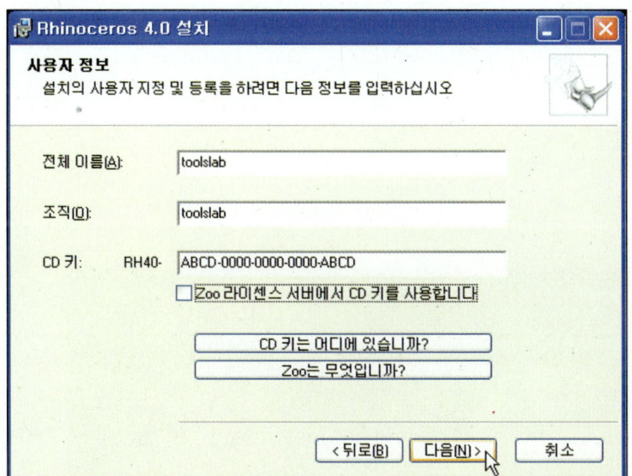

05_ Flamingo가 설치될 폴더 위치를 확인하고 [Next] 버튼을 클릭한다.

06_ 지정된 폴더에 자동 설치된다. 잠시 기다려 준다.

07_ 플라밍고 설치가 성공적으로 완료되었다. [Close] 버튼을 클릭하고 종료한다.

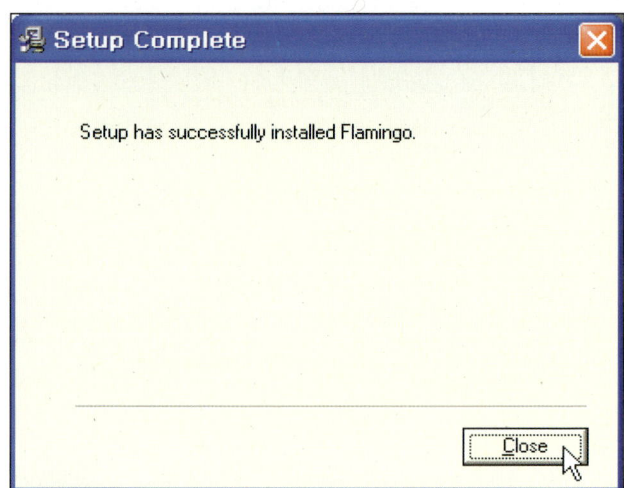

하지만 라이노3D V4.0에서는 초기에 출시된 플라밍고 1.0이 작동되지 않는다. 즉, 라이노3D V4.0을 위한 플라밍고 업그레이드 버전을 설치해 주어야 한다.

✿ 라이노3D V4.0에 플라밍고 업그레이드 하기

01_ 우선 Rhinoceros 4.0 프로그램 패키지에는 또 다른 붉은색 표지의 CD-2가 함께 들어 있는데 이것을 사용자 컴퓨터에서 열어본다. Flamingo 1.1을 클릭한다.

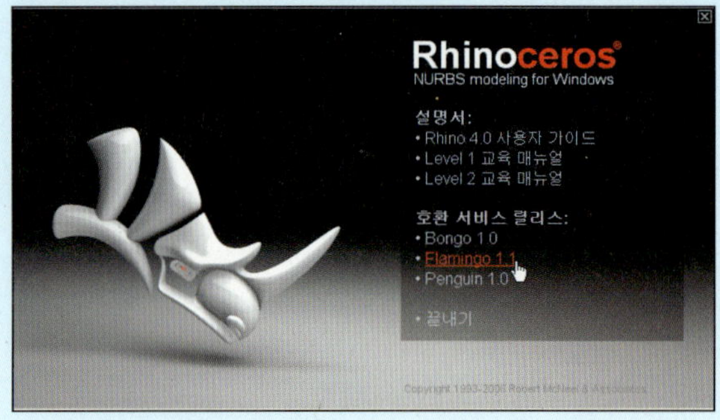

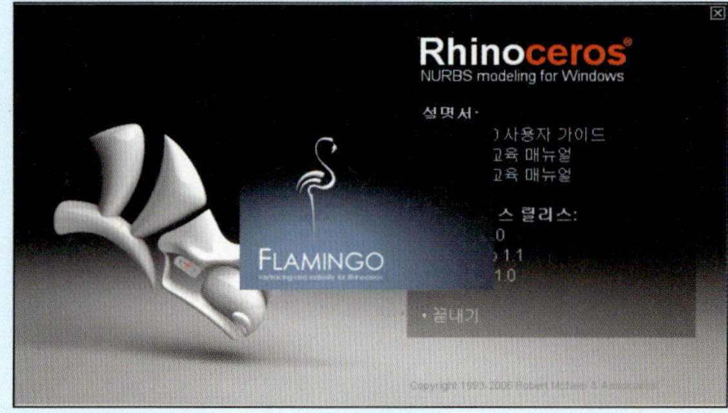

02_ Flamingo 1.1 Update for Rhino 4.0 Setup 창이 뜨면 [Next] 버튼을 클릭한다.

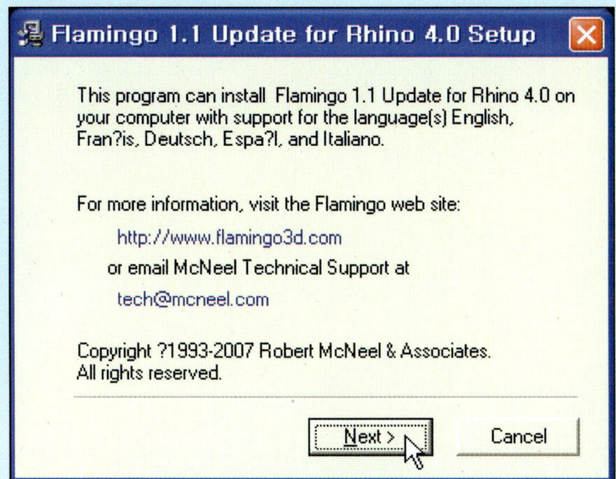

03_ License Agreement는 사용권 계약에 관한 내용으로 읽어보고 동의하면 [Accept] 버튼을 클릭한다.

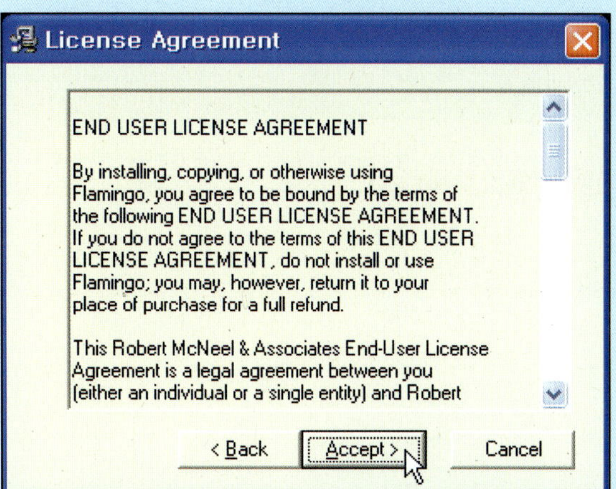

04_ Flamingo 1.1이 업그레드 될 폴더 위치를 확인하고 [Next] 버튼을 클릭한다.

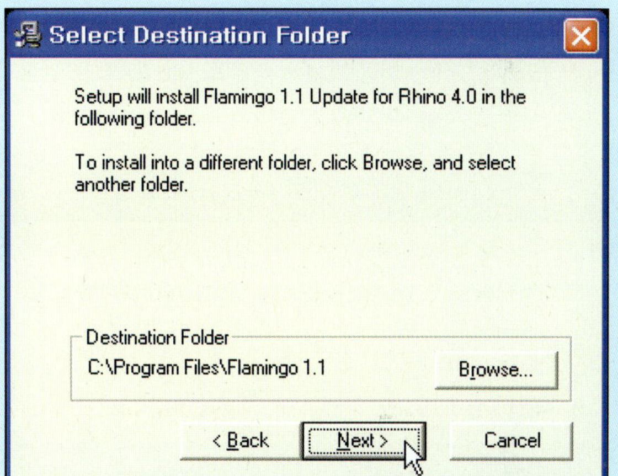

05_ Name란과 Organization에 이름과 조직명을 입력하고, Flamingo CD-Key를 추가로 입력한다.

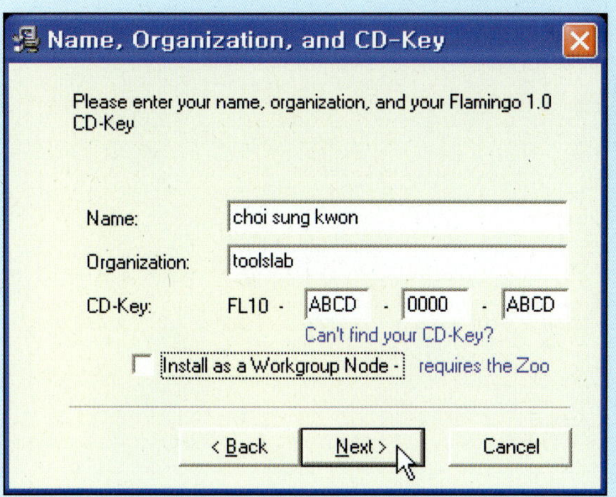

06_ Select Languages창이 뜨면 플라밍고 인터페이스에 원하는 언어를 선택한다. 여기서는 English를 선택하고 [Next]를 클릭한다.

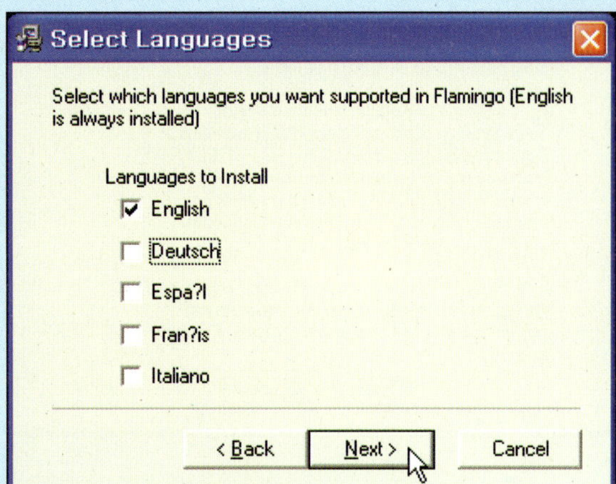

07_ 설치를 시작하기 위하여 [Next] 버튼을 클릭한다.

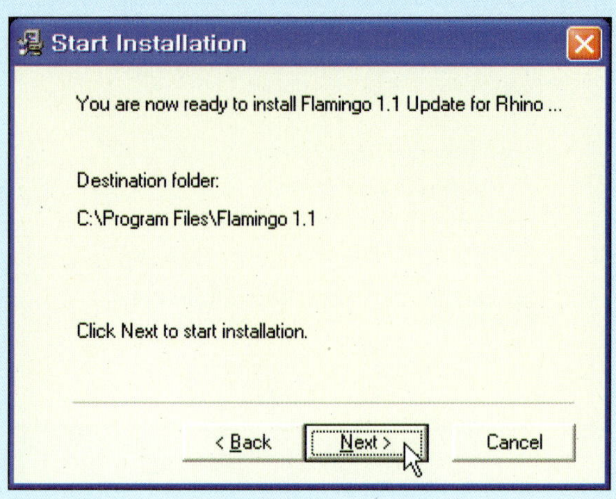

08_ 플라밍고 1.1 버전의 설치가 진행된다. 잠시 기다린다.

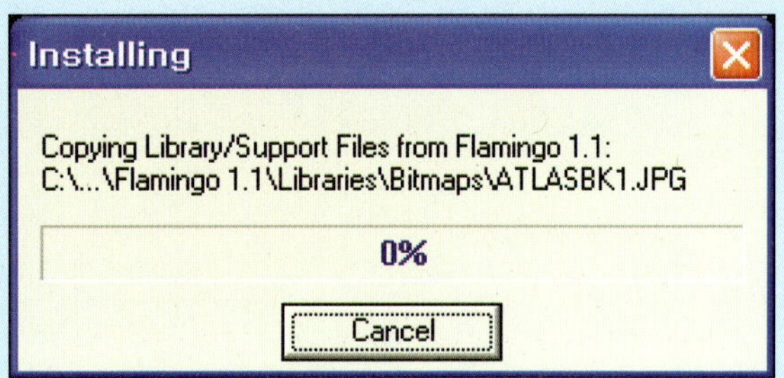

09_ 플라밍고 설치가 성공적으로 완료되었다. [Close] 버튼을 클릭하고 종료한다.

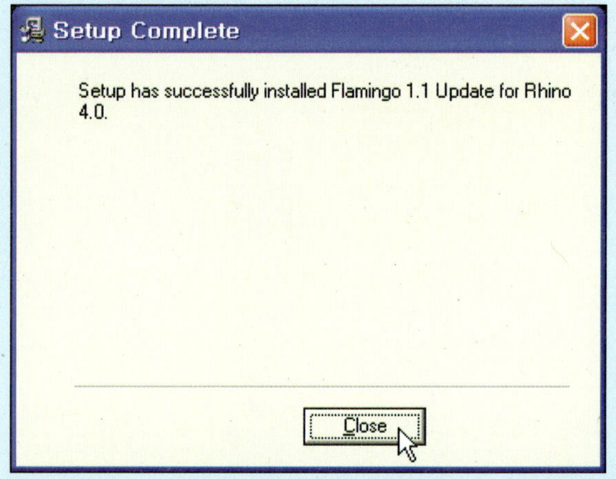

10_ 끝내기로 빠져 나온다.

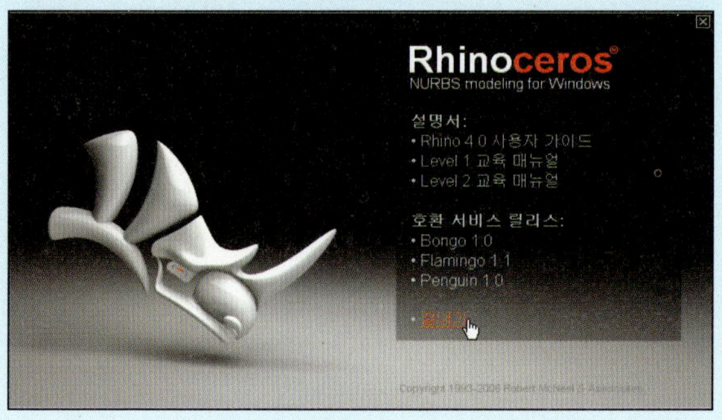

11_ 이제 바탕화면에서 라이노3D 4.0 아이콘을 클릭한다. 동시에 라이노3D 4.0 시작 화면이 뜨는데 그림과 같이 플라밍고 1.1 아이콘 그룹이 나타나면 정상적으로 설치되었음을 의미한다.

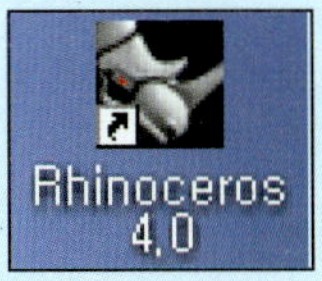

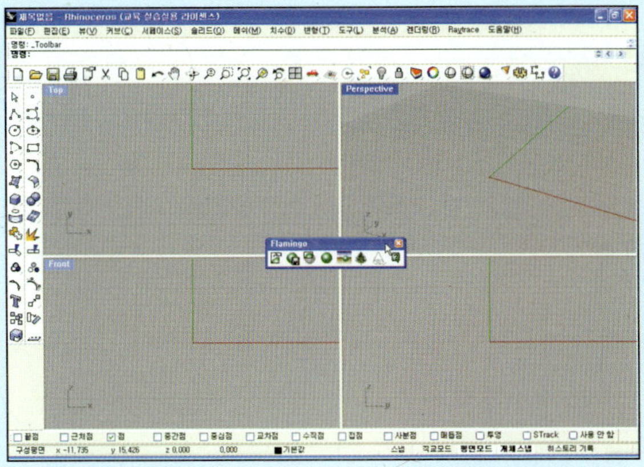

✤ 라이노3D V4.0에 플라밍고 아이콘이 보이지 않을 경우 해결방법 ❶

플라밍고를 설치하였음에도 불구하고 Flamingo 아이콘 그룹이 보이지 않는다면 사용자는 다음과 같은 과정을 거쳐 문제를 해결할 수 있다.

01_ 영문 버전의 경우 풀다운 메뉴 바 〉 Tools 〉 Toolbar Layout...으로 접근한다.

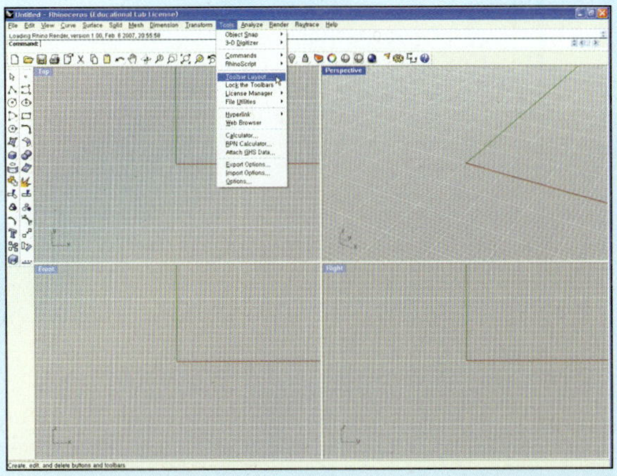

02_ Toolbars 창이 뜨면 그림과 같이 Toolbar collection files : flamingo 클릭 〉 Toolbars : Flamingo를 체크한다. 동시에 바탕 화면에 플라밍고 아이콘 그룹이 나타난다.

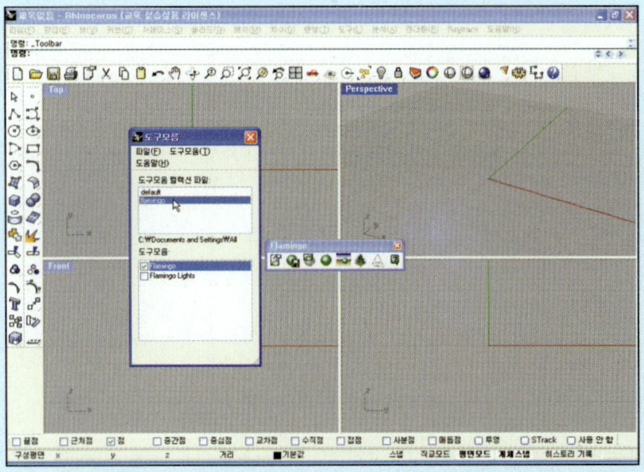

03_ 한글버전의 경우 그림과 같이 도구(L) 클릭 〉 도구모음 레이아웃(T)으로 접근한다.

04_ 도구모음 창이 뜨면 그림과 같이 flamingo 클릭 〉 Flamingo에 체크한다. 동시에 바탕 화면에 플라밍고 아이콘 그룹이 나타난다.

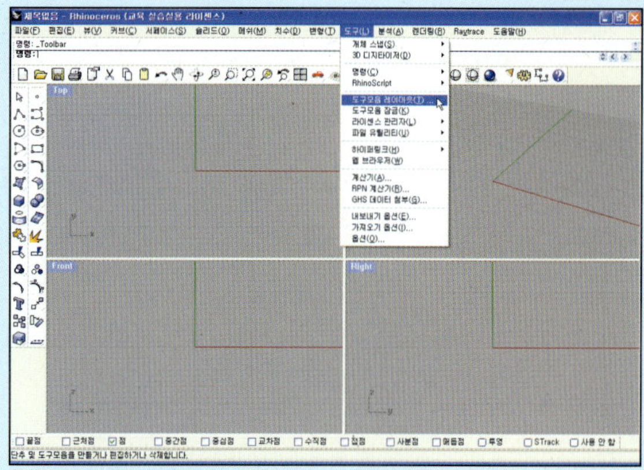

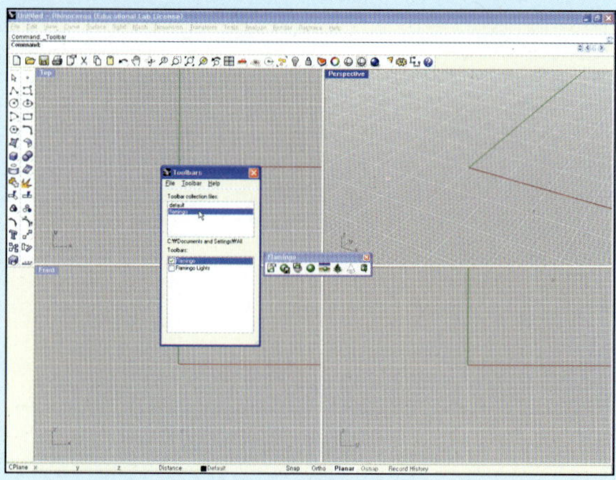

✖ 라이노3D V4.0에 플라밍고 아이콘이 보이지 않을 경우 해결방법 ❷

플라밍고 아이콘 그룹이 나타나지 않는 두 번째 경우로 Toolbars 〉 Toolbar collection files : 항목에 default(Rhino 3D)만이 보인다면 사용자는 난처할 수 있다. 하지만 플라밍고가 정상적으로 설치된 컴퓨터라면 다음과 같이 진행해주면 문제가 해결된다.

01_ 우선 Toolbars 〉 File 〉 Open으로 접근한다.

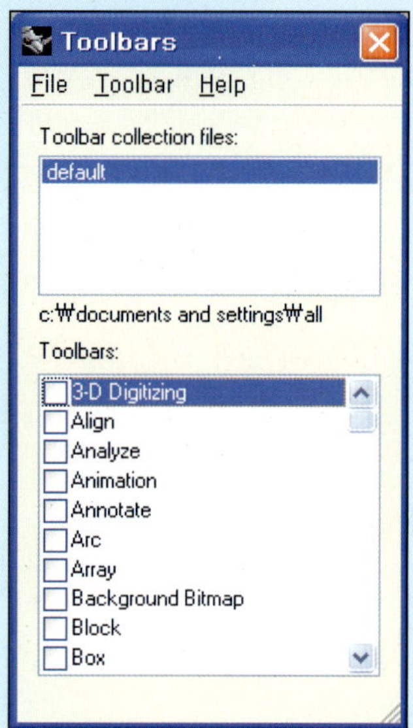

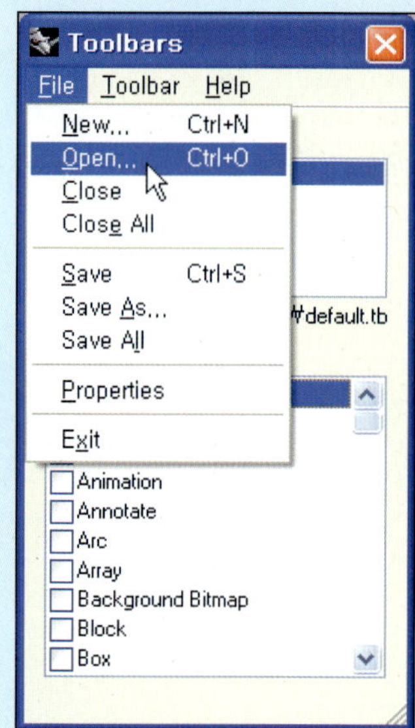

02_ 사용자 컴퓨터 로컬 디스크(C:)로 접근하여 Program File을 [열기] 버튼으로 연다.

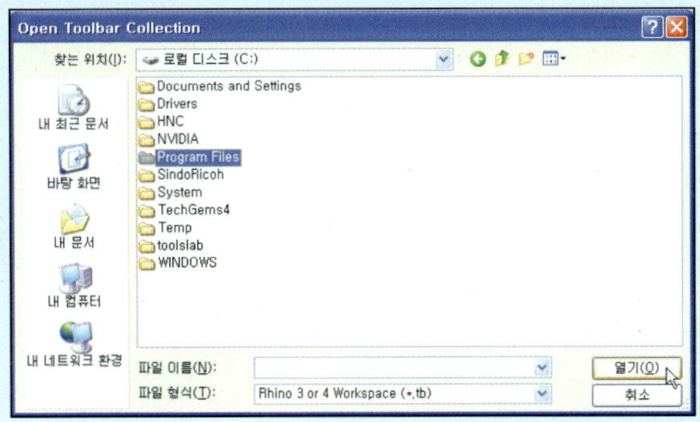

03_ 다음 Flamingo 1.1 폴더를 [열기] 버튼으로 클릭하여 연다.

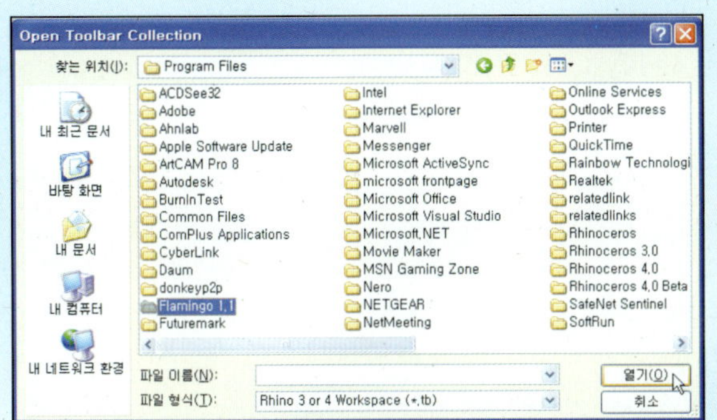

04_ 파일형식(T):을 All(*.tb;*, ws3;*,ws)에 맞춘다. 다음 그림과 같이 Flamingo.tb를 선택하고 [열기(O)] 버튼을 클릭한다.

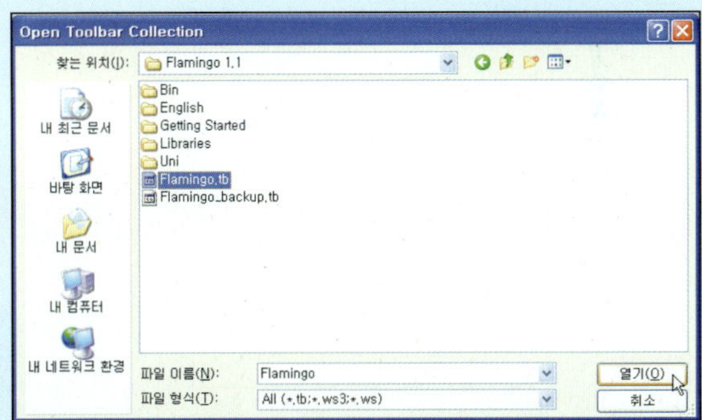

05_ 열기와 동시에 Toolbars 〉 Toolbar collection files: 항목에 default인 라이노3D와 함께 flamingo가 보이게 된다. 이제 항목만 체크하면 라이노3D 화면에 플라밍고 아이콘 그룹이 정상적으로 나타난다. 한글 버전도 방법은 동일하다.

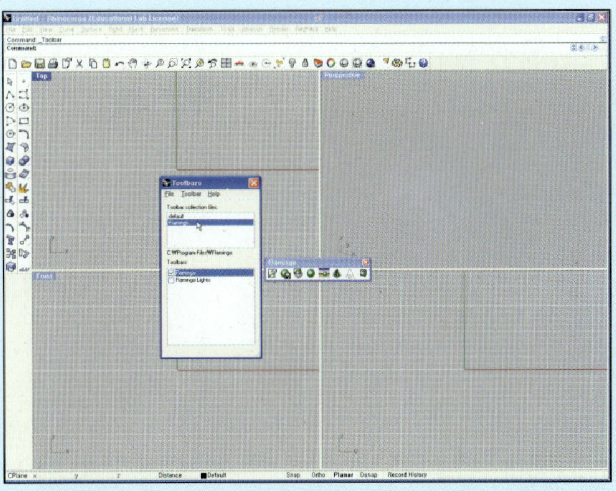

Chapter 02

플라밍고 기초 렌더링 머그컵 만들기

플라밍고를 시작하기 전 처음 렌더링을 시작하는 분들을 위하여 기본적인 플라밍고 인터페이스 접근법을 머그잔 예제를 통하여 연습해 보기로 한다. 학습 내용은 머그잔에 재질부여하기, 재질편집, 재질반사, 바닥환경 설정, 조명설정, 그림자 제어, 최종 렌더링 옵션 설정에 관한 기초적인 학습을 해 보기로 하겠다. 참고로 플라밍고 인스톨 문제는 본서의 플라밍 고 설치 부분을 참조하면 문제가 없다.

따라해 보세요 !

01_ 미리 준비된 머그잔 파일을 **부록 CD › 플라밍고예제 › EX-01.3dm** 머그잔 모델을 선택하여 연다.

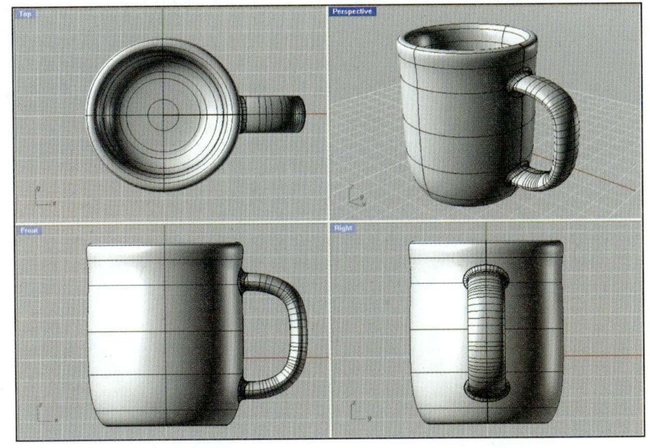

02_ 풀다운 메뉴 바(Full Down Menubar) › Tools › Toolbar Layout › Toolbars › Flamingo에 그림과 같이 순차적으로 선택 지정한다.

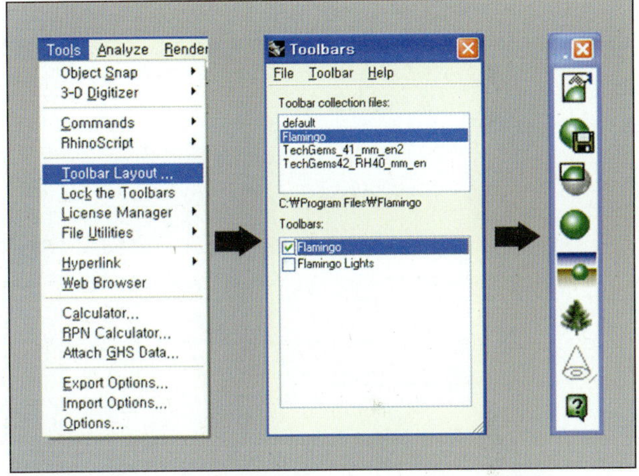

03_ 연속해서 풀다운 메뉴 바(Full Down Menubar) › Current Renderer(현재 사용하고자 하는 렌더러 지정) › Flamingo Raytrace(광선추적렌더러) 순으로 선택 지정한다.

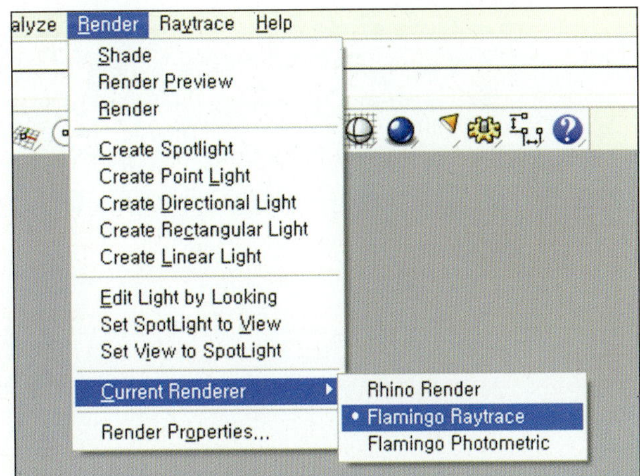

04_ 그림과 같이 Falmingo 아이콘 그룹이 나타나면 렌더링을 위한 준비가 된 것이다.

05_ 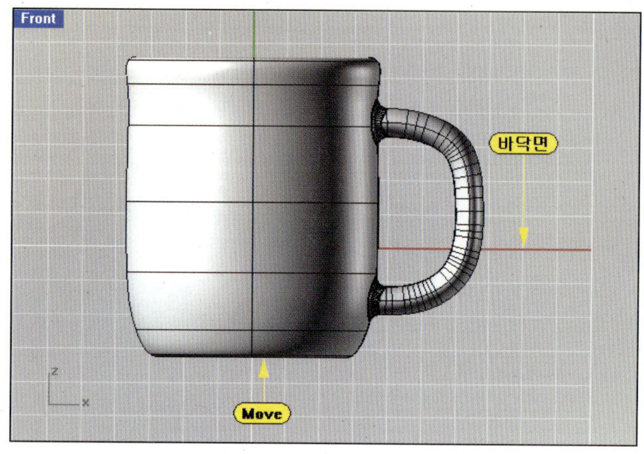 Move 명령으로 머그잔 바닥을 그림과 같이 X축(Red Color) 바닥에 일치시켜 준다. 플라밍고에서는 이곳이 바닥이 된다. 만약 모델을 위로 올려주지 않으면 바닥 설정 렌더링시 물체가 반이 가려져 렌더링된다.

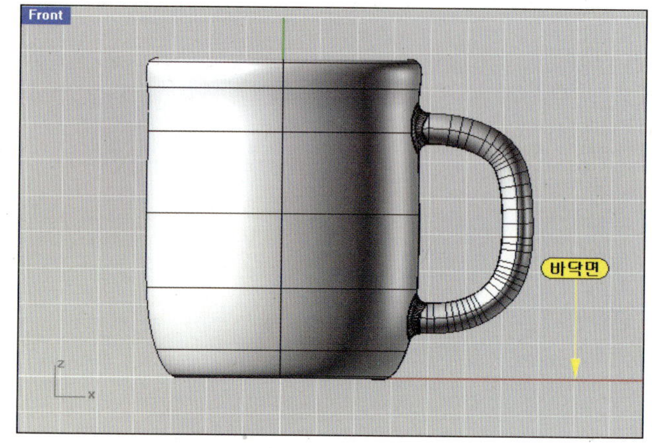

06_ 준비가 되었다면 머그잔에 재질을 부여해 보기로 한다. 머그잔을 선택하고 스텐다드 툴바에 있는 Object Properties 아이콘 클릭 〉 Properties 〉 Material 〉 Plug-in 〉 Browse(재질 라이브러리 접근) 버튼을 클릭한다.

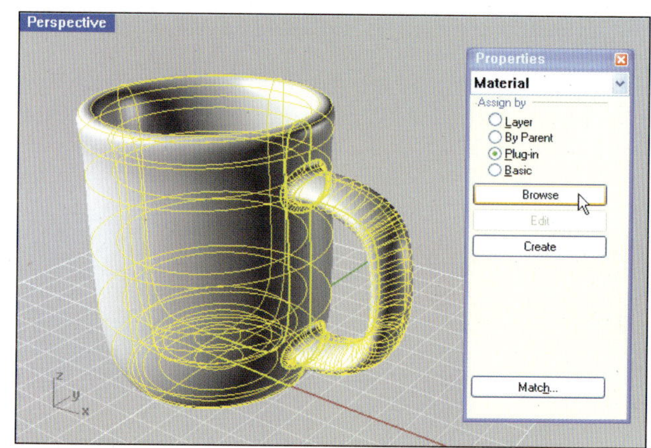

07_ Material Library 대화상자가 뜨면 Plastic 〉 Smooth 〉 Green 〉 네모난 회색 사각형(사용 재질 임시 저장 팔렛트) 클릭 〉 다시 사각 팔렛트 마우스 오른쪽 버튼으로 클릭 〉 Assign(색상 지정)한다.

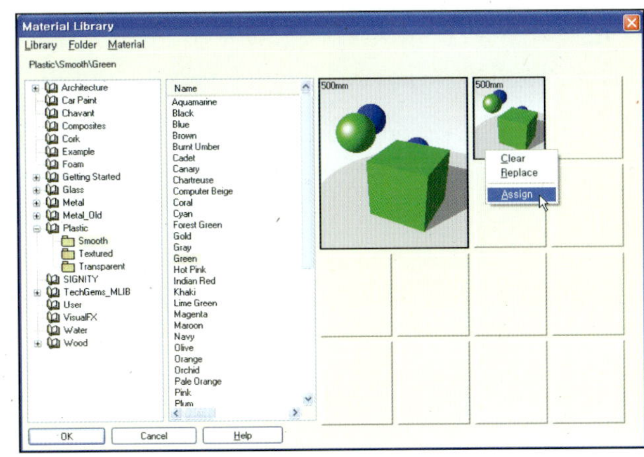

08_ Render Window나 Render 아이콘을 클릭하여 재질 적용 상태를 확인한다.

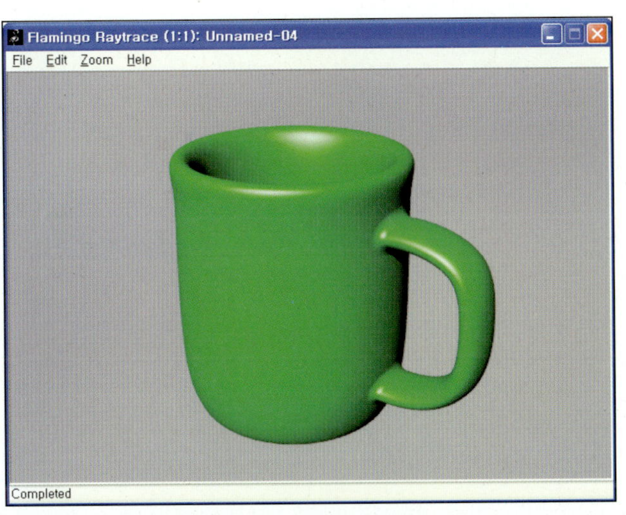

09_ 이번엔 머그잔의 Green 컬러를 다른 컬러로 바꾸고 머그잔 표면에 광택이 나도록 변경해 본다. 머그잔을 클릭 〉 Object Properties 아이콘 클릭 〉 Properties 〉 Material 〉 Plug-in 〉 Edit 버튼을 클릭한다.

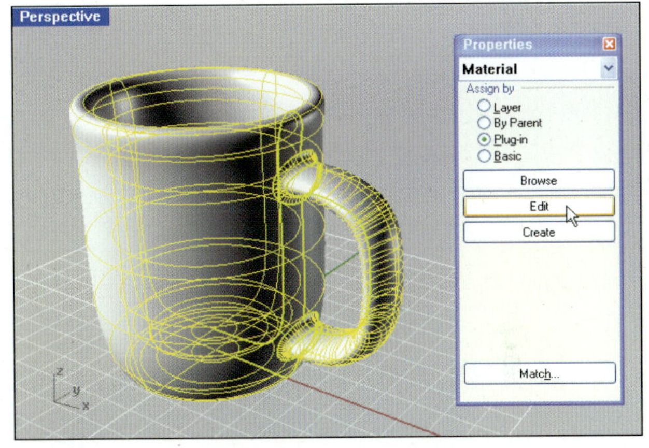

10_ Material Editor 대화상자에 슬라이드 바를 조정하여 컬러를 우선 변경하고, Reflective Finish 슬라이드 바를 오른쪽으로 움직여 0.700에 맞춘다. 재질에 반사(반영)값이 들어가게 된다. 물론 치수는 직접 기입해도 된다. 다음 [OK] 버튼을 클릭한다.

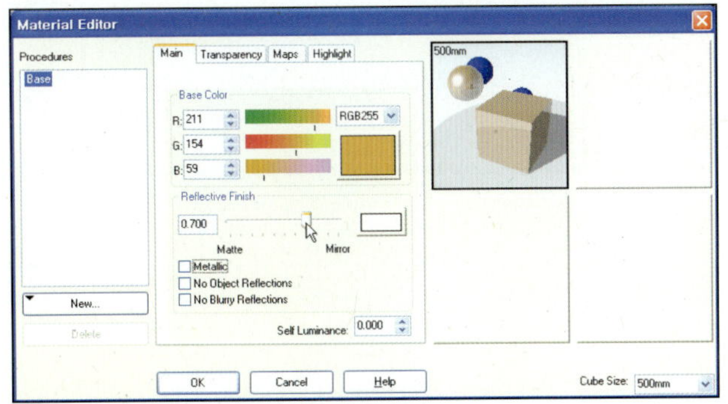

11_ 덮어쓰기 주의 메시지 창이 뜨는데 이것은 원래 Flamingo 원본 재질을 변경하였기에 원본에 덮어쓰기를 하지 말고 User에 별도 저장하라는 메시지인 셈이다. [Save As...] 버튼을 클릭한다.

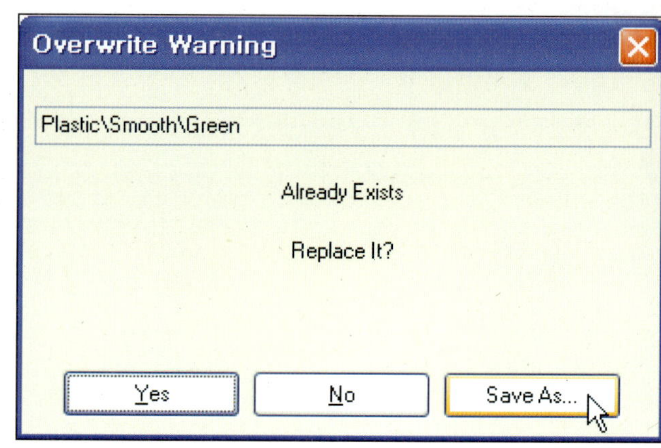

12_ Save Material As...창이 뜨면 우선 그림과 같이 USER에 선택(마킹)하고 Folder를 클릭 〉 New..를 선택한다.

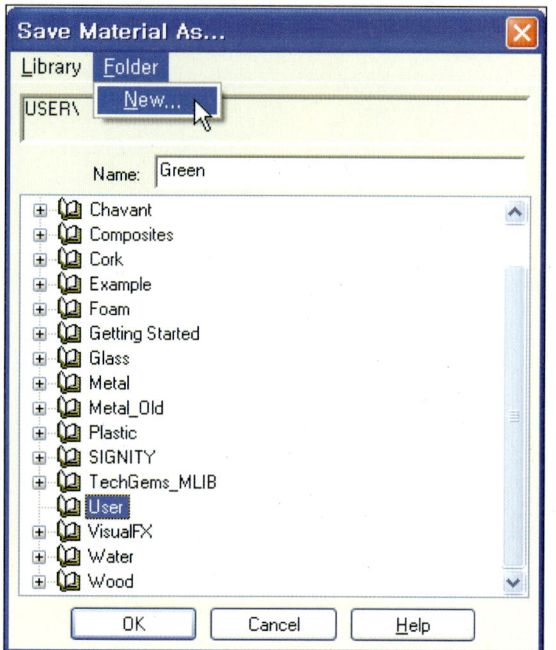

13_ Name란에 '플라밍고-머그잔' 이라고 기입하고 [OK] 한다.

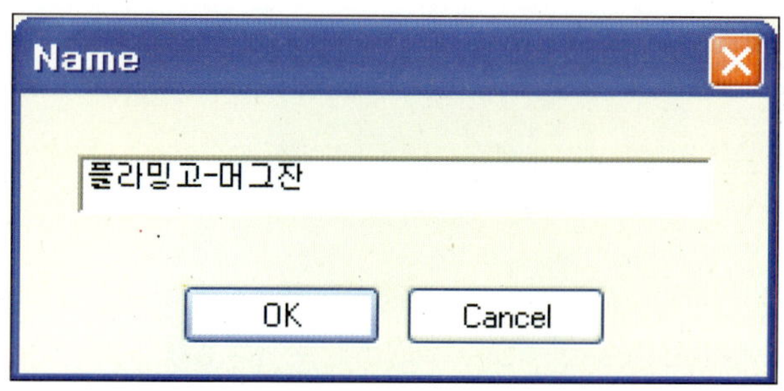

14_ User에 '플라밍고-머그잔' 이라는 노란색 폴더가
자동으로 생성되면 이제 변경된 재질명(코랄-유광-머그
잔)을 부여하여 폴더에 저장하고 [OK] 한다.

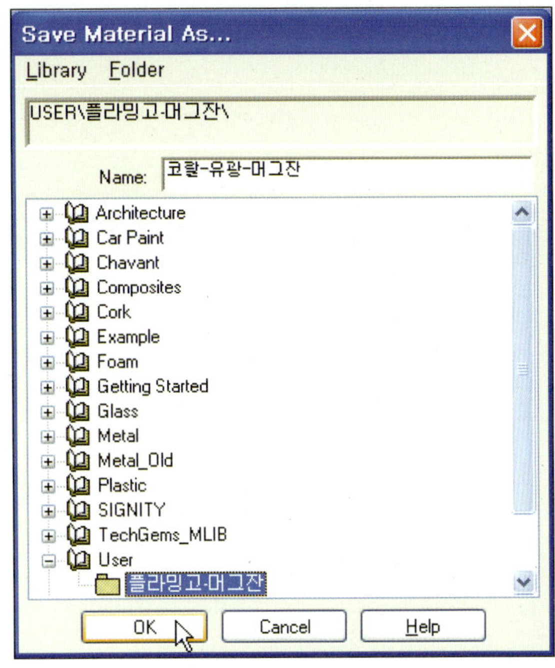

15_ 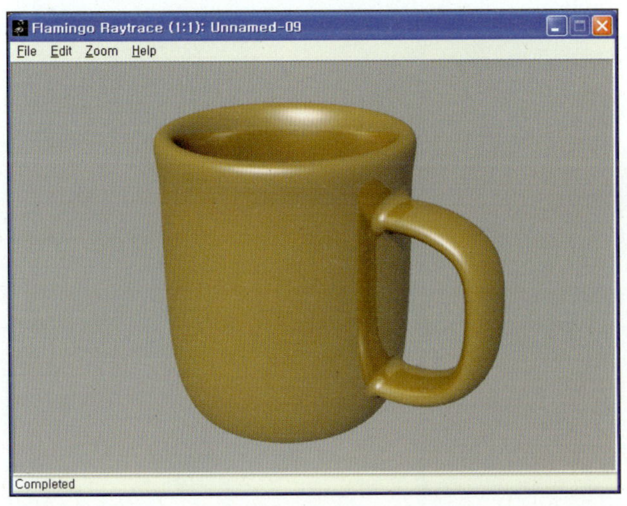 Render 아이콘을 클릭하여 재질 적용 상태를
확인한다. 머그잔의 컬러가 제대로 변경된 것을 확인할
수 있다. 또한 손잡이가 머그잔 표면에 반영되는 것으로
보아 머그잔에 광택이 들어갔음을 알 수 있다.

16_ 이번에 바닥 설정을 학습해 본다. Environ-
ment Setting 아이콘을 클릭한다. Environment 대화
상자가 뜨면 Solid Color 〉 Ground Plane에 체크한다.

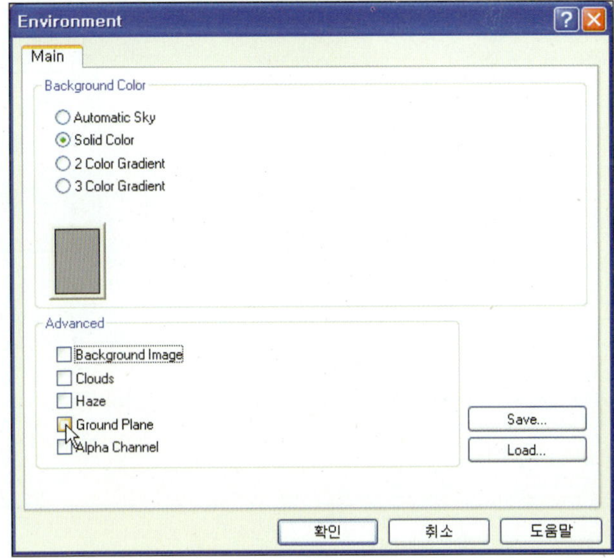

17_ Ground Plane은 바닥의 재질을 설정하는 곳으로 [Material..] 버튼을 클릭한다.

18_ Material Library 대화상자가 뜨면 Plastic 〉 Smooth 〉 Gray를 선택하고 그림과 같이 재질그림을 마우스 오른쪽 버튼으로 클릭하면 바로 바닥재질을 편집 (Edit)할 수 있게 된다.

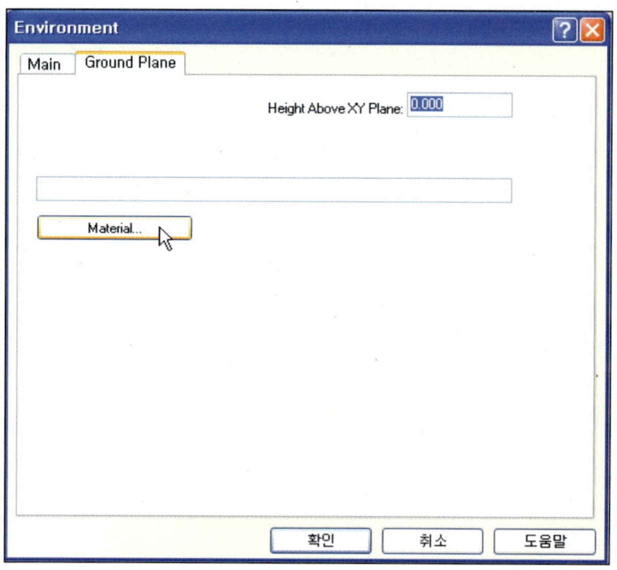

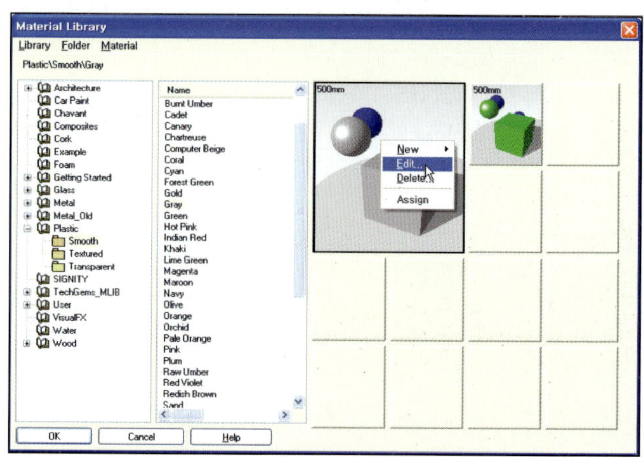

19_ Base Color을 그림과 같이 설정된 상태에서 Reflective Finish 만을 0.6에 설정해 준다. 이렇게 하면 바닥 표면에 물체가 반사(반영)가 된다.

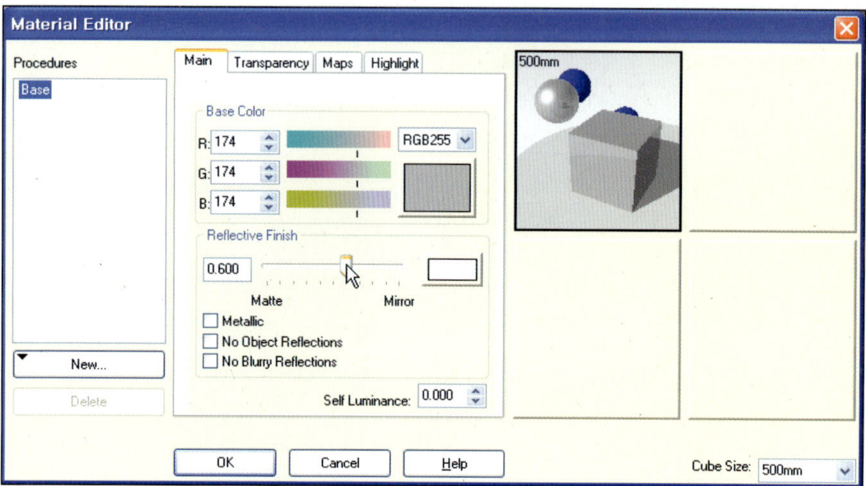

20_ 원본 라이브러리 재질을 변경하였기에 덮어 쓰기 주의 창이 뜬다. [Save As...] 버튼을 클릭한다.

21_ 변경된 재질명을 회색-광택-바닥이라 타이핑한다. User 〉 플라밍고-머그잔 폴더를 지정하여 저장 [OK] 한다.

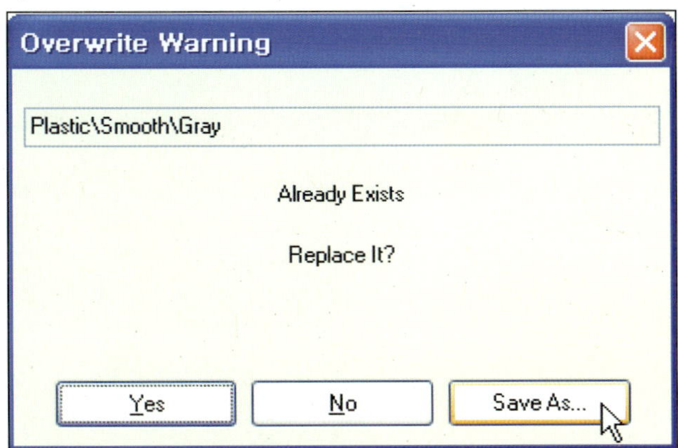

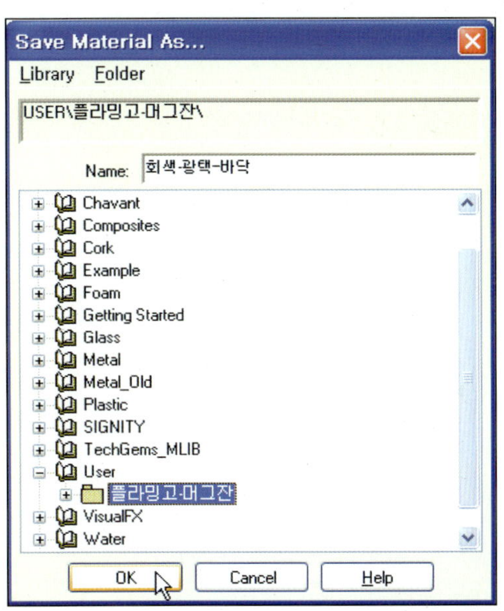

22_ Material Library 에 '회색-광택-바닥' 이라는 이름이 보일 것이다. 우측 팔레트에 바닥 재질을 추가한 후 그림과 같이 마우스 오른쪽 버튼을 클릭하여 재질을 Assign 한다.

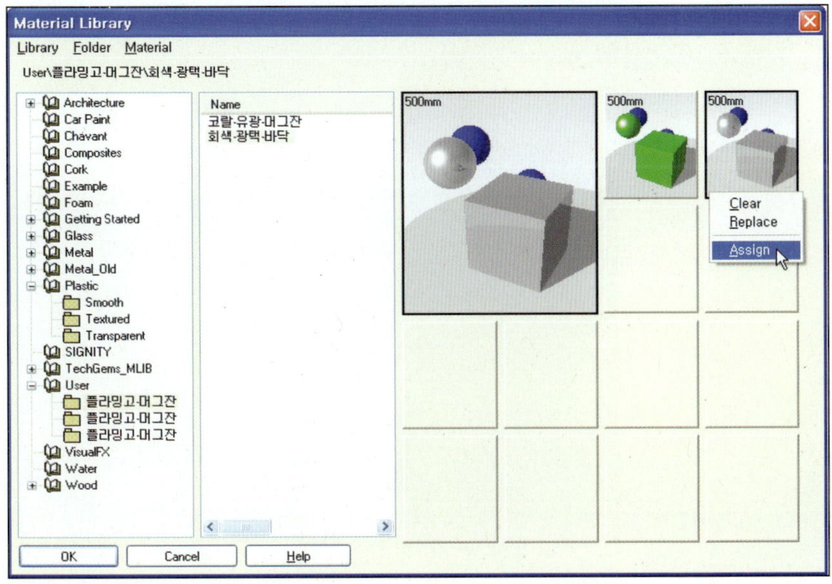

23_ Ground Plane에 재질이 들어온 것을 확인한 후 [확인] 버튼을 클릭한다.

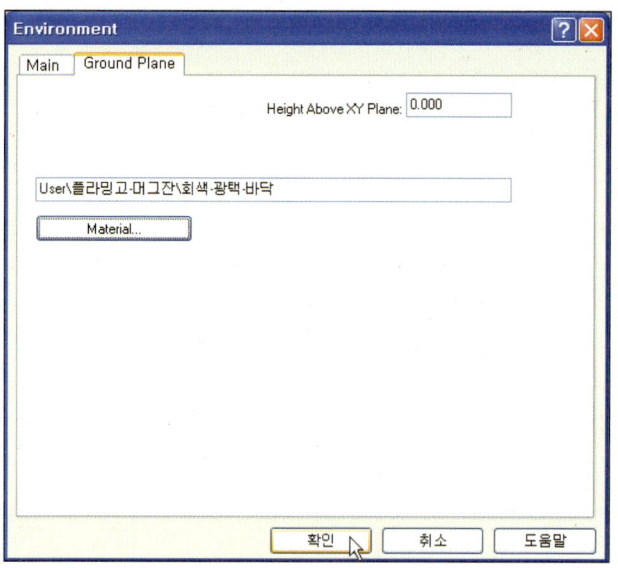

24_ 바닥을 설정하여 렌더링 해준 결과 바닥에 반사값이 은은하게 반영된 것을 볼 수 있다.

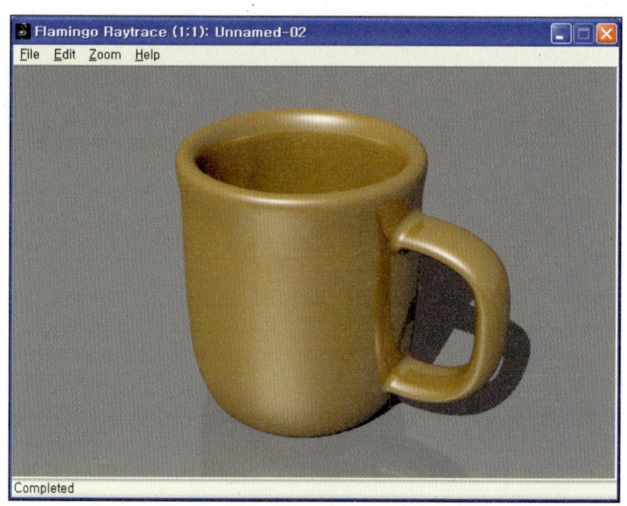

25_ 하지만 그림자가 자연스럽지 못하고 진하게 보일 것이다. 이것은 자체 기본 조명의 영향 때문이다. 이제 조명을 주는 방법과 그림자를 통제하는 방법에 대해 학습한다. Create Spotlight로 그림과 같이 대상을 충분히 포함하는 보조 조명을 먼저 준다. 우선 Top View에서 그림과 같이 컵의 중앙지점에서 시작하는 조명의 반경을 지정해 준다.

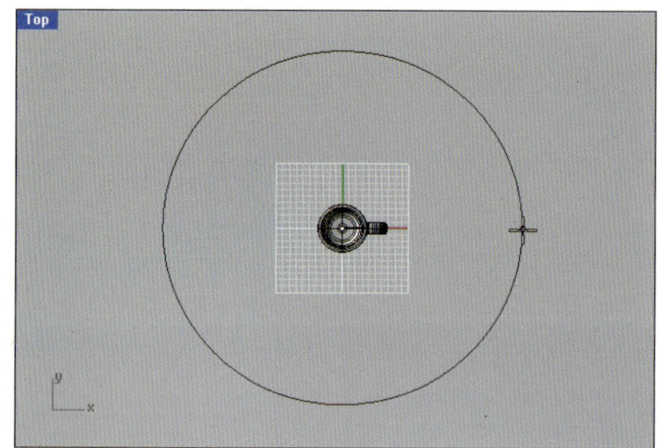

Front View에서 안정된 원뿔 구조의 스포트라이트를 만들어 준다.

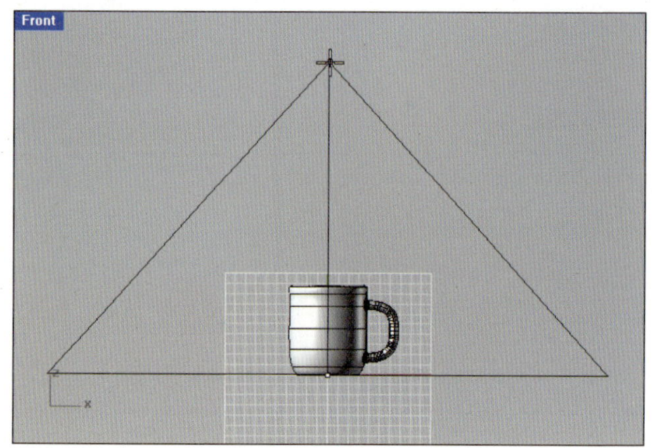

Perspective View에서 조명을 확인해 본 모습이다.

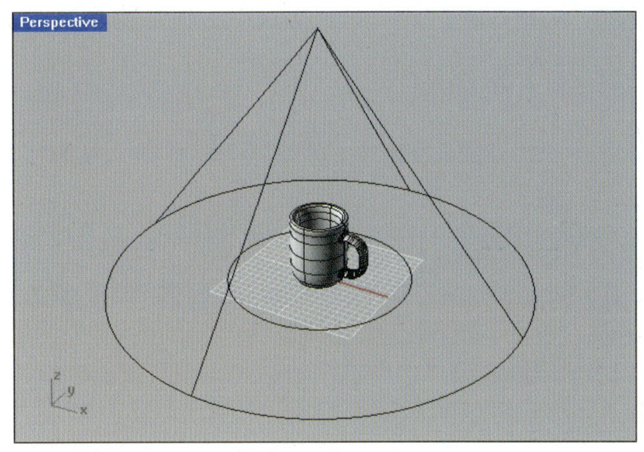

26_ 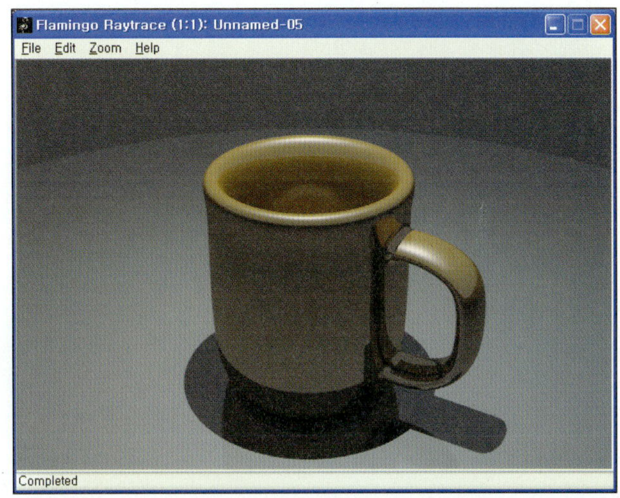 Render 아이콘을 클릭하여 재질 적용 상태를 확인한다.

27_ 조명을 그림과 같이 Rotate 2-D 명령으로 Front View에서 1번 지점을 기준으로 2번 지점을 선택하여 왼쪽 10시 방향으로 기울여 준다.

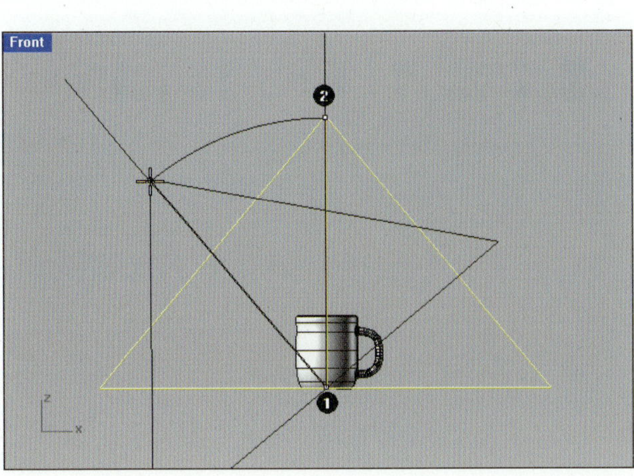

28_ Move 명령으로 조명의 중심을 컵의 바닥부에서 컵쪽 중앙지점으로 이동시켜 준다.

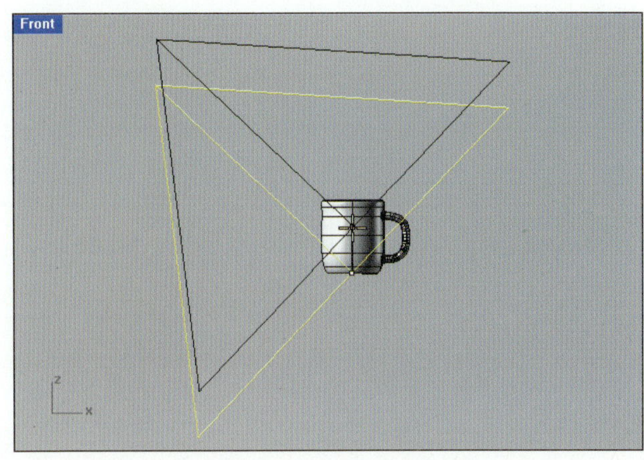

29_ Move 명령으로 조명의 중심을 컵의 바닥부에서 컵쪽 중앙지점으로 이동시켜 준다.

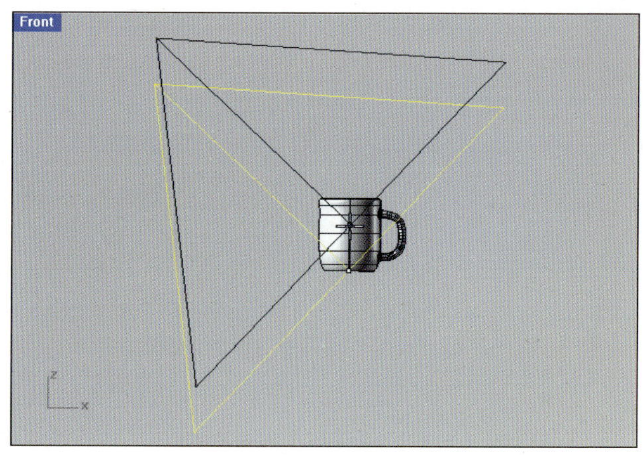

30_ Rotate 2-D 명령으로 조명의 1번 지점을 기준으로 2번 부위를 시계 반대 방향인 7시 지점으로 이동시켜 준다.

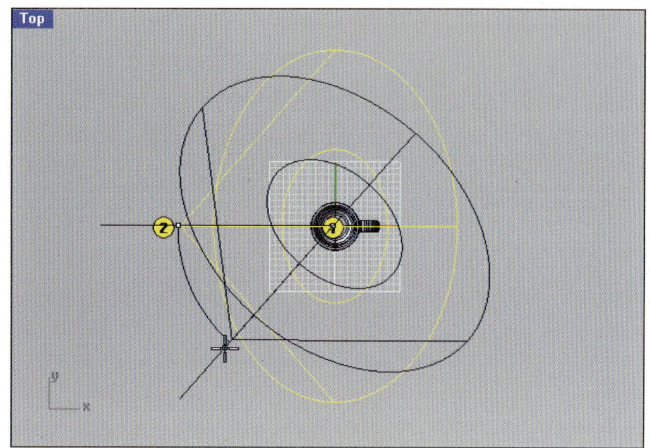

조명의 위치를 Top View에서 본 모습이다.

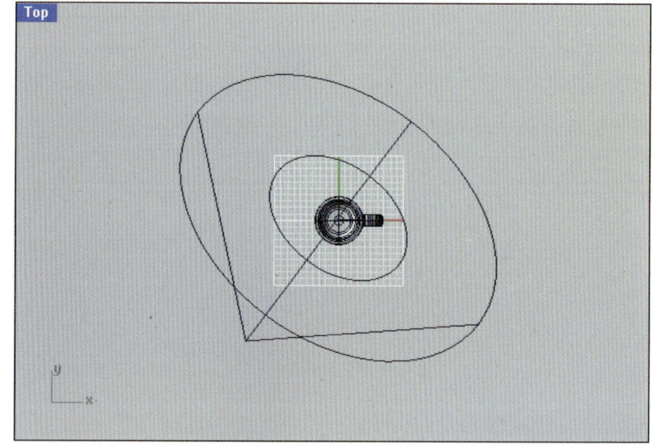

31_ Render 아이콘을 클릭하여 재질 적용 상태를 확인한다.

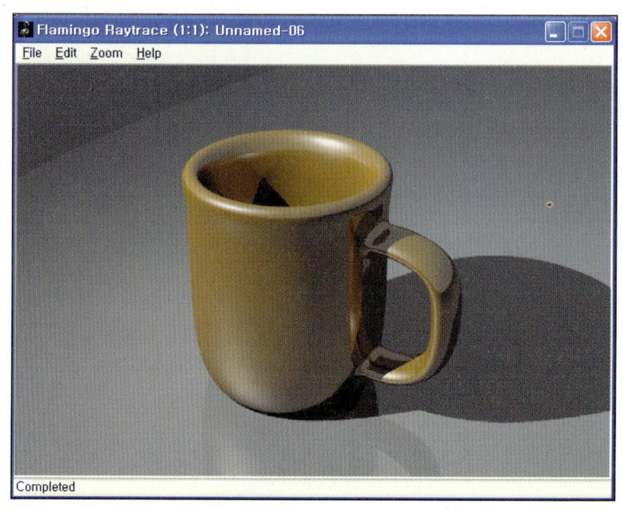

32_ 스포트라이트는 무대 조명처럼 한 부분만을 집중 조명하기에 어느 한쪽은 어두울 수 밖에 없다. 즉 1개의 스포트라이트 추가가 요구된다. Create Spotlight 클릭 〉 Top View에서 그림과 같이 컵의 중앙지점에서 시작하는 조명의 반경을 지정해 준다. 앞서 주어진 조명에 비해 2~3배 정도 크게 만들어 준다. 조명을 줄 때 물체보다 작거나 거의 같으면 최종 렌더링시 조명의 가장자리가 구분되어 보기가 좋지 않다.

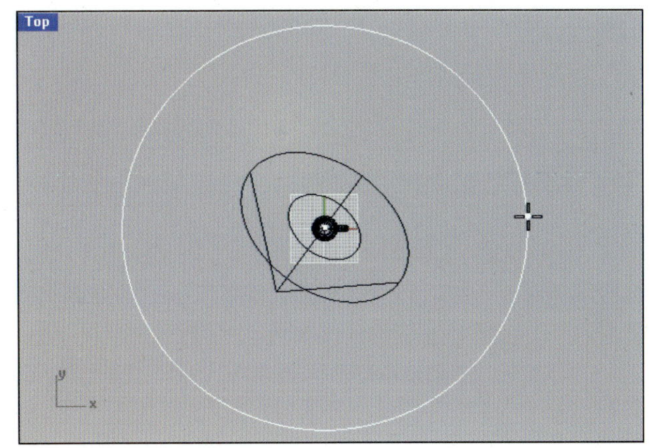

Front View에서 안정된 원뿔 구조의 콘을 만들어 준다.

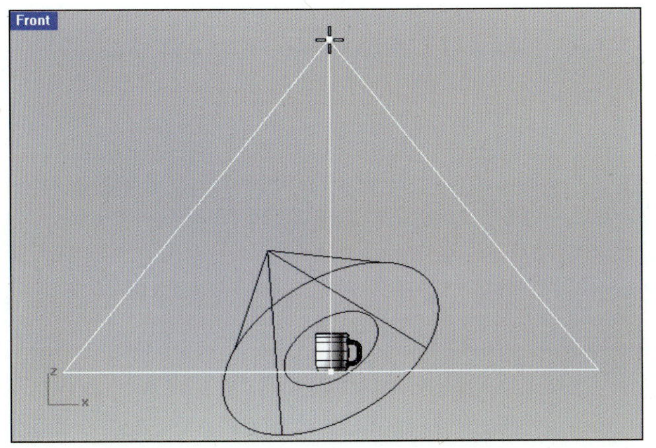

Perspective View에서 조명을 확인해 본 모습이다.

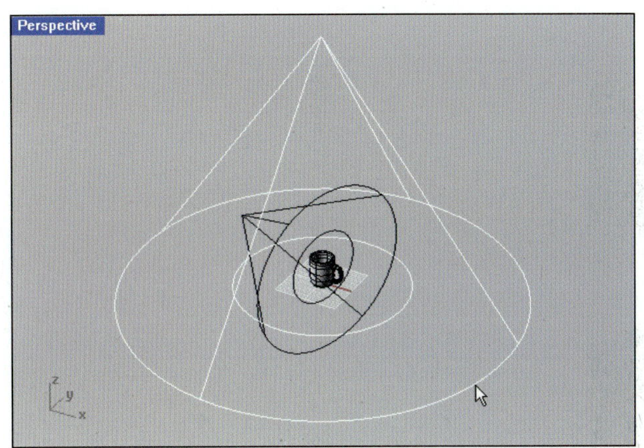

33_ 조명을 그림과 같이 Rotate 2-D로 Front View에서 1번 지점을 기준으로 2번 지점을 선택하여 오른쪽 2시 방향으로 기울여 준다.

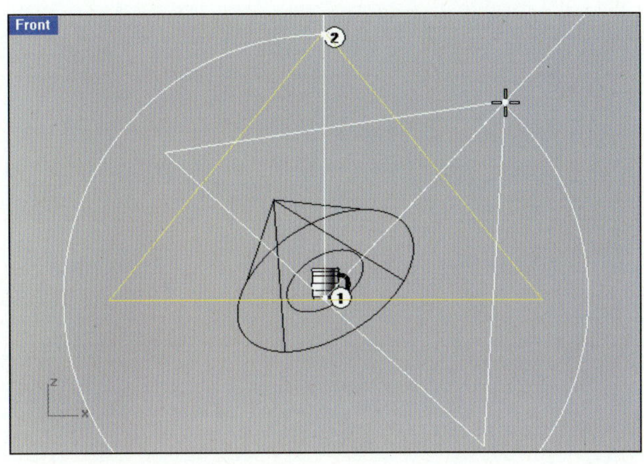

34_ 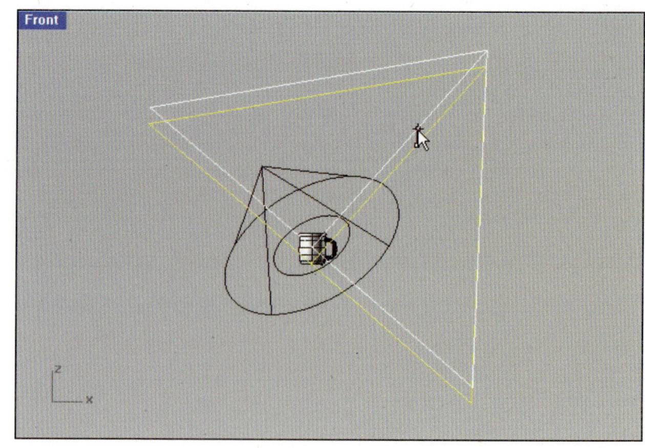 Move 명령으로 조명의 중심을 컵의 바닥부에서 컵쪽 중앙지점으로 이동시켜 준다.

35_ 마지막으로 Top View에서 1번 지점을 기준으로 조명을 그림과 같이 5시 방향으로 회전시켜 준다.

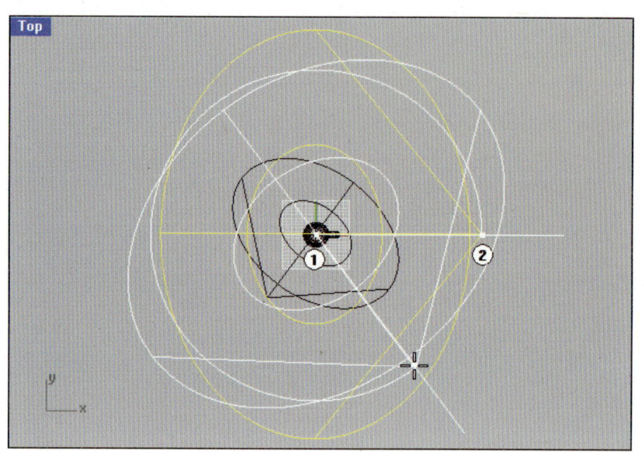

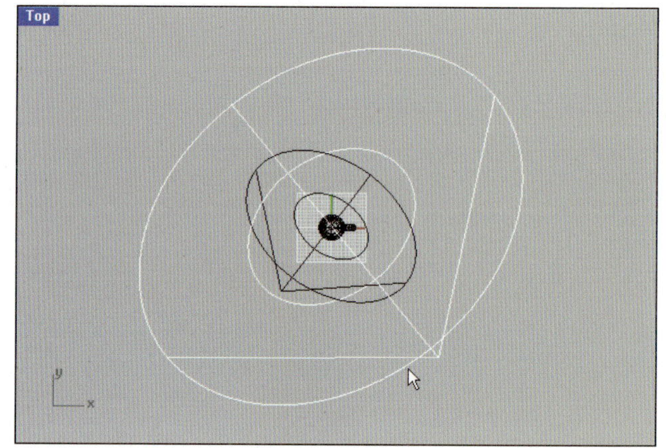

Perspective View에서 조명을 확인해 본 모습이다.

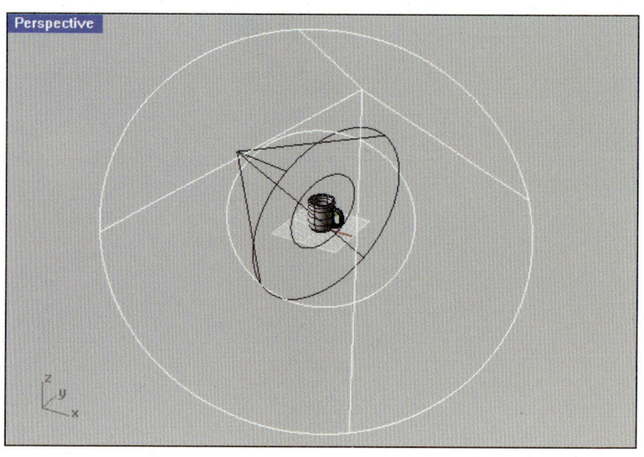

36_  Render 아이콘을 클릭하여 조명 상태를 확인한다. 조명이 양쪽으로 2개 들어간 상태이므로 그림자 또한 2개가 존재하게 된다. 그림에서 화살표가 지시하는 조명을 통제하여 그림자를 엷게 하거나 아예 없애주는 학습을 해본다.

37_ 오른쪽 바닥에 생긴 큰 그림자를 통제하려면 반대편 조명을 조정해 주어야 하기에 해당 1번 작은 조명을 선택한 상태에서 스텐다드 툴바의 Object Properties 아이콘 클릭 〉 Properties 대화상자에서 Light 〉 Shadow intencerty 슬라이드 바를 50%에 맞춘다. 이렇게 하면 그림자의 전체 농도가 균일하게 엷어진다.

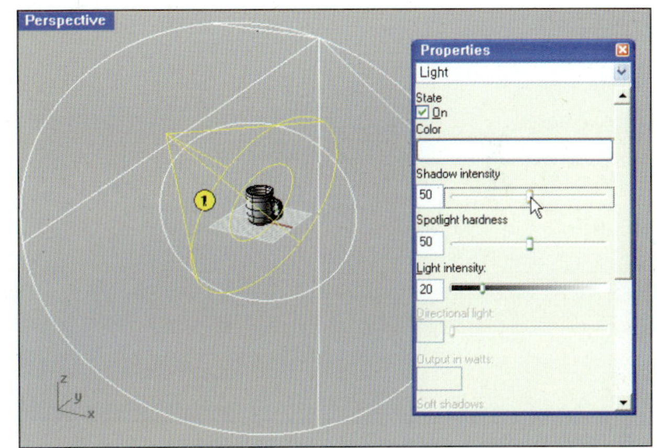

38_ Render 아이콘을 클릭하여 바닥의 그림자 상태를 확인한다. 화살표가 지시하는 그림자가 매우 엷어졌음을 확인할 수 있다.

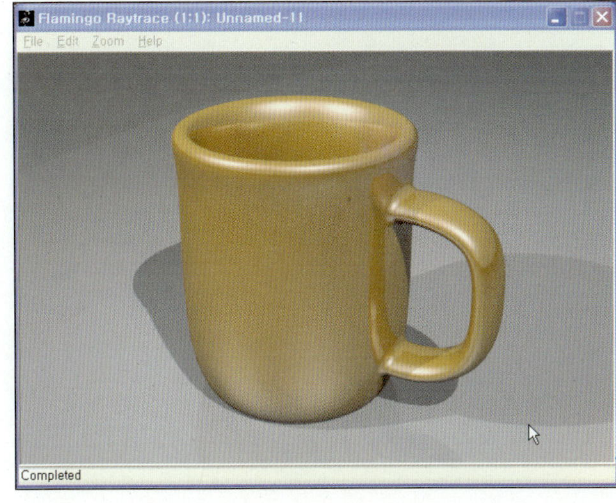

39_ 이번엔 그림자를 완전히 없애 주도록 한다. 1번 조명을 클릭한 상태에서 스텐다드 툴바의 Object Proper-ties 아이콘 클릭 〉 Properties 대화상자에 Light 〉 Shadow intencerty 슬라이드 바를 0에 맞춘다. 이렇게 하면 그림자가 사라진다. 단 조명 강도는 그대로 유지된다.

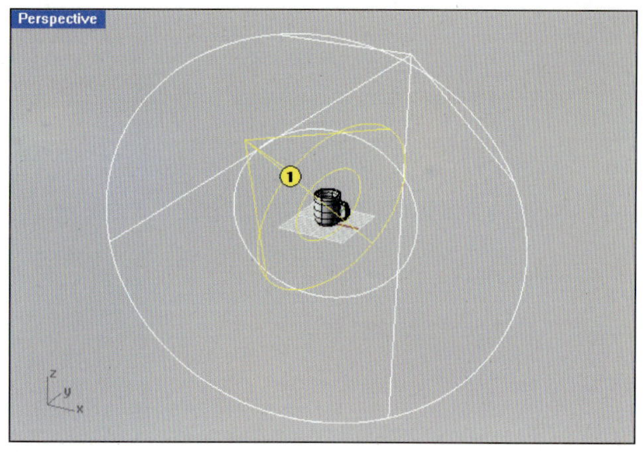

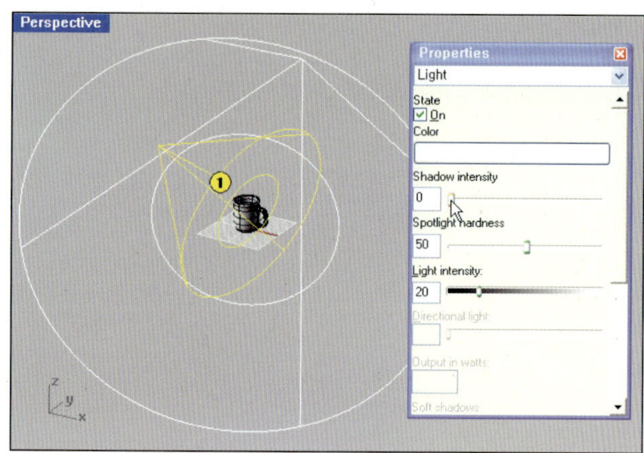

40_ Render 아이콘을 클릭하여 바닥의 그림자 상태를 확인한다. 그림자가 사라졌다.

41_ 이제부터는 남아 있는 그림자의 농도를 점진적으로 변화시켜 자연스러운 그림자를 생성하는 방법에 대해 학습한다. 이러한 효과를 Soft Shadow라 하는데 부드러운 그림자를 만들기 위해서는 고해상도 모드로 렌더링 세팅을 변경 시켜 주어야 가능하다.

Flamingo Setting 아이콘 클릭 〉 Document Properties 〉 Flamingo 〉 Resolution=640×480 〉 Antialiasing=High 16×(slowest) 〉 Special Effects= Soft Shadow에 체크한다.

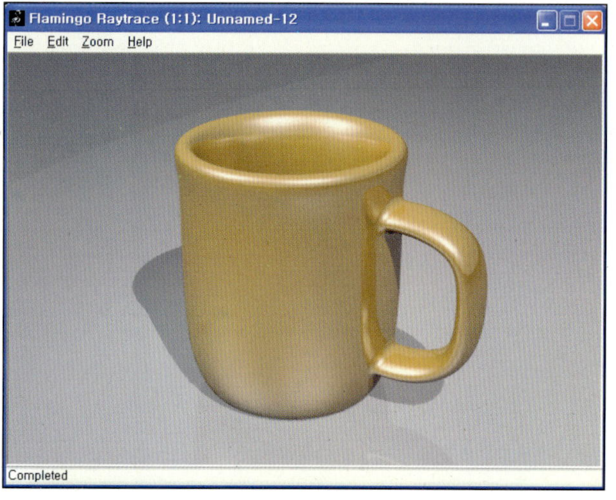

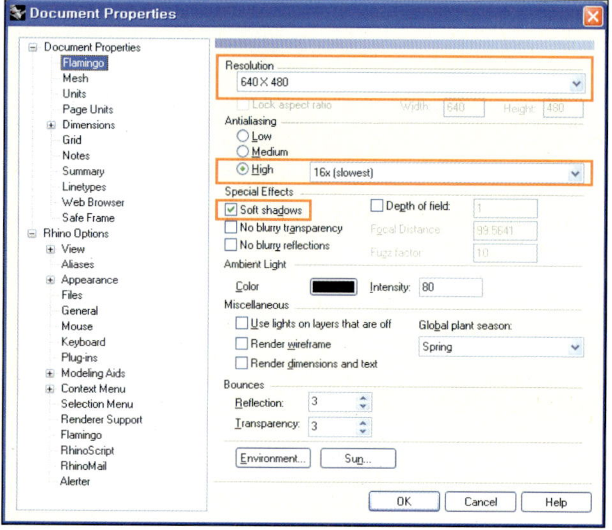

연이어 Mesh 〉 Render mesh quality=Custom 〉 Custom options=Maximum angle 8.0, Maximum aspect ratio=8.0에 세팅하고 [OK] 한다. 물론 컴퓨터의 속도가 현저히 느리다면 Maximum angle을 10, Maximum aspect ratio=0에 세팅해도 무방하다.

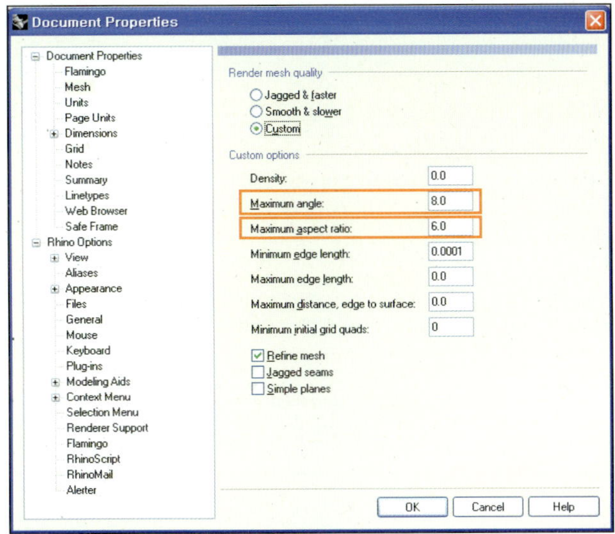
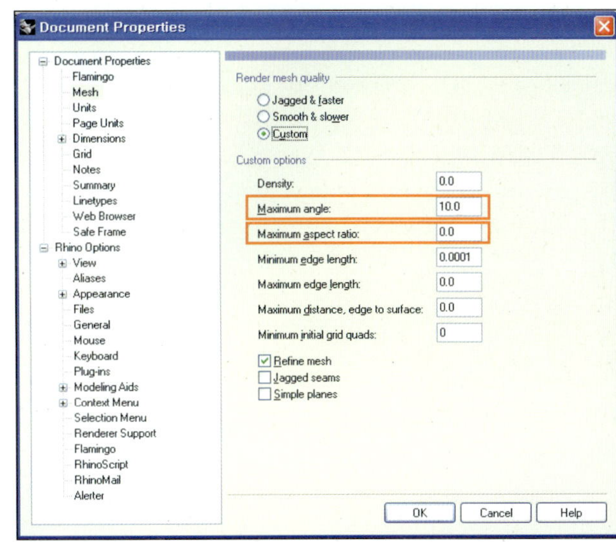

42_ 준비가 됐으면 2번 조명을 클릭한 상태에서 스텐다드 툴바의 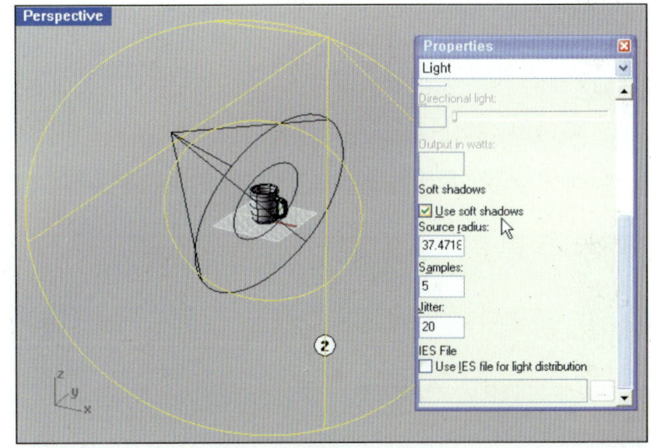 **Object Properties** 아이콘 클릭 〉 Properties 대화상자에 Light 〉 Use soft shadow에 체크한다.

다음 하단에 Source radius는 설정값이 클수록 Soft Shadow의 밀도가 약해지며, Samples는 설정값이 클수록 Soft Shadow의 밀도를 높아진다. Jitter는 설정값이 클수록 Soft Shadow에 그림자 노이즈(Noise) 밀도를 줄일 수 있다. 그림과 같이 다시 설정한다. Source radius=40, Samples=50, Jitter=30에 설정한다. 변화량은 설정에 따라 다르게 나타나게 된다.

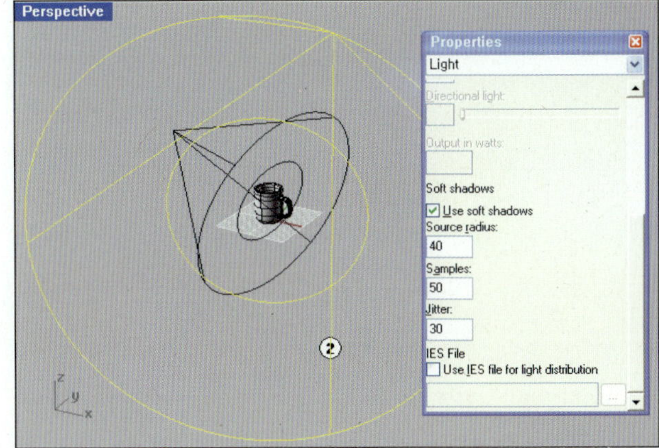

43_ 그림과 같이 Perspective View를 조정해 준다. 다음 Render 아이콘을 클릭하여 최종 렌더링을 완성한다. 하지만 렌더링된 이미지를 보면 아쉽게도 1번 스포트라이트의 크기가 작은 관계로 렌더링의 왼쪽 상단에 경계선이 보인다.

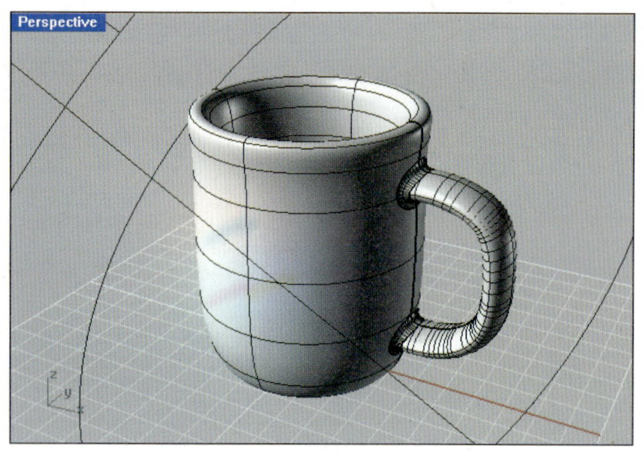

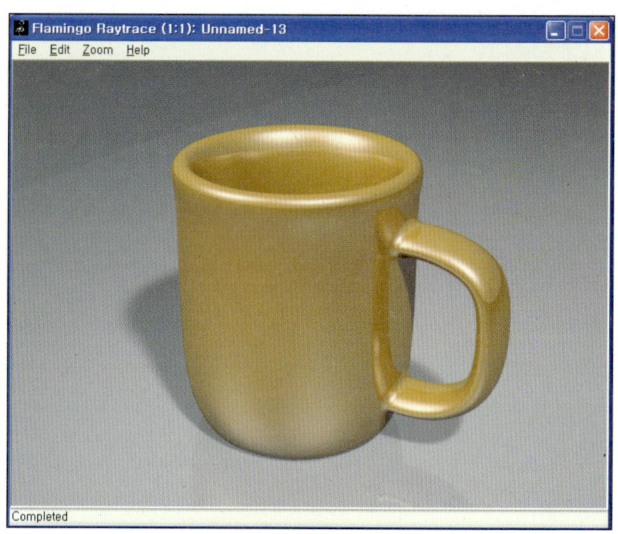

44_ 이부분을 없애려면 1번 조명의 크기를 조정해 주면 된다. 방법은 간단한다. 1번 조명을 선택한 상태에서 Control Points On으로 포인트를 활성화시켜 주고 안쪽 앵글과 바깥쪽 앵글의 포인트를 적정히 당겨주면 된다. 물론 조명 옵션에서 슬라이드 바를 움직여도 가능하다.

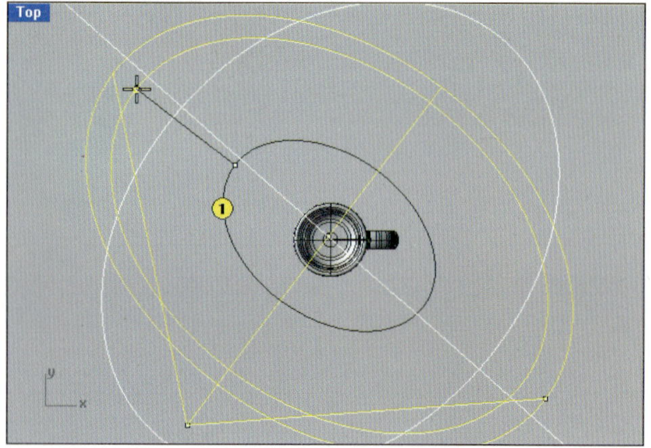

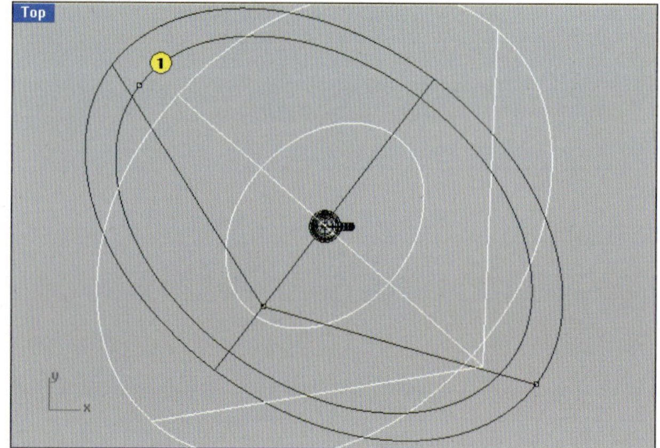

45_ 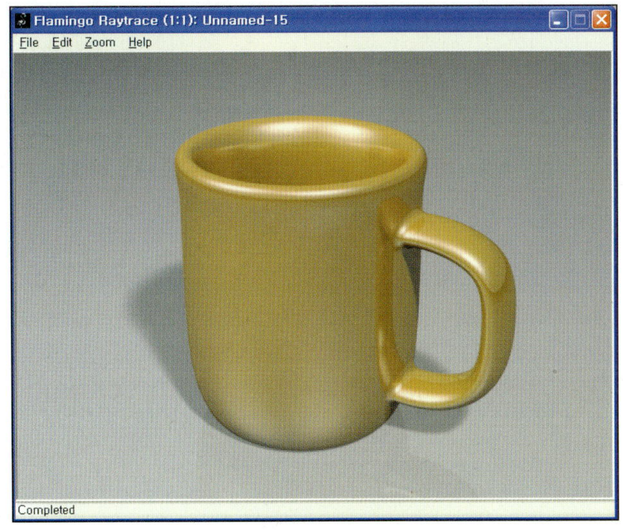 Render 아이콘을 클릭하여 경계선이 정리 된 최종 렌더링을 확인한다.

46_ Transport Model and Materials 아이콘을 클릭하여 이제 지금까지 작업된 모델과 재질 매핑 데이터를 함께 저장한다. 그림과 같이 메시지 창이 나타나면 [예(Yes)] 버튼을 클릭한다.

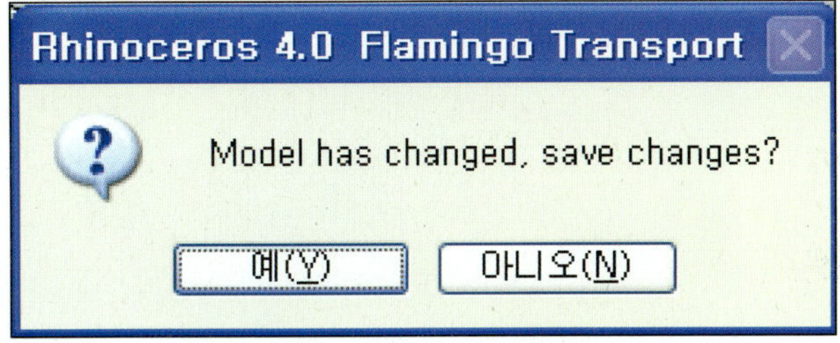

47_ 또 하나의 대화 상자가 뜨면 파일 이름 변경 없이 그대로 [저장] 버튼을 클릭하면, 자동으로 라이노 파일의 앞 글자들이 파일이름으로 만들어져 바탕화면 〉 내문서 〉 Flamingo Transport 폴더에 자동 저장된다.

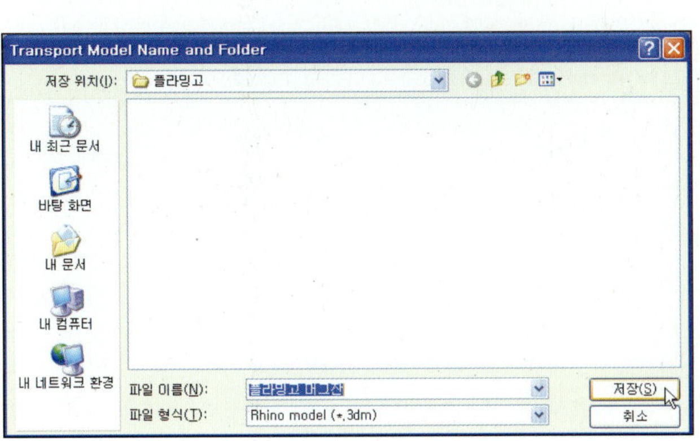

48_ 내문서 폴더 안으로 들어가면 Flamingo Transport 내에 그림과 같은 재질과 라이노3D 원본 데이터가 함께 자동 저장되어 있음을 확인할 수 있다.

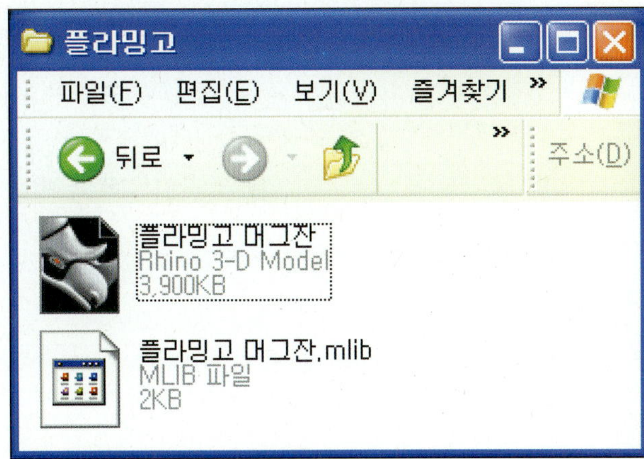

Chapter 03

Flamingo

플라밍고 주얼리
응용 렌더링하기 I

Flamingo는 금속이나 투명체를 효과적으로 렌더링할 수 있도록 쉬운 인터페이스를 제공하고 있다.
이번 Chapter에서는 반지를 샘플로 하여 실사 이미지 렌더링 방법을 단계적으로 학습한다.

따라해 보세요 !

01_ 미리 준비된 **부록 CD 〉 플라밍고 예제 〉 EX-02.3dm** 모델을 선택하여 연다.

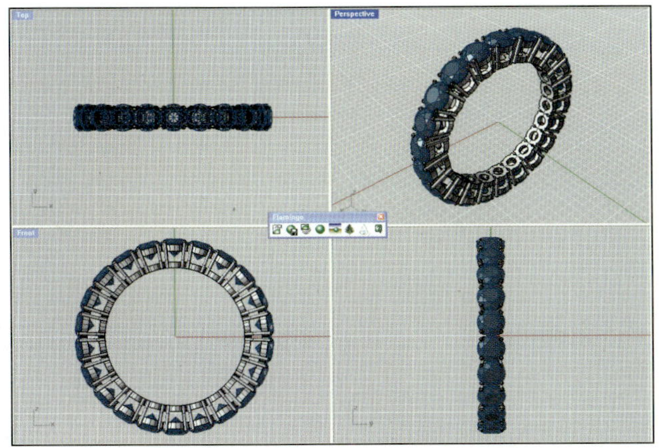

02_ 1번은 반지의 몸체이고, 2번은 보석(Gem)이다. 순차적으로 재질을 적용하기로 한다.

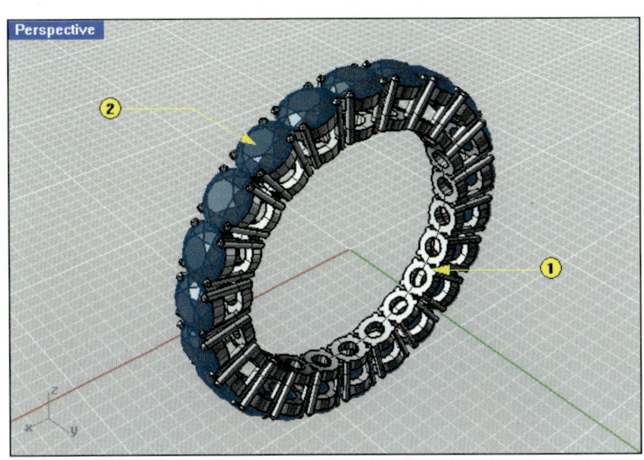

03_ 플라밍고에서 모델을 렌더링하기 위해서는 **Move** 명령으로 반지를 붉은색 X축 바로 위까지 올려 주어야 한다. 이 부위가 바닥면으로 렌더링되는 부분이기 때문이다.

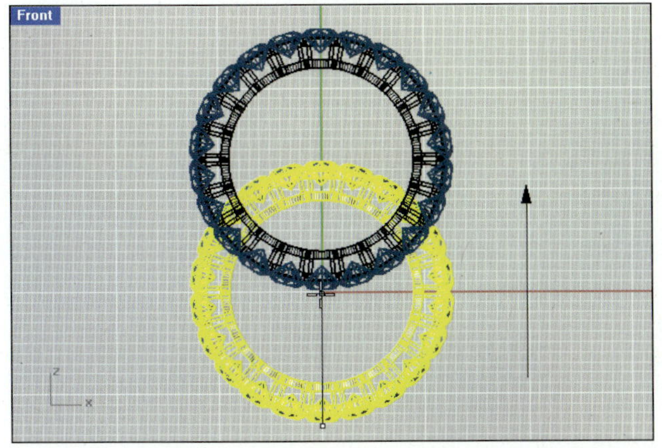

04_ 이제 반지의 몸체 1번을 선택한 상태에서 스텐다드 툴바 〉 **Object Properties** 아이콘 클릭 〉 Properties 〉 Material 〉 Plug-in 〉 [Browse] 버튼을 클릭한다.

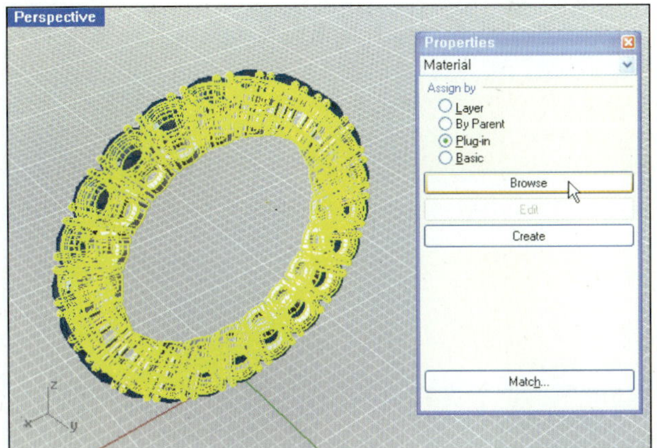

05_ Material Library 대화상자가 뜨면 Metal 〉 Gold 〉 Polished 〉 Screen, Medium 클릭 〉 재질이미지를 마우스 오른쪽 버튼으로 클릭 〉 Edit에 체크한다.

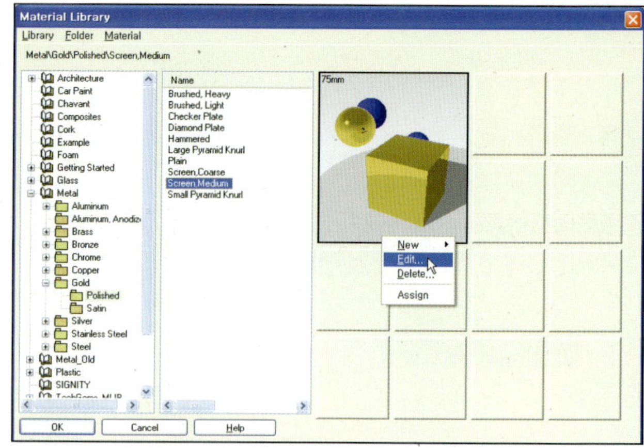

06_ 기존 골드 색상에 변화를 주고자 Material Editor 에서 Base Color를 그림과 같이 변경한다. 그외 세팅은 그대로 두고 [OK] 버튼을 클릭한다.

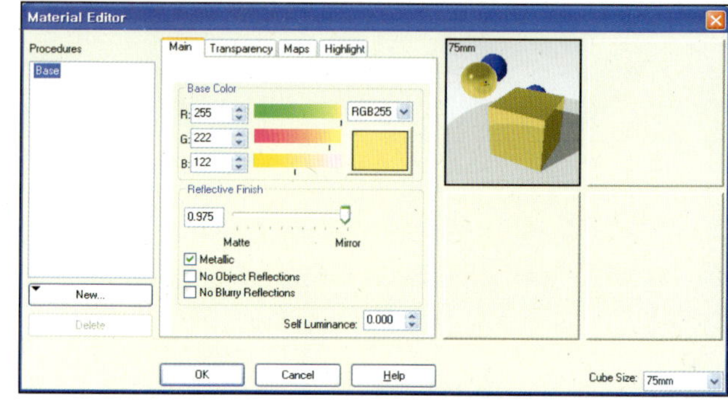

07_ 원본 재질을 변경하였기 때문에 그림과 같이 덮어 쓰기 주의 경고 창이 뜬다. [Save As...] 버튼을 클릭한다.

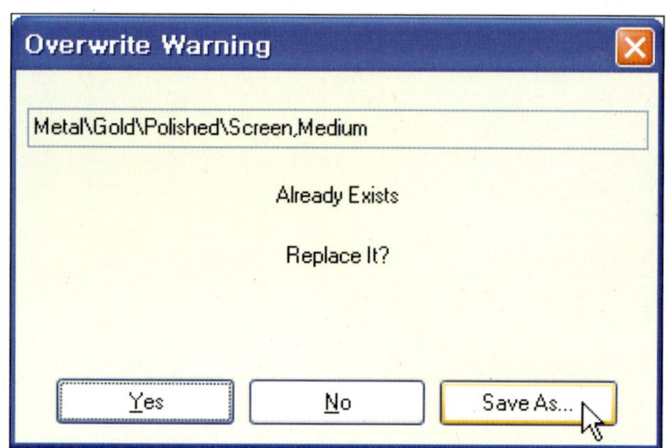

08_ Save Material As... 대화상자가 뜬다. User를 선택 마킹한 상태에서 Folder 〉 New를 선택한다.

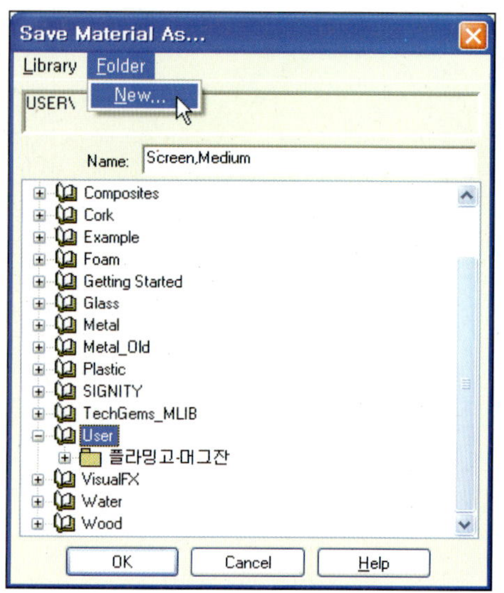

09_ 선택과 동시에 Name창이 뜨면 그림과 같이 '플라밍고-반지1' 이라는 폴더명을 기입하고 [OK] 한다.

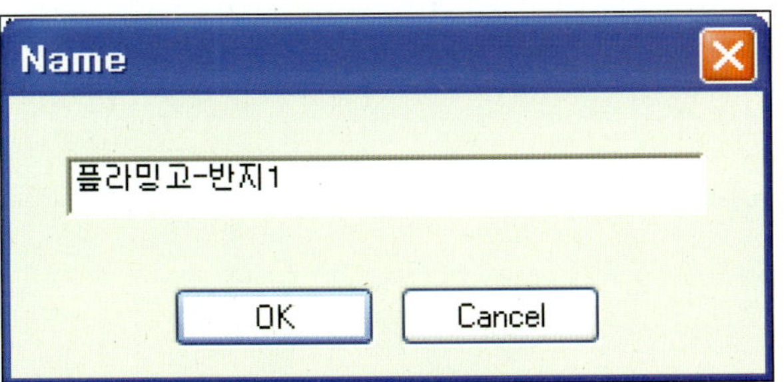

10_ User 파트에 두번째 '플라밍고-반지1' 폴더가 클릭된 상태에서 Name란에 '골드-지환부' 라고 기입한다. 재질과 재질 적용부위를 한글로 기입하여 나중에 구분이 쉽게 한 후 [OK] 한다.

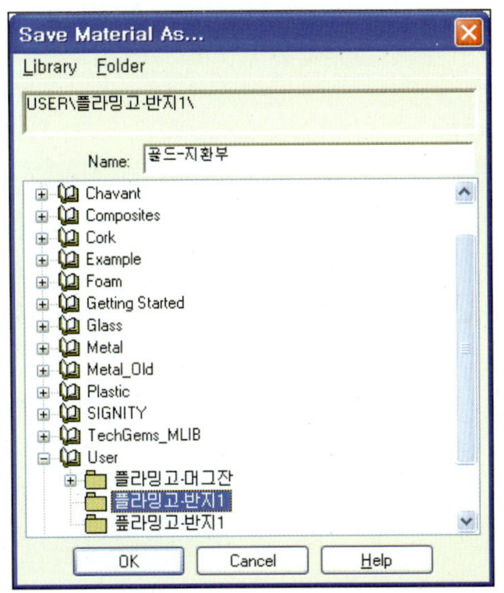

11_ 그림과 같이 회색 사각형 팔레트를 클릭하면 방금 전에 재질이 자리하게 된다. 이것을 마우스 오른쪽 버튼으로 클릭하고 그림과 같은 Assign(지정)을 선택해 주면 재질이 적용된다.

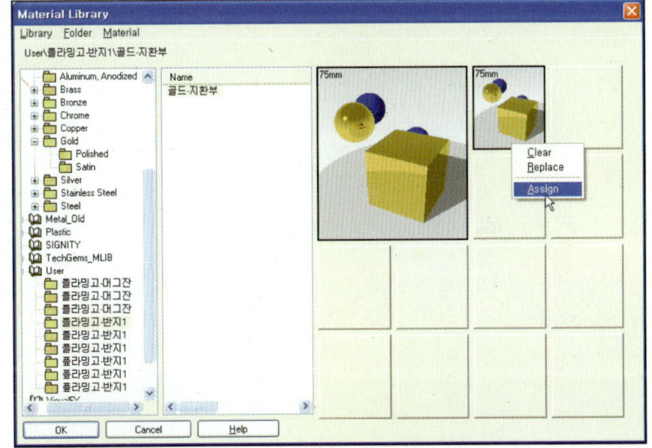

12_ 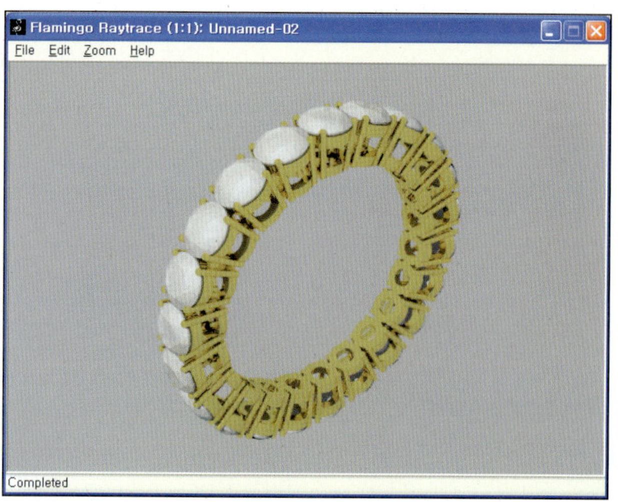 Render를 클릭하면 그림과 같이 반지의 몸체(지환부)에 골드 재질이 적용되었음을 볼 수 있다. 하지만 골드 재질의 느낌이 전혀 느껴지지 않는다. 왜냐하면 모든 금속과 투명체들은 반드시 주변 환경의 반사나 굴절에 의해 비로써 우리 눈에 금속재질로 보여지기 때문이다. 차후에 환경설정이 행해질 것이다.

13_ 이제 보석에 해당하는 재질을 적용해 본다. 보석은 유색 투명으로 보석마다 고유의 굴절률(I.O.R)을 가지게 되는데 이러한 투명도를 조절하는 것은 쉬운 일이 아니다. 하지만 TechGems의 보석 라이브러리를 공유하면 매우 쉽게 보석의 재질을 부여할 수 있다. 참고로 본 저자의 경우 TechGems4.1(4.2) 최신 버전을 플러그인으로 사용하고 있다.

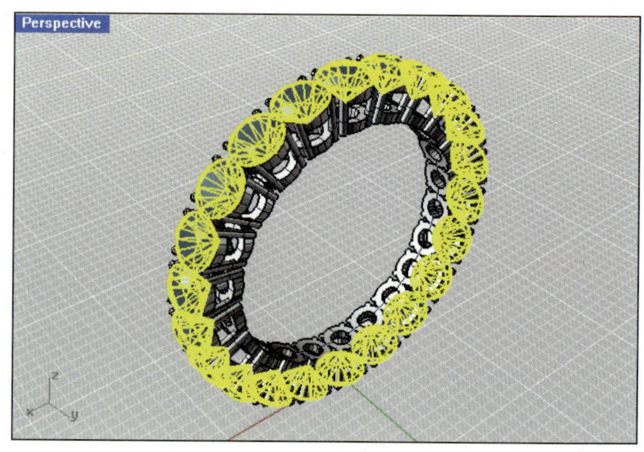

14_ 앞서 언급된 방법으로 보석을 그룹하여 선택한 상태에서 스텐다드 툴바 〉 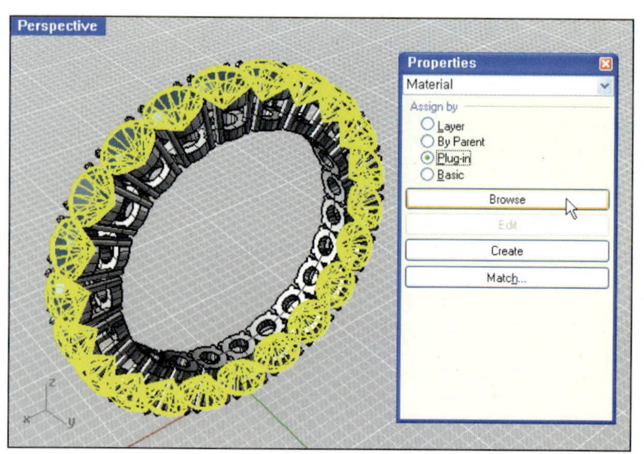 Object Properties 아이콘 클릭 〉 Properties 〉 Material 〉 Plug-in 〉 Browse 버튼을 클릭한다.

15_ Material Library 대화상자에서 TechGems_MLIB 〉 Gems-Transparent I.R.1.55 〉 Name=Ruby01을 선택한다. 향후 굴절률이 다른 Ruby도 적용해 볼 것이다.

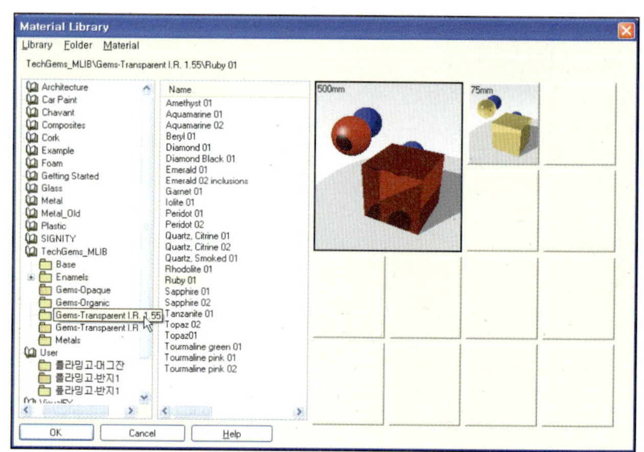

16_ 팔레트에 Ruby01을 만들어 주고 그림과 같이 Assign 한다.

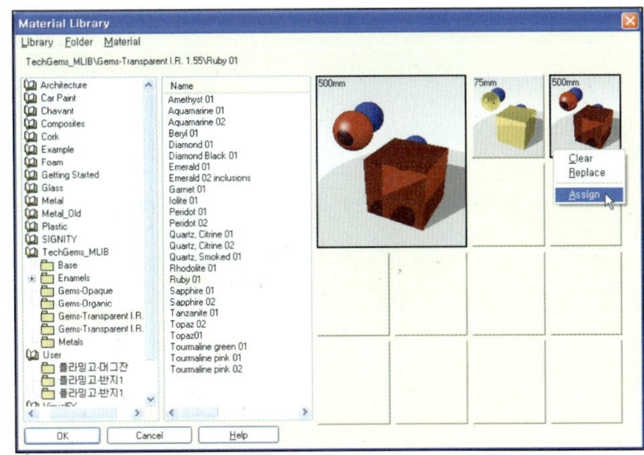

17_ 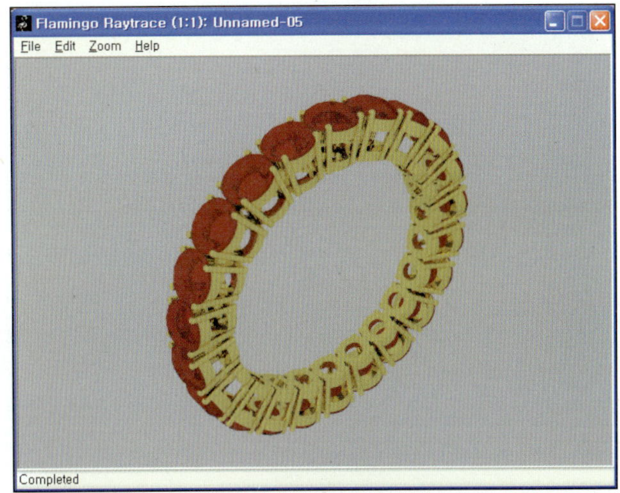 Render를 클릭하여 루비(Ruby01/굴절률 =1.55) 재질 적용 상태를 확인해 본다.

18_ 이제 반지의 사실적인 느낌을 만들기 위하여 환경 설정을 해 보도록 한다. Environment Setting 아 이콘 클릭 〉 Main 〉 Background Color=2, Color Gradient 에 맞춘다. 다음 그림과 같이 회색 직사각형을 클릭한다.

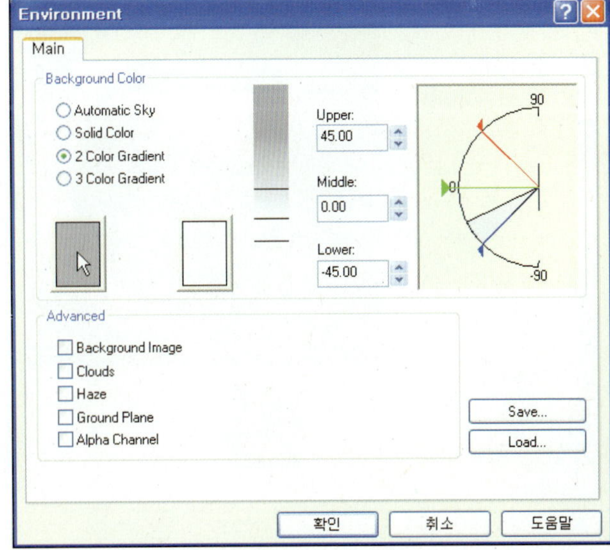

19_ Select Color 대화상자에서 White 컬러를 선택하고 [OK] 버튼을 클릭한다.

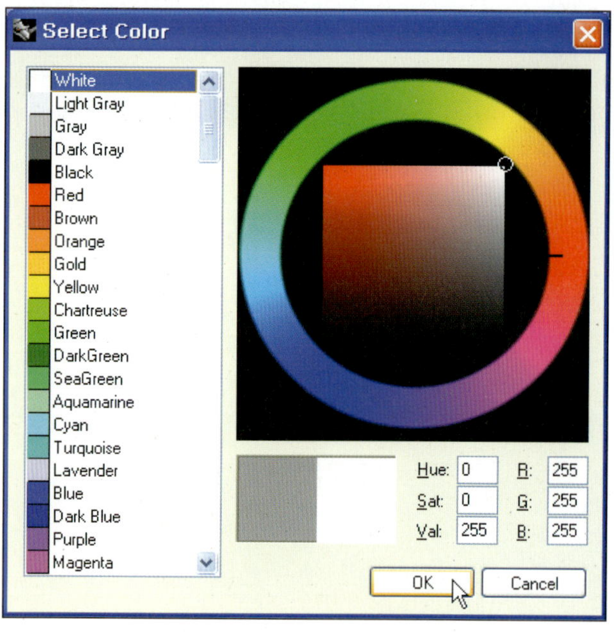

20_ 이번에는 흰색 직사각형을 클릭한다.

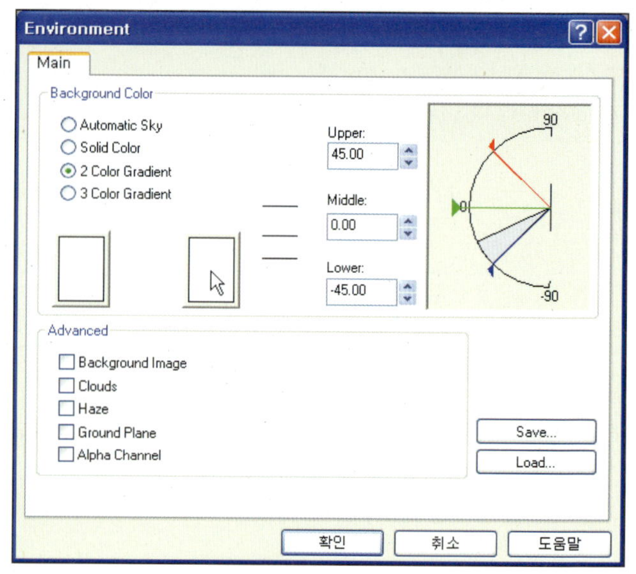

21_ Select Color에 Black 컬러를 선택하고 [OK] 버튼을 클릭한다.

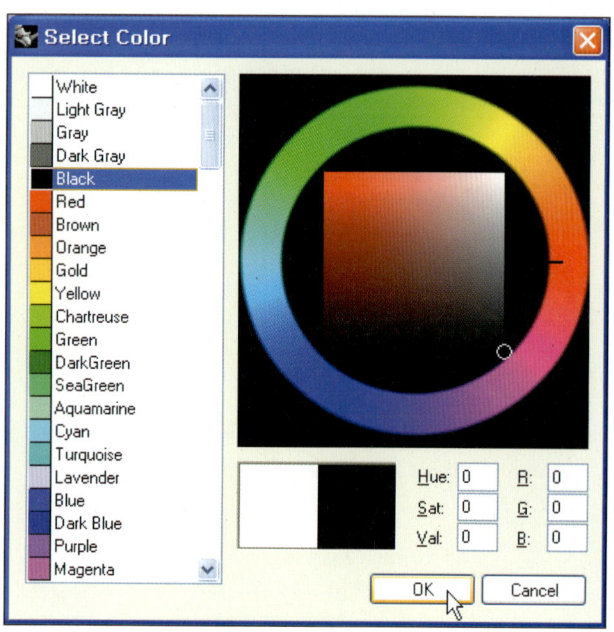

22_ 2 Color Gardient 컬러를 White와 Black으로 만들어 주었다. 이것은 가상의 주변 공간을 둘러싼 환경컬러로 렌더링시 물체에 환경으로 작용한다. 이제 바닥을 설정하기 위하여 Ground Plane을 클릭한다.

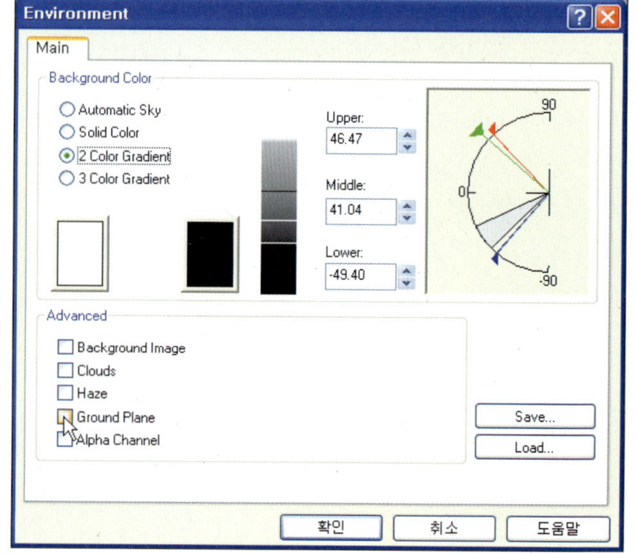

23_ 바닥에 재질의 선택하기 위하여 [Material...] 버튼을 클릭한다.

24_ Material Library 대화상자에서 Plastic 〉 Textured 〉 Gray를 선택한다. 직사각형의 재질 그림판을 마우스 오른쪽 버튼으로 클릭 〉 Edit를 선택한다. 이렇게 하면 바로 재질 편집이 가능하다.

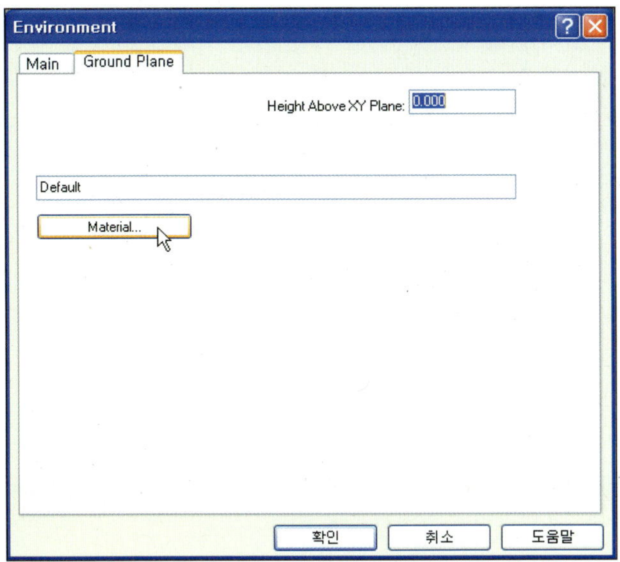

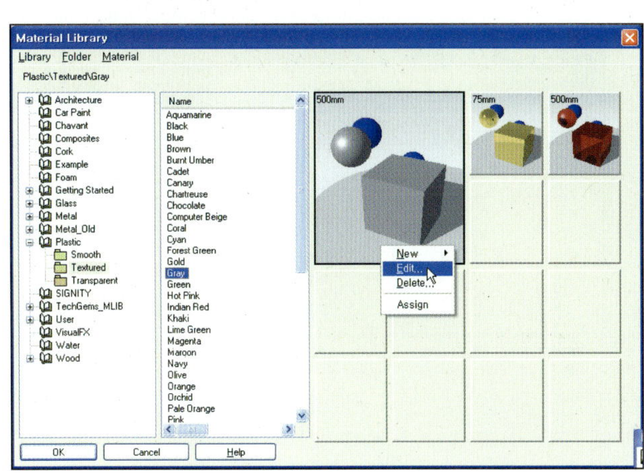

25_ Base Color R=174, G=174, B=174에 설정하고, Reflective Finish=0.605에 설정한다.

26_ 바닥 재질에 울퉁불퉁한 표면처리를 위하여 Add 〉 Rubble을 선택한다.

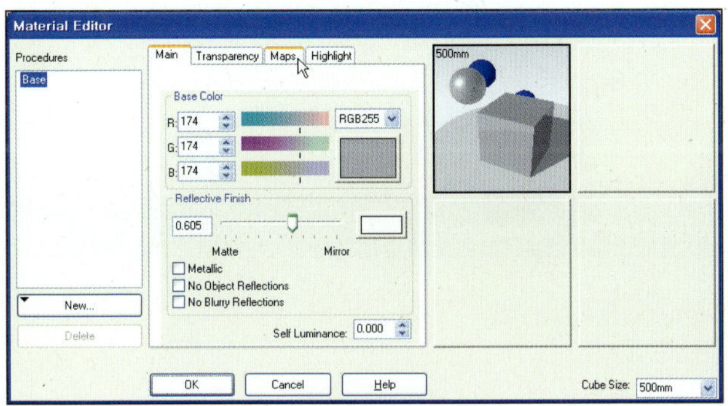

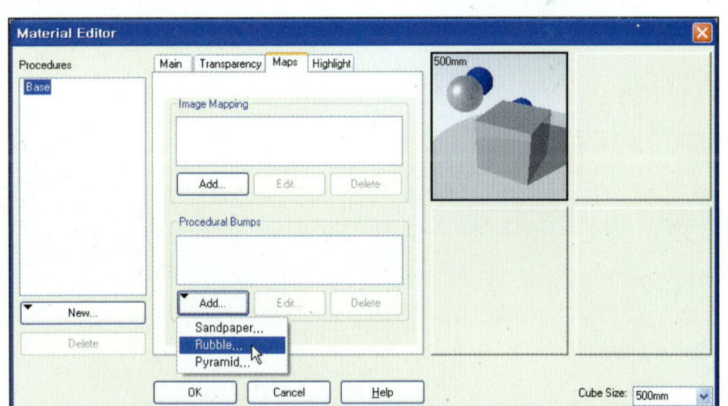

27_ Edit Rubble Bumpmap 세부 설정 창이 뜨면 Scale을 그림과 같이 설정한다. Height(높이)는 0.337정도로 매우 낮게 준다. 너무 값을 높게 주면 바닥이 튀어 나와 보이게 된다.

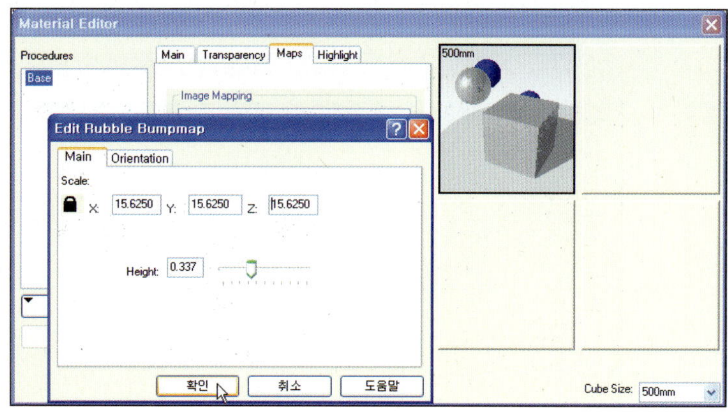 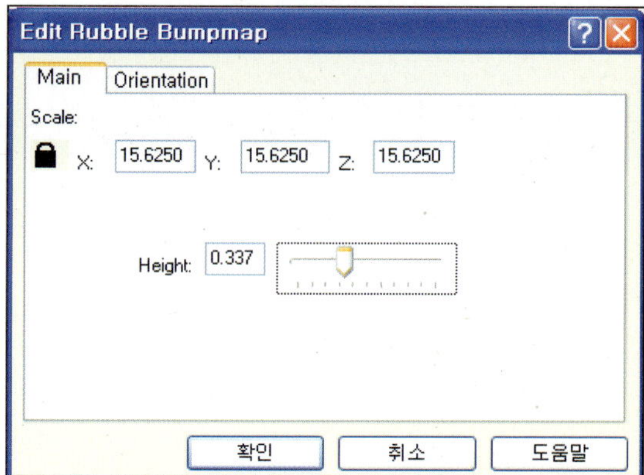

28_ Rubble 설정이 끝났다면 [OK] 한다.

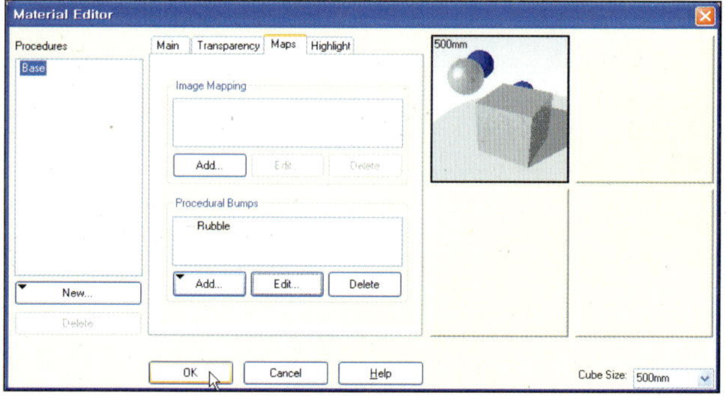

29_ 원본 Gray 재질을 변경하였기에 덮어쓰기 경고창이 뜨는데 [Save As..] 버튼을 클릭한다.

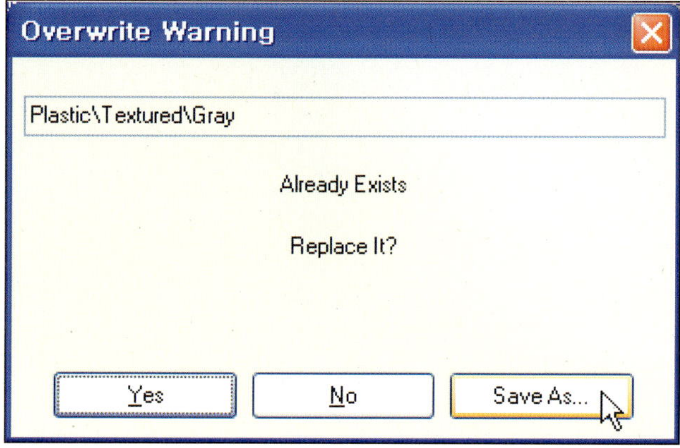

30_ Save Material As...대화상자에서 User에 플라밍고−반지1 폴더를 선택하고 Name에 'Gray 광택 바닥' 이라고 기입한 후 [OK] 한다.

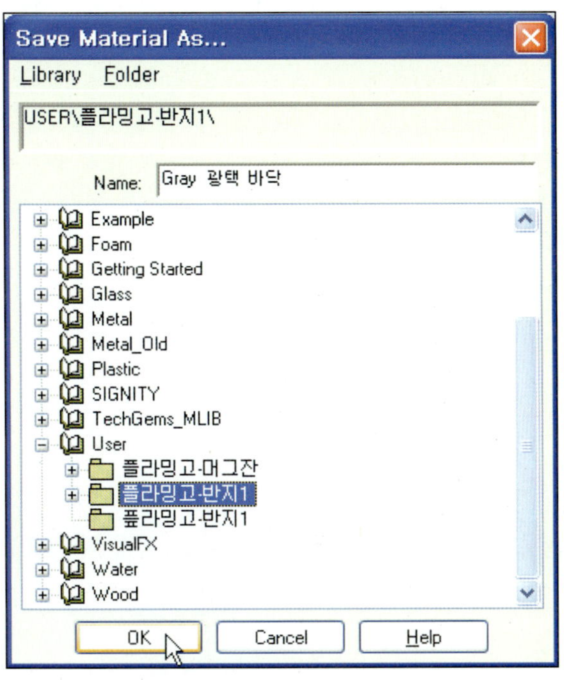

31_ Material Library 창이 뜨면 팔레트에 만들어진 바닥 재질을 하나 추가하고 Assign 한다.

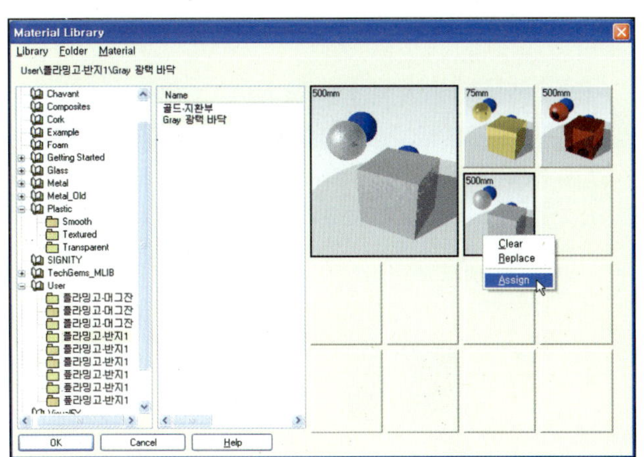

32_ 환경설정과 바닥 설정이 완료되었기에 [확인] 버튼을 클릭한다.

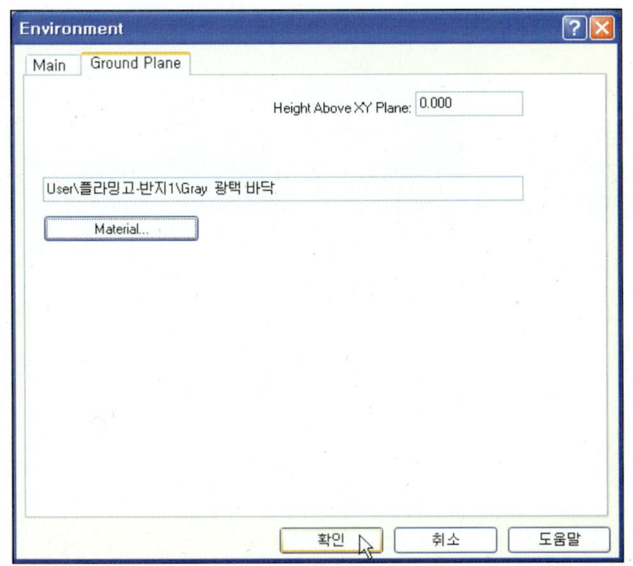

33_ Render를 클릭하여 바닥 재질 적용 상태를 확인해 본다. 이제부터 조명을 주지 않은 상태에서 전체적인 밝기를 조정해 본다.

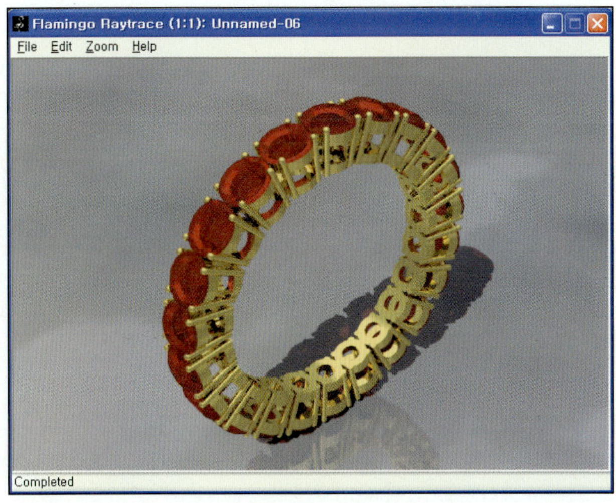

34_ Environment Setting 아이콘을 클릭하면 Environment 대화상자가 나타나는데 2 Color Gradient 수치를 그림과 같이 설정한다. 우측 슬라이드바를 위 아래로 움직여 조정해도 된다. 설정이 되었으면 [확인] 버튼을 클릭한다.

35_ Render를 클릭하여 이미지를 확인한다. 조명을 주지 않고 밝기가 조정되었다.

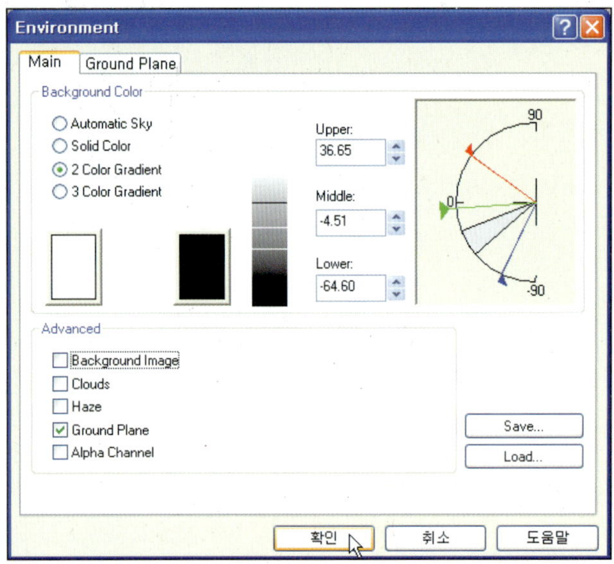

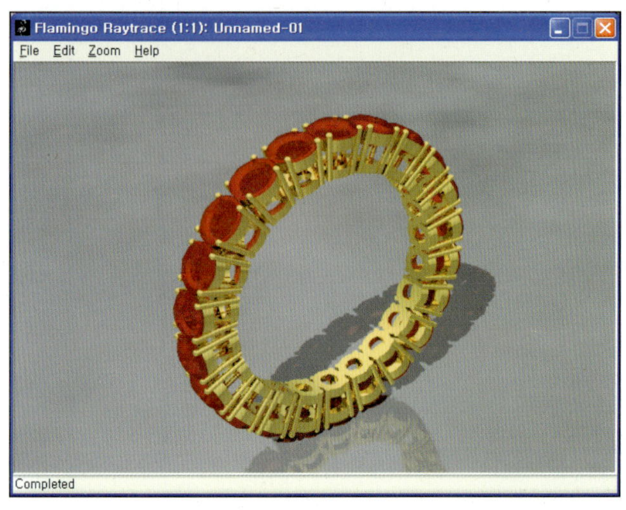

36_ Copy 툴로 보석을 포함하여 객체를 하나 더 복사해 준다. 조명을 주기 전 연출을 준비하기 위함이다.

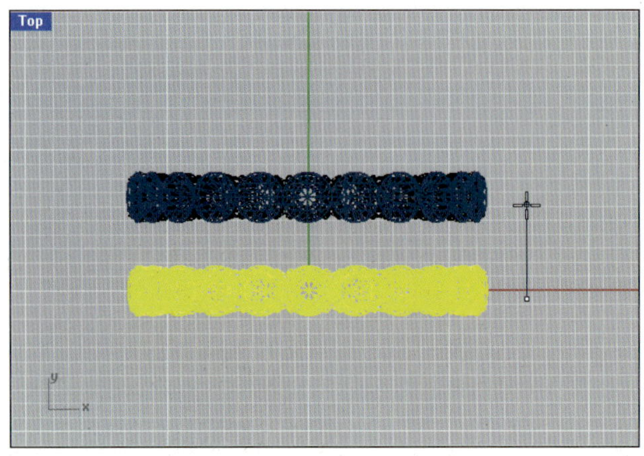

37_ 이제 보석의 색상과 굴절률을 변경하기 위하여 앞쪽 반지의 보석을 클릭한 상태에서 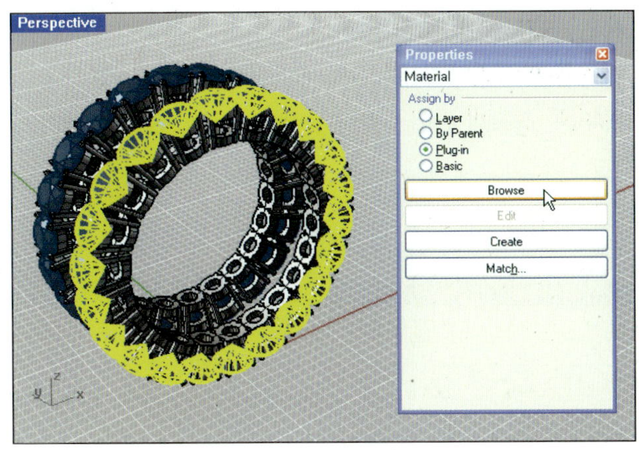 Object Properties를 클릭하고 그림과 같이 [Browse] 버튼을 클릭한다.

38_ 다음 Material Library 〉 TechGems_MLIB 〉 Gems-Transparent I.R 2.40 〉 Ruby 01 〉 Assign 한다.

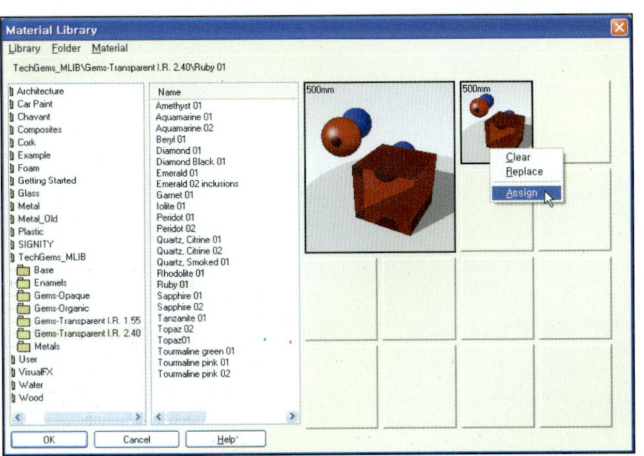

39_ 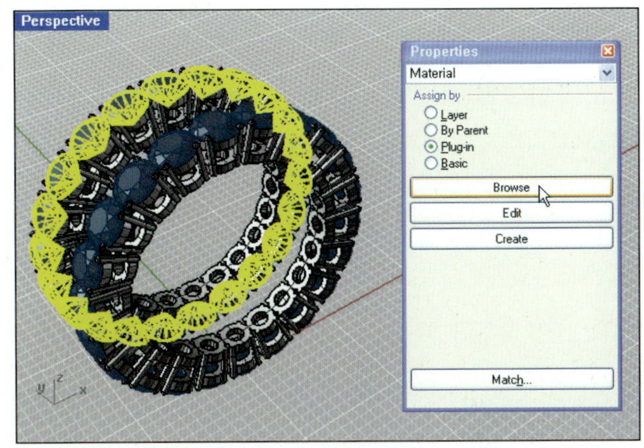 Object Properties를 클릭하고 그림과 같이 [Browse] 버튼을 클릭한다.

40_ 다음 Material Library 〉 TechGems_MLIB 〉 Gems-Transparent I.R 1.55 〉 Peridot 02 〉 Assign 한다.

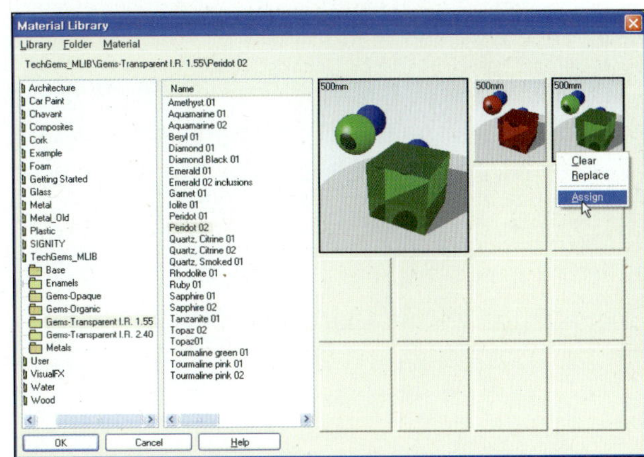

41_ Render를 클릭하여 보석 컬러와 전체적인 이미지를 확인한다. 조명이 들어간 상태가 아니기에 그림자가 너무 진하며 자연스럽지 못하다.

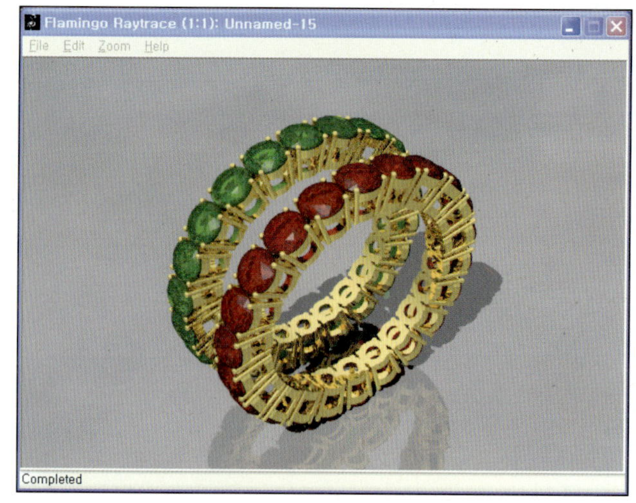

42_ 그림과 같이 반지를 일부 연출하고 자연스러운 그림자를 만들어 본다. 우선 Create Spotlight를 사용하여 그림과 같이 배치한다. 다음 반지 중의 하나를 연출한다.

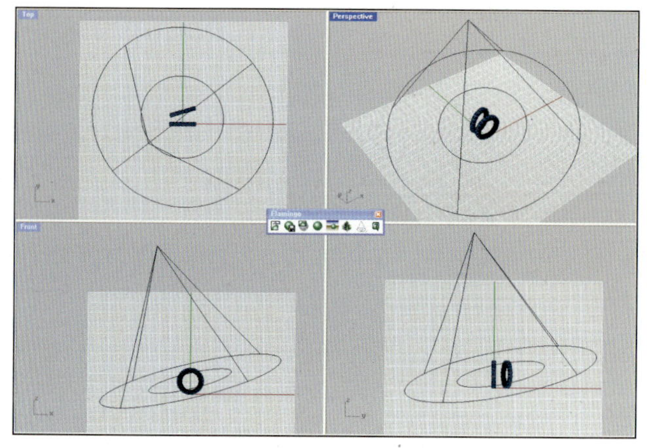

43_ 조명을 선택하고 Object Properties를 클릭하여 그림과 같이 Light에 맞추고 Use soft shadows에 설정한다. 세부 설정 값은 Source radius=70, Samples=20, Jitter=20에 설정한다. 만약 소프트 쉐도우 설정이 비활성 상태라면 Flamingo Setting 〉 Document Properties 대화상자로 들어가 그림과 같이 Special Effects에 Soft shadows를 체크해 준다.

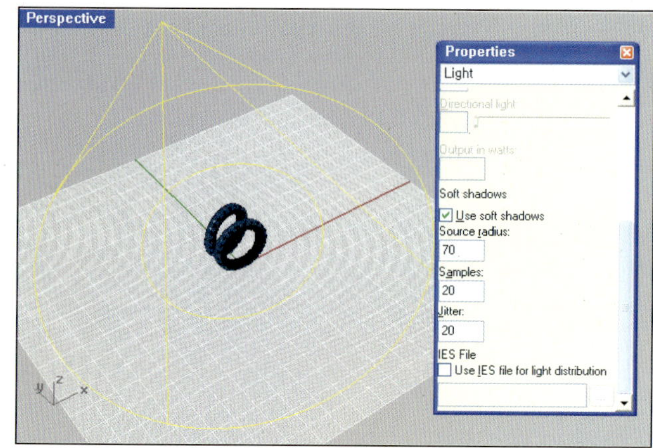

44_ 소프트 쉐도우 설정 후 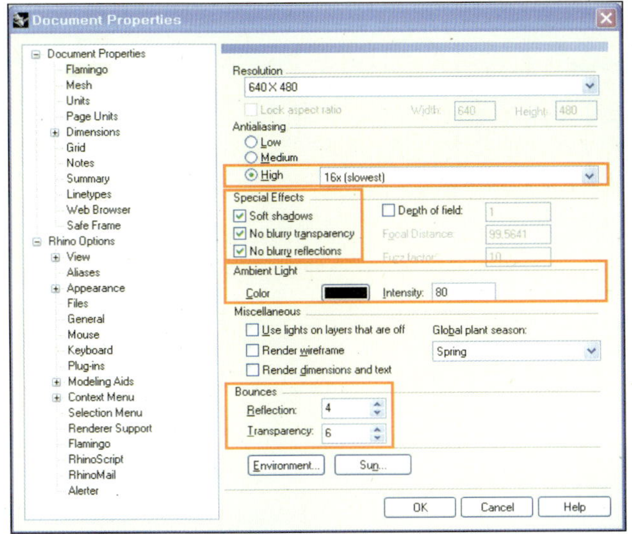 Flamingo Setting 〉 Document Properties 대화상자에서 최종 렌더링을 위한 설정을 그림과 같이 해준다.

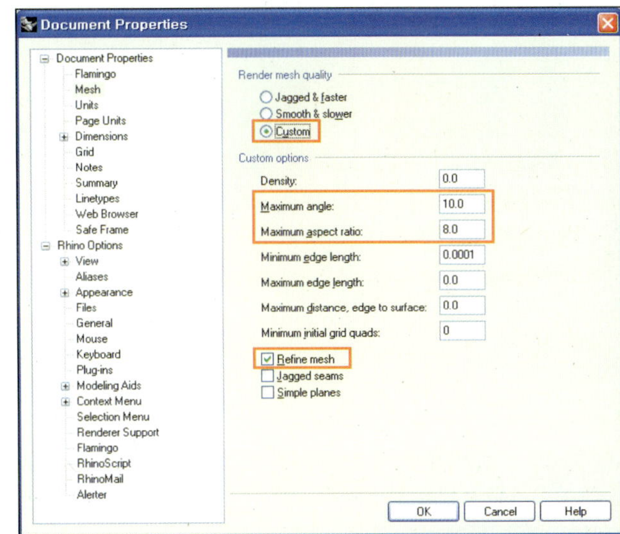

45_ 모든 설정이 마무리 되었다면 ⊙ Render 명령으로 최종 렌더링을 확인한다. 만약 전체적으로 윤곽이 선명하지 못하면 포토샵에서 간단히 Contrast를 조정해 주면 맑고 선명한 실사 이미지를 얻을 수 있다.

Chapter 04

Flamingo

플라밍고 주얼리 응용 렌더링하기 Ⅱ

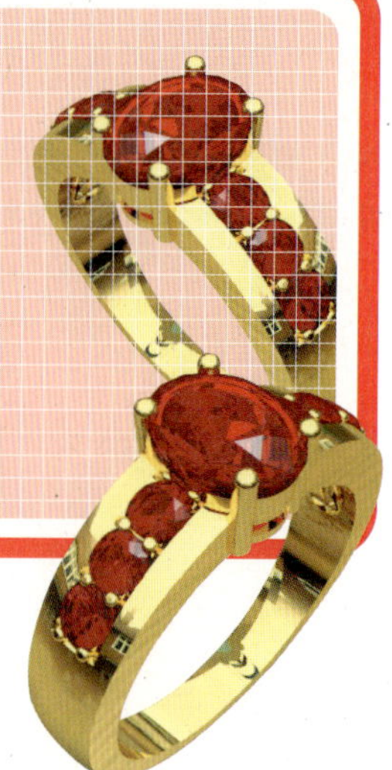

Preview

Flamingo에서 귀금속 렌더링시 가장 종합적인 방법으로 실제 바닥이미지와 실제 주변 환경 이미지를 환경맵으로 사용 모델에 사실감을 극대화 하는 방법을 학습한다. 단 시작에 앞서 당부 할 말은 초보자의 경우, 욕심이 지나쳐 사실적인 이미지를 얻기 위해 너무 많은 시간을 소비하는 것은 현명하지 못하다. 기본을 반복하여 익숙해지면 플라밍고로 매우 뛰어난 품질의 이미지를 얻을 수 있게 된다.

따라해 보세요 !

01_ 미리 준비된 **부록 CD 〉 플라밍고 예제 〉 EX-03.3dm** 모델을 선택하여 연다.

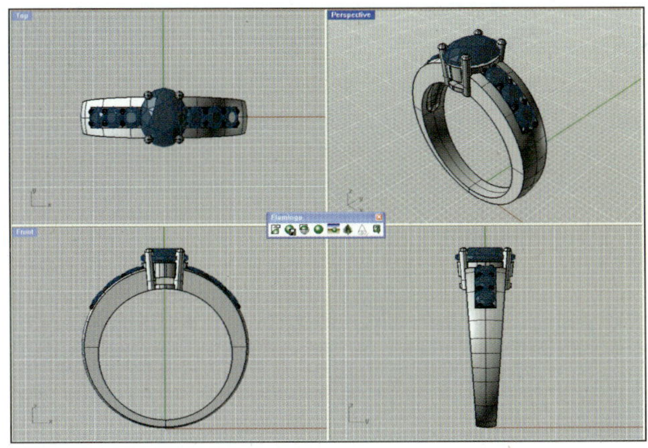

02_ 1번은 지환부이고, 2번과 3번은 보석(Gem)부분이다. 순차적으로 매핑을 적용하기로 한다.

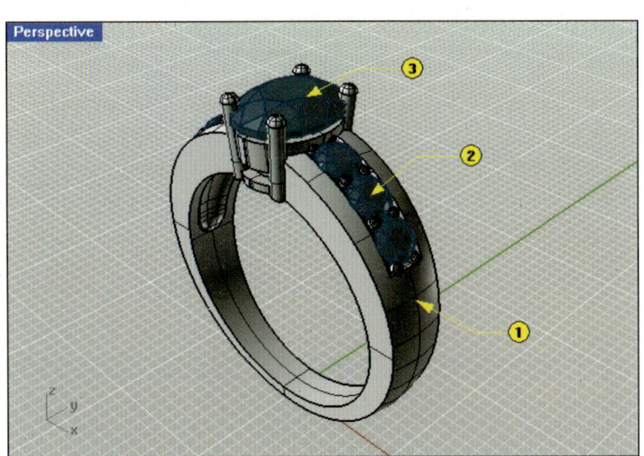

03_ 1번 지환을 선택한 상태에서 Object Properties 아이콘 클릭 〉 Properties 〉 Material 〉 Pulg-in 〉 [Browse] 버튼을 클릭한다.

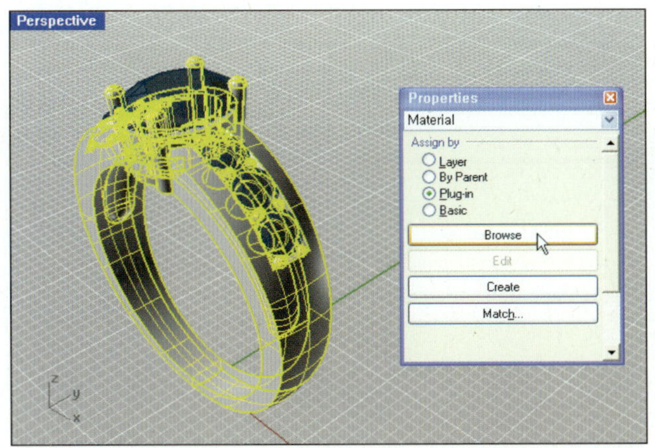

04_ Material Library 대화상자가 뜨면 Metal 〉 Gold 〉 Polished 〉 Screen, Medium 클릭 〉 재질 이미지를 마우스 오른쪽 버튼으로 클릭 〉 Edit에 체크한다.

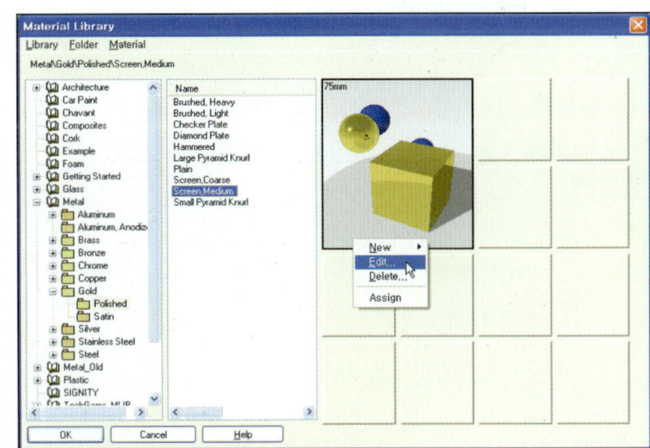

05_ 기존 골드 색상에 변화를 주고자 Material Editor 에서 Base Color를 그림과 같이 변경한다. Base Color : R=255, G=222, B=122이고, 반사값(Reflective Finish) 은 0.975에 설정한다.

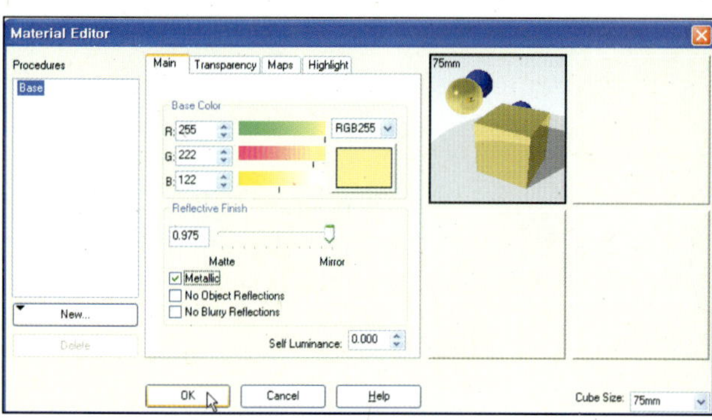

06_ 원본 재질을 변경하였기 때문에 그림과 같이 덮어 쓰기 주의창이 뜬다. [Save As...] 버튼을 클릭한다.

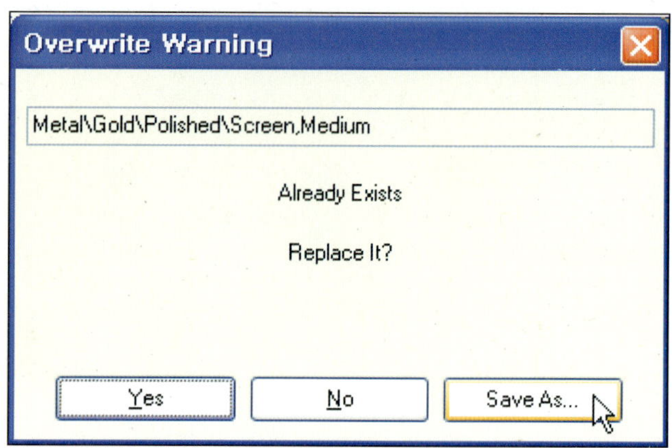

07_ Save Material As 대화상자가 뜬다. User를 선택 마킹한 상태에서 Folder 〉 New를 선택한다.

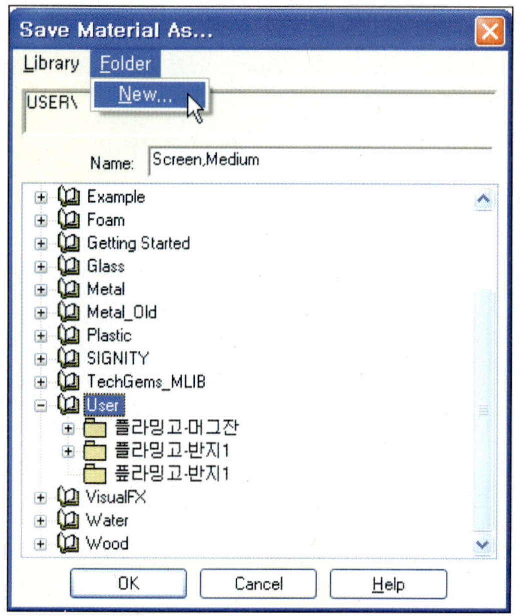

08_ 선택과 동시에 Name창이 드면 그림과 같이 '플라 밍고-반지2' 라는 폴더명을 기입한다.

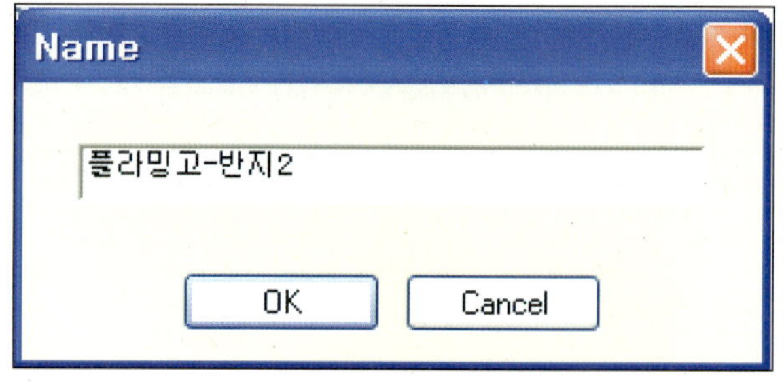

09_ User 파트에 두번째 플라밍고-반지2 폴더가 클릭된 상태에서 Name란에 '골드-지환부'라 기입한다. 재질과 재질 적용 부위를 한글로 기입하여 나중에 구분이 쉽게 한다. [OK] 한다.

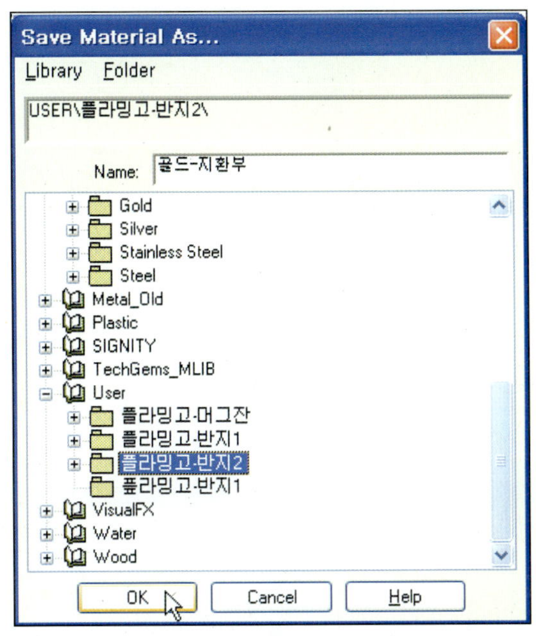

10_ 그림과 같이 팔레트를 클릭하면 방금 전에 재질이 자리하게 된다. 이것을 오른쪽 마우스 버튼으로 클릭하고 그림과 같이 Assign(지정)을 선택해 주면 재질이 적용된다.

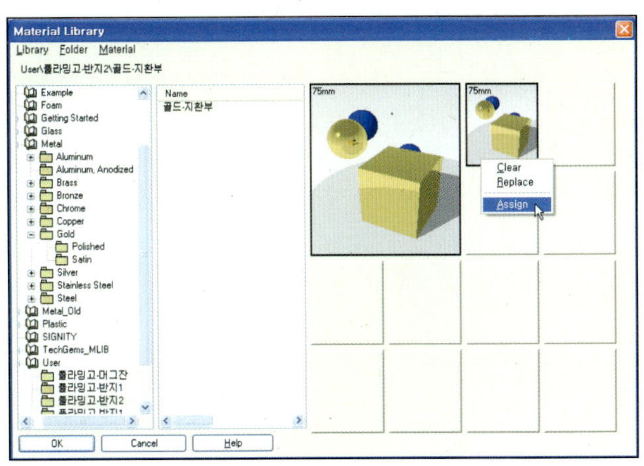

11_ Render를 클릭하면 그림과 같이 반지의 몸체(지환부)에 골드 재질이 적용되었음을 볼 수 있다. 하지만 골드 재질의 느낌이 전혀 느껴지지 않는다. 왜냐하면 모든 금속과 투명체들은 반드시 주변 환경의 반사나 굴절에 의해 비로서 우리 눈에 금속재질로 보여지기 때문이다. 차후 실제 이미지를 환경으로 설정할 것이다.

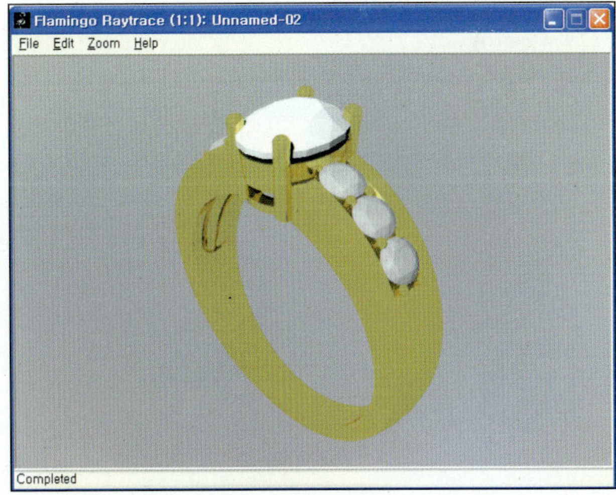

12_ 이제 2번과 3번 보석에 재질을 부여해 본다. 보석은 유색 투명으로 보석마다 고유의 굴절률(I.O.R)을 가지게 되는데 이러한 투명도를 조절하는 것은 쉬운 일이 아니다. 하지만 TechGems의 보석 라이브러리를 공유하면 매우 쉽게 보석 재질을 부여할 수 있다. 참고로 본 저자의 경우 TechGems4.1(4.2) 최신 버전을 플러그인으로 사용하고 있다. 앞서 언급된 방법으로 보석을 그룹하여 선택한 상태에서 스텐다드 툴바 〉 Object Properties 아이콘 클릭 〉 Properties 〉 Material 〉 Plug-in 〉 Browse 버튼을 클릭한다.

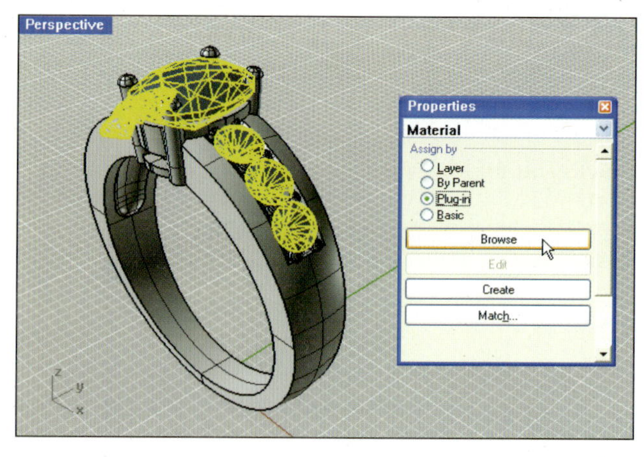

13_ Material Library 대화상자에서 TechGems_MLIB 〉 Gems-Transparent I.R 1.55 〉 Name=Ruby01을 선택한다.

14_ 팔레트에 Ruby01을 만들어 주고 그림과 같이 Assign(지정)한다.

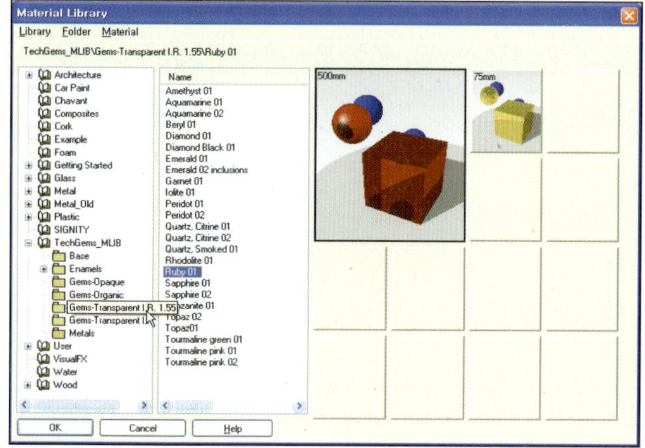

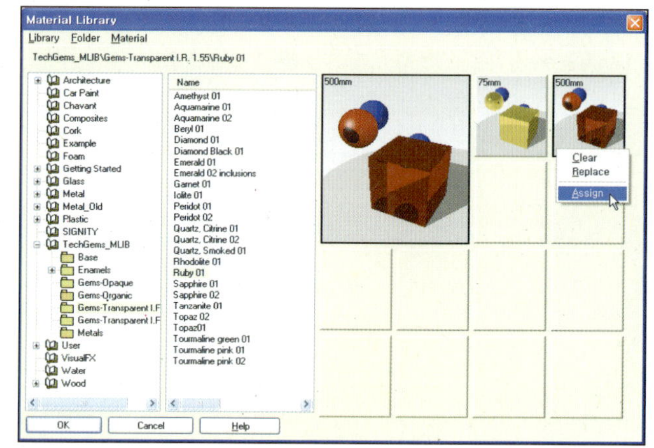

15_ Render를 클릭하여 루비(Ruby01/굴절률=1.55) 재질 적용 상태를 확인해 본다.

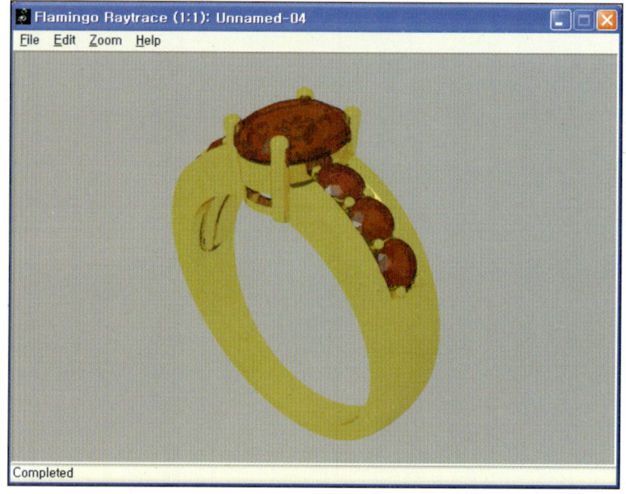

16_ 이제 반지의 사실적인 느낌을 만들기 위하여 환경설정을 해 보도록 한다. Environment Setting 아이콘 클릭 〉 Main 〉 Solid를 체크한 후 화살표가 지시하는 Background를 클릭한다.

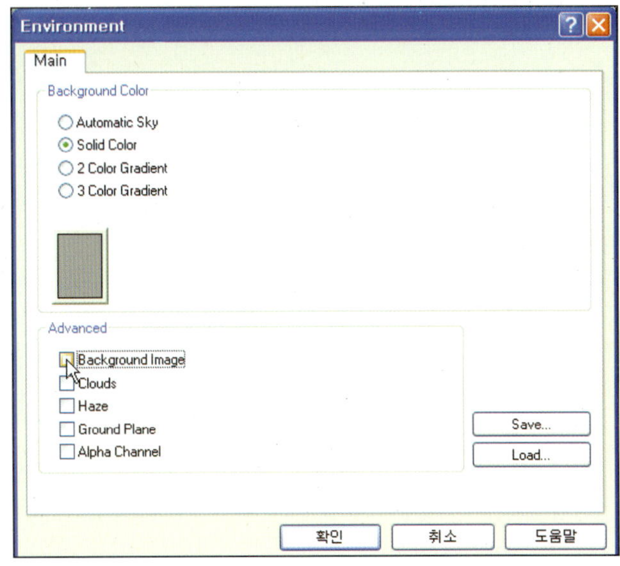

17_ 클릭과 동시에 Background Image 탭이 나타나는데 Image 버튼 클릭 〉 미리 준비된 **부록 CD 〉 플라밍고 예제 〉 환경맵-건물 이미지**를 선택하여 불러온다. Background Image 탭에 환경맵-건물.jpg 이미지 경로가 들어 오면 세부 설정을 해 준다. 우선 Opacity(이미지 선명도)를 최대치인 1.0에 맞추어 준다. 다음 Projection(환경 투영)타입을 Spherical(구형)에 맞춘다. 이것은 반지를 둘러싼 환경을 둥근 구 형태로 투영하여 반지에 반영하겠다는 의미이다. 다음 투영되는 환경의 각도를 분할하는 슬라이드 막대를 설정해 준다. Top=90, Bottom=-19.0이다.

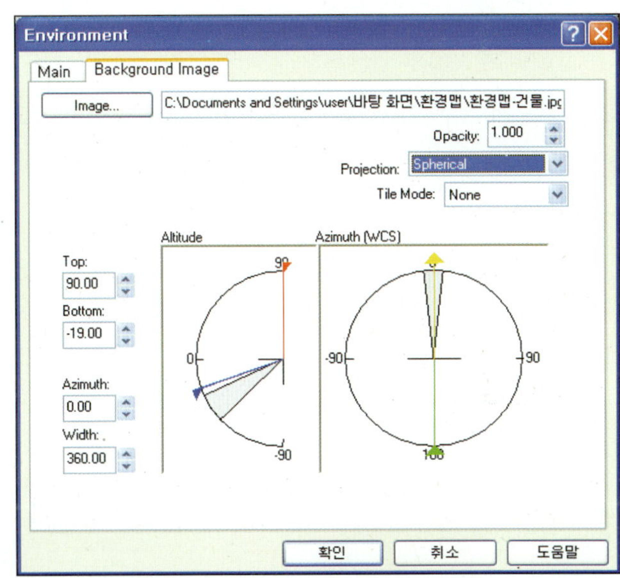

아래 그림은 예제CD에 있는 환경맵-건물 이미지 모습으로 이미지 크기(Image size)는 2222×1000이다.

이미지가 정상적으로 들어 왔는지를 확인한 후 [OK] 한다.

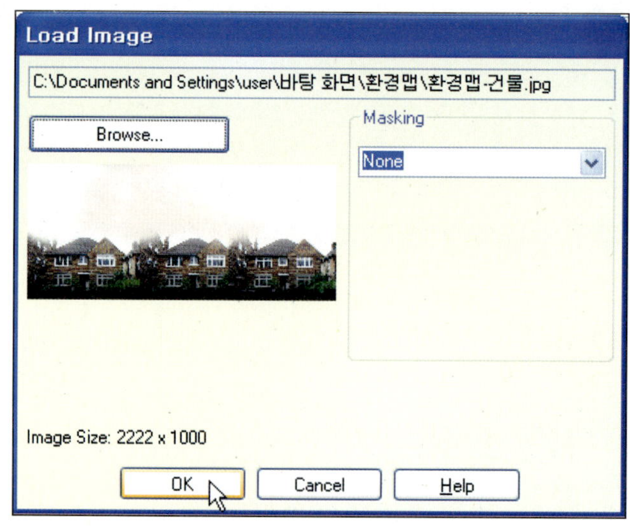

18_ Main 탭으로 돌아와 Advanced 〉 Ground Plane 를 클릭한다. 바닥면을 만들 차례이다.

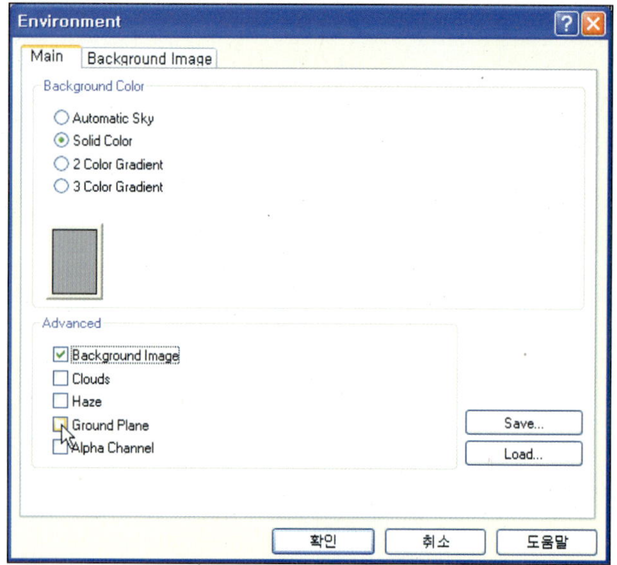

19_ 바닥 재질을 만들어 주기 위하여 [Material...] 버튼 을 클릭한다.

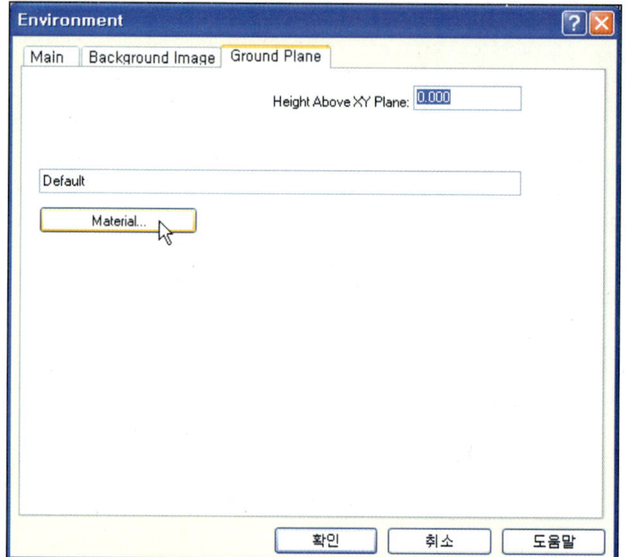

20_ Material Library 대화상자 상단의 풀다운 메뉴에서 Material 〉 New 〉 Default Gray…를 선택한다.

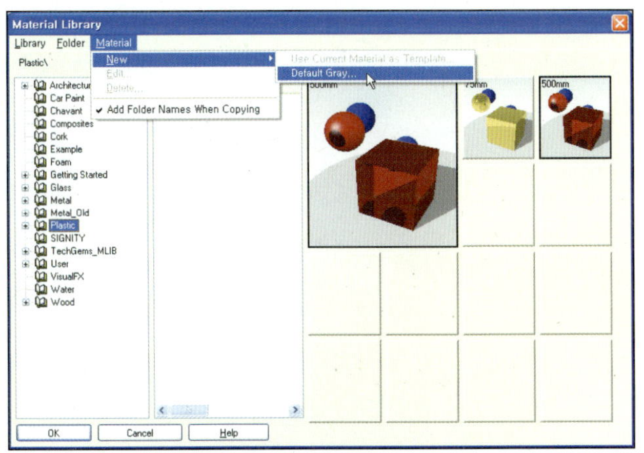

21_ Material Editor에서 그림과 같이 기본 회색 컬러가 보이면 향후 이미지 중첩시 바닥에 반사가 이루어지도록 Reflective Finish의 슬라이드 바를 오른쪽으로 움직여 0.6에 설정한다. [OK] 한다.

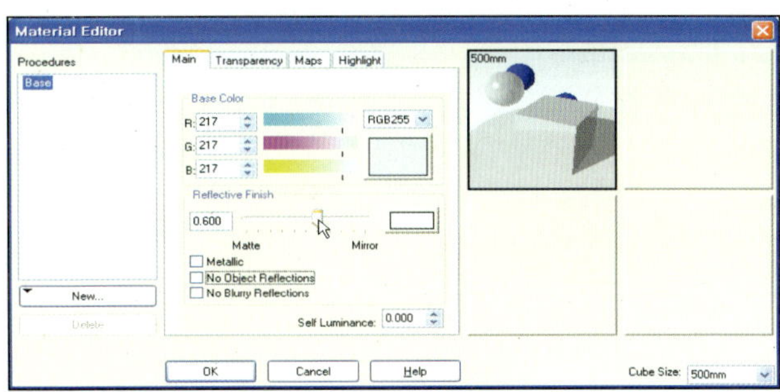

22_ Save Material As…창이 뜨면 앞서 만들어둔 플라밍고 반지-2 폴더에 바닥 Name을 '바닥-회색베이스' 로 기입하고 [OK] 한다.

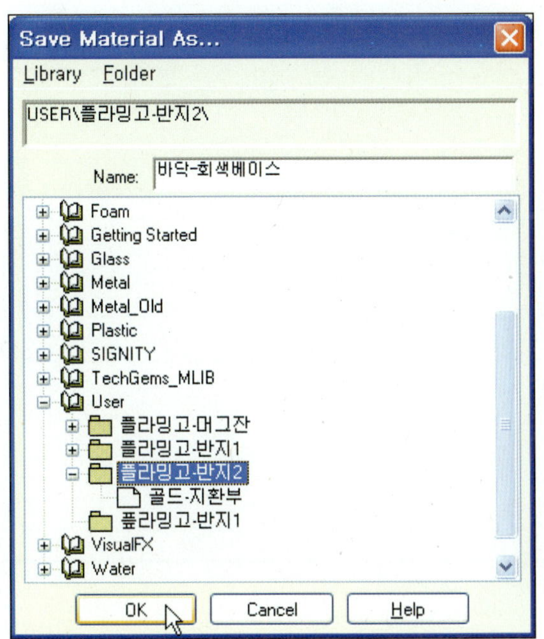

23_ 재질 팔레트에 추가하고 그림과 같이 Assign 한다.

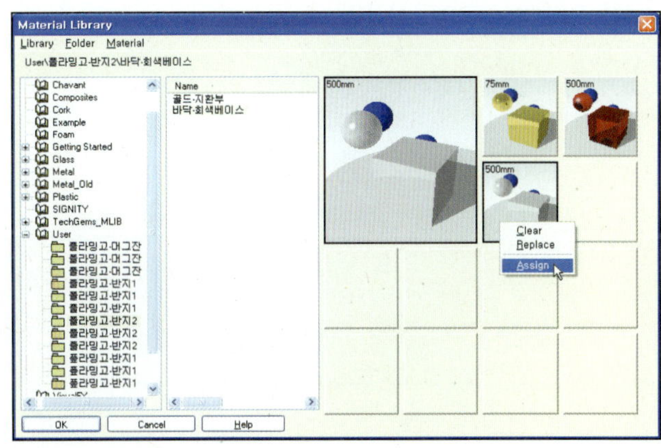

24_ Environment 〉Ground Plane 창이 뜨면 그대로 [확인] 버튼을 클릭한다.

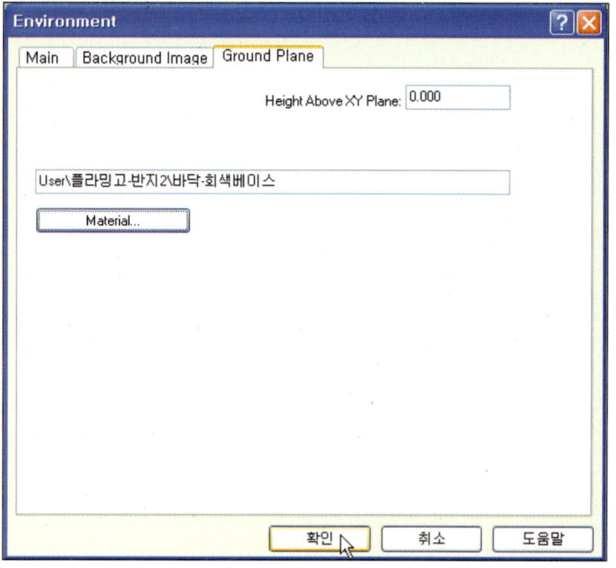

25_ Render를 클릭하여 환경이 적용된 상태를 확인해 본다. 반지 표면에 환경 이미지가 반영된 것을 볼 수 있으며, 바닥에는 반사 값이 은은하게 반영되었음을 확인할 수 있다. 또한 반지의 광택도 살아났다.

26_ 이제 바닥에 반사값은 그대로 유지하면서 실제 바닥 재질 이미지를 추가 매핑하는 학습을 지행한다. 우선 Environment Setting에 들어간다.

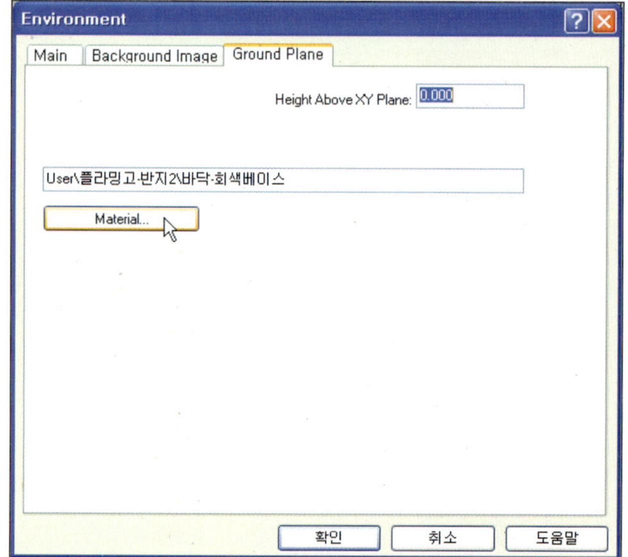

27_ Material Library 대화창이 뜨면 그림과 같이 바닥-회색베이스 매핑 이미지를 마우스 오른쪽 버튼으로 클릭, Edit을 선택한다.

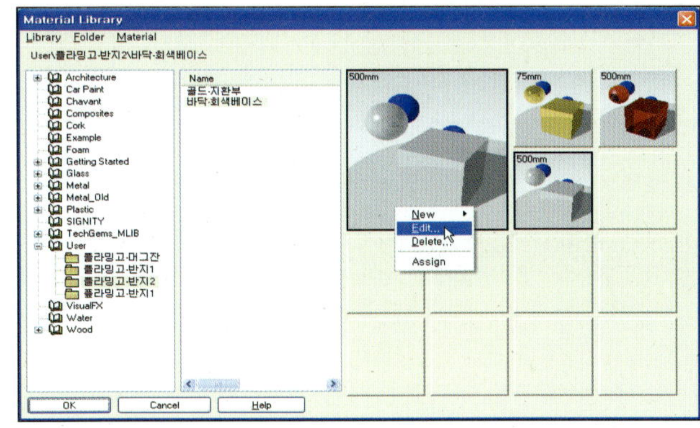

28_ Material Editor 창이 뜨면 Maps 탭을 선택한다. 다음 [Add...] 버튼을 클릭한다.

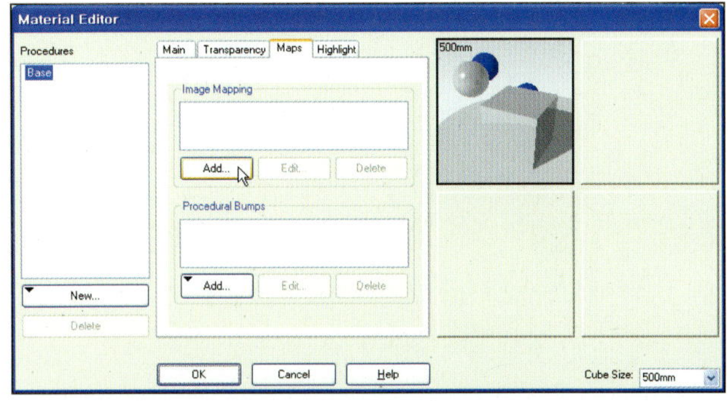

29_ 미리 준비된 **부록 CD 〉 플라밍고예제 〉 환경맵-나무바닥**을 불러온다.

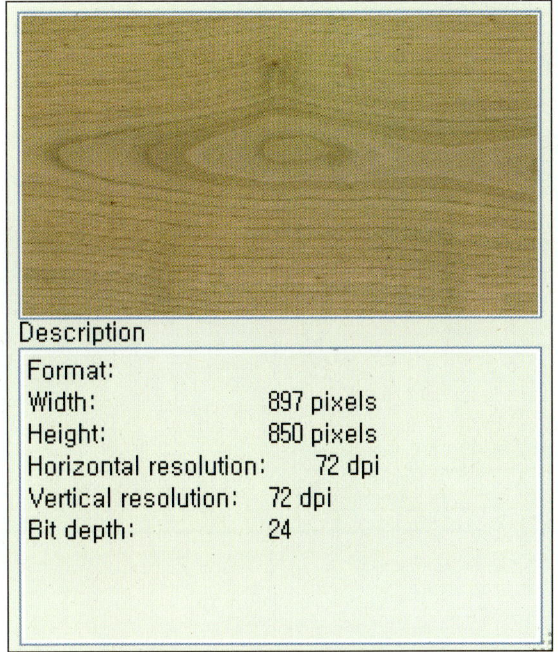

30_ Image Mapping창이 뜨면 Tile Size는 우선 그대로 두고 Strength의 Color=1.000에 Bump는 0.100으로 매우 미세하게 나뭇결이 돌출되도록 설정한다.

참고로 color=1.0은 나무 이미지가 100% 바닥 이미지로 렌더링 된다는 의미이다. 만약 0.5로 조정하면 앞서 지정된 플라스틱 바닥재질이 베어나오게 된다. Bump는 1.0 이 가장 많은 돌출효과를 주게 된다.

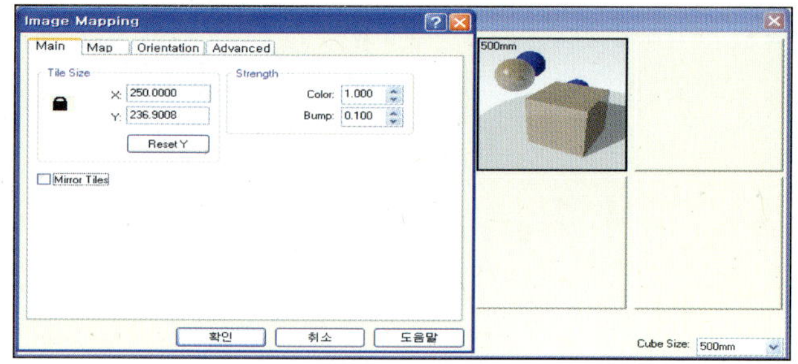

31_ Material Editor 창이 뜨면 [OK] 한다.

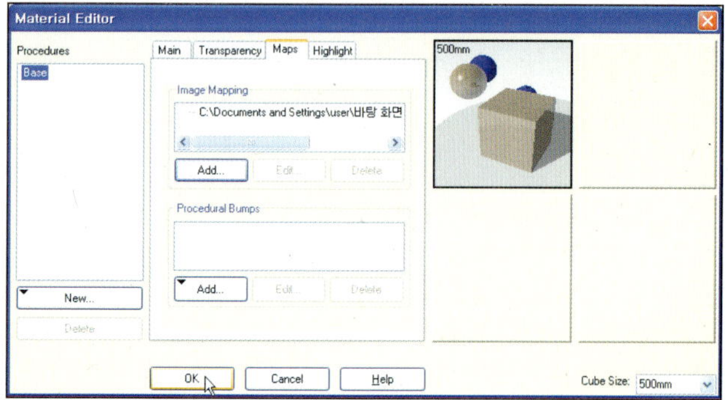

32_ 덮어쓰기 주의창이 뜨면 그대로 [Yes] 버튼을 클릭한다.

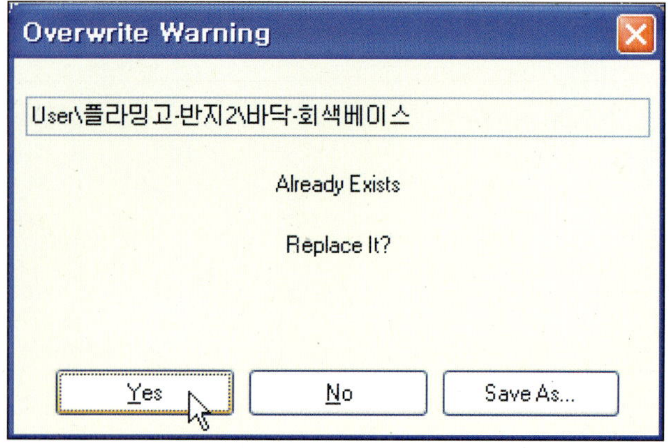

33_ Material Labrary 창이 뜨면 닥 재질을 팔레트에 자리해 주고 Assign 한다.

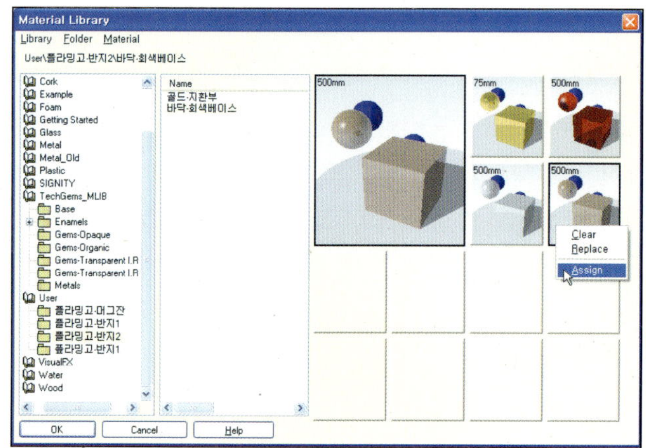

34_ 연이어 Ground plane 탭을 확인하고 [확인] 버튼
을 클릭한다.

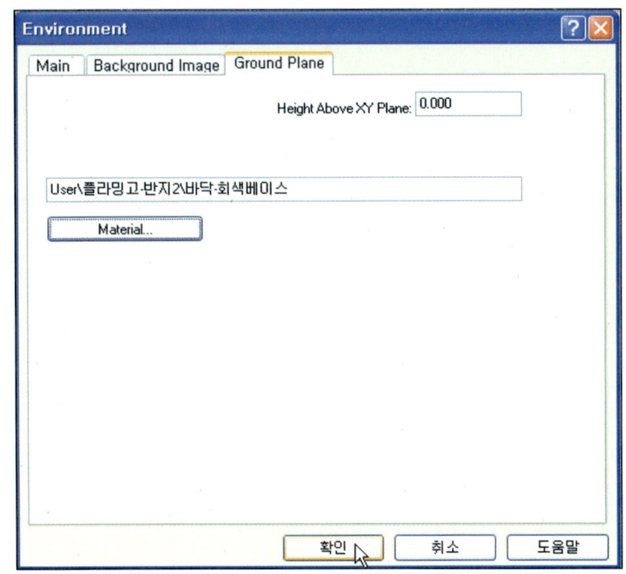

35_ Render를 클릭하여 바닥 환경이 적용된 상태
를 확인해 본다. 나무 바닥의 나이테 돌기가 약간 돌출되
어 처리되었음을 확인할 수 있다. 하지만 나무결이 너무
넓어 보이기에 스케일로 조정해 본다.

36_ Environment Setting 아이콘을 클릭한다.
Environment > Ground Plane > [Material] 버튼을 클
릭 > Material Library에서 그림과 같이 Edit(편집) 모드
로 접근한다.

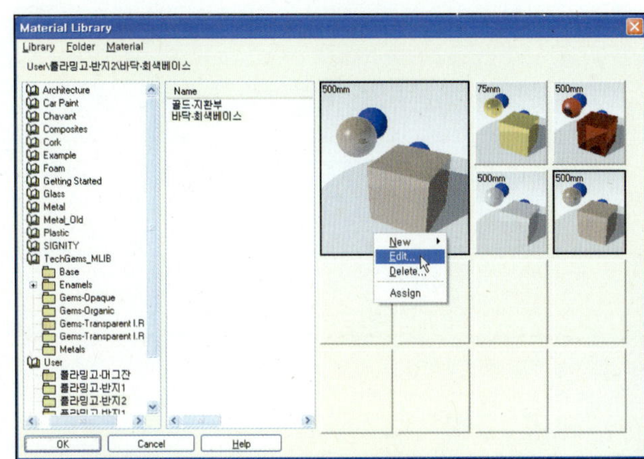

37_ Image Mapping 경로를 마킹 클릭하고 Material Editor 창에 [Edit] 버튼을 클릭한다.

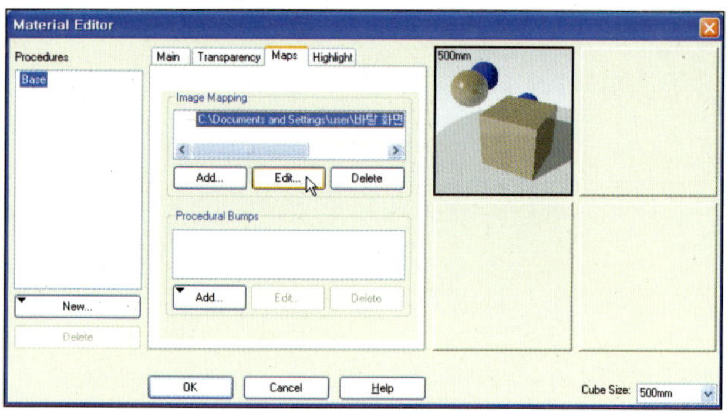

38_ Image Mapping 창이 뜨면 나머지는 그대로 두고 Tile Size의 X 방향을 100으로 설정해주며 Y방향도 비례에 맞게 자동으로 축소된다. 이렇게 하면 나무 바닥 이미지가 축소되어 바닥결이 촘촘해진다. [확인] 버튼을 클릭한다.

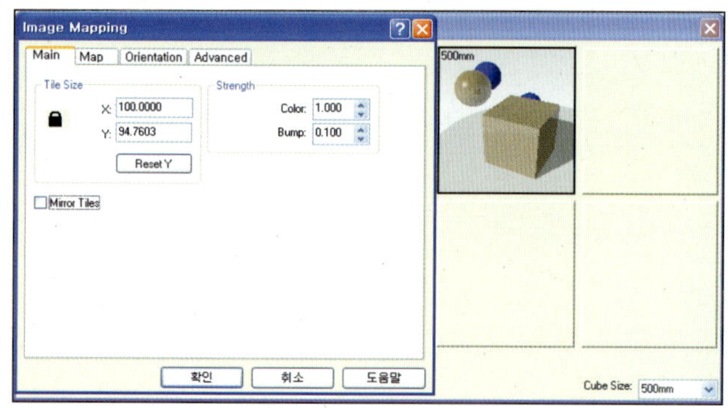

39_ Material Editor 창이 뜨면 [OK]를 클릭한다.

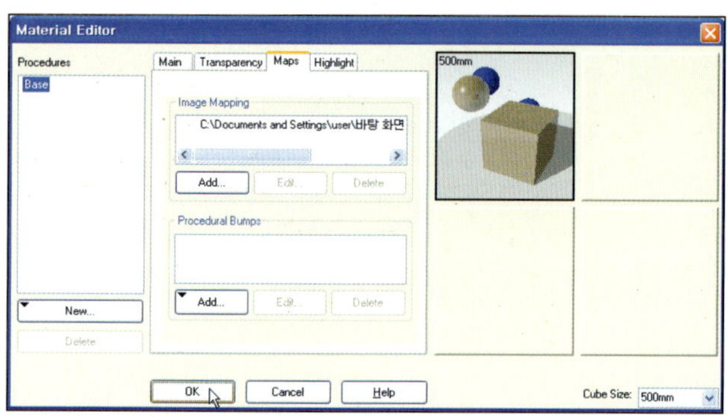

40_ 덮어쓰기 주의창이 뜨면 [Yes] 버튼을 클릭한다. 물론 [Save As...] 해도 무방하다.

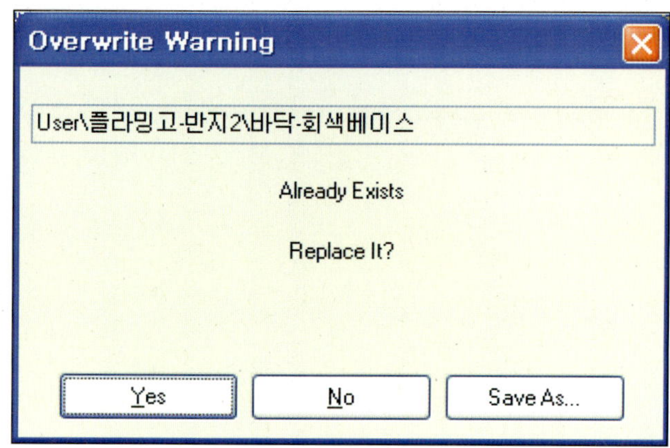

41_ Material Library 창이 뜨면 팔레트에서 바닥 재질을 Assign 한다.

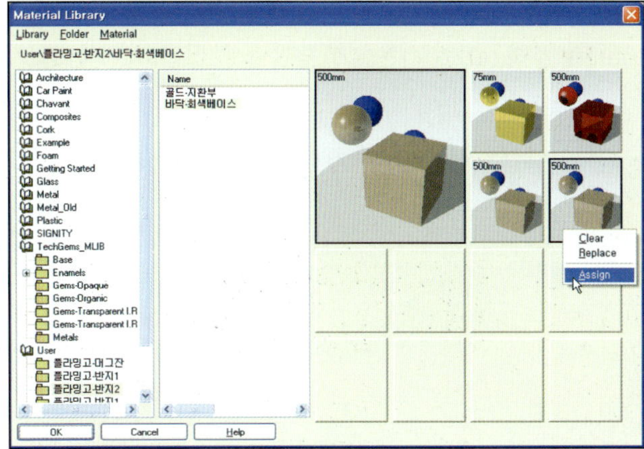

42_ 연이어 Ground plane 탭을 확인하고 [확인] 버튼을 클릭한다.

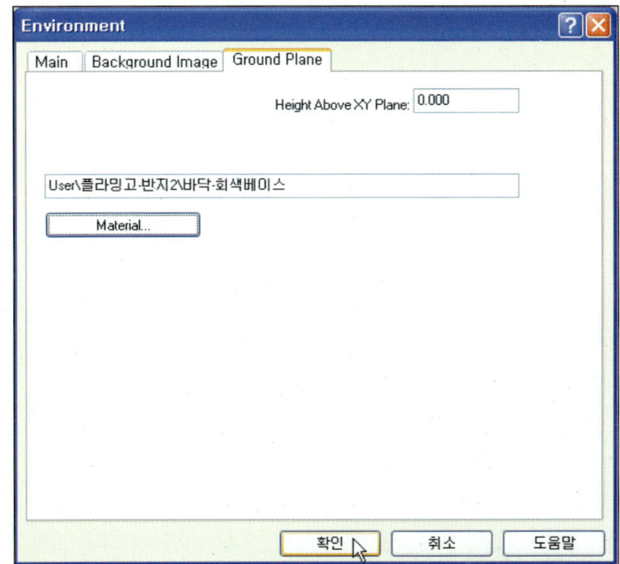

43_ Render를 클릭하여 바닥 환경이 적용된 상태를 다시 확인해 본다. 나뭇결 모양이 스케일 적용되어 종전보다 촘촘해졌다.

나무바닥 이미지의 결방향을 회전시켜 바꿔주고 싶다면 Image Mapping 창에 Orientation 〉 Rotation 란에 각도를 입력해주면 된다.
또한 대리석이나 나무결처럼 결이나 문양이 끊기지 않고 바닥으로 렌더링하고 싶다면 Image Mapping 창에 Main 〉 Mirror Tiles을 체크해주면 보다 자연스런 바닥을 렌더링할 수 있다.

44_ Copy 툴로 보석을 포함하여 객체를 하나 더 복사해 준다. 조명을 주기 전 연출을 준비하기 위함이다.

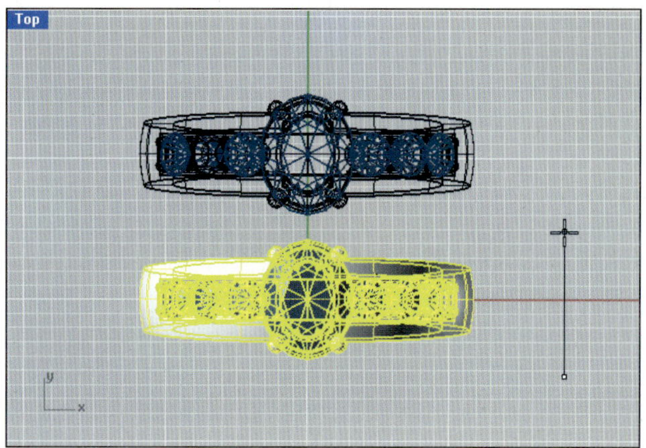

45_ 선택된 보석의 종류와 색상을 변경해 본다. 그룹된 보석들을 선택한 상태에서 Object Properties 아이콘을 클릭, 그림과 같이 [Browse] 버튼을 클릭한다.

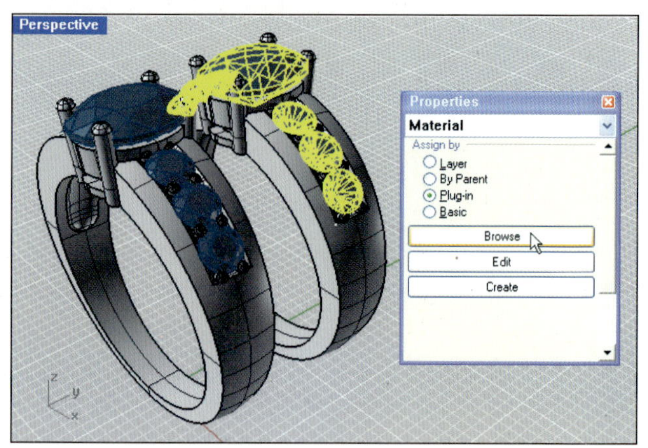

46_ 다음 Material Library 〉 TechGems_MLIB 〉 Gems-Transparent I.R. 1.55 〉 Topaz01 〉 Assign 한다.

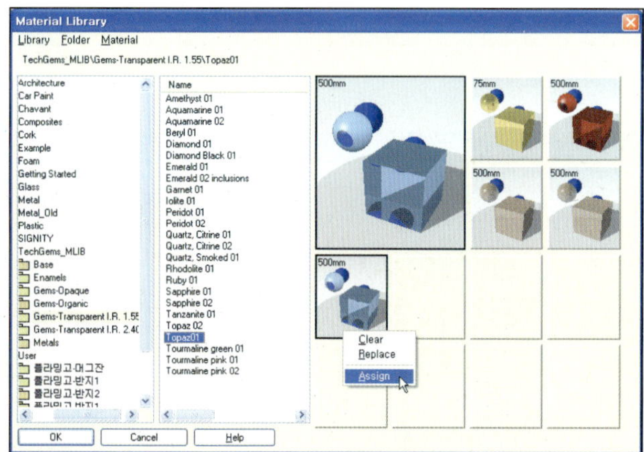

47_ Render 아이콘을 클릭하여 보석 컬러를 확인해 본다. 토파즈(Topaz)보석으로 바뀐 것을 확인할 수 있다.

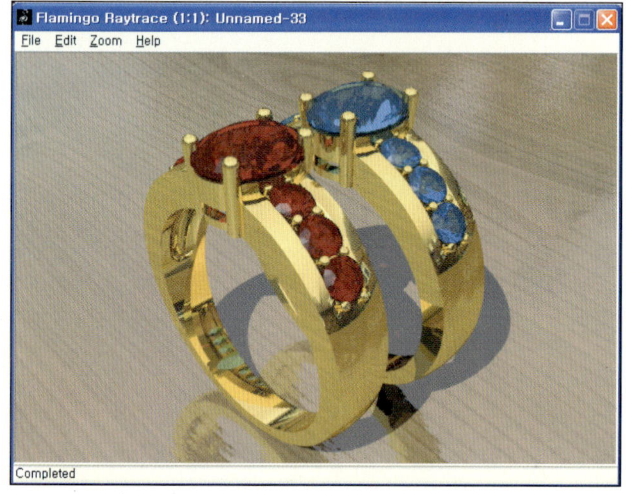

48_ 다음 같은 방법으로 지환부의 컬러를 실버(Silver)로 변경한다. 지환부를 선택한 상태에서 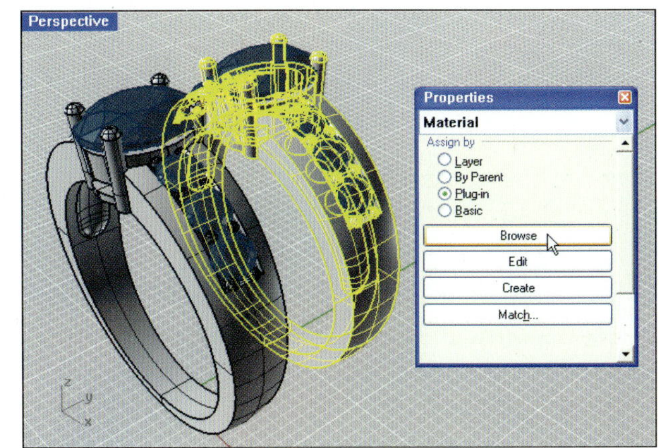 Object Properties 클릭 〉 Properties 〉 [Browse] 버튼을 클릭한다.

49_ 다음 Material Library 〉 Metal 〉 Silver 〉 Polished 〉 ScreenMedium을 선택하여 Assign 한다.

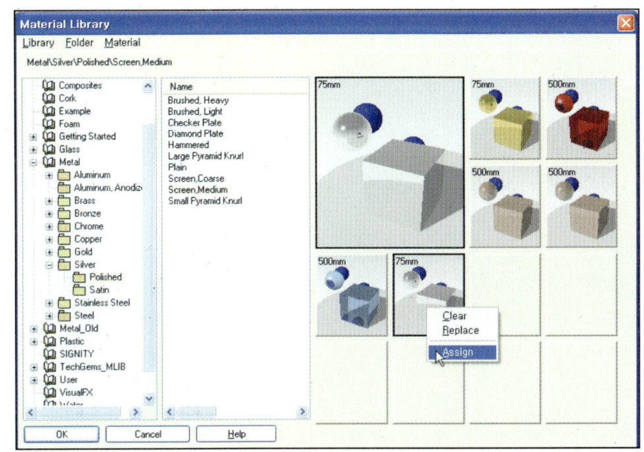

50_ 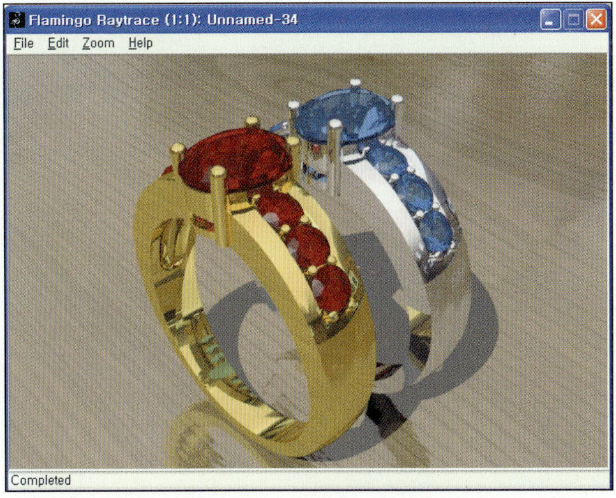 Render 아이콘을 클릭하여 실버 컬러로 변경된 지환부를 확인한다.

51_ 이제 어색한 그림자를 조정하기 위하여 조명을 줄 차례이다. Create Spotlight를 그림과 같이 적절히 배치한다. 특히 그림자의 방향이 조명 투사 방향과 반대로 생성되므로 자연스런 조명 배치가 중요하다. 조명 설정은 기본 조명 그대로를 사용하였다.

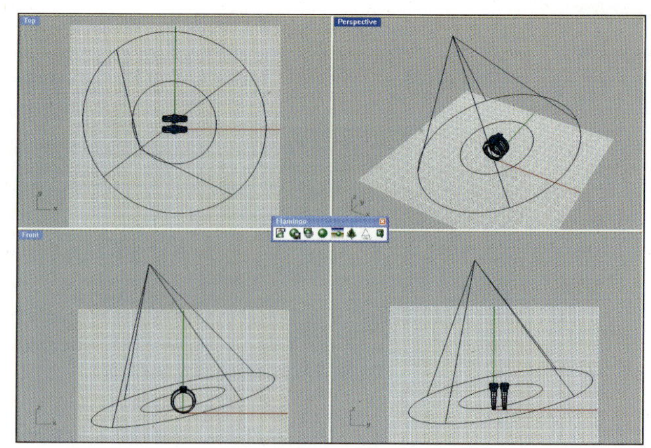

52_ 소프트쉐도우(Softshadow)를 처리하기 위하여 우선 Flamingo Setting으로 들어가 그림과 같이 설정한다. Resolution=640×480, Antialiasing=High 16×(slowest)에 설정한다. Special Effects는 Soft shadows에 체크한다. 특히 귀금속 렌더링시 투명보석과 반사금속에 많기에 Bounces는 반드시 Reflection=4, Transparency=6에 설정하면 보다 맑고 투명한 보석과 금속 반사 효과를 얻을 수 있다.

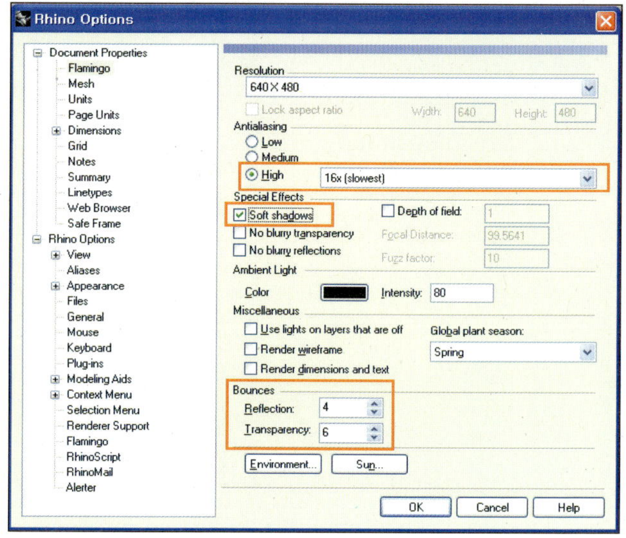

53_ 다음 Mesh 탭에서 Render mesh quality를 Custom에 맞추고 Maximum angle을 8.0에 Maximum aspect ratio=6.0에 설정한다. 이렇게 하면 렌더링시 Mesh 표면의 삼각면의 각이 줄어 매끄러운 곡면의 렌더링이 가능해진다. 하지만 Mesh 값을 너무 줄이면 렌더링 소요시간과 데이터가 증가된다. Mesh가 더욱 작게 세분화되어 형성되기 때문이다. Maximum angle의 권장값은 5 이상 대략 8~9 사이가 적정하다.

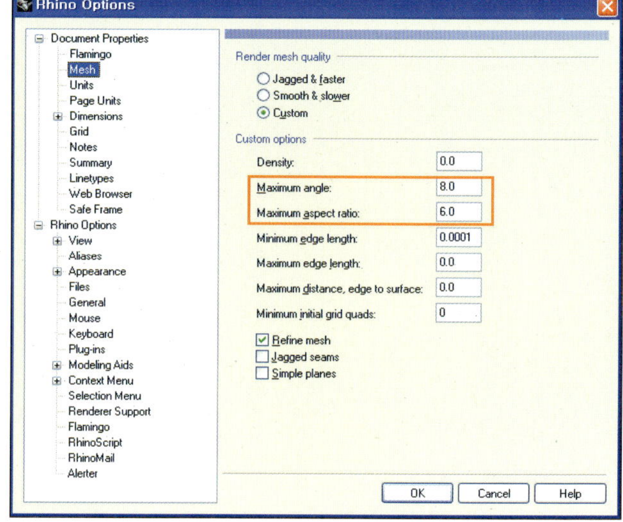

54_ 이제 그림처럼 스포트라이트를 선택한다. 다음 Properties에서 Light에 설정하고 스크롤을 하단부로 내려 Use soft shadows에 체크한다. 다음 Source radius =70, Samples =20, Jitter=20에 설정한다. 보다 다양한 그림자의 확산 효과를 얻고 싶다면 Source radius 값과 Samples, Jitter 값을 다르게 조정해주면 된다.

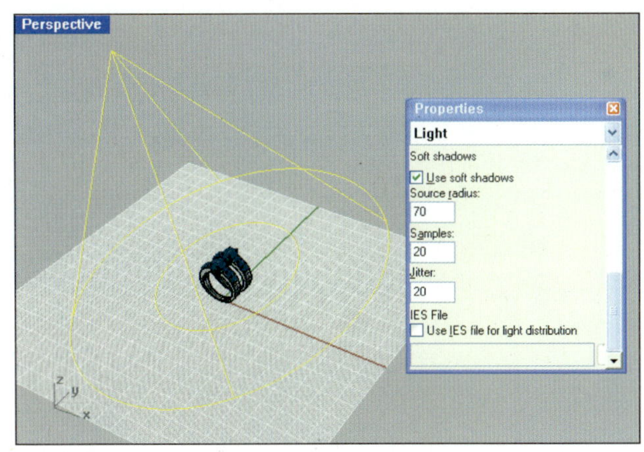

55_ 소프트쉐도우를 위한 설정이 모두 완료되었다면 Render 아이콘을 클릭, 최종 렌더링 상태를 확인한다. 물론 다른 환경 이미지와 재질, 조명 설정으로 새로운 느낌을 얼마든지 만들 수 있다.

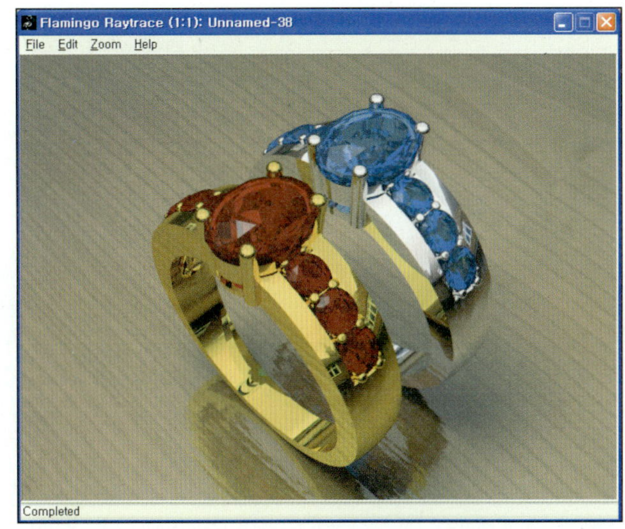

56_ 옆의 이미지는 전반적으로 렌더링이 다소 어둡게 보이기에 포토샵에서 간단히 Contrast 비율만을 조정, 윤곽과 밝기가 선명해지도록 조정하였다. 특히 인쇄용으로 이미지를 얻으려면 렌더링 종료시 저장 형식(Format)을 압축률이 커서 이미지 색 손실이 큰 *.jpg보다 *.bmp 또는*.tif로 저장하는 것이 바람직하다.

Part · 5
_테크젬(TechGems)에 대하여

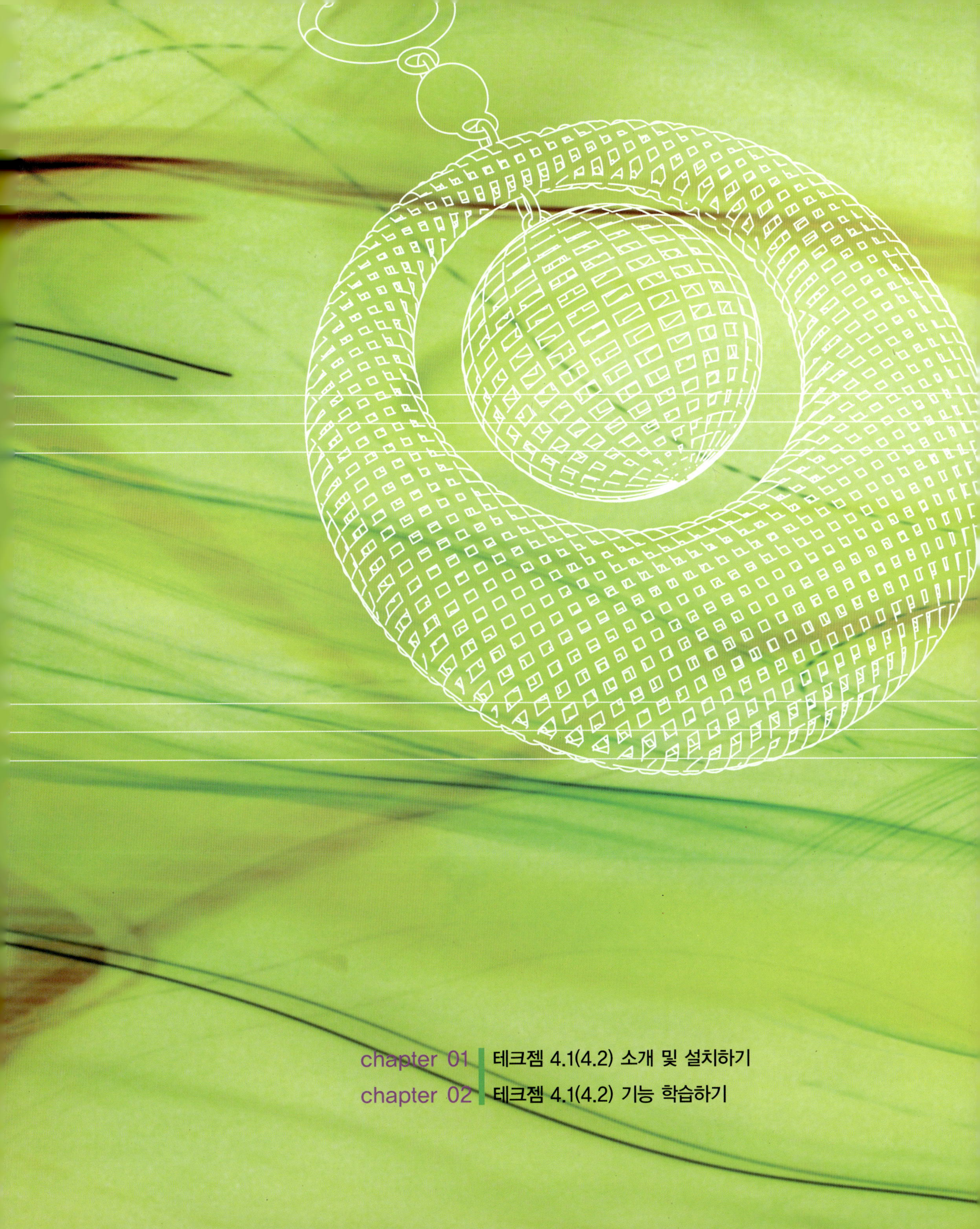

Chapter 01

테크젬(TechGems) 4.1 소개 및 설치하기

01 테크젬 소개

TechGems 4.1은 스페인의 Techjewel(www.techjewel.com) 사에서 라이노3D를 위한 주얼리 전용 플러그인으로 개발되었다. 3.0 버전에 비해 자동 속파기, 다양한 보석 세팅 기능, 라이브러리 저장 기능, CAM이나 RP 제작을 위한 STL 자동변환 등 우수한 기능들이 많이 탑재되었으며, 플라밍고와 매핑 재질을 공유하여 사용이 가능하다. 특히 스위스 호르겐에 본사를 두고 인조, 천연석에 관한 정밀 커팅과 판매, 유통 회사로 세계적인 명성의 Signity사가 제공하는 스톤 라이브러리와 부가 기능이 탑재되어 보다 정교한 유색 보석의 렌더링이 가능해졌다. Signity(www.signity.com)사는 Swarovski와 Golay의 합작 회사로 약 200년이 넘는 전통과 독보적인 정밀커팅 기술을 보유하고 있다.

02 테크젬 설치하기

 **따라해 보세요 !**

01_ TechGems 4.1 exe 아이콘을 클릭하면 인스톨이 시작된다. 참고로 TechGems4.1을 설치전 Rhinoceros는 닫아준다. 현재 TechGems 4.1은 4.2 버전으로 업그레이드 가능하며 기능은 모두 같다.

02_ 언어(U.S. English)를 선택한 다음 [OK] 버튼을 클릭한다.

03_ [Next] 버튼을 클릭한다.

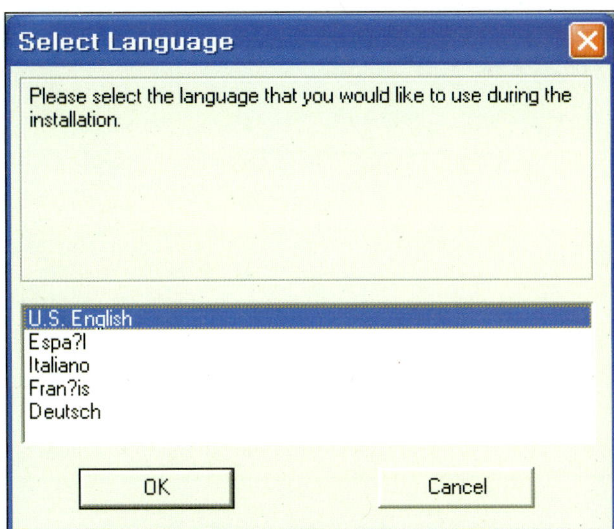

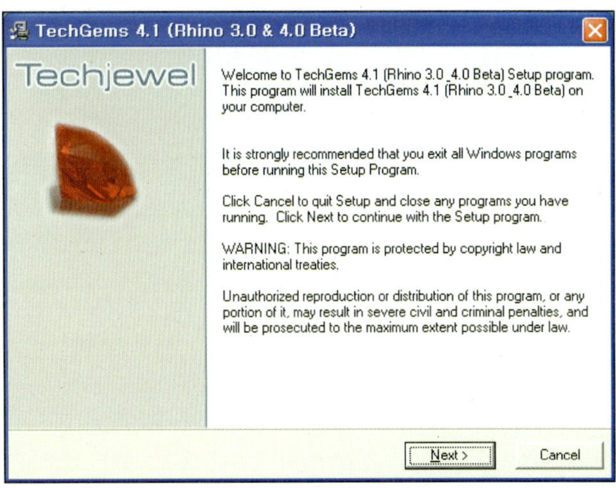

04_ 라이센스정보(License information)가 나오면 [Next] 버튼을 클릭한다.

05_ ReadME File이 나오면 [Next] 버튼을 클릭한다.

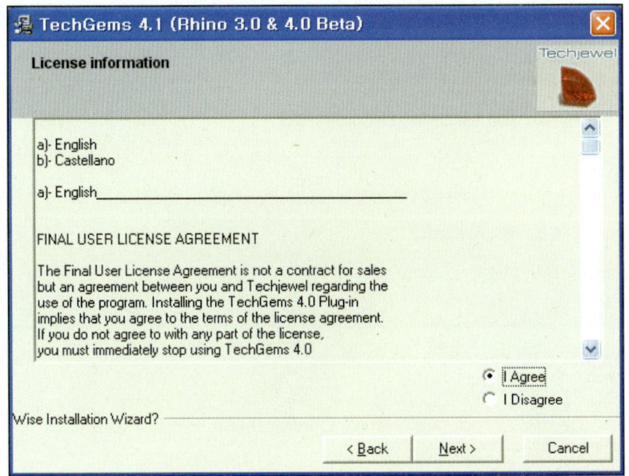

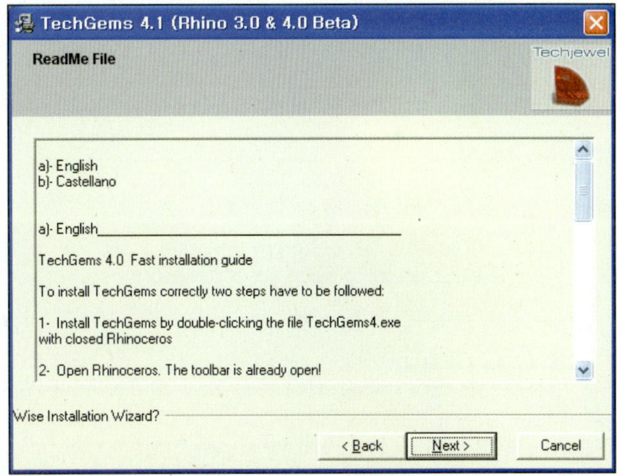

06_ 저장 위치를 지정하거나 확인한 후 [Next] 버튼을 누른다.

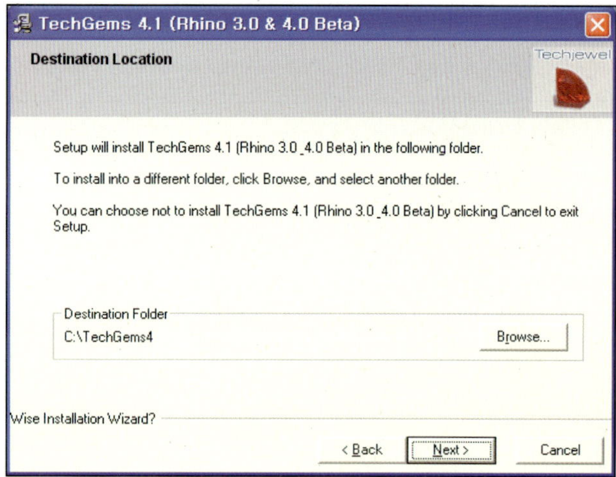

07_ Start Installation이 나오면 [Next] 버튼을 클릭한다.

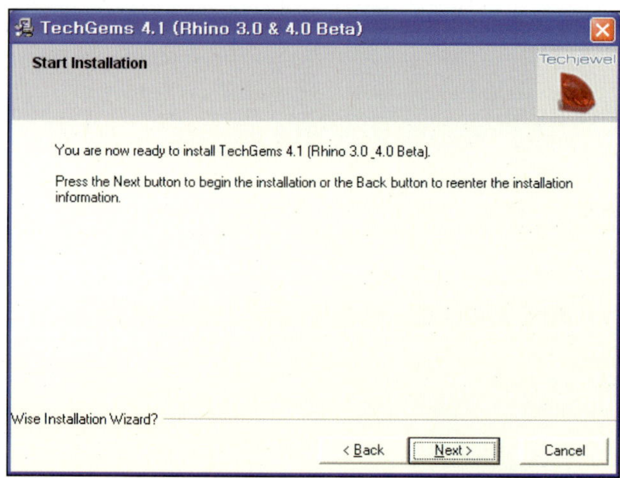

08_ Password를 입력 후 [OK] 버튼을 클릭한다.

09_ 인스톨(Installing)이 진행된다.

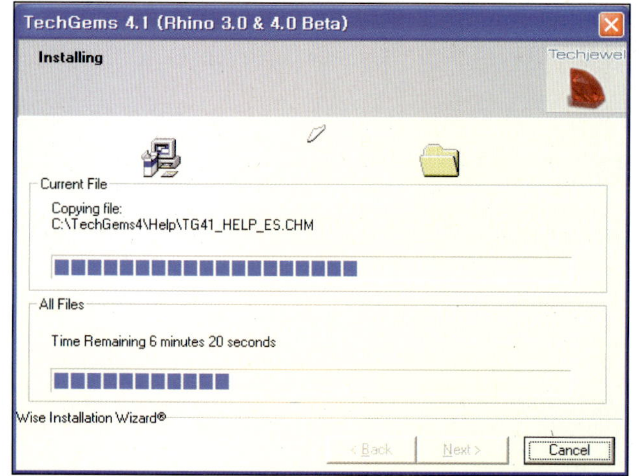

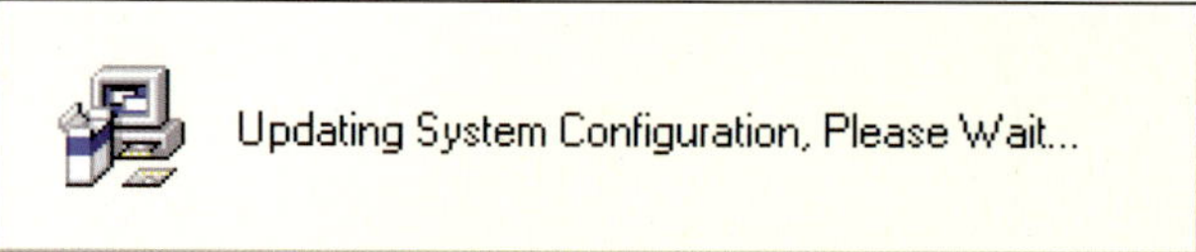

10_ 인스톨이 모두 진행된 후 Microsoft Forms 2.01 대
화상자가 뜨면 [예] 버튼과 [Yes] 버튼을 클릭하여 인스톨
해 준다.

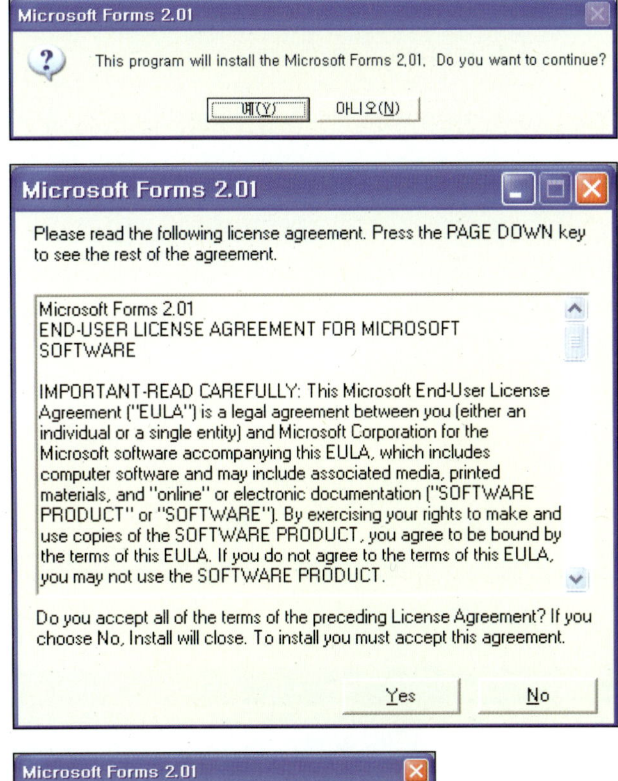

11_ [Resume] 버튼을 클릭한다.

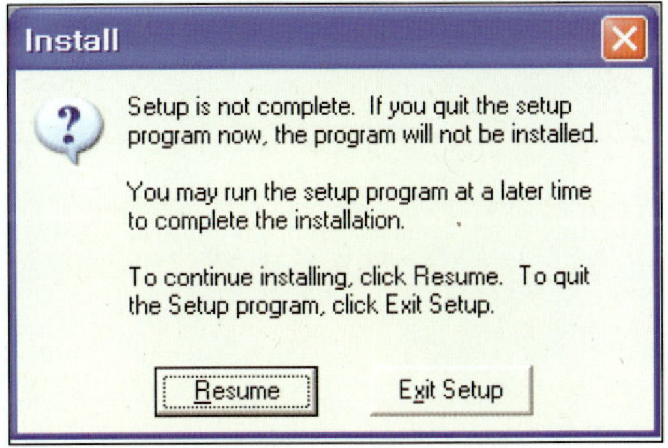

12_ Select Language 대화상자가 뜨면 U.S English에 체크한 후 [OK]한다.

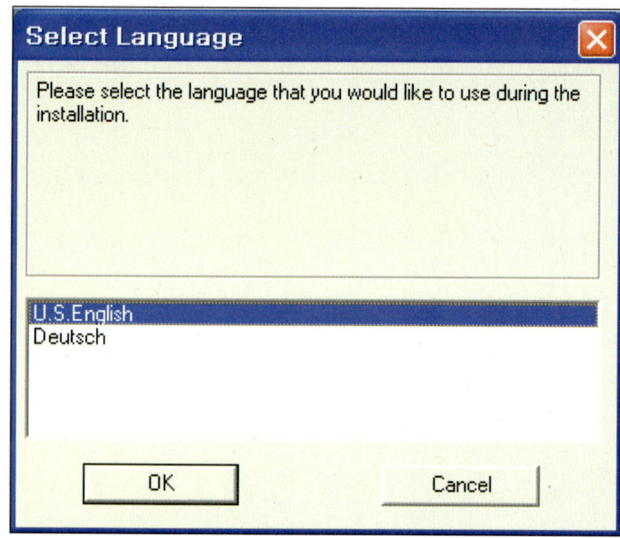

13_ HASP HL Device Driver Installation 대화상자가 뜨면 [Next] 버튼을 클릭해 준다. 연이어 End User License, Agreement 대화창이 뜨면 License 동의에 체크 후 [Install] 버튼을 클릭한다.

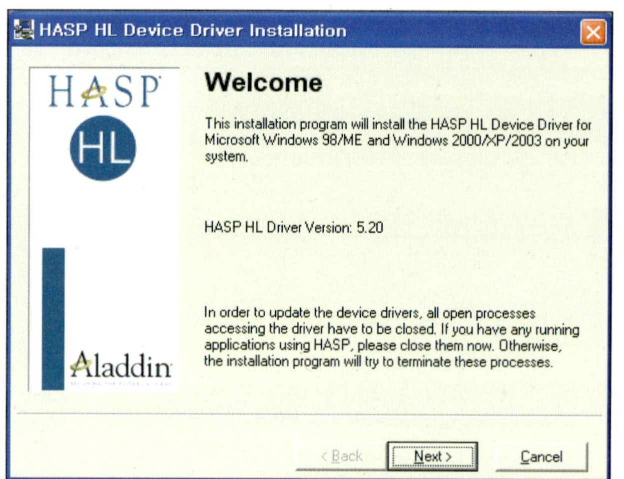

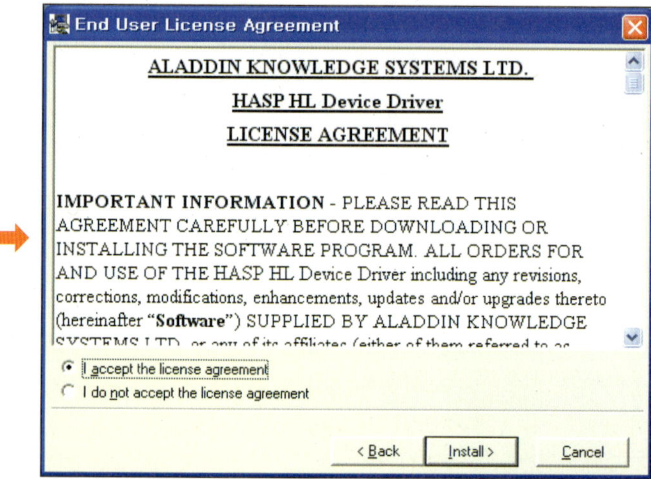

USB Key[HASP] 설치가 성공적으로 완료되었음을 나타내주면 [Finish] 버튼을 클릭하여 마무리한다. [OK]버튼을 클릭한다.

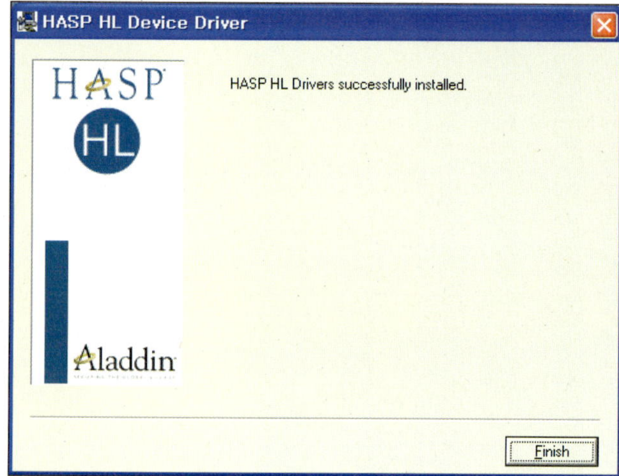

TechGems 4.1(Rhino3.0 & 4.0 Beta)이 성공적으로 인
스톨되었다는 메시지가 뜨면 [Finish] 버튼을 클릭한다.

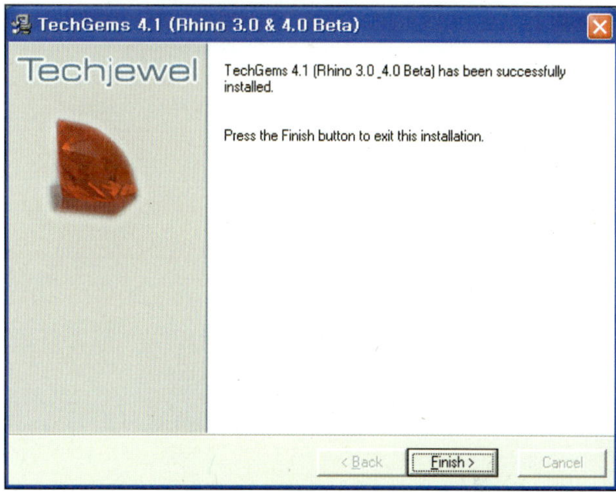

14_ 설치가 끝나면 라이노3D Viewport에 TechGems 4.1 아이콘이 나타나며 아이콘을 클릭하면 메인 아이콘 모음이 나
타난다. 이는 설치가 잘 되었음을 말해주며 사용자는 본격적인 작업을 하면 된다.

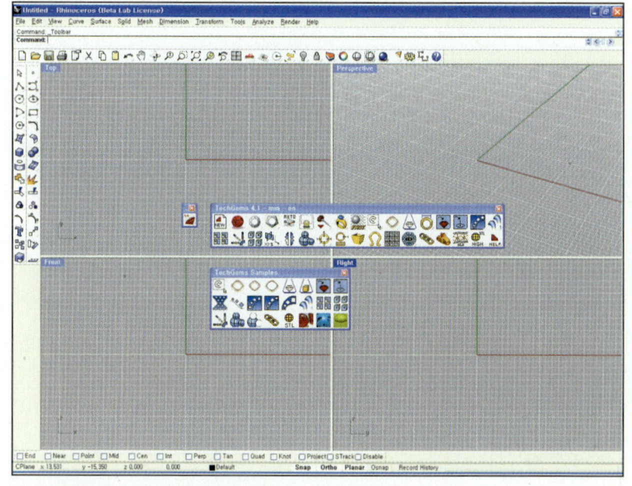

◎ TechGems 4.1 설치 완료 화면

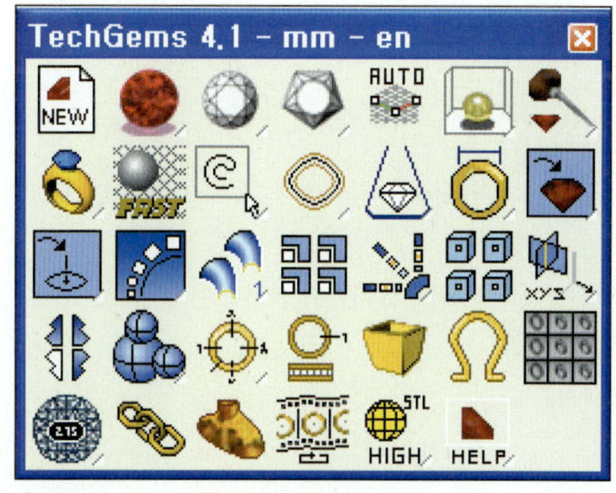

◎ TechGems 4.1 메인 아이콘 화면

15_ 하지만 설치를 했음에도 라이노3D Viewport에 TechGems 4.1 아이콘이 나타나지 않는다면 다음과 같은 과정을 통해 정상적인 작업을 할 수 있다. 이는 종전 버전인 TechGems 3.0도 동일하다. 우선 라이노3D 풀다운 메뉴 바에 Tools 〉 Toolbar Layout 〉 Toolbars 〉 File 〉 Open으로 접근한다.

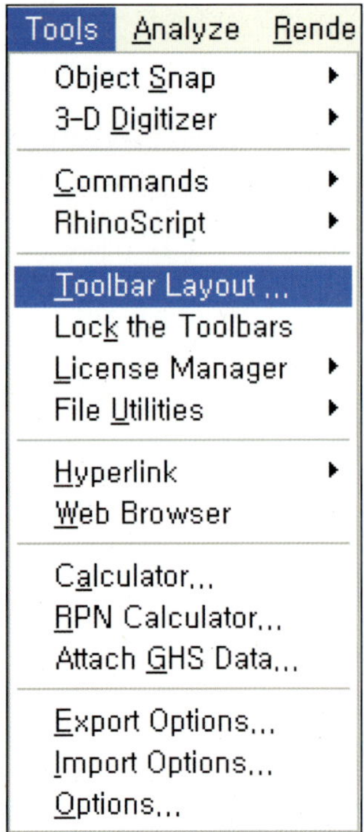
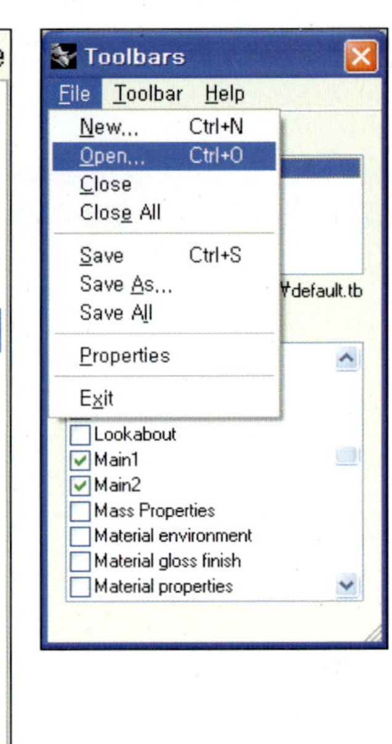

이어 내컴퓨터 로컬디스크(C:) 로 접근 TechGems4 폴더를 클릭한다.

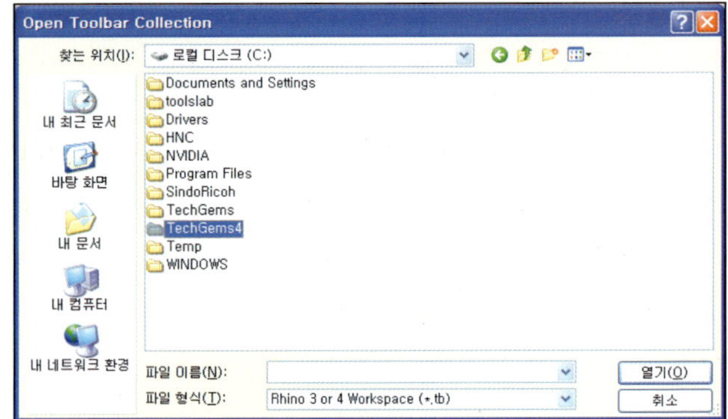

Open Toolbar Collection 대화상자가 뜨면 하단에 파일 형식을 Rhino 3 or 4 workspace(*.tb)에 맞추거나 All (*.tb;*ws3;*ws)에 맞춘 후 TechGems_41_mm_en.tb를 선택한다.

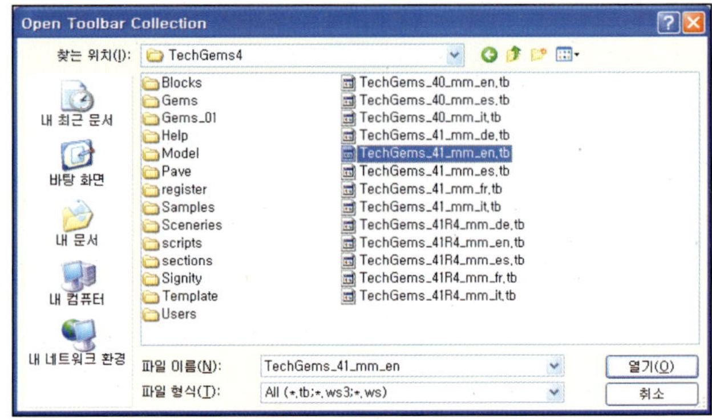

이제 그림과 같이 해당 아이콘에 체크만 해주면 라이노3D Viewport에 TechGems 4.1 아이콘이 나타난다. 이제 정상적인 작업이 가능하다.

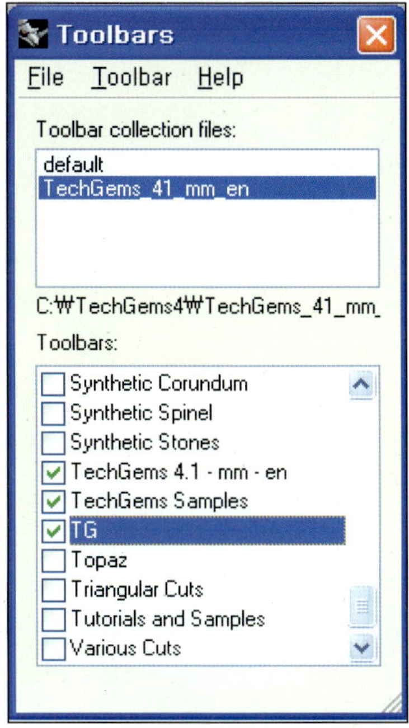

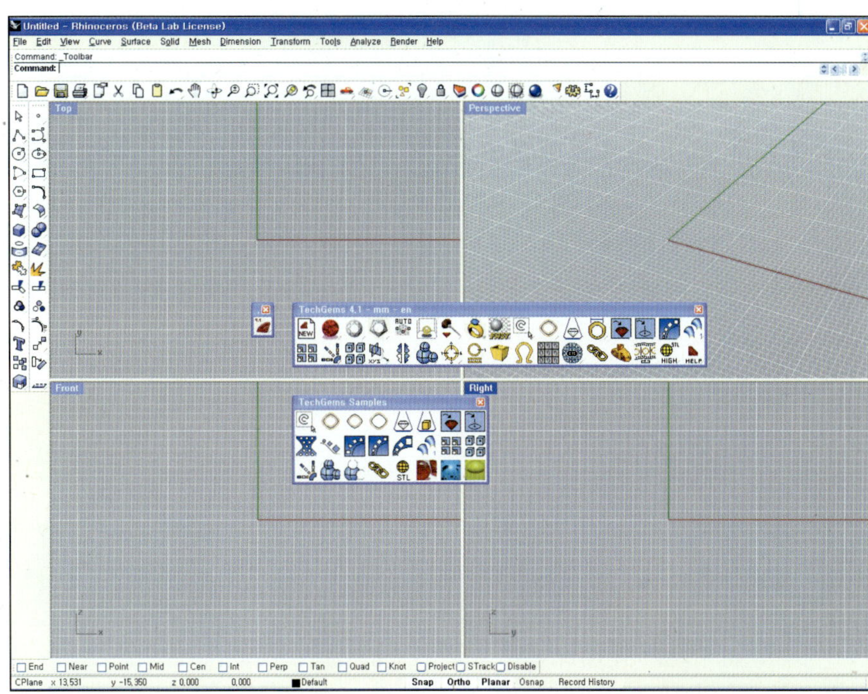

Chapter 02

TechGems

테크젬(TechGems) 4.1 기능 학습하기

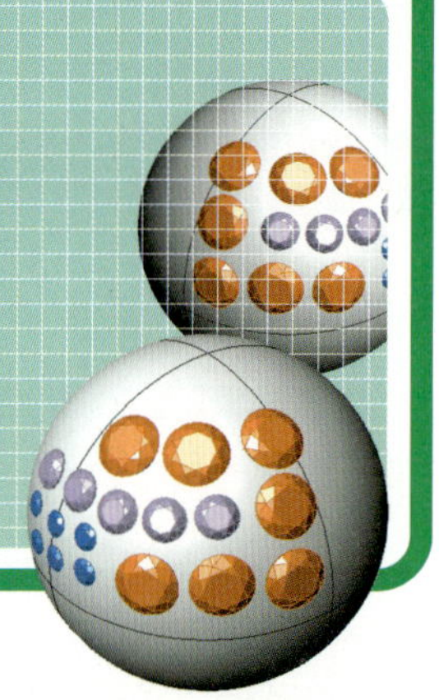

◎ 테크젬 기능 학습하기

TechGems

■ TechGems 4.1 명령어 그룹

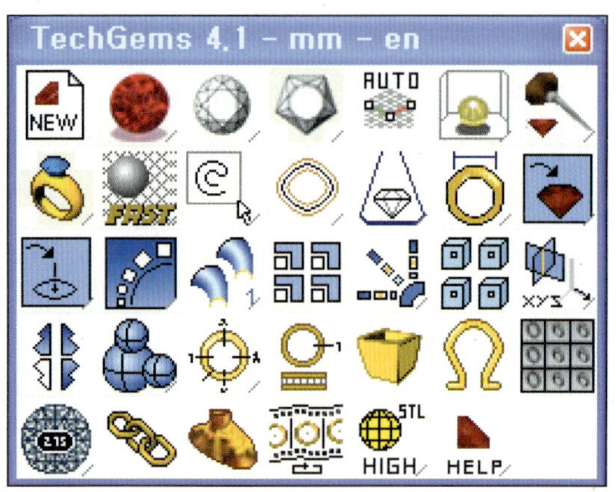

■ 명령어 찾기 번호 참조표

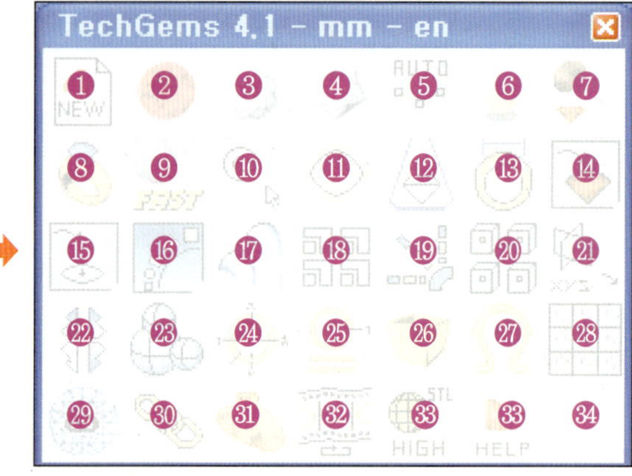

❶ New Project

새로운 프로젝트를 수행하려면 New Project 아이콘을 클릭한다. 새로운 프로젝트를 클릭하면 종전의 Flamingo 렌더링 기본 세팅이 일부 바뀌게 되는데 변화는 그림과 같다.

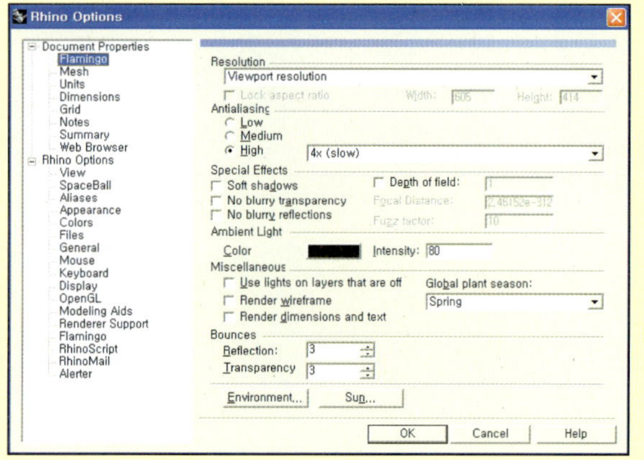

● 플라밍고 초기 설정 구성

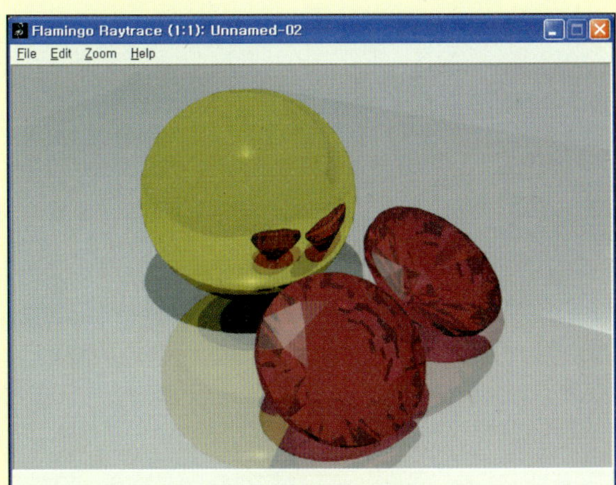

○ 플라밍고 초기 설정 구성에 의한 렌더링 결과

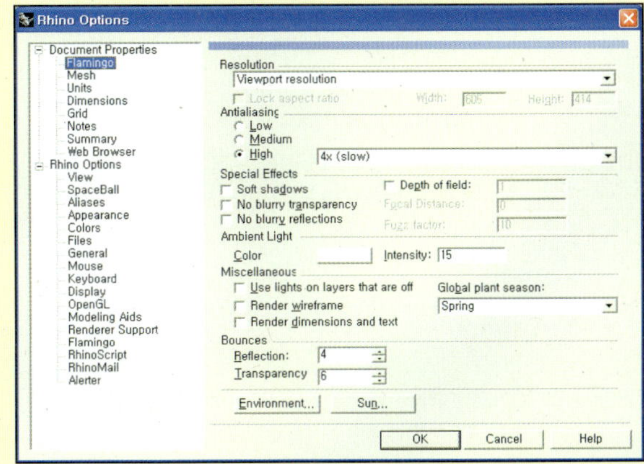

○ TechGems 4.1 설정으로 변경된 구성

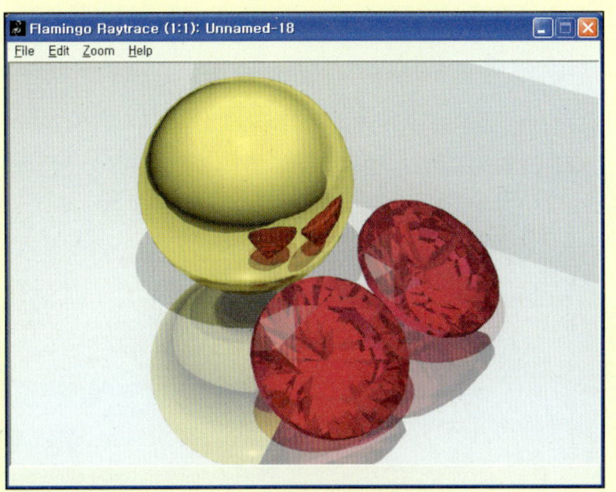

○ TechGems 4.1 설정으로 변경 된 후 렌더링 결과

변경된 부분은 주위환경을 에워싼 빛(Ambient Light)과 강도(Intensity)이며, 반사도(Reflection)와 투명도(Transparency)에 관여하는 부분이 기본 설정 값과 다르게 설정되었음을 알 수 있다. 렌더링 결과 또한 초기 설정값의 어두운 보석의 반사와 달리 매우 맑고 깨끗한 렌더링 이미지가 만들어졌다. 정리하면 권장 사항은 Bounces 값을 반사도(Reflection) 4와, 투명도(Transparency) 6에 설정하는 것이 반사나 투명도에 관여된 주얼리 렌더링시 적정하다.

만약 New Project를 클릭하지 않고 프로젝트를 실행했다면 다음과 같은 방법으로 New Project 설정으로 변환할 수 있다.

1. 우선 지금 작업 중인 파일을 풀다운 메뉴의 File 〉 Save As...로 저장한다.

2. 새 화면을 열고 New Project 아이콘을 클릭하여 TechGems4.1 환경으로 만든다.

3. File 〉 Import로 종전에 Save As로 저장된 파일을 불러온다.

4. 불러들인 파일은 TechGems 4.1의 New Project 환경으로 설정되어 플라밍고 렌더링시 변경된 렌더링 결과를 얻을 수 있다.

❷ Genuine Gemstones Group 1

Signity Toolbar에서는 3차원의 스톤(Stone)들이 제공된다. 아래 대표 아이콘들을 클릭하면 보다 구체적인 하위 스톤들이 나타나며, 스톤의 형태(Shape), 컬러(Color), 크기(Size), 중량(Weight) 등을 선택하여 사용할 수 있다. 사용법은 우선 해당 스톤(Stone) 대표 아이콘을 클릭한 후 세부 스톤으로 들어가면 Signity Insert Gems by Material 대화상자가 나타난다. 스톤 형태, 스톤 컬러, 크기와 무게를 선택 후 Insert Gem 아이콘을 클릭하면 된다.

> **❖ NOTE I**
>
> Insert Gem은 스톤이 세팅하고자 하는 면 위에 보이게 해주며, Insert Gem Block은 보석은 보이지 않고 원 안에 수직선의 블록 상태로 보이게 하여 작업 진행시 작업면을 깨끗하며 가볍게 움직여 가며 작업 진행이 가능하다. 물론 Insert Gem Block의 경우 보석이 눈으로는 보이지 않지만 블럭에 스톤의 형태, 컬러, 크기, 위치 등의 모든 정보를 가지고 있게 된다. 이는 Signity Gem Tools을 이용하여 어제든 블록을 선택하여 보석을 보이게 할 수 있다.
>
> **❖ NOTE II**
>
> Siginity 사의 스톤을 사용시 주의 사항은 라이노3D의 Explode 명령으로 보석을 분해하지 말아야 한다. 이렇게 되면 보석이 폴리서페이스 아닌 낱장의 면들로 되어 Siginity 본연의 기능들 예를 들어 Signity Gem Tools 중 Signity Gemstones Report—Excel, Text, Size Label, Material Label, Select all Label 과 같은 일부 명령이 제 기능을 발휘하지 못하게 된다.

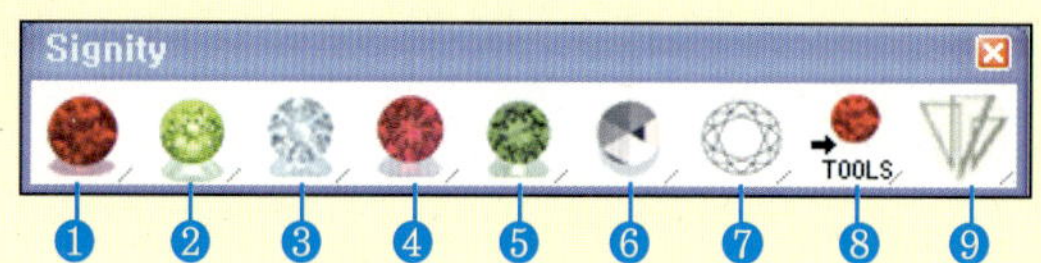

❶ Genuine Gemstones Group1

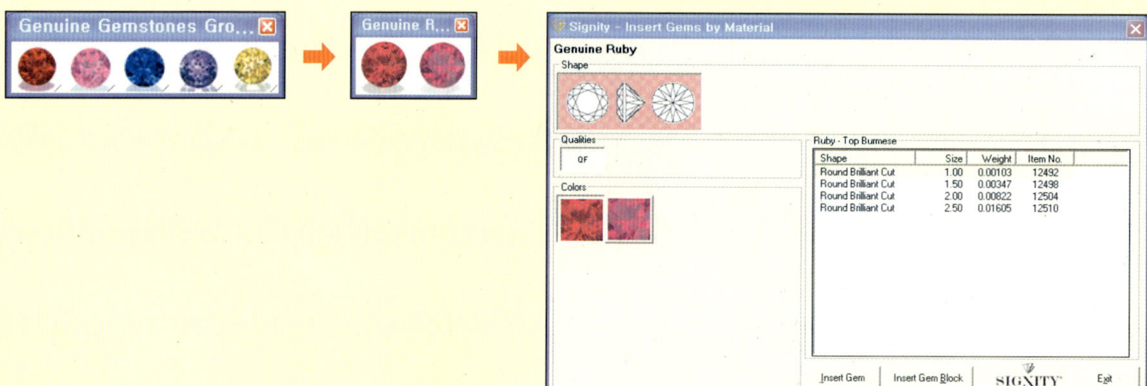

❷  Genuine Gemstones Group2

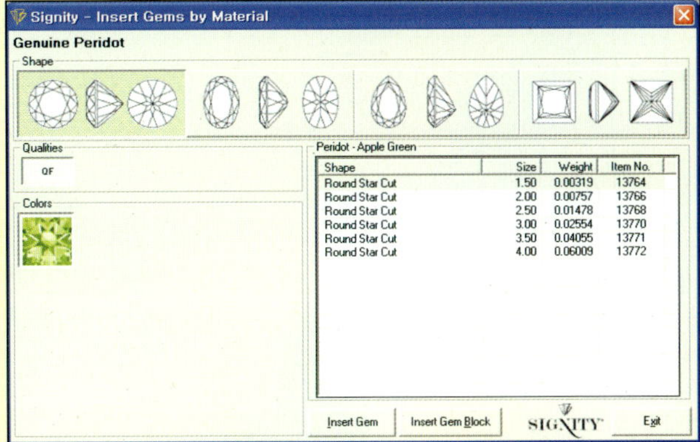

❸ Cubic Zirconia

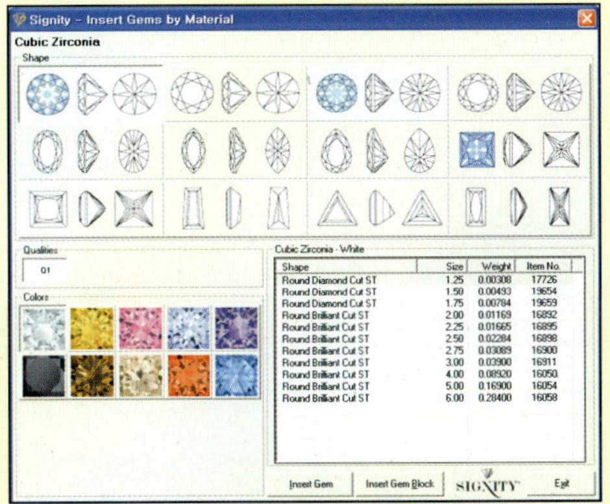

❹ Synthetic Stones

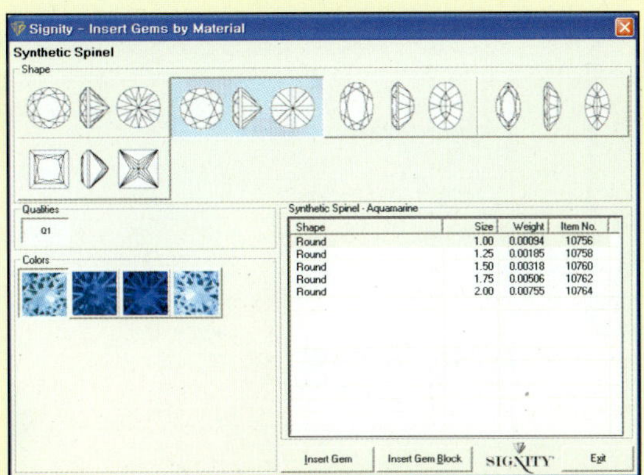

❺  Alpinite

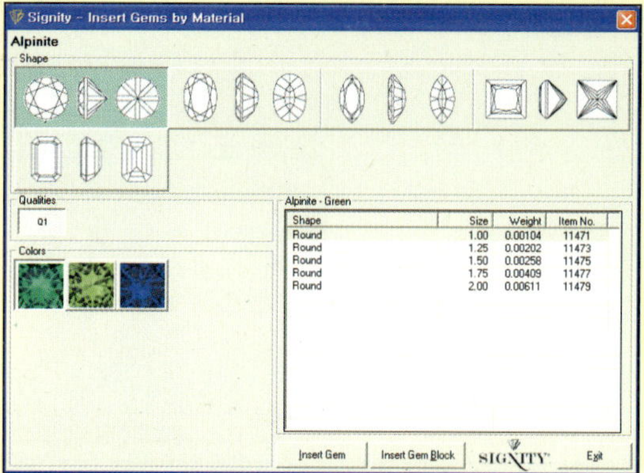

❻ Marcasite

❼ Shapes

보석의 형태를 기준으로 취사선택하여 보석을 사용하는 명령어로 보석의 형태로는 라운드(Round), 오벌(Oval), 마퀴즈(Marquise), 피어(Pear), 바게뜨(Baguette), 캐보션(Cabochon), 옥타곤(Octagon), 스퀘어(Square) 등이 있다.

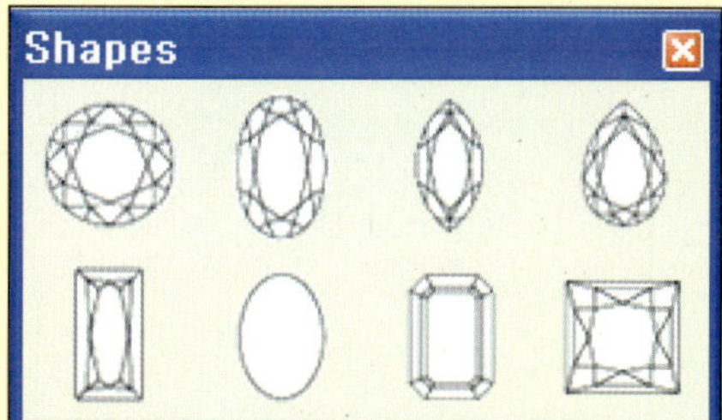

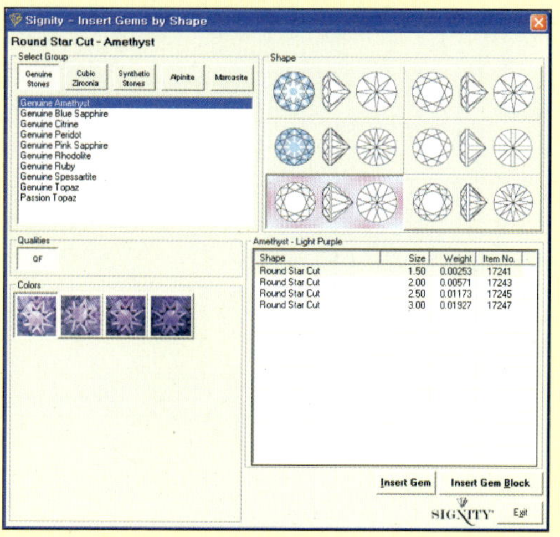

사용법 ┃ 우선 해당 스톤(Stone) 대표 아이콘을 클릭하면 Signity-Insert Gems by Shape 대화상자가 나타난다.
스톤형태, 스톤컬러, 크기와 무게를 선택 후 Insert Gem 또는 Insert Gem Block 아이콘을 클릭하면 된다.

❖ NOTE I

Insert Gem은 스톤이 세팅하고자 하는 면 위에 보이게 해주며, Insert Gem Block은 보석은 보이지 않고 원 안에 수직선의 블록 상태로 보이게 하여 작업 진행시 작업면을 깨끗하고 가볍게 움직여 가며 작업 진행이 가능하다. 물론 Insert Gem Block의 경우 보석이 눈으로는 보이지 않지만 블럭에 스톤의 형태, 컬러, 크기, 위치 등의 모든 정보를 가지고 있게 된다. 이는 Signity Gem Tools을 이용하여 언제든 블록을 선택하여 보석을 보이게 할 수 있다.

❖ NOTE II

Siginity사의 스톤 사용시 주의 사항은 라이노3D의 Explode 명령으로 보석을 분해하지 말아야 한다. 이렇게 되면 보석이 폴리서페이스 아닌 낱장의 면들로 되어 Siginity 본연의 기능들, 예를 들어 Signity Gem Tools 중 Signity Gemstones Report-Excel, Text, Size Label, Material Label, Select all Label과 같은 일부 명령이 제 기능을 발휘하지 못하게 된다.

❽ Signity Gem Tools

Signity Gem Tools 아이콘을 클릭하면 Signity Gem Tools 명령어 그룹이 나타난다.

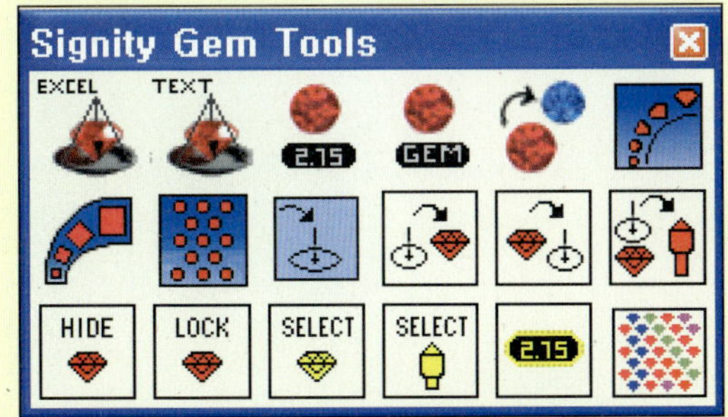

◎ Signity Gem Tools 아이콘 명령어 그룹

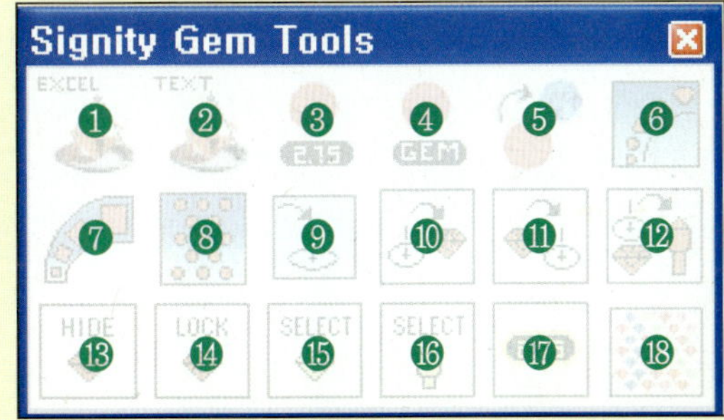

◎ 명령어 찾기 번호 참조표

❶ Signity Gemstones Report – Excel

이 명령어는 사용된 보석의 이름(Name), 형태(Shape), 컬러(Color), 퀄러티(Quality), 마감(Finishing), 시그니티 코드(Signity code), 크기(Exact sizes), 중량(Estimated Weight), 총(Total) 보석수량 등 다양한 정보를 Excel 파일로 만들어 준다. 이는 데이터 베이스와 출력을 위해 매우 편리한 기능이다.

사용법 ┃ 다음 페이지 그림과 같이 작업시 사용된 보석에 대한 내역서를 보여주는 것으로 Signity Gemstones Report – Excel 아이콘을 좌측 또는 마우스 오른쪽 버튼으로 클릭해 주면 나타난다.

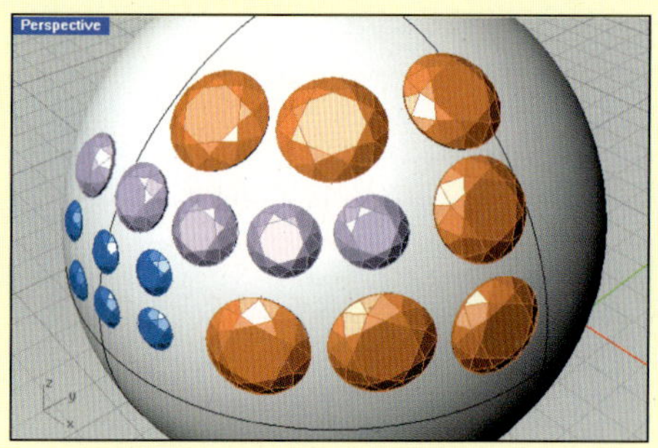

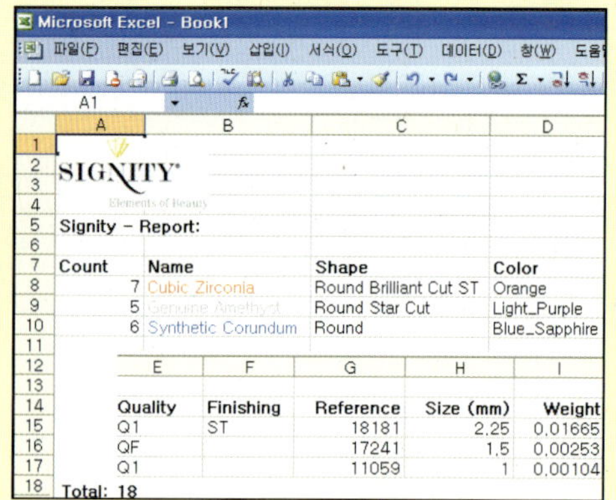

> ❖ NOTE
>
> 이 명령어를 사용하기 위해서는 컴퓨터 시스템에 Microsoft Office Excel 프로그램이 인스톨되어 있어야 한다.

❷ Signity Gemstones Report – Text

```
Signity Gemstones Report – Text
Signity Gemstones Report – Text (selected)
```

이 명령어는 사용된 보석의 이름(Name), 형태(Shape), 컬러(Color), 퀄러티(Quality), 마감(Finishing), 참조(Reference), 크기(Exact sizes/mm), 중량(Estimated Weight), 각 보석별 수량(Total) 등 다양한 정보를 Text에 의한 Report 파일로 만들어 준다. 이는 데이터 베이스와 출력을 위해 매우 편리한 기능이다.

사용법 아이콘을 마우스 왼쪽 버튼으로 클릭하면 전체 사용된 보석에 대한 Report 내역이 산출된다.

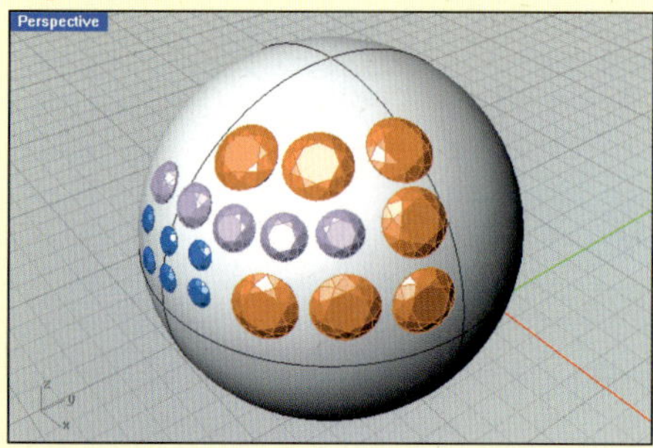

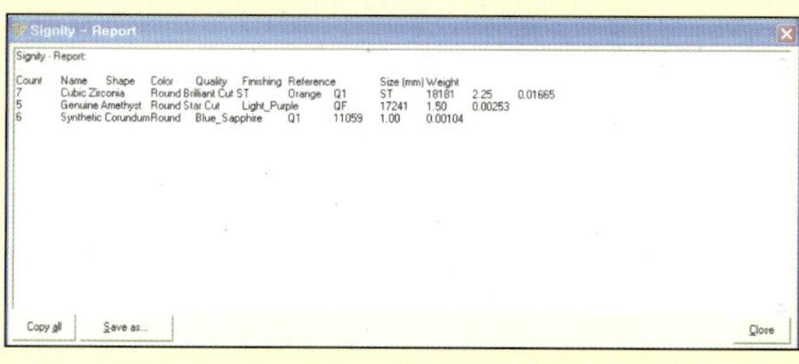

아이콘을 마우스 우측 버튼으로 클릭시에는 선택된 보석만의 Report를 Text로 보여준다.

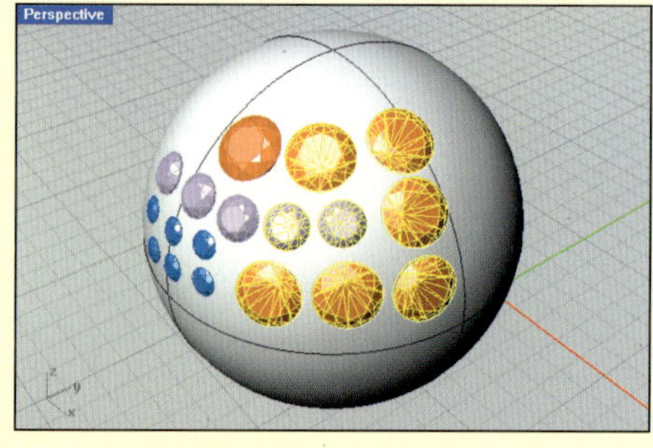

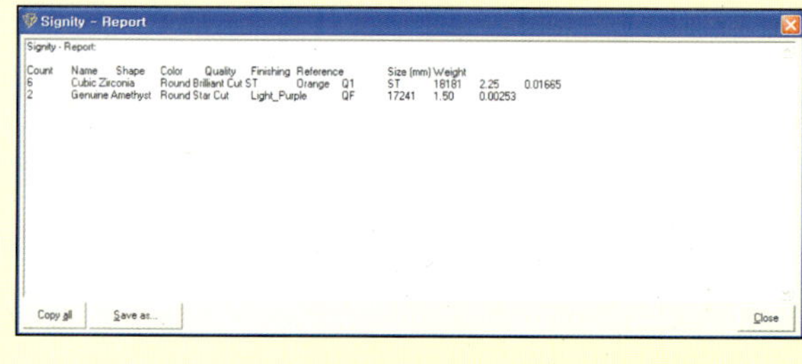

❸ 보석 사이즈 라벨(Size Label)

이 툴은 Siginity 보석원석(Gemstones)의 크기(Size)와
관련된 정보를 시각적으로 보여준다.

사용법 | Siginity 툴바에서 Size Label 아이콘을 클릭한 후 크
기를 알고자 하는 보석원석만을 드래그해주고 마우스
우측 버튼(Right Click)을 클릭해 주면 표시된다.

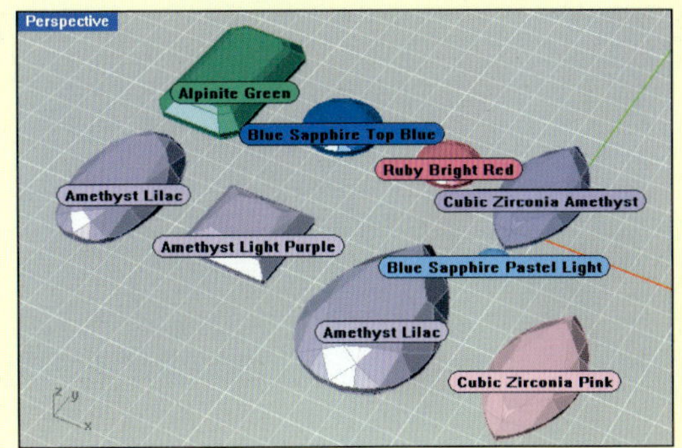

❖ NOTE
Select all Labels을 클릭하면 라
벨이 모두 선택되며, Delete 으로 모든 라벨
을 한번에 지울 수 있다.

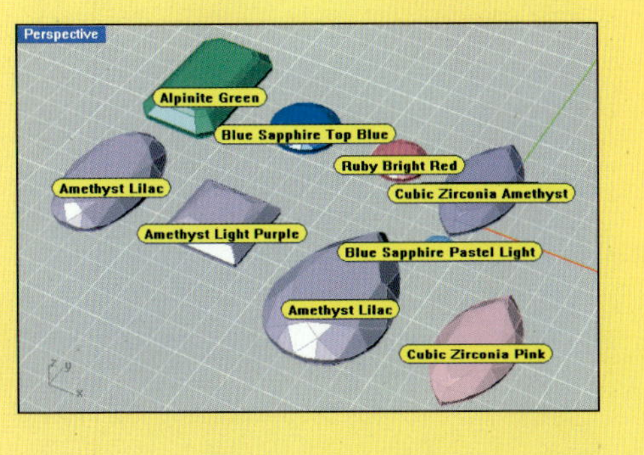

❹ 보석 재질 라벨(Material Label)

이 툴은 Signity 보석 원석의(Gemstones)의 재질명과
관련된 정보를 보여준다.

사용법 | 사용법은 Siginity 툴바에서 Material Label 아이
콘을 클릭한 후 재질명을 알고자 하는 보석원석만을
드래그해주고 마우스 우측 버튼(Right Click)을 클
릭해 주면 표시된다.

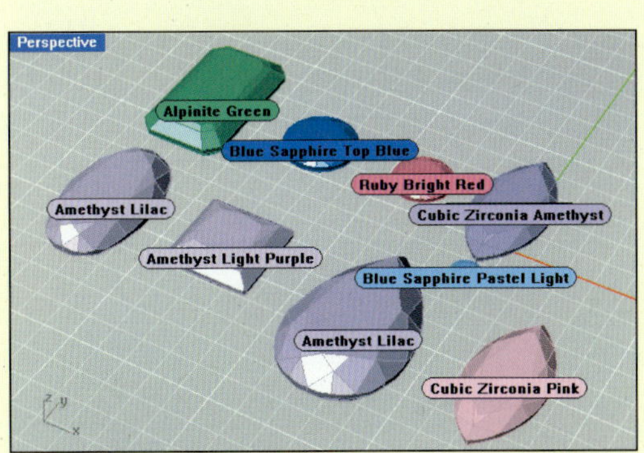

❖ NOTE
Select all Labels을 클릭하면 라
벨이 모두 선택되며, Delete 으로 모든 라벨
을 한번에 지울 수 있다.

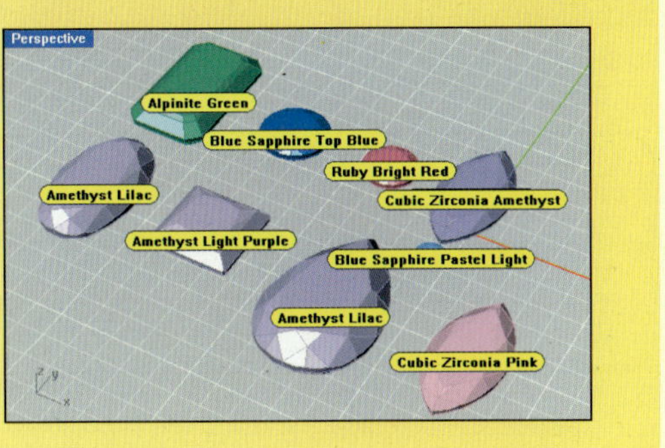

❺ 보석 변경(Change Gem)

이 툴은 이미 사용된 보석을 선택하여 같은 크기의 다른 보석으로 변경할 때 사용하는 명령이다.

사용법 | 우선 바꾸고자 하는 현재의 보석 선택 〉 보석변경(Change Gem) 아이콘 클릭 〉 리스트에서 우선 바꿀 예전의 보석을 선택 〉 새로운 보석 선택(Select New Gem) 〉 Change 버튼 클릭하면 사이즈가 같으나 다른 보석으로 바뀌게 된다.

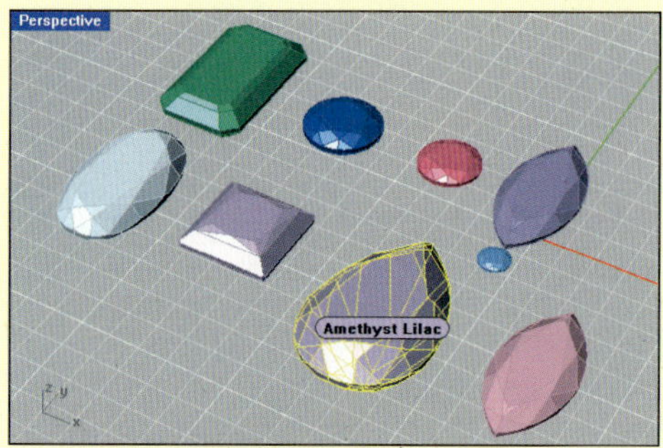

○ 바꾸고자 하는 보석의 선택

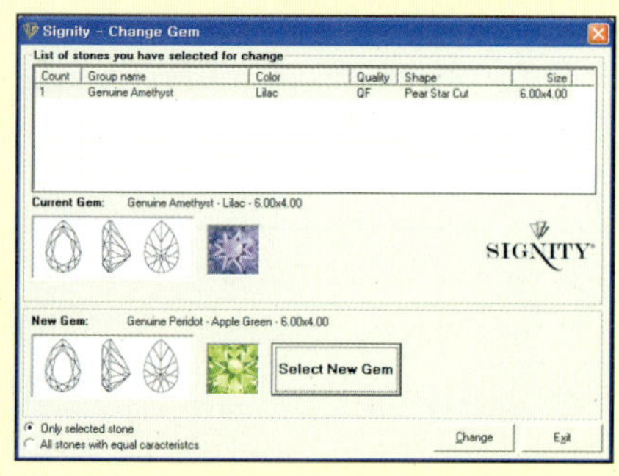

○ 새로운 보석의 선택(Select New Gem)

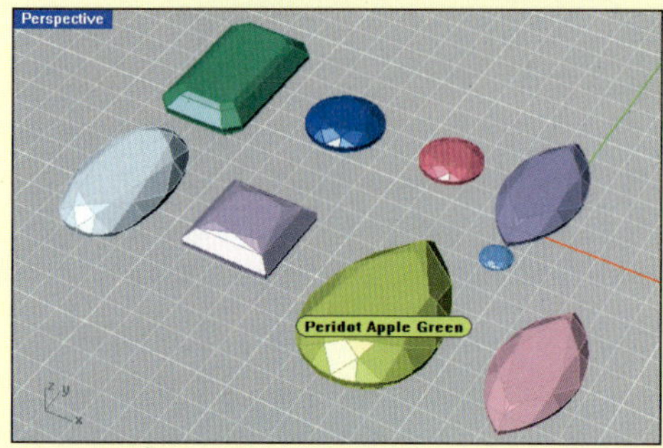

○ 바뀐 보석의 모습

> ❖ NOTE
>
> 바꾸고자 하는 보석을 동시에 여러 개를 선택해도 동시 변경이 가능하다.

❻ 면에 일치된 선에 보석의 증감 배열(Incremental Array along Curve on Surface)

이 툴은 면 위에 일치되어 있는 선을 배열 경로로 하여 보석의 크기를 일정하게 증가시키거나 감소시켜 여러 개의 보석을 자동 반복 배열시키는 툴이다.

> ❖ NOTE
>
> 이 명령은 Signity사 라이브러리 내에 정해진 크기의 보석에 대해서만 증감(Incremental/Decrement) 명령이 가능하다.

01_ Signity Gem Tools 〉 Incremental Array along Curve on Surface 아이콘 클릭 〉 배열하고자하는 보석 종류와 컬러, 크기, 증감 정도를 결정한다. 여기서는 Cubic Zirconia 중 Golden Yellow를 선택했다.

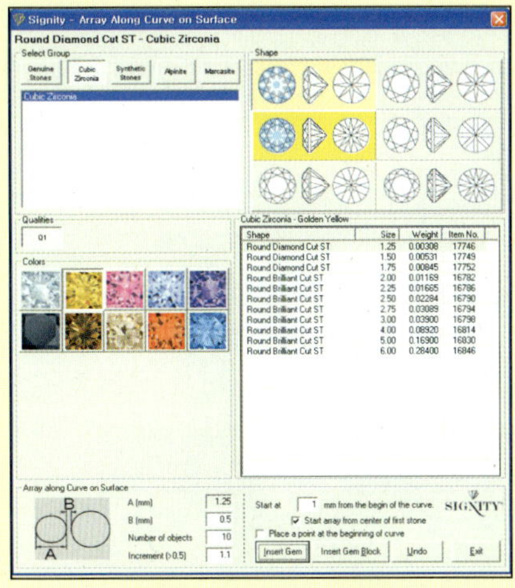

02_ 미리 준비된 모델에 1번 선과 2번 면을 선택한다. 이때 배열이 될 면(파란색 부분)은 떼어낸 단일 면(Single Surface)이어야 한다.

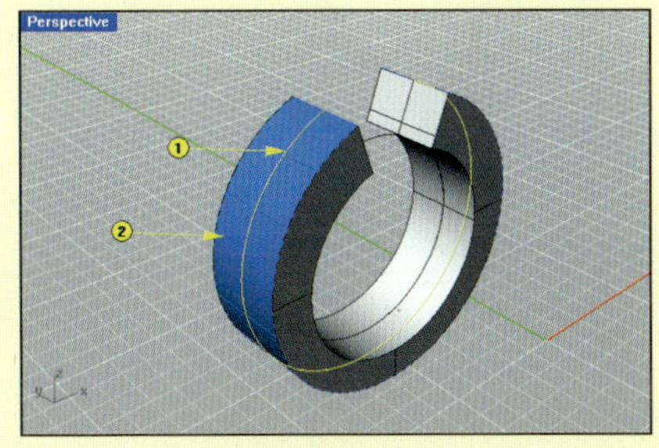

03_ 원하는 세부 설정을 한 예이다. 우선 기본 크기는 1.25mm 〉 보석과 보석간의 간격은 0.5 〉 보석 배열 개수: 10 〉 증감 비율 1.1(10%씩 증가 됨) 〉 보석 배열 시작 위치 : 1mm

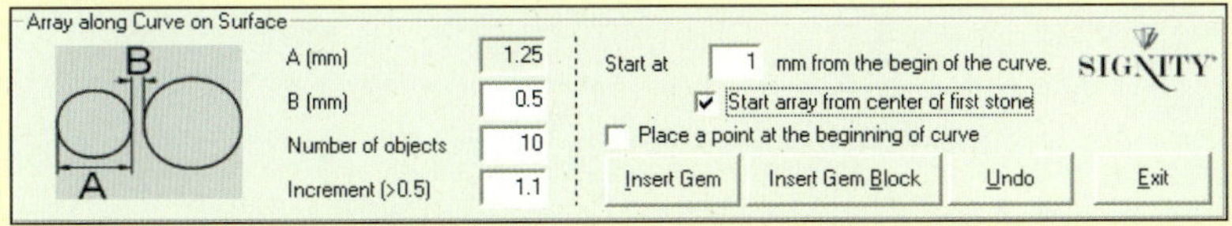

04_ Insert Gem 버튼 클릭(단, Undo 버튼을 누르면 적용된 것이 취소되어 다시 새로운 보석 배열이 가능하다)

05_ 준비된 모델에 커브 선택(Pick curve)

06_ 준비된 모델에 면 선택(Pick Surface)

07_ 실행 완료

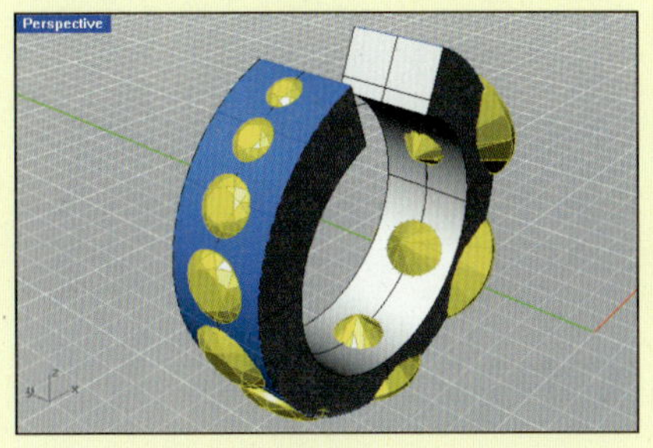

08_ Undo 버튼을 누르면 적용된 것이 취소되어 다시 새로운 보석 배열이 가능하다. 우선 기본 크기는 1.25mm 〉 보석과 보석간의 간격은 0.5 〉 보석 배열 개수: 10 〉 증감 비율 1 (증가 없음) 〉 보석 배열 시작 위치 : 1mm

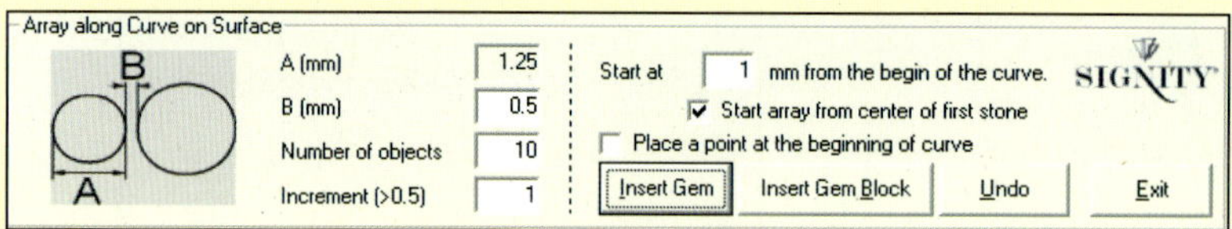

09_ 재실행 완료

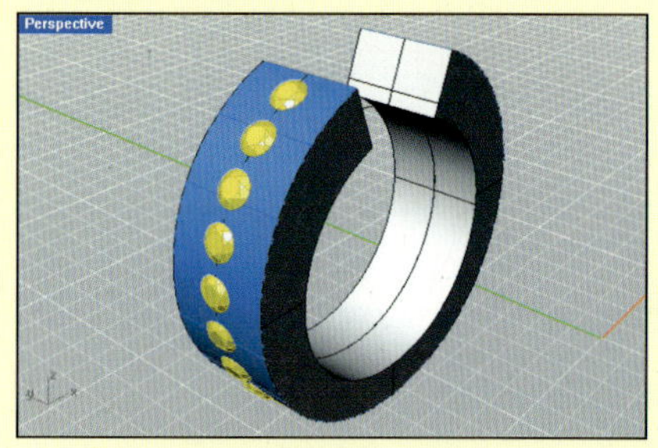

❖ NOTE I

〈증감 비율에 대한 예〉

Value 1 : 스케일 유지

Value 2 : 반복 배열시 스케일 2배 증가(보석 지름 기준)

Value 1.1 : 반복 배열시 스케일 10%씩 증가

Value 0.9 : 반복 배열시 스케일 10%씩 감소(단, 해당 크기가 있을 때만 가능)
　　　　　　　더 이상 라이브러리에 그 이하의 보석 크기가 존재하지 않으면 기준 한 개만 보이게 됨

❖ NOTE II

이 명령어에 사용된 Signity사 보석은 관련 정보(종류, 형태, 크기, 컬러 등)를 모두 포함하며, 주의사항이라면 배열된 보석을 라이노3D 명령 중 하나인 폭파(Explode) 명령으로 보석을 분해해서는 안 된다. 이렇게 될 경우 각 보석 정보를 잃어버리게 된다.

❖ NOTE III

배열된 보석을 한번에 선택하여 지우려면 [SELECT] Select Signity Gems 아이콘을 클릭 후 [Delete] 버튼을 눌러준다.

❼ 가변 형상의 면에 가변 보석을 배열(Variable Size Array adapting to Surface)

이 명령은 점점 좁아지거나 넓어지는 가변 형상의 면 위에 가장 적합한 가변하는 보석을 자동으로 배열시켜주는 툴이다.

사용법

01_ Signity Gem Tools 〉 Variable Size Array adapting to Surface 아이콘 클릭 〉 배열하고자 하는 보석 종류와 컬러, 크기, 증감 정도를 결정한다. 여기서는 Cubic Zirconia 중 Golden Yellow를 선택했다.

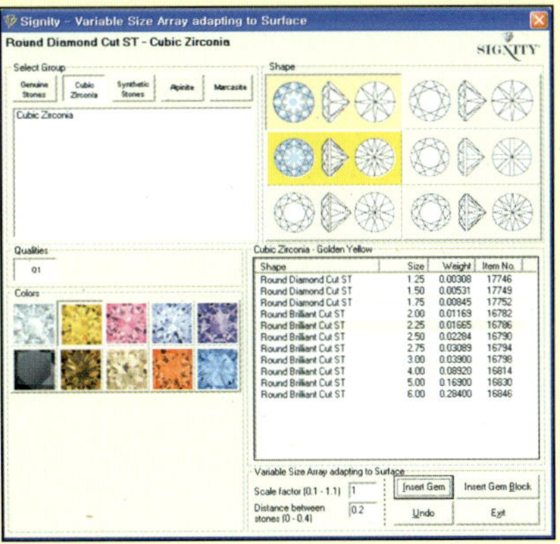

02_ 아래 그림은 세부 설정을 한 예이다. Scale factor=1 / Distance between=0.2로 설정하고, [Insert Gem] 버튼을 클릭한다.

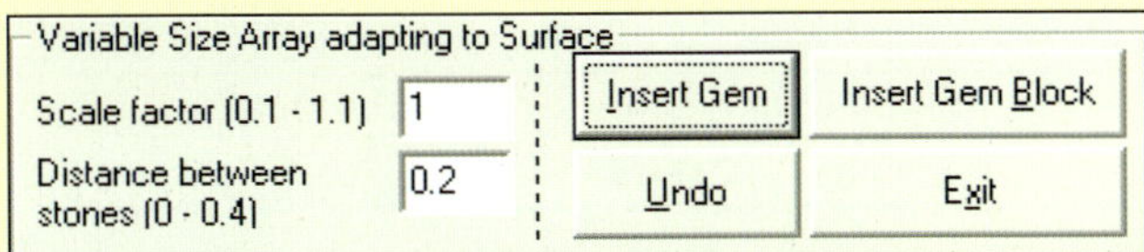

03_ 면 선택(Pick surface)이라는 메시지가 커맨드 창에 뜨면 1번 파란색 면을 클릭해 준다. 단 중요한 것은 파란색 면은 Trim 또는 Split으로 잘린 면이 아닌 Sweep 2Rails 재구성된 면이다. 만약 면에 문제가 있으면 계산이 정지된다.

04_ 보석이 가변면에 대응하여 가지런히 변화되면서 적용된 것을 볼 수 있다.

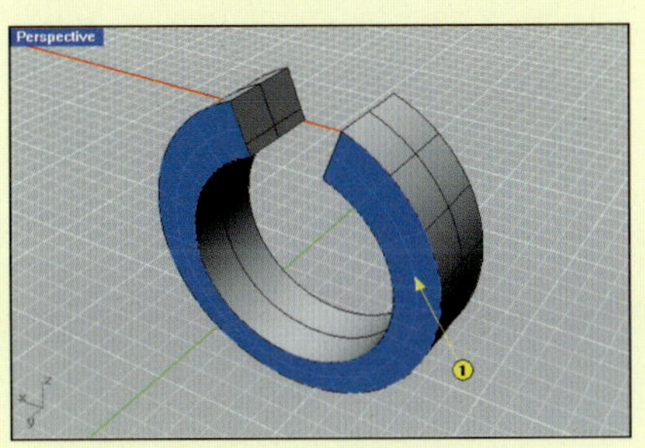
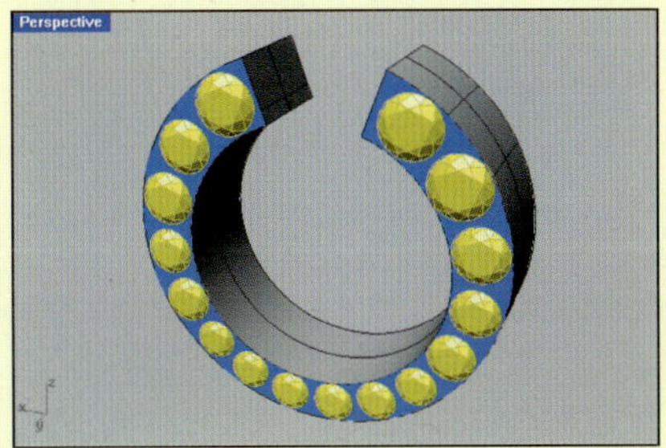

05_ 이번엔 [Undo] 버튼을 클릭하여 설정은 그대로 두고 Insert Gem Block 아이콘을 클릭한다. 블록은 단순한 라인모습으로 보석 배열을 보여 주는 명령이다. 물론 Insert Gem과 같은 보석 크기. 컬러, 종류, 개수 등 모든 내용을 포함하고 있는 데이터이다.

06_ Insert Gem Block에 의한 보석의 배열 모습을 보여 준다.

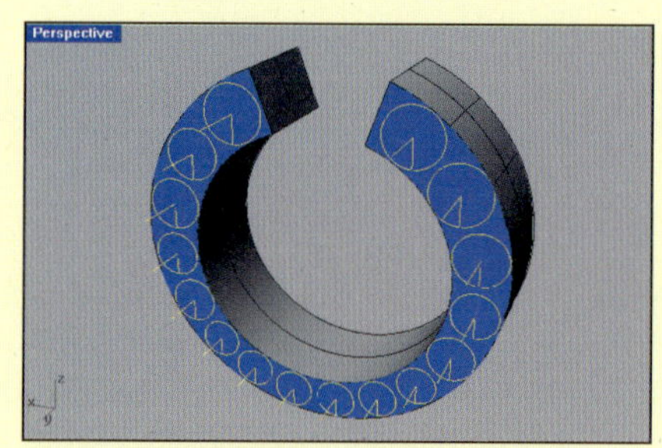

07_ 만약 원래의 보석 모양으로 보길 원한다면 해당 블록만을 선택하고 Change Gem Block to Gem을 누르면 그림과 같이 입체 보석이 보이게 된다.

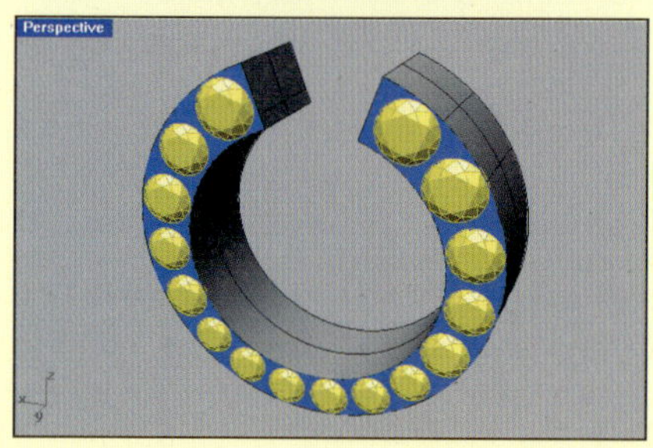

❖ NOTE

보석이 면에 거꾸로 붙는 현상이 생긴다면 이것은 1번 파란색 면의 Surface Normal 방향을 Analyze Direction 명령으로 바꿔(Flip)주면 정상적으로 작업이 이루어진다.

---

8 면 위에 파베 배열(Array Pave on Surface)

이 툴은 사각면과 같이 4개의 모서리 구분이 명확한 면에 대하여 파베(Pave') 보석 배열이 가능한 툴이다.

❖ NOTE

너무 복잡한 면(Compelx surfaces), 구형태(Spherical) 같은 형태의 면일 경우 원하는 결과를 얻기가 힘들다.

사용법

01_ Signity Gem Tools 〉 Array Pave' on Surface 아이콘 클릭 〉 배열하고자하는 보석 종류와 컬러, 크기, 보석간의 배열 간격 등 세부 결정 〉 여기서는 Cubic Zirconia 중 Golden Yellow를 선택했다.

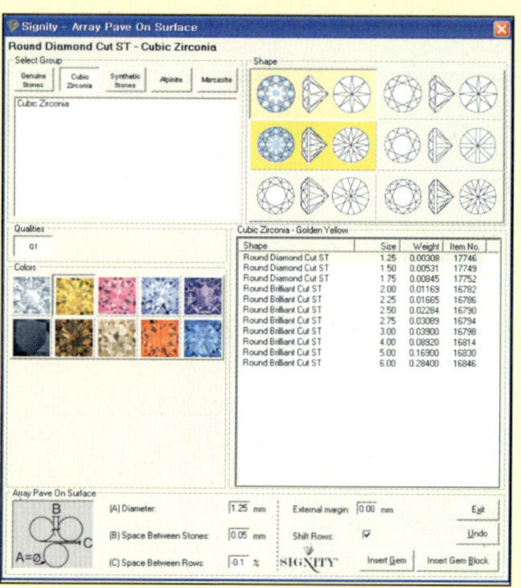

02_ 원하는 세부 항목을 설정한다. 세부 항목은 내용은 아래 NOTE를 참고한다.

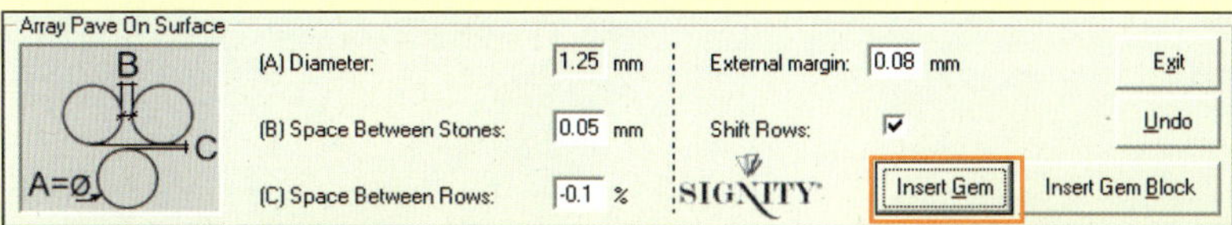

❖ NOTE

(A) Diameter : 선택된 보석에 대한 크기(mm)

(B) Space Between Stones(mm) : 스톤과 스톤과의 간격

(C) Space Between Rows(%) : 열, 줄의 간격

(D) External margin(mm) : 면의 엣지(Edge)에서 시작되는 여백 정도

03_ Insert Gem 버튼을 클릭하면 커맨드 라인에 면선택(Pick Surface) 메시지가 나온다. 1번 파란 색 면을 선택한다. 계산이 진행된다.

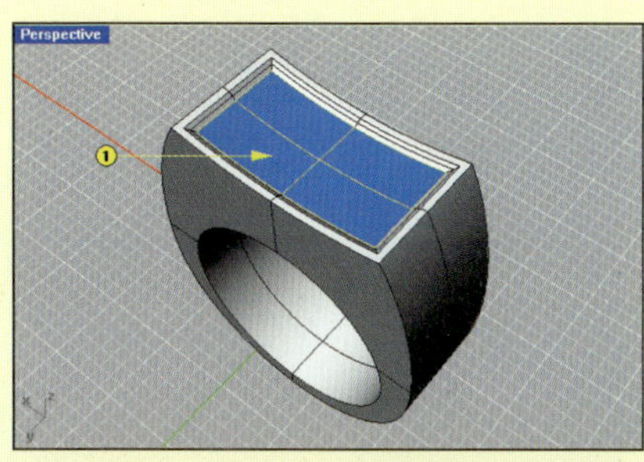

❖ NOTE

주의할 것은 1번 면의 경우 Trim이나 Split된 면이면 안 된다. 이것은 라인을 추출하여 Sweep 2 Rails 로 직사각면을 재구성 해주면 가능하다. 이때 어느 방향의 레일을 선택해서 면을 만들었느냐에 따라 배 열에도 방향이 달라진다. 이를 참고로 작업하면 원하는 결과를 얻을 수 있다.

04_ 작업이 완료된 모습

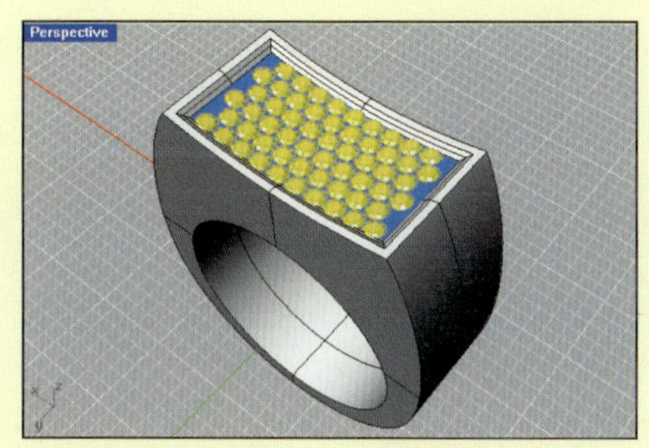

05_ 이번에는 Undo버튼을 클릭하여 위와 같은 설정을 유지하되 Shift Rows 체크를 꺼준다. 그러면 지그재그 (Zigzag)배열이 아닌 정배열이 된다.

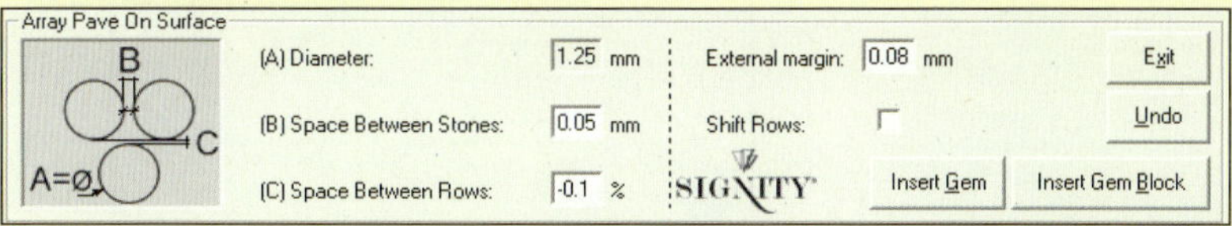

06_ 작업이 완료된 모습

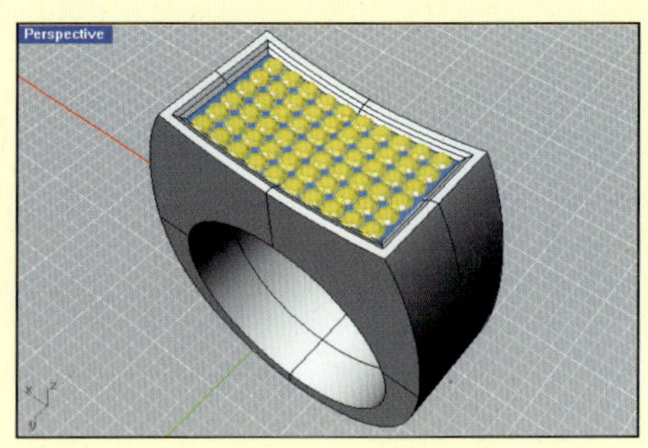

❾ 면 위에 파베 블록 삽입(Insert Pave Block on Surface)

면 위에 파베 블록을 삽입한다.

01_ 우선 Insert Pave Block on Surface 버튼을 클릭한다. 한 예로 대화상자가 뜨면 Genuine Blue Sapphire를 클릭 〉 Color=Blue Sapphire-Pastel Blue 〉 Shape=Round Brilliant Cut 〉 Size 2.0 선택 〉 [Select surface] 버튼 클릭

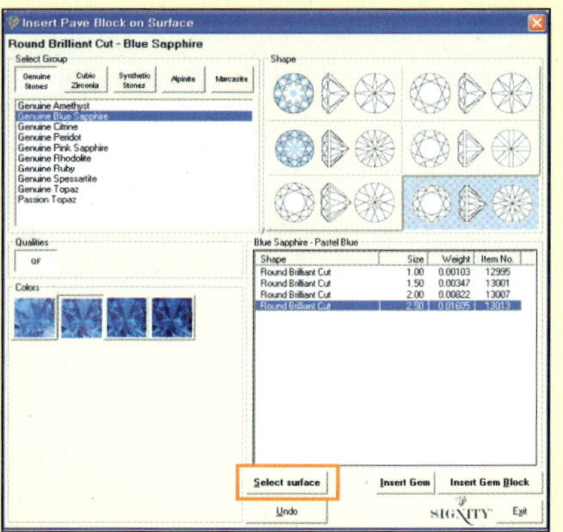

02_ 준비된 모델의 면을 클릭 〉 대화상자에서 다시 Insert Gem Block 아이콘 클릭 〉 준비된 모델의 면에 종전에 선택한 보석의 블록을 배치한다. 가운데 블록을 우선 만들면 편리하다.
배치가 끝나면 Exit으로 명령으로 작업을 마무리한다.

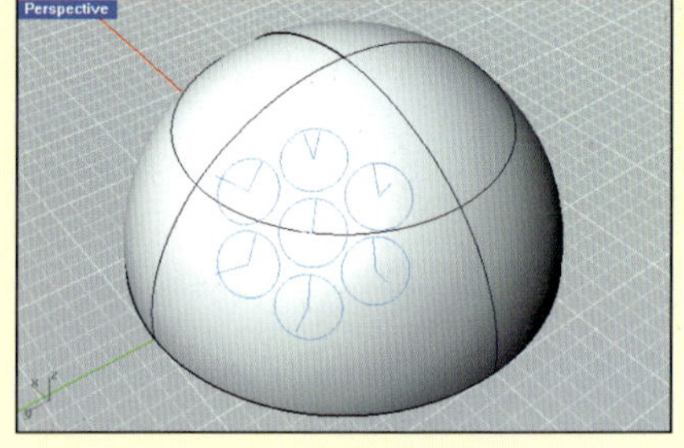

03_ 생성된 블록을 드래그한 후 Pave Block Manager 클릭 〉 블록 내에 삽입하고자 하는 Drill을 선택 〉 리스트 Name을 클릭 〉 마지막으로 Update Drills 아이콘을 클릭 〉 Exit으로 마무리한다.

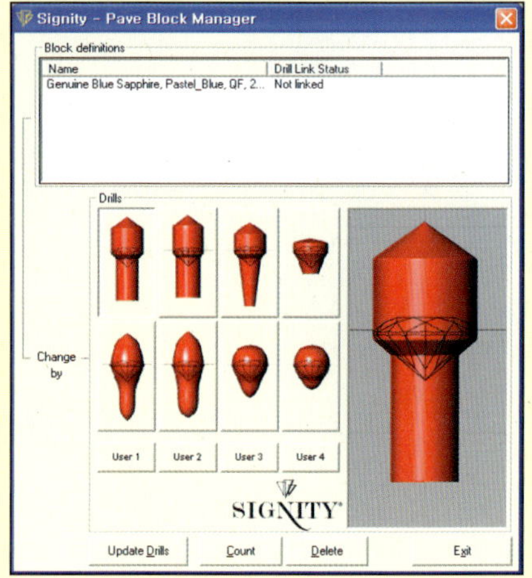

04_ 블록 위에 일치하는 드릴이 삽입되었으면
[SELECT] Select all Drills 아이콘을 클릭하여 드릴만을
선택한다. 다음 라이노3D 메인툴바의 [M]
Explode 아이콘을 눌러 준다. 드릴들이 각자 분해
된다. 이렇게 하지 않으면 차집합 연산(Boolean
Difference)이 실행되지 않기 때문이다.

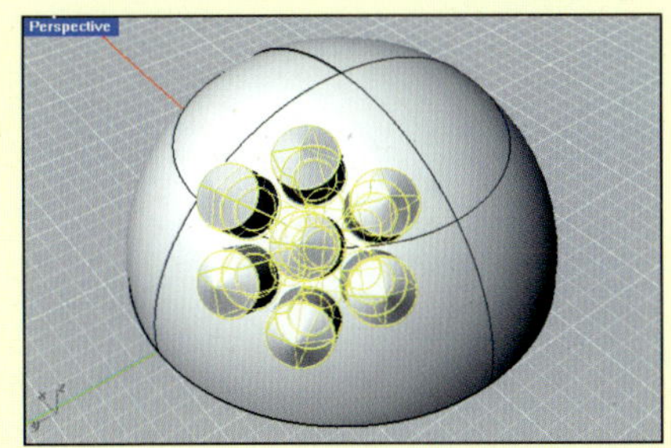

05_ 테크젬에 있는 [⊞] Multiple Boolean Difference 툴로 구멍을 파준다. 선택 순서는 1번과 2번(드래그)의 순
서대로 클릭해주면 된다.

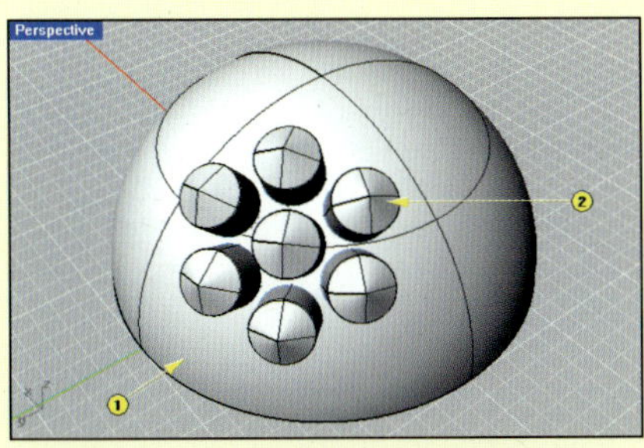
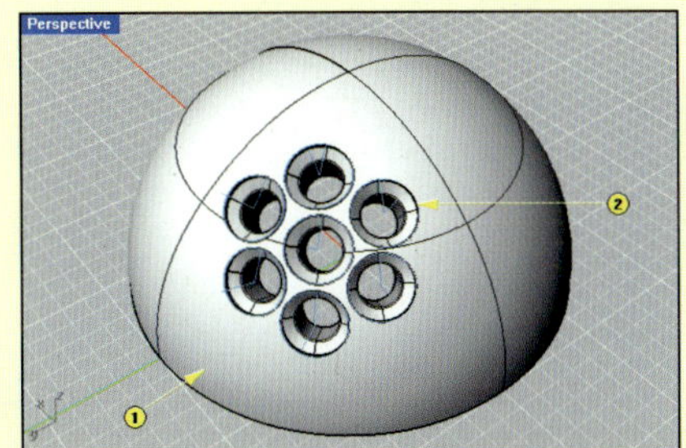

06_ 이제 파인 구멍에 보석을 삽입한다. Gem Block만을 드래그한 후 [⊞] Change Gem Block to Gem 아이콘
을 클릭하면 블록 안에 3차원의 입체 보석이 삽입된다.

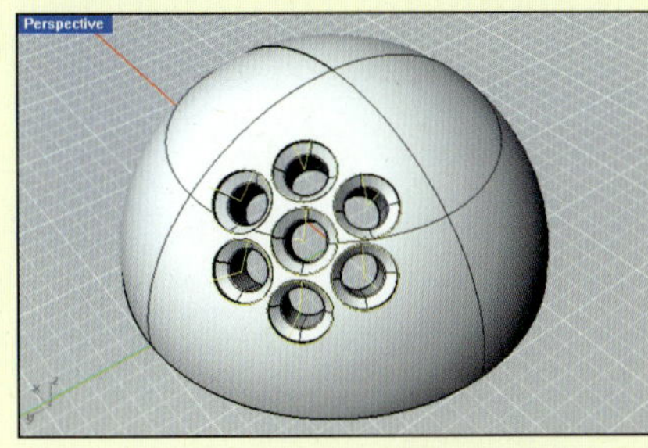
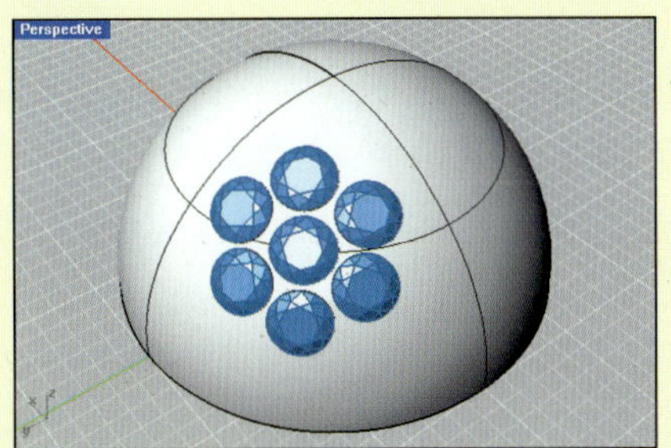

❿ [⊞] 젬블럭을 보석으로 변환(Change Gem Block to Gem)
젬 블록을 보석으로 변환해 준다.

사용법
01_ Siginity Gem Tools 〉 Change Gem Block
to Gem 아이콘 클릭 〉 바꾸고자하는 블록 클릭 〉
[Enter] 또는 마우스 오른쪽 버튼 클릭 〉 완료

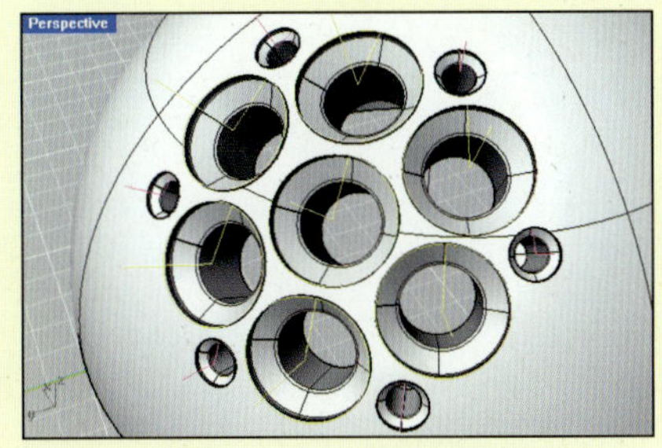
◎ 안쪽 젬 블록(Gem Block)만을 선택한 예

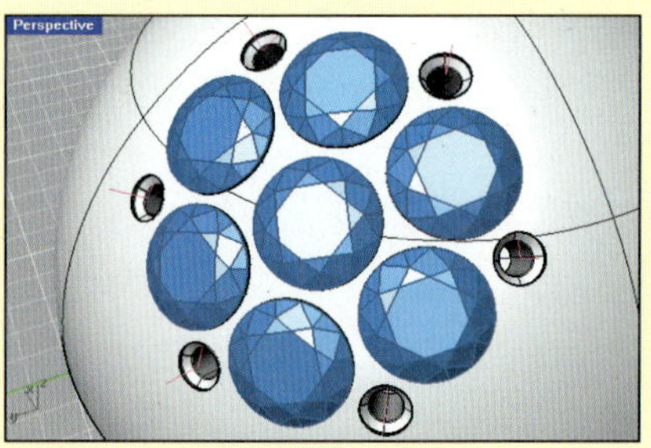

◐ 젬(Gem)으로 변환된 모습

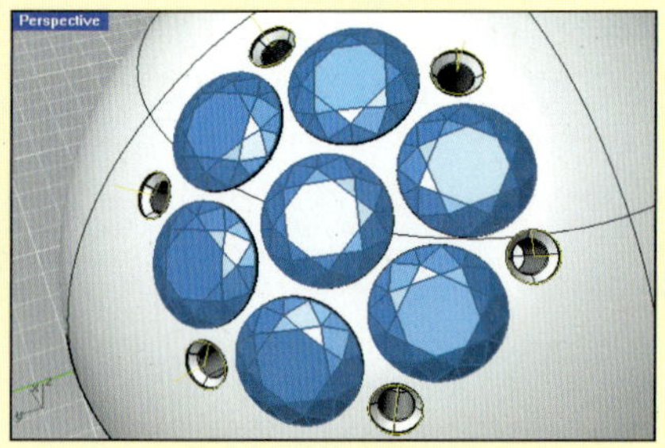

◐ 바깥쪽 젬 블록(Gem Block) 만을 선택한 예

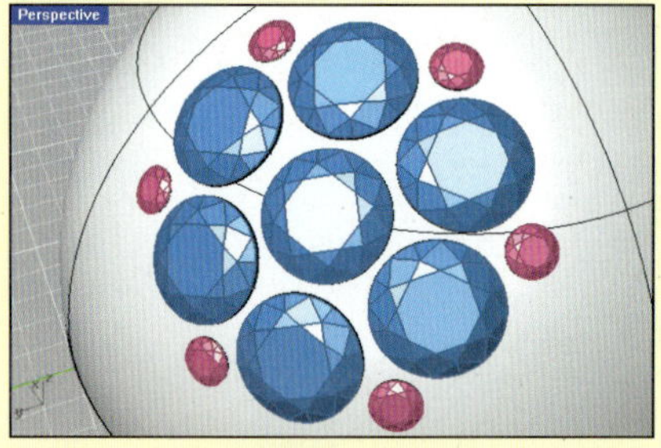

◐ 젬(Gem)으로 변환된 모습

> ❖ NOTE
>
> 젬블록에서 젬으로 변환은 Signity사 젬에 대해서 유효하다.

⑪ Change Gem to Gem Block

젬(Gem)을 젬블록(Gem Block)으로 변환시켜 준다.

사용법 | **01_** Siginity Gem Tools 〉 Change Gem to Gem Block 아이콘 클릭 〉 바꾸고자 하는 젬 클릭 〉 Enter 또는 마우스 오른쪽 버튼 클릭 〉 완료

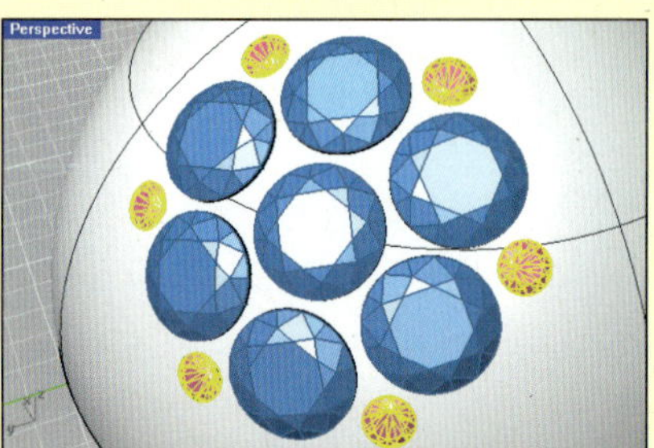

◐ 바깥쪽 젬(Gem)만을 선택한 예

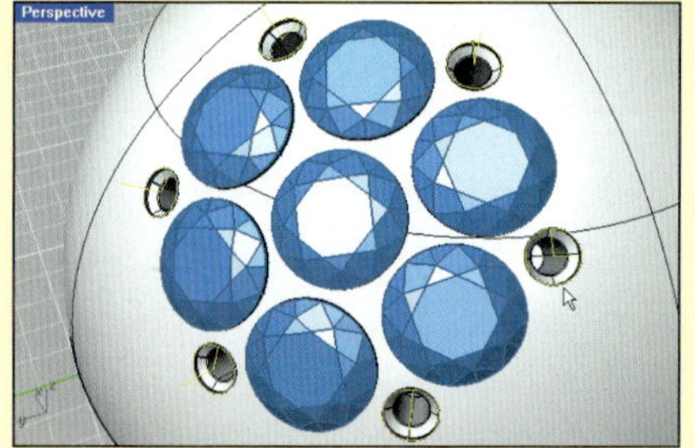

◐ 젬 블록(Gem Block)으로 변환된 모습

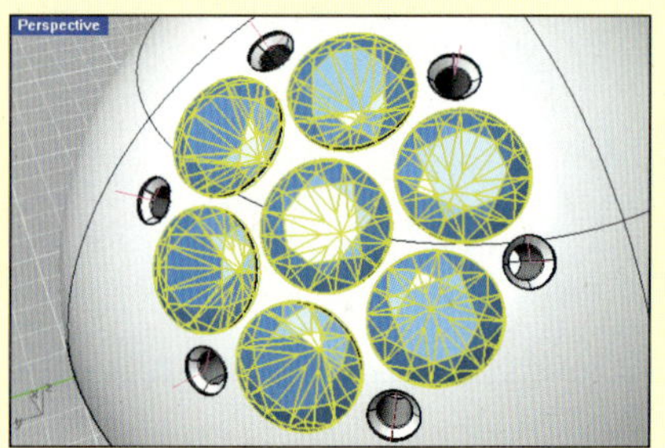

◐ 안쪽 젬(Gem)만을 선택한 예

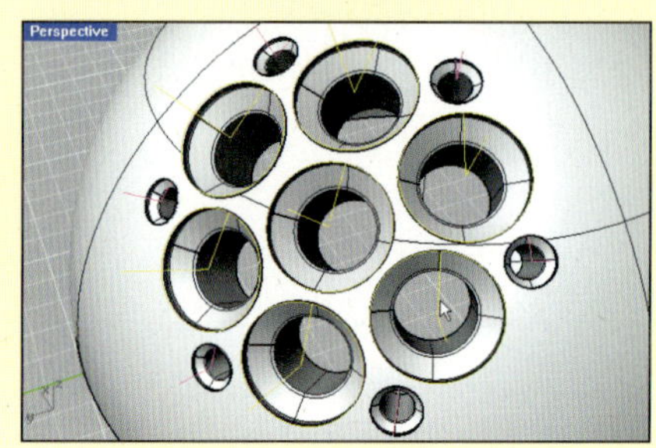

◐ 젬 블록(Gem Block)으로 변환된 모습

⑫ Pave' Block Manager

파베 블록 매니저는 파베 세팅을 위한 드릴의 모양과 보석의 모양을 결정하는 명령으로 선택된 면의 Gem Block에 대하여
적용된다.

사용법 Signity Gem Tools 〉 Pave' Block Manager 〉 Block Definitions에서 보석 선택 〉 드릴 타입(Drill
Type)의 선택 〉 Update Drills 아이콘 클릭 〉 Exit 〉 완료

01_ Insert Pave' Block on Surface로 원하
는 보석으로 젬 블록을 설정한다.

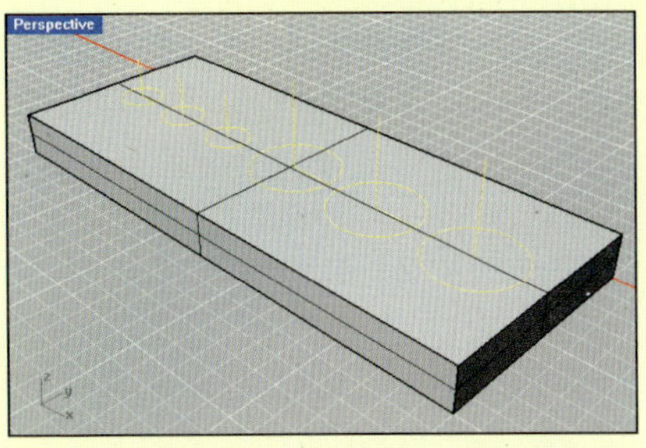

02_ Pave' Block Manager 클릭 〉 Block Definitions에서 보석 선택 〉 Drills에서 원하는 모양의
드릴을 클릭 〉 Update Drills 아이콘 클릭

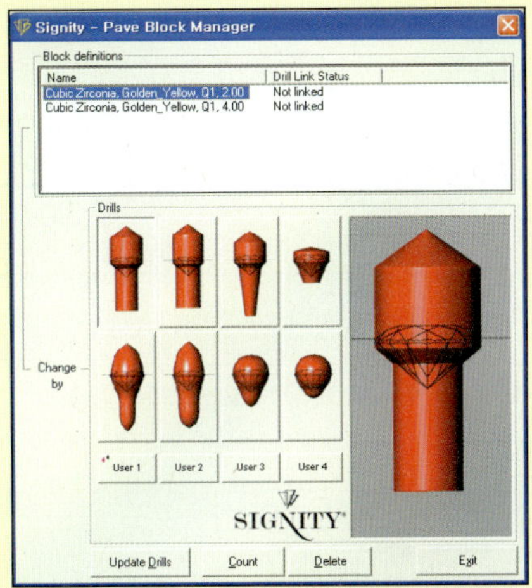

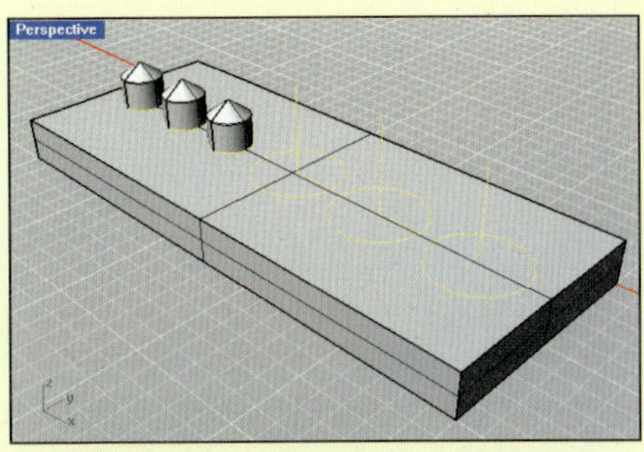

◎ 첫 번째 드릴이 삽입된 모습

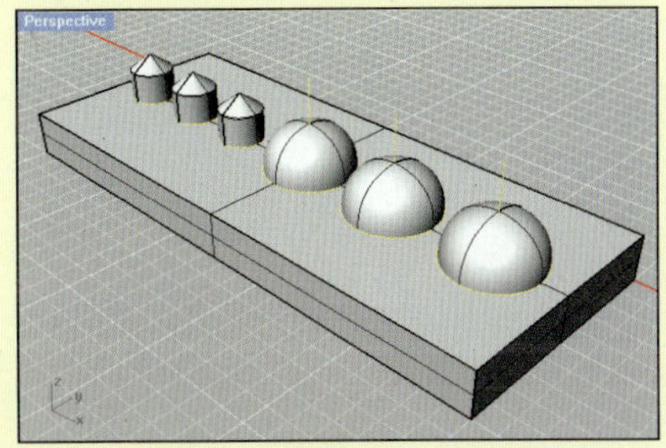

◎ 두 번째 드릴이 삽입된 모습

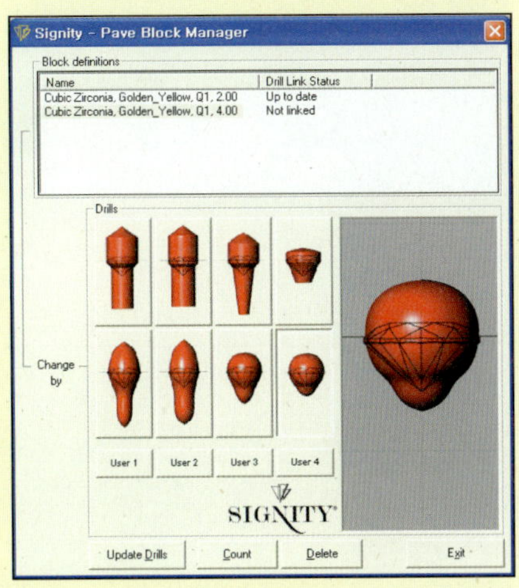

◎ 새로운 보석과 드릴의 선택

03_ Select all Drills로 드릴만을 선택 〉 라이노3D 메인툴바의 폭파(Explode) 아이콘을 클릭 드릴을 분해시켜 준다. 이렇게 하지 않으면 Boolean Difference 명령이 작동하지 않게 된다.

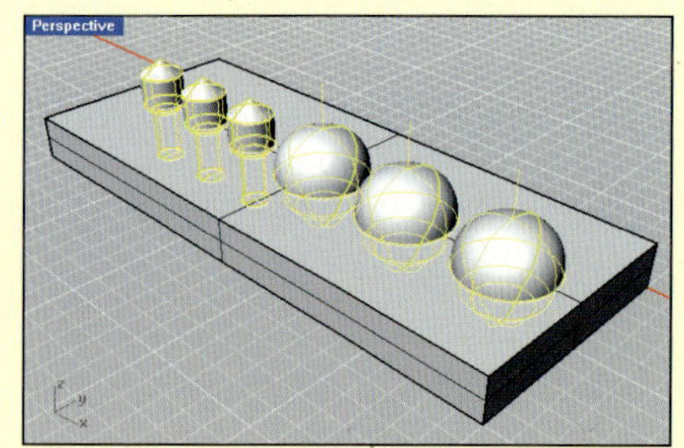

04_ Multiple Boolean Difference로 구멍을 내준다. 선택 순서는 그림의 번호순이다.

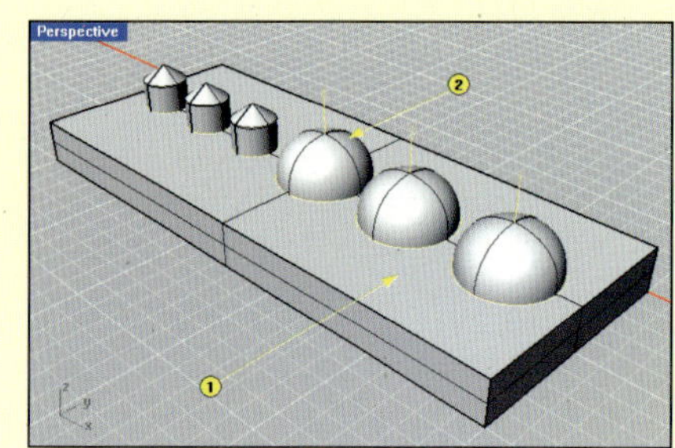

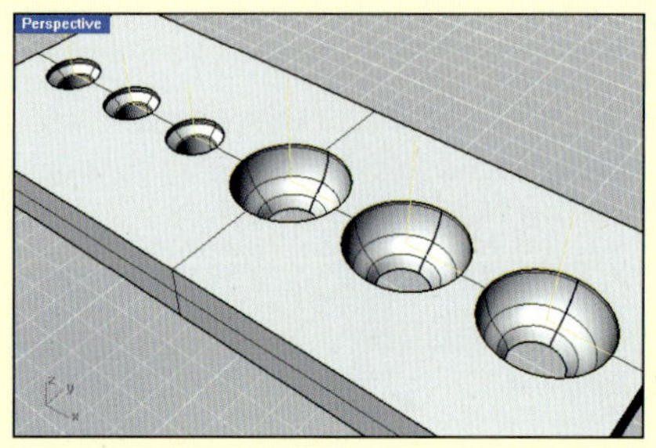

◎ 서로 다른 드릴에 의한 구멍(Hole) 모습

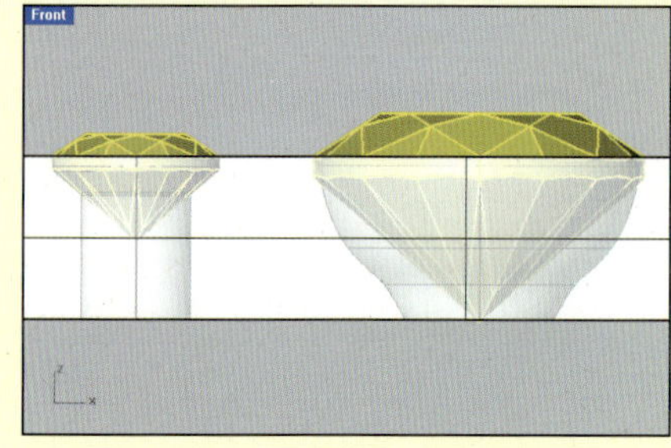

◎ 서로 다른 드릴에 의한 구멍(Hole) 단면 모습

05_ Change Gem Block to Gem으로 보석을 보이게 한다.

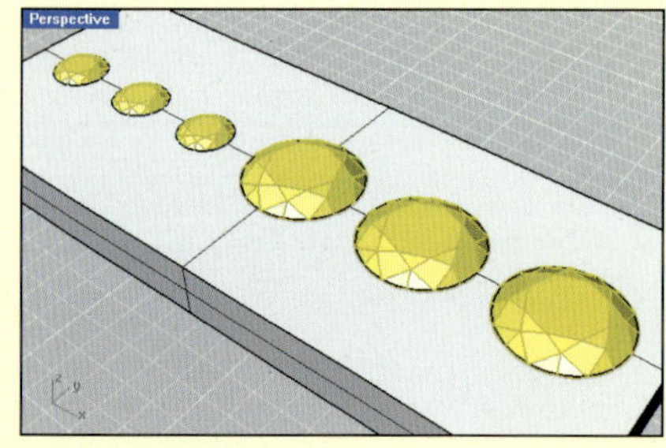

이러한 작업은 계속 반복할 수 있으며 다양한 블록에 다양한 드릴 타입의 적용이 가능하다.

❖ NOTE

이 명령어에 사용된 Signity사 보석은 관련 정보(종류, 형태, 크기, 컬러 등)를 모두 포함하며, 주의사항이라면 배열된 보석이나 블록을 라이노3D 명령 중 하나인 폭파(Explode) 명령으로 보석을 분해해서는 안된다. 이렇게 될 경우 각 보석 정보를 잃어버리게 된다.

❸ Hide all Signity Gems / Show all Signity Gems

자동으로 모든 Signity Gem을 숨긴다.

사용법 | Hide all Signity Gems 아이콘을 마우스 왼쪽 버튼으로 클릭 〉 모든 Signity Gem의 숨김 완료 〉 다시 보이게 하려면 아이콘을 오른쪽 마우스 버튼(Show all Signity Gems)으로 클릭

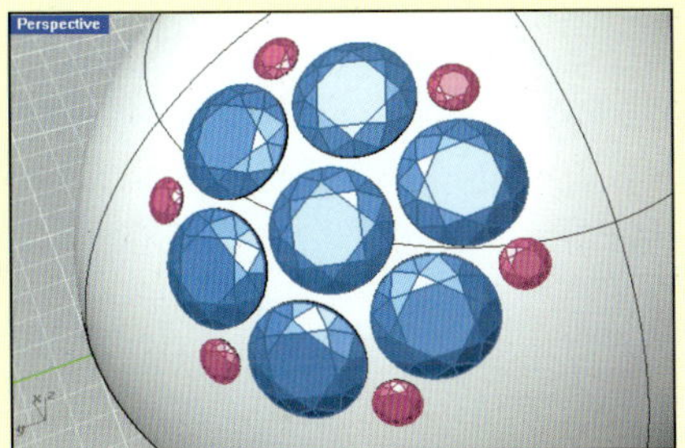
◎ 숨겨질 해당 보석

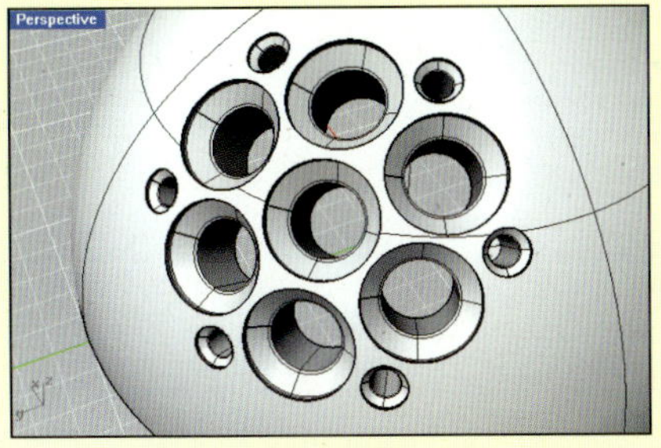
◎ 숨겨진 보석 모습

❹ Lock all Signity Gems

자동으로 모든 Signity Gem을 잠근다.

사용법 | Lock all Signity Gems 아이콘 왼쪽 마우스 버튼으로 클릭 〉 모든 Signity Gem의 잠김 완료 〉 다시 잠금을 풀려면 아이콘을 마우스 오른쪽 버튼(Unlock all Signity Gems)으로 클릭

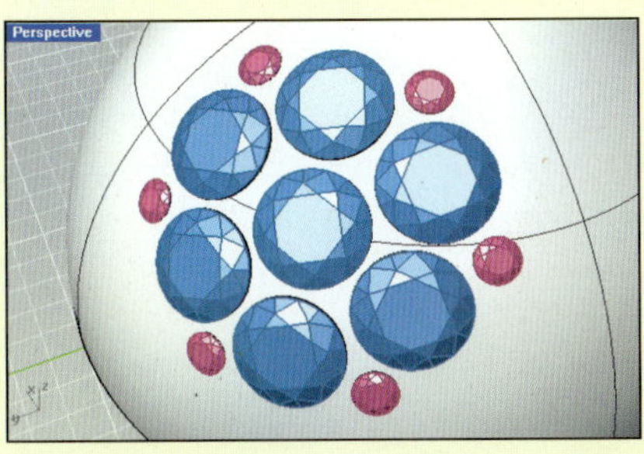
◎ 잠궈둘 보석

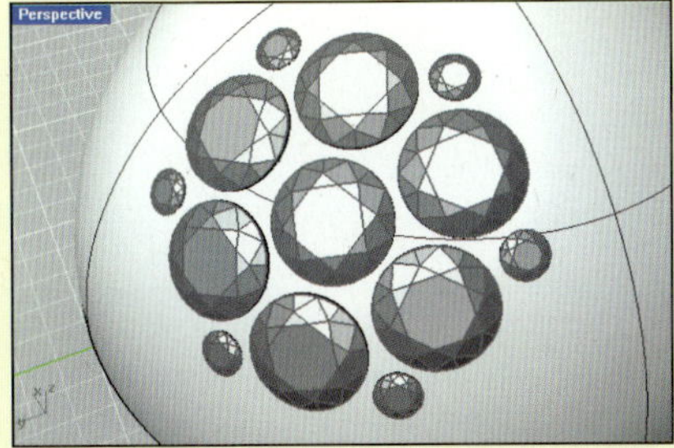
◎ 잠긴 보석의 모습

❺ Select Signity Gems / Select Signity Gems by Type

모든 Signity Gem의 선택

사용법 | Select Signity Gems 아이콘을 마우스 왼쪽 버튼으로 클릭 〉 모든 젬이 선택됨

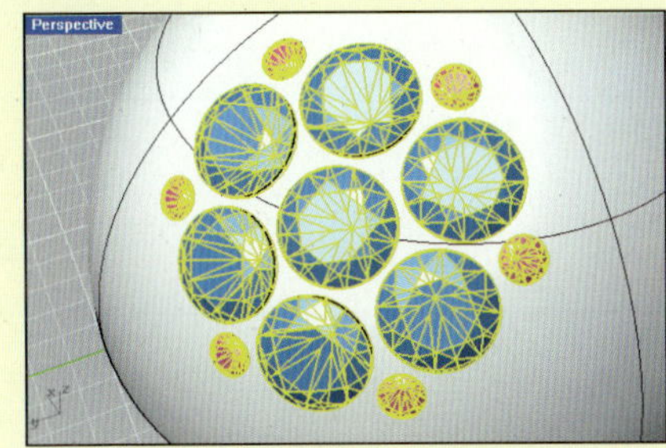
◎ 모든 보석이 선택된 모습

Select Signity Gems / Select Signity Gems by Type 아이콘을 마우스 오른쪽 버튼으로 클릭 〉 사용된 보석의 타입 명세표가 뜬다. 이는 어떤 보석을 사용하여 작업 중인지를 정확하게 파악하는 데 도움을 준다.

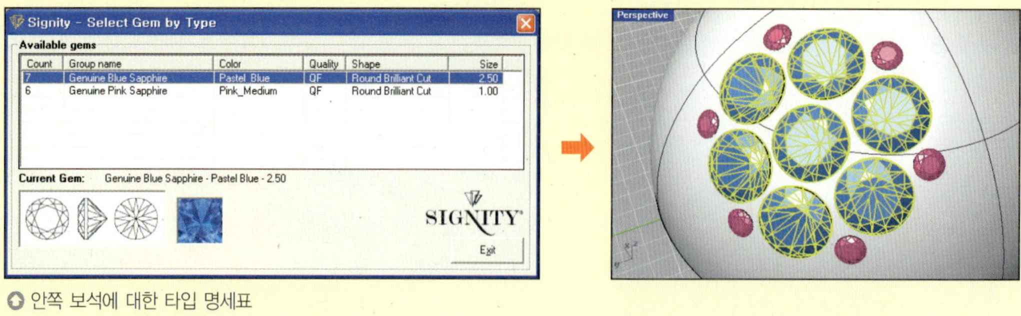

○ 안쪽 보석에 대한 타입 명세표

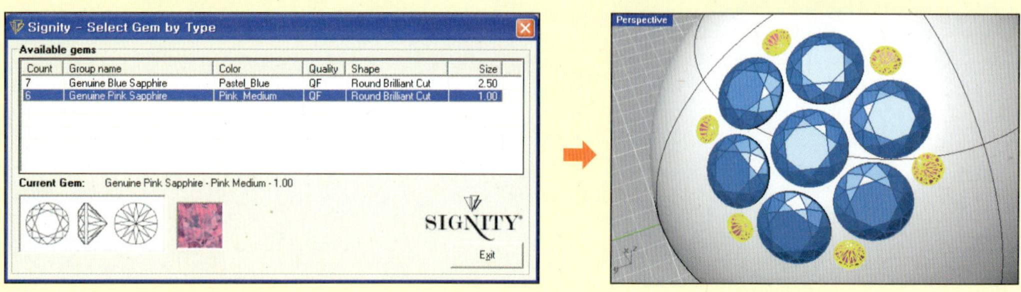

○ 바깥쪽 보석에 대한 타입 명세표

16 Select all Drills / Select all Drills and Explode for Boolean Operation
사용된 모든 Drill이 선택된다.

사용법 Select all Drills 아이콘을 마우스 왼쪽 버튼으로 클릭 〉 모든 드릴이 선택된다.

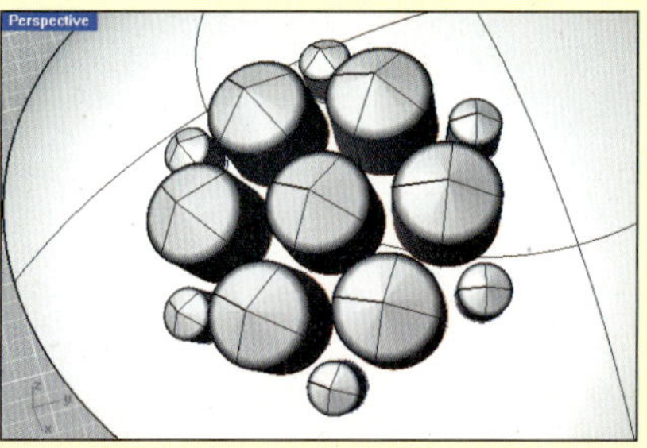

○ 삽입된 드릴 모습

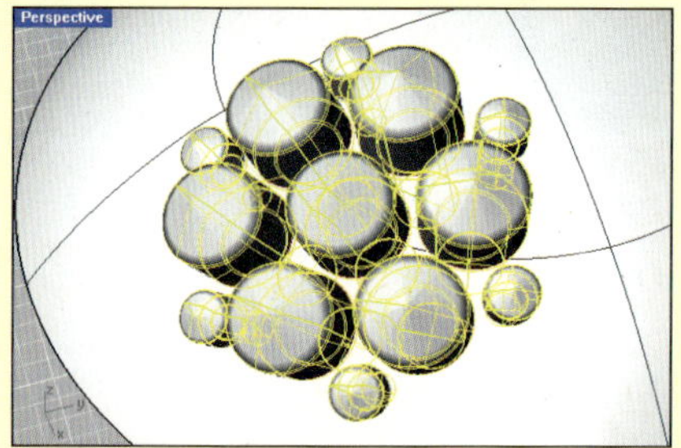

○ 자동 선택된 드릴 모습

❖ NOTE

드릴을 지우려면 선택된 상태에서 키보드의  버튼을 쳐준다.

Select 아이콘을 오른쪽 마우스 버튼(Select all Drills and Explode for Boolean Operation)으로 클릭해주면 Drill들이 모두 선택되면서 폭파(Explode)된다. 이는 Boolelan Difference 명령을 수행하기 위한 절차이다. 이는 라이노3D의 폭파 아이콘과 같은 역할을 한다. 폭파와 동시에 커맨드 라인에 총 13개의 Drill이 폭파되었다는 메시지가 뜬다.

```
Command: _NoEcho
Exploded 13 instances into 13 objects.
```

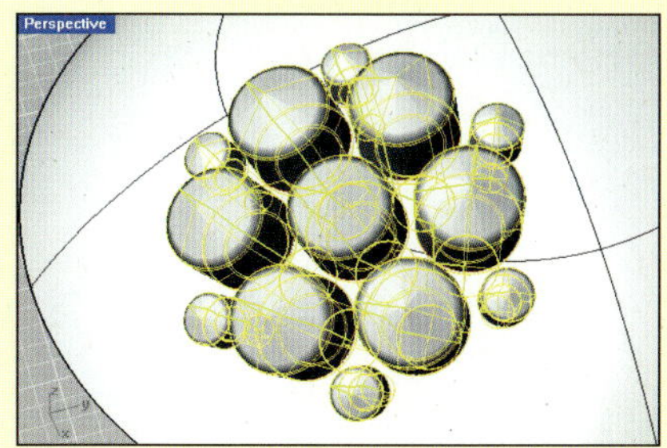

이렇게 하면 아래와 같이 Multiple Boolelan Difference 명령이 가능해진다.

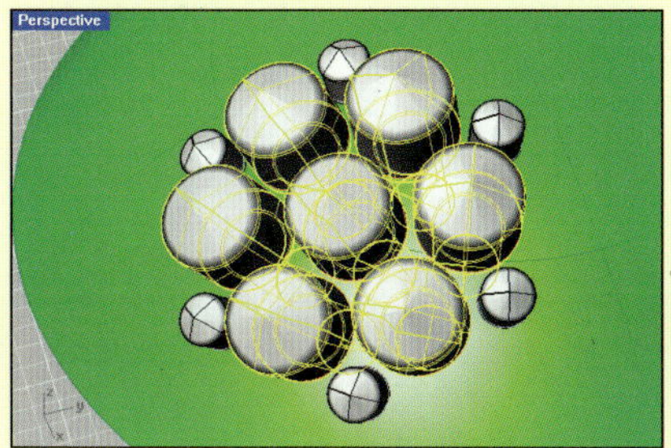

◎ Boolelan Difference 수행 모습

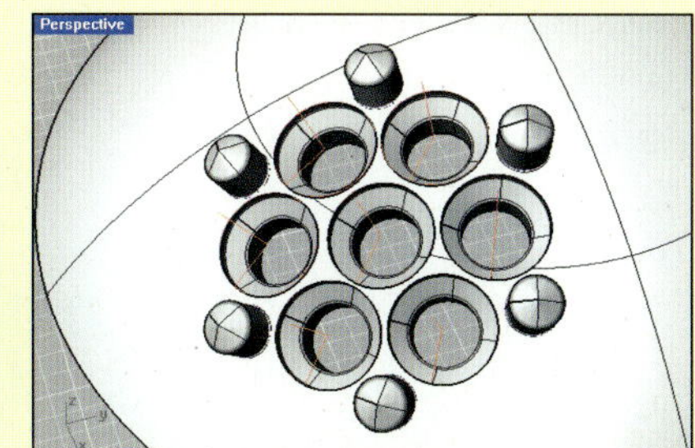

◎ Boolelan Difference 완료 모습

⑰ Select all Labels

보여지는 모든 사이즈 라벨(Size Label)과 보석 재료 라벨(Material Label)에 대하여 자동 선택

사용법 Select all Labels 아이콘을 마우스 왼쪽 버튼(Left Mouse Click)으로 클릭

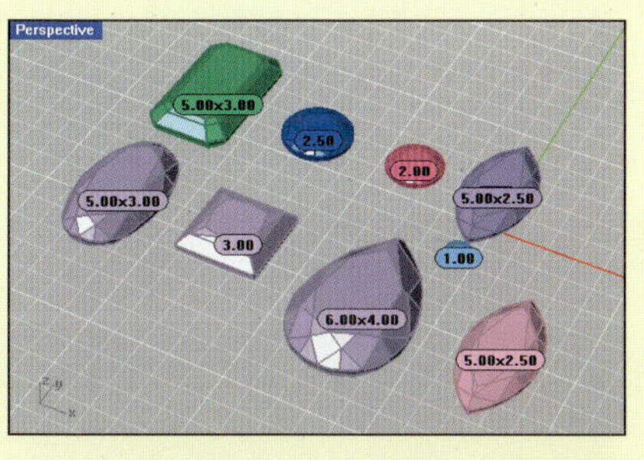

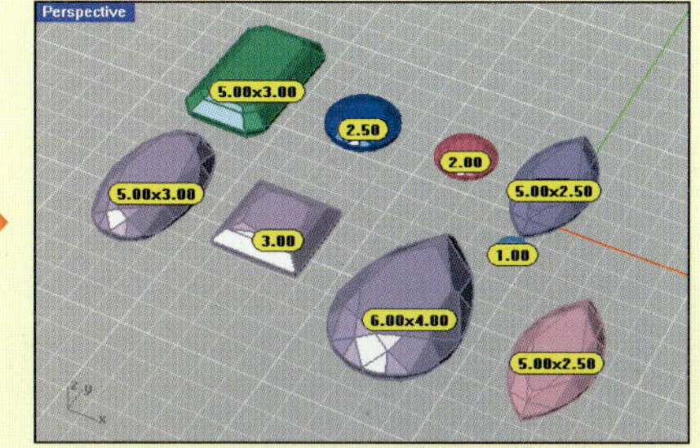

◎ 보석의 사이즈 라벨이 선택된 모습

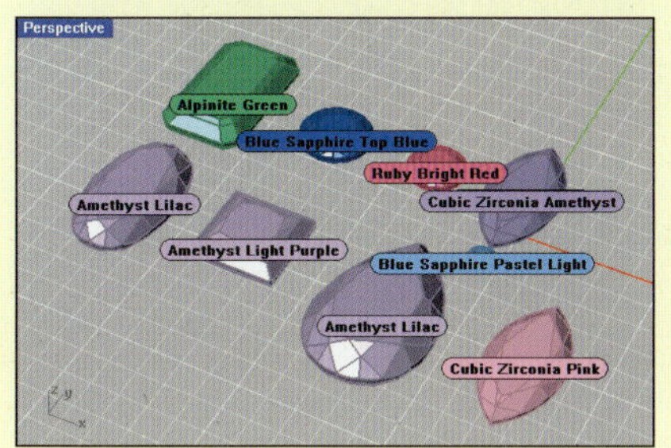

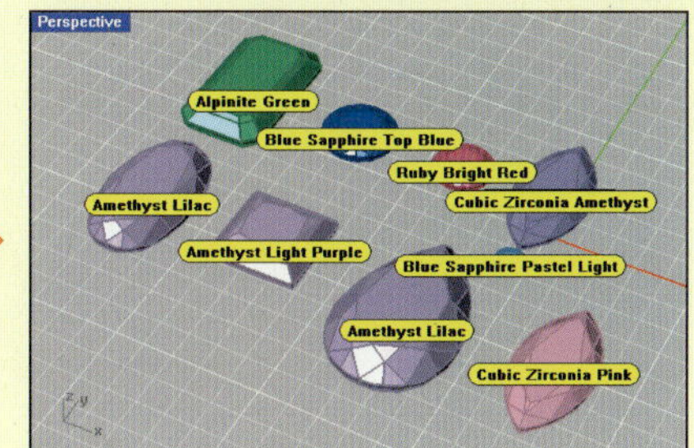

◎ 보석의 재질 라벨이 선택 된 모습

⑱ Pave' Sample

파베 세팅을 위한 샘플 사용 기능

사용법

01_ Signity Gem Tools 〉 Pave' Sample 아이콘 클릭 〉 Signity-Pave Sample 대화상자 〉 Columns(종렬-세로줄)와 Rows(횡렬-가로줄) 설정

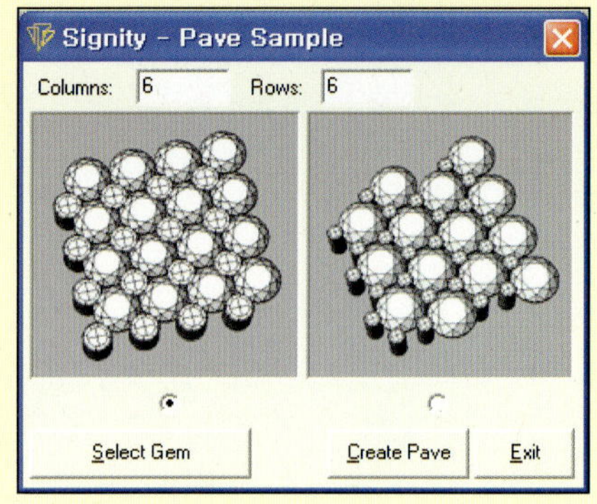

02_ 원하는 배열모양 체크 〉 Select Gem 아이콘 클릭 〉 원하는 보석 선택

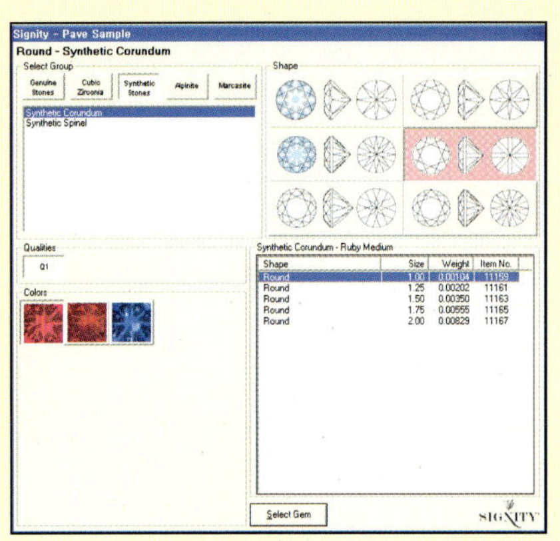

03_ Create Pave 아이콘 클릭

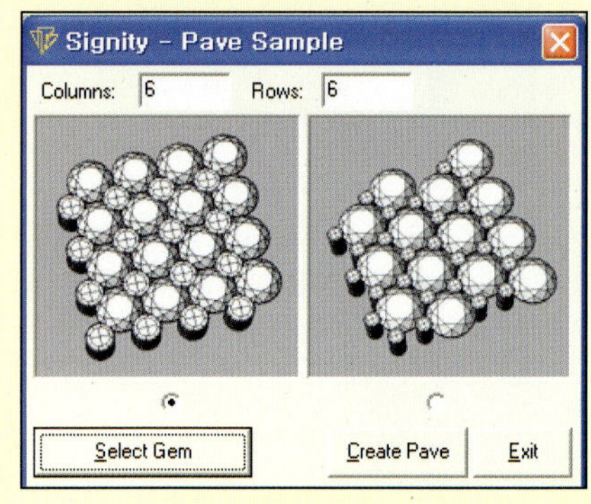

04_ 원하는 행과 열에 맞는 세팅 완료

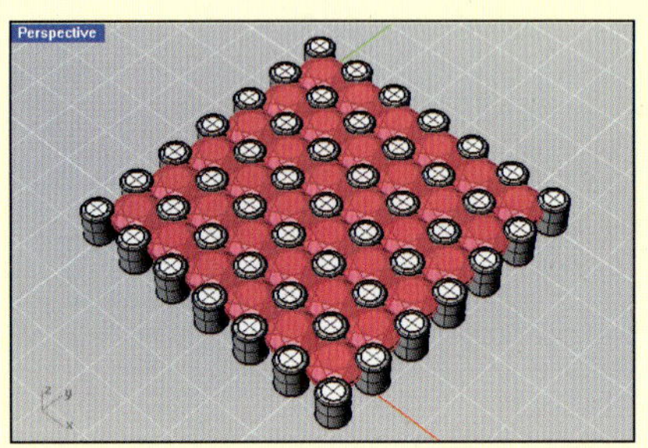

05_ 이번에는 파베 배열의 행과 렬이 지그재그로 세팅 되도록 해본다. 방법은 동일하며 단, 그림과 같이 체크해 준다.

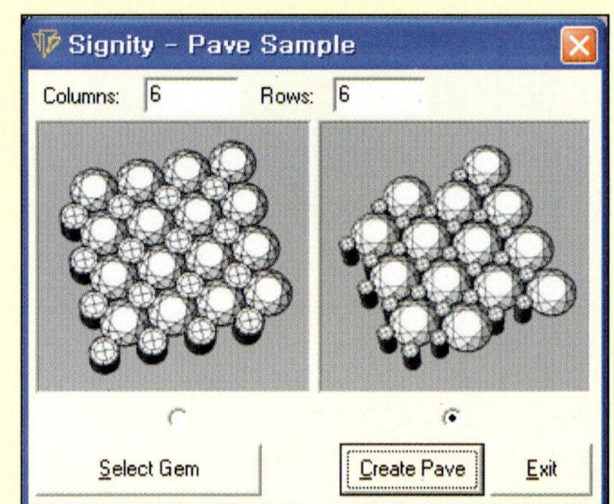

06_ 원하는 행과 열에 맞는 세팅 완료

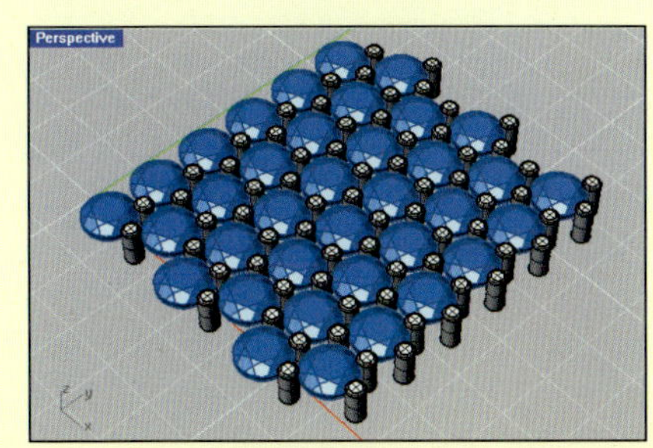

> ❖ NOTE
>
> 행과 렬이 지그재그(ZIGZAG)로 생성되는 경우 부족한 부분은 난발이나 보석을 Mirror 카피해서 원하
> 는 수정이 가능하다.

❾ Help and Downloads

이 아이콘은 총 3개의 하위 아이콘으로 구성되며 순서대로
설명한다.

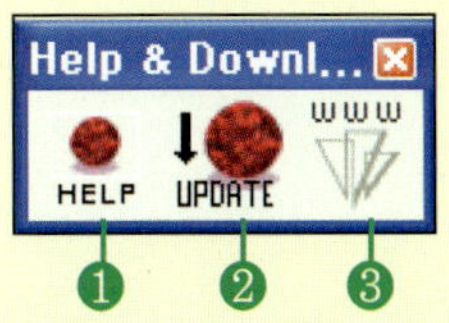

❶ Signity Help

TechGems 4.1에 포함된 Signity Gemstones Tool-
bar Help로 각 명령어의 이해를 돕기 위한 메뉴 설명과
활용법이 정리되어 있다. 도움말을 참조하면 학습에 도
움이 된다.

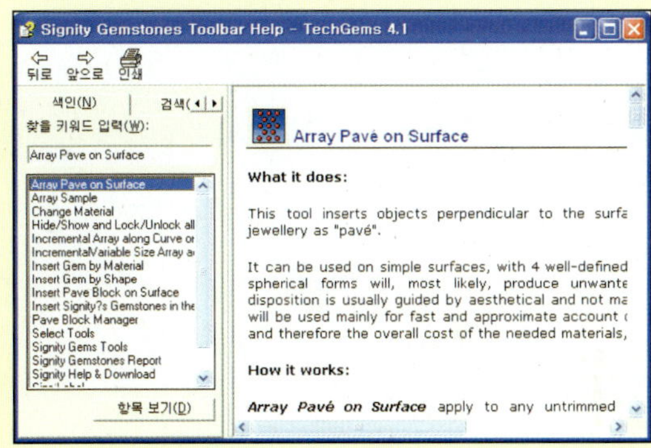

❷ Signity Update

Tech Gems 4.1에 탑재된 Signity Update 자동 연결 아이콘

사용법 │ Select all Labels 아이콘을 마우스 왼쪽 버튼(Left Mouse Click)으로 클릭

01_ 총 2가지의 업그레이드 옵션이 제공된다. 우선
테크젬 정품 사용자가 무료로 사용할 수 있는
Basic Library와 추가 돈을 지불하고 완전한 Sig-
nity 라이브러리를 모두 구입할 수 있는 Buy
complete library 옵션이 그것이다. 모두 해당 웹
사이트로 접근되면 선택하면 된다.

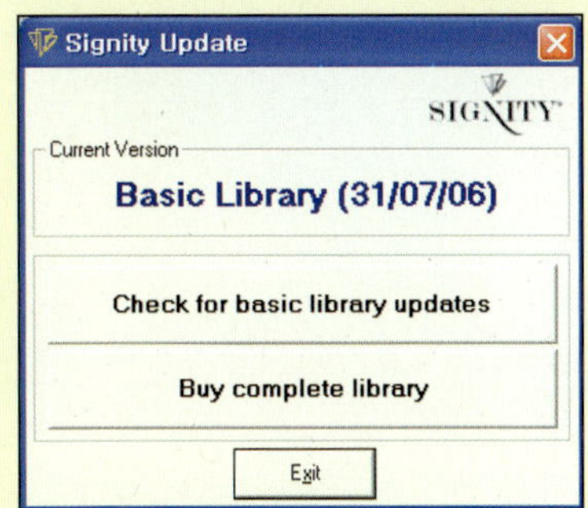

02_ 우측의 웹사이트는 Buy complete library 아이콘 클릭시 상업적 구입을 위한 가입 및 구입 절차가 나타난다. 물론 필요하지 않으면 기본 라이브러리(Basic Library)만으로 작업해도 무방하다. 연결 사이트는 http://www.signity .biz

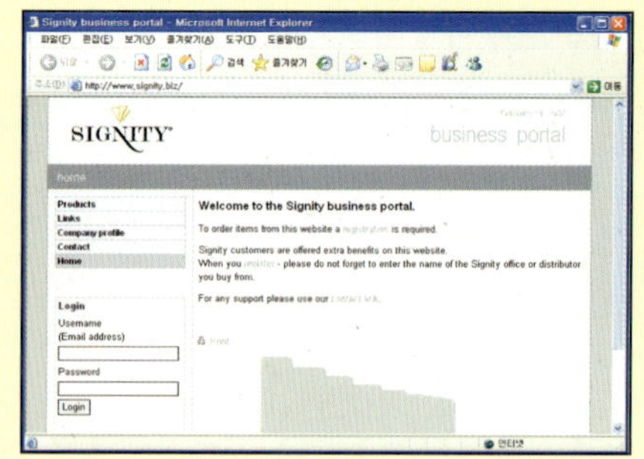

❸ 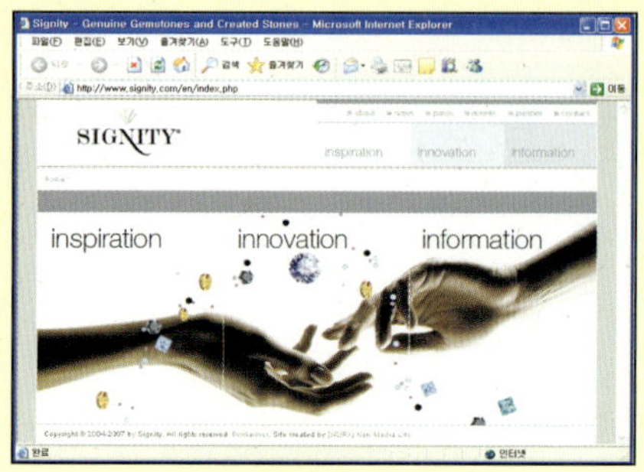 Signity com

Signity사 웹사이트로 자동 연결.
연결사이트는 http://www.signity .com

테크젬에서는 앞서 설명된 Signity사의 보석 외에 아래와 같은 다양한 형태의 보석들을 제공한다. 가장 대표적인 Round Cut 그룹과 Various Cut으로 Square Cut, Triangular Cut, Octagonals Cut, Others Cut 등이다.

❸ Round Cut 그룹

총 7가지의 Round Cut 활용 기능

사용법 | Tech Gems 4.1-mm-en아이콘 메인 툴바 〉 Round Cuts 아이콘 클릭

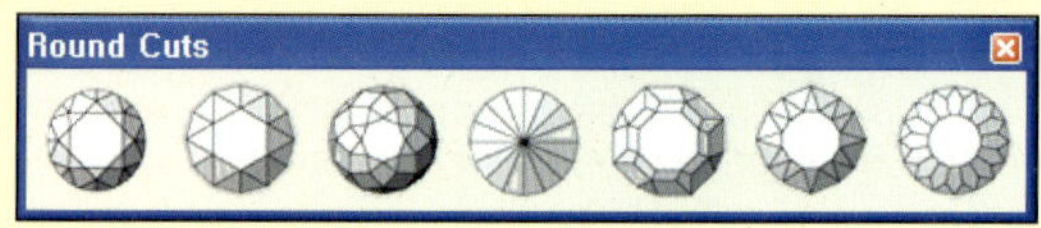

❹ Various Cuts 그룹

라운드컷 외에 변화된 컷(Various Cut)을 활용

사용법 | Tech Gems 4.1-mm-en 아이콘 메인 툴바〉Various Cuts 아이콘 클릭. 상세한 사용법은 이어지는 설명에 준한다.

❶ Square Cuts 그룹

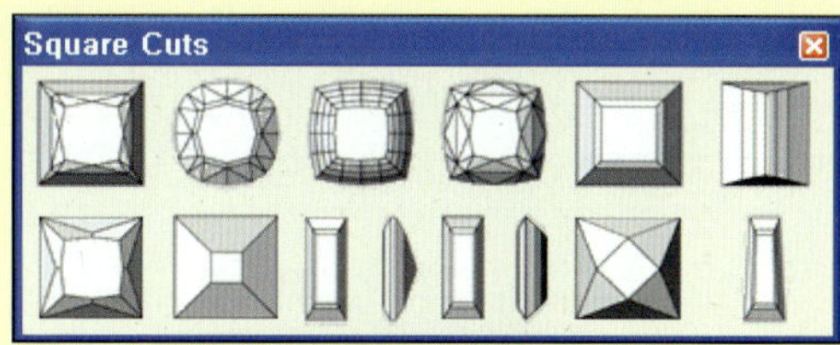

❷ Triangular Cut 그룹

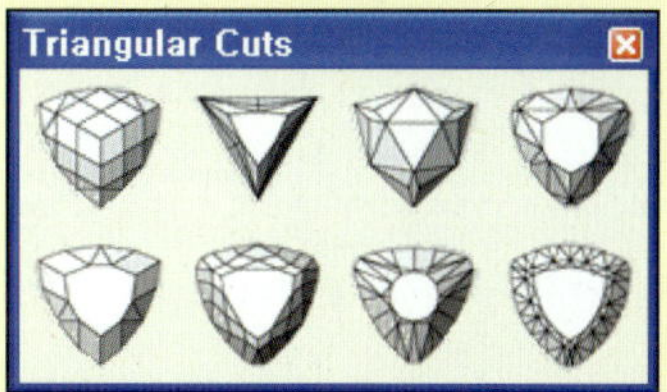

❸ Octagonals Cut 그룹

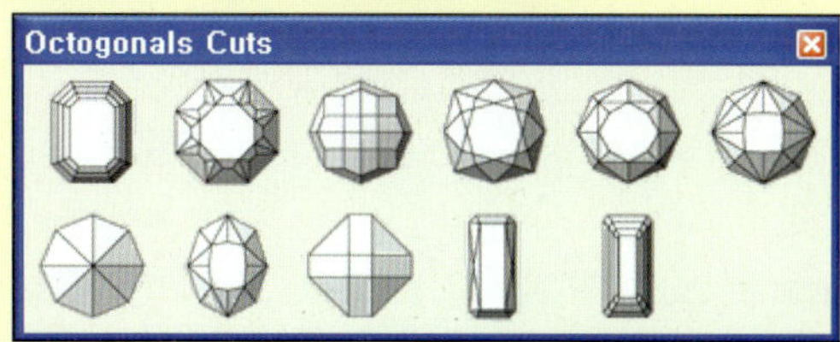

❹ Others Cut 그룹

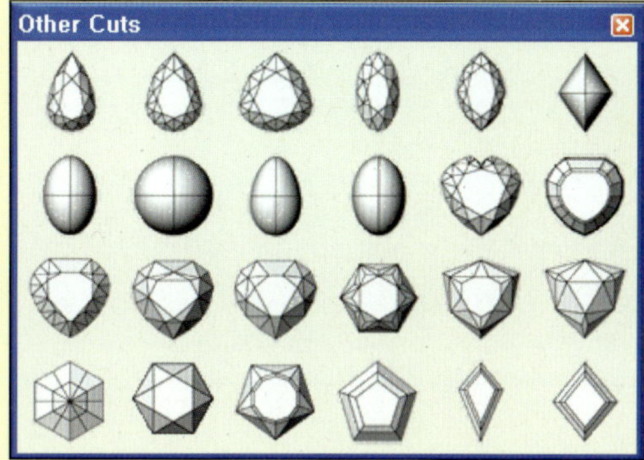

위에 제시된 보석을 생성하기 위한 방법은 크게 아이콘을 마우스 왼쪽 버튼으로 클릭시와 아이콘을 마우스 오른쪽 버튼으로 클릭시에 따라 달라진다.

●●○○ 아이콘을 마우스 왼쪽 버튼으로 클릭시

원하는 지점에 임의의(Random) 보석을 생성할 수 있으며 보석의 기울어진 각도(Angle)조정이나 x, y, z값에 의한 보석 생성이 가능하다.

❶ 각도 조정 없는 보석(Gem)의 생성

01_아이콘을 선택 후 그림과 같이 원하는 지점에 클릭한다.

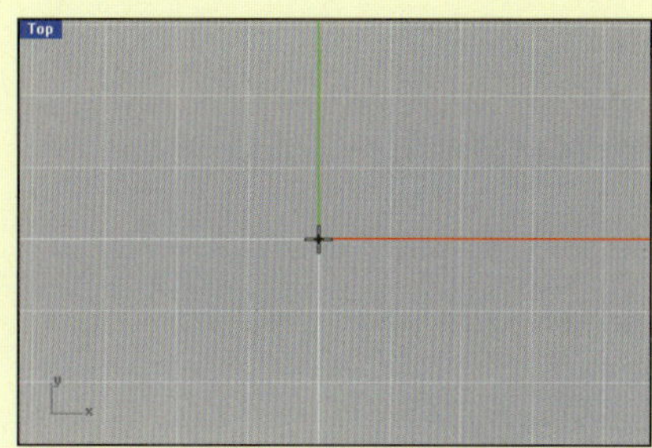

02_ 원하는 크기(Size)로 드래그한다.

03_ 원하는 크기(Size)로 완성한다. 이때 회전각을 물어 보는데 0도를 쳐주거나 그냥 Enter 를 쳐주면 된다.

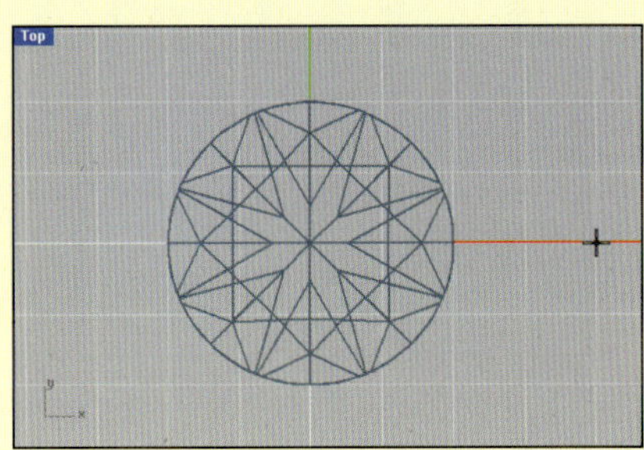

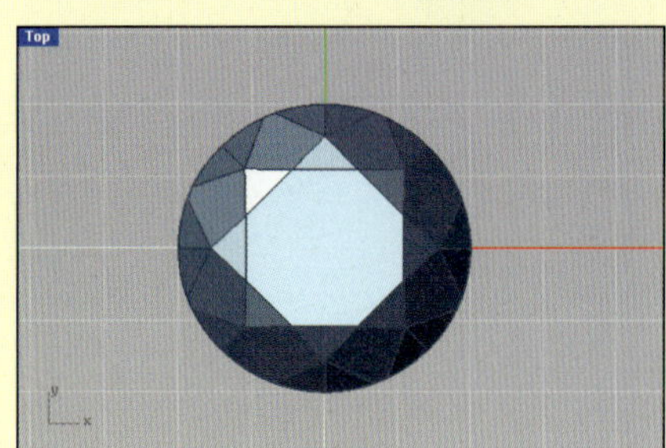

2 각도 조정을 위한 보석(Gem)의 생성

회전각은 아래 예와 같이 Oval 형의 마퀴즈 컷(Marquise Cut)과 같이 원형이 아닌 경우 주로 사용된다.

01_ Various Cuts 아이콘 모음 > Other Cuts > 아이콘을 선택 후 그림과 같이 원하는 지점에 클릭한다.

02_ 원하는 크기(Size)로 드래그한다.

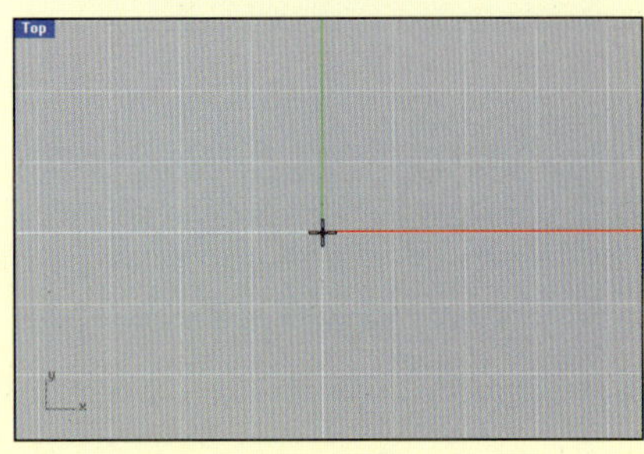

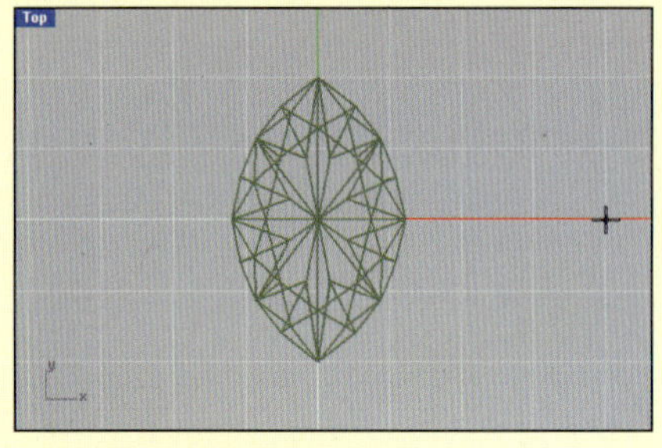

03_ 원하는 크기(Size)로 완성한다. 이때 회전각을 물어 보는데 −45도를 쳐준 결과이다.

04_ 45도를 쳐준 결과이다.

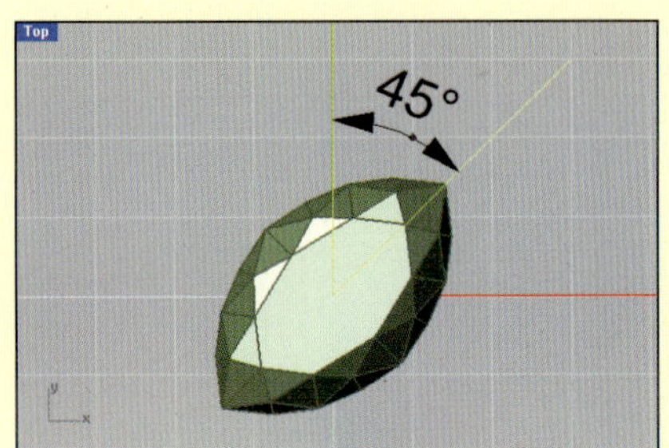

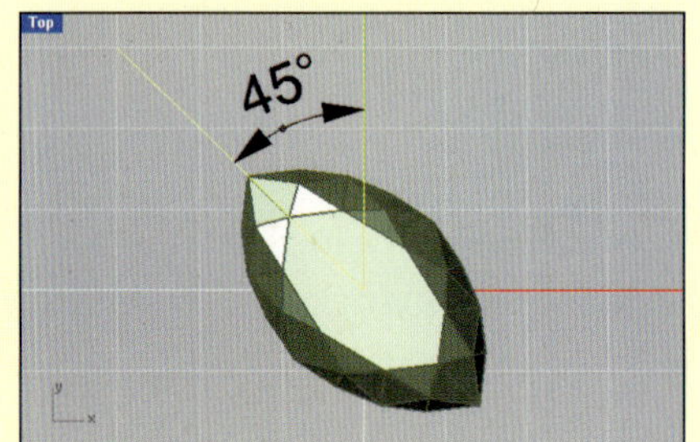

❸ 수치 값에 의한 보석(Gem)의 생성

01_ 아이콘을 선택한 후 그림과 같이 원하는 지점을 클릭한다.

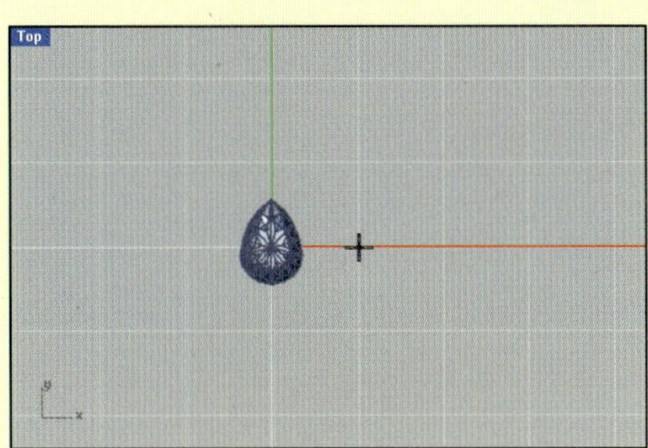

02_ Scale factor에 4를 지정한다.

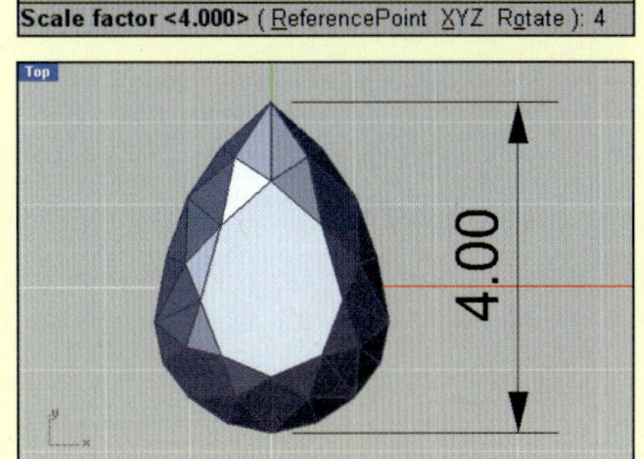

03_ Rotation angle에 90도를 지정한다.

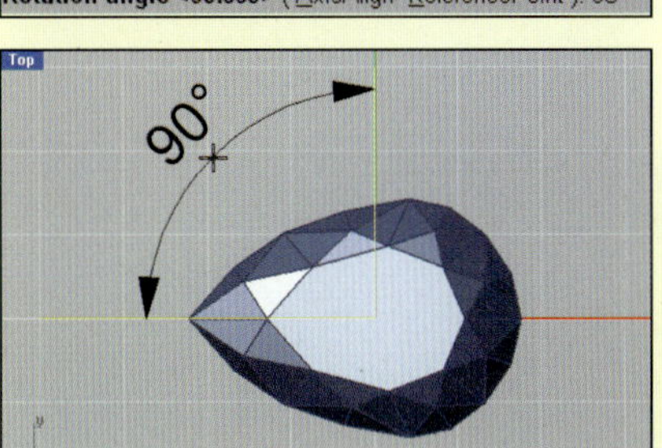

❹ x, y, z값 입력에 의한 보석의 생성

01_ Round Cut 아이콘 선택

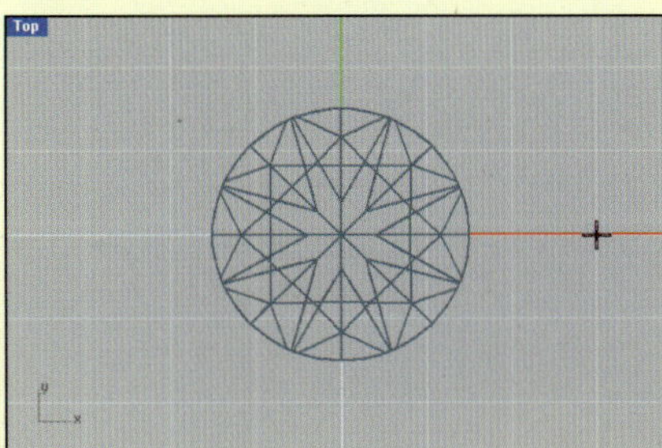

02_ x축 넓이를 2mm지정

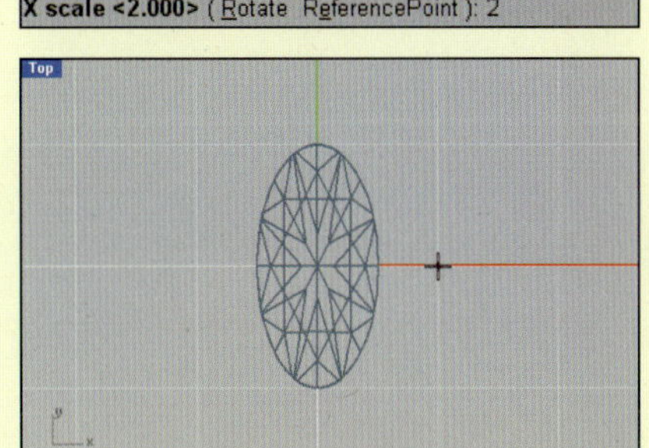

03_ x축 넓이가 지정된 상태의 모습

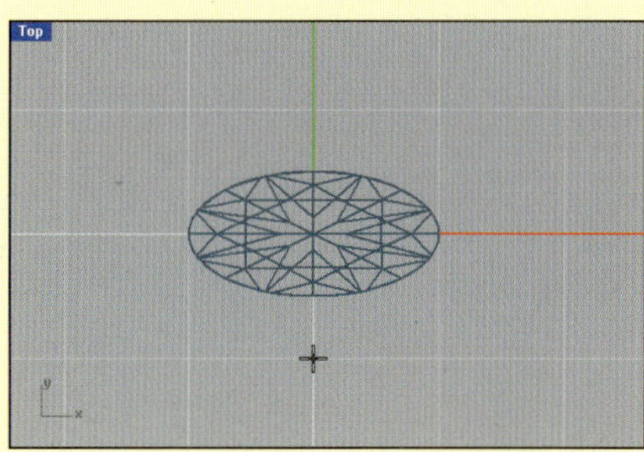

04_ y축 높이를 4mm로 지정

```
Scale factor <2.000> ( ReferencePoint  XYZ  Rotate ): XYZ
X scale <2.000> ( Rotate  ReferencePoint ): 2
Y scale <2.000> ( ReferencePoint ): 4
```

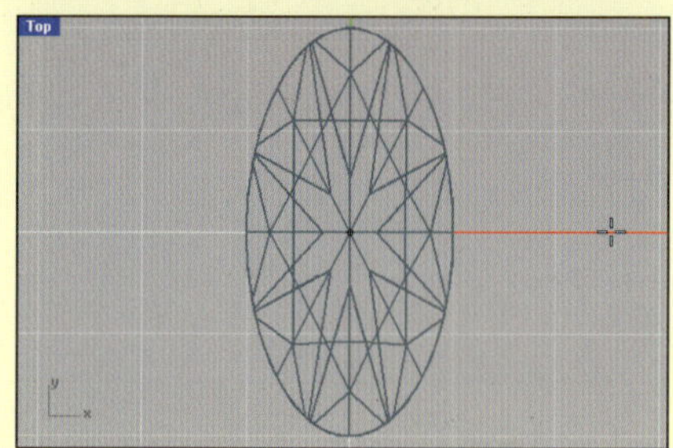

05_ z축 높이를 1.5mm로 지정

```
X scale <2.000> ( Rotate  ReferencePoint ): 2
Y scale <2.000> ( ReferencePoint ): 4
Z scale <2.000> ( ReferencePoint ): 1.5
```

각도 0을 지정

```
Y scale <2.000> ( ReferencePoint ): 4
Z scale <2.000> ( ReferencePoint ): 1.5
Rotation angle <0> ( AxisAlign  ReferencePoint ): 0
```

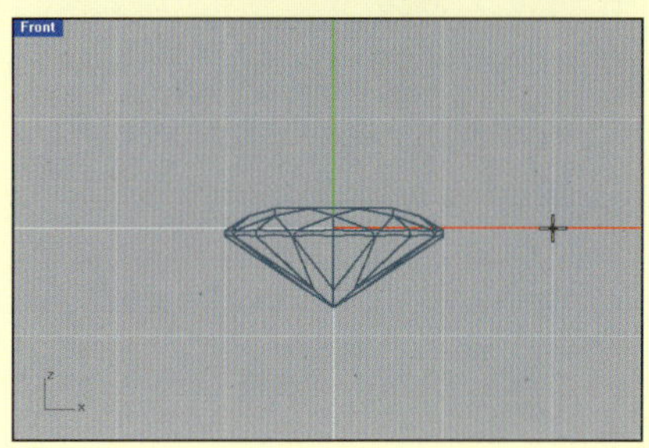

06_ 완성된 모습

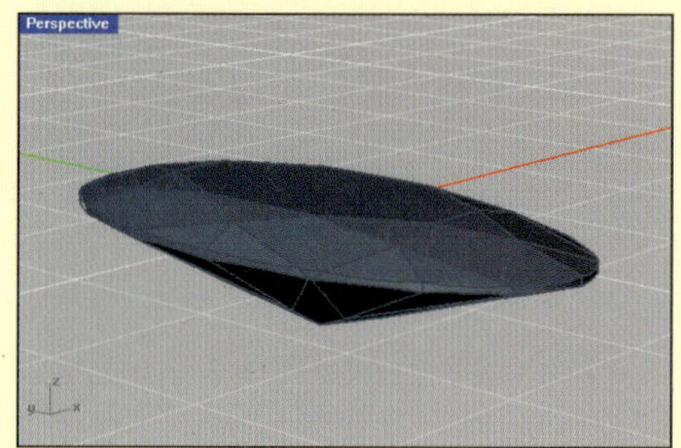

●○● 🔘 아이콘을 마우스 오른쪽 버튼으로 클릭시

아이콘을 오른쪽 마우스 버튼으로 클릭하면 Gem Size를 대화상자에서 바로 기입하여 원하는 보석을 쉽게 생성

01_ 대화상자가 나타나면 예) 대로 기입한다.

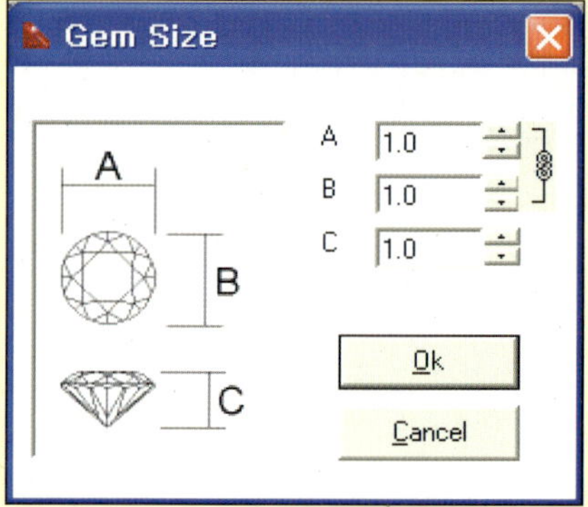

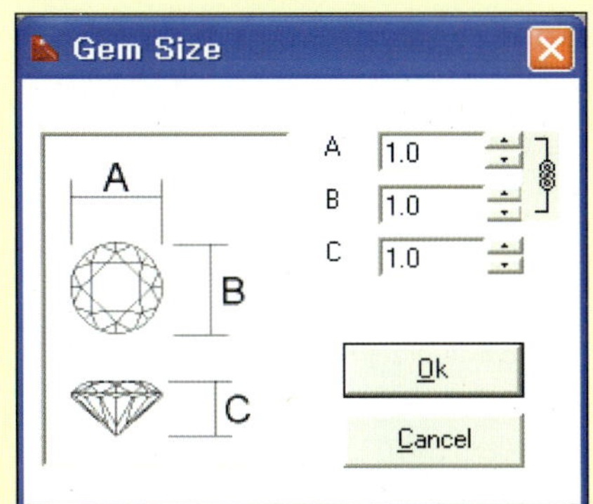

예1) A 1.0 〉 B 1.0 〉 C 1.0

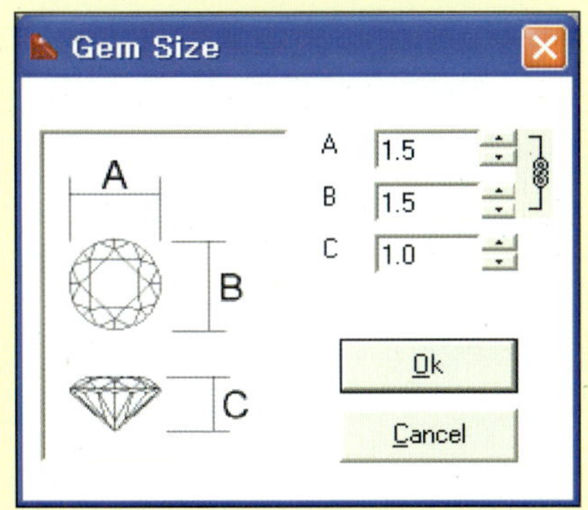

예2) A 1.5 〉 B 1.5 〉 C 1.0

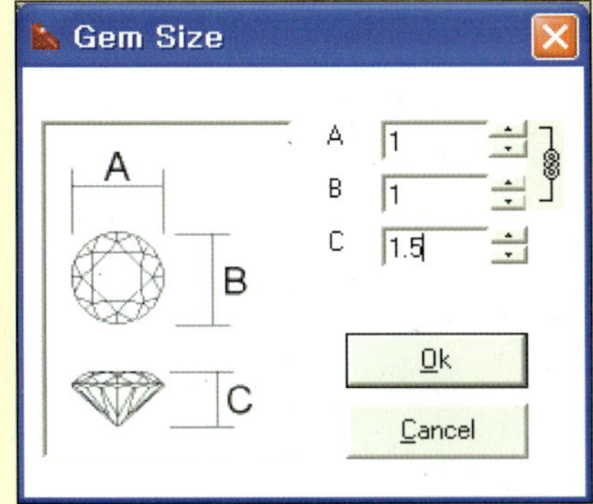

예3) A 1 〉 B 1 〉 C 1.5

02_ 상단에서 생성된 각 보석 크기(직경) 비교

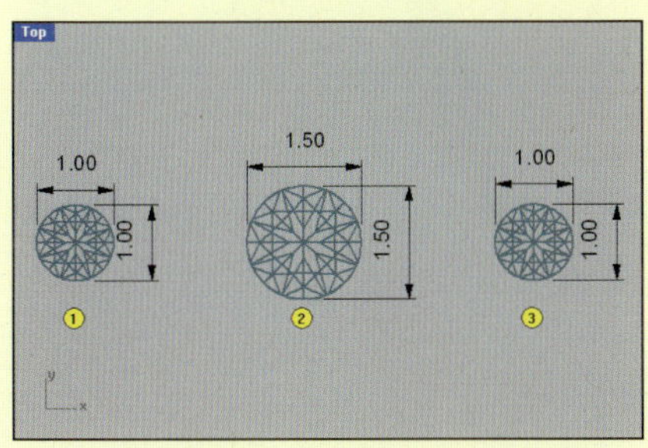

03_ 정면에서 생성된 각 보석 높이 비교

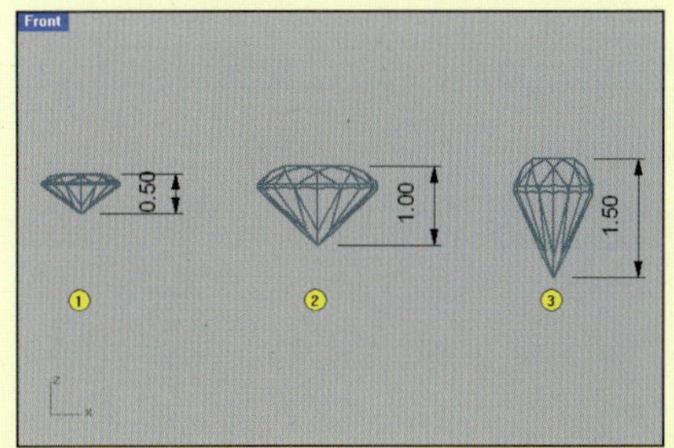

04_ 최종 입체 모습. 결과적으로 치수 입력에 의하여 Shallow(얕은) Cut, Ideal(이상적인) Cut, Deep(깊은) Cut 등을 쉽게 생성할 수 있다.

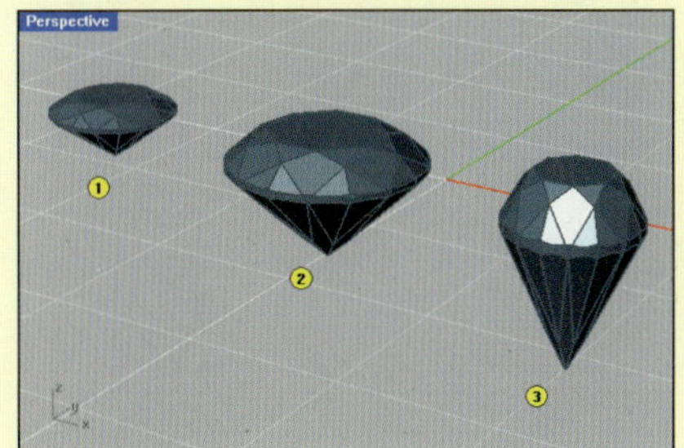

❺ Auto Set CPlane by 3 Points

정상적인 좌표로는 작업이 불가한 객체의 면에 대하여 별도의 Plane을 설정하여 정상 좌표에서 작업하듯이 쉽게 작업할 수 있도록 해준다.

사용법

01_ 그림과 같은 경사면(Tilted flat surface)에 원이나 원기둥을 정확하게 면에 일치하도록 그리고자 할 때 정상좌표에서는 객체 모델링이 힘들다. 그래서 우선 Auto Set CPlane by 3 Points을 수행하기 전에 Osnap에 End를 체크하고 Single Point를 그림과 같이 번호순 위치에 배치해 준다.

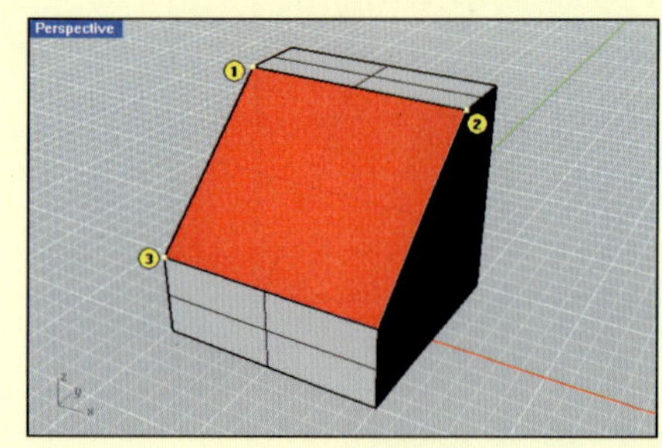

02_ Auto Set CPlane by 3 Points 아이콘을 클릭 후 Osnap에 Point를 체크하고 그림과 같이 번호 순서대로 클릭해 준다.

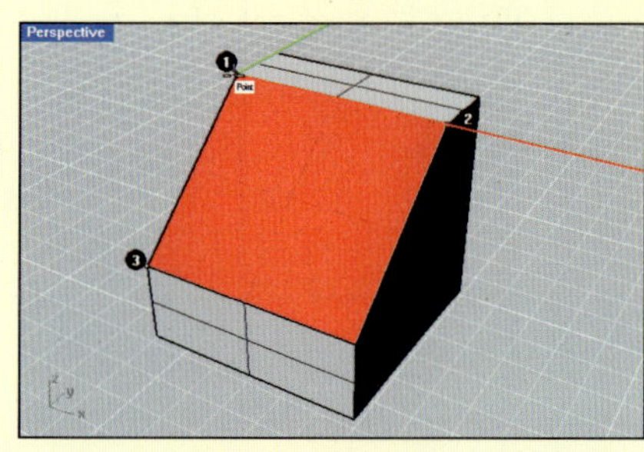

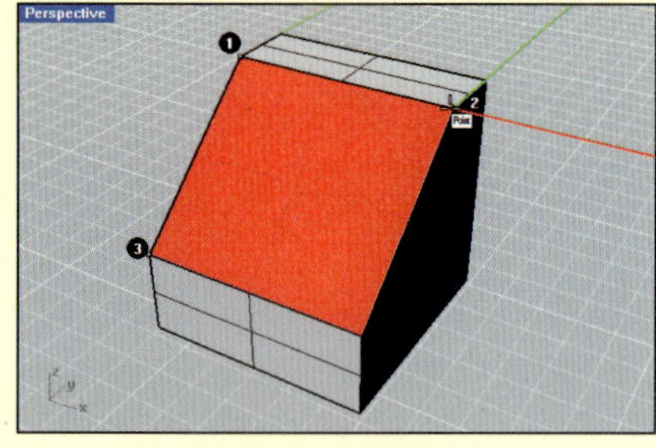

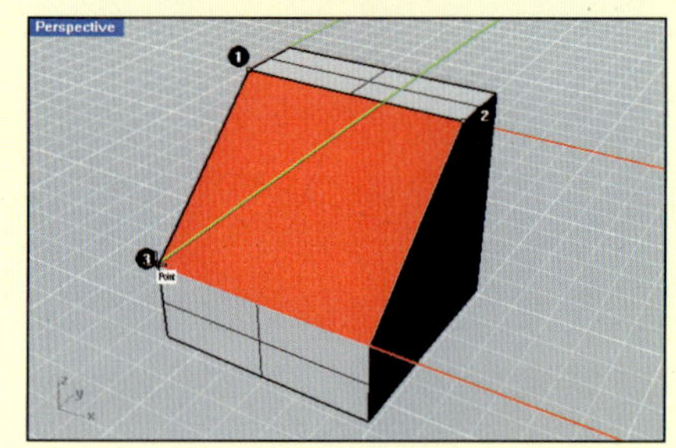

03_ 클릭이 종료됨과 동시에 Perspective에 원래 객체가 그림과 같이 뒤집어져 보이게 된다.
이것은 잘못된 것이 아니라 정상적으로 Cplane이 적용되었기 때문이다. 하지만 작업하고자 하는 붉은 면이 보이지 않아 불편하게 된다.

04_ 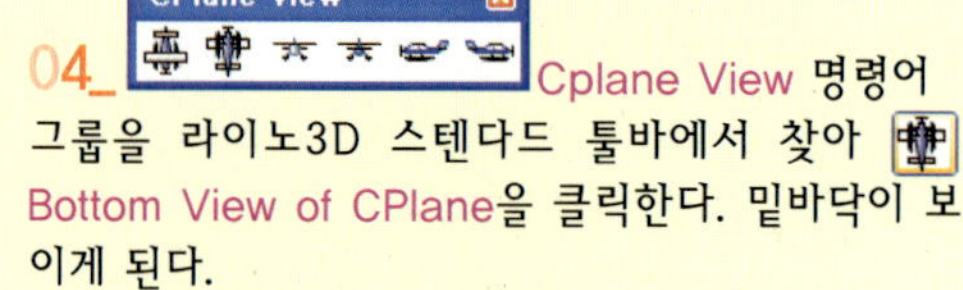 Cplane View 명령어 그룹을 라이노3D 스텐다드 툴바에서 찾아 Bottom View of CPlane을 클릭한다. 밑바닥이 보이게 된다.

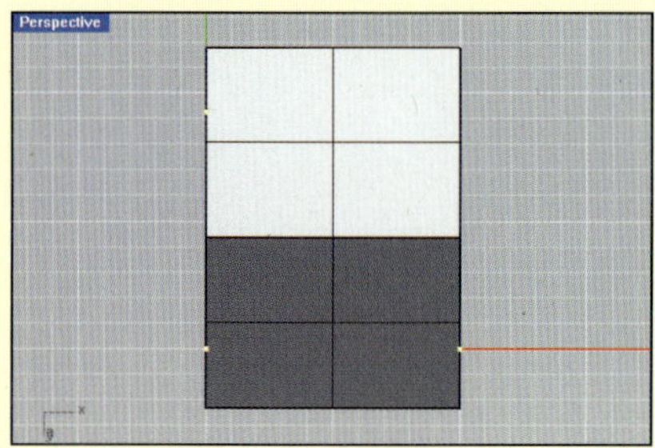

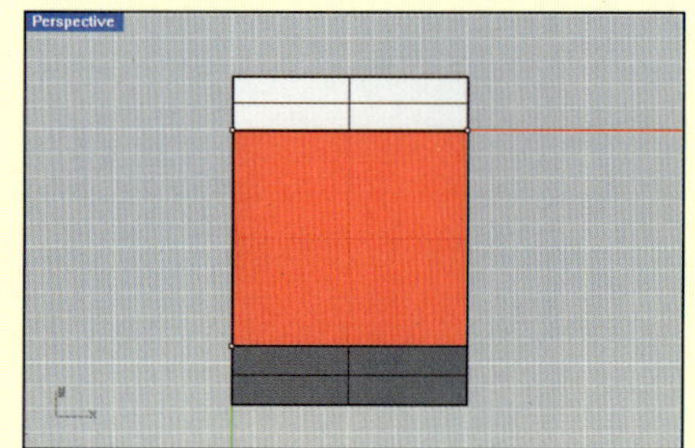

05_ Circle : Center, Radius 아이콘을 클릭하여 그림과 같이 정상 좌표에서 작업하듯이 그려준다. 경사면에 일치되어 잘 그려질 것이다.

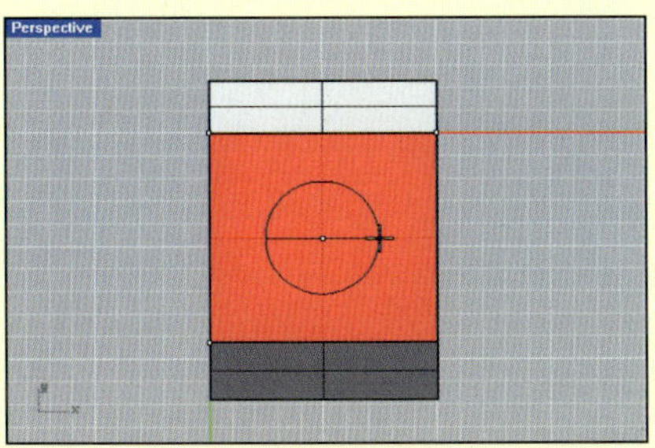

06_ Extrude Closed Planar Curve 명령으로 그려진 원을 입체화시켜 준다.

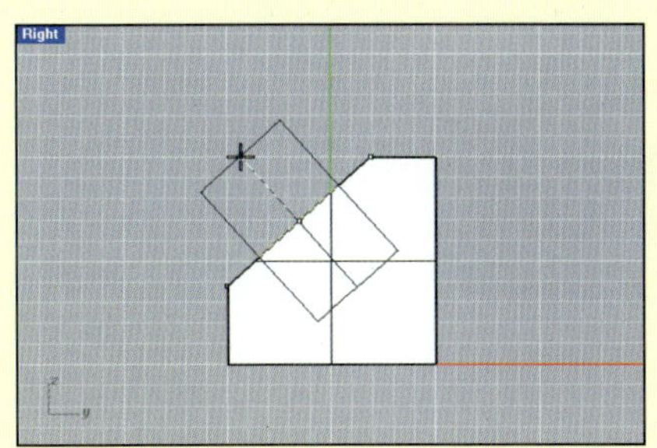

07_ Boolean Difference 명령으로 구멍을 낸다.

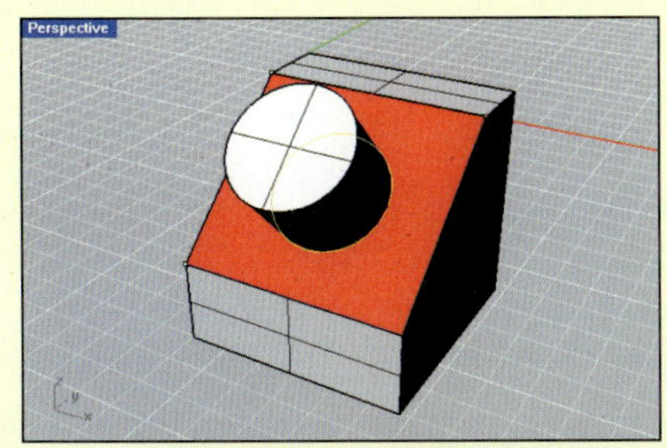

08_ Chamfer Surface 명령으로 0.5, 0.5 값의 Chamfer를 준다.

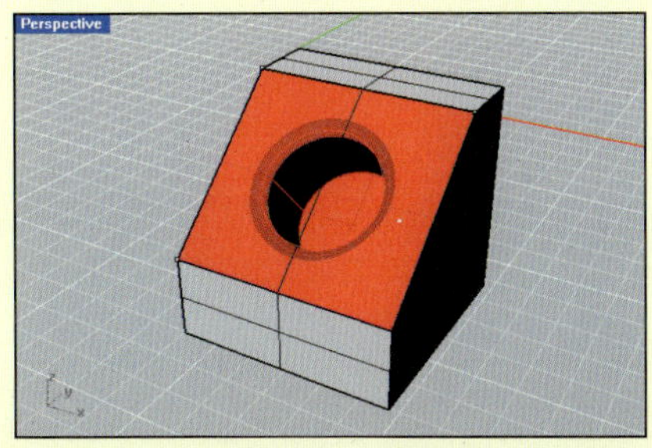

❖ NOTE

CPlane에 대한 보다 상세한 정보는 앞서 기술된 내용을 참조할 것

⑥ Sceneries

미리 준비된 기본 조명, 배경, 바닥 등을 6가지 서로 다른 장면으로 제공하며, 주얼리 렌더링을 보다 효과적이고, 빠르게 해 볼 수 있는 유용한 명령어이다. 또한 6가지 장면에 대하여 사용자가 추가로 조명이나 배경을 변경할 수 있다.

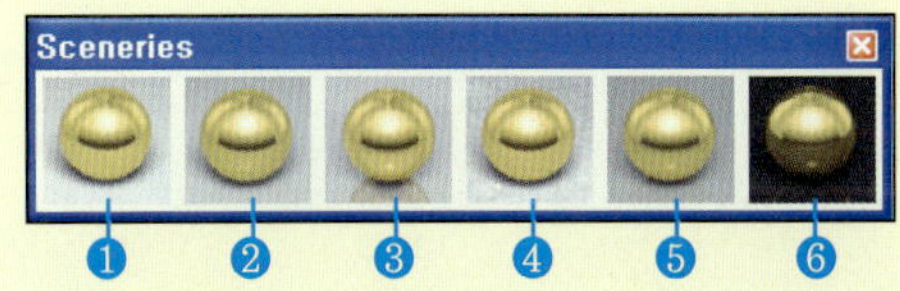

사용법 | 6가지 중 원하는 장면(Scene) 아이콘 클릭 〉 1번 조명과 2번 바닥면이 나타남 〉 3번 객체를 장면의 바닥에 위치시킴 〉 Render 아이콘 클릭 〉 완료

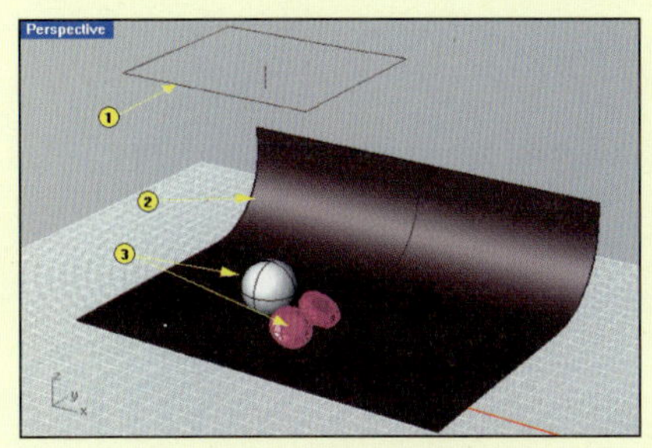

❶  White

❷ White Reflective

❸ White Reflective Hard

❹ Textured

❺ Gray Reflective

❻ Black Reflective

❖ NOTE I

이러한 6가지의 기본 세팅장면은 반지(Ring), 귀걸이(Earring), 펜던트(Pendant)등에 효과적이다. 하지만 필요에 따라 스케일을 늘려 보다 큰 제품들도 가능하다. 또한 부드러운 그림자 처리를 원한다면 Render 〉 Properties 〉 Special effects 〉 Soft shadows에 체크하고, Antialiasing을 High 16X(Slowest)에 맞춰주면 된다.

❖ NOTE II

TecgGems4.1은 Rhinoceros 3.0 SR2(2003년) 이후의 버전과 Flamingo Version 1.1(2003년) 이후의 버전부터 작동됨

테크젬에서는 앞서 설명된 Signity사의 보석 세팅과 유사한 6가지의 보석 세팅에 관한 명령어를 지원한다.

❼ Rhino Gem Tools

총 6가지의 보석 세팅 활용 기능

사용법 | Tech Gems 4.1-mm-en아이콘 메인 툴바 〉 Rhino Gems Tools 아이콘 클릭

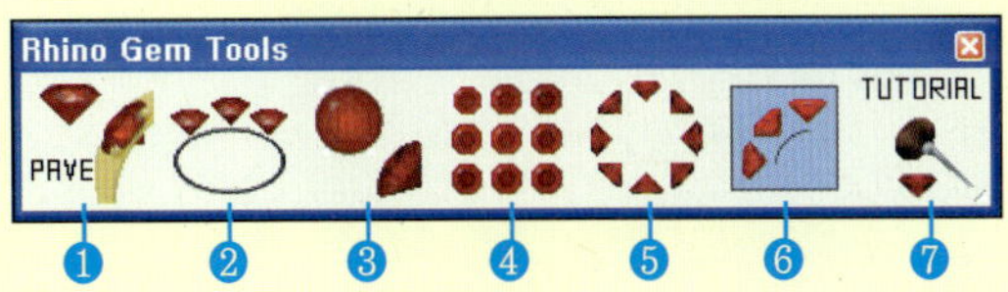

❶ Pave

Pave 세팅

사용법 | **01_** 그림과 같이 Pave 세팅을 위한 기본반지를 만들어 준다. 다음 1번과 2번 보석과 난발을 준비한다. 다음 1번과 2번 보석에 Volume Centroid 를 활용 Point를 생성한다. 이 Point가 반지의 면에 일치되는 부분이 된다.

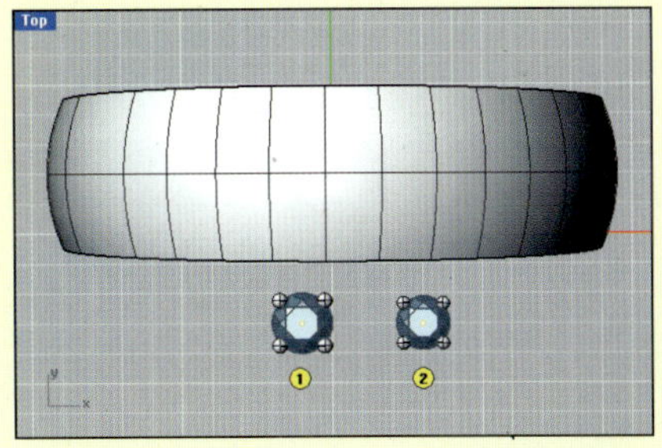

02_ 각 보석과 난발들을 Group 시켜 준다. 이렇게 하면 배열시 편리하다.

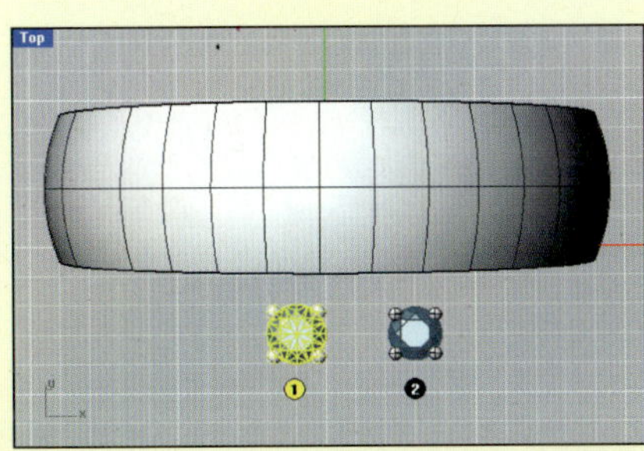

03_ Pave 아이콘을 클릭하고 1번 보석 그룹을 선택한다. 다음 지시에 따라 Base Point를 반드시 Top View에서 찍어준다.

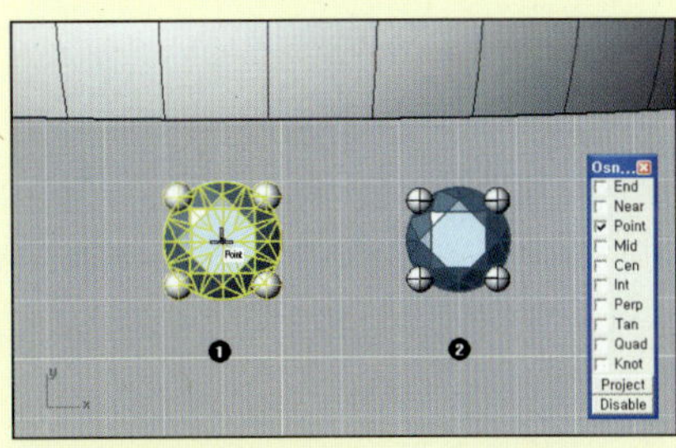

04_ 반지의 윗면(Surface)을 클릭하면 1번 보석그룹이 면에 달라 붙어 이동할 수 있게 된다.

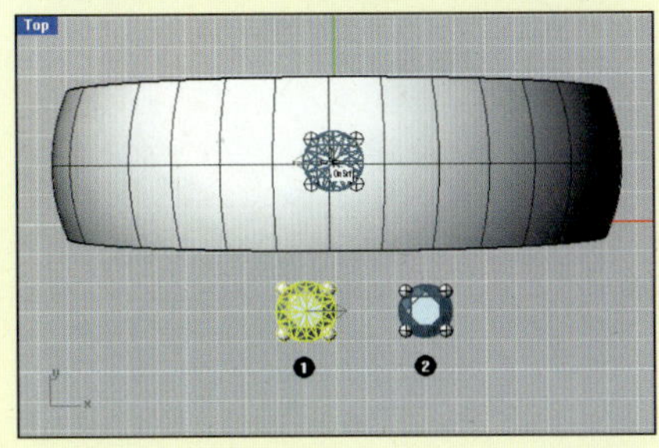

05_ 1번 보석 그룹을 배열하면 같은 방법으로 2번 작은 보석 그룹을 동일한 방법으로 Point 선택한다.

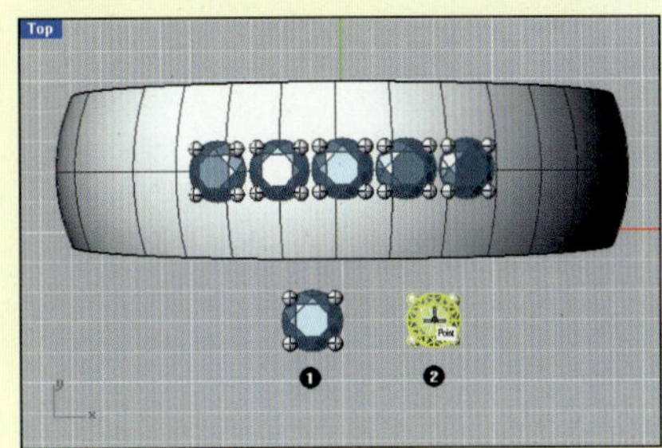

06_ 2번 보석 그룹을 반지의 상면(Surface)에 배치한다.

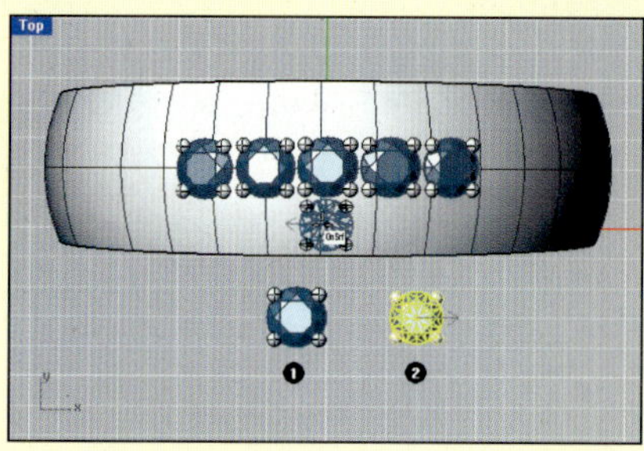

07_ 1번과 2번 보석 그룹이 모두 배치되었다.

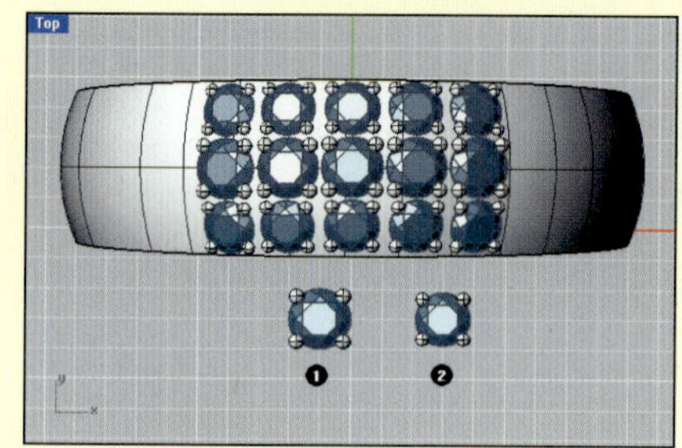

08_ Pave 세팅 완료

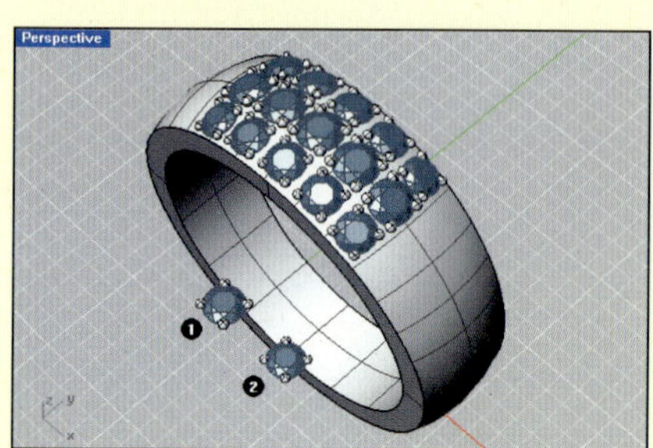

> ❖ NOTE
>
> 만약 보석이 면에 대하여 거꾸로 뒤집어져 붙게 되면 해당 면을 선택 ⊞ Analyze Direction 명령으로 Normal 방향(Direction)을 Flip 명령으로 바꿔주면 된다. 물론 Pave 명령 도중에 FlipNormal 옵션으로 바꿔줄 수 있다. 단축키로 키보드의 F 키를 눌러도 된다.

❷ Array Along Curve

면 위에 추출된 커브를 따라 보석을 세팅할 수 있다. 개념상으로 보면 채널 세팅과 같다.

사용법 | TechGems4.1 〉 Gems Tools 〉 Array Along Curve 아이콘 클릭

01_우선 배열할 보석에 Volume Centroid로 Point를 만들어 둔다.

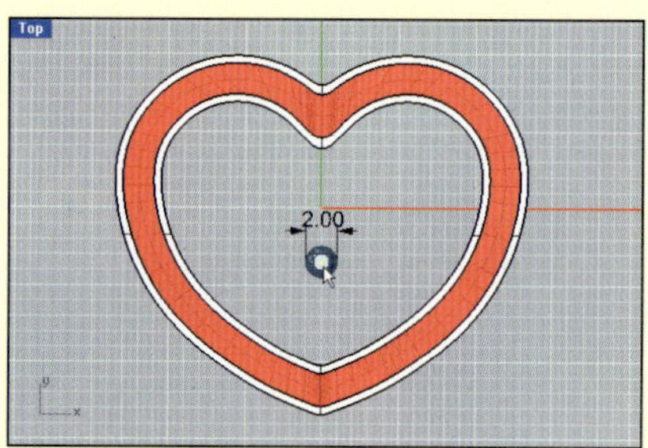

02_ 배열될 하트 면에서 Extract Isocurve 명령으로 커브를 추출한다. 커브 방향은 커맨드창 옵션에서 U와 V로 바꿔 추출할 수 있다.

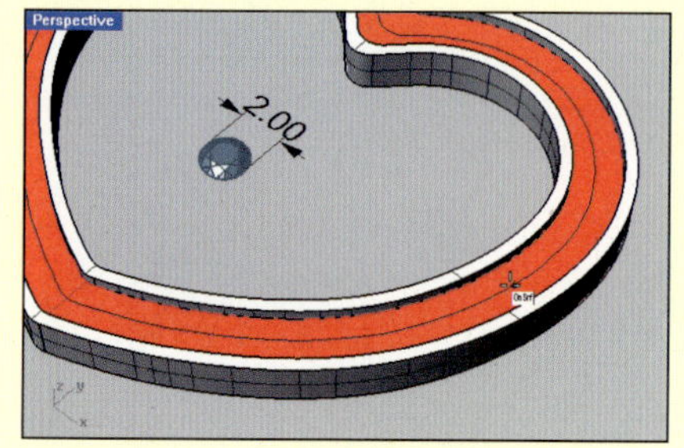

03_ 추출된 커브는 면 위에 일치되어 있게 된다.

04_ 모든 준비가 되면 Array Along Curve 아이콘을 클릭한다 〉 Command 창에 Select path curve(Basepoint): 메시지가 뜨면 커맨드 창에 Basepoint를 클릭하거나 또는 약자인 B를 쳐준다. 〉 Top View에서 보석의 Base Point를 찍어 준다.

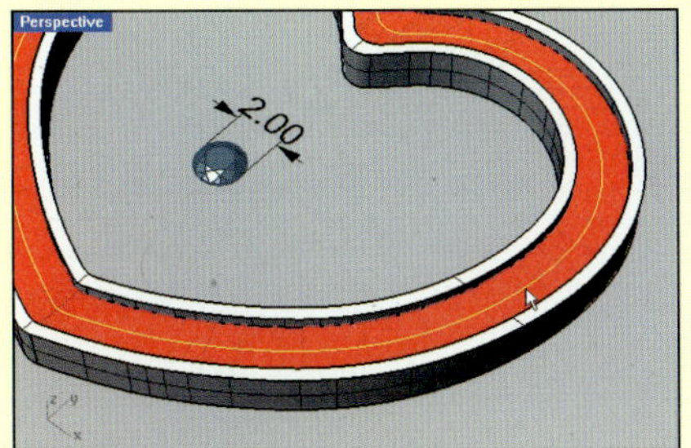

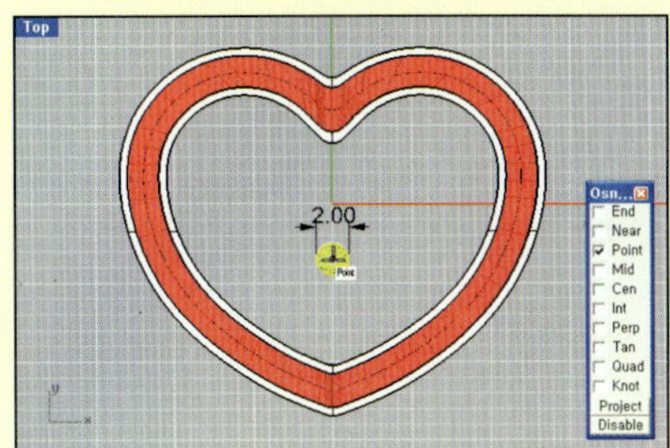

05_ 연이어 Select Path curve: 메시지가 뜨면 그림과 같이 커브를 클릭한다.

06_ Array Along Curve Options 대화창이 뜨면 그림과 같이 Number of items에 배열될 객체수를 입력하고 [OK] 한다. 참고로 Distance between items: 는 보석과 보석과의 거리를 보여준다.

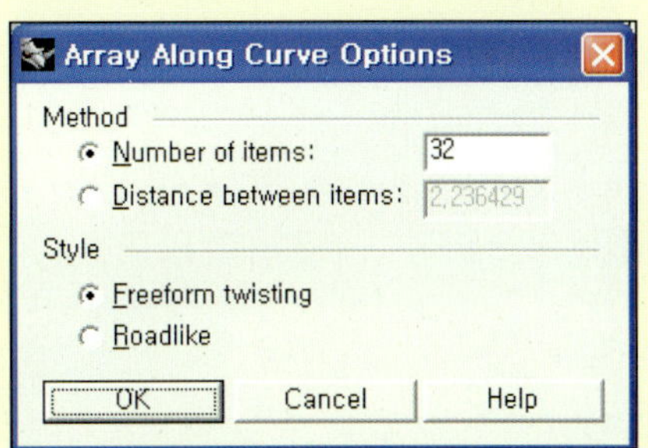

07_ Array Along Curve 명령의 완료

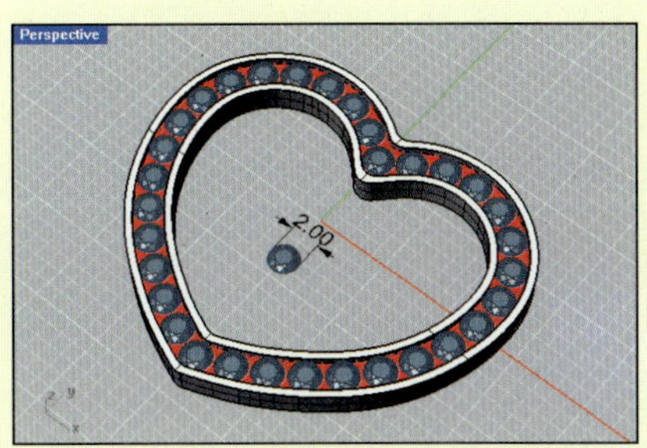

❖ NOTE I

하트의 붉은색 면은 Sweep 2 Rails에 의해 별도로 만들어진 면이어야 Isocurve를 하트 모양으로 추출 할 수 있다.

❖ NOTE II

Style 옵션 중 1번은 Freeform twisting 결과이며, 2번은 Roadlike 옵션 결과이다. Roadlike 옵션은 커브가 휘어 있어도 보석은 원래 Plane 좌표를 그대로 가지며 배열시켜 준다.

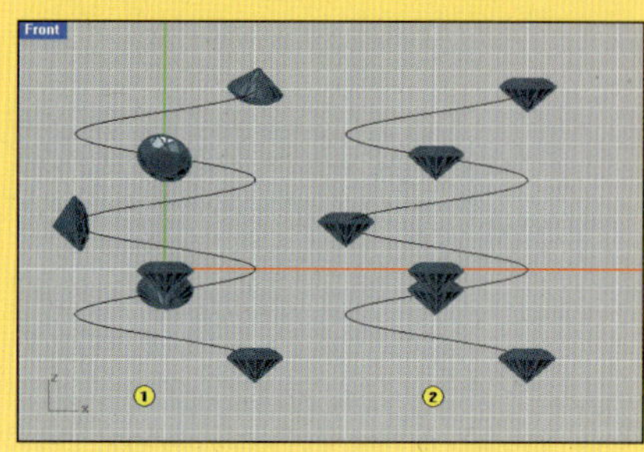
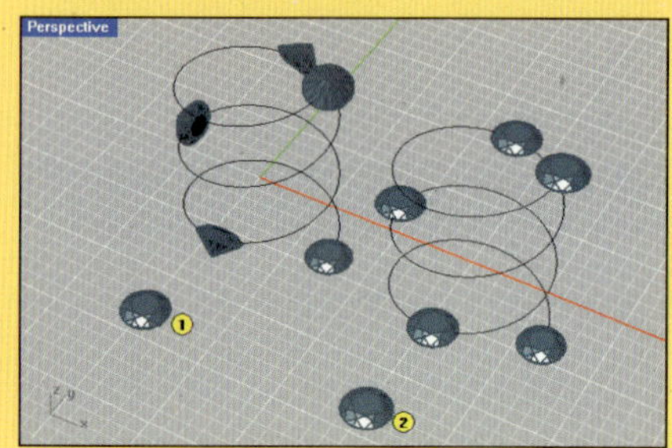

❸ 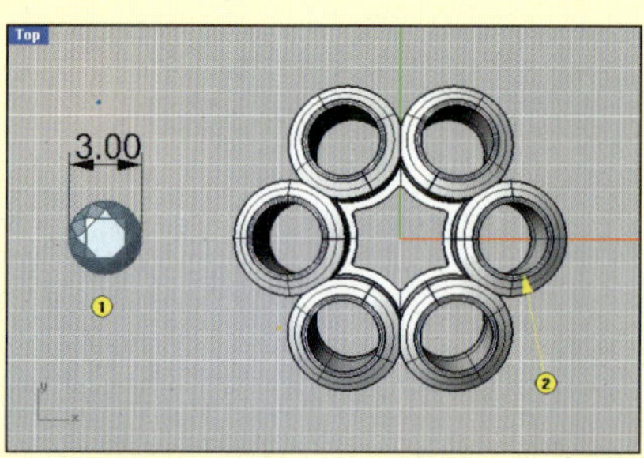 Orient: 3Points

튜브(Tube) 형태의 난집이나 홈(Bezel)에 3개의 Point를 위치시켜 원하는 보석을 세팅한다.

사용법

01_ 세팅하고자 하는 1번 보석과 2번 경사지게 배열된 난집을 준비한다.

02_ 1번 보석 End에 3개의 Point를 배치한다. 2번 난집에 내경은 Osnap에 Quad나 Knot을 체크한 후 Target Point를 3개를 배치한다. 현재 보석의 직경과 난집의 내경은 같다.

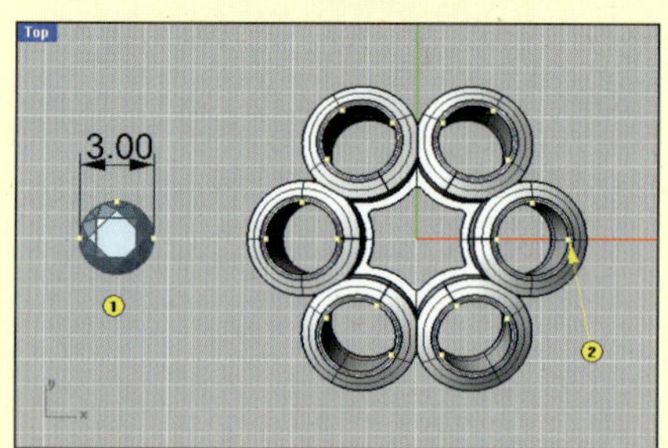

03_ 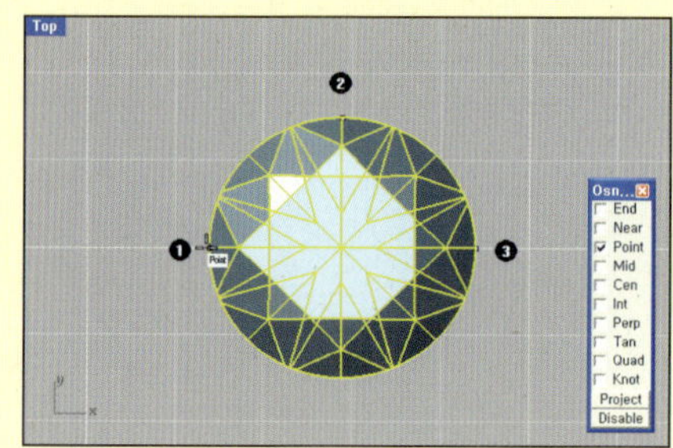 Orient-3 Points 아이콘 클릭 〉 Select object to orient 메시지 나타남 〉 보석 클릭 〉 Reference point 1 메시지 나타남 〉 1번 포인트 클릭 〉 Reference point 2 메세지 나타남 〉 2번 포인트 클릭 〉 Reference point 3 메세지 나타남 〉 3번 포인트 클릭

04_난집에 Target Point 1, 2, 3 순서대로 클릭 〉 세팅 완료

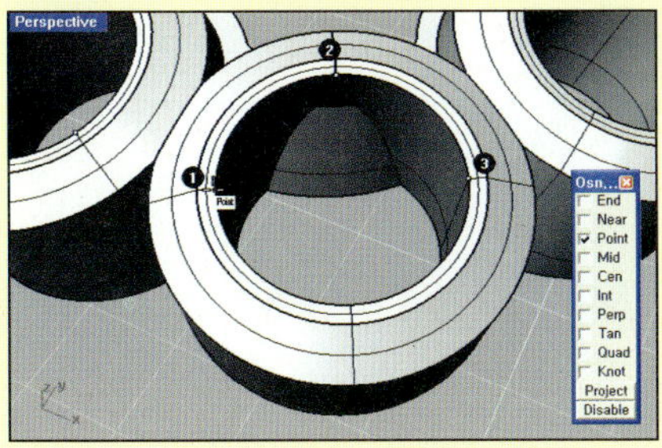

05_보석 세팅 완료 모습

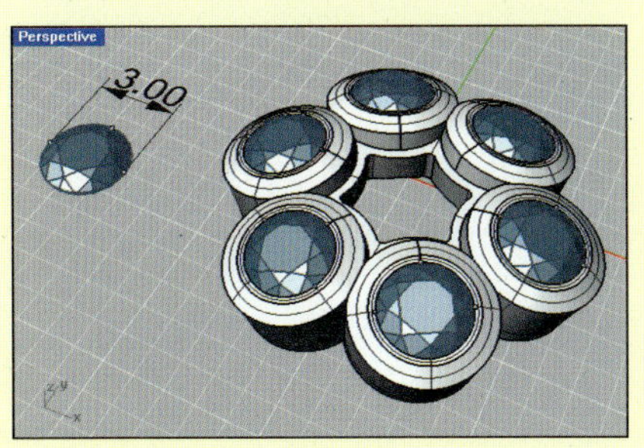

❹ Rectangular Array

직사각형의 보석 배열

01_ 직사각형 배열을 위한 보석과 난집을 준비한다.

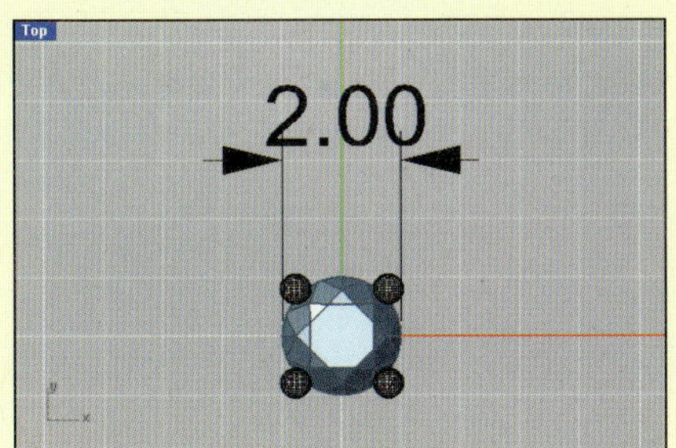

02_ 입체 모습

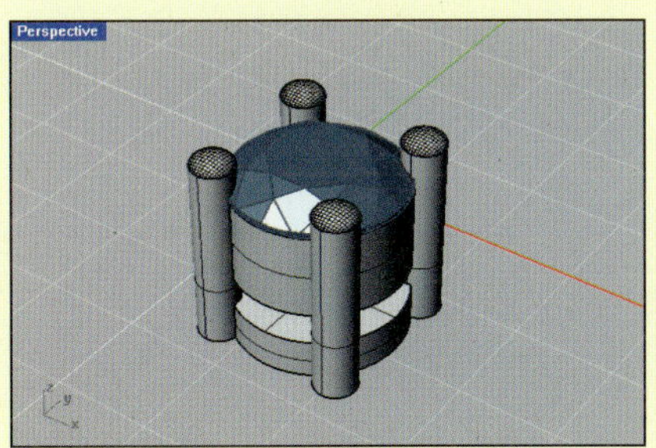

03_보석과 난집을 선택한다. 객체들을 🎨 Group 해도 된다.

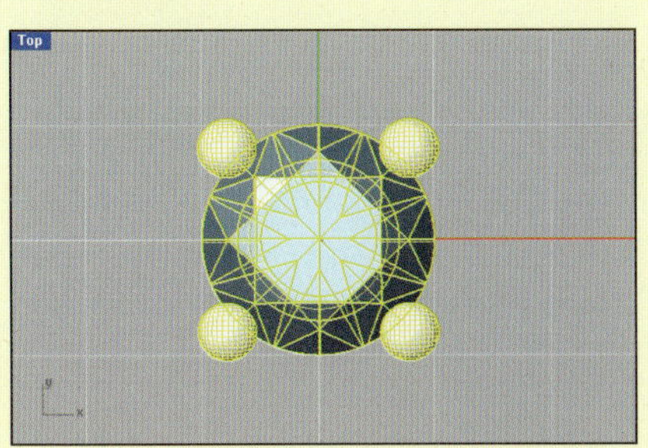

04_ ▦ Rectangular Array 아이콘을 클릭한다. Command 창에서 제시되는 메시지에 대하여 다음과 같이 입력한다.

Number in X direction <5> :
X축의 배열 개수 '5'를 입력 후 Enter
Number in Y direction <5> :
Y축의 배열 개수 '5'를 입력 후 Enter
Number in Z direction <1> :
Z축의 배열 개수 '1'을 입력 후 Enter
Unit cell or X spacing :
X축의 유닛과의 거리 '2.0'을 입력 후 Enter
Y spacing or first reference point :
Y축의 유닛과의 거리 '2.0'을 입력 후 Enter

05_ 완성된 4각 배열 완료 모습

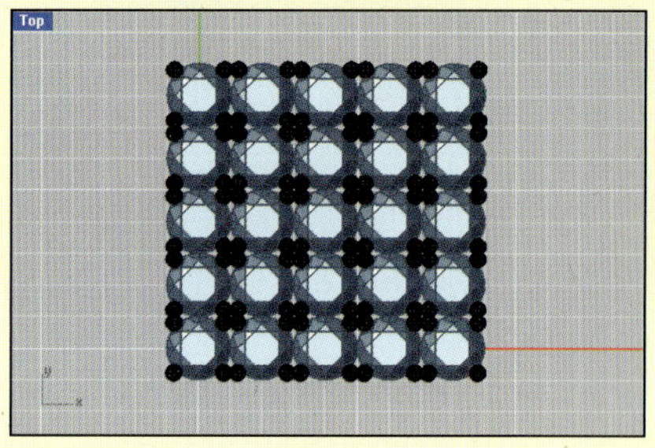

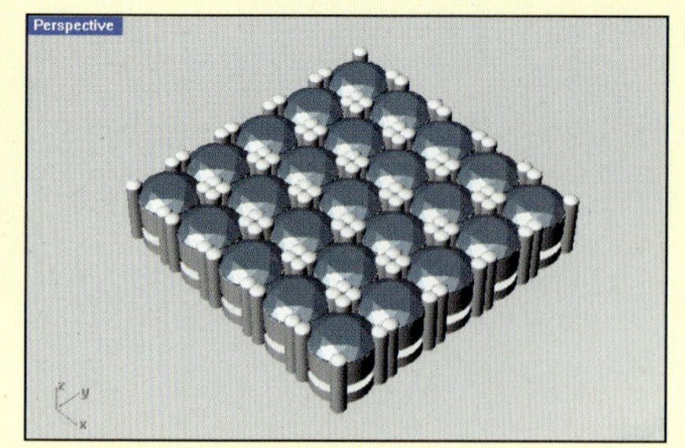

❺ Polar Array

보석과 난집의 원형 배열

01_ 20도 정도 경사진 난집과 보석을 준비한다.

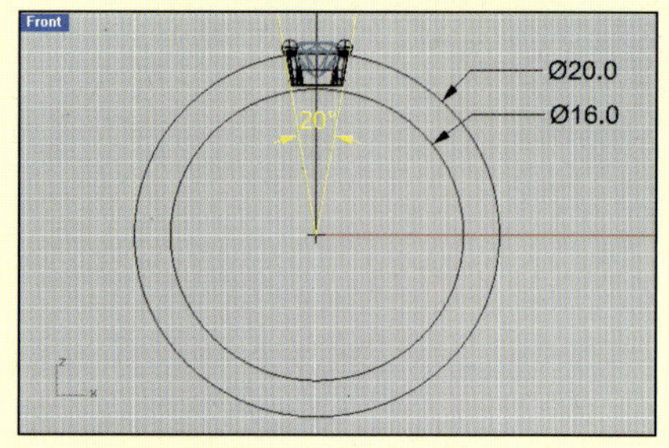

02_ Top View에서 본 모습

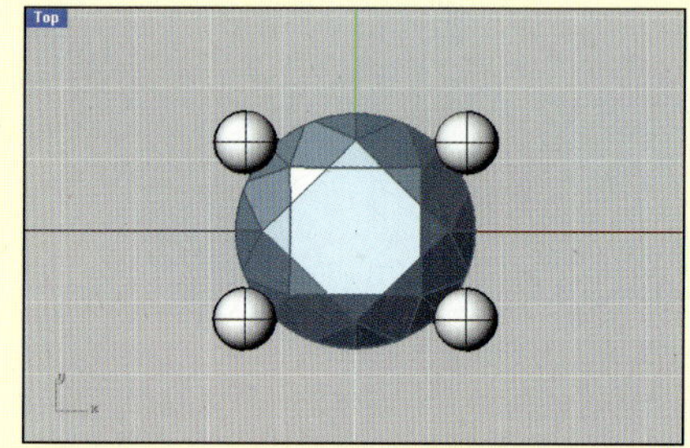

03_ 입체뷰에서 본 모습

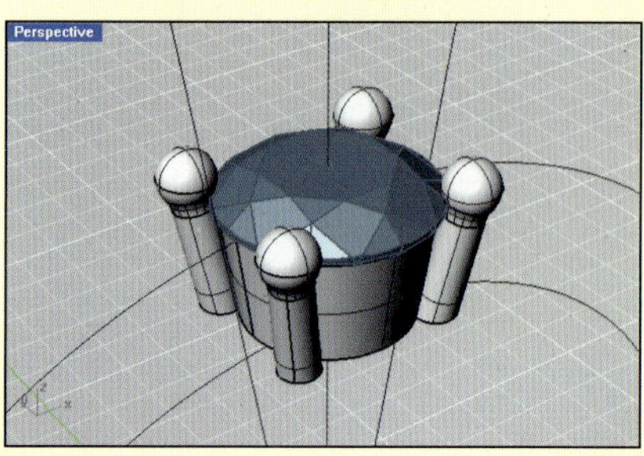

04_ 난집과 보석을 Group시켜 준다.

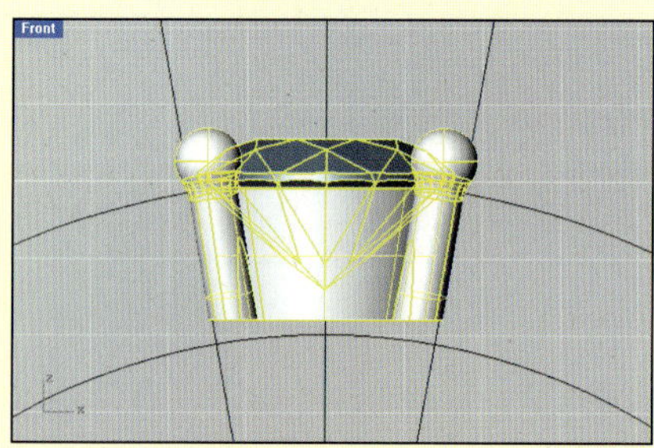

05_ 그룹된 객체를 선택하고 Polar Array 아이콘을 클릭한다. Osnap에 중심(Cen)을 체크하고 원의 중심을 클릭한다.

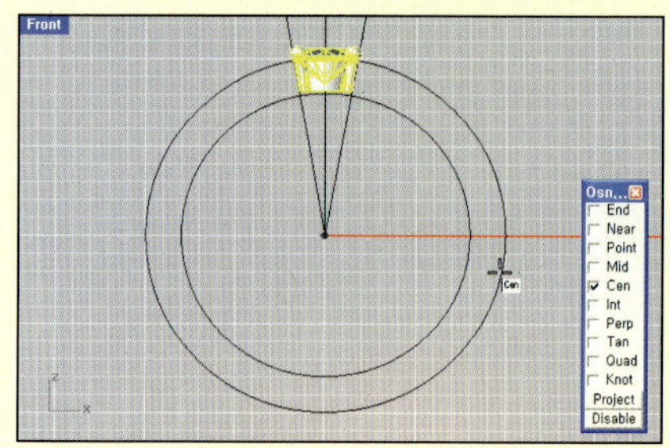

06_ Command 창에 다음과 같은 메시지가 뜨면 아래와 같이 입력한다.

Number of items <18> :
18개의 배열 개수를 입력 후 Enter
Angle to fill <360> :
배열 각도는 360도를 기입 후 Enter
그림과 같이 360도 원형 배열된다.

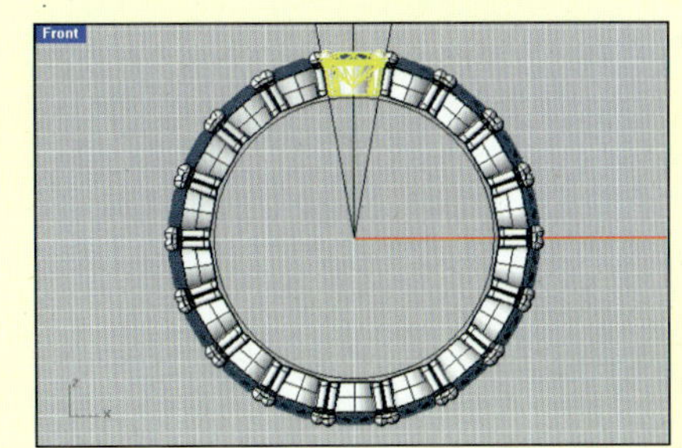

07_ 원형 배열 Polar Array의 완료

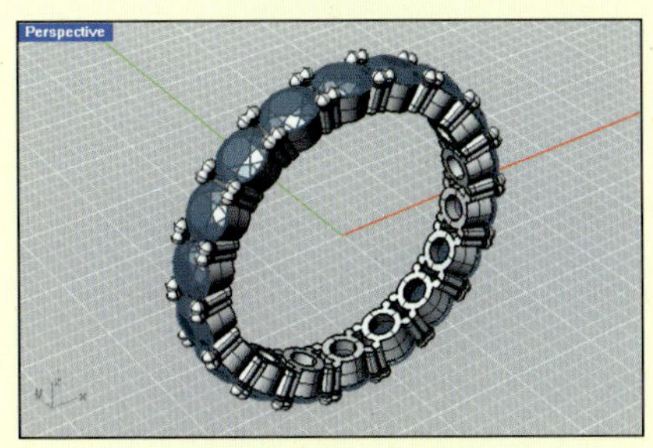

❻ Array along Curve on Surface

면(Surface) 위에 추출된 커브를 따라 보석을 배열

사용법

01_ 세팅하고자 하는 1번 보석과 2번 모델, 면을 준비한다. 이때 보석에는 Multiple Volume Centroid를 활용하여 중심 Point를 만들어 둔다.

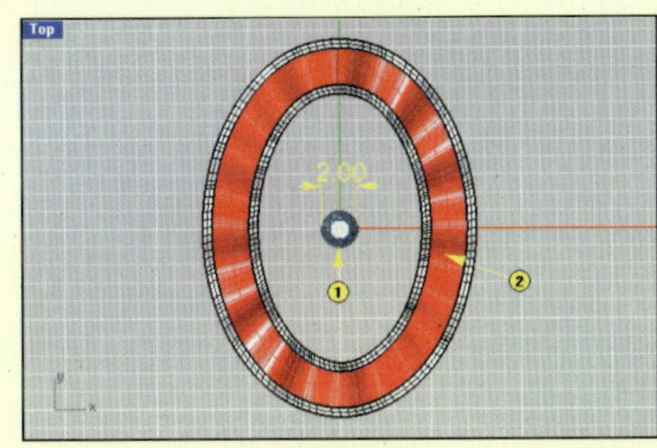
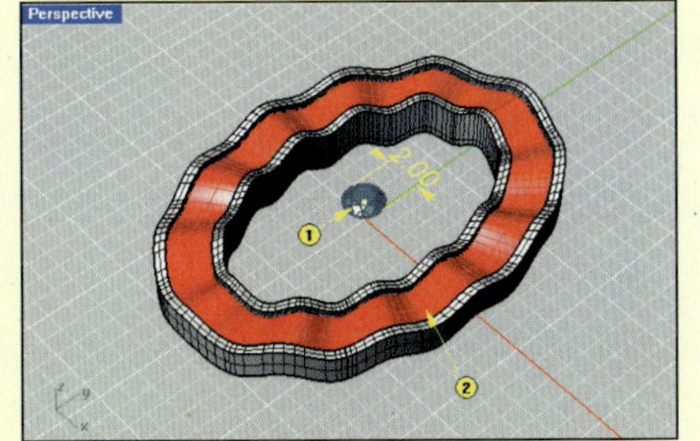

02_ Extract Isocurve 명령으로 그림과 같이 준비된 붉은색 면 위에 3번 아이소커브를 하나를 추출한다.

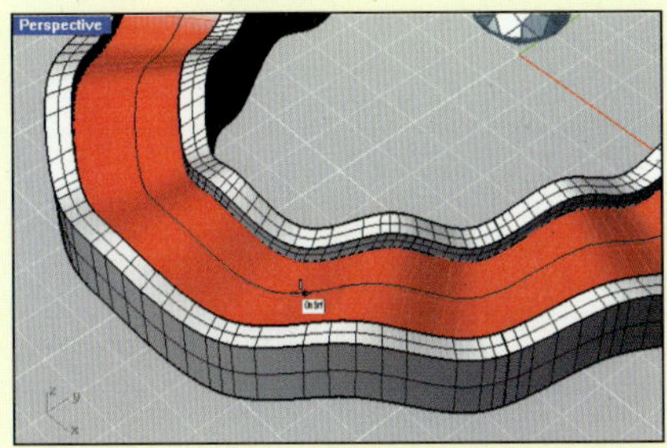
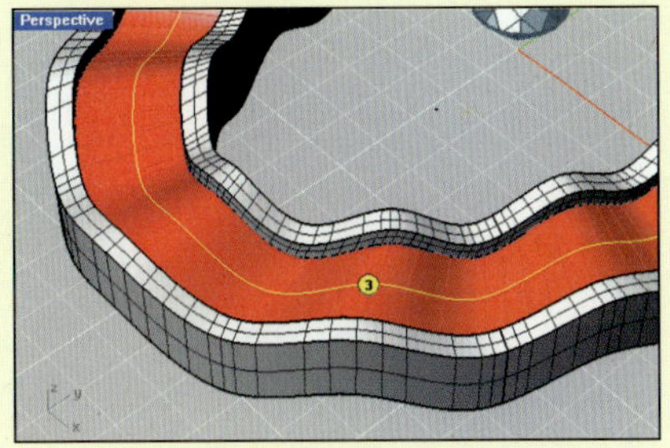

03_ 준비가 되었으면 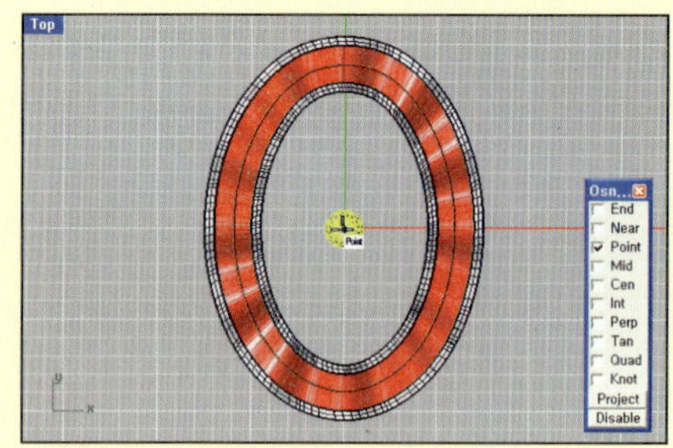 Array on Curve on Surface 아이콘을 클릭한다.
Command 창에 **Select objects to array** : 메시지가 뜨면 보석만을 클릭 〉 **Base Point** : 메시지가 뜨면 보석에 준비된 중심 Point를 클릭해 준다.

04_ **Select a curve on a surface**: 메시지가 뜨면 면 위에 추출해 놓은 커브를 클릭한다.

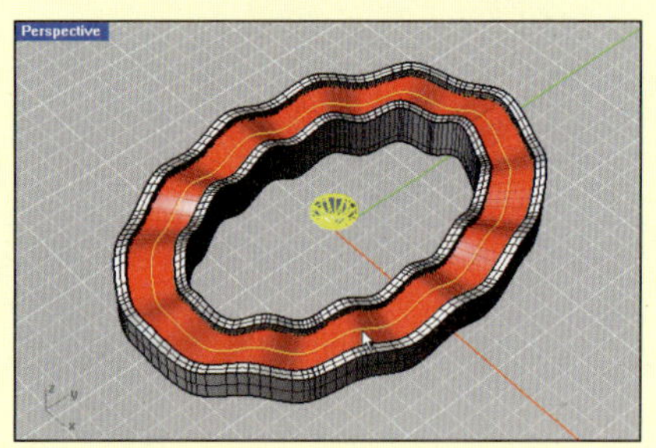

05_ **Select the surface** : 메시지가 뜨면 면을 선택해 준다.

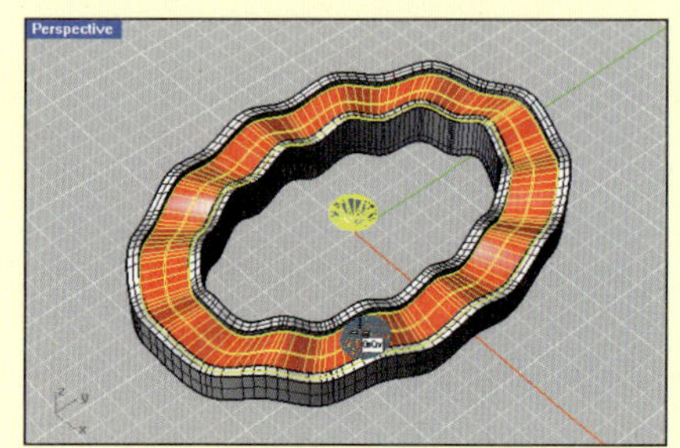

06_ 면을 선택과 동시에 보석이 면위에 커브를 따라 배열 준비가 되는데 그림과 같이 보석이 면에 대하여 반대로 뒤집어진 상태로 보이면 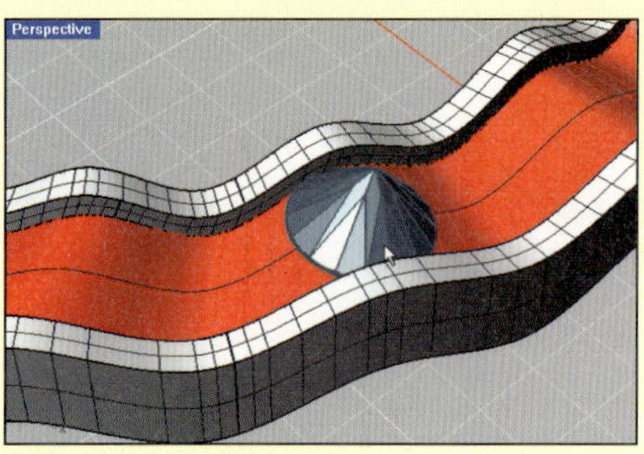 Analyze Direction 명령으로 면의 Normal 방향을 윗쪽으로 바꾸어 주면 정상적으로 보석이 바르게 위치한다.

⊙ 면에 Normal 방향이 밑으로 되어 있는 경우

⊙ 면의 Normal 방향을 위쪽으로 바꿔준 경우

07_ 이렇게 정상이 되었으면 Command 창에 다음과 같은 옵션들이 순서대로 뜨게 된다. 옵션 설정은 순서대로 기입해 주면 된다.

Position objects or distance from last(Divide Multiple) : Multiple을 선택
Number of copies <36> :
  배열될 객체의 수를 36개로 지정
Distance between copies <2.000> :
  보석과 보석과의 거리를 2mm로 기입 〉 Enter

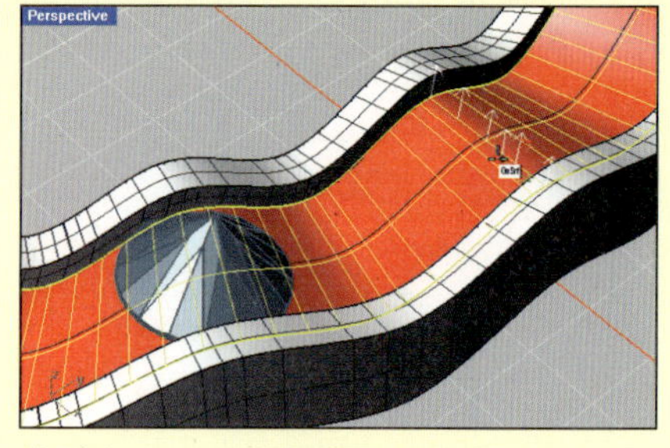

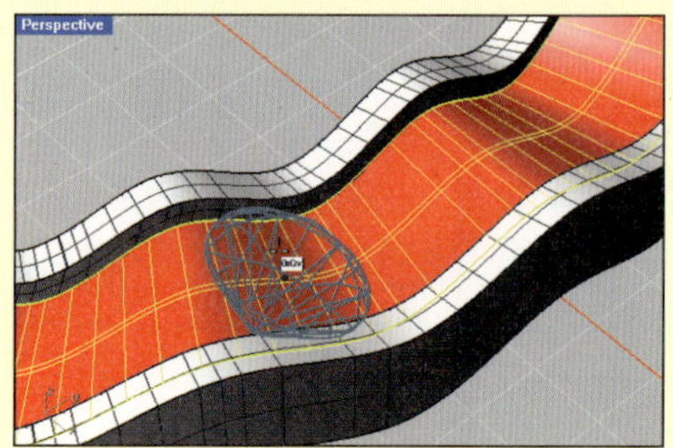

08_ Array along Curve on Surface 명령이 완료된 모습

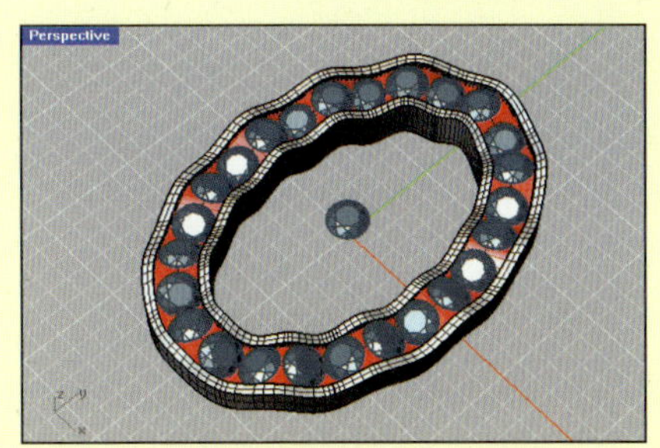

> **❖ NOTE**
>
> 참고로 Divide는 보석의 중심과 다음 보석과의 거리를 유저가 원하는 만큼 지정할 수 있는 옵션으로 커브의 Length(곡선길이)를 체크한 후 배열될 보석의 개수와 보석과 보석과의 거리를 계산하여 사용할 수 있다.

❼ Tutorial and Samples

앞선 기술된 6가지의 연습용 세팅 샘플 데이터와 투토리얼을 제공

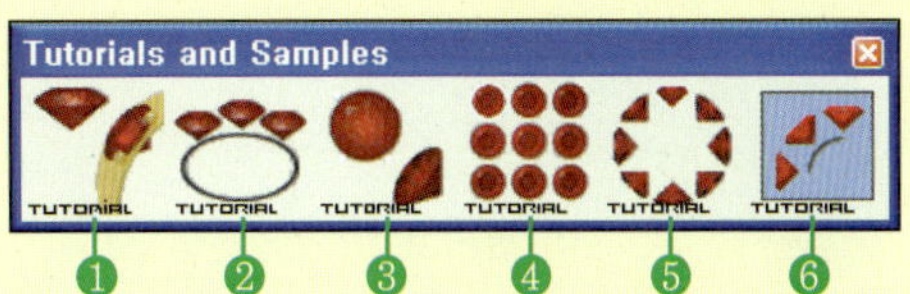

❶ Pave

❷ Array along Curve

❸ Orient by 3 Points

❹ Rectangular Array

❺ Polar Array

❻ Array along Curve on Surface

● ● ○ PAVE 아이콘을 마우스 왼쪽 버튼으로 클릭시 총 6가지의 세팅을 위한 Text식 투토리얼이 나타난다.

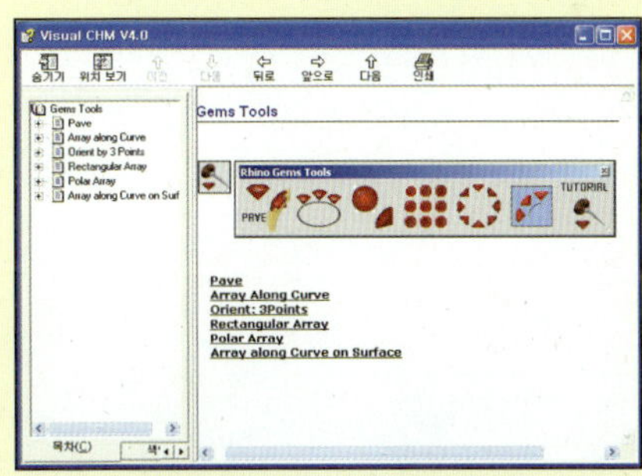

Pave를 클릭하면 따라하기가 가능한 샘플용 투토리얼이 자세히 나타난다.

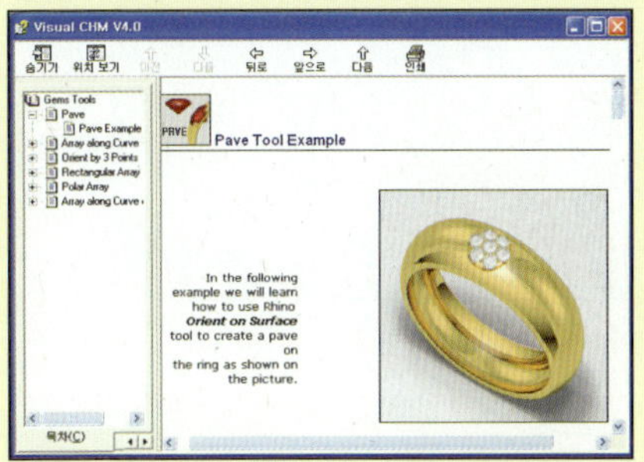

●○●  아이콘을 마우스 오른쪽 버튼으로 클릭시

총 6가지의 세팅을 위한 Sample이 라이노3D 3dm.
파일로 나타나며 텍스트 투토리얼을 출력하여 직접 따
라해 볼 수 있다.

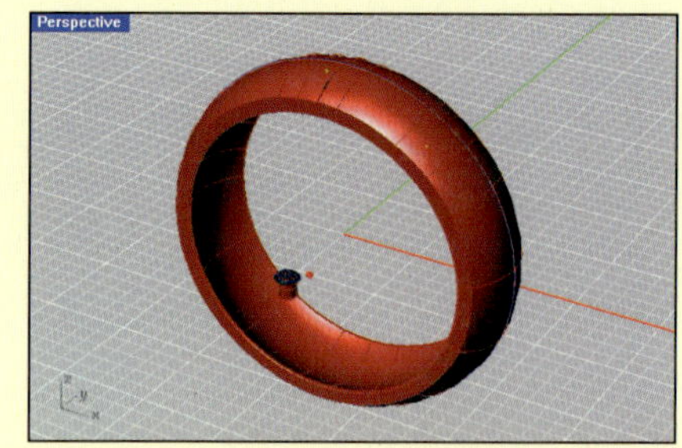

❖ NOTE

본 예제들을 따라하거나 앞서 제시된 예제들을 따라해도 같은 연습이 된다.

❽ Set View

총 7가지의 뷰포트(Viewport)를 생성

사용법
Tech Gems 4.1-mm-en아이콘 메인 툴바 〉 Set
View 아이콘 클릭

01_ Top View 아이콘을 클릭하면 반지의
Top View를 볼 수 있다.

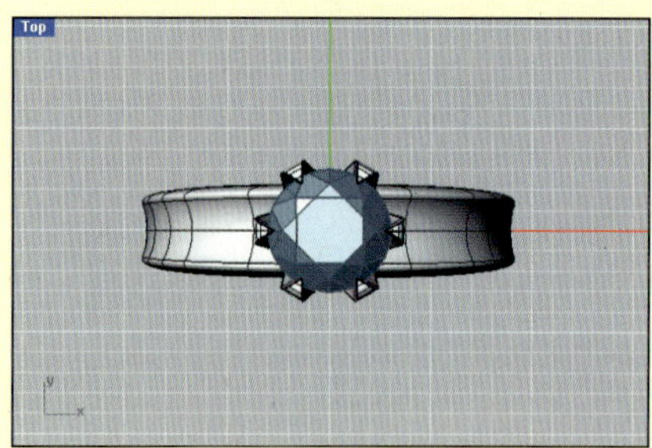

02_ Bottom View 아이콘을 클릭하면 반지의
Bottom View를 볼 수 있다.

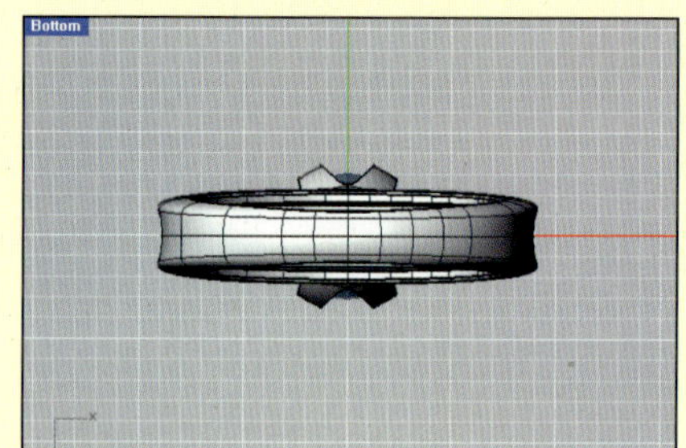

03_ Front View 아이콘을 클릭하면 반지의
Front View를 볼 수 있다.

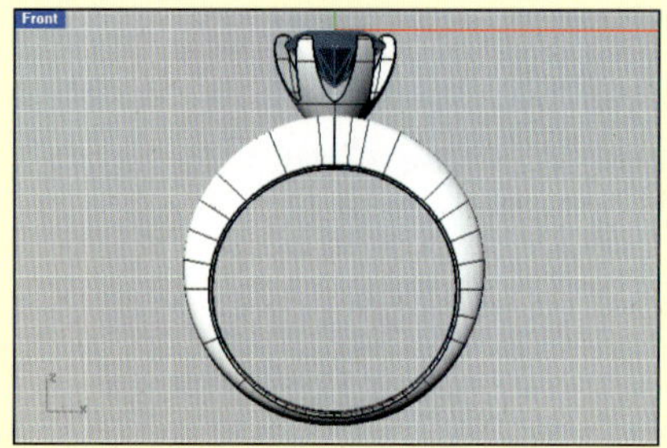

04_ Back View 아이콘을 클릭하면 반지의
Back View를 볼 수 있다.

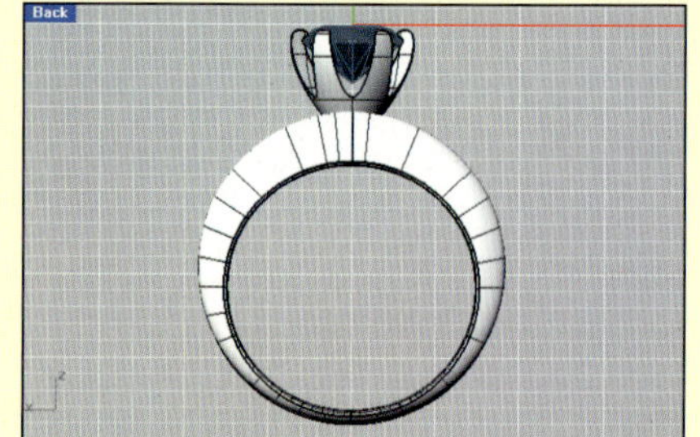

05_ Left View 아이콘을 클릭하면 반지의 Left View를 볼 수 있다.

06_ Right View 아이콘을 클릭하면 반지의 Right View를 볼 수 있다.

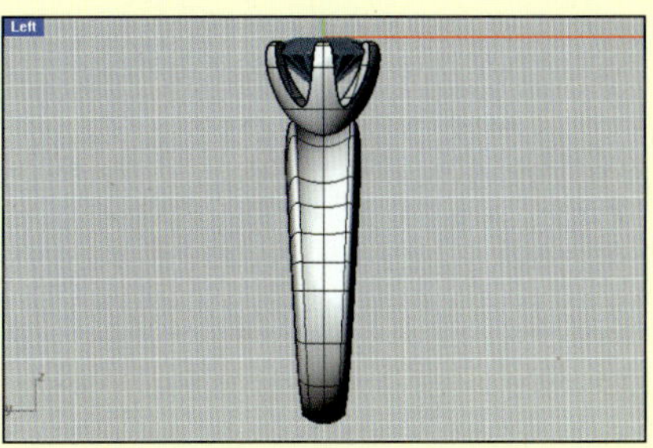

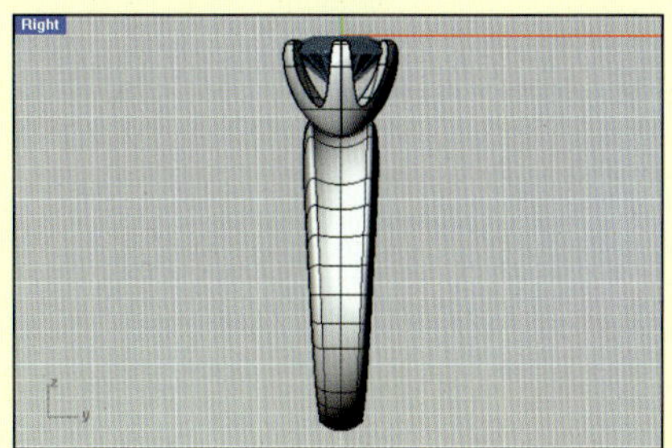

07_ Perspective View 아이콘을 클릭하면 반지의 Perspective View를 볼 수 있다.

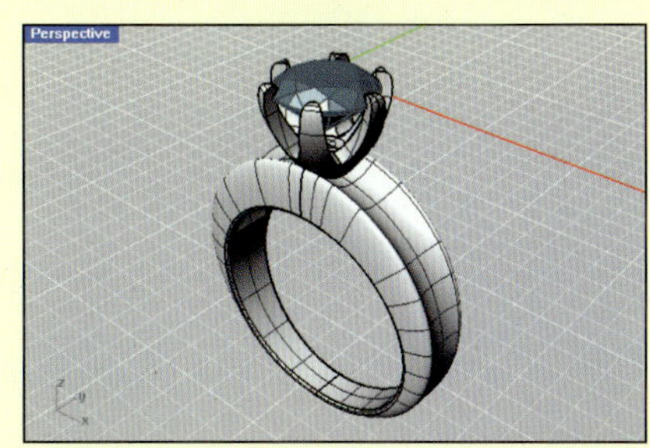

❾ Fast Shaded Viewport

와이어프레임(Wireframe) 상태의 모델을 쉐이딩(Shading) 상태의 모델로 변환

사용법 : 해당 Viewport를 활성화시킨 상태에서 아이콘을 왼쪽 마우스 버튼으로 클릭 물론 같은 방법으로 아이콘을 우측 마우스 버튼으로 클릭하면 와이어프레임 뷰포트(Wireframe Viewport) 상태로 반전된다.

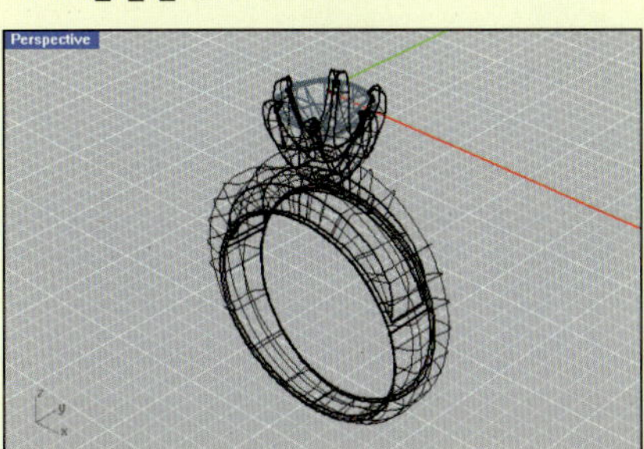

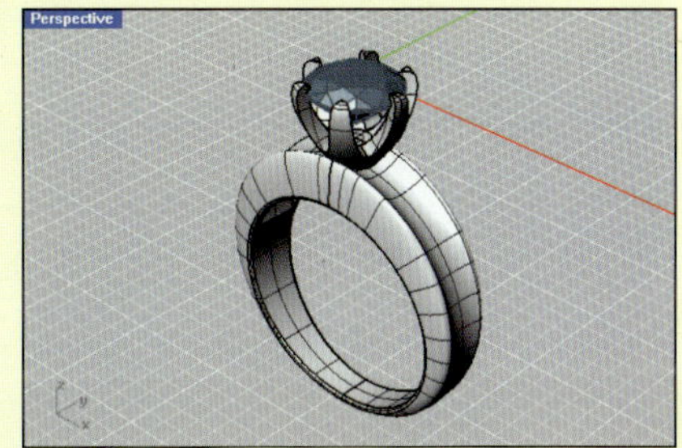

❿ Selective Selection

총 5가지의 객체 선별 선택 기능

사용법 : Tech Gems 4.1-mm-en아이콘 메인 툴바〉 Selective Selection 아이콘 클릭

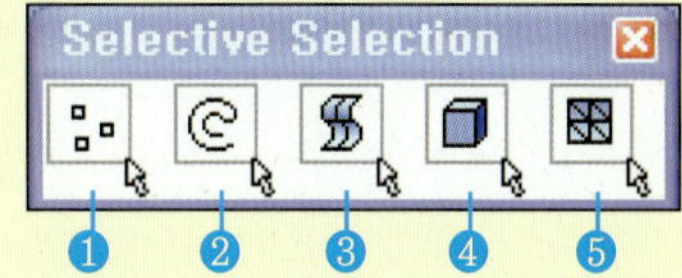

❶ Select Points with Window

Point의 선별 선택

사용법
아이콘을 누르고 화면전체를 드래그한 후 마우스 오른쪽 버튼 클릭하면 포인트(Point)들만 자동 선택된다.

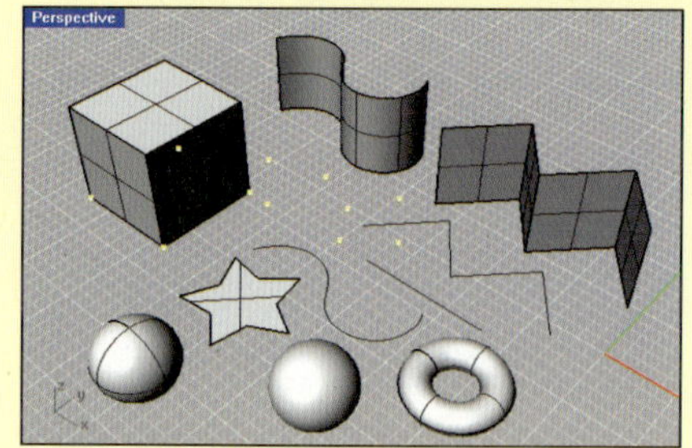

❷ Select Curve with Window

Curve의 선별 선택

사용법
아이콘을 누르고 화면전체를 드래그한 후 마우스 오른쪽 버튼 클릭하면 포인트(Point)들만 자동 선택된다.

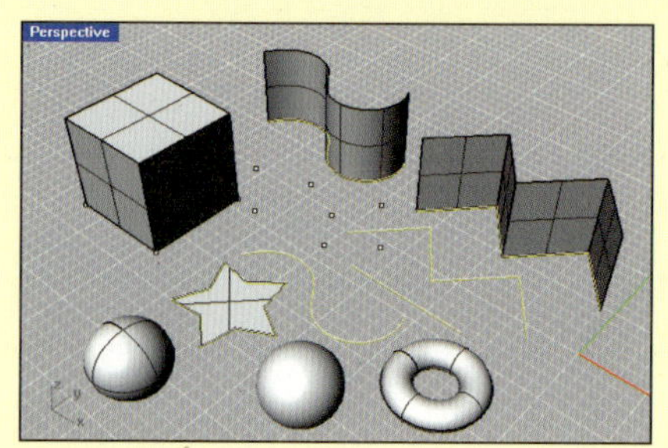

❸ Select Surface with Window

Surface의 선별 선택

사용법
아이콘을 누르고 화면전체를 드래그한 후 마우스 오른쪽 버튼 클릭하면 면(Surface)들만 자동 선택된다.

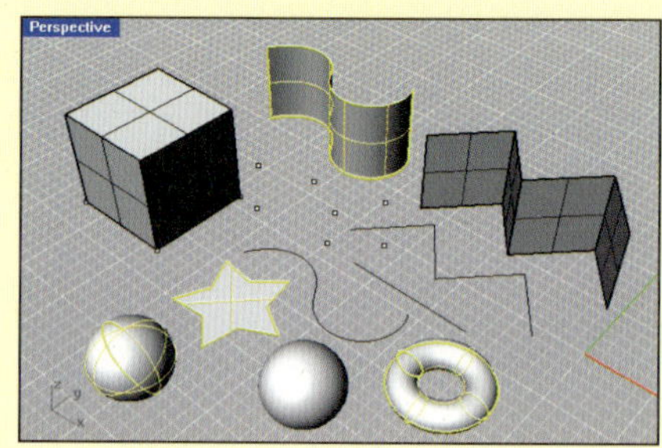

❹ Select Polysurface with Window

Polysurface의 선별 선택

사용법
아이콘을 누르고 화면전체를 드래그한 후 마우스 오른쪽 버튼 클릭하면 서로 결합되거나 합쳐진 면(Polysurface)들만 자동 선택된다.

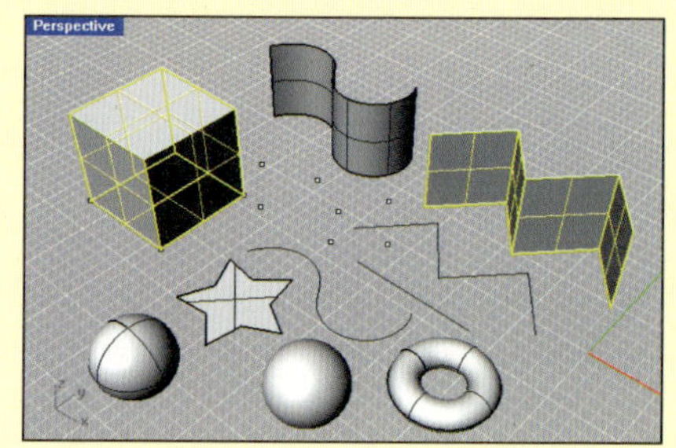

❺ Select Meshes with Window

Meshe의 선별 선택

<table>
<tr><td>사
용
법</td><td>아이콘을 누르고 화면전체를 드래그한 후 마우스 오른쪽 버튼 클릭하면 메쉬구조(Meshe)의 객체들만 자동 선택된다. 여기서 Mesh 구조는 삼각형 또는 사각형의 작은 면들이 모여 만들어진 객체를 말한다.</td></tr>
</table>

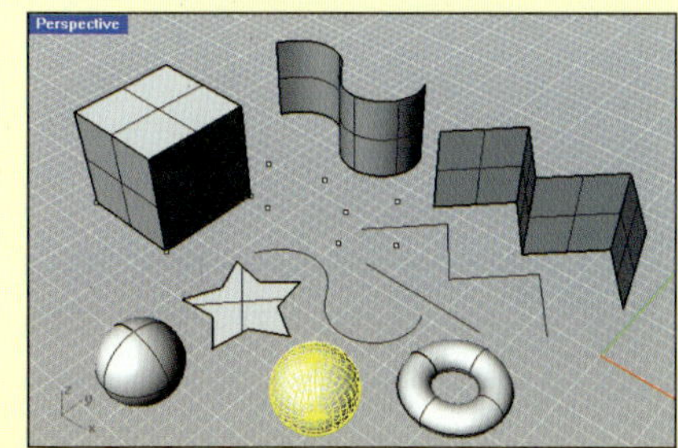

❖ NOTE

이 명령의 가장 큰 장점이라면 서로 숨어 있는 객체들을 선별적으로 선택하여 작업의 효율을 높일 수 있다는 것이다.

⓫ Multiple Offset Tools

다수의 라인 객체를 동시에 안쪽과 바깥쪽으로 옵셋시켜 주거나 어느 한쪽 방향으로 옵셋시켜 준다.

<table>
<tr><td>사
용
법</td><td>Tech Gems 4.1-mm-en 아이콘 메인 툴바 〉 Multiple Offset Tools 아이콘 클릭</td></tr>
</table>

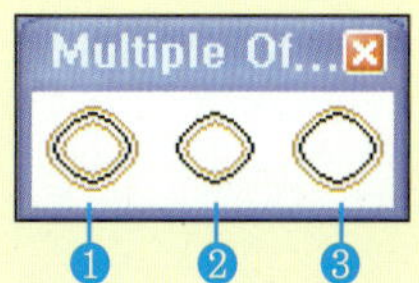

❶ Multiple Offset Both Sides

여러 개의 라인 객체를 원하는 치수 만큼 안쪽과 바깥쪽으로 옵셋

<table>
<tr><td>사
용
법</td><td>01_ 준비된 객체(별모양)를 선택하고 Multiple Offset Both Sides 아이콘 클릭 〉 Top View 선택 〉 OK</td></tr>
</table>

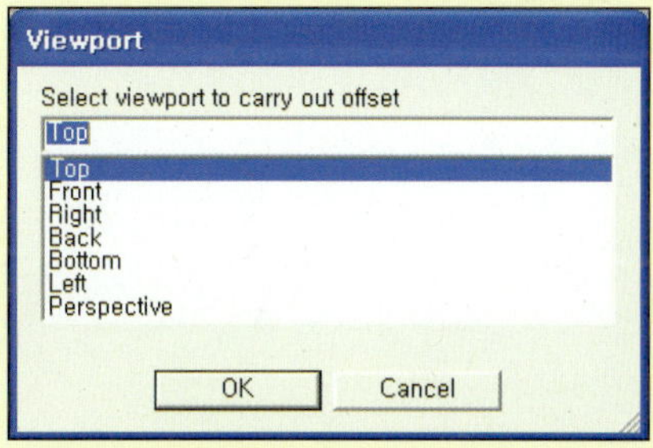

02_ 해당 별들을 드래그로 모두 선택 〉 오른쪽 마우스 버튼 클릭

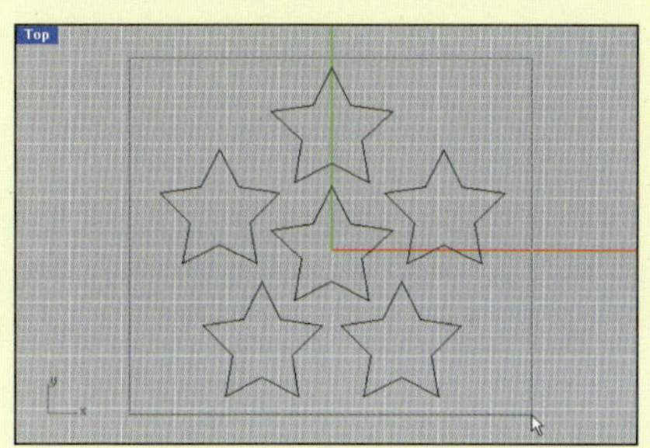

03_ 옵셋 거리 치수 기입 〉 OK

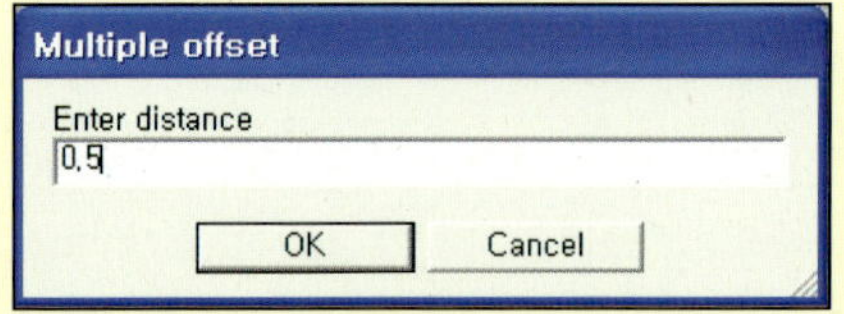

04_ 각각의 별들이 모두 안쪽과 바깥쪽으로 0.5mm씩 옵셋 완료됨

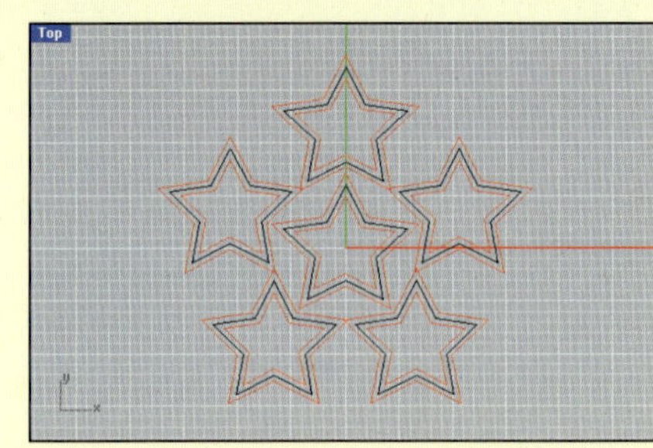

❷ Multiple Offset Inside

여러 개의 라인 객체를 원하는 치수만큼 안쪽으로 옵셋

사용법

01_ 준비된 객체(별모양)를 선택하고 Multiple Offset Inside 아이콘 클릭 〉 Top View선택 〉 OK

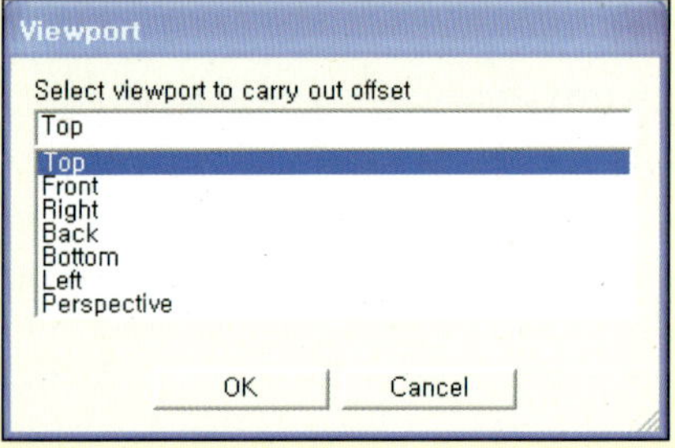

02_ 해당 별들을 드래그로 모두 선택 〉 오른쪽 마우스 버튼 클릭

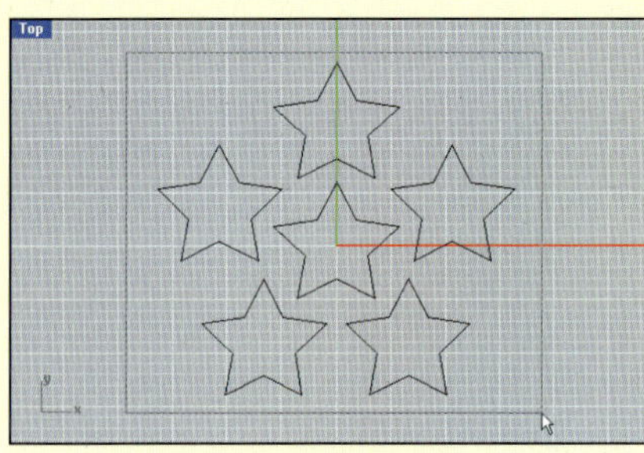

03_ 옵셋 거리 치수 기입 〉 OK

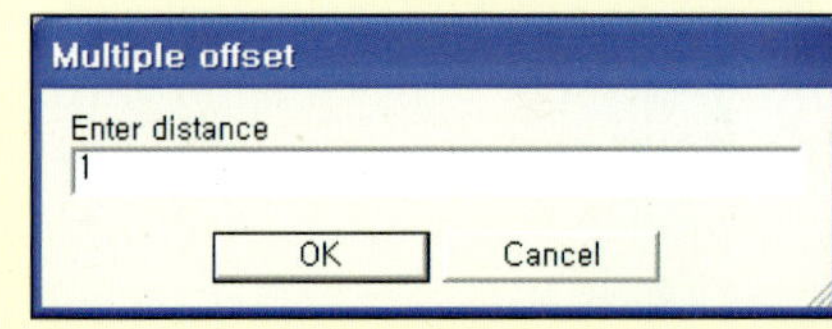

04_ 각각의 별들이 모두 안쪽으로 1씩 옵셋 완료됨

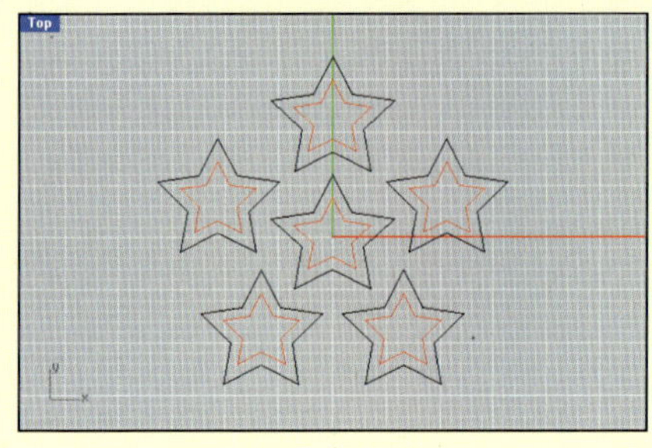

❸  Multiple Offset Outside

여러 개의 라인 객체를 원하는 치수 만큼 바깥쪽으로 옵셋

사용법

01_ 준비된 객체(별모양)를 선택하고 Multiple Offset Outside 아이콘 클릭 〉 Top View 선택 〉 OK

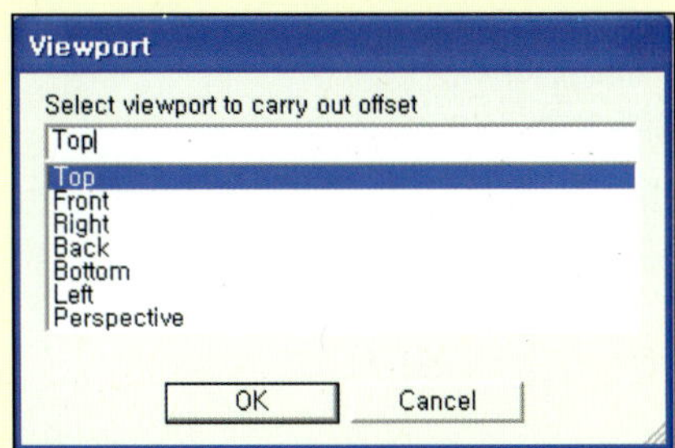

02_ 해당 별들을 드래그로 모두 선택 〉 마우스 오른쪽 버튼 클릭

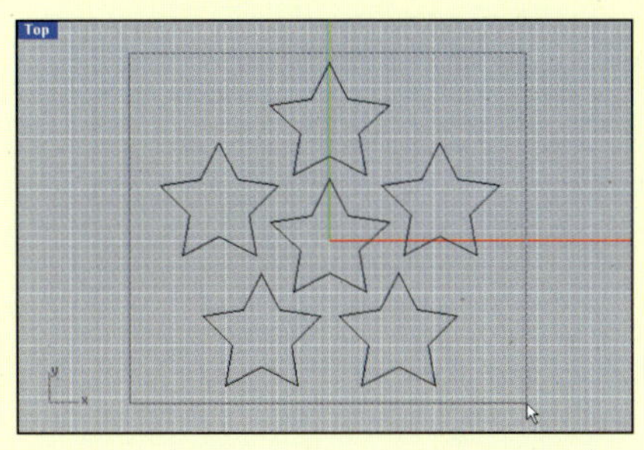

03_ 옵셋 거리 치수 기입 〉 OK

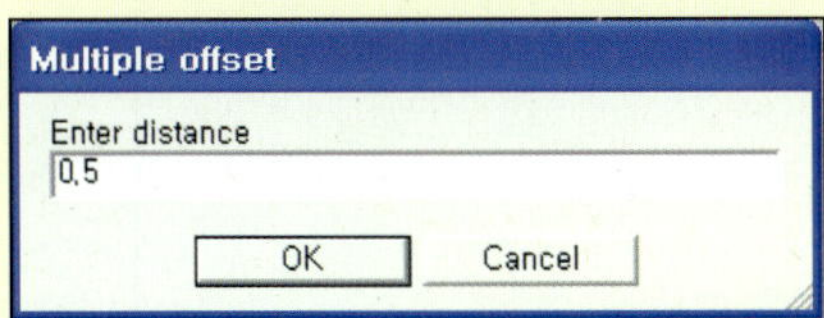

04_ 각각의 별들이 모두 바깥쪽으로 0.5씩 옵셋 완료됨

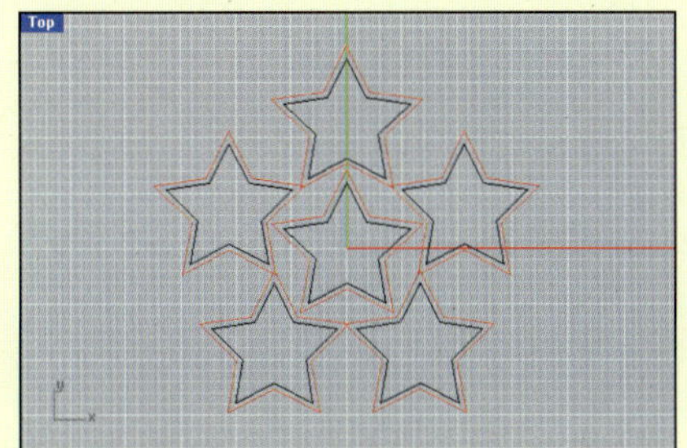

⓬  Weight Tools

작업된 보석과 Metal의 중량을 구하는 명령어

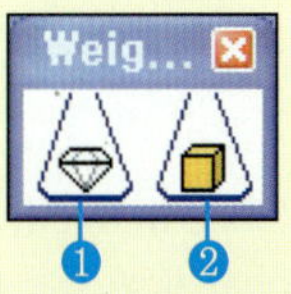

❶ Stone Weights

작업된 보석의 중량을 구함

사용법

01_ 우선 준비된 보석 부분을 선택하고 Weight Tools 아이콘을 클릭한다.

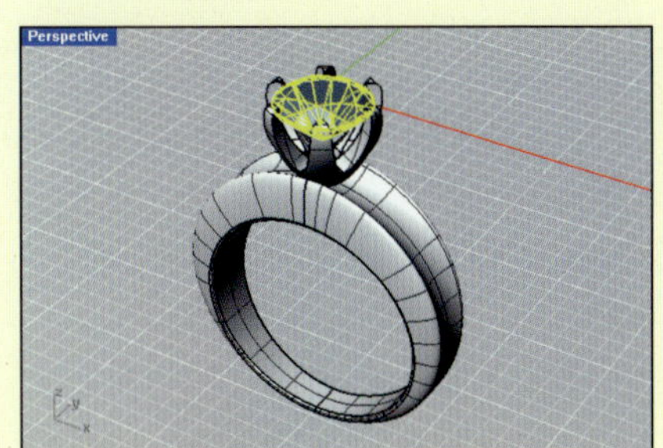

02_ Stone Weight에 보석 종류에 따른 중량이 자동 계산된다.

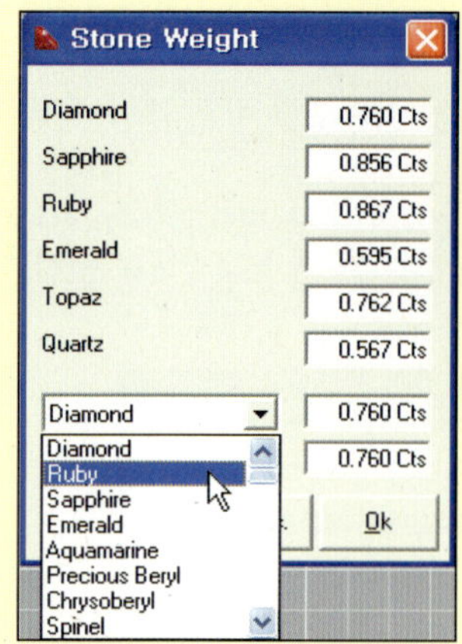

② 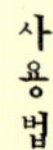 Metal Weights

작업된 금속의 중량을 구함

사용법

01_ 우선 준비된 금속 부분을 선택하고 Metal Weights 아이콘을 클릭한다.

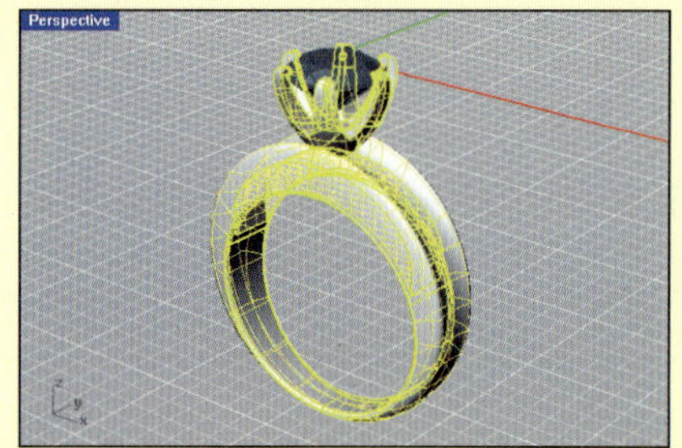

02_ Metal Weights 즉, 원하는 금속에 따른 중량이 자동 계산된다.

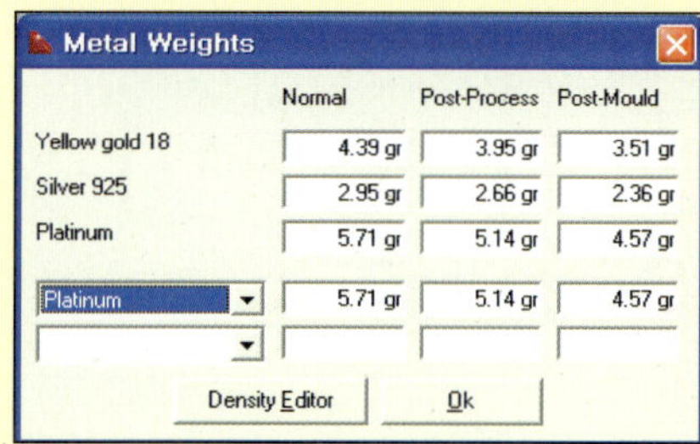

❖ NOTE

〈금속의 종류에 따른 중량 체크시 참조 사항〉

– Normal : CNC와 같은 직접적인 작업시 입체 블록 기준의 일반적인 추정 기본 중량

– Post-Process : 3차원 왁스(Wax) 프린터로 출력한 상태의 근사치 중량 〉 예) Solidscape T66

– Post-Mould : 고무 몰드(Rubber Mould)를 만들고 주물(Casting)을 마친 상태의 근사치 중량

이러한 위의 중량에 대한 변화는 작업 공정별 객체의 재료 수축률이 큰 원인 중에 하나이다.

⓭ Ring Size Creator

링의 내경을 치수에 의해 생성시켜 주며, 스케일 변경과 같은 기능을 수행한다.

사용법

Tech Gems 4.1-mm-en아이콘 메인 툴바 〉 Ring Tools 〉 Ring Size Creator 아이콘 클릭

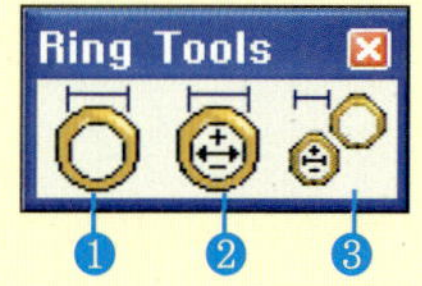

> ❖ NOTE
>
> 〈Ring Size Creator의 세부 옵션 참조〉
>
> – Diameter mm : 원의 지름으로 단위는 mm
> – Diameter inch : 원의 지름으로 단위는 inch
> – Circumference : 원주율
> – European : 유럽 방식의 반지 호수
> – US : 미국 방식의 반지 호수
> – British : 영국 방식의 반지 호수
> – Japanese : 일본 방식의 반지 호수

❶ Ring Size Creator

링의 내경을 구할 수 있는 명령어이다.

사용법 Gems 4.1-mm-en아이콘 메인 툴바 〉 Ring Tools 〉 Ring Size Creator 아이콘 클릭 〉
대화상자에 지름 18 입력 〉 Front Viewport에 지름 18mm의 원이 생성됨

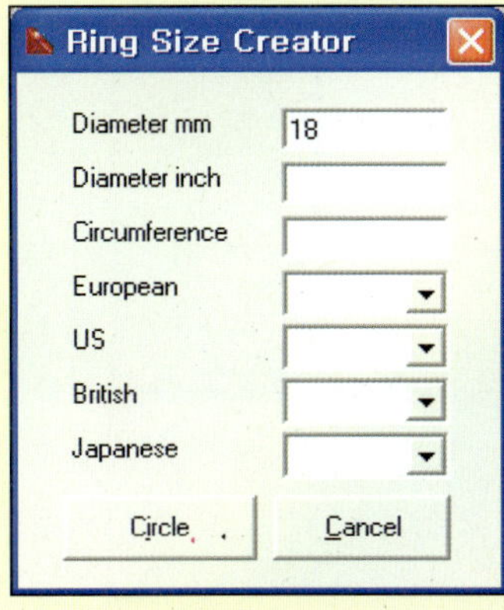
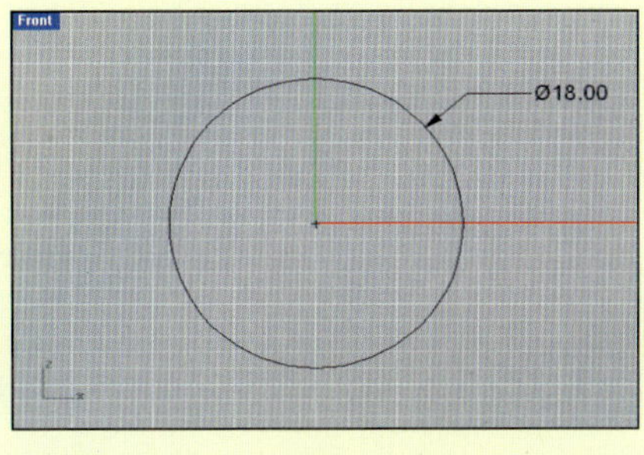

이번엔 US방식에 체크하고 7,3/4에 설정 〉 미국식으로 지름 18.05mm의 원이 생성됨

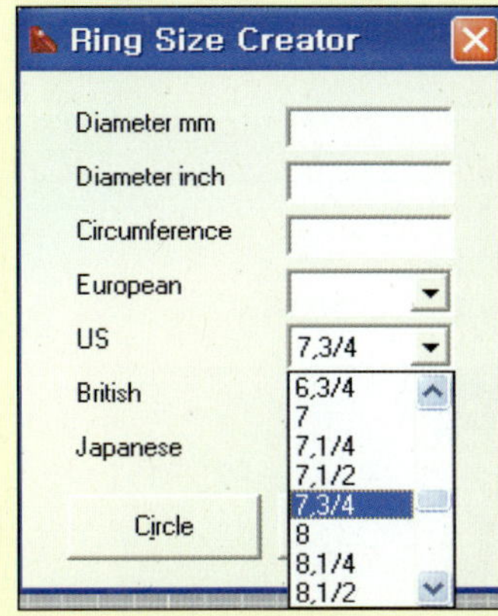
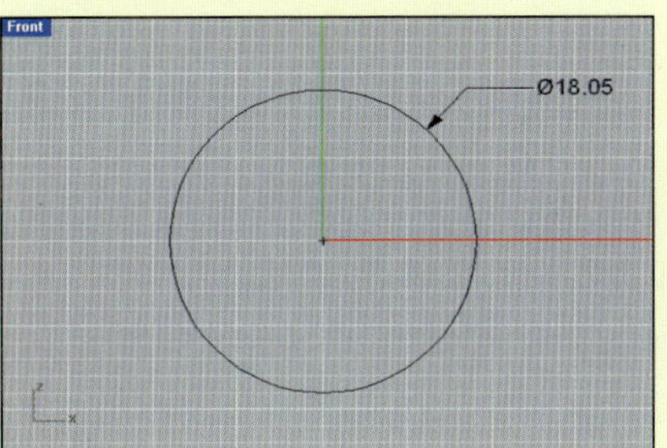

❷ Scale Ring Size

앞서 생성된 Circle의 Size를 변경시킬 때 사용되는 명령어이다.

사용법

01_ 예를 들어 그림과 같은 지름 18.05mm의 반지 내경이 그려져 있는데 이 사이즈를 변경하고자 한다.

02_ Scale Ring Size 아이콘을 클릭한다. Scale Ring Size에 그림과 같이 초기 Actual Size에 18.05를 입력한다 〉 다음 원하는 변경 사이즈인 16mm를 기입 〉 다음 비교를 위해 초기 링의 지름이 남겨지도록 Keep original model에 체크 〉 [Scale] 버튼을 클릭

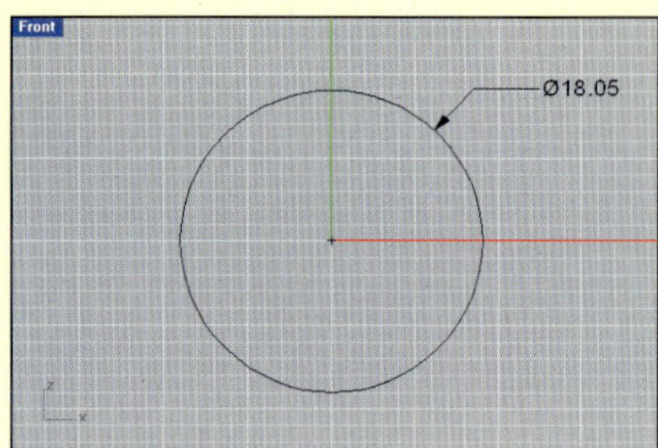

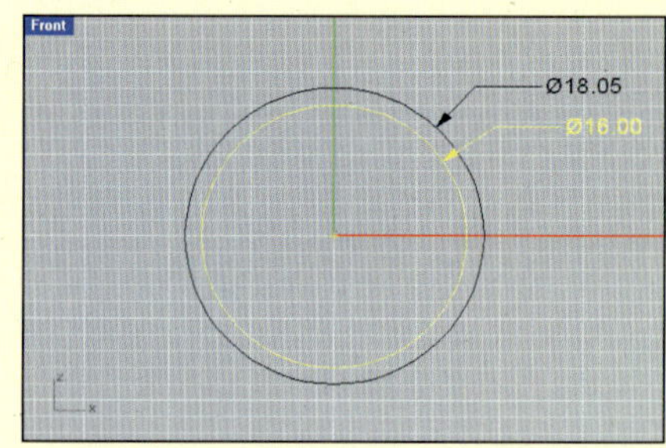

03_ Select Ring 메시지가 커맨드 창에 나타나면 초기 링의 원을 선택 〉 Ring Center 메시지가 뜨면 Osnap에 Cen(중심)을 체크하고 원을 클릭해 주면 새로 변경된 지름16mm의 내경이 생성된다.

만약 작업 중 Keep original model에 대하여 체크를 끄면 18.05mm의 원은 보이지 않고 새롭게 수정된 원만 보이게 된다.

❸ Advanced Scale Ring Size

이미 제작된 3차원 링의 지름(Diameter)과 폭(Width)의 Scale 조정

사용법

01_ 우선 준비된 3차원 반지에 내경은 지름 15mm이다. 이제 이것을 14mm로 줄일 것이다.

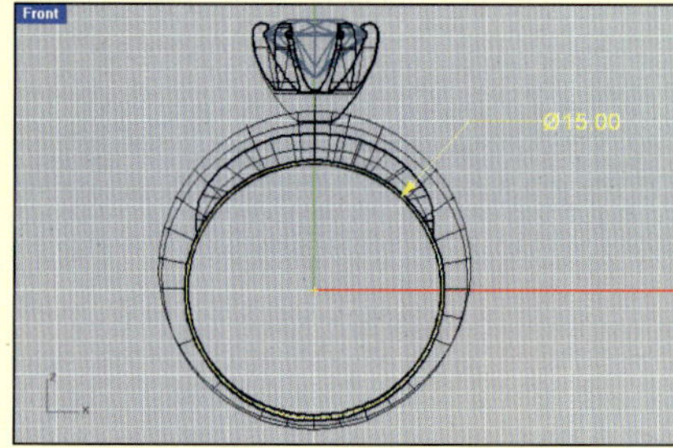

02_ 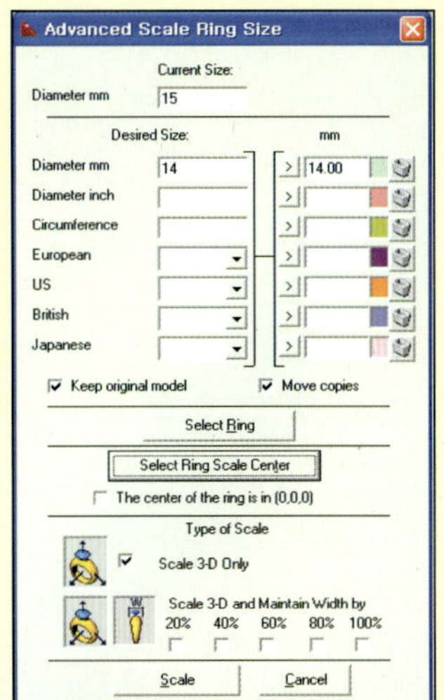 Advanced Scale Ring Size 아이콘을
클릭 〉 Advanced Scale Ring Size 대화창 〉
Current Size에 15를 입력 〉 원하는 변경 사이즈
란에 14를 입력 〉 바로 옆의 화살표를 클릭하면
14.00mm로 변경될 객체의 레이어(여기서는 연녹
색)가 등록된다 〉 Keep original model에 체크 〉
Move copies에 체크(원본과 별도로 객체가 우측에
카피되어 나타남) 〉 Select Ring 아이콘 클릭 〉
Select Ring 메시지가 커맨드 창에 뜨면 3차원 반
지 클릭해 줌 〉 마우스 오른쪽 바탕 클릭 〉 대화상
자에 Select Ring Scale Center 아이콘 클릭 〉
Osnap에 Cen(중심)체크 후 반지의 지름 중심 클릭
〉 Scale 3-D Only 체크 〉 Scale 버튼 클릭 〉 완료

03_ 모든 설정이 완료된 모델을 보면 내경의 스케
일이 15mm에서 14mm로 줄었음을 확인할 수 있다.

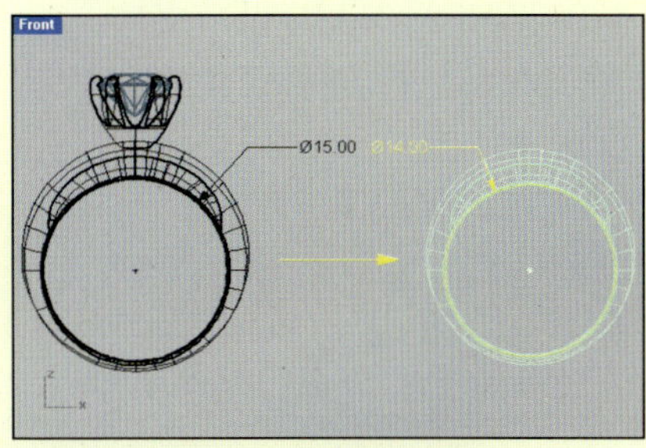

04_ 이제 반지의 두께가 되는 폭(Width)에 대하여
스케일 변화를 주기로 한다. 모든 설정은 같게 하고
Scale 3-D and Maintain Width by에 20% 〉
60% 〉 100% 에 체크해가며 그 변화를 살펴 본다.

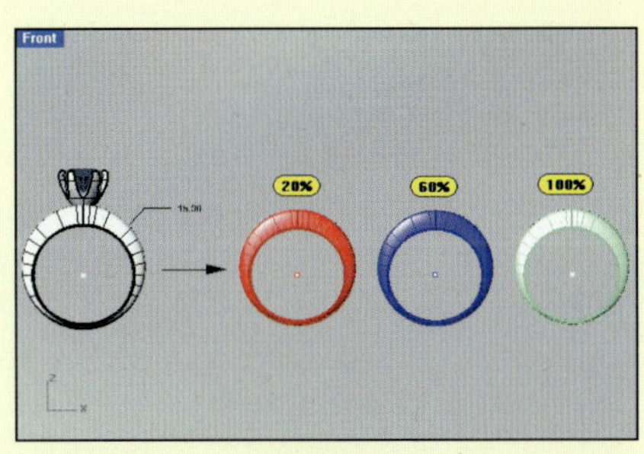

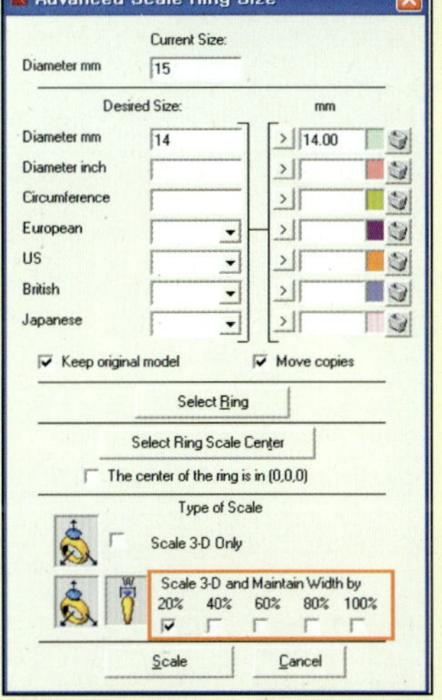

원본을 기준으로 보았을 때 20% 체크시 Right
View에서 보았을 때 반지의 폭 변화가 안쪽으로 줄
어드는 비율이 크며 100% 체크시 그대로 유지된
다. 60%는 중간 정도의 변화가 생긴다.

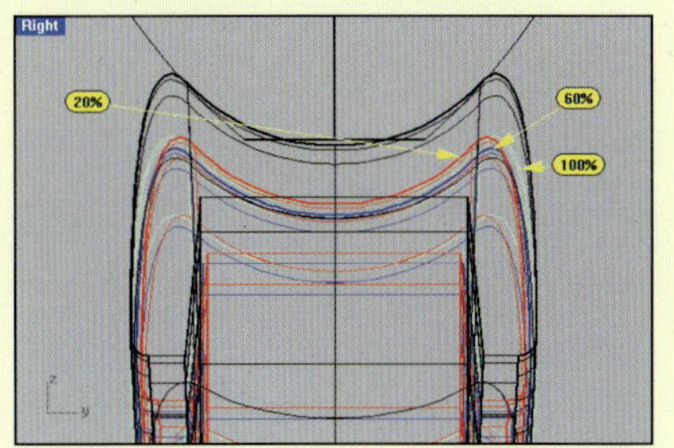

⑭ 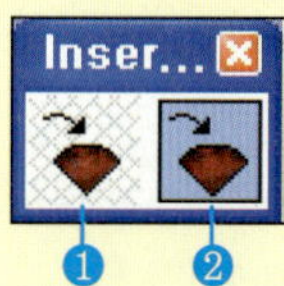 Insert Gems and Drills

해당 면의 표면에 보석과 보석 삽입을 위한 드릴의 생성

> **사용법**
> Tech Gems 4.1-mm-en 아이콘 메인 툴바 〉
> Insert Gems and Drills 아이콘 클릭 〉 해당 하위
> 명령 아이콘 클릭 〉 완료

❶ Insert Gem-Drill

원하는 공간에 보석 삽입을 위한 보석과 드릴 생성

> **사용법**
> Insert Gem-Drill 아이콘 클릭 〉 Drill 종류 선택 〉
> Size 선택(다이아몬드 캐럿(cts) 중량과 크기(mm))
> 〉 스크롤방식으로 선택해도 무방 〉 원하는 곳에 클
> 릭하여 객체 생성 완료 〉 계속 진행하고자 하면 마
> 우스 오른쪽 버튼 클릭 〉 추가 Size 선택 〉 연속된
> 작업 가능 〉 완료(Cancel) 아이콘으로 마무리

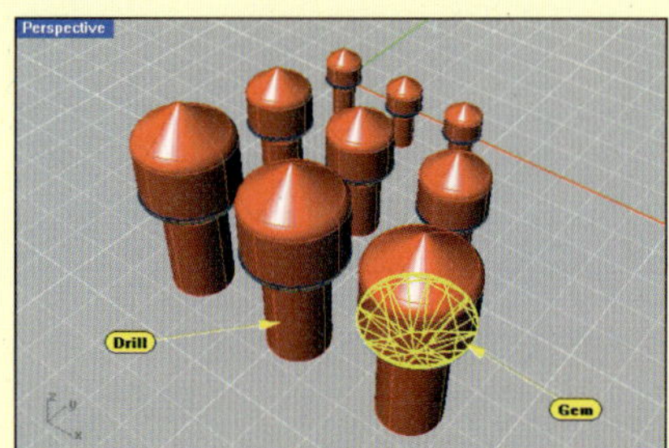

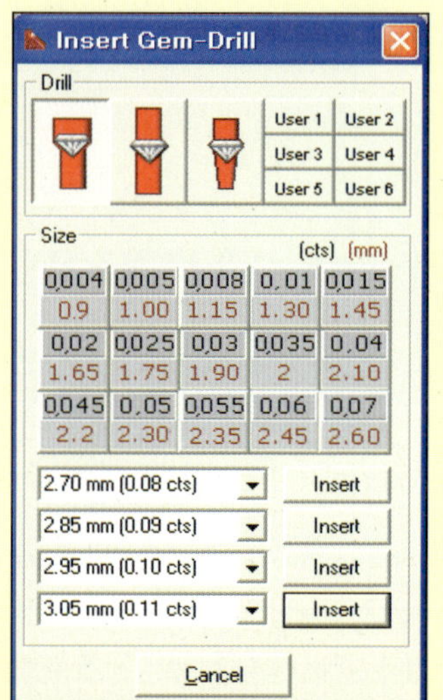

> **❖ NOTE**
>
> 만약 이곳에 기본적으로 제공되는 Drill이 맞지 않거나 맘에 들지 않는다면 User1~User6까지 미리 유
> 저가 만들어 놓은 Drill을 가져와 사용할 수 있다. 미리 만들어 둘 곳의 경로는 다음과 같다. 우선 로컬
> 디스크인 내 컴퓨터 C:로 접근 〉 TechGems4 폴더 클릭 〉 Pave 폴더 클릭 〉 User1 파일 클릭하여
> Open 〉 내가 원하는 Drill 모델링 〉 저장하면 User1에서 불러와 사용할 수 있게 된다.

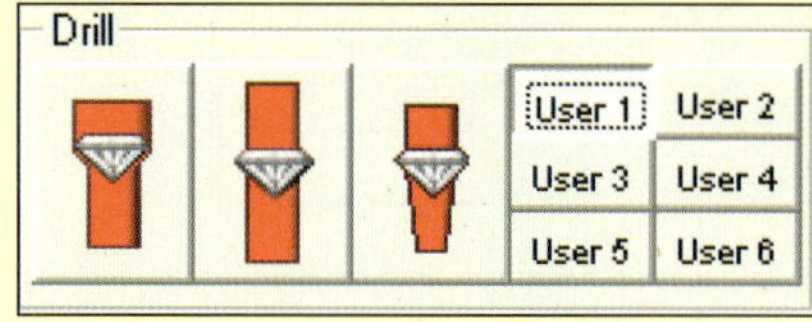

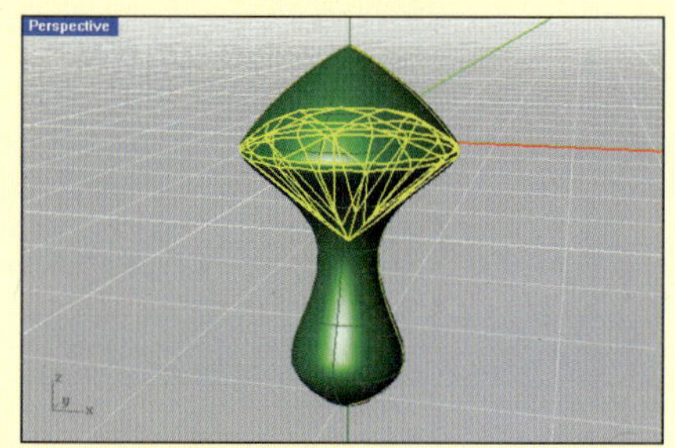

◎ C: 〉 TechGems4 〉 Pave 〉 User1 파일을 열고
새롭게 만든 Drill과 Gem모습

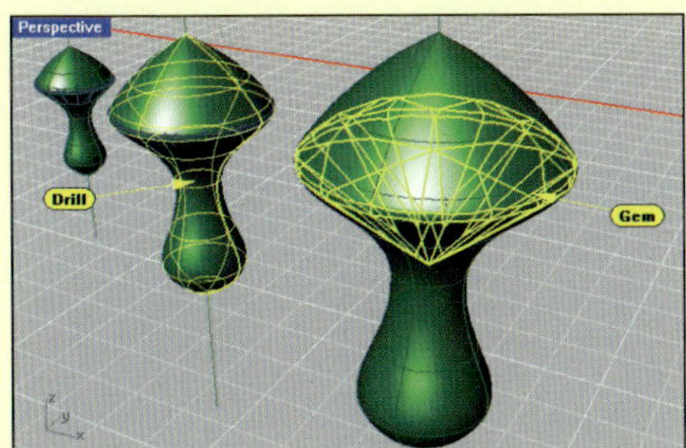

◐ 대화상자에서 User1 을 클릭하여 실제 Drill을 불러온 예

❷ Insert Gem–Drill on Surface

선택한 해당 면(Surface) 위에 Gem 삽입을 위한 Drill의 생성

사용법

01_ Insert Gem–Drill on Surface 아이콘 클릭 〉 Insert Gem-Drill Surface 대화상자 나타남 〉 Select Surface 아이콘 클릭 〉 커맨드 창에 Pick surface 메시지 나타남 〉 해당 객체면을 라이노3D에서 모델링하여 선택 〉 Size 설정 〉 Surface to orient on 메시지창 나타남 〉 해당 객체의 면을 선택 〉 원하는 곳에 배치시킴 〉 Cancel로 마무리

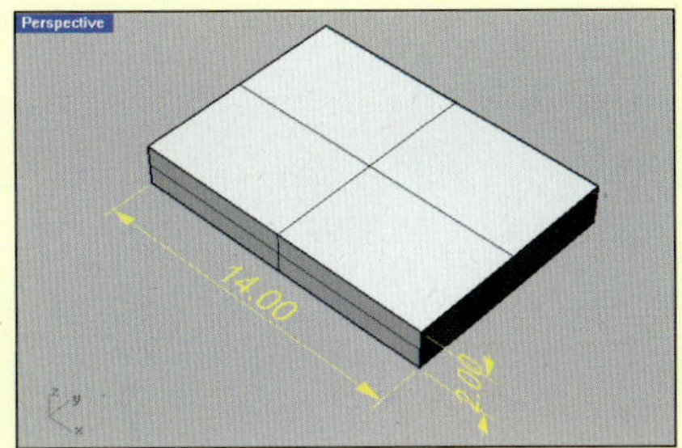

◐ 라이노3D에서 모델링 된 객체

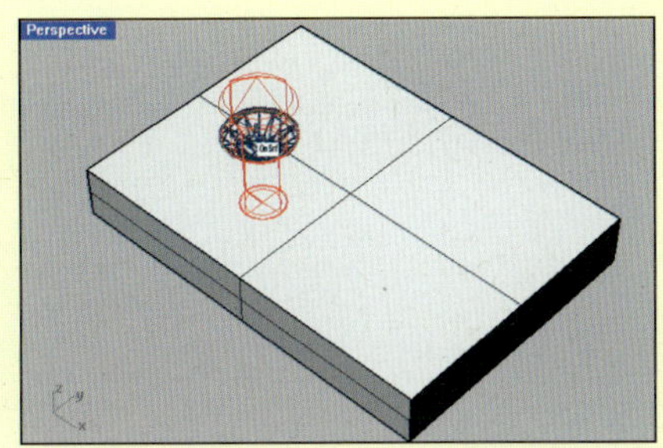

◐ 원하는 곳에 배치

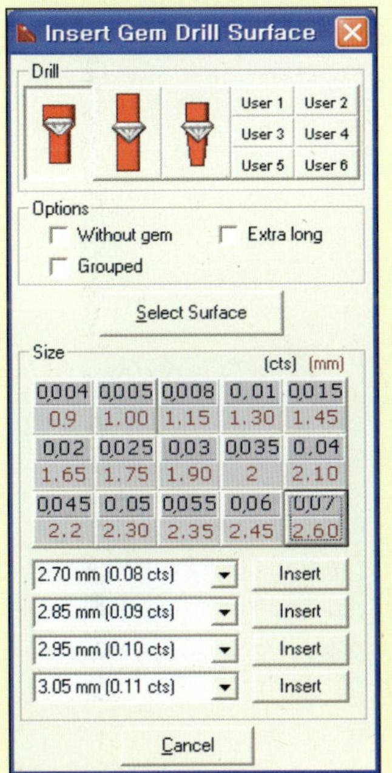

◐ Drill과 보석 사이즈의 선택

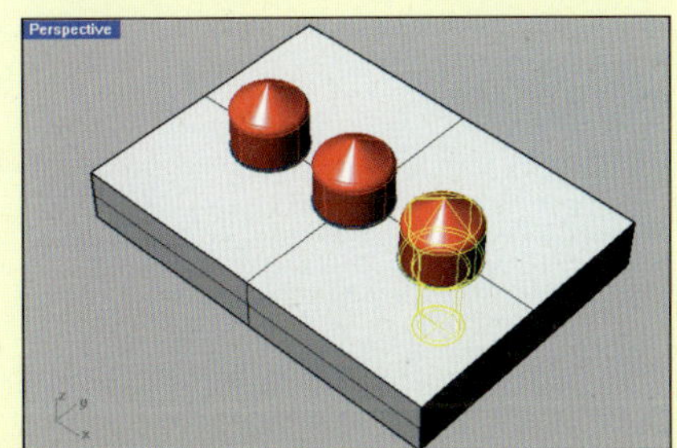

◐ 배치 완료

02_ 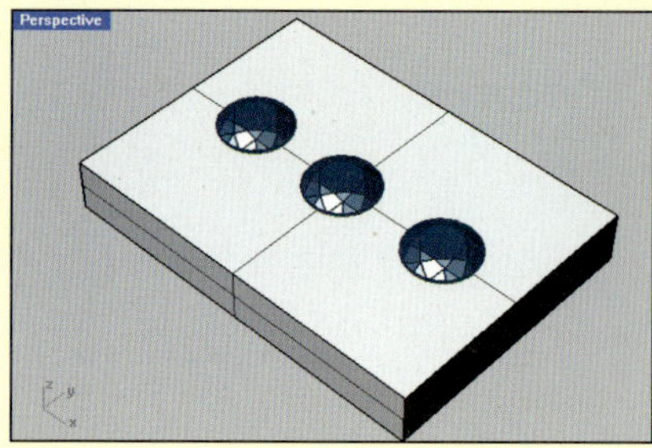 **Multiple Boolean Difference** 툴로 Drill 구멍을 파준다. 보석을 잠시 가려보면 구멍이 뚫려있는 것을 확인할 수 있다.

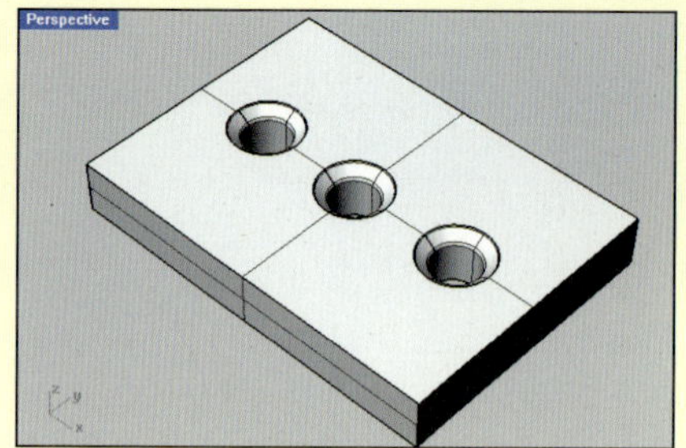

> **❖ NOTE**
>
> 〈Insert Gem Drill Surface 대화상자 옵션 참조〉
>
> - **Drill** : 드릴의 종류 선택
> - **Without gem** : 보석은 제외되고 Drill만 보이게 된다.
>
> 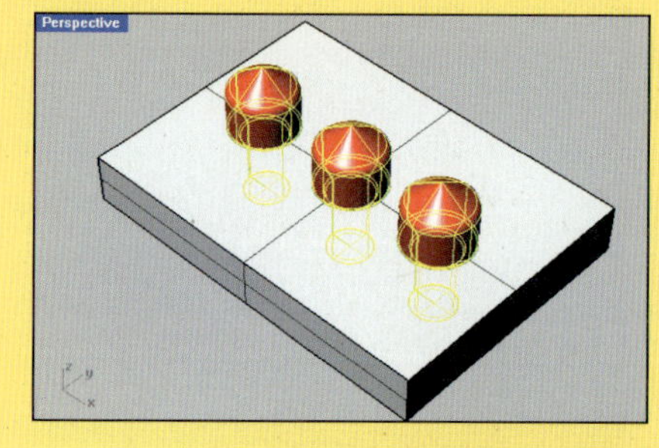
>
> - **Extra long** : 보다 긴 Drill(2번 그림)이 생성된다.
>
> 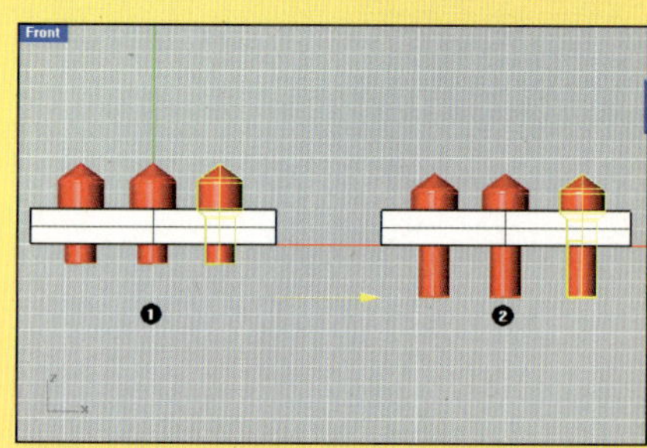
>
> - **Grouped** : Drill과 Gem이 Group(2번 그림)되어 생성된다.
>
> 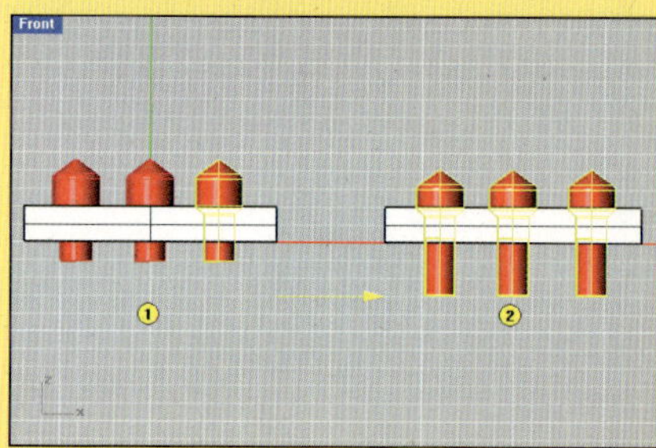
>
> 이 명령 또한 User1~User6까지 유저가 원하는 Drill 제작과 적용이 가능하다.

⑮  Pave Block Tools

Pave 세팅을 위한 블록의 생성과 보석의 세팅

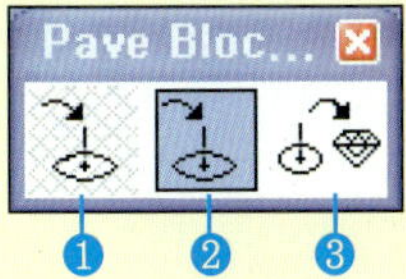

사용법 Tech Gems 4.1-mm-en 아이콘 메인 툴바 > Pave Block Tools > 하위 메뉴 아이콘 클릭 > 완료

❶ IInsert Pave Block

정상 Plane이나 경사진 Construction plane(CPlane)에 좌표에 대하여 Pave 블록의 생성

사용법 01_ 경사진 객체의 준비

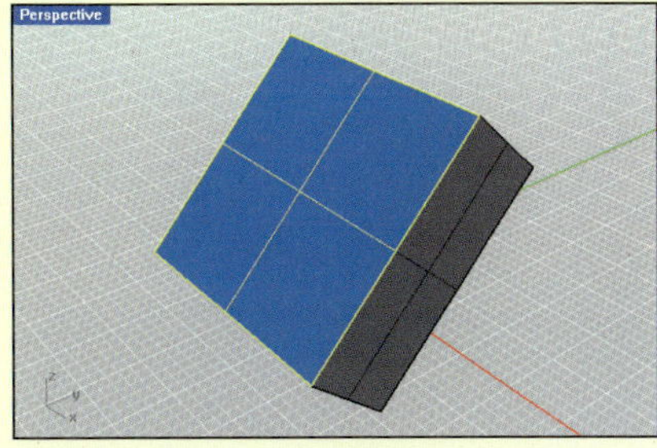

02_ 경사진 면에 대하여 Auto Set CPlane by 3 Points 명령으로 CPlane 설정 경사진 면 꼭 지점에 3개의 포인트를 클릭한다. CPlane이 설정된 객체에 대하여 Insert Pave Block 명령을 실행한다. 단 CPlane면이 뒤집어 뒤집혀 보이게 되면 CPlane View에서 원하는 면이 나오도록 뷰를 조정한다.

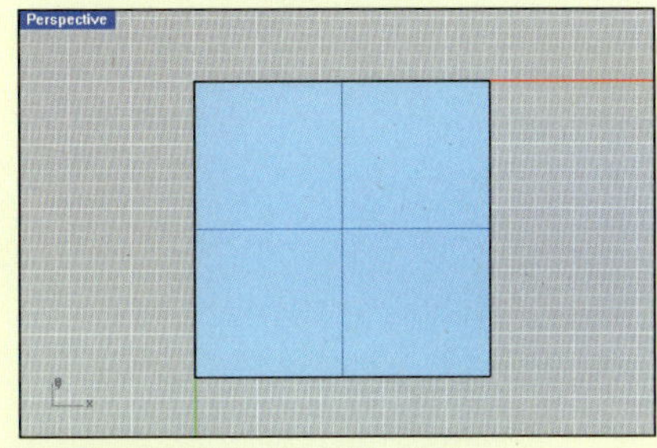

03_ Insert Pave Block 아이콘을 클릭 > Block에서 원하는 색상의 레이어와 보석 크기(Size)를 선택한 후 CPlane 면을 클릭하며 경사진 면에 Pave 블록을 생성한다 > 완료

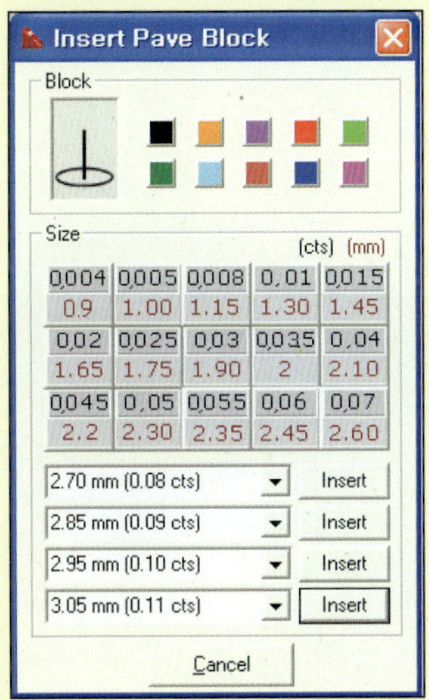

04_ 경사진 면에 Pave 블록이 적용된 모습

05_ 정상적인 좌표로 복귀하여 보면 그림과 같이 경사진 면에 일치하도록 Pave 블록이 만들어진 것을 확인할 수 있다.

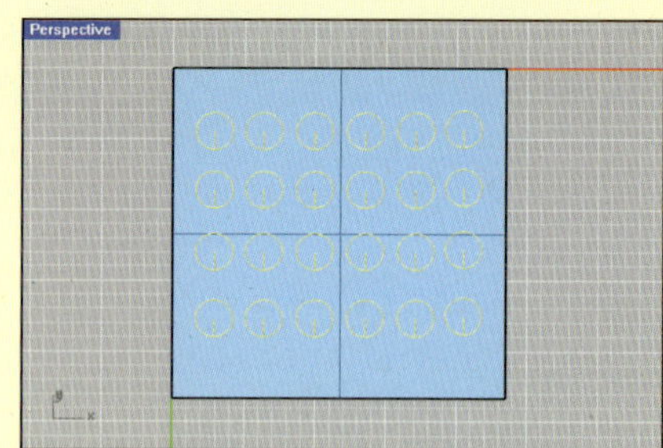

❖ NOTE

이러한 Insert Pave Block에 의하여 만들어진 블록들은 Pave Block Manager에 의해 보석이나 드릴을 보이게 하여 후속 작업이 가능하다.

❷ Insert Pave Block on Surface
면 위에 파베블록 삽입

사용법

01_ 객체의 준비

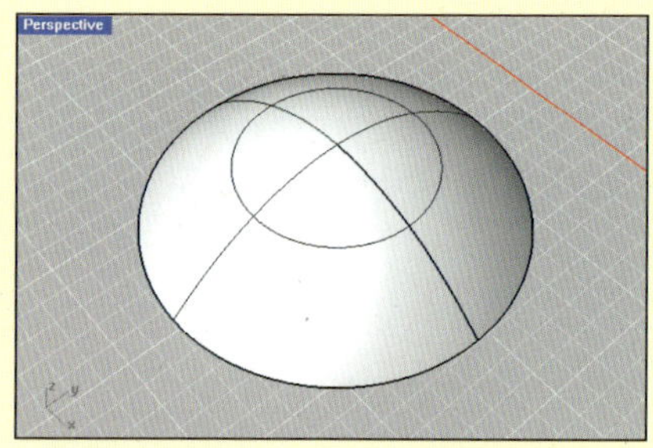

02_ Insert Pave Block on Surface 아이콘 클릭 〉 원하는 색상의 레이어 선택 〉 Select surface 아이콘 클릭 〉 Surface 클릭 〉 보석 크기 (Size) 지정 〉 Surface 클릭 〉 배열 완료

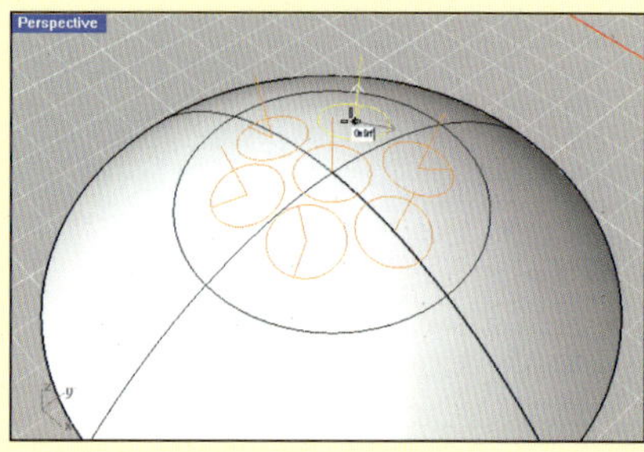

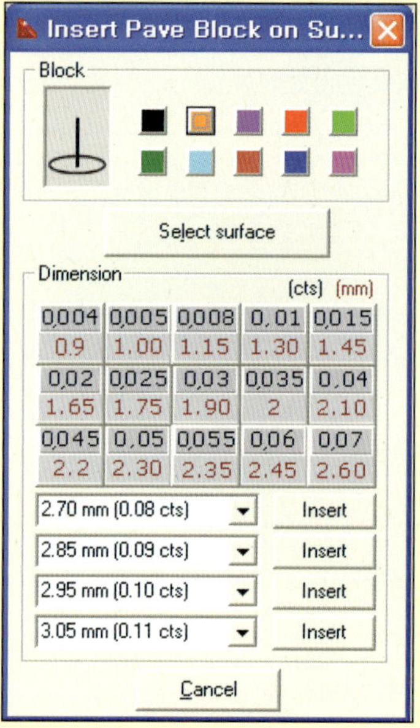

03_ 크기를 달리하여 연속 배열한 경우

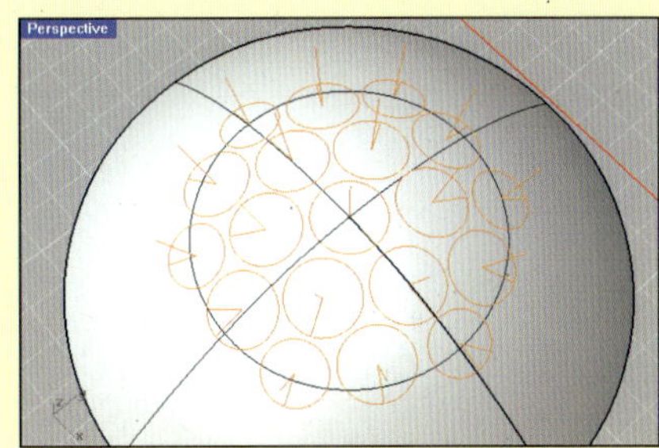

❸ Pave Block Manager

Pave 블록 설정된 곳에 보석과 드릴을 보이게 해 준다.

사용법 │ TechGems4.1 〉 Pave Block Tools 〉 Pave Block Manager 클릭

│ 앞서 진행된 Pave 블록 데이터를 가지고 Pave Block Manager를 실행해 본다.

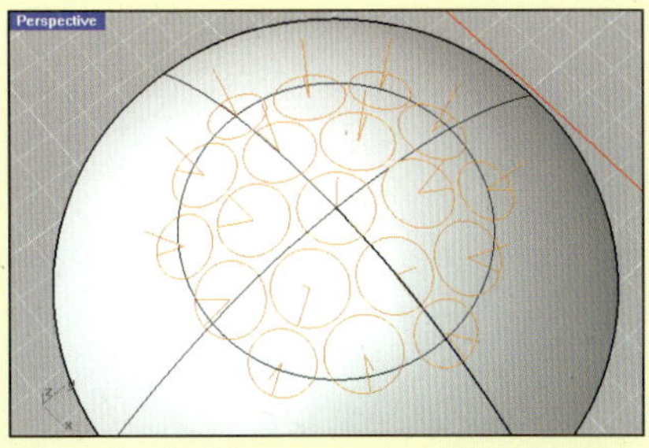

01_ 우선 Pave Block Manager 클릭 〉 3가지의 블록에 대하여 그림과 같이 각각 마킹해주고 Drill 타입을 결정한 후 [Update] 버튼을 클릭해 준다.

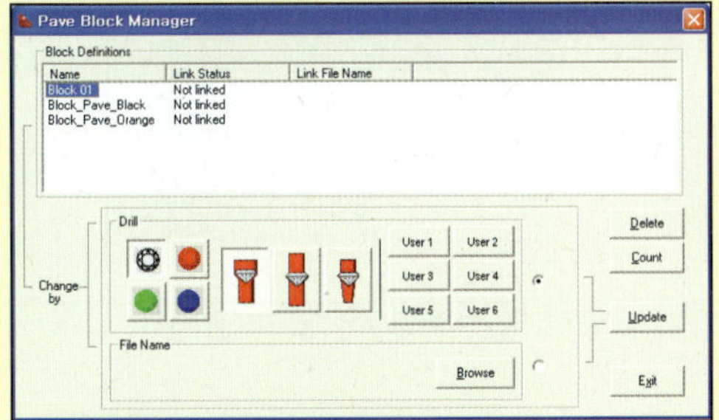

◐ 첫 번째 블록에 대한 드릴 타입과 Update 실행

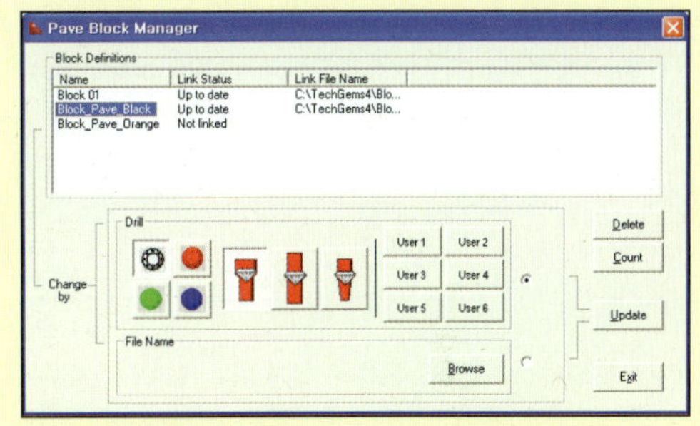

◐ 두 번째 블록에 대한 드릴 타입과 Update 실행

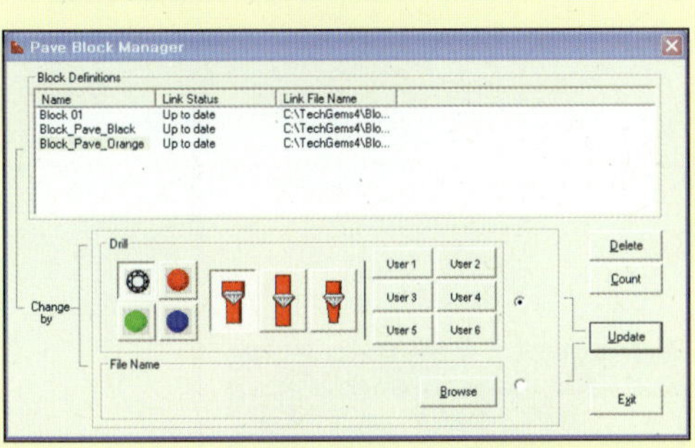

◐ 마지막 블록에 대한 드릴 타입과 Update 실행

02_ 명령 실행 결과 다음과 같이 3차원의 보석과 드릴이 눈에 보이게 된다. 이제 마지막으로 Multiple Boolean Difference를 실행한다.

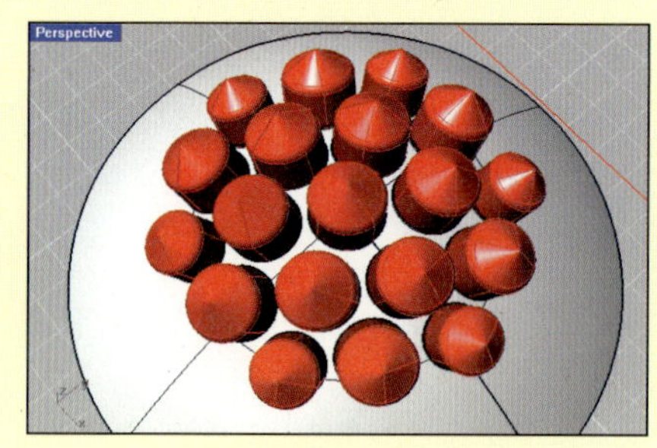

03_ 단, 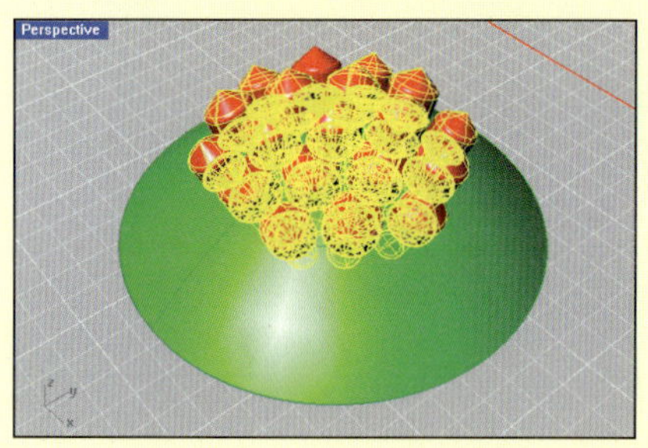 Multiple Boolean Difference을 실행하려면 3차원의 보석과 드릴을 Explode 명령으로 폭파 독립화(링크 해제)시켜 주어야 한다. 그래야 명령어 실행된다. 또한 구멍이 뚫릴 객체도 면이 떨어진 상태로 명령을 내려 주어야 한다.

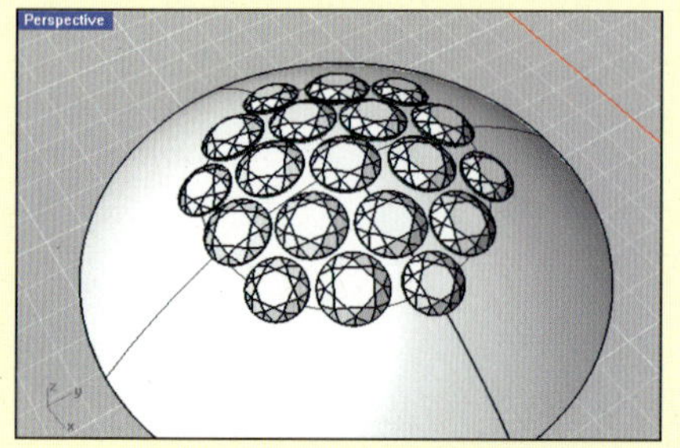

04_ 보석만을 선택하여 숨기면 드릴(Drill)별 홈을 확인해 볼 수 있다.

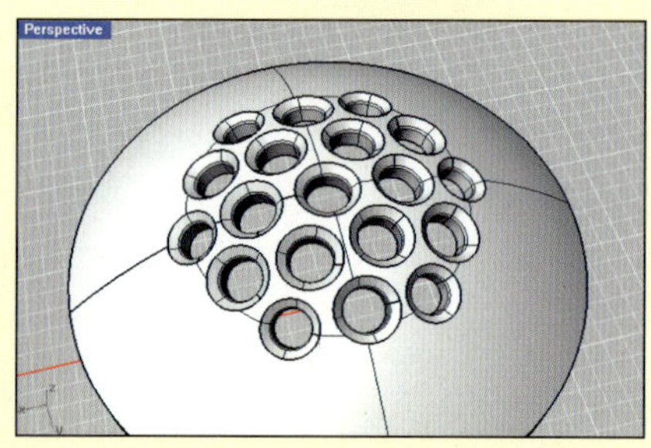

> ❖ NOTE
> 위의 방법은 앞서 언급된 Signity 보석 세팅법과 방법상 거의 유사하며 선택하여 사용하면 된다.

⑯ Array Tools

보석 세팅을 위한 5가지 배열

사용법 | TechGems4.1 〉 Array Tools 클릭 〉 하위 메뉴 아이콘 클릭 〉 완료

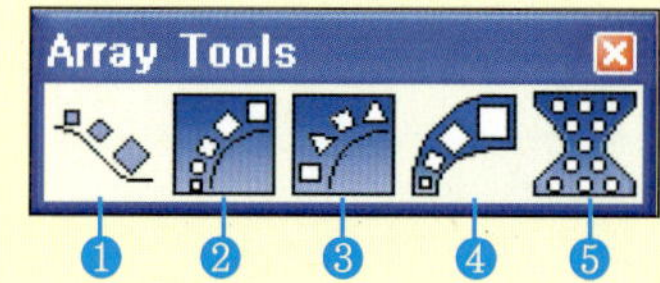

❶ Incremental Array along Curve
커브를 따라 점진적으로 크기가 변화하는 객체 배열

사용법

01_ 1번 보석과 보석의 중심에 Point를 하나 만들어 둔다. 다음 2번 Curve를 준비한다.

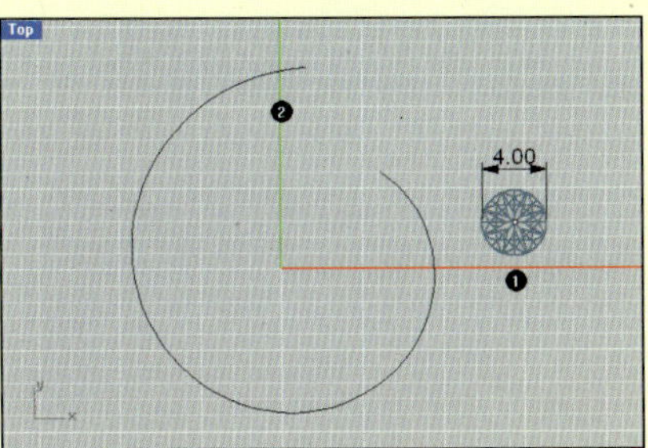

02_ Array Tools 〉 Incremental Array along Curve 아이콘 클릭 〉 그림과 같이 치수를 기입하고 [Apply] 버튼을 클릭한다.

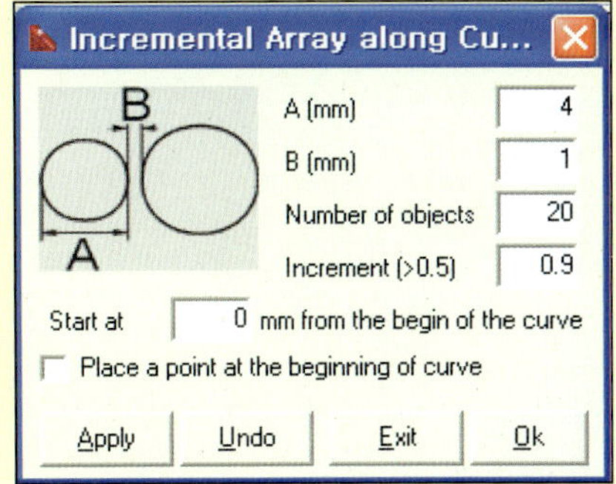

03_ Select object to Incremental Array : 라는 메시지가 커맨드 창에 뜨면 보석을 클릭하고 Enter 를 친다.

04_ Base point : 라는 메시지가 커맨드 창에 뜨면 Osnap에 Point를 체크하고 보석의 가운데 만들어 둔 Point를 Top View에서 클릭하고 Enter 를 친다.

05_ Pick curve : 커브를 찍으라는 메시지가 커맨드 창에 뜨면 2번 커브를 클릭한다. 곧바로 계산에 들어간다.

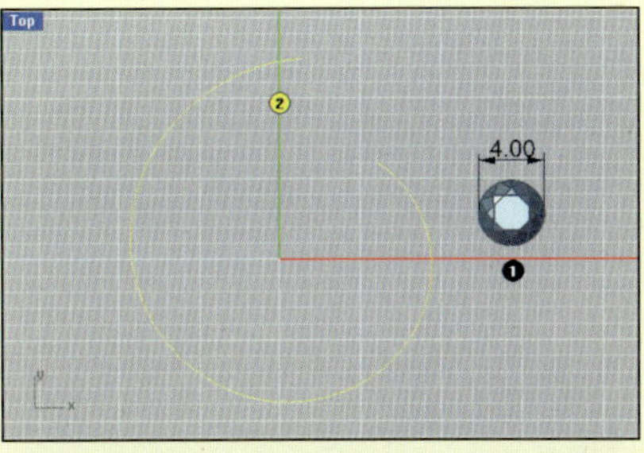
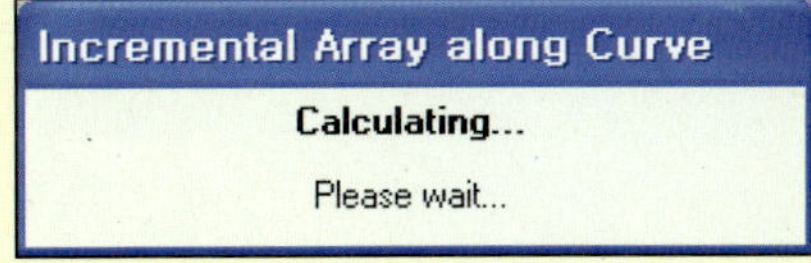

06_ 1차 설정에 의한 배열이 완료된 모습이다.

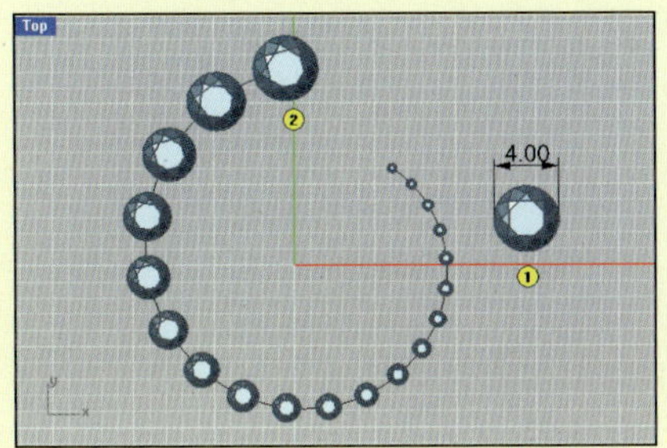

07_ 다음 연속해서 대화상자가 나타나는데 Undo 아이콘을 클릭하여 종전의 설정을 바꿔본다. 설정은 다음과 같다.

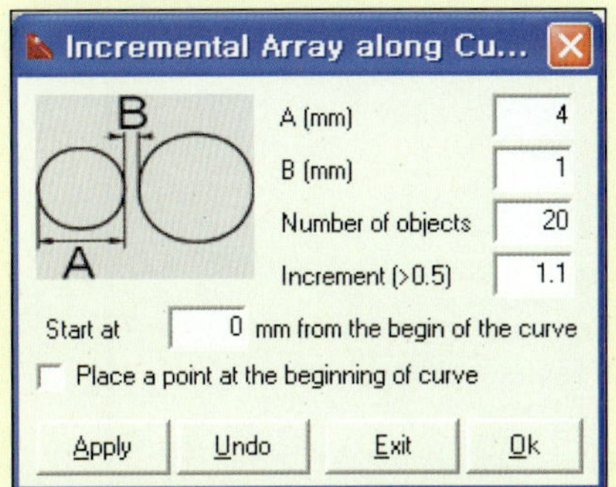

08_ 설정시 나머지는 그대로 두고 Increment를 1.1로만 바꿔준 결과이다. 4.0mm 짜리 보석이 시작점(2번 주석지점)에서부터 약 10%씩 점진적으로 증가하며 커브가 있는 곳까지만 배열되었다.

원하는 결과를 얻었다면 Exit 아이콘을 클릭하여 빠져 나온다.

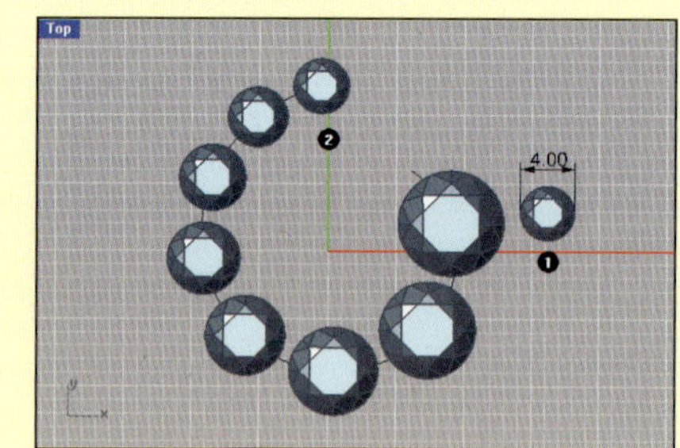

❖ NOTE
- A : 보석의 지름으로 단위는 mm이다.
- B : 배열 보석과 보석과의 거리로 단위는 mm이다.
- Number of objects : 보석 개수
- Increment : 보석 지름(크기)의 증가 또는 감소율
증감율 : 1 = 사이즈 유지
증감율 : 2 = 사이즈 2배 반복
증감율 : 1.1 = 사이즈 10%씩 증가
증감율 : 0.9 = 사이즈 10%씩 감소

❷ Incremental Array along Curve on Surface
면에 일치되어 있는 커브를 따라 점진적으로 크기가 변화하는 객체 배열

사용법

01_ 1번 보석의 중심에 Point를 만들고, 2번 객체 위에 Interpolate on Surface로 3번 커브를 그려준다.

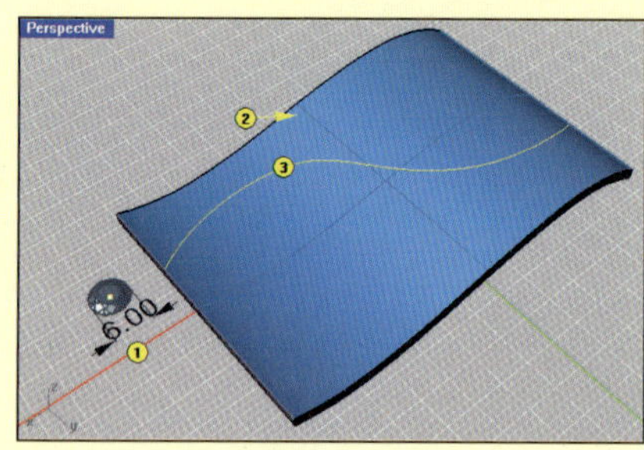

02_ Incremental Array along Curve on Surface 아이콘을 클릭 〉 대화상자가 나타나면 그림과 같이 기입하고 [Apply(적용)] 버튼을 클릭해 준다.

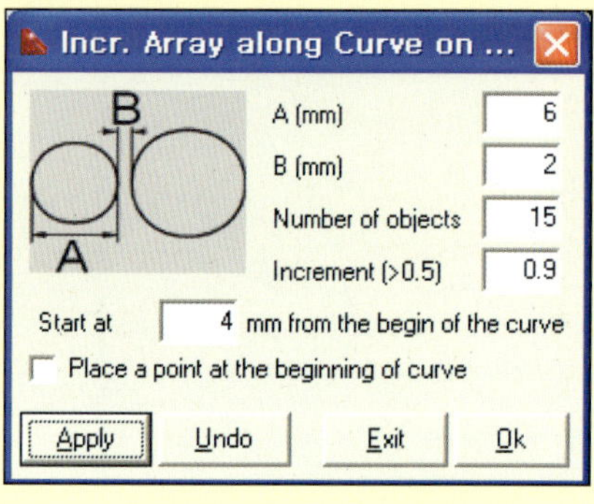

03_ 커맨드 창에 Select object to Incremental Array 메시지가 뜨면 Top View에서 1번 보석을 클릭하고 Base Point : 는 보석의 중심 Point를 클릭해 준다.

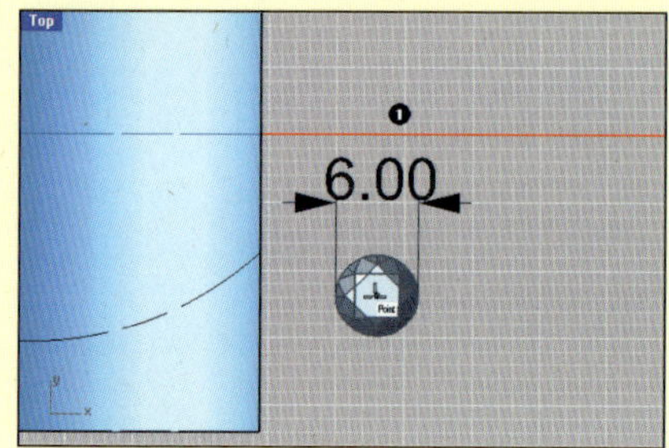

04_ 커맨드 창에 Pick curve: 메시지가 뜨면 2번
커브를 클릭 〉 Pick surface: 3번 면 클릭

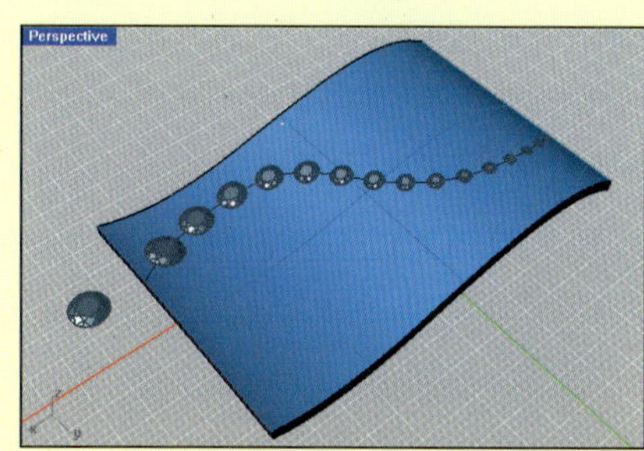

❖ NOTE
- A : 보석의 지름으로 단위는 mm이다.
- B : 배열 보석과 보석과의 거리로 단위는 mm이다.
- Number of objects : 보석 개수
- Increment : 보석 지름(크기)의 증가 또는 감소율
증감율 : 1 = 사이즈 유지
증감율 : 2 = 사이즈 2배 반복
증감율 : 1.1 = 사이즈 10%씩 증가
증감율 : 0.9 = 사이즈 10%씩 감소
Start at 4mm from the begin of the curve는 선택한 커브에 대하여 곡률 길이(Length) 4mm부터
객체가 배열된다는 의미이다.

❸ Array along Curve on Surface Multiple Object
면에 일치되어 있는 커브를 따라 다수의 객체를 배열

사용법 01_ 1번 객체들 준비, 3번 객체 위에 Inter-
polate on Surface로 2번 커브를 그려준다.

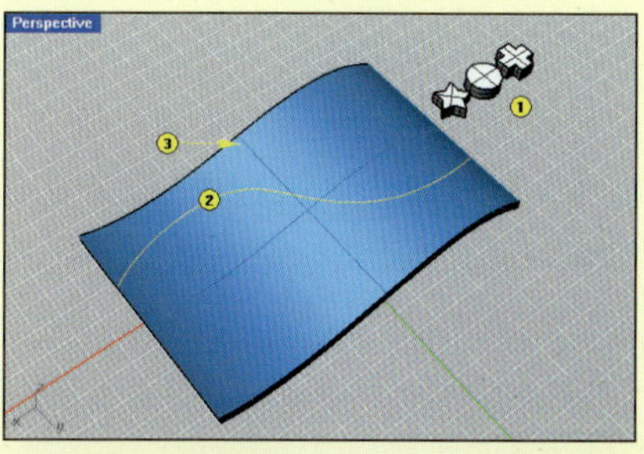

02_ Array along Curve on Surface Multi-
ple Object 아이콘 클릭 〉 대화상자가 나타나면 그
림과 같이 기입하고 [Apply(적용)] 버튼을 클릭해
준다.

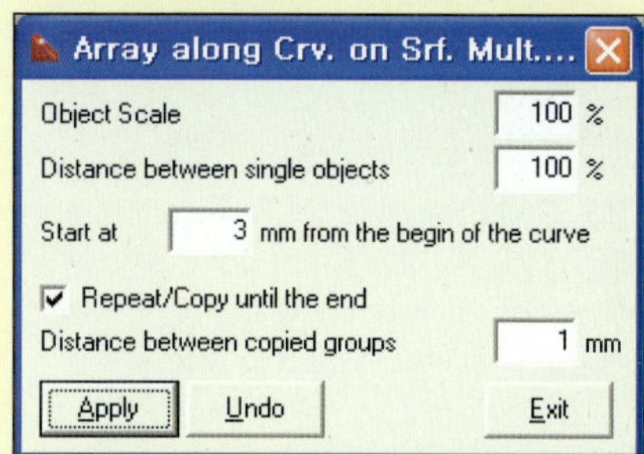

03_ 커맨드 창에 Pick objects: 메시지가 뜨면 1번 객체들을 모두 선택 〉 Enter 한다.

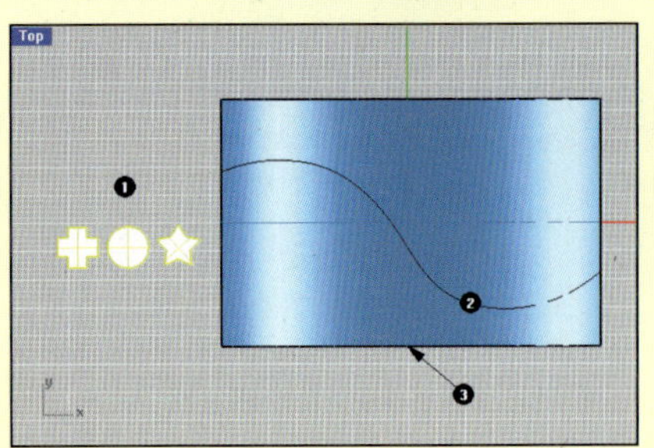

04_ Pick curve: 2번 커브를 클릭 〉 Pick surface: 3번 면을 클릭 〉 배열 완료 〉 Exit으로 완료

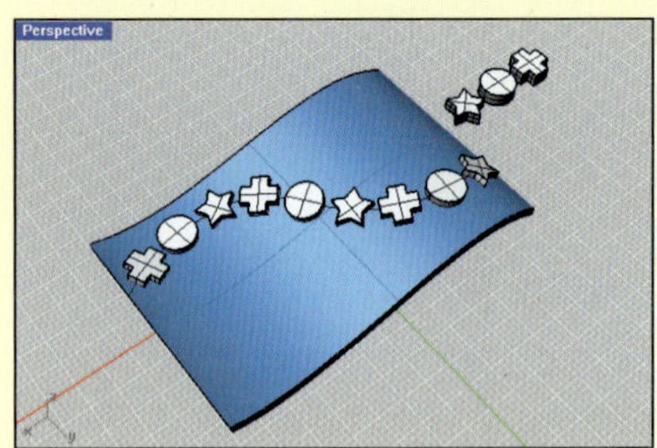

❖ NOTE

- Object Scale : 배열 객체의 크기
- Distance between single objects : 각 객체사이의 거리
- Repeat/Copy until the end : 끝까지 반복 복사
- Distance between copied groups : 복사될 객체그룹의 사이 거리

❹ Variable Size Array adapting to Surface

보석과 같이 같은 객체를 면을 따라 배열시켜 주며, 그 면의 폭에 적합한 가변적인 객체 크기를 만들어 준다.

사용법

01_ 1번 보석에 중심 Point 준비, 2번 객체의 면 준비(Sweep 2Rails 사용하여 제작된 면임)

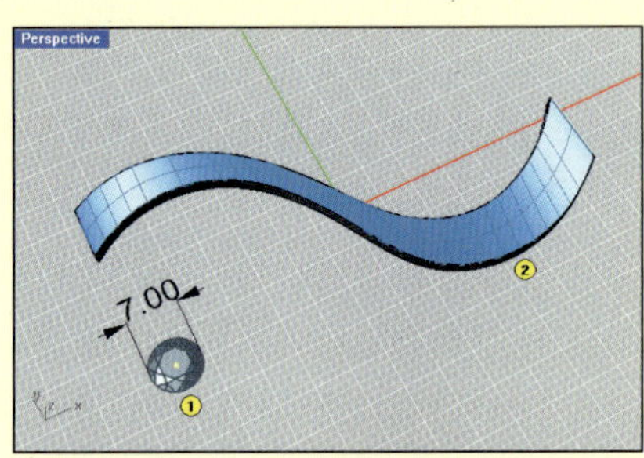

02_ Variable Size Array adapting to Surface 아이콘 클릭 〉 그림과 같이 치수 설정 〉 [Apply(적용)] 버튼 클릭

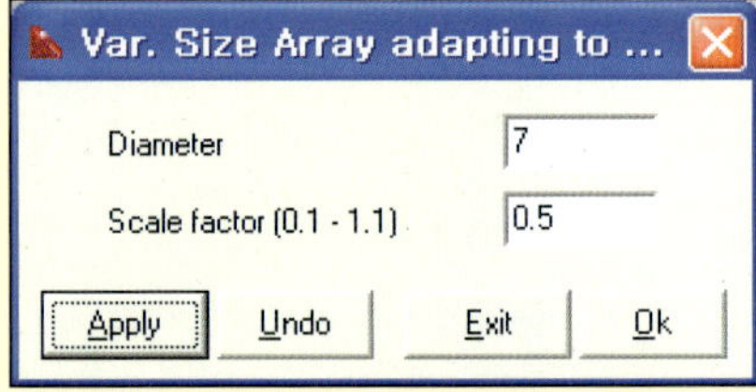

03_ 커맨드 창에 Pick object : 가 뜨면 보석을 클릭 〉 Enter 〉 커맨드 창에 Base point : 메시지가 뜨면 보석 중심에 있는 Point 클릭 〉 커맨드 창에 Pick surface : 메시지가 뜨면 2번 면을 클릭

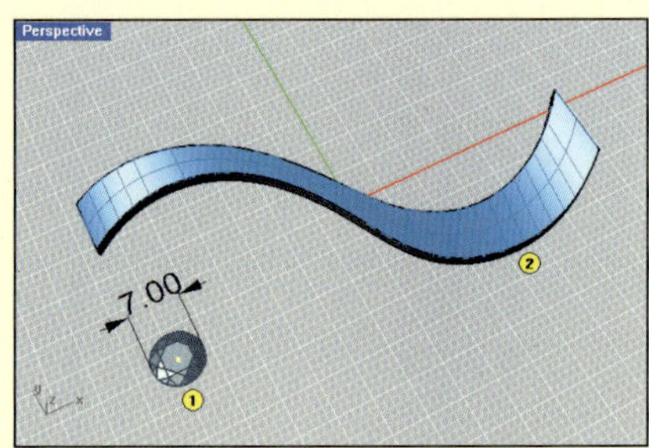

04_ 면(Surface) 위에 보석이 가변 배열된 모습이다.

05_ 배열을 바꾸려면 연속해서 나타나는 대화상자
에 Undo 아이콘을 클릭하고 그림과 같이 치수 설
정을 변경한다.

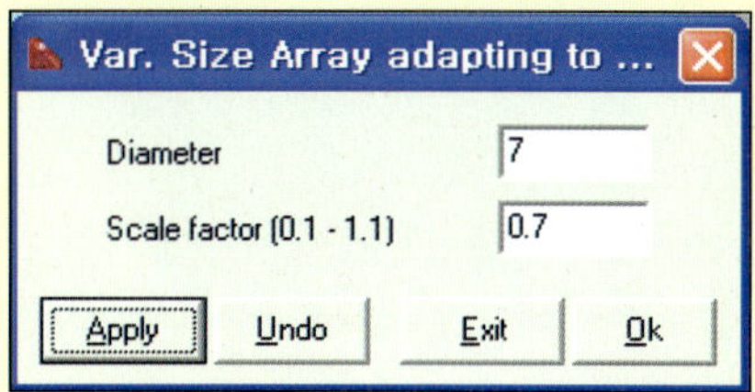

06_ [Apply] 버튼을 클릭하여 새로운 배열 결과를
확인한다.

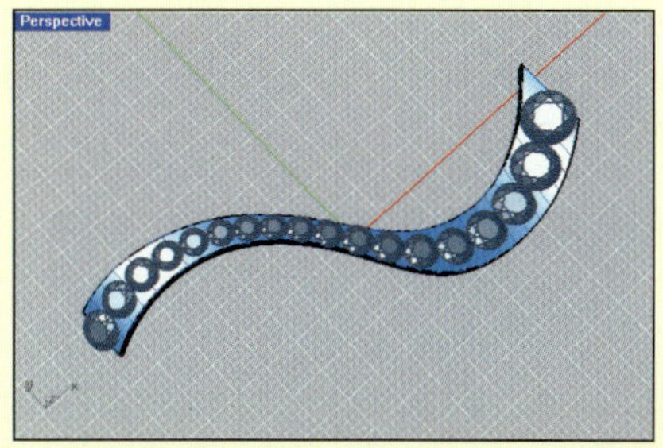

❖ NOTE

- Diameter : 지름 설정(첫 번째 보석과 다음 보석 중심과의 곡률 거리)
- Scale factor : 스케일 인자(증감율) 01~1.1까지
예를 들어, Diameter : 지름 설정 10 〉 Scale factor 1을 적용하면 배열되는 보석의 첫 번째는 지름이
7mm이며 바로 다음 보석과의 중심에서 중심과의 곡률거리가 10mm가 된다. 이때 스케일은 초기에
만들어 둔 7mm 보석이 된다. 단 보석의 개수는 자동 계산 배열된다.

❺  Array Pave on Surface

면 위에 Pave 배열

사용법

01_ Insert Gem Drill 아이콘을 클릭하여 원하
는 드릴을 선택하고, 보석의 크기(Size)를 결정하여
그림과 같은 1번 객체를 준비한다. 다음 2번 객체를
준비한다.

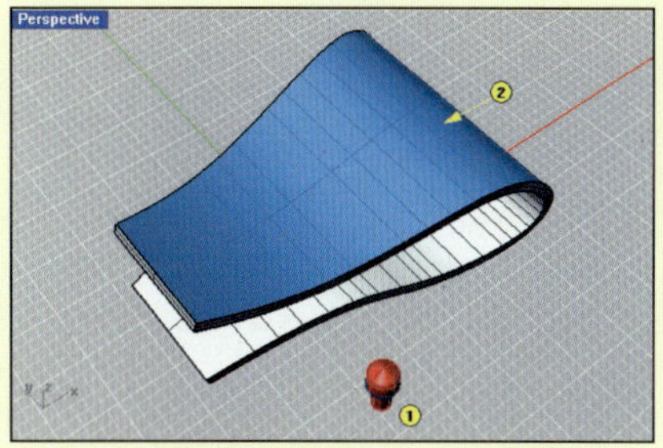

02_ 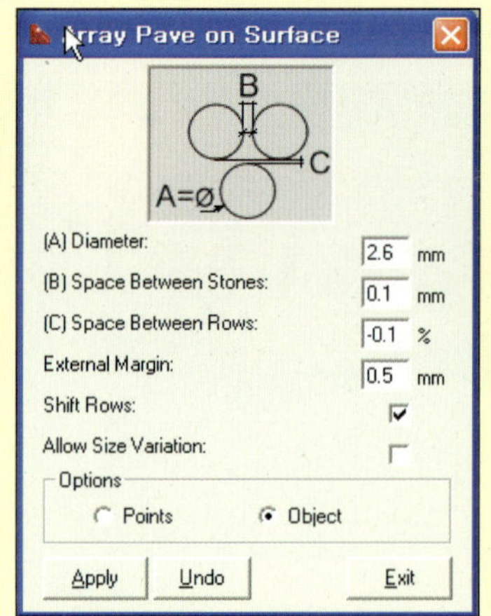 Array Pave on Surface 아이콘을 클릭
〉 그림과 같이 설정한다.

03_ [Apply] 버튼 클릭 〉 커맨드 창에 Select Objects : 메시지가 뜨면 1번 그룹 객체 클릭 〉 Enter

04_ 커맨드 창에 Base Point : 메시지가 뜨면
Top View에서 1번 그룹 객체의 중심 Point 클릭 〉
Pick Surface 메시지 뜨면 2번 면을 선택

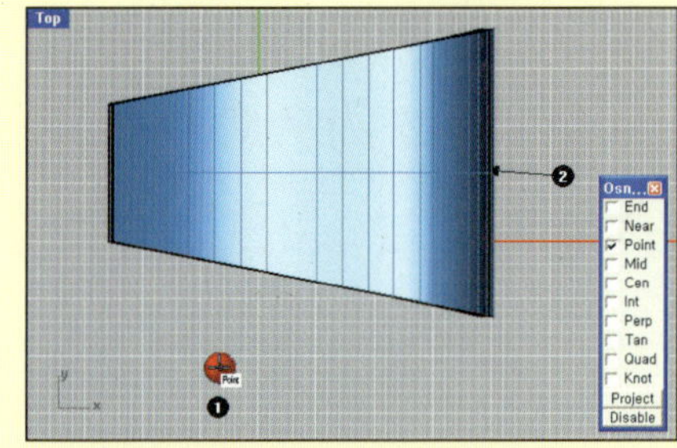

05_ 계산 진행 〉 배열 완료 모습

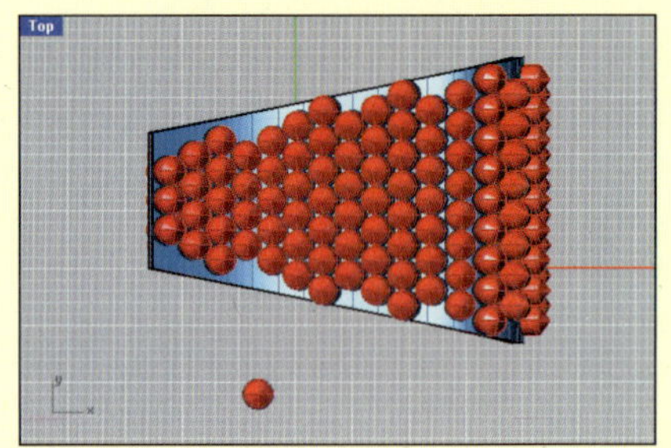 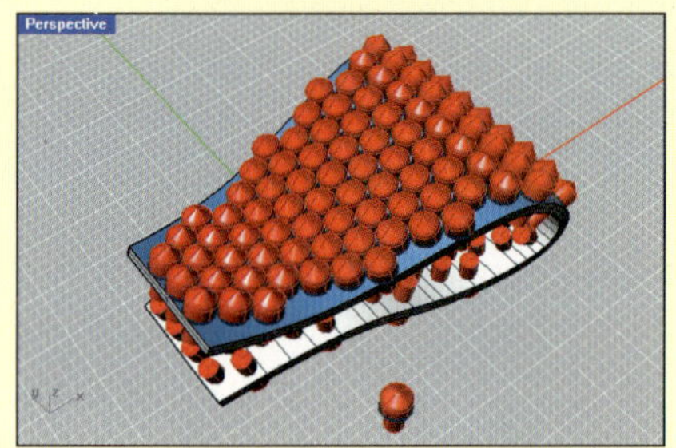

06_ Undo로 설정 변경 〉 그림과 같이 Shift Rows
만 체크를 꺼준다.

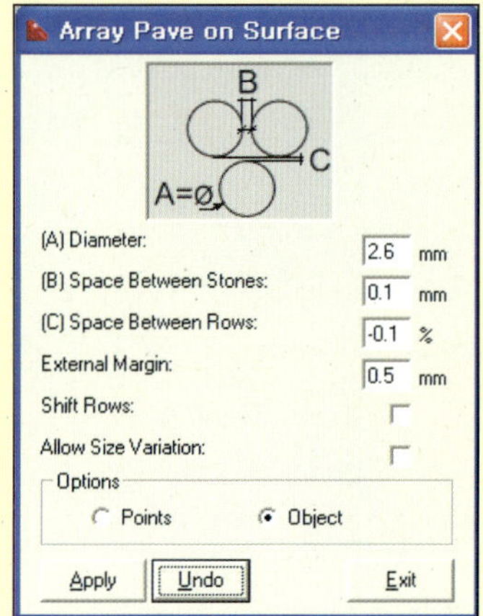

07_ 계산 진행 〉 배열 완료 모습

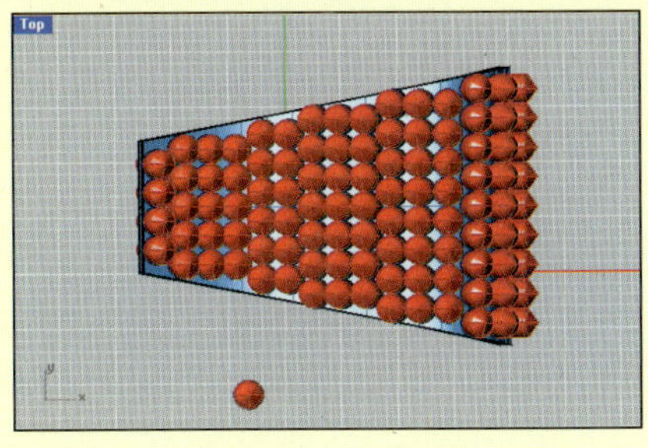 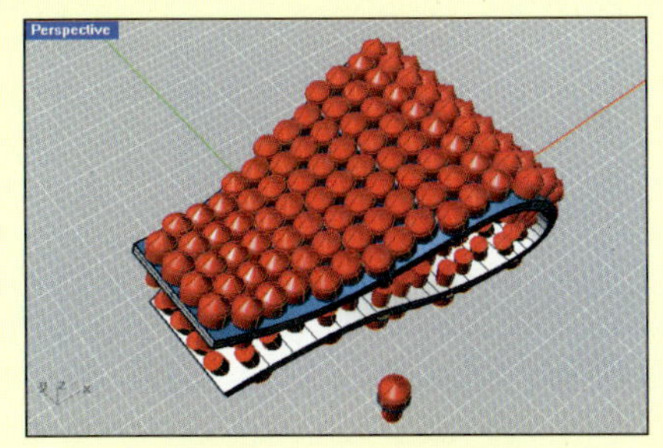

08_ Drill만 선택하여 숨긴 모습

09_ Boolean Difference 명령으로 Drill 구멍을 낸 모습

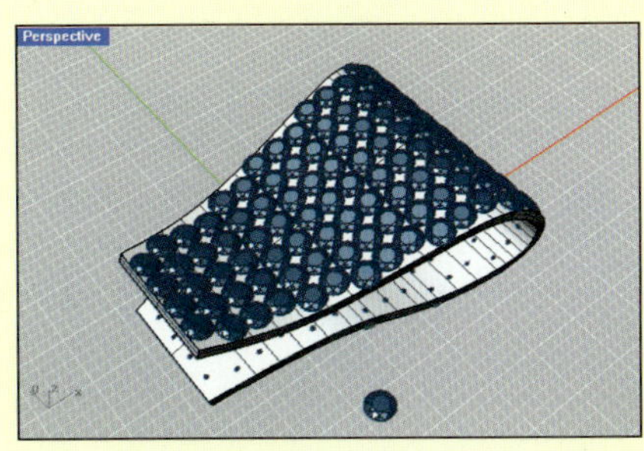 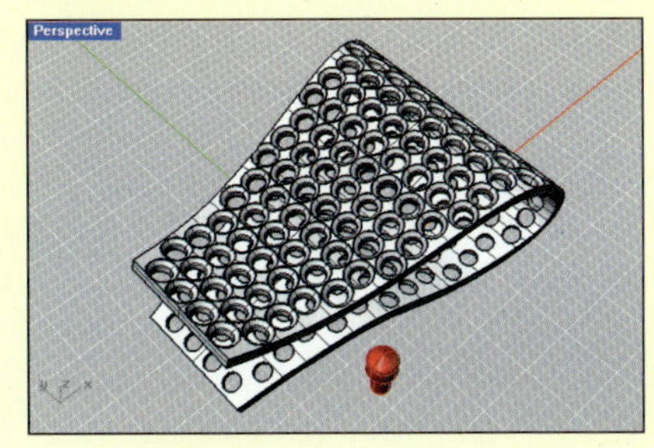

10_ 또 다른 면에 대한 적용
설정은 옆의 그림과 같다. 보석과 Drill의 종전의 것과 동일 〉 직경 2.6mm

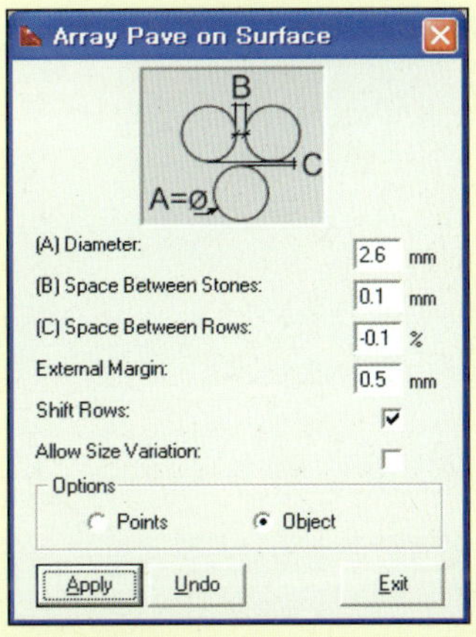

11_ 배열 완료 모습

12_ Drill만을 숨긴 모습

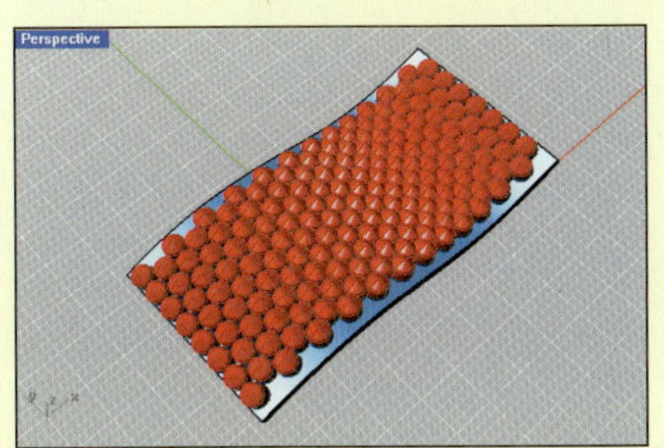 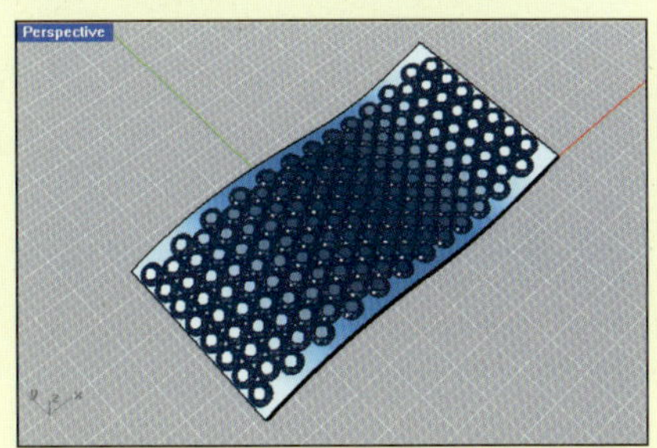

13_ Boolean Difference 명령으로 Drill 구멍을 낸 모습

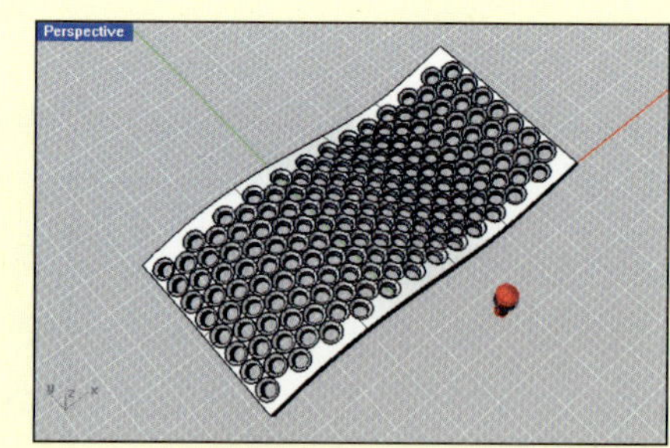

> ❖ NOTE
> 〈세부 옵션 참조 사항〉
> (A) Diameter : 초기 보석 직경 또는 사이즈
> (B) Space Between Stone : 스톤과 스톤 사이의 거리
> (C) Space Between Rows : 가로열 사이 간격
> External Margin : 바깥쪽 여유
> Shift Rows : 체크시 가로정렬/체크 해제시 지그재그 배열
> Allow Size Variation : 변동 허용 사이즈

⑰ Multiple Sweep 2 Rails Automatic Close
다중 2 Rail 배열

사용법
Tech Gems 4.1-mm-en아이콘 메인 툴바 〉 Multiple Sweep 2 Rails Automatic Close 아이콘 클릭 〉 각 해당 하위 메뉴 아이콘 클릭

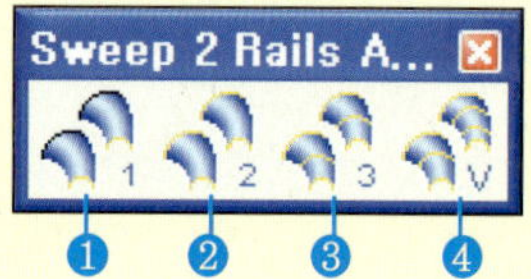

❶ Multiple Sweep 2 Rails(1 Cross Section)
1개의 단면 커브를 2 Rail에 다중 배열

사용법
01_ 다중 2 Rail을 적용시킬 객체(Object)들을 준비한다.

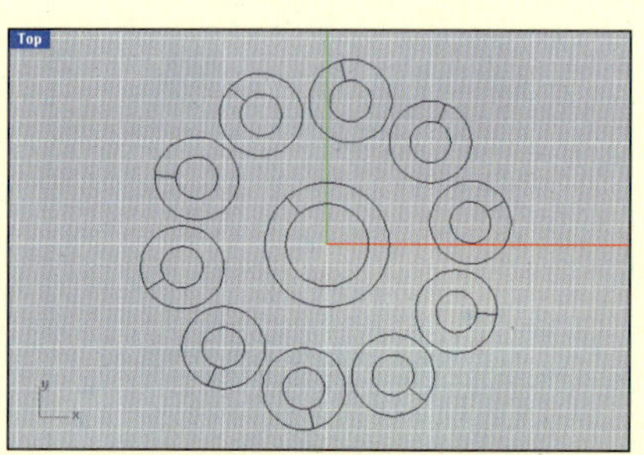
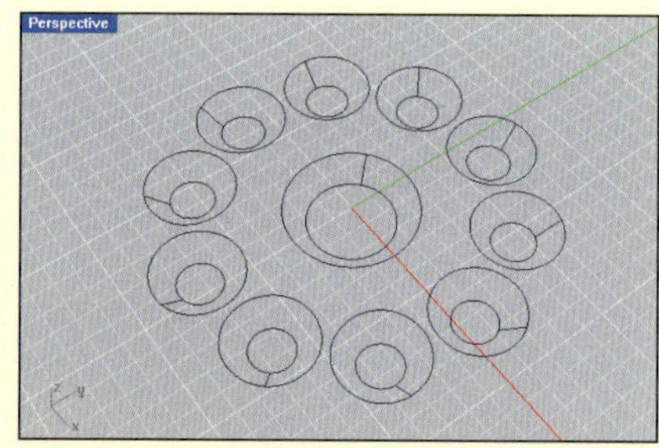

02_Multiple Sweep 2 Rails(1 Cross Section) 클릭 〉 [Apply] 버튼 클릭

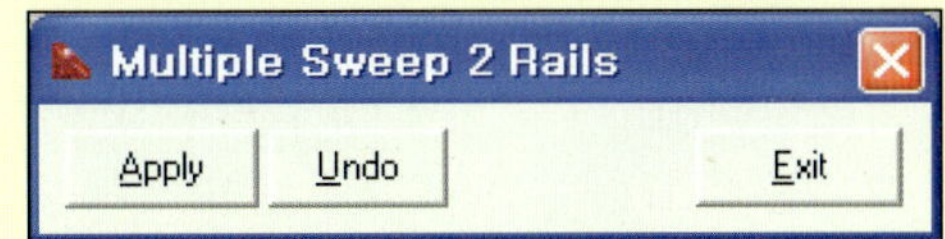

03_각 객체별 선택 순서이며 같은 방법으로 모두를 연속 선택해 준다.

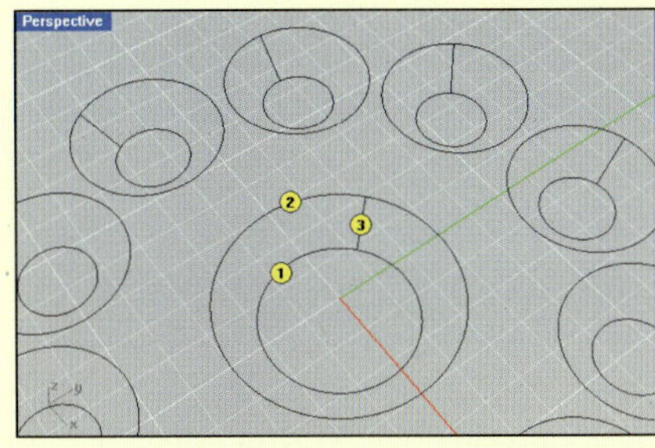
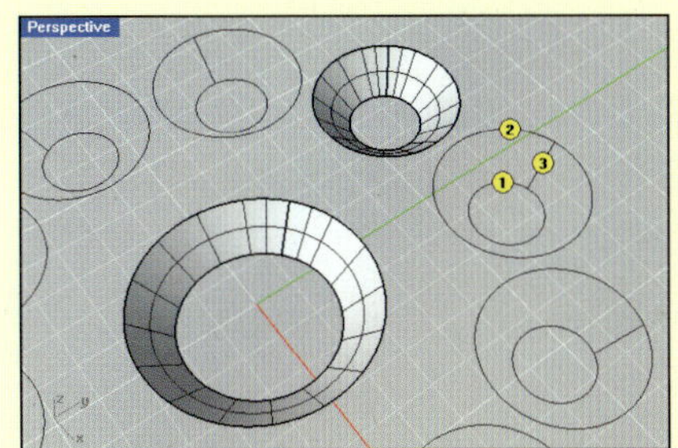

04_모든 라인선택이 끝나면 마우스 오른쪽 버튼 클릭 〉 추가 변경 사항이 없으면 Exit으로 완료

05_완료된 형태는 아래와 같은 경우에 일부분에 해당한다.

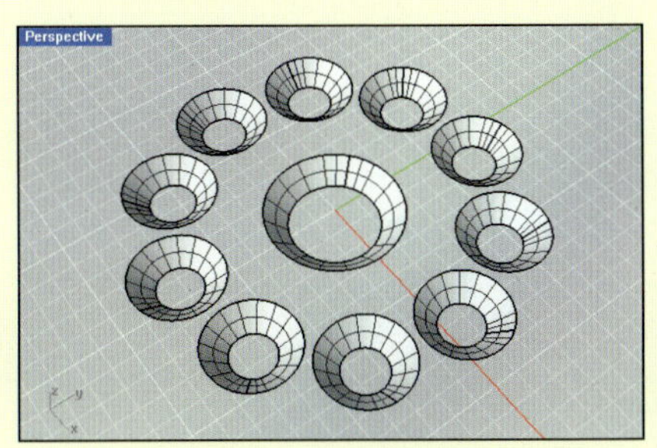
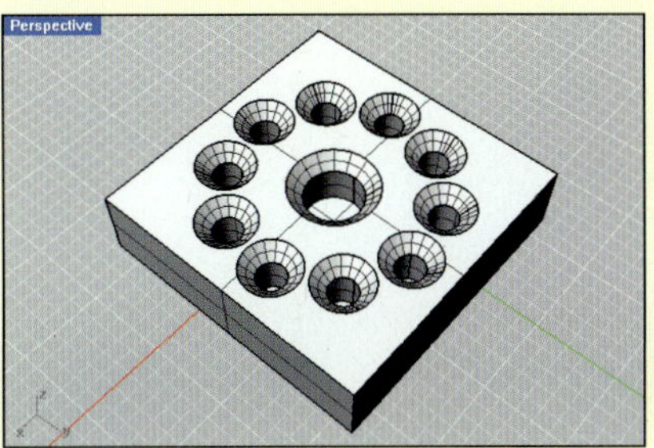

❷  Multiple Sweep 2 Rails(2 Cross Section)

2개의 단면 커브를 2 Rail에 다중 배열

사용법

01_ 다중 2 Rail을 적용시킬 객체(Object)들을 준비 〉 2) Multiple Sweep 2 Rails (2 Cross Section) 클릭 〉 [Apply] 버튼 클릭

02_ 각 객체별 선택 순서이며 같은 방법으로 모두를 연속 선택해 준다.

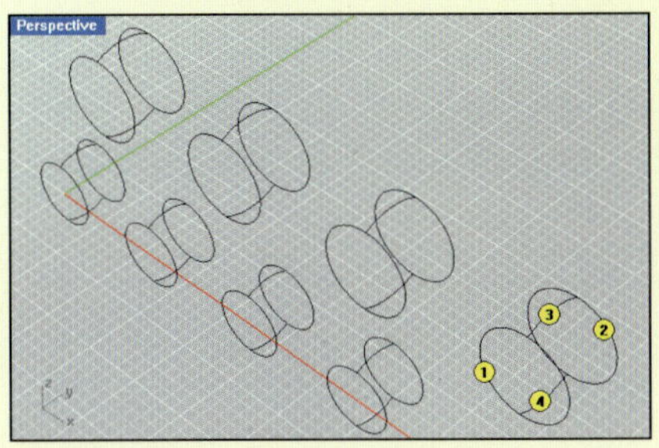
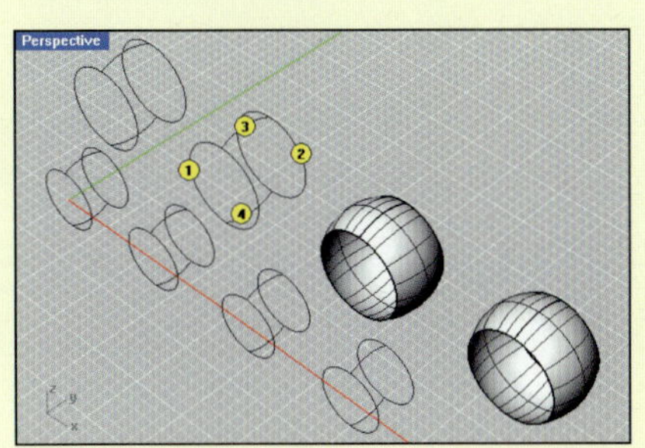

03_ 모든 라인 선택이 끝나면 마우스 오른쪽 버튼을 클릭 〉 추가 변경 사항이 없으면 Exit으로 완료

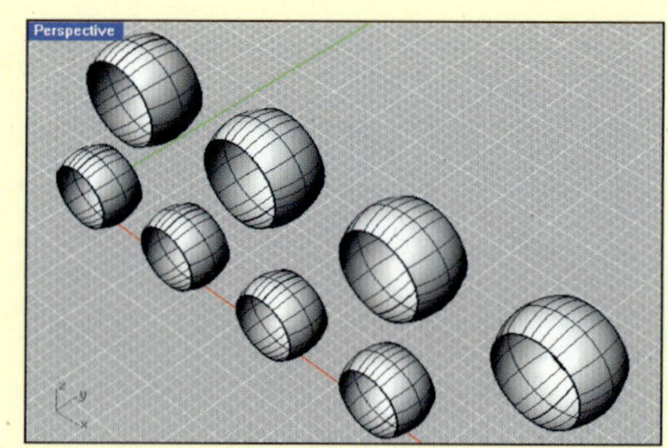

❸ Multiple Sweep 2 Rails(3 Cross Section)
3개의 단면 커브를 2 Rail에 다중 배열

사용법

01_ 다중 2 Rail을 적용시킬 객체(Object)들을 준비 〉 2) Multiple Sweep 2 Rails(3 Cross Section) 클릭〉 [Apply] 버튼 클릭

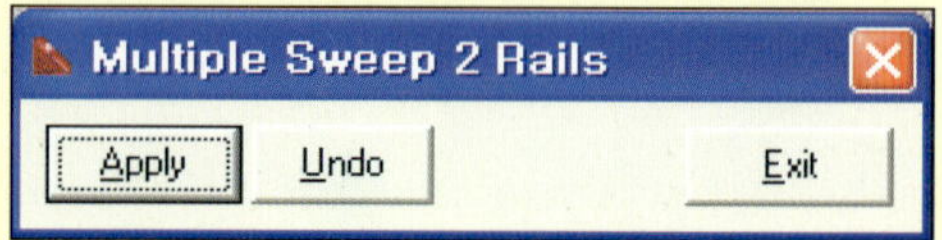

02_ 각 객체별 선택 순서이며 같은 방법으로 모두를 연속 선택해 준다.

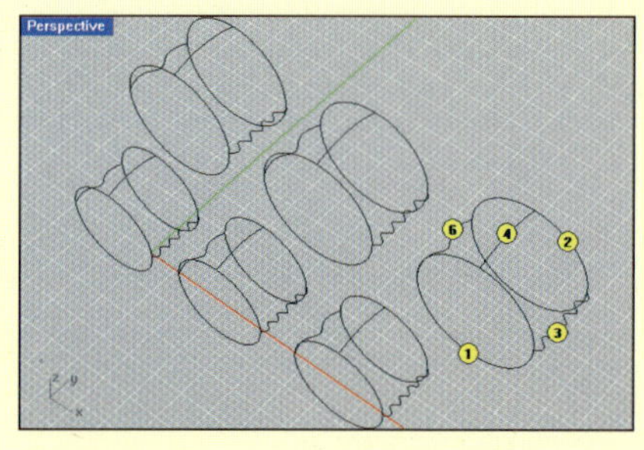 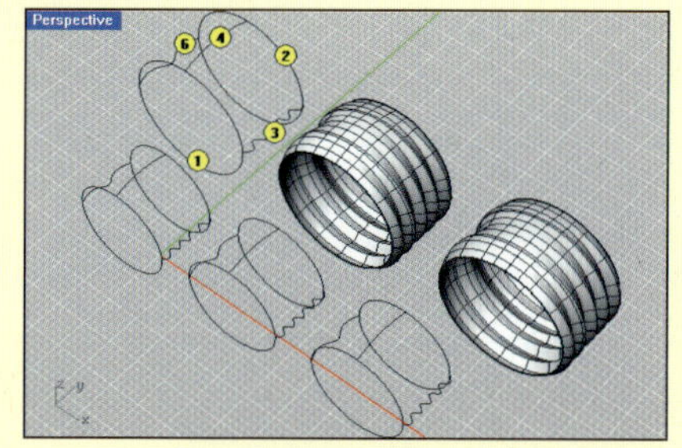

03_ 모든 라인 선택이 끝나면 마우스 오른쪽 버튼을 클릭 〉 추가 변경 사항이 없으면 Exit으로 완료

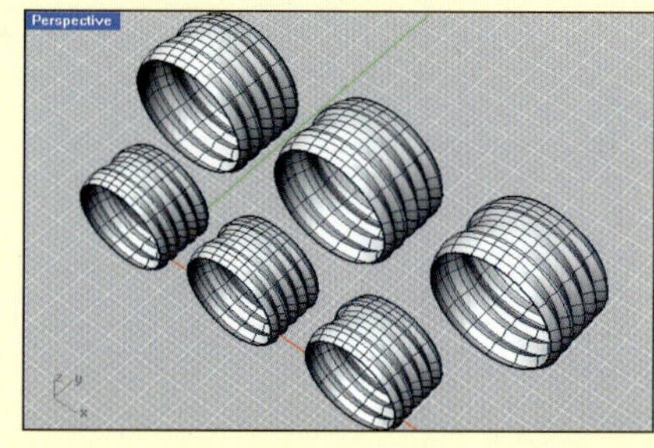

❹ Multiple Sweep 2 Rails(Variable Number of Cross)
3개 이상 복수의 단면 커브를 2 Rail에 다중 배열

사용법

01_ 다중 2 Rail을 적용시킬 객체(Object)들을 준비 〉 2) Multiple Sweep 2 Rails (Variable Number of Cross) 클릭 〉 [Apply] 버튼 클릭

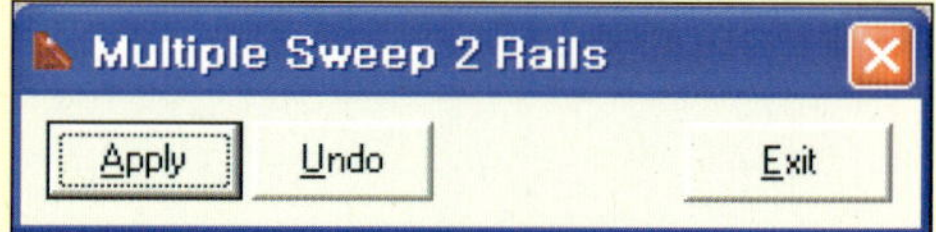

02_ 각 객체별 선택 순서이며 같은 방법으로 모두를 연속 선택해 준다.

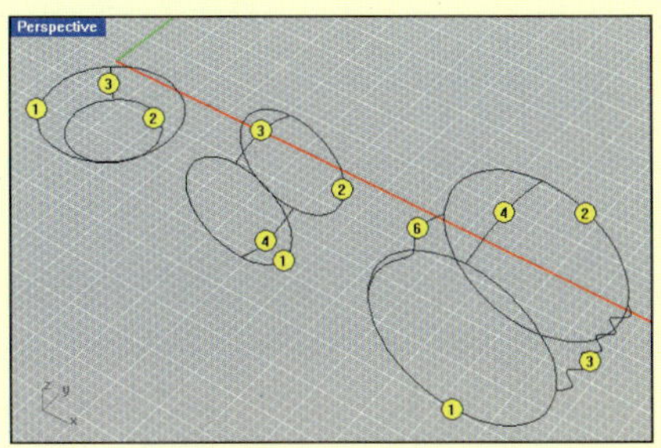

03_ 모든 라인 선택이 끝나면 마우스 오른쪽 버튼 클릭 〉 추가 변경 사항이 없으면 Exit으로 완료

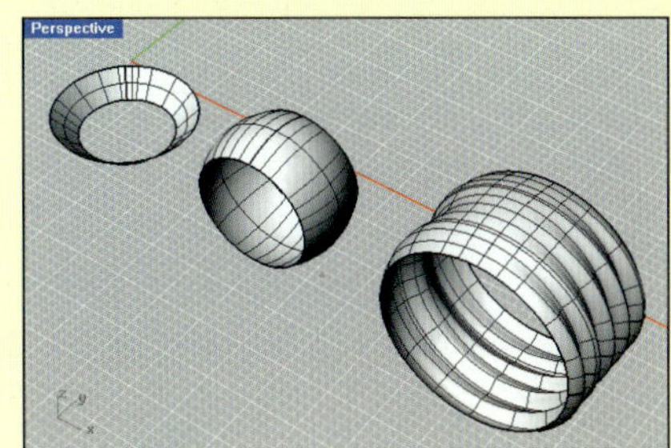

⑱ Multiple Scale

다중 객체의 중심점들을 기준으로 동시에 스케일 조정

사용법

01_ Insert Gem-Drill on Surface 명령어로 준비된 접시형 객체 위에 보석을 제외시키고 드릴만을 그림과 같이 임의 배치한다.

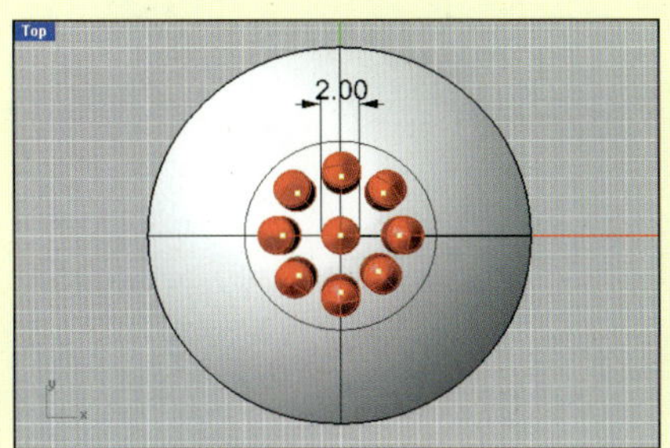

02_ Multiple Scale 아이콘을 클릭하면 Pick some objects: 라는 메시지가 커맨드 창에 뜨면 드릴만을 드래그 선택한 후 Enter 한다.

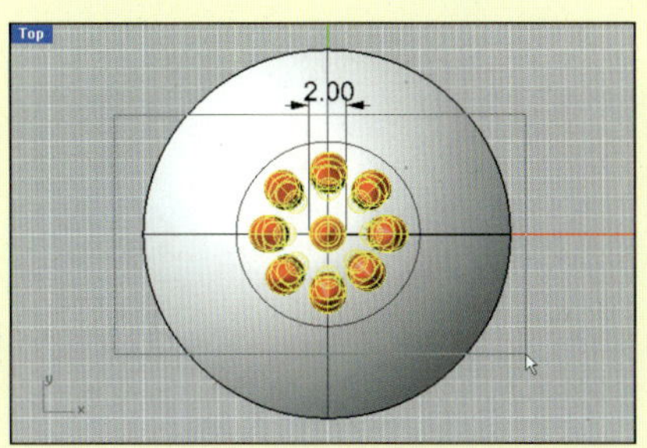

03_ Multiple Scale 대화상자에 1.5를 기입하고 [OK] 한다.

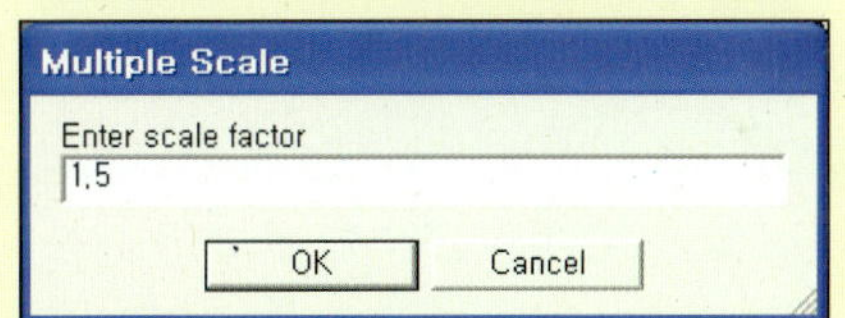

04_ 실행 결과 모든 객체(드릴)들이 50% 확대 스케일 되었다.

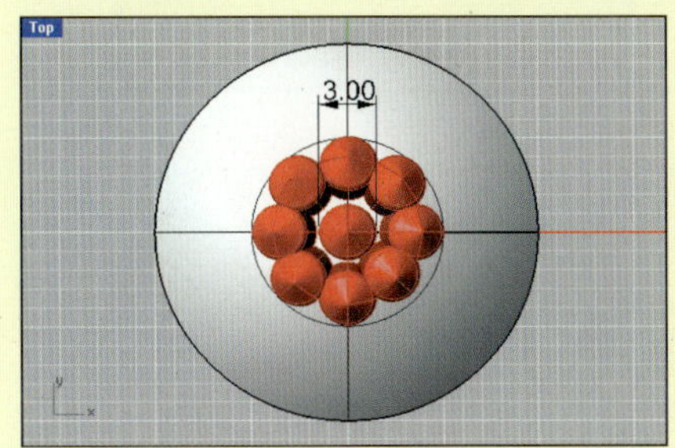
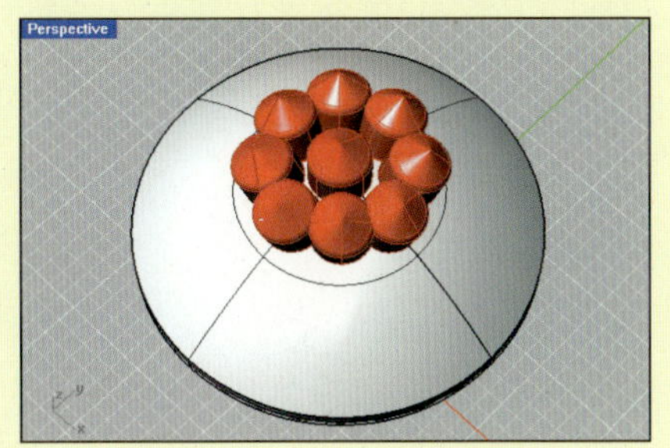

⑲  1D Scale Perpendicular to Surface

면에 Surface Normal방향으로 붙어 있는 객체에 대하여 1D 스케일

사용법 | Tech Gems 4.1-mm-en 아이콘 메인 툴바 〉 1D Scale Perpendicular to Surface 아이콘 클릭 〉 각 해당 하위 메뉴 아이콘 클릭

❶ 1D Scale Perpendicular to Surface From Surface by Factor

배열하고자 하는 객체를 Surface Normal 방향으로 배열한 후 Scale factor 값을 조정하여 배열 객체를 확대하거나 축소함

사용법 | 01_ A객체 면과 1, 2, 3 실린더에 중심 Point 생성 준비

02_ TechGems 4.1-mm-en 〉 RhinoGem Tools 〉 Pave' 명령으로 그림과 같이 1, 2, 3 실린더를 A면에 붙여 준다.

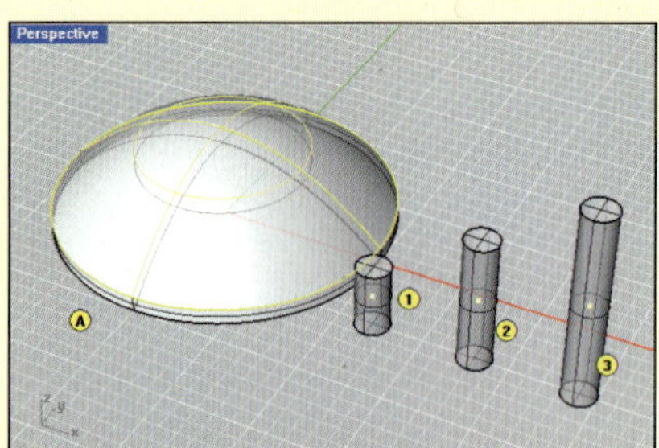

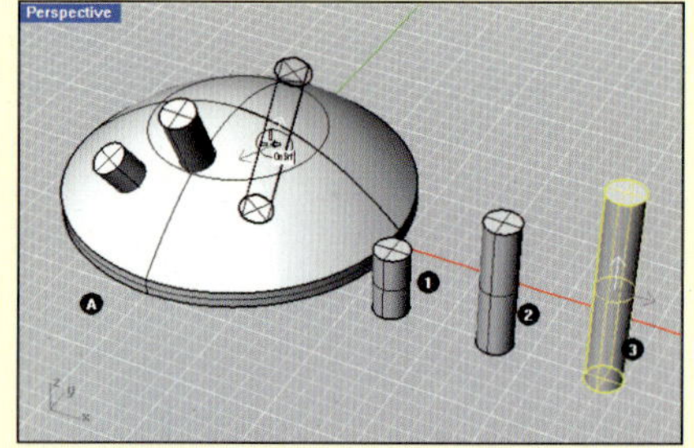

03_ Surface Normal 방향으로 면에 붙인 모습

04_ 1D Scale Perpendicular to Surface From Surface by Factor 아이콘 클릭 〉 Pick object :라는 메시지가 뜨면 면에 붙인 1, 2, 3 실린더를 클릭 〉 Enter 〉 Pick surface :라는 메시지가 뜨면 A면을 선택 〉 RhinoScript 대화창에 Scale factor 1.5를 기입 〉 OK

05_ 면 위에 있는 1, 2, 3번 실린더 크기가 1.5 factor 만큼 길어진 것을 볼 수 있다.

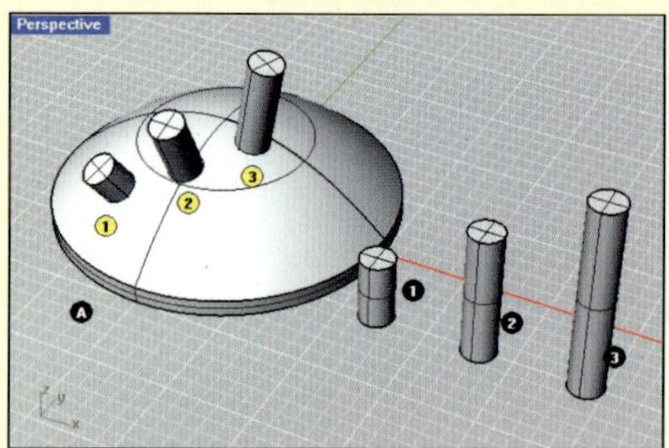

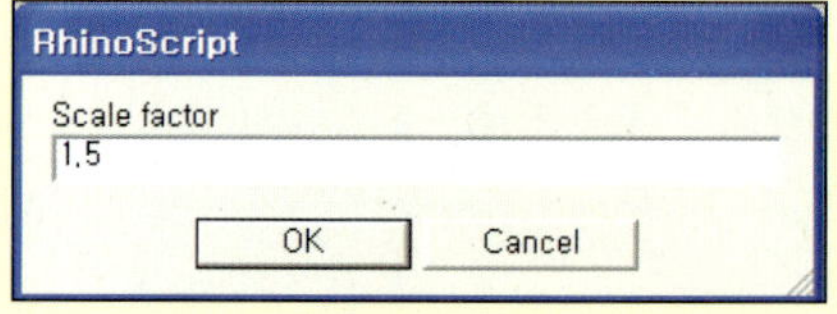

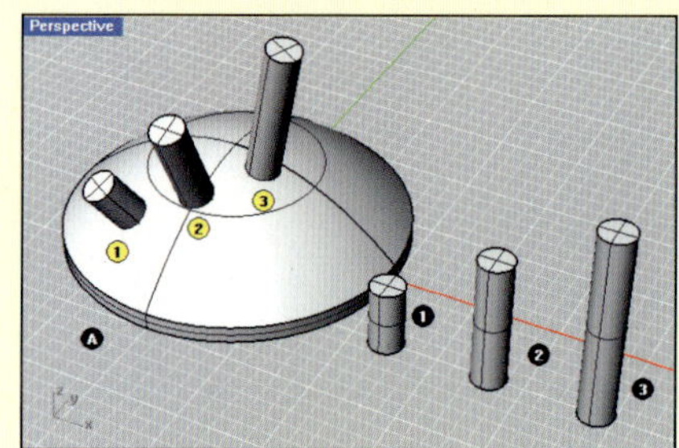

06_ 이번에는 〉 RhinoScript 대화창에 Scale factor 0.5를 기입 〉 OK

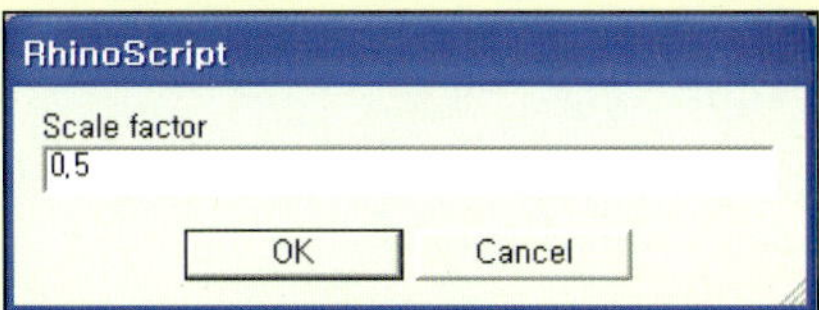

07_ 면 위에 있는 1, 2, 3번 실린더 크기가 0.5 factor 만큼 짧아진 것을 볼 수 있다.

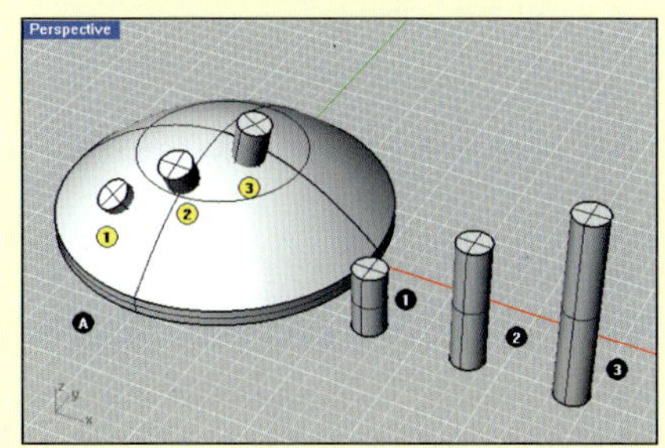

❷ **1D Sclae Perpendicular to Surface From Centroid by Factor**

면에 놓인 객체의 중심에 대하여 1D 스케일

사용법 마우스 왼쪽, 마우스 오른쪽 우선 클릭에 따라 차이가 있으며 여기서는 대화형 스케일 1D Sclae Perpendicular to Surface From Centroid Interactive(마우스 오른쪽 버튼으로 아이콘 클릭)에 대하여 알아본다.

01_ A면 객체와 1, 2, 3 실린더 준비 〉 Surface Normal 방향으로 배열해 놓은 상태

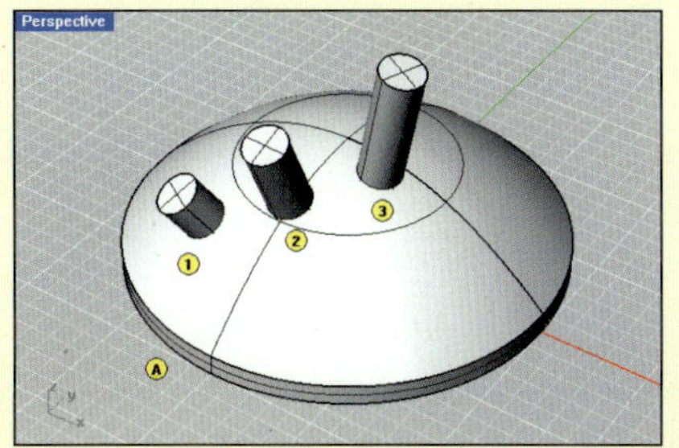

02_ 1D Sclae Perpendicular to Surface From Centroid by Factor 아이콘을 마우스 오른쪽 버튼으로 클릭 〉 Pick object : 1, 2, 3번 객체 선택 〉 Pick surface : A면 선택 〉 1번 실린더 객체가 위 아래로 움직여 적정 스케일 이면 Enter 〉 다음 2번 〉 다음 3번까지 조정이 가능하다.

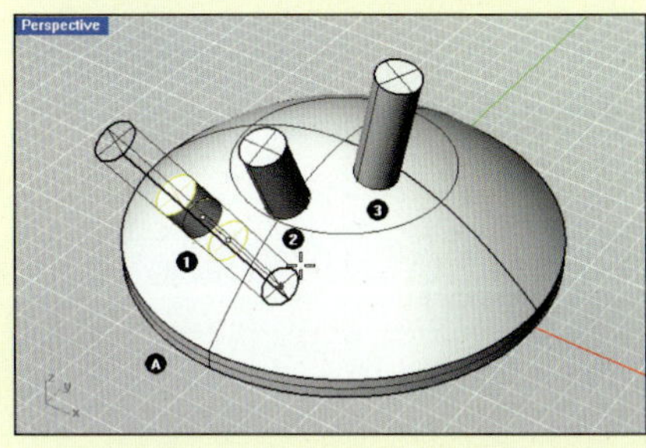 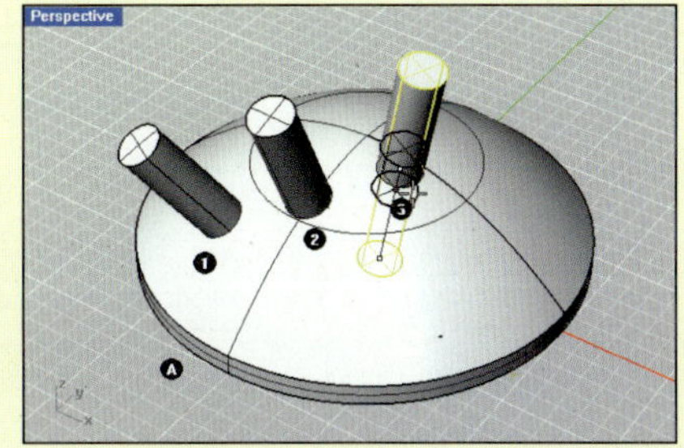

03_ 3번 실린더 객체까지 스케일이 완료된 모습

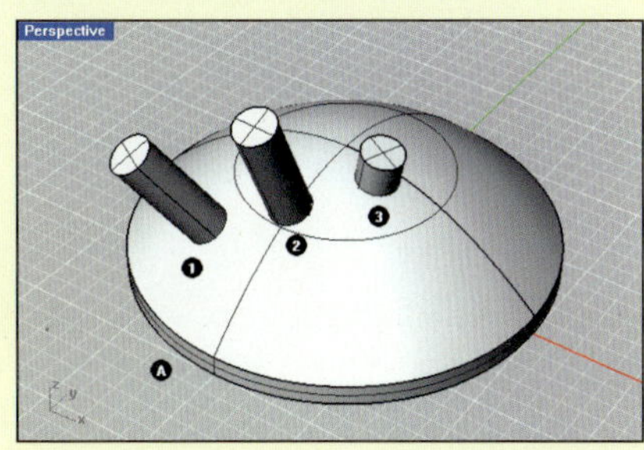

⓴ Multiple Volume Centroid

Solid, Polysurfacr, Surface들과 같이 다중 객체의 부피 중심에 대하여 Point를 생성

사용법 | TechGems 4.1-mm-en 메인 툴바 아이콘 클릭 〉 Multiple Volume Centroid 아이콘 클릭 〉 해당 객체 모두 드래그 선택 〉 Enter 〉 완료

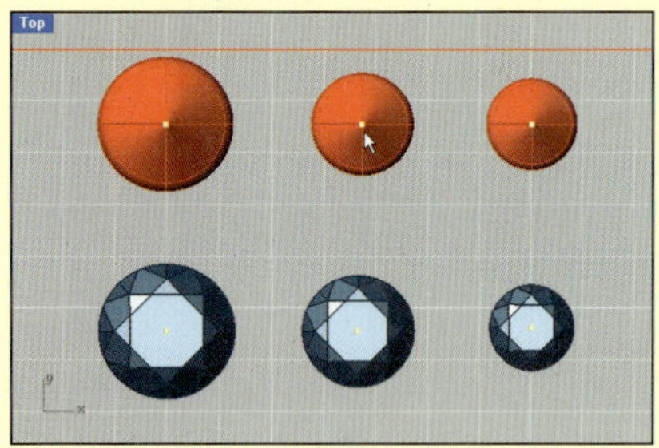
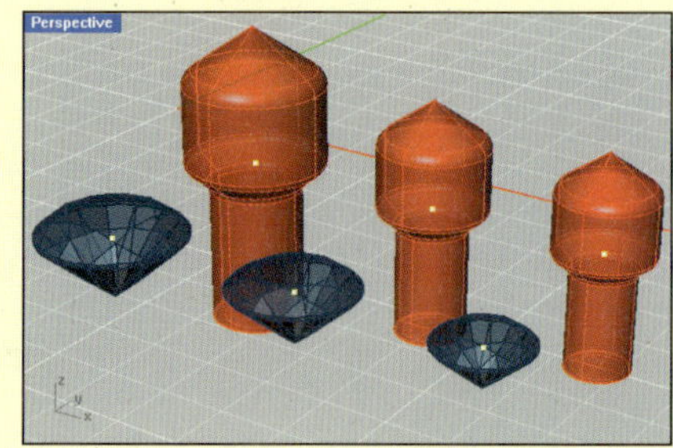

㉑ Intersection Plane

X, Y 또는 Z축에 대한 교차선 추출

사용법 | TechGems 4.1-mm-en 메인 툴바 아이콘 클릭 〉 Intersection Plane 아이콘 클릭 〉 해당 하위 명령 아이콘 클릭 〉 완료

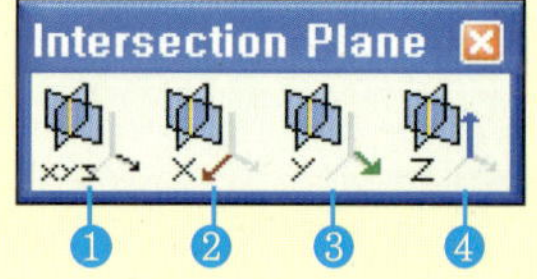

❶ Section in All Axes

X, Y 또는 Z축에 대한 교차선 동시 추출

사용법 | 01_ X, Y 또는 Z 축에 대하여 동시에 교차선을 추출하기 위한 기본 준비 〉 Section in All Axes 아이콘 클릭 〉 Pick objects: 1번과 2번 면 클릭 〉 Enter

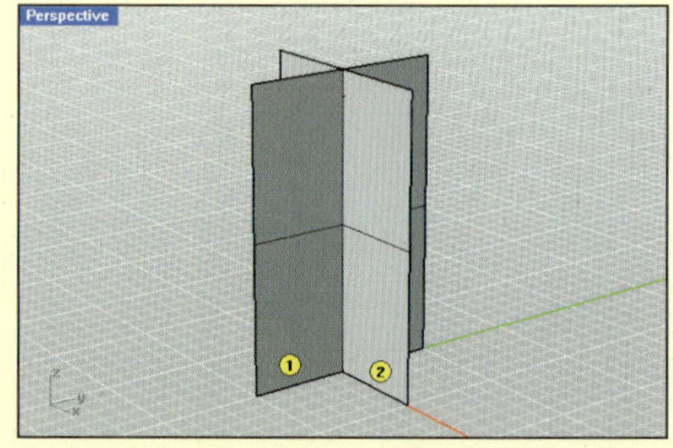

02_ 그림과 같이 첫 번째 교차선(파란색) 생성

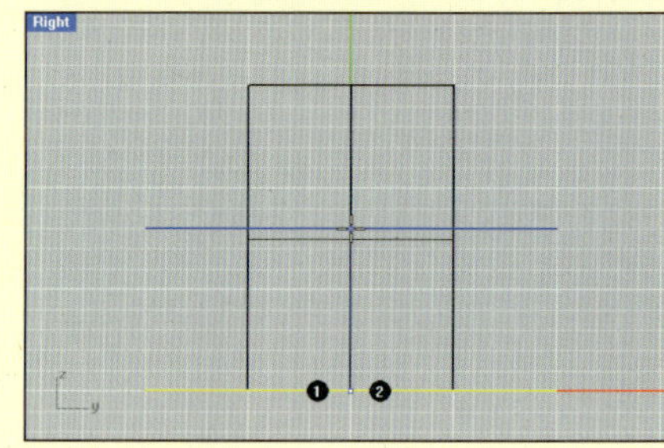

03_ 그림과 같이 두 번째 교차선(빨강색) 생성

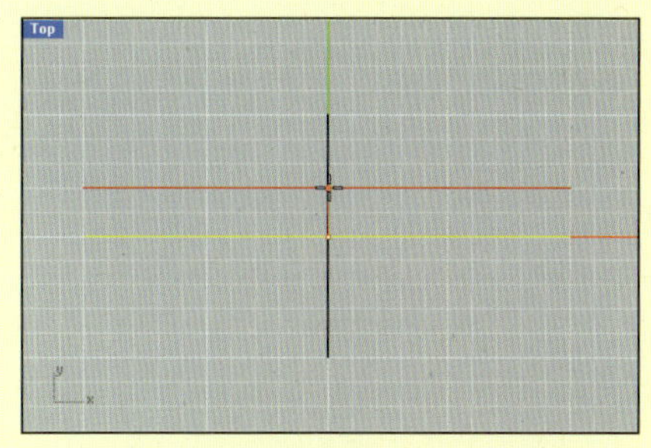

04_ 그림과 같이 세번째 교차선(녹색) 생성

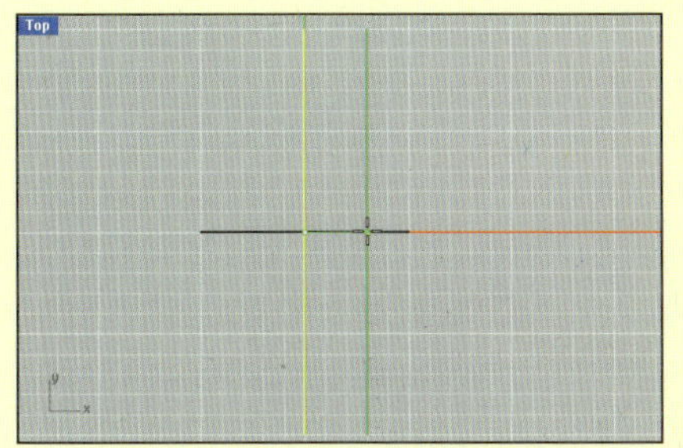

05_ X, Y, Z 교차선 1, 2, 3 추출 결과

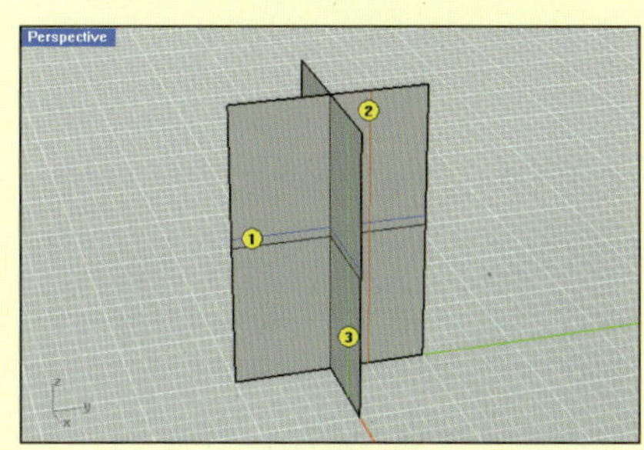

아래 하위 명령들은 이들을 독립적으로 추출하고자 할 때 쓰이며 사용법은 동일하다.

❷ 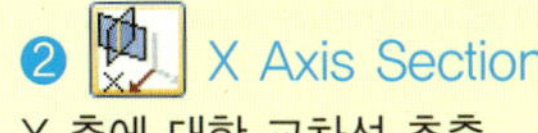 X Axis Section
X 축에 대한 교차선 추출

❸ 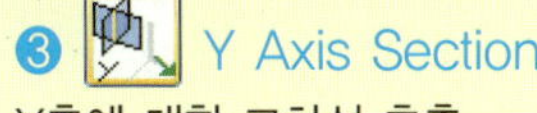 Y Axis Section
Y축에 대한 교차선 추출

❹ 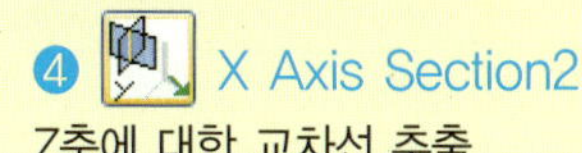 X Axis Section2
Z축에 대한 교차선 추출

㉒ Quadruple Symmetry
객체의 4각 대칭 배열

사용법

01_ 4 각 대칭 배열을 위한 1번 난발과 중심보석을 준비한다.

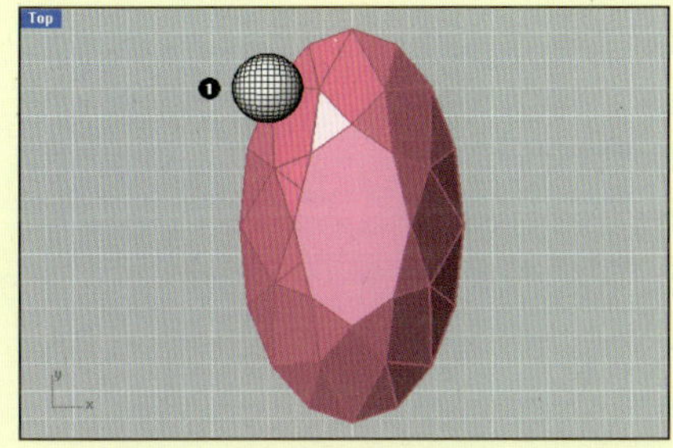

03_ 커맨드 창에 **Pick objects:** 메시지가 뜨면 1번 난발 선택 〉 Enter 〉 [Select symmetry center] 버튼 클릭

02_ Quadruple Symmetry 아이콘 클릭 〉 Quadruple Symmetry 대화상자가 뜨면 Select object for quadruple symmetry 아이콘 클릭

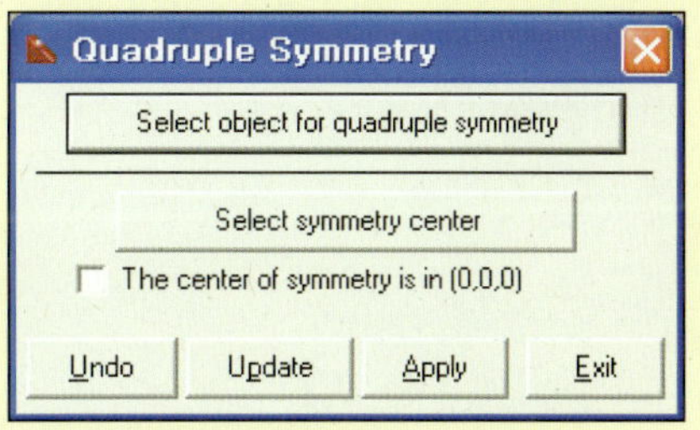

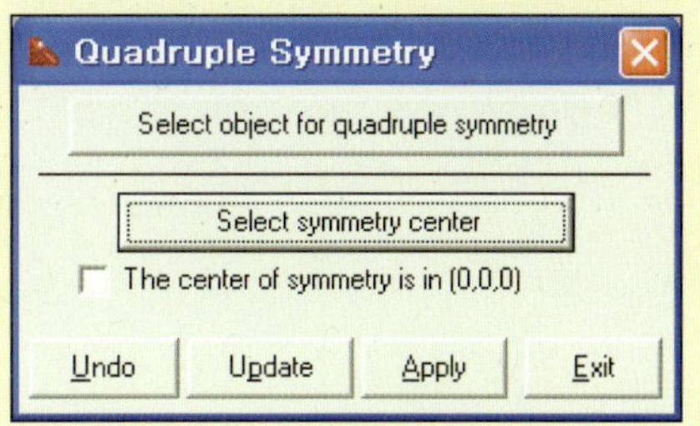

04_ 커맨드 창에 **Base point:** 메시지가 뜨면 우측으로 대칭 복사를 위한 보석의 중심인 기준점을 클릭

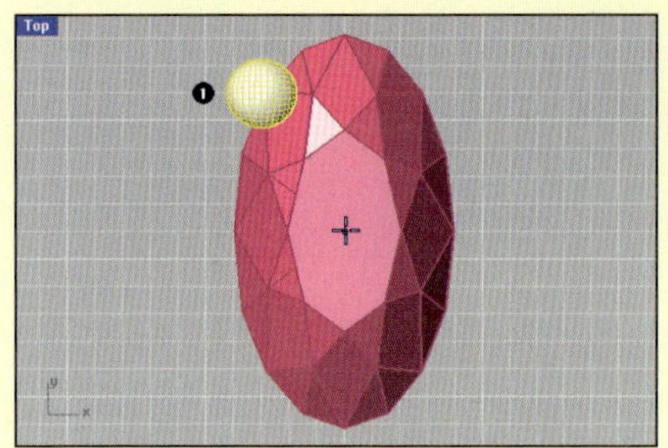

05_ [Update] 버튼 클릭

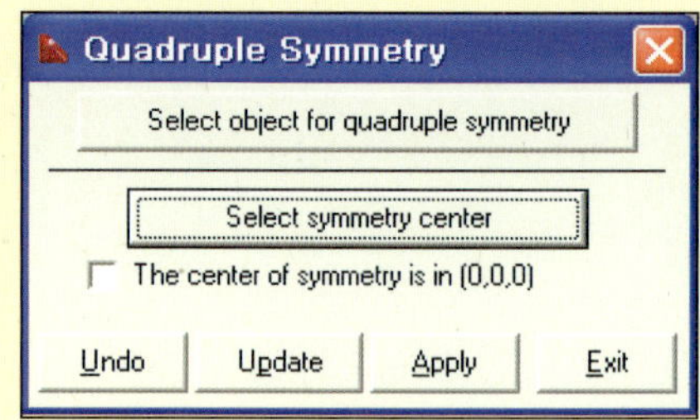

06_ 4각 배열 모습

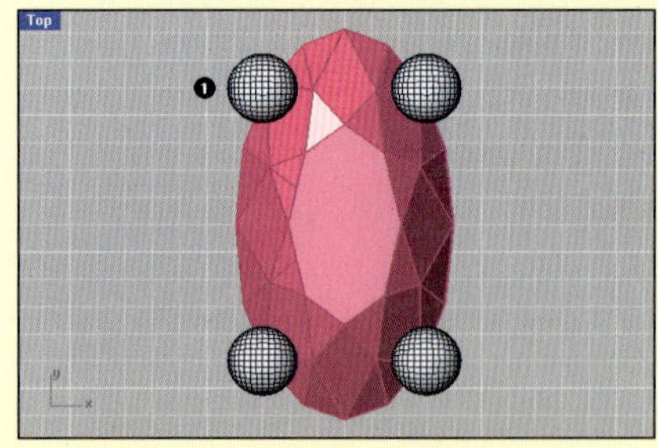

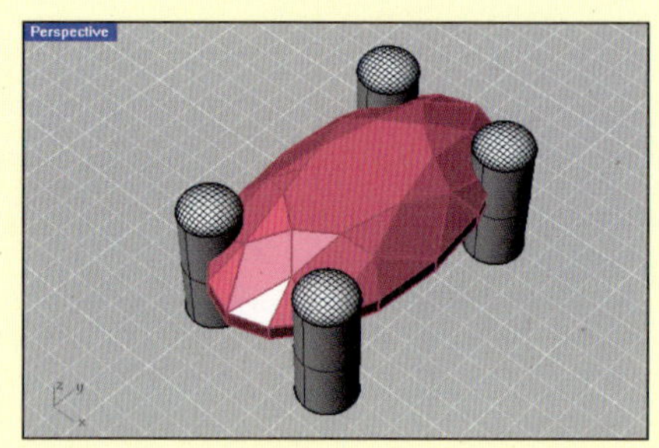

❖ NOTE

이 배열은 위에 예처럼 보석의 난발을 대칭 복사시에 유용하다.

㉓ Multiple Boolean Tools

복수의 객체에 대하여 부울 논리 연산 (Boolean operation)

사용법
TechGems 4.1-mm-en 메인 툴바 아이콘 클릭 〉 Multiple Boolean Tools 아이콘 클릭 〉 해당 하위 명령 아이콘 클릭 〉 완료

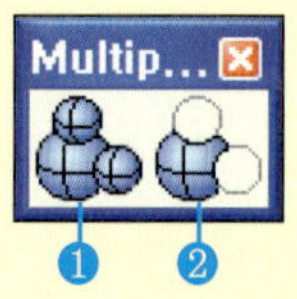

❶ Multiple Boolean Union

복수의 객체에 대하여 합집합 부울 연산

사용법
01_ Multiple Boolean Union 아이콘 클릭 〉 **Select first object:** 라는 메시지가 커맨드 창에 뜨면 〉 해당 객체를 번호순대로 클릭 〉 Enter

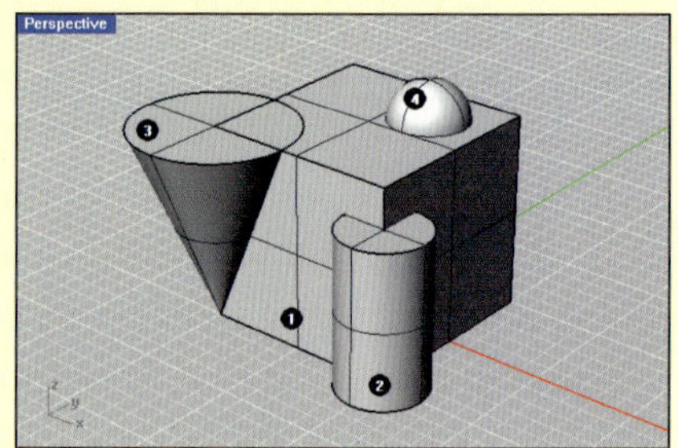

02_ 합집합 부울 연산 완료 모습

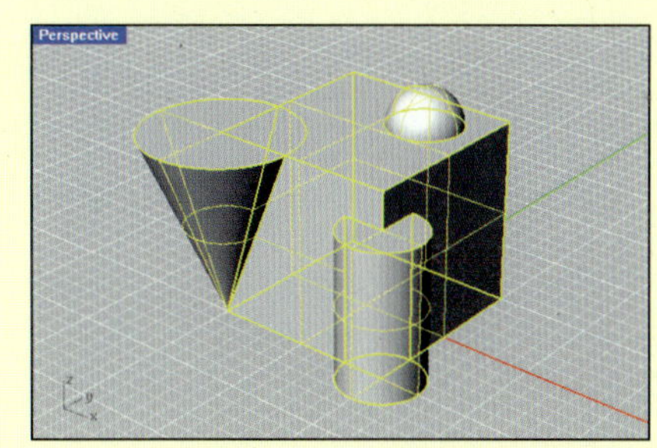

❷ Multiple Boolean Difference

복수의 객체에 대하여 차집합 부울 연산

_{사용법}
01_ Multiple Boolean Difference 아이콘 클릭
〉 **Select first object:** 라는 메시지가 커맨드 창에
뜨면 〉 해당 객체를 번호순대로 클릭 〉 Enter

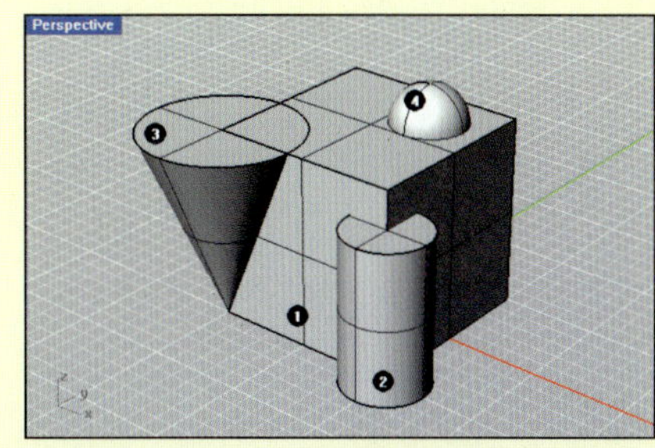

02_ 차집합 부울 연산 완료 모습

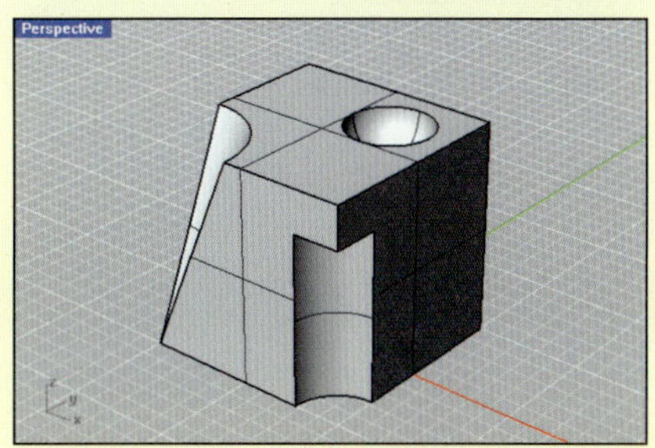

> ❖ NOTE
>
> 만약 부울 연산이 불가능한 객체가 발생하면 그 객체의 컬러는 청록색(cyan)을 띄게 되며 이럴 경우
> 각 객체를 하나씩 선택하여 연산을 다시 해주거나, 허용 오차(공차) Absolute Tolerance가 0.001(1
> micron)로 현재 작업되고 있다면 객체를 1~2micron 정도 움직여(Move)주거나, 0.005 정도로 객체
> 를 회전(Rotate)시키거나, 0.998~1.002까지 Multiple Scale과 같은 명령으로 객체들을 축소나 확대
> (Scale)를 해주어 해결해 보는 것도 방법이 될 수 있다. 물론 메쉬(Mesh) 구조로 변환하여 Mesh
> Boolean을 실행하는 것도 또 다른 방법이 될 수 있다. 참고로 Absolute Tolerance 경로는 풀다운
> 메뉴로 접근시 Tools 〉Options〉 Units: Absolute Tolerance

㉔  Ring Wizard Creator

반지의 속파기(Hollow)단면을 4 또는 6개의 단면으로 생성

_{사용법}
TechGems 4.1-mm-en 메인 메뉴 아이콘 클릭 〉
Ring Wizard Creator 아이콘 클릭 〉 해당 하위
아이콘 클릭 〉 완료

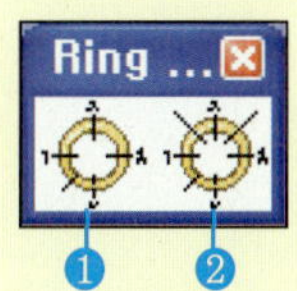

❶ Ring Wizard Creator 4 Sections

반지의 속파기(Hollow) 단면을 4개의 단면으로 생성

사용법

01_ 그림의 1번~5번까지 설정을 통해 다양한 단면이나 속파기 형상을 달리 할 수 있다.
우선 1번 Ring Size: 파트에서 원하는 Ring Size 결정한다.

02_ 다음 2번 Section A 에 단면을 선택한다. 단면의 선택을 위해서는 2번 단면그림 부위를 클릭하면 라이브러리가 나오며 원하는 단면을 선택할 수 있다. 여기서는 그림과 같이 우측 하단의 것을 선택한다. 3번 Section B, 4번 Section C 또한 간단히 같은 것으로 선택한다.

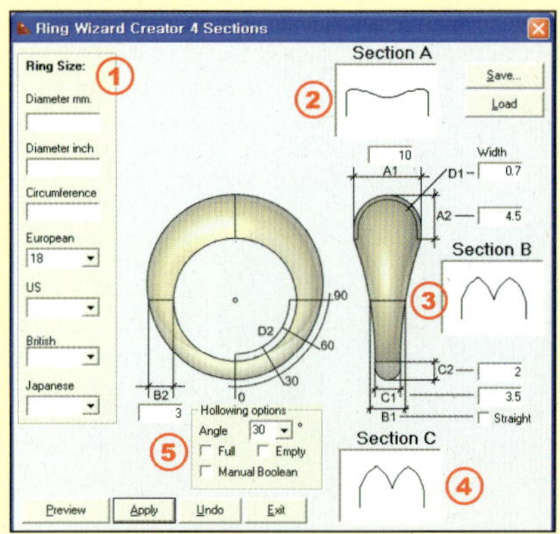

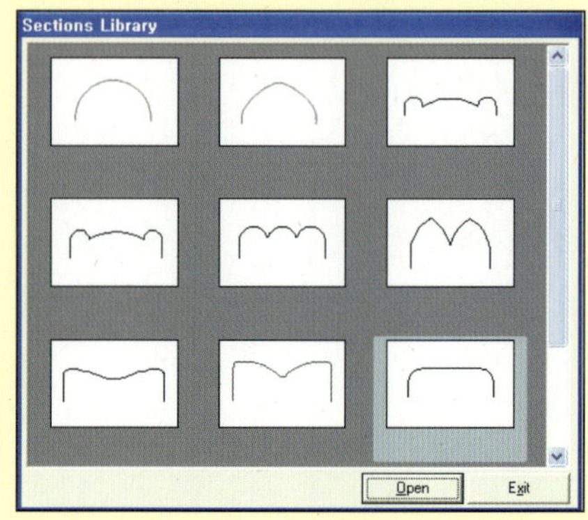

❂ 2번 Section A 에 단면 라이브러리 화면

03_ 5번 Hollow options 설정은 속파기가 반지의 전체에 적용되도록 Empty에 체크해 준다.

04_ [Apply] 버튼을 클릭하고 반지와 속파기 상태를 확인한다.

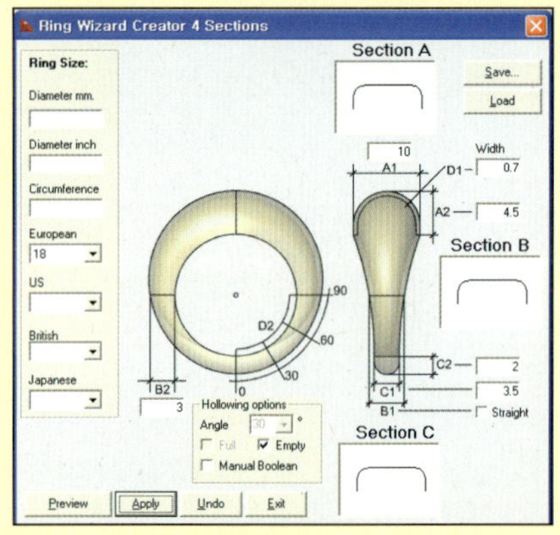

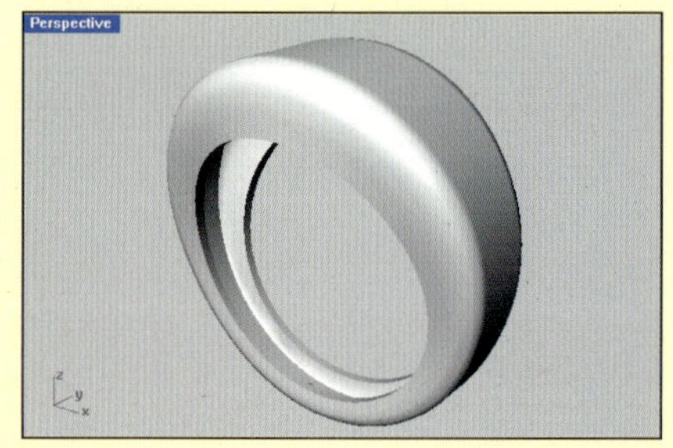

05_ 다음 수정하고자 하면 Undo를 통해 수정이 가능하다. 여기서는 2번 Section A 우측의 [Load] 버튼을 클릭한다. 마킹된 라이브러리 반지를 클릭한다.

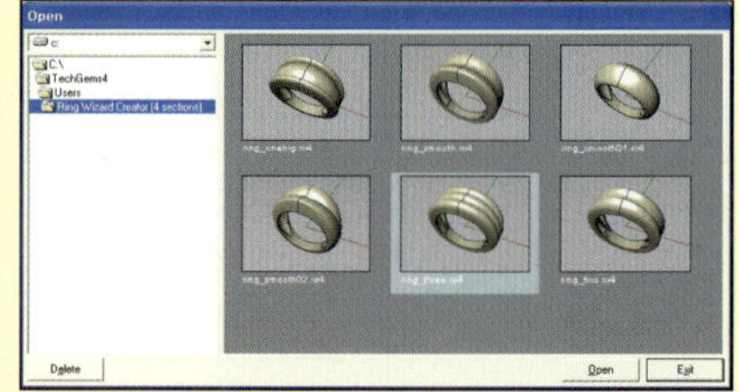

06_ 그림과 같이 1번 Ring Size와 Hollowing options에 Full에 체크하여 설정을 변경한다.

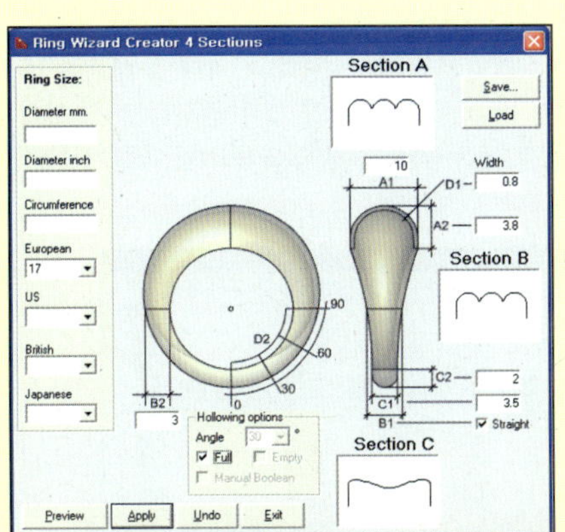

07_ [Apply] 아이콘을 클릭하여 최종 결과를 얻는다. 이때 적용 객체가 화면에 나타나지 않으면 커맨드 창에 옵션에서 원하는 View를 선택해 주면 해당 화면에 나타난다.

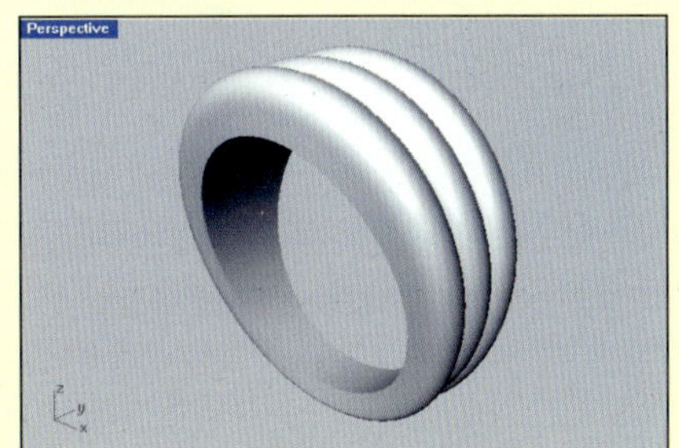

❖ NOTE

- **Ring Size** : 원하는 지역에 맞는 원하는 반지의 호수(Size)를 결정하는 곳

- **Section A** : 단면A 부위에 대한 라이브러리를 통해 원하는 외곽모양(Profile)을 선택할 수 있으며, 이 곳을 클릭하면 된다. A1과 A2에 대한 높이(Height)나 곡률길이(Length) 또한 파라미터 즉, 매개 변수 값으로 변경이 가능하다.

- **Section B** : 단면B 부위에 대한 라이브러리를 통해 원하는 외곽모양(Profile)을 선택할 수 있으며, 이 곳을 클릭하면 된다. B1과 B2에 대한 높이(Height)나 곡률길이(Length) 또한 파라미터 즉 매개 변수 값으로 변경이 가능하다. B2의 경우 보통 2~3mm 값을 사용하게 되며 4mm 이상이거나 크면 면을 생성하는 데 곤란할 수 있다.

- **Section C** : 단면C 부위에 대한 라이브러리를 통해 원하는 외곽모양(Profile)을 선택할 수 있으며, 이 곳을 클릭하면 된다. C1과 C2에 대한 높이(Height)나 곡률길이(Length) 또한 파라미터 즉, 매개 변수 값으로 변경이 가능하다.

- **Hollowing Options:**
보통 여기서는 3개의 세부 옵션을 사용하게 된다. Full은 속파기를 하지 않고 반지의 몸통을 채우겠다는 개념이다. Empty는 완전한 속파기를 뜻한다. Angle은 0~90도까지의 속파기 각도로 D2 부분에 각도를 주는 부분이다. 이는 D1은 두께 부분이 된다. Manual Boolean은 내부 속파기시 별도의 객체가 자동 생성되며, 부울연산만을 별도로 통제할 수 있다. 옆의 그림은 Manual Boolean 객체의 자동 생성 1번(빨강부분) 모습과 별도의 Boolean Difference (차집합) 결과물이다.

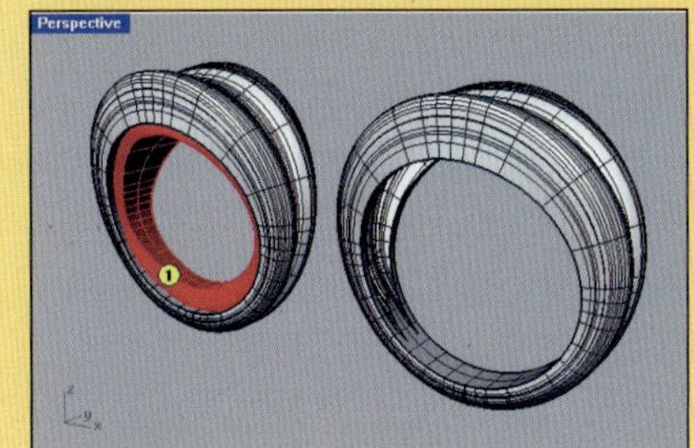

❷ Ring Wizard Creator 6 Sections

반지의 속파기(Hollow)단면을 6개의 단면으로 생성

사용법

01_ 그림의 1번~6번까지 설정을 통해 다양한 단면이나 속파기 형상을 달리 할 수 있다.
우선 1번 Ring Size: 파트에서 원하는 Ring Size 결정한다.

02_ 다음 2번 Section A 에 단면을 선택한다. 단면의 선택을 위해서는 2번 단면그림 부위를 클릭하면 라이브러리가 나오며 원하는 단면을 선택할 수 있다. 여기서는 그림과 같이 우측 하단의 것을 선택한다. 3번 Section B, 4번 Section C 또한 간단히 같은 것으로 선택한다.

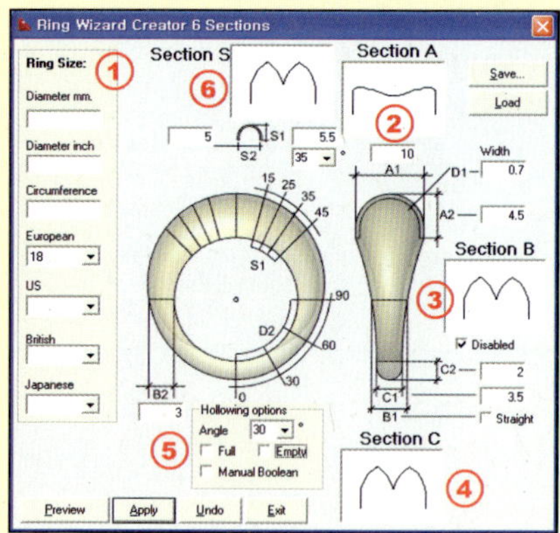

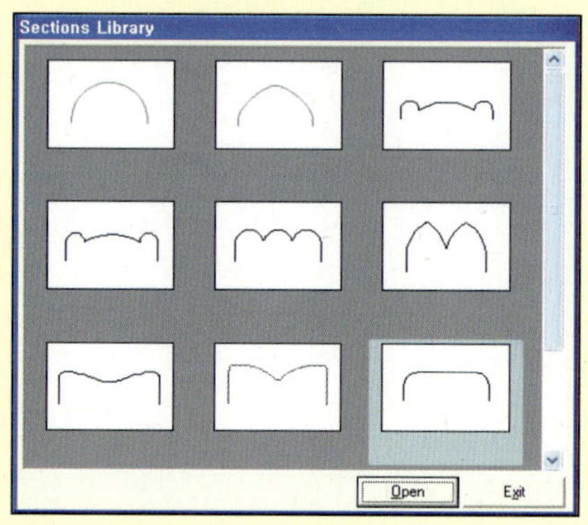

❍ 2번 Section A 에 단면 라이브러리 화면

03_ 5번 Hollowing options 설정은 속파기가 반지의 전체를 적용되도록 Empty에 체크해 준다.

04_ 6번 Section S 또한 간단히 같은 것으로 선택한다.

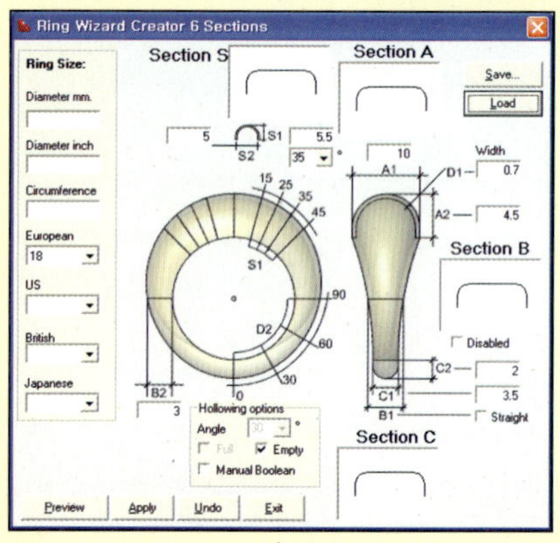

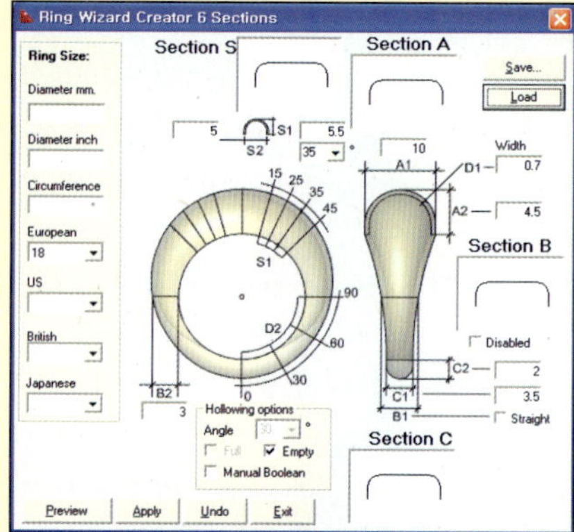

05_ [Apply] 버튼을 클릭하고 반지와 속파기 상태를 확인한다.

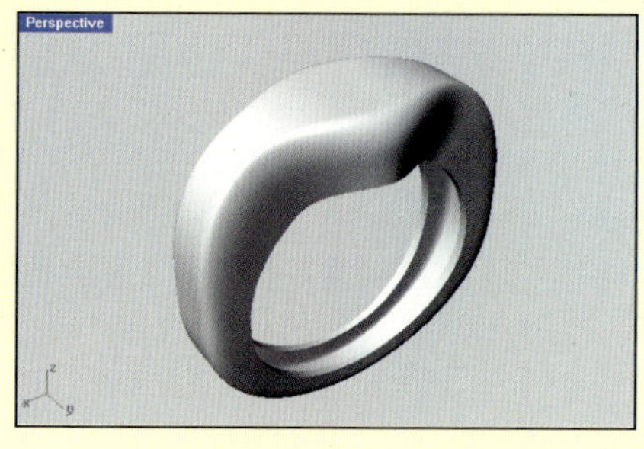

06_ 다음 수정하고자 하면 Undo를 통해 수정이 가능하다. 여기서는 2번 Section A 우측의 Load 버튼을 클릭한다. 마킹된 라이브러리 반지를 클릭한다.

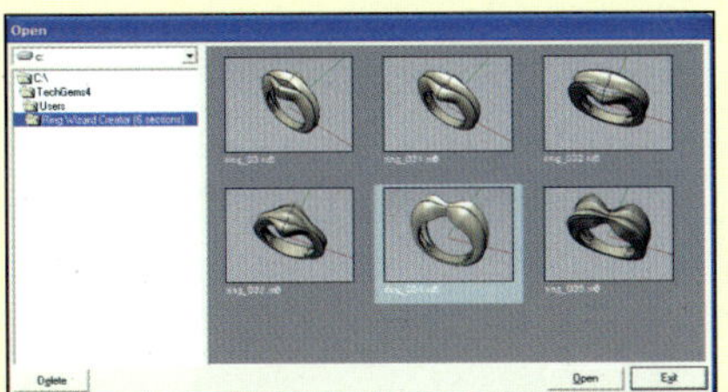

07_ 그림과 같이 1번 Ring Size와 Hollowing options에 Full에 체크하여 설정을 변경한다.

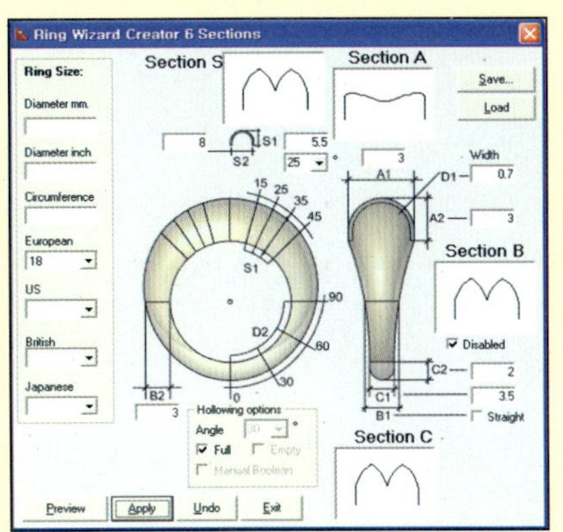

08_ [Apply] 아이콘을 클릭하여 최종 결과를 얻는다. 이때 적용 객체가 화면에 나타나지 않으면 커맨드 창에 옵션에서 원하는 View를 선택해 주면 해당 화면에 나타난다. 두 번째 그림은 속파기 옵션에서 Empty를 체크한 후의 결과이다.

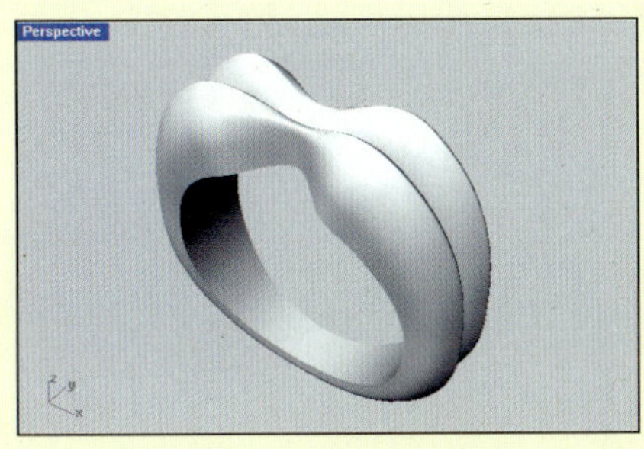
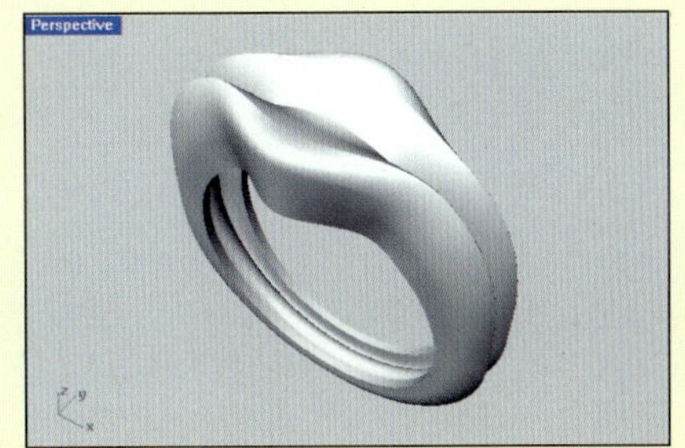

> **❖ NOTE**
>
> - Ring Size : 원하는 지역에 맞는 원하는 반지의 호수(Size)를 결정하는 곳
>
> - Section A : 단면A 부위에 대한 라이브러리를 통해 원하는 외곽모양(Profile)을 선택할 수 있으며, 이 곳을 클릭하면 된다. A1과 A2에 대한 높이(Height)나 곡률길이(Length) 또한 파라미터 즉, 매개 변수 값으로 변경이 가능하다.
>
> - Section B : 단면B 부위에 대한 라이브러리를 통해 원하는 외곽모양(Profile)을 선택할 수 있으며, 이 곳을 클릭하면 된다. B1과 B2에 대한 높이(Height)나 곡률길이(Length) 또한 파라미터 즉, 매개 변수 값으로 변경이 가능하다. B2의 경우 보통 2~3mm 값을 사용하게 되며 4mm 이상이거나 크면 면을 생성하는데 곤란할 수 있다.
>
> - Section C : 단면C 부위에 대한 라이브러리를 통해 원하는 외곽모양(Profile)을 선택할 수 있으며, 이 곳을 클릭하면 된다. C1과 C2에 대한 높이(Height)나 곡률길이(Length) 또한 파라미터 즉, 매개 변수 값으로 변경이 가능하다.

- **Section S** : 단면S 부위에 대한 라이브러리를 통해 원하는 외곽모양(Profile)을 선택할 수 있으며, 이 곳을 클릭하면 된다. S1과 S2에 대한 높이(Height)나 폭(Width) 또한 파라미터 즉, 매개 변수 값으로 변경이 가능하다. 각도는 15도에서 45도 범위이다.

- **Hollowing Options:**
보통 여기서는 3개의 세부 옵션을 사용하게 된다. Full은 속파기를 하지 않고 반지의 몸통을 채우겠다는 개념이다. Empty 는 완전한 속파기를 뜻한다. Angle은 0~90도까지의 속파기 각도로 D2 부분에 각도를 주는 부분이다. 이는 D1은 두께 부분이 된다. Manual Boolean은 내부 속파기시 별도의 객체가 자동 생성되며, 부울연산만을 별도로 통제할 수 있다.

㉕ Eternity Ring Wizard Creator

무한 링 마법사로 완전한 원형 상태의 링에 원하는 보석의 선택 〉 보석과의 간격 〉 반지의 가로, 세로 두께, 내부 받침대(가로대) 단면과 길이,형상을 결정 한번의 명령 실행으로 보석이 세팅된 반지를 생성한다.

사용법 TechGems 4.1-mm-en 메인 메뉴 아이콘 클릭 〉
Eternity Ring Wizard Creator 아이콘 클릭 〉
해당 번호순대로 설정 조정 〉 완료

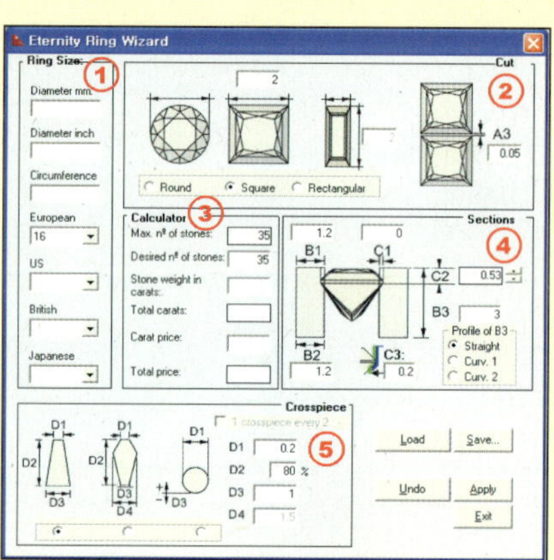

> **❖ NOTE**
> - **Ring Size** : 원하는 지역에 맞는 반지 호수(Size)를 결정
> - **Cut** : 보석 유형선택과 보석과 보석간의 간격 결정, 보석의 유형으로는 총 3가지로 Round, Square, Rectangular 등이 있다.
> - **Calculator** : 배열 스톤의 최대 개수 계산(Max. no of stones:) , 원하는 배열 개수 계산(Desired no of stones), 스톤의 캐럿 무게(Stone weight in carats:), 스톤 총 캐럿(Total carats), 캐럿 가격(Carat price) 등을 계산. 여기서 캐럿은 보석의 무게단위이다.
> - **Sections** : 보석을 감싸는 원형 링의 가로, 세로 단면비 결정, 특히 C2 부위는 보석의 거들(Girdle)에서부터의 높이를 나타낸다.
> - **Crosspiece** : 보석을 받쳐주는 반지 안쪽의 가로대 모양과 가, 세로비 결정
>
> 그 외에 결과를 적용(Apply)하거나 저장(Save)하는 아이콘으로 이루어짐

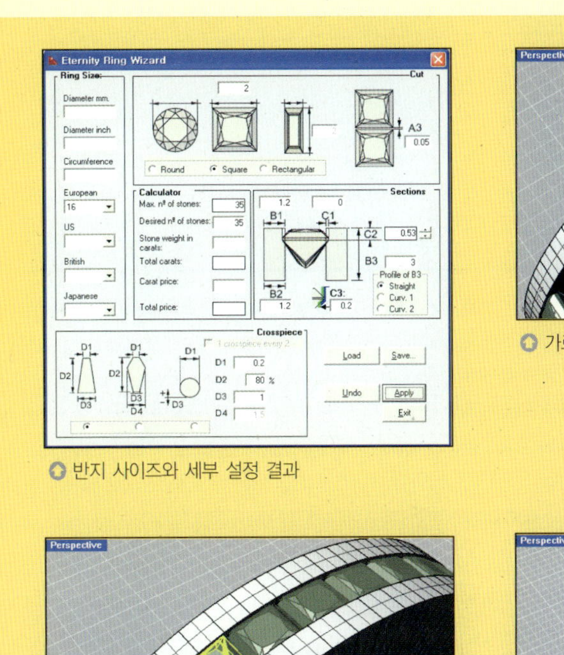

가로대(Crosspiece) 생성 결과

반지 사이즈와 세부 설정 결과

보석 모양과 세팅 결과

생성 객체의 전체 모습

㉖  Bezel Wizard Creator

Bezel 마법사로 원하는 보석에 맞는 Bezel 자동 생성

사용법 TechGems 4.1-mm-en 메인 메뉴 아이콘 클릭 〉 Bezel Wizard Creator 아이콘 클릭 〉 해당 설정 〉 완료

01_ Bezel Wizard Creator 아이콘 클릭 〉 Bezel Creator Wizard 대화상자 세부 설정

02_ Apply 아이콘 클릭 〉 완료
그림은 설정을 조금씩 바꾸었을 때 다양한 Bezel을 보여주고 있다.

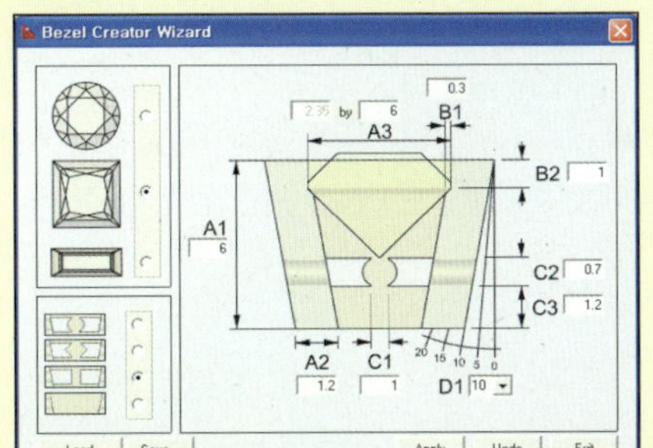
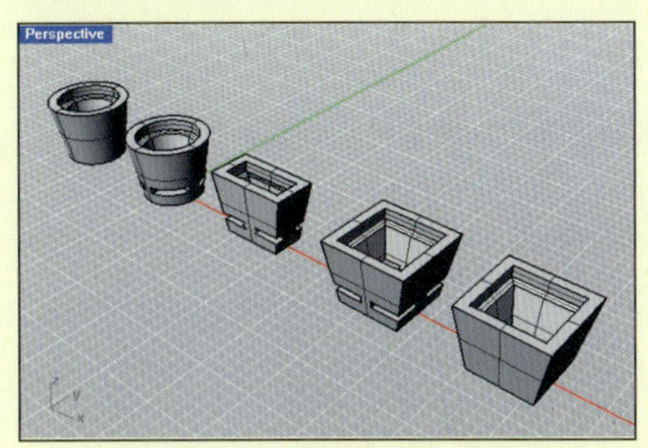

> ❖ NOTE I
>
> 좌측 하단의 Load 옆 Save 버튼의 경우 *.bwc 확장자로 저장해 두면 나중에 불러와 사용할 수 있다.
>
> ❖ NOTE II
>
> **Bezel** : 보석이나 시계의 유리 등을 끼우는 홈을 말한다.

㉗ Findings

주얼리 디자인에 필요한 여러 가지 도구나 장식, 부속품 등을 모아두거나 찾아 쓸 수 있게 만들어진 라이브러리

사용법 TechGems 4.1-mm-en 메인 메뉴 아이콘 클릭 〉 Findings 아이콘 클릭 〉 해당 부속품 선택 〉 [Apply] 버튼 클릭 〉 완료

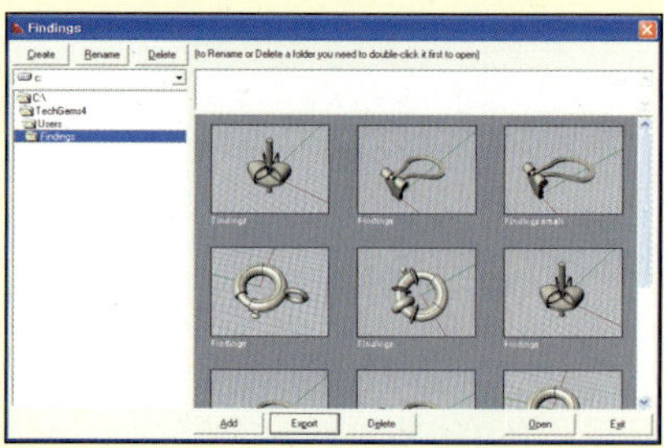

◐ 선택을 위한 부품 라이브러리 모습

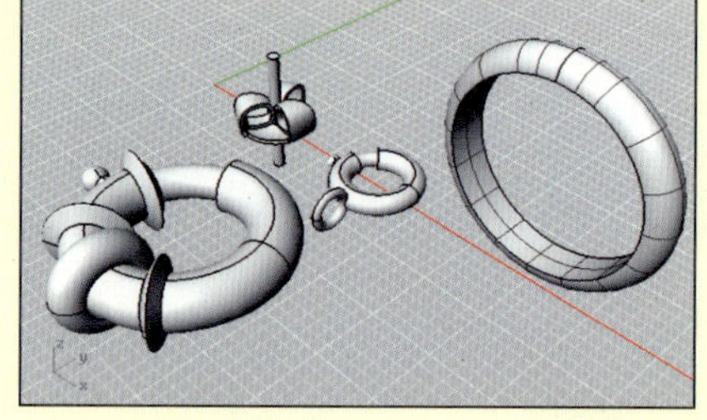

◐ 선택 결과 생성된 부품 모습

> ❖ NOTE
>
> 사용자가 직접 모델링한 부품이나 별도의 반지등도 언제든 라이브러리에 추가(Add)할 수 있다.
> 저장 위치는 C : 드라이브 〉 TechGems4.2 〉 Users 〉 Findings

㉘ User Library

유저 라이브러리는 말 그대로 사용자가 원하는 모델링 데이터를 라이브러리화 하여 언제든 수납하여 사용할 수 있도록 한다.

사용법 TechGems 4.1-mm-en 메인 메뉴 아이콘 클릭 〉 User Library 아이콘 클릭 〉 해당 모델 선택 〉 [Apply] 버튼 클릭 〉 완료

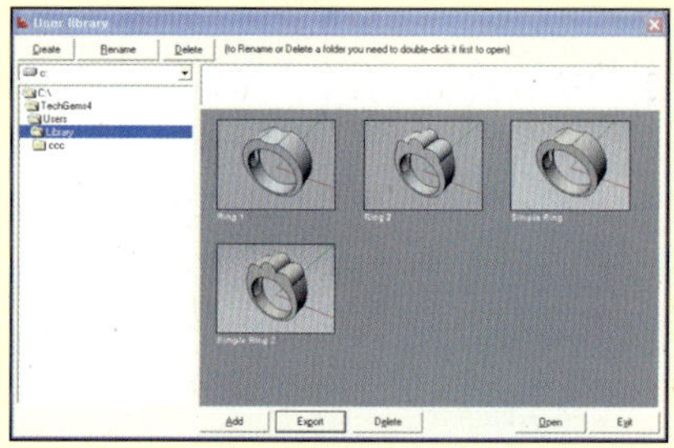

◐ 선택을 위한 부품 라이브러리 모습

유저가 직접 모델링한 3차원 데이터를 라이브러리에 추가해 보자. 우선 User Library 대화상자에서 Add 버튼을 클릭 〉 유저 모델 선택 〉 모델명 입력 〉 OK

01_ 미리 준비된 User-model

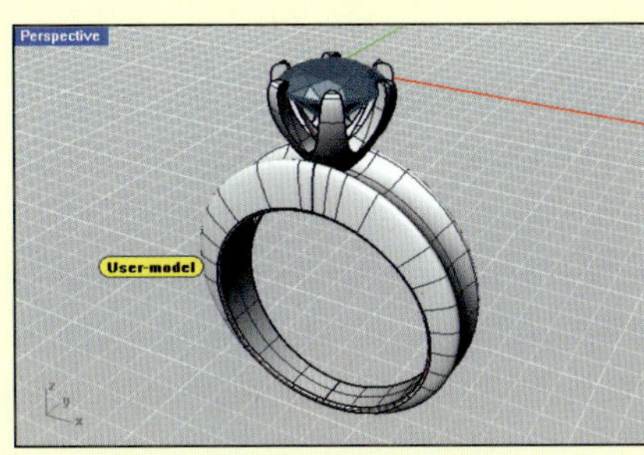

02_ User Library에 사용될 모델 이름이나 정보 입력

03_ 새롭게 라이브러리에 추가된 유저 모델(마킹 된 부분)

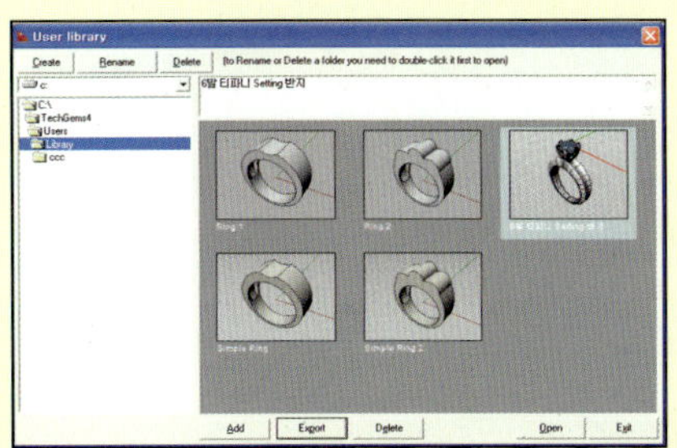

❖ NOTE

저장 위치 C : 드라이브 〉 TechGems4.2 〉 Users 〉 Library

㉙ Gem Size Report

각종 브릴이언트 컷의 지름과 캐럿 표시 등 관련 리포트를 보여준다.

사용법 | TechGems 4.1-mm-en 메인 메뉴 아이콘 클릭 〉 Gem Size Report 아이콘 클릭 〉 해당 하위 아이콘 선택 〉 완료

❶ Brilliant Cut Diameter

브릴리언트 컷의 지름 표시

사용법 | Brilliant Cut Diameter 아이콘 클릭 〉 Pick object : 메시지가 커맨드 창에 뜨면 〉 브릴리언트 컷을 드래그 선택 〉 Enter

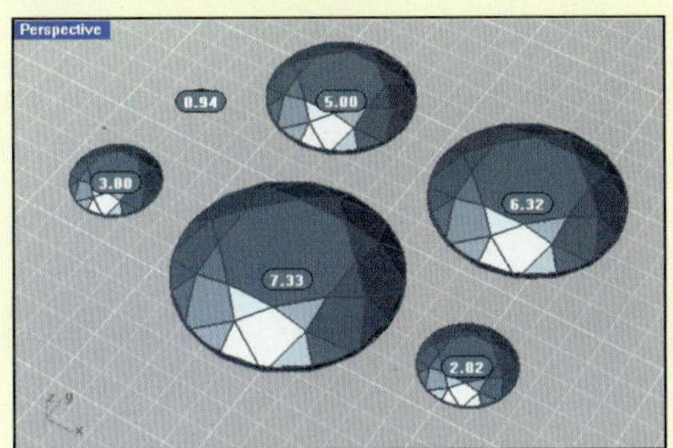

❷ Brilliant Cut Carats

브릴리언트 컷의 캐럿(Cts) 표시

사용법 | Brilliant Cut Carats 아이콘 클릭 〉 Pick objects : 메시지가 커맨드 창에 뜨면 〉 브릴리언트 컷을 드래그 선택 〉 Enter

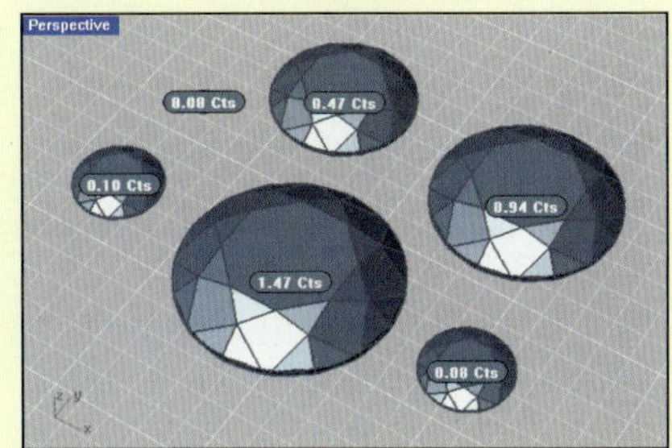

❸ Select Brilliant Cut by Size
캐럿과 사이즈에 의한 브릴리언트 컷의 선택

사용법

01_ Select Brilliant Cut by Size 아이콘 클릭 〉 Select Brilliant Cut 대화상자에 그림과 같이 설정 〉 Search 버튼 클릭 〉 Select objects with target colors(Color RGB) 메시지가 뜨면 〉 보석들 모두 드래그 〉 Enter

02_ 2~3mm 내의 지름에 해당하는 보석들이 자동으로 선택된 모습

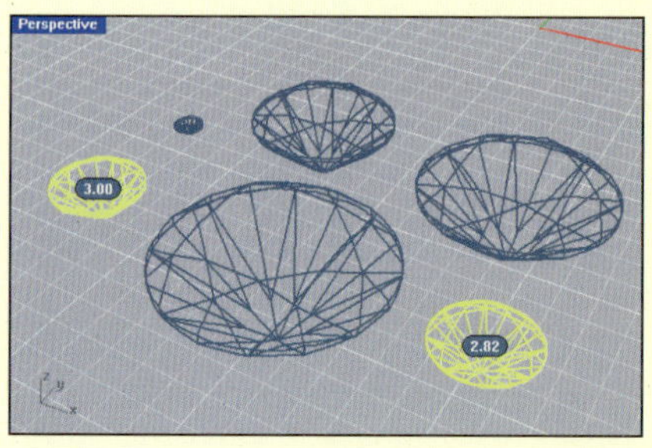

03_ 이번엔 설정을 그림과 같이 바꿔 준다.

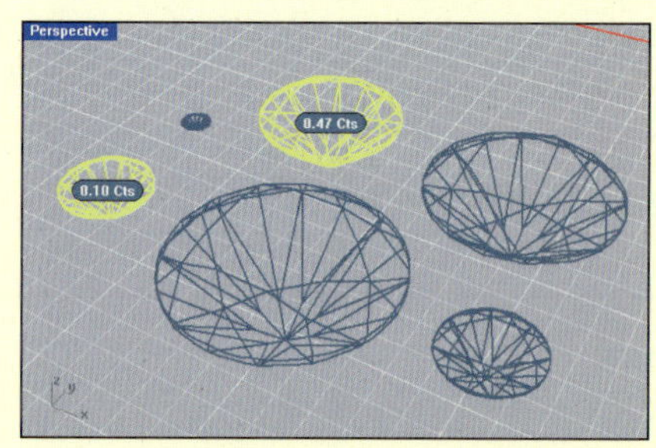

04_ 0.1~0.5 cts 내의 보석들이 자동 선택된 모습

❹ Circle Diameter
원의 중심을 중심으로 지름 주석 표기

사용법

Select Brilliant Cut by Size 아이콘 클릭 〉 Circle Diameter 버튼 클릭 〉 Pick objects: 메시지가 커맨드 창에 뜨면 보석들 모두 드래그 〉 Enter

자동 선택된 원의 지름을 표시하는 주석이 나타나며, 주석에 나타난 숫자가 4이면 지름이 4mm라는 의미이다.

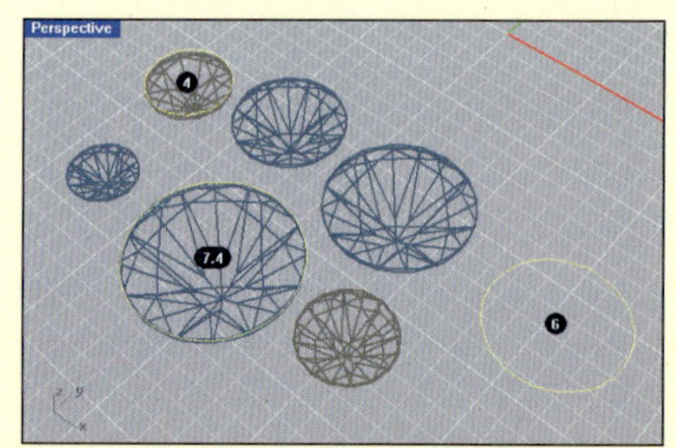

❺ Line Length
보석에 외곽 라인을 추출하거나 흩어진 라인에 대해 라인 길이를 주석으로 보여줌

사용법

Line Length 아이콘을 클릭 후 〉 전체 객체들을 드래그 〉 Enter 하면 그림과 같이 길이가 체크된다.

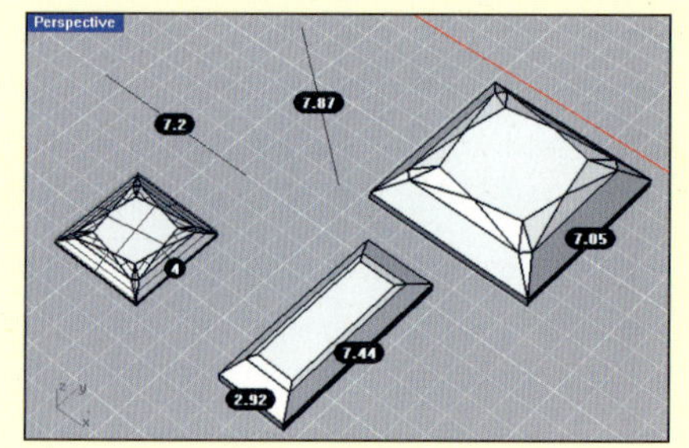

❻ **SELECT** Select Annotation Dot

주석만을 자동으로 선택해 지우거나 숨길 때 사용

사용법 | Select Annotation Dot 아이콘 클릭 〉 완료

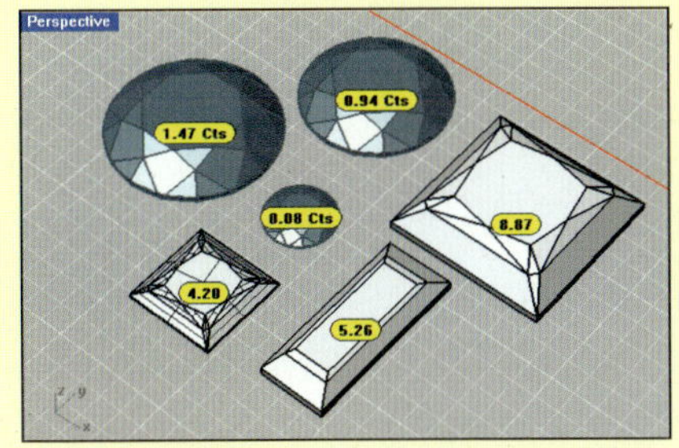

㉚ **Chain Creator**

3종류의 체인의 생성

사용법 | **01_** 우선 목걸이가 될 커브와 타원형 파이프 링을 준비한다.

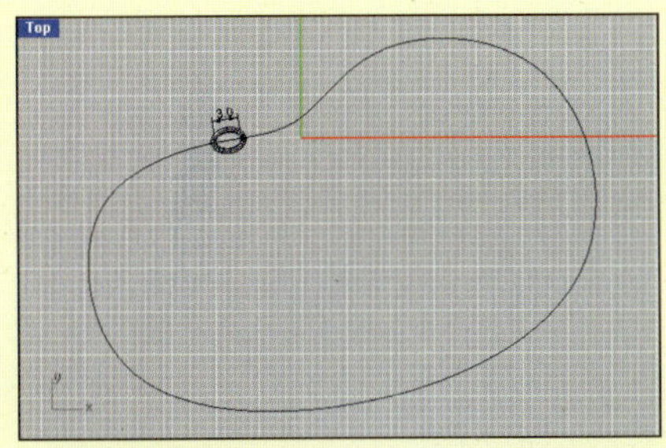

02_ 타원형 파이프 링은 내부 장축 길이가 3.0 mm이다.

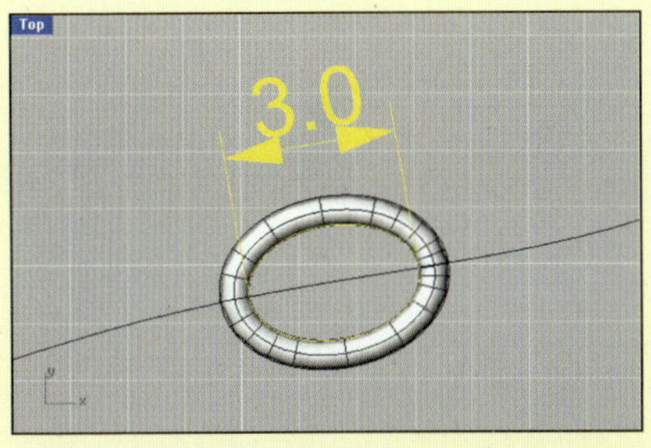

03_ Chain Creator 아이콘 클릭 〉 그림과 같이 설정한다.

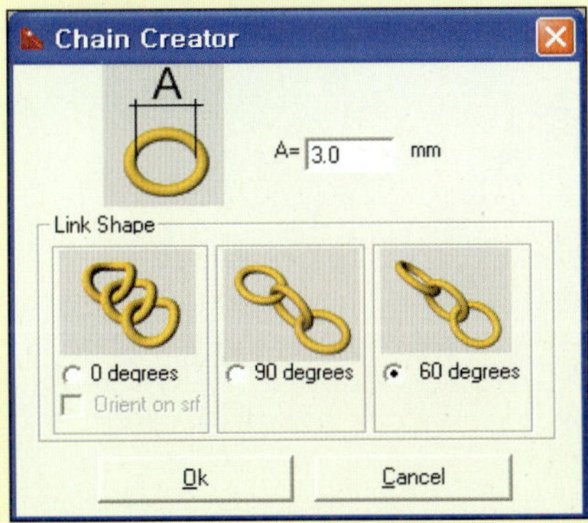

04_ [OK] 버튼을 클릭 하면 Pick objects : 메시지가 뜨는데 타원형 링을 선택 〉 Enter

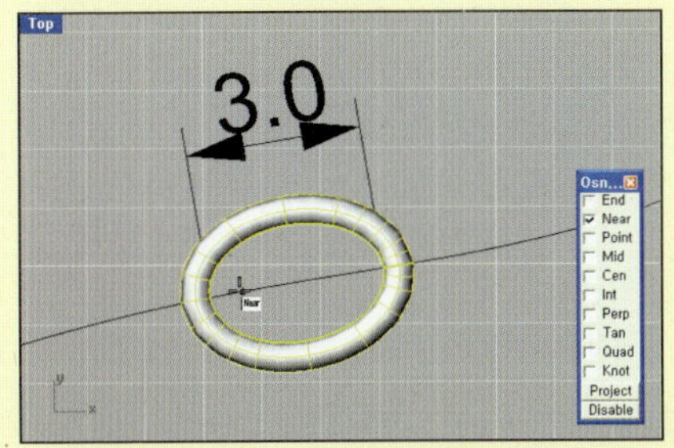

05_ Second axis point: Pick curve : 메시지가 뜨면 Osnap에 Near를 체크 후 그림과 같은 부위에 클릭한다.

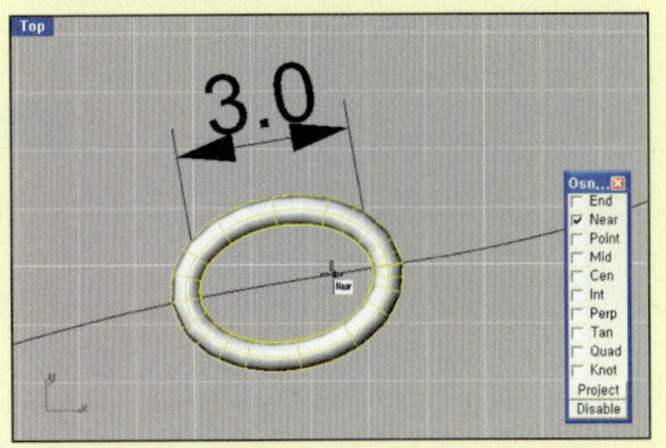

06_ Pick curve: 메시지가 뜨면 그림과 같이 목걸이 경로인 커브를 클릭한다.

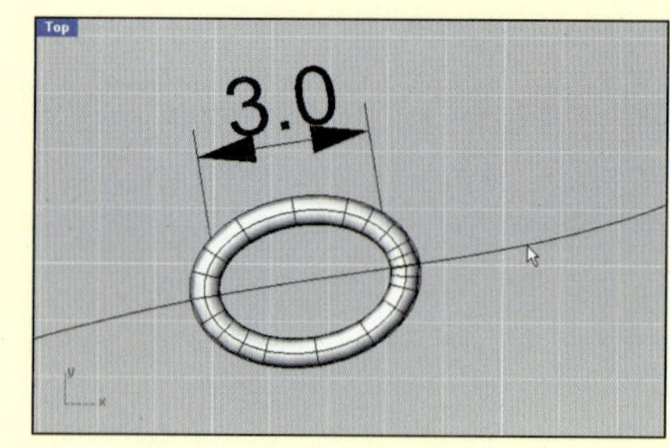

07_ Link Shape 60 degrees에 설정된 체인이 완성되었다. 이것은 체인이 될 각 객체가 연결 될 때 60도의 각도로 경사져 연결된다는 의미이다.

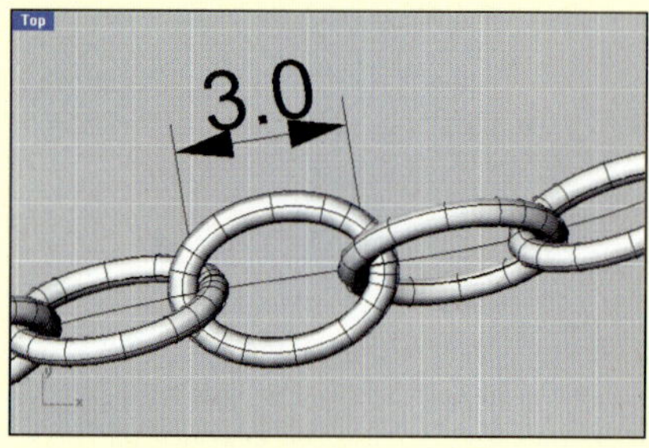
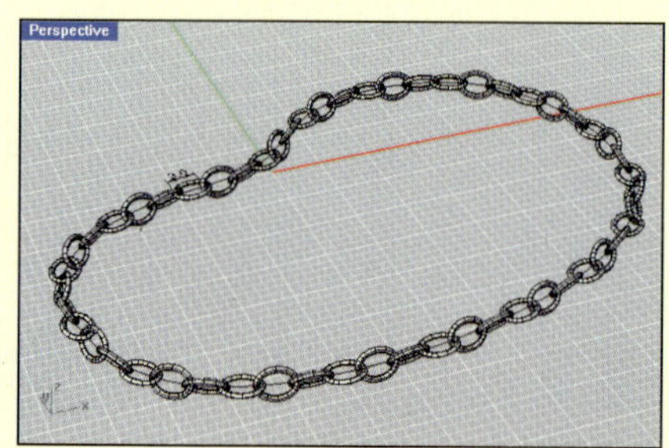

❖ NOTE

〈연결 고리 각도별 최종 결과 비교〉

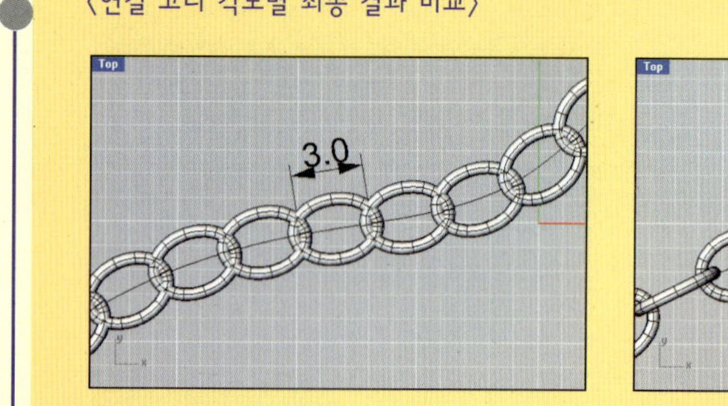

○ Link Shape 0 degrees

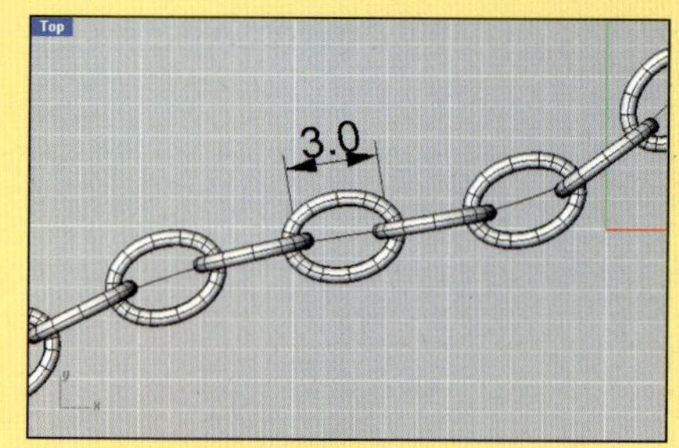

○ Link Shape 90 degrees

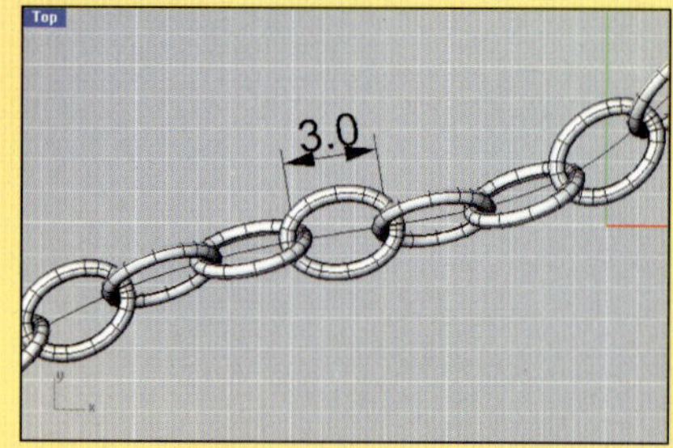

○ Link Shape 60 degrees

 ㉛ Dummy

목걸이(Neckless), 펜던트(Peandant) 등의 모델링을
인체 모형에 Setting해 볼 때 사용하는 3차원 상반신
흉부 모델

> **사용법** TechGems 4.1-mm-en 메인 메뉴 아이콘 클릭 〉
> Dummy 아이콘 클릭 〉 완료

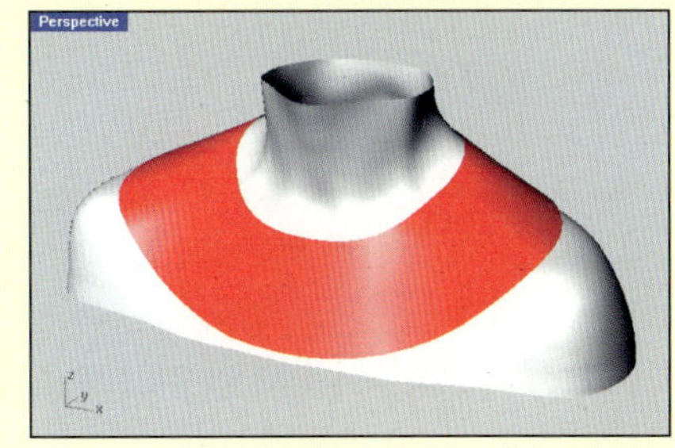

○ 적용 전 Dummy 모델

01_ 적용 순서는 우선 붉은 색 면에서 Extract
Isocurve 명령으로 라인을 추출한다.

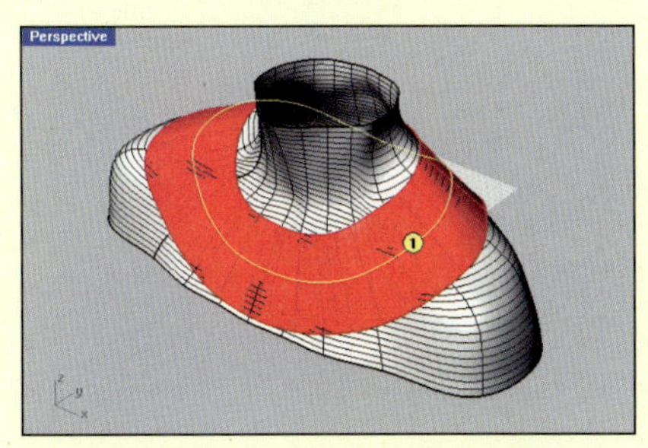

02_ 추출된 1번 커브에 대해 곡률거리를 측정
(Length명령어 사용)하여 이것을 2번의 직선 거리
의 라인으로 그려 준 후 거기에 목걸이의 링을 교차
배치시켜 준다.

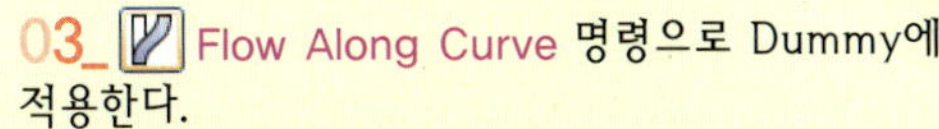

03_ Flow Along Curve 명령으로 Dummy에
적용한다.

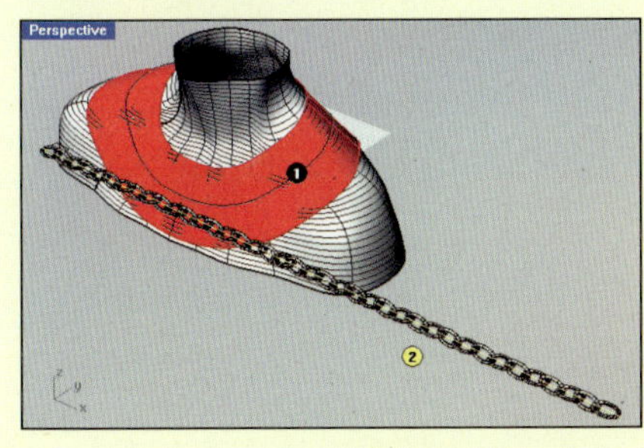

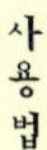 ㉜ Animator

시계 방향 또는 시계 반대 방향으로 360도 회전하는 렌더링 이미지를 지속 시간만큼 생성해주며, 이렇게 생성된
연속적인 이미지들은 시중에 나온 비디오 편집 소프트웨어 중 하나인 Adobe사의 Premiere나 기타 소프트웨어를
통해 동영상의 에니메이션 파일로 제작이 가능하다.

> **사용법** **01_** 우선 에니메이션 제작용 이미지를 얻기 위한
> 모델을 준비한다.

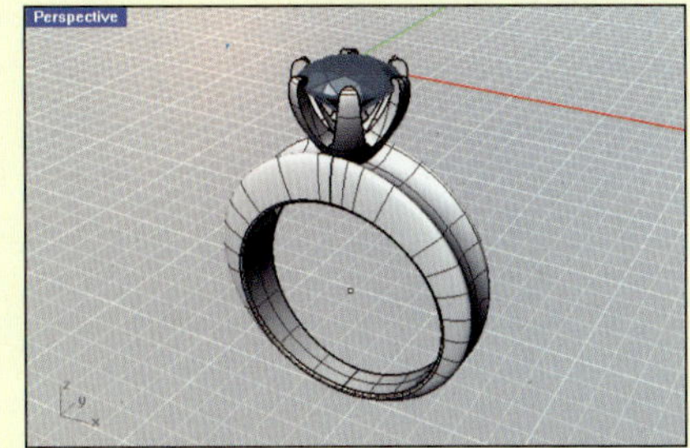

02_ Animator 아이콘 클릭 〉 아래 Anima-
tor 대화상자의 설정을 통해 연속적인 이미지를 얻
는다.

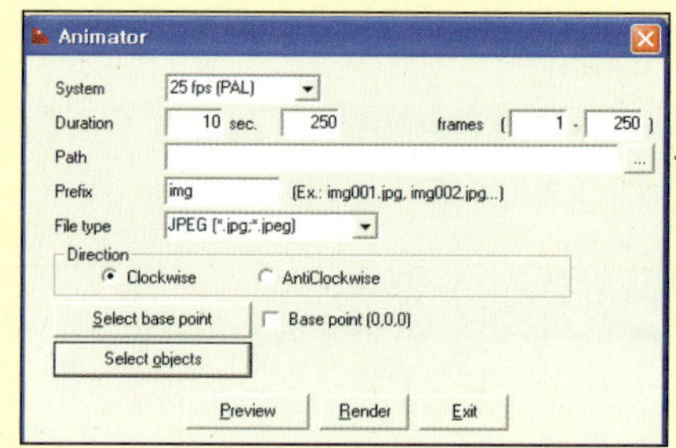

03_ 아래 그림은 1~25 프레임까지 렌더링된 연속
렌더링 이미지를 포토샵에서 열어 확인해 본 모습이
다. 물론 여기서는 흑백으로 렌더링을 걸었으나, 재
질 매핑이나 환경, 조명 등을 설정한 상태로 이미지
를 얻게 되면 컬러 에니메이션을 제작할 수 있다.

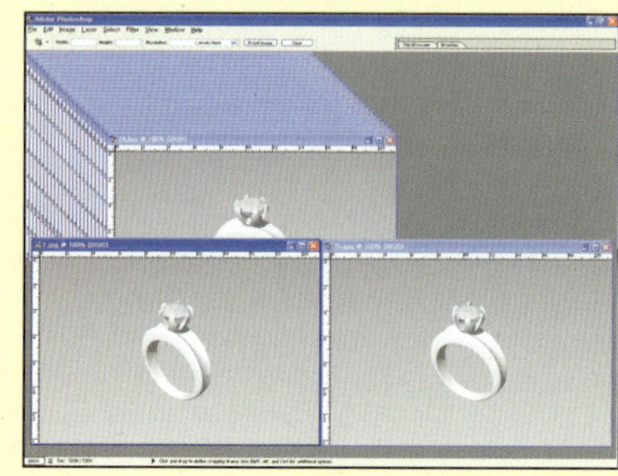

❖ NOTE
- System : 25fps[PAL] 방식과 30fps[NTSC]로 구분되며, 비디오 방식에서 초당 25프레임 속도와
    30프레임 속도 율을 정하는 옵션이다.
- Duration : 지속시간으로 예를 들어 25fps[PAL]에 지속시간이 10초면 1~250 프레임이 된다는 의
    미이다. 이것을 너무 줄이면 이미지가 자연스럽게 연결되지 않을 수 있다.
- Path : 파일저장 경로
- Prefix : 저장 파일 명칭 결정(Ex.: img001.jpg, img002.jpg)
- File type : 저장 파일 명칭 뒤에 붙는 확장자(Ex : . jpg)
- Direction : 에니메이션 회전 방향으로 시계방향( )과 시계 반대 방향( ) 결정
- Select base point : 물체의 회전 기준점을 유저가 정함, Base point(0,0,0)를 체크하면 좌표의 0
    점을 기준으로 회전
- Select objects : 회전 객체의 선택
- Preview : 회전 모습을 미리 시뮬레이션 해봄
- Render : 실제 360도 이미지 프레임별 연속 렌더링/렌더링 중 취소는 키보드 Escape(Esc)를 두
    번 클릭해 준다.
- Exit : 작업 종료

㉝  STL Tools

신속조형인 3D Printing을 위한 표준 포맷의 하나인 .STL(Stereolithography) 파일 변환과 저장과 관리, Mesh 객체의 수리 등에 관한 종합적인 툴을 제공한다.

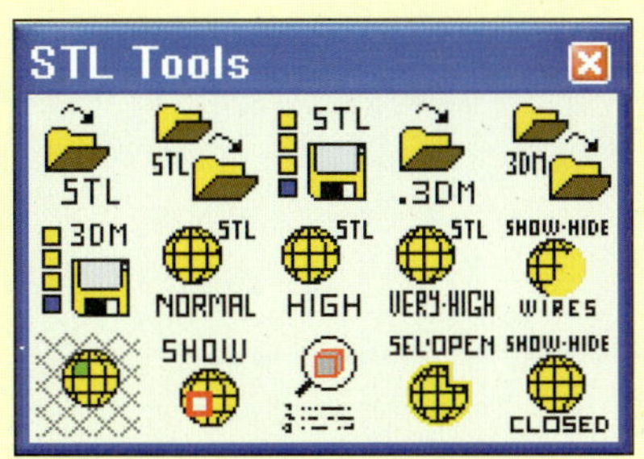

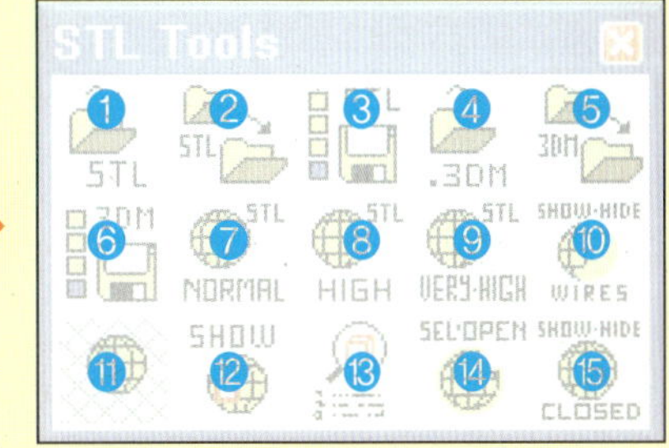

◐ Signity Gem Tools 아이콘 명령어 그룹

◐ 명령어 찾기 번호 참조표

❶ Open STL in

STL 파일의 Open

> 사용법 TechGems 4.1 툴바 〉 STL Tools 〉 Open STL in
> (마우스 왼쪽 버튼 클릭) 〉 해당 아이콘 클릭 〉 완료

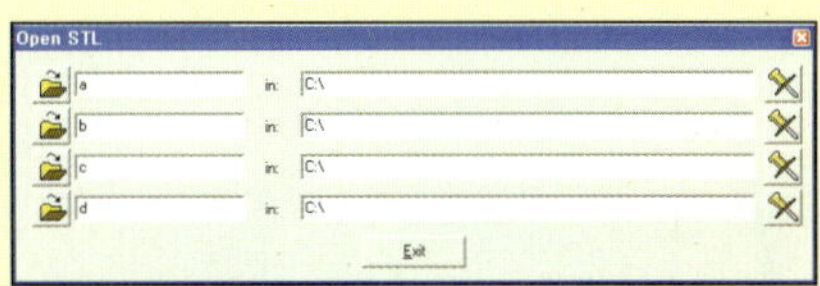

옆의 창은 Open STL 아이콘을 마우스 오른쪽 버튼으로 클릭시 반응이다. 여기서는 이미 저장해둔 경로의 stl. 파일을 바로 불러올 때 사용한다.

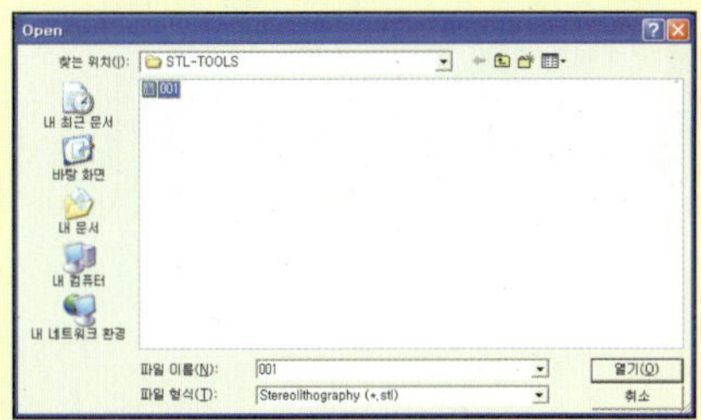

아래 그림은 stl. 모델을 불러온 모습이다. Mesh 구조로 되어 있음을 볼 수 있다.

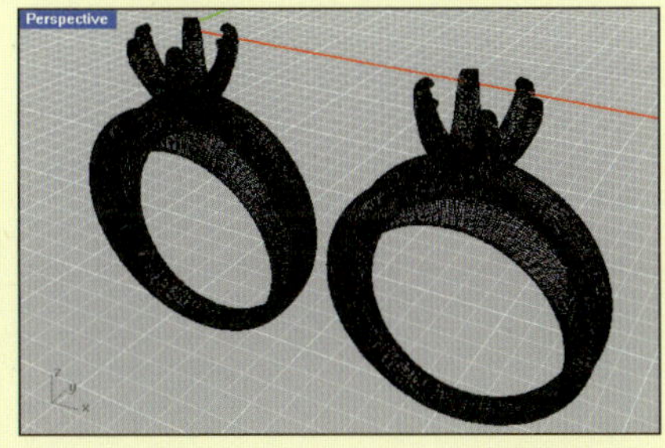

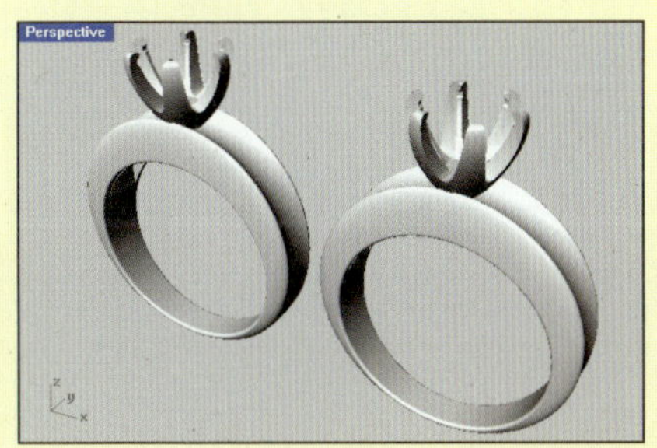

❷ Import STL in

현재 존재하는 stl. 파일 환경에 다른 파일로부터 추가로 stl. 파일을 불러온다.

> 사용법 TechGems 4.1 툴바 〉 STL Tools 〉 Import STL
> in (마우스 왼쪽 버튼 클릭) 〉 해당 아이콘 클릭 〉
> 완료

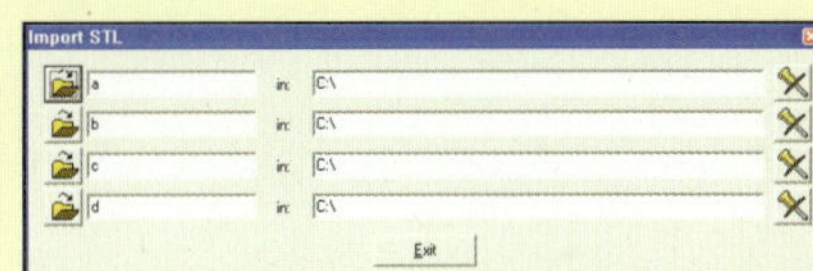

아래 창은 [STL] Import STL 아이콘을 마우스 오른쪽 버튼으로 클릭시 반응이다. 여기서는 이미 저장해둔 경로의 또 다른 stl. 파일이나 라이노3D .3dm 파일과 같은 것들을 바로 불러올 때 사용한다.

아래 그림은 이미 존재하는 .stl 데이터에 .3dm 데이터를 불러온 결과이다.

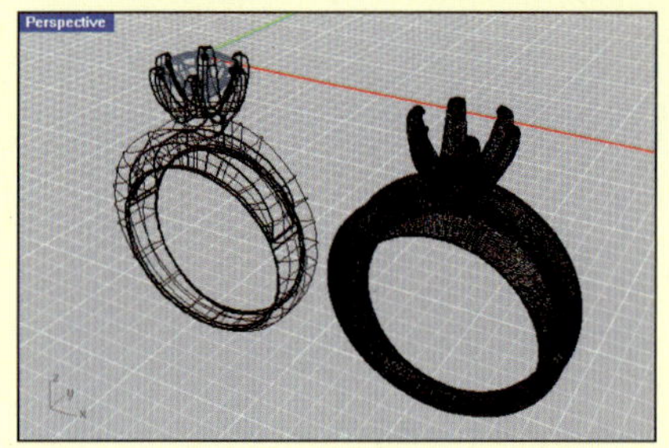
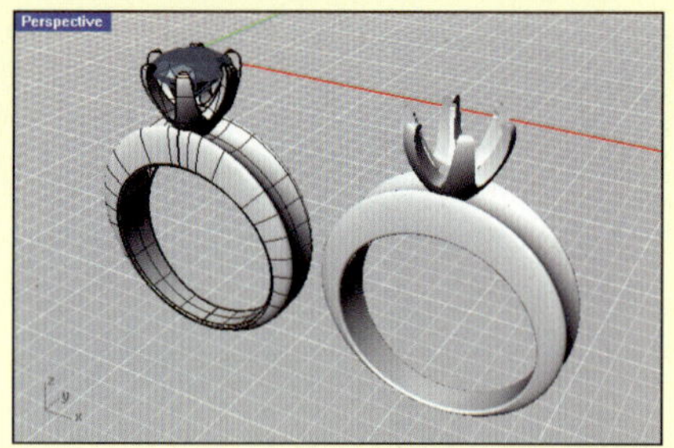

❸ [STL] Export Selected in STL

선택한 .stl 데이터를 별도 폴더에 저장도 하지만 NURBS .3dm 데이터와 .stl 데이터가 모두를 선택하여 저장하면 .3dm 데이터는 .stl 데이터로 자동 변환되어 저장된다.

사용법 | 그림과 같이 .3dm-data와 .stl mesh data 를 모두 드래그 선택하여 명령을 실행하면

아래 그림처럼 모두 .stl mesh data로 변환되어 저장된다.

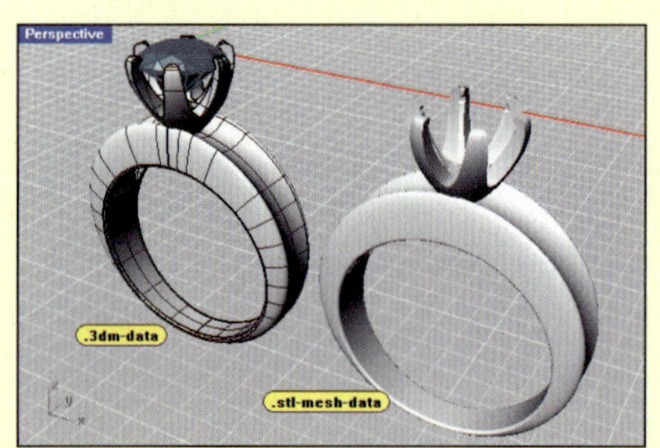

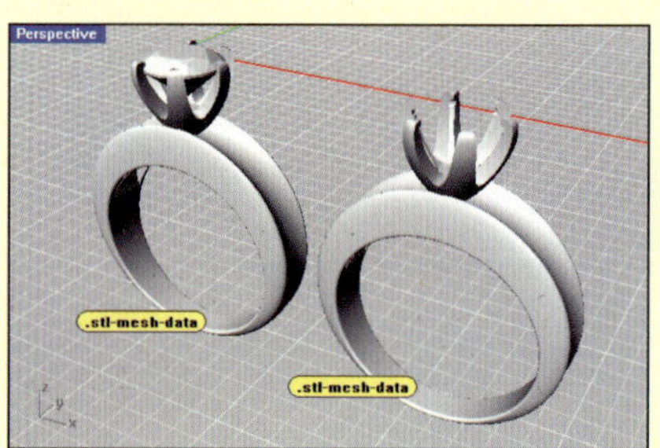

❹ [3DM] Open 3DM in

3dm 파일만을 불러오면 종전의 데이터는 없어지고 새로운 창으로 교체되게 된다.

사용법 | TechGems 4.1 툴바 〉 STL Tools 〉 Open 3DM in (마우스 왼쪽 버튼 클릭) 〉 해당 아이콘 클릭〉 완료

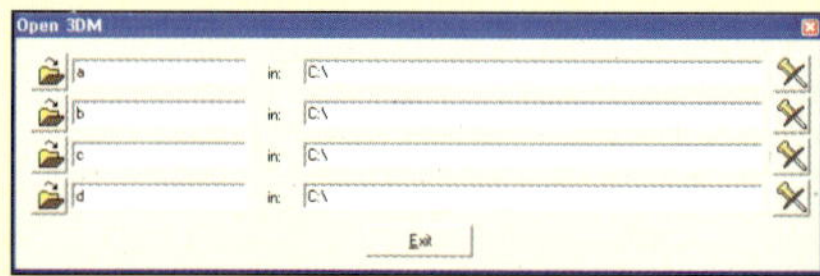

❺ [3DM] Import 3DM in

현재 존재하는 .3dm 파일 환경에 다른 파일로부터 추가로 .3dm 파일을 불러온다.

사용법 | TechGems 4.1 툴바 〉 STL Tools 〉 Import 3DM in (마우스 왼쪽 버튼 클릭) 〉 해당 아이콘 클릭 〉 완료

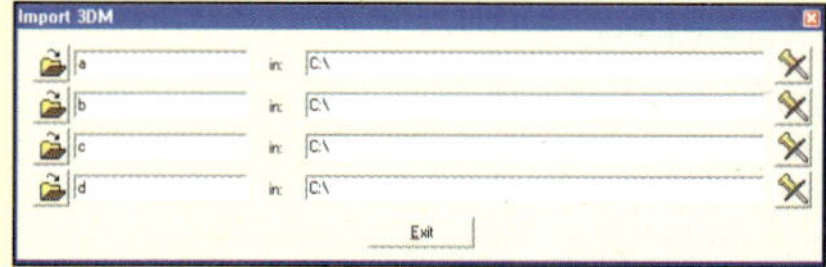

❻ Export Selected in3DM

.3dm 파일 중 선택한 객체만을 저장

사용법 | 물론 드래그 선택 다수의 객체를 .3dm으로 저장 가능하다.

01_ 준비된 객체 중 저장하고자 하는 .3dm 선택   **02_** 저장 위치의 선택

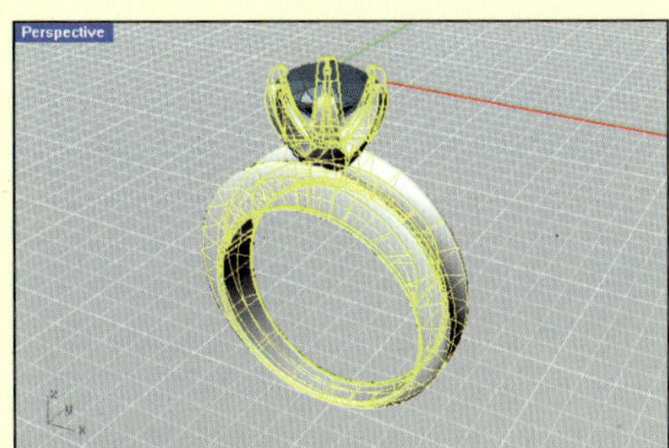

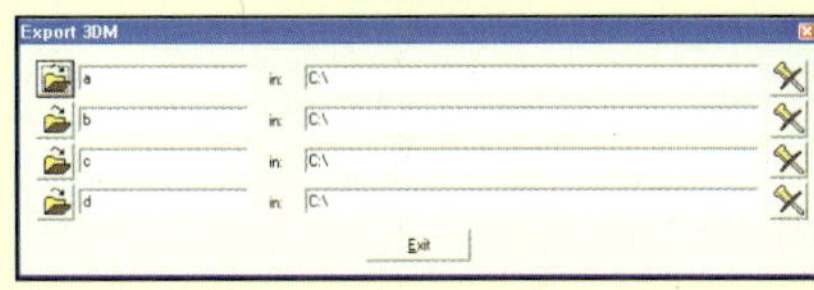

03_ 별도로 저장된 .3dm파일

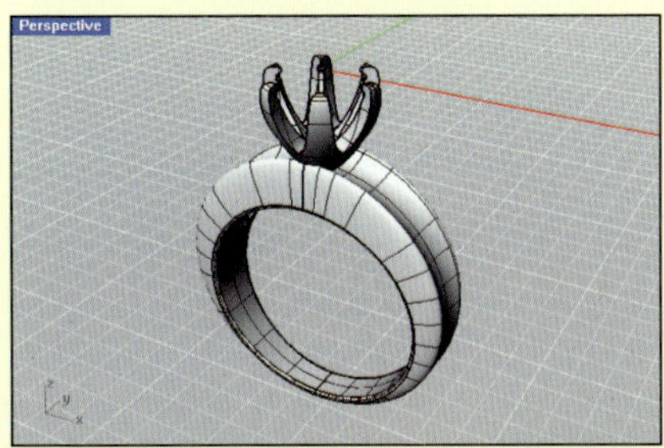

❼ Convert to STL-Mesh Distance to Surface 0.002

STL 파일로 변환면과의 근사치 거리 = 0.002

사용법 | STL 로 변환할 모델 준비 > Convert to STL-Mesh Distance to Surface 0.002 아이콘 클릭 > Leave mesh? 예 (Y)클릭 > STL 계산 > STL 변환 완료

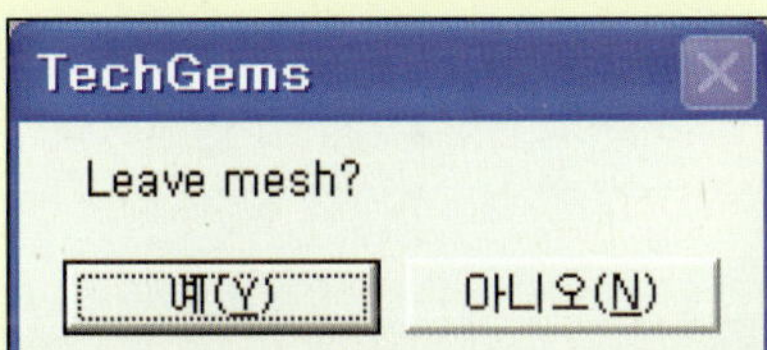

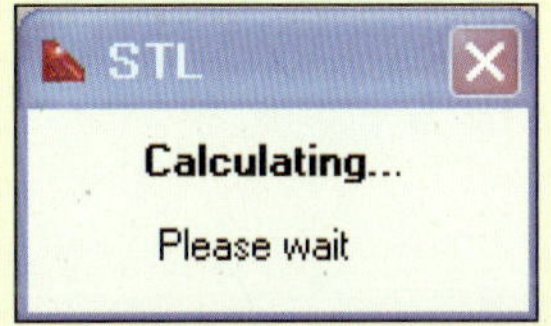

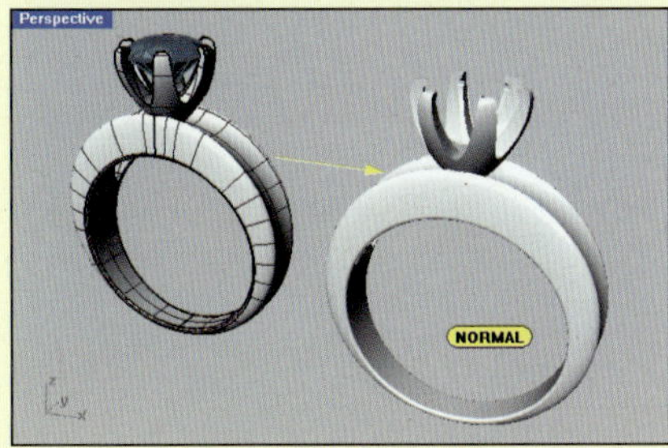

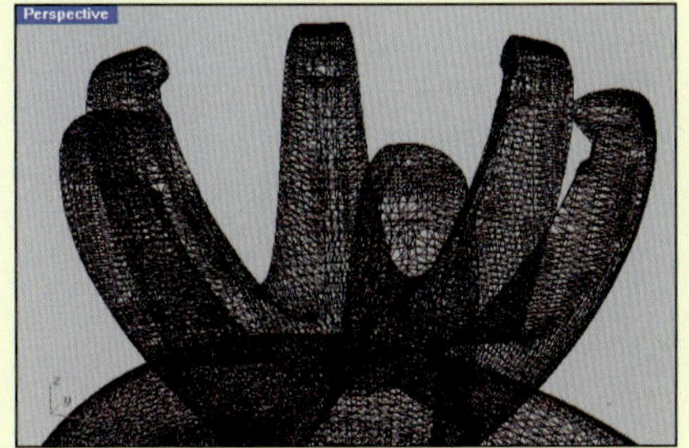

◯ NORMAL 상태로 STL변환 모습   ◯ NORMAL 상태의 Mesh 구조 모습

❽ Convert to STL-Mesh Distance to Surface 0.0015

STL 파일로 변환 면과의 근사치 거리 = 0.0015

사용법 | STL 로 변환할 모델 준비 〉 Convert to STL-Mesh Distance to Surface 0.0015 아이콘 클릭 〉 Leave mesh? 예(Y)클릭 〉 STL 계산 〉 STL 변환 완료

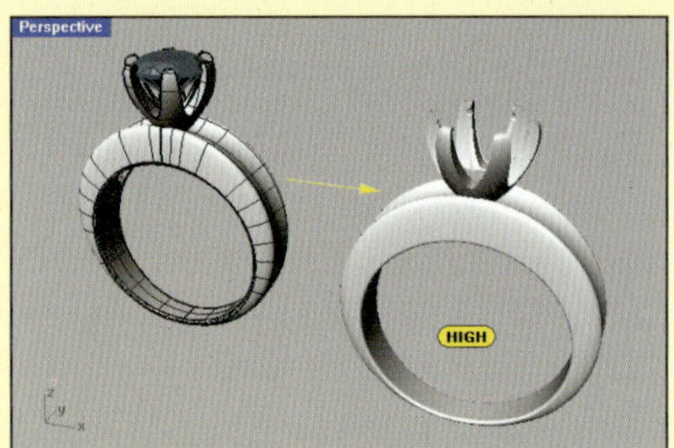
◎ HIGH 상태로 STL변환 모습

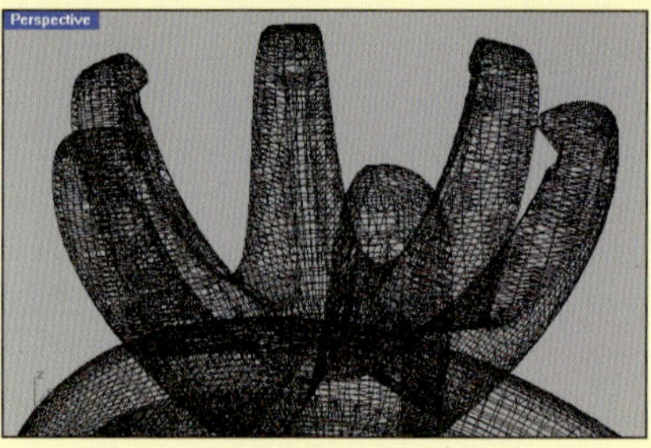
◎ HIGH 상태의 Mesh 구조 모습

❾ Convert to STL-Mesh Distance to Surface 0.001

STL 파일로 변환 면과의 근사치 거리 = 0.001

사용법 | STL 로 변환할 모델 준비 〉 Convert to STL-Mesh Distance to Surface 0.001 아이콘 클릭 〉 Leave mesh? 예(Y)클릭 〉 STL 계산 〉 STL 변환 완료

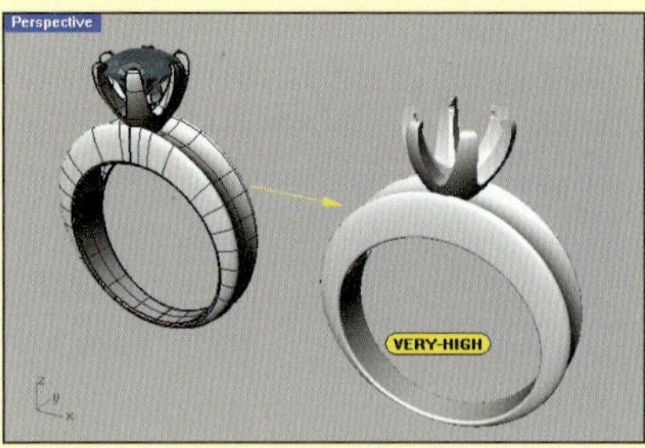
◎ VERY-HIGH 상태로 STL변환 모습

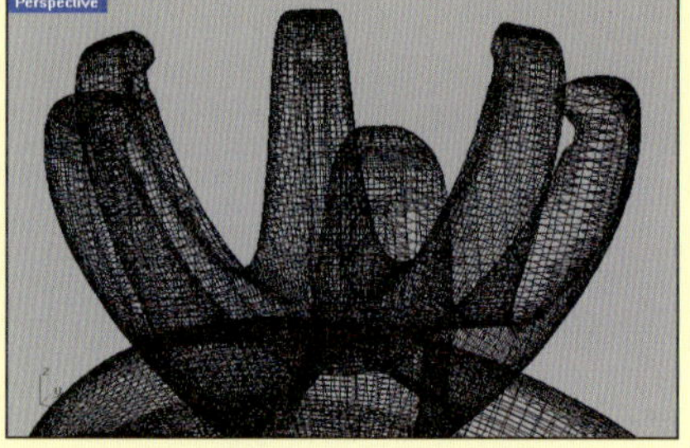
◎ VERY-HIGH 상태의 Mesh 구조 모습

❿ Show Mesh Wires in Shadow View

메쉬 와이어를 포함한 쉐도우 뷰를 보여준다.

메쉬 와이어를 제외한 쉐도우 뷰를 보여준다.

사용법 | 아이콘을 왼쪽 마우스 버튼으로 클릭 / Show Mesh Wires in Shadow View

사용법 | 아이콘을 오른쪽 마우스 버튼으로 클릭 / Hide Mesh Wires in Shadow View

⑪ 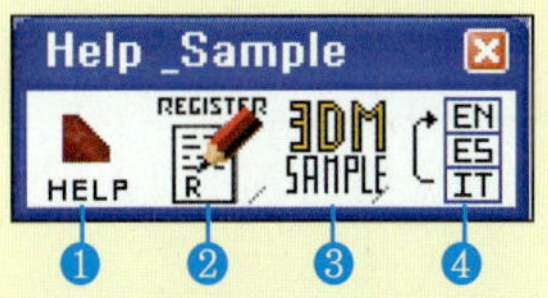 Shade light tan, light blue backfaces, no wireframe

이 툴은 보다 복잡한 메쉬 객체와 그것들에서 언젠가 일어날 수 있는 문제에 대해 시각적으로 보여준다.

⑫ Show Naked Edges

메쉬 객체에 대하여 Naked Edge들을 시각적으로 보여 준다. 특히 .stl 데이터에 이러한 숨어 있는 엣지(갈라진 틈과 같은 것)들이 발견되면 안된다. 만약 발견 되면 수리해 주어야 한다. 문제가 있는 곳은 기본 컬러가 Magenta로 나타나는 부위이다. Show Naked Edges 모드를 끝내려면 Show Naked Edges아이콘을 오른쪽 마우스 버튼으로 클릭하여 Edges Off 한다.

⑬ Zoom to naked edges

메쉬 객체에 나타난 naked edge 부위를 확대해서 볼 수 있다.

⑭ Select Open Polygons

열린 폴리곤을 선택(마우스 왼쪽 버튼 클릭)하거나 닫힌 폴리곤(마우스 오른쪽 버튼 클릭)을 선택시 사용한다.

⑮ Hide Closed Mesh

닫힌 상태의 메쉬 객체를 보이게(마우스 왼쪽 버튼 클릭)하거나 숨겨(마우스 오른쪽 버튼 클릭)준다.

㉞ Help and Samples

TechGems4.1에서 제공하는 각종 도움말과 샘플 데이터가 있는 곳이다.

❶ TechGems Help

TechGems 4.1에 대한 User Manual이 제공되며 출력과 검색어 검색이 가능하다.

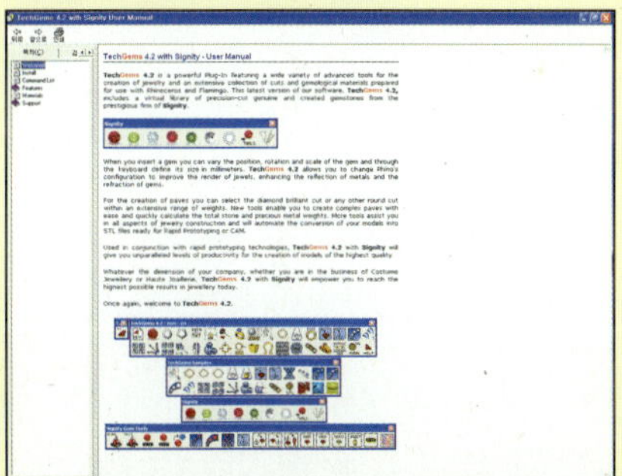

❷ Documents

아이콘을 클릭하면 라이센스 등록에서 기술지원까지 6가지의 정보가 표시됨

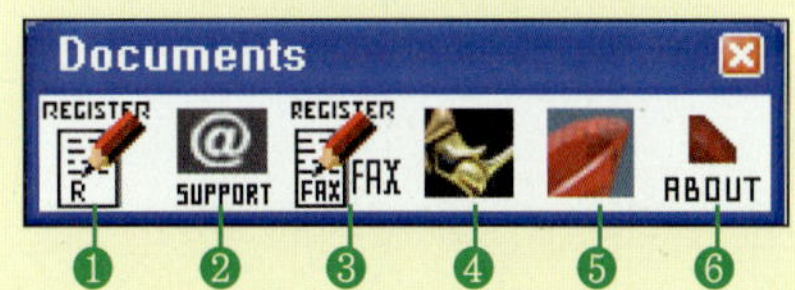

❶ 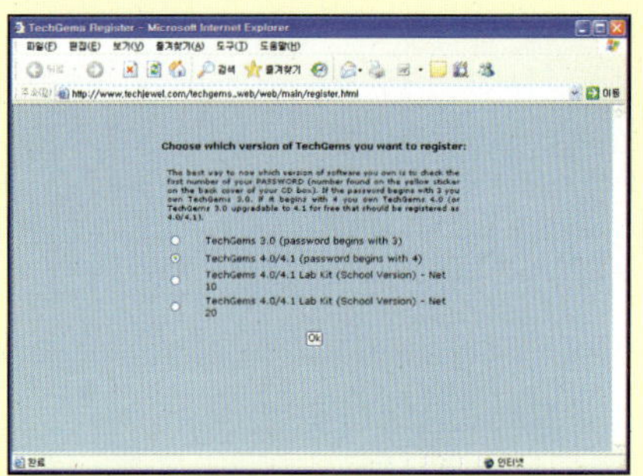 Register TechGems on line

테크잼 구입시 유저의 온라인 등록을 할 수 있는 곳으로 각종 업그레이드를 위해서는 등록이 필수적이다.

❷ Get Email support

Techjewel 측에 온라인으로 E-mail을 보낼 수 있는 창
이다.

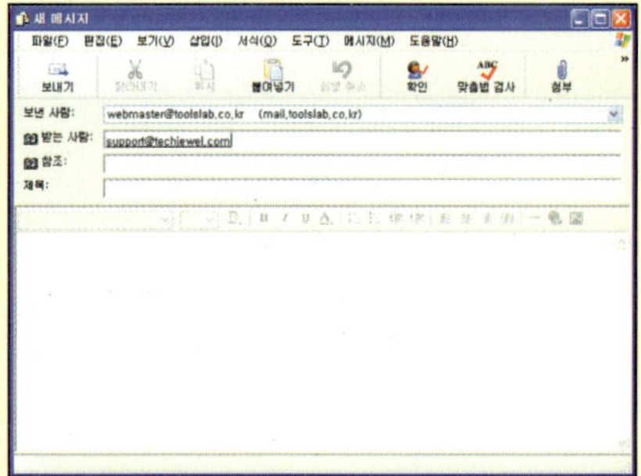

❸ 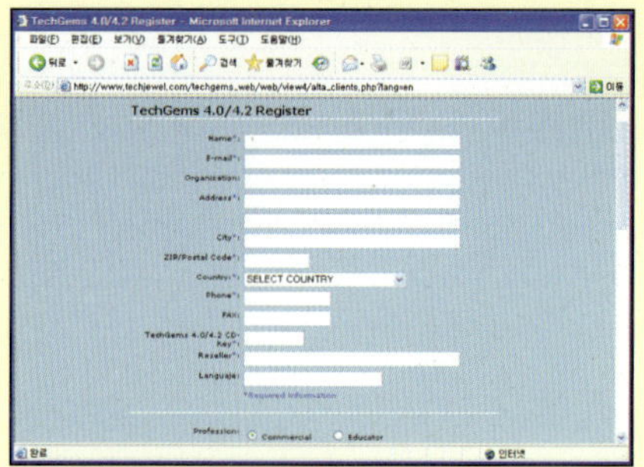 Register TechGems by Fax

등록에 대한 Fax 형식이 나타난다. 물론 프린터 출력이
가능하다.

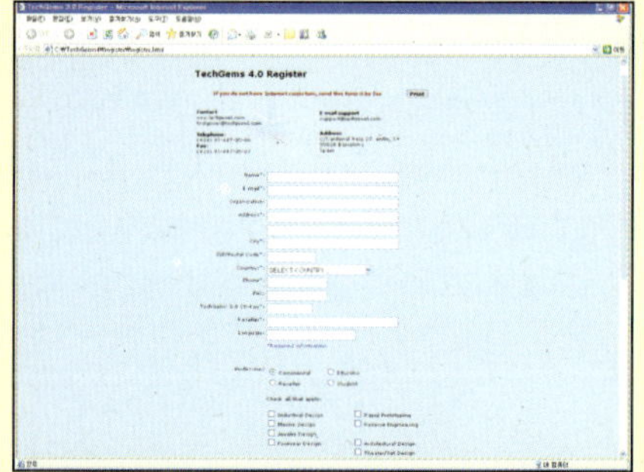

❹ Rhinojewel.com

Rhinojewel.com에 자동 연결된다.

❺ Techjewel.com

Techjewel.com 본사 사이트에 자동 연결된다.

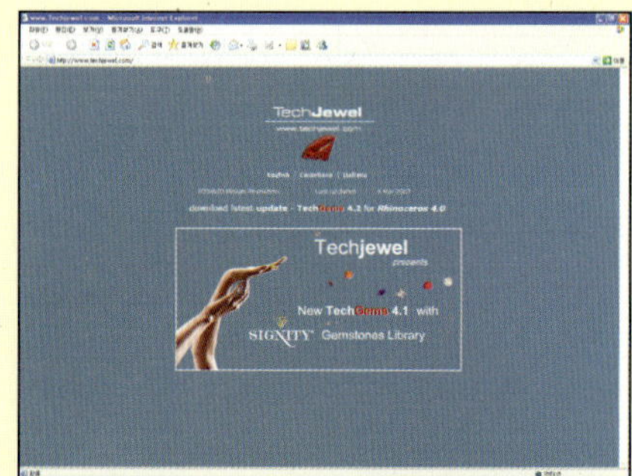

❻ 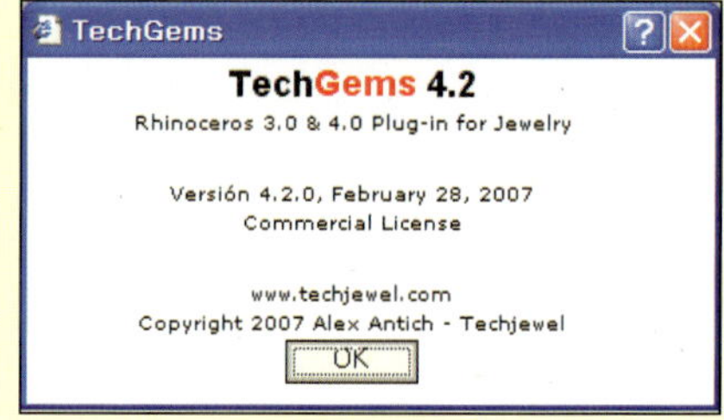 About TechGems 4.2(4.1 버전을 Up-
grade)시키면 그림과 같이 뜬다.

유저가 사용하고 있는 현재의 TechGems 버전에 대한
간단한 명세표가 뜬다.

❸ TechGems Samples
3DM SAMPLE 파일을 제공하며 그림과 같은 명령어들을 연
습하는 데 도움이 된다.

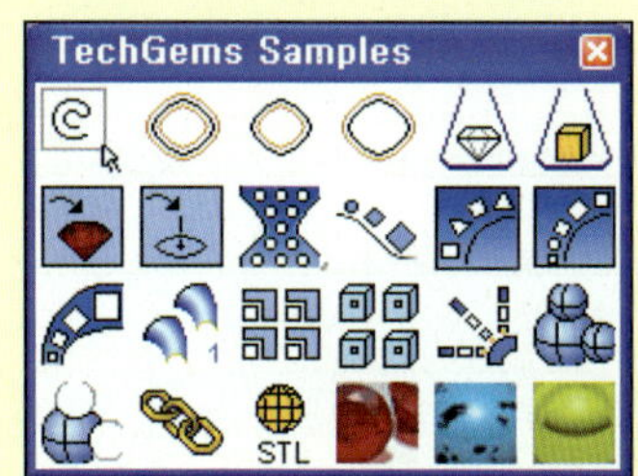

❹ Switch Language
유저 자신이 TechGems4.1 사용자 인터페이스 언어를 변경하여 사용할 수 있다. 지원 언어는 영어(EN), 스페인어(ES), 이
탈리아어(IT), 독일어, 프랑스어 등이다.

끝으로 TechGems 4.1(4.2)이 Rhino3D에 인스톨 되면 함께 사용되는 렌더링 Plug-in인 Flamingo에
TechGems 4.1(4.2)가 가지고 있는 보석이나 기타 재질들이 자동으로 추가되어 보다 폭넓은 재질의 사용이 가능
해 진다. 플라밍고의 Material Library에 들어가면 하위 메뉴 중에 TECHGEMS_MLIB가 그것이다. 특히 보석
(Gem) 들만의 굴절률(I.O.R)이 정교하게 계산되어 재질화 되어 있다. 현재 4.1을 정품사용자님들은 4.2 버전을
Up-Grade시켜 사용하면 된다. 모든 설명과 기능은 4.1과 동일하다.

찾아보기

Index

찾아보기

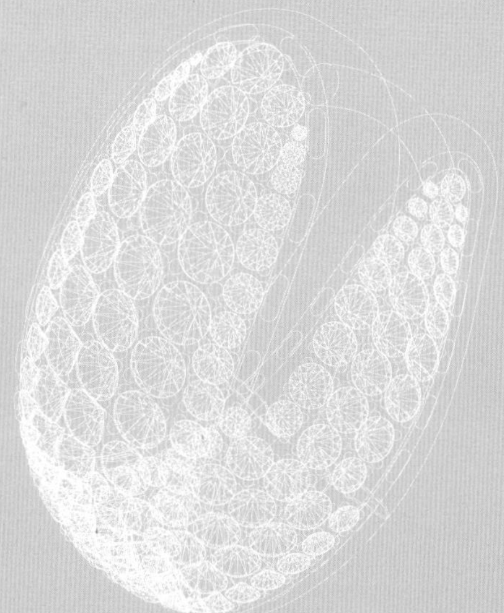

Rhino3D 4.0 Bible for Jewelry Designers
Rhino3D®
NURBS modeling for Windows

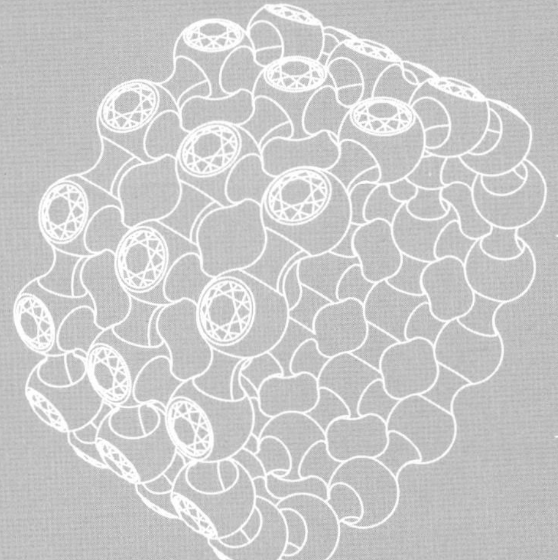

Rhino3D 4.0 Bible for Jewelry Designers
Rhino3D®
NURBS modeling for Windows

Rhino3D 4.0 Bible for Jewelry Designers
Rhino3D®
NURBS modeling for Windows